욤 키푸르 전쟁
THE YOM KIPPUR WAR

THE YOM KIPPUR WAR

by Abraham Rabinovich

Copyright ⓒ 2004, 2017 by Abraham Rabinovich
All rights reserved.
This Korean edition was published by Planet Media Publishing Co. in 2022
by arrangement with Schocken Books, an imprint of The Knopf Doubleday Group,
a division of Penguin Random House, LLC.
through KCC(Korea Copyright Center Inc.), Seoul.

이 책은 (주)한국저작권센터(KCC)를 통한 저작권자와의 독점계약으로
도서출판 플래닛미디어에서 출간되었습니다.
저작권법에 의해 한국 내에서 보호를 받는 저작물이므로 무단전재와 복제를 금합니다.

KODEF 안보총서 112

욤 키푸르 전쟁
THE YOM KIPPUR WAR
중동의 판도를 바꾼 제4차 중동전쟁

아브라함 라비노비치 지음 | 이승훈 옮김

"로쉬하샤나에 운명은 쓰이고 욤 키푸르에 운명은 닫힌다.
… 누가 살고 누가 죽을지,
누가 시간을 허여받고 누가 아닐지,
누가 물에 빠져 죽을지, 불로 죽을지, 칼로 죽을지…."

– 욤 키푸르 기도서에서 –

CONTENTS

개정판 서문 … 11
초판 서문 … 14
프롤로그 … 19

제1장 모래 위의 발자국 … 21
제2장 농부 옷을 입은 남자 … 29
제3장 비둘기장 … 38
제4장 바드르 … 52
제5장 착각 … 62
제6장 폭풍 전야 … 72
제7장 요르단 국왕의 방문 … 83
제8장 칼집에서 칼을 뽑다 … 93
제9장 카운트다운 … 109
제10장 욤 키푸르의 아침 … 135
제11장 이집트군의 도하 … 158
제12장 전차의 굴욕 … 166
제13장 동원령 … 193
제14장 시리아군의 돌파 … 212
제15장 동트기 전이 가장 어둡다 … 251
제16장 남부 골란 고원 상실 … 265

제17장 콩나무 … 273

제18장 나파크 전투 … 281

제19장 고립되다 … 297

제20장 키를 잡은 손 … 310

제21장 반격 실패 … 334

제22장 다마스쿠스를 폭격하라 … 359

제23장 바닥을 치다 … 381

제24장 골란 전선 반격 … 400

제25장 이라크의 개입 … 436

제26장 초강대국들 … 453

제27장 사령관 교체 … 463

제28장 도하 결단 … 479

제29장 용감한 사나이들 … 491

제30장 중국농장 … 521

제31장 교량 … 545

제32장 아프리카로 건너가다 … 568

제33장 돌파 … 591

제34장 키신저, 전면으로 … 629

제35장 휴전 … 645

제36장 수에즈 시 … 664

제37장 핵전쟁 경보 … 677

제38장 전쟁이 끝나고 … 707

주(註) … 728

참고 자료 … 743

옮긴이 후기 … 753

⟨지도 목록⟩

이스라엘과 인접국들 … 10

수에즈 전선 … 18

시리아군의 최대 진격 … 215

나파크 전투 … 283

쿠네이트라 갭 전투 … 409

시리아 영토 내 '고립지(이스라엘 점령지)' … 438

이스라엘군의 수에즈 운하 도하 … 522

중국농장 전투 … 546

이집트 전선의 휴전선 … 666

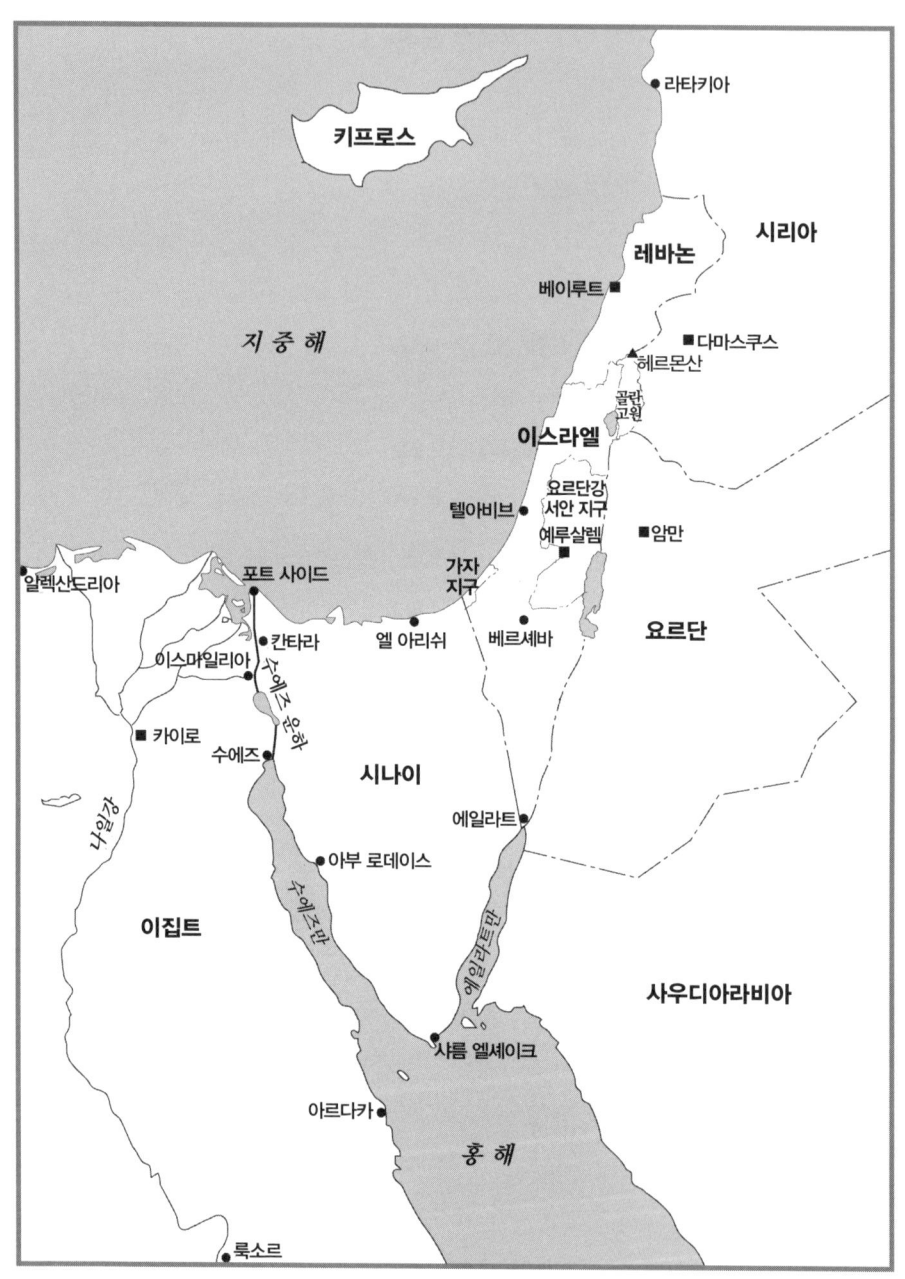

이스라엘과 인접국들

개정판 서문

『욤 키푸르 전쟁The Yom Kippur War』 초판이 2004년에 출간된 이래 전후 30여 년 동안 검열 때문에 공개되지 못했던 전쟁의 가장 은밀한 비밀 다수가 세상에 모습을 드러내게 되었다. 개정판에는 이렇게 새롭게 조명받은 사실들이 상세하게 설명되어 있다. 그동안 새롭게 발간된 귀중한 사료로 전시 이스라엘 국방군 참모본부의 역사를 다룬 시몬 골란Shimon Golan의 저서 『속죄일에 일어난 전쟁: 욤 키푸르 전쟁에서 최고사령부의 의사결정Milkhama B'Yom Hakipurim: Kablat Hachlatot HaEliyon Pikud』이 있다. 전쟁이 끝나고 40년 뒤에 히브리어로 출간된 이 책의 분량은 1,300페이지에 달하며 공식 기록과 테이프로 녹음된 증언을 이용해 편집한 것이기 때문에 이 책을 읽는 독자는 전쟁의 결정적 의사결정이 이루어진 회의 테이블에 있는 것 같은 느낌을 받을 것이다. 전 이스라엘 정보분석관 우리 바르-요세프Uri Bar-Yosef(이스라엘 정치학자, 하이파대학 명예교수, 정보 전문가-옮긴이)의 여러 저술과 기사는 당시 이스라엘 정보당국의 내부 사정을 엿볼 수 있게 하는 드문 통로였다. 학술 및 군사 포럼, 군사잡지와 언론에서 드러난 정보들도 있었다. 당시 모사드Mossad(이스라엘의 비밀정보기관-옮긴이) 국장 즈비 자미르Zvi Zamir 및 여타 관계자와의 인터뷰도 큰 도움이 되었다.

다음은 새롭게 드러나 개정판에 추가한 사실들이다.

- 각자 별도로 모사드에 협조하던 이집트 정보원 2명이 전쟁의 향배를 극적으로 바꾼 정보를 제공했다. 이 중 한 사람인 가말 압델 나세르 Gamal Abdel Nasser 전 대통령의 사위가 한 경고로 인해 이스라엘군 부대는 골란 고원에서 시리아군이 벌인 대규모 공격의 예봉을 꺾을 수 있었다. 또 다른 정보원은 전쟁의 전환점인 이스라엘군의 운하 도하와 관련된 아주 중요한 실마리를 제공했다.

- 이스라엘군 특수부대는 기습공격 사전예보 실패에 대비해 전쟁 전에 이집트군 후방에 침투해 군사 통신망 주요 연결점에 정교한 도청장치를 설치했다.

- 이스라엘군 정보국 국장은 전쟁이 없을 것이라 확신했기 때문에 전쟁 발발 전 중대한 며칠 동안 이 도청장치를 가동했어야 하는데도 이를 거부했다. 하지만 국가지도자들은 군 정보국의 잘못된 보고 때문에 도청장치가 작동 중이나 적의 공격 임박 징후는 없다고 믿게 되었다. 이스라엘 대중은 40여 년이 지나서야 이 사실을 알게 되었다. 이로써 1973년에 아랍군이 이스라엘 국경에 집결했는데도 이스라엘 국가지도층이 이스라엘 예비군이 동원되지 않은 상황에서 기괴하다고 할 수 있을 정도로 무사안일한 태도를 보인 이유를 설명할 수 있게 되었다.

- 우리는 처음으로 핵무기 사용에 대한 이스라엘 지도층의 생각을 들여다볼 수 있었다. 군이 비틀거리자 모셰 다얀 Moshe Dayan 국방장관은 아랍군에 대한 경고로 핵무기 '시범' 준비를 모색했다. 이것이 실제로 이루어졌다면, 장소는 아마 사막 상공이었을 것이다. 그러나 골다 메이어 Golda Meir 총리는 핵무기 사용을 거부했다.

- 전쟁 5일째 되는 날, 다비드 엘라자르 David Elazar 총참모장은 이스라엘군이 입은 심각한 손실뿐 아니라 아랍 측의 전력과 의도에 대한 오판 때문에 전쟁에서 이길 수 없다는 결론을 내렸다. 총참모장은 정부에 휴전을 모색하도록 요청하며 "우리가 얼마나 약한지는 아무도 모릅니

다"라고 말했다. 헨리 키신저$^{Henry\ Kissinger}$ 미 국무장관에게 브리핑한 이스라엘 측 관계자의 말에 따르면 장관은 이 말을 듣고 '머리를 쥐어뜯다시피' 하며 "그 말은 전쟁에서 졌다는 뜻입니다. 그걸 이해하지 못한단 말이오?"라고 격하게 말했다.

- 아랍 측이 계획하던 공격에 대해 메이어 총리에게 경고하려 노력했던 요르단의 후세인 국왕은 1개 전차여단을 보내 시리아를 도와달라는 아랍 지도자들의 압박을 받았다. 후세인 국왕은 메이어 총리에게 이스라엘군이 '가능한 한 이 부대 공격을 자제해줄 것을' 요청했다. 결국 어쩔 수 없이 전투가 벌어졌음에도 이스라엘군은 요르단군을 심하게 공격하지 않았다.

- 이스라엘군 지휘부는 이집트가 휴전을 받아들이도록 압박하기 위해 위험하기 짝이 없는 수에즈 운하 도하를 결정했다. 우리는 이스라엘군이 전장의 혼란 속에서 야간에 이집트군 진영 한복판을 가로질러 2개 기갑사단을 어떻게 운하 건너편으로 보냈는지를 살펴볼 것이다. 도하로 인해 이스라엘군은 심리적 균형을 회복하여 이제 휴전이 아닌 승리를 노리게 되었다. 아리엘 샤론$^{Ariel\ Sharon}$ 사단장이 이 대담한 작전의 선봉에 섰으나 명령에 대해 끊임없이 이의를 제기하는 바람에 하마터면 사단장직에서 해임될 뻔했다. 우리는 이스라엘군이 임기응변을 발휘해 극적으로 전황을 뒤집게 된 경과를 추적할 것이다.

초판 서문

1973년 욤 키푸르^{Yom Kippur}(유대교의 속죄일. 욤 키푸르는 대체로 9월 하순이나 10월 초순에 해당하는데, 1973년에는 10월 6일-옮긴이) 오후, 이스라엘은 전력의 3분의 2를 차지하는 예비군 대부분이 동원되지 않은 채 두 곳의 전선에서 기습공격을 받아 비틀거렸다. 시나이 반도^{Sinai Peninsula}와 골란 고원^{Golan Heights}의 전선이 아랍의 대규모 공세 앞에 무너지자, 이스라엘 국민은 민족이 존망의 위험에 빠졌다는 느낌에 사로잡혔다. 하지만 3주도 지나지 않아 전쟁이 끝났을 때 이스라엘군 전차들은 카이로와 다마스쿠스를 위협하고 있었다. 이렇게 전쟁사상^{戰爭史上} 가장 인상적인 역전극을 이루어냈음에도 전후 이스라엘은 승리에 들뜨기보다 차분히 잘잘못을 반추하는 모습을 보였다.

나는 이 전쟁을 직접 취재했다. 전쟁 5일째 되는 날, 골란 고원에 도착했을 때 전장은 기괴할 정도로 고요했다. 수적으로 현격한 열세에 놓였던 이스라엘군이 1,000여 대에 가까운 전차를 동원한 시리아군의 공격을 막 저지한 참이었다. 반격은 원래 이날 개시되었어야 했지만 지친 전차승무원들이 전차가 이동을 멈추기만 하면 잠들어버리는 상황이었다.

20년이 지나고서 《예루살렘 포스트^{Jerusalem Post}》의 부록 기사로 이 전투에 관한 기사를 쓰면서 나는 여기에 대해 상당히 많은 것을 배우게 되었다. 나는 이 전쟁에 대해 잘 안다고 생각했으나, 이 주제에 대해 더 깊이 연구할 수록 내가 안 것은 상호관계조차 불분명한 단편적인 에피소드에 불과했음을 깨달았다. 지난 5년간 나는 이 전쟁을 모든 것이 연결된 하나의 일관된 서사로 이해하려 노력했다. 연구 과정에서 나는 전차 포수부터 장군에 이르는 당시 관계자 130명을 인터뷰했고 관련 문헌을 조사했다. 더 깊이 연구할수록 더 흥미진진해지는 주제였다.

먼저 나서서 나를 출판사에 소개해주신 조지워싱턴 대학교George Washington University의 하워드 사하르Howard Sachar 교수께 감사드린다. 그리고 부대 전투일지를 집필에 이용하도록 허락해주시고 긴 시간을 내어 인터뷰에 응해주신 이스라엘 국방군 암논 레셰프Amnon Reshef 장군(예비역)께 특별히 감사드린다. 장군의 여단은 욤 키푸르 전쟁에서 가장 치열한 격전을 여러 번 치렀다. 전쟁이 끝나고 이스라엘군 고위층을 광범위하게 면담한 미 육군 장성 돈 A. 스태리Don A. Starry 장군께도 감사드린다. 워싱턴에서 스태리 장군은 당시 이스라엘에서 자신이 보고 느낀 바를 들려주셨다. 각 부대사를 연구에 이용하게 허락해주신 라트룬Latrun 소재 이스라엘 기갑부대 센터와 이스라엘 국방군 기록물보관소에도 감사드린다.

어느 편이든 전쟁에서 살아남은 사람들에게 욤 키푸르 전쟁—아랍인들에게는 10월 전쟁—은 각자의 삶에서 결정적인 순간이었다. 또한 이 전쟁은 중동지역의 역사에서도 결정적 순간이었다. 욤 키푸르 전쟁이 불러일으킨 반향은 지금도 여전하다.

THE YOM KIPPUR WAR
욤 키푸르 전쟁

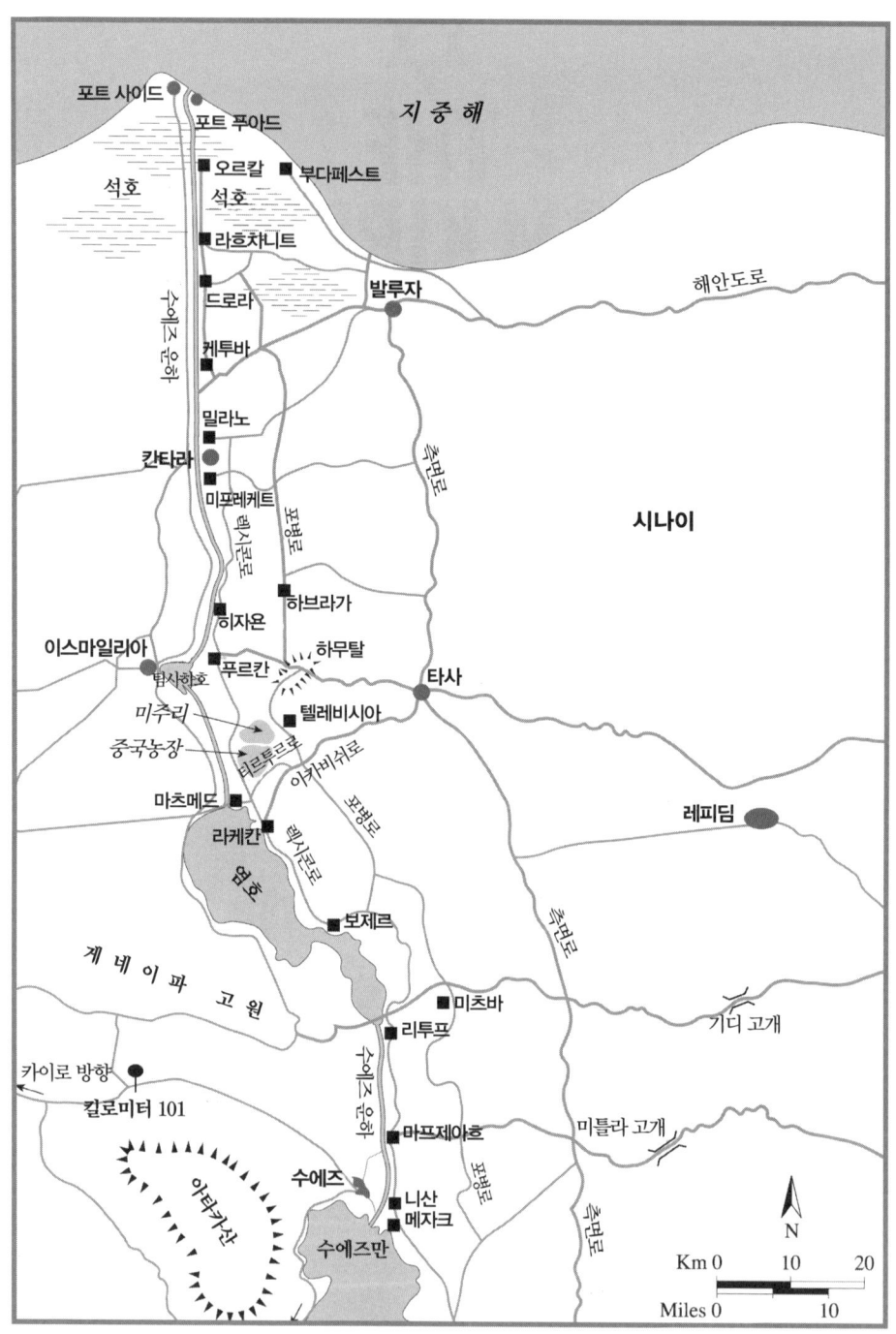

수에즈 전선

프롤로그

한 군사위성이 1973년 10월 5일에 보는 이들을 당혹스럽게 할 사진을 촬영해 지상으로 송출했다.

수에즈 운하Suez Canal 서안에는 이집트군 5개 사단(병사 10만 명, 전차 2,200대, 각종 화포 1,150문)이 전투준비를 완전히 마친 상태로 전개했다. 물가에 가교 장비며 고무보트가 배치된 것을 보면 의도는 확실했다.

이스라엘 쪽에는 운하를 따라 설치된 방어거점에 병력 몇백 명만이 있었다. 이스라엘군은 이집트 쪽 운하 서안에서 한창 준비 중인 도하 준비를 똑똑히 볼 수 있었지만 별다른 신경을 쓰지 않는 것 같았다. 100마일(161km) 길이의 수에즈 전선 전체를 따라 배치된 이스라엘군 전차는 100대 이하였고 대포는 44문뿐이었는데도 말이다.

골란 고원Golan Heights에서 촬영된 사진은 더 이해하기 어려웠다. 여기서도 최고 수준의 전시편제를 갖춘 시리아군 5개 사단이 어처구니없을 정도로 얇은 이스라엘군 방어선과 마주하고 있었다. 시리아군이 공격하기로 마음먹으면 진격 속도를 늦출 운하도 없었다. 시리아군은 전차 전력에서 8대 1로 이스라엘군에 우위를 점했으며 보병과 포병 전력의 격차는 더 컸다. 시리아군 진영을 보면 최전방과 여기에서 동쪽으로 40마일(64km) 떨어진 다마스쿠스 사이의 지역에 단단한 2차 방어선이 설치되었다. 그런데 이스라엘군 진영을 보면 실제 상황은 정반대였음에도 마치 시리아군을 압도하는 전력이라도 갖춘 양 2차 방어선은 전무했다.

군사위성은 이스라엘 본토에서도 이 금요일 오후에 경보가 내려졌다는 증거를 전혀 발견하지 못했다. 거리에는 움직이는 사람이나 차량이 거의 없었다. 지는 해가 곧 욤 키푸르가 시작될 것임을 알렸고 이스라엘의 300만 유대인은 가정에서 가장 신성한 유대교 축일을 준비하고 있었다. 평시와 다른 활동이 보이는 유일한 장소는 텔아비브 중심가에 있는 육군본부였다. 건물의 불은 모두 꺼진 지 오래였지만 총참모장실과 한 층 위의 군 정보국 사무실들은 불이 켜져 있었다.

유대교 전통에 따르면, 욤 키푸르는 인간이 하나님에게 자신의 행위를 회개하는 이른바 '야밈 노라임Yamim Noraim(경외의 날Days of Awe)' 10일 가운데 열 번째 날로 가장 중요한 날이다.* 이 욤 키푸르에 이스라엘의 '공포의 날'이 막 시작되려 하고 있었다.

---

* 유대인은 신년 첫날부터 열흘 동안을 '야밈 노라임'으로 부르며 이 기간 동안 하나님의 심판을 생각하며 회개하는 마음으로 자기 자신을 돌아본다. 이 열흘의 기간은 신년 첫째날 로쉬하샤나(Rosh Hashana)로 시작하여 열 번째 날인 욤 키푸르(속죄일)를 절정으로 끝난다.

제1장

모래 위의 발자국

모티 아쉬케나지Motti Ashkenazi 대위는 자기가 보기에 잘못된 처사를 항의 한 마디 없이 그대로 받아들이는 사람이 아니었다. 예비군으로 구성된 아쉬케나지 대위의 부대가 욤 키푸르 전쟁 발발 2주 전에 넘겨받은 시나이 반도의 전초기지는 방치된 지 꽤 오래된 상태였다. 철조망 울타리는 모래 속으로 푹 꺼져 있었고 참호는 무너졌으며 총좌에는 모래주머니가 몇 개 없는 데다가 탄약 공급도 부족했다. 늘 하던 대로 전초기지의 상태가 양호하다는 것을 인수자가 확인한다는 인수증을 전임자가 내밀자, 아쉬케나지는 서명을 거부했다. 이 기지를 인계하는 부대는 이 절차를 거치지 않고서 떠날 수 없었다. 그가 서명하라는 대대장의 명령조차 거부하자 화가 난 대대장은 본인이 직접 인수증에 서명했다.

아쉬케나지 대위의 부대는 예루살렘 여단Jerusalem Brigade 예하 대대로 수에즈 운하 방어 임무를 맡은 적이 없었다. 이른바 바르-레브 선Bar-Lev Line(1967년 제3차 중동전쟁의 승리로 시나이 반도를 차지한 후 이스라엘이 이집트의 침공을 막기 위해 수에즈 운하를 따라 쌓은 거대한 모래방벽이다. 당시 이스라엘군 총참모장이었던 하임 바르-레브Haim Bar-Lev 장군의 이름을 따서 바르-레브 선으로 불렀다-옮긴이)에 통상적으로 배치된 다른 부대와 달리 예루살렘 여단은 30대를 훌쩍 넘긴 예비군으로 구성된 2선급 부대였으며 심지어 일부 부대

1967년 제3차 중동전쟁의 승리로 시나이 반도를 차지한 후 이스라엘이 이집트의 침공을 막기 위해 수에즈 운하를 따라 쌓은 거대한 모래방벽 바르-레브 선의 참호.〈WIKIMEDIA COMMONS | Public Domain〉

원은 단기 기초군사훈련만 받고 예비군으로 편입된 이민자였다. 하지만 전투 경험이 있는 몇몇 젊은 동원예비군들은 부대 전투력을 강화시켰으며 장교들도 대개 일선 부대 출신의 참전 용사들이었다.

이런 부대가 한때 위험한 임무로 여겨졌던 바르-레브 선 방어에 투입된 것은 이집트 전선에 대한 방어태세가 느슨해졌다는 방증이었다. 이스라엘군이 6일 전쟁에서 수에즈 운하에 도달한 지 6년이 지났고, 운하를 사이에 두고 벌어진 격렬한 소규모 전투들, 소위 '소모전$^{War\ of\ Attrition}$'(6일 전쟁이 끝난 1967년부터 1970년까지 이스라엘과 이집트, 요르단, 팔레스타인 해방기구 사이에 벌어진 일련의 소규모 전투를 총칭해 부르는 이름-옮긴이)이 끝난 지도 3년이 지났다.

한 달 기한의 병력동원훈련소집 통지서를 받은 예비군이라면 으레 투덜거렸겠지만, 아쉬케나지의 부하들은 유대력 새해 첫날인 로쉬 하샤나$^{Rosh\ Hashana}$에서 시작해 욤 키푸르$^{Yom\ Kippur}$를 거쳐 초막절(추수와 이스라엘인의 이집트 탈출을 기념하는 유대교 축일-옮긴이) 휴일까지 복무해야 했기 때문에 더 그랬다. 그렇지만 시나이로 가는 버스에 오르는 일부는 직장과 가정의 따분한 일상에서 벗어나 한 달간 남자들만의 시간을 가질 것이라는 생각에 마음이 들떠 있었다. 예비군들은 책, 보드게임, 커피를 끓이기 위한 핀잔^{finjan}(커피 가루를 물에 넣고 끓이는 터키식 커피를 만드는 데 쓰는 자루 달린 커피포트-옮긴이)과 심지어 낚싯대까지 챙겨왔다. 예루살렘의 히브리 대학 철학과 박사 과정에 있던 32세의 아쉬케나지 대위는 맡겨둘 곳이 없어서 펭^{Peng}이라는 이름의 4개월 된 셰퍼드 강아지를 데려왔다.

수에즈 운하를 따라 건설된 바르-레브 선의 다른 전초기지(배치 인원수와 규모, 기능 면에서 우리나라 비무장지대 안의 GP$^{Guard\ Post}$와 비슷하다-옮긴이)와 달리 암호명이 부다페스트^{Budapest}인 아쉬케나지 대위의 전초기지는 운하 동쪽 10마일(16km)에 있는 지중해와 얕은 석호^{潟湖} 사이에 있는 사취^{砂嘴} 위에 지어졌다. 이스라엘로 가는 해안도로를 노리는 이집트군의 돌파를 저지하는 것이 기지에 부여된 임무였다. 부다페스트 전초기지는 바르-레브 선의 가장 큰 방어거점이었는데 야포 1개 포대와 해안을 순시하는 해군 함정과의 교신을 위한 해군 통신부대까지 있었다.

도착일 저녁 무렵, 부중대장을 맡은 아쉬케나지 대위는 전초기지의 감

1973년 1월 부다페스트 전초기지의 모습. 〈WIKIMEDIA COMMONS | CC BY-SA 3.0 | Mickey Astel〉

시탑에 올라 수에즈 운하 입구에 있는 포트푸아드Port Fuad를 향해 난 사취를 따라 서쪽을 살폈다. 시나이 반도 북서쪽 모서리는 이스라엘군이 1967년의 전쟁에서 점령하지 못한 시나이 반도의 유일한 지점이었다. 아쉬케나지는 사취를 따라 포트푸아드 방향으로 이어진 이집트군 감시초소를 볼 수 있었다. 포트푸아드는 수에즈 운하 북단의 동쪽에 있었고, 서쪽 건너편에는 포트사이드Port Said가 있었다. 가장 가까운 이집트군 초소는 고작 1마일(1.6km)밖에 떨어져 있지 않았다. 이집트군과 부다페스트 전초기지 사이에는 운하가 없었기 때문에 이집트군의 공격을 저지할 수단은 지뢰밭이 유일하다고 전임자가 오전 시찰 시 말해주었다.

아쉬케나지가 이집트군 진영을 살피는 동안 이집트군 전선에서 들개 떼가 나타나 그가 있는 방향으로 모래 사면을 빠르게 달려 내려왔다. 기지 서쪽 끝에 있는 쓰레기장으로 오는 것 같았다. 들개 떼가 지뢰밭으로 다가오자, 아쉬케나지는 지뢰 폭발에 대비했으나 들개 떼는 별 탈 없이 지나갔다. 지뢰가 매설된 모래밭으로 조수가 밀려와 지뢰를 다른 곳으로 이동시켰거나 무력화시킨 것 같았다. 아쉬케나지는 다음날 아침에 대대본부에 연락해 울타리와 모래주머니를 더 요청해야겠다고 마음먹었다.

키부츠kibbutz(생산활동을 함께 하는 이스라엘 특유의 공동체. 농업을 주로 하며 이스라엘의 건국 과정과 이후의 정치에도 많은 영향력을 행사했다-옮긴이) 출신으로 사람 좋은 메이르 바이셀Meir Weisel 소령은 바르-레브 선으로 이동한 대대에서 최선임 중대장이었다. 전년도 예비군 동원 시 그의 부대는 요르단강Jordan river을 따라 팔레스타인 게릴라들과 충돌해 사상자를 냈다. 며칠 전, 소령이 출근하자 여단본부의 한 간부가 "이번에는 자네를 운하로 보내니 쉴 수 있을 거야"라고 말했다. 바이셀 소령의 중대는 운하의 중부 구역에 있는 전초기지 4개를 맡았고, 소령 자신은 이집트군이 주둔한 운하 동안東岸의 이스마일리아Ismailia를 마주 보는 푸르칸Purkan 전초기지에 자리 잡았다. 전임자는 운하 너머에 있는 빌라 한 채를 가리키며 아바 에반Abba Eban(1915~2002. 이스라엘 제3대 외무장관, 재임 기간 1966~1974년-옮긴이) 외무장관의 부인 수지Suzie의 부모 소유라고 말했다. 수지 에반은 유력한 이집트 유대인 가문 출신이었다. 지금 누가 사는지는 확실하지 않았지만 정원사가 매일 식물에 물을 주고 있었다. 전임자는 "정원사가 일하는 모습이 보이면 만사가 괜찮다는 의미입니다"라고 말했다.

 이스라엘이 훨씬 큰 규모의 적인 시리아와 이집트 전선에 제한적 전력을 배치한 것은 6일 전쟁에서 일궈낸 놀라운 승리로부터 얻은 자신감 때문이었다. 이스라엘은 6일 전쟁을 통해 그 어떤 아랍 국가나 동맹국도 도전할 수 없는 군사적 우위를 달성했다고 믿었다. 1967년에 이집트·시리아·요르단군을 상대로 눈 깜짝할 새 거둔 놀라운 승리에서 희열을 느낀 이스라엘은 미국을 서부로 향하게 했던 것과 유사한 분명한 운명이라는 감정을 갖게 되었다. 6일 전쟁에서 이스라엘군은 좁은 국경을 넘어 아랍 국가들에 공세를 펼쳤는데 에반 외무장관은 그 취약성을 빗대어 이때의 국경을 '아우슈비츠 국경Auschwitz borders'이라고 불렀다. 6일 전쟁 이후의 휴전선으로 인해 이스라엘은 처음으로 '전략적 종심strategic depth'을 가지게 되었다.

 1973년 이스라엘은 6일 전쟁 당시보다 두 배 많은 전차와 비행기를 보유했다. 이제 가장 큰 규모의 기갑부대는 전차 100대를 보유한 기갑여단이 아닌 300대를 보유한 기갑사단('사단'으로 번역되는 히브리어 우그다Ugdah는 한국군의 사단과는 성격이 약간 다르며, 정확히 말하면 '사단급 특별임무부대'다-옮긴이)이었다. 경험 많은 기갑부대 장교들은 기갑사단을 전투에 투입해 지휘하기를 꿈꾸기도 했다. 2개 기갑여단은 전위를 맡고 1개 기갑여단은 후위를 맡아 적을 휩쓸며 공격하는 것이다.

그러나 절대적 수량에서 이집트군과 시리아군은 이스라엘군보다 더 크게 성장했고 모든 면에서 3 대 1 비율의 수적 우위를 계속 유지했다. 이스라엘 국방군Tzahal(Isreaeli Defense Forces, IDF)의 검증된 전투력을 고려하면 이 정도의 비율은 이스라엘이 받아들일 수 있는 수준이었다. 사실 이스라엘 참모본부는 당시 36개월인 현역 복무기간을 3개월 줄이는 조치를 준비 중이었다. 이스라엘은 30배 큰 아랍 세계에 충분히 맞서 싸울 수 있다고 확신했기에 아랍이 유대 국가를 인정하고 새 국경에 합의하기를 기다리고 있었다.

하지만 아랍 세계는 1967년에 당한 굴욕을 인정하기를 거부했다. 1969년 3월부터 이집트가 개시한 소모전에서 이스라엘군 병사 수백 명이 이집트군의 포격으로 인해 전사했다. 이스라엘 전투기들과 특수부대가 이집트 내륙 깊숙이 침투해 공격하자, 카이로는 1970년 8월에 어쩔 수 없이 휴전에 동의했다. 그 뒤로 수에즈 전선은 조용했다. 시리아 전선에서는 소규모 교전—이스라엘은 '케레브 욤(전투일, 이하 전투일)'이라고 불렀다—이 간혹 있었으나 이스라엘의 골란 고원 지배에 대한 본격적인 도발은 아직 없었다.

아랍 국가들이 겉으로는 소극적인 모습을 보였기 때문에 이스라엘은 자신을 무적으로 생각하게 되었다. 1973년 8월 국방장관 모셰 다얀Moshe Dayan은 장교들을 대상으로 한 연설에서 이스라엘의 힘은 이스라엘의 증가하는 군사적 잠재력뿐만 아니라 아랍 국가들이 갖고 있는 약점을 반영한 것이라고 말했다. "저는 아랍 병사들의 낮은 교육, 기술, 통합 수준과 아랍 내부의 분열을 피상적이고 단기적으로 포장하려는 요인에서 비롯된 이러한 약점이 빨리 변하리라고 믿지 않습니다."

6일 전쟁 직후 해외발령을 받았다가 5년 뒤 귀임한 모사드 요원 르우벤 메르하브Reuven Merhav가 보기에 나라가 완전히 바뀐 것 같았다. 이스라엘은 자신이 있다기보다는 자만하고 있었으며 영원히 이 상태가 계속되기라도 할 것인 양 무사안일에 빠져 있었다. 정부 고위관리와 군 간부들은 대형차를 탔으며 업무상 식사비용을 청구하는 것이 새로운 관행이 되고 있었다. 요르단강 서안 지구West Bank(이스라엘과 요르단 사이에 있는 지역. 원래 요르단령이었던 것을 1967년의 6일 전쟁 결과 이스라엘이 점령. 현재 팔레스타인과 이스라엘령으로 양분-옮긴이)와 가자 지구$^{Gaza\ Strip}$(지중해 동해안, 이집트와 이스라엘 사이에 있는 영역. 현재 팔레스타인령-옮긴이)에서 온 아랍인들이 빠르게 성장하는 국가의 노동력을 제공하고 있었으나 정치적으로는 거의 보이지 않는 존재들이었다. 6일 전쟁 이전의 좁은 국경 안에 갇혀 살던 이들에게 영토 확장은 깜짝 놀랄 만한 일이었다. 국경은 이제 텔아비브$^{Tel\ Aviv}$나 예루살렘^{Jerusalem} 외곽에서 15마일(24km) 떨어진 곳이 아닌 보이지도 않고 생각조차 할 수 없던 곳인 요르단강, 수에즈 운하, 골란 고원에 있었다. 사람들은 싸우기 위해서가 아니라 해변에서 휴일을 즐기기 위해 시나이 반도로 향했다.

이스라엘군은 단순히 물리적 확장뿐만 아니라 국민의 생활 속에서 그 위상이 커졌다. 확장되는 군의 규모에 발맞춰 준장계급이 새로 창설되었다. 모사드 요원 르우벤 메르하브는 고위층에서 오만함이 퍼지고 있음을 알아차렸다. 일부 장성들은 자신의 위상을 드러내고자 사무실을 새로이 단장했고 어떤 장성들은 연회에 군 공연단을 동원해 연회장에서 합창을 시키기도 했다. 이 모든 것은 불과 5년 전까지 메르하브가 알았던 이스라엘 공직자들의 특징인 검소함과 엄격함과는 너무나도 거리가 멀었다. 아랍의 군사력을 무시하는 사고방식이 이스라엘 국민들의 마음에 부지불식간에 자리 잡기 시작했다. 그러나 메르하브는 이러한 아랍 군사력을 무시하는 사고방식이 군의 마음가짐을 얼마나 왜곡시키는지 아직까지 알지 못했다.

모티 아쉬케나지는 전쟁이 일어나기 몇 개월 전에 예루살렘 시내의 한 카페에서 이스라엘이 이집트의 요구대로 운하 지역에서 철수해 수에즈 운하가 재개방되지 않는다면 전쟁은 불가피할 것이라고 친구에게 말했다. 이제 부다페스트 전초기지의 지휘를 맡고 나니 자신이 했던 경고를 더 심각하게 받아들여야 할 것 같았다. 아쉬케나지 대위에게 이틀간 들볶인 끝에 대대본부는 그가 요청한 모래주머니와 철조망을 보내겠다고 답했지만 정작 도착한 보급차량에는 요청한 수량의 일부만 있었다. 그렇지만 전초기지의 정문과 해변에서 오는 접근로의 취약한 부분의 방어는 강화할 수 있을 것 같았다.

욤 키푸르 일주일 전 아쉬케나지는 반궤도장갑차$^{half\text{-}track}$(앞부분은 일반 차류, 뒷부분에는 궤도 주행장치를 갖춘 장갑차. 이스라엘군은 제2차 세계대전부터 사용된 미국제 M3형 반궤도장갑차를 사용-옮긴이)를 타고 후방 기지 쪽으로 난 사취를 따라 일상적인 아침 순찰에 나섰다. 도로 양편에 발자국이 보였다. 발자국을 만든 사람들은 지형지물을 살피려 주변을 한 바퀴 돈 것 같았다. 부다페스트 전초기지와 후방의 본부를 잇는 도로는 바다로부터 상륙하는 특수부대에 취약했기 때문에 밤에는 폐쇄된다. 만약 누군가가 낮에 도로를 따라 접근했다면 사전에 통보를 받았겠지만 그 어떤 통보도 받지 못했다. 아쉬케나지가 생각하기에 이집트군 정찰대가 도로 한편에 있는 바다로부터 상륙했거나, 아니면 도로 다른 한편에 있는 석호를 건너와 발자국을 남긴 것 같았다. 아쉬케나지 대위가 발견한 것을 본부에 무전으로 보고하자, 베두인 추적병Bedouin trackers[이들은 예히다트 하 가샤심(히브리어로 추적부대) 소속이다. 이스라엘군은 1970년에 사막에 난 이동 흔적을 추적하는 데 특별한 능력을 갖춘 사막 유목민 베두인족으로 추적부대를 편성해 국경 감시와 적 간첩이나 특수부대 침투 방지 및 추적 임무를 맡겼다. 베두인족은 아랍계이며 이슬람교도이나 다수가 이스라엘군에서 복무했다-옮긴이] 2명을 태운 차량이 도착했다. 이들은 발자국을 살펴보고는 이 발자국은 이스라엘군 군화 발자국이라는 결론을 내렸다.

"내가 이집트군 정찰대원이라면 이런 군화를 신었을 거네"라고 아쉬케나지가 말했다. 추적병들이 껄껄 웃었다.

"그 친구들이 그렇게 똑똑할 거라고 생각하십니까?"

"아닐 이유라도 있나?" 아쉬케나지가 물었다.

그런데 그 뒤로도 대위는 두 번씩이나 길을 따라 난 발자국들을 발견했다.

제2장

농부 옷을 입은 남자

시리아의 항구도시 라타키아Latakia에서 정기 운항하는 소련 여객선이 이집트 알렉산드리아Alexandria항에 정박했다. 배에서 내린 승객 중 평복 차림이었지만 군인의 거동을 숨길 수 없는 여섯 사람이 있었다. 이집트군 참모총장 사드 엘-샤즐리Saad el-Shazly 중장은 관광객처럼 보이기 위해 제복을 입지 않고 가짜 여권을 들고 세관을 통과하는 시리아 측 동료들을 알아보았다. 역시 평복 차림을 한 샤즐리는 이들을 장교 클럽으로 안내해 여독을 풀도록 하고 자리를 떴다. 저녁이 되자 시리아 대표단은 차를 타고 이집트 해군사령부가 된 과거의 왕궁으로 이동했다. 국방장관 아흐메드 이스마일Ahmed Ismail을 포함한 이집트 장성 8명이 합류했다. 시리아 대표단에는 아흐메드 틀라스Ahmed Tlass 국방장관과 유수프 샤쿠르Yusuf Shakoor 참모총장이 있었다. 1973년 8월 하순, 이틀에 걸쳐 집중적으로 열린 회의에서 이집트와 시리아군 장성들은 이스라엘에 대한 양면 기습공격 계획을 조율했다. 이들이 자리에서 일어날 무렵에는 공격개시일을 제외한 모든 면에 대한 합의가 이루어졌다. 공격개시일은 양국 지도자가 결정할 문제로 남겨졌다.

이집트의 안와르 엘-사다트Anwar el-Sadat 대통령은 1970년 10월에 취임한 이래 6일 전쟁의 굴욕이 남긴 그림자에 시달리며 괴로워했다. 전임자 가말 압델 나세르Gamal Abdel Nasser 대통령은 6일 전쟁이 끝나고 소모전을 개시했으나 전선의 변동은 거의 없었고 이스라엘군을 수에즈 운하에서 몰아내지도 못했다. 국제사회가 기울인 외교적 노력도 효과가 없었다. 이스라엘은 아랍 국가들과의 직접 협상을 통해서만 국경선 변경 문제를 매듭지을 수 있다는 뜻을 고집했다. 아랍 국가들은 국경선 변경은 고사하고 이스라엘을 합법적 국가로 인정하기조차 거부했다.

골다 메이어Golda Meir(1898~1978. 이스라엘 정치가. 이스라엘 제4대 총리, 재임 기간 1969~1974년-옮긴이) 총리는 이스라엘의 지정학적 상황이 그 어느 때보다 좋다고 자신했기 때문에 아랍 국가들이 현실을

골다 메이어 총리. 메이어는 신생 이스라엘 공화국의 노동부 장관, 외무부 장관을 거쳐 이스라엘의 제4대 총리를 역임(1969년 3월 17일부터 1974년 4월 11일)했다. 영국의 마거릿 대처(Margaret Thatcher) 등이 이 별명을 이어받기 전까지 '철의 여인'이라고 불리었다. 〈WIKIMEDIA COMMONS | Public Domain〉

인정할 때까지 기다릴 심산이었다. 1970년 12월, 메이어 총리는 운하를 다시 개방해 이집트가 전쟁을 일으킬 동기를 감소시키기 위한 목적으로 이스라엘군을 수에즈 운하에서 20마일(32km) 후방으로 물리자는 모세 다얀 국방장관의 제안을 거부했다. 두 달 뒤, 사다트는 다얀을 언급하지 않고 이 제안을 가다듬어 자신의 것으로 차용해 이집트 의회에서 연설했다. 하지만 다얀과 달리 사다트는 이스라엘군의 부분 철군이 무기한 연기가 아닌 완전한 철군을 촉진시킬 것으로 보았다.

이 연설에서 청중들은 이스라엘과 평화협정을 맺을 수도 있다는 사다트의 언급을 듣고 놀랐는데 아랍 지도자가 이런 가능성을 공식적으로 제안한 경우는 이번이 처음이었다. 그러나 사다트는 이스라엘이 시나이 반도 전체뿐 아니라 6일 전쟁에서 점령한 모든 영토, 즉 요르단강 서안, 골란 고원, 동예루살렘(1948년 이스라엘 독립 당시 예루살렘은 유대인이 주로 거주하는 신시가지인 서예루살렘과 아랍인이 주로 거주하며 역사적인 구시가지 및 성전산이 있는 동예루살렘으로 분할되었다. 후자는 요르단의 통치를 받다가 1967년의 6일

전쟁에서 이스라엘군에 탈취되어 오늘에 이른다–옮긴이)에서 철군하겠다고 약속해야 협상이 가능할 것이라고 말했다. 팔레스타인 난민 문제도 역시 해결되어야 할 것이다. 이집트의 경제적·전략적 상황이 절박했는데도 사다트는 이스라엘과 별도의 합의를 제안하지는 않았다.

미 국무장관 윌리엄 로저스William Rogers는 협상 개시를 위한 잠정조치로서 제한적 철군에 동의하도록 이스라엘을 설득했으나, 이스라엘은 양보하지 않았다. 로저스의 소득 없는 예루살렘 방문이 끝나고 조지프 시스코Joseph Sisco 차관보는 공항으로 떠나기 전에 메이어 총리를 예방해 꽃다발을 증정했다. "조, 꽃으로 의사 표현을 하는군요." 메이어 총리는 가볍게 말했다. "하지만 도움이 되지 않을 거예요."

이스라엘은 6일 전쟁 전의 국경으로 돌아가지 않기로 했는데, 특히 이스라엘의 좁은 허리 부분의 대부분을 차지한 요르단강 서안이나 예루살렘에서는 더더욱 그랬다. 이스라엘은 팔레스타인 난민 귀환을 놓고 협상을 할 의향도 전혀 없었다. 이스라엘은 팔레스타인 난민이 귀환한다면 인구 균형이 깨져 유대 국가의 소멸로 이어질 것으로 판단했다. 6일 전쟁이 끝나고 1주일 뒤, 이스라엘 정부는 평화조약을 맺는 대가로 일부 소소한 국경선 변경을 제외하고 시나이 반도와 골란 고원에서 철수할 준비가 되었음을 이집트와 시리아에 전해달라고 미국에 요청했다. 이집트와 시리아로부터 응답은 없었으며 2개월 뒤 하르툼Khartoum(수단의 수도–옮긴이)에서 열린 아랍 정상회의는 이스라엘과의 평화는 없으며, 이스라엘을 인정하지도, 협상하지도 않을 것을 만장일치로 합의했다. 다음달, 이스라엘 정부는 평화 제안을 철회했다.

국제사회는 해법을 찾기 위해 백방으로 노력했다. 1971년 2월에 유엔 특사 군나르 야링Gunnar Jarring(스웨덴의 외교관·언어학자–옮긴이)이 제출한 질의서에 대한 답변에서 이집트는 이스라엘이 전쟁 전의 국경으로 돌아간다면 평화조약을 맺을 준비가 되어 있다는 뜻을 밝혔다. 이와 유사한 질의서가 예루살렘에 전달되었다. "평화를 얻는다면 이스라엘은 시나이 반도 전역에서 철군할 용의가 있는가?" 답변은 부정적이었다. 이스라엘은 전쟁 전의 국경이 아닌 '상호합의에 근거해 결정된 국경'으로 철군할 준비를 하고 있었다. 아랍 국가들의 입장에서 또 다른 전쟁의 유혹을 떨치기 어렵기 때문에 이스라엘이 전쟁 전의 취약한 국경으로 철군해서 얻는 평화는 그 수 명이 길지 못할 것이라는 게 다얀의 의견이었다. "만약 우리가 모든 아랍인의 요구와 과거의 주권을 존중한다면 유대인 국가는 존재하지 않을 것입니다." 시나이 반도의 미래에 대한 중간 합의의 가능성은 사막의 모래 속으로 가라앉았다.

이스라엘의 관점에서 보면 유대 국가의 파멸을 원한 아랍 국가들로 인해 이스라엘은 1948년과 1967년, 한 세대에 두 번이나 생존이 걸린 전쟁에 휘말렸다. 이스라엘은 자신이 국경선 변경을 요구할 도덕적 권리, 전략적 필요와 군사력을 가졌다고 믿었다. 아랍인들은 아랍인대로 이스라엘이 아랍 영토를 정당한 이유 없이 강탈했다고 생각했다. 사다트는 자신이 후일 밝혔듯이 이스라엘이 철군한다면 그 대가로 대사의 교환이나 정상 관계 수립이 아닌 사실상 비교전협정Non-belligerence pact 같은 일종의 평화를 제공할 의향이 있었다. 하지만 영토를 대가로 평화를 얻지는 않을 터였다.

인내심을 갖고 외교협상을 추진했더라면 이스라엘과 이집트 간의 평화협정을 이끌어낼 수 있었지 않았을까라는 추측을 할 수 있을지는 모르지만, 돌이켜 생각해보면 그랬을 가능성은 희박해 보인다. 사다트를 가장 잘 아는 그의 아내 지한Jehan은 1987년에 이스라엘 신문과 가진 인터뷰에서 두 나라가 전쟁의 불구덩이를 통과하지 않고서는 평화를 달성할 수 없었을 것이라 말했다. "사다트는 승리해서 동등한 입장에서 협상을 시작하기 위해 또 하나의 전쟁이 필요했다"라고 제한은 말했다. 헨리 키신저Henry Kissinger는 몇 년 뒤에 미국이 1973년 이집트에 평화조약 조인을 요구하지 않고 이스라엘군을 전쟁 전의 국경으로 철군하도록 중재했더라면 이집트의 자존심이 회복되지는 않았겠지만 마지못해 이를 받아들였을 것이라고 사다트가 말했다고 증언했다.

사다트의 취임 당시 대부분의 사람은 그를 강력한 카리스마를 가진 인물이 실권을 잡기 전까지 나세르의 빈자리를 채울, 존재감이 없는 과도기적 인물로 생각했다. 하지만 그는 20세기가 낳은 가장 상상력이 풍부하고 대담한 지도자 중 하나로 변신했다. 사다트는 농민 출신인 것을 자랑스럽게 여겼으며 자신이 이집트의 운명을 짊어졌다는 신비주의적 생각에 가득 차 있었다. 대통령이 되고 나서도 사다트는 자주 자신이 태어난 나일 삼각주의 가난한 마을인 미트 아불-쿰Mit Abul-kum으로 돌아가 명상을 하곤 했다.

그의 검은 피부가 말해주듯 사다트의 어머니는 해방된 아프리카 출신 노예의 딸이었다. 군인이 되기 전 사다트는 배우가 되려고 한 적이 있었다. 배우가 되는 데는 실패했으나 정치무대는 그 어떤 극장보다 배우로서 사다트의 역량을 훨씬 크게 발휘할 기회를 제공했다. 사다트의 옷장에는 이탈리아제 맞춤 정장 양복, 많은 훈장이 달린 육군 및 해군 장성 군복, 그리고 농부 옷이 있었는데, 이러한 그의 의상들은 그가 다양한 역할들을 세련되게 연기해왔음을 보여주는 증거였다. 자기과시적 금욕주의라고 여기는 이도 있었으나 사다트는 소박한 갈라비야Galabiya(이집트 농민이 입

안와르 사다트 이집트 대통령. 헨리 키신저는 미국이 1973년 이집트에 평화조약 조인을 요구하지 않고 이스라엘군을 전쟁 전의 국경으로 철군하도록 중재했더라면 이집트의 자존심이 회복되지는 않았겠지만 마지못해 이를 받아들였을 것이라고 사다트가 말했다고 증언했다. 〈이스라엘 정부 공보처 제공〉

는 펑퍼짐한 원피스 형태의 간단한 외출복-옮긴이)만 입은 채 미트 아불-쿰의 나무 아래에 앉아 찾아온 기자들과 인터뷰하기도 했다. 어찌 되었든 그가 자신의 뿌리와 연결된 유대관계와 이슬람 신앙으로부터 삶의 진정한 자양분을 얻었음은 분명하다.

이집트에 대한 영국의 패권 종식을 원했던 젊은 시절의 사다트는 자국민의 해방을 위해 투쟁했던 국가 지도자들을 존경하게 되었다. 사다트는 마하트마 간디Mahatma Gandhi나 케말 아타튀르크Kemal Atatürk(터키 공화국의 초대 대통령-옮긴이)뿐 아니라 아돌프 히틀러Adolf Hitler를 이러한 종류의 민족지도자로 생각했고 히틀러를 대중의 지지를 받아 무너진 국가를 재건한 지도자로 존경했다. 사다트는 대통령이 된 다음 적어도 공식적으로는 히틀러에 대한 과거의 평가를 포기하고 '나치Nazi'라는 용어를 경멸의 뜻을 담아 흔히 이스라엘을 지칭할 때 사용했다.

선견지명이 있었지만 사다트는 독재의 비정한 규칙을 잘 이해했다. 대통령 취임 후 7개월 만에 그는 주요 정적들을 체포해 통치 기반을 안정시켰다. 이스라엘이 받아들이기 어려운 조건을 걸기는 했지만 유대 국가와 평화를 맺을 준비가 되었다는 사다트의 선언은 아랍 세계의 정치적 수사를 탈피한 대담한 조치였다.

이스라엘에 대한 부분 철군 요구가 실패로 돌아가자, 사다트는 전쟁을 준비하기 시작했다. 사다트는 호전적 언사를 구사했으나 말로만 끝난 경우가 많아 나중에는 국내외의 많은 이들에게 웃음거리가 될 정도였다. 1971년 중반에 사다트는 이 해를 '결단의 해'로 선포했으나 1971년은 결단 없이 끝났고 다음 해도 마찬가지였다. "전 세계가 우리를 믿지 않았고 우리 자신조차 신념을 잃기 시작했다"라고 사다트는 1974년에 한 텔레비전 인터뷰에서 이런 상황을 인정했다.

시나이를 회복하기 위해서라면 100만 명의 전사자도 감내하겠다는 사다트의 성명을 듣고서도 이스라엘은 이를 심각하게 여기지 않았다. 이스라엘이 보기에 사다트의 이집트군은 전쟁 준비가 전혀 되어 있지 않았다.

이집트와 시리아는 냉전 시대 소련의 주요 자산이었다. 양국은 소련에 항만시설과 정찰기 착륙권 및 전자감시기지 부지를 제공했다. 이러한 시설은 지중해에서 소련에 타격을 가할 수 있는 핵미사일을 보유한 미 제6함대를 추적하는 데 필요했다. 알바니아^{Albania}가 동맹을 중공으로 바꾸면서 모스크바는 이 지역에서 가졌던 발판을 상실했다. 소련은 경화^{hard currency}(달러같이 국제적으로 널리 통용되는 통화-옮긴이)를 받고 이집트와 시리아에 무기를 판매하는 것으로 이집트와 시리아와의 관계를 강화할 수 있어 만족했다. 소련군 고문단 1만 5,000여 명이 이집트군을 현대적인 군대로 만들고 있었다. 시리아군에도 비슷한 수의 고문단이 파견되었다.

소련은 점차 회복 중이던 미국과의 관계를 위험에 빠뜨릴 수 있는 이스라엘과의 군사적 대치를 완화하도록 아랍을 설득했다. 소련 정부는 이집트가 요구한 장거리 전폭기 같은 특정 공격용 무기의 공급을 거절했다. 소련이 이집트군의 전투 능력에 대해 보인 노골적 멸시도 관계 악화에 한몫했다. 한번은 소련 국방장관 안드레이 그레츠코^{Andrei Grechko} 원수가 사다트에게 마치 강의라도 하듯, 전쟁을 수행하려면 세 가지 전제조건, 즉 무기, 훈련, 싸우겠다는 결의를 가져야 한다고 말하며 "귀국은 처음의 두 가지를 갖고 있습니다"라고 했다.

데탕트가 이루어져 두 초강대국의 관계가 더 밀접해짐에 따라 사다트는 점점 더 초조해졌다. 사다트는 1972년 5월 모스크바에서 열린 미국의 리처드 닉슨Richard Nixon 대통령과 소련의 레오니트 브레즈네프Leonid Brezhnev 공산당 서기장의 정상회담 뒤에 나온 공동성명이 '굉장한 충격'이었다고 말했다. 공동성명은 중동지역에서의 군사적 긴장 완화를 옹호했는데, 이는 사다트에게 이스라엘의 아랍 영토 점유의 영구화를 뜻했다. 심지어 소련은 국경 변경의 가능성이 존재함에도 동의했다.

카이로 주재 소련대사 블라디미르 비노그라도프Vladimir Vinogradov는 회담 후 7주가 지나서야 사다트에게 닉슨-브레즈네프 회담 보고서와 이 회담이 이집트에 어떤 함축적 의미를 가지는지 사다트에게 전달했다. 사다트는 대사가 발언하는 동안 지팡이에 머리를 기대고 소파에 앉아 있었다고 술회했다. 비노그라도프 대사가 소리 내어 읽는 전문에는 이집트가 요청한 무기에 대한 언급은 없고 오히려 이집트는 전쟁 준비가 되어 있지 않다는 말로 끝났다. 사다트의 대답은 간결했다. 지금 당장 소련 군사고문단을 추방하겠다는 것이었다. 시계를 한 번 보고 사다트는 비서에게 물었다. "오늘 날짜가 어떻게 되나? 안경 없이는 달력이 안 보여서 말이지." 7월 8일이라는 답을 듣고 사다트는 비노그라도프 쪽으로 몸을 돌려 이렇게 말했다. "좋소, 10일 드리리다. 이집트와 소련 간에 이어져온 오랜 거래 관계는 이것으로 끝이오."

사다트는 충동적으로 행동하지 않았다. 정상회담 결과 사다트는 시나이 빈도를 회복하는 데 더는 소련의 지원을 기대할 수 없음을 깨달았다. 이 놀랍기 그지없는 행동—나중에 사다트의 전매특허가 된 정치적 대연극—에 대해 모스크바는 불쾌하다는 반응을, 이스라엘은 환영한다는 반응을 보였다. 이스라엘은 이 조치를 가까운 장래에 이집트가 전쟁에 돌입하지 않을 것이라는 보증으로 보았으며, 워싱턴도 사다트가 스스로 군사 조치라는 선택지를 없앴다고 보았다.

그러나 예루살렘에서 사태를 예의주시하던 있던 한 사람은 군사고문단 추방이 사다트가 군사 조치 선택을 보류했다는 뜻이 아니라 개시했다는 뜻일 수 있다고 보았다. 이스라엘 외교부의 기데온 라파엘Gideon Rafael 국장은 며칠간 군사고문단 추방의 함의에 대해 심사숙고한 끝에 동료들에게 회람을 돌렸다. 회람에서 라파엘은 사다트가 6일 전쟁 이전의 국경으로 후퇴하도록 이스라엘을 압박하기 위해 미국을 경기에 초대했다는 의견을 내놓았다. 만약 실패한다면 사다트는 전쟁을 벌일 생각이고 이 경우 소련이 이집트의 군사적 모험주의에 공개적으로 반대한다는 점을 고려하면 대규모 소련 군사고문단의 존재는 방해가 될 것이라고 라파엘은 적었다. 사다트의 행보는 그가 정치적·군사적 선택지를 모두 준비 중이라는 뜻이라고 라파엘은 주장했다. 이스라엘 정부에서 라파엘의 주장을 심각하게 받아들이는 사람은 없었으나 그의 분석은 사다트의 의중을 정확하게 읽은 끝에 내놓은 것이었다.

워싱턴은 6개월도 더 지나서야 사다트의 행보에 대해 의미 있는 반응을 보였다. 6일 전쟁 이래 양국은 국교단절 상태였다. 1973년 2월, 사다트의 국가안보고문 하페즈 이스마일Hafez Ismail은 미국의 초청을 받아 미국 측 상대인 헨리 키신저와 회동했다. 이 만남을 위해 특별히 임차한 코네티컷Connecticut에 있는 한 사업가의 별장에서 두 사람은 이틀간 비밀회담을 열었고, 이스마일은 이집트의 입장을 간단히 설명했다. 이집트는 이스라엘과 평화협정을 맺을 용의가 있으나 이스라엘이 모든 전선에서 6일 전쟁 전의 국경으로 돌아가겠다고 먼저 선언해야 절차를 개시할 수 있다는 것이었다.

키신저는 이집트가 요르단강 서안의 국경 조정에는 타협할 여지가 있으며 요르단강 서안에서 아랍군이 합류하는 사태를 막기 위해 요르단강을 따라 이스라엘군이 주둔하는 것까지도 허용할 수 있다는 뜻을 내비친다는 인상을 받았다. 이스마일은 이스라엘이 철군 의사를 밝히는 대로 이집트-이스라엘 국경 양쪽에 비무장지대가 설치될 것이라고 말했다. 이스라엘 선박은 수에즈 운하를 이용할 수 있으며 이집트는 이스라엘과 거래하는 회사에 대한 제재를 해제할 것이다. 그러나 외교 관계 수립이나 국경개방은 없을 것이며 이스라엘이 골란 고원에서의 완전 철군을 포함해 시리아, 요르단, 팔레스타인 아랍인과 합의를 마쳐야 협상이 가능할 것이다. 아랍의 동예루살렘과 성전산Temple Mount(예루살렘 구시가지에 있는 옛 유대교 최고 성전이 있던 언덕-옮긴이) 통제는 협상 대상조차 될 수 없다.

이 조건은 지금까지 어떤 아랍 국가가 제시했던 것보다 훨씬 나았으나, 키신저는 과연 이스라엘이 이 조건에 동의할지에 대해 회의적이었다. 골다 메이어 총리는 이제야 시나이 반도에서 이스라엘군의 부분 철군을 논의할 의향이 있다고 생각이 바뀌었으나 이스라엘이 최종 합의에는 국경 변동이 있어야 한다는 태도를 고수할 것이라는 점은 분명했다. 이스라엘 정부, 최소 정책 결정이 이루어지는 메이어 총리의 이른바 '주방 내각(메이어는 자신의 집 주방에 측근과 주요 각료, 군 고위층을 불러 회의하곤 했다–옮긴이)'은 아랍 국가들은 군사적으로 선택의 여지가 없으며 결국 현 상황의 의미를 받아들일 것으로 판단했다.

이스마일이 사다트에게 가지고 온 메시지는 상황을 바꾸기 위해 미국이 할 수 있는 것은 없다는 내용이었다. 이스마일이 제출한 보고서에 따르면 키신저는 "사다트 대통령께 제가 드릴 충고는 현실적이 되라는 것입니다"라고 말했다. "귀국이 패배한 것은 사실이니 승자의 전리품을 요구하지 마십시오. 귀국이 현실을 바꿀 수 있다면 당연히 해법에 관한 저희의 인식도 바뀔 것이고, 현실을 바꿀 수 없다면 귀국이 제시한 것 외에 다른 해법을 찾아야 할 것입니다. 제가 말씀드리는 것을 명확히 이해하셨기를 바랍니다. 물론 사다트 대통령께 군사적 상황을 바꿔보시라고 요청하는 것이 아닙니다. 만약 그런다면 이스라엘은 또다시 1967년보다 더 크게 승리할 것이고 이런 상황에서 저희가 무엇인가를 해보기란 매우 어려울 겁니다."

사다트는 키신저의 견해를 반박하지 않았다. 사실 사다트는 여기에 공감했다. 아랍이 또 한 번 반드시 패배할 수밖에 없으리라는 견해만 빼고 말이다. 사다트는 회고록에서 "우리가 이 교착상태를 타개하기 위해 군사행동을 취하지 않았다면 미국이나 다른 어떤 강대국도 조치를 취하기는 불가능했을 것이다"라고 기록했다.

이제 사다트는 군사행동을 준비하기 시작했다.

제3장

비둘기장

골다 메이어 이스라엘 총리는 다비드 엘라자르$^{David\ Elazar}$ 장군의 군사적 감각을 판단할 위치에 있지는 않았지만 차기 총참모장(이스라엘군은 통합군 체제를 갖추고 총참모장이 지상군을 지휘하는 동시에 3군을 통합지휘했다-옮긴이)으로 엘라자르 장군이 좋을 것 같다는 판단력은 갖고 있었다. 메이어 총리가 느끼기에 엘라자르는 쉽게 타협하지 않는 불굴의 의지를 가진 인물이었으며 겸손하고 대화가 잘 통하는 상대이기도 했다. 거기에 더해 메이어 총리는 "보고 있으면 기분이 좋아지는 사람입니다"라고 장군에 대해 말했다.

6일 전쟁 이래 이스라엘 국방군의 연례 정보평가에 따르면 가까운 시일 내 전쟁이 일어날 가능성은 적었다. 1971년 1월 1일에 총참모장에 취임한 다음 열린 첫 참모본부 회의에서 엘라자르는 이러한 평가를 바꾸었다. "전쟁이 일어날 가능성은 큽니다"라고 엘라자르는 말했다. 그는 사다트가 정치적 처리를 원한다면 전쟁 외에 다른 선택의 여지가 없다고 믿었.

또 한 번 전쟁이 벌어지면 이스라엘이 얻을 것은 없다고 엘라자르는 장군들에게 말했다. 전쟁이 발발한다면 경제에 미칠 충격을 줄이기 위해 이른 시일 내에, 그리고 아랍 국가들이 다시 한 번 전쟁을 시도할 의지를 꺾기 위해 결정적 승리를 거두는 것이 목표가 될 것이다.

바르-레브 선의 타당성 검토는 엘라자르의 첫 번째 과제였다. 전임 총참모장 하임 바르-레브$^{Haim\ Bar\text{-}Lev}$ 장군의 임기 중 구축된 이 방어선은 이름만

들어보면 마지노선Maginot Line 처럼 서로 맞물리게 배치된 육중한 방어시설이 연상된다. 하지만 사실 바르-레브 선은 작고 고립된 전초기지들로 이루어진 선이었고 전초기지마다 고작 20~30명의 수비대가 배치되었다. 이글루 모양의 기지는 참호와 철조망으로 둘러싸여 있었다. 바르-레브 선은 소모전 중 이집트군의 포격에서 병력을 보호하기 위해 만들어졌지만 각 전초기지 사이의 간격이 수 마일에 달했음에도 방어 역할을 수행할 수 있다고 보는 이가 많았다. 그

다비드 엘라자르 장군. 메이어 총리가 총참모장에 임명한 엘라자르는 전쟁이 일어날 가능성이 크다고 보았다. 〈이스라엘 정부 공보처 제공〉

러나 바르-레브 선을 죽음의 덫으로 보는 견해도 있었다. 즉, 의미 있는 방어선으로 보기에는 너무 얇고 버릴 수 있는 인계철선으로 보기에는 너무 견고하다는 뜻이었다.

1970년에 이스라엘군 남부사령부(이스라엘의 남부 전선, 특히 이집트와 대치 중인 시나이 전선의 방어 총책임을 맡은 지역사령부-옮긴이)의 사령관이 된 아리엘 샤론Ariel Sharon 장군은 전초기지를 모두 폐쇄하고 기갑 순찰로 운하 지역에서 이스라엘군의 주둔군을 유지하는 동시에 운하에서 멀리 떨어진 곳으로 감시초소를 옮기자고 제안했다. 참모차장 이스라엘 탈Israel Tal 장군도 비슷한 견해를 밝히며 전쟁이 시작되는 대로 전초기지에서 수비대를 철수시켜야 한다고 주장했다.

엘라자르는 전초기지가 아니라 이동이 자유로운 전차부대에게 운하 지역의 방어를 맡겼다. 하지만 기왕 전초기지가 존재하고 이것이 있는 곳에서는 이집트군의 도하를 저지할 수 있기 때문에 전초기지를 해체하자는 의견에 동조하지 않았다. 전초기지에서는 이집트군의 상황을 관측할 수 있었

다. 게다가 엘라자르의 말에 따르면 운하 지역에 휘날리는 이스라엘 국기는 중요한 정치적 표현이었다. "내가 군사적 관점에서 전초기지가 쓸모없다고 생각했다 해도 정치적 관점에서 보면 전초기지 포기 여부는 결정하기 어려운 문제가 될 것입니다. 하지만 전초기지가 방어선을 유지하는 데 도움이 되며 약간의 정보라도 제공한다는 점을 고려한다면 전초기지 유지 문제는 더는 딜레마가 아닙니다." 엘라자르는 바르-레브 선에 배치된 병력을 감축하는 데 이의는 없다고 말했다. 샤론은 '병력 감축'을 자의적으로 해석했다. 1973년 여름에 샤론이 남부사령부를 떠날 무렵, 30개 전초기지 중 14개가 폐쇄되었다. 하지만 아직도 이스라엘군의 운하 지역 방어는 완전히 다른 전쟁의 유물인 전초기지로 이루어진 방어선에 달려 있었다. 만약 이집트군이 대규모로 운하를 도하한다면 이스라엘 전차들은 기동전을 벌이기 전에 운하를 따라 배치된 요새수비대를 방어하거나 구출하는 데 전념해야 할 것이다.

바르-레브 선에 대한 논쟁은 이스라엘의 전쟁계획에 내재된 모순을 여실히 드러냈다. 6일 전쟁 이전의 이스라엘 국방군 기본교리에 따르면 이스라엘군은 협소한 국경 때문에 전쟁이 일어난다면 신속히 적지로 이동해 전투를 벌여야 했다. 그런데 6일 전쟁으로 인해 휴전선이 전쟁 전의 국경에서 시나이 반도 내륙으로 150마일(241km)가량 이동했으나 교리가 변경되지 않아 이 점이 반영되지 못했다. 아랍의 공격 시 이스라엘군의 목표는 향후 침공 의욕을 꺾기 위해 '적에게 어떤 이익도 허용하지 않는 것'이었다. 이는 이스라엘이 점령한 시나이 반도의 운하 강둑에 적이 발판을 마련하는 것을 저지해야 한다는 뜻으로 해석되었다.

하지만 시나이 반도의 가장 먼 가장자리에 있는 모래밭에 정치적 경계선을 그음으로써 이스라엘은 6일 전쟁을 승리로 이끈 중요한 군사적 자산인 전략적 종심을 포기하게 되었다. 일시 후퇴가 가능한 드넓은 사막이 배후에 있었음에도 '적에게 어떤 이익도 허용하지 않는'이라는 교리에 따르면 이스라엘군은 이스라엘 본토를 지킬 때처럼 배수진을 치고 완강하게 적과 싸워야 했다. 그 대신에 이집트군을 사막 한가운데로 끌어들여 기동전을 벌이는 편이 훨씬 사리에 맞았다. 기동전에서 이스라엘군 기갑부대는 최상의 기량을 발휘했으나 이집트군은 그렇지 못했기 때문이었다.

엘라자르도 이러한 조치의 이점에 관심이 없지는 않았다. 1972년 봄에 열린 참모본부 회의에서 그는 자신의 상상을 거침없이 피력했다. "만약 내가 아침에 적이 공격하리라는 것을 알게 된다면 경우에 따라서 시나이 반도 내륙으로 30킬로미터에 이르는 지역을 완전히 소개(疏開)할 것입니다. 그리고 이집트군 5개 사단을 시나이 반도 내륙으로 끌어들인 다음 뒷문을 닫을 것입니다. 이는 정치적 위험을 수반하겠지만 훌륭한 전투가 될 것이며 전사에 기록되리라 확신합니다. 우리는 전쟁을 일으키는 데 관심은 없으나 전쟁이 벌어진다면 이는 적에게 앞으로 오랜 기간 이어질 군사적·정치적 타격을 입힐 역사적 기회가 될 것입니다." 하지만 이 발언은 스쳐 지나가는 환상일 뿐이었다. 엘라자르는 시나이 반도와 골란 고원에서 전술적 일시 후퇴는 없을 것이라고 강조했다. "우리는 운하에서 적을 죽여야 합니다."

이스라엘 정보당국은 만약 전투가 재개된다면 포격과 소규모 도하 습격으로 이루어진 소모전의 재판이 될 것이라고 믿었다. 또 다른 가능한 시나리오는 이집트군이 시나이 반도의 운하 강둑에 제한적 발판을 구축해 휴전이 시행될 때까지 버티리라는 것이었다.

이러한 가능성에 대처하고자 이스라엘 국방군은 암호명이 '비둘기장 Shovak Yonim(Dovecote)'인 방어계획을 수립했다. 이 계획은 이스라엘군의 유일한 현역 기갑사단인 시나이 사단(제252기갑사단-옮긴이)의 전차 300대와 공군력에 의존했다. 이스라엘군 지휘부는 이집트군의 공격에 대처할 수 있다는 자신에 차 있었기 때문에 이 계획은 방어전에 대해서는 간략하게만 다루었고 운하를 건너가 수행할 반격에만 주로 초점이 맞춰져 있었다.

이집트군이 5개 사단을 동원해 선면적 도하를 시도할 때를 대비해 더 넓은 범위의 작전계획이 작성되었다. 암호명 '바위 Sela(Rock)'로 불린 이 작전은 정보당국의 사전경보에 따라 전쟁 발발 전에 2개 동원기갑사단의 동원을 요구했는데, 이스라엘군은 정보당국이 전쟁 개시에 대한 확실한 사전경보를 해줄 것으로 믿었다. 비둘기장 계획과 마찬가지로 바위 계획도 운하를 건너온 이집트군은 당연히 신속하게 격파될 것이기에 정교한 계획이 필요 없다는 듯, 실제 방어 단계는 건성으로 다뤘다. 사실 바위 작전계획도 비둘기장 계획과 마찬가지로 침입해온 이집트군에 대한 대응을 시나이 사단과 공군력에 맡겼다. 동원사단들은 방어 대신 운하 도하에 주력할 계획이었는데, 이는 비둘기장 작전계획에서 요구된 것보다 더 지대한 영향을 가져올 반격작전이었다.

가능성은 매우 작으나 정보당국이 촉박하게 사전경보를 내려 이집트군이 공격하기 전에 동원사단들이 동원을 마치지 못한다면, 시나이 사단이 공군의 지원을 받으며 비둘기장 작전을 수행해 이집트군을 막아낼 것으로 기대되었다. 그리고 동원사단들이 도착할 때까지는 시나이 사단이 방어 책임을 거의 도맡을 것이다. 이는 비상시에 냅킨을 식탁보로 쓸 수 있을 것이라 기대하는 것이나 마찬가지였다. 100마일(161km)에 달하는 전선에서 적 5개 사단을 아군 1개 사단으로 막아내겠다는 발상은 이집트군의 전투력을 경멸할 때에만 가능한 생각이었다. 통상적으로 훈련과 순환배치 때문에 시나이 사단의 3개 여단 중 불과 1개 여단만이 운하 지역의 최전선에 배치될 수 있었다는 점을 고려한다면 이집트군이 기습할 경우 5 대 1이 아닌 15 대 1의 전력비율로 이집트군이 우세할 수 있었다. 작전계획의 입안자들은 방어군이 일시적으로 후퇴해 지연작전을 펼칠 수 있는 융통성 있는 대안을 마련해두지도 않았다. 시나이 사단과 공군은 어떤 상황에서라도 반드시 운하에서 이집트군을 저지해야 했다. 그런데 소모전 당시 소련제 지대공미사일들이 이스라엘 공군기들에 놀랄 정도로 큰 손실을 입혔음에도 불구하고 공군이 운하 상공에서 무력화될 가능성에 생각이 미친 사람은 없었다.

1972년 8월에 남부사령부가 실시한 워 게임 war game 에서는 이집트군 4개 사단이 도하하는 상황이 상정되었는데 정보당국은 고작 48시간 전에야 경보를 내릴 수 있었다. 이 워 게임에서 시나이 사단은 한나절 만에 이집트군 교두보를 소탕했고 셋째 날에 첫 이스라엘군 동원사단이 전선에 도착해 운하를 도하했다. 참가자들은 이스라엘군 정보당국의 능력을 고려할 때 48시간 여유를 둔 사전경보는 터무니없이 촉박하다고 생각했는데 정보당국은 비공식적으로 적의 공격이 있기 5일이나 6일 전에 사전경보를 내릴 것이라고 약속했다. 샤론은 워 게임을 통해 시나이 사단 단독으로 그 어떤 이집트군의 위협에도 대응할 수 있음이 증명되었다고 말했다. 대개 신중한 자세를 취하던 정책입안자들도 이 견해에 동의했다. 아랍 군대가 6일 전쟁에서 어떻게 와해됐는지를 반추해보면 다른 생각을 하기 어려웠다. 이집트군이 경고 없이 운하를 전면 도하할 것이라는 상정은 설득력이 전혀 없었으며 워 게임에서 이를 고려하는 것은 시간 낭비로 보였다.

 한 이스라엘군 장교는 이집트군이 이스라엘 쪽 운하 동안에 도달하기 전에 격퇴할 수 있다고 생각했다. 다비드 라스코브$^{David\ Laskov}$ 대령은 특수무기와 장비의 제작을 맡은 비밀부대의 부대장이었다. 66세인 라스코브 대령은 이스라엘군의 최고령 현역 장교였다(80대까지 현역으로 복무했다). 라스코브는 시베리아에서 태어나 건축 교육을 받았는데 시온주의자(고국 팔레스타인에 유대 민족국가를 건설하는 것을 목표로 한 유대민족주의 운동주의자-옮긴이) 활동 때문에 소련 비밀경찰의 표적이 되었다. 그는 1930년대에 중국을 통해 하이파^{Haifa}(이스라엘의 항구도시-옮긴이)로 탈출해 제2차 세계대전에는 영국군에서 복무하다가 이스라엘 국방군의 창군에 참여했다. 지난 수년간 라스코브는 작전상 문제에 대해 기발한 해결책을 여러 번 제시했다. 이번에는 이집트군이 운하 도하를 시도한다면 3000년 전 홍해가 갈라진 곳으로 도망치던 이스라엘인들을 쫓던 파라오의 군대에 입힌 것 같은 손실을 입힐 수 있다는 생각이 라스코브에게 떠올랐다. 라스코브는 물에 불을 질러 전능한 신을 능가할 생각이었다. 구약성서에서나 나올 법한 해법이지만 공학적으로는 쉽게 달성할 수 있었다.

운하 연변에 있는 전초기지 두 곳의 지하에 대형 연료탱크가 설치되고 운하 가장자리까지 연료관이 연결되었다. 지휘관은 전초기지 내부에서 연료를 방출하고 전기 스파크로 불을 붙일 수 있었다. 귀중한 불$^{Orr\ Yakarot(Dusky\ Light)}$이라고 불린 이 시스템은 1971년 2월에 바르-레브 선의 한 전초기지에서 시험 되었다. 이집트군은 운하를 뒤덮은 불길과 진한 검은 연기를 보고 깜짝 놀랐다. 이스라엘군 수뇌부는 이집트군만큼 깊은 인상을 받지 않았다. 불길은 넓은 수역을 뒤덮지 못했고 너무 빨리 연료를 소진해 사그라졌다. 게다가 시스템 유지 문제도 상당할 터였다. 샤론 장군은 남부 전선의 지휘관으로서 이 시스템에 배정된 예산을 도로에 쓰는 것을 더 선호했다. 설비 모조품 16개가 건설되었다. 이집트군에 일부러 보여주어 운하를 건너올 엄두를 못 내게 할 의도에서였다. 시간이 지남에 따라 진짜 시스템 2개는 방치되었다. 그러나 이집트군은 이 위협 요소를 절대 잊지 않았다.

 운하에서 내륙으로 1마일(1.6km) 들어간 곳에는 '렉시콘^{Lexicon}'이라는 암호명이 붙은 도로가 운하와 평행하게 남북으로 나 있었고, 이 도로에서 운하 연변의 전초기지들로 이어지는 접근로가 있었다. 두 번째로 운하에서 동쪽으로 5~6마일(8~9.7km) 떨어진 곳에 있는 시나이 반도 내륙 쪽으로 첫 번째 고지인 모래언덕에 운하 연변에서보다 띄엄띄엄 구축된 전초기지로 이루어진 선이 있었다. 이곳은 전차와 포병의 중간대기구역$^{staging\ area}$(정비, 점검, 집결의 목적으로 작전부대가 이용하는 목표 지역과 출격 지역 사이의 구역-옮긴이) 역할을 했다. 이집트군이 공격하면 전차들이 이곳에서 운하 연변의 전초기지들로 달려갈 것이다. 이 전초기지들은 포병로$^{artillery\ road}$라고 불리는 남북 간선도로로 연결되어 있었다. 동쪽으로 다시 15마일(24km) 후방에는 측면로$^{lateral\ road}$라고 불리는 남북으로 난 도로가 후방의 기지들을 이었다. 앞으로의 전투는 운하 동쪽으로 각각 약 1마일, 5마일, 20마일 떨어져 평행하게 남북으로 난 이 3개의 도로를 사이에 두고 벌어질 것이다.

6일 전쟁 이후 수에즈 운하와 골란 고원의 군대 배치 상황은 이스라엘 정보당국에 난제를 안겼다. 과거에 이집트와 시리아군은 전력 대부분을 국경에서 상당히 떨어진 후방에 배치했다. 6일 전쟁 발발 전에 이집트군은 시나이 반도로 사단들을 진주시켜 적대적 의도를 드러냈기 때문에 이스라엘은 예비군 동원과 배치를 완료하기에 충분한 시간을 확보했다. 6일 전쟁 이후 이집트군과 시리아군은 이스라엘군 진영 바로 맞은편에 대거 전개했기 때문에 이스라엘군은 조기경보를 가능케 했던 완충지대를 상실했다.

런던 주재 이스라엘대사관 국방무관은 전화기에서 들리는 아랍어 억양에 귀를 쫑긋 세웠다. 전화를 건 사람은 자신이 이집트인임을 밝히고 중립적 장소에서 이스라엘 정보기관 관계자를 만나고 싶다고 말했다. 무관은 대사관 건물에서만 만남을 주선할 수 있다고 말했다. 6일 전쟁이 끝나고 3년이 지난 1970년, 종전 이래 전화를 걸어와 아랍어 억양으로 이스라엘에 정보를 제공하겠다고 하는 사람은 계속 있었다. 보안 문제에 대한 고려 때문에 이스라엘이 관장하는 장소가 아닌 곳에서의 면담은 불가능했다. 전화를 건 사람은 이스라엘대사관으로 올 수 없다고 말하면서 자신의 이름과 전화번호를 남겼다. 무관은 그가 누구인지 몰랐다.

무관은 후일 출장 온 모사드 요원 두 명에게 이 대화에 대해 언급했다. 이

결혼식장에서 신부 모나와 함께 있는 아슈라프 마르완(오른쪽 끝). 장인인 가말 압델 나세르 이집트 대통령과 악수하고 있다. 〈익명 제공자 / AP 통신 제공〉

때 세 사람은 공항으로 가는 차 안에 있었다. 모사드 요원들은 전화를 걸었다는 사람의 이름을 듣자 서로를 바라보더니 기사에게 길옆으로 차를 세우라고 했다. 한 사람이 택시를 잡아 대사관으로 돌아가 그가 남긴 번호로 전화를 걸었다.

모사드 요원들은 전화를 건 사람이 다름 아닌 2개월 전 서거한 이집트 대통령 가말 압델 나세르의 사위인 아슈라프 마르완Ashraf Marwan임을 알았다. 나세르 대통령 재임 중 마르완은 이집트와 아랍 세계의 신경중추인 이집트 대통령비서실에서 일했다. 강력한 정적들로부터 도전받던 나세르의 후임자 사다트는 나세르의 가족 일원과 협업하는 것이 자신의 통치를 정당화하는 데 도움이 될 것으로 보고 마르완을 순회대사로 계속 기용했다. 이집트 지도층을 면밀히 감시하고 있었던 모사드는 이집트 정계의 핵심인물인 마르완이 돈이 부족한 때가 많은, 낭비벽이 심한 사람임을 알았다. 마르완을 매수하자는 생각도 있었으나 모사드는 그때까지는 이집트 지도층 핵심부 깊은 곳까지 손을 뻗치지 않은 상태였다.

다시 걸려온 전화를 받은 마르완은 런던 중심가의 고급호텔 로비에서 만나자는 제안을 받았다. 전화를 건 모사드 요원은 신문을 읽는 척하며 로비 입구 가까운 곳에 앉아 있었고 길거리에는 보안요원들이 예측하지 못한 사태에 대비해 눈에 띄지 않게 배치되었다. 약속 시각이 되자 검은 피부의 잘생긴 청년이 서류가방을 들고 호텔로 들어와 만날 사람을 찾았다. 모사드 요원은 신문 사이에 숨겨진 4년 전 카이로 일간신문에 실린 사진을 눈여겨보고 있었다. 사진에는 화려한 웨딩드레스를 입은 딸과 젊은 신랑에게 함박웃음을 짓는 나세르 대통령이 있었다. 모사드 요원은 방금 도착한 사람을 다시 쳐다보더니 로비 건너편에 앉은 유럽인 용모의 사람에게 고개를 끄덕였다. 모사드 런던 지국 부국장이었다. 이집트인에게 다가간 부국장은 "마르완 선생님, 만나서 반갑습니다"라고 유창한 아랍어로 말했다. "저는 알렉스라고 합니다."

  이스라엘 관계자들은 예약한 호텔 방으로 마르완을 서둘러 안내했다. 잠시 잡담을 한 다음 마르완은 서류가방을 열어 문서 한 다발을 건넸다. 이스라엘 관계자들은 마르완이 첫 만남에서 정보에 대한 대가 문제를 제기하리라 예측했으나 그는 그러지 않았다. 마르완은 모사드 요원들이 우선 이 문서들을 살펴보고 자신이 제공할 정보의 본질을 파악하기를 원했다. (결국, 어렵사리 물질적 보상 문제를 끄집어냈을 때 당시 25세였던 마르완이 가장 먼저 원했던 것은 빨간색 푸조^{Peugeot} 컨버터블 승용차였다.) 모사드는 마르완이 군사기밀, 국가기밀, 다른 아랍 정권에 대한 정보, 혹은 소련에 제출한 군사원조 요청 현황 등 어떤 정보에 접근할 수 있는지를 확신하지 못했다. 첫 만남에서 '알렉스'가 받은 문서들을 훑어보니 마르완은 이 모든 분야뿐 아니라 이보다 더 많은 정보에도 접근할 수 있는 사람이었다. 이스라엘 정보당국자들은 할 말을 잃었다. 이들조차 이런 고급정보를 접해보기는 처음이었.

  마르완과 접촉한 적이 있던 한 모사드 요원은 동료들에게 "이런 정보원이 이런 문건을 가져온 일은 천년에 한 번 일어날까 말까 합니다"라고 말했다.

  그 뒤로 몇 달 동안 모사드 요원들은 마르완이 계속 가져다준 최고기밀 문건들을 보며 경악을 금치 못했다. 문건 중에는 이집트 정부 각료회의 및 이집트 육군 참모본부 의사록도 있었다. 마르완은 심지어 사다트와 소련 지도자 레오니트 브레즈네프가 무기지원 문제를 의제로 모스크바에서 한 회담 기록도 제공했다. 이 문건은 소련 지도자들이 이집트가 이스라엘과의 전쟁에서 승리할 가능성에 대해 회의적이었음을 보여주었다.

  '제 발로 걸어 들어와' 정보를 제공하겠다고 한 외국인은 당연히 이중간첩일지도 모른다는 의구심을 불러일으켰다. 이 사람이 첩보활동의 대상인 적성국 국민이라면 특히 더 그랬다. 모사드는 이 가능성에 대해 면밀한 조사를 거듭했으나 의심을 불러일으킬 만한 것을 전혀 발견하지 못했다.

마르완에 대한 정밀조사를 위해 경험 많은 조사관인 이스라엘군 정보국의 이집트과장 메이르 메이르Meir Meir 중령이 런던으로 파견되었다. 3시간에 걸쳐 진행된 심층면담에서 마르완은 이집트군에 대한 메이르 중령의 상세한 질문에 대해 거의 모두 답하고 나머지 답은 다음번에 만날 때 가져오겠다고 약속했다. 헤어지기 전에 메이르 중령은 마르완에게 두 가지 문건인 이집트의 다음번 전쟁계획 및 부대, 배치상황, 무기를 포함한 지휘구조를 해설한 이집트군의 전투서열을 가져와달라고 요청했다. 4개월 뒤에 메이르와 다시 만난 자리에서 마르완은 요청받은 문건 일체를 전달했다. 문건의 세부사항은 이스라엘 정보당국이 이미 파악한 사실과 대조·검토되어 지금까지 이스라엘이 알지 못했던 많은 부분을 보충했다. 메이르 중령은 마르완이 가져온 정보가 진짜라는 것과 그가 이스라엘에 중요한 존재라는 것을 더는 의심하지 않았다.

마르완의 동기는 지금까지 불확실하다. 하지만 마르완의 등장과 더불어 이스라엘은 이집트 내부의 정치적·군사적 동향을 훤히 들여다볼 수 있게 되었다. 몇 해 뒤 다얀이 전쟁 전 이집트의 전략적 사고에 대한 이스라엘의 정보는 확실한 정보에 바탕을 두고 있다고 발언했을 때 언급한 대상이 마르완이었다. "단언하건대, 세상 그 어떤 정보기관 수장, 참모총장, 국방장관이라도 이 정보를 받고 그 근거를 알게 된다면 같은 결론에 도달했을 것입니다."

1972년 10월, 워싱턴 주재 국방무관으로 있다가 귀국한 엘리 제이라Eli Zeira 장군이 히브리어 머리글자로 아만AMAN(완전한 이름은 아가프 하 모딘, 정보국이라는 뜻-옮긴이)으로 알려진 군 정보국의 국장으로 임명되었다. 공수여단장을 역임한 제이라는 다얀의 부관으로 근무한 적이 있었고 다얀이 가장 아끼던 부하였다. 자신감 넘치는 인물인 제이라 장군은 벌써 차기 총참모장 후보로 논의되고 있었다. 그러나 어떤 사람들은 제이라의 임명을 불안하게 보았다. 제이라가 아만 국장으로 새로이 임명되고서 고위 간부들을 대상으로 한 연설을 마치자, 한 공수여단장은 홀을 떠나면서 다른 동료에게 제이라의 오만에 가까운 자신감이 걱정스럽다고 토로했다. 대령은 사안에 대해 덜 확신하는 사람이 정보국 수장으로는 더 나으리라 생각한다고 말했다.

아만은 이스라엘의 정보기관을 대표하며 참모본부뿐 아니라 정부가 의사결정을 할 때 사용할 '국가정보평가'를 만들어내는 일도 맡았다. 해외정보 수집을 담당한 모사드는 그 명성에도 불구하고 아랍 국가들의 역량과 의도를 평가하는 데는 아만의 의견을 따랐다.

제이라가 지휘하는 아만은 새로운 환경에 맞춰 조기경보를 확실히 하고자 적이 무엇을 할 수 있는

이스라엘군 정보국 국장 엘리 제이라 장군. 공수여단장을 역임한 제이라는 다얀의 부관으로 근무한 적이 있었고 다얀이 가장 아끼던 부하였다. 〈이스라엘 국방군 기록물보관소, 이스라엘 국방부 제공〉

지(이제 적은 전방 진지에서 갑작스럽게 공격할 수 있었다)에 대한 분석보다는 적이 무엇을 의도하는지에 대한 분석에 주로 의지하게 되었다.

특히 주로 한 인물이 결정을 내리는 독재 정권을 상대할 때 적의 의도를 분석하는 것은 동물의 내장 모양을 보고 점을 치는 것과 유사하다. 그러나 사다트의 생각을 이해했다는 제이라의 믿음은 자신의 분석능력 이상의 것에 바탕을 두었다. 아만 국장으로 임명되고 나서 제이라는 모사드가 카이로에 있는 최고급 정보원인 마르완을 확보했음을 알게 되었다. 이 정보원은 사다트의 전략적 사고에 대한 열쇠를 이스라엘에 제공했다. 이집트의 지도자는 전쟁을 무릅쓸 준비가 되었으나 두 가지 조건이 충족되지 않으면 전쟁에 돌입하지 않을 것이다. 사다트는 이스라엘 내륙에 있는 기지들을 공격함으로써 이스라엘 공군을 무력화시킬 전투폭격기를 소련이 지원해주기를 원했다. 1967년에 이스라엘에 신속한 승리를 안긴 이집트 공군기지에 대한 선제공격을 갚아주기 위해서였다. 이스라엘의 이집트 심장부 공격을 억제하기 위해 텔아비브 Tel Aviv를 타격할 수 있는 스커드 Scud 미사일도 필

요했다. 이스라엘 정보당국은 다른 정보원을 통해 이집트가 장거리 전투폭격기와 스커드 미사일 도입을 두고 소련과 협상 중임을 알고 있었다. 소련은 이 무기들을 이집트에 아직 공급하지 않았다.

제이라는 '개념$^{\text{Ha Tfisa(The Concept)}}$'이라고 불리게 된 이 분석을 물려받았을 뿐 아니라 이를 적극적으로 옹호했다. 이러한 분석은 다른 정보원과 맞춰보아도 타당했기 때문에 특히 더 그랬다. 개념은 제이라 자신의 것이 아닌 사다트의 것이었고 이집트의 관점에서 본 것이었으므로 타당성을 가졌다. 제이라는 참모본부에 이집트가 어떤 소란을 피우든 간에 이 두 조건이 충족되지 않으면 전쟁에 돌입하지 않을 것이라고 장담했다. 그리고 훨씬 약한 시리아는 이집트 없이 전쟁을 벌이지 않을 것이다.

정보국을 맡은 뒤 반년이 지나고 제이라의 분석력과 배짱이 시험대에 오르게 되었다. 수에즈 운하 전선에서 이집트군 병력의 전례 없는 움직임이 포착되었다. 믿을 수 있는 정보자산의 보고에 따르면 사다트가 5월 중순에 전쟁을 벌일 계획이라고 했다. 날짜가 다가옴에 따라 이집트 정부는 군대에 최고경계령을 발령했고 이라크, 알제리, 그리고 다른 아랍 국가에서 온 파견군들이 도착했다. 리비아는 이스라엘 공군기지에 도달할 수 있는 미라주^{Mirage} 전투비행대를 파견했다. 이스라엘군은 청–백$^{\text{Kahol-Laban(Blue-White)}}$이라는 암호명이 붙은 경계태세에 들어갔다.

5월 8일에 골다 메이어 총리는 육군본부에서 브리핑을 받았다. 이 자리에서 총리는 이집트가 전쟁에 돌입할 의도를 가졌다면 이스라엘은 사전에 이를 인지할 것이라는 말을 들었다. "어떻게 알지요? 준비상황을 보고서?" 메이어 총리가 물었다. 제이라는 만약 이십트가 전군을 동원해 운히를 건너올 계획이라면 이스라엘 국방군은 사전에 이를 탐지할 수 있다고 확언했다. 이 경우 고위장교들의 전선 시찰이나 부대 재배치, 그리고 다른 징후들이 있을 터였다. 이집트군과의 전투가 한참 진행되어 이스라엘군이 곤경에 처하지 않는 한, 시리아는 참전하지 않을 것이라고 제이라는 말했다. 이스라엘 국방군과 시리아의 수도 다마스쿠스^{Damascus} 사이를 갈라놓는 수에즈 운하 같은 장애물이 없는 데다가 이스라엘 공군과 싸워 이길 가능성도 없었으므로 시리아는 매우 신중히 행동할 것이다. 어떤 경우에도 이집트와 전면전이 발발하고 시리아도 참전할 가능성은 "매우 낮습니다"라고 제이라는 발언했다.

본인은 깨닫지 못했겠지만 메이어 총리가 던진 일견 단순해 보이는 질문은 정곡을 찔렀다. 제이라가 이집트군의 준비 상황이 아닌 자신이 이해한 사다트의 생각에 따라 상황을 분석했기 때문이었다. 제이라의 분석은 사다트가 결과를 두려워한 나머지 전쟁을 일으키지 않을 것이라는 예감에 기초했거나 어쩌면 그런 예감에 고무된 것인지도 모른다.

엘라자르는 제이라의 '가능성 적음'이라는 평가를 받아들이지 않았다. 전쟁이 발발할지 확실하지는 않았으나 엘라자르는 참모

모사드 국장 즈비 자미르. 그는 정보국 국장 제이라의 평가에 동의하지 않고 사다트가 전쟁을 벌일 준비가 되어 있다고 믿었다. 〈아브라함 베레드(Abraham Vered) 촬영. 이스라엘 국방군 기록물보관소, 이스라엘 국방부 제공〉

본부에 개전 상황에 준하는 조치를 이행하라고 명령했다. 이 조치에는 전차기지를 전선 가까이 옮기는 조치와 조속한 신규 부대 편성, 전차 이동을 위한 골란 고원의 도로포장 및 도하장비의 수에즈 운하 이동이 포함되어 있었다. 소수 전문 요원들을 제외하고서는 예비군 동원 소집은 없었다.

모사드 국장 즈비 자미르 Zvi Zamir도 제이라의 평가에 동의하지 않았다. 자미르는 '개념'과 상관없이 사다트가 전쟁을 벌일 준비가 되었다고 믿었다. 그는 전쟁을 예측하지는 않았으나 이스라엘 국방군이 취한 예방조치를 지지했다. 다얀도 전쟁은 사다트가 원한 국제사회의 개입을 불러올 것이기 때문에 이집트로서는 전쟁이 합리적 선택일 것으로 믿었다. 하지만 몇 주일이 지나서도 전쟁은 일어나지 않았다.

제이라의 명성과 자신감은 청-백 경계령을 통해 크게 높아졌다. 경보음이 사방에서 울리고 국가의 운명이 위기에 처했을 때 제이라만이 전쟁이 일어날 가능성은 '매우 적음'이라고 하며 위기 상황 내내 침착함을 유지했다. 아만 참모진의 고참 분석가들조차 제이라의 분석에 이의를 제기했음

에도 그는 자신의 분석을 확고부동하게 믿으며 동요하지 않았다. 제이라는 아만의 책무는 국가의 혈압을 낮추는 것이지 불필요한 경보를 울리는 것은 아니라고 말하곤 했다. 그렇지 않으면 국가는 수개월마다 예비역들을 동원해야 할 것이며 경제와 국민의 사기는 파탄이 날 것이다.

제이라는 5월에 크네세트^{Knesset}(이스라엘 국회-옮긴이)의 외교국방위원회에 출석해 현재 배치된 이집트군과 시리아군은 갑자기 움직일 태세를 갖추었으나 실제 군대가 기동하기 전에 취해야 할 조치가 여러 단계 있다고 말했다. 이스라엘은 이 단계를 감지할 능력이 있을 것이라고 그는 언명했다. 이 약속은 최소한 부분적으로는 자신과 극히 일부만 알았던 비밀 도청작전에 근거했다.

제이라의 승리는 엘라자르에게는 간접적 질책이었다. 총참모장은 다시 한 번 늑대가 온다고 하는 불필요한 우려를 자아내는 사람으로 비칠 위험을 무릅써야 했다. 앞으로 제이라의 평가를 반박하려면 한 번 더 생각해야 할 것이다.

결과만 보면 이 사건은 제이라가 옳았음을 입증하는 듯했지만, 이는 그의 분석이 타당해서가 아니었다. 사실 사다트는 전쟁을 벌일 준비가 되어 있었다. 다만 소련에서 오는 무기, 특히 신예 T-62 전차 및 SAM-6 지대공미사일이 아직 도착하지 않아 개전을 연기해달라는 아사드의 요청을 받아들였을 뿐이었다.

위기가 끝나고 안도감이 퍼지자 아만의 이집트과가 전달하는 정보 보고에 신경을 쓰는 이는 거의 없었다. 이집트군은 운하로 가져왔던 도하 장비와 야포 일부만 다시 후방 기지로 보냈다. 나머지는 운하 지역의 보급품 집적소에 남겨졌다.

제4장

바드르

제이라 장군은 이집트의 전략을 읽어냈다고 생각하고 일 년 동안이나 자신 있게 이를 고수했지만, 이는 그가 채택하기도 전에 쓸모없게 되었다. 제이라가 아만 국장으로 취임하던 바로 그달에 안와르 사다트 이집트 대통령이 고위 지휘관들에게 이스라엘 측 평가의 기반이 된 '개념'을 포기하겠다는 뜻을 밝혔기 때문이었다.

1972년 10월 24일에 열린 이집트군 최고지휘관 회의에서 사다트는 더는 장거리 전투폭격기와 스커드 미사일을 기다리지 않고 군사행동에 나설 생각이라고 말했다. 사다트는 "우리는 지금 가지고 있는 것으로 우리의 문제를 헤쳐나가야 합니다"라고 말했다.

7월에 소련 군사고문단을 추방한 사다트는 국방장관 모하메드 아흐메드 사데크Mohammed Ahmed Sadek 장군에게 11월 중순까지 전쟁 준비를 마치라고 명령했다. 10월에 열린 한 회의에서 사다트는 군의 준비 상태를 보고하라고 지시했다. 사다트의 옆에 앉았던 사데크는 당황해하며 기밀이 누설될까 봐 장성 대부분에게 명령을 전달하지 않았다고 고개를 숙인 채 우물거리며 말했다. 이틀 뒤, 국방장관은 해임되었다. "그는 싸우고 싶어하지 않았다"라고 사다트는 회고록에 기록했다. 이 회의에서 개전에 대해 의구심을 표명한 육군장성 2명과 해군제독 1명도 해임되었다.

사데크 국방장관은 6일 전쟁 전까지 이집트가 통제했던 지역인 시나이

이집트군 참모총장 사드 엘 샤즐리 장군. 샤즐리는 유능할 뿐 아니라 전장에서 오래 머물러야 한다면 부하들과 '모래를 씹을' 준비가 된 인물로 1967년의 대참사 후 군이 상실한 자신감을 회복시킬 수 있는 적임자였다.
〈WIKIMEDIA COMMONS | Public Domain〉

반도 전체와 가자 지구를 수복해야만 전쟁 목표를 달성할 수 있다고 주장했다. 그러나 이는 이집트의 역량 밖이었기 때문에 아무 일도 하지 않겠다는 표현에 불과했다. 사다트는 시나이 반도에 확실한 교두보를 획득하는 것만으로도 국제사회의 개입을 촉발시켜 이스라엘이 탈취한 이집트 영토를 포기하도록 강요하기에 충분할 것이라고 믿었다. 이 점에 대해 사다트는 극적인 표현을 쓰면서 장군들에게 말했다. "나에게 운하 동안의 영토 10센티미터만 가져다주시오." 이러한 목적이라면 군이 이스라엘 공군기지를 공격해 무력화시킬 필요가 없었다. 누가 보아도 이러한 공격의 전망은 의심스러웠다. 운하 너머 시나이 반도 내륙 6마일(9.7km)까지 다다를 수 있는 소련제 SAM$^{\text{Surface-To-Air Missiles}}$(지대공미사일)이 운하 서안에 배치되어 교두보를 보호할 것이다.

1년 전 사다트가 참모총장으로 지명한 샤즐리 장군이 이 방안을 강력히 옹호했다. 카리스마가 있는 공수부대 지휘관이었던 샤즐리는 선배 30명을 제치고 참모총장으로 발탁되었었다. 샤즐리의 임명은 전쟁에 돌입하겠다는 사다트의 결심을 반영한 조치였다. 샤즐리는 유능할 뿐 아니라 전장에서 오래 머물러야 한다면 부하들과 '모래를 씹을' 준비가 된 인물로 1967년의 대참사 후 군이 상실한 자신감을 회복시킬 수 있는 적임자였다. 카이로의 한 신문편집인 모하메드 하세네인 헤이칼$^{\text{Mohamed Hasenein Heikal}}$은 사람을 보는 눈이 뛰어난 사람이었는데 그는 샤즐리가 군사적 천재는 아니나 정력적이고 사소한 것도 놓치지 않는 꼼꼼함을 갖춘 사람이어서 전쟁에서 군을 승리로 이끌 것이라는 결론을 내렸다. "샤즐리는 군사적 목표, 특히 임무 수행을 목전에 둔 장병들의 사기 진작이라는 목표를 달성하기 위해 자신의 매력을 사용할 줄 아는 사람이었다."

사데크 장군은 시나이 반도에 제한적 교두보를 확보하자는 샤즐리의 제안을 거절했는데 이스라엘군이 반격하면 이집트군은 운하를 등 뒤에 두고 발이 묶이게 된다는 이유에서였다. 바로 엘라자르가 상상했던 장면이다. 결국, 사데크는 샤즐리에게 소련 군사고문단의 도움을 받아 운하 동쪽으로 35마일(56km) 떨어진 기디 고개Gidi Pass와 미틀라 고개Mitla Pass까지 진격할 작전계획─화강암-2Al Jaranite-2(Granite-2)로 알려진 작전계획─을 세우는 것을 재가했다.

샤즐리조차 이 계획을 비현실적이라고 여겼는데 계획대로라면 이집트군은 SAM 우산을 벗어나 작전을 벌여야 하기 때문이었다. 결국 샤즐리는 보다 제한적인 작전계획을 세울 권한을 부여받았다. 높은 미나렛들Madhin Ealiyah(High Minarets)(미나렛minaret은 회교사원의 지붕을 뜻함-옮긴이)이라는 이름이 붙은 이 작전에 따르면, 이집트군은 SAM 포대가 보호할 수 있는 거리인 운하에서 동쪽으로 5~6마일(8~9.7km)까지 진격할 예정이었다. 참모총장의 견해에 따르면 현실적으로는 이집트군이 선택할 수 있는 유일한 공격적 선택권이었다.

6일 전쟁 당시 사단장이던 샤즐리는 이스라엘군의 맹공격에서 간신히 탈출했다. 그는 이스라엘군 비행기가 아무 저항도 받지 않고 전장 상공을 누비며 후퇴하는 이집트군에 막대한 타격을 가하는 모습을 직접 목격하고 다시는 고삐 풀린 이스라엘 공군에 군을 무방비로 드러내는 위험을 감수하고 싶지 않았다.

동시에 샤즐리는 이집트 공군의 전력을 한 단계 상향시키지 않고서는 전쟁에 돌입할 수 없다는 견해를 수용하지 않았다. 1972년 6월에 사다트가 임석한 군 최고지휘관 회의에서 그는 이 견해를 다음과 같이 표명했다. "우리가 적절한 공군력을 갖추는 것을 전제로 작전계획을 수립한다면 앞으로 몇 년, 또 몇 년간 전쟁을 뒤로 미뤄야 할 것입니다." 샤즐리는 말했다. "사실 저는 우리와 적의 공군력 격차는 줄어들지 않고 더 벌어질 것이라고 믿습니다. 따라서 우리는 적이 제공권을 장악한 상황에서 전투를 벌이는 것 외에 선택의 여지가 없습니다. 적의 제공권에는 SAM으로 대응하면 됩니다."

사다트가 국방장관에 새로 임명한 아흐메드 이스마일Ahmed Ismail 장군은 샤즐리의 입장에서는 하급자로 있는 것은 고사하고 선택할 수만 있다면 이집트 육군 전체를 통틀어 절대 같이 일하고 싶지 않을 사람이었다. 두 사람은 1960년에 콩고에서 다투었던 것이 원인이 되어 그 뒤로 오랫동안 적으로 지냈다. 이스마일은 콩고군에 파견된 이집트 군사사절단 단장이었는데 유엔평화유지군의 일원이었던 샤즐리 휘하 이집트군 부대의 지휘에 간여하려 했다. 샤즐리는 상관인 이스마일에게 주먹을 날렸고 그 뒤로 두 사람은 서로를 냉랭하게 대했다. 1969년에 나세르가 이스마일을 국방장관으로 임명하자, 샤즐리는 사직서를 제출했다. 당시 특수전사령관이던 샤즐리는 나세르가 직접 개입해 설득하고서야 계속 군대에 남았다. 6개월 뒤에 이스라엘군이 기갑부대를 동원해 아무런 저항을 받지 않고 홍해 해안을 습격한 사건이 발생하자 이스마일은 해임되었다. 그런데 지금에 와서 사다트는 이스마일을 국방장관으로 다시 기용해 모두를 놀라게 했다.

억지로 다시 일을 같이 하게 된 상황에 처하사, 샤즐리와 이스마일은 어찌 되었든 서로에 대한 혐오감을 잠시 접었다. 샤즐리는 이스마일에게 기디 고개와 미틀라 고개까지의 도달을 목표로 하는 화강암-2 작전과 이보다 규모가 작은 높은 미나렛들 작전을 모두 제시했다. 이스마일 장관은 후자가 실행 가능성이 더 크다는 샤즐리의 의견을 받아들이고 세부계획을 수립할 것을 지시했다. 따라서 이스라엘 정보당국이 옛 전략 개념을 고집하는 동안 완전히 새로운 이집트의 전략 개념이 모습을 갖추기 시작했다. 이윽고 작전계획의 이름은 624년에 예언자 모하메드가 첫 승리를 거둔 장소의 이름을 따서 '바드르^{Badr}'로 바뀌었다.

샤즐리의 작전계획은 1973년 1월에 완성되었으나, 그 후로도 몇 달간 수정 작업을 거쳤다. 개요는 간략했으나 계획의 저력은 서로 맞물려 돌아가는 무수한 세부사항에 달려 있었다.

1967년의 전쟁 후 이집트군 5개 보병사단이 운하를 따라 배치되어 지금에 이르렀다. 전선의 북쪽에 자리 잡은 3개 사단이 제2군으로 편성되고 남쪽의 2개 사단은 제3군을 이루었다. 100마일(161km) 길이의 운하 전체를 따라 도하작전을 펼친다는 것이 이집트군 작전계획의 전제였다. 이 작전은 이집트의 최대 강점인 풍부한 인적 자원으로 이스라엘의 최대 약점인 제한된 인력과 대적하게 하는 이집트의 탁월한 선택이었다.

1967년의 완패 후 이집트군은 광범위하게 재편성되었다. 정치 색채가 강한 군인들이 참모본부에서 제거되고 능력에 따라 새로운 지휘관들이 선발되었다. 기갑부대에서는 승무원의 상당 비율을 차지했던 문맹자들이 교체되었다. 전에는 군 복무를 피할 수 있었던 고졸자와 대졸자 상당수가 군에 징집되었다. 새로 도입된 소련제 군사장비로 시행된 집중적인 훈련과 소련 고문단의 지도로 군의 기량은 향상되었다.

이집트군은 운하라는 장애물을 넘어야 이스라엘군을 패배시킬 수 있었다. 폭이 약 160야드(146km)인 운하는 6피트(1.8m)까지 올라갔다 내려가는 조수 간만의 영향을 받았다. 이스라엘쪽 하안 가장자리에는 60피트(18m) 높이로 솟아오른 가파른 모래방벽sand barrier이 있었는데, 이것이 바르-레브 선의 외곽 방어선이었다.

강습도하는 고무보트로 이루어질 계획이었다. 제1파로 출격한 기민한 특수부대원들이 밧줄 사다리를 운반해 이스라엘군 방벽의 꼭대기에 붙들어매어 후속 제파가 오르기 쉽게 할 것이다. 군의 대부분은 방벽에 돌파구가 뚫린 다음 교량과 선박으로 도하할 예정이었다. 폭약으로 모래방벽에 구멍을 내려는 시도의 결과는 실망스러웠다. 결국, 한 젊은 공병장교가 해결책을 내놓았다. 이 장교는 아스완댐Aswan Dam을 건설할 때 모래언덕에 통로를 내기 위해 물대포를 사용했었다고 지적했다. 보다 작은 펌프라면 운하 위로 띄워 보내 이스라엘군의 토루土樓(흙으로 만든 보루-옮긴이)에 구멍을 낼 수 있을 것이다. 후방에서 이 아이디어를 실험해본 결과는 성공적이어서 이집트는 영국과 독일에서 수백 대의 펌프를 구입했다. 이스라엘 정보당국은 이집트군이 물대포를 이용할 계획이 있음을 사전에 인지했으나 실현 가능성이 없다며 무시했다.

라스코브의 '물 위의 불' 시스템을 무력화하는 조치는 최우선 고려대상이었다. 처음에는 야자 잎사귀로 불길을 때려서 잠재울 소방부대의 편성을 고려했다. 화학소화기를 사용하자는 제안도 있었다. 샤즐리는 이 두 접근법이 모두 비효율적이라고 판단했다. 그는 도하 직전 잠수 요원을 이용해 이스라엘 측 연료배출구를 봉쇄하거나 포격으로 땅에 묻힌 연료탱크를 파괴하기로 했다. 만약 이러한 시도가 실패한다면 도하는 연료배출구가 있는 곳보다 상류에서 이루어지고 불타는 연료는 운하의 조류에 쓸려 내려가도록 내버려둘 것이다. 최악의 경우에는 연료가 모두 타버릴 때까지 도하를 연기해야 할 것이다.

모든 이집트인의 마음속 깊은 곳에는 1967년의 완패와 이것이 되풀이될지 모른다는 공포가 있었다. 이런 사태의 재발 여부는 샤즐리 참모총장과 작전국장 압델 가니 엘 가마시Abdel Ghani el-Gamasy 장군이 이끄는 참모본부 작전국원들의 어깨에 달려 있었다. 이집트군은 SAM 우산 너머로 진출을 시도하지 않음으로써 집중공습에서 안전을 확보할 수 있다고 믿었다. 이스라엘군이 SAM 저지책을 마련하지 않았다는 전제에서였다. 그러나 이스라엘군 전차에는 어떻게 대응할 것인가? 이집트군 정보당국은 운하를 건너 실시한 강습에서 노획한 문서와 운하를 따라 빈번히 시행하는 훈련을 관측한 결과 비둘기장 계획의 개요를 파악했다. 선제포격을 시작하면 30분도 지나지 않아 이스라엘군 전차들이 포병로에서 운하에 도착할 것이다. 이스라엘군의 모래방벽에 돌파구가 열리고 교량이 가설되고 나서 이집트군 전차가 운하를 건너가기까지는 몇 시간이 걸릴 것이다. 그때까지는 보병들이 대전차 화기로 이스라엘군 전차를 막아내야 할 것이다.

소련은 이 목적으로 두 가지 종류의 무기를 공급했다. 하나는 제2차 세계대전에서 사용된 바주카포류 무기의 후예인 견착식 RPG-7(휴대용 대전차유탄발사기-옮긴이)인데 근거리에서 매우 효과적이었다. RPG-7은 소련이 1961년에 나토NATO군 전차들의 장갑을 뚫을 목적으로 개발했으며 21세기까지 사용되고 있다. RPG-7은 300야드(274m) 떨어진 표적을 관통할 수 있었으나 일반적으로 이보다 더 근거리에서 사용되었다.

또 다른 무기로 여행용 가방을 닮은 상자에 실려 운반된 대전차미사일이 있었는데, 소련에서는 말류트키Malyutka로 불렸고 서방에서는 나토에서 이름을 붙인 새거Sagger로 알려졌다. 새거 미사일 운반 상자를 열면 얇은 와이어 다발에 연결된 작은 미사일과 조이스틱이 있었다. 사수는 고배율 쌍안경으로 보며 조이스틱으로 미사일을 목표물까지 유도하는데, 조이스틱은 미사일 뒤에서 풀려나가는 와이어를 통해 유도신호를 보낸다. 새거 미사일은 사거리가 3,000야드(2,743m)였는데 이는 전차포의 최대 유효사거리에 해당했고 타격력은 전차포탄만큼 위력적이었다. 새거 미사일은 전쟁의 양상을 완전히 바꿀 수 있는 획기적 무기가 될 것이었다.

이집트군 보병은 승패를 결정지을 전투 초기의 몇 시간 동안 시나이 반도 운하 강둑에서 홀로 싸워야 하나 운하 반대편에 이집트군이 구축한 방벽에 배치된 포병과 전차의 지원을 받을 터였다. 이스라엘 쪽 운하 동안에서처럼 운하를 따라 연속적으로 방벽을 구축하는 대신 이집트군은 전략적으로 중요한 몇몇 장소에만 방벽을 세웠다. 원래는 이스라엘군의 사격대 ramp(전차가 올라가 높은 곳에서 아래를 바라보며 사격할 수 있도록 쌓아 올린 위가 평평한 경사로-옮긴이)가 더 높았으나 이집트군이 높이를 높이자 이스라엘군도 높이를 더 높였다. 하지만 1972년에 들어 이집트군은 사격대의 높이를 이스라엘측 사격대보다 두 배 더 높였다.

이스라엘군은 이 경쟁에서 졌음을 인정하고 그 대신 운하 쪽 거점 1마일(1.6km) 뒤에 '지느러미Sanafir(fins)'라고 부른 전차용 포상砲床(포 사격을 위해 마련한 진지-옮긴이)을 구축했다. 지느러미는 역 V자 모양으로 낮게 쌓아 올린 토루인데, 이스라엘군 전차들은 그 뒤에서 사격대 꼭대기에 있는 이집트군 전차와 결투를 벌였고 뛰어난 사격술로 이집트군 전차가 가진 높이의 이점을 극복했다.

이집트군은 이스라엘군의 작전 방식을 파악했고 효과적인 전략을 만들어 이에 대응하고자 했다. 이스라엘군은 이집트군의 공격에 매우 적극적으로 대응할 것이며 SAM을 공군으로 격파하려 시도할 것이고 서둘러 전차를 보내 교두보를 일소하려 할 것이다. 이집트군의 대응은 유도의 기술과 비슷했다. 돌진해오는 힘을 이용해 상대방을 넘어뜨리는 것이다.

소련이 공급한 이집트군의 SAM 대공방어체계는 세계적으로 강력한 방공망이었다. SAM으로 조준할 수 없는 저고도로 비행하는 적기에 대응해 레이더 조준 대공포 수백 문이 이 대공방어체계를 보완했다.

지상전에서는 이스라엘군 기갑 전력이 수천 기의 새거 미사일과 RPG가 있는 방어벽에 돌진하게 하는 것이 이집트군의 의도였다. 그 어떤 군대도 이런 규모의 대전차무기들과 맞닥뜨린 적은 없었다. 샤즐리는 일찍 도하하지 않는 부대들에게 보유한 모든 새거 미사일을 먼저 도하하는 부대로 이관하라고 명령했다. 전차가 도하할 때까지 시나이 반도에 상륙한 보병부대는 대전차 화력을 집중하기 위해 병력이 조밀하게 배치된 교두보를 구축할 계획이었다. 운하 건너편의 이집트군 사격대에서는 전차와 대전차포가 사격해 보병을 지원할 것이다.

이집트군의 공격계획은 흠잡을 데 없었다. 그러나 중요한 점 두 가지가 불확실했다. 하나는 이집트군 장병들이 이스라엘군이 어떤 공격을 가할지라도 버텨낼 능력이 있을지의 여부였다. 다른 하나는 이스라엘 정보당국이 임박한 이집트군의 공격을 언제 알아챌지, 그리고 이스라엘 국방군이 공격을 저지하기 위해 어떤 조치를 취하느냐였다.

자미르 모사드 국장은 둘 다 런던에 있을 때면 언제나 마르완을 만나곤 했다. 읽어내기 어려운 마르완의 사람됨에 강한 호기심이 생긴 자미르는 마르완과 실무적 문제에 대한 논의를 피하고 그 일은 담당 요원에게 맡겼다. 그 대신 그는 마르완과 여러 주제를 놓고 자유롭게 대화했다. 두 사람은 보드카를 마시기도 하면서 카이로의 정치적 가십거리, 개인적 사색에서 아랍 세계에서의 전략적·정치적 상황 전개에 이르기까지 주제를 바꿔가며 대화했지만 결국 언제나 안와르 사다트의 사고방식에 대한 주제로 돌아갔다.

마르완은 이른바 '개념'의 근거를 이스라엘인에게 처음으로 설명한 사람이었다. 하지만 1973년 초에 마르완은 사다트가 나세르의 전략을 포기할 것이라고 보고했다. 사다트는 시나이 반도 전역을 점령하는 것이 비현실적이라고 보고 그 대신 시나이 반도 쪽 운하 강둑에 견고한 교두보를 설치하라고 명령할 것이다. 이것만으로도 정치적 교착상태를 깨기에 충분할 것이며 대리인들에 의해 직접 대결의 장으로 끌려오는 위험을 감수하기 싫으면 초강대국들도 양측이 평화협상을 하게 할 수밖에 없을 것이다.

이는 놀라운 국면 전환이었다. 남부사령관을 지낸 퇴역 장성인 자미르는 여기에 군사적으로 지대한 영향을 미칠 함의가 있음을 간파했다. 이집트군이 SAM 우산의 보호를 벗어나는 모험을 할 의향만 없다면 비행기의 추가 도입을 기다릴 필요가 없을 것이다. 사다트가 스커드 미사일까지 포기했다면 아만이 주장한 대로 전쟁은 앞으로 2년, 혹은 그 이상까지 기다리지 않고서 금방이라도 벌어질 수 있었다.

자미르는 나중에 이렇게 썼다. "2월부터 모사드는 이집트가 택한 방향에 상당한 변화가 있었음을 보이는 정보를 수집했다. 이 정보는 즉시, 그리고 모두 다 아만에 전달되었다." 하지만 아만이 이 정보를 참모본부에 전했다는 증거는 없다. 막상 전쟁이 일어나자 이스라엘군 지휘부는 이집트군 기갑사단들이 나세르의 계획에 따라 즉시 기디와 미틀라 고개로 진격하는 상황에 대비했을 뿐 이집트군이 이스라엘군 기갑 전력을 분쇄할 강력한 교두보를 만들어낼 것이라는 데에는 대비하지 못했다. 사다트와 샤즐리가 희망했던 바는 후자였다. 자미르는 몇 년 뒤에 이렇게 말했다. "아주 중요한 정보가 군 정보당국에 전달되었는데도 이는 의사결정권자들에게는 도달하지 못했습니다."

4월 18일, 모사드 국장은 예루살렘의 레하비아Rehavia 구에 있는 메이어 총리의 관저에서 열린 부엌 내각 모임에 초대를 받았다. 수상은 오븐에서 갓 구운 케이크와 차를 손님들에게 대접했다. 다른 참석자로는 다얀 국방장관, 엘라자르 총참모장, 제이라 아만 국장, 그리고 메이어 총리의 정치고문 여러 명이 있었다. 회의가 소집된 이유는 전쟁이 임박했을 가능성이 있다고 경고하는 모사드와 그럴 리 없다고 반대하는 아만이 어째서 이렇게 심각한 견해 차이를 보이는지를 살펴보기 위해서였다. 두 정보당국 수장의 보고를 듣고 엘라자르와 다얀을 비롯한 참석자 거의 전원이 모사드의 의견에 동의했고 청-백 경계령이 발령되었다.

한 달 후 임박했다고 여겨졌던 이집트군의 공격 위험이 사라지자, 제이라는 '승리'를 거두었고 신탁을 내리는 사람 같은 위상까지 얻게 되었다. 제이라는 이 기회를 이용해 아슈라프 마르완이 이중간첩이라고 믿는다고 공공연히 말했다. 그는 이 모사드 정보원은 다른 정보원들도 마찬가지로 이번뿐 아니라 지난 12월에도 잘못된 경고를 했음을 강조하고 이러한 "늑대가 온다"라는 거짓 경고의 반복은 이스라엘의 경계심을 누그러뜨릴 의도에서 비롯되었을지도 모른다는 의견을 내놓았다.

육군 수뇌부는 마르완이 즈비 자미르에게, 그리고 자미르가 아만에게 전달한 사다트의 새로운 전략을 체득하지 못했다. 사실, 주의를 기울였는지조차 의심스럽다. 제이라는 이집트의 관점에서 유일하게 '논리적'인 계획은 시나이 반도 전역의 탈취 시도라는 나세르의 계획뿐이라고 굳게 믿은 나머지 마르완이 가져온 사다트의 계획에 대해서는 아무런 언급도 하지 않았다. 제이라의 입장, 그리고 아만의 입장은 이집트가 원했던 비행기와 스커드 미사일을 획득하지 못했기 때문에 가까운 장래에는 전쟁이 발발하지 않는다는 것이었다. 가장 최근인 1972년 여름에 육군이 시행한 대규모 워 게임은 시나이 반도 전역의 탈취를 예정한 나세르의 계획을 기본전제로 삼았고, 이스라엘 국방군은 여기에 근거해 대응책을 마련했다.

자미르 모사드 국장은 사다트의 계획에 대한 자신의 보고가 계속 무시되고 있음을 알지 못했다. 국장 본인이 육군의 작전계획을 알 수 없었으며 제이라의 영역을 침범하지 않고서는 순전히 군사적 문제를 논의하려고 다얀이나 엘라자르에게 직접 접근할 수도 없었다. 자미르는 메이어 총리에게 직접 보고했지만 다얀이 매주 소집한 안보포럼의 일원은 아니었다. 4월에 메이어 총리의 관저에서 다얀을 비롯한 군 지휘부와 가진 회의는 즉석 미팅이었다. 하지만 모사드의 보고가 아니더라도 카이로의 생각이 변했음을 보여주는 증거는 많았다. 사다트가 신예 군용기의 지원을 요청했다는 보고는 더 들어오지 않은 반면, 새거와 RPG 같은 대전차화기가 대량으로 이집트에 도착하고 있다는 사실은 앞으로 큰 영향을 미칠 전술적 변화가 생겼다는 암시였다. 전후의 아그라나트 위원회Agranat Commission(욤 키푸르 전쟁이 끝나고 전쟁 전과 전쟁 수행 과정에서의 과실 사문 및 책임자 처벌 요구를 위해 대법원장 시몬 아그라나트Simon Agranat를 위원장으로 구성된 조사위원회. 38장 참조-옮긴이) 보고서의 표현을 빌리자면 "정보당국은 이집트가 정치적 이익을 얻기 위해 제한된 영토 획득에 만족할 가능성이 군사작전에 미칠 영향과 그 전략적 논리를 이해하는 데 실패했다."

미국의 CIA와 FBI, 혹은 다른 나라의 안보기관들 사이에도 있다고 알려진 현상처럼 조직 차원에서 모사드에 대해 가졌던 경쟁심리가 동기였을지도 모르지만, 제이라는 전쟁이 임박했다는 모사드의 경고를 계속해서 반박했다. 자신의 장점과 5월 위기에서 획득한 신뢰 덕분에 제이라의 견해는 군 지휘부 내에서 압도적인 영향력을 발휘했다.

사다트는 '그 개념'을 이미 포기했는데도 이스라엘은 아직도 여기에서 벗어나지 못했다.

제5장

착각

베니 펠레드^{Benny Peled} 장군은 생각했다. 오페라, 그것도 형편없는 오페라야. 1973년 5월에 이스라엘 공군^{IAF} 사령관으로 임명된 펠레드 장군은 취임과 동시에 비상계획을 검토하다가 계획에서 제시된 SAM 제압법이 말도 안 되게 복잡하다고 생각했다.

이스라엘 공군은 6일 전쟁에서 SAM-2 미사일을 접했고 미사일에 항공기 3대를 잃었다. 당시에는 미사일 포대가 거의 없었던 데다 저고도 공격에 취약했다. 그러나 6일 전쟁에서 골칫거리였던 SAM은 소모전에서 강적이 되었다. 발사대 6개로 구성된 SAM 포대가 상호방어가 가능할 정도로 대량 배치된 것이다. 더 회피하기 어려운 SAM-3와 저고도로 비행하는 항공기에 효과적인 재래식 대공포대로 대공방어는 더욱 강화되었다.

1970년 7월, 이스라엘 공군은 미국이 북베트남 상공의 SAM-2 미사일에 대한 대응책으로 개발한 시스템을 시험했다. 신호를 발신해 SAM 미사일의 레이더를 왜곡하는 전자전 포드^{electronic pod}(내부에 전자전용 장비를 장착하고 항공기 외부에 탑재되는 원통형 물체-옮긴이)가 시스템의 기반이었다. 이 전자전 포드를 장비한 항공기는 미사일이 자신을 겨냥해 발사되어도 정확한 고도에서 대형을 유지해야 했다. 베트남에서 SAM-2에 항공기 200대를 잃은 미국은 이 방법이 SAM-3에 대해서도 효과가 있을지 알지 못했다. 그럼에도 이스라엘 공군이 보유한 2개 팬텀 전투비행대 중 첫 번째 팬텀 전투비행대 지휘관인 슈뮤엘 헤츠Shmuel Hetz 대령은 이 시스템을 시험할 것을 요구했다.

헤츠는 팬텀기 20대로 구성된 첫 번째 편대를 직접 이끌고 미사일 지대로 진입했다. 팬텀기들은 주변 하늘에서 미사일들이 폭발하는 와중에도 날개 밑에 달린 전자전 포드를 가동하고 항로를 유지했다. 전투기들은 미사일 지대를 통과하며 목표로 삼았던 10개 포대 중 4개를 파괴하고 다른 3개에 손상을 입혔으나 귀로에 1대가 격추되었다. SAM-3에 격추된 것은 헤츠의 비행기였다. 항법사는 탈출해 포로로 잡혔으나, 헤츠는 낙하산을 펴지 못했다. 두 번째 팬텀 전투비행대의 지휘관 아비후 빈-눈Avihu Bin-Nun 대령의 팬텀기도 미사일에 맞아 시나이 반도에 있는 기지에 간신히 착륙하기는 했으나 활주로를 벗어나 모래를 가르며 100야드(91m)나 더 나갔다. 3주 뒤 휴전이 발효될 때까지 이스라엘 공군의 자존심인 팬텀 전투기 5대가 미사일로 격추되었다.

이스라엘 공군은 더는 저항 없이 제공권을 장악할 수 없다는 불편한 진실을 깨달았다. 이스라엘 공군이 아랍 공군에 대해 누리던 기술적 우위는 하룻밤 새 역전되었다. 이집트군이 휴전 합의를 어겨가며 운하지대로 더 많은 SAM을 옮기자, 문제는 더 심각해졌고 여기서부터 이스라엘이 점령한 서부 시나이 반도 내륙 수 마일까지 미사일의 사거리 안에 들게 되었다.

이스라엘 공군의 최고 두뇌들이 미사일 문제 해결에 전력했다. 베니 펠레드 장군이 그의 책상 위에서 발견한 것은 빈-눈 대령이 이끄는 팀이 고안한 작전계획으로, 그것은 부족한 기술을 전술로 보충하려 했다. '타가르Tagar'(히브리어로 '싸움'이라는 뜻-옮긴이)라는 암호명이 붙은 이 계획에 따르면, 비행기 수백 대가 최고속력으로 비행하며 초시계로 재야 할 정도의 정확성을 기해 발레처럼 복잡한 공중기동을 해야 했다. 골란 전선의 상황에 대처하기 위해서는 '두그만-5Dougman 5'(히브리어로 '예제-5'라는 뜻-옮긴이)라는 암호명이 붙은 비슷한 계획이 마련되었다.

이스라엘은 SAM-3 미사일에 대응하는 전파방해 시스템을 개발하는 데 성공했다. 그러나 1972년에 등장한 보다 고도화된 SAM-6 미사일은 새로운 수준의 위협이었다. 미국조차 새 미사일의 전자적 특성을 파악하지 못했다. 따라서 SAM-6는 전자적 사전 징후 없이 공격하기 때문에 이스라엘 공군의 위험이 크게 높아졌다. 펠레드는 SAM 1개 포대를 공격할 때마다 항공기 1대를 잃을 수 있다는 결론을 내렸다. 비행장과 같은 후방지역을 지키는 95개 포대는 거론하지 않더라도 이집트와 시리아 전선에 미사일 포대 87개가 있음을 고려하면 최전방 포대만 공격한다고 해도 펠레드의 예상이 타당하다면 치러야 할 대가는 엄청날 터였다. 몇몇 장교들은 타가르와 두그만-5 계획이 수행하기에 지나치게 복잡하다는 의견을 고수했다. 하지만 더 나은 해결책을 제시한 사람은 없었다.

이스라엘 공군사령관 베니 펠레드 장군. 펠레드는 공군사령관에 취임하고 나자 지성과 뛰어난 조직관리력, 넘치는 자신감을 발휘해 공군사령관으로서의 자질에 대한 의문을 일소했다. 그는 독설가였고 어리석은 짓은 참지 못했다. 〈이스라엘 정부 공보처 제공〉

역설적으로 펠레드는 이스라엘 공군의 고급지휘관 중 근거리에서 지대공미사일을 접해보지 못한 유일한 인물이었다. 펠레드는 정비병으로 공군에 입대해 나중에야 조종사가 되어 비행대 지휘관까지 승진했으나 비행의 기술적 측면에 언제나 강한 흥미가 있었다. 펠레드가 공군사령관으로 발탁될 것이라고 본 사람은 거의 없었다. 뛰어난 조종사들과 전투기 에이스들이 모인 클럽 같은 조직에서 펠레드는 단 1대의 적기도 격추한 적이 없었고 오히려 1956년에 시나이 전역에서 격추된 적이 있었다. 특별 개발계획에서 오래 빠져 있었기 때문에 그는 일종의 국외자 취급을 받기도 했다. 그러나 펠레드는 취임하고 나자 지성과 뛰어난 조직관리력, 넘치는 자신감을 발휘해 공군사령관으로서의 자질에 대한 의문을 일소했다. 그는 독설가였고 어리석은 짓은 참지 못했다.

미사일은 이스라엘 공군에 엄청난 충격을 주었다. 오랫동안 공중전에서 거의 무적이었던 조종사들은 헤츠를 비롯한 최고의 조종사들이 갑자기 새로운 무기체계에 의해 쓸려나가는 모습을 목격했고 이 무기는 조만간 그들 모두를 하늘에서 쫓아내겠다고 위협하고 있었다. 공군은 전략항공전strategic warfare과 지상군 근접지원close support 같은 중요한 문제에서 주의를 돌려 에너지와 예산 상당 부분을 미사일 문제 해결에 바쳤다. 타가르 계획 입안자들과 만난 자리에서 펠레드는 이 계획을 실행할 수는 있겠지만 완벽한 세계에서나 가능할 것으로 믿는다고 말했다. 계획의 성공에는 좋은 기상 상황과 가장 최신의 정보가 필수였다. 계획된 공격 당일 아침이나 그 전날 저녁에 사진을 촬영해 미사일의 정확한 위치를 확정하는 것도 필요했다. 공군은 또한 적 레이더를 기만하는 데 필요한 장비를 준비하기 위해 공격 시작전 36시간의 여유가 필요했는데 장비 일부는 헬리콥터 탑재용이었다. 하지만 무엇보다도 정부가 결단해야만 선제타격을 결행하는 데 필요한 이러한 이상적 조건들이 확고한 의미를 가지게 될 것이다. 이는 곧 공격 실행 여부가 정치인들에게 달려 있다는 것을 의미했다. 펠레드는 다른 해법을 찾기로 했지만 당분간 타가르와 두그만-5는 공식 계획으로 남겨두었다.

공군사령관 취임 얼마 뒤, 다얀과 엘라자르, 그리고 참모본부의 다른 인사들이 공식적으로 펠레드를 방문했다. 신임 공군사령관의 전쟁계획, 특히 미사일 대응방법에 대해 듣기 위해서였다. 펠레드와 동석한 빈-눈 대령을 비롯한 타가르와 두그만-5 계획 입안자들은 펠레드가 냉소적으로 '스타워즈Star Wars' 제안이라고 부른 작전계획을 상세히 설명했다. 방문객들은 계획의 정교함에 깊은 인상을 받았으며 미사일 문제에 대한 해법이 있다는 말을 듣고서 안도했다. 방문객들이 떠나기 전, 펠레드는 현실을 일깨웠다. "선제공격 허가를 받지 않는 한 이 계획은 계획이 적힌 종이만큼의 가치도 없다는 사실을 아셔야 합니다." 펠레드의 회상에 따르면 다얀은 이렇게 답했다. "아랍이 공격할 것이라는 단서를 잡았는데도 우리가 먼저 공격하지 않으리라고 생각하시오?"

안보 분야 수뇌부의 공군사령부 방문과 발표를 듣고 이들이 느낀 안도감은 이스라엘의 방어태세가 가진 가장 기본적 결함 한 가지를 드러냈다. 바로 공군력에 대한 과도한 의존이었다. 이스라엘 공군은 국방예산의 절반을 배정받았으며 모든 상황을 해결할 수 있는 마법사 같은 존재로 비쳤다. 이스라엘은 최악의 상황이 닥치더라도 예비군이 동원되어 전선에 도작하기까지 공군이 책임지고 적의 진격을 지연시킬 것이라고 상정하고 이집트군과 시리아군에 대해 얼마 안 되는 지상군만 최전선에 배치했다. 그런데 이러한 상정의 타당성은 미사일 사전제압 여부에 달려 있었다. 타가르와 두그만-5는 서류상의 계획에 불과했으며 아랍이 SAM-6를 도입함에 따라 그렇지 않아도 복잡한 작전은 더욱 위험하게 되었다.

방종이 민간 부문에 널리 퍼진 것처럼 무사안일한 사고가 군 지휘부를 점령했다. 이스라엘은 바로 자신이 1967년에 거둔 승리의 희생자가 되었다. 엄청난 불리함을 무릅쓰고 거둔 막대한 승리는 이스라엘은 강력하고 아랍은 무력하다는 생각을 불러왔는데, 이를 무시하기에는 영향력이 너무나 강했다. 이스라엘과 아랍의 격차를 신의 섭리라고 보는 사람들도 있었으나 대부분은 이를 문명의 격차, 앞으로 수 세대가 걸려도 메울 수 없는 동양과 서양의 격차로 보았다. 1970년 당시 총참모장 바르-레브는 "아랍 병사는 현대전에 필요한 자질을 갖추지 못했습니다"라고 언명했다. 이러한 자질에는 빠른 반사신경, 기술적 소양, 고도의 지능, 그리고 무엇보다 '어렵고 힘든 상황에서도 사건을 현실적으로 보고 진실을 말할 수 있는 능력'이 있다고 그는 말했다.

하지만 1948년의 제1차 아랍-이스라엘 전쟁까지 거슬러 올라가 보면 이집트군은 방어전에서 끈질긴 적수임을 입증해 보였다. 1967년의 완패는 전체 전력의 80퍼센트가 적과 채 접촉하기도 전인 전쟁 두 번째 날에 이집트군 수뇌부가 내린 때이른 철수 명령이 발단이 되었다. 도망친 군대는 오합지졸이라고 무시할 수도 있다. 그러나 똑같은 군대가 동기를 부여받는다면 강적으로 탈바꿈할 수도 있었다. 이집트군은 소모전 동안 이스라엘군 후방에서 대담한 특수작전을 벌여 또 다른 면이 있음을 과시한 바 있었다.

이스라엘군 기갑부대는 이러한 승리증후군의 가장 큰 희생자였다. 1956년의 시나이 전역과 1967년의 6일 전쟁에서 기갑부대가 이집트군의 강력한 방어선을 돌파하는 데 성공하면서 전차가 전장의 왕이라는 생각이 굳어졌다. 전차보유량은 1967년 이래 두 배로 늘어났다.

이스라엘군 기갑 교리의 상당 부분은 탈 장군이 7년간 기갑부대 총사령관으로 재직하며 개발한 개념에 바탕을 두었는데, 이 개념은 '전차만능론 totality of tank'이라고 불렸다. 제2차 세계대전의 방대한 경험을 통해 도출된 전통적 교리는 제병연합 접근법combined arms approach이라고 불렸는데, 이것에 따르면 전차는 보병, 포병과 협력하면서 전진해야 했다. 보병은 대전차화기를 사용하는 적 지상군으로부터 전차를 보호하고, 포병은 보병과 전차 모두를 위해 지원 포격을 해야 했다.

하지만 탈은 중동의 사막이라는 전장에서는 전차가 대부분의 역할을 홀로 해낼 수 있다고 믿었다. 사막의 시계는 연무가 끼어 흐릿한 유럽보다 훨씬 더 좋았으며 바주카포를 가진 적 보병이 숨을 만한 덤불이 매우 적었다. 탁 트인 사막에서 적 대전차포를 포착하기란 쉬웠고 정확한 원거리 사격으로 명중시킬 수 있었다. 전차는 신속히 기동해 적 포화에 대한 노출을 줄이고 적 전선을 돌파할 때까지 정지하지 않는다. 이러한 전차의 돌격은 방어 측에 '전차 쇼크armor shock' 효과를 불러일으킬 것이다. 보병은 후속 공격에 나서서 잔적 소탕을 맡을 것이다. 전차는 돌격하면서 포병보다 앞서 전진하기 때문에 자신의 포와 공군에 주로 의지했다. 탈은 포술훈련, 특히 정확한 장거리 사격을 강조했다. 이스라엘군 전차승무원은 다른 어떤 군대보다 장거리에서 사격을 시작했다. 이스라엘 기갑부대를 연구한 어떤 미군 기갑부대 고위 장성은 이스라엘군 기갑부대의 포술은 세계 최고라고 했다.

기갑부대 내부에서조차 이 '전차만능론'적 접근방식에 회의적인 이들이 있었지만, 6일 전쟁의 결과는 이 접근방식의 타당함을 확인시켜주는 것 같았다. 6일 전쟁에서 이스라엘군 전차대는 보병과 포병의 지원을 거의 받지 않고 여러 차례 용감한 정면공격을 감행해 이집트군의 요새화된 방어진지를 돌파했다. 하지만 비판적인 사람들은 이 접근법은 이집트군이 기습을 빎아 마비되었던 6일 전쟁이라는 특수한 환경에서 성공한 것이기 때문에 모든 전쟁에 적용될 수 있는 것이 아니라고 지적했다. 1967년의 전쟁에서는 탈 본인이 지휘한 전투를 포함해 제병연합 전술을 효율적으로 구사해 승리를 거둔 전투도 있었으나 육군의 상상력을 사로잡은 것은 전차부대의 대담한 돌격이었다.

1972년에 보병부대가 새로운 소총과 대전차화기를 비롯한 성능이 향상된 신무기 도입을 요구하자 이제 참모차장이 된 탈은 소총은 이미 장비한 벨기에제 FN 소총으로 충분하다고 말했다. 보병 장비 개선에 예산을 쓰는 것은 전차 도입 대수의 감소를 뜻한다. 탈은 대전차화기에 대해서라면 이스라엘 국방군은 이미 세계 최고의 대전차병기인 기갑부대를 보유하고 있다고 말했다.

이스라엘군은 이집트군과 시리아군이 새거 대전차미사일을 유례없이 대량으로 도입했는데도 별다른 주의를 기울이지 않았다. 이스라엘 기갑부대는 소모전 중 운하를 사이에 두고 벌어진 교전에서 새거 미사일을 접한 적이 있었는데도 이를 전투 교리를 근본적으로 개정해야 할 정도의 위협이 아닌, 통상적인 대전차포, 무반동총recoiless rifle(포탄을 발사할 때 발사 가스를 후방으로 분출함으로써 발사 가스와 발사체의 반동력을 서로 상쇄해 포신의 후퇴를 막는 화기. 대전차화기로 이용된다-옮긴이)이나 RPG, 바주카포, 전차와 같은 평범한 대전차병기로 간주했다. 아만은 1972년에 베트남에서 새거 미사일을 접한 미국이 보낸 정보에 의거해 새거 미사일의 특성에 관한 소책자를 인쇄했다. 기갑부대 사령부는 새거 미사일 대응 전술을 개발하기까지 했다. 그러나 이 책자도, 전술도 일선 부대에 전해지지 않았으며 새거 미사일의 존재에 대해 아는 전차승무원은 거의 없었다.

하지만 새거 미사일의 도입은 전장의 상황을 완전히 바꿨다. 통상적인 대전차포와 달리 새거 미사일은 단 한 명의 병사만으로도 운용할 수 있었다. 운용하는 병사는 덤불에 숨을 필요가 없었으며 모래색 군복을 입고 작은 모래언덕 뒤에 엎드리거나 얕은 개인호에 들어가는 것만으로도 멀리 떨어져 있는 전차승무원의 눈을 피해 몸을 숨기기에 충분했다. 전차가 새거 사수를 명중시키기보다는 새거 사수가 전차를 명중시키기가 훨씬 더 쉬웠다. 그리고 새거의 사거리는 전차포와 맞먹었다.

이스라엘군은 이집트군과 시리아군이 RPG-7을 대량으로 도입했다는 것도 알았지만 아랍 보병이 돌진하는 전차에 정면으로 맞서는 일은 있을 수 없다고 여겼다. 아랍 보병이 대전차화기를 대거 운용해 기갑부대의 공격을 격퇴할 수도 있다는 생각은 아예 떠올릴 수조차 없었다.

이스라엘군은 아랍 군대가 이룬 또 다른 기술적 진보인 적외선 야간투시 장비의 획득도 파악했지만 이를 대수롭지 않게 여겼다. 1948년의 독립전쟁에서 야간전은 이스라엘군이 선호한 전투방식이었다. 무장이 빈약했던 이스라엘군은 큰 손실을 입을 수도 있는 주간전투 대신 어둠을 틈타 적에 접근해 전투를 벌였다. 그러나 시간이 지나 이스라엘군이 중화기와 장갑차량을 획득하면서 낮시간이 전투력을 활용할 최적의 시간대로 여겨지게 되었다. 이스라엘 국방군은 계속 야간전에 대비한 훈련을 했고 간혹 실제 야간전을 벌이기도 했다. 그리고 이스라엘군이 야간전을 선호하나 아랍군은 밤을 무서워한다는 믿음에는 변함이 없었다. 그런데 1970년대가 되자 야간투시장비를 갖춘 이스라엘군 전차는 거의 없었던 반면, 이집트군과 시리아군이 장비한 소련제 전차는 적외선 투광기infrared projector, 적외선 헤드라이트와 승무원용 적외선 야간투시경을 갖췄다. 야간투시장비는 보병부대에도 폭넓게 보급되었다.

이스라엘군은 야간전에 완전히 등을 돌리지 않았지만 적외선 쌍안경을 갖춘 적이 포착할 수 있는 적외선 투광기를 사용하지 않는 편을 선호했다. 기갑부대는 별빛을 증폭하는 야간투시장비를 도입할 계획이었다. 하지만 이 시점에서 아랍 군대는 야간투시장비를 장비했으나 이스라엘 국방군은 전혀 그렇지 못했다.

이스라엘 해군은 1967년 이후 이스라엘 육군과 공군을 휩쓴 자만심에 빠지지 않았다. 고물 함선으로 구성된 이스라엘 해군은 6일 전쟁에서 거의 아무 역할을 하지 못했다. 국방 분야 고위 당국자들은 해군을 해안경비대쯤으로 여겼고 현대적 함대를 건설하는 데 예산을 쓰지 않을 의향이었다.

1960년, 해군 고위 지휘관들이 해군사령부에 모여 해군의 장래를 논의하는 회의를 열었다. 이틀간 열린 비밀회의에서 혁신적 개념이 등장했다. 이제 성장기에 있던 이스라엘 방위산업체는 미사일을 개발해 공군과 포병에 판매하려 했으나 모두 관심을 보이지 않았나. 이 미사일은 전방에 배치된 관측수가 조이스틱을 조작해 목표물로 유도하는 방식이었다. 만약 이 미사일을 해상에서 사용할 수 있도록 개량한다면 거대한 탄두로 인해 값싼 초계정이 중순양함과 같은 타격력을 갖추게 되리라는 것이 해군 고위 간부들의 생각이었다.

해군은 13년간 이 개념을 실제 무기체계로 개발하는 데 엄청난 노력을 기울였다. 이 기간에 개발진은 조이스틱을 포기했고 '가브리엘Gabriel'이라는 별명이 붙은 이 미사일에는 레이더가 장착되어 이동목표물에 대한 유도가 가능해졌다.

프로젝트가 한참일 때 소련이 개발한 미사일고속정이 이집트와 시리아 해군에 공급되었다는 정보가 알려졌다. 6일 전쟁이 끝나고 4개월 뒤, 포트사이드에서 출격한 이집트 해군의 미사일고속정이 이스라엘 해군의 기함인 구축함 에일라트^{Eilat}를 격침해 사상 최초로 함대함미사일의 정확도와 위력을 과시했다. 이집트 해군이 사용한 소련제 스틱스^{Styx} 미사일의 사거리는 가브리엘 미사일의 두 배에 달했다. 하지만 에일라트가 격침된 다음, 이스라엘 함선에는 대전자전장비$^{electronic\ countermeasures}$가 장착되었으며 이스라엘 해군은 이 장비가 스틱스 미사일을 엉뚱한 곳으로 유도할 것이라고 기대했다. 단, 그 성능은 실전에서만 검증될 수 있었다.

이스라엘 해군은 프랑스 셰르부르^{Cherbourg}의 한 조선소에 '초계정' 12척을 주문했다. 이 선박들은 하이파에서 미사일고속정으로 개조될 계획이었다. 그런데 정치적 이유로 프랑스 정부가 마지막으로 인도 예정이었던 5척을 압류했다. 1969년의 크리스마스 전날, 이스라엘 수병들은 셰르부르 항으로 잠입해 고속정 5척의 닻을 올리고 대형 화물선조차 항구를 떠날 수 없는 폭풍을 뚫고 거친 도버 해협으로 출항해 하이파로 도주했다. 하이파에 도착하면 이 선박들에는 새로운 형태의 해전을 위한 무장이 장착될 것이다.

승리에 도취해 자기만족에 빠지지 않았던 것은 이스라엘 해군 뿐이 아니었다. 아랍군은 소련 군사고문단의 도움을 받아 각고의 노력 끝에 이스라엘의 우월한 공군력과 기갑 전력을 무력화할 해결책을 마련했으며 수천 명의 아랍 장교들이 소련의 고급군사반에 파견되어 수학했고 소련 군사고문관 수천 명이 이집트군과 시리아군의 대대 단위까지 이르는 각급 지휘체계에 배속되었다.

이스라엘군의 사고가 오만으로 느슨해져 있었다면, 아랍군의 사고는 절박함으로 예리해졌다. 이전 전쟁에서 참사를 불러온 '텔아비브로!' 식의 만용은 침착한 전쟁준비에 밀려 사라졌다. 아랍 정보장교들은 이스라엘군의 교신을 감청하기 위해 집중적으로 히브리어 교육을 받기까지 했다.

괴이하게 보일 정도인 최전선의 양군 전력 격차는 정보당국이 시간 내에 아랍의 전쟁준비에 대한 조기경보를 발령할 수 있다는 이스라엘의 자신감이 반영된 결과였다. 정보당국이 실패한다면 공군이 2차 대비책이 될 터였다. 엘라자르는 이렇게 말했다. "우리가 동원을 늦게 할 엄두를 낼 수 있었던 것은 공군이 적을 저지할 능력이 있다는 믿음에서 비롯되었습니다."

정보당국의 실패에 더해 공군마저 실패할 것이라는 예측은 너무 극단적인 생각이 아닐 수 없었다. 게다가 이집트군 보병이 이스라엘군 전차를 저지한다는 것은 상상하기조차 어려운 일이었다.

이 세 가지 시나리오 중 어느 하나라도 현실이 된다면 그것은 해결하기 벅찬 난제가 될 것이다. 그리고 이스라엘 국방군의 정보력, 공군력, 기갑 전력의 무력화라는 세 가지 시나리오 전부가 동시에 현실이 된다면, 이스라엘은 무시무시한 재앙을 맞게 될 것이다.

제6장

폭풍 전야

캘리포니아주 샌 클레멘테San Clemente 닉슨 대통령의 별장에 있는 키신저 국무장관 방에 전화벨이 울렸다. 키신저는 이제 막 소련공산당 서기장 레오니트 브레즈네프를 위한 환송만찬에서 돌아온 참이었다. 브레즈네프는 다음날인 1973년 6월 24일 아침에 모스크바로 돌아가기 위해 일찍 자리를 뜨겠다고 양해를 구했다. 키신저에게 전화를 건 사람은 브레즈네프의 경호를 맡은 소련 비밀경호국 소속이었는데, 이런 일은 의전에서 벗어나는 드문 경우였다. 브레즈네프 서기장이 이미 잠자리에 든 닉슨 대통령과 긴급 면담을 하고 싶다는 것이 용건이었다.

키신저는 전화를 걸어 대통령을 깨웠고 45분 뒤 브레즈네프가 도착했을 때 닉슨과 함께 있었다. 소련 지도자는 워싱턴과 샌 클레멘테에서 1주일간 열렸던 회담에서 끄집어내지 않았던 의제인 중동 문제에 대해 토의하고 싶다고 말했다. 브레즈네프가 설명한 제안은 이집트의 입장과 같았다. 브레즈네프는 비교전 협정을 대가로 이스라엘에 1967년 국경으로의 완전 철군을 요구했다. 브레즈네프는 이 제안이 받아들여지지 않는다면 "군사적 대치의 재점화를 막기는 어려울 것"이라고 경고했다.

사전계획에 없던 발언이었지만 브레즈네프의 제안은 이스라엘이 아랍 국가들이 제시한 조건을 받아들이지 않는다면 소련은 아랍 피후견국들이 전쟁에 돌입하는 것을 막을 수 없거나 막지 않겠다는 위협임이 분명했다.

키신저는 브레즈네프가 보좌진, 특히 키신저 본인이 없는 상황에서 구두 합의를 도출하려고 밤늦은 시간에 닉슨을 불쑥 찾아왔다고 믿었다. 후일 키신저의 추론에 따르면, 브레즈네프는 아랍 피후견국들로부터 전쟁을 일으키겠다는 말을 듣고 닉슨으로부터 아랍과 타협하도록 이스라엘을 압박하겠다는 동의를 이끌어내 피후견국들이 또다시 수치스런 패배를 당하는 것을 모면케 하려고 했을 것이다. 그리고 실제로 전쟁이 벌어진다면 소련은 자신들은 최소한 경고라도 했노라고 변명할 수 있을 것이다. 닉슨 대통령은 "한번 살펴보겠습니다"라는 투의 말로 부드럽게 제안에 대한 확답을 피하고 브레즈네프에게 작별인사를 건넸다.

중동 무대에서 이스라엘과 아랍은 혼자가 아니었다. 이들은 자신만의 지역적 파워게임을 하는 동시에 전 세계에서 대결 중인 초강대국들의 대리인이기도 했다. 하지만 후견국-피후견국 관계는 상관과 부하 관계가 아니었다. 전년도에 있었던 군사고문단 추방에도 불구하고 소련은 이집트에 마련한 발판을 지키기 위해 무기 선적을 재개하는 데 동의했다. 무기와 함께 수백 명의 소련인 전문가와 가족이 이미 이집트로 돌아왔다. 그렇지만 소련은 무력 충돌을 피할 수 있기를 간절히 희망했다. 중동에서 전쟁이 일어난다면 초강대국들이 분쟁에 휘말릴 가능성을 감수해야 했기 때문이었다.

이스라엘에서는 우호적으로 끝난 닉슨-브레즈네프 회담 결과를 전쟁의 위협이 수평선 너머로 사라졌다는 것으로 받아들이는 분위기였다. 아랍인들은 패배의 충격으로 마비된 것처럼 보였고, 이스라엘은 시나이 반도와 골란 고원의 점령지에 정착촌을 건설함으로써 중동의 지도를 새로 그리고 있었다.

사람을 휘어잡는 매력이 있는 모셰 다얀 국방장관은 이스라엘이 가진 자신감의 큰 원천이었다. 국가안보의 아이콘으로서 그의 위상은 국방장관으로서의 역할보다 위에 있었다. 다얀은 총참모장으로서 1956년의 시나이 전역에서 이집트에 승리를 거두었으며, 6일 전쟁 전야에 이스라엘이 국가 존망의 위험에 직면하자 대중의 요구에 밀린 정부는 마지못해 그를 국방장관에 임명했다. 다얀은 이스라엘이 거둔 놀라운 승리의 상징이 되었다.

내각의 동료들은 다얀의 자유분방한 스타일과 대중에게 가진 호소력을 그다지 높게 평가하지 않았다. 하지만 이들은 국가안보에 대한 그의 판단력은 인정했다. 자유분방한 사생활은 검은 안대와 마찬가지로 다얀의 대중적인 매력을 높여줄 뿐이었다. 그는 1941년에 남부 레바논에서 프랑스 비시Vichy 정부령(제2차 세계대전 중 프랑스가 항복한 다음, 필립 페탱Philippe Pétain을 수반으로 남프랑스 비시에 수립된 나치 독일의 괴뢰정부. 연합군 및 망명 자유프랑스 정부군과 식민지의 지배권을 놓고 싸웠다-옮긴이)을 침공한 영국군을 위해 정찰에 나섰다가 들여다보던 쌍안경을 관통한 총탄에 한쪽 눈을 잃었다. 다얀은 혼외정사를 숨기지 않았으며, 이스라엘의 문화재보호법을 위반해가며 유적지를

모셰 다얀은 총참모장으로서 1956년의 시나이 전역에서 이집트에 승리를 거두었으며, 6일 전쟁 전야에 이스라엘이 국가 존망의 위험에 직면하자 대중의 요구에 밀린 정부는 마지못해 그를 국방장관에 임명했다. 다얀은 이스라엘이 거둔 놀라운 승리의 상징이 되었다. 〈WIKIMEDIA COMMONS | IDF Spokesperson's Unit | CC BY-SA 3.0〉

도굴해 불법적으로 소유한 유물을 통해 옛 조상과 접하는 데서 위안을 얻었다. 그는 발굴한 유물들을 집으로 옮겨와 부서진 도기 파편을 접착제로 붙이고 정원에 유물을 설치하며 국무에서 벗어나 휴식을 취하곤 했다. 그는 일상생활에서는 실리적이며 지극히 상식적이었지만, 자신이 발굴한 도기를 만든 고대인과 일체감을 느낀다는 신비주의자 같은 측면이 있는 사람이기도 했다.

점령지 정책을 세운 장본인임에도 불구하고 다얀은 평화조약을 맺는 대가로 아랍에 점령지를 반환하는 미래를 그려볼 의향이 있었다. 그러나 전체 점령지는 아니었다. 에일라트로 가는 항로를 통제할 수 있는 위치인 시나이 반도 남단을 가리키며 다얀은 "샤름 엘 셰이크Sharm el-Sheikh(홍해와 이스라엘의 에일라트 항이 위치한 아카바만Gulf of Aqaba에 접하는 시나이 반도 남단의 항구도시이자 휴양지-옮긴이)가 없는 평화보다 샤름 엘 셰이크가 있는 전쟁

이 낫습니다"라는 유명한 말을 하기도 했다.

다얀은 상황에 따라 필요하다면 전혀 부끄러워하지 않고 생각을 바꾸곤 했다. 비판을 받을 때마다 그는 당나귀만 생각을 바꾸지 않는다고 응수했다. 1973년 5월 21일, 청-백 경계령 위기의 와중에 다얀은 여름 하반기에 전쟁준비를 하라고 참모본부에 지시했다. "우리 정부는 참모본부에 이렇게 명합니다 '여러분, 이집트와 시리아가 시작하겠다고 위협하는 전쟁에 대비하시오.'"

그런데 다음 달에 들어 사람들이 감지했던 전쟁 위협이 누그러지자, 다얀의 어조는 극적으로 변했다. 다얀은 마사다^{Masada} 요새(로마 치하의 유대에서 반란을 일으킨 유대인들이 마지막으로 항거하던 요새. 요새는 기원후 74년에 함락되었고 저항하던 유대인들은 대부분 자결했다. 이스라엘 국방군 신병의 기초 군사훈련 수료식이 이곳에서 열린다-옮긴이)에서 이스라엘의 지정학적 환경은 "우리 국민은 아마 절대 목격하지 못했을" 정도의 성격이라고 연설했다. 《타임^{Time}》지와의 인터뷰에서 다얀은 앞으로 10년 이내에 전쟁은 없을 것이라고 예측했다. 참모본부에 그는 이렇게 말했다. "우리는 지온^{Zion}(이스라엘의 별칭-옮긴이) 귀환기의 황금시대로 넘어가는 길목에 있습니다."

워싱턴의 미 국무부 정보연구국$^{Bureau\ of\ Intelligence\ and\ Research}$에 근무하던 젊은 분석관 로저 메리크$^{Roger\ Merrick}$는 5월에 제출한 보고서에서 사다트가 정치적 대안을 모두 소진했음에 주목했다. 보고서에서 그는 미국이 평화 정착을 위한 신뢰할 만한 행동에 먼저 나서지 않는다면 6개월 안에 이스라엘과 이집트 사이에 전쟁이 발발할 가능성은 50 대 50 이상이라고 적었다.

이스라엘 정부 고위관계자 중에도 많은 사람들이 이와 비슷한 견해를 가졌으나 아랍이 이스라엘의 조건을 더 잘 받아들이게 될 계기는 그 자체로는 유감스러운 일일지 몰라도 전쟁이라고 믿었다. "우리는 전쟁에 관심이 없습니다"라고 엘라자르 장군은 골다 메이어 총리의 관저에서 4월 18일에 열린 회의에서 발언했다. 그러나 전쟁이 벌어진다면, "저는 아랍인들이 고개를 들기까지 5년이 필요할 정도로 1주일이나 10일 정도 강력히 타격하면 좋겠습니다."

메이어 총리 자신은 전쟁을 전략적 기회가 아닌 회피해야 할 대상으로 여겼다. 만약 전쟁이 일어날 것 같으면 전쟁을 막기 위해 미국에 알려야 한다고 총리는 회의에서 말했다. 이때 정치고문으로서 메이어 총리와 가까운 사이인 이스라엘 갈릴리Israel Galili 정무장관이 민감한 문제를 들고 나왔다. 그는 전쟁 발발의 위험은 이스라엘이 1967년의 국경으로 철군하기를 거부한 데서 비롯되었다고 언급했다. 미국으로부터 나중에 설명을 들은 2월에 있었던 하페즈 이스마일과 키신저의 회담을 언급하며 갈릴리는 "하페즈가 말한 것, 즉 이집트가 평화를 준비하고 있다는 것을 출발점으로 삼는다면… 그 기반은 전쟁 전의 국경으로의 완전철군입니다"라고 말했다.

나중에 갈릴리는 지나치게 에둘러 말했다고 우려한 듯, 다시 이 주제로 돌아와 "우리가 전쟁 전의 국경으로 돌아가는 것을 전제로 대화할 준비를 한다면 이 엉망인 상황, 전쟁 발발의 위험을 피할 가능성이 있습니다"라고 말했다. 의사록에서 미루어보면 갈릴리의 발언은 제안이라기보다는 관찰에 가까운 것으로 들리지만 강경 성향이나 경험 많은 정치고문인 갈릴리가 두 번이나 이런 발언을 했다는 사실에서 유추해보건대 그는 이집트와의 평화 추구가 가치 있는 일이라 여겼던 것 같다.

그러나 메이어 총리는 정치고문 및 군 고위관계자들이 참석한 이번 회의나 각료 전원이 참석한 각료회의에서 이 가능성 모색을 거부했다. 총리는 전쟁에 반대했으나 점령지에서의 전면철수에도 반대했다. 한 연설에서 메이어 총리는 "그 어떤 전쟁이나 전쟁 위협도" 방어 가능한 국경을 고수하겠다는 이스라엘의 입장을 바꾸지 못할 것이라고 천명했다. "우리는 이웃 나라들이 이 국경을 받아들이도록 모든 노력을 다할 것입니다. 우리는 공격 받으면 지킬 수 있을 뿐 아니라 이 국경의 존재 자체로 이웃들이 우리를 건드리지 못하게 만드는, 방어 가능한 국경을 원합니다."

메이어 총리는 이스마일의 제안이나 청-백 경계령 발동의 원인이 된 이집트의 전쟁준비 징후를 정부에 알리지 않았다. 갈릴리는 전쟁이 일어났을 때 각료들의 불평을 사전에 막으려면 이 사실을 내각에 통지해야 한다고 제안했다. 그러나 총리는 그렇게 하지 않았다.

국가를 전쟁으로 이끄는 것은 골다 메이어 총리가 절대 원치 않았던 역할일 것이다. 총리는 긴 공직생활을 거치면서 갖게 된 특유의 견실함으로 지금껏 상황에 잘 대처하고 있었다. 키예프Kiev에서 태어난 메이어 총리는 포그롬Pogrom(특정 민족에 대한 물리적 폭력을 수반한 박해. 여기에서는 20세기

초 제정 러시아에서 일어난 대규모 유대인 박해사건을 말한다-옮긴이)의 기억이 생생한 여덟 살 때 가족과 미국에 도착했다. 교사가 되기 위한 교육을 받았음에도 교편을 잡는 대신 메이어는 남편과 함께 1921년에 팔레스타인으로 이주해 키부츠에 정착했다. 의지가 강하고 언변이 뛰어난 메이어는 유대 국가 건국을 준비하던 지도부의 일원이 되었다.

  1948년 5월, 이스라엘 건국 선포 4일 전에 메이어는 요르단강 건너편으로 파견되어 후세인^{Hussein} 왕의 할아버지인 요르단의 압둘라^{Abdullah} 왕과 만났다. 메이어는 남성 동료 단 한 명만 대동한 채 아랍 의상을 입고 신생 유대 국가를 침공할 아랍군이 전쟁준비를 하는 지역을 통과했다. 압둘라 왕을 설득해 요르단의 참전을 막으려는 메이어의 노력은 실패로 끝났다. 1969년에 71세의 나이로 총리에 선출된 메이어는 단호함, 풍자적 유머 감각과 검소한 생활로 폭넓은 인기를 얻었다. 그러나 그의 비타협적 사고방식 탓에 아무리 가능성이 희박하더라도 그가 아랍과 평화를 맺을 가능성을 모색할 여지는 거의 없었다.

  몇 년 뒤, 한 이스라엘 장군은 전쟁 전 몇 달 동안 있어온 위기 상황에 대한 토의에서 메이어 총리가 각료 전원을 배제한 사실에 대해 통탄했다. 장군이 말했다. "우리가 필요로 했던 사람은 전쟁 발발의 가능성을 우려해 '다시 한 번 철저히 생각해봅시다.'라고 말한 종교장관 제라 바하프티그$^{Zerah\ Warhaftig}$(홀로코스트 생존자) 같은 장관들이었습니다."

  7월, 아리엘 샤론 장군이 이스라엘 국방군의 가장 중요한 지역사령부인 남부사령부 사령관직에서 물러나 전역했다. 후임자는 슈무엘 고넨$^{Shmuel\ Gonen}$ 상군이었다. 이 임명에는 비판이 따랐는데 고넨의 동료 몇몇이 특히 비판적이었다. 그들은 고넨이 경험이 부족한 것은 물론이고 사령관 보직에 적합하지 않다고 믿었다. 지휘관으로서 고넨은 6일 전쟁 당시 기갑여단장으로 북부 시나이의 이집트군 방어선을 돌파해 처음으로 수에즈 운하에 도착한 것으로 명성을 얻었다. 고넨은 용감하고 유능한 야전지휘관으로 존경받았으나 난폭한 행동으로 부하들을 공포에 떨게 했으며 사소한 규정 위반으로도 병사들을 마구 영창에 집어넣었다. 한 대대를 시찰한 자리에서 고넨은 단추를 제대로 채우지 않는 등의 사소한 규정 위반을 이유로 82명을 처벌하라고 명령했다고 한다. 고넨은 규율은 군대와 불가분의 관계에 있으며 사소한 소홀함이 전투의 결정적 순간에 기강해이로 이어질 수 있다는 견해를 굽히지 않았다. 미국의 유대인 커뮤니티를 돌며 행한 순회 연설에서 고넨은 '이스라엘의 패튼'으로 불리기를 은근히 즐겼다.

예루살렘의 초정통파 유대인 집단공동체에서 성장한 고넨은 10대 시절인 독립전쟁 기간 중에 고립된 세계를 떠나 전투에 참여했다. 그는 몇 차례 부상당하기는 했지만 전쟁이 끝나자 군대에 남아 기갑부대에 투신한 최초의 대원 중 하나가 되었다. 이미 선임 장교였던 이스라

이스라엘 국방군 남부사령관 슈무엘 고넨 장군. 고넨은 6일 전쟁 당시 기갑여단장으로 북부 시나이의 이집트군 방어선을 돌파해 처음으로 수에즈 운하에 도착한 것으로 명성을 얻었다. 〈이스라엘 정부 공보처 제공〉

엘 탈과 다비드 엘라자르가 보병에서 기갑 병과로 전과했을 때 초급 장교인 고넨이 그들의 병과 교육을 맡았다. 이때 이스라엘 국방군의 주요 인사들이 고넨의 전문적 지식에 깊은 인상을 받았고 이들과 쌓은 인맥이 나중에 승진에 영향을 미쳤을 것이다.

기갑사령관 아브라함 아단$^{Avraham\ Adan}$ 장군은 오랫동안 고넨의 거친 행동이 마음에 들지 않았다. 아단은 사막 기동연습에서 고넨을 관찰하면서 고넨의 부하들이 보고하기를 무서워하고 그의 반응을 두려워한 나머지 솔직하게 답하지 않는 모습을 보았다. 고넨은 부하들에게 고함을 질렀고 화가 날 때면 물건을 집어던지기까지 했다. 기동연습이 끝나자, 아단은 사람들이 여전히 부르던 고넨의 원래 성(해외에서 이스라엘로 이주한 유대인은 원래 쓰던 성을 히브리어 성으로 고치는 경우가 많았다. 예를 들어, 아리엘 샤론의 원래 성은 샤이네르만^{Scheinermann}이며 하임 바르-레브의 원래 성은 브로츠레브스키^{Brotzlevski}이다-옮긴이)으로 그를 지칭하며 "이스라엘 국방군에 고로디쉬^{Gorodish}가 있을 자리는 없습니다"라고 엘라자르에게 말했다. 엘라자르는 "그

에게 말해보지요"라고만 답할 뿐이었다. 그러나 고넨은 진급을 계속해서 이제 이스라엘의 가장 중요한 전선을 지휘하게 되었다.

봄에 있었던 경계령 소동이 끝나고 아무 일 없이 몇 주일이 지나자 긴장은 누그러졌다. 7월에 정보당국은 이집트와 시리아로 대량의 무기가 선적되었음을 보고했지만 가까운 장래에 전쟁 발발을 감지한 이는 없었다. 8월 24일에 사다트가 오랫동안 갈구했던 억제 수단인 스커드 지대지미사일 1개 여단이 이집트에 도착했다는 보고에도 별다른 반응을 보이지 않았다. 사거리가 200마일(322km)에 달하는 스커드 미사일은 나일 삼각주$^{Nile\ Delta}$에서 텔아비브를 타격할 능력을 갖췄다. 미사일은 최소 4개월의 훈련 후에 소련으로부터 이집트군에 인도될 것이다. 수에즈 전선 전체에 걸쳐 이집트군의 느긋한 배치상태에는 변화가 없었고 운하에서 낚시하는 병사들이 거의 매일 목격되었다.

취임 이래 전쟁 임박을 암시해오던 사다트는 이제 '장기 투쟁'에 대해 이야기하고 있었다. 정보당국은 사다트가 국내 상황을 바로잡고 이스라엘-아랍 문제를 해결하기 위한 '25년 전략'에 대해 7월에만 네 차례 연설했다고 지적했는데, 이는 분명 가까운 장래에 전쟁을 택할 가능성을 잠시 보류했음을 보이는 징후였다.

사다트가 격한 언어의 수위를 낮춘 것은 5월에 열린 기만 전술을 시행하기 위한 범내각위원회$^{Interministerial\ Committee\ for\ Deception}$를 창설함에 따라 시작된 정교한 전략의 일환이었다. 이집트군 무기체계의 정비상태가 불량하다는 소문뿐 아니라 이집트군이 SAM을 제대로 조작할 수 없다는 허위보고가 유포되어 외국 언론에 실렸다. 이집트와 시리아의 관계가 틀어졌다는 소문도 퍼졌다. 국방장관 이스마일은 루마니아를 방문했을 때 이스라엘과 정면대결을 하기에는 이집트의 군사력이 불충분하다는 말을 흘렸다. 훗날 이스라엘 정보당국은 8월 말까지 이집트군 내부에서 전쟁이 언제 개시될지를 안 사람은 4명뿐이었을 것으로 추정했다.

사다트는 동맹국 시리아를 가장 뻔뻔하게 속였다. 이스라엘에 대한 2개 전선 구축은 모든 아랍 측 전략의 기본이었다. 그런데 사다트와 시리아의 지도자 하페즈 알아사드$^{Hafez\ al-Assad}$의 전쟁목표는 달랐다. 아사드는 골란 고원의 무력수복을 목표로 삼았다. 하지만 그는 이집트가 이스라엘의 전력 대부분을 묶어둘 작전을 벌이겠다고 확약하지 않는 한, 위험을 무릅쓰고 전쟁을 일으키지는 않을 것이었다. 그런데 사다트는 제한적 전쟁만을 계획하고 있었다.

시리아 공군사령관을 지낸 아사드는 사다트가 이집트의 정권을 장악하고 한 달 뒤인 1970년 12월에 권력을 잡았다. 두 지도자는 이스라엘에 대해 상반된 태도를 보였다. 이집트의 지도자 사다트는 유대 국가와 비교전협약을 맺을 의사가 있었던 반면, 시리아의 지도자 아사드는 이스라엘의 생존권조차 인정하길 거부했다.

1973년 2월에 다마스쿠스로 간 이집트 국방장관 이스마일이 전쟁에 돌입하겠다는 사다트의 의향을 아사드에게 알림으로써 이집트와 시리아의 공조가 시작되었다. 이스마일은 이집트군 작전계획 입안자들이 공격에 적합하다고 꼽은 3개의 기간을 언급했다. 5월, 8월, 그리고 9~10월에 걸친 기간이었다. 4월 23일 아사드는 비밀리에 이집트로 가서 이틀 동안 사다트와 회담했다. 두 사람은 양국 장교들로 구성된 협력위원회의 창설에 합의했다. 그런데 개전을 알리는 첫 공격을 제외하고 전쟁 기간 중 통합지휘를 담당할 기구는 설립되지 않았다.

사다트는 전쟁의 제1단계에서 기디와 미틀라 고개로 진격할 것을 아사드에게 확약했다. 아사드는 이 단계에서 골란 고원을 수복할 수 있기를 희망했다. 시리아의 지도자는 이집트군이 재편성을 마친 다음 고개에서 진격을 속개해 나머지 시나이 반도를 점령할 것이라는 취지로 사다트의 발언을 이해했다. 이스라엘군은 계속되는 압박에 대응하느라 골란 고원에서 반격에 나서지 못할 것이며 그동안 시리아군은 점령지 방어를 공고화할 수 있을 터였다.

하지만 사다트와 이집트군 장성들은 기디와 미틀라 고개까지 공격하지 않기로 이미 결정했다. 가마시는 '작전상 일시 정지' 후 고개들을 향해 계속 진격해야 한다고 믿었으나 샤즐리는 SAM 우산에서 벗어나는 모험을 하고 싶지 않았다. 이집트군 작전계획 입안자들은 이 단계에서 자신들이 이스라엘군을 시나이 반도 전역에서 몰아낼 수 있다고 믿지 않았으며 이를 시도해볼 의향도 없었다.

아사드 방문 전에 샤즐리 장군은 이스마일 장관으로부터 아사드에게 보여주기 위해 고개 도달이 목표인 화강암-2 작전계획을 다시 꺼내라는 명령을 받았다. 이 명령은 사다트 대통령이 내렸다. 이스마일은 이 작전계획은 시리아 측에 보여주기만 할 것이고 이스라엘군의 갑작스러운 철수 같은 예측하지 못한 상황이 발생하지 않는 한 시행되지 않을 것이라고 말했다. 이스마일은 시나이 반도 심장부로 진격하지 않는다는 이집트의 의중을 안다면 시리아는 참전하지 않을 것이라고 설명했다.

샤즐리는 회고록에 "이 표리부동함에 구역질이 났다"라고 썼다. 절차에 따라 화강암-2 작전계획은 갱신되었으나 샤즐리는 장성들에게 이 계획을 실제 시행할 의도는 전혀 없다고 말했다. 부하들에게 지시를 내릴 때 2단계 작전에 대해서는 "작전상 일시 정지 후 우리는 고개들을 향해 공격을 전개할 것이다"라는 식으로 모호하게 말해야 했다.

요르단의 후세인 왕은 이집트, 시리아와 불편한 관계에 있었다. 요르단 왕국은 이스라엘과 가장 긴 국경을 접하고 있었음에도 두 나라는 참전시킬 정도로 요르단을 신뢰하지 않았다. 나세르는 주저하는 후세인을 6일 전쟁에 끌어들여 이집트 장군에게 요르단군의 총지휘를 맡긴 결과 왕국의 절반인 요르단강 서안을 잃었다. 이제 지금 가지고 있는 영토조차 위험하게 만들 수 있는 또 다른 참전을 피하는 것이 후세인의 최우선 관심사가 되었다. 이집트와 시리아는 다른 아랍 국가들의 참여도 기대했으나 사전에 디데이를 통지하지는 않을 것이었다.

이집트군 작전참모들은 가마시 장군의 지휘하에 정확한 공격개시일을 정하기 위해 조수간만 일정과 유대교 달력까지 연구했다. 작전 입안자들은 수에즈 운하 도하를 위해 설반은 달이 있고 절반은 달이 없는 긴 밤을 원했다. 달빛이 있어야 물 위에서 교량 조립을 할 수 있으며 달이 진 다음에야 전차들이 이스라엘군 비행기에 발각되지 않고 어둠 속에서 도하할 수 있기 때문이었다. 10월의 최적 도하 기간에 욤 키푸르가 있었다. 이는 이집트군 작전 입안자들이 예기치 못했던 행운이었다. 이들은 비상시에 이스라엘 예비역이 라디오로 방송되는 부대 암호명을 듣고 동원된다는 것을 이미 알고 있었다. 그런데 욤 키푸르에는 이스라엘 라디오와 텔레비전 방송국이 문을 닫는다. 공격개시일은 사다트와 아사드가 선택할 문제였지만 입안자들은 욤 키푸르인 10월 6일에 동그라미를 쳤다. 이날이 가진 특별한 이점을 강조하기 위해서였다.

그런데 욤 키푸르는 아랍으로서 최악의 선택일 수도 있었다. 라디오가 없어도 이스라엘은 예를 들어 전령처럼 동원령을 실행할 다른 수단을 보유했다. 다른 날과 달리 욤 키푸르에는 예비군 대부분이 어디 있는지가 확실했는데, 바로 집 아니면 걸어갈 수 있는 거리에 있는 유대교 회당이다. 이날에는 교통량이 거의 없기 때문에 전령들은 신속히 예비군들을 찾을 수 있고 신속히 기지에 도착할 수 있을 것이다.

10월 한 달간은 무슬림의 라마단 휴일이기도 하다. 이집트군 입안자들은 이 또한 이점으로 작용할 것으로 생각했다. 이스라엘도 독실한 무슬림들이 낮 동안 먹고 마시지 않는 신성한 달에 공격하리라고 의심하지는 않을 것이다. 그렇다면 전쟁은 양측에게 있어 일 년 중 가장 신성한 기간에 벌어질 것인데 신성함이 전술적 역할을 맡게 되는 셈이었다.

제7장

요르단 국왕의 방문

골란 고원의 한 뾰족한 화산언덕 꼭대기에 선 이츠하크 호피$^{Yitzhak\ Hofi}$ 소장은 다마스쿠스를 향해 북동쪽으로 난 도로 양편으로 설치된 시리아군 숙영지를 볼 수 있었다. 시리아군은 통상적으로 골란 고원 맞은편에 3개 사단을 유지했다. 4월이 되면 이 사단들은 연례 훈련을 위해 철수했다가 한여름에 축차적으로 재배치되곤 했다. 그런데 9월 중순인 지금, 그 어떤 때보다 훨씬 더 많은 전차와 화포가 시리아군 진영에 있었다.

이스라엘군 북부사령부(이스라엘의 북부 전선, 특히 시리아와 대치하고 있는 골란 전선의 방어 총책임을 맡은 지역사령부-옮긴이)의 사령관 호피 장군의 가장 큰 걱정거리는 8월부터 배치된 SAM-6 포대였다. SAM-6는 시리아군 진영 공역뿐 아니라 골란 고원 전역과 이스라엘 내륙의 갈릴리^{Galilee} 지역 일부 공역까지 사정권에 두고 있었다. 이는 전쟁이 일어난다고 해도 미사일이 완전히 제거되기 전에는 이스라엘 공군의 대^{對}시리아 지상군 작전은 불가능하다는 뜻이었다. 공군은 이미 골란 고원 상공 비행을 중단했고 농약 살포용 비행기 같은 저공비행 경비행기만 비행 허가를 받았다.

9월 13일, 시리아 상공에서 사진 정찰 임무를 수행하고 귀환 중이던 팬텀기 4대가 레바논 해안에서 멀리 떨어진 곳에서 시리아 공군 미그^{MIG}-21들로부터 기습공격을 받았다. 이스라엘군 미라주 전투기 1개 편대가 공중전에 끼어들었다. 이 공중전에서 시리아 전투기 8대와 이스라엘 미라주 1대가 격추되었다. 격추된 이스라엘군 조종사는 간신히 구명보트에 올라탔다. 동료들이 구조 헬리콥터가 오기를 기다리며 상공을 선회하는 동안 시리아군 전투기 2파가 공격해왔다. 4대가 추가로 격추되었다. 이스라엘군 구조 헬리콥터는 격추당한 이스라엘군 조종사뿐 아니라 근처의 물속에 있던 시리아군 조종사 1명도 구조했다.

4일 뒤에 참모본부에서 열린 회의에서 제이라 장군은 호피를 안심시키려고 노력했다. 제이라는 시리아군의 전력이 증강되기는 했으나 아랍은 이스라엘에 승리할 가망이 전혀 없음을 안다고 말했다. 이집트는 2년 뒤에 충분한 수량의 장거리 전투폭격기와 스커드 미사일을 갖추고 나서야 전쟁을 고려라도 해볼 수 있을 것이다. 그리고 시리아가 이집트 없이 홀로 전쟁을 벌이지 않을 것은 자명했다.

호피는 제이라의 말에 안심하지 않았다. 시리아군의 배치 상황은 하루가 다르게 우려스러워지고 있었다. 대개 멀찌감치 떨어진 후방에 있던 포병이 최전선으로 전진 배치되었다. 골란 고원으로 진격하는 부대에 지원 포격을 할 의도로 해석하는 것이 타당했다. 시리아는 9월 13일의 공중전에서 입은 타격을 그냥 넘기지는 않을 것이다. 호피는 시리아가 전면전을 생각하고 있다고 믿지 않았다. 하지만 시리아가 골란 고원의 이스라엘 정착촌 하나를 탈취하려 시도할지도 몰랐다. 이제 이스라엘군 진영 맞은편에는 시리아군 전차 800대가 있었다. 호피가 보유한 전력은 감편 1개 기갑여단의 전차 77대가 전부였다. 그리고 전선을 따라 설치된 작은 전초기지 10개에 배치된 보병 200명이 있었다. 양군 사이의 거리는 500야드(457m)에 불과했다.

봄의 청-백 경계령 덕에 호피의 방어태세는 어느 정도 강화되었다. 더욱 신속한 전차 전개를 위해 불도저로 바위투성이 지형을 뚫어 도로망이 갖춰졌다. 전에는 이스라엘군 진영 절반 정도에만 있었던 대전차호가 거의 전 지역에서 구축되었다. 지뢰밭도 강화되었다. 시리아군은 가교를 가설하고 지뢰밭을 통과할 수 있겠지만 이러한 장애물은 귀중한 몇 시간 동안 진격을 늦추게 만들 것이다. 시리아군의 공격개시점 point of attack 으로 예상되는 지점이 내려다보이는 곳에는 전차가 올라가 사격하는 사격대가 마련되었.

좁은 요르단강을 가로질러 골란 고원과 갈릴리 지역을 연결하는 브노트

좁은 요르단강, 배후에 골란 고원이 보인다. 〈이스라엘 정부 공보처 제공〉

야코브(야곱의 딸들) 다리$^{\text{Bnot Yaacov bridge}}$와 아리크 다리$^{\text{Arik bridge}}$는 확장되어 통과 교통량이 두 배가 되었다. 이 중요한 조치로 일부 동원기갑여단은 갈릴리 호 반대편 호안에서 골란 고원 기슭으로 기지를 옮겨 전쟁이 벌어지면 한 시간이나 그보다 더 빨리 골란 고원으로 올라갈 수 있게 되었다.

그러나 이 모든 조치도 잃어버린 항공지원을 보충하지는 못했다. 기습을 받는 경우 동원부대가 도착할 때까지 공군이 적을 꼼짝 못 하게 만들 것이라는 생각에 현격한 지상군의 전력 격차에도 불구하고 호피는 지금껏 안심할 수 있었다. 그런데 SAM-6 미사일을 비롯한 시리아군의 지대공 미사일이 전진 배치됨에 따라 전쟁이 벌어지면 공군은 타가르와 두그만-5 계획을 실행하느라 중요한 개전 첫날이나 다음날까지 지상군을 지원할 수 없게 되었다. 호피 장군은 9월 24일에 열릴 참모본부 주례회의에서 자신의 근심을 동료들과 공유하기로 했다. 다얀도 이 회의에 참석 예정이었다.

회의의 주 의제는 이미 제안된 미국산 F-15 전투기의 획득이었다. 호피는 참석자 중 가장 먼저 논평을 하기로 예정되어 있었다. "제 의견을 밝히기 전에 다른 주제에 대해 말하고 싶습니다"라고 호피는 말했다. 골란 고원의 상황은 '매우 심각'했다. 시리아군은 사전경고 없이 우리를 타격할 수 있는 위치에 있었으며, 골란 고원에는 북부사령부 예하 부대들이 후퇴해 선제공격의 충격을 줄일 전략적 종심이 없었다. 시리아군의 SAM-6 도입은 공군의 지원을 받을 수 없게 되었다는 것을 의미했다. "제 생각으로는 시리아가 이집트보다 더 위험합니다." 암담한 상황묘사를 끝낸 호피는 F-15에 대한 의견을 발표했다.

토론은 호피의 발언에 대한 별다른 언급 없이 의제로 오른 전투기 도입 및 기타 전략 문제 위주로 진행되었다. 이 문제에 대한 주의를 환기시킨 사람은 다얀이었다. "참모본부는 논평 없이 카카(호피의 별명)의 발언을 그냥 넘길 수 없습니다." 다얀이 말했다. "나는 이 시나리오의 타당성을 철저히 검토할 것을 요청합니다. 타당성이 있다면 대응계획이 필요할 것입니다." 유대력 신년의 시작인 로쉬 하샤나는 고작 이틀 뒤였다. 다얀은 답을 듣지 않고서는 휴일에 쉬지 않겠다고 말했다.

시리아군은 이집트군보다 약체라고 다얀은 말했다. 하지만 시리아군이 더 큰 위협이라는 호피의 의견은 타당했다. 이집트군은 사막을 150마일(241km)이나 건너야 인구가 희박한 이스라엘 남부 네게브^{Nagev} 지역에 도착할 수 있었다. 그러나 시리아군은 갈릴리 지역의 도시와 마을로부터 고작 20마일(32km) 떨어져 있었으며 골란 고원의 정착촌들과는 2마일(3.2km) 떨어진 곳에 있었다. 이스라엘군이 방심하는 사이에 대거 기습공격을 당한다면, 시리아군은 몇 시간 내 이스라엘 본토까지 도달할 수 있었다.

엘라자르는 호피의 우려를 대수롭지 않게 여기려 했다. "저는 시리아군이 골란 고원을 점령할 수 있다는 의견을 받아들이지 않겠습니다." 엘라자르가 말했다. 제한적 공격이라면 정보당국이 사전경보를 발령하지 못할 수도 있겠지만, 골란 고원에 배치된 병력으로 대처하기 충분하다고 총참모장은 말했다. 만약 시리아가 전면전을 계획한다면 정보당국은 증원군이 전선에 도달할 시간에 맞춰 사전에 신호를 포착할 수 있을 것이다. SAM에 관해서라면 공군은 이미 평시에 미사일의 사거리 밖에서 신중하게 행동하고 있었다. 그러나 전쟁이 발발한다면 공군은 그 어떤 대가를 치르고서라도 근접지원을 수행할 것이다. "전쟁에 관해 물으신다면, 우리 공군은 미사일의 영향을 받지 않고 한나절 안에 문제를 해결할 능력이 있다고 생각합니다." 엘라자르가 어디서 이런 생각을 갖게 되었는지는 분명하지 않으나 이는 전쟁 전 기간을 통틀어 가장 중요한 오해였음이 밝혀질 것이다.

다얀은 안심하지 못했으나 회의를 더는 방해하고 싶지 않았다. 그는 엘라자르에게 골란 고원의 문제 해결을 위한 조치를 결정하기 위한 회의를 소집할 것을 요청했다. 회의 일자는 앞으로 이틀 뒤, 로쉬 하샤나가 시작되기 전인 9월 26일 아침으로 정해졌다.

25일 밤, 헬리콥터 1대가 텔아비브 교외의 보안시설에 착륙했다. 탑승객들은 모사드가 운용하는 근처의 평범한 건물로 향했다. 방문객 중 두 사람은 회의실로 안내되었다. 골다 메이어 총리가 기다리고 있었다. 성큼성큼 다가와 악수를 청한 작달막한 인물에게 메이어 총리가 말을 건넸다. "국왕전하."

요르단의 후세인 왕은 메이어 총리 건너편 회의탁자 앞에 자리를 잡았다. 요르단 국왕 옆에는 제이드 리파이$^{Zeid\ Rifai}$ 요르단 총리가 앉았고 메이어 총리의 옆에는 베테랑 외교관이자 현재 총리 비서실장인 모르데카이 가지트$^{Mordechai\ Gazit}$가 앉았다.

후세인 왕은 무력 분쟁으로 이어질 수 있는 오해를 피하고자 수년간 이스라엘의 지도자들과 비밀리에 접촉하고 있었다. 요르단 국왕은 무엇에 대해 토의하기를 원하는지 밝히지 않고 이 회동을 요청했다. 옆방에서는 아만의 요르단과장 주시아 케니제르$^{Zussia\ Keniezer}$ 중령이 이어폰을 끼고 대화를 모니터링하고 있었다.

요르단 국왕은 에일라트 북쪽의 사소한 국경 문제를 제기하는 것으로 이야기를 시작했다. 이어서 두 사람 모두 급할 것 없다는 대도로 지역 정세와 관련된 서로의 전망을 교환하며 대담을 계속했다. 메이어 총리는 미국 밀워키^{Milwaukee}에서 자랐으나 중동에서 오래 살았기 때문에 후세인 왕이 여기에 오게 된 진짜 이유를 밝힐 때까지 참을성 있게 기다리는 법을 알았다. 오랫동안 개인비서로 일한 루 케다르$^{Lou\ Kedar}$ 여사가 가끔 뜨거운 음료를 가져왔다. 이야기를 시작한 지 한 시간이 거의 다 되어서야 후세인 왕이 요점을 말했다. 시리아군은 지금 당장 공격을 개시할 수 있는 도약 전 위치$^{pre\text{-}jump\text{-}off\ position}$에 있다는 것이다. 케니제르 중령은 자세를 고쳐 앉았다. 시리아가 단독으로 이스라엘과의 전쟁에 돌입할 것이냐고 메이어 총리가 물었다. 케니제르 중령의 보고에 따르면, 후세인 왕은 아니라고 답했다. 시리아는 이집트와 협동공격을 할 것이다.

대화의 일부를 들은 케다르 여사의 기억은 약간 다르다. 누가 시리아의 편에 설 것이냐는 질문을 받자 후세인은 "그들 전부"라고 답했다. 케다르 여사는 후세인이 전쟁이 임박했다고 말하면서 이러한 전망에 몹시 불안해한다는 인상을 받았다. 모르데카이 가지트는 나중에 후세인이 협동공격이 임박했음을 경고하지 않았다고 강변했다.

후세인 왕이 떠나자마자 총리는 케다르 여사에게 전화로 다얀을 연결해달라고 요청했다. 이미 자정이었다. 총리가 회담 내용을 요약해 들려주자 다얀은 곧 다시 전화하겠다고 말했다. 메이어 총리는 다얀의 전화를 기다리며 거푸 담배를 피웠다. 10분 뒤에 다얀이 전화를 걸어오자 두 사람은 잠시 이야기를 나눴다. 그런 다음 총리는 케다르 여사와 예루살렘의 총리관저로 출발했다. 메이어 총리는 스트라스부르Strasbourg에서 열리는 유럽평의회에서 연설을 하기 위해 다음날 프랑스로 떠나기로 되어 있었다.

"지금은 유럽에 못 가실 것 같은데요." 차 안에서 케다르 여사가 말했다.

"왜 못 가지?" 메이어 총리가 물었다.

케다르는 메이어 총리가 후세인의 경고를 심각하게 받아들이지 않는다는 것을 믿을 수 없었다. 총리는 다얀과 통화하고 나서 태도가 느긋해졌다. 다얀은 아만의 누군가로부터 후세인이 전한 메시지의 내용과 그 함의에 대해 보고를 받았다. 모니터링실에는 케니제르 말고 다른 정보장교들이 있었고 다얀과 이야기한 장교가 후세인의 발언에 새로운 내용은 없다고 보고했음이 분명했다.

케니제르 중령의 평가는 그 반대였다. 후세인은 2주일 전에 알렉산드리아에서 사다트와 아사드를 만났다. 아랍 지도자들 사이에 만연한 상호불신을 생각해보면 후세인이 구체적인 전쟁계획에 대해 들었을 것 같지는 않다. 하지만 사다트와 아사드가 요르단의 참전 가능성을 타진하거나 최소한 이스라엘이 요르단 영토를 통과해 시리아에 반격하는 것을 막기 위해 막연하게 이스라엘과의 전쟁에 대한 전망을 제기했을 수는 있다.

케니제르는 처음으로 고위층 정보원이 이집트와 시리아가 공동으로 전쟁에 돌입할 가능성을 내비쳤다는 점에 경악했다. 시리아는 지금까지 전쟁을 준비하는 것처럼 보였어도 이집트 없이 전쟁을 벌이지는 않으리라고 추정되었다. 그리고 이집트는 아직 장거리 전투폭격기와 스커드 미사일을 보유하지 못했기 때문에 전쟁에 돌입하지 않을 터였다. 후세인이 한 말의 속뜻은 '개념'—이집트가 새로운 무기체계를 갖추기 전까지 전쟁에 돌입하지 않을 것이라는 믿음이 더는 유효하지 않다는 것이었다.

모니터링실에서 나온 케니제르와 동행한 이는 오랜 동료이자 이스라엘 국방군의 야전 보안을 담당한 고위장교였다. 케니제르는 "저와 꼭 같이 계셔야 합니다. 왜냐하면 지금 저는 야전 보안을 어길 참이고 한 번 더 어길 것이기 때문입니다"라고 말했다.

케니제르는 아만의 조사국장이자 제이라에 이어 서열 2위인 직속 상관 아리예 샬레브$^{Arye\ Shalev}$ 준장에게 전화를 걸었다. "후세인이 해야 했던 발언의 요지는 이집트와 시리아가 전쟁을 일으킨다는 것입니다. 아침에 자세히 보고드리겠습니다." 다음으로 케니제르는 아만의 시리아과장 아비 야아리$^{Avi\ Ya'ari}$ 중령과 통화했다. 케니제르는 야아리에게 출처를 밝히지 않고 전선이 두 곳인 전쟁에 대한 경고가 있었다고 말하고 야아리가 이를 북부사령부에 알리는 것이 어떻겠냐고 제안했다.

다음날 아침 8시 15분에 엘라자르는 참모들과 만나 이틀 전에 다얀이 요구한 골란 고원의 방비 강화 실행 방법에 대해 논의했다. 엘라자르의 말로는 "로쉬 하샤나에 마음 놓고 쉬려면" 결론을 내려야 하기 때문이었다. 다얀의 요청에 따라 엘라자르는 우선 전날 밤에 후세인이 한 경고를 장군들에게 알렸다. "매우 신뢰할 만한 정보원에 따르면 시리아군은 언제든 전쟁을 개시할 준비를 미쳤다고 합니다. 이집트와 합동공격을 할지는 아직 알려지지 않았습니다."

호피조차도 시리아가 전면전에 나설 개연성은 낮다고 보았다. 엘라자르는 의견을 모아 후세인의 경고에는 지금 참석자들이 아는 것에 새롭게 추가된 내용이 없다고 말했다. 시리아가 이집트 없이 단독으로 공격할 것이라는 생각은 비합리적이다. "시리아가 공격하기를 희망한다고 말할 수는 없지만 어쨌든 전쟁은 없을 것입니다."

시리아가 자국 전투기 격추에 대응하기로 했다면 그 방법은 포격이 될 가능성이 가장 크다고 엘라자르는 말했다. 하지만 최전방의 전초기지나 정착촌에 대한 제한적 공격을 시도할 가능성도 완전히 배제할 수 없었다. 시나이에 주둔한 제7기갑여단 소속 2개 전차중대의 골란 고원 파견이 결정되었다. 이로써 골란 고원에 배치된 이스라엘 전차의 수는 100대로 늘어날 것이다. "시리아군의 전차 800대에 맞서 우리는 100대를 보유하게 될 것입니다." 엘라자르가 말했다. "그 정도면 시리아군에 대응하기에 충분합니다." 이 한 문장으로 엘라자르는 아랍의 군사적 잠재력에 대한 이스라엘의 견해를 요약했다.

골란 고원에는 야포 1개 포대도 파견되었으며 공군과 몇몇 지상부대가 경계태세에 들어갔다.

오전 9시가 되자, 다얀이 회의에 참석했고 엘라자르는 지금까지 결정된 조치에 관해 설명했다. "시리아의 입장에서 단독공격보다 더 어리석은 것은 없을 것으로 생각됩니다." 엘라자르가 말했다. "이집트와 시리아 전선 어디에서도 전쟁은 없을 것입니다. 저는 모든 징후로 미루어보건대, 그럴 것이라 생각합니다. 이에 따라 저는 골란 고원에서의 전쟁 예방을 위한 전시태세 돌입을 명하지는 않겠습니다."

다얀은 전면전이 없을 것이라는 데 동의했으나 시리아군이 이스라엘군 진영에 도착할 때까지 큰 장애물을 건널 필요가 없다는 점을 지적했다. "그리고 우리는 똑똑한 러시아인들이 시리아군에게 조언할지도 모른다는 점을 고려해야 합니다."

국방장관은 엘라자르에게 자신은 회의 후 골란 고원으로 날아가 자신의 방문을 취재할 기자들을 통해 시리아에 메시지를 전달할 생각이라고 말했다. 그는 또한 아무리 가능성이 희박할지라도 북쪽에서 일어날 수 있는 돌발사태에 이스라엘 대중을 대비시키기를 원했다. 엘라자르는 같이 가자는 요청을 받았다. 총참모장은 연휴 동안 골란 고원 정착민들의 평온함을 방해할지도 모른다는 이유로 방문을 하지 말아달라고 다얀을 설득했다. 하지만 다얀은 완강했다. "정착민들도 뭔가에 대비해야 합니다. 하지만 긍정적인 방법으로 합시다."

다얀과 제이라 장군을 포함한 일행은 헬리콥터를 타고 골란 고원으로 날아간 다음 시리아군 진영이 내려다보이는 언덕 꼭대기까지 차량으로 이동했다. 시리아군의 배치 상황에 대해서는 일선 전차대대 부대대장 슈무엘 아스카로브Shmuel Askarov 소령이 브리핑을 맡았다. 아스카로브는 멀리 보이는 수많은 시리아군 전차들과 포병 진지들을 가리키며 "전쟁이 확실합니다"라고 말했다. 다얀은 제이라에게 답변권을 주겠다는 몸짓을 했다. "앞으로 10년간 전쟁은 일어나지 않을 것입니다." 아스카로브는 제이라의 말을 기억할 것이다.

로쉬 하샤나가 시작되기 3시간 전에 골란 고원에서 열린 내외신 기자회견에서 다얀은 만약 시리아가 9월 13일의 공중전에 대한 보복으로 이스라엘에 대한 공격을 선택한다면, "그들이 어떤 공격을 한다 해도 자기들에게 더 큰 타격이 될 것"이라고 말했다. 당연히 시리아 언론도 다얀의 기자회견 내용을 보도했다.

이틀의 연휴는 평온하게 지나갔고 엘라자르는 시나이 반도 남단에 있는 샤름 엘-셰이크 해변에서 가족과 짧은 휴가를 즐길 수 있었다. 그러나 각급 정보기관과 부대의 당직 인원들은 지금껏 조용했던 이집트 전선에서 새로이 벌어지는 일들을 모니터하느라 계속 바빴다. 9월 25일에 수에즈 운하를 향해 병력이 이동 중이라는 보고가 들어왔다. 9월 28일에는 이집트 공군, 해군과 일부 육군 부대에 내려졌던 경계령 등급이 상향되었다. 처음에 아만은 시리아와의 공중 충돌과 관련해 이스라엘이 이집트를 공격할 것이라는 두려움이 이러한 움직임의 원인이라고 보았다. 그런데 더 설득력 있는 설명이 등장했다. 이집트군이 10월 1일부터 7일까지 수에즈 운하 지역에서 '해방Tahrir(Liberation) 41'이라고 불린 대규모 훈련을 시행할 계획임이 알려졌다. 이집트군은 매해 가을마다 운하 근처에서 군사훈련을 벌였고 언제나 외교 경로를 통해 이스라엘에 사전에 통지했다. 그런데 이번에는 사전통지가 없었는데도 이스라엘 정보당국은 이를 대수롭지 않게 여겼다.

나세르 서거 추모일인 9월 28일, 사다트는 대국민 연설을 했다. 통상적으로 사다트는 이 기념일을 실지 수복과 아랍의 명예 회복을 위한 나세르의 노력이 남긴 유산을 재확인하는 계기로 삼곤 했다. 이번에 사다트는 국가가 지금의 어려운 환경에서 벗어나 '활짝 열린 휘황찬란한 미래로' 나아가기를 바란다는 희망을 피력하는 것만으로 연설을 마무리했다. 아만은 이 연설을 분석하면서 사다트가 현재로서는 이스라엘에 대한 무장투쟁을 고려할 이유가 없다는 뜻을 이집트 대중에게 내비친 것으로 해석했다. 하지만 사다트가 투쟁에 대해 입을 다물었다는 사실은 안도시키려는 대상이 자국민이 아니라는 뜻일 수도 있었다.

제8장

칼집에서 칼을 뽑다

샤즐리 장군은 최종 준비를 마치기 위해 공격개시일 전에 15일의 여유시간을 요청했다. 허용된 기간은 14일이었다. 더 중요한 것은 14일간의 밤들이었다. 보급품 집적소를 출발한 수송차량 대열이 사막을 가로질러 운하를 따라 집결지로 운반할 수 있는 시간대가 밤 시간대였기 때문이다.

아사드와 사다트는 9월 22일 다마스쿠스에서 비밀리에 회동해 10월 6일에 전쟁을 개시하는 데 합의했다. 공격 개시 시간에 대해서는 의견이 엇갈렸다. 아사드는 오전 7시를 원했다. 떠오르는 태양이 동쪽을 바라보며 싸우는 이스라엘군의 눈을 부시게 할 것이기 때문이었다. 사다트는 이집트 공군이 시나이의 이스라엘군 기지를 타격한 후 이스리엘 공군에게 반격할 시간을 주지 않도록 일몰 직전에 공격 개시를 원했다. 공습 후, 공병대는 어둠의 보호를 받으며 운하를 가로지르는 교량을 설치할 수 있을 것이다. 관대함을 보인다는 제스처로 아사드는 사다트가 선호하는 시간을 받아들였다. 얼마 지나지 않아 다시 생각해봐야 할 행동이었다. 사다트는 다마스쿠스로 가는 길에 사우디아라비아에 들러 이스라엘과 우방국들에 압박을 가할 아랍 세계의 공동 노력의 일환으로 서방세계에 대한 석유금수조치 시행을 파이잘Faisal 국왕과 논의했다. 아슈라프 마르완은 이 순방에서 사다트를 수행했다.

샤즐리는 휘하에 65만 명의 병력을 보유하고 있었다. 시리아 육군의 병력 규모는 15만 명에 달했다. 여기에 이라크, 요르단, 그리고 기타 아랍 국가들의 파견부대 병력 10만 명이 더해질 것이다. 이스라엘 육군은 병력 37만 5,000명을 보유했으며, 이 중 24만 명이 예비군이었다.

이스라엘군이 보유한 전차 2,100대는 이집트(2,200대)와 시리아(1,650대)가 보유한 전차 수량을 합친 것의 절반에 지나지 않았다. 전쟁 발발 후 이라크와 요르단이 650대의 전차를 더 보낼 것이다. 이스라엘은 투입이 가능한 비행기 359대를 보유한 것에 비해, 이집트(400대)와 시리아(280대)는 680대를 보유했다.

10월 초에 수에즈 운하 서쪽으로 이집트군 병력 10만 명과 전차 1,350대가 전개했다. 이와 대치하는 이스라엘군은 바르-레브 선의 전초기지들에 주둔한 450명의 병사와 운하지대에 있는 전차 91대에 불과했다. 운하에서 3시간 거리인 시나이 반도 내륙에 전차 200대가 더 있었다. 개전 첫날 야포와 중박격포 전력 면에서 이집트군은 운하를 따라 주둔한 이스라엘군을 40 대 1의 비율로 압도했다. 북부전선에서 시리아군은 전차 수량에서 8 대 1로 우세했다. 보병과 포병 전력의 격차는 더 컸다. 이스라엘 예비군이 전선에 도착하면 아랍의 우세는 크게 줄어들 테지만, 그때까지는 최전방의 젊은 현역병들(19~21세의 징집병들)과 직업군인인 지휘관들이 아랍의 기습공격을 온몸으로 막아야 할 것이다.

9월 24~25일 밤에 이스라엘 정보당국은 처음으로 이집트군의 대규모 이동을 포착했다. 헌병대의 엄중한 호위 하에 1개 사단 전체가 카이로^{Cairo}에서 행군을 개시했다. 그 뒤로도 며칠 동안 밤마다 수송차량 대열이 이동했다.

아만은 하루에도 몇 번씩 발행하는 회보를 통해 군과 정부 고위층에 현 상황에 대한 최신 정보를 알렸다. 9월 30일에 아만은 다음날 이집트군이 대규모 군사훈련을 시작하여 10월 7일에 끝낼 것이라고 보고했다. 예비군 동원, 방어진지 공사, 병력이동과 병력수송선으로 이용될 민간 어선의 징발마저도 군사훈련에 포함될 것이다. 이후 아만은 이집트군의 모든 동향을 군사훈련이라는 맥락에서 해석하게 될 것이다. 이처럼 모든 사전 전개를 군사훈련으로 치부함으로써 이스라엘은 사실상 조기경보체제의 스위치를 내려버리고 말았던 것이다.

시리아군도 경계태세의 수위를 높이고 예비군 동원을 개시했다. 아만은 시리아가 9월 13일에 벌어진 공중전에 이어 이스라엘이 공격해올까 우려했거나, 이에 대한 보복으로 제한적 타격을 준비하느라 이러한 조치를 취했다고 보았다. 남쪽에서 이집트군은 군사훈련 중이고 북쪽의 시리아군은 이스라엘이 공격해올까 봐 불안해하고 있다는 이 두 가지 착각으로 인해 아만은 두 나라의 군대가 공개적으로 집결하고 있는데도 동요하지 않고 사태를 관망했다. 대중은 양 국경에서 무슨 일이 벌어지고 있는지 몰랐다. 언론도 그랬다. 내각도 마찬가지였지만 메이어 총리, 다얀, 갈릴리 장관, 이갈 알론$^{Yigal Allon}$(1918~1980, 이스라엘의 군인, 정치가. 팔마흐 타격대 사령관, 이스라엘 국방군 초대 남부사령관 역임. 골다 메이어 내각에서는 부총리 겸 문화교육부장관-옮긴이) 장관은 예외였다. 물론 군 수뇌부는 상황을 인지했다. 하지만 모든 것을 안다고 여겨진 군 정보국이 "전쟁 발발 가능성 적음"이라는 견해를 고수하는 한 동원령은 없을 터였다.

9월 내내 이스라엘이 여러 정보원으로부터 받은 전쟁 경고는 열한 번에 달했다. 그러나 제이라는 미동조차 하지 않았다. 그는 전쟁은 아랍의 선택지가 아니라고 말했다. 후세인의 이례적 경고조차 아만의 마음을 바꾸지는 못했다.

영향력 있는 조사국 국장을 겸한 아만 차장 아리예 샬레브 준장과 이집트 과장 요나 반드만$^{Yona Bandman}$ 중령도 제이라 국장의 전쟁 발발 가능성 적음이라는 평가를 지지했다. 6일 전쟁 당시 젊은 정보병과 소령이던 반드만 중령은 전쟁 동안 제이라의 높은 신임을 받았다. 개진 진야에 시나이 반도에 전개한 이집트군을 평가하라는 요청을 받자, 반드만은 이집트군이 전투에서 와해될 것으로 예측했다. 이 평가는 옳았음이 증명되었으며 이집트군의 전투력에 대한 그의 평가는 그 뒤로도 별로 변하지 않았다.

아만 수뇌부는 자신들이 조용한 진실―'개념'―을 안다고 믿었다. 하지만 이 개념에 집착한 결과, 사방에서 요란하게 울려 퍼지던 경보음은 무용지물이 되어버렸다. 제이라와 그의 수석 보좌관들은 지적이고 경험이 많은 사람들조차도 반대되는 증거들이 산더미처럼 쌓여 있는 상황에서 어떻게 잘못된 생각을 고수할 수 있는지를 극명하게 보여주었다. 이들은 자신들의 논제와 맞지 않는다면 아무리 확실한 정보라도 배척하는 한편, 이와 맞는 것처럼 보이는 정보는 아무리 작더라도 모두 받아들였다. 허위정보도 여기에 포함되었다. 이러한 정보의 출처는 아랍 언론처럼 아만이 모니터링하고 있음을 이집트가 분명 알았던 채널이기 때문에 반드시 의심해야 했다. 아만은 이집트와 시리아군 역시 면밀히 감시하고 있었고, 아만의 "전쟁 발발 가능성 적음"이라는 평가는 아만의 각 부서에서 매일 모여드는 우려스러운 전쟁 준비 증거와 상충했다. 그럼에도 이러한 기만책은 제이라와 측근에게 엄청난 자기기만을 촉발시킴으로써 예상을 뛰어넘는 성공을 거두었다. 아랍은 전쟁을 택할 수 없다는 견해에서 제이라는 한 치도 물러서지 않았다.

모사드 국장 즈비 자미르는 회고록에서 제이라가 참모본부 회의 같은 공론의 장에서 "전쟁 발발 가능성 적음"이라는 발언을 자주 하면서도 이 평가의 근거를 말한 적은 없다고 기록했다. 자미르는 자신이 모사드에서 나온 평가 분석을 전달할 때면 반드시 해당 정보의 출처를 명기하고 그 신빙성에 대한 자신의 평가까지 첨부했다고 언급했다. "총리나 국방장관과 만난 자리에서 내가 내린 평가 분석의 근거를 말하지 않는다는 것은 생각조차 해본 적이 없다"라고 그는 적었다.

이와 대조적으로 엘리 제이라의 평가 분석은 간명하면서 효율적이었으나 연관된 배경 설명이 부족한 경우가 많았다.

"논리적 관점에서 볼 때 이집트가 전쟁을 일으키는 것은 실수다"라는 것이 제이라의 일반적 기조 중 하나였는데, 여기에서 사다트의 논리가 무엇인지에 대한 설명은 없다.

"우리는 분명 사다트가 전쟁을 두려워한다는 것을 안다."

"아사드는 자신의 한계를 알며 시리아는 이스라엘의 전략적 우월성을 안다."

제이라는 자기가 내비치는 자신감과 청-백 경계령 사건 당시 모두가 틀렸을 때 (근거는 잘못되었지만) 정확한 예측을 내렸던 것으로 인해 후광을 얻게 되었고, 이 때문에 다른 사람들은 그에게 설명을 요구하기를 꺼리게 되었다. 즈비 자미르에게는 전쟁이 끝나고 30여 년(원서가 처음 출간된 2004년 기준-옮긴이)이 지났는데도 다얀과 엘라자르를 비롯한 군 수뇌부가 제이라에게 그의 분석을 설명해보라고 하지 않은 것은 여전히 충격적인 일이 아닐 수 없다. 국가의 운명과 무수히 많은 목숨이 제이라가 내린 분석의 정확성에 달려 있었다. '아랍이 과연 전쟁을 일으킬까?'라는 가장 중요한 문제에서 제이라는 완전히 틀렸다. 그것도 터무니없이 틀렸다. 전쟁의 징후와 신뢰할 만한 정보원들이 보낸 경고가 차고 넘쳤는데도 말이다. 자미르는 이렇게 썼다. "나는 어떻게 이런 평가 분석이 회의 참석자 누구로부터도 그 근거에 대한 질문을 받지 않은 채 제출될 수 있었는지 묻지 않을 수 없다."

9월 28일 저녁, 전쟁을 재촉하는 북소리의 박자가 더욱 빨라졌다. 미국 정보기관이 매우 신뢰할 만한 정보원(사실은 요르단의 후세인 왕이었다)의 보고를 이스라엘에 건넨 것이다. 골란 고원 수복을 위한 대규모 시리아군의 기동이 임박했다는 내용이었다. 물론 후세인은 3일 전 같은 경고를 메이어 총리에게 전달했다. 이제 미국은 이 경고를 전달할 만한 가치가 있다고 판단한 듯했다. 엘라자르는 다음날 아침에 참모진과 이 보고를 놓고 토론을 벌였다. 장성들 대부분은 대수롭지 않다는 반응을 보였다. 이들은 시리아가 자국 전투기가 격추된 사건의 보복으로 제한적 공격을 하는 것이 고작일 것으로 예측했다.

반대하는 목소리를 내는 이가 한 명 있었다. 탈 장군이었다. 탈은 이스라엘군 대전차호에 교량을 가설할 가교전차 bridging tank(포탑을 제거하고 접이식 간이교량을 탑재해 대전차호, 구덩이, 개울 같은 장애물에 이를 전개하는 전차-옮긴이)의 전방 이동을 비롯한 모든 징후로 미루어보아 골란 고원에서 전쟁이 일어날 것 같다고 발언했다. 긴급전개 emergency deployment 상태인 전방의 시리아군 사단들은 예고 없이 공격을 개시할 수 있었고 지대공미사일들은 골란 고원 공역 전체를 사정권 안에 두었다. 참모본부 회의에서 탈 장군은 "양국 지상군의 전력 균형이 바뀌었습니다. 공군만이 시리아군의 공격을 막을 수 있습니다"라고 말했다. 탈 장군 역시 공군이 지대공미사일에 대처할 수 있다고 믿었다. 하지만 날씨는 완전히 다른 문제였는데, 특히 우기가 시작된 지금은 더 그랬다(골란 고원을 포함한 동지중해 연안의 우기는 10~11월에 시작되어 다음해 2~3월에 끝난다-옮긴이). "만약 공군이 악천후로 인해 무력화된다면 시리아군은 골란 고원 전역을 유린할 것입니다. 우리는 위험을 감수할 수는 없습니다." 탈 참모차장은 제7기갑여단 전체와 포병 1개 대대로 골란 고원 방어를 강화할 것을 요청했다. 엘라자르는 탈의 평가 분석에 동의하지 않았으나 시나이 반도의 제7기갑여단 소속 몇몇 전차 중대를 추가로 파견하고 포병도 골란 고원으로 보내는 데 동의했다.

회의가 끝난 후에도 여전히 머리가 복잡했던 탈 장군은 제이라에게 전화를 걸어 한 층 위에 있는 제이라의 사무실에서 자신과 샬레브 아만 차장까지 모두 모여 토론을 계속했으면 한다고 말했다. 3명이 만나자, 탈은 오로지 아만의 "전쟁 발발 가능성 적음"이라는 분석 때문에 엘라자르가 동원령을 내리지 못하고 있다고 말했다. 제이라는 아만의 평가 분석을 재고해보라는 탈의 요청을 거부했다. 제이라는 적의 의도 간파에 관해서라면 정보국 국장인 자기가 권위자이지 탈은 아니라고 말했다. 탈은 전차전 전문가인 자신이 볼 때 시리아군이 3개 사단으로 기습공격을 한다면 골란 고원의 이스라엘군이 버틸 가능성은 전혀 없다고 답했다.

10월 1일 새벽 2시, 모사드는 신뢰해왔던 정보원으로부터 바로 그날, 이집트와 시리아 전선에서 동시에 전쟁이 발발할 것이라는 놀랄 만한 보고를 받고 이를 아만에 전달했다. 이 보고에 따르면, 이집트군은 동틀 무렵에 훈련을 개시한 후 그날 실제로 운하를 도하할 계획이라는 것이었다. 제이라는 이 정보를 전달하기 위해 엘라자르나 다얀을 깨우지 않았다. 다음날 아침에 열린 참모본부 회의에서 제이라는 엘라자르에게 "주무시는데 깨울 필요는 없다고 생각했습니다"라고 말했다. 엘라자르는 별 반응 없이 넘어갔지만 다얀은 회의 중에 제이라에게 즉각 보고하지 않은 점을 나무라는 쪽지를 보냈다. 제이라는 자신과 참모진이 밤새 보고를 검토한 끝에 근거 없는 정보라는 결론을 내렸다고 쪽지로 답했다. (아랍어로 된 메시지 번역이 정확하지 않았다고 나중에 누군가 말했다.)

제이라는 회의에서 이집트군 기계화사단들이 훈련에 참여했음에 주목했다. 교량가설부대 및 공수부대도 마찬가지였다. "몇몇 정보원은 이것이 훈련이 아니라 실제 전쟁으로 이어질 것이라고 합니다." 제이라가 말했다. "좋은 정보원이기는 하나 저는 절대 그렇게 보지 않습니다." 이집트의 예비군 동원이나 간부교육과정 취소도 제이라의 평가 분석을 바꾸지는 못했다. 제이라는 4월에도 이와 비슷한 움직임 때문에 비슷한 경고음이 울렸다고 지적했다.

제이라의 '개념'에 대한 집착은 정보 분야에서 익숙한 현상이다. 로버타

월스테터Roberta Wohlstetter는 진주만 기습에서 미군이 저지른 정보 분석 실패에 대한 저서에서 일본군의 공격 전, 미군 정보분석관들은 여러 차례 중대한 갈림길에서 사실과 무관한 '소음'과 적의 의도를 내비치는 '신호'를 적절히 구분하는 데 실패했다고 지적했다. "진주만 기습을 정밀하게 들여다보면 사방이 소음인 환경에서 신호를 듣는 것이 얼마나 어려운지를 알 수 있다. 특히 듣는 이가 잘못된 신호에 귀를 기울인다면 더 그렇다"라고 월스테터는 언급했다.

엘라자르와 다얀은 아만 요원 상당수가 제이라와 샬레브가 자신 있게 내놓은 평가 분석에 동의하지 않는다는 것을 알지 못했다. 고위 간부도 포함된 반대자들은 여러 징후로 보아 분명 전쟁이 있을 것이라는 견해를 굽히지 않았다. 9월 25일에 있었던 후세인 왕과 메이어 총리의 회동을 모니터링한 이래 케니제르 중령은 두 곳에서 벌어질 전쟁이 멀지 않았음을 확신하게 되었다. 그는 이 문제를 놓고 상관 샬레브 장군과 계급 차이를 무시한 채 고성을 지르며 말싸움까지 벌였다.

아만의 시리아과장 야아리 중령은 이집트가 전쟁을 일으키지 않을 것이며 따라서 시리아도 마찬가지일 것이라는 아만의 공식 견해에 동조했다. 그런데 9월 25일 자정에 야아리는 2개 전선에서 전쟁이 임박했음을 경고하는 케니제르의 미승인 보고서를 접하고는 이러한 생각이 흔들렸다. 정보원이 다름 아닌 후세인 국왕이라는 사실을 알았더라면 야아리는 더 기분이 상했을 것이다. 후세인의 경고는 야아리의 담당 분야인 시리아 전선과 직접 관련이 있었음에도 불구하고 상관들이 이를 전달하지 않았기 때문이다.

10월 1일 아침 보사드가 보낸 2개 전선 전쟁 경고를 받고서 야아리는 마침내 '개념'이 더는 유효하지 않음을 깨달았다. 아만은 후세인의 경고를 기우로 받아들여 크게 신경 쓰지 않았다. 그러나 또 다른 정보원이 시리아 전선과 이집트 전선이 결부되어 있음을 알렸다. 밤 늦은 시간인 데다 공식 보고체계를 무시하는 행동이었으나 야아리는 북부사령부의 수석 정보장교에게 전화를 걸어 즉시 호피 장군에게 오늘 전쟁 발발 가능성이 있음을 알리는 것이 좋겠다고 권고했다.

아침에 아만 사령부에 출근한 야아리가 간부회의에 참석하자 샬레브 장군은 전날 밤에 야아리가 재가 없이 북부사령부에 아만의 분석과 어긋나는 경고를 하는 바람에 대소란이 일어났다고 아주 호되게 꾸짖었다. 샬레브는 전쟁이 일어나지 않았다는 점은 지적할 필요조차 없었다. 아만이 다시 한 번 옳았음을 증명한 것이다. 이틀 뒤에 야아리와 북부사령부 정보장교는 샬레브의 사무실로 불려가 공식 견책 처분을 받았다. 인사기록에 남을 징계였다.

아랍 세계와 기타 국가의 무선통신을 감청하는 지극히 중요한 역할을 맡은 아만 소속 통신정보부대 대장 요엘 벤-포라트Yoel Ben-Porat 대령은 사다트의 9월 28일 연설을 듣고 안도한 사람 가운데 하나였다. 벤-포라트 대령은 이 연설을 텔아비브Tel Aviv 해변에서 휴식을 취하며 라디오로 들었다. 다음날 그는 동료에게 "사다트의 연설을 들었네. 별별 말을 다 하던데 전쟁에 관한 이야기는 하지 않더군"이라고 말했다.

벤-포라트 대령은 국경 너머에서 벌어지는 일에 마음을 놓을 사람이 아니었다. 통신 전문가라는 직업의 본질상 그는 날카로운 통찰력을 가진 사람이었고, 통신정보부대는 기습에 대비한 아만의 주 방어선이었다. 적이 전쟁을 준비하면서 무선통신으로 흔적을 남기지 않을 개연성은 낮았다. 벤-포라트는 개인적으로 기습 가능성에 집착에 가까울 정도로 관심을 가졌다. 소련 국경 근처의 폴란드에서 살던 11세 소년 벤-포라트는 독일군이 고도의 기만책을 시행한 후 전투에서 소련군을 압도한 바르바로사 작전Operation Barbarossa(1941년 6월 22일, 독일의 소련 침공 작전-옮긴이)의 결과를 목격했다. 벤-포라트는 홀로코스트Holocaust에서 가족을 잃고 전쟁 기간 동안 게릴라 무리와 함께 숲속을 떠돌아다녔다. 1969년에 아만은 벤-포라트를 유럽으로 파견해 전년에 있었던 소련의 체코슬로바키아 프라하의 봄 진압을 연구하도록 했다. 벤-포라트는 이웃 바르샤바 조약국에서 일상적 기동훈련을 하는 것으로 가장한 소련군 기갑부대가 갑자기 프라하를 덮쳤다고 보고했다.

벤-포라트는 "전쟁과 기동훈련을 구분 지을 수 있는 유일한 차이는 마지막 날의 마지막 단계다"라고 적었다. "전쟁과 기동훈련에 있어 전력 결집과 병참은 모두 똑같기 때문이다." 나중에 그는 자신의 부대를 위해 이 교훈을 강조하는 지침을 썼다. "한 지역에서 비정상적 규모의 훈련이 시행된다면 전쟁을 벌일 의도가 배후에 숨어 있을 가능성이 있다." 지난 2년간 그는 두 번이나 이집트군의 훈련에 대한 대응으로 부하들을 비상대기시켰다.

따라서 10월 1일 오전 3시에 벤-포라트를 깨운 전화는 특별한 반향을 불러일으켰다. 전화를 건 아만의 장교는 이날 시작되는 이집트군의 훈련은 밤이 되기 전에 운하 도하 공격으로 이어질 것이며 시리아군도 공격을 개시함으로써 2개 전선 전쟁으로 확대될 것이라고 모사드 정보원이 보낸 보고를 전달했다. "조사부는 뭐라 하던가?" 벤-포라트는 샬레브 장군의 부서를 언급하며 물었다.

"단지 훈련일 뿐이라고 합니다."

벤-포라트는 그 뒤로 몇 시간 동안 수집한 정보를 보고 이날 훈련이 실제 도하 공격으로 이어질 것 같지는 않았지만 이집트군이 뭔가를 꾸미고 있다는 강한 의심이 들었다. 제이라와 전화가 연결되지 않자 벤-포라트는 샬레브와 통화하면서 이번 경고는 중요하다는 자신의 소신을 피력했다. 샬레브는 벤-포라트에게 봄의 청-백 경보사건에서 그가 같은 말을 했음을 상기시키며 이렇게 말했다. "자네, 이번에도 틀렸어."

벤-포라트는 샬레브가 제이라의 뜻을 대변해 전쟁이 일어날 것이라는 증거를 진지하게 받아들이지 않는 데 격분했다. 하지만 아직 이집트가 전쟁에 돌입한다면 건드릴 수밖에 없는 정보 인계철선intelligence tripwire 하나가 더 있었다.

9개월 전, 1개 특수부대와 통신부대 요원을 실은 이스라엘군 헬리콥터 4대가 야간에 시나이에서 이륙해 이집트 내륙으로 날아갔다. 한 증언에 따르면, 이 헬리콥터들은 운하 연변의 수에즈 시티Suez City와 카이로Cairo를 잇는 도로를 내려다보는 위치에 있는 아타카 산Mount Ataka 정상에 착륙했다.

특수부대원들이 주변의 안전을 확보하자 기술인력들이 전쟁 준비 과정에서 핵심적 역할을 할 군사시설과 정부 기관을 잇는 통신선에 도청장치를 설치했다. 잠입한 인원들은 날이 밝기 전에 철수했다.

이 시스템의 세부사항 및 설치된 장소의 수량은 아직 공개되지 않았지만 평범한 도청장치는 아니었다. 갈릴리 장관은 나중에 이 장치를 '전자공학이 이룩한 대단한 성과'라고 묘사했으며, 메이어 총리는 이 작전에 '막대한 예산'이 지출되었다고 말했다. 도청장치를 설치하고 유지하려면 위험을 무릅쓰고 이집트 영토 내로 침투해야 했다. 관계자들은 이 프로젝트를 국가가

든 보험으로 여겼다. 다른 모든 조기경보수단이 기습공격에 대한 경보를 내리는 데 실패하더라도 이 도청장치만은 그렇지 않을 터였다.

그런데 가동하면 발각될 위험이 있다는 이유로 이 장치는 주기적 시험 가동 때를 제외하고는 가동되지 않았다. 작동 버튼은 텔아비브에 있었으며 적의 공격 위협이 실제로 감지될 때만 버튼을 눌러 도청장치를 가동할 수 있었다. 이 시스템에는 '특별수집수단Emtzai Ha Yisuf Ha Meuhadim(special means of collection)'이라는 이름이 붙었고, 존재를 아는 이들은 이것을 간단히 '특별수단Emtzai Ha Meuhadim(special means)'이라고 불렀다. 이 도청장치는 4월에 이집트가 공격할 것처럼 보였을 때 처음으로 실전 가동되어 운하 건너편에 집결한 이집트군이 단지 훈련 중이라는 증거를 제공했다.

여름 동안 이집트군이 도청장치 일부를 발견했다. 이스라엘이 설치한 도청장치가 있는 쓰러진 전신주 한 개가 전쟁이 끝나고 카이로의 군사박물관에 전시되었다. 하지만 다른 도청장치들은 발각되지 않았다.

10월 1일에 샬레브와의 전화통화에서 벤-포라트는 '특별수단'이 가동되었는지를 물었다. 샬레브는 아만의 다른 간부들과 마찬가지로 이미 제이라에게 가동을 요청했지만 지금껏 부정적인 답만 돌아왔다고 말했다. 벤-포라트가 아만 차장으로부터 제이라와 의견이 다르다는 것뿐만 아니라 현 상황에 대한 불안을 내비친 말을 들은 경우는 이번이 처음이었다.

새벽 3시에 전쟁 경고를 받고 깨어난 벤-포라트는 통신정보부대 본부의 당직 장교에게 연락하여 1시간 안으로 주요 간부를 소집하라고 명령했다. 회의 참석자들은 아랍 통신의 모니터링 양을 상당히 늘려야 할 것이라는 데 동의했다. 마침내 제이라와 전화 연결이 되자 벤-포라트는 이 목적으로 정보병과 예비군 200명의 동원소집을 허락해달라고 요청했다. 제이라의 답변은 단호했다. "잘 듣게 요엘, 예비군의 극히 일부라도 동원할 생각은 하지 말게. 정보기관의 임무는 국가의 불안을 안정시키는 것이지 대중을 혼란스럽게 하거나 경제에 악영향을 주는 것이 아니야."

벤-포라트는 제이라가 말한 정보기관의 역할에 관한 정의를 받아들일 수 없었다. 전화선 너머 제이라는 짜증을 내기 일보 직전이었으나, 벤-포라트는 '특별수단'의 가동을 요청했다. 제이라는 거부했다.

화가 치민 벤-포라트가 물었다. "지금 우리가 직면한 이런 상황을 위해서가 아니라면, 도대체 특별수단이 존재하는 이유가 뭡니까?"

제이라가 답했다. "자네가 보는 상황은 내가 보는 것과 다르네." 차곡차곡 쌓여가는 증거를 인정하기를 거부한 제이라의 반응에 당황한 다른 이들처럼 벤-포라트도 제이라 국장이 다른 정보를 가졌기에 상황을 다르게 보는 것이라고 지레짐작했다.

통신정보부대 작전장교인 샤브타이 브릴Shabtai Brill은 아만의 "전쟁 발발 가능성 적음"이라는 되풀이되는 설명에 마음을 놓을 수 없었다. 9월 28일, 시리아가 수호이Sukhoi 전투폭격기 2개 비행대를 전방 공군기지로 전진 배치했다는 보고를 받은 브릴의 머릿속에 적색 경고등이 갑자기 켜졌다. 6일 전쟁 당시 공군력 대부분이 지상에서 격파된 뒤로 시리아는 이스라엘군의 손이 닿을 수 없는 곳에 공군력을 조심스레 숨겨놓고 있었다. 수호이 전투폭격기들이 공격받기 쉬운 전방 공군기지로 이동했다는 사실은 골란 고원으로 진격하는 지상부대를 지원하기 위한 것이 아니라면 말이 되지 않았다. 다른 걱정스러운 징후들도 많았다. 이집트 전선에서는 카이로를 떠나 운하 지역으로 이동하는 300대의 탄약 운반 트럭 수송 대열이 포착되었다. 훈련에는 이렇게 많은 탄약이 필요 없다고 브릴은 주장했다. 가장 걱정스러운 움직임은 지대공미사일 포대가 다마스쿠스Damascus 지역을 떠나 골란 고원으로 가는 접근로로 이동 배치된 것이었다. 아만 지휘부의 고집대로 시리아가 이스라엘의 공격을 두려워한다면 왜 굳이 수도의 방어를 약화하는 조치를 취했을까? 그러나 아만 내 다른 반대자들처럼 브릴의 경고는 아무 효과를 거두지 못했다.

야이르 나프시Yair Nafsi 중령은 골란 고원의 방어선 북쪽 절반을 지키는 전차대대(제188기갑여단 제74전차대대-옮긴이) 대대장이었다. 1년 전 지휘권을 인수하고 행한 훈시에서 나프시 중령은 대대원들에게 자신의 대대를 기갑사령부의 최고 대대로 만들겠다는 의사를 밝혔다. 맞은편에 있는 시리아군의 수적 우세를 극복할 유일한 방법은 시리아군보다 더 빠르고 정확하게 포를 쏘는 것밖에 없다고 그는 말했다. 나프시는 한 포수에게 몸을 돌려 "1,200미터에서 똑바로 다가오는 적 전차 3대를 명중시키는 데 시간이 얼마나 걸리는가?"라고 물었다. 포수는 4분이라고 어림짐작해 답했다. 다른 포수들은 그 절반인 2분 안에 할 수 있다고 말했다. "최대 7초." 나프시가 말했다. 웃음소리가 가라앉자 나프시는 시범을 보이겠다고 말했다.

대대장인 나프시는 대대원들과 근처의 사격장으로 걸어서 이동하면서 승무원들에게 포탄 장전법을 설명했다. 대대원들은 시범을 참관하기 위해 바닥에 앉았고 일부는 시계를 들었다. 전차장이 포수석에 앉은 나프시에게 사격명령을 내리는 소리가 들렸다. 나프시는 50야드(46m) 간격으로 놓여 있는 표적 3개를 3연속 속사로 명중시키고 전차에서 뛰어내렸다. 초시계는 6.5초를 가리켰다.

뛰어난 포술은 대대의 상징이 되었다. 나프시는 장거리에서 목표를 정확히 명중시킬 수 있는 '저격수'를 양성했다. 그는 이들에게 특별한 위상을 부여하고자 녹색 제식 군복 대신 회색 군복을 입혔다. 소규모 교전에서 시리아군 전차를 명중시킨 전차의 포탑 측면에는 전차 실루엣을 그려넣게 했다. 나프시는 탄도학부터 이스라엘의 주요 전투 역사까지 광범위한 주제를 묻는 일련의 필기시험을 실시했다. 이렇게 노력한 덕분에 그의 대대는 4월에 총참모장과 국방장관 임석 하에 기갑사령부의 유월절 passover(히브리인의 이집트 노예 생활 탈출을 기념하는 유대교 축일—옮긴이) 세데르(유대교 의식에 수반되는 만찬—옮긴이)를 주재하는 부대로 선발되는 영예를 얻었다. 전통에 따라 성공적으로 아피코만 마차 afikoman matzah(유월절 세데르에서 쓰는 효모 없이 구운 빵인 마차를 절반으로 나눈 빵. 만찬이 끝나고 디저트로 먹는다—옮긴이)가 '강탈'되자 세데르의 '장로' 역을 맡은 다얀은 이 마차를 되돌려 받기 위해 선물—이번에는 대대를 위한 농구장—을 주는 데 동의했다.

골란 전선의 9월 상황이 혼란스러웠던 데 반해 수에즈 전선은 조용했다. 바르-레브 선의 전초기지들에 배치된 소규모 수비대를 제외하고 전선의 방어는 암논 레셰프 Amnon Reshef 대령이 지휘하는 기갑여단(제14기갑여단—옮긴이)이 맡았다. 레셰프 대령은 6일 전쟁 이래 시나이 반도에서 계속 복무해왔다. 그의 여단은 집중훈련을 마치고 3개월간 전선에 있었으며, 전투 효율성은 정점에 달해 있었다. 젊은 전차승무원들은 현대 전차는 적절히 다루기만 하면 위험한 모래 지형을 제2차 세계대전 당시 북아프리카 전선의 전차보다 더 잘 주파할 수 있다는 것을 알게 되었다. 심지어 이전에는 불가능하다고 생각되었던 높은 모래언덕도 똑바로 접근하면 올라갈 수 있었다. 오히려 비스듬하게 오르려 할 때 궤도가 벗겨질 위험이 있었다. 승무원들은 초승달 모양의 사구를 주파하기 전에 전차포를 옆으로 돌려야 경사면에 전차포를 들이박는 일을 피할 수 있다는 것을 기억해야만 했다. 각 부대는 비둘기장 작전계획에 따라 후방 전개 지역에서 운하 지역의 전초기지들을 지원할 수 있는 위치로 긴급히 이동하는 훈련을 밤낮으로 실시했다.

레셰프의 기갑여단은 알베르트 멘들레르Albert Mendler 장군이 지휘하

암논 레셰프 대령. 대령이 전쟁 동안 지휘한 여단은 이집트군이 공격했을 때 바르-레브 선에 있던 유일한 이스라엘군 기갑부대였다. 〈이스라엘 국방군 기록물보관소 제공〉

는 시나이 사단을 구성하는 3개 여단 중 하나였다. 다른 2개 여단(여단장 단 숌론Dan Shomron 대령이 이끄는 제401기갑여단과 여단장 가비 아미르Gabi Amir 대령이 이끄는 제460기갑여단-옮긴이)은 시나이 반도 중부의 훈련장에 있었다. 멘들레르 장군은 10월 7일자로 기갑사단에서 전보되어 전역 예정인 아단 장군의 후임으로 기갑사령관에 취임할 예정이었다. 사단은 내부적으로 몇 번에 걸쳐 열릴 환송연을 준비하고 있었고 참모들은 텔아비브의 상점을 돌아다니며 적합한 선물을 찾고 있다. 그런데 10월 1일 아침에 멘들레르는 아만에서 근무하는 친구로부터 비공식 보고서 하나를 전달받았다. 새로운 문제가 발생한 것이다. 멘들레르는 일기에 이렇게 썼다. "환상적. 05시 15분. 정보. 내일 전쟁. 전보, 안녕."

멘들레르는 레셰프에게 명령이 떨어지면 5분 내로 출격할 수 있는 준비를 하라고 지시했다. 전차승무원들은 군복을 입고 군화를 신은 채 자야 했고, 전차들은 연료와 탄약을 만재하고 즉각 이동할 준비를 해야 했다. 운하 연변의 전초기지에 있는 수비대는 일출 30분 전에 기상해야 했다.

10월 1일 월요일이 되어서야 수에즈 전선의 이집트군 최고위 지휘관인

제2군 사령관 사드 마문Saad Mamoun 장군과 제3군 사령관 압델 무네임 와셀 Abdel Muneim Wasel 장군은 카이로로 소환되어 공격개시일이 10월 6일 토요일로 결정되었다는 통보를 받았다. 각 사단장은 10월 3일에 공격개시일을 통보받을 것이다. 여단장은 그 다음날, 그리고 대대장, 중대장은 적대행위 개시 전일에야 공격개시일을 들을 것이다. 몇몇 예외가 있으나 병사들은 전투 개시 6시간 전에 공격 명령을 받는다.

이집트군 최고사령부는 10월 1일에 카이로에 있는 지하 지휘시설인 '센터 텐Center Ten'으로 이동했다. 여기에서 전쟁지도가 이루어질 예정이었다. 이날 저녁, 사다트는 군 최고지휘관 회의를 소집했다. 각 지휘관은 작전지도 앞으로 나와 임무 개요를 설명하고 수행 준비를 마쳤다고 정식으로 보고했다. 사다트는 지휘관들에 대한 신뢰를 표명한 다음 참석자 전원과 잠시 기도했다.

비터 호수Bitter Lake(수에즈 운하 북쪽에 있는 짠물 호수. 운하를 통해 지중해, 홍해와 연결됨-옮긴이) 안에 있던 마흐무드 나데Mahmud Nadeh 병장은 새 노트를 꺼내 자기소개를 적었다. "우리는 처음부터 시작할 것이다. 나는 병장으로 군 복무 중이다. 며칠 안으로 우리는 전쟁에 돌입할 것이다. 나는 적과 2.5킬로미터 떨어져 있다. 우리가 제일 먼저 운하를 건너 우리 땅을 해방하고 적을 쫓아낼 부대라는 말을 들었다." 나데 병장은 '역사적 진실'의 이름으로 앞으로 벌어질 사건과 이집트 병사들의 영웅적 행동, 애국심을 정확히 적겠다고 자신에게 약속했다.

나중에 이스라엘군 정보기관의 수중에 떨어진 나데 병장의 일기는 이집트군 일부 부대가 10월 6일에서 최소 3일 전에 자신들이 전쟁에 돌입한다는 것을 알았음을 보여준다. 이 일기는 기존의 농촌, 빈민가 출신자들 외에 이집트군에서 보이기 시작한 대학교육을 받은 병사의 마음을 들여다볼 수 있는 통로가 되었다.

알렉산드리아 출신인 나데 병장은 인문학을 전공한 대학 3학년생이었다. 그는 특수전 훈련을 받았으나 지금은 비터 호수를 건널 상륙기갑부대 amphibious armored unit에 배치되었다. 나데 병장은 목요일에 "우리는 50분간의 포격 후 전속력으로 미틀라 고개로 진격할 것이다"라고 썼다. "신을 믿기 때문에 나는 이 전투에서 살아남기를 희망한다. 심지어 장교를 비롯한 모두가 미소를 짓는다."

국경 지역의 긴장에도 불구하고 메이어 총리는 스트라스부르로 출발해 유럽평의회에서 연설했다. 아만의 보고에 마음을 놓은 메이어 총리는 여정을 계속해 빈^{Wien}으로 가서 오스트리아 총리 브루노 크라이스키$^{Bruno\ Kreisky}$를 설득하여 소련에서 오는 유대인들을 위한 난민임시수용소를 폐쇄하겠다는 결정을 취소시키고자 했다. 이 유대인 대부분은 이스라엘로 올 계획이었다. 크라이스키는 무장한 팔레스타인인 2명이 기차를 탈취하고 유대인 이주자 5명과 오스트리아 국경수비대원 1명을 인질로 잡는 일이 벌어지자 이 같은 결정을 내렸다. 경직된 분위기에서 진행된 두 지도자의 회담은 결국 합의를 보지 못하고 끝났다.

아랍군 지휘부는 유럽 출장으로 인한 메이어 총리의 부재에 안도했다. 총리가 국내에 없는 한, 이스라엘 정부가 동원령을 발동할 가능성은 낮았기 때문이다. 이스라엘 본토와 시나이 반도에서 벌어지는 상황을 모니터링하던 이집트 정보당국은 이스라엘이 경고조치를 취할 징후를 보이지 않는다고 보고했다. 놀랍게도 이스라엘군 지휘부는 국경에서 대규모 적군이 전쟁을 준비 중이라는 사실을 전혀 모르는 것 같았다. 하지만 일선의 병사들은 시리아가 전쟁 준비를 하고 있음을 눈치챘다.

욤 키푸르 4일 전, 요람 크리비네$^{Yoram\ Krivine}$ 하사의 소대는 골란 고원의 휴전선에 있는 111 거점[콘크리트 강화 진지. 히브리어로 무차브(초소)라고 불림. 시나이 전선의 전초기지와 비슷한 기능을 하는 전초기지로 거점으로 표기-옮긴이]에 자리를 잡았다. 일상적 순환배치였으나 21세인 공수부대 하사는 진지를 떠나는 병사들이 유별나게 기뻐한다는 사실에 의아해했다. 이 전초기지는 45마일(72km) 길이의 휴전선을 따라 설치된 10개 진지 중 하나였다. 검은 현무암 지대에 건설된 진지는 직격탄에도 버틸 수 있을 만큼 튼튼했다.

111 거점이 위치한 작은 언덕에서는 바위투성이의 시리아 평원이 한눈에 들어왔다. 크리비네 하사는 위장망 아래 포진한 수없이 많은 화포와 전

차, 차량을 볼 수 있었다. 하사는 '퍼플 라인Kav Ha Sagol(purple line)'(이스라엘측 지도에서 보라색으로 그려졌기 때문에 휴전선에 붙은 별명)에서 복무한 적이 없었으므로 이러한 대규모 병력 배치가 일상적인지 알 도리가 없었다. 병사들은 "111 거점은 다시 함락되지 않는다"라고 진지 내벽에 남겨진 낙서를 발견했다. 크리비네는 소규모 교전 중 시리아군이 이 거점을 탈취해 잠시 점령한 적이 있었다는 것을 알게 되었다.

반대편에는 주변보다 불쑥 솟아오른 가파른 화산언덕에 시리아군 진지인 텔 쿠드네Tel Kudne가 있었다. 이 시리아군 진지는 휴전선 반대편의 이스라엘군 진지와 판박이처럼 닮았다. 이 휴전선 반대편 이스라엘군 진지에서 100야드(91m) 떨어진 곳에는 휴전선을 따라 설치된 유엔 감시초소들 중 하나가 있었다.

도착한 날 크리비네의 소대는 방금 교대한 부대 소속 정보장교로부터 상황 설명을 들었다. 이 장교는 소대원들에게 대치 중인 시리아군 부대를 식별해주면서 "시리아군 전부가 여기 있다. 전쟁이 시작될 때 나는 여기 없을 테니 행복하군"이라고 말하며 설명을 마무리했다.

제9장

카운트다운

유럽에서 돌아온 다음날인 10월 3일 목요일 아침, 안보 분야 주요 고문들과 만난 자리에서도 골다 메이어 총리의 마음 한편에는 크라이스키 총리와 가졌던 격앙된 회담의 앙금이 남아 있었다. "물 한잔도 주지 않더군요." 총리가 말했다. 각 일간지에는 총리의 유럽순방과 빈의 난민임시수용소 폐쇄 소식과 관련된 장문의 기사들이 실렸다. 한두 개의 신문만이 북부 국경의 긴장상태에 대해 짤막한 기사를 게재했다.

　총리 집무실에서 열린 이 회의의 소집을 요청한 사람은 다얀 국방장관이었다. 그는 이 회의를 협의라고 말했다. 골란 고원의 상황에 대한 걱정을 떨쳐버릴 수 없었던 다얀은 고민을 총리와 공유하기를 원했다. 다얀은 이스라엘군의 상징과도 같은 존재였으나 정부의 수반인 75세의 할머니에게 순전히 군사적인 문제까지도 설명했다. 이집트가 전쟁을 결심했다는 보고가 있었으나 시리아 전선의 상황은 골란 고원의 정착촌에 직접 위협이 될 수도 있기 때문에 더 큰 골칫거리라고 다얀은 말했다. 시리아군은 최신예 지대공미사일 대부분을 수도 다마스쿠스 주변이 아닌 골란 고원 맞은편에 배치했다. "통상적 방어를 위한 배치가 아닙니다." 다얀이 말했다. 이집트군이 운하를 건너온다면 탁 트인 사막 한가운데에서 사방에서 공격하는 이스라엘군과 마주칠 것이다. 그러나 시리아군은 기습타격으로 이스라엘군을 골란 고원에서 몰아내고 경사가 가파른 고원을 방패 삼아 반격을 막아낼 수 있을 것으로 기대할 것이다.

병가를 낸 제이라를 대신해 회의에 참석한 샬레브 장군은 상황에 대한 아만의 평가를 제출하며 "시리아와 이집트 전선에서 우려스러운 보고가 들어오고 있습니다"라고 확인해주었다. 시리아군은 경고 없이 공격할 수 있었다. 골란 고원 맞은편에는 전례 없이 많은 수의 화포가 배치되었다. 수에즈 전선에서는 이집트군이 대규모 훈련을 벌이고 있었다. 샬레브는 최악의 상황은 시리아와 이집트가 두 곳의 국경에서 전쟁을 일으키는 것이라고 말했다. "과연 합리적일까요?" 그가 과장되게 물었다. "최근 입수한 많은 자료를 근거로 판단해볼 때, 이집트는 아직 전쟁을 할 준비가 되어 있지 않다고 믿고 있는 것 같습니다." 그리고 이집트가 전쟁을 벌이지 않는다면 시리아도 전쟁에 나서지 못 할 것이다. 메이어 총리는 시리아가 공격할 틈을 주기 위해 이집트가 주의를 분산시키지는 않을지 물어보았다. 아사드와 시리아군은 자신의 한계를 잘 안다고 샬레브가 답했다. "그들은 이스라엘이 공중전에서 탁월하다는 인식을 갖고 있습니다." 간단히 말해 전쟁 발발 가능성은 지금도 낮았다.

엘라자르 장군도 샬레브의 분석에 동의했다. 사실 이집트와 시리아는 협동 공격을 계획하고 있었다. "하지만 저는 가까운 장래에 구체적인 위험이 닥칠 것이라고 보지는 않습니다." 시리아가 독자적으로 전면전을 시도한다면 이스라엘은 사전에 탐지할 것이라고 그는 말했다. "우리의 정보력은 훌륭합니다. 전쟁 준비라는 큰 기계가 움직인다면 어딘가에서 소리가 새어 나오기 마련입니다." 엘라자르는 약간의 전력보강을 제외하고 골란 고원의 병력배치를 현 상태대로 유지할 생각이었다. 메이어 총리는 불안했지만 큰 문제가 없을 것이라는 많은 장군들의 조언에 이의를 제기하지 않았다.

샬레브의 낙관적인 결론은 최소한 그 순간에는 메이어 총리를 안심시킬 수 있었다. 회의가 끝나고 메이어 총리는 샬레브와 악수하며 이렇게 말했다. "안심시켜줘서 고마워요." 샬레브의 발언으로 회의 참석자들의 걱정이 누그러져 안보상황은 총리의 유럽순방 결과 설명이 예정된 다음날의 각료회의의 의제로 다뤄질 만큼 심각하다고 여겨지지 않았다. 따라서 이스라엘 정부는 전쟁 발발 가능성이 거론되고 있다는 사실조차 알지 못했다. 목요일의 참모본부 회의에서도 아랍군의 증강은 언급되지 않았다. 욤 키푸르 불과 이틀 전 열린 이 회의의 유일한 안건은 병사들의 복장 규정 엄수를 강조한 기강 문제였다.

이러한 이완된 태도는 일선 병사들이 본 것과 아만이 수많은 경로를 통해 수집하고 있던 정보와 극도로 상충되었다. 운하를 따라 배치된 초병들은 이번 주 초부터 이집트군의 대규모 증강을 보고하고 있었다. 남부사령부의 수석 정보장교 다비드 게달리아$^{David\ Gedalia}$ 대령은 이 정보 상당 부분을 상부에 보고하지 않았다. '전쟁 발발 가능성 낮음'이라는 아만의 논리를 받아들인 게달리아 대령은 이러한 보고를 이집트군의 훈련이 원인인 무의미한 '소음'으로 여겼다. 게달리아가 아만의 이집트과에 전달한 정보 일부는 제이라와 샬레브에게 전달되지 못했다. 제이라와 샬레브도 그들이 가진 모든 정보를 엘라자르에게 전하지 않았다. 엘라자르와 다얀이 받은 아랍의 준비상황에 대한 보고는 그들의 위협을 대수롭지 않은 것으로 안심시키는 설명들—이집트군의 훈련, 이스라엘의 공격에 대한 시리아의 두려움—로 포장되어 있었다.

수요일에 메이어 총리가 다얀을 비롯한 다른 각료들과 회의하고 있을 때 이집트 국방장관 이스마일 장군은 시리아 측과의 마지막 조정을 위해 다마스쿠스로 날아가고 있었다. 이스마일은 홈스(Homs: 시리아의 서부 지방 도시. 1959년에 시리아 최초의 정유공장이 건설됨-옮긴이)의 연료탱크를 비울 수 있도록 공격개시일을 48시간 연기해달라는 시리아의 요청에 당혹해했다. 시리아는 이 시설에 대한 이스라엘의 폭격을 우려했다. 이스마일은 작전기밀 누설 위험을 이유로 이를 거부했다. 시리아 측은 이 요청을 철회했으나 공격시간을 오후 6시에서 앞당겨달라고 요청했다. 결국 양측은 오후 2시로 절충했다. 이렇게 되면 시리아군 전투공병대^{sapper}는 이스라엘의 지뢰밭을 파괴하기에 충분한 시간을 확보할 수 있을 것이다.

골란 고원에 배치된 시리아군은 포화상태에 이르렀다. 특히 제47기갑여단의 골란 고원 도착은 이스라엘 정보 장교들을 깜짝 놀라게 만들었다. 이 여단은 작년에 레바논에 침입했다가 포로로 잡힌 시리아군 장교 중 1명이 그 존재를 밝히면서 이스라엘군 정보당국의 관심을 끌었다. 이늘은 레바논

군의 엄호를 받으며 광역 정찰을 수행하다가 시리아군의 수중에 있는 이스라엘군 조종사와의 교환을 목적으로 이스라엘군에 포로로 잡혔다. 포로 중 시리아군 참모본부에 배속된 장교 1명이 제47기갑여단이라는 부대가 새로 편성되어 홈스에 주둔할 예정이라고 진술했다. 홈스는 다마스쿠스 정권에 반대하는 이슬람 근본주의자들의 소굴이었고, 아사드 대통령은 소요 진압을 위해 1개 기갑여단을 홈스에 영구 주둔시키기를 원했다.

"제47기갑여단이 전방에 배치된다는 소식이 들리면 전쟁이 벌어질 것이 확실합니다." 이 장교는 주저하지 않고 말했다. 9월 27일에 제47기갑여단이 골란 고원으로 향하고 있다는 정보가 입수되었다.(1982년에 아사드는 이슬람 근본주의를 따르는 홈스의 반정부세력에 군대를 동원해 1만 명에서 2만 5,000명에 달하는 자국민을 살해했다.)

바르-레브 선의 초병들은 운하 건너편에서 매우 활발한 움직임이 있다고 보고했다. 보트를 운하로 내리는 하강로가 10여 개 지점에서 준비되었고 운하 건너편의 이스라엘군 진지를 내려다보는 방벽을 높이는 공사가 매일 밤 늦게까지 진행되었다.

멘들레르 장군은 상황평가를 위해 하루에 한 번이 아니라 두 번씩 참모회의를 열기 시작했다. 이집트군이 훈련이 아닌 전쟁 준비를 하고 있음이 점점 더 분명해지고 있었다. 멘들레르 사단장이 자신의 우려를 남부사령부에 상신하자 이 모든 활동은 이집트군의 훈련과 관련이 있다는 답변이 왔다.

남부사령부의 하급 정보장교 1명은 상급자들에게 상황을 다르게 볼 것을 간청했다. 비냐민 시만-토브Binyamin Siman-Tov 중위는 이집트군의 병력배치 상황을 모니터링하는 임무를 맡았다. 10월 1일에 열린 참모회의에서 중위는 게달리아 대령에게 이집트군의 훈련은 주의를 다른 곳으로 돌리려는 것에 불과하다는 의견을 적은 메모를 제출했다. 메모에는 다음과 같은 다수의 논점이 기재되어 있었다.

- 예정된 훈련이라면 왜 이집트군이 훈련과정을 취소하고 장교시험을 갑자기 연기했을까?
- 훈련이라면 왜 이집트 방송은 전쟁 열기를 북돋우는 방송을 하고 있으며, 장교들은 의무적으로 이 방송을 들어야 할까?

- 왜 이집트군은 운하를 따라 40여 곳에 고무보트를 내릴 하강로를 마련했을까?
- 왜 전차들이 지금껏 조용했던 운하 북쪽 구역에 모습을 나타냈을까?
- 왜 이집트 공군은 이 훈련에 참여하지 않을까?
- 왜 이집트군은 고작 일주일의 훈련을 위해 이렇게 광범위하게 준비하고 있을까?
- 왜 이집트군은 비상 탄약과 공병용 장비를 열심히 비축하고 있을까?

회의 참석자들은 특히 마지막 논점에서 강한 인상을 받았다. 이집트 공군에 대해 말하자면, 공군의 훈련 불참은 진행 중인 실제 훈련이 아예 없다는 뜻일 수도 있었다.

게달리아는 이 메모를 대수롭지 않게 여겼다. 사실 그는 언짢아했다. 중위의 평가는 텔아비브에 있는 정보당국 수뇌부의 평가와 배치되었기 때문이었다. 게달리아는 먼저 메모에 사용된 표현을 순화시키더니 나중에는 상신을 보류했다.

시리아 전선의 상황에 주의를 집중한 데다가 아만 때문에 당혹스러운 세부상황을 알지 못했던 엘라자르 장군은 예년과 유사하게 이집트군이 대규모 훈련을 벌이고 있다는 것 외에 남부 전선에서 발생하고 있는 특이 동향을 전혀 몰랐다.

이스라엘군은 9월 25일과 10월 1일 사이에 이집트군 진영의 항공 정찰 사진을 촬영하지 않았다. 이 1주일간 매일 밤 대규모 전력이 운하를 향하고 있었디. 지대공미사일 때문에 성찰비행은 위험했지만 위기의식이 있었더라면 최우선 순위로 실시했을 것이다. 10월 2일로 예정되었던 사진정찰은 불량한 시계 때문에 취소되었다. 정찰비행은 다음날로 일정이 조정되었으나 정찰기가 귀환하자 카메라 셔터가 닫혀 있었음이 발견되었다. 10월 4일 목요일에야 제대로 된 정찰비행이 수행될 수 있었다.

하필 이 중요한 기간에 이집트와 시리아군의 움직임을 모니터링하던 CIA는 이집트군 진영에서 아무것도 볼 수 없었다. 9월 27일에 캘리포니아의 반덴버그Vandenberg 공군기지에서 중동지역을 정찰하는 아제나Agena 정찰위성이 정기 정찰 임무를 띠고 발사되었으나, 궤도에서 지상으로 사진을 전송할 수 없었다. 사진은 2주 뒤 위성이 지상으로 돌아온 다음에야 현상될 수 있었다. 궤도에서 사진 전송을 할 수 있는 좀 더 정교한 빅버드Big Bird 위성은 9월 28일에 지상으로 돌아왔다. 비용 문제 때문에 이 위성들은 간헐적으로만 사용되었으며 몇 주 안으로 발사가 예정된 위성도 없었다.

이집트군 사령부가 CIA에서 감청하던 무선통신을 감청이 안 되는 유선통신으로 갑자기 변경하자, CIA의 정보획득 불능사태는 카이로까지 확대되었다. CIA는 이집트군의 배치에 몇 가지 수상한 점이 있음에 주목했다. 정예 특수부대들이 전진기지에 배치되었으며, 통상적인 경우보다 많은 양의 탄약이 집적되었고, 평소보다 더 많은 사단이 기동훈련 준비를 했다. 게다가 통신망이 평소 기동훈련에서 필요로 하는 규모보다 훨씬 광범위하게 설치되고 있었다.

9월 30일 CIA는 얼마 전 국무장관으로 임명된 키신저를 통해 자신들의 우려를 이스라엘에 전달했다. 모사드와의 협의를 거쳐 총리실이 전한 답은 이스라엘은 아랍의 동향을 인지하고 있으며 그 함의를 연구 중이라는 것이었다. 이틀 뒤에 더 완전한 답변서가 워싱턴에 전달되었다. 비록 시리아가 제한적인 공격을 시도할 작은 위험성은 있지만, 모든 적대적 의도에도 불구하고 이집트의 전투 참여 없이는 골란 고원을 점령할 수 없다고 믿고 있다는 이스라엘의 확신을 표명한 것이었다. 이스라엘은 운하 전면에서 실시 중인 이집트의 훈련은 단지 훈련일 뿐이며 전쟁 준비를 은폐하려는 수단은 아니라고 믿었다. 이스라엘 정보당국의 능력을 존중했던 미국은 아만의 평가분석에 따랐다.

10월 4일 목요일, 이스라엘군 참모본부가 복장 규정에 대해 논의하고 있는 동안 미국 정보기관의 대표들이 미국 정보위원회U.S. Intelligence Board의 '감시소위원회Watch Committee' 주례회의에서 만났다. 키신저의 문의에 대해 CIA 및 국무부의 정보연구국INR, Bureau of Intelligence and Research은 주로 이스라엘측 평가분석에 의거해 중동에서 전쟁이 일어날 가능성은 작다고 보고했다. 국방정보국DIA, Defense Intelligence Agency은 한 걸음 더 나아가 아랍의 전력증강은 위협이 되지 못한다고 말했다. 이 잘못된 평가 때문에 나중에 국방정보국 요원 3명이 자리에서 물러나야 했다.

다가오는 위기에 대한 초강대국의 직접적 개입은 사다트가 중동의 교착

상태를 타개하기 위해 이집트와 시리아가 이스라엘과 전쟁을 하기로 결정했다는 것을 알리기 위해 비노그라도프 카이로 주재 소련대사를 초치한 10월 3일에 시작되었다. 사다트는 "소련은 어떤 태도를 취할 것입니까?"라고 물었다. 사다트와 아사드는 전쟁이 벌어지면 소련의 무기 보급과 정치적 지원에 의지해야 할 것이기 때문에 소련에 사전통지해야 한다는 데 동의했다. 그러나 그들은 전쟁을 억제하려는 소련의 시도를 꺾을 것이었다. 대사가 언제 전쟁을 시작할 것인지 묻자, 사다트는 아직 미정이라고 답했다. 사다트와 아사드는 소련 지도부와 더 사이가 좋은 시리아의 지도자가 다음날 모스크바에 추가 정보를 제공하는 데 동의했다.

사전 동의대로 아사드 대통령은 10월 4일에 다마스쿠스 주재 소련대사 누리트딘 무히트디노프Nuritdin Mukhitdinov를 불러서 '며칠 안에' 전쟁이 시작될 것이라고 말했다. 시리아의 목적은 골란 고원에서 이스라엘을 몰아내고 팔레스타인의 권리를 회복하는 것이다. 아사드는 장기전이 아닌 하루나 이틀 정도 걸릴 전쟁을 염두에 두고 있다고 말했다. 시리아군은 골란 고원을 탈취하는 대로 이스라엘군의 반격을 저지할 태세를 갖출 것이다. 모스크바로 보낸 보고서에서 무히트디노프는 아사드가 전투의 첫 단계가 끝나면 이스라엘군의 반격을 사전에 차단하기 위해서 소련이 즉시 유엔 안전보장이사회에서 휴전결의안을 발의하도록 하는 데 관심이 있다고 말했다.

아사드는 사다트 몰래 소련에 조기 휴전 주선을 요청했다. 사다트는 일종의 보험으로 아사드에게 보여준 계획과 달리 이집트군에게 시나이 반도의 고개들로부터 많이 못 미친 지점에서 진격을 멈추라고 명령해두었다.

카이로에서 비노그라노프 대사는 사다트의 계획에 대해 브레즈네프가 보인 불편한 반응을 전했다. 소련의 지도자는 정치적 해법을 선호한다는 종전의 입장을 반복했다. 브레즈네프는 전쟁 결단은 전적으로 이집트 지도자의 몫이지만 신중하고 철저하게 생각하는 것이 최선이라고 말했다.

브레즈네프는 다음날 이집트 공군기지에 소련 군사고문단 가족 철수를 위한 항공기 착륙 허가를 요청했다. 사다트는 소련의 요청을 이집트의 군사적 능력에 대한 노골적 의심의 표현으로 여겨 기분이 나빴으나 여기에 이의를 제기하지는 않았다.

점점 현실로 다가오는 분쟁에서 소련의 역할은 모호했다. 이집트와 시리아와의 기존 관계 유지를 위해 소련은 대량의 현대적 무기를 공급하고 수천 명의 군사고문관을 파견했다. 그러나 전쟁이 벌어진다면 서방세계와의 우호적 관계가 위험에 처할 것이기 때문에 모스크바는 이집트와 시리아가 전쟁을 벌이기를 원하지 않았다. 더구나 소련의 정치, 군사지도자 중 아랍이 이길 수 있을 것이라 믿는 사람은 아무도 없었다. 1967년 이스라엘군은 프랑스 무기로 무장했다. 이번에 이스라엘은 미국 무기로 소련 전차와 비행기에 맞서 싸울 것이며, 아랍이 패배한다면 소련 무기체계의 입지가 흔들릴 것이다. 개연성은 적으나 아랍이 승리한다면 아랍의 소련에 대한 의존도는 줄어들 것이다. 따라서 어느 모로 보나 전쟁은 모스크바의 입장에서는 생각하기조차 싫은 선택지였지만, 이집트와 시리아는 피후견국이므로 좋든 싫든 이들을 지지할 수밖에 없었다.

이날 목요일 저녁 모스크바, 워싱턴에서 키신저가 정보 분야 고문들로부터 중동에서 당장 전쟁이 일어날 가능성이 없다는 말을 듣고 있을 무렵, 소련 외무장관 안드레이 그로미코Andrei Gromyko는 그 반대입장을 전하기 위해 스몰렌스카야 광장Smolenskaya Square에 있는 소련 외교부 청사 7층에 있는 서재로 보좌진을 소집했다. 그로미코는 모인 사람들에게 지금부터 듣는 것에 대해 비밀을 엄수하라고 말했다. 이집트와 시리아가 토요일 오후 2시에 이스라엘에 대해 전쟁을 개시할 것이다. 사다트도, 아사드도 자국 주재 소련대사들에게 공격 개시 시각을 알려주지 않았지만, 소련은 다른 정보원이 있었다. 그로미코 장관은 전쟁이 일어날 것이라는 생각에 머리가 복잡해졌다. 전쟁은 긴장 완화에 부정적 영향을 줄 것이며 중동지역의 항구적 평화의 기반을 약화시킬 것이다. 그로미코는 아랍이 전쟁에 이길 가능성에 대해서는 회의적이었으나 기습을 한다면 성공 가능성이 조금이나마 높아질 수 있음을 인정했다. 보좌진 중 1명이 소련 시민의 철수로 인해 이스라엘과 미국이 아랍의 의도를 눈치챌지 모른다고 말하자, 그로미코는 "소련 인민의 생명이 더 소중합니다"라고 말했다. 회의가 끝나자, 장관은 참석자들에게 잠을 푹 자두라고 말했다. "곧 아껴둔 힘이 필요할 거요!"

이스라엘의 사진판독관들은 지난 목요일 오후 늦게 임무를 수행한 정찰기가 가져온 필름을 밤을 새워가며 판독했다. 지평선 위에 낮게 깔린 태양 덕분에 그림자가 길어져 피사체들의 정체를 파악하는 데 도움이 되었다. 판독관들은 운하 서쪽 24마일(39km) 너비의 구획에 있는 전차와 야포를 하나하나 세어가며 9일 전에 촬영된 사진과 달라진 부분을 기록했다. 엘라자르 장군을 비롯한 수뇌부 인사들이 판독 결과를 초조하게 기다리고 있었다. 멘들레르 장군은 정보장교 1명을 보내 첫 결과가 나오는 대로 전화로 보고하라고 지시했다.

정찰기가 기지로 돌아오기도 전에 아만의 통신정보부대는 마침내 지휘부의 안일함을 끝장낼 보고 하나를 듣게 되었다. 오후 4시경, 커피를 마시던 통신정보부대 본부의 러시아어 감청요원 한 사람이 긴급히 자기 자리로 다시 불려왔다. 이어폰을 다시 착용하자 모스크바의 KGB 본부요원과 다마스쿠스의 한 소련인의 대화가 들렸다. 목소리에서는 압박감이 느껴졌다. 모스크바에서 전화를 건 사람은 한 쌍으로 된 여러 개의 숫자, 시리아에 있는 항구와 공항의 이름과 특정 시간이 들어 있는 통지문을 읽었다. 이 사람은 홈스에 있는 누군가에게도 같은 통지문을 읽어주었다. 제3의 도시에 있는 통화자는 메시지를 이해할 수 없다고 말했다. "왜 이해하지 못하시오?" 모스크바에서 짜증 난 목소리로 물었다. "12는 여자, 7은 아이요."

벤-포라트 대령은 소련 고문단 가족들의 긴급철수가 진행 중이라는 통보를 받았다. 철수 대상은 고문단이 아닌 그들의 가족이었다. 관련 전문은 암호화되지 않은 평문으로 발신되었기 때문에 소련이 앞으로 일어날 일에서 발을 뺄 생각으로 고의로 이스라엘이 엿듣도록 하지 않았나 하는 의심을 불러일으켰다. 몇 시간 뒤, 사다트의 추방 명령이 있던 그해에 이집트로 돌아온 소련 고문단 가족들도 철수 대상임이 알려졌다. 이번 메시지는 암호화되어 보다 신중하게 유선전화로 카이로에 있는 소련 대사관에 전달되었다. 승객 400명을 태울 수 있는 거대한 안토노프^{Antonov}-22 수송기 6대를 포함해 소련 비행기 11대가 중동으로 향했다. 소련인 가족들은 자정에 집결지에 모이라는 지시를 받았다.

철수 조치를 서둘러 시행한 것으로 봐서 소련인들이 공황상태에 빠졌다는 낌새를 눈치챌 수 있었다. 여기에서 무엇을 알아낼 수 있을 것인가? 아만의 조사부는 작년 소련 군사고문단의 추방을 불러온 것과 유사한 사태가 소련과 아랍국가들 사이에서 벌어진 것 같다는 의견을 제시했다. 벤-포라트가 집에 있던 제이라에게 전화했을 때 제이라도 그에게 같은 설명을 했다. 통신정보부대장은 고문단이 아닌 가족이 소개되었음을 지적하며 "전쟁 이외의 다른 의미를 찾기 어렵습니다"라고 말했다. 소련 함정들이 이집트 항구에서 서둘러 출항 중이라는 해군 정보부의 보고도 전쟁이 임박했다는 벤-포라트의 결론을 지지하는 것으로 보였다.

목요일 자정 가까운 시간, 이집트 정보원 아슈라프 마르완이 런던 주재 모사드 요원에게 전화를 걸었다. "길게 이야기하기 어렵습니다." 마르완이 말했다. 그의 뒤에 있는 방에서 아랍어 대화가 들렸다. 마르완은 이집트 사절단과 파리에 있었지만 다음날 런던으로 갈 예정이었다. 긴급한 일이라고 하며 마르완은 '장군'을 만나야겠다고 했다. 자미르 모사드 국장을 가리키는 말이었다. "화학물질에 대해 말씀드리고 싶습니다." 마르완은 원래 화학공학을 전공한 엔지니어였으며, '화학물질'은 마르완이 전쟁을 가리킬 때 사용하기로 예정된 음어隱語였다. 그는 "다량의 화학물질입니다"라는 말도 덧붙였다. 전쟁이 얼마나 임박했는지, 그리고 예상되는 전쟁의 유형, 즉 운하의 전면적인 횡단인지 아니면 공습이나 포격과 같은 보다 제한적인 공격인지 등을 가리키는 구체적인 화학물질의 이름을 그에게 질문했으나, 마르완은 구체적으로 밝히지는 않았다.

금요일 새벽 2시, 모사드 국장 즈비 자미르는 자신의 비서실장인 프레디 에이니Freddy Eini의 전화에 잠이 깼다. 에이니는 마르완과의 통화 건으로 런던에서 온 보고서를 전달했다. 마르완이 자미르를 만나자고 전화한 경우는 처음이었다. 런던의 담당 요원은 런던 시간으로 당일 밤 9시(이스라엘 시간으로 밤 11시)에 잠정적으로 자미르와 마르완의 면담 일정을 잡았다. 마르완은 더 일찍 만나기는 어렵다고 말했다. 자미르와 에이니는 비행 일정과 면담장 및 주변에 배치될 보안팀에 대해 논의했다.

자미르는 통화내용에 대해 생각하면서 침대에 앉아 있었다. 마르완도 실패할 수 있다. 그는 이미 두 번(전년도 12월과 금년 4월) 전쟁이 일어날 것이라는 잘못된 경고를 보냈다. 그의 정보가 처음부터 잘못된 것이었는지, 아니면 전쟁 준비를 개시하고 나서 사다트가 마음을 바꾼 것인지는 분명하지 않았다. 현재 아랍군의 유례없는 규모의 전력증강과 더불어 전쟁 경고에 대한 제이라의 이해할 수 없는 묵살이 모사드 국장을 점점 무겁게 짓누르고 있었기에 그는 마르완과 대화할 기회는 반갑기 그지없었다. 그러나 파리에서 걸려온 전화에 담긴 급박함은 아랍의 공격 시점과 규모를 말하지 않음으로써 어느 정도 상쇄되었다. 전쟁이 임박한 것은 아니라는 의미일 수도 있었다. 하지만 화학물질에 대해 말했다는 것은 무엇인가 일어날 수도 있다는 의미였다.

자미르가 아직 앉아 있을 때 전화벨이 다시 울렸다. 이번에는 자택으로 전화를 건 적이 거의 없었던 엘리 제이라였다. 제이라는 병가를 얻어 며칠간 집무실을 비우고 있었지만 계속 연락은 취하고 있었다. 전화를 건 목적은 소련 군사고문단 가족이 주재국을 떠났음을 알리기 위해서였다. 처음으로 제이라가 걱정하는 것처럼 들렸다. 자미르는 마르완이 걸어온 전화에 대해 말했다. 두 가지 사건(소련 군사고문단 가족의 소개와 이집트 정보원이 걸어온 다급한 전화)을 우연히 동시에 알게 된 두 사람의 마음속에서 불길한 경고음이 울려 퍼졌다. 자미르는 이 늦은 밤에 총리를 깨워 마르완이 전화를 걸어왔고 그를 만나기로 결심했다고 말하고 싶지 않았다. 그는 아침에 총리에게 자신이 런던으로 가는 길임을 알려달라고 제이라에게 부탁했다.

아침 8시, 다얀은 장관 집무실에서 엘라자르, 탈, 그리고 제이라를 포함한 고위장성들과 회의를 가졌다. 회의장은 긴장감으로 가득했다. 일몰과 동시에 욤 키푸르가 시작될 것이나 성스러운 날의 초월적 분위기는 머지않아 이스라엘에 엄청난 영향을 주게 될 국경 너머의 상황 전개로 인해 빛이 바래게 될 것이다. 항공사진에는 운하 전체를 따라 놀라운 규모로 증강된 이집트군이 보였다. "숫자만 보아도 뇌졸중이 올 것 같소." 다얀이 말했다. "9월 25일의 화포 802문에 비해 지금은 1,100문이 있소. 여러분은 아랍의 위협을 충분히 심각하게 받아들이지 않는 것 같소."

항공사진을 본 엘라자르는 모호함에서 벗어날 수 있었다. 지난 며칠 동안 아만의 '전쟁 발발 가능성 낮음'이라는 주문에 현혹되었던 엘라자르는 아랍이 전쟁을 준비하고 있다는 증거를 너무 피상적인 틀인 이집트군의 연습이나 시리아의 초조함에 억지로 끼워 맞춰 생각하느라 제대로 된 판단을 내리지 못했다. 이번 주에만 엘라자르는 제이라에게 두 번 씩이나 '특별수단'이 가동되었는지를 물었고 가동되고 있다고 이해할 만한 답변을 들었다.

그런데 사실은 그렇지 않았다. 제이라는 사다트가 공격하지 않을 것이라고 확신했기 때문에 도청장치를 가동시키지 않았다. 불필요하게 도청장치를 가동시키면 이집트군에게 노출될 위험이 있다는 것이 제이라의 생각이었다. 제이라는 도청장치를 가동하자는 아만 참모진의 호소를 거부했으며, 이 문제에 대해 총참모장을 오도하는 것조차 주저하지 않았다. 제이라는 엘라자르가 아닌 자기 자신이 최종 의사결정권자인 양 행동하고 있었다. 제이라의 상식에서 벗어난 행동은 적의 공격에 대비한 자명종으로 고안된 '특별수단'이 반대로 이스라엘 국방군을 계속 잠재우는 데 사용되었다는 것을 의미했다.

위기에 처한 국가의 운명 앞에서 제이라의 행동을 묘사하는 데 오만이라는 말은 적합하지 않은 단어다. 전쟁이 끝나고 제이라는 이집트군이 도청장치가 설치된 통신선의 사용을 피함으로써 '특별수단'을 우회하는 데 성공했다고 주장했다. 하지만 이 말이 사실이라고 해도 이때는 장치를 가동조차 하지 않았기 때문에 제이라는 이를 알 도리가 없었다. 제이라의 행동을 탐구한 심리학적 연구는 그가 '인지종결욕구 need for cognitive closure (사안을 더 깊이 생각하지 않고 빨리 끝내고 싶어하는 욕구-옮긴이)'가 높은 사람이라는 결론을 내렸다. 제이라는 이스라엘 국방군의 명백한 우세로 인해 사다트가 전쟁을 무릅쓸 개연성은 낮다고 확신했다. 그리고 연구자들은 제이라가 자신의 확신과 상충되는 정보에 전혀 영향을 받지 않은 원인이 바로 이 인지종결욕구 때문이라고 추측했다. 제이라는 아그라나트 위원회에서 자신은 군 경력의 대부분을 참모가 아닌 야전지휘관으로 보냈으며 "제 본성이 허락하는 한 저는 책임을 상관에게 떠넘기지 않는 사람입니다"라고 말했다.

이스라엘의 핵심 의사결정권자들, 다얀과 엘라자르부터 메이어 총리와 장관급 고문들은 시간에 맞춰 전쟁 경고를 할 수 있는 완벽한 장치가 작동하고 있다고 이해했기 때문에 욤 키푸르 직전의 중요한 1주일 동안 움직이지 않았다. 만약 장치가 가동되지 않았다는 것을 진작 알았더라면 이들은 당연히 주변에서 번쩍거리고 있던 다른 경고신호등에 집중했을 것이다. 아랍의 전쟁 준비는 일선 병사들에게 똑똑히 보였으며 매일매일 신뢰할 만한 정보원으로부터 공격이 임박했다는 경고가 들어오고 있었다.

목요일 밤에 소련 군사고문단 가족의 소개가 알려지자 꿈쩍하지 않고 자기만족에 빠져 안주하던 제이라가 마침내 흔들렸다. 소개의 이유를 명쾌하게 설명할 수 없었던 것이다. 자정이 다 되어 제이라는 '특별수단'의 가동을 명령했다.

엘라자르는 거의 일주일 동안 장치를 가동시켰음에도 무엇인가 잘못되었다는 신호는 아직 없다고 믿었지만 상황 진전을 우려해 금요일 아침에 전쟁 바로 전 단계인 가장 높은 등급의 기멜(히브리어 알파벳의 C-옮긴이) 경계령을 전군에 내렸다. 6일 전쟁 이래 기멜 경계령이 발동된 경우는 이번이 처음이었다. 이스라엘 국방군의 동원령 시행 네트워크는 대기상태에 들어갔다. 상당수의 병사가 집에서 연휴를 보내기 위해 몇 시간 안에 휴가를 떠날 예정이었지만, 전 장병의 영외외출과 휴가가 취소되었다. 매우 중요한 조치였다. 엘라자르는 제7기갑여단의 나머지 전력 전체를 골란 고원으로 파견하라고 명령했다. 따라서 내일 아침까지는 골란 고원에 전차 177대가 있게 될 것이다. 이렇게 해도 8 대 1이 넘는 비율로 시리아군이 우세했지만 엘라자르는 이 정도면 상대할 만하다고 느꼈다. 육군기갑학교의 기간요원과 생도들이 교장 가비 아미르Gabi Amir 대령 지휘 하에 1개 기갑여단으로 새로 편성되었다. 이 여단은 금요일 밤에 시나이 반도로 수송되어 골란 고원으로 떠난 제7기갑여단을 대체했다.

제이라의 '전쟁 발발 가능성 낮음'에 대한 집착은 소련 군사고문단 가족의 소개로 인해 잠시 흔들렸다. 제이라는 아랍의 의도에 어느 정도 당혹스러운 점이 있음을 처음으로 인정하고 기멜 경계령 발동에 찬성했다. "소개는 새로운 차원의 시작입니다"라고 그는 말했다. 제이라는 소련이 이스라엘의 공격을 두려워한다는 가정은 힙리적이지 않다는 것을 인정했다. 그렇다면 소련은 미국에 요청해 이스라엘을 멈춰달라고 요청했을 것이다. 그게 아니라면 이집트와 시리아가 이스라엘을 공격할 계획이 있음을 소련이 이미 인지했을 수도 있었다. 자신의 분석조차 아랍의 공격이 가장 가능성 높은 시나리오임을 시사했지만, 제이라는 이를 인정하지 않았다. 사실 제이라는 그 뒤로도 계속 '전쟁 발발 가능성 낮음'이라는 평가에 끈질기게 집착했다.

이집트군이 실시 중인 훈련의 성질 역시 수수께끼였다. 남쪽으로 500마일(805km) 떨어진 아스완Aswan 지역의 전초기지를 제외하고 감청된 군사 무선교신은 없었다. 운하를 따라 배치된 이집트군은 분명 유선이나 직접 메시지를 전달하는 전령으로만 통신수단을 제한하고 있었다. 이는 훈련이 아니라는 뜻일 수도 있었다. (이집트군 각 부대는 이스라엘이 부대의 정체와 위치를 파악하는 것을 막기 위해 전쟁이 개시될 때까지 무선통신 사용금지 명령을 받았다.) 이렇게 우려스러운 불확실성에도 불구하고 제이라는 이해타산 때문에 아랍이 전쟁을 택할 수 없을 것이라는 아만의 기본 평가분석을 변경할 이유가 없다고 보았다. "저는 이집트나 시리아가 공격할 것이라 보지 않습니다."

다얀의 집무실에서 열린 금요일 아침 참모회의에서 자미르가 런던으로 떠난 것을 보고하며 제이라는 "오늘 밤이 오면 우리는 훨씬 더 현명해질 수 있겠지요."라고 말했다. 극단적 상황이 되어서야 제이라는 자신이 이중간첩이라고 지목했던 사람을 믿기 시작했다.

다얀은 제이라의 판단력을 오랫동안 신뢰해왔으나 수없이 많은 전쟁 경고를 완강히 거부하는 군 정보국 수장의 태도에 불안해졌다. 다얀은 처음으로 '특별수단'이 무엇을 보여주는지를 물어보았다. 이 비밀을 아는 다른 사람들처럼 다얀도 이집트군의 훈련이 시작된 이후 도청장치가 가동 중이라고 추측하고 있었다. 제이라는 "아주 조용합니다."라고 답했다. 제이라의 답변은 사실이었다. 시스템을 담당한 기술장교는 금요일 오전 1시 40분에 제이라의 명령에 따라 도청장치를 작동시켰다. 제이라는 40년 뒤에 이 주제에 대해 처음으로 공개적으로 언급했는데, 도청장치를 9시간 동안 가동시켰다가 껐다고 말했다. 이 시간 동안 도청한 이집트군의 교신은 대화 11개가 전부였으며 그 내용은 제이라의 묘사에 따르면 무해했다.

전쟁이 끝나고 40여 년이 지나 '특별수단'의 존재가 공표되고서야 이스라엘 대중은 1973년에 아랍 군대가 국경에 대거 집결하고 있는데도 국가의 정치 및 군사지도자들이 안일한 태도를 보였던 이유를 이해할 수 있었다. '특별수단'이 고품질의 정보를 가져다줄 수 있다고 자신한 나머지 다얀과 다른 지도자들은 제이라의 '전쟁 발발 가능성 낮음'이라는 평가분석에는 확실한 근거가 있다고 추정했다. 이들은 필요하다면 '특별수단'이 동원령 발동에 충분한 시간을 가져다줄 것이라고 믿었다. 이스라엘의 '보험증권'의 효력을 가장 중요한 순간에 정지시킨 심각한 실책을 범하고, 게다가 그들을 속이기까지 한 사람이 다름 아닌 군 정보국의 총수라고 생각한 사람은 없었다.

금요일이 되자 가장 가까운 부하들조차 제이라의 자신감에 공감하지 않았다. 통신정보부대장 벤-포라트 대령은 금요일 낮에 샬레브 장군과 통화하다가 그가 진실을 받아들이고자 고뇌하는 것 같다는 생각이 들었다. 벤-포라트의 부하 한 사람은 반드만 이집트과장도 처음으로 이집트의 의도에 대해 확신하지 못하는 것 같다고 말했다.

군대가 집결하고 강대국들이 외교 행보에 나섰으며 내각에서 토의가 벌어지는 가운데 일탈적 충동에 사로잡힌 두 사람이 앞으로 벌어질 사건들을 서로 반대로 밀고 있었다. 아슈라프 마르완은 밝혀지지 않은 이유로 가장 중요한 국가기밀을 숙적에게 넘겨 동포를 배신했다. 제이라 장군은 다가오는 대결을 앞두고 합리적 설명이 불가능한, 태평스럽기까지 한 오만함으로 앞으로 닥칠 대결에서 이스라엘 지도부를 장님으로 만들었다.

이스라엘 측 담당 요원들에게 마르완이 조국을 배신한 동기는 추측의 문제로 남았다. 금전도 분명 한 가지 요소였다. 마르완은 앞으로 몇 년 동안 이스라엘로부터 수백만 달러를 받을 것이다. 하지만 분명하지 않은 심리적 요소, 아마도 위험한 상황에서 치솟는 아드레날린 중독이나 장인 나세르, 아니면 지금의 후견인 사다트로부터 받은 모욕에 대한 복수, 혹은 카이로에서 비슷한 사회적 위치에 있는 또래들보다 더 긴박한 환경에서 인생이 걸린 도박을 해보고 싶다는 욕구도 여기에 크게 한몫했을 것이다. 자미르는 마르완과 오랜 시간을 같이 보냈음에도 이스라엘을 위한 스파이가 된 이유를 묻지 않았다. 하지만 마르완에게서는 사다트에 대한 깊은 원망이 느껴졌나. 사나트는 민감한 임무를 맡기면서도 마르완을 신부름하는 아이처럼 대했다고 한다. 동기가 무엇이었든 간에 마르완과 제이라는 각자의 방법으로 중동을 불바다로 만들 드라마의 핵심 역할을 맡았다.

금요일 아침 다얀의 집무실에서 열린 주요지휘관 회의가 끝나자 참석자 대부분은 총리의 집무실로 자리를 옮겼다. 엘라자르는 "저는 아직도 적이 공격해올 것으로 생각하지 않습니다만, 아직 확실한 정보는 없습니다." 엘라자르가 총리에게 말했다. 침묵을 지키는 '특별수단'에 대해 언급한 것이었다. 제이라는 종전의 입장으로 되돌아가 이집트-시리아의 협동공격은

'아주 비합리적'이라며 소련 군사고문단 가족들의 소개를 해명할 새로운 이론을 제시했다. "소련은 아랍을 잘 이해하지 못하기 때문에 그들이 공격할 것으로 생각할 수도 있습니다." 다른 말로 하자면 군사고문관으로, 무기 공급자로 이집트인, 시리아인과 함께 수년간 같이 일해온 소련인들이 아랍인의 사고방식을 이해하지 못했다는 것이다. 제이라는 그것이 추측일 뿐이라는 것을 인정하면서 사실 소련의 행보를 이해할 수 없다고 말했다.

오전 11시 30분, 장성들은 텔아비브 거주 각료들에게 브리핑했다. 욤 키푸르가 시작되는 일몰까지 시간이 촉박했으므로 예루살렘에 사는 각료들은 소집되지 않았다(예루살렘 중심부에서 텔아비브 중심부까지는 약 70km 거리다-옮긴이). 다얀과 제이라는 장관들에게 급변하는 상황 전개에 대해 설명했다. 아랍이 가지고 있는 군사적 선택지는 바르-레브 선 포격, 시나이반도 내륙으로의 제한적 습격, 혹은 대규모 도하다. "모두 가능성이 낮지만, 그중에서도 운하 도하야말로 가능성이 가장 낮습니다." 제이라가 말했다. "제공권을 갖지 않는 이상 그들은 전쟁에 돌입하지 않을 것이며, 설사 전쟁에 돌입한다 할지라도 확실히 전면전은 아닐 것입니다."

제이라는 몇 달 전에 즈비 자미르가 전해왔던, 이집트가 SAM 우산을 기반으로 전장 상공에서 이스라엘의 제공권 우위를 무력화시킬 거라는 사다트의 개정된 전쟁계획에 대해 말하지 않았다. 전쟁에 지대한 영향을 가져올 사다트의 이 변경은, 이집트는 장거리 비행기와 스커드 미사일 없이는 전쟁을 하지 않을 것이라는 '개념'을 무효화하는 엄청난 결과를 초래할 것이다. 그럼에도 제이라는 줄곧 '전쟁 발발 가능성 낮음'이라고 고집을 부리고 있었고 그 배경에는 이미 무효가 된 '개념'이 있었다.

완곡한 표현을 쓰기는 했지만 제이라의 상황판단에 이의를 제기한 사람은 다름 아닌 메이어 총리였다. 총리는 적이 대규모로 전개된 상황에서 시리아군이 공격 의도를 가졌다면 포격만으로 격퇴가 가능할 것이라는 데 의구심을 표명했다. 아침에 자신의 책상에 놓인 아랍 측 보도의 번역본에서도 우려할 만한 몇 가지 이유를 찾았다. 총리는 기억을 되살려 6일 전쟁 직전의 아랍 언론에는 이스라엘군이 국경에 집결 중이라는 거짓 보도가 가득했다고 말했다. 지금 아랍 언론에도 같은 기사들이 실렸다. "우리에게 무엇인가를 말하는 것이겠지요." 메이어 총리는 군사전략에 대해서는 아무것도 몰랐으나 상식을 가진 여성으로서의 본능을 통해 자신의 얼굴을 응시하는 적나라한 사실을 알아차릴 수 있었다.

엘라자르는 만약 아랍이 공격하기로 했다면 사전에 '징후'가 발생할 것이라고 말했다. 분명 '특별수단'을 가리킨 말이었다. 메이어 총리와 가장 가까운 고문인 갈릴리 장관의 질문에 대해 엘라자르는 이러한 징후 없이 이스라엘 국방군은 예비군을 동원하지 않을 것이라고 답했다. 동원은 지역의 긴장상태를 높일 것이며 통제불능으로 상황을 악화시킬 수 있기 때문에 가볍게 취할 조치가 아니었다. 다얀은 아랍이 먼저 적대행동을 취하지 않는 상황에서 동원령을 발동하는 데 강력하게 반대했다.

지난 봄의 청-백 경계령을 둘러싼 논란의 기억이 아직도 생생한 마당에 하필 욤 키푸르 직전에 특히 아만이 전쟁 가능성이 낮다고 고집하고 있을 때, 예비군을 동원한다면 총참모장은 쓸데없는 걱정을 하는 사람으로 비쳐질 위험이 있었다. 하지만 엘라자르가 정보당국 곳곳에 제이라의 견해에 반대하는 사람들이 많았다는 것을 인지했더라면 생각을 바꿨을지도 모른다.

회의를 끝내며 메이어 총리는 일요일에 전체 각료를 소집해 토의를 재개하겠다고 말했다. 갈릴리의 제안에 따라 각료들은 메이어 총리와 다얀 국방장관에게 필요할 경우 각료회의 소집 없이 욤 키푸르 기간 중에 동원령을 발령할 권한을 공식적으로 부여했다. 메이어 총리는 각료들에게 욤 키푸르 휴일 중에 연락받을 수 있는 전화번호를 내각 비서에게 제출하라고 요청했다. 총리 본인은 휴일 동안 텔아비브의 아파트에 머무를 예정이었다.

아침 내내 오가며 이 대화를 어깨너머로 들은 메이어 총리의 비서 루 케다르는 근심이 깊어셨다. 케다르는 총리관저 밖의 계단에서 제이라를 포함한 장성들을 만났다. 케다르의 표정을 보고 제이라는 어깨를 토닥이며 "그런 표정 짓지 마세요. 전쟁은 없습니다"라고 말했다.

그때, 제이라의 참모진은 국장의 의견과 정반대 방향의 논조로 최신 정보회보를 작성하고 있었다. 42개 문단으로 된 이 회보는 이집트와 시리아 측의 특이동향을 낱낱이 설명했다. 모두 전쟁이 임박했음을 시사하고 있었다. 하지만 43번째 문단이 다른 모든 문단에서 도출될 결론을 부인했다.

회보에서 지적된 각 세부사항은 이스라엘 정보당국이 아랍 군대를 어느 정도까지 모니터링하고 있었는지를 보여준다.

이집트 해군사령부는 전날 밤, 등화관제를 위해 창문과 자동차의 헤드라이트를 검게 칠하라는 명령을 마지막으로 내렸다. 병사들은 라마단 단식을 중단하라는 명령을 받았다. 교육훈련과정이 취소되었다. 이집트쪽 운하 강둑의 보트 하강로 85개소 중 73개소가 지난 2주일 동안 정비되었다. 수에즈 만에서는 20여 척의 고무보트와 더불어 1개 해군 특수부대의 존재가 확인되었다. 시리아에서는 홈스에서 남쪽의 골란 전선으로 탄약이 이송되고 있었다. 시리아군 장병들이 대규모 전쟁이 임박했음을 느낀다는 보고가 여러 정보원을 통해 들어왔다.

전력증강에 대해 이미 알려진 것 이외에 이런 보고까지 들어왔으면 아랍의 의도에 대해 계속 제기되는 의혹은 마땅히 사라져야 했다. 라마단 단식에 대한 정보만으로도 전국의 비상벨이 울려야 했다. 왜 강력한 종교적 신념을 가진 이슬람 국가가 단지 훈련을 이유로 병사들에게 가장 핵심적 종교 의무를 어기라고 명령할까? 종교가 사회에 행사하는 영향력이 더 작은 이스라엘도 단지 훈련을 위해 병사들에게 욤 키푸르에 식사하라는 요구는 절대 하지 않을 것이다.

이러한 결론은 아만의 이집트과장 반드만 중령이 삽입한 문단 하나가 상쇄시켰다. "운하 연변을 따라 긴급 배치된 이집트군은 분명 공격적 의도가 있어 보이지만, 우리가 내린 최상의 분석에 따르면 이집트군의 자국군 대 이스라엘 국방군의 상대 전력 평가에는 변동이 없었음. 따라서 이집트가 적대행위를 재개할 가능성은 낮음."

카이로에 있는 이집트군 참모본부 지휘벙커인 센터 텐에서 이집트군 정보국의 이스라엘과장 푸아드 하비디$^{Fuad\ Habidi}$ 장군은 아침나절 이후 들어온 보고서를 검토했다. 이스라엘 남부사령부가 몇 달 동안 빠져 있던 무기력에서 깨어날 조짐을 보였다. 최근 시나이의 이스라엘군 부대에는 증원도, 대규모 훈련도 없었다. 이집트군이 훈련을 개시한 다음에도 이스라엘군은 별다른 반응을 보이지 않았다. 하지만 금요일 오전, 이집트군 통신정보부대와 시나이 반도에서 스파이로 활동 중이던 베두인족(다른 베두인족은 이스라엘의 스파이로 일했다)이 부산한 움직임을 보고했다. 서부 시나이 반도의 대형 기지인 레피딤^{Refidim} 공군기지에 이스라엘군 고위 간부들이 도착했다는 보고가 있었으며, 이동 중인 전차 대열이 목격되었다. 정비원들은 발전기를 정비하고 있었다. 정오 무렵 하비디는 상급지휘부 배포용 회보 작성을 끝냈다. 결론은 다음과 같았다. 이스라엘은 우리가 공격할 것이라는 의도를 포착했으며 공격의 규모도 알고 있음.

작전국장 가마시 장군은 회보를 읽고 격분했다. 회보는 높은 사기를 유지해야 할 가장 중요한 시점에 이스라엘군의 함정에 대한 공포를 불러일으킬 수 있었다. 하비디는 가마시에게 걱정할 이유는 없다고 말했다. 이스라엘군은 이제야 움직이기 시작했으며 전쟁이 시작되기 전에 상당 규모의 증원군이 시나이 반도에 도착할 가능성은 없었다.

기멜 경계령에도 불구하고 제7기갑여단의 나머지 부대들이 시나이 반도에서 골란 고원으로 이동한 것을 제외하고는 이스라엘군은 거의 움직이지 않았다. 텔아비브의 엘라자르와 제이라는 정오 직후, 이날 열린 네 번째 회의에 서둘러 참석했다. 이번에는 참모본부 참모회의였다. 이 회의는 명절 인사를 전하기 위해 몇 주일 전에 예정되어 있었다. "하지만 여러분이 여기 모였으니 새 정보를 전하겠습니다." 엘라자르가 말했다. 이번에도 제이라가 주요 브리핑을 맡았다. 내용은 소련 시민의 소개와 사진정찰의 결과였다. "요약해 말씀드리자면, 우리가 전쟁에 돌입할 것으로 생각하지 않습니다만 이에 대한 의문 부호는 24시간 전보다 지금 더 커졌다고 할 수 있습니다." 제이라가 결론을 내렸다.

엘라자르는 아랍이 욤 키푸르에 경고 없이 공격한다면 일선 병력이 공군의 지원을 받으며 예비군이 동원될 때까지 버틸 것이라고 말했다. 수에즈 운하에 있는 예루살렘 여단을 제외하고 양쪽 전선의 병력은 현역 장교들의 지휘를 받는 젊은 징집병들이었다. 총참모장은 장군들에게 유대력 신년 인사를 건네는 것으로 회의를 마무리했다. "생명책(영생永生을 얻을 사람의 이름을 적은 것-옮긴이)에 잘 새겨지길." 유대교 전승에 의하면 새해가 시작되면 천상의 생명책이 열려 새해의 개인 운명이 기록되고 10일의 속죄 기간 후 욤 키푸르에 봉인된다고 한다.

엘라자르는 마음을 가라앉히려고 노력했으나 점점 더 불안해졌다. 통상적 절차에서 벗어나는 일이나, 그는 공군사령관 베니 펠레드에게 다얀의 승인 없이 공군 예비군을 소집할 권한을 주었다. 최악의 상황이 닥친다 해도 공군만이라도 완전한 준비태세를 갖추기를 원해서였다.

오후 늦은 시간이 되어 사람들이 일몰에 시작될 욤 키푸르를 맞을 준비를 함에 따라 이스라엘 전역은 침묵으로 빠져들었다. 교통의 흐름이 완전히 멈췄고 거리에서 보행자들이 자취를 감췄다. 그러나 엘라자르는 집무실에 남아 보고서를 뒤적거리며 앞으로 닥칠 일에 대비할 수 있는 모든 준비를 했는지 곰곰이 생각하고 있었다. 몇 시간 안에 자미르 모사드 국장이 마르완과의 면담에 대해 보고할 예정이었다. 아랍이 전쟁을 일으킬 것인지는 이 면담에서 명백히 밝혀질 것이다. 그런데 엘라자르가 모르는 사이에 이 질문에 대한 답은 이미 도착해 한 층 위에 있는 책상 위에 놓여 있었다.

이날 오후에 통신정보부대는 모스크바 주재 이라크 대사가 보낸 메시지를 감청했다. 대사는 자신의 정보원으로부터 시리아에서 소련 시민이 소개되었음을 알게 되었다. "정보원에 따르면 소련인은 이집트와 시리아가 이스라엘에 전쟁을 일으킬 의도를 가졌기 때문에 소개되었음"이라고 대사는 적었다. 이 메시지는 엘라자르가 기다리고 있었던 것으로, 믿을 만한 정보원으로부터 수집한, 아랍의 의도에 대한 신호로서 동원을 정당화할 이유가 될 수 있었다. 이 메시지는 오후 5시에 텔아비브의 육군본부에서 당직 정보장교로 있던 한 소령에게 전달되었다. 소령은 상급자들에게 전화를 걸었다. 여러 번의 통화연결 시도 끝에 자택에 있던 제이라와 직접 통화가 이루어졌다. 제이라는 이 보고가 동원령을 촉발할 것임을 알았기에 배포를 잠시 미루라고 지시했다. 그는 우선 런던에 있는 자미르에게서 직접 듣기를 원했다.

아무리 제이라라고 해도 이 조치는 정보담당자로서 지대한 영향을 끼치게 될 지나치게 오만한 행동이었다. 기멜 경계령을 지지했음에도 제이라는 전쟁이 없을 것이라는 자신의 믿음에 상충되는 중요한 정보를 의사결정권자들에게 전달하지 않았다. 나중에 엘라자르는 도착 즉시 이 보고를 받았더라면 즉각 동원령 절차를 개시했을 것이라고 말했다. 그 대신 엘라자르는 밤 9시까지 사무실에서 헛되이 보고를 기다렸다. 인적 없는 거리를 지나 집으로 향하는 자동차 안에서 그는 너무 과잉반응을 한 나머지 전군에 경계령을 발동한 게 아닌가 곰곰이 생각했다.

금요일 아침 수에즈 운하 중부 구역, 이스라엘군 순찰대가 침입자가 남긴 발자국을 발견했다. 발자국을 따라가 보니 모래언덕 속으로 간신히 알아볼 수 있게 난 틈으로 이어져 있었다. 이집트군 정보수집팀이 구멍에서 모습을 드러냈다.

지난주 내내 수에즈 운하의 전초기지에 배치된 병사들은 때때로 수백 대에 이르는 트럭으로 편성된 수송대열이 밤마다 이집트군 진영에 도착하고 있다고 보고했다. 지대지미사일로 의심되는 물체들이 한밤중에 전개되었다가 일출 전에 방수포로 덮였다. 지도를 든 이집트군 장교들이 이스라엘군의 거점을 살피는 모습이 매일 관찰되었다. SAM 포대가 전진 배치되어 시나이 반도 공역까지 사거리를 확장했다.

운하에서 3마일(4.8km)까지 떨어진 이집트군 후방지대는 차량, 부교, 장비로 넘쳐났다. 이집트군 사격대 뒤에서 전차들이 움직이며 내는 소음이 자주 들렸고 운하를 가로질러 부설된 기뢰가 폭파되면서 나는 폭음도 들렸다. 이 기뢰는 이스라엘군의 도하공격 위협에 대한 방어수단으로 부설되었다. 전에도 그랬듯 이집트군이 새 기뢰로 교체할 의도로 오래된 기뢰를 폭파하고 있거나 아니면 도하를 위해 장애물을 제거하고 있는 것 둘 중 하나였다. 불도저들이 매일 밤늦게까지 작업을 벌여 이집트군 방벽에 구멍을 내 운하 둑까지 차량통행이 가능하도록 했다. 이스라엘군 병사들은 운하 반대편에서 비무장 상태로 철모도 쓰지 않고 여유롭게 다니는 이집트군 병사들에게 익숙해져 있었다. 그런데 최근 며칠간 무장을 하고 철모를 쓴 채 결의에 찬 전투병의 모습을 한 새로운 유형의 병사들이 보였다. 운하를 따라 있는 진지에 배치되었던 병사들은 그대로였다. 늘 그랬듯 한가해 보였고 여전히 낚시도 하고 있었다. 이제야 그들이 한가한 척하는 것으로 보였다.

예루살렘 여단 소속 메나헴 리터반드Menachem Ritterband 일병은 매일 아침 운하 북쪽 끝에 있는 오르칼Orkal 전초기지에서 반궤도장갑차에 탑승해 이웃 라흐차니트Lachtsanit 전초기지까지 순찰했다. 장갑차에 탑승한 병사들은 도로 옆에 난 비포장도로에 발자국이 있는지를 탐색했다. 도로는 매일 저녁 갈퀴로 평평하게 다져져 밤중에 누군가가 침입해온다면 새로운 발자국이 남을 수밖에 없었다. 이번 주 초부터 매일 아침 발자국이 보였다. 발자국은 모두 내륙을 향해 나 있었고, 돌아간 발자국은 거의 없었다. 침입자들이 밤새 다른 장소에서 운하를 건너 돌아가지 않았다면 이는 장기간의 정보수집이나 포병관측 임무를 맡은 상당수 이집트군 병력이 시나이 반도 내륙으로 침투하고 있다는 뜻이었다. 금요일 아침에는 발자국이 너무 많아 그 수를 헤아릴 수 없을 정도였다.

금요일 아침 라흐차니트 전초기지에 도착한 리터반드 일병은 지휘관 물리 말호브Muli Malhov 중위와 담소를 나누었다. 리터반드는 말호브 중위와 잠시 오르칼에서 함께 근무한 적이 있었다. 중위는 며칠간 계속 불안감을 호소했다. 금요일 아침에 리터반드는 말호브가 대대장에게 이집트군이 곧 공격할 것 같으며 전초기지가 살아남을 가능성은 거의 없다고 말하는 것을 들었다.

엘라자르 장군은 이 모든 것에 대해 아무것도 몰랐다. "내 기억으로 남부사령부에서 10월 1일부터 6일까지의 1주는 가장 평범한 한 주였습니다. 일상적인 일 외에 다른 특별한 일은 없었습니다"라고 그는 나중에 말했다. "일상적 일 외에 다른 특별한 일은 없었습니다." 이 말은 바르-레브 선의 병사들이 본 걱정스러운 사실들을 전달받지 못했다는 뜻일 수밖에 없다.

금요일, 이스마일리아 건너편의 푸르칸Purkan 전초기지, 감시탑의 초병들은 운하 건너 빌라에서 식물에 물을 주던 정원사와 병사들이 말다툼을 벌이는 모습을 보았다. 몇 분 지나자 정원사가 사라졌다. 근처에서 자주 보이던 민간인들도 마찬가지였다. 전초기지 지휘관 바이셀 소령은 일군의 이집트군 장교들이 자신의 전초기지를 관측하는 것을 보았다. 쌍안경으로 견장을 보니 고급 장교가 다수 있었다. 일부는 계급이 노출되지 않도록 견장의 안쪽을 밖으로 뒤집어 달았다. 바이셀은 대대본부에 목격한 것을 보고하고 정보팀을 보내달라고 요청했다. 하지만 정보팀이 도착했을 때 이집트군 장교들은 이미 자리를 뜬 다음이었다.

운하 건너편에 있던 장교 중에는 샤즐리 참모총장도 포함되어 있었다. 장군은 폐쇄공포증을 일으킬 것 같은 센터 텐의 분위기에서 벗어나 전투 개시 전 마지막 전방 시찰을 나왔다. 그는 바르-레브 선 최강 전초기지 중 하나인 바이셀이 맡은 전초기지의 히브리어 이름 푸르칸을 알고 있었다. 이집트군이 가지고 있는 서부 시나이의 모든 진지와 도로의 암호명이 적시된 이스라엘군 지도의 복사본이 전 이집트군 부대, 특히 포병대 위주로 배포되었다. 쌍안경으로 푸르칸 전초기지를 살펴본 샤즐리는 특별한 경계의 징후가 없음에 안도했다. 그는 다음에 보았을 때에는 요새가 폐허가 되어 있기를 바랐다.

이날, 레셰프 대령과 단 숌론$^{Dan\ Shomron}$ 대령의 여단 소속 간부들이 레피딤^{Refidim}에 있는 멘들레르 장군의 사단본부를 향해 차량으로 이동하고 있었다. 일요일에 이임할 예정인 사단장의 환송연에 참석하기 위해서였다. 멘들러가 계획을 변경해 현재의 긴장상태가 해소될 때까지 이임을 연기한 것을 그들은 도착해서야 알았다. 항공정찰 사진을 살펴보니 전쟁이 문 앞까지 닥쳐온 것이 확실했다. 환송 축배를 드는 대신 사단장은 주요 간부들이 모인 기회를 빌려 사단의 작전계획을 재점검했다. 그러나 텔아비브의 동료가 걸어온 내각 회의 결과에 관한 전화를 받고 중단되었다. 멘들레르는 통화 중 무엇인가를 듣고 먼 산을 바라보다가 말없이 전화를 끊었다. 사단장은 간부들에게 몸을 돌린 다음 이렇게 말했다. "동원령은 없다는군."

레셰프 대령은 타사^{Tasa}에 있는 여단본부로 돌아가 욤 키푸르의 시작을 알리는 기도인 콜 니드레$^{Kol\ Nidre}$(속죄일 전야의 예배 초에 부르는 기도문-옮긴이)를 위한 시간에 기지 회당에 있게 되기를 희망했다. 하지만 회의가 끝나고 밖으로 나오자 땅거미가 지고 있었고 조금 전 들었던 이야기 때문에 머리가 멍해졌다. 약 15개 이집트군 기갑여단이 운하 도하를 준비하고 있었다. 레셰프의 여단은 100마일(161km) 길이의 수에즈 운하 전역에서 앞으로 몇 시간 동안 이집트군을 막을 유일한 부대였다.

지프를 타러 가는 길에 레셰프는 기갑사령부 군종 랍비(유대교 성직자-옮긴이)를 만났다. 랍비는 레셰프에게 1시간 거리인 타사로 돌아가는 것을 연기하고 남아서 같이 기도하는 게 어떠냐고 했다. 레셰프는 정신이 번쩍 들어 랍비를 가만히 보았다. 오래 알고 지내는 사이였다. 그리고 레셰프는 처음으로 직책이 아닌 이름을 부르며 랍비에게 말했다. "에프라임^{Ephraim}, 내일 전쟁이 일어날 겁니다."

센터 텐에서 눈에 띄는 이스라엘군의 전쟁 준비가 없다는 사실은 이집트군 지휘부의 걱정거리가 되었다. 가마시 작전국장은 이스라엘이 이렇게 완벽하게 속았다는 것을 이해할 수 없었다. 이스라엘이 공격이 임박했음을 알아차렸다는 이전의 정보평가는 사실무근 같았다. 이스라엘이 동원을 개시했다는 보고도, 일선 병력이 증강되었다는 보고도 아직 없었다. 그럼에도 이스라엘군이 비밀리에 시나이 반도로 전력을 이동시켜 대규모 기습을 준비 중일지도 모른다는 의심이 일부 장교들의 신경을 갉아먹고 있었다.

금요일 밤, 이집트군은 운하 건너편 여러 지점으로 정찰대를 파견했다. 정찰대는 운하 전초기지들에서 멀찌감치 떨어진 곳으로 상륙해 주변 지역으로 은밀히 숨어 들어가 적정을 관측했다. 새벽 전에 귀환한 각 정찰대가 제출한 보고의 내용은 똑같았다. 유대인들은 자고 있음.

깨어 있던 유대인이 한 명 있었다. 런던에 있던 즈비 자미르였다. 자미르는 단식하지도, 회당에 가서 콜 니드레를 듣지도 않았다. 그러나 이 욤 키푸르 전야에 자미르보다 불길한 전조를 더 잘 느낄 수 있었던 유대인은 없었다. 마르완은 행동이 빠른 사람이었지만 자미르와 담당 요원이 기다리던 아파트형 호텔에 늦게 도착했다. 마르완은 눈에 띄게 긴장하고 있었고 늦게 도착한 것에 대해 사과했다. 카이로에 있는 자신의 정보원으로부터 최신 정보를 받아보느라 바빴다고 했다. 파리에서 전화로 카운트다운이 개시되었다는 소식을 전한 것이 바로 어제였으나, 그때 정보원은 더는 자세히 설명하지 않았다. 이제 완전한 정보가 전해졌다.

"사다트는 내일 전쟁을 시작합니다." 마르완이 말했다.

마르완의 정보원은 공격계획에 변동이 없음을 확인해주었다. 즉, 5개 사단이 운하를 도하해 교두보를 세운다는 뜻이었다. 그리고 야음을 틈타 특수부대가 시나이 반도 내륙 깊숙이 헬리콥터로 침투해 전선으로 향하는 이스라엘군 동원부대를 급습할 것이다. 마르완의 정보원이 알지 못했던 것은 공격 개시 시각이 오후 2시로 당겨졌다는 것이었다. 지난 두 번의 경고처럼 이번 경고도 거짓일 가능성을 완전히 배제할 수는 없었으나, 마르완은 이번에 전쟁이 일어날 가능성은 "99.9퍼센트"라고 말했다.

전날 밤 파리에서 전화를 걸기 전만 해도 마르완은 모사드와 한 달 정도 접촉을 하지 않았던 상황이었다. 이때는 다른 정보원들로부터 전쟁이 임박했다는 보고들이 들어오고 있었다. 우리 바르-요세프는 자신의 저서인『천사The Angel』에서 사다트는 자신이 필요하다고 여긴 사람에게만 계획을 털어놓았기 때문이라는 의견을 내놓았다. 또 다른 가능성은 마르완이 이전의 보고와 전쟁이 다가오면서 이집트가 취한 여러 단계의 조치들을 통해 이스라엘이 이미 충분한 정보를 획득했을 것이라고 믿었을 수도 있다는 것이었다. 바르-요세프가 말하는 세 번째 가능성은 과거 수많은 기밀을 이스라엘에 전했으면서도 마르완은 가장 결정적인 기밀을 넘기기는 망설였다는 것이다. 바르-요세프는 마르완의 지난 행동으로 미루어보아 세 번째가 가장 가능성이 낮다는 의견을 내놓았다.

마르완은 면담 중 한두 번, 자신은 이스라엘이 현 상황을 명확하게 파악하고 필요한 조처를 취하고 있을 것으로 확신한다고 자미르에게 말했다. 그런데 마르완은 사실 확신하지 못하는 것 같았다. "어떻게 이게 전쟁으로 보이지 않습니까?" 마르완이 물었다. 자미르는 이 이상한 발언은 카이로에 있는 마르완의 정보원이 보인 모종의 태도, 즉 이스라엘이 반응한다는 징후가 전혀 없음에 대한 경악의 표현에서 비롯되었을 것으로 추정했다. 마르완의 말을 들은 자미르는 아랍의 전력증강에 대해 전부터 마음속 깊은 곳에 가졌던 불안감이 다시 깨어남을 느꼈다.

1시간 동안 진행된 면담은 밤 12시 30분(이스라엘 시각 오전 2시 30분)에 끝났다. 마르완이 떠나자 자미르와 담당 요원은 15분 거리에 있는 모사드 런던지국장의 아파트까지 걸어갔고 보안요원 일부는 호텔로 가는 마르완을 미행했다. 자미르는 에이니 비서실장에게 서할 메시지를 작성할 펜과 종이를 준비하고 책상 앞에 앉았다. 그는 이미 비서실장에게 내용이 무엇이든 간에 메시지를 평범해 보이는 사업교신 형태로 작성하겠다고 말해두었고 사용할 음어에도 합의했다. 면담 내용을 기록한 마르완의 담당 요원은 더 완전한 형태의 보고 전문을 이스라엘 대사관에서 암호화해 오전 7시에 발신할 예정이었다.

자미르는 '양치기 소년' 같은 마르완의 과거 사례를 지적하며 의구심을 표명하지 않는다면 자신의 전문으로 즉시 동원령이 내려질 것으로 믿었다. 그러나 지난 일주일간 우려스러운 전쟁 신호들이 너무 많이 무시되었기 때문에 이번 전문도 평가절하될 가능성이 있었다. 자미르는 무미건조한 보고서를 신중하게 작성했다. 그러나 음어 뒤에 숨겨진 진짜 의미는 경악스러웠다. 내일 밤 쇼파르^{shofar}(유대교 의식에서 사용되는 뿔피리-옮긴이)가 울리며 욤 키푸르 종료를 알리기 전, 신에게 천상의 문을 열어 인간의 기도를 받아달라고 호소하는 마지막 기도 전, 이스라엘은 두 곳의 전선에서 전쟁을 벌이게 될 것이다.

제10장

욤 키푸르의 아침

욤 키푸르 당일, 이른 아침에 걸려온 전화가 이스라엘을 깨웠다. 이스라엘의 정치·군사 지도자들의 침대 옆의 전화기가 요란하게 울렸다. 일어난 사람들은 모두 악몽과도 같은 현실과 마주해야 했다.

자미르 모사드 국장은 텔아비브 교외에 사는 에이니 비서실장에게 전화를 걸었다. 잠시 후 수화기를 들어 올리는 소리가 나더니 잠이 덜 깬 에이니의 목소리가 들렸다. "발을 찬물통에 담가." 자미르가 말했다.

자미르는 받아 적으라고 하며 외국회사의 경영진과 오늘 가진 사업 면담에 대해 천천히 구술했다. 이날 "이 사람들은 우리가 이미 잘 아는 조건으로 계약에 대해 말했네." 즉, 이집트는 마르완이 건네준 전쟁계획을 실행할 것이라는 뜻이었다. 이 외국 경영진은 욤 키푸르라는 것을 알고 있음에도 그 다음날 이스라엘에 도착할 예정이었다. "해지기 전에 도착할 것으로 생각한다네." 해질 녘에 공격한다는 말이었다. "이 지역 외부에는 파트너가 없다는군." 소련이 이 공격에 연루되지 않았다는 확약이었다.

에이니는 자미르의 압축적 메시지를 오해의 여지 없는 간명한 히브리어로 옮긴 다음 오전 3시 40분에 메이어 총리의 국방비서관 이스라엘 리오르 Yisrael Lior 장군에게 첫 전화를 걸었다. 다음으로 전화를 받은 사람은 다얀 국방장관의 부관이었다. 부관 아브네르 샬레브 Avner Shalev (아만 차장 샬레브 장군과 혼동에 유의) 중령이 시간의 압박을 가장 많이 받을 사람인 엘라자르 총참모장을 깨운 시각은 오전 4시 30분이었다. 엘라자르는 탈 참모차장을 비롯한 참모본부 주요 간부들에게 오전 5시 15분까지 본부에 집결하라는 지시를 내렸다. 북부사령관과 남부사령관은 오전 6시까지 도착해야 했다.

일어난 지 10분도 되지 않아 엘라자르는 자택에서 첫 전화를 걸었다. 상대는 공군사령관 베니 펠레드 장군이었다. "오늘 밤 이집트와 시리아와 전쟁이 있을 것이라는 첩보를 받았소. 준비되었습니까?"

공군사령관이 답했다. "준비되었습니다."

"무엇을 하기를 원하시오?"

펠레드는 골란 고원의 정착촌과 이스라엘의 영토에서 가까운 시리아 전선이 보다 위험하기 때문에 시리아군의 SAM을 최우선으로 공격해야 한다고 말했다. 엘라자르는 "그렇게 하시오"라고 답했다. "내가 승인을 받겠소." 선제공격은 다얀 국방장관과 메이어 총리가 승인해야 할 문제였으나, 엘라자르는 승인을 의심하지 않았다. 펠레드는 공군은 오전 11시에서 정오 사이에 준비를 마칠 것이라고 말했다.

엘라자르가 옷을 입는 동안 부인 탈마^{Talma} 여사가 졸린 목소리로 무슨 일이냐고 물었다. "그거야. 전쟁." 엘라자르가 말했다. 전에도 본 적이 있는 '거의 의례적인' 표정이었다. 텅 빈 거리를 달리는 자동차 안에서 엘라자르는 재빠르게 현 상황의 개요를 생각해보았다. 상황은 잠재의식에서 즉각 '급박한' 것으로 인식되었다. 지금까지의 기본 전제는 정보당국이 전쟁 발발 5일에서 6일 전에 사전경고를 한다는 것이었다. 5~6일은 동원이 완료되고 예비군들이 군 생활에 재적응하기에 충분한 기간이었다. 2일 전 경고는 최소한의 희망사항이었지만, 그래도 동원에는 충분했다. 전쟁을 한나절 앞두고 경고가 내려진 지금과 같은 상황은 결코 있을 수 없는 일이었다.

엘라자르의 뒤를 이어 제이라가 도착했다. 제이라는 아직도 사다트가 전쟁을 벌이지 않을 것이라는 입장을 고수했다. 총참모장은 제이라의 기분을 맞춰주려고 "전쟁이 일어날 것으로 생각하고 행동합시다"라고 말했다.

전쟁이 곧 일어난다는 급박함은 분위기를 일신하는 효과를 가져왔다. 부관의 말에 따르면, 엘라자르는 '불독처럼' 당면한 문제에 전적으로 집중했다. 동원령이 아직 승인되지 않았지만 엘라자르는 탈 참모차장에게 동원령 수행 네트워크를 가동하라고 지시했다. 이렇게 해서 몇 시간을 절약할 수 있었다. 다얀의 승인을 기다리지 않고 엘라자르는 각급 지휘부의 참모를 맡을 인원을 비롯한 기간요원 수천 명의 동원소집을 명령했다. 몇몇 특수부대도 마찬가지였다.

아침 5시 50분, 엘라자르는 국방장관 집무실에서 다얀과 만났다. 회의의 공식 기록을 담당한 장교는 엘라자르의 쾌활한 태도에 놀랐다. 엘라자르가 다얀에게 빨리 시리아군을 분쇄하기를 원한다고 말하자, 다얀은 서두르는 이유를 물었다. 엘라자르는 유대식 농담으로 답했다. 동유럽의 한 슈테틀Stetl(이디시어로 유대인 집단거주 마을-옮긴이)에서 일찍 일어난 어떤 사람이 아침 6시에 사창가에서 나오는 친구를 보고 놀랐다. "왜 이렇게 일찍 나오나?"라고 이 사람이 묻자 친구는 "바쁜 하루가 될 것 같아서"라고 답했다. 빨리 일을 해치우기를 원한다는 것이다.

놀랍게도 다얀은 선제공격을 거부했다. 미국은 아랍 세계에도 자신들의 국익이 있음을 분명히 밝혔기 때문에 미국 무기를 사용하는 이스라엘의 선제공격은 받아들일 수 없을 것이다. 게다가 다얀은 전쟁 발발을 확신하지 못했다. CIA는 전쟁이 임박했다는 징후가 없다고 보고했다. 마르완은 이스라엘이 아랍의 의도를 간파했음을 내비친다면 사다트가 공격을 미룰지도 모른다고 자미르에게 말했다.

다얀은 "1967년과 같은 방식으로 행동할 수 없다는 것이 우리의 정치적 입장이오"라고 말했다. 공격, 특히 미국조차 아랍이 전쟁을 일으키지 않을 것이라고 하는 상황에서 이스라엘이 선제공격을 감행한다면 전 세계는 이스라엘의 행동을 자위권 행사가 아닌 침략행위로 볼 것이다. 과거에도 이런 경고가 있었으나 실제 전쟁은 일어나지 않았다. 아랍의 공격 준비 상황이 목격되기만 하면 정부는 선제공격을 허가하겠다고 펠레드에게 다짐한 다얀의 약속은 현실 앞에 무용지물이 되었다. 다얀은 아랍이 텔아비브를 공격할 계획이거나 화학무기 사용을 암시하는 '소름 끼치는' 무엇인가를 꾸미고 있다는 정보가 입수되는 상황에서만 선제공격을 허가하겠다고 말했다.

엘라자르는 아랍군의 첫 번째 포탄이 이스라엘 땅에서 폭발하는 순간 반격해야 한다고 즉석에서 제안했다. 이보다 한 걸음 더 나아가 다얀은 공격 개시 예정 시각 5분 전에 시리아군을 공격할 가능성도 배제하지 않겠다고 말했다. "나중에 실제 무슨 일이 일어났는지 누가 알겠소?" 하지만 이 말은 그러면 어떨까 하는 여담에 불과했다. 이스라엘은 무기를 공급해주고 정치적으로 지지해주는 유일한 우방국과의 관계를 위험에 빠뜨리지 않을 것이다.

두 사람은 시리아에게 반격의 초점을 맞춰야 한다는 데 동의했다. 골란 고원의 빈약한 방어선이 무너진다면 시리아군은 하루 안에 이스라엘 내륙까지 진출할 수 있을 것이다. 반면 이집트군이 SAM의 보호를 벗어나 시나이 반도를 횡단하려 한다 해도 이스라엘 국경까지 오기는 어려워 보였다. 시리아군에 전력을 집중하면 단시일 내에 시리아군이 전열에서 이탈할 가능성이 있었고, 그렇게 되면 그 다음 이집트군만 상대하면 되었다.

다얀은 20만 명에서 25만 명을 동원하자는 엘라자르의 '총동원에 준하는' 동원 제안에도 반대했다. 상대방의 적극적인 적대행동 없이 이런 규모로 동원을 개시한다면 전쟁행위로 받아들여질 것이다. "즈비카^{Zvika}(자미르 모사드 국장의 애칭-옮긴이)의 보고만을 근거로 총동원령을 내릴 수는 없소." 다얀이 말했다. 이 단계에서라면 방어를 강화하는 데 필요한 병력인 약 2만 명에서 3만 명 정도가 동원되어야 할 것이다. 나머지 예비군은 전쟁이 실제 발발한 다음에 소집될 것이다. 엘라자르는 방어에만 다얀이 제시한 인원의 2배인 5만 명에서 6만 명의 예비역이 필요하다고 말했다. 전쟁이 일어난다고 확신한 총참모장은 아랍의 1차 공세를 저지하는 대로 반격 준비를 하기 위해 전체 동원부대인 4개 기갑사단 및 부속부대를 소집해야 한다고 고집했다. 다얀은 5만 명에서 6만 명이라는 수치를 받아들였다. 하지만 몇 명을 동원하든지 메이어 총리의 승인이 필요했다. 총리와 곧 만날 예정이었으므로 두 사람은 선제공격에 대한 결정을 비롯한 전반적인 결정을 메이어 총리에게 맡기기로 했다.

그러는 동안 선제공격을 해야 할 이유가 많이 사라져버렸다. 펠레드는 아침 7시에 집무실 책상 앞에 앉았다. 누군가 방문을 노크했다. 수석 기상분석관이 들어왔다.

"무슨 일인가? 자네를 부른 적이 없는데." 펠레드가 물었다. "죄송합니다만, 골란 고원 전체가 구름으로 덮여 있습니다. 구름의 최저점은 800피트(244m), 최고점은 3,000피트(914m)입니다."

펠레드는 엘라자르에게 전화를 걸어 시리아군 미사일 포대에 대한 선제공격을 수행할 수 없게 되었음을 알렸다. 그러나 나머지 시리아 지역의 시계가 좋기 때문에 미사일 포대 대신 공군기지를 타격하자고 제안했다. 엘라자르는 동의했다. 비행기에 미사일 포대 공격용 무장을 장착하던 정비병들은 이미 장착된 무장을 떼어내고 활주로에 손상을 입히고 시리아군 군용기가 숨겨진 콘크리트 엄체호를 관통할 수 있는 폭탄으로 무장을 교체해야 했다.

전날, 펠레드 장군은 기지 지휘관들을 텔아비브로 소집해 시리아 전선의 미사일 포대에 대한 공격계획인 두그만 작전계획에 대해 협의했다. 9월 13일에 시리아 전투기가 격추된 이후 펠레드는 다마스쿠스가 날카로운 반응을 보일 것으로 예측했다. 회의에서 두그만 계획의 여러 중요한 요소가 아직 완벽하게 갖춰지지 않았음이 발견되었다. 몇몇 장애는 하루 안에 보완할 수 있었기 때문에 펠레드는 그렇게 하라고 명령했다. 하지만 그는 지휘관들에게 지상군이 어려움에 처할 경우 미사일이 파괴되지 않았더라도 지상군 지원에 나서야 할 것이라고 경고하며 "불 속으로 뛰어들 준비를 하시오"라고 말했다.

엘라자르는 다가오는 전투를 지휘할 장성들과 협의하기 위해 메이어 총리와 예정된 회의를 1시간 뒤로 미루고 북부사령관인 호피 장군과 남부사령관인 고넨 장군을 각각 따로 만났다. 전쟁이 개시되면 의견 교환을 할 기회가 제한되기 때문에 엘라자르는 두 사람이 자신과 같은 범위 안에서 생각하는지를 확실히 알고 싶었다. 엘라자르는 조기경보가 모두의 상상을 뛰어넘을 정도로 뒤늦게 발동되었다고 이들에게 말했다. 하지만 현역 부대는 이미 완전 경계태세에 들어갔다. "허가된 인원을 모두 소집하고 나머지는 전쟁 발발 후 소집하게 될 거요."

엘라자르는 장군들에게 사령부로 돌아가 전투태세를 갖추라고 명령했다. 이들은 정오에 다시 돌아와 자신과 함께 미진한 부분을 보완할 것이다. 다음으로 엘라자르는 공군, 해군, 기갑사령관을 만나 전쟁이 오후 6시에 발발할 것이라고 말했다. 런던에서 마르완은 알려진 전쟁계획에 따라 이집트군의 공격이 개시될 것이라고 이스라엘에 알렸다. 계획에 따르면, 저녁 박명(일출 전, 일몰 후 하늘이 희미하게 빛나는 현상-옮긴이) 직전에 제1파가 운하를 도하할 예정이었다. 이날 오후 6시, 일몰 약 40분 뒤였다. 엘라자르는 군 대변인을 불러 양쪽 전선에서 외신기자들의 취재를 허용해 어느 쪽이 먼저 포문을 열었는지를 보도할 수 있도록 하라고 지시했다.

엘라자르는 장성들에게 정규군이 공군의 지원을 받아 적을 막는 동안 동원사단들이 전열을 정비해 반격에 나설 것이라고 말했다. 시리아 전선이 당면한 걱정거리였으나 엘라자르는 시나이 전선에도 촉각을 곤두세우고 있었다. 비둘기장 작전계획은 적 5개 사단의 공격을 막아내기 위해 작성된 것이 아니었다. 그것은 그저 최악의 상황에 대비한 임시방편에 불과했다. 그런데 지금의 상황은 상상을 초월할 정도로 나빴다. "어려운 전쟁을 치러야 할 겁니다"라고 엘라자르는 말했다.

총리와의 회의는 아침 8시 05분에 시작되었다. 다얀은 전쟁 발발이 확실하지는 않다는 말로 시작했다. 골란 고원 정착촌 어린이들은 아랍의 공격 몇 시간 전에 소풍을 구실로 소개될 예정이라고 다얀은 말했다. 낮 동안 긴장이 누그러진다면 이러한 소개의 필요성도 없어질 것이며, 따라서 욤 키푸르에 정부가 아이들을 소풍 보낸다는 대중의 불만도 피할 수 있을 것이다. 메이어 총리는 총리라기보다 할머니의 의무감으로 행동에 나서 어린이들을 즉시 소개하라고 명령했다. 다음으로 다얀과 엘라자르는 선제공격과 동원에 대한 각자의 의견을 총리에게 제시했다.

이스라엘군의 최고위직에 있을 뿐 아니라 전쟁 경험이 풍부한 2명의 장군이 75세의 할머니에게 중요한 군사 문제에 대한 이견을 들고 온 것은 분명 기괴한 일이었다. 메이어 총리는 장군들이 이야기하는 동안 줄담배를 피웠다. 참석자들이 눈을 찌푸려야 할 정도로 매캐한 연기가 방에 가득 찼다. 엘라자르는 현 단계에서 10만 명에서 12만 명 정도의 동원으로 타협할 의향이 있다고 말했다. 총리의 발언을 종합해볼 때 자신의 의견에 마음이 기울었다고 이해한 엘라자르는 오전 9시 05분에 부관을 보내 전화로 2개 사단의 동원을 개시하라고 지시했다.

엘라자르는 정오에 시리아군 비행장을, 오후 3시에 미사일 포대를 선제타격하자고 주장했다. 이때쯤에는 골란 고원 상공의 구름이 사라질 것으로 예측되었다. "그러면 오후 5시에 공군이 시리아 지상군을 공격해 전투력을 상실케 할 것입니다." 엘라자르는 메이어 총리가 인명 손실에 민감하다는 것을 알았기 때문에 선제공격이야말로 많은 인명을 구하는 방법이라고 말했다.

발표가 끝나자 총리는 몇 분간 망설이며 고심을 거듭하다가 마침내 결론에 도달했다. 총리는 선제공격을 허락하지 않았다. 이스라엘은 곧 미국의 지원이 필요할 것이며, 그러기 위해서는 이스라엘이 먼저 전쟁을 시작하지 않았다는 것을 미국이 아는 것이 가장 중요했다. "우리가 먼저 공격한다면 아무도 우리를 돕지 않겠지요." 총리가 말했다. 동원에 관해서 메이어 총리는 엘라자르의 타협안에 동의했다. "전쟁이 일어나면 그때 그것을 적절하게 처리하는 모양새가 더 나을 겁니다. 설사 전 세계가 우리에게 화를 내더라도요." 다얀은 회의 결과를 요약한 다음 "총참모장은 제안한 병력 전부를 동원소집하시오"라고 말했다. 시각은 아침 9시 25분이었다. 암울한 순간이었지만 그 방에 있던 모두가 안도했다. 망설임이 끝나고 바퀴가 굴러가기 시작했다. 엘라자르는 부관을 보내 2개 사단의 동원소집을 개시했다. 사람들이 알았던 것보다 남은 시간이 없었다.

메이어 총리는 군사 문제에 대해 아는 척하지 않았으며 군사보좌관 이스라엘 리오르 장군에게 사단이 무엇인지조차 몰랐다고 고백한 적도 있었다. 아침에 장군이 총리를 깨워 전쟁이 임박했다고 보고하자, 총리는 전화로 이렇게 물었다. "이스라엘, 우리는 이제 뭘 하죠?" 관저에 도착한 총리의 걸음걸이는 무거웠고 얼굴은 잿빛이었으나 직무수행을 계속했다. 이날 다얀과 엘라자르와의 회의에서 상식과 정치적 본능에 바탕을 두고 총리가 내린 옳은 결정이 위태로운 개전 초기 단계의 이스라엘군 작전 지침이 될 것이다. 선제공습은 없으나 예비군은 가능한 한 빨리 전선에 배치되어 적의 공격을 막을 것이다. 총리는 구체적 전쟁 수행은 다얀과 엘라자르에게 맡기면서도 총리의 개입이 필요한 결정적 순간에는 언제나 본능적으로 이를 감지해 업무를 훌륭히 수행했다.

엘라자르는 아침 9시 30분에 공군사령관에게 전화를 걸어 선제공격이 기각되었음을 알렸다. 하지만 시리아 비행장에 대한 공격이 실제로 이루어졌다고 해도 전쟁의 결과를 바꾸지는 못했을 것이다. 6일 전쟁 때와는 달리 아랍의 공군력은 공중 공격으로 파괴하기 어려운 콘크리트 엄체호로 잘 보호되어 있었다. 더욱 중요한 점은 이스라엘의 제공권을 위협할 존재는 시리아 공군력이 아닌 SAM이었다.

아침 09시 30분, 주이스라엘 미국대사 케네스 키팅Kenneth Keating과 공관차석 니컬러스 벨리오티스Nicholas Veliotes가 메이어 총리의 긴급 초치에 응해 총리 집무실에 도착했다. 총리의 상황설명을 들은 미국 외교관들은 망연자실했다. 그들은 전쟁의 위험이 없다는 CIA의 보고와 이스라엘 당국의 어제 발표를 믿고 있었다. 메이어 총리는 이스라엘은 선제공격하지 않을 것이라고 말했다. 총리는 워싱턴이 몇 시간 내로 소련, 혹은 카이로, 다마스쿠스와 직접 접촉해 전쟁 발발을 막도록 노력할 수 있는지를 물었다. 만약 아랍의 행보가 이스라엘의 의도를 오판한 데서 비롯되었다면, 미국은 이스라엘이 아랍을 공격할 의도가 전혀 없다고 안심시키면 된다. 만약 아랍이 전쟁을 일으킨다면 이스라엘은 무력으로 대응할 것이다. 벨리오티스가 재빨리 면담 내용을 받아 적는 동안 백발의 키팅 대사는 이스라엘이 선제공격하지 않을 것이라고 확언할 수 있는지 물었다. "안심하셔도 됩니다." 메이어 총리가 단호하게 말했다. 키팅은 최고 기밀등급 전문으로 워싱턴에 보고하겠다고 말했다. 이 말은 곧 키신저 국무장관이 잠자리에서 일어나 이 전문을 볼 것이라는 뜻이었다.

워싱턴 주재 이스라엘대사 심하 디니츠Simha Dinitz는 총리 집무실 밖의 복도에 있다가 키팅 대사가 창백한 얼굴로 나오는 모습을 보았다. 디니츠 대사는 일주일 예정으로 부친상을 치르기 위해 귀국했다. 총리 비서실장을 역임한 디니츠는 메이어 총리의 신뢰를 받는 인물로, 메이어가 가장 먼저 부른 사람 중 하나였다. 총리가 말했다. "워싱턴으로 즉시 돌아가세요." 대사는 먼저 국방부로부터 미국에 요청할 무기와 장비 목록을 받아야 했다. 미국은 다가오는 폭풍에서 이스라엘을 붙잡아줄 닻으로서 중요한 역할을 할 것이다. 총리 군사보좌관 리오르 장군은 총리로부터 디니츠를 즉시 출국시킬 방법을 찾으라는 요청을 받았다. 욤 키푸르 당일에는 이스라엘로 들어오거나 나가는 민항기가 없었으므로 쉬운 일은 아니었다. 리오르는 국영기업인 이스라엘 항공산업IAI, Israel Aircraft Industries의 경영진용 제트 여객기를 수배해 준비시켰다. 디니츠는 오후에 이 비행기를 타고 로마로 날아가 미국으로 가는 여객기에 탑승했다.

끓어오르던 중동 위기가 마침내 뉴욕의 월도프 아스토리아Waldorf-Astoria 호텔에서 단잠을 자던 키신저를 깨웠다. 아침 6시 15분(뉴욕 현지 시각, 이스라엘 시각으로 12시 15분), 조 시스코Joe Sisco 차관보가 예의를 차릴 겨를도 없이 키신저의 스위트룸으로 뛰어 들어와 이스라엘과 아랍이 전쟁 직전이라고 보고했다. 조금 전, 시스코는 키팅 대사가 보낸 메시지를 읽었다. 대사는 메이어 총리의 발언을 인용해 말했다. "문제가 생길 것 같습니다." 30분 뒤, 키신저가 주미 소련대사 아나톨리 도브리닌Anatoly Dobrynin을 깨웠다. 키신저는 대사에게 이스라엘은 공격을 계획하지 않고 있다는 메이어 총리의 메시지를 전달하고 본국 정부에 이 메시지를 이집트와 시리아 지도자에게 긴급히 전해달라고 요청했다. 그 다음 키신저는 이스라엘 대리대사chargé d'affairs 모르데카이 샬레브Mordecai Shalev에게 전화를 걸어 도브리닌과 나눈 대화를 알리고 이스라엘 정부에 '성급한 행동'을 삼가라고 요청했다.

국장실에서 열린 긴급회의에 소집된 아만 간부들이 회의 테이블 주변에 자리를 잡았다. 제이라는 바로 왼쪽에 앉은 부국장 샬레브 장군에게 몸을 돌려 묻는 것으로 회의를 시작했다. "말해봐요, 아리예. 전쟁이 오늘 일어나는 겁니까? 아닙니까?" 샬레브는 오늘따라 자신감이 없어 보였다. "전쟁 발발 가능성이 낮다는 제 견해를 바꿀 이유는 없다고 봅니다." 샬레브가 답했다. 제이라는 다음 발언자로 이집트과장 요나 반드만 중령을 지목해 같은 질문을 했다. 반드만은 샬레브의 의견을 지지한다고 말했다. 늦게 도착해 반대편 벽을 따라 놓인 소파에 앉은 요르단과장 주시아 케니제르 중령은 화가 나 목소리를 높였다. "당신 생각을 말해! 누구 의견을 지지한다고만 하지 말고!" 두 사람은 한때 이집트과장 자리를 놓고 경쟁해 반드만이 승리했다. 요르단과장이 된 케니제르는 메이어 총리와 후세인 국왕의 면담을 모니터링한 이래 전쟁이 다가오고 있음을 확신했다. 이 자리에서 케니제르는 자신의 확신을 반복해 말했다. 아만은 전쟁 발발 가능성이 낮다는 공식 입장을 계속 유지했으나 수뇌부는 자신들이 엄청난 실수를 저질렀음을 점점 깨닫고 있었다.

오전 10시, 엘라자르는 흔히 '구덩이Ha Bor(The Pit)'라고 불리는 방대한 규모의 지하 전시상황실로 내려가 참모본부 참모들과 회의를 열었다. 제이라는 이스라엘이 입수한 이집트와 시리아의 전쟁계획 개요를 검토했다. 이집트군은 포격과 공습 후 작은 보트를 이용해 운하 전선 전체에서 도하를 감행할 것이다. 헬리콥터로 시나이 반도 내륙에 투입된 특수부대가 도로를 차단하고 지휘소를 공격할 가능성도 있었다. 교두보는 5개가 설치될 것이지만 시나이 반도 심장부로 이어지는 주도로 맞은편에 있는 단 3개의 교두보에서만 주공이 이뤄질 것이다. 시리아 전선에서는 제일선의 적 3개 사단이 예하 보병여단을 전면으로 보내 지뢰밭에 통로를 개척하고 이스라엘군의 대전차호를 도보로 건너게 할 것이며, 그 다음에는 가교전차가 대전차호 위로 가교를 설치할 것이다. 각 사단 소속 기갑여단이 뒤를 이을 것이다.

회의에 합류한 다얀이 시나이 반도 주둔 이스라엘군의 배치 상황에 대한 상세 정보를 요구했다. 엘라자르는 운하 지역에 시나이 사단의 1개 기갑여단이 주둔했으며 남부사령부의 재량에 따라 운용될 수 있도록 같은 사단의 2개 기갑여단이 후방에 있다고 답했다. "예비군은 언제 도착하나요?" 다얀이 물었다.

엘라자르가 말했다. "대략 내일까지 전차 300대, 월요일까지 300대, 그리고 화요일까지 300대가 도착할 예정입니다." 이미 군복을 입은 인원—현역병(징집병), 기간요원, 그리고 마침 동원소집훈련 중이던 예비군—은 총 10만 명이었다. 이미 예비군 7만 명에 대한 동원령이 발령되었고, 얼마 후 나머지 예비군도 소집될 예정이었다.

예비군 전체를 동원할 경우 이스라엘 국방군의 총병력은 35만 명에 달했다. 이집트는 병력 65만 명을, 시리아는 15만 명을 보유했다. 각각 병력 6만 명과 25만 명을 보유한 요르단과 이라크가 참전할 수도 있었지만, 전 군이 전선에 배치되지는 않을 것으로 예상되었다. 다른 아랍 국가들도 파견군을 보낼 가능성이 있었다.

다얀이 어떤 공격을 계획했는지를 묻자, 엘라자르는 전혀 예측하지 못한 상황이기 때문에 기존 계획을 변경할 필요가 있다고 답했다. 이전의 논의에서 엘라자르는 반격해 다마스쿠스까지 진격할 가능성을 제기했다. 국방장관은 이 가능성에 회의적이었다. 그는 장군들에게 전쟁이 일어난다고 해도 이스라엘은 새로운 영토에 야심이 없음을 분명히 밝혔다.

"모두에게 다시금 말하는데, 우리의 주된 목표는 적 전력의 격파요. 다마스쿠스로 진격한다면 이는 적 전력 분쇄가 목적이지 나중에 우리가 돌려줄 수밖에 없는 영토 점령은 목적이 아니오. 이상이 이번 회의의 방침입니다." 다얀이 말했다.

다얀은 아직도 전쟁이 일어날 것이라고 확신하지 못했다. "전쟁이 일어나지 않는다면 소집된 예비군들은 어떻게 하려고요?" 다얀은 엘라자르에게 물었다. 엘라자르는 위협이 미루어지는 것이 아니라 완전히 사라진다면 예비군들은 귀가할 것이라고 답했다.

"10만 명이나 되는 사람들이 온종일 빈둥거리다 집으로 간다고요?" 다얀이 물었다. 아직도 엘라자르가 메이어 총리를 설득해 대규모 동원령에 동의를 얻어낸 것에 불쾌해하는 것 같았다.

"예비군은 빈둥거리지 않고 일선에 투입됩니다. 전쟁이 일어나지 않을 것이 확실해지면 48시간 안으로 소집 해제될 것입니다." 엘라자르가 답했다. 탈 참모차장은 실제 귀가하기까지는 4일이 걸릴 것으로 생각했다. 어쨌든 지금 해야 할 일은 예비군에게 다시 군복을 입히는 일이지 벗기는 일이 아니었다.

유대교 계율 엄수와 거리가 먼 사람이었지만 빅토르 셈토브$^{Victor\ Shemtov}$ 보건장관에게 욤 키푸르에 자동차를 타고 텅 빈 예루살렘의 거리를 달리는 것은 불편한 경험이었다. 유대교 신자인 관용차 기사에게는 불편한 정도가 아니라 아주 괴로운 일이었다. 대개 욤 키푸르에는 임산부나 갑자기 발병한 환자를 병원으로 옮기는 경우가 아니라면 차량 운행은 일절 없었다. 셈토브는 전날 저녁에 집에 있다가 내각 비서로부터 다음날 정오에 총리의 텔아비브 관저에서 긴급회의가 있을 것이라는 전화통지를 받았다. 누구에게도 말해서는 안 되는 비밀이었다. 셈토브는 금요일 오후에 예비군인 아들이 정예 수색부대로 입소하라는 명령을 받은 다음부터 뭔가 이상한 일이 벌어지고 있음을 알아차렸다. "왜 욤 키푸르 전날에 소집이 되죠?" 아들이 물었다. "무슨 일이 일어나고 있나요?" "아는 게 없구나." 장관이 답했다. 아들이 왜 소집되었는지 의아해하며 셈토브는 네게브에 있는 부대까지 아들을 태워다주고 성스러운 날이 시작되기 직전에 예루살렘으로 돌아왔다.

욤 키푸르 아침에 총리관저에 도착한 셈토브의 눈에 건물 밖에 주차된 기다란 안테나가 달린 군용차량들이 보였다. 셈토브는 계단을 올라 회의실로 들어갔다. 각료 대부분은 이미 커다란 회의용 탁자 주변에 앉아 있었다. 예루살렘에 있는 유대교 신자 장관들만 오지 않았다. 모두 굳은 표정이었고 말하는 이는 없었다. 입심 좋은 정치인들이 모였음에도 그들의 표정은 굳어 있었고 아무도 말하지 않았다. 셈토브가 자리에 앉자, 옆에 있던 다른 장관이 몸을 기울여 속삭였다. "전쟁이 있을 것이라고 합니다." 믿을 수 없는 말이었다. 셈토브는 전날 있었던 약식 각료회의에 출석하지 않았고, 지난 몇 달간 전쟁이 있을 수도 있다는 귀띔을 전혀 받지 못했으며, 심지어 정보 브리핑에서도 이런 말을 전혀 듣지 못했다. 회의 개시 시간이 되었음에도 메이어 총리는 집무실에서 아직 나오지 않았다. 이것도 이례적인 일이었다. 잠시 복도로 나갔다가 만난 한 육군 장교가 이렇게 말했다. "기습공격을 당했습니다."

메이어 총리는 12시 30분에 다얀 국방장관과 함께 회의실로 들어왔다. 안색이 창백하고 눈에 수심이 가득한 총리는 천천히 걸어와 자리에 앉았다. 평상시에는 단정히 빗어 뒤로 넘겨진 머리도 헝클어졌고 뜬눈으로 밤을 지새운 것 같았다. 자리에 앉은 사람은 총리가 아닌 등이 굽은 할머니였다. 각료들은 총리의 이런 모습을 처음 보았다. 메이어 총리는 담배에 불을 붙이고 앞에 놓인 서류 더미를 잠시 넘겨보다가 개의를 선언했다.

메이어 총리는 갑자기 불길한 조짐을 보이기 시작한 아랍군의 국경 지역 전개, 소련 군사고문단 가족의 소개, 항공정찰 사진, 그리고 쌓여가는 명백한 증거에도 불구하고 전쟁이 없을 것이라 고집하는 아만의 입장 등 지난 3일간 일어난 일에 대한 상세한 보고를 하며 회의를 시작했다. 국방 관계자들은 전쟁이 일어날 것인지, 동원령을 내릴지, 선제공격을 가할 것인지에 대해 의견일치를 보지 못했다고 총리는 말했다. 총리는 판결문을 읽는 판사처럼 단조로운 어조로 발언을 이어갔다. 마침내 결론에 도달했다. 이날 아침 이른 시간에 의심의 여지 없는 확실한 정보원으로부터 오늘 오후 6시에 이집트와 시리아 전선에서 동시에 전쟁이 일어난다는 정보를 입수했다는 것이다.

장관들은 어안이 벙벙해졌다. 아랍군이 국경 지역 배치 전력을 증강하고 있다는 것은 처음 듣는 말이었다. 더욱이 장관들은 이스라엘 국방군은 최악의 상황에도 최소 개전 48시간 전에 예비군을 소집할 것이라는 말을 지난 수년간 계속 들어왔다. 그런데 지금 듣는 말은 두 곳에서 전쟁이 발발하기까지 고작 5시간도 채 남지 않았으며 군대는 동원태세를 갖추지도 못한 상태라는 것이었다.

메이어 총리는 다얀에게 두 곳 전선의 상황을 설명할 것을 요청했다. 총리의 표정은 우울했으나 목소리는 단호했다. 하지만 다얀의 목소리는 떨리고 있었다. 확신이 무너지고 있는 사람의 모습이었다.

12시 30분, 엘라자르는 '구덩이'에서 5시간 전에 잠시 이야기를 나눴던 고넨 장군과 다시 만났다. 고넨 장군은 3개월 전 남부사령부의 지휘권을 인수했음에도 기본적인 정보자료조차 숙지하지 못한 상태였다. 예를 들어, 고넨은 이집트군이 운하 전 구간에서 도하한다는, 아만이 입수한 이집트군의 작전계획을 몰랐다. 이집트군이 도하 전 30분에서 45분간 예비포격을 실시할 예정이라는 것도 처음 듣는 말이었다. 그는 이집트군이 몇 시간에 걸쳐 포격할 것이라고 믿었다.

고넨과 달리 북부사령관 호피 장군은 시리아군의 증강배치에 대해 우려를 표명함으로써 지난 2주일 동안 상당한 증원 전력을 받아냈다. 하지만 아만의 '전쟁 발발 가능성 낮음'이라는 평가분석을 그대로 받아들인 고넨은 이집트군의 전력증강이 전례 없는 수준에 달했는데도 자신이 맡은 전선을 강화하기 위한 노력을 기울이지 않았다. 비둘기장 작전에 명시된 전초기지 주둔 2선급 예루살렘 여단의 예비군을 정예 현역부대로 교체하지 않았다. 또한 고넨은 아만의 '전쟁 발발 가능성 낮음'이라는 달콤한 예측이 운하 지역의 일선 병사들의 보고와 일치하는지 확인해 자신의 독지적 판단을 내리려는 시도조차 하지 않았다.

목요일 저녁, 참모본부와 고넨의 휘하에 있던 멘들레르 장군이 항공정찰 사진의 판독 결과를 초조하게 기다리고 있을 때 고넨 자신은 하이파에서 이날 밤을 보내기로 했다.

전후 아그라나트 위원회의 한 위원이 고넨에게 그날 밤을 어디서 보냈는지 물어봐도 되냐고 하자, 고넨은 친구와 함께 있었다고 답했다.

비둘기장 작전계획의 요구대로 멘들레르의 사단을 오후 일찍 전방으로 이동시키는 대신 고넨은 오후 5시까지 기다리기로 했다. 이집트군의 예상

공격 시각 1시간 전이었다. 아침에 고넨은 제이라로부터 이집트군의 공격이 확실하지 않다는 말을 들었다. 고넨은 이집트가 멘들레르 사단의 조기 전진 배치를 도발행위로 받아들일 수도 있다고 생각했다. 전차를 너무 일찍 일선으로 이동시키면 이집트군에게 기존의 포격계획을 변경할 시간을 주어 전방 전차진지를 타격할지도 모른다는 우려도 있었다. 공격 개시 시각 1시간 전에 이동한다면 그럴 여지가 없을 것이었다.

전날 고넨은 도하 억제 수단인 '귀중한 불' 장치를 토요일에 가동하라고 명령했다. 토요일 아침에 공병대가 운하에 도착해 보니 마츠메드Matsmed 전초기지와 히자욘Hizayon 전초기지의 장치는 작동이 불가능한 상태였다. 마르완의 경고를 접한 고넨은 마츠메드 전초기지의 장치를 수리하라고 명령하고 점화 시간을 이집트의 공격 예상 시각인 오후 6시로 정했다.

몇 년의 시간이 흐르면서 '귀중한 불' 장치는 이스라엘군 지휘부의 마음속에서 거의 사라졌다. 그러나 이집트군 지휘부는 이를 계속 큰 걱정거리로 여겼다. 이스라엘 측 운하 강둑에 대한 특수부대의 조사 결과, 장치 상당수가 빈껍데기라고 믿을 이유는 있었으나 그렇다고 확신할 수는 없었다. 금요일 밤늦게 이집트군 잠수요원이 잠수해서 운하를 도하해 연료 파이프의 분출구를 모두 막아버렸다.

바르-레브 선에 있는 각 전초기지의 병사들은 밤새 운하 건너편에서 움직이는 소리를 들을 수 있었다. 많은 병사가 잠을 이루지 못했다. 이집트군 병사들이 물가로 무엇인가를 끌고 오는 모습이 보였고, 전선 뒤의 보급품 야적장에서는 집중적으로 작업이 진행 중이었다. 아침에는 부교 장비 옆으로 높게 쌓인 오렌지색 구명조끼들이 보였다.

아랍이 전쟁을 준비한다는 증거가 쌓여가고 있었으므로, 엘라자르 장군은 아침 내내 미국이 선제공격에 대한 반대를 철회하기를 바랐다. 하지만 정오가 되자, 그는 펠레드 공군사령관에게 선제공격의 취소가 결정되었다고 통보했다. 이른 아침부터 시리아에 대한 폭격을 예상해 폭탄을 가득 실었던 비행기들은 펠레드의 재량에 따라 공중전을 위한 무장으로 변경할 수 있었다. 엘라자르는 "이집트와 시리아 공군(두 나라의 비행기 보유 대수를 합치면 이스라엘의 2배였다)이 동시에 이스라엘 영공 돌파를 시도할 가능성에 대비하시오"라고 말했다.

펠레드는 모사드가 아랍이 해질 무렵에 공격할 것이라고 경고했다 하더라도 이집트 공군이 시나이 반도의 이스라엘 진지를 폭격한 비행기가 어두워지기 전에 귀환하기를 원할 것이기 때문에 공격 개시 시각을 오후 3시까지 앞당길 수 있다고 말했다. 공군 지휘센터에서 몇몇 고위장교들은 아랍이 조기에 공격할 경우 오후 늦은 시간에 시리아 공군기지를 타격할 수 있도록 이스라엘 공군의 핵심 전력인 팬텀 전폭기를 출격 대기시켜야 한다고 강력히 주장했다. 하지만 펠레드 장군은 오후 1시에 팬텀기에서 폭탄을 떼어내고 요격용 무장을 장착하라고 명령했다. 1시 30분에 펠레드는 영공 초계를 위해 다른 전투기들을 이륙시키기 시작했다.

군의관 아비 오리$^{Avi\ Ohri}$ 박사에게 이날은 한 달간 운하에서 실시된 동원 소집훈련이 끝나는 날이었다. 젊은 의사인 오리 박사는 휴가를 떠난 동료들을 대신해 운하 연변의 진지들을 순환 근무하며 훈련 기간을 즐겁게 보냈다. 책도 많이 읽었고 너무 따분해지면 자원해서 무전병이나 초병 역할을 맡기도 했다. 어떤 전초기지에서는 병사들이 운하에서 낚시를 했고 박사는 자기 몫의 피쉬앤칩스$^{fish\ and\ chips}$를 먹었다. 열기와 파리는 불쾌했으나 접근하는 차량이 없으면 박사는 대개 군복 대신 반바지와 티셔츠만 입었다.
아침나절에 이스라엘로 돌아가는 길에 여단 본부가 있는 타사에 들른 박사는 기멜 경계령이 발동되었다는 소식을 들었다. 지휘관이 갑자기 긴급상황이 발생했음을 고려해 하루 더 머무를 수 있는지를 물어보았다. 마침 히자욘 전초기지에 군의관이 없었고 내일까지는 담당 군의관이 도착하지 않을 것이라는 말을 듣자, 박사는 하루 더 남는 데 동의했다. 히지욘으로 가는 군 버스의 승객은 혼자였다. 박사는 운전병이 그를 내려준 후 몹시 서두르며 버스를 돌린 다음 속력을 내며 사라지는 모습을 보고 깜짝 놀랐다. 입구에 있던 초병이 그를 벙커로 안내했다. 벙커 안에는 야전침대에 누운 병사 몇 명이 들어오는 장교를 보고 일어났다. "군의관 아비요"라고 박사는 자신을 소개하고 개인장구를 풀었다. 오후 1시 30분이었다.

지난 열흘간 축차적으로 골란 고원에 도착한 제7기갑여단의 지휘관 아비그도르 벤-갈$^{Avigdor\ Ben-Gal}$ 대령은 험상궂은 얼굴에 숱이 많은 머리는 부

아비그도르 벤-갈 대령. 골란 고원 주둔 제7기갑여단 여단장. 〈이스라엘 국방군 기록물보관소 제공〉

스스했으며, 키가 크고 위풍당당한 인물이었다. 벤-갈 대령은 1938년 폴란드 우치Łódź에서 태어나 홀로코스트에서 가족을 잃고서 다른 고아들과 함께 1944년에 소련과 이란을 거쳐 팔레스타인에 도착했다. 가족이 없는 벤-갈은 육군을 가족으로 여겼으며, 권위와 직업정신으로 부하 장교와 병사들을 대했다. 그의 언사는 거칠었지만 어떤 사람들은 이 거친 면을 가면으로 보았다. 작년에 전통 있는 정예부대인 제7기갑여단의 지휘를 맡은 이래 대령은 최대한 실전과 비슷하게 훈련할 것을 고집했다. 부하들은 철저한 포술 훈련을 받았고 일주일 혹은 그 이상에 걸쳐 야간에만 기동하는 훈련을 받았다. 훈련 중에 여단장은 예하 부대의 임무를 자주 변경하곤 했는데, 여기서는 익숙하지 않은 지형에서의 이동과 지휘관들의 빠른 결단이 요구되었다.

욤 키푸르 오전 10시, 사단장 라파엘(라풀) 에이탄Rafael(Raful) Eitan 장군은 호피 북부사령관이 예하 부대에 하달한 전쟁 경고를 벤-갈 대령에게 알렸다. 즉시 벤-갈 여단장은 휘하 대대장, 중대장에게 골란 고원 북부의 기지로 오라고 지시했다.

여단장이 회의실에 들어서자 모두 기립했다. 여단장은 모두 앉으라고 손짓했다. "시간이 별로 없다." 여단장이 말했다. "누가 왔는가? 전차들의 상태는 어떤가?"

선임대대장 아비그도르 카할라니Avigdor Kahalani 중령이 "부대대장 및 중대장 5인이 출석했습니다"라고 말했다. "전차는 위장망으로 덮여 있습니다."

밤새 도착한 나머지 2개 대대의 대대장들은 전차 대부분이 도착했으나 일부는 골란 고원 기슭의 보급창에서 출발해 이동 중이라고 보고했다.

"좋아." 벤-갈이 말했다. "시작하도록 하지. 여러분, 전쟁이 오늘 일어난다." 참석한 부하 장교들은 믿을 수 없다는 표정이었다. "그래, 들은 대로다." 여단장은 말을 이었다. "이집트와 시리아군이 연합해서 우리를 공격한다."

지시를 내린 다음 벤-갈은 대대장들에게 부대로 돌아가 전투준비를 하라고 말했다. 장병들은 욤 키푸르 단식을 중단하라는 명령을 받았다. 장교들은 오후 2시에 다시 모여 마지막 브리핑을 하라는 지시를 받았다.

벤-갈 여단장과 달리 골란 고원의 방어선을 책임진 제188기갑여단의 이츠하크 벤-쇼함Yitzhak Ben-Shoham 여단장은 전쟁 경고를 하지 않아 부하들이 교전에 대한 사전 조치를 할 수 없었다. 방어선의 북쪽 절반을 담당한 나프시 중령은 오늘이 9월 13일의 공중전 이후 예상했던 '전투일'이 될 것이라고 생각했다. 대부분의 일선 부대에서는 시리아군 진영에서 이상 동향은 없다고 보고했다. 전선의 남단에 있는 요아브 야키르Yoav Yakir 중위가 지휘하는 전차소대는 예외였다. 소대원들은 맞은편에 있던 시리아군 전차들이 움직이는 소리를 밤새 들었다. 새 부대가 도착하는 듯했다. 아침이 되자 야키르 중위는 욤 키푸르를 지키려는 병사들에게 단식을 중단하라고 설득했다. 식사를 독려하기 위해 야키르와 니르 아티르Nir Atir 상사가 직접 소대의 아침 식사를 준비했다. 소대원 대부분은 식사를 했다.

북부 구역에 있는 107 거점에서 아브라함 엘리멜레크Avraham Elimelekh 중위는 1시간에 걸쳐 시리아군의 공격에 대비한 각자의 임무를 점검했다. 평소보다 2배의 시간이 걸렸다. 통상적으로 12명이던 수비대원은 전날 19명으로 늘어났다. 전선을 따라 설치된 거점 10개소 중 107 거점만이 주변을 내려다볼 수 있는 고지가 아닌 시리아 영토 안으로 깊숙이 들어간 평지에 있었다. 불리한 위치에 거점이 설치된 이유는 이곳에서 200야드(183m) 떨어진 다마스쿠스-쿠네이트라 도로의 감시가 가능했기 때문이다.

시리아군이 본격적인 공격을 가해온다면 107 거점의 생존은 배후에 있는 전차소대에 달려 있었다. 107 거점에 있는 몇 주 동안 엘리멜레크 중위는 전차소대장 슈무엘 야킨Shmuel Yakin 중위와 깊은 논의를 거쳐 공격에 대비한 협동작전계획을 수립했다. 이 2명의 장교는 전투 상황에서 상대가 무전으로 언급하는 것을 신속하게 이해할 수 있도록 지형지물을 함께 확인했다. 전차소대는 시리아군 기갑부대를, 거점은 보병을 맡는 것에도 합의했다. 욤 키푸르 아침에는 대대 정보장교가 107 거점을 방문해 다가오는 전투에서 시리아군이 거점을 탈취하고 수비대 생포를 시도할지도 모른다고 엘리멜레크에게 말했다. 정보참모는 손으로 잡아채는 시늉을 하며 107 거점은 시리아군의 목표임이 분명할 것 같다고 말했다.

벤-갈 대령은 정오경 전방으로 차를 몰면서 쌍안경으로 시리아군 진영을 훑어보았다. 시리아군의 수는 엄청났지만, 특이한 점은 없었다. 새가 지저귀는 소리가 들리자, 대령은 머리를 들어 근처 나무에 있는 새들을 보았다. 새들이 지저귀는 것은 특이한 일이 아니었다. 하지만 새소리가 들린다는 점이 이상했다. 이 부자연스러운 고요야말로 전쟁이 임박했다는 최종 확인인 듯했다.

시나이에서 멘들레르 장군이 예하 지휘관들과 회의하던 중인 오전 10시, 고넨 장군으로부터 전화가 왔다. 부하 장교들에게 고넨의 메시지를 전달하면서 멘들레르는 땅거미가 질 무렵에 무슨 일이 일어날 것으로 예측되나 그것이 전쟁일지, 아니면 이집트군의 훈련 종료에 불과할지는 확실치 않다고 말했다.

대부분의 동료들과 마찬가지로 멘들레르와 부하들은 전투가 개시된다면 아마도 대규모 포격과 강습을 동반한 소모전쟁의 재판이 될 것으로 추정했다. 이집트군 전체가 운하를 도하할 가능성은 제기되지 않았다. 사실 멘들레르는 토론의 초점을 방어조치가 아닌 비둘기장 작전계획에 포함된 공세적 대안—레셰프의 여단이 동쪽의 시나이 반도 운하 강둑으로 건너온 이집트군을 상대하는 동안 사단의 1개, 혹은 2개 여단이 서쪽으로 운하를 건너가는 것—에 맞췄다.

오후 12시 20분, 청음 초소에서 이집트 쪽 운하 서안에 있는 유엔 감시초소에서 발신한 메시지를 감청했다. "특별 시간 체크." 이스라엘군은 이것이 이집트군의 포격이 임박했음을 알리는 음어임을 알았다. 운하 연변의 전초기지들은 외곽 관측초소에 배치된 병력을 철수시키고 강한 포격에 대비하라는 명령을 받았다. 초소에 있던 이스라엘군 하사가 분대원들을 태우기 위해 온 반궤도장갑차로 가려고 하자, 운하 건너편에서 시선을 끌려고 하는 이집트군 병사 1명이 보였다. 이집트 병사는 손목시계를 툭툭 치더니 손을 양쪽으로 뻗어 "왜?"라는 제스처를 취해 보였다.

12시 30분, 아만은 최신 회보를 발행해 이집트군과 시리아군이 광범위한 군사행동을 준비 중임을 언급했다. 아만은 전쟁이 임박했음을 알리는 보고를 받았다고 인정했다. 그럼에도 회보는 "우리는 이집트와 시리아의 전략결정자들은 성공을 거둘 가능성이 없음을 인지하고 있다고 추정함"이라고 강조했다. 이 순간에도 아만은 일련의 사건들로 인해 자신이 이해했다고 믿은 사다트의 전략적 '개념'의 논리를 서둘러 포기하지 않았다.

회의실에서 다얀은 동료 장관들에게 이집트군이 운하를 건너온다면 이들은 파멸을 향해 오는 것이라고 말했다. 골란 고원 전선의 상황은 좀 더 복잡했다. 시리아군의 진격을 늦출 큰 장애물이 없었고, 방어 병력은 시나이 반도보다 훨씬 적었다. 그러나 이스라엘 국방군은 전선을 유지할 수 있을 것으로 자신했다. 야코브 심숀 샤피라Yaacov Shimshon Shapira 법무장관은 이집트군이 이스라엘군의 준비를 알아차리고 공격 개시 시각을 앞당기면 어떻게 할 것인지 물었다. 다얀은 공군이 이미 이러한 사태에 대비해 초계비행을 하고 있다고 답했다.

비행기 소리가 예루살렘 시민들에게 무엇인가 심상치 않은 일이 벌어지고 있음을 처음으로 알렸다. 아침 일찍 기도하러 통곡의 벽으로 나온 시민들은 팬텀기가 머리 위로 갑자기 저공비행하며 낸 폭음에 깜짝 놀랐다. 공군이 직접 나서서 사람들을 깨우기로 작정이라도 한 것 같았다. 아침 시간이 지나가면서 군용차량이 동네를 다니며 내는 타이어 마찰음이 신성한 날의 장엄한 침묵을 조금씩 깨기 시작했다. 병력 동원 소집통지서를 휴대한 전령들이 차에서 나와 소집대상자의 주소를 살폈다. 대개 이웃들이 가까운 유대교 회당으로 가보라고 알려주었다. 전령이나 회당 관계자가 소집대상자의 이름을 큰 소리로 부를 수 있도록 예배는 중단되었다. 욤 키푸르에 동원령이 발동되었다면 이는 훈련 때문이 아니라 아랍의 기습공격 때문이라는 것쯤은 누구나 다 알 수 있었다.

예루살렘의 라마트 에쉬콜Ramat Eshkol 구에 있는 한 회당에서 기도용 숄을 두른 젊은이가 호명되자 자리에서 일어섰다. 옆에 앉은 아버지가 젊은이를 꼭 끌어안고 보내지 않으려 했다. 랍비가 흐느껴 우는 아버지에게 다가가 부드럽게 말했다. "오늘 아드님이 계실 곳은 여기가 아닙니다." 아버지는 아들을 꽉 잡았던 팔을 풀었고, 랍비는 젊은이의 머리 위에 손을 얹고 축복해 주었다. 바이트 하케렘Bait Hakerem 구의 다른 회당에 도착한 전령은 회당 관리인과 상의했다. 회당 관리인은 모인 회중에게 조용히 해달라고 요청한 다음 전령이 건넨 명단을 큰 소리로 읽어 내려가다가 어느 순간 아들의 이름을 보고 말을 멈췄다. 연단에 오른 랍비들은 소집된 사람들은 단식을 중단하고 차를 운전할 수 있다고 회중에게 말했다. 생사가 걸린 상황이 아니라면 욤 키푸르에는 엄격히 금지된 사항이었다.

이스라엘 전국에서 기도용 숄을 두르고 유대모자skullcap(머리에 딱 달라붙으며 정수리만 가리는 챙 없는 모자-옮긴이)를 쓴 젊은이들이 욤 키푸르에 한 번도 한 적이 없는 자동차를 운전하거나 히치하이크를 하며 집합 장소로 가는 모습을 볼 수 있었다. 가장들은 부인과 자녀들을 친척 집으로 데려다준 다음 부대로 향했다. 소집된 이들과 남겨진 이들의 마음에 울려퍼진 것은 그들이 아침의 노래를 외쳤던 가슴 아픈 멜로디의 '우네타네 토케프Unetanai Tokef' 기도였다. "로쉬 하 샤나에 운명은 쓰이고 욤 키푸르에 운명은 새겨진다. … 누가 살고 누가 죽을지, 누가 시간을 허여許與받고 누가 아닐지, 누가 물에 빠져 죽을지, 불로 죽을지, 칼로 죽을지."

사다트 대통령은 카이로의 자택에서 군복을 입고 기다리다가 오후 1시 30분에 도착한 이스마일 국방장관의 지프를 타고 '센터 텐'으로 갔다. 최고사령부의 장교들은 상황실이 내려다보이는 낮은 연단에 앉아 있었다. 상황실에는 각 군의 지휘관과 고급 참모들이 통신용 콘솔 옆에 앉았다. 큰 스크린에 투영된 상황도가 상황실의 분위기를 압도했다. 이스라엘군이 내린 욤 키푸르 단식해제 명령과 마찬가지로 이집트군 최고사령부는 라마단 단식을 해제하라는 명령을 내렸다. 이슬람 성직자들은 흡연이 가능하다는 평결을 내렸다. 하지만 사다트는 상황실에서 음식을 먹거나 담배를 피우는 사람들을 볼 수 없었다. 그는 차 한 잔을 가져오라고 하고 담배 파이프에 불을 붙였다. 곧 다른 이들도 사다트를 따라 했다. 모든 시선이 시계를 주시하고 있었다.

오후 1시 30분 이스라엘 측 운하 동안 전초기지의 병사들은 방탄조끼와 헬멧을 착용하고 벙커로 들어가라는 명령을 받았다. 전초기지 지휘관들만 남아 상황을 주시했다. 대부분은 외곽 참호의 벽에 지어진 작은 '토끼굴'에 있었다. 여기에서는 직격탄을 맞지 않는 한 안전했고 잠망경을 통해 주변을 관찰할 수 있었다. 마츠메드 전초기지의 지휘관은 감시탑에 올라가기로 결정했다. 운하 건너편에서 움직이는 것은 먼 들판에서 밭을 가는 농부뿐이었다. 부다페스트 전초기지의 모티 아슈케나지 대위도 감시탑에 올라갔다. 건너편의 적진에는 움직임이 없었다. 처음으로 적 감시탑이 비어 있는 것 같았다.

오후 1시 30분 골란 고원, 헤르몬 산$^{Mount\ Hermon}$(골란 고원 최고봉, 해발 2,814미터-옮긴이)의 포병 관측병이 나프시 중령에게 시리아군이 야포와 전차에서 위장망을 걷어내고 있다고 보고했다. 나프시는 시리아가 오후 2시경에 전투를 시작하지 않을 것으로 생각했다. 골란 고원의 최전선 북쪽 절반에 배치된 나프시의 전차들은 정규 위치에서 약간 뒤로 물러나라는 명령을 받았다. 시리아군이 포격을 개시한다면 지도에 표시된 이스라엘군의 고정진지를 모두 타격할 것이기 때문이었다.

오후 1시 50분, 공군사령부의 전화기가 울리며 시리아군의 통신을 모니터링하던 정보장교의 목소리가 들렸다. "다미르^{Damir}(시리아군 공군기지)에시 적기 이륙." 잠시 후 이집트군 공군기지에서도 비행기가 이륙한다는 보고가 들어왔다.

오후 2시가 되기 직전, 회의실에서 다얀이 브리핑을 거의 마칠 무렵 부관이 들어와 쪽지 한 장을 건넸다. 국방장관은 이집트군 비행기가 시나이 공습을 개시했다고 알렸다. 메이어 총리가 각료회의 종료를 선언하자마자 바깥 거리에서 공습경보 사이렌이 울렸다. 한 고위장교는 상황실로 걸어가는 제이라를 보았다. 얼굴빛이 눈에 띄게 창백했다.

충격을 받은 엘라자르 장군은 즉시 공군 지휘통제실로 내려가서 펠레드에게 일몰까지 남은 3시간 동안 시리아군 비행장을 공격할 수 있는지 물었다. 펠레드는 매우 유감이지만 아니라고 대답할 수밖에 없었다. 1시간 전만 해도 중동지역에서 가장 무시무시한 힘을 지닌 공군의 전투용 비행기 300여 대와 승무원들이 완전무장을 하고 출격 준비를 마친 채 한 곳에 모여 명령을 기다리고 있었다. 하지만 지금은 전국의 공군기지에 있는 팬텀기 주위로 지상 정비원들이 개미처럼 모여 폭탄과 기타 장비를 제거하고 요격기로 무장을 전환하고 있었기 때문에 팬텀기는 털이 뽑힌 닭이나 다름없는 모습이었고 무장 전환에는 3시간이 소요될 것이었다.

이날 아랍 공군의 이스라엘 영공 침범 시도는 없었고, 이스라엘 공군기들은 의미 있는 반격에 나서는 대신 평범한 초계활동만 벌였다. 불과 6년 전 6월의 어느 날 아침 몇 시간 동안 모티 호드Motti Hod 장군의 지휘하에 아랍군의 비행기 수백 대를 파괴하고 제공권을 확립한 항공전 역사상 가장 놀라운 승리를 거둔 공군이 이번 전쟁에서 겪은 첫 좌절이었다.

공군의 지휘권을 베니 펠레드에게 인계하기 전에 호드는 바로 펠레드가 이번 욤 키푸르 당일에 직면한 것과 같은 긴급상황인 아랍의 기습공격에 대비해 대담한 계획을 수립해두었다. 아이디어는 전년도에 이집트군이 실제 도하 시도 없이 벌인 도하훈련을 연구한 결과 도출되었다. 항공정찰 사진에서 호드는 이집트군 사단들이 마치 다리가 가설되기를 기다리기라도 하는 양 몇몇 운하 접근로에 집결한 모습을 보았다. 이집트군이 선택한 도하 지점은 전술적으로 이치에 맞았고 전쟁이 일어난다면 이집트군이 이곳을 사용할 것이라고 가정하는 것이 타당했다.

스리타Srita(히브리어로 '긁기'라는 뜻-옮긴이)라는 이름이 붙은 호드의 작전계획에 따르면, 공군은 전력을 동원해 이 집결지를 공격하게 되어 있었다. 작전을 수행하는 비행기들은 이스라엘 쪽 운하 지역에서 사막 지면 가까이 비행하며 접근한다. 운하에서 2마일(3.2km) 떨어진 곳에 도달한 비행기들은 급격히 고도를 높이며 운하 건너편으로 폭탄을 투하한다. 이 투상폭격投上爆擊, toss bombing(항공기가 표적을 향한 선상을 비행할 때 수직 상승하며 폭탄 중력 효과를 보장할 수 있는 각도에서 폭탄을 투하하는 것-옮긴이) 테크닉은 소형 목표물을 대상으로 할 때는 부정확하기로 악명이 높았다. 하지만 이집트군 전차, 트럭, 병력이 워낙 넓고 빽빽하게 집결해 있고, 폭탄의 수가 많았기 때문에 빗나가기가 어려웠다. 폭탄이 넓은 지역에 분산투하되는 것을 감안해

각 비행기는 소형 폭탄을 24개까지 실어 나르는데, 이는 한 번의 공격에서 비행기 100대가 폭탄 2,400개를 투하한다는 것을 의미했다. 호드의 계획에 따르면 공격은 최소 2차에 걸쳐 수행될 예정이었고, 3차 공격까지 가능했다. 비행기 200대가 투입되어 공격한다면 이집트군이 입을 물적·심리적 타격은 훨씬 더 클 것이다. 이스라엘 항공기가 지대공미사일 포대의 사거리에서 완전히 벗어난 곳에서 작전하지는 않겠지만, 호드는 스리타 작전을 시행했더라면 실제 전투에서 입은 피해에 비해 손실은 아주 적었을 것이라는 입장이다.

전후 수십 년이 지나 이루어진 인터뷰에서도 호드는 펠레드가 공격명령을 내리지 않은 것을 한탄했다. 호드는 즉시 공습을 감행했더라면 이집트군의 공세 전체를 흐트러뜨리고 심리적 고양감을 박탈했을 뿐 아니라 이스라엘군의 떨어진 사기를 회복하는 효과를 가져왔을 것이며 투지 넘치는 이스라엘 공군이 다음 단계로 미사일 기지 공격에 나설 수 있었을 것이라고 믿었다. "펠레드는 '스리타 작전 개시'라고 말하기만 하면 됐는데 말이죠."

제11장

이집트군의 도하

가장 먼저 온 것은 이집트군 비행기였다. 운하 수면 위를 낮게 날던 비행기들은 방향을 잡기 위해 잠시 고도를 높였다가 목표물인 이스라엘군 지휘소, 호크^{Hawk} 지대공미사일 포대, 야포 포대, 공군기지, 레이더기지, 시나이의 이스라엘군 주력 정보수집기지를 향해 급강하했다. 조종사인 사다트 대통령의 이복동생(아테프 엘-사다트$^{Atef\ el\text{-}Sadat}$, 1948~1973-옮긴이)은 레피딤 기지를 공격하다가 격추되어 이집트군 첫 전사자 중 한 명이 되었다. 레피딤 기지의 주 활주로는 몇 시간 동안 사용이 불가능해졌고 관제탑도 손상되었다.

비행기가 지나가자 포병이 사격을 개시했다. 첫 몇 분 동안 대부분 운하 연변의 전초기지 위나 주변에 1만 발 이상의 포탄이 이스라엘군 진영에 떨어졌다. 이스라엘군 수비대가 벙커 안으로 들어가자 평사탄도화기$^{flat\text{-}trajectory\ weapon}$와 전차가 이집트군 방벽^{rampart} 위의 진지로 배치되어 건너편의 이스라엘군 전초기지에 직사 사격을 퍼부었다. 전초기지의 감시탑은 모두 날아갔다. 중박격포들이 발사한 240mm 포탄이 이스라엘군 진지에 명중하면서 엄청난 폭음을 내며 폭발해 벙커를 뒤흔들고 참호를 무너뜨렸다.

포격이 개시되고 15분이 지나자 특수부대원과 보병 4,000명으로 구성된 제1파가 고무 및 목제 보트 720척이 기다리고 있던 운하의 물가로 미끄러져 내려왔다. 연막탄의 엄폐를 받으며 일부 병사들은 노를 젓는 보트에, 또 다른 일부 병사들은 선체 밖 모터가 달린 보트에 탄 뒤 "알라후 아크바르 Allahu Akbar(신은 위대하다)"를 외치며 운하를 건너가기 시작했다. 샤즐리는 도하지점에 대형 스피커를 준비해 고대부터 내려온 전장 구호를 반복해 틀었고, 병사들은 이를 따라 했다.

제1파의 선두에 선 공병반은 어젯밤 잠수요원이 막은 '물 위의 불' 장치의 연료 분사구가 제대로 막혔는지 점검했다.

주로 이스라엘군 전초기지에서는 보이지 않는 곳에 상륙한 몸이 날랜 병사들이 가파른 모래 제방 위로 올라가 꼭대기에 밧줄 사다리를 고정했다. 뒤이어 대전차화기반이 사다리를 타고 올라가 서둘러 내륙으로 향했다. 많은 병사들이 여행가방을 닮은 새거 Sagger 운반 상자를 날랐으며, 그보다 더 많은 병사들은 RPG를 들고 있었다. 직접 운반하기에 너무 무거운 탄약과 장비는 손수레에 싣고 끌었다. 수레 하나에는 새거 2발이나 지뢰 4개를 실을 수 있었다. 샤즐리는 이스라엘군 강습부대가 1970년에 홍해 연안에 남기고 간 수레를 보고 이런 수레를 수천 개 생산하도록 명령했다.

많은 곳에서 이집트군 병사들은 내륙으로 1마일(1.6km) 들어간 곳에 설치된 흙으로 된 바리케이드인 '지느러미'에 도착했다. '지느러미'는 그 뒤에서 이스라엘군 전차들이 사격 위치를 잡을 목적으로 만들어졌다. 동쪽에서 모래 먼지가 일고 있었다. 이스라엘군 전차들이 서둘러 접근 중이라는 신호였다.

비터 호수에서는 수륙양용전차 20대와 병력수송장갑차 APC, Armored Personnel Carrier(전쟁 중 이스라엘군은 미국제 M113, 아랍군은 소련제 BTR-50·60 계열차량을 사용함-옮긴이) 80대로 구성된 상륙부대가 동쪽을 향해 수면을 가르기 시작했다. 수륙양용차량에 탑승한 보병 1개 중대는 북쪽의 팀사흐 호수 Timsah lake(이스마일리아 인근에 있는 호수. 남쪽의 비터 호수와 수에즈 운하로 연결됨-옮긴이)를 건넜다. 두 호수의 시나이 반도 쪽 호안에는 방어진지가 거의 없었다. 수에즈 전선의 북쪽 끝에는 양동부대 diversionary force의 전차와 병력수송장갑차가 부다페스트 전초기지로 향하는 사취를 따라 전진할 준비를 했다.

수에즈 운하 남쪽에는 어둠을 틈타 특수부대원들을 남부 시나이 반도로

수송하기 위해 수에즈만 서안을 따라 있는 여러 작은 만(灣)에 수많은 어선이 모였다. 다른 특수 부대원들은 야음을 틈타 이스라엘군 후방에 헬리콥터로 침투하기 위해 대기하고 있었다.

제1파의 도하와 더불어 펌프와 호스로 무장한 70개 공병반이 물을 퍼부어 이스라엘 측 제방에 구멍을 내기 시작했다. 통로 개척까지 주어진 시간은 5~7시간이었다.

10만 명의 병력이 질서정연하게 운하를 건넜다. 제1파 공격부대가 이스라엘 측 운하 하안에 야광 숫자가 적힌 대형 안내판을 세웠다. 이 숫자는 운하까지 각 부대별 행군 경로를 따라 세워진, 색으로 구분된 안내판에 적힌 숫자와 일치했다. 헌병대는 부대가 길을 잃거나 서로 엉키지 않도록 했다. 2시간 만에 병력 2만 3,000명이 도하를 완료해 이스라엘 쪽 운하 강둑에 임시 사단 교두보 5개를 세웠다. 각 교두보의 길이는 남북 5마일(8km), 폭은 동서 1마일(1.6km)이었다. 포병은 탄착점을 시나이 반도 내륙으로 옮겼다.

조립교 장간을 실은 대형 수송차량들이 교량을 조립하기 위해 기다리고 있던 공병대를 향해 장간을 수면 위로 떨어뜨렸다. 다른 부대들은 전차를 운반할 수 있는 조립식 선박 31척을 조립하기 시작했다. '센터 텐'에서 보고를 모니터링하던 샤즐리 참모총장은 이날을 위해 만든 거대한 기계가 훌륭하게 작동하고 있음을 느꼈다. 이스라엘군은 아무것도 모른 채 기습당한 것 같았다.

오후 5시 30분, 최초 공격부대의 마지막인 제12파가 운하를 건너갔다. 시나이 반도 동안에 상륙한 이집트군 병력은 이제 3만 2,000명에 달했다. 교두보는 2마일(3.2km) 깊이였다. 아직 단 1대의 이집트군 전차도 운하를 건너오지 않았는데도 이스라엘군은 동요하고 있었다. 황혼 무렵, 특수부대를 실은 헬리콥터 수십 대가 시나이 반도 내륙을 향해 날아갔다. 다수가 이스라엘군 전투기와 대공포화에 의해 격추되었으나 시나이 반도 남부의 이스라엘군 후방에 특수부대원 수백 명이 상륙했다.

오후 6시 30분, 물 호스가 이스라엘군 모래 방벽에 첫 돌파구를 열었다. 2시간도 되지 않아 통로 60개가 개척되었다. 남부지구 운하의 점토 같은 제방은 물을 분사하면 통행이 불가할 정도로 두껍고 미끄러운 진흙으로 변했다. 이 구역에 계획된 10개 통로의 개척은 취소해야 했다. 그러나 운하 연변의 나머지 통로는 배편으로 도하한 전차와 보급차량에 개방되었다.

저녁 8시 30분에 첫 교량이 완성되었다. 공격 개시 시각에서 6시간 30분이 지난 시점이었다. 2시간이 지나자 모든 교량이 개통되었다. 전차가 통과할 수 있는 중교량heavy bridge 8개와 경장갑차량과 사람이 통과할 수 있는 경교량light bridge 4개였다. 교량을 주기적으로 해체한 다음 이스라엘군의 방벽에 난 다른 돌파구로 흘려보내 포병이나 공군의 고정표적이 되지 않도록 했다. 시나이 반도로 가는 길이 활짝 열렸고, 이집트군 기갑과 보병 전력이 쏟아져 들어왔다. 피라미드의 건설(최소한 수에즈 운하의 건설) 이래 이집트가 처음으로 훌륭하게 수행한 대사업이었다.

부다페스트 전초기지의 감시탑 위에 있던 모티 아슈케나지 대위는 소리를 듣기도 전에 비행기가 지나가는 모습을 보았다. 수호이 전폭기 4대가 왼쪽에 있는 석호 위로 저공비행하더니 이스라엘군 후방을 향해 눈 깜짝할 새 사라졌다. 포성이 들리고 이집트군의 포탄이 전초기지 영내를 타격하기 시작했다. 대위는 감시탑의 사다리에서 미끄러지듯 내려와 잠망경으로 주변을 감시할 수 있는 토끼굴로 뛰어들었다. 발밑의 땅이 흔들리고 있었다. 노르망디Normandie나 스탈린그라드Stalingrad에서 이랬을 것이라고 상상했다. 포연 때문에 아무것도 보이지 않았다. 6일 전쟁 뒤에도 이집트군은 시나이 반도 서안의 이 지역에 발판을 유지했기 때문에 부다페스트 전초기지는 이집트군 차량이 도하하지 않고 도달할 수 있는 유일한 전초기지였다. 적이 지원 포격을 받으며 이미 전진하고 있을지도 모른다는 두려움에 대위는 토끼굴에서 빠져나와 연기가 조금 덜했던 진지 서쪽 끝을 향해 뛰었다. 포격으로 인해 갈기갈기 찢긴 철조망이 눈에 들어왔다.

아슈케나지는 메인 벙커로 돌아와 부하들에게 무전으로 소환할 때까지 숨어 있으라고 말했다. 적이 교전할 정도로 가까이 오기 전에 포격으로 부하를 잃는 위험을 감수하고 싶지 않아서였다. 전초기지의 서쪽 외곽 경계로 돌아와 보니 서쪽으로 3마일(4.8km) 떨어진 이집트군 진지에서 병력수송장갑차들이 나타나 도로 위에서 정렬하고 있는 모습이 보였다. 전차와 대전차화기를 탑재한 지프들도 똑똑히 보였다. 차량 대열은 모래톱을 따라

자신이 있는 방향으로 천천히 이동하기 시작했다.

요청했던 바주카 포탄이 도착하지 않았기 때문에 부다페스트 전초기지에는 어떤 종류의 대전차화기도 없었다. 그렇지만 아슈케나지는 싸울 기회가 있다고 믿었다. 이집트군 전차는 차체 외부에 연료탱크를 장착했고 고지에 있는 전초기지의 전투 진지 아래로 통과해야 했으므로 위에서 수류탄을 투척해 연료탱크에 불을 붙이는 것이 가능할 수도 있었다. 부하들을 부르려고 할 때 정문의 초병이 후방에서부터 이스라엘군 전차 2대가 해안을 따라 접근 중이라고 보고했다. 아슈케나지는 영내를 가로질러 달려가 가장 가까운 전차에 올라탔다. 전차의 해치가 잠겨 있어 세게 두들겼으나 폭음 때문에 안쪽에서는 두드리는 소리를 듣지 못했다. 대위는 포탑 옆에 묶인 삽을 떼어내 다시 쾅 내리쳤다. 해치가 열리고 하사 한 명이 머리를 내밀었다. "지휘관 누구야!" 아슈케나지가 소리쳤다. 하사는 다른 전차를 가리켰다. 아슈케나지가 전차에 도달할 때쯤 포탑 해치가 열리고 지휘관 샤울 모세스Shaul Moses 중위가 그의 방향으로 시선을 돌렸다.

아슈케나지는 모세스의 전차들을 해안을 따라 서쪽으로 인도해 포연이 옅어지기 시작하는 지점으로 인도했다. 모세스는 접근하는 이집트군 대열을 식별할 수 있었다. 구형 T-34 전차 5대가 선두에 있었고, 가장 가까운 전차는 1,200야드(1,097m) 거리에 있었다. 이미 병력수송장갑차에서 하차한 보병은 산병선skirmish line(전술 연습이나 공격 중에 부대가 옆으로 넓게 벌린 선-옮긴이)을 형성하고 있었다. 이스라엘군 전차 주변에는 이집트군의 시야에서 몸을 숨기기에 충분할 정도로 연기가 자욱했다. 2대의 전차는 사격을 개시했다. 몇 분 만에 이집트군 전차 모두가 불타올랐다. 하사의 전차가 포탑이 고장 났다고 보고하자, 모세스는 홀로 사격을 계속하면서 이집트군 대열의 차량을 하나씩 잡아나갔다. 포탄에 맞지 않은 차량은 좁은 모래톱 위에서 허겁지겁 방향을 돌리려 했고, 일부는 충돌하기까지 했다. 모세스는 병력수송장갑차 5대와 트럭 3대 전부를 명중시켰다. 이집트군 병사들은 차량을 포기하고 자기 진영으로 도망쳤다. 모세스는 이들을 내버려두었다.

운하 중앙부에 있는 푸르칸 전초기지의 바이셀 소령은 잠망경으로 전초기지 북쪽에서 운하를 건너오는 고무보트들을 보았다. 지원 포격을 요청했지만, 답이 없었다. 최전방의 몇 안 되는 이스라엘군 포대는 바르-레브 선의 전초기지들의 지원 요청에 일일이 응답할 수 없었다. 이집트군 포격의 소음은 귀를 먹먹하게 할 정도였다. 운하 건너편의 사격대에 있던 전차가 바이셀의 방향으로 포탑을 돌려 사격을 개시했다. 중대장이 있는 관측초소 주변의 땅이 흔들렸다. 얼마 뒤 근처에서 포탄 2발이 폭발해 붉은 연기를 내뿜기 시작했다. 바이셀은 처음에 이 연기를 화학무기라고 생각했으나, 이집트군의 포격이 멈추자 연기는 전초기지에 접근하라고 보병에게 보내는 신호임을 알아차렸다. 바이셀은 무전으로 부하들을 불러 참호에 배치했다. 벙커에서 달려온 병사들이 이집트군의 공격을 격퇴했다. 포격이 산발적으로 재개되었다. 240mm 중박격포탄이 내는 무시무시한 충격파가 사라지자, 바이셀은 주변의 부하들에게 말했다. "이보게들, 이보다 더 나쁠 수는 없을 것 같군. 원자폭탄보다 심해." 엄청난 포격에도 불구하고 벙커는 무너지지 않고 잘 버텼으며, 사상자는 부상자 2명에 불과했다.

푸르칸의 북쪽에 있는 히자욘 전초기지의 지휘관 라미 바렐리$^{\text{Rami Bareli}}$ 중위는 기총사격으로 보트 여러 척을 격침시켰지만 다른 보트들은 상륙했다. 반대편 끝에 있는 자신의 진지에서 핀하스 스트롤로비츠$^{\text{Pinhas Strolovitz}}$ 병장은 운하를 바라보는 곳에 있는 진지 위로 아치 모양의 불길이 솟구치는 모습을 보았다. 이집트군은 화염방사기를 사용하고 있었다. 스트롤로비츠의 진지는 맹공격을 받았다. 기관총의 총신이 뜨겁게 달아올라 총신이 막힐 위험이 있기 때문에 교체해야 했으나 잠시라도 사격을 멈춘다면 이집트군이 덮쳐올 것 같아 두려웠다.

공수부대에서 근무한 경험이 있던 바렐리 중위는 진지에서 진지로 뛰어다니며 부하들을 격려했다. 부하 대부분은 비전투원이었다. 전투가 개시되고 1시간 뒤, 옆에서 포탄이 폭발해 무전병이 전사하고 바렐리의 왼쪽 팔은 사실상 절단되었다. 중위는 의무 벙커로 후송되었으나 허리를 굽히고 자신을 내려다보는 낯선 얼굴을 알아볼 정도의 정신은 있었다. "누구요?" 바렐리가 물었다. 오리 박사는 자신을 소개했다. "방금 도착했습니다." 팔을 살려낼 가능성은 없었다. 박사는 절단 수술을 하고 모르핀을 투여해 통증을 경감시켰다. 히자욘 전초기지의 고난이 시작되었다.

버려진 이집트 마을 동 칸타라$^{\text{East Kantara}}$ 옆에 나란히 건설된 밀라노^{Milano} 전초기지의 지휘관인 29세의 지구과학 교사 야코브 트로스틀레르^{Yaacov}

Trostler 대위는 첫 포격으로 머리에 부상을 입었다. 대위는 상처를 치료받고 다시 지휘를 시작했지만 지휘 책임의 상당 부분은 젊은 부지휘관 미카 코스티가Micha Kostiga 중위가 맡게 되었다. 코스티가 중위는 21세로 얼마 전 의무복무를 끝냈다. 포격이 시작된 지 1시간도 채 지나지 않아 병사 한 명이 지면이 운하 쪽으로 급경사를 이루는 전초기지의 서쪽 외곽경계 밖에서 아랍어가 들린다고 보고했다. 코스티가도 누군가가 "들어가! 들어가!"라고 아랍어로 고함치는 소리를 들었다. 중위는 참호 밖으로 올라갔다. 경사로 아래에서 이집트군 병사 10명이 장교의 독려를 받으며 진지 가장자리를 향해 올라오고 있었다. 코스티가는 먼저 사격을 개시해 적 방향으로 우지Uzi 기관단총의 탄환이 떨어질 때까지 총탄을 퍼부었다. 다시 참호로 뛰어 들어온 중위는 무전병의 우지를 낚아챈 다음 모래주머니를 타고 올라가 후퇴하는 이집트군을 공격했다. 중위는 참호로 돌아와 경사로 아래로 수류탄 10여 개를 던졌다. 이러는 동안 곧바로 전초기지를 향해 운하를 건너오는 보트들이 보였다. 수비대가 일부를 격침시켰으나 나머지는 달아났다. 하지만 이집트군은 사방에서 공격하고 있었다. 트로스틀레르는 비전투원들에게 탄창에 총탄을 장전하고 진지에서 전투 중인 10여 명의 병사들에게 수류탄 상자를 가져다주라고 명령했다.

남쪽으로 500야드(457m) 떨어진 밀라노 전초기지의 외곽 초소에 이집트 국기가 올라갔다. 이 외곽 초소에 배치되었던 병력은 아침에 철수했다. 코스티가는 초소의 포격을 요청했다. 어둠이 떨어지자 남쪽에서 이집트군이 교량을 조립하는 해머 소리가 들렸다. 몇 시간이 지나자 전차들이 우르릉거리는 소리를 내며 다리를 건넜다. 나중에는 북쪽에서 교량을 가설하는 소리도 들렸다. 이스라엘군 포병은 교량들의 위치를 찾으려 애썼으나 밀라노 전초기지에서는 이 교량들이 보이지 않았으므로 탄착점을 수정해 알려줄 수 없었다.

비터 호수의 남쪽에 있는 리투프Lituf 전초기지의 지휘관은 이집트군의 첫 공격에 부상을 입었다. 부지휘관과 선임부사관은 두 번째 공격에서 부상당했다. 이집트군은 외곽 펜스에서 5야드(4.6m)도 못 미친 곳까지 도달했다가 격퇴되었다.

무선망의 교신 내용으로 미루어보면 이집트군이 대거 도하해왔음이 분명했다. 2선급 부대로 홀대받던 예루살렘 여단의 병사들은 잘 싸우고 있었으며, 최남단 3곳의 전초기지에 주둔한 현역 공수부대원들도 마찬가지였다. 하지만 이들이 이집트군의 도하에 끼친 영향은 미미했다. 전초기지 사이의 공간이 이집트군이 방해받지 않고 통과할 정도로 넓었다는 점을 고려하면, 각 전초기지에 최정예 부대가 있었더라도 결과는 그다지 달라지지 않았을 것이다. 이집트군의 전면 공격에 대한 방어라는 바르-레브 선의 역할은 참담한 실패였다. 포위된 전초기지들은 오히려 멘들레르의 사단을 유인해 괴멸적인 피해를 안길 미끼가 되었다.

제12장

전차의 굴욕

포병로를 따라 있는 전차 중간대기구역에서 이스라엘군 전차중대장들이 마지막 브리핑을 하고 있을 무렵, 무선망에서 경보음이 울리며 적기 침투를 알렸다. 전차들이 채 움직이기도 전에 폭탄이 영내를 타격했지만 피해는 없었다.

　전차들은 신속히 운하로 이동을 개시해 20~30분 안에 주파했으나 대부분 이집트군과의 경주에서 졌다. 이들이 사격 위치를 잡아야 할 모래방벽인 '지느러미'에는 이미 모래색 군복을 입은 이집트군 병사들이 잔뜩 있었다. 비둘기장 연습을 관찰한 결과 이집트군은 이스라엘군 전차가 어디를 향하는지를 정확히 알았다.

　"전방에 보병!" 전차소대장들이 소리쳤다. "공격!" 반복해 실시해왔던 훈련이나 마찬가지였다. 전속 전진, 사격, 돌진, 그리고 문자 그대로 적을 깔아뭉개는 것이었다. 그러나 이집트군은 자신만의 시나리오를 준비해두었다. 어깨에 RPG를 얹은 이집트군 특수부대원들이 얕게 판 개인호에서 일어나 사격을 개시해 선도 전차를 타격했다. 몇몇 특수부대원들은 전차의 공격에 쓰러졌으나 나머지는 제자리를 지켰다. 저항에 놀란 전차장들은 RPG의 유효 사거리인 300야드(274m) 밖으로 물러났다. 그러나 충분히 먼 거리가 아니었다.

소대장 한 명은 자신의 전차를 천천히 스쳐 지나가던 빨간 불빛이 근처의 다른 전차에 명중해 폭발하는 모습을 보았다. 압력으로 인해 병에서 튀어나오는 코르크 마개처럼 전차장이 포탑에서 튕겨져 나왔다. 운하 건너편의 이집트군 방벽에서 또 다른 불꽃들이 피어 올랐다. 소대장은 이 불꽃이 무엇인지 알지 못했다. 통신망에서 답이 나왔다. "미사일이다!" 새거를 가장 먼저 알아본 중대장이 말했다. 새거는 사거리가 RPG의 10배에 달하는 3,000야드(2,743m)에 달했고, 그 위력은 훨씬 더 치명적이었다.

제1차 세계대전에서 최초의 전차가 굉음을 내며 전장을 휘저은 이래 처음으로 적 전차나 대전차포가 아닌 보병 한 명 한 명이 전차가 직면한 가장 큰 위협이 되었다. 지난 전쟁에서 보병이 사용한 바주카포는 지금의 RPG처럼 다수가 투입되지도 않았을뿐더러 새거만큼의 사거리나 위력을 보유하지도 않았다. 이집트군 병사들은 어마어마한 수량의 대전차화기를 지급받았다. 샤즐리의 명령에 따라 후방부대의 새거는 전방부대로 이관되었다. 공격에 나선 5개 사단은 각각 새거 72기로 무장한 보병 및 RPG 발사기 535정으로 무장한 보병을 보유했다. 여기에 더해 대전차포 57문, 무반동총 90문이 있었는데, 이것들은 통상적인 무기였지만 전차를 상대로 한 위력 면에서는 뒤지지 않았다. 각 사단이 보유한 대전차화기의 합계는 총 800여 문에 달했고, 이 밖에도 사단마다 전차 200대가 배속되었다. 전장에 이런 규모의 대전차 화력이 집중적으로 투입된 적은 없었다. 더욱이 시야를 확보하기 위해 포탑에서 머리를 내민 채 전차에 탑승한 이스라엘군 전차장들은 사방에서 날아오는 이집트군의 포화와 보병들의 소총과 기관총 사격에 취약했다. 이집트군의 화력은 놀랍도록 막강했으며, 돌진해오는 전차와 맞선 보병의 기개도 마찬가지였다.

이집트군 방벽에서 시나이 반도 쪽 하안을 가리기 위해 운하의 제방을 높이지 않기로 한 이스라엘군의 결정이 상황을 악화시켰다. 운하 건너편의 방벽에 배치된 전차, 새거, 대전차포는 이스라엘군 전초기지뿐 아니라 운하 연변에서 내륙으로 2마일(3.2km) 들어간 지역을 내려다볼 수 있었다. '지느러미'의 보호를 받으며 장사정 포격으로 방벽에 배치된 이집트군을 무력화하겠다는 이스라엘군의 생각은 '지느러미' 주변에 RPG팀이 개인호를 파고 들어앉은 이상 무용지물이 되었다.

엘라자르가 신뢰를 보냈던 공군은 이집트군의 노도와 같은 진격을 막을 수 없었다. SAM 때문에 비행기들은 전장 상공을 선회할 수도, 목표물을 선택할 수도 없었다. 대공방어가 엄중한 곳에서 비행기들은 목표물 상공을 지나가지 않고 최대 4마일(6.4km) 떨어진 곳에서 사전에 계산한 거리, 속력, 각도에 도달하면 급상승하며 폭탄을 투하하는 '투상폭격'에 의존했다. 이날 이스라엘 공군은 이집트 전선에서 120회 출격해 4대를 잃었지만 이러한 산발적 공격은 별다른 효과를 거두지 못했다. 이집트 보병은 포병 사격에 더 취약했으나, 이스라엘 국방군은 100마일(161km) 길이의 전선에서 야포 수십 문을 보유했을 뿐이었고 이마저도 심한 대포병 사격counter-battery fire(적 포병의 화포 및 운용 장비 무력화가 목적인 포격-옮긴이)을 받고 있었다.

시나이 반도에서 전선으로 이동하는 이스라엘군 전차. 〈이스라엘 정부 공보처 제공〉

바르-레브 선의 거점들은 방어선으로는 사실상 무용지물이었음이 입증되었다. 이집트군 보트는 대부분 전초기지와 전초기지 사이로 도하해왔고 이스라엘군은 이를 볼 수 없었기 때문이었다.

이집트군 수뇌부는 도하작전에서 전사자 1만 명이 발생할 것으로 예측했으나, 최종 집계에 따르면 전사자는 280명이었다.

개전 초기 수에즈 전선의 방어는 멘들레르 장군이 지휘하는 시나이 사단의 전방 배치 여단인 레셰프 대령의 전차 91대와 바르-레브 선의 16개 전초기지에 있는 병력 450명에 달려 있었다. 멘들레르의 나머지 2개 여단은 50마일(80km) 떨어진 중부 시나이의 기지에 있었고 최전선에 도착하려면 3시간이 걸릴 터였다.

운하 북부의 4개 전초기지는 석호와 운하 사이로 난 둑길을 따라 이어져 있었다. 가장 북쪽에 있는 오르칼^{Orkal} 전초기지는 멀리 떨어졌다는 이유로 전차 3대가 있는 1개 소대가 고정 배치된 유일한 전초기지였다. 교전이 시작되자 전선 북부지구를 맡은 대대장 욤 토브 타미르$^{Yom\ Tov\ Tamir}$ 중령은 석호를 가로지르는 도로를 통해 오르칼을 제외한 3개 전초기지에 전차 2대씩을 파견했다. 오르칼 바로 밑에 있는 라흐차니트 전초기지로 달려가던 전차 2대는 매복공격을 받았다. 선도 전차가 RPG탄에 얻어맞아 전차장이 전사했지만 조종수가 계속 전차를 몰아 오르칼 전초기지 입구에 도착했다. 이 전차는 여기에서 또 기습을 받아 승무원 1명이 전사했다. 전초기지에서 병사들이 나와 살아남은 승무원 2명을 전초기지로 인도했다. 두 번째 전차는 라흐차니트에 이르렀으나 그곳에서 파괴되었다.

라흐차니트 남쪽의 둑길 연변의 전초기지 2개소에 각각 전차 2대씩이 간신히 도착했으나 라흐차니트 전초기지로 가라는 명령을 받았다. 전초기지의 무전기가 갑자기 조용해졌기 때문이었다. 4대 모두 매복했던 이집트군의 습격을 받았다. 승무원 1명은 석호를 가로지르는 도로를 통해 도보로 간신히 탈출했다. 다른 승무원들은 격추되어 다리가 부러진 이스라엘군 조종사와 마주쳤다. 그는 짐이 되지 않으려고 후송을 거부했다. 구조차량이 도착하기 전에 이 조종사는 포로가 되었다.

타미르 대대장은 대대 잔존 병력을 이끌고 석호 남쪽의 전초기지 두 곳으로 향했다. 몇몇 전차들이 모래로 덮여 식별하기 어려운 진창에 빠졌고, 다른 전차들은 표면 노출 지뢰$^{surface\ mine}$를 밟아 기동불능이 되거나 RPG탄이나 새거에 맞았다.

타미르는 밀라노 전초기지의 구원 요청에 응해 전차 3대를 파견했다. 밀라노 전초기지는 6일 전쟁 당시 버려진 유령마을인 동 칸타라와 나란히 위치했는데, 이미 마을로 돌아와 있던 이집트군 병사들이 이 중 2대를 격파했다.

어둠이 다가올 무렵, 타미르는 라흐차니트 전초기지로 또다시 전차를 보내라는 명령을 받았다. 잔존 전차 대부분과 반궤도장갑차에 탑승한 보병이 파견되었으나 이 부대도 매복공격을 받았다. 전쟁이 개시된 지 고작 4시간밖에 지나지 않았는데 타미르 대대는 거의 전멸하다시피 했다.

레셰프 여단의 다른 2개 대대는 좀 더 운이 좋았지만, 그렇다고 아주 좋은 것은 아니었다. 이집트 제2군 대부분이 도하하던 중부지구에서 이스라엘군 전차들은 처음에는 일시적인 성공을 거두었다. 방벽의 이집트군 전차 4대가 격파되자 무선망에서는 잠시 낙관적인 분위기가 감지되기도 했다. 오후 4시에 운하 동쪽으로 3마일(4.8km)이나 떨어진 곳에서 이집트군 보병이 포착되었다. 해가 떨어지기 직전에 소규모 이스라엘군 기갑부대가 이들을 저지한 다음 밀어냈다.

이집트 제3군이 도하하던 남부지구에 있던 하노크 산드로브Chanoch Sandrov 중위는 마프제아흐Mafzeah 전초기지에서 600야드(549m) 떨어진 곳에서 자신의 전차중대를 멈추고 지형을 살폈다. 시야에 들어온 적군은 거의 없었고 운하 건너편 방벽에도 적이 움직이는 낌새는 없었다. 중대가 전진을 재개하자 모래밭에서 이집트군 RPG 분대가 일어나 선도전차를 불덩이로 만들었다. 동시에 이집트군 방벽에서 새거가 화산이 분출하듯 치솟더니 포탄 세례가 쏟아졌다.

불타는 전차를 구원하러 가던 다른 전차도 새거에 맞아 탄약수가 전사했다. 전차장은 총탄에 맞아 포탑 안으로 쓰러졌다. 포수가 전차장을 대신해 일어났으나 그 역시 적탄에 맞았다. 조종수가 죽거나 죽어가는 전우 3명을 태운 전차의 방향을 돌렸다.

산드로브는 한쪽 눈에 파편을 맞아 앞을 볼 수 없었고 승무원 1명이 자신의 상처에 붕대를 감는 동안 잠시 뒤로 물러났다. 지휘권을 다시 잡은 산드로브는 부중대장 아브라함 구르Avraham Gur 중위에게 자신이 중대 병력의 절반으로 북쪽 지역의 이집트군을 소탕하는 동안 중대의 나머지 절반을 이끌고 서쪽에서 남쪽 지역을 샅샅이 수색하라고 명령했다. 구르가 이스라엘 측 운하 제방 근처를 지나갈 때 위쪽의 비탈길에서 RPG를 든 이집트군 병사가 일어섰다. 해치가 열린 포탑에 서 있던 구르는 조종수에게 우회전하라고 명령했다. 전차는 선회하며 구름 같은 먼지를 일으켰다. RPG탄이 옆에서 폭발했다. "먼지가 가라앉는 대로 사격!" 구르가 소리쳤다. 잠시 후 포수가 "얼굴이 보입니다"라고 말하며 포를 발사했다. 구르는 이 이집트군 병사가 하늘로 날아가더니 산산이 조각나는 모습을 보았다.

구르가 산드로브의 본대와 합류하자마자 중대장의 전차가 이집트군 방벽에서 발사된 미사일에 맞았다. 구르는 전차로 달려갔으나 중대장과 탄약수는 이미 전사했다. 중위는 부상한 나머지 2명의 승무원을 자신의 전차에 태웠다. 50야드(46m) 떨어져 있던 다른 전차도 미사일에 맞았다. 구르는 이 전차에도 올라갔다. 전차장은 포탑 안으로 풀썩 쓰러졌다. 맥을 짚어보았으나 맥박이 없었다. 구르는 지원포격을 요청하고 부상자 후송을 시작했다.

오후 늦은 시간이 되자 운하 제방은 보트에서 내려 기어오르는 이집트군으로 다시 한 번 가득 차기 시작했다. 남부지구 담당 대대를 지휘하던 에마누엘 사켈Emanuel Sakel 중령은 구르의 살아남은 전차들과 병력수송장갑차로 대오를 편성해 선두에서 돌격했다. 이집트군은 흩어져 달아났으며 많은 병사가 무기를 내던졌다. 이스라엘군은 이 지구의 운하를 되찾았으나 전차 2대만이 전투가 가능한 상태였다. 사켈과 구르의 전차였다. 사켈은 구르에게 손상된 전차를 후방으로 견인하라고 지시했다. 대대장의 전차는 보병의 공격으로부터 전초기지를 지켜내기 위해 기지 근처에 남아 있었다.

남쪽으로 5마일(8km) 떨어진 곳에서 사켈 대대 소속 다비드 코틀레르 David Kotler 대위의 중대는 니산Nissan 전초기지를 공격하는 이집트군 보병을 격퇴했다. 그러나 이집트군을 아무리 많이 쓰러뜨려도 새로운 병력이 그 자리를 채웠다. 부중대장 이스라엘 카르니엘Yisrael Karniel 중위는 자신의 전차를 향해 다가오는 새거를 본 순간 어깨에 총상을 입었다. 중위는 포탑 안으로 쓰러지며 "최대한 오른쪽!"이라고 소리친 후 기절했다. 전차는 급격히 방향을 틀었고, 미사일은 아무 피해를 주지 못한 채 전차 뒤에서 폭발했다. 소대장 1명이 카르니엘을 돕기 위해 왔으나 전차가 무엇인가에 얻어맞아 크게 흔들리더니 멈췄다. 새거가 포신 바로 위에 명중했다. 전차의 장갑이 가장 두꺼운 곳이었다. 미사일은 장갑을 관통하지 못했고 조종수는 다시 시동을 걸 수 있었다. 부중대장 전차에 도착하자 소대장은 카르니엘을 들것에 묶어 자신의 전차에 단단히 고정시켰다. 근처의 메자크Mezakh 전초기지로 출발하자마자 전차는 다시 포탄에 맞았다. 이번에는 야포였다. 들것이 공중으로 튀어 오르더니 땅바닥으로 세게 떨어졌다. 소대장은 카르니엘이 죽었을 것이라고 생각했지만 신음이 들렸다. 이들은 무사히 전초기지에 도착했다.

저녁이 다가오자 메자크의 군의관은 부상자의 긴급철수를 요청했다. 바르-레브 선의 최남단에 있는 메자크 전초기지는 수에즈만으로 돌출한 인공모래톱 위에 있었다. 코틀레르 중대장의 전차는 다비드 코헨^{David Cohen} 중위의 전차와 함께 메자크 전초기지로 향했다. 접근 도중 코헨의 전차가 지뢰를 밟았다. 지뢰를 매설한 이집트군 특수부대원들이 개인호에서 일어나 손상된 전차를 공격했다. 코틀레르가 기관총 사격을 가하자, 이집트군은 땅바닥에 엎드렸다. 그는 코헨의 전차 뒤에 자신의 전차를 바짝 붙였다. 코헨과 승무원들은 수신호에 따라 코틀레르의 전차에 뛰어올랐고, 그동안 코틀레르는 기관총으로 사격하면서 이집트군이 고개를 들지 못하게 했다. 후방의 집결지에 도착하자 코헨은 전차장이 부상당한 다른 전차를 인수했다. 3시간 전, 전차 11대를 이끌고 전투를 시작한 후 지금 남은 전차는 코틀레르의 전차와 코헨의 전차뿐이었다.

레셰프 여단은 "운하에서 적을 죽인다"는 엘라자르의 원칙을 실행하려 하다가 무의미하게 전력을 잃고 있었다. 이 원칙의 목표는 적에게 어떤 이익도 허용하지 않음으로써 앞으로도 공격할 생각을 하지 못하게 하는 것이었다. 그러나 이것은 특히 엄청난 전투력의 차이를 고려할 때 심각한 계산 착오로 판명되었다. 장갑의 위력을 과시하는 대신 이스라엘군 전차들은 이길 수 없는 난전에 휘말렸다. 이들은 전차가 보병을 죽이는 것만큼이나 쉽게 전차를 처치할 수 있는 무기로 무장한 대규모의 보병을 상대해야 했다.

일몰 30분 전에 푸르칸 전초기지 근처의 운하에서 이집트군이 교량을 조립하고 있다는 보고가 들어왔다. 레셰프 대령에게는 이집트군이 시나이 반도 내륙으로 병력을 대거 투입할 의도가 있다는 확실한 첫 징후였다. 레셰프는 교량 가설 지점을 공격하기 위해 새로 도착한 모셰 바르다쉬^{Moshe Bardash} 중위의 전차중대를 파견했다. 바르다쉬의 전차 8대가 운하에 도착할 무렵에는 석양 때문에 제대로 눈을 뜰 수 없었다. 전방의 도로 위에 보병의 형체가 흐릿하게 보이더니 RPG가 우박처럼 쏟아졌다. 여러 대의 전차에 명중했다. 포수들은 연무를 향해 무턱대고 포를 발사했다. 부상당한 바르다쉬 중대장이 후퇴를 명령했다.

안전한 거리까지 빠져나온 전차들이 정지했다. 바르다쉬의 부대를 교량 가설 지점까지 인도한 레셰프 여단의 작전장교가 전차장들을 모아 지금 상대하는 적의 정체, 대량으로 사용된 RPG, 압도적으로 많은 적 보병의 수와 대담함, 그리고 특히 새거 미사일에 대해 설명했다.

　새로 전장에 도착한 부대가 이날 살아남은 전차병들과 나란히 전투를 벌이게 되면서 실전을 통해 즉석에서 도출된 정보가 전체 전선에 전파되기 시작했다.

　'베테랑'들의 설명에 따르면 새거는 심각하게 위험하지만 최고의 무기는 아니었다. 표적을 탐지·조준해 명중시키기 위해서는 수백 야드의 비행거리가 필요했기 때문에 새거 미사일은 근거리에서 발사할 수 없었다. 비행하는 모습은 육안으로 보였고 회피가 가능할 정도로 속력이 느렸다. 새거 미사일이 비행을 마치기까지 최소 10초(최대사거리까지 도달하려면 약 2배의 시간)가 소요되는데, 이 시간 동안 사수는 새거 미사일의 꼬리에 달린 밝은 적색 불꽃을 보고 미사일을 유도하며 목표물을 조준경 안에 두어야 한다. 이 불꽃은 전차병이 측면에서 보기 쉬웠다. "미사일!"이라고 누군가가 무선망에서 소리치면 전차들은 고정 표적이 되지 않기 위해 전진과 후진을 반복해야 했다. 이러한 기동은 먼지를 일으켜 새거 미사일 발사자의 시야를 방해할 수 있었다. 동시에 전차는 새거 미사일이 날아온 추정 방향으로 사격하는데, 이것만으로도 조준을 방해하기에 충분했다.

　RPG는 이날 새거 미사일보다 더 무시무시한 위력을 보였다. 새거 미사일은 이스라엘군이 운하 연변에서 전투를 계속하는 낮 동안 방벽에서 발사되었다. 하지만 얕게 판 개인호에 자리 잡은 RPG팀은 운하 쪽 전초기지에 접근하려는 이스라엘군 전차에 주야로 근접 위협을 가했다. 이스라엘군은 배치된 RPG의 막대한 수량에 경악했다. 전차장들은 어디에 있을지 모르는 매복공격의 희생양이 되지 않으려고 전진하기 전에 지형지물을 조심스럽게 살피는 법을 배웠다. 그러나 밤에는 그런 예방책이 소용이 없었다.

　욤 키푸르 당일의 해가 지기도 전, 전방의 전차승무원들은 분명 무엇인가 획기적인 일이 일어나고 있음을 분명히 느꼈다. 기관총의 도입이나 기병대의 소멸만큼 획기적인 사건이었다. 대홍수 이전의 괴수들처럼 제1차 세계대전 이래 세계의 전장을 누벼왔던 전차가 평범한 보병의 손쉬운 사냥감으로 전락한 것이다. 지휘부가 이러한 놀라운 상황 전개가 가져온 함의를 파악하려면 시간이 걸릴 것이다. 그동안 전차병들은 살아남을 방법을 궁리해야 했다.

 포격이 그치자 토끼굴에서 빠져나온 슐로모 셰코리Shlomo Shechori 하사는 리투프 전초기지 근처에 있는 자신의 초소를 둘러싸고 있는 철조망 통과를 시도하는 병사들을 보았다. 하사는 모래색 군복을 입은 병사들이 아랍어로 외치는 소리를 듣기 전까지는 이들이 주 전초기지에서 온 증원병력이라고 생각했다. 이집트군 분대가 구불구불한 참호에서 10야드(9m) 떨어진 곳까지 다가오자, 셰코리 하사는 일어나 탄창이 빌 때까지 총탄을 퍼붓고 철조망에 난 구멍을 통해 도망쳤다. 주 전초기지 중간 지점에서 하사는 땅바닥에 엎드렸다. 이집트군 중대가 전초기지를 포위하고 사격을 퍼붓고 있었다.

 근처의 도로로 나가자 전초기지를 향해 질주하며 포를 쏘는 전차 3대가 보였다. 전차승무원들은 셰코리의 짙은색 군복을 보고 아군임을 알아보았다. 선도전차가 옆에 정지하더니 지휘관 보아즈 아미르Boaz Amir 대위가 올라타라고 손짓했다. 사켈의 3개 중대 중 가장 북쪽에 있는 중대를 지휘하던 대위는 셰코리 하사를 포탑 안의 자기 옆자리에 태웠다. 셰코리가 포옹하려 하자, 대위가 제지했다. "키스는 전투가 끝나고"라고 말하며 대위는 하사에게 수류탄을 건넸다. 다른 수류탄들은 손이 닿는 곳에 쌓여 있었다. "보이는 것은 모두 이집트군이야." 대위가 말했다. "수류탄을 던지고 우지를 사용해."

 전차들은 전초기지 영내를 휩쓸며 기관총을 난사하고 RPG를 쏘려고 하는 이집트군 병사를 짓밟았다. 몇 분 안에 이집트군 생존자들은 철수했다. 아미르 역시 이집트군 방벽에서 날아오는 포화 때문에 철수하기로 했다.

 전초기지 영내를 떠날 무렵 소련제 병력수송장갑차 3대가 보였다. 탑승한 병사들이 손을 흔들며 인사했다. 이스라엘 국방군에는 6일 전쟁에서 노획한 소련제 차량으로 편성된 부대가 존재했으나, 이들은 이집트군의 모래색으로 도색되었다. 그런데 생각을 달리해보면 이집트군이 이렇게 빨리 운하에 교량을 가설했을 리도 만무했다. 대위는 무전으로 본부에 자신이 본 것을 보고하며 "소련제 병력수송장갑차를 장비한 아군 부대가 근처에 있습니까?"라고 문의했다. 답신이 왔다. "없음." 1분 뒤, 3대 모두 불타는 고철이 되었다.

 시선을 돌리자 중대장의 눈에 다수의 모래색 병력수송장갑차와 전차가 접근하는 모습이 눈에 들어왔다. 이들은 비터 호수를 건너 상륙한 이집트군 남쪽 진영을 구성하는 부대 소속이었다. 아미르가 전차들을 사격 위치로 이동시키던 중 리투프 전초기지에서 다시 지원 요청이 왔다. 2대가 전초기지로 파견되고 남은 4대는 이집트군에 포문을 열었다. 이 교전에서 대부분 병력수송장갑차인 이집트군 차량 26대가 불타올랐다. 이스라엘군은 전차 1대를 잃었다.

병력수송장갑차에서 도망친 이집트군 보병이 새거와 RPG를 전개했다. 탄약이 떨어지자, 아미르는 증원 병력이 도착할 때까지 적 보병을 묶어놓으려고 남은 전차 3대에게 기관총으로 짧게 점사하라는(사수가 방아쇠를 1회 당길 때 미리 정해진 대로 2발 혹은 3발 발사하는 사격-옮긴이) 명령을 내렸다.

이스라엘군 수뇌부는 이 상륙부대는 기디 고개에 강하할 특수부대와 합류해 전선으로 오는 이스라엘 동원부대를 차단할 의도로 파견되었다는 결론을 내렸다. 이 부대는 임무 완료 후 특수부대를 태우고 돌아갈 의도로 병력수송장갑차를 다수 보유했을지 모른다. 하지만 특수부대를 실은 헬리콥터는 대부분 격추되었다.

하임 유델레비츠 Haim Yudelevitz 상사는 후방으로 몇 마일 떨어진 미츠바흐 Mitzvah 집결지의 건물 지붕 위에서 계속 상황을 지켜보다가 아미르가 벌인 전투의 소음을 들었다. 대부분 정비병과 의무병인 병사 10여 명은 간헐적으로 떨어지는 포탄을 피해 벙커에 몸을 숨겼다. 앞서 전차 1대가 부상당한 전차장을 싣고 리투프에서 돌아왔다. 두 번째 전차가 후방에 있는 정비창에서 도착했다. 이 전차에는 기관총이 없었고 조종수 모셰 로스만 Moshe Rosman 하사 외에는 승무원도 없었다. 로스만은 지붕으로 올라가 유델레비츠 상사와 합류했다. 어두워질 무렵, 2명을 향해 다가오는 먼지구름이 보였다. 먼지구름이 점점 가까워지자, 이들은 그 정체를 파악할 수 있었다. 최소 1대의 전차를 포함한 이집트군 수륙양용차량들이었다.

로스만 하사는 다친 전차장의 전차승무원들에게 자신이 지휘를 맡겠다고 말했다. 하사는 전차의 기관총 2정을 떼어내 미츠바흐에 있는 병사들에게 진지 방어에 사용하라고 준 다음 승무원들과 함께 다가오는 이집트군을 맞으러 떠났다. 그동안 유델레비츠는 무기고에서 고장이 난 기관총 2정을 모아 1정에서 쓸 만한 부품을 떼어내 다른 1정을 쓸 수 있을 정도로 수리한 다음 기관총과 탄띠를 지붕으로 올렸다. 이집트군 병력수송장갑차들은 1마일(1.6km) 떨어진 곳에 멈췄다. 병사들은 장교의 지휘를 받아 정렬을 마친 뒤 처음에는 완보로, 나중에는 속보로 전진했다. 유델레비츠는 200야드(183m) 거리에서 사격을 개시했다. 많은 이집트군 병사들이 땅바닥에 쓰러졌다. 일부는 총탄에 맞았고, 일부는 몸을 피하기 위해서였다. 다른 병사들은 측면으로 우회하기 시작했다. 날이 점점 어두워지자 유델레비츠는 지붕에서 내려와 부하들을 외곽 펜스를 따라 배치한 다음 로스만이 준 기관총 2정으로 아무 곳에나 짧게 점사하라고 명령했다.

그동안 로스만은 1,500야드(1,372m) 거리에서 병력수송장갑차 대열을 포착했다. 포수가 2대를 명중시켰다. 나머지는 모래언덕 사이로 흩어졌다. 로스만은 추격에 나서 2대를 더 격파했다. 유델레비츠는 지붕으로 돌아가 무전으로 로스만에게 1마일(1.6km) 떨어진 곳에 있는 이집트군 전차의 위치를 알려주었다. 로스만의 포수가 이 전차를 불덩이로 만들었다.

이제 어둠이 내려앉았다. 이집트군 잔존 병력은 철수한 것 같았다. 로스만과 승무원들은 집결지 영내에서 700야드(640m) 떨어진 곳에 있던 전차에 머물렀다. 30분 뒤 유델레비츠가 근처에서 차량 소음이 들린다고 알렸다. 로스만은 전차를 돌렸다. 입구에 병력수송장갑차 2대가 보였다. 포수가 포탄 2발로 간단하게 이들을 해치웠다. 불타는 차량들의 불길이 주변을 환하게 비췄다.

로스만은 입구에 전차를 배치하고 주변의 소리를 잘 듣기 위해 엔진을 끈 채 그 자리에 머물렀다. 30분 뒤, 전방에서 움직임이 감지되었다. 어둠 속에서 이집트군 병사 30명이 나타났는데 가장 가까운 곳에 있는 병사는 고작 3야드(2.7m) 떨어진 곳에 있었다. 조용한 전차를 기동불능 상태라고 간주한 것 같았다. 로스만은 운전병에게 시동을 걸라고 낮은 소리로 말했다. 엔진의 시동이 걸리자 로스만은 수류탄을 던지고 소리쳤다. "밀어버려!" 살아남은 이집트군은 사막으로 후퇴했다.

자발적으로 급조부대를 편성해 행동에 나선 정비부대의 부사관 2명이 이 구역에서 이집트군이 펼친 공세를 좌절시켰다.

펠레드 장군은 땅거미가 지기 오래전에 이집트군이 공습해올 것으로 예측하고 오후 1시 30분에 초계기들을 띄우라고 명령했다. 이 조치는 곧 성과를 거두게 된다. 오후 2시 직후 지중해 상공을 초계비행 중이던 미라주Mirage 전투기의 예비군 조종사가 해안으로 다가오는 미그MiG기 같은 물체를 발견했다. 이 비행물체는 둔중하게 움직이고 있었는데 미라주 전투기가 사격하자 빙빙 돌며 수면으로 추락해 큰 폭음을 내며 폭발했다. 미라주 전투기가 격추한 물체는 이집트군 투폴레프Tupolev 폭격기가 연안에서 발사한 켈트Kelt 공대지미사일이었고, 그것을 발사한 투폴레프 폭격기는 이미 이집트로 돌아간 뒤였다. 이집트군의 두 번째 투폴레프 폭격기가 발사한 켈트 미사일은 바다로 추락했다. 이집트군 지휘부는 스커드 미사일을 발사하는 대신 이스라엘이 후방을 공격한다면 보복할 수 있다는 경고로 이스라엘 중부 내륙에 있는 레이더 기지를 겨냥해 켈트 미사일을 발사했다. 공습경보 사이렌이 울리자 여전히 폭탄으로 무장한 채 공군기지에 있던 일부 비행기들은 초계 구역으로 이동해 폭탄을 바다에 투하하라는 명령을 받았다.

이날 가장 주목할 만한 공중전은 멀리 떨어진 시나이 반도 남단의 샤름엘-셰이크 상공에서 벌어졌다. 이스라엘은 이곳에 작은 군사기지 여러 개를 유지했으나, 공군은 방어를 위해 고작 팬텀기 2대만을 배치한 상태였다. 오후 2시, 비행학교를 갓 졸업한 조종사 2명과 항법사 2명은 조종석에 앉아 활주로에서 대기 중이었다. 이때 관제사가 다수의 적기가 접근 중임을 알렸다. 팬텀기들은 이륙해 반대편에서 날아오던 26대의 미그기 적 편대에 뛰어들었다. 30분 만에 이 신참들은 7대를 격추했는데 이스라엘 공군의 수많은 에이스가 이날 거둔 것보다 훨씬 좋은 성적이었다. 활주로에 폭탄이 명중해 구멍이 여러 개 났지만 팬텀기 2대는 무사히 착륙했다. 이집트군은 켈트 미사일을 발사해 이스라엘 해군기지의 레이더와 통신시설을 파괴하는 데 성공했다.

팬텀 전투비행대장을 지낸 오데드 마롬Oded Marom 대령은 얼마 전 텔아비브 소재 공군사령부의 지상 보직으로 전보되었다. 욤 키푸르 오후, 무료해진 마롬 대령은 자신이 기여할 만한 일이 있는지 알아보려고 근처 기지로 차를 몰았다. 마롬 대령의 자동차가 지나갈 때 활주로 끝에 출격 대기 중이던 미라주 전투기 2대가 있었다. 조종사들은 마롬 대령을 알아보았고 한 명이 손짓으로 자리를 맡아달라고 부탁했다. 화장실에 가야 했던 것이다. 마롬 대령은 내려진 비행 헬멧의 햇빛 가리개 때문에 2명의 조종사를 알아보지 못했지만 환복실로 서둘러 가서 조종복으로 갈아입고 돌아와 임무 교대를 했다. 교대한 조종사가 시야에서 사라지자마자 관제탑에서 출격 명령이 떨어졌다. 관제사는 처음에 이 2명의 조종사를 시나이 반도로 유도했으나 얼마 후 최대 엔진 출력으로 북쪽을 향하라고 명령했다. 골란 고원 상공에 도착하자마자 미라주 전투기들은 이스라엘 지상군을 공격하던 시리아군 미그기 4대를 덮쳐 각각 1대씩 격추했다. 그제야 마롬 대령은 목소리를 듣고서 자신과 함께 출격한 조종사가 미라주 전투비행대장 아비 라니르Avi Lanir임을 알아챘다. 출격 후 20분 만에 2명은 기지로 돌아왔고, 마롬 대령은 비행기를 원래 조종사에게 다시 인계했다. 이 조종사는 실전 출격 기회를 놓친 데 대해 분해서 펄펄 뛰었다. (마롬 대령은 옛 부대인 팬텀 전투비행대로 돌아가 며칠간 전투비행을 계속하며 추가 격추 전과를 올리다가 임무를 맡아 공군사령부로 다시 불려갔다. 라니르는 며칠 뒤 시리아 진영 상공에서 격추된 뒤 포로로 잡혀 심문을 받다가 사망했다.)

이날 이스라엘 공군이 시나이 반도의 지상전에 가장 크게 기여한 것은 특수부대를 상륙시키려던 이집트군 헬리콥터를 격추시킨 것이다. 시나이 반도 남부에 상륙한 특수부대를 태운 헬리콥터 48대 중 20대가 공군과 대공포화에 의해 격추되었다. 상당수는 병력이 탑승한 헬리콥터였다.

아만으로부터 정찰 임무를 부여받은 정찰기가 SAM의 사거리를 벗어나기 위해 시나이 반도 내륙에서 3만 피트(9,144m) 고도로 비행하면서 운하 지역과 그 너머의 사진을 촬영했다. 사진은 공군이 찍었지만, 배포는 군 정보국이 결정할 사안이었다.

펠레드 장군은 2주가 지난 뒤에야 욤 키푸르 오후에 촬영된 운하 지역의 사진을 볼 수 있었다. 놀랍게도 사진에는 다리를 건너기 위해 수 마일에 걸쳐 빼곡히 줄지어 서 있는 이집트군 전차들과 차량 등이 보였다. 실시간으로 이런 고정목표물의 존재를 알았더라면 이 지역에 SAM이 아무리 많이 배치되어 있었다 하더라도 공격했을 것이라고 펠레드는 말했다. 펠레드는 공격을 했었더라면 2~4대 정도의 항공기 피해를 입었겠지만 1967년에 시나이에서 도망치는 이집트군에게 입혔던 것보다 더 막대한 손실을 이집트군에게 안겼을 것이라고 추산했다. 모티 호드는 스리타 계획을 입안하면서 바로 이런 상황을 염두에 두었으나 계획은 결국 실행에 옮겨지지 못했다.

레셰프의 여단은 시나이 사단의 나머지 2개 여단이 어둠이 내리기 직전 전장에 도착할 때까지 큰 타격을 입으며 3시간 이상 홀로 방어선을 지켰다. 단 숌론 대령의 기갑여단은 사켈 대대의 잔존 전력으로부터 남부지구 방어를 인수했다. 육군 기갑학교의 교관과 학생으로 구성된 가비 아미르 대령의 기갑여단은 욤 토브 타미르의 대대가 궤멸된 레셰프의 북쪽 측면으로 움직였다. 새로 도착한 여단들은 일부 부대를 분산시켜 전력이 크게 줄어든 중앙의 레셰프 여단을 보강했다.

기디 고개를 지나는 동안 숌론 대령은 무전으로 사단 본부와 접촉할 수 없었다. 고개를 통과하자마자 그는 작은 기지에 들러 멘들레르에게 전화를 걸었다.

"상황이 어떻습니까?" 숌론이 물었다.

"심각해. 이집트군이 전면 도하 중이야. 최선을 다하도록." 멘들레르가 답했다. 여단장은 자신이 지휘하게 된 "사켈 대대의 상태는 어떠한지? 이집트군이 얼마나 깊숙이 돌파했는지?" 등 자세한 상황을 물었다.

멘들레르는 알지 못한다고 대답한 후 거듭 "최선을 다하라"고 말했다.

숌론 대령은 다비드 슈발$^{David\ Shuval}$ 소령의 대대에게 리투프 전초기지로 계속 가라는 명령을 내렸다. 보아즈 아미르 대위가 근처에서 아직 버티고 있었다. 모래언덕 사이를 빠져나온 슈발의 전차들은 이집트군 병력수송장갑차와 수십 대의 전차들과 마주쳤다. 이집트군 상륙여단의 북쪽 진영이었다. 이스라엘군 전차장들은 시나이 반도 내륙 6마일(9.7km)이나 되는 곳에서 이집트군 기갑 전력과 마주친 데 놀랐으나 재빨리 이들을 처치했다. 아미르의 남은 전차 3대에는 기관총탄조차 남아 있지 않았다. 이때 슈발 대대의 전차들이 2마일(3.2km) 후방에서 헤드라이트를 켠 채 오르막 꼭대기에 올라오는 모습이 보였다. 계속해서 아미르의 전차들을 지나친 슈발은 비터 호수 호안 근처에서 여러 대의 이집트군 병력수송장갑차와 교전을 벌였다. 밤 9시경, 이집트군 병력수송장갑차는 모두 불타올랐고, 슈발의 전차들은 손실 없이 비터 호 호안에 도착했다. 하지만 쉽게 승리를 거둘 것이라는 기대는 오래 지속되지 않았다.

숌론 여단의 다른 대대는 그동안 어둠을 뚫고 측면로를 따라 1시간가량 남쪽으로 전진하다가 바르-레브 선의 최남단에 있는 메자크 전초기지를 향해 서쪽으로 방향을 틀었다. 표면 노출 지뢰와 RPG팀이 길을 막았다.

마프체아흐 전초기지에서는 새로 도착한 중대가 몇 시간 동안 혼자서 이집트군을 막아내던 사켈 대대에 합류했다. 사켈 중령은 전차들을 이끌고 제방을 휩쓸며 전진했다.

레셰프 여단장의 가장 큰 걱정거리는 전초기지들 사이에 감시망에서 벗어난 빈 곳이 있다는 것이었다. 일부 공간은 야전군을 투입해도 좋을 정도로 넓었는데, 바로 이곳에서 이런 일이 일어나고 있었다. 황혼 무렵, 레셰프는 새로 도착한 전차중대에게 전선 중앙의 마츠메드와 푸르칸 전초기지 사이에 있는 12마일(19km) 너비의 빈 곳을 정찰하라는 명령을 내렸다. 레셰프는 안내 장교 한 명을 보냈다. 거의 어두워졌을 때 대열의 선두에 있던 안내 장교가 "전방에 보병, 오른쪽으로 회피!"라고 소리쳤다. 이날의 경험은 "전방에 보병, 돌격!"이라는 통상적인 명령을 벌써 바꾸어놓았다. 이제 보병은 충분한 거리를 유지해야 할 정도로 위협적인 존재가 되었다.

전차중대장 아브라함 샤미르Avraham Shamir 소령은 개인호에서 일어서는 사람의 형상을 보았다. 샤미르의 전차에 RPG탄 3발이 비껴 맞았기 때문에 모두 장갑판을 관통하지 못했고 전차는 계속 서쪽을 향해 나아갔다. 네 번째 RPG탄이 명중하자 샤미르는 부상당했다. 레셰프는 무슨 일이 일어나고 있는지 물어보기 위해 그에게 연락했다. 중대장은 충격으로 멍해진 나머지 즉시 일관성 있게 답하지 못했다. 안내 장교는 이미 전사했으며 전차들은 사방으로 흩어진 데다 대부분 무전으로 연락이 닿지 않았다. 레셰프는 후퇴하라고 명령했다. 샤미르는 약간 뒤로 물러나 투광기를 켰다. 살아남은 전차들은 모두 부상자를 실은 채 샤미르에게 모였다. 호된 불의 세례를 받은 중대는 후방으로 물러났다. 샤미르 소령의 정찰이 실패로 끝나자, 레셰프 여단장은 마츠메드를 지키던 전차소대에게 북쪽을 정찰하라고 지시했다. 그러나 이들 역시 후퇴해야 했으며 소대장은 부상당했다.

새로 도착한 제브 페를Zeev Perl 중위의 지휘로 1개 전차중대가 히자욘 전초기지를 향해 공격을 재개했다. 이집트군의 사격을 받으며 전차들은 포화가 날아오는 방향으로 돌격했다. 중대장 전차를 비롯한 전차 대부분이 적탄에 맞다. 페를 중위가 일시적으로 시력을 잃자, 포수가 포탑 안의 전차장석에 앉았다. 중대장은 후퇴를 명령했으나 조종수가 방향을 잃었다. 다시 적탄에 맞았을 때 전차는 아직도 운하를 향해 나아가고 있었다. 페를은 탄약수와 포수를 불렀으나 응답이 없었다. 손을 뻗어보니 두 사람의 시신이 만져졌다. 이집트군 병사들이 전차로 뛰어 올라와 열린 포탑 안으로 수류탄을 던져넣으려고 했다. 조종수가 민첩하게 전차의 방향을 틀어 적병들을 떨어뜨린 다음 깔아뭉갰다. 전차는 결국 진창에 빠져 멈췄다. 조종수는 중대장을 전차에서 끌어냈고, 중대장은 지도와 수통을 가져오라고 했다. 조종수가 시력을 잃은 중대장의 손을 잡고 인도하면서 두 사람은 동쪽으로 8시간을 걸었다. 이들은 동틀 무렵에 집결지에 도착했고, 페를 중위는 구호소aid station(전상자를 임시 응급치료하는 곳-옮긴이)로 후송되었다. 시력은 나중에 되돌아왔다.

밤이 깊어가자 각 부대는 교전을 중단하고 기동이 불가능한 전차를 후방으로 견인하라는 명령을 받았다. 아침에 사단에 싸울 힘이 남아 있으려면 수리가 절대적으로 필요했다.

그동안 남부 시나이 반도에도 밤이 찾아왔다. 이곳의 이스라엘군은 운하에서 남쪽으로 200마일(322km)에 걸쳐 있는 해안을 따라 추가 상륙을 시도할 이집트군 특수부대에 대비했다. 샤름 엘-셰이크의 이스라엘 해군 부대 지휘관 제브 알모그Zeev Almog 대령은 헬리콥터를 타고 수에즈 만을 도하한 특수부대를 지원할 이집트군 증원 병력과 보급품을 실은 배가 상륙을 시도할 것으로 예측하고 바다에 초계정을 대기시켰다. 밤 10시에 2척의 선박이 수에즈 만을 가로질러 접근하는 수십 척의 소형 선박의 레이더 영상을 포착했다. 초계기가 투하한 조명탄 불빛을 통해 특수부대원을 가득 태운 고무보트들이 보이자 이스라엘군은 사격을 개시했다. 이집트군 보트는 초계정이 쫓아올 수 없는 산호초 지역으로 도망갔다가 반대편 해안으로 돌아가는 데 성공했다.

이날 낮에 있었던 미그기의 공격 때문에 알모그와 수에즈 만 북단에 있던 초계정 2척과의 교신이 끊겼다. 밤 10시, 초계정 정장 즈비 샤하크Zvi Shahack 소위는 해군 총사령관 비냐민 텔렘Binyamin Telem 제독이 텔아비브에 있는 해군 상황실에서 직접 자신을 호출하는 무전을 듣고 깜짝 놀랐다. 정보 당국의 보고에 따르면, 이집트군이 밤에 어선을 동원해 이스라엘 쪽 해안에 특수부대원들을 상륙시킬 계획이라고 했다. 텔렘 제독은 샤하크 소위에게 만을 건너가 발견하는 모든 선박을 공격하라고 명령했다.

샤하크 소위의 초계정은 어두운 이집트 해안을 더듬어가며 내려가다가 마르세 텔레마트$^{Marse\ Telemat}$에 위치한 작은 정박지로 들어갔다. 다른 초계정은 정박지 밖에 남았다. 투광기를 켜자, 만 가장자리 주변에 닻을 내린 어선들이 보였다. 한가운데에는 부표에 계류된 이집트군의 대형 초계정 1척이 있었다. 초계정 옆에 나란히 있는 고무보트 2척은 잠수복을 입은 특수부대원들로 가득 차 있었다. 샤하크와 승조원들이 정박지를 시계 바늘의 반대 방향으로 돌며 사격을 개시하자, 이집트군 선박들은 불길에 휩싸였다. 반격하는 이집트군이 사격할 때마다 불빛이 점점이 보였다.

샤하크의 초계정이 크게 진동하더니 갑자기 멈췄다. 산호초에 좌초된 것이었다. 샤하크는 투광기를 끄고 동료 초계정을 호출해 정박지를 쓸어버리라고 했다. 선임기관병이 군화를 벗고 냉각수 파이프에 난 구멍을 양말로 틀어막아 엔진을 간신히 점화시킬 수 있었다. 샤하크의 초계정은 산호초를 벗어나는 데 성공했다. 다른 초계정도 산호초에 좌초되었다가 얼마 후 빠져나왔다. 승무원 절반이 다치고 1명이 전사했으나 초계정 2척은 불타는 이집트군 선박으로 붉게 변한 하늘을 뒤로하고 정박지를 떠났다.

이스라엘 지휘부는 이집트군 공격의 엄청난 규모를 알아차리기 시작했으나, 선생 서의 내응계획인 비둘기장 계획이 재앙의 원인이라는 것을 아직 깨닫지 못했다. 이집트군은 운하를 건너와 먼저 공세의 주도권을 잡고 이를 자신들에게 유리한 방어전으로 전환시켰다. 이스라엘군은 전차승무원들과 지휘관들이 뛰어난 용기를 발휘하며 싸우고 있었으나 이집트군 대전차 보병의 대군 앞에 반복해서 몸을 던짐에 따라 전력 소모는 피할 수 없게 되었다. 이집트군은 이스라엘군 전차들이 바로 이렇게 행동하기를 기다리고 있었다. 전차가 보병에 가하는 충격이라는 개념은 이집트군의 새로운 무기와 전술로 인해 방향이 바뀌었다. 이제 보병이 전차에 충격을 가할 차례였다.

저녁 6시 30분에 엘라자르 총참모장은 이번 전쟁의 첫 참모본부 회의를 열었다. 이스라엘 국방군은 방어전으로 전쟁을 시작한 적이 없었기 때문에 이론상으로만 이를 알 뿐이라고 총참모장은 언급했다. 제이라 아만 국장은 이집트군 작전계획에 따르면 이집트군은 다음날 기갑사단을 동원해 동쪽으로 전진할 것이며 3일에서 5일 안으로 기디와 미틀라 고개에 도달하기를 희망한다고 말했다. 군 정보국 총수는 이집트군의 개정된 작전계획이 40마일(64km)이 아닌 6마일(9.7km) 진격만을 규정했음을 언급하지 않았다.

엘라자르 총참모장은 고넨 남부사령관에게 대규모 운하 도하를 막을 수 없는 운하 연변의 모든 전초기지에서 병력을 철수시킬 권한을 주었다. 하지만 고넨은 철수 명령을 내리지 않았다. 병력을 철수해 전열을 재정비하는 대신 멘들레르와 고넨은 입안 당시부터 타당성이 의문스러웠고 지금 상황에서는 전혀 타당성이 없는 이전의 정치적 지시에만 매달려 운하에서 이집트군을 저지하려 애쓰고 있었다. 새거에 적응하고 있던 전차병들과 달리 사단장도, 전선 사령관도 새로운 현실을 이해하지 못했던 것이다. 이들은 운하를 도하하는 적 5개 사단을 단 1개 사단으로 막을 방법이 전혀 없을 뿐만 아니라 공군력으로 부족한 전력을 메울 수 없다는 것이 분명해진 다음에도 기계적으로 비둘기장 계획에만 매달렸다.

기습공격은 이스라엘군 지휘부 대부분을 마비시키는 효과를 가져왔다. "갑자기 식은땀이 나며 생각이 멈추더군요." 당시의 부사단장은 훗날 이렇게 말했다. "이런 상황에서는 제대로 현실을 파악하고 대응하기 어렵기 때문에 아무리 타당성을 잃었다 해도 사전에 준비된 계획을 수행하는 방법으로 반응할 수밖에 없었습니다." 지휘관이 동시에 상황을 파악하고 원인을 생각하며 해결책을 궁리하려 한다면 사고 회로에 문제가 생기게 마련이다.

일선에 있는 병사와 간부들은 이 고통스러운 숙고 과정을 거칠 필요가 없었고 어떻게 적을 저지해 살아남을지만 생각하면 되었다. 에마누엘 사켈 대대장은 부하들이 '프로이센군처럼' 어려운 전투를 치르면서도 절망하지 않았다고 회상했다. "부하들 입장에서는 포탑 위로 몸을 내민 채 서 있는 지휘관이 보이기만 하면 모든 게 다 괜찮은 겁니다." 여단장 한 명은 자신과 같은 유형의 장교들은 겉보기에는 별 영향을 받지 않고 계속 임무를 수행했으나 충격이 사라지기까지 보통 이틀이 걸렸다고 회고했다.

　전선에서 150마일(241km) 떨어진 후방인 베르셰바Beersheba의 본부에서 작전을 지휘하던 고넨 장군은 쏟아져 들어오는 보고 속에서 이집트군 주도하지점의 위치를 찾아내려 애쓰고 있었다. 자정 무렵, 고넨은 엘라자르에게 오르칼 전초기지에서 북쪽으로 0.5마일(0.8km) 떨어진 곳에 있는 이집트군 진지에 대한 공격을 요청했다. 고넨은 오르칼로 가는 둑길이 죽음의 덫으로 변했으며 이 길에 도착한 이스라엘군 전차를 모두 집어삼켰다는 사실을 까맣게 몰랐다. 고넨의 제안은 포트사이드를 공격하기에 적합한 위치로 병력을 배치하자는 것이지만, 이는 현재 진행 중인 절망적인 방어전과는 너무나 동떨어진 처사였다. 엘라자르는 이를 허가하지 않았다.

　오전 1시 30분, 멘들레르의 전차가 대부분 격파된 상황에서 고넨은 남부사령부에 있는 기자들에게 이집트군 기갑부대가 운하를 건너오지 않았으므로 도하는 실패라고 말했다. 그러나 보병사단에 배속된 전차 수백 대가 이미 운하를 건너왔다. 다만 아침까지 행동에 나서지 않았을 뿐이었다. "고넨은 상의하지도 않고 결론을 내렸다"라고 아단 장군은 썼다. "참모들과 함께 상황을 평가하는 대신 고넨은 자신의 직감과 이집트군과 전투를 벌였던 경험에 의존해 결론을 내렸다. 그는 이집트군을 깊이 경멸했다." 전쟁이 시작된 지 12시간이 지난 오전 2시가 되어서야 고넨은 헬리콥터를 이용해 운하에서 30마일(48km) 떨어진 움 하시바Umm Hashiba에 있는 전선사령부로 이동했다.

　멘들레르 사단장은 고넨처럼 착각에 빠지지는 않았으나 눈앞에서 전개되는 상황에서 필요한 결론을 도출하지는 못했다. 시나이 사단의 상황실에서 멘들레르 장군은 조용히 옆에 앉아 참모들이 상황을 계속 업데이트하던 벽에 걸린 지도에만 시선을 고정했다. 여단장들에게 기본적으로 운하선을 지키라는 명령을 내린 다음부터 사단장은 거의 지시를 내리지 않았고 무선망을 통해 말하는 경우도 드물었다. 숌론에게 내린 "최선을 다하라"는 명령이 이날 사단장이 여단장에게 내린 마지막 지시였다. 당시 사단 본부에 있었던 장교 한 명은 사단장이 벽의 지도를 응시하며 희미하게 쓴웃음을 짓는 것 같다고 생각했다. 이 장교는 나중에 이렇게 회상했다. "속으로 이렇게 말했습니다. '사단장은 왜 아무 말이 없지?'" 자신이 쌓아올리고 훈련한 모든 것이 눈앞에서 무너지고 있는데도 사단장은 침묵을 지켰다. 지도에 그려진 붉은 원과 화살표는 이집트군의 교두보는 확장되고 이스라엘군 부대들은 밀려나는 모습을 보여주었다. 마치 비둘기장 작전계획의 패러디 같았다. 멘들레르는 주기적으로 집무실로 사라졌다가 참모회의가 있을 때 모습을 드러내곤 했다. 멘들레르에게는 전초기지 수비대를 철수시킬 권한이 없었지만 이를 요청하지도 않았다.

바르-레브 선 수비대는 분명히 상황이 절망적인데도 왜 포위된 전초기지에 남으라는 명령을 받아야 하는지 이해할 수 없었다. 철수하지 않기로 한 결정은 수비대에게나 이들과 접촉하려고 노력하던 전차들에게나 모두 재난이 될 터였다. 어떤 전초기지의 수비대는 대부분이 이미 죽거나 부상을 당했다. 죽거나 다치지 않은 병력의 대부분은 보조 인력이지 전투병력이 아니었다. 살아남은 사람들은 도착한 전차병들에게 자신들을 구출해달라고 간청했다. 전차병들은 이 요청을 상급 부대에 상신했지만, 답변은 부정적이었다.

어둠 때문에 전초기지로 향하는 모든 접근로에 포진한 이집트군 대전차 보병의 모습이 보이지 않았다. 리투프 전초기지에 있는 부대의 지휘관 야론 람Yaron Ram 대위는 기동이 불가능한 전차의 위치를 파악하기 위해 전차 2대를 보냈다. 2대의 전차 모두 매복공격을 받아 교신이 끊겼다. 새벽녘에 전차의 포수가 무전으로 접촉해와 낮은 목소리로 자신과 다른 전차승무원 1명만 살아남았다고 보고했다. 이들은 이집트군의 공격을 1시간 이상 물리치고 있었지만 이제 탄약이 거의 떨어져 적이 접근할 때마다 수류탄을 던지고 있었다. 람 대위는 포탄을 발사해 위치를 알리라고 지시했다. 얼마 후 2마일(3.2km) 떨어진 곳에서 섬광이 보였다.

전차 3대가 구조에 나섰다. 다가가던 길에 전차 1대가 RPG탄에 맞아 기동이 불가능해졌고, 나머지 전차들은 쫓겨 왔다. 람 대위는 슈발 소령에게 자신이 남은 전차 3대를 이끌고 구원에 나설 테니 허가해달라고 요청했다. 소령은 승인을 거부했다. 람의 전차들은 기디 고개로 가는 길목을 막는 유일한 이스라엘군 전력이었다. 람은 포위된 전차의 포수에게 이집트군이 전차에 올라오면 죽은 척하는 것만이 살아남을 수 있는 유일한 방법이라고 말했다. 2분 뒤, 전차의 무전기가 조용해졌다. 다음날에 전차를 찾아냈을 때 이 포수와 그의 전우는 시신으로 발견되었다.

오전 1시, 레셰프 여단은 마지막으로 남은 사단 예비대의 충원을 받았다. 암람 미츠나Amram Mitzna 중령의 전차대대(제79전차대대. 미츠나는 후일 정계에 입문해 노동당 당수가 된다-옮긴이)였다. 히자욘으로 향하는 길에 미츠나의 대대는 도로 한편에서 이집트군의 사격을 받았다. 전차들이 투광기를 켜자 얕게 판 개인호에서 사격하는 이집트군 병사 수십 명이 보였다. "공격!" 미츠나가 명령했다. 전차들이 돌격하자 이집트군 병사들은 RPG를 들고 일어섰다. 모두 수단계 이집트인으로 보이는 키가 큰 흑인이었다. 몇 명은 간신히 RPG를 발사했으나 결국 모두 쓰러졌다. 이스라엘군은 전차 장교 1명이 전사했다.

운하 가까운 곳에서 대대는 두 줄로 정차한 전차 대열 사이를 지나갔다. 승무원 일부는 땅바닥에 앉아 커피를 마시고 있었다. 이곳은 방금 운하를 건너온 이집트군 T-55 전차들의 야영지였다. 양편은 서로의 정체를 깨닫고 깜짝 놀랐다. 잠시 이집트군과 교전한 다음 미츠나는 접촉을 중단했다.

교량 공습 계획은 자정에 취소되었다. 어둠 속에서는 조종사들이 자신에게 발사된 SAM과의 거리를 파악하기가 어려워 회피기동을 할 수 없었기 때문에 야간비행은 주간비행보다 훨씬 더 위험했다.

이날 밤 두 번이나 이스라엘군 전차들이 운하로 진입해 교량과 선박에 피해를 입혔다. "이스라엘군 하급 부대 지휘관들과 심지어 개별 전차장들도 밤새도록 싸웠다. 이들은 고급 지휘관들보다 훨씬 나은 자질을 갖춘 사람들임에 틀림없었다." 샤즐리 장군은 전시일지에 이렇게 썼다.

아미르 요페Amir Yoffe 중령의 대대(제252사단 제460기갑여단 제198전차대대-옮긴이)는 북부지구의 미프레케트Mifreket와 밀라노 전초기지로 가라는 명령을 받았다. 유명한 장군의 조카인 33세의 요페 중령은 엄격하고 빈틈이 없는 직업군인으로 정평이 나 있었다. 아단 장군의 말에 따르면, 요페 중령은 평시에는 그의 부하로 일하고 싶지 않지만 전시에는 믿고 목숨을 맡길 수 있는 부류의 장교였다. 전날 육군기갑학교에서 서둘러 부대의 전투 편제를 갖추느라 요페 중령은 간부후보생 과정에 있던 동생 에얄Eyal이 전차장으로 자신의 부대에 배속되었다는 것을 알지 못했다.

요페 대대는 몇 시간 전에 궤멸당한 대대의 대대장 욤-토브 타미르 중령의 안내를 받으며 질퍽거리는 지형을 건너 전진했다. 요페는 우선 대대 전차의 절반을 이끌고 미프레케트로 가는 도중 접근로에 대거 포진한 이집트군 RPG팀과 교전을 벌였다. 전초기지에 진입한 타미르 중령은 무전병이 방어를 지휘하고 있는 것을 발견했다. 수비대를 철수시켜야 한다는 중령의 요청은 거부당했다.

전초기지 북쪽의 교량을 향해 사격하던 전차가 운하 제방에서 멈췄다. 이제 고정 표적이 되었지만 이 전차는 사격을 계속했다. 포수인 야딘 타넨바움Yadin Tannenbaum 병장은 플루트Flute 연주자였는데 입대 전에는 음악 신동이라는 찬사를 받았다. 지휘자 레너드 번스타인Leonard Bernstein(미국의 작곡가·지휘자-옮긴이)은 19세의 타넨바움을 특별히 지목해 칭찬한 적도 있었다. 타넨바움의 전차는 교량을 때린 후 이스라엘군 방벽에 난 돌파구를 넓히던 불도저를 격파하고 이곳으로 나오던 이집트군 전차를 타격했으나, 그의 전차는 결국 피탄되었고 타넨바움과 전차장은 전사했다.

에얄 요페Eyal Yoffe 하사의 전차는 소대장 미카엘 바르디Michael Vardi 중위의 전차를 따라 S자 모양의 좁은 입구를 통과해 미프레케트 전초기지 영내로 들어섰다. 참호에서 아랍어 고함소리가 들렸다. 요페 하사와 부하들은 전차의 기관총과 우지 기관단총으로 어둠이 깔린 주변을 향해 사격했다. 전차들이 주 벙커에 접근하자, 살아남은 수비대원들이 밖으로 뛰쳐나와 바르디의 전차에 올라탔다. 소대장은 전차에서 내려와 이들을 벙커로 데리고 갔다. 그는 부상자만 소개하라는 명령을 받았다고 말하고 구원군이 곧 올 것이라고 말해 나머지를 안심시키려 했다. 에얄 요페 하사는 밖에 있는 자신의 전차에서 전초기지 북쪽에서 합류하라고 그의 형이 바르디 소대장에게 내리는 지시를 무전으로 들었다. 요페는 관등성명을 밝히지 않고 지시를 소대장에게 전달하겠다고 말했다.

에얄 요페 하사에게는 이 상황이 훈련이 아니라 실전이라는 사실을 깨닫는 것이 쉽지 않았다. 더구나 어둠 때문에 방향을 잡기도 어려웠다. 북쪽으로 가는 바르디의 전차를 따라가던 에얄 요페 하사의 눈에 오른쪽 30야드(27.4m) 떨어진 곳에 있는 이집트군 전차가 들어왔다. 흥분한 나머지 그는 적절한 사격 지시를 내리는 절차를 잊고 포수에게 소리쳤다. "에후드, 빨리,

오른쪽에 전차, 발사!" 초탄이 명중했다. 불타는 전차가 내는 빛에 승무원 4명이 내려 에얄 요페 하사의 전차로 달려오는 모습이 보였다. 에얄 요페 하사는 기관총으로 이들을 저지했다. 전차는 불도저를 타격하고 다리에 포를 발사했다. 비로소 실전을 치른다는 생각이 똑똑히 들기 시작했다.

 에얄 요페와 바르디는 미프레케트 이따금 전초기지에 재진입해 돌아온 이집트군을 공격하면서 전차포를 발사해 전초기지 안에 있는 전우들의 사기를 북돋았다. 새벽이 오기 전, 수비대 부상자 및 부상한 전차병들은 에얄 요페 하사의 전차에 실려 후송을 기다렸다. 병사 한 명은 두 다리와 한쪽 팔을 잃었다. 그때 근처에서 명령을 내리는 형이 보였다. 날이 어두웠기 때문에 대대장은 동생의 얼굴을 알아보지 못하다가 목소리를 듣고서야 동생임을 알아챘다. 형은 어린 동생이 자기 부하로 있다는 사실을 알고 깜짝 놀랐다.

 "일리! 괜찮아?"라고 대대장이 물었다.

 "괜찮아." 에얄이 답하며 잠시나마 형과 우애를 다지려고 전차병의 헬멧을 벗었다.

 그는 부상자들을 후송하고 동틀 무렵에 미프레케트 전초기지로 돌아왔다. 돌아와 보니 바르디 소위는 이미 전사했다. 나머지 전차 대부분은 습지에 빠졌거나 습지에 빠진 전차를 견인하려 애쓰고 있었다.

 요페 형제는 에얄의 전차에 새거가 명중할 때까지 다른 전차장과 더불어 내륙으로 이동하는 적 차량에 포화를 퍼부었다. 형 요페 중령이 다친 동생을 자신의 전차에 태웠다. 에얄 요페 하사는 얼굴에 화상을 입어 말을 할 수 없었지만 괜찮으실 것이라는 뜻으로 형 아미르 요페 중령에게 고개를 끄덕여 보였다.

 타미르 중령처럼 요페 중령도 미프레케트 전초기지 수비대의 철수를 요청했다. 여단장 슘론 대령도 남부지구 전초기지들의 철수 허가를 건의했다. "지금 하지 않으면 아침에는 불가능합니다"라고 여단장이 말했다. 멘들레르 사단장은 자신이 전초기지 철수 명령을 내릴 권한이 없다고 말했다.

 타미르 중령은 돌아가 아미르 여단장과 요페 대대의 나머지 절반을 밀라노 전초기지로 안내했다. 전차 14대로 구성된 대열은 6일 전쟁에서 주민들이 포기해 유령마을이 된 동칸타라를 관통해 이동했다. 그런데 이집트군이 이 마을에 돌아와 있었다. 전차 2대가 골목에서 길을 잃었다가 이집트군의 RPG에 격파되었다.

밀라노 전초기지에 아미르 여단장이 도착해보니 상황은 미프레케트 전초기지와 완전히 달랐다. 전초기지 지휘관 트로스틀레르 대위는 여단장에게 낮 동안 여러 차례 공격해온 적을 격퇴하고 운하를 건너오는 여러 척의 보트를 격침했다고 보고했다. 트로스틀레르 대위는 부하 4명을 잃었으나 방어태세는 완벽했으며 지원이 필요 없는 상황이었다. 타미르 중령은 날이 밝기 전 칸타라를 피하는 경로로 전차들을 인도해 전초기지를 빠져나갔다. 전차 14대 중 5대만 무사히 귀환했으며 요페 대령이 미프레케트 전초기지로 이끌고 간 전차 18대 중에서 5대가 돌아왔다. 이들에게 수비대 철수 권한이 주어졌더라면 의미 있는 희생이 되었을 것이다.

남부지구에서 홀로 남은 전차의 전차장이 전차가 멈췄다고 보고했다. 후진 기어를 넣고 포탄을 1발 발사하라는 지시가 내려졌다. 반동 때문에 엔진 시동이 다시 걸리자, 전차장은 포병로로 일시 후퇴한 숌론 여단의 잔존 병력에 합류했다.

멘들레르는 결국 일요일 늦은 아침에 고넨으로부터 전초기지 수비대 철수 허가를 받았다. 엘라자르가 바르-레브 선 대부분에서 수비대 철수를 재가한 지 12시간도 더 지나서였다. 그러나 너무 늦었다. 모든 전초기지가 이집트군 보병과 전차의 대군에 포위되었다. 멘들레르는 숌론에게 담당 구역에 있는 전초기지 수비대 철수 가능 여부를 문의했다. "시도할 때마다 1개 전차대대를 희생해야 할 것입니다." 여단장이 답했다. "결정은 사단장님께서 내리십시오." 멘들레르는 철수 명령을 내리지 않기로 했다. 수에즈 운하를 놓고 벌인 공방전이 끝났다. 승자는 이집트군이었다.

바르-레브 선이 구상부터 실패작이었다는 사실이 무참하게 드러났다. 일요일 이른 시간이 되자 이스라엘군 수뇌부는 전날 일어난 사건의 중요성을 받아들이기 시작했다. 대부분 이집트군 보병에 의해 12시간 만에 시나이 사단 전차의 거의 3분의 2가 파괴되었다. 사단의 전차 280대 중 고작 110대만이 전투가 가능한 상태였다. 레셰프 여단에는 전차의 4분의 1밖에 남아 있지 않았다.

거의 모든 분야에서 이번 전쟁의 본질에 대한 이스라엘 지휘부의 가정—아만이 충분한 시간 여유를 두고 경고할 것이라는 가정, 공군이 어떻게든 SAM을 처리하고 구세주가 되리라는 가정, 육군이 부족한 보병과 포병 전력만으로도 잘 해나갈 수 있을 것이라는 가정, '전차의 충격'이 적을 도망치게 만들 것이라는 가정, 아랍 병사들이 만만한 상대이며 지휘부는 무능하다는 가정—이 잘못되었음이 증명되었다.

"우리는 독일군이 아닌 아랍군을 상대하고 있다"라고 장교 한 명이 표현한 것처럼, 이스라엘군 지휘부는 적의 본질을 고려해볼 때 5개 사단이 운하를 건너온다고 해도 비둘기장 작전계획으로 어떻게든 대처 가능하다고 스스로 믿었다. 참모본부는 이집트군이 보유했다고 알려진 엄청난 양의 대전차화기가 가진 함의를 숙고해보지 않았다. 이스라엘군의 생각에 50보를 사이에 두고 전차와 RPG를 쏘아대는 보병이 벌이는 결투는 기갑전이 아니었다.

대부분 19세에서 21세 사이의 징집병인 전차병들과 야전지휘관들은 뛰어난 용기와 모범적 기량을 보이며 싸웠다. 하지만 이들은 고기분쇄기에 던져진 것이나 마찬가지였다. 예루살렘 여단 병사들을 포함한 바르-레브선 수비대는 훌륭하게 싸웠으나, 상황은 애당초 절망적이었다.

지휘부의 모든 막연한 생각 중에서 공군의 지상 지원에 의존한다는 생각이야말로 가장 막연했다. 펠레드 공군사령관은 SAM을 처치하기 위해 개전 직후 48시간이 필요하다는 점을 분명히 밝혔다. 하지만 엘라자르와 다른 장성들은 아직도 6일 전쟁의 마법 같은 후광에 둘러싸여 있는 공군이 어떻게든 적의 지상군도 처리할 수 있는 방법을 찾아낼 것이라고 자기 편리한 대로 믿었다. 공군에 지나치게 의지힌 니머지 100마일(161km) 길이의 전선에 야포와 중박격포 수십 문만을 배치한 것이 사태를 더 악화시켰다. 의미 있는 포병과 항공지원이 없다면 이스라엘 국방군은 아랍에 비해 인력보다 화력이 훨씬 부족했다.

아만은 전쟁 경보를 내리는 데 실패한 것보다 더 큰 실책을 저질렀다. 바로 불시에 닥칠 수도 있는 다음번 전쟁에 이스라엘 국방군을 대비시키지 않은 것이다. 아만은 이집트군이 사용할 창의적 전술을 알리거나 1973년의 이집트군 병사는 동기 부여와 훈련을 통해 1967년의 이집트군 병사와 달라졌다는 점을 지적하는 데도 실패했다. 이 모든 실패 이면에 숨어 있는 공통요소는 지난번 전쟁에서 생겨난 아랍군에 대한 경멸이었다. 이 아랍군에 대한 경멸은 나태한 생각의 씨앗이 되었다.

이스라엘은 아랍의 기습공격으로 심한 정신적 타격을 받았고, 그 충격은 전쟁 내내 영향을 끼쳤다. 그러나 욤 키푸르에 벌어진 대참사의 가장 큰 책임은 아랍의 기습보다 남부전선의 기본적 준비 부족과 무능한 전투지휘에 있다. 기습공격이 아니었다 해도 이스라엘 국방군은 이집트군의 새로운 대전차 전술에 대응할 준비가 되어 있지 않았고 이스라엘 공군은 SAM이 지배하는 지역에서는 지상군을 지원할 수 없었다. 그리고 이러한 상황에서 비둘기장 계획의 수행은 자멸을 초래했을 것이다.

이스라엘로서는 이 암흑 속에서도 한 줄기 광명이 있었다. 바로 재앙과 같은 전술로 싸웠음에도 불구하고 전차승무원들과 야전지휘관들이 보여준 전투력이었다.

시나이 사단은 심한 타격을 입었지만 전멸당하지 않았다. 손상된 전차 대부분은 다시 전투에 투입될 것이고, 일부는 하루 만에 투입될 것이다. 지휘체계도 대부분 건재했다. 부상자 상당수도 곧 임무에 복귀할 것이고, 교체인원들이 빈자리를 채울 것이며 적절한 교훈이 도출될 것이다.

하지만 전장에 동원될 동원사단들은 이 교훈을 몸소 체득해야 할 것이다.

살아남은 전차승무원들은 낮 동안의 전투로 탈진한 채 동트기 전 후퇴해 연료와 탄약을 보급받았다. 병사들은 욤 키푸르가 시작된 이래 거의 먹지 못했다. 식사해본 적이 언제인가 싶을 정도였고 잠도 자지 못했다. 이들은 지금껏 겪은 일과 내일 일어날 일, 그리고 전사하고 부상당한 전우들을 생각하면서 짧고 불편한 잠을 청했다.

이날 이집트군 진영에서 잠시라도 잘 수 있었던 병사들은 승리감에 취해 있었다. 갈릴리호 근처에서 12세기에 살라딘^{Saladin}(1137~1193년, 이집트와 시리아의 술탄. 십자군에 뺏겼던 예루살렘 재탈환으로 유명하다-옮긴이)이 십자군을 격파한(1187년 7월에 갈릴리 지역에서 벌어진 하틴^{Hattin} 전투를 가리킨다-옮긴이)이래 아랍 군대가 이러한 군사적 위업을 달성한 적은 없었다. 앞으로 무슨 일이 일어날지 알 수 없었으나 이집트군 병사들은 아랍의 명예를 회복했다.

제13장

동원령

토요일 오후 이스라엘의 항구도시 아쉬도드Ashdod, 아파트 건물 앞에 삼삼오오 모여 앉은 여성들은 욤 키푸르에 차량들이 거리를 달리는 심상치 않은 광경을 바라보며 점점 좌불안석이 되어갔다. 남편들은 한 사람만 빼고 모두 몇 시간 전에 긴급 동원소집통지서를 받았다. 자동차 한 대가 멈추고 손에 갈색 봉투를 든 전령이 나타나자 통지서를 받지 않은 남성의 부인이 우울한 표정으로 앞으로 나섰다. 남편이 수에즈 운하에서 한 달간 동원훈련을 마치고 불과 2주 전에 귀가했기 때문에 소집대상에서 제외될 수도 있으리라는 희망을 가져보았지만 헛된 일이었다. 집으로 돌아가자 남편은 이미 개인 장구를 꾸리고 있었다. 기계화 보병대대의 일원으로서 당연히 소집될 것으로 믿었던 것이다.

같은 부대 소속 예비군들은 이미 근처의 집합장소에 있었다. 모두의 눈에 자신이 느꼈던 놀라움과 불안이 읽혔지만 무슨 일이 일어나든 며칠 안으로 끝나리라는 것이 중론이었다. 만약 아랍인들이 6일 전쟁의 교훈을 6년 만에 잊었다면 곧 그 교훈을 떠올리게 될 것이다. 그럼에도 곧 전쟁이 일어날 것이라는 생각에 다들 정신을 바짝 차리고 있었다. 저녁 6시 30분에 버스 2대가 도착했다. 버스가 움직이자 모두 노래를 부르기 시작했다. 행인들이 손을 흔들며 박수를 쳤다.

전국에서 도착하는 예비군들이 각 부대에 신고하면서 군 기지는 부산한 움직임으로 활발해졌다. 우선 예비군들은 중대 행정병에게 전역증을 제출하는 것으로 정식 동원 처리되었다. 행정병은 '유사시' 연락할 가족과 친지의 이름을 물었다. 군복과 개인화기를 지급받은(동원훈련에서처럼 인수증에 서명할 필요는 없었다.) 병사들은 각 대대 차고로 흩어져 전차와 병력수송장갑차에 장비와 무장을 장착했다.

20만 명 이상의 민간인이 하룻밤 새 군인으로 탈바꿈하고 있었다. 이날 아침 9시 직후에 각 여단 동원센터로 동원령 발동을 알리는 음어가 전달되며 동원작업이 시작되었다. 각 여단 소속 지정 전령들은 전화로 소집되어 이미 징발된 민간 차량을 지급받아 동원소집통지서 전달에 나섰다. 자동차 열쇠를 군대에 넘기기 싫은 민간인 차주들은 직접 운전해 전령을 태우고 다닐 수 있는 허가를 받았다. 민간 버스 대부분도 징발되어 집결지에 모인 예비군들을 실어 날랐다. 어떤 예비군은 오후 일찍 기지에 도착했다. 여러 곳의 시골 지역 정착촌들을 둘러 오는 버스를 타야 하는 벽지에 사는 예비군들은 자정이 넘어서도 도착하지 못했다. 일부는 소집통지서를 받지 못해 초조해진 나머지 자발적으로 기지에 왔는데 택시를 타고 온 사람도 있었다. 오래전에 제대한 노병들도 옛 부대에 나타나 복무를 신청했는데 대부분 승인을 받았다.

병력 동원 작업이 순조롭게 진행된 반면, 기갑부대 기지의 풍경은 거의 통제 불능의 난장판이었다. 전차들은 마지막으로 사용된 상태로 방치되어 있었기 때문에 전차에 다시 무장과 장비를 장착해야 했다. 동원 여단에 배정된 전차들은 여러 부대가 훈련용으로 사용하고 있었고 빌려온 책처럼 언제나 원 상태 그대로, 혹은 원래 있던 곳에 반납되지 않았다. 육군은 비상시에도 최소 전쟁 48시간 전에 사전경고를 받아야 망실되거나 파손된 장비들을 대체할 수 있다고 예상했다. 보급창들도 소집된 예비군 전체를 하루만에 무장시킬 준비가 되어 있지 않았다. 때에 따라서는 전차 자체가 사라지고 없어서 장교들이 다른 기지들에 수소문해 전차의 행방을 추적하거나 대체 차량을 찾아야만 했다. 하임 에레즈 여단장은 6개의 서로 다른 기지에 부하들을 보내 여단 소속 전차를 회수해야 했다. 어떤 대대의 장교들은 이 전차들이 다른 부대에 배정되었다고 믿고 인도를 거부한 병참 장교들과 주먹다짐 직전까지 가기도 했다. 쌍안경이나 손전등과 같이 작지만 중요한 장비들은 거의 모든 곳에서 사라졌고 전차병의 헬멧부터 투광기에 이르는 다른 장비들도 부족했다. 더 심각한 문제는 여단 전체가 기관총 없이 전선으로 가야 한다는 점이었다. 앞으로 있을 적 보병과 조우할 때 기관총은 전차포보다 중요한데도 말이다.

몇몇 문제들이 있었으나 지역에서 자체적으로 해결했다. 근처에 많은 군 기지가 있는 베르셰바 경찰서는 군 장교들의 요청에 따라 상점 주인들을 한밤중에 소집해 가게 문을 열고 쌍안경과 손전등 같은 품목들을 판매하도록 했다. 탄약 벙커에서 포탄 상자를 옮기는 데 필요한 지게차가 없던 남쪽의 어떤 기지에서는 병사들이 펜스를 뚫고 근처의 공업지역에 침입해 지게차를 '빌려왔다'. 북쪽에서는 대대장 한 명이 자신의 부대 집결지 근처에 있는 고향 키부츠에서 지게차를 빌려왔다. 샤론 장군은 미국에 있는 백만장자 친구에게 전화를 걸어 쌍안경을 보내달라고 요청했다. 쌍안경은 며칠 뒤 항공편으로 도착해 신속히 전선으로 보내졌다.

장병들은 강철의 베헤못^{Behemoth}('가축'이나 '소와 양'을 뜻하는 히브리어 '베헤마^{behemah}'의 복수형으로 '거대한 짐승'이나 '뭇짐승' 뜻함-옮긴이)들을 전투기계로 탈바꿈시키기 위해 미친 듯이 밤을 새워 작업에 매달렸다. 기술진들이 전차에 달라붙어 광학조준경, 조종수 잠망경, 무전기 세트를 비롯한 각종 장비를 제 위치에 장착했다. 식수와 전투식량을 싣고 여러 사람의 손을 거쳐 운반된 탄약을 전차의 포탑과 차체 밑바닥에 적재했다. 장교들은 병사들에게 빨리 움직이라고 계속 닦달했다. "너 때문에 전쟁에 진다"가 재촉할 때 쓰는 일상어가 되었다. "서둘러, 서둘러!"

문제점도 있었으나 동원부대의 85퍼센트가 계획된 시간 안에 전선에 도착했다. 어떤 부대들은 비록 장비 일부를 빠뜨리기는 했어도 계획된 시간의 절반 만에 전선에 도착했다.

전선에서 오는 소식은 많지 않았으나, 예비군들은 전선을 지키는 소규모 부대들이 필사적으로 싸우고 있음을 알고 있었다.

6일 전쟁 당시 이스라엘군 남부사령부를 지휘한 예샤야후 가비쉬$^{Yeshayahu\ Gavish}$ 장군(예비역)은 욤 키푸르 오후에 베르셰바에 있는 자신의 옛 사령부로 차를 달려 현 사령관 고넨 장군이 자신의 복무를 받아들일 생각이 있는

남부사령부 본부의 고넨 장군(안경 쓴 이, 왼쪽에서 두 번째). 옆에는 우리 벤-아리 준장(카메라 정면으로 얼굴이 보이는 이). 벤-아리는 개전 당시에는 대령이었으나 전쟁 중 장성으로 진급했다. 이 사진은 준장 승진 후 촬영된 것이다(옮긴이). 〈이스라엘 정부 공보처 제공〉

지 알아보려 했다. 고넨은 집무실에서 서류를 살피고 있었다. "상황이 어떤가 슈물리크^{Shmulik}(고넨의 애칭-옮긴이)?" 가비쉬가 물었다. "요절을 낼 겁니다." 고넨이 말했다.

가비쉬는 상황실로 가서 무선망을 모니터링했다. 충격적인 소식이 들려왔다. 전초기지들로부터 절망적인 외침이 들려오고 있었고, 전차병들은 사투를 벌이고 있었다. 가비쉬는 고넨에게 돌아가서 집무실에서 나와 일선의 목소리를 직접 들어보라고 강권했다. "일이 제대로 풀리고 있지 않네." 가비쉬가 말했다.

고넨은 가비쉬의 말을 무시하며 손을 내저었다. "잘 알고 있습니다." 고넨이 말했다. "걱정하지 마십시오." 고넨의 말과 행동으로 볼 때 가비쉬는 그가 자신에게 어떤 일도 맡기지 않을 것이라고 생각했다.

얼마 지나지 않아 우리 벤-아리$^{Uri\ Ben\text{-}Ari}$ 대령(예비역)이 베르셰바의 남부사령부 본부에 도착해 자신의 전시 임무인 고넨의 보좌 역할을 맡았다. 벤-아리도 고넨에게 집무실에서 나와 상황실의 무전을 들어볼 것을 권했다.

"곧 끝날 겁니다." 고넨은 이렇게 답하고 전선에서 150마일(241km) 떨어진 책상 앞에 계속 앉아 있었다.

엘라자르는 고넨의 부족한 경험과 간혹 보이는 변덕스러운 행동을 보완하기 위해 이스라엘 기갑부대에서 가장 존경받는 베테랑인 벤-아리에게 현재 임무를 부여했다. 독일 태생의 건장한 벤-아리는 프로이센 장교처럼 보이는 인물이었다. 사실 그의 조부는 울란^{Uhlan} 기병(경기병의 일종-옮긴이)으로 독일 황제 근위대에서 복무했다. 벤-아리 본인도 베를린에서 하인츠 반너$^{Heinz Banner}$라는 이름으로 태어났다. 부유한 직물 상인이었던 아버지는 벤-아리가 14세 때 그를 독일에서 팔레스타인으로 보냈다. 제2차 세계대전이 발발하기 6개월 전이었다. 90여 명에 이르는 벤-아리의 친척은 모두 유대인 대학살로 사망했다. 벤-아리는 이스라엘 독립전쟁 당시 정예부대인 팔마흐^{Palmach} 타격대(독립 전 팔레스타인 유대 정착민 공동체인 이슈브 산하의 준군사조직인 하가나 소속 정예부대. 1941년에 창립되어 1948년에 이스라엘 국방군에 흡수됨-옮긴이)에서 복무했고 초창기 기갑부대에 투신한 인물 중 하나였다. 산 시몬$^{San Simon}$ 전투(1948년 4월 29일부터 5월 1일까지 예루살렘 인근 카타몬^{Katamon} 소재 그리스 정교회 소속 산 시몬 수도원에서 벌어진 전투-옮긴이)에서 그는 엘라자르의 상관이었다. 1956년 시나이 전역에서 벤-아리는 이스라엘군의 선봉에서 이집트군의 방어선을 돌파한 제7기갑여단을 지휘했다. 이때 고넨이 그의 휘하에서 복무했다. 벤-아리는 얼마 후 군대를 떠났지만(부하의 독직 사건을 눈감아줬다는 의혹을 받고 전역했다-옮긴이) 1967년에 예비역 대령으로 예루살렘 전투에서 기계화보병여단을 이끌었다. 욤 키푸르 당일에 재소집된 벤-아리는 사령부에 도착하자 고넨이 아직껏 움 하시바에 있는 시나이 전선 전방지휘소로 이동하지 않았다는 걸 알고 놀랐다.

전쟁이 시작되고 12시간 뒤에 이들이 움 하시바로 날아갔을 때 벤-아리는 지하 지휘시설이 제대로 작동하지 않는다는 사실을 발견했다. 도착 첫날을 설비 수리로 보낸 벤-아리가 스스로에게 부여한 가장 중요한 임무는 고넨에게서 눈을 떼지 않는 것이었다. 벤-아리가 보기에 고넨은 분명 남부 사령관으로 적합하지 않았다. 엘라자르는 고넨의 임명을 둘러싼 비판에 대해 시간이 지나면 경험을 얻을 것이라고 답한 적이 있었다. 하지만 벤-아리는 넓은 전선에서 여러 개의 사단이 벌이는 전투는 고넨의 지적·정서적 능력을 넘어서는 것이라고 믿었다.

벤-아리는 욕설을 퍼붓고 고함치고 전화 연결이 되지 않으면 부하에게 전화통을 던지는 고넨의 거친 행동에도 불쾌해했다. 베르셰바에서 고넨은 상대적으로 긴장이 풀려 있었지만 움 하시바에 도착해 전쟁 지휘를 맡게 되자 통제 불능이 되었다. 고넨이 화를 낼 것을 두려워한 참모진은 불유쾌한 사실을 그에게 알리기를 꺼려했다. "긴장과 공포 분위기 때문에 사안마다 입장을 명확하게 정하거나 혹은 상황을 정확하게 평가·분석하는 것이 그에게는 매우 어려웠다. 고넨의 사령부에서 질서정연한 참모 업무란 없었다." 벤-아리의 말이다. 벤-아리는 전쟁이 계속되는 한 고넨보다 먼저 잠들지 않고 고넨보다 나중에 일어나지 않겠다고 마음먹었다. 벤-아리는 운전병에게 고넨이 먼저 일어나는 것을 보면 반드시 자기도 깨우라고 지시했다. 그가 느끼기에 전선사령관은 혼자 있어서는 안 되는 사람이었다.

남부사령부에 배속된 2개 동원사단은 빛나는 경력을 가진 장성 2명의 지휘를 받았다. 아브라함 아단^{Avraham Adan} 장군과 아리엘 샤론 장군이다.

'브렌^{Bren}'이라는 별명으로 알려진 아단은 한 달 뒤 전역할 예정이었다. 대중에게 아단은 25년 전 독립전쟁 당시에 촬영된 사진의 주인공으로 잘 알려져 있다. 에일라트^{Eilat}(홍해에 면한 이스라엘 남부의 항구도시-옮긴이)에서 처음으로 이스라엘 국기를 게양하러 깃대에 오른 사진 속의 잘생긴 젊은 장교가 그였다. 올해는 그가 기갑사령관을 맡은 지 5년째 되는 해였다. 이 기간 동안 그의 감독하에 이스라엘군 기갑부대 전력은 배가^{倍加}되었다. 과묵함 때문에 냉담하거나 소극적인 것처럼 보이기도 했으나 동료들은 아단을 신사이자 원숙한 직업군인으로 여겼다.

샤론은 아단과 완전히 다른 인물이었다. 그는 특수부대 지휘관으로 명성을 얻었으나 자기주장이 강한 성격 때문에 군 경력의 거의 모든 단계에서 동료 및 상관들과 충돌했다. 그는 공격적이고 순종적이지 않았으며 분파적이라는 비난을 받았다. 샤론이 기갑부대로 전보되자, 아단 장군을 비롯한 다른 기갑부대 베테랑 지휘관들은 샤론이 보병의 정신상태에 경도된 채 기갑부대로 왔다고 우려했다. 아단은 회고록에서 샤론에 대해 "기갑부대에는 어울리지 않는 군인으로 보였다"라고 기술했다. 아단은 여기에 더해 샤론의 전략적·정치적 문제에 대한 견해가 극단적으로 강경하지는 않지만 단순하다고 생각했다.

그러나 이스라엘의 군사분석가들은 이스라엘군 역사상 고전적인 모범 전투 사례 중 하나로 평가받는, 6일 전쟁 중 시나이 반도에서 벌어진 아부 아게일라$^{Abu\ Agheila}$ 야간 전투를 기획하고 수행한 공로자는 샤론이라고 본다. 이 복잡한 작전에서 공수부대는 헬리콥터로 적 후방에 상륙해 포병을 침묵시켰고, 보병은 적의 주 방어선을 피해 측방으로 우회했으며, 포병은 효율적으로 사격했고, 공병이 적의 지뢰를 제거한 다음 전차부대는 정면으로 돌격했다. 각 부대는 전투잠재력을 최대한 활용했고, 작전은 정교하게 짜여진 시간표에 따라 거의 계획대로 수행되었다. 이 전투는 제병통합 작전의 모범 사례였지만, 전차 만능론이라는 개념에 가려 이스라엘의 군사사상에서 빛을 잃었다.

독립전쟁 당시 샤론 휘하에서 중대장으로 복무한 이래 그를 잘 알던 한 장성은 샤론에 관해 이렇게 말한다. "아리크^{Arik}(샤론의 애칭-옮긴이)는 절대 다른 사람의 작전을 수행할 수 없습니다. 자신의 작전만을 수행합니다." 상관들은 그의 이러한 특성을 고깝게 여겼다. 6일 전쟁 전의 대기 기간 중 남부사령관 가비쉬 장군은 예하의 2개 사단이 공격하고 샤론의 사단이 방어를 맡는 잠정적인 계획을 준비했다. 샤론은 자신의 역할에 강하게 반대했다. 다음날 샤론이 사단 참모진에게 브리핑하는 자리에 참석한 가비쉬는 벽에 걸린 지도를 보고는 샤론이 방어가 아닌 공격을 계획하고 있다는 것을 알게 되었다. 가비쉬는 샤론에게 밖에 나가서 이야기하자고 했다. 가비쉬는 샤론에게 명령에 따를 의향이 없다면 "지프를 타고 집으로 가"라고 말했다. 샤론은 사령관의 비난에 굴하지 않고 "이츠하크와 이야기해보시죠"라고 말했다. 당시 총참모장 이츠하크 라빈$^{Yitzhak\ Rabin}$을 가리키는 말이었다. 샤론은 가비쉬가 보는 앞에서 총참모장에게 전화를 걸어 가비쉬가 사리에 맞지 않는 계획을 제안했다고 말했다. 그런 다음 샤론은 자신이 작성한 작전 개요를 설명했다. 라빈은 가비쉬를 바꿔달라고 하지도 않고 샤론에게 "가비쉬의 명령에 복종하지 않으면 자네의 지휘권을 박탈할 거네"라고 말했다. 이때부터 샤론은 가비쉬와 문제를 일으키지 않았다. 그러나 결국 계획은 변경되었고, 샤론은 아부 아게일라에서 자신의 계획을 시행할 수 있었다.

샤론에게 가장 비판적인 반대자들조차 그가 대담하고 상상력이 풍부하며 전개되는 전투 상황을 읽을 줄 알고 병사들에게 사기를 불어넣는 이스라엘 최고의 걸출한 야전지휘관이라는 데는 동의했다. 샤론은 장성이 되고 나서도 일선에서 싸웠다. 참모장교 한 명은 샤론이 낯선 지형을 다른 자료 없이 복사된 사진만 15분 정도 살피고 밤새 해당 지역에서 부대를 지휘할 수 있는 능력이 있었다고 증언했다.

총참모장으로 발탁될 가능성이 없음이 분명해지고 3년 반에 걸친 남부사령관의 임기가 끝나게 되자, 샤론은 어쩔 수 없이 군을 떠났다. 전역일 아침에 샤론은 다얀에게 전화해 전선사령관의 임기를 1년만 더 연장해달라고 간청했다. 샤론은 이집트와 전쟁을 벌일 가능성이 있으며 전투 경험과 전선을 숙지하고 있는 자신의 능력은 쉽게 버려져서는 안 될 자산이라고 강변했다. 다얀은 잠시 침묵하더니 "다가오는 해에는 전쟁이 벌어지지 않을 거네"라고 말했다.

엘라자르의 반대에도 불구하고 샤론은 다얀의 지지를 얻어 1개 동원사단(제143사단-옮긴이)의 지휘를 맡았다. 다얀은 샤론이 과한 면이 있다는 것을 잘 알고 있었지만, 야전지휘관으로서 샤론의 자질을 높이 평가했다. 1956년 당시 총참모장이었던 다얀은 시나이 전역에서 명령을 거역하고 미틀라 고개를 공격한 샤론의 군사재판 회부를 고려했다. 이 공격으로 공수부대원 38명이 목숨을 잃었다. 그런데도 다얀은 "좋은 말의 고삐를 죄는 것이 게으른 소를 때리는 것보다 낫습니다"라고 말했다. 전역 후 3개월 동안 민간인 생활을 하면서 샤론은 정치무대에서도 왕성한 활동을 보여주었다. 샤론은 메나헴 베긴Menahem Begin(1913~1992년, 이스라엘 독립운동가·정치인. 제6대 수상, 재임 기간 1973~1983년. 이집트와 평화협정 체결-옮긴이)이 이끄는 새로운 우파 정당인 리쿠드당Likud party(1973년 창당. 2021년 6월까지 이스라엘 집권당-옮긴이) 창당의 숨은 주역이었으며, 10월 말로 예정된 총선에 크네세트Knesset(이스라엘 의회-옮긴이) 의원 후보로 출마했다.

샤론은 욤 키푸르 오후에 베르셰바로 전화해 일선의 상황을 더 잘 파악하기 위해 전방지휘소로 자리를 옮기라고 고넨을 설득했다. 고넨은 샤론의 조언을 받아들이지 않았다. 석 달 전만 해도 고넨은 샤론의 부하였다. 미묘한 지휘 관계가 긴장된 분위기를 만들었고, 샤론은 신중해져야 한다는 것을 깨달았다. 샤론과 아단은 모두 고넨보다 전투 경험이 훨씬 풍부한 고넨의 선배였다. 두 사람 모두 고넨의 지휘 능력에 극도로 회의적이었지만, 그렇다고 고넨의 직위를 원하지 않았다. 후방에 있는 사령부의 책상머리에 앉아 있는 것보다 야전에서 사단을 지휘하는 것이 더 감사한 일이었다.

아단은 기갑사령관의 자격으로 오전 7시에 '구덩이'에서 엘라자르, 제이라와 함께 회의에 참석했다가 마르완의 경고를 알게 되었다. 아단은 회의장에서 나오자마자 자신의 사령부로 직행했다. 그곳에서 아단은 동원사단장(제162사단-옮긴이)으로서 예하 3명의 여단장(제217기갑여단장 나트케 니르Natke Nir 대령, 제460기갑여단장 가비 아미르Gabi Amir 대령, 제500기갑여단장 아리예 케렌Arye Keren 중령-옮긴이)과 만났다. 아단의 사단은 운하 북부 전선을 맡아 지중해 해안도로를 따라 전진할 예정이었다. 샤론은 중부 구역을 맡아 시나이 반도의 정중앙을 지나 타사Tasa로 행군할 예정이었다. 그리고 멘들레르의 남은 전차들은 다른 사단들이 도착하는 대로 남부 구역 방어에만 전념할 것이다.

아단은 아침에 엘라자르와 만났다. 총참모장은 차분하게 대처하고 있는 것 같았다. 두 사람은 다음날 칼만 마겐Kalman Magen 장군으로 교체될 예정이었던 멘들레르 사단장을 전쟁이 끝날 때까지 유임시키는 데 동의했.

토요일 밤 10시 30분, 반궤도장갑차 탑승 기계화보병 소부대와 함께 아단 사단 소속 이츠하크 브리크Yitzhak Brik 소령이 지휘하는 동원전차중대를 실은 첫 전차수송차가 전선을 향해 출발했다. 동원령이 발령된 지 13시간 만이었다.

브리크 소령은 어둠을 뚫고 움직이는 전차수송차 안에 앉았는데 차에는 무전기가 없었다. 외부와 단절되고 반쯤 잠이 든 상태에서 소령은 이날 이스라엘 남부에 있는 자신의 키부츠에서 전투기의 소음을 듣는 것을 시작으로 정신없이 연달아 일어난 일들에 대해 반추해보았다. 소령과 같은 대대 소속인 동료 키부츠 구성원들은 그들의 집결지로 차를 몰고 갔다. 두 사람은 무슨 일이 일어나던 하루나 이틀이면 끝날 것이라고 장담했다. 동원 예비물자 치장소의 창고는 잘 관리되어 있었기 때문에 브리크 소령의 부대는 재빨리 전투태세를 갖출 수 있었다. 하지만 전선으로 파견되면서 받은 성급하고 불명확한 명령은 좋은 징조가 아니었다. 그가 받은 명령은 정지신호를 받을 때까지 운하 접근로에 있는 발루자Baluza까지 전진하라는 것이었다. 정지한 곳에서는 후속 명령을 기다리며 대기해야 했다. 브리크의 상관 아사프 야구리Assaf Yaguri 제113전차대대장은 이집트군이 대규모로 운하를 도하하는 중이라고 말했다.

새벽녘, 브리크의 전차수송차들이 발루자 근교에 도착했다. 길은 텅 비어 있었고 정지신호를 내리는 사람도 없었다. 운하 지역이 멀지 않았기 때문에 브리크는 경계심을 늦추지 않았다. 전차수송차에 탑승한 채로 이집트군과 마주친다면 결과는 절망적일 것이었다. 브리크는 수송차 운전병에게 말했다. "우리는 이곳에서 내린다."

전차와 장갑차들이 수송차에서 내려 중대장의 전차 뒤로 포진했다. 1마일(1.6km)도 채 전진하지 못한 상태에서 브리크는 뒤에서 폭발음을 들었다. 대열의 후미에서 장갑차가 불타고 있었다. 갑자기 대열 전체가 사격당하기 시작했다. 전날 해질 무렵 헬리콥터로 이 지역에 상륙한 이집트군 특수부대원 150여 명이 길 양편에 호를 파고 들어가 위장하고 있었던 것이다. 대부분의 포화는 오른쪽에서 날아오고 있었다. 브리크는 조종수에게 오른쪽으로 선회하라고 지시했다. 주변의 모래밭에서 이집트군 특수부대원들이 일어나 총을 쏘며 수류탄을 던졌다. 브리크와 다른 전차장들은 기관총을 쏘았고, 조종수들은 이집트군을 깔아뭉개려고 했다. 전차들은 힘겹게 모래언덕 사이로 기동했고, 이집트군은 차체 뒤쪽을 타고 올라와 열린 포탑 해치로 수류탄을 떨어뜨리려고 했다. 브리크와 40야드(37m) 떨어진 곳에 있던 다른 전차의 전차장은 기관총을 쏘며 이집트군을 떨어뜨렸다.

브리크를 도운 다른 전차장이 다치는 바람에 승무원들은 전차를 뒤로 후퇴시켰다. 혼자 남은 브리크는 쉬지 않고 기관총을 쏘아냈다. 기관총의 열기로 인해 셔츠에 불이 붙었다. 포수에게 지휘를 맡으라고 고함친 다음 그는 불을 끄기 위해 전차에서 뛰어내려 모래 위로 몸을 굴렸다. 포수는 포탑 밖으로 몸을 내밀고 브리크에게 다가가던 이집트군을 향해 기관총의 총구를 돌렸다. 중대장 근처에서 1명이 쓰러져 죽었다. 브리크는 얼굴이 심하게 그을린 것 말고는 부상당하지 않았기 때문에 정지한 전차로 기어가 서둘러 탑승했다. 다른 전차 몇 대와 장갑차 1대가 합류해 후퇴하는 이집트군의 뒤를 쫓았다.

브리크는 조심스럽게 서쪽으로 진격을 재개했다가 홀로 있는 이스라엘군 전차를 보고 그 옆에 전차를 세웠다. 승무원들은 넋이 나간 것 같았다. 전날 밤 미프레케트 전투에서 살아남은 젊은 현역병들이었다. 이들의 이야기와 자신이 방금 경험한 일로 미루어볼 때 브리크는 지금의 상대는 6일 전쟁의 이집트군과는 완전히 다르다는 것을 이해하기 시작했다.

시나이 전선을 향해 계속 모여들던 다른 동원 부대원들은 자신을 기다리고 있는 적의 정체를 아직 몰랐다. 상당수는 이번 전쟁이 6일 전쟁의 재판일 것으로 예측해 참전하지 못할 것을 걱정할 정도였다. 반대로 어떤 사람들은 전투에 참가하게 될 것을 걱정했다. 중대장 한 명은 중대원들을 집합시키고는 전방에서 온 보고로 볼 때 힘든 전투가 예상된다고 말했다. 중대원들은 전원 소모전쟁의 유경험자였다. 생각하기도 싫은 불쾌한 전투였다. "조심해라." 중대장이 말했다. "머리를 쓰면서 싸우도록. 행운을 빈다." 샤론 사단의 하임 에레즈$^{Haim\ Erez}$ 여단장(제421기갑여단-옮긴이)은 이렇게 완전한 기습을 당한 마당에 행운을 바랄 수는 없다고 생각했다. 에레즈 대령은 휘하 대대장 아미 모라그$^{Ami\ Morag}$(제599전차대대-옮긴이)에게 예언과도 같은 말을 남겼다. "상황은 엉망진창이다. 전쟁이 끝나면 전사자는 2,500명에서 3,000명에 달할 것이다."

베르셰바를 통과해 전선으로 향하는 샤론 사단을 향해 거리의 시민들이 환호하며 박수를 보냈다. 네거리에서 전차가 신호대기 중인 민간 차량을 살짝 추돌했다. 마침 군인인 운전자가 밖으로 나와 부서진 부분을 살펴보고는 전차장에게 안심하라는 손짓을 하며 말했다. "괜찮습니다. 내 차가 아니라 징발된 차입니다." 손상된 차량은 그에 따른 보상을 받을 것이다. 베르셰바를 빠져나온 차량 대열은 운하까지 이어지는 사막의 모래 속으로 사라졌다.

밤이 깊어지면서 네게브 사막 곳곳에 있는 기지에서 온 다른 부대들이 합류함에 따라 대열은 점점 더 길어졌고 전진 속도는 느려졌다. 병사들은 길게 늘어선 전차들과 포탑에서 꼿꼿이 상체를 내민 전차장들을 보고 안심했다. "이집트인들은 인생 최악의 실수를 저질렀다"고 이 광경을 응시하던 병사가 말했다. 하지만 다른 병사들은 이번 전쟁은 다를 것이라고 느꼈다. 이번에는 아랍인들이 주도권을 잡았기 때문이었다.

대열이 서쪽으로 나아감에 따라 병사들은 입을 다물었다. 대부분 생각에 잠겨 있었다. 샤론 사단의 군의관은 갑자기 닥친 비현실적 상황 변화에 당혹해했다. "어제까지만 해도 고층 빌딩, 푸른 잔디밭, 회당, 아이들이 보였는데, 이제는 기갑차량, 사막, 카키색, 그리고 전장으로 가는 끝없는 길만 보인다." 그는 이렇게 기록했다.

가끔씩 대열은 이스라엘로 돌아가는 차량 때문에 길옆으로 비켜 멈춰야 했다. 대부분은 빈 전차수송차나 전쟁구역에서 철수 명령을 받은 젊은 여군들을 태운 버스였다. 여군들은 전장으로 이동하는 병사들에게 손가락으로 V자를 그려 보였다.

이집트군의 모하메드 나데 병장은 전쟁 첫날, 이스라엘군과 마주친 다음부터 전쟁이 흥분되는 모험이 될 것이라는 환상을 머릿속에서 싹 지웠다. 비터 호수를 건넌 그의 상륙 대대는 보아즈 아미르 대위가 이끈 이스라엘군 전차들의 공격으로 큰 손실을 입었다. "수륙양용 전차는 호수를 건너는 데 말고는 쓸모가 없음이 증명되었다." 나데 병장은 다음날 아침, 일기에 이렇게 적었다. "나와 함께 있던 전차 대부분이 불타올랐고, 나머지는 흩어졌다. 우리가 겪은 가장 잔인한 밤이었다. 죽음, 허기, 갈증, 공포, 추위. 알렉산드리아 출신의 전우들은 무슨 일이 일어나도 같이 죽으려고 호숫가의 참호 하나에 다 같이 들어갔다. 라디오에서 방송하는 뉴스를 듣고 우리는 크게 웃었다."

그러나 카이로 라디오의 뉴스 방송이 전하는 이집트군의 도하 성공 소식은 전장 한구석에 고립된 나데와 전우들의 생각과는 달리 사실에 가까웠다. 샤즐리 장군은 일요일 아침에 '센터 텐'에서 일선 부대들의 보고를 검토한 결과 도하 작전이 성공적으로 끝났으며 손실은 놀라울 정도로 적었다고 밝혔다. 일요일 오전 8시까지 병력 9만 명이 운하를 건넜다. 개전 24시간 뒤인 일요일 오후 2시경에 그 수는 10만 명으로 늘어났다. 전차 1,020대 및 각종 차량 1만 4,000대도 운하를 건넜다. 샤즐리는 도하 작전 첫날 규모로는 군의 역사상 최대라고 말했다.

밤중에 이스라엘 비행기들이 교량을 타격했으나 파손된 조립교의 모듈식 경간은 1시간 안에 교체되었다. 샤즐리는 이스라엘이 제시간에 동원을 개시하지 못해 유감이라고 약간 빈정대며 말했다. 이스라엘 예비군이 개전 전에 전개를 마쳤더라도 시나이 사단의 공격을 답습해 같은 실수를 반복하고 같은 운명을 맞았으리라고 그는 생각했다. 이스라엘군 장교들도 여기에 적지 않이 공감할 것이다.

아단 장군은 매복한 이집트군이 브리크를 급습하기 직전인 오전 6시 30분에 발루자에 도착했다. 다행스럽게도 매복해 있던 이집트군은 더 큰 먹잇감을 기다리고 있었기에 사단 지휘부가 탑승한 경장갑차량들을 공격하려고 모습을 드러내지 않았다. 고넨에게 도착 보고를 한 다음 아단은 가비 아미르 여단장을 만나기 위해 출발했다. 옛 동료이기도 했던 아미르 여단장은 욤 토브 타미르 중령과 함께 반궤도장갑차에 있었다. 옆에는 전차 몇 대가 있었다. 두 사람의 얼굴을 보니 얼마나 끔찍한 일을 겪었는지 금방 알 수 있었다. 아미르 대령은 밤에 벌어진 전투에 대해 모골이 송연해지는 묘사를 했다. 타미르 중령은 사단장이 자신의 대대가 전멸한 것에 대해 위로의 말을 하지 않아 기분이 상했지만, 사단장은 패배 현황을 파악하느라 너무 바빴기 때문에 중령의 불운에 공감할 수 없었다. 아단은 산산조각이 난 아미르 여단의 잔존 전력을 다른 부대에 나누어 재배치하는 대신 여단 장병의 사기를 유지하고 새로운 병력을 투입하기 위해 여단을 온전히 유지하기로 결심했다.

고넨은 아단에게 전화를 걸었다. 사령관은 "무사히 도착하셔서 다행입니다"라고 말했다. 피곤함이 묻어나는 목소리였다. "운하 전체의 상황이 좋지 않습니다. 부대를 이동시켜 적의 돌파를 막아주십시오." 엘라자르는 고넨에게 움 하시바에서 베르셰바로 돌아가라고 강권했다. 이집트군 특수부대가 기습을 준비하고 있을 것을 우려해서였다. 이미 근교의 언덕에서 이집트군 특수부대가 포착되었다. "나는 우리 장성이 포로가 되는 것을 원하지 않네"라고 엘라자르가 말했다. 고넨은 자신은 절대 포로로 잡히지 않을 것이라고 엘라자르를 안심시켰다.

전방지휘소는 시나이 반도 주둔 이스라엘 국방군의 주 기지인 레피딤 기지에서 15마일(24km) 떨어진 높은 언덕에 지어진 벙커였다. 언덕 꼭대기에 서면 맑은 날에는 운하가 보였지만, 지휘소 자체는 완전히 지하에 있었다. 고넨은 접근로에 기관총좌를 설치하라는 명령을 내리고 부하 장교들에게 이집트군 특수부대가 공격한다면 격퇴할 준비를 하라고 말했다.

아단이 자신의 구역에서 예하 부대를 동서로 난 도로 양편으로 전개하고 있을 무렵, 브리크 소령이 격퇴시킨 이집트군 특수부대가 해안도로를 봉쇄하기 위해 돌아왔다는 정보가 들어왔다. 발루자에서 출발해 연료 보급을 위해 후방으로 향하던 반궤도장갑차 대열이 특수부대의 공격을 받았다. 엔진 고장을 일으킨 대열 후미의 반궤도장갑차와 뒤쪽에 있던 지프 한 대를 빼고 모두 무사히 빠져나왔다. 두 차량에 탄 13명은 모두 하차했다. 이 중 9명은 이스라엘군 특수부대 장교였다.

지휘를 맡은 라피 사이드Rafi Sa'id 중위의 지시에 따라 이들은 매복공격을 한 이집트군을 향해 움직이기 시작했다. 도중에 사이드 중위는 움푹 들어간 곳에 숨은 이스라엘군 전차 1대를 발견했다. 중위는 전차에게 앞장서라고 신호했다. 이집트군에 접근하자, 사이드는 자신의 부하들을 2개 분대로 나누어 전차의 엄호사격을 받으며 적의 양 측면으로 우회하도록 했다. 이번에는 이집트군이 기습을 당했다. 사이드의 부하들이 갈팡질팡하는 이집트군을 정확히 사격해 쓰러뜨리는 동안 전차 조종수는 적병들을 깔아뭉갰다. 전투 결과 이스라엘군은 전차장이 전사하고 몇 명이 다친 데 반해, 이집트군은 시신 92구가 땅바닥을 뒤덮었고 지휘관은 생포되었다. 해안도로를 둘러싸고 두 번에 걸쳐 벌어진 전투에서 이스라엘군 21명이 전사했고 전차 5대와 기타 차량 5대가 파괴되었다. 길옆으로 치워진 차량의 잔해는 도착하는 병사들에게 이번에는 전혀 다른 전쟁이 될 것이라는 경고판이 될 것이었다.

토요일 일몰 전에 또 다른 이집트군 특수부대가 보트를 타고 부다페스트 전초기지로 이어진 모래톱 위에 상륙했다. 200명으로 구성된 이 부대는 지뢰를 매설하고 전방초소에 도달하려고 하는 이스라엘 증원군을 기다렸다. 자정이 다 되어 이스라엘군 전차 8대가 도로에 모습을 나타냈다. 선도 전차가 지뢰를 밟자, 이집트군은 조명탄을 발사하고 새거를 발사해 전차 2대를 명중시켰다. 이스라엘군은 철수했다가 동이 트자 다시 움직이기 시작했으나 지뢰와 새거에 막혀 또다시 전차 1대를 잃었다.

이집트군 특수부대원들은 도로가 내려다보이는 곳에 잘 엄폐해 있었고, 이스라엘군은 지뢰지대와 좁은 모래톱 때문에 우회기동을 할 수 없었다. 모티 아쉬케나지 대위가 보았던 발자국을 남긴 이집트군 수색대원들은 매복 장소를 잘 선정했다. 오전 9시, 이 지역을 박격포로 사격한 다음 이스라엘군 부대가 재차 돌파를 시도했다. 해변을 따라 움직이는 이스라엘군 병사들은 사격에 노출되었다. 이 전투에서 이스라엘군 15명이 전사하고 30명이 다쳤다. 부다페스트 전초기지는 계속 고립된 상태로 남았다.

아단 사단은 운하에서 90마일(145km) 떨어진 엘 아리쉬El Arish까지 이어진 교통체증 때문에 해안도로 위에서 꼼짝 못 하고 있었다. 도로 옆으로 모래가 높이 쌓여 있었기 때문에 멈춰버린 차량들을 옆으로 치우기 어려웠다. 결국, 전차와 병력수송장갑차는 수송차에서 하차해 자력으로 모래를 헤치고 전진하라는 명령이 내려졌다. 전투기들이 상공에서 선회하며 적 공습에 대비했다.

샤론 사단은 별 차질 없이 전선에 도착했다. 이집트군은 샤론의 접근 경로에도 특수부대를 파견해 매복공격을 하려고 했으나 이스라엘군 전투기들이 이들을 실은 헬리콥터 대부분을 격추했다. 샤론은 일요일 오전 2시에 '햇살표 태양열 온수기'라는 상호가 적힌 징발된 픽업트럭을 타고 전선으로 출발했다. 차주는 차를 군에 넘기는 대신 운전병으로 남기로 했다. 공수부대에 있을 때부터 오랜 친구인 제브 아미트Zeev Amit가 동승했다. 아미트는 샤론과 같이 싸우기 위해 따라오기로 했다. 샤론의 아내는 남편이 신던 군화를 찾아 아미트에게 빌려주었다. 레피딤 기지에 도착하자, 샤론은 지하 상황실로 들어갔다. 장교와 병사들이 반사적으로 일어섰다. 마치 아직도 샤론이 사령관인 것 같았다.

멘들레르 장군은 샤론을 만나 사단 선도부대가 멀지 않은 곳까지 진출했다는 소식을 듣고 안도했다. 멘들레르는 눈에 띄게 지쳐 있었다. 사단장은 전방의 상황이 불확실하다고 말했다. 레셰프 여단의 잔존 전력이 이집트 제2군 전체의 선두부대와 맞서고 있었으며, 숌론 여단이 이집트 제3군과 대치하고 있었다. 아미르 여단은 간신히 존재를 유지하고 있었다. 전반적인 전차의 손실 규모는 심각했으며, 사상자 규모도 마찬가지였다. 이집트군은 운하에서 동쪽으로 3마일(4.8km)에서 5마일(8km) 떨어진 지점까지 진출했으며 거침없이 수에즈 운하를 건너 쇄도하고 있었다.

샤론은 멘들레르가 간결하게 전한 내용을 듣고 바르-레브 선에 대해 자신이 평소 품었던 최악의 우려가 현실이 되었음을 깨달았다.

사단본부를 설치할 타사에 도착하자, 샤론은 지프를 타고 운하 지역이 내려다보이는 지점으로 갔다. 전선 전체에서 피어오르는 포연이 멀리서 보였다. 샤론은 후퇴하는 전차 여러 대를 불러 세우고 전차장들과 이야기를 나누었다. "나는 이들의 얼굴에서 무엇인가 이상한 점을 보았다"라고 샤론은 썼다. "두려움이 아닌 당혹감이었다." 이스라엘군이 밀려나고 있었고 무엇이 일어나고 있는지 짐작조차 할 수 없었던 것이다. 병사들이 생전 처음 겪는 일이었다.

샤론은 앞으로 무슨 일을 해야 할지 분명히 깨달았다. 이집트군이 교두보의 방어를 단단히 굳히기 전에 최소 2개 사단을 동원해 신속히 집중 타격하는 것이었다. 자신과 아단의 사단이 준비를 마치는 월요일에 공격을 시작할 수 있었다. 샤론은 이집트군이 성취감을 느끼지 못하도록 해야 한다고 생각했다. 전쟁에서 심리적 요소는 매우 중요하기 때문에 신속한 반격을 가해 이집트군을 흔들어야 했다. 샤론은 자신의 목표는 "아랍군에게 패배감을 불러일으키는 것, 즉 매번 패배를, 그것도 결정적 패배를 안겨 자신들이 절대 이길 수 없다고 확신하게 만드는 것이다"라고 썼다.

전장을 내려다보던 샤론의 머릿속에 떠오른 또 다른 생각은 전초기지에 고립된 병사들을 구출해야 한다는 것이었다. 타사로 돌아오자, 샤론은 자신의 담당 구역에 있는 전초기지들과 무선 접촉을 시작하라고 명령했다. 샤론은 교신에서 40이라는 무선호출 부호로만 자신을 밝히며 전술적 상황과 분위기를 느껴보려고 했다.

푸르칸 전초기지, 무전수 아비 야페^Avi Yaffe는 예루살렘에 있는 자신의 녹음 스튜디오에서 동원훈련에 가져온 테이프 녹음기로 전초기지 지휘관 바이셀 소령과 샤론 장군의 대화를 녹음했다.

"이집트군이 지친 것 같은가? 아니면 아직 기세가 왕성한 것 같은가?" 샤론이 물었다. 샤론은 지친 목소리였고 상황을 잘 모르는 것 같았다. "전차는 얼마나 보이나? 타사로 이동 중인 전차가 있는가?"

바이셀은 침착한 목소리로 이집트 전차들이 운하와 평행으로 놓인 도로

인 렉시콘로를 따라 전개했다고 말했다. "우리 전차들이 공격해오기를 기다리는 것 같습니다."

바이셀은 얼마 전 이스라엘 공군기가 이 지역의 이집트군을 공격했다고 언급했다. "6년 전 일이 생각납니다." 바이셀이 말했다. 6일 전쟁을 말하는 것이었다.

"그 전쟁에 있었다고?" 샤론이 물었다.

"네 번, 아니 세 번의 전쟁을 겪었습니다." 바이셀이 말했다. "지금 교신하시는 사람 나이도 올해 마흔하나입니다(샤론은 1928년생으로 당시 45세였다-옮긴이)."

샤론은 예의를 지키며 웃었으나 목소리는 아주 진지했다. "여기 방금 도착했네. 자네 부대를 구출하도록 노력하겠네. 보유 차량은?" "반궤도장갑차 2대와 트럭 1대입니다."

예루살렘에서 은행원으로 일하던 하지욘 전초기지의 무전병 막스 마이몬Max Maimon이 교신에 끼어들었다. 마이몬은 어제부터 절망적인 구원 요청을 하고 있었는데 샤론의 목소리를 알아들었다. "40, 40, 우리는 말씀하시는 분이 누군지 알고 있습니다. 구원해주시리라 믿습니다. 제발 와주십시오."

샤론은 이러한 대화에 깊이 감동했다. 사단본부의 병사는 샤론의 눈가가 촉촉해지는 모습을 보았다. 샤론은 고넨과 접촉해 전초기지에 고립된 병사들의 구출 시도는 도덕적 책무라고 말하고 어두워진 다음 좁은 전면으로 전차들을 전진시키면서 강력한 포격으로 대열 양 측면과 전면에 '불의 상자'를 만들어 RPG팀의 접근을 막자고 제안했다. 이와 동시에 전초기지의 병사들은 어둠을 틈타 차량이나 도보로 빠져나와 사전 지정된 장소에서 전차와 만나면 된다. 샤론은 아직 이집트군 주력부대, 특히 전차가 도하하지 않았기 때문에 구출할 수 있다고 믿었다. 그러나 대규모로 진출해 있는 보병은 위험 요소였다. 멘들레르의 사단이 부질없는 공격을 하다가 소멸되는 모습을 보고 침착함을 잃어버린 고넨은 샤론의 제안을 거부했다. 전초기지에 있는 병사들은 다음날로 계획된 총반격까지 기다려야 할 것이다.

샤론은 주저 없이 고넨을 건너뛰어 다얀에게 직접 전화해 개입을 요청했다. 국방장관은 전초기지 문제는 고넨의 사령부에서 밤에 열릴 회의에서 엘라자르와 함께 논의될 것이라고 말했다. 샤론과 다른 사단장들도 참석할 예정이었다.

히자욘 전초기지 동쪽 5마일(8km)에 있는 고지를 지키던 미츠나 중령의 전차대대는 이집트군이 전초기지 바로 남쪽에 가설된 다리를 건너 쇄도하는 모습을 보았다. 다리를 건넌 이집트군 부대는 대오를 편성한 다음 모래평원을 가로질러 포병로를 향해 언덕을 올랐다. 미츠나의 대대는 하루 종일 소규모 교전을 벌이며 전차 수십 대를 파괴해 적을 막았다. 어제 처음으로 새거를 접해본 다른 전차부대원들처럼 미츠나의 전차승무원들은 새로운 위협에 대한 대응책을 즉석에서 마련했다. 정면으로 전차포를 발사해 먼지를 일으키고 앞뒤로 움직이며 미사일 조작원이 있다고 추정되는 방향으로 사격을 가하는 것이었다. 나중에 나토군은 이러한 기법을 수용해 새롭게 인식된 바르샤바 조약군 보유 새거의 위협에 대응했다.

오후가 저물어가자 미츠나 대대의 탄약과 연료는 거의 소진되었고 전차 다수가 피격되었다. 전투가 소강상태에 접어들자, 라미 마탄Rami Matan 중대장은 담배를 피우기 위해 포탑 밖으로 나와 전차 차체에 앉았다. 멀리 대오를 편성하는 이집트군 2파가 보였다. 이미 죽음을 받아들이기로 한 22세의 대위는 이집트군이 자신의 진지를 휩쓸기 전에 마지막 남은 포탄 몇 발을 쏠 수 있으리라고 생각했다. 하지만 자신의 후방에 접근하는 전차가 내는 것으로 보이는 먼지구름이 일자, 이집트군은 공격하지 않았다. 미츠나는 부하들에게 후퇴 준비를 지시했다. 예비군이 전선으로 들어오고 있었다.

일요일, 아단 사단 의무대 소속 케미 샬레브Chemi Shalev 병장은 측면로를 타고 북쪽으로 차를 달려 지중해 해변에 있는 발루자 기지에 도착했다. 병장은 대대본부에서 사상자 소재 파악을 하라는 지시를 받았다. 샬레브가 사상자가 어디에 있는지 묻자, 발루자 기지의 병사 한 명이 건물 하나를 손가락으로 가리켰다. 문을 열자 방을 가득 메운 병사들이 보였다. 대부분은 바닥에 누워 있었고, 일부는 테이블 위에, 어떤 병사는 의자 등받이에 기대어 앉아 있었다. 모두 시체였다. 샬레브는 본능적으로 움찔했지만 이 임시 시체안치소에 들어갔다. 병장은 전쟁이 일어난 지 하루밖에 지나지 않았는데 전장 한구석에서 이렇게 많은 시신을 본 것에 경악했다.

"나는 시간을 들여 얼굴을 찬찬히 들여다보았다. 일부는 알아볼 수 없었고 일부는 온전한 상태였다." 나중에 《하아레츠$^{Ha'aretz}$》(이스라엘 주요 일간지-옮긴이)의 베테랑 기자가 된 샬레브는 수십 년 뒤에 이렇게 썼다. 샬레브는 인식표를 확인했다. "그리고 나는 다시금, 새로이 시신들을 살피기 시작했다. 내 부대원은 아무도 없음을 깨달은 다음에도 그랬다. 젊은 병사들도 있었으나 대부분 나이를 먹은 예비군이었다. 나는 이 사람들이 누구였을지, 무슨 일을 했을지, 어디에서 왔을지, 누가 이들을 그리워할지를 상상하기 시작했다. 화가 잔뜩 난 장교 한 사람이 갑자기 들어와 당장 나가라고 소리쳤다. 감사한 마음이 들었다." 샬레브의 아버지 모르데카이^{Mordechai}는 디니츠 대사가 예루살렘에서 돌아올 때까지 워싱턴에 있는 주미 이스라엘 대사관의 대리대사로서 뒷일을 맡고 있었다.

자신의 부대로 돌아온 샬레브는 의무 텐트 근처에 이상한 각도로 주차된 병력수송장갑차를 보았다. 엔진은 계속 돌아가고 있었다. 군의관에게 물어보니 운전병이 과속으로 몰다가 길을 벗어나 사막으로 빠진 것 같다고 말했다. "우리도 이유를 물어보기에는 너무 피곤했고 바빴어."

부대원들은 차량을 자세히 살피다가 측면에서 RPG탄에 의해 관통당한 구멍을 발견했다. 군의관이 조심스럽게 뒷문을 열었다. 뒤로 물러선 군의관의 입에서 이 세상 사람이 내는 소리라고는 생각할 수 없는 비명이 터져나왔다.

일요일의 땅거미가 지자, 일선의 병사들은 이스라엘 라디오를 통해 무슨 일이 일어나고 있는지 들을 수 있는 시간이 생겼다. 곳곳에서 격전이 벌어지고 있는 것 같았다. 자신들의 상황이 나빴기 때문에 시나이 전선의 이스라엘군 병사들에게 별 위안이 되지는 않았겠으나 북동쪽으로 300마일(482km) 떨어진 골란 고원의 상황은 훨씬 더 나빴다.

제14장

시리아군의 돌파

시리아는 단 하루 만에 골란 고원 전역을 수복할 것으로 예측했다. 그렇게 예측할 이유는 충분했다.

욤 키푸르 아침에 이스라엘군은 전차 177대를 골란 고원에 배치한 반면, 시리아군은 전차 1,460대를 보유했다. 이스라엘군의 11개 포대에 맞선 시리아군의 포대는 115개였다. 40마일(64km) 길이 전선의 10개 거점에 배치된 이스라엘군 보병 200명의 맞은편에는 병력 4만 명을 보유한 시리아군 3개 보병사단이 있었다.

이스라엘군 지휘부가 현기증 날 정도로 엄청난 전력 격차를 기꺼이 받아들인 것은 이스라엘의 제한적 인력 때문이 아니라 시리아의 군사적 능력을 업신여겼기 때문이다. 엘라자르가 며칠 전 말했듯이 골란 고원에 배치된 100대의 전차로 시리아군 전차 800대를 상대하기에 충분할 것이다. 벤-갈의 여단이 도착하지 않았더라면 양군의 전차 전력비는 8 대 1이 아닌 18 대 1이 되었을 것이다. 이집트 전선과 달리 골란 전선에는 대전차호와 지뢰밭이 있을 뿐 시리아군이 이스라엘군 진영에 도달하기 위해 넘어야 할 큰 물리적 장애물이 없었다.

시리아군은 이스라엘 예비군이 전선에 도착하기까지 24시간이 걸릴 것으로 예상하고 그 전에 골란 고원을 점령할 계획이었다. 이스라엘 정보당국은 전쟁 발발 최소 2개월 전부터 시리아군의 작전계획 개요를 알고 있었다. 그리고 욤 키푸르 1주 전에 개정된 계획을 입수했다. 시나이 전선에서와 마찬가지로 양군의 전력 격차가 현저했기 때문에 이 사전 지식은 실전에서 별다른 역할을 하지 못했다. 골란 전선에서는 북부의 제7보병사단(사단장 오마르 아브라쉬$^{Omar\ Abrash}$ 준장-옮긴이), 중부의 제9보병사단(사단장 하산 투르크마니$^{Hassan\ Tourkmani}$ 준장-옮긴이), 남부의 제5보병사단(사단장 알리 아슬란$^{Ali\ Aslan}$ 준장-옮긴이)의 시리아군 3개 사단이 동시에 공격할 예정이었다. 보병사단이라는 호칭에도 불구하고 이들은 모두 합쳐 900대의 전차를 보유했다. 여기에 더해 전선에서 몇 시간 거리에 떨어진 후방에 전차 470대를 보유한 2개 기갑사단[제1기갑사단(사단장 테우피크 제하니$^{Tewfiq\ Jehani}$ 준장, 제3기갑사단(사단장 무스타파 샤르바$^{Mustafa\ Sharba}$ 준장)-옮긴이]이 있었다. 공격이 돈좌되면 이들은 지원에 나설 것이며 골란 고원 수복 후 예상되는 이스라엘군의 반격을 막아낼 핵심 전력이 될 터였다.

공병부대가 대전차호를 메우거나 다리를 놓고 지뢰밭을 정리하는 데 주어진 시간은 3시간이었다. 그 후 보병부대가 침투해 이스라엘군 전선의 거점들과 전선 후방에서 관측소 역할을 하던 휴화산 봉우리 '텔^{tel}'을 점령할 것이다. 전차부대가 그 뒤를 이어 3~4시간 안으로 이스라엘군 기갑부대를 제압할 것이었다. 작전계획에 따르면, 시리아군은 밤새 5~6마일(8~9.7km) 정도를 돌파할 예정이었다. 기갑사단들이 골란 고원 수복을 완료한 후 이스라엘군의 반격에 대비할 것이다.

시리아군 작전계획의 핵심 요소는 개전 후 10시간 안에 요르단강을 가로지르는 다리에 헬리콥터로 특수부대원들을 투입하는 것이었다. 이들은 골란 고원에 도착하기 위해 노력할 이스라엘군 동원사단들을 차단하거나 최소한 지연시킬 예정이었다. 다음날 새벽, 개전 후 16시간 내에 시리아군은 골란 고원 전역을 장악하고 요르단강을 가로지르는 모든 주 접근로를 차단할 계획이었다. 계속 이스라엘 내륙으로 진격할 작전계획은 없었으나 아랍계 이스라엘인의 도시인 나사렛^{Nazareth}으로 공세를 지속할 여지는 남겨놓았다. 시리아는 이스라엘군 대부분이 이집트 전선에 발이 묶여 있을 것이기 때문에 반격은 제한적일 것으로 믿었다.

이스라엘군 수뇌부는 시리아군 주력이 어디를 향할 것인지에 대해 의견이 갈렸다. 아만은 상대적으로 지형이 평평한 남부 골란 고원일 것으로 믿었다. 반면, 북부사령부는 시리아군이 6일 전쟁 결과 버려진 쿠네이트라Kuneitra 마을 근처인 북부 지구로 공격해올 것으로 믿었다. 이곳의 지형은 더 험했지만 돌파하기만 하면 시리아군은 골란 고원에 주둔한 이스라엘군의 주 기지인 나파크Nafakh 및 골란 고원과 이스라엘 본토를 잇는 주 통로인 요르단강의 브노트 야코브 다리에 금세 도달할 수 있었다.

북부사령부는 시리아군이 택할 가능성이 가장 큰 진격로를 쿠네이트라 북쪽에 있는 언덕들 사이로 굽이쳐 난 계곡, 일명 쿠네이트라 갭Kuneitra gap(Pithahat Kuneitra)으로 보았다. 호피 장군은 여름 동안 계곡이 내려다보이는 언덕에 다수의 사격대를 구축하라고 지시했다. 전차들은 사격대를 이용해 포탑과 포만 내밀고 사격할 수 있어서 계곡 아래에서 이스라엘군의 공격에 노출된 적 전차들에 대해 상당한 이점을 누렸다. 사격대는 이미 일선의 보병 거점 옆에도 존재했다. 쿠네이트라는 외곽에 주둔한 제한적인 이스라엘 병력을 제외하고는 사람이 살지 않는 마을이었다.

통상적으로 이스라엘 쪽 전선은 모두 합쳐 전차 77대를 보유한 이츠하크 벤-쇼함 대령의 제188기갑여단 소속 2개 전차대대(제53전차대대, 제74전차대대-옮긴이)가 지켰다. 터키 출생으로 부드러운 성품의 소유자인 벤-쇼함 대령은 고작 2개월 전에 여단의 지휘권을 인수했다.

바르-레브 선과 마찬가지로 12명에서 20명이 주둔한 최전선 보병 전초기지의 주목적은 관찰과 탄착 관측, 그리고 소규모 침입의 격퇴였다. 북쪽의 5개 거점에는 골라니 여단Golani brigade 소속 병사들이, 남쪽 5개 거점에는 제50공수대대 소속 병사들이 배치되었다. 그러나 시리아군이 지상에서 공격하는 경우, 거점이 아닌 전차가 방어의 주역이 될 터였다. 로쉬 하 샤나 전날 다얀의 개입으로 파견된 제7기갑여단이 축차적으로 도착함에 따라 골란 고원의 이스라엘군 전차 전력은 2배로 늘었다. 여단의 전차 105대 중 마지막 전차가 욤 키푸르 아침에 도착해 공격대기지역holding area(병력이 전방으로 이동하기 전까지 대기하는 은폐된 지역-옮긴이)에 먼저 온 전차들과 합류했다.

유엔 초소에서 발신한 메시지를 감청해 이집트군의 포격이 임박했음을 경고할 수 있었던 시나이에서와는 달리 골란 고원에서 시리아군의 선제포

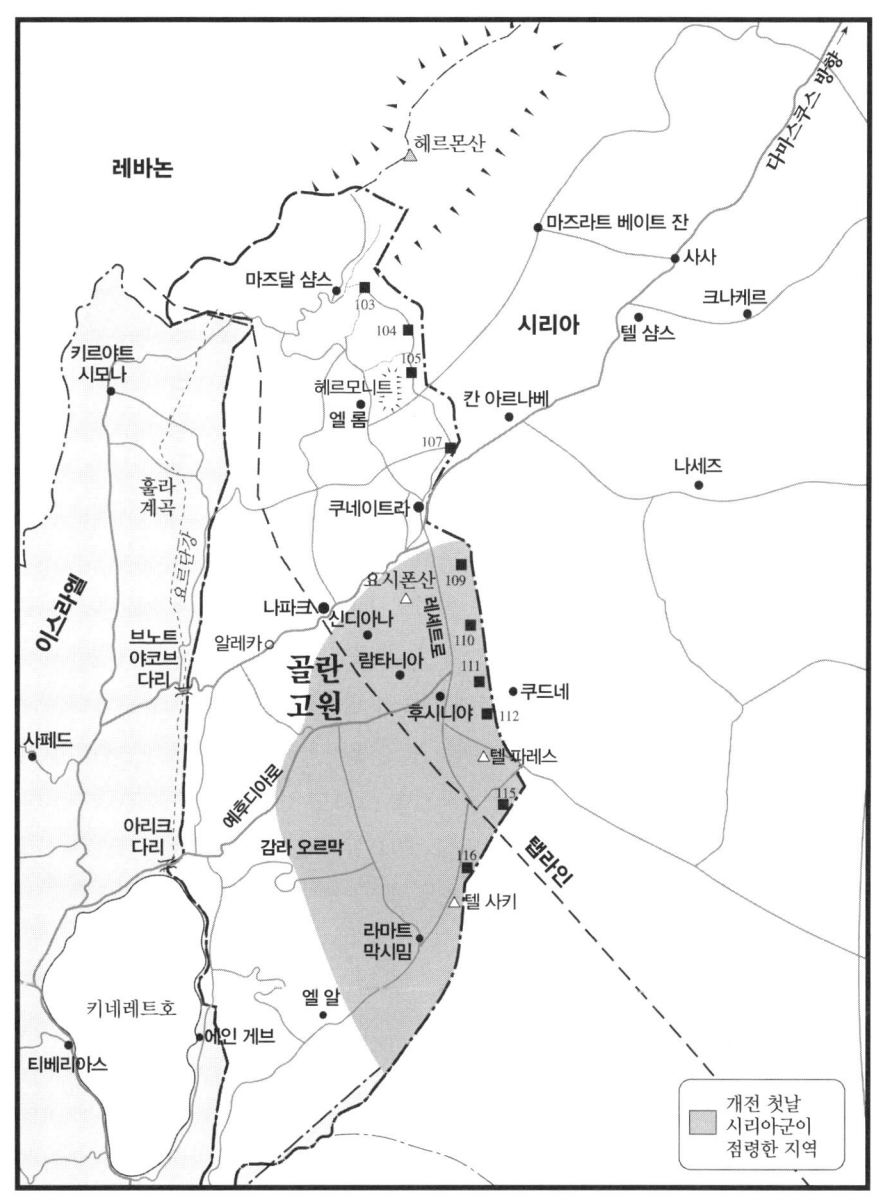

시리아군의 최대 진격

격은 예고 없이 닥쳤다. 벤-쇼함 여단의 중대장 오데드 베크만(Oded Backman) 중위가 한 전차승무원에게 단식을 중단하라고 설득하고 있었을 때 귀를 먹먹하게 하는 폭음과 더불어 포탄이 쏟아지기 시작했다. 시리아군 야포가 계획된 목표 지역을 체계적으로 타격함에 따라 대지가 폭발하며 내는 연기가 파도처럼 다가오는 모습이 보였다. 베크만의 전차들은 간신히 빠져나올 수 있었다.

골란 고원의 교차로, 군 기지, 거점, 지휘소, 전차주차장, 통신설비는 모두 연기에 휩싸였다. 제7기갑여단의 대대장들이 오후 2시로 예정된 벤-갈 여단장과의 회의에 참석하기 위해 나파크에 도착하고 있을 때 미그기 4기가 기지에 폭탄을 투하했다. "모두 전차로!" 여단장이 소리쳤다. 기지 정문의 초병은 이미 숨졌다.

벤-갈이 반궤도장갑차를 타고 이동을 개시하자 벤-쇼함이 접촉해와 2개 대대를 와세트 교차로(Wasset junction)로 보내고 추가 명령을 기다리라고 말했다. 호피 장군은 정오에 엘라자르 총참모장과 이날 두 번째 회의를 위해 텔아비브로 떠나기 전에 벤-쇼함에게 골란 전선의 지휘권을 임시로 맡겼다. 벤-갈은 이 사실을 몰랐기 때문에 계급이 같은 다른 여단장으로부터 명령을 받아야 하는지 망설이다가 나파크로 돌아가 지휘 계통을 명확히 하기로 했다. 지하 지휘벙커로 들어가니 포화를 피해 들어온 사람이 너무 많이 몰려 있어 인파를 뚫고 벙커 끝에 있던 벤-쇼함에게 다가가기가 어려웠다. 벤-갈은 북부사령부 작전장교 우리 심호니(Uri Simhoni) 중령을 손가락으로 가리키고 "우리 여단은 쿠네이트라로 이동한다!"라고 고함친 다음 서둘러 벙커에서 나가 반궤도장갑차에 탑승했다.

기습은 지휘 공백을 초래했다. 호피뿐 아니라 부사령관, 참모장, 사단장들도 모두 골란 고원에 없었다. 벤-쇼함은 명목상 지휘권을 가졌으나 전쟁이 시작되자 같은 계급의 벤-갈에게 명령을 내리는 문제 이외에도 전투가 개시된 지금, 자신의 여단을 지휘하는 것만으로도 정신이 없었다. 벤-쇼함은 이어폰을 끼고 무전기 앞에 앉아 전 전선에서 공격하는 시리아군과 교전 중인 2명의 대대장과 교신하고 있었다. 심호니 중령은 비록 대령인 다른 2명의 여단장보다 계급은 낮았으나 통상적으로 호피 장군이 내린 명령은 그를 통해 전달되었다. 따라서 벤-갈은 심호니로부터 온 명령이라면 주저하지 않고 받아들였다. 그런데 심호니는 누가 명령을 내렸는지를 밝히지 않았다. 이 기묘하게 변해버린 지휘 계통에서 바로 자신이 명령자가 되었기 때문이었다.

심호니는 호피 장군과 선임 참모의 부재 때문에 지휘는 자신이 맡아야 한다고 생각했고 기꺼이 이 책임을 받아들였다. 중령은 북부사령부의 상급자들에게 지시를 요청하지 않기로 했다. 자신이 이들보다 시시각각 변하는 전황에 대해 더 잘 알기 때문에 이 상황에서 더 잘 지휘할 수 있다고 자신했기 때문이었다. 즉, 일개 중령이 사실상 소장의 역할을 맡아 이스라엘이 겪은 가장 힘겨운 전쟁의 가장 민감한 전선을 위태롭기 그지없는 개전 초기에 지휘하게 된 형국이었다.

심호니의 첫 명령은 전쟁 전체를 통틀어 가장 중요한 명령 중 하나였다. 이 명령의 정당성을 두고 군사분석가들은 전후 수년이 지나고서도 논쟁하게 될 것이다. 시리아군의 예비포격이 개시된 지 30분도 채 지나지 않아 심호니는 벤-갈에게 제7기갑여단의 3개 대대 중 1개 대대를 남부 골란으로 파견하고 2개 대대를 쿠네이트라 북쪽으로 전개하라고 명령했다. 이 부대들은 전선을 지키는 벤-쇼함 여단 소속 2개 대대(북쪽에 있는 아이르 나프시의 대대와 남쪽에 있는 오데드 에레즈$^{Oded\ Erez}$의 대대)를 지원할 것이다. 쿠네이트라로 가기로 했던 벤-갈의 결정은 정당성이 없어졌으므로 별 어려움 없이 철회되었다. 북부사령부의 이름으로 심호니가 내린 명령으로 인해 이스라엘군 예비전력 대부분은 골란 고원 북부 지구에 투입되었다.

심호니의 결단은 부분적으로는 일선에서 오는 정보에 근거했다. 남부 지구는 시리아군을 저지하고 있다고 보고했다. 북부 지구에서 오는 보고는 더 걱정스러웠는데, 헤르몬산을 비롯한 고지에 배치된 관측병들이 시리아군의 대규모 접근을 더 잘 볼 수 있었기 때문이다. 하지만 심호니에게 영향을 미친 주요인은 북부사령부가 시리아군 주공이 쿠네이트라 지역에 집중할 것으로 결론을 내린 과거의 위게임이었다.

벤-갈 여단에서 분리되어 남부 지구 방어를 보강할 전차대대(제7기갑여단 제82전차대대-옮긴이)는 하임 바라크$^{Haim\ Barak}$ 소령이 지휘했다. 심호니는 벤-갈의 나머지 2개 전차대대(실제로는 1개 전차대대와 2개 기계화보병대대였다. 제77전차대대, 제75기계화보병대대, 그리고 제71기계화보병대대다-옮긴이) 중 하나를 남부 지구의 상황이 나빠질 때를 대비한 예비전력으로 남겨놓을 것을 잠시 고려했지만 이내 포기했다. 북부 지구에 3개 전차대대를, 남부 지구에 2개 전차대대를 배치하고 예비전력을 남기지 않기로 한 심호니의 결정은 좋든 나쁘든 전쟁의 진로를 결정지었다. 개전 초기에 예비전력 전체를 투입함으로써 본격적인 교전이 벌어지기 전부터 심호니는 전쟁의 가장 기본적인 원칙 하나를 위배했다. 하지만 심호니는 모든 가용전력을 투입하지 않으면 시리아군이 돌파할 것을 우려했다. 그리고 2개 지구 가운데 북부 지구가 더 위태롭다고 판단했다.

기묘하게도 이날 골란 고원의 이스라엘군 절반은 전면전쟁에 대비했지만, 나머지 절반은 제한적 '전투일'에만 대비하고 있었다. 벤-갈은 예하 대대장들에게 이날 두 곳의 전선에서 전쟁이 발발할 것이라고 말했다. 그는 호피의 언급을 들은 에이탄 사단장으로부터 이 정보를 받았다. 벤-갈은 전쟁이 있을 것이라는 정보 분석을 반영해 병력을 배치했다. 여단은 대규모 침입에 더욱 잘 대처하고자 최소 중대 단위로 작전을 벌였다. 하지만 벤-쇼함은 휘하 대대장들에게 호피의 경고를 전달하면서 전쟁에 대해 언급하지 않고 "오늘 무슨 일이 일어날 것이다"라고만 알렸다. 따라서 여단의 전차들은 대개 국경을 사이에 두고 벌이는 정적인 사격전인 '전투일'에 대비해 소부대로 얇게 분산되어 있었다. 벤-쇼함은 앞으로 예상되는 사태를 '전쟁'으로 부르는 것은 정확하지 않다고 믿었다. 사실 호피 본인도 명령에 따라 전쟁 경고를 예하 부대에 전달하면서도 시리아군이 이스라엘군의 골란 고원 축출을 기도할 것으로 예측하지는 않았다.

벤-갈의 전차들은 전선이 내려다보이는 2마일(3.2km) 후방의 고지에 배치되었다. 1개 대대는 여단이 방어를 맡은 북부 지구의 남단인 쿠네이트라 근처에 배치되었고, 다른 대대는 헤르몬산의 산등성이 바로 아래인 북부 지구 북단에 배치되었다. 두 지점 사이에 헤르모니트^{Hermonit}(히브리어로 작은 헤르몬산이라는 뜻-옮긴이)라고 불리는 능선이 있었다. 벤-갈은 다른 대대에서 전차를 차출해 새 부대를 만들어 이곳에 배치했다. 이 조치 덕분에 하임 바라크의 대대가 남쪽으로 파견된 다음에도 벤-갈은 3개 전차부대를 보유하게 되었다.

제188여단 소속인 나프시 대대의 전차들은 대부분 전선의 보병 거점을 지원할 수 있는 위치에 배치되어 최전방 수비를 맡았다. 나프시 본인은 시리아군의 포격이 개시되었을 때 쿠네이트라 근처에 있었다. 전차 안에서도 땅이 흔들리는 진동을 느낄 수 있었다. "여기는 10." 나프시는 자신의 호출부호를 쓰며 무전기로 대대 무선망에 알렸다. "수도capital, 반복한다, 수도, 행운을 빈다." '수도'는 기다려온 '전투일'을 가리키는 음어였다. 예하 부대들이 사전에 지정된 위치로 이동하는 동안 나프시는 담당구역 남쪽 가장자리에 있는 부스테르 능선Booster ridge으로 전차를 몰았다. 그의 전차는 포탄이 떨어지기 시작하자 단식을 중단하고 식사 준비를 하던 전차병들의 반합을 밟고 지나갔다. 폭격을 끝내고 돌아가는 시리아군 비행기들이 폭음을 내며 머리 위로 날아갔다. 한 대는 어찌나 저고도에서 비행했던지 씩 웃는 시리아군 조종사까지 보일 정도였다. 벤-갈은 시리아군이 공격을 개시했는지를 직접 보기 위해 반궤도장갑차에 탑승해 전선을 따라 달렸지만 먼지와 연기 때문에 시계는 거의 제로였다. 쿠네이트라 근처에서 그는 조종수에게 멈추라고 지시했다. 전선 건너편 멀리에서 삐걱거리는 소리와 엔진 소음이 들렸다. 포격이 갑자기 멈췄다. 그리고 가라앉는 먼지를 뚫고 시리아군 전차의 대군이 나타났다.

나프시의 전차에 탑승한 대대 작전장교는 노트를 꺼내 적 전차나 진지와 같은 지정 목표물에 대한 타격 보고를 기록하기 시작했다. '전투일'의 일상적 기록이었다. 하지만 먼지가 가라앉자 나프시의 눈앞에 펼쳐진 광경은 자신이 보아온 '전투일'과는 전혀 달랐다. 전 전선에서 수백 대에 달하는 시리아군 전차와 병력수송장갑차들이 전진하고 있었다. 선두에는 대전차호에 다리를 놓을 수 있는 가교전차가 있었다. 나프시가 명령을 내리자 전차들은 최대 3,500야드(3,200m)까지 떨어진 가교전차에 사격을 개시했다.

쿠네이트라에서 북쪽으로 2마일(3.2km) 떨어진 107 거점, 엘리멜레크 중위는 연기와 먼지 때문에 시리아군이 자신을 향해 전진하는지 아닌지를 말할 수 없었다. 부하들은 떨어지는 포탄을 피해 때맞춰 벙커에 몸을 숨겼으나 중위와 통신병은 밖에 있는 유개관측 진지sheltered observation position에 남았다. 중위는 후방의 언덕 정상에 있는 대대 본부에 시리아군의 동향 관측이 가능한지를 문의했으나 대대본부도 포격을 받고 있었기 때문에 제대로 볼 수 없었다. 하지만 107 거점의 방어를 위해 이동 중이던 전차소대장 슈무엘 야킨 중위가 엘리멜레크에게 시리아군 전차가 전진 중이라고 알려주었다.

포격이 멈추자 엘리멜레크는 쌍안경으로 다마스쿠스로Damascus road를 따라 내려오는 시리아군 전차와 트럭의 대군을 보았다. 트럭에 탄 보병들은 의기양양해하며 소총을 위아래로 올렸다 내리고 있었다. 야킨의 전차 3대는 거점 양편에 있는 수백 야드 길이의 사격대에 자리를 잡고 2,000야드(1,829m) 거리에서 사격을 개시했다. 포수들은 시리아군 대열의 차량을 앞에서부터 하나씩 차근차근 잡아나갔다. 거리측정용 초탄사격 이후 발사된 탄은 거의 모두 명중했다. 엘리멜레크는 지형의 기복 때문에 야킨이 확실히 볼 수 없는 곳에 있는 적 전차의 위치를 정확히 알려주었다.

한 지점에서 야킨은 전차 차체 바닥에 있는 포탄을 포탑으로 옮기기 위해 후퇴했다. 400야드(366m) 거리에서 다가오는 적 전차 대열이 보였을 때 탄약수는 밖에 있었다. 선두 전차는 야킨을 향해 포신을 겨누고 있었다. 야킨은 몸을 낮추고 폭발을 기다렸다. 하지만 탄약수가 전차 안으로 뛰어들어와 포미에 포탄 1발을 넣었다. 포수가 사격하자 시리아군 전차는 1발도 쏘지 못하고 구멍이 났다. 시리아군 전차병에 비해 이스라엘군 전차병들의 짧은 반응시간은 양군의 전력 격차를 상쇄할 중요한 요소가 되었다. 시리아군 전차가 1발을 발사하는 동안 이스라엘군 전차는 2발, 혹은 그 이상을 발사할 수 있었다.

즈비 라크Zvi Rak 대위가 이끄는 전차 7대가 야킨의 소대 옆에 자리를 잡았고, 다마스쿠스로 노상에서 불타는 시리아군 전차의 수는 계속 불어났다. 하지만 놀랍게도 시리아군 전차는 피격된 전차들을 우회하며 계속 다가오고 있었다. 전차 30대를 잃고서야 시리아군 대열은 남쪽으로 방향을 돌려 전차포의 사거리에서 벗어났다.

쿠네이트라 남쪽 1마일 지점에 있는 109 거점이 시리아군의 접근을 보고하자, 라크 소령은 부중대장 오데드 이스라엘리Oded Yisraeli 대위와 전차 3대를 보냈다. 이스라엘리의 부대는 국경을 따라 난 좁은 소로를 따라가다가 가교전차가 놓은 교량 2개를 타고 대전차호를 건너던 시리아군 전차중대와 마주쳤다. 이스라엘리의 전차들은 측면에서 시리아군을 기습해 몇 분 만에 전멸시켰다. 1마일 더 떨어진 곳에서 또 다른 시리아군 전차중대가 대전차호를 건너는 모습이 보였다. 동반한 불도저가 이 구역의 대전차호를

골란 고원의 이스라엘군 대전차호 근처에 있는 시리아군 전차들. 전차 1대는 이스라엘군의 포탄에 맞아 대전차호를 가로질러 설치된 2개의 가교 중 하나에서 추락했다. 사진 속 대전차호에는 또 다른 격파된 전차가 보인다. 왼쪽으로 나중에 시리아군이 이스라엘 대전차호를 가로질러 개통하는 데 성공한 도로가 보인다. 〈이스라엘 국방군 기록물보관소 제공〉

메우고 있었다. 자매 중대가 벌인 전투에 놀란 시리아군은 이스라엘리의 전차들을 기다리고 있었다. 이스라엘리는 라크에게 지원 요청을 하며 "영화 장면 같습니다"라고 말했다.

라크 중대장은 107 거점에 야킨의 전차 3대를 남기고 남은 전차 4대와 함께 이스라엘리의 뒤를 쫓아 남쪽으로 출발했다. 국경을 둘러갈 무렵, 폭발이 일어났고 라크는 피투성이가 되었다. 잠시 후 정신을 차려보니 다른 사람의 피였다. 해치 밖으로 머리를 내밀고 있던 탄약수가 RPG탄에 맞아 목이 날아간 것이었다. 다른 전차 3대가 전투에 참여하기 위해 계속 전진하는 동안 라크는 시체를 끌어내고 다른 전차로 갈아타기 위해 쿠네이트라로 돌아갔다. 포수와 조종수는 전우의 시신을 보더니 잠시 정신이 나가 극도의 흥분상태에 빠졌다. 라크는 부하들의 뺨을 때리고 물을 끼얹어 진정시켰다.

그동안 이스라엘리의 부대는 두 번째 시리아군 전차중대를 격멸시켰다. 이스라엘군 장교 한 명이 이 전투에서 목숨을 잃었다. 이스라엘리는 전투를 계속하면서 국경으로부터 작은 와디^{wadi}(중동·북아프리카에서 우기 때 외에는 물이 없는 계곡·수로-옮긴이)를 거슬러 오던 시리아군 전차 2대를 추가로 격파했다. 이들은 세 번째 시리아군 전차중대의 선봉이었다. 시리아군 전차들은 이스라엘군 거점에서 보이지 않는 사각지대를 건너와 낮은 언덕들 사이로 난 와디를 따라 침투하려고 했다. 하지만 이스라엘리가 지휘한 몇 대의 전차들은 이렇게 침투한 시리아군 전차대대의 대부분을 큰 힘 들이지 않고 분쇄했다.

109 거점 근처에 자리를 잡은 라크 중대의 소대장 다비드 에일란드$^{David\ Eiland}$ 중위는 국경에 있는 나무 뒤로 솟은 안테나들에 주목했다. 중위는 자신의 전차를 끌고 가장 가까운 와디로 내려갔다. 정면에서 50야드(46m) 떨어진 곳에 자신의 방향으로 포신을 겨눈 시리아군 전차가 있었다. 바로 뒤에 두 번째 전차가, 그리고 100야드(91m) 뒤에 반대 방향을 향하고 있는 세 번째 전차가 있었다. 에일란드의 포수는 3대를 모두 명중시켰다. 조금 떨어진 곳에 있던 나머지 전차들이 후퇴하는 모습이 보였다. 시리아군 전차대대의 잔존 전력이었다.

이집트군과 마찬가지로 시리아군의 전략은 가급적 넓은 전선에서 공격해 이스라엘군의 제한된 방어 전력을 최대한 신장시켜 여기에서 생긴 약점을 이용하는 것이었다. 시리아군 중부전선의 제9사단은 북부 지구의 쿠네이트라에 병력을 보내는 동시에 남부 지구에도 공격을 가했다. 남부 지구에서 더 많은 약점을 발견한 시리아군은 더 많은 병력을 남쪽으로 돌렸다.

남부 골란 고원의 방어를 맡은 에레즈 대대의 부대대장 슈무엘 아스카로브 소령은 10일 전, 골란 고원을 방문한 다얀과 제이라에게 전쟁을 예언했던 바로 그 장교였다. 24세인 아스카로브 소령은 이스라엘 국방군에서 가장 젊은 부대대장이었다. 시리아군의 공격을 기다리는 동안 소령은 정오에 차량으로 후쉬니야^{Hushniya}에 있는 대대 본부로 떠나며 자신의 전차를 사무실 문 근처에 주차시켰다.

오후 2시 직전 욤 키푸르의 고요함은 비행기의 굉음과 폭발 소리에 자리를 내주었다. 미그기들이 물러나자 기지를 향해 맹렬한 포격이 시작되었다. 전차에 탑승한 아스카로브와 승무원들은 다른 전차 6대와 함께 텔 쿠드네

Tel Kudne에 있는 시리아군 전초기지 맞은편의 111 거점에 배치된 아군 전차 소대와 합류하기 위해 쏟아지는 포탄을 뚫고 전진했다.

최전선의 사격대에 올라간 아스카로브는 처음에는 연기 때문에 아무것도 볼 수 없었다. 시리아군이 포격을 중단하자 전차 대군이 시야에 들어왔다. 선두의 가교전차 5대가 이스라엘군 대전차호에 가장 먼저 도착했다. 아스카로브는 사거리 안으로 들어온 가교전차 3대를 간신히 격파했다.

아스카로브는 처음으로 같이 온 전차들이 사격대에 올라오지 않았다는 것을 알았다. 소령은 무전으로 전차장들을 호출해 사격대로 올라오라고 명령했지만 분명한 응답이 없었다. 아스카로브는 조종수에게 경사로를 후진해 내려가라고 명령했다. 전차가 가장 가까이에 있던 다른 전차 옆에 서자 아스카로브는 이 전차 위로 올라갔다. 소령은 권총을 꺼내 전차장의 머리에 겨누고는 "올라가지 않으면 쏜다"고 말했다.

1분도 되지 않아 모든 전차가 사격대에 올라가 사격을 개시했다. 이스라엘군 전차포 밑으로 지나가는 시리아군 전차와 병력수송장갑차의 수를 생각해보면 통발 안의 물고기를 쏘는 일이나 마찬가지였다. 다만 차이가 있다면 이 물고기 일부가 반격한다는 것이었다. 시리아군 전차들은 대개 이스라엘군의 포화를 무시하고 기동이 불가능한 전차 옆을 우회하며 계속 전진했다. 하지만 일부는 사격대 위의 이스라엘 전차들과 교전을 벌이기 위해 대열에서 이탈했다. 이스라엘군 전차들은 잇따라 적탄에 명중되어 대부분의 전차장이 전사했다. 아스카로브의 전차는 적탄 4발을 맞고도 여전히 움직일 수 있었다.

아스카로브는 시리아군의 결의에 감탄하지 않을 수 없었다. 시리아군은 손실에 개의치 않고 공격을 계속하는 듯했다. 아스카로브 소령은 자신의 전차를 방벽에서 방벽으로 옮기며 먼지를 일으켜 자신의 전력을 과장해 보이려 했다. 이날 무사히 살아남을 것이라는 환상 같은 것은 품고 있지 않았.

키리야트 시모나Kiryat Shmona라는 북부 국경마을 출신인 아스카로브의 포수 이츠하크 헤모Yitzhak Hemo는 여단 최고의 명사수로 인정받고 있었다. 아스카로브가 표적을 선택하고 포탑을 돌려 포를 대충 정렬시키면 헤모가 나머지 작업을 했다. 2시간 동안 벌어진 전투에서 아스카로브는 적 전차 35대 외에 여러 대의 병력수송장갑차도 격파했다.

오후 4시, 헤모는 사격대 왼쪽으로 난 쿠드네 소로Kudne track를 따라 올라온 시리아군 전차를 50야드(46m) 거리에서 명중시켰다. 오른쪽을 보니 30야드(27m) 떨어진 곳에 또 다른 시리아군 전차가 보였다. 아스카로브는 포탑을 돌리고 헤모에게 소리쳤다. 헤모와 시리아군 전차의 포수는 동시에 발포했다. 아스카로브는 시리아군의 포탄이 폭발하면서 전차 밖으로 튕겨 나왔다. 거점의 병사들이 부상당한 아스카로브를 구조해 벙커로 후송했다. 사격대 주변에는 전차 몇 대가 남았으나 시리아군은 이스라엘군의 사거리에서 벗어나 남쪽으로 갈 수 있는 길을 찾아냈다. 어둠이 내리면 시리아군은 거침없이 남부 골란으로 쏟아져 들어갈 것이다.

우지 아리엘리Uzi Arieli 대위의 중대 소속 전차들은 후쉬니야를 출발해 최전선의 사전에 지정된 위치를 향해 달려갔다. 베크만 중위는 마음을 다잡으려 애썼으나 팔다리가 걷잡을 수 없이 떨렸다. 전차들은 주하데르Juhader에 있는 소대를 지원할 계획이었다. 이곳에서 1,200마일(1,931km) 길이의 탭라인TAP Line(Trans Arab Pipeline의 약자. 아랍 횡단 송유관-옮긴이) 송유관 일부가 이스라엘 점령지로 들어왔다. 이 매장 송유관은 사우디아라비아에서 시작되어 골란 고원을 비스듬히 관통해 레바논에 이른다. 주하데르의 전차소대는 이미 뒤로 밀려났고, 아리엘리의 전차들은 사격대를 우회하려는 시리아군의 T-55와 교전을 벌였다. 적의 압박은 거셌으나 소수의 이스라엘군 부대는 끈질기게 버텼다. 왼쪽 측면에 있던 베크만은 몇 백 야드 떨어진 곳에서 가교전차를 앞세우고 대전차호로 접근하는 시리아군 전차 대열을 보았다. 베크만은 가교전차가 다리를 놓게 내버려 둔 다음 다리 중간까지 온 첫 번째 전차를 명중시켰다. 이 전차를 옆으로 밀어버리려고 두 번째 전차가 다리로 올라오자 베크만은 이 전차도 격파해 통행을 봉쇄했다. 두 번째 가교전차가 접근했지만 대전차호에 도착하기도 전에 파괴되었다.

해질 무렵, 아리엘리는 베크만을 115 거점으로 파견했다. 115 거점에는 높은 사격대가 있어서 전선 전체를 잘 내려다볼 수 있었다. 베크만은 도보로 방벽 가장자리에 접근했다. 바로 밑에는 시리아군 전차 4대와 새거를 장착한 병력수송장갑차 2대가 휴전선을 건너기 위해 기다리고 있었다. 소대장은 몸을 낮춰 포수에게 앞으로 오라는 신호를 하고 표적을 보여주었다.

베크만은 속사를 주문했다. 탄약수는 탄두와 장약을 조립해 빨리 포미에 삽입해야 했고, 포수는 목표에서 목표로 신속하게 조준해야 했다. 베크만의 전차가 전진했다. 30초도 채 지나지 않아 시리아군 차량 6대는 모두 불타올랐다. 대열 후미에 있던 병력수송장갑차가 새거를 발사했으나 빗나갔고 유도 와이어가 베크만을 뒤덮었다.

어두워지자 베크만과 아리엘리는 후방에서 발사되는 녹색 신호탄을 보았다. 시리아군 지휘관들이 사방으로 흩어진 아군 전차에 위치를 알리는 신호였다. 시리아군이 침투하고 있음이 분명해졌다.

전선 남단의 116 거점을 지휘하는 공수부대 장교 요시 구르$^{Yossi\ Gur}$ 소위는 휴가를 떠난 지휘관을 대신해 욤 키푸르 전날에 도착했다. 소위가 보기에 거점은 준비가 되어 있지 않았다. 소화기$^{small\ arms}$ 탄약은 거의 없었고 바주카 포탄도 5발만 있을 뿐이었다. 부지의 고도가 주변보다 높았기 때문에 거점은 휴전선에서 200야드(183m) 안으로 들어간 곳에 건설되었다. 시리아군은 이 침범을 어쩔 수 없이 받아들였으나 이 때문에 거점은 골란 고원의 이스라엘군 대전차호 앞에 위치하게 되어 주변을 에워싼 지뢰와 철조망을 제외하고는 거점과 수비 병력 14명은 시리아군의 공격에 노출되어 있었다.

시리아군의 첫 포격이 거점 중앙에 명중했다. 구르는 자신은 토끼굴에서 계속 적정을 살피는 동안 부하들에게 벙커로 대피하라고 명령했다. 잠망경으로 보는 시야가 제한적이었기 때문에 구르는 주변 지형을 살피려고 가끔 토끼굴에서 나와 참호로 들어갔다. 오후 늦은 시간에 다시 참호로 들어갔을 때, 400야드(366m) 떨어진 대전차호를 향해 긴 2열 종대로 접근하는 시리아군 전차들이 보였다. 가교전차는 이미 다리를 내리고 있었다. 구르는 자신이 본 것을 116 거점의 방어에 배정된 전차 3대의 지휘관인 요아브 야키르$^{Yoav\ Yakir}$ 중위에게 보고했다.

야키르는 몇 마일 떨어진 곳에 있었다. 포격이 개시되자 야키르는 한때 다마스쿠스까지 이어졌던 고대 로마 가도를 타고 휴전선을 건너온 시리아군 전차 25대를 저지하려고 남쪽으로 소대를 이끌고 갔다. 야키르의 전차와 니르 아티르 상사의 전차에 탑승한 포수가 여러 차례 대대 사격대회에서 수상한 사실을 반영하듯이 소대의 사격은 정확했다. 이들은 2시간 동안 고대 가도가 내려다보이는 사격대에서 시리아군 전차 대부분을 격파했다.

구르의 보고를 받자 야키르는 전차들을 이끌고 116 거점으로 돌아갔다. 시리아군 병력수송장갑차와 전차 수십 대가 이미 대전차호를 건너 이스라엘군 진영에 있었다. 야키르의 소대는 탁 트인 평지에서 200야드(183m)에서 1,000야드(914m) 거리의 시리아군에 이동사격을 개시했다. 이웃 소대의 전차 2대가 합류했으나 곧 파괴당했다. 어둠이 내리자 야키르는 구르에게 박격포로 조명탄을 쏘라고 했다. 조명탄의 불빛 아래 소대는 계속 명중탄을 올렸다.

밤 9시, 야키르는 구르에게 탄약이 떨어져 재무장하기 위해 후퇴해야 한다고 알렸다. 전차 2대는 보유 탄약 각 72발을 모두 소진했고, 세 번째 전차에만 5발이 남았다. 20세 동갑내기인 야키르와 구르는 전차가 후퇴하면 전초기지의 생존을 장담하기 어렵다는 걸 알고 있었다. 야키르의 소대가 전차와 병력수송장갑차 수십 대를 명중시켰으나 시리아군은 휴전선을 건너 계속 쇄도하고 있었다. 야키르는 중대장에게 후퇴 허가를 요청했으나 답변은 부정적이었다. 이때의 상황은 너무나 절망적이어서 야키르는 시리아군 전차에 기관총을 발사해 아무리 보잘것없어도 이스라엘군이 존재하고 있다는 것을 보여준다면 적의 진격을 잠시나마 막을 수 있을 것으로 기대한다는 말까지 들었다.

얼마 후 야키르는 시리아군의 기총사격에 맞아 전사했다. 지휘관이 된 아티르 상사는 야키르가 탔던 전차의 포수에게 중위의 시신을 포수석에 묶고 지휘를 맡으라고 지시했다. 이때 벤-쇼함 여단장이 무선망에 불쑥 나타나 아티르에게 직접 후방으로 물러나 탄약 보급을 받으라고 지시했다. 116 거점은 홀로 버텨야 했다.

시리아군은 계획을 대담하게 밀어붙이고 있었으나 전술, 훈련, 지휘 부문에서 결함을 드러내기 시작했다. 이스라엘 전차들은 훨씬 큰 규모의 적을 맞아 몇 번이고 더 먼 거리에서 빠르고 정확하게 사격을 가하며 전력 격차를 조금씩 줄여나가고 있었다. 이스라엘군 전차승무원들의 뛰어난 기량(전술, 포술 및 실전에서 보인 침착함)은 이들을 아랍의 공세 앞에 무방비로 노출시킨 고위층의 실책을 전부는 아니지만 상당 부분 상쇄할 수 있게 해주었다.

벤-갈이 남쪽으로 보낸 하임 바라크의 전차대대는 이론적으로라면 남부 지구의 이스라엘군 전력을 배가시켜야 했다. 하지만 사실 이 대대는 이날 밤 대부분의 시간을 낭비했다. 근처의 에레즈 대대가 생존을 위해 절망적으로 싸우고 있는 동안 바라크 대대는 제한적인 전투를 치렀을 뿐이었다.

에레즈의 전차 36대로 26마일(42km) 길이의 전선에서 전면공격을 가하는 시리아군을 막아내기에는 역부족이었다. 남부 지구의 방어를 에레즈와 바라크 대대에 절반씩 나눠 맡기는 대신 벤-쇼함은 바라크의 대대를 예비 전력으로 아껴두었다가 필요할 때 투입하려고 했다. 이것은 매우 비효율적인 전략으로 판명될 것이었다. 이날 아침에 전차를 이끌고 골란 고원에 도착한 바라크는 1마일(1.6km) 떨어진 전선에서 무슨 일이 벌어지고 있는지 전혀 몰랐다. 바라크가 북부사령부의 심호니와 벤-쇼함 모두와 접촉하고 있었는데도 정작 에레즈는 자신의 구역에 아군 전차대대가 있다는 사실을 알지 못했다.

바라크 대대는 기묘한 혼성부대였다. 2개 중대는 4개월 기간의 기본훈련 중 절반만 이수한 상태였다. 엘리 게바$^{Eli\ Geva}$ 대위가 지휘하는 제3중대는 기갑부대 전체에서 최고 중대로 평가받은 경험 많은 부대였다. 훈련 중대 중 1개 중대가 111 거점에 도착했으나 시리아군은 이미 이 거점을 우회한 다음이었다. 116 거점에 파견된 다른 중대는 도중에 기습을 받아 전차 대부분을 잃었다. 황혼 무렵 휴전선에서 0.5마일(0.8km) 떨어진 남북 간선 로를 따라 이동하던 게바의 중대가 침투해온 시리아군 전차들의 공격을 받고 벌인 전투가 이날 바라크 대대의 유일한 전투였다. 게바의 전차들은 재빨리 전개를 마치고 시리아군과 교전을 벌였다. 다음날 항공정찰사진 촬영 결과 게바의 포수들이 시리아군 전차 30대를 격파했음이 밝혀졌다. 이스라엘군은 단 1대의 전차만 잃었다.

해발 6,600피트(2,012m) 고도인 헤르몬산의 이스라엘령 돌출부에 있던 관측병들에게 골란 고원에서 벌어지는 전투는 발코니 상단에서 보는 오페라 같았다. 시리아령 헤르몬산이라고 알려진 더 높은 산마루에는 시리아군이 있었으나 이곳의 이스라엘군 진지는 시리아군이나 아래 평원에서 일어나는 일과 상관없이 평온해 보였다.

헤르몬산이 아주 뛰어난 정보수집기지와 조기경보기지 역할을 할 수 있다는 것을 인식한 이스라엘군은 6일 전쟁이 끝날 무렵에 헤르몬산을 점령했다. 대규모 전초기지는 산 정상에, 일부는 지하에 건설되었다. 배치된 전자장비들은 전방뿐 아니라 동쪽으로 40마일(64km) 떨어진 시리아의 수도까지 이르는 지역에서 일어나는 일을 모니터링하고 있었다.

욤 키푸르 당일, 헤르몬산 전초기지에는 55명이 있었다. 대부분은 육군과 공군 소속 정보 및 기술요원이었다. 전초기지의 대규모 개축공사는 막바지 단계에 접어들었고, 주변의 방어시설은 일시적으로 철거된 상황이었다. 고작 12명의 골라니 여단 보병이 기지의 경비를 맡았는데, 그나마 3명은 1마일(1.6km) 떨어진 감시초소에 파견되어 있었다. 아무리 일시적이라도 방어진지 없이 1개 분대에게 이렇게 귀중한 시설의 경계를 맡겼다는 사실은 6일 전쟁에서 그렇게 쉽게 전투를 포기했던 시리아군이 기지를 공격할 의지나 능력을 가졌을 리 없다는 믿음을 반영한 결과였다.

그런데 사실 이스라엘령 헤르몬산은 시리아군의 최우선 점령목표였다. 토요일 아침, 시리아군 정예 제82공수대대의 아흐메드 리파이 알-조주 Ahmed Rifai al-Joju 중위는 최종 임무 브리핑을 받았다. 중위와 부하들은 헬리콥터로 이스라엘군 기지에서 0.5마일(0.8km) 떨어진 곳에 상륙해 기지와 골란 고원을 잇는 단 하나의 도로를 사거리에 두는 지역을 점령할 계획이었다. 약 200명에 달하는 대대의 나머지 병력은 시리아령 헤르몬산에서 도보로 출발할 예정이었다. 이 부대는 알-조주의 부하들의 지원사격을 받으며 전초기지 본진을 공격할 계획이었다.

오후 2시, 시리아군 헬리콥터 4대가 이륙해 이스라엘군 진지로 향했다. 회전날개가 경사면에 부딪쳐 헬리콥터 1대가 추락했으나 나머지는 무사히 착륙했다. 기지 위로 포탄이 쏟아지는 바람에 이스라엘군 병사들은 머리를 들 수 없었다. 오후 2시 45분경, 시리아령 헤르몬산에서 출발한 공격부대가 도착했다. 참호도, 사격진지도 없는 상황에서 골라니 여단 병사들은 건물의 좁은 입구 통로에서 사격할 수밖에 없었다. 45분간의 교전에서 살아남은 방어병력은 건물 안으로 철수해 철문을 굳게 닫았다. 5시경, 시리아군은 공기통풍구에 수류탄과 연막탄을 떨어뜨린 다음 건물 안으로 진입했다.

11명은 간신히 탈출했으나 13명이 전사하고 31명이 포로로 잡혔다. 4명은 지하실에 7일 동안이나 숨어 있었다. 전자장비를 해체하기 위해 현장에 도착한 소련과 동독 전문가들은 장비 대부분이 손상되지 않은 것을 발견하고 크게 기뻐했다. 시리아군에게는 이스라엘군 정보요원들, 특히 아모스Amos라는 이름의 중위를 심문해 얻은 정보가 뜻밖의 큰 수확이었다.

부대 본부에서 헤르몬산 기지가 함락되었다는 소식을 접한 통신정보부대장은 아모스 중위가 생포되지 않았기를 기도했다. 이제 아랍의 수중에 떨어진 이 젊은 정보장교는 이스라엘이 가장 엄중히 지키던 정보 기밀에 위협이 되었다. 아모스 중위는 중요한 것에든 사소한 것에든 강박적일 정도로 호기심이 많았다. 본부에서 중위는 손에 들어온 것은 무엇이든 닥치는 대로 읽었고 사진 같은 기억력을 지녔으며 이를 과시하고 싶은 충동을 느끼고 있었다. 동료들과 기지 장교들의 차량 번호판 맞히기 내기를 하면 늘 이기는 사람은 아모스 중위였다. 시리아군의 정보체계에 대한 아모스 중위의 분석은 훌륭했으나, 부대장은 그의 집착과 눈치 없는 행동에 머리끝까지 짜증이 났다.

전쟁이 일어나기 며칠 전 통신정보부대 본부의 긴장감이 높아지면서 부대장은 아모스 중위가 주변의 주의를 지나치게 산만하게 만든다는 결론을 내리고 그를 헤르몬산 감청 기지로 전출시켰다. 참모 한 명이 홀어머니를 둔 외아들인 아모스 중위 같은 사람을 위험한 기지에 배치하는 것은 규정상 금지되었다고 지적했다. 부대장은 헤르몬산 기지가 공격받을 것 같지는 않다고 말하고 아모스 중위가 본부에 있기를 원하지 않는다고 고집을 부렸다.

아모스가 포로기 되고 얼마 지니지 않아 시리아군과 소련 고문단은 뜻하지 않은 보물이 굴러 들어왔음을 깨달았다. 다른 포로들과 분리되어 수용된 아모스는 이스라엘이 멸망했으며 정보를 넘긴다 해도 어차피 나라가 존재하지 않기 때문에 아무 해가 되지 않는다고 설득당했다. 개전 초기에 방어선이 처참하게 붕괴되는 모습을 직접 보았던 사람에게는 그럴듯하게 들릴 주장이었다. 심문관은 총을 보여주면서 협조하지 않으면 죽이겠다고 했으나 여타 포로들과 달리 아모스는 고문받지 않았다. 아모스는 모든 질문에 대해 아랍어(그는 아랍어를 유창하게 구사했다)로 길고 상세하게 답변했다. 그는 통신정보부대의 간부명단과 담당업무를 넘겼으며 이스라엘군 특수부대가 시리아 영토에 설치한 도청장치로 어떤 통신선을 도청하고 있는지와 이스라엘 정보기관의 조직 구성에 대해 털어놓았다. 아모스가 쉬지 않고 계속 귀중한 정보를 말하는 바람에 심문관들은 그의 말을 따라잡느라 애를 먹었다. 결국, 심문관들은 아모스에게 펜과 종이를 주고 아는 대로 다 써보라고 했다. 아모스는 며칠에 걸쳐 아는 것을 썼는데 답변에는 질문받지 않은 것까지 있었다. 진술서를 다 쓰고 더 밝힐 비밀이 없게 되자 아모스는 큰 감방으로 이감되었다. 놀랍게도 이스라엘군 조종사와 전차승무원 포로 30여 명이 바닥에 둥글게 앉아 있었다. 이들은 아모스에게 자리를 내어주었다. 이스라엘이 멸망했을 것으로 자신이 추정한 날 이후에 몇몇 사람들이 포로가 된 것을 알게 되자, 아모스는 손바닥으로 얼굴을 가리며 말했다. "내가 끼친 피해를 복구하려면 20년이 걸릴 겁니다." 통신정보부대는 시리아군 지휘부와 정보기관 인력에 대한 감청이 불가능해지면서 아모스의 폭로가 가져온 결과를 즉각 감지할 수 있었다.

8개월 뒤 이스라엘군 포로들이 시리아에서 귀환하자 아모스는 다른 포로와 분리되어 텔아비브의 한 아파트에서 3개월 동안 심문받으며 자신이 시리아군에게 밝힌 것을 상세히 설명하라는 요구를 받았다. 메이어 총리는 이 이야기를 듣고 어이없어 하면서도 호기심이 생겨 아모스를 직접 만나겠다고 했다. 아모스와 이야기를 나눈 뒤 메이어 총리는 분노보다 동정심을 내비쳤다고 한다. 일부 장교들의 요구대로 군사재판에 회부하는 대신 이스라엘군 지휘부는 아모스 중위를 정신적 피해를 입은 전상자로 인정했다. 이곳저곳에서 들려오는 소문은 있었으나 이 이야기는 전쟁이 끝나고 43년 뒤인 2016년에 아모스가 이스라엘 텔레비전에 등장해 인터뷰에서 자신이 직접 공개할 때까지 대중에 알려지지 않았다. 아모스는 인터뷰에 응한 이유를 분명히 밝히지는 않았다. 시청자들은 그가 전쟁이 끝나고 결혼해 아이를 가졌으며 국제관계를 가르쳤다는 사실을 알게 되었다. 전후 삶이 어땠는지를 질문받자 아모스는 "변방에서 살았습니다"라고 대답했다. 헤르몬산의 함락은 이스라엘로서는 욤 키푸르 전쟁을 통틀어 가장 치욕적인 사건이었다. 골라니 여단부터 참모본부까지 모두 어떤 대가를 치르고서라도 헤르몬산을 탈환하겠다는 굳은 결의를 다졌다.

호피 장군은 전쟁이 시작되고 2시간 후에 참모본부에서 나파크로 돌아왔다. 몇 달 전까지 공군사령관이던 모티 호드 장군(예비역)이 공군 연락장교로 동행했다. 호피는 모든 예비전력을 투입하고 그 대부분을 북부 구역에 보내기로 한 심호니의 결정에 이의를 제기하지 않았고, 전선 방어를 2개 지휘부에 나눠 맡겼다. 제7여단은 전선 북부 절반의 방어를 맡고 제188여단 소속인 나프시의 대대를 휘하에 두었다. 벤-쇼함의 여단은 남부 지구의 방어 책임만 맡게 되었다. 남부 지구 방어부대는 제188여단 소속 오데드 에레즈의 대대와 제7여단에서 전출된 하임 바라크의 대대로 구성되었다.

욤 키푸르의 오후가 저물면서 시리아군의 공세가 잦아드는 듯했고, 이스라엘군 지휘관들은 전선 전체에 걸쳐 상황을 통제 중이라고 보고했다. 그러나 위안이 되는 상황 평가는 오래가지 못했다.

어둠이 내리기 직전, 시리아군은 북부 지구에 2개 여단을, 남부 지구에 4개 여단을 투입했다. 오데드 에레즈의 대대는 오후 전투에서 전차 12대를 잃었다. 이는 전체 전력의 3분의 1에 해당했다. 3명의 중대장 중 2명이 전사했고 부대대장 아스카로브 소령은 부상당했다. 땅거미가 지자 시리아군은 더 치열하게 공격하기 시작했다. 에레즈는 공군과 포병 지원을 요청했으나 헛일이었다. 이와 대조적으로 북부 지구의 상황은 통제되고 있었다. 나프시의 대대는 전차 33대 중 7대를 잃었으나 시리아군의 돌파를 막았다. 후방의 벤-갈 여단은 아직 교전을 벌이지 않았다.

어두워지기 직전 109 거점, 라크 소령은 포격이 잠잠해진 틈을 타 장교들을 자신의 전차로 소집했다. "전쟁이 한창이다." 중대장이 말했다. 근거 없는 말이 아니었다. 지난 몇 시간 동안 시리아군 전차 수십 대를 격파하고 집중적 포격을 받았음에도 중론은 이 역시 '전투일'에 불과하다는 것이었다. 즉, 지금껏 겪었던 그 어느 전투일보다 치열했지만, 하루에 끝날 소규모 전투에 불과하다는 것이었다. 라크 소령은 승무원의 트랜지스터 라디오에서 시나이에서 벌어지는 전투에 대한 이스라엘 라디오의 방송을 듣고 무엇인가 훨씬 더 심각한 일이 벌어지고 있음을 처음으로 깨달았다. 두 곳의 전선에서 전쟁이 격렬하게 계속되었고, 이는 밤이 된다고 해서 끝나지 않을 것이었다.

오후 늦게 카할라니 중령은 쿠네이트라 근처에 있는 에인 지반Ein Zivan 키

전쟁 초기, 골란 고원에서 시리아군을 공격하는 이스라엘군 센추리온 전차. 〈이스라엘 국방군 기록물보관소 제공〉

부츠의 포탄 구멍이 난 밭을 통과해 부스테르 능선을 향해 센추리온 전차 대대를 이끌고 전진했다. 아직 평상시의 사고방식을 가졌던 조종수들은 키부츠 농부들이 남기고 떠난 관개용 장비를 건드리지 않으려고 애쓰며 전차를 몰았다. 107 거점 뒤에 있는 부스테르 능선은 벤-갈이 예하 부대를 배치한 최남단 능선이었다. 카할라니는 동쪽 멀리 있는 다마스쿠스-쿠네이트라로를 따라 내려오는 시리아군 장갑차량들이 내는 먼지구름을 보았다.

골란 고원 북부 지구를 공격한 시리아군은 최전방에 있던 나프시 대대에 오후 내내 발이 묶여 있었다. 어두워지자 시리아군 전차들은 거점 사이로 침투해 후방의 능선에 자리를 잡은 벤-갈의 여단을 향해 다가왔다. 방어선 한가운데에 있는 요스 엘다르Yos Eldar 중령의 부대가 지키던 헤르모니트 능선이 공격받았다. 엘다르는 조명탄 발사를 요청했으나 얼마 지나지 않아 보유량이 모두 소진되었다. 이스라엘군은 언제나 날이 어두워지면 끝났던 '전투일'에 대해서만 작전계획을 수립했기 때문에 밤새 계속될 전투에 대한 대비를 갖추지 못했다. 어떻게 보면 병참 부문의 사소한 실수였으나 이로 인해 나중에 이스라엘군은 큰 곤란을 겪게 된다.

카할라니는 엘다르의 위치로 움직이는 또 다른 시리아군 전차들을 식별하고 사격명령을 내렸으나 거리가 너무 멀었다.

카할라니는 무전으로 벤-갈을 호출했다. "여단장님, 카할라니입니다. 요스를 공격하는 시리아군 전차에 사격을 하고 있는데 탄약을 낭비하는 게 아닌지 걱정입니다. 이동해 요스와 합류할 것을 요청합니다."

벤-갈은 요청을 승인했지만 부스테르 능선에 소부대를 남겨놓으라고 지시했다. 엘다르가 있는 곳으로 이동하는 동안 카할라니는 무전을 통해 엘다르가 긴장된 목소리로 여단장에게 말하는 것을 들었다.

"여단장님, 요스입니다. 이상."

벤 갈이 답했다. "여단장임, 이상."

"부상당했습니다. 후방으로 물러나겠습니다."

엘다르는 파편에 맞아 눈 위쪽에 부상을 입었다. 카할라니는 엘다르의 위치에 도착해 지휘를 맡았다. 이날 처음으로 시리아군은 어느 정도 전력을 규합해 북부 지구를 돌파했다. 엘다르의 위치에 가해진 공격은 격퇴된 것 같았지만 이제 전선 북단에 있는 대대(제7기갑여단 제71기계화보병대대-옮긴이)가 공격받고 있었다. 이 대대는 메슐람 라테스$^{\text{Meshulam Rattes}}$ 중령이 지휘했다. 시리아군은 나프시의 전차들이 배치된 쿠네이트라 외곽도 공격하고 있었다. 포병이 조명탄을 발사할 수 없는 상황이라 카할라니는 얼마 안 남은 조명탄 중 2발을 박격포로 쏘라고 명령했다. 조명탄 불빛이 천천히 하늘에서 내려오는 동안 전방에 보이는 적 전차는 없었다.

"대대장님, 에미입니다." 카할라니의 북쪽 측면에 배치된 중대의 중대장 에미 팔란트$^{\text{Emi Palant}}$ 대위였다. "적 전차 15대가 이쪽으로 접근합니다. 대기 중."

카할라니는 적외선 쌍안경을 통해 멀리서 일렬로 다가오는 적외선 헤드라이트를 알아볼 수 있었다. 적은 아직 시리아 영토 안에 있었다. 육안으로는 아무것도 보이지 않았다. 몇몇 전차장도 비슷한 쌍안경을 보유했으나 전차에는 야시장비가 장착되지 않았다. 시리아 전차는 지형을 비추기 위한 적외선 헤드라이트와 이스라엘군이 모르는 사이에 목표물을 비추기 위한 적외선 프로젝터를 장비하고 있었다. 이스라엘군은 아랍군이 야간전투를 먼저 시도할 것이라고 예상하지 않았기 때문에 아랍군이 보유한 야시장비에 큰 주의를 기울이지 않았다. 아랍군은 이제 이스라엘군이 예상하지 못했던 많은 일을 하고 있었다.

달은 더 높이 떠서 희미한 빛을 비추고 있었다. 언덕 아래로 부는 바람에 수풀이 흔들리고 있었고 방치된 마을의 폐허가 으스스한 모습을 드러냈다. 카할라니는 자기 쪽으로 다가오는 적외선 헤드라이트 한 쌍을 보았다고 생각하고 포수에게 사격 명령을 내렸다. 하지만 알고 보니 밤이 만들어낸 신기루였다. 적외선 쌍안경을 들어 북쪽에 시리아군 전차가 있는지 확인해 보니 갑자기 자신의 전차가 대낮처럼 환하게 보였다. 쌍안경을 내리자 아무것도 보이지 않았다. 하지만 쌍안경으로 보자 또다시 보였다. 쌍안경을 더 높이 들어올리자 등골이 오싹해졌다. 바로 몇십 야드 앞에서 적외선 투광기가 자신을 똑바로 바라보고 있었다.

"조종수, 후진!" 카할라니는 소리쳤다. "빨리!" 전차는 평지로 내려올 때까지 멈추지 않고 재빨리 후진해 사면을 내려왔다. 카할라니는 다른 곳을 택해 올라갔다. 대열에 있는 다른 전차들을 살펴보니 전차 한 대가 미등을 끄지 않았다. 카할라니는 각 소대 전차들이 등화를 껐는지 확인하라고 장교들에게 무전으로 지시했다. 모두 확인했다고 보고했지만 미등은 여전히 보였다. 이번에는 시동을 끄라는 명령을 내렸다. 그러나 미등을 켠 전차는 끄지 않았고 엔진이 돌아가는 소리도 들렸다.

대열 안에 적 전차가 들어와 있을지도 모른다는 것은 터무니 없는 생각이었다. 혹시 대대 주파수에 무전기를 맞추지 않은 이웃 부대 전차가 실수로 끼어 들어왔을 수도 있었다. 하지만 이스라엘군 전차에는 적외선 투광기가 없었다. 만약 시리아군 전차라면 전차장은 카할라니의 전차를 살펴보고 지금쯤은 자신이 이스라엘군 진영으로 엉겁결에 들어왔다는 것을 깨달았을 것이다. 하지만 이 침입자는 아군 전차 대열에 자리를 잡았고 포신은 시리아군 진영을 향해 있었다. 카할라니는 투광기를 켜서 침입자를 비출 준비를 하라고 근처의 다른 전차에 지시했다. 만약 적 전차라면 자신의 전차에서만 사격이 가능할 것이다. 포수 다비드 킬리온 David Kilion 은 사격준비를 하라는 명령을 받았다. 투광기를 켤 전차의 전차장이 준비가 끝났다고 보고했다.

"조명." 카할라니가 말했다. 어둠을 뚫고 나간 하얀 빛줄기 한 가닥이 시리아군 T-55를 비췄다. 50야드(46m) 거리였다.

"발사!" 카할라니가 소리쳤다.

시리아군 전차는 화염에 휩싸였다.

"대대장님, 제 지역에 의심스러운 전차가 있습니다." 오른쪽 측면에 있던 장교 한 명이 알려왔다.

"사격전에 적 전차인지 확인해." 카할라니가 답했다.

불타는 시리아군 전차가 내는 빛 속에서 카할리니는 어둠 속으로 도망치는 다른 시리아군 전차를 보았다. 카할라니는 킬리온에게 사격명령을 내렸지만 다른 전차가 선수를 쳤다.

카할라니는 접근하는 적 전차의 소리를 듣기 위해 모두 엔진을 끄라고 명령했다. 팔란트 대위는 적의 대열이 전방 1마일(1.6km)에 있는 대전차호에 도착했다고 말했다. 카할라니는 포탑 안에서 지도를 검토해보고 포병장교에게 횡단 지점을 포격해달라고 요청했다. 자정이 지나자 주변이 조용해진 것 같아 카할라니는 부하들이 교대로 취침하는 것을 허락했다.

시리아군이 거점 사이로 침투하고 있었기 때문에 이스라엘군 지휘부는 골란 고원 남부에 닥친 위험을 즉각 파악하지 못했다. 시리아군의 맹렬한 공격과 엘라자르의 경고에도 불구하고 호피는 아직도 시리아가 제한적 영토 점령을 기도한다고 보았다. 그는 적에게 한 치의 땅도 허용하지 않겠다는 엘라자르가 전쟁 전에 세웠던 목표를 고수하고 있었다. 이렇게 하기 위해서는 부대를 분산해 적의 침입을 막아야 했다. 밤 9시였지만 호피는 아직도 예하 지휘관들에게 "우리는 아무리 작은 규모의 공격이라도 이를 막는 데 노력을 기울여야 한다"고 말하고 있었다. 영토 수호에 지나치게 매달린 결과, 기갑부대의 금과옥조인 전력 집중은 시나이에서처럼 이곳에서도 무시되고 있었다.

나파크의 지휘벙커에 있던 사단 수석정보장교 데니 아그몬Dennie Agmon 중령은 용기를 내어 같은 테이블 앞에 앉은 전선사령관 호피 장군에게 작전에 대해 건의했다. 아그몬은 시리아군이 거점이나 정착촌이 아닌 골란 고원 전역의 탈취를 시도하려 할 수도 있다고 말했다. 만약 그렇다면 이들은 특수부대로 브노트 야코브 다리를 점령해 동원부대의 도착을 막으려 할 것이다. 호피는 의심하면서도 다리 근처의 공병대에게 시리아군이 공격할 가능성이 있으니 대비태세를 갖추라고 지시했다.

골란 고원 북부 지구를 맡은 제36사단 사단장 라파엘(별명 라풀) 에이탄 장군. 〈이스라엘 국방군 기록물 보관소 제공〉

테이블 저쪽 끝에는 라파엘 에이탄Rafael Eitan 장군이 등을 벽에 대고 다리 하나를 의자에 올린 채 몇 시간째 말없이 서 있었다. 북부 이스라엘의 농촌에서 태어난 에이탄은 공수부대 출신의 소박하고 과묵한 인물이었으나 말을 해야 할 때는 화려한 언변을 구사했다. 에이탄 장군의 한 손은 붕대에 감겨 있었다. 그는 며칠 전 집의 작업장에서 일하다가 전기톱에 두 손가락 끝이 잘렸다. 한 오랜 지인에 따르면, 에이탄은 남들보다 통증을 매우 잘 참았다고 한다. "에이탄은 바닥에 떨어진 손가락을 발견할 때까지 손가락이 잘린 것을 몰랐다"고 지인은 말했다. 호피와 참모진이 나파크에 남아 직접 전쟁을 지휘하는 한, 에이탄이 끼어들 여지는 없었다. 그러나 벤-쇼함 대령에게 벙커를 떠나 야전에 있는 여단에 합류하라고 명령한 사람은 에이탄이었다. 벤-쇼함은 아직 이 전투가 지휘벙커에서 지휘 가능한 '전투일'에 해당하는 소규모 교전이지 전면전은 아니라고 생각했다. 그러나 에이탄의 생각은 달랐다.

저녁 6시 30분, 벤-쇼함은 이동지휘소 역할을 할 병력수송장갑차를 타고 나파크를 떠나 탭라인로Tapline Road를 따라 남쪽으로 갔다. 장갑차는 후쉬니야에서 1마일(1.6km) 떨어진 곳까지는 별문제 없이 통과했으나 얼마 안 가서 심한 포격을 받아 정지했다. 벤-쇼함은 와디로 후퇴해 몸을 피하고 후쉬니야에서 전차를 보내달라고 요청했다. 도착한 전차의 조종수는 어둠 속에서 여러 대의 전차를 지나쳐왔다고 보고했다. 여단의 전차들은 동쪽으로 4마일(6.4km) 떨어진 휴전선을 따라 배치되었기 때문에 이해하기 어려운 말이었다.

일몰 후 4시간이 지났는데도 북부사령부는 시리아군이 남부 구역을 돌파했다는 보고를 믿지 않았다. 일선 전차부대가 시리아군 전차가 자신들을 지나쳐가지 않았다고 보고했기 때문이었다. 하지만 조명탄과 야시장비의 부족으로 인해 이스라엘군은 눈앞의 전선 너머에서 일어나는 일도 알지 못했다. 무전 모니터링 감청요원이 시리아군 여단장이 후쉬니야에 도착했다고 알리는 보고를 들었다. 벤-쇼함은 북부사령부로부터 사실 확인을 요청받았다. 벤-쇼함은 자신이 방금 후쉬니야를 지나왔기 때문에 이 시리아 여단장이 자신의 위치를 착각하고 있음이 틀림없다고 답했다.

그런데 남부 지구의 거점들에 주둔한 공수부대(제35여단 제50공수대대-옮긴이) 지휘관 요람 야이르$^{Yoram\ Yair}$ 소령(당시 부대대장. 대대장은 메나헴 자투르스키$^{Menachem\ Zaturski}$ 소령-옮긴이)은 이와 다른 내용의 보고를 받고 있었다. 116 거점 근처 휴전선 바로 뒤의 텔-사키$^{Tel\text{-}Saki}$ 정상에 있던 공수부대원 5명으로 구성된 관측반이 시리아군 전차들이 아래 있는 국경 도로를 타고 남쪽의 라마트 막시밈$^{Ramat\ Magshimim}$ 정착촌으로 향하고 있다고 보고했다. 111 거점은 시리아군 전차들이 근처에서 휴전선을 돌파했다고 보고했다. 115와 116 거점 사이로 시리아군이 침투했다는 보고도 있었다. 벤-쇼함 여단장은 야이르 소령의 보고들을 믿지 않았다. 야이르는 여단장으로부터 "자네는 지금 무슨 말을 하는지도 모르나?"라는 질책을 들었다고 회상했다. 이보다 앞서 바라크 소령이 후쉬니야 근처에서 부하들이 시리아군 전차의 엔진 소리를 들었다고 보고하자, 여단장은 아마 자신이 후쉬니야 기지에서 호출한 아군 전차가 낸 소리일 것이라고 말했다.

골란 고원 남부 지구 방어선이 붕괴된 것은 부분적으로는 돌파하기 쉬운 평탄한 지형 때문이었다. 또 북부 지구와 비교해 남부 지구에 배치된 전차의 수가 3분의 1 더 적었던 것도 그 원인 중 하나였다. 하지만 비효율적 지휘체계야말로 방어선 붕괴의 가장 큰 원인이라 할 수 있었다. 북부 지구에서 벤-갈이 전선 바로 뒤에 자리를 잡고 예하 지휘관들과 무전으로 끊임없이 접촉했던 반면, 남부 지구의 벤-쇼함은 위태로운 개전 초기에 나파크의 벙커에서 전투를 지휘했다. 호피가 텔아비브에 있는 동안 벤-쇼함이 골란 전선 전체의 지휘를 맡았기 때문에 개전 초기에는 나파크가 지휘에 적합한 장소였다. 하지만 오후 4시 30분에 호피가 복귀했음에도 벤-쇼함은 나파크에 2시간이나 더 머물렀다. 적의 포화 때문에 전선으로 가는 길이 막히자 그는 탭라인 근처에 고립된 자신의 병력수송장갑차에서 예하 부대와 접촉을 유지했으나 그렇게 해서는 전투의 흐름을 제대로 읽을 수 없었다.

에레즈 대대로 보낼 탄약과 연료를 싣고 탭라인로를 따라 내려가던 수송대 지휘관이 처음으로 시리아군이 침투해왔다는 확실한 증거를 가져왔다. 차량 대열이 벤-쇼함의 지휘장갑차 옆으로 지나갈 무렵, 이 지휘관은 여단장에게 말하기 위해 지프에서 내렸다. 벤-쇼함은 포격 때문에 트럭으로 가기는 매우 위험할 것이며 오직 전차만 이 지역을 무사히 뚫고 지나갈 수 있다고 수송대 지휘관에게 말했다. 벤-쇼함은 에레즈 중령을 무전으로 호출해 연료와 탄약 보급을 위해 보급대의 현 위치로 전차를 한 대씩 보내라고 지시했다. 에레즈는 시리아군 돌파의 위험이 있는 한 지금 위치에서 전차 한 대도 보낼 수 없다고 답했다.

두 사람이 이야기하는 동안 전차 2대가 남쪽에서 접근해와 20야드(18m) 떨어진 곳에 정지했다. 여단장은 전차 몇 대가 실제 후퇴하지 않았느냐고 에레즈에게 물었다. 에레즈는 놀란 목소리로 확인하겠다고 답했다. 몇 분 뒤 그는 후방으로 보낸 전차는 없다고 답했다. 벤-쇼함은 이들이 전선에서 도주했다고 생각했다. 그는 장교 한 명에게 전차로 가서 전차장들에게 호통을 쳐 당장 전선으로 돌아가게 하라고 말했다. 장교는 전차 쪽으로 발걸음을 옮기며 가장 가까운 전차의 전차장에게 소리치기 시작했다. 포탑 밖으로 몸을 내민 사람의 그림자가 보이더니 아무 말 없이 포탑 속으로 사라져 해치를 당겨 닫았다. 그리고 전차들은 엔진음을 울리며 사라졌다. 달아나는 전차들의 실루엣을 보니 시리아군 T-55였다.

벤-쇼함은 수송대에게 즉시 나파크로 돌아가라고 명령했다. 출발 몇 분 뒤, 지휘관은 방금 후쉬니야로 교차점을 통과하면서 대규모 시리아군 전차

골란 고원의 116 거점에서 벌어진 야간전투에서 이스라엘군 공수부대가 격파한 시리아군 전차. 뒤에 또 다른 격파된 전차들이 보인다. 〈이스라엘 국방군 기록물보관소 제공〉

를 지나쳤다고 무전으로 알려왔다. "어떻게 빠져나올 수 있었는지 모르겠습니다." 그가 말했다.

호피는 담당구역이 잠시 상대적으로 조용해진 벤-갈에게 다른 대대를 파견해 오데드 에레즈를 지원하라고 명령했다. 제7여단장은 1개 대대를 파견했으나 멀리 가기 전에 다시 불러들였다. 벤-갈은 호피에게 여단이 다시 공격받고 있어 지원할 여유가 전혀 없다고 말했다. 호피는 반박하지 않았다. 사실 벤-갈의 담당구역은 심한 공격을 받고 있지 않았다. 그러나 여단장은 지휘부가 제대로 전투를 지휘하고 있다는 확신을 하지 못했기 때문에 자신의 병력을 온전히 보전하기로 마음먹었다. "스스로를 돌보지 않으면 누가 하겠습니까?"라고 그는 나중에 주장했다. 남부 지구는 지금 보유한 전력으로 계속 방어전을 펴야 했다.

이는 전선 최남단에 있는 116 거점의 구르 중위에게 전차의 지원 없이 버텨야 한다는 것을 의미했다. 야키르의 전차소대가 떠나고 1시간이 지난 후 구르는 전초기지와 후방의 이스라엘 국경 도로를 잇는 좁은 소로를 따라 전초기지로 접근하는 시리아군 전차 3대의 어두운 형체를 보았다. 전차들은 앞뒤로 열을 지어 천천히 기동하고 있었지만 사격하지 않았다. 지휘관은 거점이 탈취되었는지를 확신하지 못하는 듯했다. 구르는 앞서 부하 한 명에게 소로 노면에 2열로 지뢰를 설치해놓으라고 명령했었다. 참호 속의 구르 옆에 바주카포를 든 병사가 쭈그리고 앉았다. 이들이 지켜보는 앞에서 선도 전차가 지뢰를 밟았으나 폭발하지 않았다. 분쇄된 지뢰에서 나온 화약가루가 길 위로 쏟아졌다. 구르는 지뢰를 매설한 병사가 신관 작동을 잊어버렸음을 깨달았다. 10야드(9m) 떨어진 정문을 부수고 거점의 마당에 들어선 전차의 내부 어디서인가 나오는 붉은빛이 보였다. 해치를 열지 않아 전차장의 시계가 제한되었기 때문에 전차는 거점 박격포 진지 주변에 기울여 쌓은 현무암 담장에 부딪쳤다. 벽을 타고 오를 듯한 기세로 전차의 차체가 30도 각도로 솟아올랐다. 구르는 바주카포 사수에게 사격명령을 내렸다. 사수는 어둠 속에 보이는 기묘한 실루엣을 조준하는 데 애를 먹었다. 구르는 대충 적 방향으로 "발사!"라고 말했다. 잠시 뒤, 사수가 "불발!"이라고 소리쳤다. 구르는 이런 상황에 대해 훈련받은 대로 사수에게 격발장치에서 손을 떼라고 한 다음 뒤쪽에서 불발탄을 빼고 새 포탄을 넣었다. 바주카포가 불을 뿜었고, 포탄은 포탑에 명중했다. 시리아군 전차승무원들이 뛰쳐나왔다. 구르는 사격을 가해 승무원 4명 중 2명을 쓰러뜨렸다.

두 번째 전차가 입구에 도달했다. 바주카포 사수는 망설이지 않고 사격해 이 전차를 불덩어리로 만들었다. 이번에 구르는 전차 밖으로 나온 승무원 4명을 모두 쓰러뜨렸다. 세 번째 전차는 구르가 요청한 지원 포격이 쏟아지자 방향을 돌려 달아났다. 영내 어딘가에 첫 번째 전차에서 도망친 시리아군 전차승무원 2명이 있을 것을 우려해 구르는 부하들에게 제자리에 있으라고 명령하고 다른 병사 한 명과 함께 참호 안을 뛰어다니며 전방에 사격을 가했으나 마주친 적병은 없었다.

거점 외곽 지역에는 도보로 이동하는 시리아군으로 부산했다. 대부분 기동이 불가능한 전차승무원들이었다. 구르는 어둠을 틈타 시리아군이 거점에 침투해올 것을 걱정했다. 수비대의 중기관총 사수가 근처의 적병을 모두 쓰러뜨렸다. 부상당한 시리아군 병사들이 거점을 둘러싼 철조망 펜스에서 비명을 지르고 있었다. 입구 근처에 쓰러진 시리아군 병사의 울음소리가 밤새 들렸다.

오전 2시경, 대규모 시리아군 보급 차량 대열이 대전차호로 다가와 정지했다. 구르는 지원포격을 요청했으나 지원할 곳이 너무 많았던 포대는 몇 발만 사격할 수 있었다. 동이 트자 차량 대열이 대전차호를 건넜다. 차량에서 병사 10여 명이 내려 다가왔다. 거점이 함락되었다고 믿는 것 같았다. 구르는 제발 돌아가라고 기도했지만, 시리아군은 계속 다가왔다. 수비대는 30야드(27m) 거리에서 사격을 개시해 시리아군을 모두 쓰러뜨렸다.

구르가 걱정한 대로 이 사격은 벌집을 건드린 꼴이 되었다. 병력수송장갑차에서 병력이 하차해 일부가 엄호사격을 하는 동안 다른 일부는 포복으로 다가왔다. 거점의 중기관총이 대열의 차량들을 휩쓸고 박격포가 접근하려는 병력수송장갑차에 불을 뿜었다. 소총탄이 줄어들자 구르는 시리아군이 펜스에 도달할 때까지 사격을 중지하라고 명령했다.

지루한 전투가 끝나고 공격군들은 후퇴했다. 구르의 부하 3명이 다쳤고 1명은 중상을 입었지만 전사자는 없었다. 수비대의 승리였다.

남쪽으로 2마일(3.2km) 떨어진 텔 사키에 있던 공수부대 관측반에 하임 바라크의 전차 3대가 합류했다. 이 전차들은 시리아군의 매복공격을 받아 거의 전멸한 중대의 생존 병력이었다. 탄약이 떨어져 116 거점에서 후퇴했던 아티르 상사의 전차 3대도 있었다. 봉우리에 있던 병사들은 밤새 아래 있는 시리아군 전차와 병력수송장갑차들에 사격을 가해 여러 대를 불덩이로 만들었다. 이스라엘군 전차 대부분은 RPG탄에 맞았다. 동트기 30분 전, 텔 사키의 공수부대 지휘관 메나헴 안스바헤르Menahem Ansbacher 중위는 야이르 소령에게 내규모 시리아군 전력이 공격을 준비하고 있다고 보고했다. 봉우리에는 30명이 남았는데 대부분 기동이 불가능한 전차의 승무원들이었다.

시리아군이 거점을 포위한 상황이었지만 야이르 소령은 동트기 직전에 엘 알Al 정착촌에 있는 지휘소에서 반궤도장갑차 3대를 보내 인원을 철수시키려고 했다. 이 차량들은 도중에 매복공격을 받아 탑승자 대부분이 전사했다. 해가 밝아오자 시리아군 전차와 보병이 사면을 오르며 공격해왔다. 탄약이 소진되자, 수비대는 정상 근처의 벙커로 후퇴했다. 오전 6시 30분, 야이르는 안스바헤르가 보낸 마지막 메시지를 받았다. "메나헴임. 시리아군이 벙커 입구에 있음. 끝인 것 같음. 전우들에게 작별인사 바람. 살아서 다시 보지 못할 것임."

북부사령부는 골란 고원 남부 지구가 위험에 빠졌음을 이제서야 깨달았지만, 아직도 전황을 오판하고 있었다. 시리아군 1개 기계화보병여단이 종교인 정착촌인 라마트 막시밈에 도달했다. 마을의 예쉬바Yeshiva(유대교 신학교-옮긴이) 학생들을 철수시킨 지 채 30분도 되지 않아서였다. 그런데 설명할 수 없는 이유로 시리아군은 진격을 멈췄다. 도로를 따라 5마일(8km) 내려간 곳에 위치한 엘 알에 있는 야이르 소령과 소규모 이스라엘군을 제외하면 20마일(32km) 떨어져 있는 이스라엘령 요르단 계곡Jordan valley을 향한 진격을 막는 것은 아무것도 없었다. 그렇지 않으면 시리아군은 서쪽으로 10마일(16km)을 더 가서 성서의 갈릴리 바다Sea of Galilee인 키네레트 호수Lake Kinneret 호안으로 내려갈 수도 있었다.

하지만 이는 시리아군이 염두에 둔 시나리오가 아니었다. 시리아군의 주목표는 나파크에 있는 이스라엘군의 주요 기지와 브노트 야코브 다리였다. 쿠네이트라 갭을 통해 나파크로 직행하는 경로는 제7여단에 가로막혔으나 시리아군은 대안을 이미 마련해두었다. 남부 골란 고원을 돌파해 북쪽으로 선회하는 것이었다. 전차 100대를 장비한 시리아군 제51여단은 후쉬니야에 도착하면 북쪽으로 선회해 탭라인을 따라 나파크로 바로 가라는 명령을 받았다. 제53여단은 휴전선을 넘자마자 북쪽으로 선회해 레셰트Reshet(히브리어로 화살이라는 뜻-옮긴이)라는 암호명이 붙은 골란 고원 남북 간선도로를 따라 전진할 계획이었다. 이 도로는 휴전선과 평행으로 뚫려 있었다. 레셰트로를 지키는 이스라엘군 전차는 7대에 불과했고, 탭라인로에는 전차가 전혀 없었다.

여기서 즈비카 그린골드Zvika Greengold 중위가 등장한다. 전차중대장 교육과정 개시를 기다리던 21세의 그린골드 중위는 전쟁이 시작되었을 때 소속 부대가 없었다. 사이렌이 울렸을 때 그린골드 중위는 부모를 포함한 홀로코스트 생존자들이 세운 로하메이 하 게타오트Lokhamai Hagetaot(게토Ghetto의 전사들)라는 키부츠(이스라엘 북부 해안도시 아코Acco 북쪽에 위치. 나파크 기지에서 약 90킬로미터 거리-옮긴이)에 있는 집에 있었다. 그린골드 중위는 집에 있던 유일한 군복인 정복을 입고 남의 차를 얻어타고 나파크 기지에 오후 늦게 도착했다. 즉각 탑승할 수 있는 전차는 없었지만 손상된 센추리온 전차 3대가 쿠네이트라에서 도착했다. 그린골드는 수리되는 대로 이 전차들을 이끌고 전선으로 가라는 명령을 받았다.

그린골드 중위는 전사자의 시체를 전차 밖으로 끌어내는 일을 감독하고 전차 내부의 피를 씻어내는 일을 도왔다. 밤 9시, 전차 2대가 준비되자 그린골드 중위는 출격해 111 거점과 112 거점 근처에 흩어져 있는 전차들의 지휘를 맡으라는 명령을 받았다. 장교 전원이 사상당해 부사관이 지휘를 맡았다고 했다. 그린골드 중위는 가는 도중에 후쉬니야를 통과하라는 지시를 받았다. 그곳에 시리아군이 있다는 미확인 보고가 있었다. 그리고 도중에 마주치는 모든 적을 격파해야 했다.

그린골드 중위가 부여받은 임무는 아주 간단명료했다. 그는 여단 무선망의 주파수를 할당받고 '즈비카 부대Koakh Zvika(Force Zvika)'라는 암호명을 부여받았다. 훗날 이스라엘군의 전설로 남을 이름이었다.

2대의 전차는 탭라인로를 따라 내려가기 시작했다. 어둠에 익숙해지는 데 시간이 걸렸지만 그린골드 중위는 이 지역을 잘 알고 있었다. 탭라인로는 주도로가 아닌 지선도로였다. 몇 년 전만 해도 이곳에는 아래 묻힌 송유관 경로를 표시하는 좁은 비포장도로만 있었다. 팔레스타인 게릴라들이 1970년대 초에 폭발물을 터뜨려 송유관에 구멍을 내자 이스라엘 정부의 요청에 따라 탭라인의 미국인 소유주들은 길 양편에 10피트(3m) 높이의 쇠사슬 펜스를 설치하고 15야드(14m) 너비의 회랑을 만든 다음 펜스 바로 바깥쪽에 좁은 아스팔트 포장 순찰도로를 깔았다. 그린골드 중위가 타고 내려간 도로는 이 순찰도로였다. 평상시에 하던 대로 그린골드 중위는 아스팔트의 손상을 최소화하려고 전차의 한쪽 궤도를 비포장 갓길에 걸치고 주행했다. 이 지역에는 큰 바위들이 곳곳에 널려 있었기 때문에 전차들은 야지 주행을 감행하기보다는 대개 도로로 이동했다. 야간에는 더더욱 그랬다. 탭라인로는 나파크에서 후쉬니야 분기점까지 기복이 있는 지형을 관통해 15마일(24km) 거리를 화살처럼 똑바로 뻗어 있었다.

그린골드 중위는 오르막 정상에 오를 때마다 정지해 주변을 관찰하며 조심스럽게 전진했다. 포수는 포탄을 포미에 집어넣고 안전장치를 해제하라

화살처럼 곧게 뻗은 탭라인로. 여기에서 그린골드 중위가 시리아군 기갑여단과 마주쳤다. 〈이스라엘 국방군 기록물보관소 제공〉

는 명령을 받았다. 그린골드 중위의 전차는 전방과 왼쪽을 계속 주시했다. 30야드(27m) 뒤에서 따라오던 다른 전차의 전차장은 후방과 오른쪽을 맡았다.

2대의 전차가 고작 3마일(4.8km) 전진했을 무렵, 그린골드 중위는 헤드라이트를 켠 채 다가오는 차량 대열을 보았다. 헤드라이트가 전차를 비추자 선두에 있던 지프가 서더니 탑승한 장교가 앞으로 뛰어나왔다. 벤-쇼함이 나파크로 돌려보낸 수송대 지휘관이었다. 그는 그린골드에게 후쉬니야 교차로에서 여러 대의 시리아군 전차를 방금 지나쳤다고 말했다.

그린골드 중위는 더욱 신중하게 전진하며 교차로까지의 절반 지점에 도착했다. 전차가 오르막 정상에 오르자 빠르게 다가오는 전차가 보였다.

"사격!" 그린골드가 소리쳤다.

머리카락이 곤두설 정도로 긴장한 포수가 방아쇠를 당기자 다가오던 전차가 폭발했다. 겨우 20야드(18m) 앞이었다. 사격 전에 이 전차의 정체를 판별할 여유가 없었기 때문에 그린골드는 수송대 지휘관이 전달한 전방에 있는 전차는 모두 적이라는 정보에만 의지했다. 전차를 휘감은 불꽃 사이로 보니 다행스럽게도 시리아군 T-55였다. 조종수는 어둠 속으로 그린골드 중위의 전차를 후진시켰다. 사격으로 인한 진동 때문에 포탑의 전기장치가 고장이 났다. 그린골드 중위는 전차를 갈아타고 다른 전차장에게 나파크로 돌아가 수리받으라고 말했다.

불타는 시리아군 전차 너머 어둠 속에서 불빛이 많이 보였다. 시리아군 전차의 정면 양쪽 끝에 설치된 소형 야간주행등인 이른바 '고양이눈$^{cat's\ eyes}$'이 내는 불빛이었다. 그린골드 중위는 시리아군 진영이 이동 중이라기보다 대열을 재편하거나 연료 보급을 받고 있는 중이라는 인상을 받았다. 방금 마주쳤던 전차는 전방 경계에 나섰던 전차였을 수도 있었다. 이따금 시리아군은 신호용 로켓을 발사했다. 전차를 몰고 낮은 언덕 위로 오른 그린골드 중위는 헤드라이트를 켠 시리아군 전차 3대와 맞닥뜨렸다. 시리아군은 채 반격하기도 전에 모두 격파당했다. 30분 뒤, 그린골드 중위의 전차는 전차와 트럭 30대 규모의 차량 대열을 향해 포문을 열었다. 시리아군 차량의 야간주행등과 간헐적으로 발사된 신호 로켓이 조명 역할을 했다. 그린골드 중위는 시리아군이 반격하고 있다는 느낌을 받았으나 계속 위치를 바꾸고 있었기 때문에 반격은 별 효과를 거두지 못했다. 이 술래잡기에서 그린골드 중위는 한 가지 이점을 누렸다. 보이는 모든 전차는 표적이었다. 반면에 시리아군은 야시장비를 가지고서도 그린골드 중위의 정체를 파악하는 데 어려움을 겪었다. 그린골드 중위는 조심스럽게 계속 경사지 후면에서 산마루 너머로 포탑과 전차포만 내밀고 사격했다. 그는 위치를 바꿔가며 철사가 감긴 펜스를 넘나들며 이동했다. 펜스 일부가 궤도에 끼는 바람에 진차는 선회할 때마다 긴 펜스 기둥과 펜스를 끌고 다녔다. 그는 기억할 수 없을 정도로 많은 전차를 명중시켰다.

전투 중 간간이 찾아온 소강상태 중 들은 교신을 통해 그린골드 중위는 처음으로 상황이 얼마나 엄중한지 알게 되었다. 에레즈 대대의 전차들은 연료와 탄약이 거의 고갈되었다고 보고하고 있었다. 보급품은 전방으로 들어오지 못했고 다급한 증원 요청에 대해서는 가용 전차가 없다는 답만 돌아왔다.

벤-쇼함 대령은 무선망에서 즈비카 부대와 접촉하고 전력 규모를 파악하려고 했다. 그린골드 중위는 시리아군이 무전을 감청하고 있음을 알았기 때문에 자신이 시리아군과 나파크 사이에 있는 유일한 전차임을 드러내지 않으려고 직접적인 답변을 피했다. 시리아군이 소규모 기습부대일 것이라고 믿고 있던 벤-쇼함은 즈비카 부대를 최소 중대 규모로 짐작하고 후쉬니야로 서쪽 끝을 향해 적을 밀어붙이라고 명령했다. 하임 바라크 대대장은 후쉬니야로 동쪽 끝에 자리 잡으라는 명령을 받았다. 즈비카 부대가 시리아군을 뒤로 밀어내면 바라크가 기다리고 있을 것이다. 그린골드 중위는 "상황이 불리함"이라고 답해 공세를 취하기 어려운 상황임을 알리려고 했다. 1시간 동안 홀로 전투를 벌인 끝에 그린골드 중위는 다른 부대가 합류하려고 이동 중이라는 말을 듣고 안도했다.

밤 8시, '신속대응' 동원전차대대(제179기갑여단 제266전차대대-옮긴이) 소속 전차 10대가 우지 모르$^{Uzi\ Mor}$ 중령의 지휘 하에 골란 고원 기슭에 있는 기지를 떠나 나파크를 향해 이동하기 시작했다. 이 전차들은 며칠 전 동원훈련이 끝나고서도 장비가 탈거되지 않았기 때문에 승무원 조직만 끝나면 바로 이동할 준비가 된 상황이었다. 전차들은 탭라인로를 따라 내려가 즈비카 부대와 합류하라는 지시를 받았다. 동원령이 발동된 지 12시간이 조금 지난 밤 10시 30분에 모르의 부대는 양 전선을 통틀어 전투에 투입된 첫 동원부대가 되었다.

그린골드 중위는 엄청난 적의 포화 세례를 받을 것이라고 모르에게 상황을 브리핑했다. 대대장은 즉시 전진을 명령했다. 모르의 전차들은 아스팔트 도로를 따라 일렬로 이동했다. 그린골드 중위의 전차는 아스팔트 도로와 평행하게 펜스 사이로 난 비포장도로를 타고 움직였다. 전차들이 경사가 급한 첫 내리막길에 접어들자 기다리고 있던 시리아군이 전차포와 RPG를 발사했다.

내리막길로 내려오기 시작한 전차 8대가 모두 피격되었다. 모르는 시력과 한쪽 팔을 잃었으나 부하들이 포화를 뚫고 간신히 구출해 언덕 위로 후송되었다. 중상을 입은 중대장을 포함해 불타는 전차에서 빠져나올 수 있었던 전차병들은 시리아군 보병의 포로가 되었다. 그린골드 중위의 전차도 아군의 오인사격으로 보이는 포탄에 맞았으나 충격이 느껴지지 않았다. 옷에 불이 붙은 포수가 포탑 밖으로 몸을 날리려 하자, 그린골드 중위와 포수는 좁은 해치 구멍에서 뒤엉켜 움직일 수 없었다. 황망하고도 두려운 순간이었다. 사투 끝에 그린골드 중위는 몸을 빼내 전차 안으로 들어가고 포수는 바깥으로 뛰쳐나갔다. 그때 전차 내부에서 무엇인가가 폭발해 파편이 그린골드 중위의 얼굴로 쏟아졌고 옷에 불이 붙었다. 그는 전차 밖으로 뛰쳐나가 불을 끄기 위해 땅바닥에 굴렀다. 전차가 폭발할 것을 두려워한 그가 펜스 반대편으로 넘어가자 바위 사이로 포수와 탄약수가 누워 있었다. 조종수는 전사했다.

3명은 언덕 위로 다시 올라가 소리쳤다. "우리는 이스라엘인이다. 유대인이다. 쏘지 마!" 전사자 시신과 부상자들은 모르 부대의 피격되지 않은 전차 3대 중 2대로 옮겨졌다. 그린골드 중위는 세 번째 전차의 차체에 올라가 앉아 차츰 정신을 차렸다. 파편을 맞고 화상을 입은 부위들이 아파오기 시작했으나 꼼짝 못 할 정도는 아니었다. 그린골드 중위는 전차장에게 이야기할 수 있게 이어폰이 달린 헬멧을 벗어달라고 손짓했다. "저는 즈비카라고 합니다." 그린골드 중위가 말했다. "밤새 이곳에서 싸우고 있었고 이 지역을 잘 압니다. 전차를 넘겨주십시오." 예비군 전차장은 잠시 중위를 쳐다보더니 헬멧을 넘겨주고 포탑에서 내려 다른 전차로 자리를 옮겼다.

어둠 속에서 그린골드 중위는 승무원들에게 자신을 소개했다. "즈비카라고 합니다. 여러분들의 새 지휘관입니다. 이름이 무엇입니까?"

다른 2대의 전차는 사상자들을 싣고 후퇴했고, 그린골드 중위는 탭라인로에 다시 혼자 남았다. 전차의 무전기는 벤-쇼함 여단의 주파수에 맞춰졌다. "즈비카입니다." 여단장이 내쉬는 안도의 한숨이 들렸다. 벤-쇼함은 구원 부대가 큰 피해를 입었다는 것만 알았을 뿐 탭라인로에 나파크로 진격하는 시리아군을 막을 전력이 남아 있는지는 알지 못했다. 여단장은 그린골드 중위에게 상황을 보고하라고 지시했다. 다시 한 번, 그린골드 중위는 상황이 좋지 않다는 말만 반복하며 자세한 상황을 알리기를 꺼렸지만 한마디를 추가했다. "장군이 필요합니다." 적 전력이 막강한 데 반해 대응할 아군 전력이 부족하다는 것을 암시할 의도에서 한 말이었다.

벤-쇼함은 숨은 뜻을 알아챘다. 그린골드 중위는 안전한 사격 위치를 잡으라는 명령을 받았다. "선제사격을 금함. 나파크로 이동하는 적 전차에만 사격. 지원 대기."

새벽 2시가 되었다. 그린골드 중위는 몇백 야드 뒤로 후퇴했다. 또 다른 지원군이 도착하려면 1시간은 더 기다려야 했다. 그린골드 중위는 그때 문득 부모님이 살아남았던 홀로코스트가 현실로 다가왔다는 생각이 스치고 지나갔다고 훗날 말했다. 적과 민족의 멸망 사이에 자신 혼자 서 있는 것 같았다.

오전 3시, 벤-갈은 쿠네이트라 근처에 배치된 메이르 자미르Meir Zamir 소령이 지휘하는 전차중대, 일명 타이거Tiger 중대[제7기갑여단 제77전차대대 (카할라니 대대) 소속. '타이거'는 중대 호출부호-옮긴이]에게 국경도로를 따라 북쪽으로 이동하는 시리아군 전차부대를 저지하라는 명령을 내렸다. 기동이 불가능하게 된 이스라엘군 전차의 전차장이 이 시리아군 부대가 자신을 지나쳐 이동하는 것을 보았다고 보고했다. 자미르는 110 거점 근처에 매복해 공격 준비를 마쳤다. 부중대장은 도로에서 동쪽으로 800야드(731m) 떨어진 지점에 전차 4대를 전개시켰다고 보고했다. 4대를 보유한 자미르는 북쪽으로 1,200야드(1,097m) 떨어진 곳 길 양편에 사격 위치를 잡았다. 도로 건너편에 있는 장교는 투광기를 켤 준비를 하라는 지시를 받았다.

몇 분 만에 전차가 내는 소음이 들렸다. 달빛 속에서 자미르 소령은 남쪽에서 접근하는 전차의 긴 행렬임을 알 수 있었다. 소령은 선도전차가 접근하기까지 기다리다가 "조명 켜!"라고 명령했다. 투광기의 빛줄기가 대열을 비추자 자미르의 전차들이 포문을 열었고 10여 대에 이르는 시리아군 전차와 병력수송장갑차가 불길에 휩싸였다. 이 시리아군은 나파크로 진군하던 제43기갑여단의 선봉이었다. 매복공격을 받은 시리아군 대부분은 시리아 영토 방향으로 달아났으나, 일부는 이스라엘 영토로 흩어졌다. 타이거 중대는 동이 틀 때까지 시리아군을 추격했다.

자정 무렵이 되어서야 호피 장군은 돌파한 시리아군의 규모를 파악하기 시작했다. 시리아군 전차 300대가 남부 골란으로 침입해 들어왔으며 이를 대적할 이스라엘군 전차는 30대도 되지 않는 데다 10시간이나 전투를 벌인 끝에 탄약과 연료가 바닥이 나 있었다. 어느 정도 규모 있는 동원부대는 오후가 되어야 도착할 것이었다. 호피는 엘라자르 총참모장에게 골란 고원을 지킬 수 있을지 의문을 표했다. "공군만이 시리아군을 저지할 수 있습니다." 대화를 듣고 호피의 어투에 기분이 상한 다얀은 엘라자르에게 아침에 직접 북부사령부 본부로 날아가 "우리가 과연 골란 고원을 잃게 될 것인지" 직접 판단하겠다고 말했다.

나파크의 전방 지휘벙커에서는 무전기들이 직직거리며 전선 전체에서 격전을 벌이는 부대들이 보내오는 보고를 쏟아내고 있었다. 지도 위로 몸을 굽힌 호피와 참모진은 명령을 내리며 적의 행보에 대해 토의했다.

모티 호드는 상대적으로 제3자의 입장에서 상황을 지켜보았다. 본인도 지휘벙커에서 수많은 작전을 지휘한 적이 있었으나 이번처럼 밖에서 포탄이 폭발하는 소리가 들리는 곳에서는 처음이었다. 불과 6년 전, 그는 공군사령관으로서 텔아비브의 공군상황실에 앉아 연신 물병을 비우며 3시간 안에 이집트 공군을 전멸시키고 전쟁의 향배를 결정한 공습 작전을 지휘했었다. 바깥의 폭발음이나 일선에서 날아오는 당황스러운 보고보다 호드를 더 깜짝 놀라게 한 것은 벙커 안에서 벌어지는 일이었다. 모든 사람이 사건과 서로에게 반응했지만 일선의 전차장부터 호피와 참모진에 이르기까지 그 어느 누구도 생각할 시간이 없음이 분명했다. '도대체 생각하지 않고 어떻게 전쟁을 수행할 수 있지?' 호드는 자문했다.

자정이 지나고 얼마 후, 포탄 소리에 익숙지 않은 공군 출신 호드의 귀에 시리아군 전차가 나파크 기지로 직사 포격을 하는 듯한 소리가 들렸다. 호드는 호피에게 몸을 돌리며 말했다. "육군은 내일도 자네를 필요로 할 거야. 여기에서 같이 나가세." 나파크가 시리아군의 공격을 받고 있다는 호드의 생각은 틀렸다. 그러나 시리아군이 실제 공격해오기까지 몇 시간이 채 남지 않은 상황이었다.

역설적으로 남부 골란 전선의 붕괴는 이번 전쟁의 다른 어떤 전투보다 이스라엘 병사와 지휘관 개개인의 패기를 증명했다. 시리아군은 순전히 압도적인 전력으로 돌파에 성공했다. 벤-갈 여단장과 예하 대대장들이 대오를 유지하면서 시리아군과 접전을 벌이고 있던 북부 지구와 달리 남부 지구의 전투에서는 효과적인 전투 통제력이 상실되었다. 하지만 살아남은 병력은 후퇴하지 않았다. 이들은 상부의 명령보다 각자의 기량과 동기에 의

지해 고립된 소부대 단위로 끈질기게 싸웠다.

"선택은 두 가지였습니다. 충격으로 굴복하거나 호랑이가 되거나"라고 전차소대장 한 명은 나중에 말했다. "개전 초부터 전투는 소·중대장과 개별 전차장의 몫이라는 것이 분명해졌습니다. 아드레날린이 용솟음쳤습니다. 후방의 상관들이 내린 명령은 중요하지 않았습니다. 우리는 혼자였고 혼자 판단을 내렸습니다."

간혹 전투 쇼크를 일으킨 병사들도 있었으나 일선 전초기지의 전차승무원들과 일반 병사들은 뛰어난 기량을 발휘하여 기습의 충격을 분산하고 적의 진격 속도를 늦추며 큰 손실을 입히고 있었다.

새벽 1시가 가까워지자 호피는 골란 전선의 지휘를 에이탄 장군에게 인계하고 지프에 탑승해 호드와 함께 이스라엘의 본진으로 돌아갔다. 이들은 훌라 계곡Hula valley을 건너 중세 유대 신비주의의 중심지였던 사페드Safed 근처의 카나안산Mount Canaan 기슭에 있는 북부사령부 본부를 향해 차를 달렸다. 호드가 몸을 돌려 계곡 너머를 바라보니 골란 고원 전역이 불꽃으로 점점 덮여 있었다. 일부는 불붙은 덤불이었으나, 나머지는 불타는 전차들이었다. 전쟁이 시작된 지 겨우 12시간이 지났는데 시리아군은 이미 골란 고원 깊숙이 들어와 있었다.

제15장

동트기 전이 가장 어둡다

전쟁의 첫날 밤 시리아 전선과 이집트 전선에서 구덩이로 날아든 보고들은 서로 경쟁이라도 하듯 암담한 소식을 담고 있었다. "최악은 전선에서 온 보고입니다." 엘라자르 총참모장은 토요일 밤에 열린 각료회의에서 발언했다. "보고는 시시각각으로 바뀌는데, 처음에는 적이 여기 있다고 했다가 다음에는 없다고 합니다. 저희는 불확실한 상황을 헤쳐나가며 해결책을 모색하는 중입니다."

총참모장은 참모본부가 보유한 강력한 2가지 수단을 어느 전선에서 더 필요로 하는지 동트기 전에 결정해서 배치해야 했다. 공군과 모셰(무사Moussa) (모세의 아랍어식 말음, 펠레드의 별명-옮긴이) 펠레드Moshe Peled 장군이 지휘하는 동원기갑사단(제146사단-옮긴이)이다. 밤이 깊어지기 전까지 받은 인상은 시리아군은 움직임이 느려졌으나, 이집트군은 빠른 속도로 진격하고 있다는 것이었다. 따라서 공군이 다음날 아침 이집트군 미사일에 대항해 타가르 작전을 수행하기로 결정되었다.

호피가 상황이 매우 곤란하다고 보고하기 전까지 엘라자르는 무사 펠레드의 사단을 시나이로 보낼 계획이었다. 참모본부 예비전력의 주력인 펠레드 사단의 배치는 요르단 전선에도 영향을 줄 것이다. 사단은 현재 요르단강 서안의 각 기지에서 동원 중이었으며 후세인 왕이 참전을 결정할 경우 요르단군의 공격에 대항할 위치에 배치될 것이다. 엘라자르는 아만의 요르단과장 케니제르 대령을 불러 후세인의 의도에 대한 평가를 요구했다. 케니제르는 후세인 왕이 요르단강을 건너 공격한다면 SAM의 보호를 받지 못하는 자신의 왕국이 분노에 찬 이스라엘 공군의 보복공격을 받을 것이니 감히 그렇게는 못할 것이라고 강력히 주장했다. 엘라자르는 케니제르의 평가를 받아들여 무사의 사단을 북쪽으로 보내라고 명령했다. 이는 요르단 전선을 사실상 무방비상태로 노출시키는 조치였다. 엘라자르는 위험성이 큰 도박임을 인정했지만, 이러한 상황에서는 모든 행보가 도박이었다. 그동안 호피는 위험에 처한 골란 전선의 거점에서 병력을 철수시키고 고원 서쪽 가장자리에 만약에 대비한 방어선을 구축하라는 명령을 받았다. 바르-레브 선 거점들의 운명은 트라우마 그 자체였다.

토요일 밤, 이번 전쟁이 시작된 이래 처음 열린 정규 각료회의에 소환된 엘라자르는 각료들을 진정시키려고 했다. 엘라자르는 이스라엘 국방군은 지금 방어전을 수행 중이며 "저희는 교범상으로는 어떻게 해야 하는지 알고 있지만 실제로 경험한 적은 없습니다. 저희는 적의 공세를 차단하는 동시에 전력을 집결시켜야 할 것이며 그런 다음에야 공격에 나설 것입니다. 적의 공세를 차단하는 단계는 상당히 잘 진행 중입니다"라고 말했다. 다얀도 예비군이 다음날 전장에 도착하면 최악의 국면에서 벗어날 것이라고 말하며 상황을 낙관적으로 보려고 노력했다. 하지만 그도 지평선 너머에 도사린 위협에 대해 언급하지 않을 수 없었다. 만약 이집트와 시리아가 승리하는 것처럼 보인다면 이라크, 요르단, 레바논이 참전할지도 모른다는 것이었다.

골란 고원 기슭의 기지에서 집결을 개시한 동원기갑여단(제210사단 제679기갑여단-옮긴이) 지휘관 오리 오르$^{Ori\ Orr}$ 대령은 불과 2개월 전에 1년간의 미국 연수를 마치고 돌아왔다. 34세인 오르 대령은 동원부대 지휘 경험이 없었던 데다 아직도 민간인 마인드인 오합지졸을 이끌고 전투에 나설지도 모른다는 생각에 그다지 힘이 나지 않았다. 하지만 오르 대령이 지휘를 맡은 부대는 불과 2~3년 전 현역 복무를 마친 병사들로 구성된 젊은 여단이었다.

여단의 동원기지는 지난 여름에 청-백 경계령 준비 조치의 일부로 갈릴리 지역 반대편 끝에서 골란 고원 쪽으로 이전되었는데, 이로 인해 지금 귀중한 시간을 아낄 수 있게 되었다. 예비군들을 태운 버스가 기지에 도착하자 장교들은 같이 근무한 경험이 없는 전차장, 조종수, 포수, 탄약수를 임의로 한 팀으로 묶었다. 오르 대령은 미국에 머무르는 동안 미군이 베트남에서 전차부대원 전체를 순환근무시키는 대신 승무원들을 개별적으로 순환근무시킨다는 데 놀랐다. 이스라엘 국방군의 금과옥조는 서로의 의견을 중요시하는 동료들이 같은 전차에 탑승해야 가장 잘 싸울 수 있다는 것이었다. 오르 대령은 하필 전시 상황에서 이 중요한 원칙을 버려야 했다. 원래의 승무원이 모일 때까지 기다릴 시간이 없었기 때문이다.

로스엔젤레스에서 6년간 체류하다가 귀국한 어떤 전차장은 부하 승무원 3명이 예쉬바 학생임을 알게 되어 놀랐다. "이봐, 잘 들어." 그가 말했다. "나는 자네들이 누구와 같이 전쟁터로 가는지 알았으면 한다. 나는 무신론자다." 전차장은 어린 승무원들에게 전차운용법을 잊어버렸다고 얘기한 다음 "고원에 도착할 때까지는 해치를 닫는 법과 무전기 조작법을 기억해낼 테니 그동안 격발장치를 점검하고 될 수 있는 대로 많은 탄약을 탑재하도록"이라고 말했다.

저녁 내내 징발된 버스들과 개인차량들이 예비군들을 기지에 계속 내려놓으면서 다급한 분위기는 더욱 고조되었다. 탭라인에서 큰 상처를 입은 우지 모르의 신속대응부대를 제외하면, 오르 여단은 골란 고원으로 올라갈 첫 동원부대가 될 것이었다. 자정이 조금 지나자 오르 여단장은 1개 소대를 남부 골란으로 보냈는데, 이날 밤 그곳으로 파견된 유일한 동원부대였다. 니찬 요체르Nitzan Yotser 중위가 무리지어 서성거리는 예비군 중에서 임의로 소대장에 선발되었다. 요체르 중위는 예후디아로Yehudia road를 타고 고원으로 올라가 탭라인과 교차하는 지점까지 전진한 다음 적의 진격을 막으라는 명령을 받았다. 시리아군의 위치와 규모에 대해서는 알려진 바가 없었고, 골란 고원의 현역병들이 아직 버티고 있는지도 확실치 않았다. 기지를 채 나서기도 전에 요체르의 전차 4대 중 1대가 고장으로 주저앉았다. 정찰용 지프 1대가 나머지 전차 3대를 키네레트 호수 바로 북쪽에 있는 아리크 다리Arik Bridge까지 안내하고 고원 기슭에서 떠났다.

전차들이 고원으로 올라가기 시작하자 젊은 중위는 이 순간이 현실이 아닌 것 같아 당혹스러워했다. 불과 12시간 전만 해도 그는 전쟁이 일어나리라고는 생각조차 하지 못한 채 텔아비브 북쪽의 고급주택지에 있는 학생 아파트에서 여자친구와 한가한 욤 키푸르 오후를 보내고 있었다. 6일 전쟁 2개월 뒤 징집되었던 요체르는 영화를 제외하고 평생 전쟁을 겪을 일이 없을 것으로 확신했다. 이스라엘의 군대가 너무나 강해서 비효율적인 아랍 군대가 감히 무기를 들고 나서지 못할 것이기 때문이었다. 1970년에 3년간의 의무복무를 마치고 요체르는 텔아비브 대학에서 경제학을 공부하면서 매년 예비군 임무를 충실히 이행했다. 그러나 그는 머리를 길게 기르고 이스라엘에서 뒤늦게 유행한 60년대 세대의 쾌락주의적 향락에 빠지기도 했다. 욤 키푸르 오후에 요체르는 사이렌 소리를 듣고도 기술적 결함이라고 생각해 라디오를 켜거나 전화를 걸어볼 생각조차 하지 않았다. 어머니가 전화를 걸어와 두 곳의 전선에서 전쟁이 벌어졌다고 말하자 어머니가 방송을 잘못 이해했다고 생각할 정도였다. 기지로 가는 버스 안에서 요체르는 아랍인들을 잘못 평가했다고 인정했다. 그러나 그는 아랍인들이 자신들의 힘을 잘못 평가했으며 "우리는 이를 곧 보여줄 것"이라고 확신했다.

이제 전차소대를 이끌고 골란 고원으로 올라가면서 그는 전쟁이 쉽게 끝날 것이라고 확신할 수 없었다. 기지에서의 대혼란, 허겁지겁 이루어진 전차의 무장 장착, 무작위로 편성된 전차승무원을 보면서 이스라엘 국방군이 전쟁 준비가 전혀 되어 있지 않다고 생각했다. 기습을 당해서만은 아니었다. 출발 전에 전차에 탄약을 가득 탑재할 시간이 없었고, 호신용 우지 기관단총조차 받지 못했다. 전차가 움직이기 시작해서야 누군가가 여분의 기관총탄 상자를 차체 위로 던져 올렸다. 이런 식으로 전장에 가서는 안 되었다. 승무원들이 서로의 이름을 알 시간조차 없었다. 요체르는 부하들을 직책으로 불렀다. 예를 들어 "조종수, 직진!"이라는 식이었다.

요체르는 자신이 지휘하는 전차 3대가 이스라엘군이 남부 골란에서 전개할 반격 작전의 선봉에 섰다는 사실을 알지 못했다. 사실 앞으로 몇 시간 동안은 반격에 나선 유일한 전력이 될 것이었다. 중위는 자신의 정면에 전선을 돌파한 시리아군 전차 수백 대가 있다는 사실도 알지 못했다. 당장의 걱정거리는 전차를 지휘하는 방법을 생각해내는 것이었다. 지금껏 세 번의 동원훈련 동안 그는 부중대장으로 복무하면서 부중대장의 업무인 병참 업무를 수행했기 때문에 지금은 가장 기본적인 기술도 잊어버렸다. 고원 아래 훈련소에 운집한 예비역 장교 대부분은 중위보다 더 최근에 전차를 다뤄본 경험이 있었다. 예를 들어 승무원과 통화를 원할 경우, 그리고 다른 전차와 통화를 원할 경우, 헬멧에 부착된 무전기 스위치를 어떻게 눌러야 하는지조차 가물가물했다. 적절한 명령을 내리는 방법도 생각나지 않았다. 이는 다른 전차 3대의 승무원들과 협동작전을 하는 데 필요한 기본적인 요구사항이었다. 예비군이 전쟁 발발 전 3주일간 대기하면서 기량을 연마하고 장비를 점검하며 정신적 대비태세를 갖출 수 있었던 6일 전쟁과 달리, 이번 전쟁의 예비군들은 아무 준비 없이 전장으로 나서야 했다.

전차의 엔진 소리를 들으며 달빛에 비친 도로를 바라보는 동안 요체르 중위는 자신이 이상하게 변화하고 있다고 생각했다. 감지하지 못하는 사이 '전쟁이 아닌 사랑을 하자'라는 이날 아침의 마음가짐 대신 당면한 과제인 전쟁하는 것에 집중하게 된 것이다. 그는 고원을 오르기 시작했을 때는 군복을 입은 민간인이었으나, 전차가 고원 정상에 도달했을 무렵에는 군인이 되어 있었다.

고원에 이르자 멀리 활활 타오르는 불길이 보였다. 포격에 불이 붙어 덤불이 타는 것 같았다. 전차는 불길 방향으로 달렸다. 가까이 다가가자 탄약수송트럭 대열이 불에 타고 있었다. 트럭들의 진행 방향은 동쪽이었다. 전선으로 가는 길에 피격된 이스라엘군 트럭이라는 뜻이었다. 요체르의 전차들이 불길이 잘 보이는 곳까지 다가가자 사방에서 포탄이 터지기 시작했다. 트럭을 매복공격한 시리아군 전차들이 아직 근처에 있었다.

군 복무 시절 익혔던 감각이 되살아났다. 요체르는 어둠 속으로 후진해 방어 위치를 잡으라고 연달아 명령을 내렸다. 다음 3시간 동안 요체르와 부하들은 포의 섬광을 겨냥하며 시리아군 전차들과 돌발적으로 교전을 벌였다. 시리아군은 보이지 않았으나 시리아군이 자신들을 보고 있다는 느낌이 들었다. 요체르의 전차 어딘가에 포탄이 비껴 맞았으나 피해는 거의 없었다.

그동안 오르 대령은 준비를 마친 전차들을 브노트 야코브 다리를 통해 북부 골란으로 보내고 있었다. 탄약을 절반만 실은 전차들도 원소속 중대나 대대에 상관없이 3대씩 임시 소대로 편성되어 보내졌다. 심지어 홀로 파송된 전차까지 있었다. 날이 밝아오기 전에 오르 대령 본인도 전차 20대를 이끌고 출발했다.

같은 시간에 북부사령부는 방어선 붕괴에 대비해 골란 고원에서 철수 준비를 하고 있었다. 오전 4시 30분, 각 기지에 문서를 옮기라는 명령이 내려졌다. 트럭들이 브노트 야코브 다리 위쪽의 스노바르Snobar에 있는 대규모 보급품 집적소에서 고원 아래로 탄약을 실어나르기 시작했다. 공병대는 대전차장애물 설치에 대비해 키네레트 호수 남안에 대전차지뢰를 조립했다. 불도저들은 고원에서 내려오는 도로를 차단할 준비를 하라는 명령을 받았다.

남부 골란의 최전선에서 에레즈 대대의 잔존 전력은 외로운 싸움을 계속하고 있었다. 아리엘리 대위가 지휘하는 전차 4대가 땅거미가 진 다음부터 지금껏 텔 주하다르Tel Juhadar에서 적 전차를 막고 있었다. 오전 1시, 벤-쇼함 대령은 아리엘리 대위에게 0.5마일(800m) 뒤에 있는 작은 기지까지 후퇴하라고 명령했다. 이곳에 있는 둔덕은 전차들을 방어하는 데 더 유리했으며, 기지는 골란 고원의 남북 주도로인 레셰트로와 탭라인의 교차로를 통제할 수 있는 곳에 있었다. 교차로는 곧 불타는 시리아군 전차와 병력수송장갑차로 환해졌다.

새벽이 다가오면서 전 전선에서 전투가 소강상태로 들어갔다. 시리아군은 방비가 없는 구역을 통과해 계속 골란 고원으로 밀려들어 왔으나 요르단강으로 돌진하지도, 특수부대를 다리에 강하시키지도 않았다. 곳곳에서 양군 전차들은 얼마간 산발적인 포격전을 벌였으나 점차 상황은 정적으로 변해갔다. 양측 모두 날이 밝기를 기다리고 있었다.

동틀 무렵 북부사령부 본부에 헬리콥터로 도착한 다얀은 암담한 상황에 깜짝 놀랐다. 호피는 국방장관에게 골란 고원을 포기해야 할지도 모른다고 직설적으로 말했다. 라마트 막시밈에서 요르단 계곡까지 남쪽으로 밀고 올 시리아군을 막을 전력은 없었다. 이 방향으로 시리아군이 진격할 경우 가장 먼저 마주칠 정착촌 중 하나가 다얀이 태어난 키부츠 데가니아Kibbutz Degania(일명 데가니아 알레프, 키네레트 호수 남안, 요르단강 동안에 1909년에 창립된 최초의 키부츠-옮긴이)다. 이 키부츠에는 1948년의 독립전쟁 당시 경계 펜스에서 화염병으로 저지된 시리아군 전차가 아직도 보존되어 있었다. 데가니아는 모티 호드의 고향이기도 했다. 전직 공군사령관은 "이런 일이 일어나도록 해서는 안 됩니다"라고 말하며 대화에 끼어들었다.

"공군만이 적을 멈출 수 있습니다." 호피가 말했다.

전선으로 이동 중인 동원사단(제210사단이다. 예하 기갑여단으로 제679기갑여단, 제179기갑여단, 제205기갑여단이 있다-옮긴이)의 지휘를 맡은 단 라네르Dan Laner 장군도 호피의 비관론에 동조했다. "골란 고원 남부의 싸움은 끝났습니다. 우리가 졌습니다." 라네르가 다얀에게 말했다. "적을 막을 어떤 방법도 없습니다." 방금 시리아군 제47기갑여단장이 골란 고원의 급경사면 가장자리에 도착해 5마일 밖에서 티베리아스Tiberias(키네레트 호수 연안에 있는 이스라엘의 도시-옮긴이)와 키네레트 호수가 보인다고 보고하는 무전이 들렸다.

호피의 작전장교 심호니 중령은 다얀이 보인 모습에 크게 상심했다. 국방장관은 창백한 안색을 한 채 손을 떨고 있었다. "어린 시절 영웅의 이런 모습을 보니 유쾌하지 않았습니다." 심호니 중령은 이렇게 회상했다. 전쟁이 시작되고서 끊임없이 닥쳐오는 암담한 사태를 접한 국방장관의 마음속 깊은 곳이 흔들렸다. 그 뒤로 최소 이틀 동안 그의 마음속에는 묵시록에서 나올 법한 환청이 울려 퍼졌다.

하지만 그것조차도 신속할 뿐 아니라 통찰력 있는 전술·전략적 결단을 내릴 줄 아는 다얀의 능력을 저해하지 못했다. 국방장관에게는 총참모장을 제외한 군인에게 직접 명령을 내릴 권한이 없었다. 그러나 그는 자주 직접 명령을 내리곤 했는데 반발에 직면할 경우 대개 명목상 따를 의무는 없는 '장관 권고'라는 형식을 빌렸다. 하지만 이러한 형식적인 법적 요건조차 건너뛰는 때도 있었다.

다얀은 호피에게 요르단강의 다리들을 폭파할 준비를 하라고 말했다. 전투공병대는 다리 옆에서 대기하다가 명령 즉시 다리를 폭파할 준비를 해야 했으며, 대전차포도 다리 옆에 배치될 예정이었다. 요르단 계곡의 정착촌 수비대를 조직하기 위해 고위 장교를 파견하라는 명령도 함께 내려졌다.

오전 5시, 엘라자르와 통화가 되지 않자 다얀은 베니 펠레드에게 전화를 해 "아침에 무엇을 할 계획인가?"라고 물었다. "이집트군 미사일을 공격할 계획입니다." 펠레드가 말했다. "타가르 작전입니다."

"미사일은 잊어버려." 다얀이 말했다. "시나이에는 모래밖에 없고 수에즈 운하에서 텔아비브까지는 250마일(402km)이야." 골란 고원의 상황은 심각했고 예비군이 도착할 때까지 공군만이 시리아군을 저지할 수 있었다. 다얀은 공군이 정오까지 공격하지 않으면 시리아군은 요르단 계곡의 키부츠들에 도착할 것이라고 말했다. 다얀은 앞으로 수차례 반복적으로 말해 듣는 이들의 기분을 상하게 할 표현을 처음으로 썼다. "제3 성전이 위험에 처했어." 다얀이 펠레드에게 말했다. 솔로몬^{Solomon} 왕이 처음 지은 제1 성전은 기원전 586년에 바빌로니아인이 파괴했다. 헤롯^{Herod} 왕이 지은 제2 성전은 로마인이 기원후 70년에 무너뜨렸다. 제3 성전은 현대 국가 이스라엘을 빗댄 말이었다.

펠레드가 반박하려 하자, 장관은 말을 끊었다. "요청이 아니라 명령이야."

타가르 작전의 비행대별 최종 브리핑은 각 공군기지에서 오전 6시에 개시되었다. 항공기 승무원들은 목표물이 담긴 최신 항공정찰 사진과 주파수, 음어, 항법 지침과 최신 정보를 담은 파일을 받았다.

4단계로 된 공격작전은 운하 지대에 있는 62개의 SAM기지를 목표로 했다. 공격 제1파의 목표는 미사일 포대가 아닌 이들을 방어하는 대공포였다. 여기에 더해 이스라엘의 기습공격을 방해할 수 있는 비행기가 발진할 7개의 이집트 공군기지도 공격대상이었다. 미사일들은 같은 날 세 차례에 거쳐 이어질 후속 공격을 통해 처리될 것이다. 이 장대한 작전에 이스라엘 공군이 보유한 항공기 거의 모두가 동원될 계획이었다. 수백 대의 항공기가 미리 정확하게 짜인 순서대로 공격하는 것이었다. 계획의 핵심은 저공 접근이었다. 비행기들은 목표물에 거의 다다를 때까지 지면에 바짝 붙어 비행할 것이다. 정확한 지점에 도달한 비행기들은 6,000피트(1,829m)까지 급상승한 다음 목표물을 향해 급강하하며 공격한다. 비행기들이 고도 상승부터 공격까지 SAM 포대에 노출될 몇 초는 최소 이론적으로는 미사일이 조준하기에 지나치게 짧은 시간이었다. 목표를 수정할 시간이 없기 때문에 비행기들이 급상승했다가 급강하할 때면 목표물은 바로 정면에 있어야 할 정도로 비행은 극도로 정밀해야만 했다.

공격은 적 레이더 스크린을 가짜 표적으로 가득 채우는 고도의 레이더

기만으로 보완될 예정이었다. 채프chaff(레이더가 비행기로 착각할 수 있는 알루미늄 띠)가 로켓으로 미사일 지대에 발사된다. 지대 경계선에 있는 다른 비행기와 헬리콥터가 비행기와 유사한 이미지를 컴퓨터로 송출할 것이다. 여기에 더해 무인 드론이 레이더 스크린을 더 어지럽게 만든다. 이렇게 무수한 가짜 표적들 가운데 이스라엘기가 있다. 레이더가 가동되면 레이더 전파를 따라 유도되는 미국제 슈라이크 폭탄Shrike bomb(폭탄이 아니라 AGM-45 슈라이크 지대공미사일이다-옮긴이)이 투하된다. 슈라이크를 기만하기 위해 레이더가 작동하지 않는다면 비행기들이 저공으로 휩쓸고 들어와 레이더를 재래식 폭탄으로 타격할 것이다. 작전에는 시계장치처럼 정확한 사전계획과 정밀비행이 필수였다.

타가르는 훌륭한 계획이었으나 두 가지 면에서 문제가 있었다. 하나는 SAM-6의 기동성이었다. 마지막 항공정찰과 실제 공격 사이에는 아마도 한나절의 간격이 있을 것이다. 이동이 어려운 SAM-2나 SAM-3 미사일 포대는 이 시간 안에 다른 위치로 옮겨갈 수 없으나 궤도차량에 탑재된 SAM-6은 쉽게 이동할 수 있을 것이다. 62개 포대 가운데 10개만 SAM-6 포대였던 시나이 전선에서는 어느 정도 덜 걱정스러웠으나, 시리아 전선에서는 25개 포대 중 15개가 SAM-6였다.

또 다른 하나는 저공 접근 자체가 문제였다. 저공비행하는 비행기는 미사일에 안전하지만, 아랍 양국 군대가 배치한 대량의 레이더에 의해 통제되는 대공화기에 노출된다. 병력이 밀집된 지역 상공을 비행하면 비행경로로 발사되는 수많은 소총, 기관총, 전차포의 위험도 있었다. 마구잡이식 사격이기는 하지만, 이것은 저공비행하는 비행기에 치명적인 탄막을 형성할 수도 있다. 이러한 이유로 타가르 작전계획에 따르면 미사일 포대를 지키는 대공포와 이 지역의 병력 밀집지역을 사전에 공격해야 했다. 이스라엘 공군은 목표물에 직접 급강하하는 대신 몇 마일 떨어진 곳에 집속탄cluster bomb(내부에 다수의 소형 폭탄이 들어 있는 폭탄-옮긴이)을 투하함으로써 이 문제를 해결할 계획이었다. 이러한 작전 제1단계가 이미 진행 중인 상황에서 펠레드 장군은 작전이 완성될 때까지 기다리기로 마음먹었다.

일요일 아침, 텔 노프Tel Nof 기지(이스라엘 중부, 텔아비브 남동쪽 약 45km 지점에 위치-옮긴이)의 지휘관 론 페케르Ron Pekker 대령은 팬텀 전폭기 제1파를 이끌고 출격했다. 전쟁 기간 동안 모든 기지의 지휘관들과 공군본부 근무 장교 상당수가 종종 사무실을 떠나 전투 출격에 나서곤 했다. 편대가 운하 지대에 접근할 무렵, 운하 동쪽에서 일어나는 먼지구름이 보였다. 페케르는 깜짝 놀랐다. 먼지는 전투 중인 전차들이 일으키고 있었다. 이집트군이 대거 운하를 건너왔음이 분명했다. 그는 이스라엘의 영토에서 벌어지는 전투를 보리라고는 꿈에도 생각해본 적이 없었다.

팬텀기 후방석에 탑승한 항법사는 비행기가 흰색 드럼통을 쌓아 만든 표지를 지나치자마자 초시계를 눌렀다. 비행기가 540노트(1,000km/h)로 폭음을 울리며 저공으로 운하를 건너가자, 항법사가 초읽기를 개시했다. 정확한 시간에 맞추어 조종사가 조종간을 잡아당기며 애프터버너afterburner(제트 엔진의 배기가스에 연료를 분사·연소시켜 추력을 증강하는 장치-옮긴이)를 작동시키자, 비행기는 60도 각도로 하늘을 향해 치솟았다. 사전에 지정된 고도에서 투하된 폭탄이 새총에서 발사된 돌처럼 멀리 떨어진 목표물을 향해 날아갔다. 비행기는 그동안 반대방향으로 돌았다. 투상폭격은 통상적 폭격보다 정확도가 떨어지나, 비행기가 대공포화에 노출될 위험을 줄인다. 그런데도 이스라엘 공군은 이 공격에서 비행기 2대를 잃었다.

기지에 귀환한 비행대는 재빨리 재급유와 무장 장착을 마친 뒤 미사일 포대에 대한 본격적인 첫 공격을 준비할 예정이었다. 하지만 놀라운 반전이 기다리고 있었다. 다얀의 명령에 따라 펠레드가 직접 기지 지휘관들에게 전화를 걸어 타가르 작전이 취소되었음을 알린 것이다. 각 팬텀 비행대는 타가르 대신 두그만-5 작전(시리아군 미사일 포대 공격)을 정오 전에 수행해야 했다.

엘라자르도 호피와 통화했다. 호피는 엘라자르에게 다얀의 전화에 대해 말했고 통화가 끝나자 엘라자르는 펠레드에게 타가르 작전을 취소하고 북부사령부를 지원하라고 명령했다. (엘라자르는 다얀의 명령에 대한 법적 근거를 마련하기 위해 전화했을지도 모른다. 국방장관은 총참모장을 제외하고는 군 관계자에게 직접 명령을 내릴 권한이 없었다.)

공군 상황실에 있던 고위장교들은 경악했다. 펠레드는 '구덩이'에서 전화로 짤막하게 타가르 작전 취소 명령을 내렸다. 그리고 참모진이 다시 통화를 시도하자 전화를 받지 않았다. 참모진은 2년간 집중적으로 준비한 작전이 이제 막 시작되자마자 폐기된 것에 분개했다. 1967년의 선제공습을 준비하는 데 투입된 것보다 더 많은 에너지와 창의력이 타가르 계획을 수립하는 데 투입되었다. 이집트군 미사일 기지 정보는 늘 최신 정보로 업데이트되었다. SAM 레이더 기만 장비들도 준비를 마쳤다. 사기가 넘치는 승무원들은 출격 준비를 완료했다. 이 공격이 성공한다면 아랍군이 기습공격으로 거둔 성과를 무위로 돌리고 이스라엘이 빛나는 승리를 거둘 수 있을 것이었다. 그러나 그런 일은 일어나지 않았다.

펠레드는 '구덩이'에서 돌아오자 장교들을 탁자 주변으로 불러 모아 북부전선이 무너지고 있다고 설명했다. 작전부장 기오라 푸르만Giora Furman 대령과 다른 참모들이 북부의 라마트 다비드Ramat David 기지(하이파 남동쪽 약 40km 위치-옮긴이)에 있는 스카이호크Skyhawk(제식명 A-4, 미국 더글러스Douglas 사 제작 경공격기. 1954년 초도비행-옮긴이) 1개 비행대가 바로 이런 사태가 발발했을 때 골란 고원에 투입될 수 있도록 타가르 작전에서 일부러 제외되었음을 지적했다. 참모진은 지상군이 요구하는 모든 근접지원을 위해서는 이 비행대로 충분하다고 주장했다. 여기에 더해 길이 40마일(64km), 폭 7~15마일(11~24km)에 불과한 골란 고원 공역은 이스라엘의 전체 공군 전력이 기동하기에는 너무 좁았다. 따라서 이날 해가 지기 전에 이스라엘의 주적인 이집트군을 흔들어놓을 것이 확실한 작전을 취소하는 것은 전혀 논리적이지 않았다. 푸르만 대령은 펠레드와 격론을 벌이다가 하마터면 주먹다짐까지 갈 뻔했다고 몇 년 뒤에 회상했다.

이번 공습을 계획한 팀의 팀장이자 나중에 이스라엘 공군사령관이 될 아비후 빈 눈Avihu Bin-Nun 대령은 타가르 작전계획의 설계자였다. 대령은 펠레드가 다얀의 전화를 받고 즉흥적으로 판단했다고 믿었다. 만약 펠레드가 참모진과 상의해볼 수 있게 10분만 달라고 요청했더라면 참모진은 북부에 배치된 가용 스카이호크 비행대로 북부사령부의 필요를 충족시킬 수 있음을 이해시켰을 것이라고 대령은 믿었다. 타가르 계획이 갱신되면서 내용이 자주 바뀌었기 때문에 빈-눈은 펠레드가 북부전선에 투입 가능한 스카이호크 비행대가 있다는 사실을 몰랐을 수도 있다고 믿었다. 작전차장이자 나중에 공군 부사령관이 될 아모스 아미르Amos Amir 대령도 펠레드가 뛰어난 인물이기는 하나 다얀의 명령이 부적절하다는 것을 온전히 깨닫기에는 작전 지휘 경험이 부족했다고 믿은 회의참석자 중 하나였다.

참모진의 의견이 논리적으로 타당했을지 모르나, 펠레드는 이 방에 모인 사람들 중 아침에 다얀의 목소리를 들은 유일한 사람이었다. 펠레드는 우격다짐으로 논의를 끝냈다. "여러분 모두를 이해한다." 펠레드는 책상을 탕 치며 말했다. "공군은 북으로 간다."

위기감이 얼마나 컸던지 두그만-5 작전의 작전명령서는 세심하게 기획되고 맹연습을 거친 원래 작전계획을 조잡하게 베낀 것이나 다름없이 서둘러 작성되었다. 시리아군 레이더를 기만하는 데 필요한 전자장비를 탑재한 헬리콥터는 타가르 작전을 위해 시나이로 파견되었기 때문에 두그만 작전을 위해 북쪽으로 보낼 시간이 없었다. 방금 시나이에서 실시했던 것처럼 공격대 항로에 있는 시리아군 대공포와 지상부대의 저항을 약화시킬 예비 공격을 할 시간도 없었다. 최악은 시리아군의 SAM-6가 전날 오후에 촬영된 위치에 그대로 있는지 확인할 사진정찰을 할 시간이 없었다는 점이었다. 이른 아침에는 나쁜 날씨 때문에 사진정찰을 할 수 없었다. 시리아군이 그 동안 전진했음을 고려한다면, 차량 탑재 SAM-6도 지상군을 따라 이동했을 가능성이 컸다.

늦은 아침에 팬텀 전폭기 60대가 갈릴리 상공을 지나 동쪽으로 쏜살같이 날아가더니 골란 고원에 도착해 땅을 스치듯 저공으로 비행했다. 전진하는 시리아군은 휴전선 양편에 대거 집결해 있었다. 전폭기들이 굉음을 울리며 시리아군 100피트(30m) 상공을 날자 보병과 전차들이 소화기, 견착식 지대공미사일(이 전쟁에서 아랍군은 소련제 9K32형 견착식 지대공미사일, 나토명 SA-7 '그레일Grail'을 사용했다-옮긴이)과 기관총탄으로 탄막을 형성하며 대공포에 합세했다. 미사일 포대로 추정되는 곳에 접근하자 비행기들은 급격하게 고도를 높였다. 고도를 확보한 조종사들이 내려다보니 대부분의 SAM 포대가 사라지고 없었다. 이스라엘군은 고작 1개 포대만을 파괴하고 1개 포대에 손상을 입혔다. 팬텀 6대가 재래식 대공포화에 격추되었다.

이날 이스라엘은 공군뿐 아니라 방어태세 전반에 큰 손실을 입었다. 타가르 작전은 중단되고 두그만 작전은 비참한 실패로 끝났다. 세심하면서도 과단성 있기로 정평이 나 있는 이스라엘 공군은 이번에는 허술하게 준비한 채 서두르다가 불의의 일격을 당했다. 단 하루 만에 무적 이스라엘 공군의 명성이 흔들렸다. 이러한 놀라운 사태의 전환은 의사결정권자들과 공군의 자신감에도 영향을 미쳤다. 이스라엘의 강력한 최첨단 준독립적 전략 주체인 공군의 역할은 쇄도하는 아랍군을 막으려는 헛된 시도를 하며 전선에서 전선으로 허둥지둥 투입되는 하청업자로 격하되었다. 그 대가는 컸다. 전쟁 첫 나흘 동안 전체 작전용 비행기의 4분의 1인 83대가 격추당하고 나머지는 심각한 손상을 입었다.

전쟁이 시작되었을 때 이스라엘 공군 보유기 중 317대가 작전 투입 가능한 상태였고, 82대가 수리 혹은 정비를 받고 있었다. 전쟁 기간 동안 82대 전부가 일선으로 돌아가 상실한 102대의 상당 부분을 보충했다. 하루에 3~4회 출격한 조종사들의 손실도 심각했다. 53명이 전사하고 44명이 포로가 되었다.

전쟁에 대한 '그랬더라면' 하는 여러 가지 가정들 가운데 타가르 작전 취소 결정이 가장 큰 영향을 끼친 사건일 것이다. 먼저 이집트군의 SAM 보호망을 처치했더라면 재래식 대공포포대를 제거하는 데는 전혀 문제가 없었을 것이다. 이스라엘기는 운하 상공을 자유로이 비행하면서 교량과 선박들을 타격할 수 있었을 것이며, 이미 운하를 건너온 이집트 지상군을 조직적으로 공격할 수 있었을 것이다.

SAM-6의 기동성 및 투상 폭격에 의한 재래식 대공사격 제압의 불확실성을 생각해보면 모든 공군 장교들이 타가르 작전이 성공했을 것이라고 확신하는 것은 아니었다. 그러나 빈-눈, 푸르만, 아미르 및 다른 고위 간부들의 타가르 작전은 성공했을 것이며 작전의 취소로 인해 이스라엘이 조기에 결정적 승리를 거둘 기회를 잃었다는 확신은 수십 년이 지나도록 변하지 않았다. 아모스 아미르는 이집트군 미사일이 제거되었을 것이라는 데는 의문의 여지가 없다고 한 인터뷰에서 말했다. 유일한 문제는 이 과정에서 얼마나 많은 비행기를 잃었을지였다. 아미르는 수십 대를 잃었을 것이라고 예상했다. 이스라엘 공군은 전쟁에서 102대를 잃었다.

두그만 작전에 관해서 펠레드의 부사령관이자 후임자 다비드 이브리$^{David\ Ivri}$ 장군은 2시간만 공격을 연기했더라면 사진정찰로 SAM-6 포대의 위치를 확인하고 전자장비를 실은 헬리콥터를 시나이에서 가져올 시간이 있었을 것이라고 말했다.

일요일, 공군의 내부 분위기는 침통했다. 펠레드는 이틀 전, 공군 지휘관들에게 SAM을 분쇄할 수 없다면 공군은 "불 속으로 걸어 들어가야 할 것이다"라고 경고했다. 이제 공군은 불 속으로 걸어 들어가 빠르게 소모되고 있었다. 아랍의 미사일 방어망은 거의 온전한 상태였으며 아랍 지상군도 개전 당일 격퇴된 헬리콥터 탑승 특수부대를 제외하고는 이스라엘 공군으로부터 거의 피해를 입지 않았다.

이스라엘 공군은 이번 전쟁에서 인상적인 성과를 거두게 될 것이다. 공군은 끊임없이 적 공군기지를 공격함으로써 이집트와 시리아 공군이 영공 방어에만 전념하도록 만들었다. 공군은 수 마일 길이의 대열을 지어 전선으로 이동하는 예비군을 적 공군의 차단공격^{interdiction}에서 안전하게 지켰으며 이스라엘 영공을 적기의 침입에서 완벽하게 수호했다. 전쟁 첫날, 키네레트 호수 근처의 메론 산$^{Mount\ Meron}$에 위치한 레이더기지를 공격하려던 시리아기 3대가 격추되었다. 전쟁 후반기에는 2대가 하이파의 정유시설을 공격하려다 실패했다. 공중전에서 이스라엘 전투기들은 수많은 적기를 격추하고 있었다.

하지만 두 곳의 전선에서 궁지에 몰려 연신 하늘을 바라보며 "공군은 어디에 있는가?"라고 묻던 이스라엘 지상군 병사들에게 이러한 성과는 별다른 의미가 없었다. 공군은 더는 전장 상공을 마음껏 날아다니며 먹잇감을 찾을 수 없었다.

펠레드 장군은 전쟁이 끝나고 오랜 시간이 지난 뒤에 한 인터뷰에서 비판에 대해 유감스러워하며 욤 키푸르 전쟁 동안 이스라엘 공군은 중동지역 공역 전체, 심지어 시리아와 이집트 공역까지 지배했다고 언급했다. 수에즈와 골란 전선 상공의 작은 사각형 공역의 두 지역만은 여기에서 예외였다.

제16장

남부 골란 고원 상실

전차 안에서 몇 시간 잠을 잔 아비그도르 카할라니 중령은 일요일 아침이 밝자 포탑 안에서 몸을 일으켜 서늘한 아침 공기를 깊숙이 들이마셨다. 사냥을 준비하는 사자들처럼 사방에서 우르릉거리는 소리가 멀리에서 들렸다. 잠에서 깨어나는 전차의 엔진 소리였다. 전선 양편에 있는 차량에서 진한 연기가 솟았다. 저 멀리서 벌써 이동 중인 시리아군 전차 대열이 먼지구름을 일으키고 있었다. 카할라니는 각 중대장을 무전으로 호출해 아침인사를 하고 시리아군의 공격에 대비하라고 명령했다.

100야드(91m) 정면에 전날 밤 보지 못했던 사격대 2개가 있었다. 카할라니는 사격대에 지리를 잡으라고 전차들에 명령했다. "건너편에 시리아군 전차들이 있으니 조심해서 이동해." 카할라니가 주의를 환기시켰다.

전차들은 산개 대형을 이루며 아래로 내려갔고 전차장들은 포탑 밖으로 몸을 내민 채 서 있었다. 카할라니는 부대 배치를 확인하기 위해 후방에 있었다. 1분 뒤, 첫 번째 전차가 가장 큰 사격대 위로 올라가 사격을 개시했다. "대대장님, 야이르입니다." 오른쪽 측면에서 호출이 왔다. "이쪽으로 다수의 적 전차들이 접근 중. 위치로 이동해 사격하겠습니다."

카할라니는 조종수에게 전진하라고 한 다음 포수를 불렀다. "킬리온, 사격 준비." 전차가 사격대 위로 다가가는 동안 카할라니는 마음의 준비를 했다. "정지." 카할라니가 명령했다. 앞에는 황량한 갈색 계곡이 있었다. 이곳이 시리아군 전차들이 나파크와 요르단강으로 향한다면 통과해야 할 쿠네이트라 갭이다. 처음에는 전혀 움직임을 탐지할 수 없었지만 잠시 후 검은 연기를 내뿜는 전차 1대가 눈에 띄었다. 그 순간 땅을 박차고 전진하는 다른 전차들이 보였다. 시리아군이 공격을 개시한 것이다.

"우리 구역이다." 훈련이라도 하는 것처럼 카할라니는 중대장들에게 잇달아 명령을 내렸다. "거리 500에서 1,000미터. 적 전차 다수가 우리 방향으로 이동 중. 각자 위치를 잡고 사격 개시. 이상."

전차들이 거의 즉시 포성을 울리며 사격을 개시했다. 카할라니가 탑승한 대대장 전차도 합세했다. 대대 작전장교 기디 펠레드Gidi Peled가 포격을 지휘했다. 다른 전차에는 승무원 4명만 탑승했지만 지휘전차에는 작전장교 1명이 더 탑승했다.

시리아군 전차들이 불타오르기 시작하자, 카할라니는 부하들을 독려했다. "우리는 기습으로 적을 잡았다." 카할라니가 소리쳤다. "우리는 좋은 위치에 있고 적은 노출되어 있다. 모두 끝장내버려!"

"카할라니, 야노쉬다." 무선망을 계속 모니터링하던 벤-갈 여단장이 딱딱한 목소리로 말했다. "보고."

"동쪽에서 우리 방향으로 전진하는 시리아군 전차들과 교전 중."

"지원이 필요한가?"

"지금은 아닙니다. 차후 보고하겠습니다. 저도 직접 교전 중 입니다." 벤-갈은 더는 간섭하지 않았다. 아래에 있는 움푹 파인 지형은 전차로 가득했다. 시리아군 전차장들은 해치를 닫고 밖으로 나오지 않았다. 전차들은 이따금 정지해 공제선(하늘과 지형이 맞닿아 경계를 이루는 선-옮긴이) 위의 이스라엘군 전차의 포탑을 향해 포탄 2발을 발사하고 다시 전진했다.

방어선을 따라 전개한 이스라엘군 전차장들로부터 환성이 터져나왔다. "대대장님, 에미입니다. 적을 두들기고 있습니다. 놈들은 횃불처럼 불타고 있습니다. 압박이 심합니다."

이스라엘군도 피해를 입고 있었다. 불타는 센추리온 전차가 여러 대 보였고 무전으로 첫 사상자 보고가 들어왔다. 벌써 중대장 1명이 전사했다.

카할라니는 대대의 배치 상황을 훑어보았다. 전차들은 양호한 위치의 진지에서 속사하고 있었다. 경사면 주변 곳곳에 불타는 시리아군 전차들이 있었다. 간혹 내부 폭발이 일어난 시리아군 전차의 포탑이 하늘 높이 날아올랐다.

"대대장이다. 잘 싸우고 있다. 아래 계곡이 라그 보메르Lag B'Omer('라그 바오메르'라고도 한다. 기원전 2세기의 유대 신비주의 지도자 랍비 시몬 바르 요르카이Shimon Bar-Yorkai의 죽음을 추념하는 날. 이날 밤에 모닥불을 피우는 관습이 있다-옮긴이)처럼 보이기 시작한다." 유대교 휴일에 피우는 모닥불을 가리킨 말이다. "계속 사격. 적을 반드시 저지해야 한다." 시리아군의 정확한 포병사격이 사격대를 강타했다.

간혹 전차들은 뒤로 물러나 승무원이 센추리온 차체 바닥에 탑재한 포탄을 포탑으로 옮겼다. 카할라니는 전차장들이 주저 없이 사격대로 올라가 사격하는 모습을 지켜보았다. 왼쪽에 있던 에미 팔란트가 자신의 중대 전차들이 추가로 격파당했다고 보고했다. 카할라니는 반대쪽 측면에 있던 2개 소대에 팔란트를 지원하라고 명령했다.

"여단장님, 라테스입니다." 여단의 왼쪽 측면에 있던 대대장이 벤-갈에게 이야기하고 있었다. "여러 대의 전차가 카할라니를 공격하고 있는 것 같습니다."

벤-갈은 카할라니를 호출했다. "뭐가 보이는가?"

"라테스가 무슨 말을 하는지 분명하지 않습니다." 카할라니가 답했다. 걱정스러운 보고였다. 라테스가 이미 자신을 공격하는 전차들을 가리키는지, 아니면 지형에 가려 자신이 보지 못한 다른 부대를 말하는지 알 수 없었다.

"여단장님, 시리아군 다수가 접근 중입니다. 처리하겠습니다."

벤-갈은 이동지휘소를 지키던 전차 3대를 카할라니에게 보냈다. 여단의 유일한 예비전력이었다. 여단장은 전장을 끊임없이 돌아다니며 계속 방향이 바뀌는 시리아군의 압박을 예측해 한 구역에서 다른 구역으로 중대와 소대를 보내며 세심하게 방어전을 지휘하고 있었다. 벤-갈이 보기에 자신이 해야 할 가장 중요한 과제는 시리아군의 특정한 움직임에 반응하는 것이 아니라(이것은 예하 지휘관들이 해결할 문제다.) 15분 뒤, 혹은 2시간 뒤에 어떤 문제가 닥칠지 그려보는 것이었다. 효율적인 지휘를 위해서는 전장의 중심부 부근에 있는 것이 중요했고, 이렇게 해야만 양측의 약점을 파악해 전투의 흐름을 이해할 수 있었다.

남부 골란의 아스카로브처럼 카할라니도 시리아군의 용기에 깊은 인상을 받았다. 시리아군 전차들은 불타버린 아군 전차들을 피해가며 계속 전진해왔다. 그러나 카할라니가 보기에 이는 어리석은 용기였다. 자신이라면 이러한 상황에서는 공세를 늦추고 다른 빈틈을 찾아보았을 것이다. 시리아군은 계속해서 같은 벽에 머리를 찧고 있을 뿐이었다. 하지만 이스라엘의 허약한 방어선과 시리아 대군의 공격을 생각하면 결과가 어찌 될지는 아무도 장담할 수 없었다.

쿠네이트라가 내려다보이는 오른쪽 측면의 부스테르 능선에서 지휘관이 탄약을 가져오기 위해 전차 1대를 보내고 싶다고 요청했다. 보병이 탑승한 시리아군 병력수송차들이 그 방향으로 움직이는 모습을 볼 수 있었던 카할라니는 "지금 나는 그 어떤 전차라도 전선에서 떠나지 않기를 원한다"라고 말했다.

카할라니의 왼쪽 측면에 있던 팔란트가 무선망에 끼어들었다. "시리아군이 우리 중대를 돌파하려고 합니다."

"통제하지 못한 지점이 있는가?" 카할라니가 물었다.

"현재는 없습니다. 상황을 아셨으면 했을 뿐입니다. 이상."

중대장들이 카할라니에게, 그리고 카할라니가 벤-갈에게 전하는 메시지의 내용은 똑같았다. 상황은 심각하지만 통제할 수 있다는 것이었다.

자신의 전차가 포탄을 포탑으로 옮기려고 잠시 뒤로 물러나자, 카할라니는 전선 전체를 훑어보았다. 전차들은 아침과 같은 말쑥한 전투용 기계의 모습이 아니었다. 포격으로 파손된 장비들은 산산이 조각난 채 입을 벌리고 있었고 차체 외부에 묶어둔 침낭을 비롯한 다른 개인 장구들은 파편에 맞아 온통 구멍투성이였다. 팔란트 중대의 전차 1대가 불타고 있었다. 다른 전차의 포신은 포탑에 삐딱하게 매달려 있었다. 포탑 안에 있던 모든 승무원의 얼굴은 화약가루와 먼지에 덮여 검게 변했다. 하지만 카할라니는 압박이 약화되고 있음을 느꼈다. 곳곳에서 적 전차들은 사격을 계속했지만 사격대 위로 올라가 보니 거대한 파도같이 밀려들던 적 기갑부대의 전진은 멈춘 상태였다.

"카할라니, 야노쉬다. 상황은 어떤가?"

"간신히 적을 저지했습니다. 아래 계곡은 버려졌거나 불타는 전차로 가득합니다."

벤-갈은 수량 파악이 가능한지 물었다. "80대에서 90대가량 됩니다"라고 카할라니가 답했다.

"잘했네, 잘했어." 벤-갈같이 무뚝뚝하고 엄격한 사람이 건네는 따뜻한 말은 빈말로 하는 칭찬이 아니라고 카할라니는 생각했다.

전투는 아직 끝나지 않았다. 머리 위로 미그기들이 나타나 폭탄을 투하했다. 폭발음이 귀를 먹먹하게 했으나 폭탄은 사격대 뒤 100야드 떨어진 곳을 타격했다. "우리 공군은 어디 있습니까?"라고 카할라니가 벤-갈에게 물었다. 그러나 이때는 두 사람 다 남부 골란이나 시나이의 절망적 상황을 알 길이 없었다.

정오 무렵 시리아군의 포격이 잦아들었다. 24시간 만에 처음으로 전차병들이 하나씩 밖으로 나와 소변을 보았다. 전차들은 번갈아 1마일 후방으로 가서 연료와 탄약 보급을 받았다. 카할라니는 벤-갈의 지휘소로 전차를 달렸다.

카할라니는 "부하를 많이 잃었습니다"라고 보고했다. 여단장은 이 문제에 관해 이야기하고 싶지 않은 것 같았다.

"나는 자네가 알았으면 하네. 시리아군은 멈추지 않을 것이네. 전차가 충분하니 다시 한 번 돌파를 시도할 거야." 벤-갈이 말했다.

카할라니는 또 이런 끔찍한 전투를 벌여야 한다는 생각에 당황스러웠다. 차로 돌아가려 하자 무선망을 통해 전투 진행 상황을 파악한 여단 작전장교가 카힐라니를 끌어안으며 말했다. "정말 잘 하셨어요, 형님."

또 전투를 벌여야 한다는 생각에 암울해지기는 했지만 카할라니와 벤-갈은 호피 장군보다는 걱정거리가 적었다. 전선사령관은 제7기갑여단이 격전을 치렀지만 결국 상황을 통제한 것이 지상이든 육상이든 이날 이스라엘군이 전선에서 거둔 유일한 전과라는 것을 알고 있었다. 남부 골란 고원은 시리아군에게 점령당하고 있었다. 시나이에서 이집트군은 바르-레브 선을 분쇄하고 내륙으로 진격하고 있었다. 하늘에서는 이스라엘 항공기들이 소련산 지대공미사일에 공포스러울 정도로 많이 격추되고 있었다. 대단히 잘못되고 있었다.

아침 7시, 스카이호크 공격기들이 남부 골란 고원 상공을 비행하기 시작했다. SAM 지대공미사일에 취약한 스카이호크지만 시리아군 전차의 진격을 늦추기 위한 필사적인 몸부림으로 투입된 것이다. 벤-쇼함의 정보장교 모셰 주리흐Moshe Zurich 소령은 남서쪽에서 날아오는 스카이호크기 4대를 보았다. 몇 초 안에 미사일이 일제히 발사되어 4대를 모두 격추시킨 것 같았다. 몇 분 뒤 또 다른 4대가 접근했으나 2대가 격추되었다. 주리흐가 보기에 구원의 손길은 하늘에서 오지 않을 것이 분명했다.

스카이호크 조종사 슐로모 칼리쉬Shlomo Kalish 중위는 앞서 떠난 4대의 편대가 골란 고원 상공에서 임무 수행을 마치고 공간을 비워줄 때까지 편대의 요기 3대와 더불어 키네레트 호수 상공을 선회하고 있었다. 젊은 조종사는 그토록 혹독한 훈련을 했던 이집트에서의 작전이 갑자기 취소되고 브리핑도 거의 받지 못한 채 급히 북쪽으로 파견된 이유를 아직도 알 수 없었다. 골란 고원에서 무슨 일이 일어나고 있는지 심각한 사태임이 분명했다. 미사일 회피를 위해 계속 저고도로 비행하며 '보이는 것 전부를 타격'하라는 편대장의 말을 듣고서야 상황이 얼마나 심각한지 알게 되었다. 칼리쉬는 이 말이 남부 골란 고원에 이스라엘군이 없다는 뜻임을 깨달았다. 편대가 라마트 막시밈 마을 상공에 진입하자 직사각형 대형으로 정차된 다수의 전차가 보였다. 급강하를 시작하자 견착식 스트렐라Strela 지대공미사일이 꼬리날개 근처에서 폭발했다. 계기판에 불이 들어와 화재가 발생했음을 알려주었다. 칼리쉬 중위는 급강하를 계속해 폭탄을 투하했다. 몇 분 뒤, 칼리쉬의 비행기는 몇 마일 떨어진 라마트 다비드 공군기지에 간신히 착륙했다. 보고를 마치자 돌아온 말은 격려가 아닌 경고등이 켜졌는데도 바로 기지로 돌아오지 않았다는 질책이었다. 시리아군 전차를 저지하려는 이 절망적 시도에서 스카이호크기 6대가 격추되고 칼리쉬의 비행기처럼 11대가 손상을 입었으나 간신히 귀환했다. 이 공습이 파도처럼 밀려오는 시리아군에 가한 손실은 미미했다.

남부 골란 고원의 5개 거점에 주둔한 공수부대 분견대 지휘관 요람 야이르 소령도 시리아군의 미사일이 스카이호크기를 집어삼키는 모습을 보았다. 소령이 북쪽으로 5마일 떨어진 라마트 막시밈에 있던 시리아군 전차들이 자신의 방향으로 이동한다고 보고하자 엘 알El Al에서 즉시 철수하라는 명령이 떨어졌다. 야이르 소령은 지휘소의 부하들에게 전 차량을 이끌고 키네레트 호수까지 내려가라고 지시했다. 전방의 거점에 고립된 부하들을 남겨놓고 떠나기 싫었던 야이르는 시리아군의 동향을 보고하기 위해 남겠다고 사령부에 말했다. 2명의 병사가 같이 남겠다고 자원했다. 시리아군 전차들은 엘 알에서 700야드(640m) 떨어진 곳에 도착해 정지했다.

호피 장군은 엘라자르 총참모장이 지시한 대로 전방 거점 수비 병력의 철수를 명령했고, 야이르 소령은 이 명령을 공수부대가 주둔한 5개 거점의 지휘관에게 전달했다. 하지만 북쪽의 5개 거점에 일부 병력이 주둔한 골라니 여단장 아미르 드로리Amir Drori 대령이 이 명령에 반대했다. 그는 호피에게 부하들이 위치를 사수하며 적에게 큰 손실을 입히고 있다고 말했다. 호피가 한 발 물러섰다. 제이라 아만 국장도 시리아군 진영이 내려다보이는 위치에 있는 쿠네이트라 근처의 정보수집초소에서 병력을 철수하라는 명령이 내려졌음을 알게 되자 항의했다. 제이라는 전차를 보내 전력을 보강하고 비행기로 엄호하면 된다고 말했다. 이 철수 명령도 철회되었다.

111 거점에서는 새벽녘에 통신병이 시리아군 부대의 지휘관이 보내는 통신을 감청했다. "전방에 갈릴리 전역이 보임. 진격 허가를 요청함." 답변은 "불가함"이었다. 거점에 주둔한 공수부대원들은 적 보병의 공격을 물리치고 여러 시간 동안의 포격을 견뎌냈음에도 체념하려는 마음이 커져갔다. 소강상태 중에 후방에서 차량이 접근하는 소리가 들렸다. 이스라엘군 병력수송장갑차 한 대가 재빨리 영내로 돌입했다. "우리는 여기서 나간다!" 소대장이 소리쳤다. "다 놓고 간다. 1분 안에 모두 승차해!" 전사한 공수부대원 2명의 시신은 차량 바닥에 눕혔다. 요람 그리비네 히시는 18명이 탑승해 복잡한 장갑차 안에서 시신을 밟지 않으려고 애썼다. 장갑차가 도로에서 많이 벗어난 험지를 달리고 있어서 전차장은 총탑 밖으로 머리를 내밀고 조종수에게 방향을 지시했다. 어떤 지점에서는 와디를 횡단하는 장갑차가 가파른 제방을 오르내릴 수 있도록 탑승한 인원이 모두 하차해야 했다. 크리비네 하사는 만원인 차량에서 숨이 막힐 것 같아 장교에게 장갑차에서 내려 걸어서 아군 진영으로 가겠다고 요청했다. 요청은 거부되었다.

장갑차 전차장은 안쪽의 병사들에게 경우에 따라 멀리 보이는 시리아군 전차들을 포함해 자신이 보고 있는 것들을 차분히 말했다. 한번은 장갑차가 도로가 급하게 꺾인 곳을 돌자 매우 가까이에서 전차 엔진 소음이 들렸다. "시리아 전차 2대." 전차장이 말했다. 해치 안에서는 아무도 보이지 않았다. 하루 밤낮을 전투에 시달린 승무원들이 내부에서 잠에 빠져 있을지도 몰랐다. 전차장은 몸을 비틀며 수류탄을 던졌다. 희미한 폭발음이 들렸다. "포탑 안에 명중." 차장이 말했다. "다른 전차는 도주." 장갑차가 정차하자, 병사들은 밖으로 비틀거리며 나왔다. 도착한 곳은 나파크 기지였다. 크리비네 하사는 그 이후 전에는 없었던 폐소공포증에 시달리게 되었다.

동이 트자 벤-쇼함 대령의 고뇌에 찬 밤도 끝났다. 여단장은 외딴 와디에 고립된 채 무슨 일이 벌어지고 있는지 일관성 있는 그림을 그리지 못하고 무전으로 전투지휘를 시도했다. 날이 밝아오면서 여단장 본인의 상황이 위태로워졌다. 멀리서 일어나는 거대한 먼지구름으로 보아 시리아군 부대들이 자신이 있는 지역에서 이동을 개시한 것 같았다. 먼지구름은 후방의 탭라인이 차단되었기 때문에 유일한 탈출로가 된 감라 오르막Gamla ascent 방향인 서쪽으로 움직이고 있었다. 그는 브노트 야코브 다리를 건너 나파크 기지로 돌아오기 위해 고원에서 내려와 이스라엘 본토로 진입하게 해달라고 북부사령부에 요청했다. 요청은 승인되었다. 벤-쇼함의 전차와 병력수송장갑차가 경사면 끝에 도착해 내려가기 시작할 무렵, 2마일(3.2km) 뒤의 시리아군 전차들이 시야에 들어왔다.

떠나기 전에 그가 에레즈에게 내린 마지막 명령은 남은 전차를 인솔해 텔 파레스로 후퇴하라는 것이었다. 고지에 전력을 집중하는 것이 이날 살아남을 수 있는 최선의 기회였다. "지금 할 수 있는 것은 예비군이 도착할 때까지 버티는 것이 전부다." 벤-쇼함이 말했다. "우리는 우리가 할 일을 다 했다."

제17장

콩나무

일요일 아침, 골란 고원 기슭에 있는 훌라 계곡Hula Valley은 고원으로 접근하는 예비군 병사들을 조롱하기라도 하듯 고요했다. 목화밭이 계곡 바닥 곳곳을 축제 분위기의 흰색으로 물들였으나 목화를 수확하고 있어야 할 사람들은 그 위의 고원이나 저 멀리 떨어진 시나이에서 싸우고 있었다. 급경사면 가장자리에서 관목이 불에 타면서 번지는 연기를 제외하면 전쟁의 징후는 없었다. 로쉬 피나Rosh Pinna 마을에 떨어진 장사정 포탄 몇 발을 제외하고는 적 비행기나 폭탄은 없었고 포성조차 들리지 않았다. 잭과 콩나무Jack and the Beanstalk 이야기에 친숙한 사람이라면 급경사면을 굽이치며 올라가는 길을 보고 평화로운 정원에서 사람 잡아먹는 괴물이 사는 저 높은 곳으로 가는 오르막을 상상하는 것이 어렵지 않았을 것이다.

동이 트기 시작할 무렵, 란 사리그Ran Sarig 대령과 전차 25대(제210사단 제179기갑여단 소속-옮긴이)가 아리크 다리를 건너 예후디아로를 올라가기 시작했다. 이 부대는 자정이 조금 지난 시간에 요체르 중위의 소대가 고원으로 올라간 이후 남부 골란 고원으로 파견된 첫 부대였다. 요체르와의 연락은 끊겼으며, 생사 역시 불명이었다. "탭라인 남쪽에서 무선호출에 응답하는 유대인은 없다." 에이탄 장군은 자신만의 생생한 어투로 사리그 대령에게 무전으로 말했다. "귀관은 시리아군을 찾아 전투를 개시하라."

괴물은 떠오르는 햇살 속에 몸을 숨긴 채 길 몇 마일 위쪽에서 사리그를 기다리고 있었다. 이스라엘군 전차 대열이 카츠비야 능선$^{Katsbiya\ ridge}$을 넘어서자, 개활지를 메운 전차 100대와 다수의 병력수송장갑차, 트럭, 지프, 유조차들과 마주쳤다. 도로 위에 있는 이스라엘군 수송차량들의 불에 탄 잔해로 미루어볼 때, 시리아군은 이곳에 여러 시간 동안 있었던 것 같았다. 이 잔해는 전날 밤에 요체르가 불타는 장면을 목격한 수송대의 것이었다. 이 수송대를 공격했던 시리아군 제46기갑여단이 서쪽으로 몇백 야드만 더 나아가 사리그의 전차들이 이제 막 도착한 능선에 먼저 자리를 잡았더라면 아래 예후디아로를 완전히 장악할 수 있었을 것이다. 아직 사리그는 몰랐지만 요체르 중위는 지난밤에 이미 시리아군과 교전을 벌였다. 요체르의 전차 3대는 밤 동안 차지했던 위치에서 내려와 사리그의 전차 대열에 합류했다. 이스라엘군이 행동에 채 나서기도 전에 사리그의 전차 2대가 측면에서 공격을 받아 화염에 휩싸였다. 선도 중대의 전차들이 제자리에서 선회해 공격하는 시리아군에 맞섰다.

황급하게 시행된 동원령 때문에 사리그의 전차는 전차포의 조준선 정렬을 할 시간이 없었다. 조준선 정렬이란 포수 조준경을 대포의 포신에 맞춰 조준경을 통해 포수가 보는 것과 포가 가리키는 곳이 일치하도록 만드는 것이다. 사리그는 고작 200야드(183m) 떨어진 시리아군 전차를 향해 포수가 발사한 포탄이 빗나가자 전차포가 조준선에 정렬되어 있지 않음을 즉각 알아차렸다. 사리그는 잠시 전투에서 이탈해 약식으로 조준선을 정렬시켰다. 전투로 복귀하자 놓쳤던 적 전차가 보였고 이번에는 포수가 제대로 조준해 불덩어리로 만들었다. 사리그가 보낸 우회 부대가 매복공격을 한 시리아군 전차들이 내려다보이는 고지에 도착해 포화를 퍼부었다. 시리아군 전차의 해치가 하나씩 열리더니 승무원들이 도망치는 모습이 보였다. 추가 손실을 피하려고 노심초사하던 호피 장군은 사리그에게 신중하게 전진하라고 명령했다.

사리그의 전차에는 대대 작전장교 기오라 비에르만$^{Giora\ Biermann}$ 소령이 탑승했다. 비에르만 소령은 심한 황달 때문에 입원해 진료를 받다가 그 전날 퇴원했었다. 임무 수행을 못 할 정도로 병세가 심하지는 않았으나 소령은 연기와 코르다이트^{cordite}(총알이나 폭탄 등에 쓰이는 화약-옮긴이) 냄새가 전차 내부에 들어차자 점차 의식이 희미해지고 있음을 느꼈다. 비에르만은 사리그에게 신선한 공기가 필요하다고 말한 뒤 전차 밖으로 나가 길옆의 배수로에 누웠다. 그리고 사방에서 포탄이 터지자 의식을 잃었다.

1시간이 지나 비에르만이 정신을 차렸을 무렵에도 전투는 계속되고 있었고 전차포탄, 야포탄, 기관총탄이 머리 위 사방에서 날아가고 있었다. 여단은 약간 전진했다. 비에르만은 가장 가까운 전차로 달려가 내부를 들여다보았다. 전차 내부는 비어 있었지만, 내부에 튀어 있는 피를 보니 어떤 일이 일어났는지 알 만했다.

그가 다음으로 탑승한 전차는 단 메리도르Dan Meridor 하사가 지휘하고 있었다. 메리도르 하사는 예루살렘에서 개업한 변호사였고 몇 년 뒤에 메나헴 베긴 총리의 내각 비서를, 그리고 나중에는 장관을 역임하게 된다. 비에르만은 200야드 떨어진 곳에 있는 여단장의 전차를 알아볼 수 있었지만 사리그 여단장이 포탑에 없었다. 메리도르의 쌍안경을 빌려 여단장의 전차에 설치된 지도 받침대인 포탑에서 뻗어나온 평평한 구조물 표면에 초점을 맞춰보니 지도는 없었으나 핏자국이 보였다. 여단장 전차로 달려간 비에르만에게 승무원들은 여단장이 목과 어깨에 파편을 맞아 다쳤다고 말했다. 자신보다 계급이 높은 장교가 없었기 때문에 비에르만은 전차에 올라타 임시로 여단의 지휘를 맡았다.

사리그 부대의 전진은 골란 고원 남부 지구에서 전투가 재개되었음을 알리는 신호였다. 라마트 막시밈 남쪽 지역은 시리아군이 이 방향으로 이동하지 않았기 때문에 이스라엘군의 수중에 남아 있었다. 이 지역에는 엘 알의 시휘소에 있는 야이르 소령과 공수부대 병사 2명을 빼고는 이스라엘군 전력이 전혀 없었다. 서쪽으로 전진한 시리아군은 사리그와 조우했으며, 감라 오르막과 평행으로 달리는 아리크 다리 위쪽의 급경사면 가장자리 근처에서 정지했다. 키네레트 호수가 시야에 들어오는 곳이었다. 휴전선을 따라 고립된 소부대를 제외하고 남부 골란에 남은 이스라엘군 전력은 없었다.

호피는 북부 지구의 상황도 나빠질 것을 우려한 나머지 오전 8시에 에이탄 사단장에게 참모진과 더불어 나파크 기지에서 철수하라고 권고했다. 지휘벙커 벽에 붙은 지도들은 서둘러 떼어 소각했다. 에이탄과 참모진은 반궤도장갑차에 올라타 브노트 야코브 다리에서 1마일(1.6km) 더 가까운 곳에 있는 알레카^{Aleka} 기지로 떠났다.

남부 골란 고원을 탈환하는 임무는 단 라네르 장군에게 맡겨졌다. 라네르 장군은 경험이 풍부한 기갑부대 장성으로 2월에 전역해 갈릴리에 있는 고향 키부츠에 있었다. 봄에 라네르는 전쟁이 발발한다면 골란 고원에 주둔한 에이탄 장군의 사단을 보강할 동원사단의 편성을 맡아달라는 요청을 받았다. 이 신규 사단은 개전 당시에는 일부 편성이 완료된 상태였지만, 라네르는 작전을 지휘할 이동지휘소가 없었다. 욤 키푸르 아침에 라네르가 내린 첫 명령 중 하나는 이동지휘소로 쓸 반궤도장갑차 6대를 수배하고 이 장갑차들에 무전기와 지도를 공급하라는 것이었다. 준비를 마친 장군은 골란 고원 접근로를 향해 떠났다.

라네르는 일요일 일찌감치 아리크 다리 근처에 지휘소를 설치하고 갈릴리 주변 기지들에서 모여드는 동원부대들을 남부 골란으로 보냈다. 동원이 채 완료되기도 전에 전선으로 서둘러 보내진 데다가 중도에 고장 난 전차들 때문에 모든 부대가 전력이 부족한 상태로 도착하고 있었다. 거의 모든 전차가 지도부터 기관총에 이르는 기본적인 장비가 부족한 채로 전투에 돌입했다. 전차 대부분이 최대한 일찍 서둘러 투입된 탓에 대부분은 전장에 도착하기 전에 고작 30분이면 할 수 있는 전차포의 조준선 정렬을 할 시간조차 없었다. 전차장들은 전투를 벌이기 전에 조준선 정렬을 할 시간이 있을 것으로 생각했으나 실제로 그럴 시간은 거의 없었다.

남부 골란으로 이동하는 이스라엘군은 전장으로 가는 군대라기보다 화재경보를 듣고 출동하는 소방대 같았다. 라네르는 부대원들을 화재의 중심부로 이동시키는 소방서장이었다. 에이탄의 사단에 배정된 동원 전차대대가 라네르의 구역을 지나가다 급박한 상황에 처한 사리그 대대를 지원하려고 예후디아로 파견되었다. 라네르는 병력이 모자란 부대에는 다른 부대를 붙여 전력을 보강하기도 했다. 간혹 위험한 빈 구멍을 막기 위해 부대가 쪼개져 투입되는 일도 있었다. 양 전선에서 이스라엘군 전차부대들은 중대부터 사단에 이르기까지 유연하게 조직의 형태를 바꾸어 시시각각으로 변하는 작전상 필요에 따라 즉각 부대를 재편할 수 있었다.

야코브 하다르$^{Yaacov\ Hadar}$ 대령이 이끄는 여단(제146사단 제4기갑여단-옮긴이)은 라네르로부터 감라 오르막을 올라가라는 명령을 받았다. 선두에 있던 센추리온 전차의 전차장들은 정상 근처에서 스카이라인을 배경으로 실루엣을 드러낸 T-55 전차들을 보고 깜짝 놀랐다. 시리아군은 급경사면 가장자리에 먼저 도착해 하다르의 전차들이 나타나기까지 키네레트 호수와 갈릴리 지역의 수려한 경치를 즐기고 있었다. 시리아군은 고지를 차지했지만 가파른 길을 올라오던 이스라엘군 전차들을 사격할 만큼 포를 충분히 낮출 수 없어 비탈 앞쪽으로 나와 자신을 드러내야 하는 불리한 입장에 있었다. 이스라엘군은 손실 없이 10여 대의 시리아군 전차를 격파하며 3마일 뒤로 밀어냈다.

오전 9시, 야이르 소령은 엘 알의 지휘벙커 지붕에서 망원경으로 북쪽에 있는 시리아군 전차들을 지켜보고 있었다. 부사관 한 명이 소리쳤다. "후방에 전차 출현!" 소령은 본능적으로 몸을 날려 엎드린 다음 낮은 지붕에서 굴러 떨어졌다. 이 전차들은 남쪽에서 접근하던 이스라엘군 센추리온 전차의 대열이었다. 야이르는 대열에 정지신호를 하고 선도 전차에 탑승한 장교에게 달려갔다. 116 거점에 고립된 병사들이 있으니 1개 전차소대로 길 위쪽의 시리아군을 우회해 이들을 구조하고 싶다고 야이르는 말했다. 전차 지휘관인 사리그 여단 소속 대대장(제278전차대대-옮긴이) 요시 아미르Yossi Amir 중령은 라네르 사단장으로부터 다른 명령을 받았다. 이곳의 지형은 양쪽에 형성된 계곡으로 인해 고작 1마일 정도로 폭이 좁아져서 적을 차단하기에 매우 이상적인 위치였다. 개전 이래 처음으로 남쪽 요르단 계곡으로 향할 시리아군의 진격을 차단할 장소에 이스라엘군 부대가 배치되었다. 아미르의 전차 19대는 전진을 개시해 엘 알 바로 북쪽에서 시리아군과 교전했다.

이른 오후, 엘 알에 두 번째 동원기갑부대가 도착했다. 모르데카이 벤-포라트Mordecai Ben-Porat 대령이 이끄는 기갑여단(제146사단 제9기갑여단-옮긴이)이었다. 하이파Haifa 근처의 동원 기지에서 출발해 여기까지 오는 데 9시간이 걸렸다. 출발한 전차 44대 중 도중에 18대가 고장 났다. 여단이 보유한 전차는 이스라엘군이 개량한 한국전쟁 시기에 사용되었던 구형 셔먼Sherman 전차였다. 절반은 시리아군 전차의 장갑을 관통할 수 있는 105mm 전차포를 갖췄다. 나머지 절반이 장비한 75mm 전차포로는 전차 장갑을 관통할 수 없었지만, 명중시키면 기동이 불가능하게 만들 수는 있었다. 여단에서는 전쟁이 발발한다면 자신들은 이 구형 셔먼을 가지고 하이파의 정유공장을 경비하는 데 배치될 것이라고 농담을 했지만 정작 여단은 이 낡아빠진 전차를 이끌고 실전에 나서게 되었다. 벤-포라트 대령은 아미르의 센추리온 전차대대를 자신의 지휘하에 두었다. 황혼 무렵까지 이 연합부대는 2마일(3.2km)을 더 전진했다.

그동안 오리 오르 대령이 전차 20대를 이끌고 오전 8시 30분에 나파크에 도착했다. 지금껏 북부 골란 고원에 도착한 가장 큰 규모의 증원군이었다. 잠시 나파크에서 철수했다가 돌아온 에이탄 장군은 오르에게 쿠네이트라 지역으로 가서 벤-갈 여단의 남쪽 측면을 지키라고 명령했다. 그곳에서 오르의 전차들은 휴전선 건너편의 시리아군과 교전을 벌였으나, 여단장은 이 지역이 상대적으로 조용하다는 데 놀랐다. 어젯밤 내내 그는 벤-쇼함의 무선망을 모니터링하며 상황이 얼마나 절망적일지를 상상했었다. 그런데 전선이 잘 내려다보이는 곳에서 보니 꼭 그렇지만도 않은 것 같았다.

남부와 중부 골란에서는 서서히 동원부대들이 전장을 넘겨받기 시작했지만, 토요일 오후부터 싸워왔던 현역 부대들은 여전히 전투를 벌이고 있었다. 자미르 소령은 타이거 중대를 이끌고 전날 밤 레셰트로에서 매복공격을 받고도 아직 골란 고원에 남은 시리아군 제43여단 예하 부대 추격에 나섰다. 뒤이어 연달아 벌어진 전투에서 타이거 중대는 손실 없이 전차 10대와 병력수송장갑차 및 트럭을 추가로 격파했다.

이른 아침 모르 중령이 지휘하는 신속대응대대에서 온 또 다른 전차들이 탭라인에서 밤새 홀로 시리아군을 막던 그린골드 중위와 합류했다. 오전 3시에 벤-쇼함 여단장은 부여단장 다비드 이스라엘리^{David Yisraeli} 중령에게 나파크의 지휘벙커를 떠나 지휘를 맡으라고 지시했다. 이스라엘리가 도착하자 그린골드가 전차에서 하차해 상황을 보고했다. 그린골드가 더는 지휘관이 아니었으나 전차 16대까지 불어난 이 부대는 무선망에서 계속 즈비카 부대로 불렸다. 동이 트자 이스라엘리는 전차들을 이끌고 전진했다. 오르막을 두 번 넘자 1마일(1.6km) 떨어진 다음번 오르막을 넘어오는 시리아군 전차들이 보였다. 시리아군이 나파크로 진격을 재개한 것이었다.

뒤이어 벌어진 전투에서 이스라엘군은 보유한 전차의 형상으로 인해 이익을 얻었다. 이스라엘군의 영국제 센추리온 전차와 미국제 패튼^{Patton} 전차는 아랍군이 사용하던 소련제 전차에 비해 차고가 높았다. 전자는 평지에서는 더 눈에 띄는 표적이 되었으나, 기복이 있는 전장에서는 결정적 이점을 가졌다. 서방 전차들은 경사면 뒤쪽에서 차체를 낮추고 사격할 수 있었다. 즉, 포탑과 전차포만 언덕이나 경사면 꼭대기 너머로 내밀고 사격을 할 수 있다는 뜻이었다. 반면 아랍군의 소련제 전차는 포를 충분히 낮출 수 없어 감라 오르막에서처럼 비탈 앞쪽으로 나와 전차 전체를 드러낸 상태로 사격해야 했다.

남부 골란에서 탈출했다가 나파크로 돌아온 벤-쇼함은 밤새 같이 있던 정보장교와 통신장교를 내려주고 여단 작전장교를 태웠다. "여단은 없어졌어." 벤-쇼함이 말했다. "싸우러 가세." 여단장은 탭라인을 따라 내려가 즈비카 부대의 지휘를 맡았다.

잠시 교전을 벌인 끝에 이스라엘군 전차들은 시리아군을 다시 1마일(1.6km) 뒤로 밀어냈다. 전차들은 교대로 후방으로 물러나 연료와 탄약을 보급받았다. 그린골드 중위가 탑승한 전차의 차례가 되자, 중위와 부하들은 전차에서 내려 기지개를 켰다. 승무원들이 대낮에 서로의 얼굴을 볼 기회를 가진 것은 이번이 처음이었다. 그린골드 중위는 예비군 승무원 중 한 명이 아직도 사복 차림인 것을 보고 놀랐다. 승무원들은 그린골드 중위의 모습을 보고 충격을 받았다. 얼굴은 화상과 상처, 검댕으로 덮여 있었고 마치 병원에 입원했다가 도망친 중환자 같았다. 실제로 그는 밤에 졸도할 뻔하기도 했다. 승무원들은 그린골드 중위에게 자신들이 탄약을 실을 테니 앉아서 쉬라고 강권했다. 승무원 한 명이 전차로 다시 들어가 배낭에서 전날 집에서 가져온 사과 하나를 꺼내 건넸다. 그린골드 중위는 고맙게 사과를 받았다.

그동안 전방 거점의 골라니 여단 병사들은 거듭된 시리아군의 공격을 물리치고 있었다. 107 거점의 수비대는 1마일 떨어진 곳에서 하차해 산개대형으로 다가오는 시리아군 보병을 보았다. 지휘관 엘리멜레크 중위가 대대장에게 보고하자, 대대장은 적이 외곽 초소 펜스에 도착하면 사격하라고 지시했다. 하지만 전차 3대를 이끌고 거점을 감시하던 야킨 중위는 RPG가 그렇게 가까이 오기를 원하지 않았기 때문에 500야드(457m) 거리에서 사격 명령을 내렸다. 거점의 기관총이 합세했다. 시리아군 보병 맨 앞 열에서 많은 사상자가 발생했다. 뒤에 있던 병사들은 땅바닥에 엎드렸다가 몇 분 뒤 후퇴하기 시작했다. 시리아군 보병은 사격과 기동^{fire and maneuver}(적과 접촉이 이루어졌을 때, 한 부대가 이동하는 동안 다른 부대는 지원사격을 제공하며 전진하는 전투 기술의 하나-옮긴이)을 시도하지도 않았고 다른 방향에서 공격했다가 실패한 전차들과 협력해 공격하지도 않았다.

헤르몬산 밑의 104 거점에서는 시리아군이 텅 빈 이스라엘군 사격 진지 1개소 점령에 성공했다. 드로리 대령은 골라니 여단 수색중대 소속 소대를 불러들여 이를 재탈환했다. 옆의 사격대에서 전투를 지켜보던 드로리의 눈에 반격하는 적이 보였다. 그런데 그 모습이 이상했다. 반짝거리는 철모와 복장은 시리아군에서는 전에 한 번도 보지 못한 것이었다. 공격 역시 이상할 정도로 미숙했다. 이들은 길을 따라 일렬종대로 서서 달려왔고 수비대에게 쉬운 목표가 되었다. 몇 명이 포로로 잡혔는데 모로코 출신인 드로리의 부하들이 이들이 모로코인임을 밝혀냈다. 이 병사들은 시리아군의 북쪽 측면에서 작전 중이던 모로코 여단 소속이었다. 앞으로 이스라엘은 예상보다 많은 아랍 국가들과 대적하고 있음을 알게 될 것이다.

제18장

나파크 전투

 시리아군 지휘부는 전쟁 이틀째인 일요일 이른 시각에 남부 골란에 진입한 부대들로부터 두 가지 예상치 못한 보고를 받았다. 하나는 제47기갑여단의 일부가 경로 탐색에서 실수를 범해 라마트 막시밈 대신 감라 오르막의 스위치백switchback(급커브가 많은 지그재그식 도로-옮긴이) 위쪽에 도달했다는 보고였다. 오르막의 마지막 굽은 길을 돌자 왼쪽 아래로 키네레트 호수의 반짝거리는 광활한 수면이 보였고 멀리 다른 편 호안에 있는 능선에는 티베리아스Tiberias 시가 있었다. 하지만 이스라엘 예비군이 전장에 도착했다는 예후디아로에 있는 제46기갑여단장 왈리드 캄둔Walid Khamdoon 대령의 또 다른 보고가 이 눈부신 광경에 어두운 그림자를 던졌다.
 일출 직후 사리그 대령의 전차들과 마주친 시리아군이 바로 캄둔의 여단이었다. 시리아는 이스라엘 예비군이 도착하는 데 최소 24시간이 걸릴 것으로 예상했으나, 이보다 훨씬 빠른 시간에 이루어졌다. 우지 모르 중령과 그의 신속대응대대는 전쟁이 개시된 후 고작 9시간 만에 탭라인 전투에 참여했으나 시리아군이 모르의 대대가 동원부대일지 모른다고 의심할 근거는 없었다. 마찬가지로 모르보다 3시간 뒤에 예후디아로에서 캄둔의 전차들과 마주친 요체르 중위의 소대도 현역 부대와 구별할 수 없었다. 하지만 아리크 다리에서 골란 고원으로 올라오는 도로를 타고 일렬로 올라오는 사

반궤도장갑차로 전선에 도착하는 이스라엘 예비군. 〈이스라엘 국방군 기록물보관소 제공〉

리그의 전차들이 모습을 드러내자 이스라엘 예비군이 전쟁 발발 겨우 15시간 만에 전장에 도착하기 시작했음이 분명해졌다.

오전 중에 하다르 대령의 여단이 등장해 시리아군의 갈릴리 지역과 키네레트 호수를 바라보는 시야를 방해하면서 제47기갑여단도 제46기갑여단과 마찬가지로 달갑지 않은 놀라움을 겪게 되었다.

이스라엘군이 예정보다 앞섰다면 시리아군은 계획보다 많이 뒤처져 있었다. 시리아군은 계획대로 개전 10시간 안에 요르단강을 가로지르는 다리들을 점령하는 것은 고사하고 아직 고원에서 채 내려오지도 못했다. 밤중에 모든 길이 활짝 열렸던 이점을 활용해 진격을 속행하지 않았던 결과는 앞으로 점점 더 분명해지게 된다.

토요일 밤에 시리아군이 이스라엘군과 마주치지 않았더라도 밤새 요르단강을 향해 진격을 시도했을지의 여부는 확실치 않다. 사실 제43기갑여단은 자정이 지난 후, 나파크 지역으로 이동하던 도중 타이거 중대에게 저지당했다. 그러나 그린골드 중위와 요체르 중위가 접촉했을 때 탭라인의 제51기갑여단과 예후디아로의 제46기갑여단은 이미 정지해 있었던 것으로 보인다. 라마트 막시밈에 도착한 시리아군 여단은 이스라엘군의 저항이 전

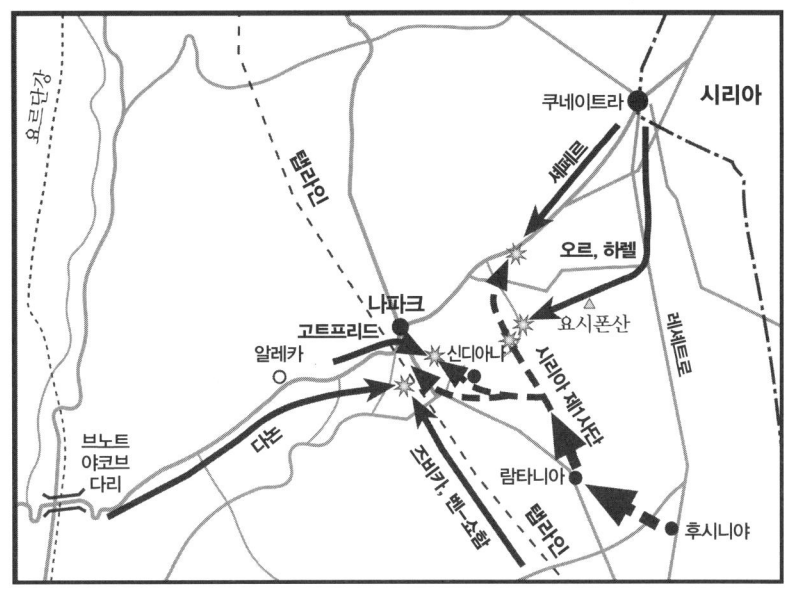

나파크 전투

혀 없었는데도 새벽 4시에 진격을 멈췄다. 마찬가지로 116 거점 근처에 있던 수송차량 대열은 자발적으로 새벽까지 움직이지 않았다.

권위 있는 시리아 측 사료에 근거한 전사戰史가 없는 상황에서 시리아군이 남부 골란의 이스라엘 방어선을 돌파한 다음 밤새 공격을 지속하지 않은 이유는 지금까지 풀리지 않은 전쟁의 가장 큰 수수께끼 중 하나다. 북부 축선으로 진격한 시리아군은 골란 고원 최고 요충지인 나파크와 브노트 야코브 다리의 신속한 점령을 희망했으나 나프시와 벤-갈에 가로막혔다. 반면, 남부 지구의 시리아군은 이스라엘군의 끈질긴 저항에 부딪혀 여러 대를 잃고 진격이 몇 시간 지연되기는 했지만 방어선을 뚫고 수백 대의 전차를 투입하는 데 성공해 거의 아무런 저항을 받지 않고 요르단강 다리에 도달할 수 있었는데도 그렇게 하지 않았다.

추정 가능한 한 가지 이유로 전쟁 발발 겨우 3일 전에 변경된 공격 개시 시간을 들 수 있다. 시리아는 원래 오전 7시를 원했으나 이집트와 절충해 결국 오후 2시에 공격하는 데 동의했다. 즉, 시리아군은 밤에 전투 대부분을 치러야 한다는 뜻인데, 이것은 원래 계획에는 없었다. 시리아군은 야시 장비를 장착한 전차를 보유하여 야간전투에서 이스라엘군보다 상당히 우세했음에도 불구하고 야간전투 훈련을 철저히 하지 않았고 될 수 있으면 야간전투를 피하려 했다. 전 전선에 걸쳐 시리아군의 야간 사격 능력은 크게 미흡했다. 제7기갑여단의 북쪽 측면에 있는 부카타^{Bukata}라는 드루즈^{Druze}인(시리아, 레바논, 이스라엘에 거주하는 소수민족-옮긴이) 마을 외곽과 포도밭에 배치된 라테스 대대의 전차들은 국경을 넘으려던 상당한 규모의 시리아군 부대로부터 공격을 받았다. 라테스는 조명탄이 없었기 때문에 시리아군을 볼 수 없었으나 근처에 명중하는 포탄들로 미루어볼 때 시리아군은 이스라엘군을 볼 수 있었음이 분명했다. 그런데도 시리아군 전차들은 단 한 발도 명중시키지 못했다. 시리아군 전차포의 섬광을 겨눠 사격한 라테스의 전차들은 여러 발을 명중시켰고 불타는 전차가 내는 불빛으로 인해 추가로 여러 대를 격파할 수 있었다. 남부 지구에서 전차들을 이끌고 시리아군과 어둠 속에서 교전하던 바라크 소령은 시리아군의 사격이 너무 크게 빗나가는 것을 보고 놀랐다. 그린골드도 탭라인의 결투에서 피해를 보지 않았고 레셰트로에서 시리아군을 매복공격한 타이거중대도 마찬가지였다. 이 모든 교전에서 이스라엘군 전차들은 야시장비 없이도 수많은 전차를 명중시켰다. 시리아군이 효과적인 사격 솜씨를 보인 유일한 전투는 탭라인에서 우지 모르의 부대에 가한 매복공격이었다. 이곳에서 이스라엘군 전차들은 좁은 도로에 몰려 있었다. 그러나 이 전투에서조차 RPG가 주역을 맡았다.

만약 시리아군이 원래의 공격 개시 시간을 고수했더라면 어둠이 내리기 전에 10시간 이상 싸울 수 있었을 것이다. 특수부대는 황혼 무렵 헬리콥터로 요르단강의 각자 맡은 다리 근처에 내렸을 것이며 이 시간대에 작전을 개시했더라면 어둠이 주변을 가리기 전에 착륙지점을 확인하고 이 지역을 확보할 시간도 충분했을 것이다. 그런데 계획이 뒤바뀜에 따라 시리아군 전차들은 밤이 오기 전에 3시간밖에 전투를 벌이지 못했다. 대전차호와 지뢰밭을 건너기에도 빠듯한 시간이었다. 그리고 특수부대는 한밤중에 강 근처의 험한 지형에 내려야 했다. 그런데 시리아군 헬리콥터 조종사들은 야간 항법 훈련을 거의 받지 못했다.

나중에 탭라인로에서 노획된 시리아군 전차에서 발견된 지도에는 제51기갑여단이 브노트 야코브 다리 위쪽에 있는 버려진 세관 건물까지 진격해 그곳에서 기다리고 있을 다른 부대와 합류하라고 지시하는 명령서가 첨부되어 있었다. 이 부대는 다리를 폭파하기로 되어 있던 특수부대가 거의 확실했다.

무스타파 틀라스Mustafa Tlass 당시 시리아 국방장관은 전후에 시리아는 이집트군이 야음을 틈타 운하를 도하할 수 있도록 공격 개시 시간을 미루기로 합의했다고 말했다. 오후에 공격을 개시하면 시리아는 병사들이 태양을 바라보는 상태로 전쟁에 돌입해야 함을 지적하면서 틀라스는 "우리는 대가를 치렀습니다"라고 말했다. 그러나 그 대가는 불량한 시계視界보다 훨씬 비쌌다.

시리아군은 일요일 아침에 북부 지구의 제7기갑여단에게 차단당한 전차들을 포함해 전차 720대를 전투에 투입했다. 이스라엘군 전차는 골란 고원에 도착한 첫 동원부대들을 포함해도 250대에 불과했다. 아침 시간이 지나가면서 후쉬니야 지역에서 먼지구름이 일기 시작했다. 시리아군이 골란 고원 한가운데에 추가로 기갑 전력을 강화하기 시작했다는 증거였다.

일요일 오전에는 남부 골란의 상황이 어느 정도 안정되었다는 보고들이 들어왔기 때문에 북부사령부의 분위기는 상당히 좋아졌다. 하지만 이러한 분위기는 오래가지 않았다. 북부사령부는 아직도 시리아군이 엘 알을 지나 남쪽으로 가거나 요르단강을 향해 서쪽으로 진격할 준비를 하고 있다고 추정했다. 따라서 처음 도착한 동원부대는 황급히 이 경로를 가로지르는 위치에 배치되었다. 하지만 시리아군의 주목표는 북서쪽에 있는 나파크 기지와 브노트 야코브 다리였다. 지금은 벤-쇼함이 직접 지휘하는 즈비카 부대에게 탭라인이, 타이거 중대에게 레셰트로가 차단당하자 시리아군 지휘부는 그 둘 사이의 경로를 신댁했다. 새로운 경로는 댑라인에서 동쪽으로 1마일(1.6km) 떨어진 람타니아Ramtania와 신디아나Sindiana라는 방치된 두 마을을 관통했다.

이 부대와 처음으로 접촉한 사람은 엘리 게바 대위의 중대와 동행한 하임 바라크 대대장이었다. 게바의 중대는 토요일 해질 녘에 시리아군 대대를 격파한 다음 밤 동안에는 이 지역을 휩쓴 격전에서 한 발짝 비켜나 있었다. 야코브 체스네르Yaacov Chessner 대위가 지휘하는 바라크 대대 제2중대는 111 거점을 지키며 비교적 조용한 밤을 보냈다. 중대는 고작 2마일(3.2km) 떨어져 있었으나 이들이 알지 못하는 새 시리아군이 어둠을 틈타 중대 사이의 공간을 통과했다.

일요일 아침이 되자 바라크는 신디아나로로 향하라는 명령을 받았다. 이곳에서 우지 모르의 신속대응대대의 일부인 소규모 전차부대가 곤경에 빠졌다는 보고가 있었다. 지휘관은 쇼크 상태인 것 같았다. 이 부대는 날이 밝자마자 시리아군 전차의 대군과 마주쳤다. 조준선 정렬을 할 틈이 없었으므로 이스라엘군 전차들의 사격은 효과적이지 않았다. 전차 2대가 격파당하자 이스라엘군은 서둘러 후퇴했다. 지휘관인 예비역 장교가 전투를 겪고 나서 어쩔줄 모르는 것 같아 바라크는 그에게 남아 있는 전차 몇 대를 이끌고 게바의 중대에 합류하라고 했다.

남쪽을 살펴보던 바라크의 눈에 국경 지역에서 후쉬니야를 향해 움직이는 거대한 먼지구름이 보였다. 바라크는 벤-쇼함으로부터 큰 기지가 내려다보이는 람타니아로 전진해도 좋다는 승인을 받았다. 이 지역은 사방이 바위투성이라 어떤 곳에서는 통과할 수 있는 길이 좁은 통로 하나밖에 없었다. 바라크 대대장은 대열 선두에 서서 오르막에 오를 때마다 잠시 멈춰 앞의 지형을 주의 깊게 살폈다. 3마일(4.8km) 전진 후 부대가 능선을 넘자 발 아래에 시리아군 전차 수백 대가 보였다. 일부는 급유를 받고 있었고, 일부는 방어태세를 취하고 있었으며, 일부는 이동 준비를 하고 있었다. 후쉬니야 기지였다. 이스라엘군의 저항에 부딪혀 발목이 잡히고 예비군이 예정보다 일찍 나타나자 시리아군은 전력을 보강하기 위해 후방에 있던 2개 기갑사단 중 제1기갑사단을 예정보다 일찍 투입했다.

바라크는 능선에 자리를 잡고 발포 명령을 내렸다. "어디든 한 곳을 조준한 다음 사격!" 바라크가 포수에게 말했다. "확실히 명중시킬 수 있다." 바라크의 전차는 피격되기 전에 2발을 발사해 시리아군 전차 1대를 불덩이로 만들었다. 그리고 새거가 명중하자, 바라크는 포탑 밖으로 날아가 잠시 시력을 잃었다. 옆에 서 있던 대대 작전장교와 승무원 2명은 전사했다.

화가 난 시리아군 전차들이 떼를 지어 자신들을 향해 능선을 기어오르기 시작하자, 게바 대위는 사상자들을 반궤도장갑차에 실은 다음 부하들에게 후퇴 명령을 내렸다. 추격하는 시리아군 전차를 향해 지연전을 펼치며 장거리 사격을 퍼붓는 동안 게바 대위는 벤-쇼함을 호출하려고 시도했으나 응답이 없었다. 지시를 요청할 상관이 없었으므로 게바 대위는 본래의 소속 부대인 제7기갑여단 주파수로 바꾸고 벤-갈에게 자신이 처한 곤경을 설명했다. 벤-갈 여단장은 자신의 전투만으로도 정신이 없었기 때문에 다른 곳에서 무슨 일이 벌어지고 있는지 전혀 알지 못했다. 그는 게바 대위에게 제7기갑여단이 있는 곳까지 퇴각하라고 명령했다.

그동안 체스네르도 요시폰산에서 수송대와 만나 연료와 탄약 보급을 받으라는 명령을 받았다. 중대는 국경도로를 따라 북쪽으로 이동하면서 시리아군 전차 4대를 격파하고 집결한 적 보병을 분산시켰다. 요시폰산에 도착했음을 보고하자 벤-쇼함은 깜짝 놀란 것 같았다. 그리고 진심이 느껴지는 "잘했어"라는 말을 들으니 방금 자신이 통과한 지역이 지금은 사실상 시리아군의 통제하에 있다는 것이 현실로 다가왔다.

람타니아에서 교전이 벌어져 바라크 대대장이 다쳤다고 게바 대위가 알려왔을 때 체스네르의 중대는 아직 탄약을 싣지 못한 상황이었다. 체스네르는 남쪽을 바라보다가 자신의 진영으로 다가오는 적 전차의 대군을 보았다. 중대의 전차들은 장거리에서 포문을 열었다. 탄약이 소진되자 체스네르는 게바와 합류해 나파크 기지 북쪽에 있는 와세트^{Wasset}에 위치한 제7기갑여단 보급품 집적소로 일시 후퇴하기로 결정했다.

시리아군은 이스라엘군의 방어를 무너뜨리기에 좋은 시간과 장소에서 공격하고 있었다. 나파크와 그 북동쪽의 고지가 점령당한다면 북부와 중부 골란에서 싸우는 이스라엘군은 현 위치를 더는 고수할 수 없었다. 시리아군 제1기갑사단은 오른쪽으로 선회해 전투에 지친 제7기갑여단을 배후에서 공격하거나 왼쪽으로 선회해 브노트 야코브 다리를 급습할 수 있었다. 아니면 둘 다 할 수도 있었다. 나파크의 이스라엘군 사령부는 시리아군 기갑사단이 나파크 방향으로 이동하고 있다는 사실조차 알지 못했다.

체스네르가 나파크를 지나갈 무렵, 이제 막 도착한 동원 포병대대가 길가에 멈춰 서 있는 모습이 시야에 들어왔다. 병사들은 느긋한 모습으로 땅바닥에 누워 있었다. 체스네르는 주의를 끌기 위해 허공에 기관총을 발사하고 "싸우든지 아니면 떠나라!"라고 고함쳤다. "우리 바로 뒤에 시리아군이 있다." 탄약수송차 대열의 선두에 있는 자신의 대대 병참장교가 눈에 띄었다. 체스네르는 지금 당장 차를 돌리라고 말했다. 자신이 아는 한 중부 골란에 또 다른 이스라엘군 전차는 없었다.

그러나 그는 잘못 알고 있었다. 탭라인에 있는 전차 외에 오리 오르 대령과 그가 이끄는 전차 다수가 동쪽으로 5마일(8km) 떨어진 쿠네이트라 근처에서 제7기갑여단의 측면을 지키고 있었다. 전장에 도착하는 동원부대 대열 후미에 있던 여단의 나머지 전차들은 그동안 서쪽 브노트 야코브 다리를 건너 고원으로 서서히 올라오고 있었다. 론 고트프리드Ron Gottfried 중령이 이끄는 전차 12대가 나파크 근교에 도착할 무렵, 정면에서 체스네르와 게바 중대의 전차들이 북쪽을 향해 쏜살같이 길을 가로질러 달려갔다. 고트프리드는 이 광경을 보고 놀라 대열을 정지시켰다. 오르를 호출하기도 전에 나파크 기지 안에 있는 사단본부가 고트프리드에게 접촉해와 현 위치에 있으라는 명령을 내렸다. 기지에서 지프가 나타나 중령을 지휘벙커로 데려갔다.

고트프리드가 지휘벙커로 들어갔을 때 에이탄 장군은 여유 있어 보였고 미소까지 지었다. 그러나 근무자들은 분명 혼란에 빠져 우왕좌왕하고 있었고 무전기에서 요란하게 울리는 소음 때문에 말소리를 듣기 어려웠다. 에이탄은 고트프리드의 부대를 오르의 지휘에서 분리해 신디아나로로 내려보내겠다고 말했다. "벤-쇼함이 곤란한 상황이야." 에이탄이 말했다. 고트프리드는 전반적인 상황이 어떤지 질문했으나 분명한 답을 듣지 못했다. 지휘벙커의 분위기로 보아 에이탄 장군 본인도 상황을 잘 모르는 것 같았다. 장군이 상황을 얼마나 절박하게 여기는지 알아보기 위해 고트프리드는 가장 빠른 이동 방법인 일렬종대로 이동할지, 아니면 있을지 모르는 전투에 대비해 횡대로 전개한 상태로 전진할지를 물었다. 에이탄은 종대로 이동하라고 말했다. "빨리 가봐." 답변으로 보아 에이탄 장군은 바로 근처에 적 전차가 있을 거라고는 생각하지 않는 듯했다. 하지만 고트프리드는 조금 전에 퇴각하는 이스라엘군 전차들을 얼핏 보았고 사단본부가 혼란에 빠졌다는 느낌을 받았기 때문에 신중하게 행동했다.

신디아나로에 들어서자 고트프리드는 전차들을 양쪽으로 전개하고 각 전차장에게 오르막에 오를 때마다 잠시 멈춰서 전진하기 전에 주변 지형을 유심히 살피라고 말했다. 첫 번째 오르막에 오르자 자신들을 향해 똑바로 다가오는 시리아군 제1기갑사단의 선봉이 보였다. 시리아군 T-62 전차들이 고작 1,000야드(914m) 거리에서 빠르게 접근하고 있었다. 고트프리드는 "사격!"을 외쳤다. 시리아군 전차들은 하나하나 화염에 휩싸였으나 피격당하지 않은 나머지 전차는 계속 전진하면서 조준을 위해 멈추지도 않고 반격했다. 거리는 너무나 짧았고 전차 12대로 저지하기에는 시리아군의 진격이 너무나 빠르고 압도적이었다. 고트프리드는 자신의 전차가 폭발하며 포탑이 날아가 의식을 잃고 하늘로 솟구치기 전까지 그가 격파한 시리아군 전차가 8대인지 9대인지를 세고 있었다.

정신을 차려보니 화상 때문에 얼굴이 너무 부어올라 제대로 볼 수도 없었다. 같은 부상을 입은 조종수도 근처에 누워 있었다. 나머지 승무원 2명은 전사했다. 시간이 얼마나 지났는지 분명하지 않았다. 주변에는 완파된 아군 전차 6대가 있었다. 시리아군 전차의 잔해도 있었다. 고트프리드는 망연자실해하는 조종수의 손을 잡고 나파크-쿠네이트라로 걸어서 돌아갔다. 1마일(1.6km) 떨어진 나파크를 향해 왼쪽으로 돌자 그 방향에서 접근하는 전차의 소리가 들렸다. 고트프리드는 도로 한가운데 서서 손바닥을 앞으로 편 채 팔을 들었다. 선도 전차가 바로 앞에서 정지했다. 시야는 흐릿했으나 포탑에 있는 전차장은 알아볼 수 있었다. 콧수염을 기른 30대였다. 그는 그을음 투성이의 전차병 2명이 히치하이크를 하려는 모습을 보고 재미있어하는 듯했다. 고트프리드는 자신이 타려던 전차가 시리아군 T-62임을 금세 깨달았다. 중령은 조종수를 붙들고 도로변의 도랑으로 몸을 던졌다. 놀랐던 시리아군도 정신을 차리고 이들이 있는 방향으로 기관총을 난사하기 시작했지만, 두 사람은 다치지 않았고 전차들은 이동했다.

그동안 오르 여단의 다른 전차들이 전장의 한복판으로 들어가고 있음을 알지 못한 채 브노트 야코브 다리 방향에서 나파크에 도착하기 시작했다. 이 전차들은 아직 부대 단위로 조직되지 않았기 때문에 각 전차장은 기질과 상황에 따라 제각기 반응했다. 어떤 사람들은 기지 외곽 지역에서 벌어지는 난전 속으로 뛰어들었고 다른 사람들은 뒤로 물러나 명령을 기다렸다.

오후 12시 30분, 하난 안데르손Hanan Anderson 중위의 급조된 소대가 고원에 도착했다. 중위가 본 부하들의 분위기는 명랑했다. 나파크 기지 외곽에서 장교 한 명이 소대에게 정지신호를 보냈다. "여기는 전투구역이다." 장교가 말했다. "더 이상 가지 마." 이 장교는 벤-쇼함 여단의 통신장교 하난 슈바르츠Hanan Schwartz 소령이었다. 슈바르츠는 전차장들에게 벤-쇼함 여단의 무전기 주파수로 전환하라고 말했다.

안데르손 중위는 나무 사이로 동쪽 500야드(457m) 거리에 있는 시리아군 전차들을 식별할 수 있었다. 전차 2대는 불타고 있었다. 무선망에서 기지 정비구역에 진입해 탭라인 방향에서 접근하는 전차들을 저지하라는 명령이 내려졌다. 안데르손은 명령이 누구에게 내려진 것인지 확신할 수 없었으나 기지에 익숙했기 때문에 다른 전차와 함께 정비구역으로 향하는 경사가 급한 길을 올라갔다. 그는 탭라인로 방향에서 접근하는 6대에서 8대 정도의 시리아군 전차를 보았고 이 가운데 1대를 명중시켰다. 다른 시리아군 전차들은 지형을 이용해 숨은 다음 이스라엘군과 교전했다. 기지 외곽 펜스 옆에 긴 와이어 목줄에 묶인 경비견이 있었다. 농부의 아들로 개를 알아보는 눈이 있던 안데르손은 자신의 전차가 포를 쏠 때마다 이 잘생긴 셰퍼드가 발사 후폭풍으로 공중제비를 도는 모습을 보았다. 긴 교전 끝에 안데르손의 정면에 있던 마지막 시리아군 전차가 격파되었다. 같이 싸운 다른 전차의 전차장은 전사했다. 개는 아직 똑바로 서서 짖고 있었으나 그 소리는 전투의 소음에 묻혀 들리지 않았다.

지휘벙커에서는 에어컨이 망가져 숨이 막힐 지경이었다. 정보장교 데니 아그몬 중령은 신선한 공기를 마시러 주기적으로 입구로 나갔다. 정오경에 입구로 나가는 계단을 오를 무렵, 야포의 포탄이 날아오는 소리 대신 다른 날카로운 소리가 들려왔다. 전차 포탄이 폭발하고 있었다. 위험을 무릅쓰고 밖으로 나간 아그몬 중령은 기지 펜스 밖에서 다수의 시리아군 전차를 목격했다. 가까운 것은 50야드(46m) 밖에 있었고, 가장 멀리 있는 전차는 500야드(457m) 떨어진 곳에 있었다. 바라보는 동안 펜스 근처에 있던 전차가 포를 돌려 지휘벙커 밖에 주차된 반궤도장갑차 2대 중 1대를 명중시켰다. 중령 자신의 장갑차였다. 남은 하나는 에이탄 사단장의 것이었다. 근처에 있던 유일한 이스라엘 전차는 궤도가 끊어져 기동이 불가능하게 된 채 헬리콥터 착륙장 근처에 서 있었다. 이 전차에는 승무원이 있었고 포수가 시리아군 전차를 격파했다. 다른 시리아군 전차가 이 이스라엘군 전차를 파괴했다.

아그몬은 서둘러 지휘벙커로 들어가 에이탄 장군에게 상황을 보고했다. "다 끝나기 직전입니다. 지금 탈출해야 합니다." 아그몬이 말했다. 장군의 생각은 달랐다. "귀관의 말이 사실이라면 다 끝났네. 탈출은 불가능하네."

제679기갑여단을 이끌고 시리아군의 나파크 공격을 저지한 오리 오르 대령(오른쪽)과 전쟁 중 두 번 부상한 모셰 하렐 중령. 〈이스라엘 국방군 기록물보관소 제공〉

장군이 말했다.

에이탄은 오르를 무전으로 호출했다. 소련 고문관들이 시리아 정보 당국의 무전 도·감청을 맡고 있다고 알려진 터라, 이들이 지휘하는 감청반원들이 이스라엘군 지휘관의 목소리를 알아들을 수도 있었다. 따라서 에이탄은 메시지를 에둘러 말해 이스라엘군 사단장이 나파크 기지에 갇힌 상황이라는 것을 적에게 알리지 않으려 했다. "듣게." 에이탄이 오르에게 말했다. "내 머리에 이가 있음. 혹시 자네가 긁는 것을 도와줄 수 있는가?" 오르는 말뜻을 알아듣고 전차를 몰고 나파크를 향해 출발했다. 에이탄은 벤-쇼함도 호출해 탭라인에서의 교전을 중단하고 즉각 나파크로 돌아오라고 명령했다.

오르는 제7기갑여단을 배후에서 습격하려는 시도를 차단하기 위해 예하 대대장(제289전차대대-옮긴이) 라파엘 셰페르Rafael Sheffer 중령이 지휘하는 전차 3대를 뒤에 남겼다. 여단의 주력인 모셰 하렐Moshe Harel 중령(제57전차대대장-옮긴이)이 이끄는 전차 15대는 오르 자신과 함께 쿠네이트라-나파크로의 남쪽에 있는 고지를 향해 나아갔다. 이곳에서는 시리아군이 나파크로

제18장 나파크 전투 | 291

가기 위해 횡단해야 할 지역이 잘 보였다. 곧 남서쪽으로 이동하는 시리아군 전차 40대가 포착되었다. 이 전차들은 방금 공장에서 출고한 것처럼 반짝이는 녹색이었다. 이스라엘군 전차들은 둘로 나뉘어 측면에서 시리아군을 공격해 대부분을 격파했다.

오르의 전차들이 동쪽으로부터 나파크에 접근하는 동안, 안데르손과 고트프리드의 전차들처럼 뿔뿔이 흩어져 있던 전차들이 북쪽에서 시리아군을 막았고, 벤-쇼함은 바싹 뒤에서 따라오는 즈비카 그린골드와 더불어 남쪽에서 나파크로 향했다. 이외의 즈비카 부대 생존 전차 대부분은 시리아군 여단을 차단하기 위해 탭라인에 남았다. 기복이 있는 도로의 높은 지점에서 벤-쇼함과 즈비카는 나파크 기지의 펜스 밖에서 기지로 포를 쏘아대는 시리아군 전차들을 볼 수 있었다. 2명은 도로주행을 포기하고 도중에 합류한 한 예비군 중위의 전차와 더불어 야지주행을 개시해 오르막마다 멈추며 계속 사격했다. 기지에 접근하면서 이들은 불타버린 전차와 병력장갑수송차 등 시리아군 차량뿐 아니라 이스라엘군 차량들의 잔해도 지나쳐 갔다. 양군의 전사자와 부상자들이 사방에 쓰러져 있었다. 고트프리드가 벌인 전투가 남긴 흔적이었다.

벤-쇼함의 전차가 그린골드의 시야에서 한순간 사라졌다. 무선망에서 여단장의 지원 요청이 들렸다. "혼자 선두에 있음. 내 좌우로 바싹 붙어." 그린골드 중위가 기지에서 1마일(1.6km) 떨어진 곳에서 다시 도로 위로 오르자 옆으로 쓰러진 아군 전차가 보였다. 벤-쇼함의 전차였다. 여단장과 작전장교는 포탑 위로 머리를 내민 채 서 있다가 기동이 불가능한 상태로 길가에 있던 시리아군 전차에서 발사한 기관총탄에 맞아 쓰러졌다. 당황한 조종수가 급하게 선회하는 바람에 전차가 뒤집혔다. 이들 뒤에서 멀지 않은 곳에 부여단장 다비드 이스라엘리 중령도 자신의 전차 옆에 시신이 되어 누워 있었다. 하지만 시리아군이 나파크 기지 가까이까지 접근했기 때문에 그린골드 중위가 잠시라도 멈출 여유는 없었다.

그때 또 다른 이스라엘군 소규모 부대가 서쪽에서부터 나파크로 오고 있었다. 하임 다논Haim Danon 소령이 이끄는 전차 3대는 브노트 야코브 다리를 건넌 오르 여단의 마지막 전차였다. 고원으로 올라가는 동안 다논은 오르와 무선 접촉을 할 수 없었다. 하지만 요르단강을 향해 고원에서 내려오는 반궤도장갑차와 트럭의 대열을 보니 뭔가 불안한 느낌이 들었다. 사단 고위장교를 태운 지프가 다논의 전차 옆에 섰다. "빨리 올라가! 시리아군이 나파크에 있어." 이 장교가 말했다.

다논은 주도로에서 벗어나 다른 전차들과 함께 동쪽을 향해 야지로 주행했다. 나파크에서 남쪽으로 2마일(3.2km) 떨어진 탭라인에 접근하자 그 너머 신디아나 근처에 시리아군 전차부대가 보였다. 다논의 전차들은 장거리에서 사격을 개시해 8대를 명중시켰다. 탭라인에서 즈비카 부대의 잔존 전력과 마주친 다논은 이들을 휘하에 편입시켰다.

그동안 그린골드와 예비군 중위는 나파크 외곽에 도착했다. 이들은 표적이 모두 사라질 때까지 펜스 바깥쪽의 시리아군 전차들에 사격을 가했다.

정적이 찾아오자 그린골드는 잠시 한숨 돌린 다음 지휘벙커를 향해 소리쳤다. "나와도 괜찮다!" 기지 곳곳에서 병사들이 모습을 드러내기 시작했다. 에이탄의 참모진은 흩어진 문서를 남은 반궤도장갑차에 싣고 브노트 야코브 다리 방향으로 내려갔다. 에이탄 자신은 아그몬 중령과 함께 지프를 타고 몇 마일 떨어진 개활지에 야전지휘소를 세우려고 북쪽으로 떠났다.

에이탄은 건국 이전 팔마흐 타격대 시절, 비무장으로 갈릴리 지역의 개울을 건너던 친구들을 습격한 무장한 아랍인 2명 중 1명에 달려들어 그를 개울에 빠뜨려 죽인 이래 전사로서 명성을 얻었다. 독립전쟁 시 산 시몬^{San} $_{Simon}$ 수도원 전투에서 그는 머리에 총상을 입고서도 계속 남아 싸우겠다고 고집했다. 전우들은 에이탄을 테이블 위에 놓은 의자에 앉게 했는데, 그는 위쪽 창문을 통해 수도원 벽을 타고 넘어오려는 아랍인들을 쏘았다. 6일 전쟁 당시 에이탄은 이집트 전선에서 공수여단을 지휘하다가 다시 머리에 총상을 입었다. 총알을 뽑아낸 외과의들은 1948년에 박혔던 총탄 파편도 같이 제거했다. 후퇴에 익숙하지 않은 사람이었지만 에이탄은 이날 나파크에서 두 번이나 철수했다. 기지는 사단지휘소로 쓰기에는 분명히 너무 위험했다. 하지만 에이탄은 무슨 일이 닥치든 골란에서 절대 철수하지 않겠다고 마음을 단단히 먹었다.

그린골드는 북부사령부의 우리 심호니와 연락이 닿아 나파크 인접 지역에는 "살아 있는 시리아군 전차는 없습니다"라고 보고했다. 그는 즈비카 부대의 나머지는 전멸했을 것으로 믿고 탭라인에 이스라엘군 전차가 없다고 말했다. "그리고 1번이 전사한 것 같습니다." 벤-쇼함 여단장이 전사했다는 보고에 충격을 받은 심호니 중령은 전복된 전차를 다시 확인하라고 요청했다. 지칠 대로 지친 그린골드 중위는 이 요청을 예비군 중위에게 넘겼다.

그동안 벤-쇼함을 호출할 수 없었던 전차장들은 전날 밤부터 무선망에서 계속 이름을 들어왔던 즈비카를 호출해 명령을 요청하기 시작했다. 중위는 이들에게 알레카 기지에 있는 여단 정보장교 주리흐 소령을 호출하라고 부탁했다.

갑자기 전차 내부 통신장치에서 목이 졸린 듯한 숨소리가 들렸다. 그린골드는 "무슨 일입니까?"라고 물었다. 소리는 조종석에서 나오고 있었다. 다른 승무원들의 도움을 받아 그린골드는 조종수를 전차 밖으로 끄집어냈다. 예비군 조종수는 눈에 눈물이 가득했고 가쁜 숨을 몰아쉬고 있었다. 신체에 이상은 없었으나 지금까지 받은 스트레스 때문에 마침내 정신적으로 무너졌음이 완연했다. 조종수는 한마디 말도 없이 부상자를 후송하는 반궤도 장갑차로 걸어가더니 안에 앉았다.

꼼짝할 수 없게 된 그린골드는 무전으로 주리흐를 호출해 대체 조종수를 요청했다. 장교 한 명이 임무에 자원한 젊은 병사 한 명을 태우고 차를 몰아 알레카 기지에서 왔다. 20시간이나 전투를 치른 끝에 부상의 통증으로 의식이 희미해지고 정신적으로 지친 그린골드는 새 조종수에게 알레카로 가자고 했다. 근처에 다른 이스라엘군 부대가 있는지는 알 수 없었다. 하지만 벤-쇼함이 전사하고 나파크 기지와 골란 고원의 상실이 임박한 상황에서 자신이 더 할 수 있는 일이 없음은 명백했다.

본대가 철수한 다음에도 바주카포로 무장한 골라니 여단 병사 7명이 자발적으로 나파크에 남기로 결심했다. 그들이 가졌던 포탄 5발 전부를 시리아군 전차에 발사했으나 명중시키지 못했다. 기지에서 빠져나갈 무렵, 그린골드는 기지 정문에서 병사 여러 명을 보았다. 이들 사이에 있던 장교 한 명이 그린골드에게 신호했다. 전차의 소음 때문에 그는 입 모양만으로 "떠나지 마"라고 말했다. 하지만 그린골드는 더는 전투를 계속할 수 없었다. (이 골라니 여단 중위는 나중에 장성으로 진급했고 크네세트 의원이 된다.)

알레카로 가는 길가에 펼쳐진 불타버린 차량, 서로를 부축해 후방으로 걸어가는 부상병들, 시리아군의 맹공격을 피해 탈출하는 병사들로 가득 찬 트럭들을 본 그린골드는 제2차 세계대전의 기록영화를 떠올렸다. 새 조종수의 운전 솜씨는 의욕에 미치지 못했다. 전차는 거칠게 이리저리 빠져나가며 가는 길에 있는 거의 모든 것과 충돌하다가 알레카 기지 외곽에 설치된 바리케이드 앞에 간신히 멈췄다. 주리흐 소령이 기다리고 있었다. 그린골드는 전차에서 나와 쓰러졌지만 주리흐가 그를 붙들었다. "더는 못하겠습니다." 그린골드가 말했다. 그는 지프에 실려 사페드에 있는 병원으로 후송되었다. 그린골드는 이 전공으로 이스라엘 최고 무공훈장을 받게 된다.

벤-쇼함 및 여단 최선임 장교 2명의 전사와 나파크에서의 사단 지휘부 철수로 인해 지휘체계는 공백 상태가 되었다. 주리흐 소령은 전차를 비롯한 각종 차량이 알레카 기지를 지나쳐 다리를 향해 고원에서 내려가는 모습을 보고 경악했다. 공황의 분위기가 사방에 감돌았다. 후퇴하는 전차들에는 임시 승무원들이 배치되어 있었는데, 이들은 제대로 편성된 부대 소속이 아닌 듯했다.

주리흐는 조종수에게 자신들이 탑승한 병력수송장갑차로 길을 막으라고 지시했다. 길 양쪽에 전에 시리아군이 만든 지뢰밭이 있었으므로 완벽한 목진지choke point(침투하는 적의 이동을 감시·차단하고 조기에 적을 포착·섬멸하기 위해 적이 이용할 수 있는 길목에 병력을 배치하기 위한 일종의 매복 진지-옮긴이)가 되었다. 골라니 여단 소속 박격포소대가 길가에서 대기 중이었고, 주리흐는 소대장에게 부하들을 시켜 나파크에서 오는 모든 차량에 정지신호를 내리라고 명령했다. "여기시부터 아무도 후퇴하지 않는다." 주리흐가 말했다. "후퇴하려는 자는 쏘겠다." 소대장은 적극적으로 지시를 따랐고 1시간도 채 못 되어 그린골드가 남기고 간 전차 1대를 포함해 10여 대의 전차가 전개해 나파크 방향인 길 위쪽으로 포신을 겨눴다. 하지만 시리아군 전차는 나타나지 않았다.

저녁이 다가오자 주리흐는 나파크 기지로 돌아갔다. 기지에는 병사들이 몇 명 남아 있었다. 외곽 펜스 밖에 해치가 열린 시리아군 전차들이 흩어져 있었다. 일부는 손상당하지 않았으며 엔진도 가동되고 있었다. 하지만 승무원들은 도주했다. 그린골드의 조종수와 마찬가지로 시리아군도 한계에 다

다른 것이다.

시리아군 주력부대는 오르의 전차들이 가한 압박을 견디지 못하고 멀리는 아니었지만 후퇴했다. 어둠이 내릴 무렵, 길을 잃었다가 합류한 다른 부대 전차들로 전력이 불어난 오르 여단은 나파크-쿠네이트라로와 평행한 고지에 전쟁이 시작된 이후 처음으로 비록 얇지만 외형을 갖춘 4마일 (6.4km) 길이의 방어선을 구축하는 데 성공했다.

골란 고원의 이스라엘군은 시리아군의 공격에 비틀거렸다. 시리아군의 공격 범위는 이스라엘군이 생각했던 것보다 훨씬 더 먼 곳까지 미쳤다. 그런데 이집트 전선과 달리 골란 전선의 전투는 이스라엘군이 훈련받은 전차 대 전차의 전투였다. 이집트군은 전쟁이 벌어졌을 때 이스라엘 전차부대가 전장에 도착하기 전에 운하 건너로 자신들의 전차를 보낼 수 없었기 때문에 시나이의 초기 전투에서 새거와 RPG를 대량으로 운용하는 보병에 의지했다. 시리아군도 이집트군처럼 대량의 RPG와 새거를 공급받았으나 이집트군처럼 임시방편으로 보병을 필요로 하지 않았기 때문에 여기에 크게 의지하지 않았다. 시리아군 전차는 이스라엘군과 자신의 진영을 가르는 장애물인 대전차호와 지뢰밭을 상대적으로 쉽게 건너 압도적 전력으로 이스라엘군 전차와 맞붙을 수 있었다. 새거와 RPG도 일부 사용되었으나 골란 고원의 이스라엘군 전차승무원이 마주한 것은 새로운 형태의 전투가 아닌 압도적인 전력 격차였다.

나파크 전투는 개전 초 받은 엄청난 타격에도 불구하고 이스라엘군이 균형을 되찾을 수 있는 특성들을 보여주는 좋은 예가 되었다. 혼돈의 상황에서 서로 독립적으로 작전하던 이스라엘 소부대들은 동기부여가 잘 되어 있었기 때문에 훨씬 강한 적에게 돌진했으며, 적보다 더 빠르고 더 정확한 포격술과 지형지물을 더 잘 이용하는 뛰어난 기량을 과시했다. 사방에서 온 이스라엘군 전차들이 나파크에서 동시에 합류하면서 전투는 절정으로 치달았고 오리 오르와 예비군들이 쓰러지면서도 놓지 않았던 벤-쇼함 대령의 칼을 들면서 끝났다.

이날 밤, 북부사령부 본부에서 열린 참모회의에서 호피 장군은 전투를 다음과 같이 간결하게 평가했다. "오늘 오리(오르 대령)가 우리를 구했다."

제19장

고립되다

일요일 아침. 일시 퇴각한 텔 파레스의 높은 지대에서 에레즈 중령은 거침없이 골란 고원으로 밀려드는 시리아군 전차들을 볼 수 있었다. 남아 있는 자신의 전차 12대 외에 전선 남쪽 절반을 지킬 온전한 상태의 이스라엘군 전차는 없었다. 전날 오후에 전쟁이 발발한 이래 에레즈는 대대 전력의 3분의 2를 잃었다. 텔 파레스에는 전차에 탑승하지 않은 60명이 더 있었다. 인근 거점에서 철수한 공수부대원, 기동이 불가능한 전차의 승무원, 그리고 봉우리 정상의 감시초소에 있던 정보부대원이었다. 지금은 모두 시리아군 진영 후방에 고립된 상태였다. 간혹 이스라엘 공군의 스카이호크 공격기가 시리아군 전차에 급강하 공격을 가했다. 에레즈는 전차 몇 내가 폭탄에 맞는 것을 보았으나, 폭격은 도도히 밀려드는 시리아군 기갑부대에 아무런 타격을 입히지 못했다. 에레즈는 격추된 스카이호크를 5대까지 세었다.

낮 동안 시리아군은 전차소대와 보병이 탑승한 병력수송차장갑들을 동원해 텔 파레스의 이스라엘군을 여러 차례 공격했으나 모두 격퇴되었다. 오후 2시가 되자 특수부대원을 태운 헬리콥터 6대가 북쪽에서 접근했다. 전차와 공수부대원들은 기관총 사격으로 3대를 격추하고 나머지를 몰아냈다. 골란 고원을 상실할 위험에 처한 북부사령부는 에레즈에게 어둠이 내리는 대로 고립된 부대를 이끌고 탈출해 이스라엘군 진영으로 복귀를 시도하라고 명령했다.

엘라자르 총참모장은 일요일 오후에 호피 북부사령관을 만나 고원 가장자리에 2차 방어선을 설치하라고 재차 강권했다. 엘라자르는 무사 펠레드의 사단이 월요일 아침에 도착하기 전까지 고원에 발판을 유지하는 것이 중요하다고 강조했다. 호피는 과연 이 임무 수행이 가능할지 확신하지 못했다. 나파크 기지는 함락 일보 직전이었으며, 게다가 시리아군은 아직 기갑 전력 전부를 투입하지도 않았다.

엘라자르는 호피와 대화를 나누고 머리가 복잡해졌다. 그는 호피를 존중했으며 시리아군 전력증강에 대한 그의 경고가 없었더라면 지금쯤 골란 고원을 상실했을 것임을 알고 있었다. 하지만 엘라자르는 부관에게 호피는 지쳤으며 곁에서 짐을 나누어 질 고위장교가 필요하다고 말했다. 다얀은 아침에 북부사령부에서 돌아온 다음 호피의 심적 상태가 걱정스럽다는 의견을 피력했다. 이미 엘라자르는 골라니 보병여단의 지휘관을 지낸 예쿠티엘 아담Yekutiel Adam 장군을 호피의 부사령관으로 보내기로 결정했다. 그런데 다른 생각이 떠올랐다. 자신의 전임 총참모장 하임 바르-레브를 보내 상황 평가를 하는 것이었다.

현재 메이어 총리의 내각에서 상무장관인 바르-레브는 유고슬라비아에 살던 시절부터 엘라자르의 어릴 적 친구였다. 바르-레브는 어떤 상황에서도 동요하지 않는 사람으로 정평이 나 있었고 여기에는 유명한 느린 말투가 한몫했다. 바로 이 순간 절실히 필요한 성격이었다. 엘라자르가 다얀에게 바르-레브를 골란 고원으로 보내자고 제안하자, 국방장관은 여기에 적극적으로 찬성했다. 메이어 총리도 마찬가지였다. 바르-레브는 즉석에서 제안을 수락했다. 북부전선으로 출발하기 전에 바르-레브는 다얀을 만나 자신이 무엇을 하기를 원하는지 물었다. 다얀은 호피가 '정신적으로 무너졌고 지쳤으며 탈진한 상태'라서 바르-레브로 교체하는 것이 원래 의도였다고 말했다. 결국 엘라자르가 그 안을 거부했다. "하지만 실질적으로 공식 임명이 되든 안 되든 장군이 호피를 대신하는 것이 의도요." 다얀이 말했다. 그러고 나서 다얀은 골란 고원에서 절대로 물러나면 안 된다는 자신의 기본 방침을 거듭 밝혔다.

사페드 근교의 북부사령부 본부에서는 동원부대의 도착으로 인해 상황이 조금이나마 덜 위태로워 보였으나 이 부대들 역시 끊임없이 밀려오는 시리아군 기갑 전력에 힘이 부치기 시작했다. 날이 저물어감에 따라 "무사Moussa(펠레드 장군)는 어디 있나?"라는 질문이 점점 더 자주 들리기 시작했다.

무사 펠레드 장군은 1년간 대학교에서 연수를 받기 위해 욤 키푸르 전날에 지휘를 맡았던 동원사단을 떠났다. 욤 키푸르 아침에 부사단장 아브라함 로템Avraham Rotem 대령이 전화를 걸어왔을 때 장군은 집에 있었다. "와 보셔야 할 것 같습니다." 펠레드는 말없이 다시 군복을 챙겨 입었다.

펠레드 사단은 전략 예비군으로서 참모본부가 이 사단을 어느 전선으로 보낼지 결정하기까지 시간이 필요했기 때문에 다른 동원부대들보다 더 철저한 동원 절차를 밟을 여유가 있었다. 일요일 오전 10시가 되어서야 엘라자르는 펠레드를 호출해 사단은 북쪽으로 갈 것이라고 말했다. "시리아군이 돌파해왔소." 엘라자르가 말했다. "빨리 고원으로 올라가시오." 펠레드는 전화로 로템에게 부대 이동을 개시하라고 명령하고 자신은 참모장교들과 지프차 2대에 나눠 타고 북부사령부 본부로 먼저 출발했다.

북부사령부는 전날 밤에 황급히 카나안산 기슭에 있는 영화관에 의자를 치우고 상황실을 마련했다. 배전반과 방음설비가 아직 설치되지 않아 군용 무전기에서 나오는 소리가 커다란 공간에서 반향을 일으키면서 불쾌한 소음을 내고 있었다. 펠레드는 누구에게서도 명쾌한 브리핑을 받을 수 없었다. 호피는 불 꺼진 측실에 야전침대를 펴고 쪽잠을 청하고 있었다.

"사단이 오늘 밤에 도착합니다." 펠레드가 말했다. "제가 어디에 있기를 원하십니까?" 호피는 골란 고원 기슭에서 요르단강을 따라 방어선을 펴라고 명령했다. 펠레드는 충격을 받았다. 이 명령은 고원을 포기하겠다는 암시였다. 공병대가 이미 요르단강 다리를 폭파할 준비를 마쳤다는 말을 들으니 더 기분이 상했다. 호피는 침착해 보였지만 펠레드는 호피가 전날 벌어진 묵시록에서나 나올 법한 상황이 가한 압박을 견뎌내려 애쓰고 있다고 짐작했다. 펠레드는 기운이 넘쳤으며 충격으로 의기소침해 있지 않았던 데다 등 뒤에 기갑사단이 있었다.

"저는 방어를 믿지 않습니다. 공격해야 한다고 믿습니다." 펠레드가 말했다. 호피는 저녁에 돌아와서 예정된 고위지휘관 회의에 참석하라고 그에게 말했다.

몇 시간의 여유가 있었기 때문에 펠레드는 골란 고원을 향해 차를 달렸다. 베테랑으로서 앞으로 닥칠 임무를 수행할 준비를 하는 동안 전쟁의 냄새를 다시 한 번 맡고 싶었다. 갈릴리의 알마고르Almagor 근처에서 길가의 바위에 걸터앉아 훌라 계곡 건너 골란 고원을 바라보는 낯익은 사람이 보였다. 모셰 다얀이었다. 펠레드가 다얀 옆에 자리를 잡자 부관들이 조심스럽게 거리를 두고 물러났다. 멀리서 연기와 불꽃이 보였고 폭음도 이들이 있는 곳까지 들렸다. 11살 연하인 펠레드는 다얀의 고향과 인접한 나할랄Nahalal 마을의 농장에서 자랐다. 펠레드와는 오랫동안 교분이 있어서였는지 다얀은 경계심을 누그러뜨렸다. 20년 뒤(1981년에 다얀이 타계한 다음이다. 펠레드는 2000년에 타계했다-옮긴이) 펠레드는 이때 국방장관이 절망에 빠져서 제3성전의 파괴에 대해 말했던 것을 기억했다. 펠레드가 다얀의 어깨에 손을 얹었다. 오랜 기간 친하게 지낸 사람만이 할 수 있는 행동이었다. 그러자 다얀의 눈에서 눈물이 흐르기 시작했다. 펠레드는 자신이 다얀의 어깨를 꽉 누를수록 다얀이 더 많은 눈물을 흘렸다고 회상했다.

계속 차를 달려 아리크 다리를 건넌 펠레드는 멀리 있는 시리아군 전차의 눈에 익은 낮은 옆모습과 야포와 전차포의 포성 등 그가 찾고 있는 것들을 발견했다.

그동안 사단은 키네레트 호수 남단의 체마흐Tsemach로 진입하고 있었다. 요르단강 서안의 각 기지에서 출발해 여기까지 오는 도중에 전차의 거의 절반이 고장으로 주저앉아 정비병들이 출동해 수리 중이었다. 체마흐에서 대기하는 유조차는 없었으나 지휘관들은 주유소 주인을 설득해 지급각서를 써주고 전차에 기름을 넣었다. 주말에 주유소에 길게 줄을 서곤 했던 행락객들의 승용차 대신 전차승무원들이 차분히 순서를 기다렸다.

오후 늦게 북부사령부 본부에 도착한 바르-레브는 소음과 혼란스러운 분위기 때문에 기분이 언짢아졌다. 바르-레브는 무전기를 모두 끄라고 명령하고 운전병 등 본부에 반드시 있을 필요가 없는 사람들은 나가라고 했다. 무전기가 하나씩 다시 켜졌다.

무사 펠레드가 호피의 사령부에 돌아왔을 때는 날이 어두워졌다. 바르-레브는 펠레드의 생각을 듣고 싶었다. 펠레드는 엘 알에서 북동쪽으로 20마일(32km) 떨어진 라피드Rafid를 향해 북쪽으로 곧바로 밀고 나가자고 제

전쟁 두 번째 밤을 맞은 북부사령관 이츠하크 호피 장군(테이블 앞 가운데에 앉은 이). 호피의 옆에 앉은 사람은 하임 바르-레브 장군이며 두 사람 사이에서 어깨너머로 지도를 들여다보는 사람은 전임 공군사령관 모티 호드 장군이다. 〈이스라엘 국방군 기록물보관소 제공〉

안했다. 그렇게 하면 시리아군의 주 진입 지점main entry points을 가로질러 남부 골란으로 들어가는 시리아군을 분단할 수 있다는 것이었다. 일단 그들의 병참선이 위협받으면 시리아군 지휘부는 예하부대를 후퇴시키거나 싸우게 하거나 전멸을 감수할 수밖에 없을 것이다. 펠레드는 자신의 사단이 요르단강을 따라 방어선을 구축하도록 하는 것은 끔찍한 실수라고 강력히 주장했다. 또 다른 제안대로 중부 골란에서 반격하기 위해 브노트 야코브 다리까지 북쪽으로 가는 것도 실수가 될 것이었다. 그렇게 하면 이동에 최소 8시간을 낭비할 뿐 아니라 이동하는 동안 추가적으로 전차가 고장 날 위험을 감수해야 한다는 뜻이기 때문이었다.

펠레드의 접근법을 선호한 바르-레브는 엘라자르에게 전화를 걸었다. 총참모장은 펠레드에게 몇 가지 질문을 하고 제안을 승인했다. 호피는 참모진과 건물 밖에서 회의하다가 이 소식을 들었다. "계획이 승인되었어." 바르-레브가 말했다. "우리는 반격할 거야." 바르-레브는 펠레드에게 시가 하나를 건네며 말했다. "때가 됐을 때 피우게."

텔 파레스에 어둠이 내렸다. 남은 전차 12대가 종대로 섰고 1대당 5, 6

명의 병사들이 탑승했다. 전사자 시신과 중상자는 반궤도장갑차에 실렸다. 우지 아리엘리 중대장이 대열을 이끌었고 베크만 중위가 뒤를 따랐다. 이스라엘 진영과 텔 파레스 사이에는 수백 대의 시리아군 전차와 대전차 보병이 있었기 때문에 이들은 지형지물에 대한 깊은 지식을 이용하며 도로를 피해 극도로 조심스럽게 전진했다. 대열이 오르막길마다 멈추면 조종수들은 아리엘리 대위가 적 전차 소리를 확인하도록 엔진을 껐다. 그러고 나면 아리엘리와 베크만이 앞으로 걸어가 오르막 정상 너머를 살폈다. 탭라인 전의 마지막 오르막에 이르기까지는 문제가 없었다. 그런데 탭라인 외곽 펜스 조금 못 미친 곳에 도달하자 비포장도로를 사이에 두고 시리아군 전차 4대가 이스라엘군 접근 방향으로 오고 있었다.

"어떻게 할까요?" 베크만이 물었다.

"조용히 간다." 아리엘리가 답했다.

아리엘리는 전차장들을 앞쪽으로 불러 상황을 설명했다. 전차포를 계속 겨눈 채 사격하지 않고 시리아군 전차 사이를 빠져나갈 것이다. 어둠 속에서 시리아군은 이들을 식별하지 못할 것이며 알아차린다 해도 교전을 시도하지 않을지도 몰랐다. 그 다음에는 탭라인 펜스를 뚫고 돌진해 서쪽을 향해 야지로 주행할 것이다. 길이 없는 거친 황무지였으나 아리엘리는 지형을 잘 알았다.

아리엘리와 베크만의 전차들은 천천히 움직이며 시리아군 전차들이 있는 곳에 도착해 그 사이로 빠져나가기 시작했다. 간격은 몇 야드에 불과했다. 시리아군 승무원들은 전차 해치를 굳게 닫은 채 안에서 자는 듯했다. 하지만 세 번째 이스라엘군 전차가 다가가자 시리아군 전차의 포가 불을 뿜었다. 조준하기 위해 포신을 들지 않은 까닭에 포탄은 아래쪽에 명중해 이스라엘군 전차에 손상을 입혔으나 완파하지는 못했다. 시리아군 전차들은 이스라엘군 전차들의 일제 사격에 불타올랐다. 아리엘리는 탭라인 펜스를 부수고 들어가 전차들을 이끌고 그 너머의 와디로 갔다. 근처의 다른 시리아군 전차부대가 조명탄을 쏘아 올리고 있었다.

아리엘리는 바위투성이인 거친 지형을 조심스럽게 헤치고 전진했다. 고원 가장자리로 다가갈수록 와디는 깊어지기 시작했고 벼랑이 나타났다. 다시 고지로 올라간 대열은 1마일(1.6km) 너비의 들불과 맞닥뜨렸다. 불길을 우회할 수도 있었지만 이 지역에 있는 시리아군 전차들에게 완벽한 실루엣을 드러낼까 걱정스러웠다. 아리엘리는 불길을 통과하는 것이 가장 안전한 방법이라는 결론을 내렸다.

불길 속으로 뛰어들자 베크만 중위는 불에 탄 흙냄새를 맡을 수 있었다. 곧 궤도 근처의 보기^{bogie}(고무 테두리를 두른 보기륜^{bogie wheel}과 스프링식 현가장치로 구성된 전차 차체 외부 장착 주행장치-옮긴이)에서 고무 타는 냄새가 났다. 군데군데 타오르는 불길 사이로 달궈진 땅이 벌겋게 빛을 발하고 있었다. 전차 상부 구조물에 밀착되어 있는 검댕투성이 보병들은 눈의 흰자위와 가슴에 늘어뜨린 탄입대에 반사된 불꽃의 오렌지색 빛을 빼고는 어둠 속에 묻혀 모습이 거의 보이지 않았다. 베크만은 뒤를 돌아보았다. 초승달 모양으로 대열을 형성한 전차들이 보였다. 그리고 강철 장갑을 두른 괴수들이 묵시록의 기사들처럼 불타는 평원을 뚫고 돌진했다. 수십 년 뒤에도 기억에 생생히 남을 장면이었다.

적이 있는지를 보고 들으려고 자주 정지한 까닭에 대열이 고원을 횡단하는 데 거의 10시간이 걸렸다. 전차들은 고원 가장자리로 다가가다가 시리아군 전차 4대의 실루엣을 보고 사격했다. 살펴보니 이들은 이날 이른 시간에 이스라엘 공군의 공습으로 격파된 전차들이었다. 마침내 이스라엘군 전차들은 아리크 다리로 내려가는 길 앞의 마지막 오르막에 도착했다. 아리엘리와 베크만은 도보로 다시 앞으로 나갔다가 아무것도 보이지 않자 전차로 돌아왔다. 아리엘리가 대열을 이끌고 오르막에 올랐을 때 전차가 포탄에 맞았다. 같은 전차에 탑승한 대대 작전장교가 전사하고 아리엘리 중대장도 다쳤다. 조종수는 황급히 전차를 후진시켰다.

대열은 감라 오르막의 위쪽 부분에 있던 하다르 대령의 여단 숙영지 가장자리에 도착했다. 하다르 여단의 전초부대는 오르막 위로 포신만 내민 채 자리를 잡았기 때문에 거의 보이지 않았다. 하다르는 직접 전차가 접근하는 소리를 듣고 라네르 장군에게 센추리온 전차의 소리인 것 같다고 보고했다. 라네르 장군은 텔 파레스의 이스라엘군이 탈출했다는 전갈을 받지 못했다. 장군은 하다르에게 모든 전차가 맞춰놓았을 것으로 예상되는 긴급주파수로 이 전차들을 호출해보라고 했다. 응답이 없자 라네르는 하다르에게 발포하라고 말했다. 양편의 교신을 모두 모니터링하던 북부사령부는 뒤늦게 사태를 파악하고 전군에 사격중지 명령을 내렸다. 베크만 중위는 북부사령부에 자신의 전차들은 헤드라이트를 켜고 전진 중이라고 보고했다. 베크만의 전차가 오르막 위로 모습을 드러내자 아군의 조명이 전차를 비췄다.

텔 파레스를 포기함으로써 116 거점이 휴전선 남부를 따라 설치된 거점 중 이스라엘군 수중에 남은 유일한 거점이 되었다. 날이 어두워지자 강력한 포격이 재개되었다. 저녁의 쌀쌀함을 느낀 구르 중위는 몸을 따뜻하게 하려고 방탄조끼를 착용했다. 전투가 시작된 이래 방탄조끼를 입어보기는 이번이 처음이었다. 밤 8시, 시리아군 전차 5대가 국경도로를 벗어나 거점으로 다가왔다. 선도 전차가 기동이 불가능한 차량 옆으로 밀고 들어와 사격을 위해 정지했다. 전차는 포를 한 발 쏘고 나서 몇 야드 움직이다가 멈춰서서 다시 포를 쏘기를 반복했다. 포탄이 명중할 때마다 참호의 병사들 머리 위로 날카로운 현무암 파편이 쏟아졌다. 바주카 포탄이 2발만 남았기 때문에 구르는 얼마나 효율적일지는 확신할 수 없었지만 총류탄$^{\text{rifle grenade}}$(소총으로 쏠 수 있는 소형 유탄-옮긴이)을 사용하기로 결정했다. 바주카포 사수는 실패할 경우를 대비해 사격 준비를 하라는 지시를 받았다. 선도 전차가 영내 입구에 당도하자 구르는 일어나 총류탄을 발사했다. 총류탄의 물리적 효과에 대해 확실히 말할 수는 없으나 이 전차는 전진과 사격을 멈췄다. 대열의 두 번째 전차도 구르가 발사한 총류탄에 맞았다. 이 전차도 정지했으나 다른 3대의 전차가 맹포격을 개시했다.

구르는 거점과 그 주변에 포격을 요청했다. 포탄 1발이 바로 뒤에서 폭발했다. 방탄조끼가 충격 대부분을 흡수했으나 파편이 조끼의 보호를 받지 못하는 오른쪽 어깨에 큰 구멍을 냈다. 중위는 팔의 감각을 잃고 기절했다. 병사들이 그를 벙커로 옮겼고 의무병이 상처에 붕대를 감자 구르는 의식을 회복했다. 그는 자신이 전사하거나 다치면 전투가 시작된 이래 옆에서 싸우던 이등병에게 지휘를 맡기기로 미리 마음을 먹었다. 이 병사는 계급이 가장 낮았으나 타고난 지도자의 자질인 용기, 날카로운 눈, 그리고 빠른 상황분석력을 전투에서 보여주었다. 구르는 "자네가 지휘를 맡게"라고 말하고 싶었으나 너무 과장된 것 같아 "돌아가서 명령을 내려"라고 말했다.

밤새 구르는 차라리 죽어버리는 게 나을까 하는 생각에 번민했지만 동이 터오자 생각이 맑아지기 시작했다. 가끔 지휘를 맡은 병사와 다른 병사들이 벙커로 들어와 구르의 상태를 살피고 조언을 구했다. 이들은 시리아군 보병의 공격을 여러 번 격퇴했다고 보고했다. 싸울 수 있는 병사는 10명밖에 없었다. 구르는 시리아군이 침투할지 모른다는 생각이 들자 함께 있던 부상병 3명에게 무기를 옆에 두라고 말했다. 병사 한 명은 수류탄의 안전장치를 느슨하게 해 구르처럼 한쪽 팔을 쓸 수 없는 사람도 필요한 경우 치아로 쉽게 안전핀을 뽑을 수 있도록 했다.

아침이 되자 시리아군 전차들이 거점 곳곳을 조직적으로 타격하기 시작했다. 환기구를 통해 들어온 먼지가 벙커에 가득 찼고 천정에서 돌 파편이 떨어졌다. 포격은 멈출 줄 몰랐으나 책임감에서 벗어난 구르는 가장 두려워했던 아랍인들의 고함이 들릴 때까지 이상할 정도로 마음이 평온했다. 시리아군이 거점 안으로 들어왔다.

온 힘을 다해 일어난 중위는 걸을 수 있던 다른 부상병 한 명과 함께 왼손에 총을 쥐고 벙커 출구로 갔다. 밖에는 가랑비가 내리고 있었고 하늘은 잿빛이었다. 정면에 있는 안마당의 농구대 근처에 시리아군 병사 3명이 있었다. 콧수염이 있고 가슴에 탄띠를 두른 키 큰 병사가 양손으로 기관총을 쥐고 사방으로 원을 그리며 난사했다. 아군 수비대는 전혀 보이지 않았다. 구르는 입구 바로 안쪽에 있는 물통에 다리를 고정시키고 소총을 그 위에 놓은 다음 왼손으로 방아쇠를 당겨 자동사격으로 발사했다. 시리아군은 총탄에 맞지 않았으나 시야에서 사라졌다. RPG 발사기를 든 시리아군 병사들이 거점 정문에 보였다. 그중 한 명이 구르가 있는 방향으로 RPG를 발사했고 벙커 벽에서 현무암 파편이 떨어져 등을 때렸다. 갑자기 수류탄 폭발음과 소화기 발사음이 들렸다. 수비대의 다른 병사들은 시리아군 전차의 사격을 피해 깊은 참호에 숨어 있었기 때문에 마당에서 총격 소리가 들릴 때까지 시리아군이 침입했다는 것을 몰랐다. 이제 이들은 반격에 나서 침입자 일부를 사살하고 나머지를 쫓아냈다. 구르는 아드레날린이 용솟음치는 것을 느끼고 정문에 다시 자리를 잡았다.

일요일 일몰 직후 엘 알에 남은 공수부대 지휘관 야이르 소령은 무전으로 낮게 말하는 목소리를 들었다. "전원 전사 혹은 부상. 서둘러 구원해주기 바람." 송신자는 텔 사키에 있는 전차장 니르 아티르 상사로 밝혀졌다. 소대장은 116 거점을 지원하다가 전사했다. 아티르 상사는 거점의 이스라엘군 생존자들이 피신한 벙커 근처의 완파된 전차에서 무전을 보내고 있었다. 상사는 근처에 있을지도 모르는 시리아군 병사들이 엿듣지 못하도록 낮은 목소리로 말했다. 야이르는 12시간도 더 전에 안스바헤르 중위의 작별인사를 듣고서 텔 사키에 생존자가 있을 것이라는 희망을 포기했었다.

일요일 아침, 30명 가까운 인원이 텔 사키 정상 근처에 있는 미완성 벙커의 안쪽에 있는 방에 몸을 숨기고 있었다. 시리아군은 포탄 1발을 쏘아 벙커 벽에 구멍을 내고 안쪽으로 수류탄 2발을 던져넣었다. 대부분이 다쳤고 일부는 치명상을 입었다. 하지만 시리아군은 무장한 생존자들이 있을 것을 두려워한 나머지 들어오지 않았다. 안스바헤르는 중상을 입었고, "누군가 나가서 항복해"라고 말했다. 전차승무원 한 명이 흰 속셔츠를 벗어 높이 들고 벙커 밖으로 나갔다. 밖에서 자동화기 점사음이 두 번 들렸다. "저 개자식들은 포로도 잡지 않는군"이라고 누군가가 말했다. 하지만 밖으로 나간 병사는 총에 맞지 않았다. 그는 포로로 잡혀 자신이 벙커 안의 마지막 생존자라고 말했다. 시리아군은 확인하지 않았다.

벙커 안의 이스라엘군은 하루 종일 쓰러진 곳에 누워 있었다. 고통을 못 이긴 병사 한 명이 소리쳤다. 다른 병사들이 조용히 시키려고 했으나 그는 폭발에 귀를 먹어 다른 사람의 말을 들을 수 없었다. 어떤 병사가 소리치는 병사를 죽이지 않으면 다 죽을 것이라고 말했다. 누군가가 담뱃갑에 글을 써서 부상병 앞에 들어 보였다. 부상병은 다른 병사의 성냥불에 비친 쪽지를 읽었다. 쪽지에는 "조용히 해야 해"라고 적혀 있었다. 고함이 멎었다. 아티르 상사가 반쯤 물을 채운 물통과 곧 반격이 있을 것이라는 야이르 소령의 메시지를 가져오자 모두의 사기가 올랐다.

땅거미가 지기 시작하는 일요일, 골란 고원 중부 지구의 전투도 소강상태로 접어들었다. 오리 오르 여단장은 골라니 여단 분견대에 전장을 샅샅이 뒤져 완파된 전차를 찾아 부상자와 전사자를 확인해달라고 요청했다. 대대장 2명을 포함해 실종자가 다수 발생했다. 수색에 나선 보병들이 나파크와 쿠네이트라 사이의 도로에서 전차 옆에서 부상당한 채 누워 있던 대대장

셰페르 중령과 승무원들을 발견했다. 중령은 한쪽 눈의 시력을 잃은 상태였다. 두 번째 실종 대대장인 하렐 중령의 전차는 이보다 앞서 발견되었으나, 중령은 시리아군을 따돌린 다음 걸어서 복귀했다. 하렐 중령도 다쳤다.

사상자 규모가 심각했으므로 여단은 완전히 재편될 필요가 있었다. 오르는 여단의 거의 모든 장교에게 새 임무를 부여했다. 부상당한 대대장 2명 외에 중대장 2명이 전사했고 2명이 다쳤다. 전에는 높이 평가하지 않았던 장교들이 실전에서는 뛰어난 기량을 발휘하기도 했고, 어떤 장교들은 실망스러운 모습을 보이기도 했다. 민간인 생활을 하다가 갑자기 전장에 투입되어 심리적 충격을 받은 데다가 승무원들이 무작위로 한 팀으로 편성되었음에도 불구하고 여단의 장병들은 대체로 잘 싸웠다. 전차승무원들은 동료들과 유대감을 채 쌓기도 전에 전투에 투입되었는데, 이로 인해 죽음의 길로 들어서는 전투라는 부자연스러운 행위가 더 위험천만해졌다. 오르는 승무원들을 재조직하지 않고 그대로 두기로 했다. 이제 함께 전투를 겪은 사이였기 때문이었다.

나파크에서 북쪽으로 몇 마일 떨어진 평원에 있는 지휘용 반궤도장갑차에서 작전을 지휘하던 에이탄 장군은 아침에 신디아나로를 따라 공격을 개시하라고 오르에게 명령했다. 전차들이 완전 경계 태세로 전개해 장교들을 불러 브리핑을 할 수 없었기 때문에 오르는 밤새 많은 시간을 들여 진영을 돌아다니며 각 지휘관을 개별적으로 만나 이야기했다. 여단장은 전차승무원들의 대화를 듣기 위해 어둠 속에서 잠시 발걸음을 멈추기도 했다. 대화를 들어보니 장병들이 공유하는 단 하나의 구심점은 다름 아닌 오르 본인이었다. 그는 무선망에서 들리는 자신의 목소리와 자신이 믿음직한 대장이라는 부하들의 신뢰감이 여단이 기능하는 데 핵심 요소라는 것을 인식했다.

오르 여단에서 전차 포수로 있었던 예쉬바 신학도 하임 사바토Chaim Sabatto가 쓴 책에서 저자는 첫날의 전투가 끝나고 어두워진 다음 자신의 전차로 올라온 오르를 이렇게 묘사했다. 이 책은 소설이지만 사바토의 경험을 기초로 쓰여졌다. "내가 여단장이다"라고 자신을 소개하며 오르 대령은 셔츠 주머니에서 초콜릿바를 꺼내 승무원들에게 나누어주며 말했다. "어렵다는 것을 안다. 너희는 젊다. 나도 어려운 상황이다. 나는 힘든 전쟁(6일 전쟁을 말함. 당시 오르는 시나이에서 고넨 여단의 수색중대장이었다)을 치러본 적이 있으나 이 전쟁은 완전히 다르다. 우리는 많은 전차를 잃었다. 너희 대대에는 대대장도, 중대장도 없다. 하지만 우리는 이길 것이다. 오래 버티는 사람이 이기는 법이다. 선택의 여지가 없다. 우리는 동트기 전에 후쉬니야를 향해 공격할 것이다. 너희 중대가 엄호사격을 한다." 여단장은 사바토의 전차를 떠나며 이렇게 말을 끝냈다. "내일은 힘든 하루가 될 거다. 좀 쉬어라."

반궤도장갑차 2대와 지프차 1대에 나눠 탄 로템 대령 일행이 감라 오르막을 올라오기 시작했을 때 날은 아직 어두웠다. 차량들은 전조등을 끈 상태로 운행했다. 무사 펠레드는 로템 부사단장에게 아침에 시작할 반격에서 좌익의 지휘를 맡으라고 명령했다. 좌익은 펠레드의 사단에 편입된 하다르 여단(원래 라네르 장군의 제210사단 소속-옮긴이)이었다. 그런데 하다르는 로템의 무선호출에 응답하지 않았다. 저 위에서 무슨 일이 벌어지고 있는지 불안감이 더해갔다. 사실 하다르는 시리아군 무선방향탐지반에 존재를 들키지 않기 위해 무선침묵을 유지하고 있었다.

굽은 길을 돌자 전차가 다가오는 소리가 들렸다. 로템은 운전병에게 차를 세우고 엔진을 끄라고 명령했다. 얼마지 않아 아군 센추리온 전차가 내는 익숙한 소리임을 알아차리고 로템은 안도의 한숨을 쉬었다. 어렴풋이 보이는 어두운 형체를 향해 로템은 불빛으로 식별 신호recognition signal를 보냈다. 텔 파레스에서 철수한 전차들이었다. 전차들이 옆을 지나가자 일부 부상병을 포함한 많은 병사가 타고 있는 것이 보였다. 로템은 패주하는 군대를 본 것 같아 마음이 심란해졌다.

텔 파레스에서 온 철수 대열이 아리크 다리에 도착할 무렵에는 동이 트고 있었다. 골란 고원으로 향하는 예비군들이 전선에서 돌아오는 대열을 향해 손을 흔들며 환호성을 올리다가 가까이 가서 전차에 탄 검댕투성이의 지친 얼굴들을 보자 조용해졌다. 전차들은 병사들을 하차시키고 연료와 탄약 보급을 마친 후 대대의 후방 기지인 고원의 야르덴 기지로 돌아가라는 명령을 받았다. 그들의 전쟁은 아직 끝나지 않았다.

전쟁이 시작되고 이틀 만에 골란 고원에 배치되었던 현역병들은 처음으로 전선에 도착한 동원부대들의 도움을 받아 시리아군 공세의 예봉을 꺾는

데 성공했다. 시리아군의 공세는 아직 최고조에 달하지 않았으나 이스라엘군 방어선 곳곳에 난 큰 구멍 주변으로 동원부대들이 속속 모여들며 엷은 방어선을 형성하기 시작했다. 일요일 아침에 골란 고원에서 철수할 준비를 하던 북부사령부는 같은 날 저녁에는 반격 준비를 하고 있었다.

자정이 지난 후, 무사 펠레드는 키네레트 호수 남단의 유칼립투스^{eucalyptus} 숲에서 지휘관들에게 브리핑했다. 그는 시리아군의 배치에 대해 입수된 정보는 없다고 말했다. 그러나 사단의 공격은 정보에 의존하지 않았다. 앞에 무엇이 있든지 사단은 북쪽으로 진격할 것이며 쿠네이트라 남쪽에서 골란 고원으로 열린 진입지점을 가로질러 시리아군을 분단하고 측면을 공격할 것이다. 이스라엘군은 좁은 정면에 전력을 집중함으로써 시리아군이 어떻게 저항하든 이를 분쇄하기에 충분한 강력한 일격을 가할 것이라고 펠레드는 말했다.

사단 작전장교는 예상공세선이 그려진 지도를 손전등 불빛에 비쳐 보여 주었다. 사단은 시리아군 3개 사단에 맞서 전투에 돌입할 것이라고 작전장교가 말했다. 펠레드 장군은 지휘관들에게 몇 시간이라도 자두라고 권했다. 그들이 각자의 부대로 움직이기 시작하자 펠레드가 다시 불러 모았다. "잠깐만, 몇 말씀 하고 싶어하시는 손님이 오셨다."

장교들은 어둠 속에서 사단장 옆에 서 있는 인물의 얼굴을 알아볼 수 없었지만 즉시 목소리를 알아들을 수 있었다. "제군들은 이스라엘의 마지막 희망이다. 온 민족의 시선이 제군들을 향하고 있다. 올라가 싸워라. 행운을 빈다." 바르-레브가 말했다.

제20장

키를 잡은 손

골다 메이어 총리에게 일요일에 브리핑을 받기 위해 '구덩이'로 내려가는 것은 평생 겪어본 것 중 가장 깊고 지독한 절망의 구렁텅이에 빠질 오늘 일의 암시나 마찬가지였을 것이다.

전방에서 제출된 보고에 엘라자르 총참모장이 긍정적 견해를 덧붙였기 때문에 총리의 상황실 방문은 예상했던 것보다는 덜 충격적이었다. 총참모장의 설명에 따르면, 상황이 심각하기는 하지만 해결 단계에 있거나 최소한 안정되고 있는 것 같았다.

모셰 다얀은 달리 생각했다. 새벽에 북부사령부를 방문한 국방장관의 기분은 암울했다. 아침에 남부사령부를 방문하고 나자 우려는 낙담으로 바뀌었다. 움 하시바에 있는 남부사령부의 상황실은 북부사령부보다 잘 조직되어 있었으며, 고넨은 북부사령부의 호피보다 더 자신감에 차 있었다. 그런데 이것이 문제였다. "고넨은 전선에서 일어나는 일을 잘 알고 있으며 실제 상황 그대로를 잘 이해하고 있다고 지나치게 자신만만해했다." 다얀은 이렇게 썼다. 고넨은 동원사단들이 도착하기만 하면 시나이 반도에서 이집트군을 몰아낼 수 있을 뿐 아니라 어쩌면 운하를 도하하는 것도 가능할 것이라고 말했다. 고넨의 안이한 낙관론에 짜증이 난 다얀은 전선이 무너질 경우 지탱이 가능한 2차 방어선의 구축이 최우선 순위가 되어야 한다고 말했다. 바르-레브 선의 전초기지들도 포기해야 한다. 전초기지를 방어하기 위해 너무나 많은 전력을 소모했다. 포위된 수비대는 어두워진 다음 도보로 탈출 시도를 해야 하며 더 이상 전차로 포위망을 돌파하려는 시도를 하지 말아야 한다. 움직일 수 없는 부상자들은 남아서 포로가 될 것이다. 국방장관은 운하에서 6마일(9.7km) 떨어진 포병로를 따라 방어선을 설치할 것을 권고했다. 고넨은 지형 때문에 실행할 수 없다고 말했다. 다얀은 평소와 다르게 공식적으로 다음과 같이 말했다. "방어가 가능한 방어선을 구축하라고 명령하는 것은 내 권한이오. 그렇게 하지 않으면 우리는 결국 6일 전쟁 전의 국경으로 돌아가야 할 거요. 포병로나 측면로를 방어선으로 하시오." 국방장관은 방어선을 어디로 할 것인지는 엘라자르와 상의해 결정하라고 권고했다.

텔아비브로 돌아가는 헬리콥터 안에서 다얀은 이날 전선시찰에서 본 것들의 의미에 대해 곰곰이 생각했다. 다른 사람들처럼 다얀도 아랍의 기습공격에 망연자실했다. 엘라자르를 제외하면 이 문제를 처리하는 데 가장 큰 책임을 진 사람은 자기 자신이었다. 동료들은 다얀이 죽음도 무심히 생각할 정도로 용감한 사람으로 알고 있었다. 그런데 지금, 그가 느끼고 있는 것은 이스라엘의 멸망이었고 이 때문에 크게 흔들리고 있었다. 다얀은 그때 자신이 전에 몰랐던 초조함에 사로잡혔다고 나중에 기록했다.

다얀의 설계로 이스라엘이 수립한 방어전략의 기반이 된 암묵적 전제는 다음 전쟁에서 상대할 아랍인들은 6일 전쟁과 1956년의 시나이 전역 Sinai Campaign(수에즈 위기 Suez Crisis, 혹은 제2차 중동전쟁, 아랍 관점에서는 3국 침략 tripartite aggression이라고 불린다. 수에즈 운하 국유화를 구실로 이집트 견제를 위해 이스라엘, 영국, 프랑스가 이집트를 군사적으로 침공한 사건-옮긴이)에서 손쉽게 무찌른 아랍군이라는 것이었다. 이 전제는 균형이 무너질 정도로 적은 병력을 최전선에 배치하는 것 같은 전략적 부실함을 초래했다. 단 하루 동안의 전투에서 아랍군은 전에 싸웠던 아랍군이 아님을 보여줬다. 이집트군과 시리아군은 분명 이스라엘군보다 훨씬 용의주도하게 설계된 계획에 따라 싸우고 있었다. 이들은 소련이 대량으로 공급한 현대적 무기로 무장했고 이 중에는 SAM-6나 새거처럼 이스라엘이 대응책을 준비하지 못한 것들도 있었다. 더 걱정스러운 것은 아랍군이 전에 보여주지 못했던 투지를 가지고 싸운다는 점이었다. 이들은 심각한 타격을 받아도 도주하지 않았다.

이스라엘은 주도권을 장악함으로써 얻게 될 아랍의 심리적 고양을 계산하지 못했다. 또한 이스라엘이 기습에서 받을 부정적인 심리적 충격도 계산에 넣지 못했다.

현재 벌어지는 전투는 그 자체로 문제였지만 다얀의 가장 큰 걱정거리는 그것이 아니었다. 이집트와 시리아 너머로는 아랍 세계의 다른 나라들이 있었다. 이스라엘의 300만 유대인은 피 냄새를 맡기 시작한 아랍인 8,000만을 지금 상대하고 있다. 시리아와 이집트는 유엔이 제안할 휴전을 수용할지도 모르나 이스라엘의 전력이 꾸준히 소모되는 동안 다른 아랍국가의 원정군과 새 무기로 언제든지 전쟁을 재개할 수 있을 것이다.

다얀의 시야가 넓었던 만큼 절망도 깊어질 수밖에 없었다. 텔아비브 해안지구에 있는 스데 도브 Sde Dov 비행장에 헬리콥터가 착륙하기 전에 다얀은 자신의 어두운 전망을 엘라자르 총참모장과 메이어 총리와 공유하기로 마음먹었다.

대부분의 이스라엘인은 현 상황이 어렵기는 해도 이스라엘 국방군이 힘을 되찾아 승리할 회복력이 있다는 것을 믿어 의심치 않았다. 이틀 전, 전쟁 발발 고작 2시간 뒤 다얀은 이스라엘 주요 신문 편집자들과 가진 회견에서 다음과 같이 낙관적으로 발언했다. "이집트는 깊이 생각해보지도 않고 아주 큰 모험에 나섰습니다. 나라면 동원부대가 전선에 도착하게 될 내일 오후 이후에는 그들의 처지에 있고 싶지 않을 것 같군요." 이제 내일 오후가 되었는데도 곤경에 빠진 쪽은 이스라엘이지 아랍이 아니었다. "내가 진심으로 두려워하는 것이 무엇인지 아시오?" 다얀은 '구덩이'에서 엘라자르에게 말했다. "새 전선이 어디에 그어지느냐에 상관 없이 이스라엘은 스스로를 방어하기에 충분한 무기를 보유하지 못할 것이고, 전차와 비행기가 충분하지 않을 것이며, 훈련받은 인원이 충분하지 않을 것이오." 다얀은 전쟁의 상대가 이집트와 시리아만이 아니라고 말했다. "이번 전쟁은 이스라엘 대 아랍의 싸움이오." 아랍 세계 전체와의 싸움이었다. 이것이 그가 곧 메이어 총리에게 전달하기로 마음먹은 메시지였다. 다얀이 엘라자르에게 말했다. "이의를 제기할 것이 있으면 지금 말 하시오." 그는 즉각적인 후퇴를 지지하는 것은 아니지만 아마도 측면로를 따라 2차 방어선을 준비해야 할 것이라고 말했다.

엘라자르는 다얀의 종말론적 전망에 관해 이야기하지 않고 작전과 관련된 건의만 했다. 총참모장은 바르-레브 선의 전초기지들을 포기해야 하며 샤론 사단과 아단 사단이 포진하고 있는 측면로를 따라 2차 방어선을 펴야 한다는 데 동의했다. 하지만 엘라자르는 2개 동원사단이 준비를 마치는 대로 반격에 나서는 것을 선호했다. 엘라자르의 말에 따르면, 자신은 이집트군을 차단할 수 있다고 믿는다는 점에서 다얀과 달랐다. 두 사람 다 몰랐던 것은 이집트군이 5~6마일(8~9.7km) 정도인 SAM의 사거리를 벗어나 내륙으로 진격할 의도가 전혀 없었다는 것이었다. 그런데 이것은 이집트 스파이 아슈라프 마르완이 올해 초에 모사드에게 넘기고 즈비 자미르가 다시 아만에게 전달한 이집트군의 개정 작전계획에 이미 자세히 나와 있었다.

다얀은 그의 말을 듣고 우울해하는 장교들을 뒤로하고 메이어 총리를 비롯한 내각 주요 인사와의 회의에 참석하기 위해 자리를 떠났다. 일반 대중과 마찬가지로 그들에게도 다얀은 국가의 자신감과 그 어떤 도전에도 대응할 수 있는 능력을 구현하는 군사적 우상이었다. 지금 그는 아마도 나라에서 가장 우울한 사람, 아니, 확실히 남을 우울하게 만드는 사람이었다.

오후에 메이어 총리와 만난 자리에서 다얀은 현 상황을 냉정하게 분석한 결과를 제출했다. 두 곳의 전선에서 이스라엘 국방군이 구축한 방어선은 붕괴했다. 이스라엘은 추가 손실을 최소화하고 시나이 반도에서는 측면로, 혹은 기디와 미틀라 고개로, 골란 고원에서는 고원 가장자리로 철수해야 한다. 군은 철수한 곳에서 '최후의 한 발이 남을 때까지' 버틸 것이다. 바르-레브 선의 거점 중 철수 가능한 거점의 수비대는 철수해야 한다. 나머지 거점의 수비대는 밤에 이집트 진영을 뚫고 귀환을 시도하거나 항복한다.

다얀의 말을 듣고 메이어 총리가 받은 충격은 예상할 수 있었다. 총리는 '공포에 질린 채' 그의 말을 들었고 자살에 대한 생각이 떠올랐다고 훗날 기록했다. 오랜 기간 메이어 총리를 보좌한 루 케다르는 총리가 전화했을 때 집무실 옆방의 책상 앞에 앉아 있었다. "복도에서 만나." 총리가 말했다. 집무실에서는 토론이 이어지고 있었으나 총리는 사적 공간이 필요했다. 언제나 부를 수 있는 최고의 군사·정치고문들이 있었음에도 총리는 오랜 친구이기도 한 케다르에게만 깊은 속내를 털어놓을 수 있었다. 케다르가 복도로 나가자 메이어 총리가 이미 기다리고 있었다. 케다르는 자신이 입고 있던 회색 재킷과 똑같은 색으로 변한 총리의 창백한 안색을 보고 충격을 받았다. 표정에는 절망감이 서려 있었다. 메이어 총리는 벽에 완전히 몸을 기댄 채 낮고 기분이 좋지 않은 목소리로 "다얀이 항복에 대해 발언하고 있어"라고 말했다. 다얀이 만약 이 단어를 썼다면 통상적인 의미로 사용했다고 상상하기는 어렵다. 하지만 그는 고립된 수비대가 항복하는 것과 땅을 내어주는 것(히브리어로 '항복하다'와 '땅을 내어주다'는 같은 동사다-옮긴이)—바르-레브 선으로부터 철군—에 대해 발언한 적은 있다.[메이어 총리가 타계하고 몇 년 뒤, 저명한 과학자이자 이스라엘 대통령을 지낸 총리의 오랜 친구 에프라임 카치르Ephraim Katzir(1916~2009년. 생화학자이자 이스라엘 제4대 대통령, 재임 기간 1973~1978년-옮긴이)는 메이어 총리가 자신에게 전쟁 초기 단계에 다얀임이 분명한 '한 고위관료'가 전쟁을 끝내기 위한 국제사회의 개입 모색을 제안했다고 말했다.] 다얀은 사직원을 제출했으나 총리는 반려했다. 만약 유엔이 휴전을 명령한다면 어떻게 하겠느냐고 총리가 묻자, 다얀은 설사 휴전이 이집트군이 운하 동안의 시나이 반도에 남는 것을 뜻하더라도 즉시 받아들여야 한다고 답했다.

메이어 총리는 멍하니 케다르를 응시하고 있었지만 마음은 딴 데 가 있었다. 그러다가 서서히 총리의 표정이 바뀌기 시작하더니 뺨에 핏기가 돌아왔다. "심하와 연결해줘." 총리가 말했다. 익숙한 결의에 찬 목소리가 다시 한 번 들렸다. 메이어 총리는 무기를 지원받기 위해 워싱턴의 심하 디니츠 대사를 통해 미 행정부를 압박하기 시작할 것이다. 임시방편으로 미국은 국적 표시를 지운 엘 알티시(이스라엘 대표 항공사-옮긴이) 여객기가 전쟁 수행에 필수적인 전자장비, 탄약과 기타 전쟁물자를 적재할 수 있도록 미 군기지에 착륙하는 데 동의했다. 앞으로도 고통스러운 나날이 기다리고 있었으나, 총리는 심리적으로 바닥을 찍고 균형을 회복하고 있었다. 그렇지만 하루 종일 전쟁을 치른 첫날인 이날, 총리가 접한 상상도 못 할 소식은 이것이 마지막이 아니었다.

국가가 전쟁 초의 타격에서 회복하는 동안 많은 사람들이 비슷한 감정적 동요를 겪었다. 고위장교들은 완전히 잘못된 방법으로 전쟁에 대비했으며 자신감의 바탕이 된 기본 가정은 환상이었음을 깨달았다. 아랍 병사들은 도망치지 않았다. 이들은 공격하고 있었으며 새로운 무기와 새로운 정신으로 무장하고 훌륭하게 싸우고 있었다. 이스라엘 공군은 전장에서 존재감이 거의 느껴지지 않았고 SAM에 놀랄 만한 속도로 비행기를 잃고 있었다. 이스라엘 기갑부대는 북부 골란을 제외하고서는 어디에서도 현 전선의 유지가 불가능했다. 모든 것을 안다고 여겨졌던 정보국은 지금도 설명되지 않은 이유로 믿을 수 없는 실책을 저질러 하마터면 국가에 참극을 불러올 뻔했다. 모든 것이 무너지고 있었고 전쟁이 개시된 지 겨우 하루가 지났을 뿐이었다. 아랍이 이렇게 짧은 시간 안에 이렇게 많은 것을 이루는 데 성공했다면, 또 무엇을 준비해놓고 있을지?

전방의 장병들은 국가의 존망에 대해 생각해볼 겨를도 없이 전투에 매진하고 있었다. 하지만 이들도 간혹 암울한 생각에 사로잡혔는데, 높은 곳에서 전장을 넓게 내려다볼 수 있었던 비행사들이 특히 더 그랬다. 일요일에 골란 고원 상공에서 임무를 수행하고 귀환한 팬텀 조종사에게 기지의 여군 작전병이 상황을 물었다. 조종사는 시리아군 전차부대가 거대한 개미 떼처럼 새까맣게 몰려와 서서히 골란 고원을 휩쓰는 광경을 묘사하고는 멈출 방법이 없는 것 같다고 말했다. 조종사의 묘사에 깜짝 놀란 작전병은 전차승무원인 남동생이 "거기 있어요"라고 말했다. 이 여군은 조종사가 다 괜찮을 것이라고 말해주기를 원했다. 그 대신, 조종사는 무심히 "거기 있었겠지"라고 말했다. 마치 앞에 있는 모든 것을 짓밟아버리는 전차의 대군 앞에 아무도 살아남지 못했을 것이라는 투였다. 팬텀 비행대의 임시비행대장 론 홀다이Ron Huldai(후일 텔아비브 시장)는 전쟁 첫날에 SAM과 마주치고서 조종사들에게 브리핑하며 이렇게 말했다. "서로 얼굴을 잘 봐둬라. 전쟁이 끝나면 우리 가운데 상당수가 여기 없을 테니까."

골란 고원에 있는 공수부대 대대장 요람 야이르는 이스라엘 항공기의 격추 장면을 불안할 정도로 자주 목격했다. 반격이 개시되어 적진 한가운데 고립된 자신의 부대에 구원의 손길이 도착할 것이라는 조짐도 없었다. 자신이 말할 수 있는 한, 시나이의 상황도 다르지 않았다. 몇 년 뒤 야이르는 "그때 저는 유대 민족이 20세기에 이 땅에서 겪은 모든 일이 이제 끝나지 않았나 하고 생각하고 있었습니다"라고 회상했다.

민간인들에게도 욤 키푸르 오후까지의 평온과 국가적 자신감에서 전면전과 실존적 공포로의 갑작스런 전환은 심리학자들이 말하는 '예기불안(자신에게 어떤 상황이 다가온다고 생각되는 경우에 생기는 불안-옮긴이)의 긍정적 과정positive process of anticipatory fear' 없이는 빨리 아물지 않을 충격으로 남았다. 전선이 무너지고 있다는 사실을 깨닫게 되자 고통은 증폭되었다.

이스라엘 역사에서 가장 위급한 이 순간, 국가적 참사를 피하기 위한 노력은 한 사람의 굳건한 용기에 달려 있었다. 주변 사람들이 모두 의기소침해 있고 전장에서는 대실패를 거두었으며 이스라엘이 국가안보의 초석으로 삼았던 군사교리가 갑자기 무너져버렸고 국가가 멸망할지도 모른다는 충격적인 가능성이 갑자기 대두한 상황에서, 냉정함을 잃지 않았다는 것만으로도 다비드 엘라자르는 역사상 위대한 군사지도자들의 판테온pantheon(한 국가의 모든 신들을 모신 만신전-옮긴이)의 한 자리를 차지할 자격이 충분하다.

그도 잘못이 없지는 않았다. 이스라엘 국방군이 이번 전쟁에 대비하지 못한 원인인 적에 대한 경멸에 기반을 둔 교리를 받아들이고 이를 전파한 사람은 바로 엘라자르였다. 총참모장으로서 엘라자르는 지나치게 아만의 의견을 좇아 욤 키푸르 며칠 전에 최소한 부분 동원령의 발령을 모색하지 않은 책임이 있다. 그는 기초적 군사 상식에 반해 운하 전면에서 고정적 방어를 옹호하고 한심할 정도로 부적격자인 고넨에게 이스라엘의 가장 중요한 전선의 지휘를 맡겼다. 앞으로의 전쟁 수행 과정에서도 간혹 실수를 저지를 것이지만 기초 개념이 완전히 사라지고 주변의 강인한 사람들이 무너지는 이 잔인한 시험에서 엘라자르 홀로 차분히 키를 잡았다. 절망에 가까운 순간이 있었음에도 회의록에서 엘라자르가 침착하고 심지어 유머러스하게 작전을 지도하는 모습을 볼 수 있다. 그의 확고한 존재감 덕분에 차분히 문제들을 객관적으로 분석하고 합리적으로 결정을 내릴 수 있는 여지가 생기기 시작했다. 지금과 같은 상황에서는 그 누구도 이스라엘이 중심을 잡고 버티리라 확신하지 못했으나 실제 이스라엘의 중심은 유지되었고 거기에 다비드 엘라자르가 있었다. "그는 바위였습니다"라고 골다 메이어는 술회했다. 전쟁 초기에 어려운 결단을 내려야 할 때 총리는 다얀보다 엘라자르에게 주로 의지했다.

위기에서 침착함을 유지하는 엘라자르의 성격은 그가 1948년의 독립전쟁에서 정예 팔마흐 타격대 소속 하급장교로 예루살렘의 산 시몬 수도원 전투에 참전해 수백 명의 아랍 민병대와 전투했을 때 주목받았다. 16시간에 걸친 전투에서 엘라자르는 방어선이 뚫린 곳마다 이동하며 적을 격퇴했다. "그는 전투 중에는 특별한 톤의 목소리를 냈지요." 당시 현장에 있었던 다른 장교인 모르데카이 벤-포라트는 이렇게 회상했다. "노래라도 하듯, 친구와 잡담하거나 무엇을 설명하듯, 조용한 목소리였습니다. 나는 그 사람을 전에는 몰랐는데 나중에 '정말 대단한 친구야'라고 속으로 말했던 것을 기억합니다."

전투가 끝날 때쯤, 팔마흐 전사 120명 중 40명이 전사하고 60명이 다치고 겨우 20명만 움직일 수 있었는데, 엘라자르는 그중 하나였다. 걸을 수 있는 부상자와 다치지 않은 사람들만 밤이 되면 철수한다는 결정이 내려졌다. 움직일 수 없는 부상자들은 아랍인들의 자비에 맡기는 대신 수도원 건물을 폭파해 묻어버리기로 결정되었다. 엘라자르와 다른 2명의 장교가 뒤에 남아 폭발물을 터뜨릴 예정이었다. 그런데 그러기 전에 아랍군이 철수했다.

이 참혹한 전투는 살아남은 사람들에게 큰 영향을 미쳤다. 생존한 여러 명의 고위장교 중에는 에이탄 장군과 당시 남부사령관 고넨의 부사령관 대행 우리 벤-아리, 그리고 골란 고원에서 기갑여단을 지휘하는 벤-포라트가 엘라자르 휘하에서 복무 중이었다. 엘라자르는 총참모장이 되어서도 다행히 예전의 침착한 기질을 유지했으며, 그의 긍정적 상황 평가는 거의 매일 치르는 전투에 지친 전선 사령관들과 내각 주요 인사들에게 격려와 길잡이가 되었다. 잔인한 진실을 냉정하게 전달한 다얀과 달리, 엘라자르는 선천적인 낙관론을 가미해 듣는 이들의 마음을 편하게 했다. 하지만 지금의 상황은 전에 겪었던 산 시본 전투보다 훨씬 더 나빠 보였다. 다얀이 '구덩이'를 떠난 다음, 참모본부는 시나이의 전선 후방에 포진한 2개 동원사단과 관련된 중요한 결정을 내려야 했다. 다얀은 새 방어선으로 철수할 것을 요구했다. 이와 반대로 아리엘 샤론은 즉각적 운하 도하를 강력히 주장했다. 고넨도 마찬가지였다. 엘라자르는 본능적으로 2개의 견해 사이의 어떤 지점이 사리에 더 맞는다고 느꼈다. 지금은 운하의 도하를 시도하기에는 지나치게 이른 시점이지만 엘라자르는 반격 시 운하 도달이 어려워질 정도로 너무 멀리 후퇴하기를 원하지 않았다. 정보당국은 운하 서안의 이집트군 2

개 기갑사단이 도하를 준비한다는 조짐은 없다고 보고했다. 엘라자르는 이스라엘군이 수에즈 운하를 건너 이집트 진영으로 진격하기 전에 이들이 시나이로 건너 대규모 전차전을 벌여 전력이 약화되기를 아직도 희망하고 있었다.

엘라자르가 이스라엘 국방군이 취할 수 있는 세 가지 선택지를 제시하기 위해 도착했을 때, 다얀은 아직 메이어 총리, 갈릴리 장관 및 알론 장관과 의논 중이었다. 군은 하루나 이틀 정도 전선을 안정시킬 방어선을 구축하기 위해 측면로로 후퇴한 다음 반격을 개시해 이집트군 점령지 탈환을 시도할 수도 있었다. 혹은 다얀의 제안대로 기디와 미틀라 고개까지 더 멀리 후퇴해 방어선을 구축하고 버틸 수도 있었다. 하지만 이렇게 한다면 2개의 중요시설인 레피딤의 공군기지 및 병참센터와 움 하시바에 있는 지휘소와 정보기지를 포기한다는 뜻이 된다. 세 번째 선택지는 샤론과 고넨의 제안대로 도하를 시도하는 것이었다.

다얀은 방금 '구덩이'에 있을 때보다 조금 덜 비관적인 반응을 보였다. 다얀은 전선을 시찰한 결과 반격의 가능성에 회의적이었으나 엘라자르가 남부사령부로 가서 가능성을 모색해야 한다는 데는 동의했다. 다얀은 만약 총참모장이 샤론이 주장하는 운하를 건너는 도박이 아니라 시나이에서의 반격이 현실적이라는 결론을 내린다면 내각은 반격을 시행하는 권한을 줄 것이라고 말했다.

'구덩이'에서 자신을 찾는 전화가 걸려와 엘라자르는 발표를 짧게 줄였다. 골란 고원에서 좋지 않은 소식이 더 들어와 있었다. 엘라자르가 급히 자리를 뜬 까닭에 메이어 총리의 집무실에는 총리와 다얀 및 장관급 고문 두 사람만 남았다. 다얀도 일어나 집무실에서 나가려다가 문손잡이를 잡고 "아, 가장 중요한 부분을 잊었습니다. 시간이 많지도 않고 선택지도 많지 않기 때문에 우리는 핵옵션$^{nuclear\ option}$을 시연할 준비를 해야 한다고 생각합니다. 시간을 낭비하지 않기 위해 저는 여기 오기 전에 샬헤베트 프레이에르$^{Shalhevet\ Freier}$를 부르기로 했습니다. 지금 밖에서 기다리고 있습니다"라고 말했다. 프레이에르는 이스라엘 원자력에너지위원회 위원장이었다. 핵무기 '시연'에는 총리와 국방장관의 승인이 필요했는데, 다얀은 이미 승인한 것이 확실했다.

갈릴리가 보기에 다얀은 분명 엘라자르가 떠나기를 기다리고 있었다. 총참모장이 자신의 제안에 반대할 것이며 총리에게 영향을 끼칠 수 있다고 믿었기 때문이었다. 다얀은 회의가 거의 끝날 때까지 기다렸다가 핵무기 시연이라는 선택지를 즉석에서 '준비'라는 프레임에 끼워맞춰 제기함으로써 이 조치의 의의를 대수롭지 않게 보이려 했다.

다얀이 메이어 총리에게 말했다. "승인하신다면 프레이에르가 모든 필요한 준비를 마칠 것이며 우리가 전개를 결심한다면 준비 작업은 한나절이 아닌 몇 분 만에 완료될 것입니다." 다얀은 두 곳의 전선 방문에서 목격했던 것들로 인해 큰 충격을 받았다. 그의 입장에서는 최악의 시나리오에 대한 대비가 시급했다.

독립 이전에 하가나Haganah(팔레스타인의 유대인 지하 민병 조직, 1948년 이스라엘 국방군으로 개편됨-옮긴이)를 지휘한 갈릴리Galili와 독립전쟁 중 팔마흐 타격부대를 지휘한 알론Allon은 모두 반대했다. 예비군이 전선으로 향하고 있으며 핵전력을 과시하지 않아도 상황은 곧 안정된다는 것이었다. 메이어 총리는 그들의 조언을 반갑게 받아들였다. 총리는 다얀에게 몸을 돌려 단호하게 말했다. "잊어버리세요."

"알겠습니다. 그렇게 결정하시면 받아들이겠습니다." 다얀이 말했다.

갈릴리의 보좌관으로 오래 근무한 아르논 아자르야후Arnon Azaryahu는 상사와 점심을 먹으러 가기 위해 바깥 복도에 있는 벤치에 앉아 있었다. 발소리가 들렸다. 수년간 알고 지낸 샬헤베트 프레이에르가 복도를 따라 걸어오는 것을 보았다. 프레이에르는 아자르야후를 보더니 발걸음을 멈추고 그의 존재를 모른 척하며 얼마간 떨어진 벤치에 앉았다.

갈릴리가 총리 집무실에서 나왔으나 프레이에르를 보고 다시 들어갔다. 잠시 후 메이어 총리의 국방담당관이 문을 열어 프레이에르에게 들어오라는 손짓을 했다. 마침내 갈릴리가 나오자 두 사람은 점심을 먹으러 갔다. 이스라엘의 핵 개발에 관한 책을 집필하면서 아자르야후를 비디오 인터뷰 한 아브네르 코헨Avner Cohen 교수에 따르면, 갈릴리는 아자르야후에게 식사하는 동안 말하고 싶지 않다는 뜻을 비쳤다고 한다. 그는 마음을 다른 곳에 둔 채 멍한 상태로 식사했다. 식사를 마치고서야 아자르야후는 무슨 일이 일어났는지 들을 수 있었다. 갈릴리가 전했다. "그 시간 내내 다얀은 문손잡이를 붙들고 우리가 주변에 서 있기라도 한 양 심각하지 않은 태도로 이야기했어." 갈릴리가 복도에 있는 프레이에르를 보고 다시 들어간 이유는 프레이에르가 불려왔다는 것을 확인하고 총리로부터 핵무기 시연이 없을 것이라는 말을 직접 듣기 위해서였다.

아자르야후의 증언은 이 사건에 관해 우리가 아는 유일한 이야기다. 그는 다얀이 염두에 두었던 시연의 종류를 구체적으로 언급하지는 않았으나 코헨 교수는 다마스쿠스와 카이로에서 폭발과 폭음을 똑똑히 보고 들을 수 있도록 이집트와 시리아의 사람이 살지 않는 사막 지역의 상공에서 일몰 직후에 고고도 핵폭발을 시행할 가능성이 있다는 의견을 밝혔다.

메이어 총리는 비록 핵 위협 아이디어를 거부하기는 했으나 이미 공격에 대비한 핵 기간시설 보호조치를 승인한 바 있었다. 전쟁 중 다얀의 부관으로 복무했던 이스라엘의 최고 물리학자 중 한 명인 유발 네에만Yuval Nee'man 교수는 핵 프로그램 책임자라면 전쟁이 발발했을 때 총리에게 여러 가지 기본조치의 시행을 승인받는 일은 '정상적 조치였을 것'이라고 나중에 말했다. 여기에는 '폭격으로부터 받을 위험을 최소화하기 위해 원자로를 폐쇄하는 조치'도 포함될 것이다.

엘라자르가 메이어 총리의 집무실로 간 다음 '구덩이'에 남은 간부들은 다얀이 제안한 후퇴를 논의했다. 베니 펠레드는 후퇴 제안에 격분한 나머지 공군 상황실로 돌아가 '어떤 대가를 치르더라도' 운하에 놓인 다리들을 공격하라고 명령했다. 엘라자르가 돌아오자, 펠레드는 운하의 다리 14개 중 7개를 파괴했다고 보고했다. 사실은 이집트군이 파손된 다리 경간을 재빨리 교체했기 때문에 폭격은 거의 피해를 주지 못했다. 그렇지만 이스라엘군 지휘부는 이 폭격으로 인해 이집트군의 도하가 일시적으로 저지되었다는 인상을 받고 좀 더 대담한 반격을 생각해볼 정도로 사기가 올랐다.

엘라자르는 다음날인 10월 8일 월요일의 작전계획을 결정할 회의에 참석하기 위해 오후 늦게 헬리콥터를 타고 시나이로 떠났다. 전임 총참모장 이츠하크 라빈이 동행했다. 라빈은 당시 공식 직책이 없었으나 총참모장의 말을 잘 들어주는 말동무 역할을 했다. 총참모장과 참모차장 탈 장군과의 사이는 견해차 때문에 점점 더 껄끄럽게 변하고 있었다. 탈이 계속 신중함을 강조했던 데 반해, 엘라자르는 전쟁의 향배를 뒤바꿀 대담한 일격을 모색하고 있었기 때문이었다.

　엘라자르가 저녁 6시 45분에 도착했을 때 남부사령부의 고위지휘관들은 움 하시바의 상황실에서 그를 기다리고 있었다. 하지만 무전장비에서 울리는 소음이 너무 귀에 거슬렸기 때문에 일동은 고넨의 집무실로 자리를 옮겼다. 벽 한 면을 지도가 차지한 작은 방이었다. 참석하지 않은 사람은 샤론이 유일했다. 고넨은 샤론을 태우고 올 헬리콥터의 착륙장소에 대한 착오가 있었다고 해명했다. 아단은 엘라자르의 침착한 모습에 감명을 받았다. 고넨과 벤-아리는 지쳐 보였다. 혼자서 이집트군의 공격을 이틀 동안 막아낸 멘들레르도 마찬가지였다. 엘라자르의 질문에 대해 아단은 이날 아침에 해안도로에서 마주친 이집트군 특수부대가 놀랄 정도로 잘 싸웠다고 답했다. 이집트군은 이스라엘군이 거의 코앞에 올 때까지 사격하지 않았으며 박격포의 포격을 받을 때나 심지어 정면으로 돌진해오는 전차 앞에서도 달아나지 않았다.

　샤론을 잠시 기다린 후 엘라자르는 그 없이 회의를 시작했다. 총참모장은 전선 두 곳의 전황 개요를 설명한 다음 참석자들에게 의견을 구했다. 고넨은 내일 밤에 샤론과 아단이 운하의 남부와 북부 지구에 있는 수에즈 시와 칸타라에서 탈취한 다리로 운하를 건너가야 한다고 제안했다. 멘들레르는 2개 사단이 중부 지구에서 같이 공격해야 한다는 의견을 냈다. 고넨이 전한 바에 따르면, 샤론은 오늘 밤에 병력을 보내 자신이 맡은 지구의 전초기지 수비대의 구출을 원했다. 아단은 구출작전에는 큰 대가가 따를 것이고 아마 성공하지 못할 것이라고 하면서 이집트군이 시나이 반도 더 깊숙이 진격하는 것을 막기 위한 제한적 반격을 건의했다. 충분한 전력이 축적되기 전까지는 운하에 도달하려는 시도는 없어야 했다. 벤 아리는 현시점에서 도하 시도는 있을 수 없다고 말했다.

　엘라자르는 아단과 벤-아리가 제안한 신중한 접근법에 동의하며 다음 날 제한적 공격을 명령했다. 북부 지구의 아단은 운하와 평행하게 남쪽으로 유린공격sweeping(적 선두 제대의 측면과 후방을 신속하고 과감한 기동으로 공격하여 적을 격멸하고 공격 기세를 약화하는, 방어 시 공세 행동의 일종-옮긴이)을 펼침으로써 작전을 개시할 예정이었다. 운하 건너편 제방에 있는 이집트군의 전차포와 새거의 사거리를 벗어나기 위해 아단은 운하에서 최소 2

마일(3.2km) 거리를 유지할 것이다. 병력은 정오경 운하 중간 지점인 마츠메드 전초기지에서 내륙으로 들어간 한 지점에 도달할 것이다. 작전이 계획대로 잘 진행되면 아단은 여기에서 정지하고 샤론의 사단이 행동을 개시해 운하 남단의 수에즈 시 반대편의 한 지점까지 운하를 따라 비슷한 양상의 유린공격을 수행할 것이다. 포병과 공군이 2개 사단의 공격을 지원할 예정이었다. 난타당한 멘들레르의 사단은 남부 지구에서 방어에만 전념할 것이다.

엘라자르가 여러 번 강조한 작전계획의 기본요소는 '두 발을 땅에 디딘 채' 작전을 수행해야 한다는 것이었다. 즉, 한 번에 1개 사단만 행동에 나서고 다른 2개 사단은 필요하면 지원할 준비만 한 채 머물러 있어야 한다. 고넨은 아단이 유린공격을 마치고 샤론을 남쪽으로 보내기 전에 참모본부의 승인을 요청해야 할 것이다. 작전목표는 이집트군 교두보 일소나 도하가 아닌 주도권 재탈환과 시나이 반도 내륙으로 진출하려는 이집트군의 시도를 둔화시키는 것이라고 엘라자르는 말했다. 이스라엘 국방군은 나중에 될 수 있으면 시나이 반도 쪽 하안에서 이집트군 기갑사단들과 교전한 다음 반격할 것이다. 엘라자르는 1967년처럼 이집트군이 갑자기 붕괴할 경우 다음날 운하에 도달하거나 건너갈 수 있는 여지는 남겨두었다. 하지만 이는 계획의 일부가 아니고 뜻밖의 사태에 대비하여 마음속에 간직해두어야 할 비상계획이었다. 반대로 이스라엘 측에 예상치 못한 재난이 발생한다면 이스라엘군은 2차 방어선으로 후퇴할 수도 있었다.

밤 10시가 되자, 엘라자르는 '구덩이'로 돌아가 시리아 전선의 상황 전개를 지켜보아야 했다. 그는 고넨에게 내일의 공격을 위한 상세한 작전 명령을 밤 동안 받아보았으면 한다고 말했다. 지휘벙커에서 나온 엘라자르, 라빈, 아단은 간신히 탑승한 헬리콥터에서 서둘러 내리던 샤론과 맞닥뜨렸다. 샤론은 회의를 놓친 것에 크게 화가 나 있었으나 급히 엘라자르를 설득하려고 했다. 전초기지의 장병들은 구원을 기다리고 있었다. 샤론은 이스라엘 국방군이 장병들을 버린 일은 결코 없었다고 말하며 이날 밤에 일부 전초기지의 포위망을 돌파할 계획이라고 말했다.

엘라자르는 사단이 이날 밤에 구출작전을 벌여도 아침에 공격할 수 있는지 물었다. 샤론이 불가하다고 답하자, 엘라자르는 그러면 구출작전은 있을 수 없다고 말했다. 샤론은 엘라자르에게 이집트 제2군 교두보에 집중 공격을 가할 필요가 있다고 말했다. 이집트군은 승리에 도취해 있던 터라 최소 2개 사단이 연합해 공격해야만 심리적 균형을 되찾을 수 있다는 것이었다.

"시나이와 텔아비브 사이에 있는 유일한 전력인 2개 사단을 걸고 모험을 할 수는 없네"라고 엘라자르가 말했다. 그는 심각한 손실을 입은 멘들레르의 사단은 언급하지 않았다.

"이집트군은 텔아비브로 진격하고 있지 않습니다. 능력 밖의 일이지요. 이집트군의 목표는 운하와 운하 너머의 언덕 능선입니다. 그들은 미사일의 보호를 넘어서 전진할 여력이 없습니다." 샤론이 답했다.

샤론은 이집트군 지휘부의 생각을 정확하게 읽었지만, 엘라자르는 지난 이틀간 겪은 엄청난 놀라움과 심각한 손실을 고려한 결과, 총공격이라는 모험을 하고 싶지 않았다. 엘라자르는 샤론에게 고넨이 회의에서 결정된 반격 계획에 관해 브리핑할 것이라고 말했다.

평소 헬리콥터에 탑승하던 타샤 근처의 활주로가 이 지역에 자주 출몰한다고 추측되던 이집트 특수부대의 잠재적인 목표였기 때문에 샤론은 회의에 참석하지 못했다. 그는 고넨의 사령부 활주로에서 약간 떨어진 모래언덕의 좌표를 알려주고 거기서 헬리콥터를 타기로 했으나 헬리콥터가 도착하기까지 2시간이나 기다려야 했다. 샤론은 수비대 구출계획 제안을 막으려는 고넨의 명령으로 비행이 지연되었다고 확신했다.

전술가인 샤론은 벙커에 들어가면서 겉으로는 노기를 드러내지 않았다. 대신에 그는 고넨을 한쪽으로 데리고 가서 자신이 고넨의 권위를 빼앗으려는 생각이 없음을 이해시키려 했다. "이것 봐, 슈물리크." 샤론이 고넨의 애칭을 쓰며 말했다. "나는 이미 군대를 떠났네. 내 인생은 이제 완전히 다른 방향으로 가고 있어. 나는 자네 자리를 뺏으려고 여기에 돌아온 게 아니야. 내 유일한 목표는 이집트군을 쳐부수는 거네. 우리가 그 일만 끝내면 나는 갈거네. 슈물리크, 자네는 이 전쟁에서 이길 수 있네. 자네가 승리자가 될 거야. 지금 해야 할 일은 적에게 전력을 집중하는 거네. 나는 자네에게 전혀 적의가 없네. 나와 싸울 필요는 없어. 오로지 이집트군하고만 싸우자고." 샤론의 말에 감명받은 듯, 고넨은 고개를 끄덕였다.

아단은 샤론이 본격적인 교전을 벌이지 않은 터라 당면한 적의 정체를 깨닫지 못한 상태에서 전초기지 병사들과의 무전 접촉에 지나친 영향을 받았다고 믿었다. 아단이 보기에 포위된 수비대에게는 자력 탈출 시도가 유일한 해결책이었다.

바르-레브 선의 최북단 오르칼 전초기지의 병사들은 이날 밤 포위망을 돌파해도 좋다는 허가를 받았다. 사방으로 확장된 전초기지의 입구는 이미 이집트군이 장악했다. 배치된 전차 3대의 존재만이 전초기지의 완전한 함락을 막고 있었다. 전차들 중 한 대는 이미 격파되었다. 어둠이 내리자마자 수비대의 생존자들은 기동이 가능한 전차 2대와 가장 후미의 전차 사이에 끼어 있던 반궤도장갑차에 올라탔다. 이스라엘군 차량 3대는 입구를 향해 돌진해 놀란 이집트군을 뒤로하고 전초기지를 빠져나갔다. 하지만 기지로 이어지는 도로에 도달하려면 둑길을 따라 5마일(8km)을 더 가야 했다. 선도 전차의 전차장은 슐로모 아르만^{Shlomo Arman} 하사였다. 하사는 개전 초 소대장이 전사한 다음부터 소대를 지휘하고 있었다. 대열은 2마일(3.2km)을 더 가다가 개전과 동시에 고립된 관측초소에 있던 병사 몇 명을 태우기 위해 멈췄다. 이 병사들은 도로 바로 옆의 석호에 몸을 숨긴 채 무전 접촉을 유지하고 있었다.

이들 중 33세의 예비군 이츠하크 레비^{Yitzhak Levy}가 아르만의 전차에 올라탔다. 21세의 전차장은 올라탄 레비의 어깨를 두들기며 "구조되셨습니다. 어떤 것도 이 전차를 막지 못합니다"라고 말했다. 레비는 이 전차장이 무전에서 들은 오르칼 전투를 지휘하던 자신에 찬 목소리의 주인공임을 알았다. 대열이 다시 전진을 개시한 지 얼마 되지 않아 반궤도장갑차와 후미 전차가 RPG탄에 맞았다. 아르만은 중대장 한 명에게 무전으로 기습을 보고하고 피격 차량을 지원하겠다고 말했다. "불가!"라는 답이 왔다. "계속 움직여!" 아르만은 항의했으나 송화기 반대편의 장교는 "불가함! 그러다 당신들 다 죽어. 빨리 빠져나와. 교신 끝"이라고 말했다.

아르만의 전차는 다시 움직이기 시작했지만 400야드(366m)를 더 가고 나서 역시 적탄에 맞았다. 승무원들은 왼쪽으로 뛰어내렸고 레비와 병사들은 오른쪽으로 점프했다. 뛰어내리고 보니 이집트군 병사들 한가운데였다. 이집트군은 소총으로 레비를 때렸고, 레비도 주먹을 휘두르며 싸웠다. 갑자기 아르만의 목소리가 들렸다. "선배님 어디 계십니까?" 레비는 어둠을 틈타 간신히 빠져나와 석호로 뛰어들어 전차승무원들과 합류했다.

몇 시간이 지나자 레비는 힘이 빠졌고 젊은 전차승무원들이 그를 부축했다. 하지만 레비는 더 걸어갈 힘이 없다고 느꼈다. "나를 내버려둬요." 그가 말했다. "나중에 혼자 갈게요." "어느 누구도 여기에 남지 않습니다." 아르만이 말했다. "살면 함께 살고 죽으면 함께 죽습니다." 걸어가면서 아르만은 레비에게 아내와 자녀에 관해 이야기해보라고 하며 "곧 가족에게 갈 겁니다"라고 말했다.

자정 가까운 시각, 탈출하던 병사들 바로 앞에 이스라엘군 전차들의 윤곽이 보였다. "이봐, 거기 전차병!" 아르만이 소리쳤다. "우리는 전초기지에서 왔다."

"움직이지 마." 답이 왔다. "누구냐?"

"오르칼에서 왔다."

"당신을 누가 알지?"

아르만은 대대장과 여단장의 이름을 댔다. "이스라엘 어디에서 왔나?" 질문이 연달았다. 그리고 "어떤 중대 소속인가?" 아르만은 L중대라고 답했다. 전방에 희미하게 보이는 사람들 사이에서 논쟁이 벌어진 듯했다. 현장에 있었던 전차 장교는 나중에 자신의 부대 앞으로는 아군 부대가 없다는 말을 들었다고 했다. 오직 이집트군 특수부대만 있다는 것이었다. "무슨 중대라고 했나?"

"L중대!"

전차 포탄이 5명의 병사들 옆에서 폭발했다. 아르만과 다른 승무원 1명이 사망했다. 다치지 않은 레비가 고함쳤다. "나치, 나치 같은 놈들! 우리를 다 죽이지 그래!" 전차가 있는 곳에서 "사격 중지"라고 외치는 소리가 들렸다.

다른 병사들도 석호를 가로질러 이스라엘군 진영에 도달하려 하고 있었다. 이들 중 하나인 예샤야후 모르$^{\text{Yeshayahu Mor}}$는 혼자 탈출하다가 아랍어로 수하를 받았다.

"거기 누구야!"

"접니다." 모르가 아랍어로 답했다.

"누구라고?"

"병사입니다."

예멘 출신 모르가 도착한 곳은 석호 수면 위로 솟은 마른 땅에 설치된 이집트군 전방초소였다. 어둠 속에서 모르가 입은 군복을 알아볼 수 없었기 때문에 이집트군 병사들은 그를 아군으로 생각했다. 이들은 모르의 팔에 난 총상을 보고 상처에 붕대를 감아주었다. 기습받고 나서 매복했던 이집트군 병사들이 다가오자, 모르는 길가에 누워 죽은 척했다. 이집트군이 모르가 죽은 척했는지를 알아보려고 팔에 두 번 총을 쐈으나, 그는 움직이지 않았다. 석호의 이집트군 병사들은 모르에게 커피를 제공했다. 욤 키푸르가 시작되고 처음 마시는 뜨거운 음료였다. 모르는 그날 밤 자신의 정체를 밝힐 만한 이야기를 간신히 피할 수 있었다. 하지만 날이 밝자 이집트군 병사들은 하룻밤을 보낸 전우가 적이었음을 알아차렸다. 모르는 포로가 되어 후방으로 압송되었다.

밀라노 전초기지에 일요일 밤이 다가올 무렵 전쟁은 트로스틀레르 대위에게 일상이 되었다. 부하들은 수차례에 걸친 이집트군의 공격을 격퇴하며 잘 싸우고 있었다. 밤에 인근에서 벌어진 전투에서 탑승했던 전차가 기동이 불가능해진 아미르 여단 소속 전차승무원 8명이 수비대에 합류했다. 젊은 전차병들은 전초기지 안의 사격진지에 자리를 잡고 열정적으로 전투에 임했다. 정문에서 150야드(137m) 떨어진 곳에서 전차 한 대의 궤도가 떨어져 나갔다. 트로스틀레르는 승무원들에게 전차포가 필요할 때를 대비해 전차에 남아달라고 요청했다.

몇 시간 뒤에 보병을 태운 이집트군 병력수송장갑차 2대가 전초기지 정문에 접근했다. 부중대장 미카 코스티가 중위가 그중 한 대를 바주카포로 격파했다. 이집트군 병력수송장갑차들이 전장 쓰레기로 여겨 무시했던 이스라엘 전차가 두 번째 병력수송장갑차를 뒤에서 격파했다. 어두워지자 이집트군은 공격을 중단했지만 트로스틀레르 대위는 인접한 동칸타라 마을에서 조명등, 손전등 불빛과 심지어 빨갛게 타오르는 담뱃불까지 볼 수 있었다. 유령마을이 다시 살아났다.

중대장은 구출될 때까지 며칠을 버텨야 할지도 모른다는 생각을 받아들였다. 그런데 밤 10시에 발루자에 있는 여단본부가 수비대에게 오늘 밤 도보로 아군 진영까지 후퇴하라는 명령을 내렸다. 트로스틀레르는 아군 부대와 만나기로 예정된 지점의 지도상 좌표를 받았다. 남동쪽으로 7마일(11km) 떨어진 곳이었다. 동트기 전에 아군과 상봉하려면 1시간 안에 출발해야 했다. 트로스틀레르는 전사자 4명의 시신도 운반하기를 원했지만, 여단본부가 이를 일축했다.

수비대는 무기를 점검하고 수통에 물을 채우며 떠날 준비를 했다. 누군가가 "부상자는 어떻게 합니까?"라고 물었다. 돌아온 답은 "살고 싶은 사람은 지금 여기 집합해"였다. 부상자는 6명이었고, 그중 3명은 중상자였다. 모두 들것에 실려 가느니 제 발로 걸어가겠다고 고집했다.

모두 42명의 병사들이 정문 안쪽에 모여 대열을 편성했다. 부상자들은 대열 한가운데로 들어갔다. 트로스틀레르는 마을을 돌아가지 않고 가로질러 이동하기로 했다. 마을 안에는 엄폐할 장소가 있었기 때문이었다. 동칸타라 마을로 들어서자 그들이 지나던 건물들에서 아랍어가 들렸다. 마을에는 이집트군 사단본부가 자리 잡고 있었고 군용 무전기에서 소리가 들렸다. 누군가가 골목을 따라 이동하는 트로스틀레르의 부하들을 보았다 해도 이집트군으로 여겼을 것이다.

무사히 마을을 빠져나온 일행은 탁 트인 사막으로 들어섰다. 모래가 달빛을 받아 희게 빛났다. 몇백 야드 더 나아가자 트로스틀레르는 정면에서 검은 형체들을 보았다. 전차 아니면 야포였다. 빠져나갈 틈을 찾는 동안 이집트군이 이들을 포착했다. 조명탄이 하늘 높이 올라가고 총탄이 마구 쏟아졌다. 트로스틀레르는 후퇴해 이집트군이 없는 것으로 보이는 동쪽으로 부하들을 이끌고 갔다. 하지만 사격이 재개되었고 모두 땅바닥에 엎드렸다. 아랍어를 할 줄 아는 코스티가 중위가 소리쳤다 "당신들 미쳤어? 왜 우리에게 총을 쏘는데? 우리는 이집트인이야!"

잠시 사격이 멎었다가 누군가가 소리쳤다. "저놈들, 이집트인이 아니다!" 코스티가는 '미친'이라는 뜻의 아랍어 마즈눈^{majnoon}을 팔레스타인 아랍인들이 하는 대로 'ㅈ'으로 발음했다. 이집트에서는 이것을 경음 'ㄱ'으로 발음했다(아랍어는 지역에 따라 방언의 편차가 상당히 커서 발음이나 어휘에 따라 말하는 사람의 출신 지역 파악이 가능하다–옮긴이). 이집트군이 다시 사격을 퍼부었고 이번에는 강도가 더 세졌다. 이스라엘군도 똑같이 반격했다. 몇 명이 추가로 부상당했다. 마을로 시선을 돌린 트로스틀레르는 나무들 사이로 솟은 커다란 건물의 실루엣을 보고 소리쳤다. "모두 칸타라로 돌아간다. 지금 보이는 건물로!"

건물에 도착하자 대위는 발루자의 여단본부를 무전으로 호출해 상황을 알렸다. 본부는 새로운 집결지의 좌표를 알려주었다. 이번에는 북동쪽이었다. 주변에 모여 앉은 부하들에게 그는 마을을 가로질러 반대편의 공동묘지까지 갔다가 사막으로 나간다고 말했다. 길을 떠나자 근처의 거리에서 차량이 움직이는 소리가 들렸다. 수색대가 파견된 것 같았다. 호젓한 묘지에서 부하들의 수를 세어보니 실망스럽게도 장교 4명 전원을 포함해도 겨우 24명만이 있었고 18명이 실종되었다. 다시 돌아가 이들을 수색해야 할지를 빨리 결정해야 했다. 돌아간다면 모두의 목숨이 위태로워질 것으로 대위는 판단했다. 그는 부하들에게 자신의 결정을 알린 다음 사막을 향해 출발했다. 여러 명의 부상자가 발생한 상황에서 날이 밝아지기까지 2시간도 채 남지 않았기 때문에 빨리 움직여야 했다. 코스티가 중위와 전차승무원들이 후위를 맡았다. 이들은 부상자들과 강행군에 힘겨워하는 일부 나이든 예비군들을 도왔다.

한편 실종된 병사들도 어떤 선택을 해야 할지 가늠하고 있었다. 매복 장소를 마지막으로 떠난 샬롬 할라Shalom Hala 병장은 경기관총을 발사하며 대열의 후위를 맡았다가 폭탄 구덩이에 은신한 병사 17명을 찾아냈다. 21세의 할라는 30대까지 포함된 부대원 중 가장 어렸다. 그러나 그는 골라니 여단 출신으로 본격적인 전투 훈련을 받은 얼마 안 되는 대원 중 한 명이었다. 주변 사람들이 앞으로 할 일에 관해 의논하는 것을 들으니 무의미한 토론회가 되는 것 같았다. 할라 병장은 장교가 없으므로 자신이 지휘를 맡겠다고 말했다. 이의를 제기하는 사람은 없었다. 일행 중에는 방금 벌어진 전투에서 다친 사람뿐 아니라 전초기지에서 이미 부상한 사람도 있었다. 이들이 멀리 걸을 수 없다는 것은 분명했다. 할라는 이들을 시내 초입의 단층집으로 인도한 다음 부상자들을 내실에 집어넣었다.

동이 트자 창문에 있던 초병이 모래밭의 발자국을 쫓아온 이집트군 추적 병들을 포착했다. 얼마 지나지 않아 창문을 뚫고 총탄이 쏟아졌다. 권총을 든 이집트군 장교가 문간에 나타나 아랍어로 "무기를 버려라!" 라고 말하고 건물 안의 이스라엘군에게 밖으로 나오라고 명령했다. 일부는 건물에서 나왔다. 부상자를 포함한 다른 일부는 나오지 않았다. 이집트군은 안쪽으로 수류탄을 던져 남은 사람들을 모두 죽였다. 할라와 다른 7명은 포로가 되었다.

새벽이 왔는데도 트로스틀레르와 부하들은 전차가 데려가기로 한 위치에 도착하지 못했다. 이 지역은 숨을 곳이 없는 모래평원이었다. 멀지 않은 곳에서 이집트군 포대가 사격 중이었고 군화 발자국이 사방에 찍혀 있었다. 트로스틀레르는 지도에 표시된 습지대로 부하들을 이끌고 갔다. 이집트군 전차처럼 보이는 어두운 형체가 정면에 어렴풋이 나타났으나 쌍안경으로 살펴보니 우거진 덤불이었다. 이들은 덤불 속에 몸을 숨기고 밤이 될 때까지 발견되지 않기를 빌었다. 아침이 되자 근처에서 전차 포탄 2발이 폭발했다. 일행 가운데 있던 전차승무원들이 멀리서 들려오는 엔진과 궤도 소리를 듣고 "아군 전차입니다"라고 말했다. 전차장이 덤불을 이집트군 전차로 잘못 보고 사격한 것이다. 이 지역에 있는 이스라엘군 전차라면 운하 방향에서 다가오는 보병을 이집트군으로 여길 것이기 때문에 병사들은 숨은 곳에서 서둘러 나오지 않았다. 전차병이 좋은 생각이 떠올랐다고 말했다. 독실한 유대교 신자인 병사로부터 기도용 숄(흰 비단이나 모직으로 되어 있고, 양쪽 끝에 줄무늬가 있거나 네 귀퉁이에 술이 달려 있는 숄-옮긴이)을 빌려 멀리서부터 전차에 흔들어 보이자는 것이었다. 이 병사는 전우 한 명과 같이 모래언덕을 내려가 사라지기 전에 "생각대로 된다면 곧 돌아갈 겁니다. 아니라면 안녕히 계십시오"라고 말했다. 얼마 지나지 않아 굉음을 울리며 전차가 모래언덕을 올라왔다. 병사 2명이 전차 위에 앉아 있었는데, 그중 한 명은 기도용 숄을 흔들고 있었다.

텔아비브에서는 일요일 밤 9시에 각료회의가 열렸다. 메이어 총리는 유감스럽게도 엘라자르가 시나이에서 아직 돌아오지 못했다고 말했다. 총리는 다얀이 발산하는 우울함에 대한 처방으로 엘라자르의 낙관적 어조에 의지하게 되었다. 하지만 다얀도 자신의 말이 동료들을 의기소침하게 했음을 의식했는지, 긍정적으로 보이려고 애쓰며 현 전황의 개요를 설명했다. 오후에 메이어 총리와 힘든 면담을 하고 나서 다얀의 기분은 상당히 나아졌다. 제3 성전 이야기는 다시는 없었다. 시나이 전선이 부너질 때를 대비해 2차 방어선을 설치하자는 요구를 아직 철회하지는 않았지만 이제 그는 신속한 도하 반격을 지지했다. "반격이 가능하다는 총참모장의 낙관론에 감명받았습니다"라고 다얀은 각료들 앞에서 인정했다. "우리는 될 수 있는 대로 신속히 이집트군 기갑 전력을 격파하고 아랍인이 뛰어난 전사가 되었다는 새로운 전설도 분쇄해야 합니다. 아랍인들이 그동안 격차를 좁혔을 수는 있지만 6년 만에 민족 전체가 바뀌지는 않는 법입니다. 개개인은 바뀔 수 있겠지만 민족 전체는 아닙니다. 이번 전쟁은 단지 전차와 전차의 전쟁이 아니라 진정한 용기와 용기의 전쟁입니다." 이제 다얀 자신이 용기를 되찾은 듯했다. 다얀은 이스라엘 국방군이 다마스쿠스로 진격할 수 있도록 북부전선 어딘가에서 돌파를 모색 중이라고 말했다. "우리는 다마스쿠스를 점령하지는 않을 것이나 적이 우리 장단에 맞춰 춤을 출 수밖에 없도록 할 것입니다."

다얀과 여러 해 함께 일한 한 동료는 겉으로 보이는 호방하고 자신감 넘치는 그의 모습에도 불구하고 그를 선천적 비관론자로 알고 있었다. 하지만 이 동료는 다얀은 '건설적' 비관론자라고 말했다. "다얀은 '다 잘될 거야'라고 말하는 대신 '우리가 무엇인가 하지 않으면 다 잘 안 될 거야. 그러니 무슨 일을 할지 생각해보자'"라고 말했다고 이 동료는 말했다. 평정심을 잃었을 때도 있었지만 사실 다얀은 전쟁이 시작되었을 때부터 댐에 난 구멍을 합리적으로 파악하고 구멍을 메울 최상의 방법을 궁리하는 등의 건설적인 태도로 전쟁 지도에 임하고 있었다.

아랍의 전쟁 수행 능력이 변화한 이유는 하룻밤 새 국민성이 변해서가 아니었다. 1967년의 아랍군은 이스라엘군의 선공에 놀라 재앙과도 같은 패배로 이어진 후퇴 명령을 받았던 탓에 무능의 극치를 보였다. 지금, 아랍군은 6개월 동안 훈련해온 용의주도한 계획을 실행하고 있었다. 이들은 주도권을 잡았고 이스라엘군의 반격에 대비한 작전계획도 준비해두었으며 심리적으로도 사기충천했다. 이번에 선공을 당한 쪽은 이스라엘이고, 이스라엘은 아직도 휘청거리며 사투를 벌이고 있었다. 그러나 이스라엘은 무너지지 않았다.

자정에 다얀은 시나이에서 돌아온 엘라자르가 참모진에게 브리핑하는 것을 듣기 위해 '구덩이'에 잠시 들렀다. 분위기는 기대감으로 팽팽한 긴장감이 넘쳤고, 엘라자르는 자신들이 직접 총을 들고 전투에 나서야 할 것처럼 연설했다. 내일 아침에 남부와 북부전선에서 반격이 있을 것이라고 그는 말했다. 모두가 기다리던 전환점이 온 것이다. 엘라자르는 북부에서 무사 펠레드가 시행할 전투계획과 자신이 남부의 고넨에게 지시한 계획의 개요를 설명했다. 아침 무렵, 남부전선에서는 전차 600대가 전투 준비를 마칠 것이다. 그런데 사무 착오로 인해 참모본부 작전국은 엘라자르의 계획을 정식 절차에 따라 서면으로 작성해 공식 명령으로 남부사령부에 보내지 않았는데 그 결과는 나중에야 드러나게 된다.

다얀은 상황실을 가득 채운 열정적 분위기에 휩쓸렸다. "내일부터 우리는 물 밖으로 머리를 다시 내밀 것이다"라고 다얀은 나중에 이때 했던 생각을 회고하며 기록했다. "주도권은 우리에게 있었고 당연히 우리는 전장을 선택하고 병력을 집결할 것이다. 이기지 못할 이유가 어디 있는가? 사단장들과 여단장들은 우리가 가진 최고의 군인들이다. 아리크(샤론), 브렌(아단), 알베르트(멘들레르)는 이스라엘 국방군의 메이저리그 선수들이다. 총참모장까지 이르는 지휘체계의 간부 전원은 기갑부대 출신이다. 모두 실전 경험이 풍부하고 시나이 반도를 잘 안다. 내일은 기갑부대의 날이 될 것이다."

그러나 내일은 슈무엘 고넨의 날이 될 것이다. 고넨은 지난 이틀간 입은 타격에도 불구하고 1967년에 여단장으로서 일조해 이집트군을 상대로 거둔 대승을 더 큰 규모로 재현하리라는 생각을 가슴속에 키웠다. 엘라자르는 고넨에게 반격은 제한적이어야 하며 부대는 운하에서 2마일(3.2km) 내로 접근해서는 안 되고 한 번에 1개 사단만 움직여야 하며 가능성은 작지만 이집트군이 갑자기 붕괴할 경우를 제외하고 운하를 건너가거나 바르-레브 선 전초기지 수비대 구출 시도를 해서는 안 된다고 거듭 말했다. 고넨은 마치 엘라자르가 이와 정반대의 말이라도 한 양 작전을 진행할 것이다.

고넨은 엘라자르가 요구한 대로 세부 작전계획을 텔아비브에 보내지 않고 잠자리에 들었다. 30분 뒤 텔아비브의 참모본부에서 전화를 걸어와 계획서 제출을 요구하자 벤-아리가 그를 깨웠다. 고넨이 개요와 간단한 설명이 담긴 계획서를 작성하는 데 걸린 시간은 고작 35분에 불과했다. 이 계획서는 오전 2시 45분에 비행기로 텔아비브에 전달되었다. 이 계획서에는 "본 작전의 목표는 운하와 포병로 사이의 지역을 소탕하고 적 전력을 분쇄하며 전초기지에 있는 병력을 구출하고 기동이 불가능하게 된 전차를 회수하는 것임"이라고 쓰여 있었다. 공격부대와 운하 사이에 2마일(3.2km) 거리를 두는 대신 고넨은 엘라자르가 특별히 지목해 배제한, 운하 쪽 전초기지에 갇힌 병사들의 구출을 제안했다. 더 나아가 각 부대는 엘라자르가 역시 배제한 도하 준비까지 해야 했다.

아침나절에 샤론, 아단과 무전으로 나눈 대화에서 고넨은 자신의 생각을 더 상세히 설명했다. 샤론은 운하 남부 지구에서 이집트 제3군을 격멸한 다음 이집트군의 다리를 건너 서쪽 카이로 방향으로 12마일(19km) 진출해 방어선을 구축할 것이다. 아단도 북부 지구에서 대략 비슷한 작전을 수행할 것이다. 이상이 작전의 요지였으나, 고넨은 아침 내내 사단장들과 모순된 내용의 통화를 하며 계획을 여러 차례 변경했다. 한 제안에서는 엘라자르가 규정한 대로 아단이 북쪽에서 남쪽으로 유린공격을 하는 것으로 이날 작전을 개시하지 않고 샤론이 동쪽에서 서쪽으로 공세를 펼쳐 운하에 도달해 전초기지의 장병을 구출하게 되어 있었다. 오전 6시 17분, 고넨은 이 계획을 포기하고 북쪽에서 남쪽으로 유린공격을 하는 원래 계획으로 돌아갔다.

이집트군이 5개 사단을 운하 건너편으로 보낸 지 48시간도 채 되지 않아 손실을 최소화하며 거의 보병만으로 멘들레르 장군의 기갑사단이 보유한 전차의 3분의 2를 격파했다는 사실에도 고넨의 낙관주의는 흔들리지 않았다. 고넨은 이집트군이 운하 서안에 강력한 2개 기갑사단을 비롯한 아직 실전에 투입되지 않은 부대들을 보유하고 있다는 사실에도 크게 개의치 않았다. 대전차화기를 휘두르는 이집트군 보병을 무력화할 필요 때문에 그 어느 때보다 중요해진 포병 전력이 빈약하다는 점과 SAM 때문에 항공지원이 불가능했다는 것도 고려대상이 아니었다. 시나이 반도를 지나가는 얼마 안 되는 도로에서 야포는 전차보다 우선순위가 밀렸다. 야포 대부분은 이날 늦게까지 전선에 도달하지 못할 터였다.

'구덩이'의 참모장교들은 고넨의 계획이 전날 한밤중의 브리핑에서 총참모장이 제시한 계획에서 벗어났음을 알았으나, 아마도 시간과 상황에 쫓겨 그랬을 것으로 생각하고 경고하지 않았다. 몇 시간 안에 두 곳의 전선에서 반격이 개시될 예정이었다.

엘라자르는 지휘관들이 제출한 공격계획을 받아보았다. 그는 호피가 제출한 펠레드 사단의 공격 관련 계획을 변경했다. 그런데 전날 밤에 움 하시바에서 자신이 구두로 지시한 내용에 바탕을 두었다고 예상하고 고넨의 계획은 전혀 바꾸지 않았다. 엘라자르는 나중에 고넨의 계획을 본 기억이 전혀 나지 않는다고 증언했다. 전투 중에 책상에 놓인 서류 모두를 읽을 시간이 없었다는 것이다. 이유야 어찌 되었든 총참모장은 고넨의 망상에 가까운 계획을 검토조차 하지 않고 그대로 승인했다.

오전 6시 직후, 고넨은 엘라자르에게 2시간 안에 아단이 공격에 나설 예정임을 알리고 북쪽에서 남쪽으로의 유린공격을 끝낸 다음 아단의 도하를 허가해달라고 요청했다. 엘라자르는 전날만큼 도하 가능성을 일소(一笑)에 부치지 않았다. 할당된 시간의 절반 만에 예비군이 전장에 도착한 데다가 아랍이 가한 불의의 일격에 이스라엘 국방군이 비틀거린 지 이틀도 안 되어 반격에 나선다는 사실에 크게 기분이 좋아져서였을 것이다. 이날 중으로 이스라엘군 전차 600대가 전투에 투입될 예정이라 이집트군이 붕괴될 가능성은 전날 저녁보다 더 높아 보였다. 엘라자르는 고넨과의 논의에서 이번에는 도하가 성공할 가능성이 충분하다고 결론을 내리고 도하한다면 그 지점은 비터 호수가 한쪽 측면을 보호하는 마즈메드가 되어야 한다고 말했다. 단 1개 여단만 운하를 건너 서쪽 5마일(8km) 떨어진 지점에 방어선을 구축해야 했다. 엘라자르는 고넨이 탈취하도록 이집트군이 다리를 멀쩡하게 내버려둘지 의문이라고 말했다. 그런데 설사 교량을 탈취한다고 해도 이 소련제 교량이 소련제 전차보다 15톤에서 20톤가량 더 무거운 이스라엘군의 서방제 전차를 지탱할 수 없도록 설계되었다는 사실을 이스라엘군은 알지 못했다.

그러나 엘라자르는 이집트군의 전면적 붕괴 시에만 도하를 고려할 수 있다는 전날 밤의 입장을 전혀 바꾸지 않았다. 지금에 와서 이런 일이 일어날 가능성은 조금 더 커졌을지 모르나 아직 확실하지는 않았다. 이 단계에서 엘라자르의 목표는 전초기지의 구출이나 도하가 아닌 시나이 반도의 운하 동안에서 내륙으로 이동한다고 믿었던 이집트군 전차부대의 분쇄였다. 엘라자르는 도하 여부는 아단의 유린공격 결과에 달렸다고 고넨에게 말하고 참모본부만이 도하를 승인할 권한이 있음을 재차 주지시켰다.

"슈물리크, 운하 방벽에 너무 가까이 가지 않도록 조심하게." 엘라자르가 다시 한 번 경고했다. "행운을 비네."

제21장

반격 실패

월요일 오전 2시, 아단 사단이 운하에서 12마일(19km) 떨어진 측면로에서 서쪽으로 진격하기 시작했다. 전쟁 발발 36시간 만에 이스라엘 예비군이 가장 멀리 떨어진 전선에서 개시한 반격작전은 출발부터 순조로운 조짐을 보였다.

전차들은 어디에서 적과 마주칠지 확신하지 못한 탓에 넓게 산개해 천천히 이동했다. 어제 일몰 후 운하에서 6마일(9.7km) 떨어진 포병로 근처의 능선에 1개 전차소대가 배치되어 전방청음초소forward listening post(정보수집이나 적의 동향을 경고할 음향을 청취하기 위해 전방에 설치되는 경계초소-옮긴이) 역할을 했다. 전차들이 운하를 건너오는 방향인 서쪽에서 대규모 차량 기동음이 들린다고 소대장이 보고했으나 이집트군이 내륙으로 전진하는 모습은 눈에 띄지 않았다.

아단의 3개 여단 중 2개 여단만이 전진하고 있었다. 세 번째 여단은 아직 시나이 반도 해안도로의 교통체증에서 빠져나오지 못한 상황이었다. 격전을 치른 가비 아미르 대령의 육군기갑학교여단과 나탄(나트케Natke) 니르Nathan Nir 중령의 동원여단은 모두 합쳐 전차 120대를 보유했는데, 할당된 전력의 절반보다 조금 많은 수량이었다. 부족분은 아직 전선에 도착하지 않았다. 아단과 예하 부대장들은 칸타라 마을과 미프레케트 전초기지에서 벌어진 전투와 해안도로에 도사리고 있던 이집트군 특수부대와의 충돌 소식을 접하고 신중히 움직이며 앞으로의 전투에 대비했다.

하지만 고넨의 사령부에서 신중함은 무기한 휴가를 가버린 것 같았다. 다른 사람들처럼 남부사령관 역시 기습과 이집트군이 보인 결의에 충격을 받았지만 빠르게 회복해 하룻밤 새 아랍인들에게 본때를 보여주겠다는 6일 전쟁 당시의 마음가짐으로 돌아와 있었다. 고넨은 엘라자르 장군의 두 발을 땅에 딛고 공격하라는 신중한 작전계획(이것이야말로 이렇게 불확실한 상황에서 적절했겠지만)을 버리고 두 발로 동시에 적을 걷어찰 계획을 세우고 있었다. 아단은 자신의 임무를 전날 밤 움 하시바에서 엘라자르가 제시한 개요 그대로라고 이해했다. 즉, 운하 제방에서 안전거리를 유지하면서 칸타라에서 마츠메드 전초기지까지 30마일(48km) 정도 남쪽으로 유린공격을 펼치는 것이었다. 새벽 4시, 발루자 지구의 지휘를 맡은 칼만 마겐 장군이 아단과 접촉해 고넨이 보낸 새 명령을 전달했다. 고넨은 아단과 직접 무전으로 접촉할 수 없었다. 아단은 결국 운하로 진격해 히자욘, 푸르칸 전초기지와 연결하라는 명령을 받았다. 온전한 이집트군 교량을 발견한다면 1개 여단을 건너보내 운하 서쪽 12마일(19km)에 방어진지를 구축하게 할 것이다. 교량이 없다면 마츠메드를 향해 남쪽으로 공격을 속행해 그곳에서 빼앗은 이집트군 교량을 통해 이 경우에도 1개 여단을 서쪽 12마일(19km)까지 보낼 것이다.

엘라자르의 계획과 동떨어진, 현실성 없는 명령을 받은 아단은 매우 놀란 나머지 남부사령부에 큰 문제가 있다고 생각했다. 하지만 이는 시작에 불과했다. 15분 뒤, 고넨은 마겐을 통해 수정된 명령을 보냈다. 아단은 히자욘과 푸르칸 전초기지를 연결하되 이곳에서 도하를 시도하지 말고 더 남쪽에 있는 마츠메드에서만 건너야 한다는 것이었다. 그리고 방어선은 운하 서쪽 12마일(19km)이 아닌 6마일(9.7km) 떨어진 곳에 구축해야 했다. 마겐이 조심스레 나서서 아단이 전초기지들과 연결하기가 어려울 것이며 준비가 되어 있지 않다고 말하자, 고넨은 즉각 명령을 변경했다. 전초기지들과의 연결은 샤론이 수행하기로 했다. 아단은 샤론이 돌진해 두 곳의 전초기지의 수비대를 구조하도록 남쪽으로 향한 진격을 잠시 멈출 것이다. 그런 다음, 샤론이 뒤로 물러나 아단에게 길을 열어줄 것이다.

오전 4시 30분, 고넨은 마침내 아단과 직접 접촉할 수 있게 되었다. 이번에 고넨은 아단에게 선택권을 주었다. 마츠메드로 내려가는 길에 두 곳의 전초기지와 연결하거나 샤론에게 구출작전을 맡기라는 것이었다. 아단은 날이 밝아져 상대하는 적의 규모를 파악할 수 있기 전에는 답을 할 수 없다고 말했다.

고넨은 "두 가지를 모두 준비하세요"라고 활기찬 목소리로 말했다.

동틀 무렵, 아미르 여단과 니르 여단은 수에즈 운하 연변의 평원이 내려다보이는 낮은 언덕을 내려갔다. 여기에서 2개 여단은 남쪽을 향한 유린공격을 시작하기 전에 잠시 정지했다. 오전 8시에 아단이 진격 명령을 내렸다. 아미르 여단이 선두에 서고 니르 여단이 몇 마일 거리를 두고 뒤를 따랐다. 사단이 서쪽으로 진격하는 동안 이집트군 전차와 전혀 마주치지 않았고 운하에서 2마일(3.2km) 떨어진 곳에서 방향을 남쪽으로 돌려 운하와 평행하게 전진하는 동안에도 맞닥뜨린 적 전차는 없었다. 진격로에 있던 이집트군 포병관측반원 몇 팀이 사살되거나 생포되었다. 밤 동안 아리예 케렌Arye Keren 중령이 지휘하는 세 번째 여단(제500기갑여단-옮긴이)의 전차 62대가 도착해 예비전력으로서 포병로에서 사단의 나머지 전력과 평행하게 이동했다.

칸타라 마을 옆에 도착한 니르 여단은 정지 명령을 받았다. 사진 판독관들이 방금 정찰비행에서 촬영된 사진을 살펴본 결과 마을 근교에서 위장망으로 덮인 이집트군 T-62 전차 1개 여단을 찾아낸 것이다. 후방에 가해질 위협을 무시하고 싶지 않았던 아단은 니르에게 그 자리에서 움직이지 말라고 명령했다.

니르의 부하들은 밀라노 전초기지에서 탈출한 병사들을 데려올 예정이었다. 전날 해안도로에서 전투를 치른 브리크 소령은 운하 방향에서 접근하는 두 사람을 발견하고 사격 준비를 했다. 쌍안경으로 다시 보니 두 사람은 흰색 물체를 흔들고 있었다. 기도용 숄이었다. 한 사람은 미프레케트 전초기지에서 전사한 바르디 중위처럼 장군의 아들인 전차소대장 일란 기드론Ilan Gidron 중위였다. 기드론 중위는 고생이 많았으니 하루나 이틀 쉬고 일선으로 복귀하라는 브리크 소령의 권유를 거부하고 전차의 지휘를 맡겨달라고 요청했다. 브리크는 중위를 후방의 정비부대로 보냈다. 중위는 수리된 전차를 타고 이날 늦게 브리크의 중대에 합류하게 될 것이다.

움 하시바의 남부사령부와 텔아비브의 '구덩이'는 아단의 신속한 진격을 이집트군 붕괴의 징후로 받아들였다. 그러나 이집트군은 이 지구에서는 운하에서 내륙으로 전력을 전진 배치하지 않았기 때문에 아단은 허공에 빈 주먹질만 하는 꼴이었다. 자신의 부대들이 운하를 건너갈 수 있도록 이집트군 교량에 대한 공격을 중단해달라고 고넨이 공군에 요청하자, '구덩이'의 분위기는 더욱 고조되었다. 엘라자르의 보좌역 레하밤 제에비^{Rehavam} $^{Ze'evi}$ 장군(전쟁 전 요르단 전선을 맡은 중부사령관을 역임했으며 전후에는 극우파 정치인으로 활동. 2001년에 암살됨-옮긴이)은 이집트군을 운하 너머로 쫓아내는 대로 골란 전선으로 전차사단을 실어 나를 수 있도록 전차수송차$^{tank\ transport}$(전차를 비롯한 군용 중장비가 장거리를 이동할 때 사용되는 수송차량. 해당 장비가 자력으로 상하차할 수 있도록 만들어진 저상 트레일러와 견인차량으로 구성-옮긴이)를 대기시키자고 제안했다. 총참모장은 이 제안을 받아들였다. 엘라자르는 전술상 목적으로 작은 교두보를 확보하는 것 외에 운하 건너편의 영토를 탈취하려는 야심은 없었다. 하지만 시리아 전선에서는 영토 게임을 할 상당한 여지가 있다고 생각했다. "고로디쉬가 운하로 돌아갈 수 있다면 남쪽에서는 더 바랄 것이 없어. 하지만 북쪽에서는 'The sky's the limit(마음만 먹으면 무제한으로 진격할 수 있다).'" 엘라자르는 영어 관용구를 써가며 참모진에게 말했다. "운하에서 1개 사단을 데려와 제벨 드루즈^{Jebel} ^{Druze}(일부 이스라엘 전략가들이 시리아에서 분리·독립할 분위기가 무르익었다고 판단한 드루즈인의 거주지)로 보내고 다른 사단을 다마스쿠스로 보낼 수 있을 거요. 거기 말고 또 어디가 될지는 모르겠군. 자, 잘들 듣게. 성과를 활용할 장소가 있다면 바로 거기야."

하지만 엘라자르는 자신이 환상에 빠져 있었음을 깨달았다. 전쟁 발발 이래 총참모장 집무실로 출퇴근하다시피 한 라빈을 비롯한 몇몇 전임 총참모장들과 이야기를 나눠보고서 엘라자르는 참모진에게 이렇게 말했다. "이봐 자네들, 들어보게. 우리 군은 개전 36시간 만에 두 곳의 전선에서 반격을 시작했네. 좋지? 우선은 그렇고. 둘째로 '왜 반격이 좋은 성과를 거두지 못했을까?' 아직 공격이 충분히 전개되지 않아서 그렇지. 공세가 교착상태에 빠졌다는 북부나 남부사령부의 전화 한 통이면 우리는 어제보다 더 큰 곤경에 처하게 될 거네."

다얀은 전쟁 억제와 협상 카드로 이용하기 위해 운하 건너편의 영토를 점령해야 한다고 촉구했다. 내각에 운하 북단의 포트사이드 점령을 권고하라고 엘라자르를 압박했다. 다얀은 본인이 그렇게 할 계획이었지만 군이 직접 권고한다면 더 큰 영향력을 가질 것이다. 엘라자르는 내켜 하지 않았다. "지금 그 문제에 대해서 정부와 논의하기에는 시기상조입니다." 엘라자르가 말했다. "제가 포트사이드 점령에 대해 말한다면 약조를 하는 것입니다. 우리는 이제야 반격을 시작했습니다. 저는 반격에 나선 우리의 2개 사단이 적의 교두보를 무너뜨리기를 희망하지만 아직 이것조차 완료하지 못한 상황입니다."

엘라자르의 신중한 태도는 자신이 생각했던 것보다 더 현실에 부합했다. 전세 역전의 시작이 될 것이라고 기대를 모았던 아단 사단의 반격은 이상하게도 목표를 잃고 제자리걸음 중이었다. 사단의 3개 여단은 넓게 분산되었으며 정해진 목표를 향해 협동해서 움직이고 있지 않았다. T-62의 출현을 대비해 칸타라 마을 맞은편에 전 여단을 정지시키라고 니르에게 내린 명령 때문에 전력이 약해진 아미르여단이 단독으로 남쪽을 향한 유린공격의 선봉에 서게 되었다. 케렌의 동원여단은 몇 마일 떨어진 곳에 있었다. 아단은 히자욘 전초기지와 외부를 연결하라는 고넨의 요구에 동의했으나 포병이 없었기 때문에 대규모 공중지원을 요청했다. 고넨은 공군이 곧 지원에 나설 것이라고 확약했다.

아단이 지금껏 이집트군 전차와 마주치지 않았음에도 고넨은 벌써 시나이 반도의 이집트군 교두보 분쇄를 기정사실로 이야기했다. 시간이 지날수록 고넨의 관심은 점점 교두보 분쇄에서 도하와 반격 개시로 옮겨갔다. 정보당국은 이집트 제3군 담당 지구의 여단장 한 명이 후퇴하고 있다는 다소 불확실한 보고를 전했다. 고넨은 바로 이날 과연 이집트군을 분쇄할 수 있을지 의심하기도 했으나 이 정보와 더불어 히자욘 지역을 향한 아단 사단의 순조로운 진격을 접하고 안심했다. (이집트 제3군의 후퇴 보고는 이 구역에 있던 이스라엘측 방벽의 토양이 진흙질이라 돌파구를 개통하기가 어려웠다는 것과 연관이 있다. 이 구역에서 도하 예정이었던 부대들은 북쪽의 다른 도하지점으로 이동했다.)

병사들이 전장에서 일어난 혁명적 변화의 본질을 재빨리 파악했던 반면, 고넨은 이를 아직 체화하지 못했다. 그는 말하자면 이집트 제2군을 점심 식사로, 제3군을 같은 날 저녁 식사로 노리고 있었다. 그리고 디저트는 카이로로 가는 길에서 즐길 생각이었다.

고넨의 명령이 불분명한 데다 계속 바뀌었기 때문에 아단이 고넨의 의향을 이해하기란 불가능했다. 오전 9시 20분, 아단은 고넨에게 히자욘 전초기지의 수비대를 철수시키기만 할지, 아니면 그곳에서 도하할지를 문의했다.

"도하 전에 침투한 적 부대 전부를 격멸하셨으면 합니다." 고넨은 철수에 관한 질문에 대답하지 않고 이렇게 말했다.

"적은 히자욘 전초기지에 도달하는 과정에서 격멸될 겁니다." 아단이 무뚝뚝한 목소리로 말했다.

"제 뜻은 밀라노 전초기지(칸타라 지역)에서 마츠메드 전초기지에 이르는 담당하신 지구[30마일(48km) 길이]에 있는 모든 적의 부대를 격멸하라는 말씀입니다. 적을 모두 격멸하고 도하하세요."

"알겠습니다." 아단이 말했다. 아단이 이해한 바에 따르면, 사단은 이집트군을 돌파해 포위된 히자욘 전초기지 수비대를 구출해야 하지만 이곳에서가 아니라 남쪽으로 15마일(24km) 떨어진 마츠메드 전초기지에 도달하고 나서야 운하를 건너갈 수 있었다.

"물 흐르듯 끊임없이 남쪽으로 진격하셔야 한다는 점이 매우 중요합니다." 고넨이 말했다. "마츠메드에 도착하시면 운하를 건너 하비트 선$^{Havit\ line}$에서 부대를 정렬하시라는 것이 제 의도입니다." 하비트 선은 운하에서 서쪽으로 6마일(9.7km) 거리다.

아단은 아리에 케렌 중령이 지휘하는 세 번째 여단이 포병로를 따라 마츠메드 지역으로 남진 중이라 도하 임무를 수행할 수 있을 것이라고 말하고 "제가 히자욘 전초기지 수비대를 철수시키기를 원하십니까?"라고 재차 물었다. 이미 토요일에 수비대를 철수시키지 말라는 명령이 내려졌기 때문에 괜한 질문이 아니었다.

"그렇게 하십시오."

고넨은 대화 내용을 이렇게 요약했다. "두 가지가 중요합니다. 운하 서안에 하나, 혹은 2개 정도의 작은 빌판을 확보하시고 남쪽으로 신속히 진격해서 마츠메드에서 운하를 건너가세요. 교신 끝."

단 1분 사이에 고넨은 아단에게 상호 모순되는 명령 두 가지를 내렸다. 첫 번째는 마츠메드 전초기지를 향해 '물 흐르듯' 남쪽으로 진격을 끝낸 다음 도하하라는 명령이고, 두 번째는 우선 히자욘 전초기지를 탈환하고 운하를 건너 '하나, 혹은 2개 정도의' 발판을 확보한 다음 마츠메드 전초기지로 진격하라는 명령이다.

고넨은 지금 상황이 마치 이동이 정해진 가상의 적에 맞서 아군이 수없이 많은 옵션을 시도해보는 사관 훈련sand-table exercise(인원이나 장비의 기동을 요하는 전술 훈련 시 실제 또는 가상 지형을 축소한 모형을 이용해 실전에서 일어날 수 있는 각종 상황을 부여하고 상황을 조치하는 훈련-옮긴이)인 것처럼 행동하고 있었다. 그러나 전황에 가장 큰 영향을 끼칠 선택은 아직 실행되지 않았다. 엘라자르의 계획에 따르면, 샤론은 아단이 운하선 중간지점에 도착한 다음에야 북쪽에서 남쪽으로의 유린공격을 개시해 완료할 수 있었다. 아단이 이집트 제2군의 전초부대를 섬멸시킬 예정이었듯이, 샤론은 이집트 제3군의 전초부대를 포위 격멸할 예정이었다. 그런데 고넨은 샤론이 남쪽으로 진격하는 동안 이집트군이 교량을 철거해 반대편의 수에즈 시에 도달하지 못하게 될 것을 우려했다. 이를 피하고자 고넨은 샤론이 이집트 제3군의 교두보를 우회해 남쪽 측면을 습격하는 방안을 제안했다. 고넨은 이렇게 하면 이집트군의 허를 찌르고 수에즈 시 맞은편의 교량을 온전한 상태로 탈취할 가능성이 커질 것으로 믿었다. 그런 다음, 샤론은 1개 여단을 보내 수에즈 시를 장악하고 다른 2개 여단은 시나이 반도 동안의 이집트 제3군의 교두보를 북쪽에서 남쪽이 아닌 남쪽에서 북쪽으로 포위해 격멸할 수 있을 것이다. 문제는 측면로를 따라 전선 남단까지 가는 우회기동에는 최소 4시간이 소요될 것이기 때문에 주간에 교전을 벌일 시간이 1시간도 채 남지 않을 것이라는 점이었다.

고넨이 새 계획의 개요를 엘라자르에게 보고하자, 총참모장은 샤론이 적의 주력과 교전하는 대신 기동하는 데 오후 전부를 낭비할 것임을 지적하며 고넨을 설득하려 했으나 결국 고넨의 열정에 자신의 뜻을 굽히고 그의 계획을 승인했다. '구덩이'에서 라빈은 엘라자르가 작전을 설명한 지 하룻밤 만에 이렇게 크게 변경하는 것에 동의하는 것을 보고 깜짝 놀랐다고 말했다. "경계선상에 있는 애매한 문제이기 때문에, (고넨이) 원하는 대로 하게 내버려두었습니다." 엘라자르가 말했다.

하지만 현 상황은 경계선상에 있는 문제와 거리가 멀었으며 현장 지휘관의 의견을 존중해 엘라자르가 자신의 강한 직감을 포기한 것은 중대한 실수였다. 다얀은 변경 소식을 듣고 몹시 기분이 상해 남부사령부에 전화를 걸어 해명을 요구했다. 고넨은 이집트군 대부대가 운하 남단에서 도하해 수에즈만 동안을 따라 남쪽으로 진격해 아부 로데이스$^{Abu\ Rodeis}$의 유전을 공격할 준비를 하고 있어 계획을 변경했다고 해명했다. 다른 임무를 수행하기 전에 샤론을 남쪽으로 급파해야 이집트군을 막을 수 있다고 고넨은 말했다. 엘라자르에게 설명한 것과 다른 이유였다.

다얀은 이날의 공격이 의미있는 결과를 만들어내지 못할 것이라는 불안한 마음이 들기 시작했다. "(이집트군이) 후퇴한다는 느낌은 없어." '구덩이'에서 다얀이 말했다. "아직도 병력을 운하 건너편으로 보내는 것 같아." 엘라자르도 전투가 전개되는 양상에 마음이 편하지 않다고 참모진에게 토로했다. 고넨의 말만 듣고서는 상황이 어떻게 진행되는지가 확실치 않았고 아단 사단에 무슨 일이 일어나고 있는지도 알 수 없었다. 사실 아단은 전차를 전진시키기 전에 고넨이 약속한 대로 공군과 포병이 히자욘으로 가는 길을 가로막은 이집트군을 타격하기를 헛되이 기다리며 사막에서 제자리걸음만 하고 있었다.

아단이 남진해 유린공격을 끝내기를 기다리다 지친 샤론의 사단본부 소속 특수부대 장교 3명이 계속된 포화에서 벗어나 식사를 하며 상황을 논의하기 위해 차를 타고 모래언덕 사이로 2마일을 갔다. 덤불을 모으고 불을 붙이니 300미터 양쪽에서 포탄이 폭발하기 시작했다. 이들은 지프로 서둘러 돌아가 내륙으로 2마일(3.2km)을 더 갔다. 이번에는 또 협차사격^{straddling}(표적에 낙하하는 포탄이 표적의 전후, 좌우에 걸쳐 있도록 사격해 낙하점을 관측한 다음 탄착점을 수정해 명중시키는 기법-옮긴이)을 받기 전에 커피를 끓일 수 있었다. 아마지아 첸$^{Amazia\ Chen}$ 중령과 동료 2명이 보기에 이스라엘군 후방의 모래언덕 뒤에 숨은 이집트군 포병 관측병이 자신들을 추적하고 있음이 분명했다. 속력을 내는 지프에서 황량한 대지를 살피던 중령의 시선이 멀리 주변이 내려다보이는 두 능선 사이의 안장같이 생긴 부분에 고정되었다.

　이들은 벌룬 타이어balloon tire(사막이나 야지 주행에 이용되는 폭이 넓은 저압 타이어-옮긴이)를 장착한 지프를 몰아 모래언덕 사이를 주행하며 고지로 올라갔다. 안장같이 생긴 부분에 접근하는 동안 헨 중령은 바로 정면에서 움직임을 포착하고 지프에 장착된 기관총을 발사했다. 언덕을 내려가다 보니 안에서 움직임이 보였던 작게 열린 부분을 제외하고는 모래로 한 겹 덮여서 거의 보이지 않는 방수포가 눈에 띄었다. 방수포 안에는 방금 자신이 사살한 이집트군 3명의 시신이 있었다. 새로 난 발자국이 모래언덕 반대편으로 이어졌다. 자국을 따라가던 특수부대원들은 120야드(110m) 앞에서 도망치는 이집트군 병사들을 포착했다. 이집트군은 이스라엘군을 보자 무기를 내던지고 손을 들었다. 이스라엘군 장교 3사람 중 다니 볼프Dani Wolf 소령이 담배를 입에 물고 옆에서 다가갔고 헨 중령과 다른 장교―훗날 모사드 국장이 된 메이르 다간Meir Dagan 소령(1982년 레바논 침공에서 제188기갑여단 지휘, 1995년에 소장으로 전역 후 제10대 모사드 국장, 재임 기간 2002~2011년-옮긴이)이 엄호를 맡았다. 볼프가 20야드(18m) 떨어져 있고 다른 2명이 아직 모래언덕을 올라오는 상황에서 이집트군은 유불리를 계산해보고 다시 총을 잡으려고 몸을 날렸다. 모두 1발도 쏘아보지 못한 채 사살되었다. 이 이집트군은 전쟁 전야에 시나이 반도 내륙으로 침투한 수많은 포병관측반 중 하나였다. 이스라엘군은 이집트군의 지도, 암호책, 무전기를 회수해 사단본부의 정보장교들에게 넘겼다.

　파치Patzi 라는 별명으로 알려진 헨 중령은 전쟁이 일어나기 얼마 전 이스라엘군 지휘참모대학에 입교했다. 중령은 샤케드 수색대(일명 424부대. 남부사령부 소속 특수수색대. 1979년 해체됨-옮긴이) 대장을 역임했는데, 이 부대는 가자 지구의 난민 캠프에서 일어난 저항을 진압하는, 대단히 힘든 작전을 수행한 적이 있었다. 볼프와 다간도 이 부대의 고참이었다. 모래언덕의 전투에서 돌아온 헨은 침투한 이집트군으로부터 사단의 측면과 후방을 지키기 위해 임시부대 편성을 샤론에게 제안했다. 이 부대원의 절반은 고정된 감시초소에 배치되고 나머지 절반은 사막을 샅샅이 뒤져 이집트군 관측병을 몰아낼 것이다. 샤론은 동의했다. 이집트군의 대담한 특수부대 운용을 고려해보면 주의할 이유는 충분했다.

오전 10시 45분, 고넨은 샤론에게 '아단의 성공'에 대한 후속 조치를 위해 철수해 남쪽으로의 이동을 준비하라는 명령을 내렸다. 샤론은 깜짝 놀랐다. 고지에서 계속 지켜보고 있었지만 아단은 성과를 거두기는커녕 제자리에 머물러 있었다. 더 중요한 것은 지금 점령하고 있는 주변이 내려다보이는 능선은 이집트군의 전진을 막을 수도 있었고 운하를 향한 이스라엘군 반격의 도약대 역할을 할 수도 있는 요충지라는 점이었다. 샤론은 운하 남단까지 먼 길을 돌아간 끝에 온전한 이집트군의 교량을 찾을 가능성은 거의 없다고 믿었다. 샤론은 자신이 할 수 있는 '가장 격한 어휘를 사용해' 항의하고 고넨이 전방으로 와서 전장의 상황을 직접 볼 것을 강력히 촉구했다. 그러나 고넨은 샤론이 자신의 명령을 수행해야 한다고 우겼다. 샤론은 회고록에서 이렇게 회상했다. "고넨의 명령에 불복종했더라면 나는 즉시 그 자리에서 해임되었을 것이다. 즉시. 나는 거듭 '여기 와서 직접 보라고'라고 말했다. '아니, 해임할 겁니다. 지금 당장 당신 해임이야!' 고넨은 고함을 질렀다."

샤론은 이를 갈며 참모진에게 이동 준비를 명령했다. 아단의 지구에서와 달리 샤론 사단과 대치하는 이집트군은 대량의 기갑과 보병 전력을 운하에서 내륙으로 이동시켰다. 샤론의 부하 장교들은 아단 사단이 도착하기도 전에 이곳을 떠나야 한다는 데 항의했다. 샤론은 부하들의 강권에 따라 사단 수색대대를 남겨 중요한 2개의 능선을 지키기로 했다.

이제 고넨은 아단에게 지도에서 '미주리^{Missouri}'라고 불린 구역에 적이 대규모로 집결했다는 보고가 들어왔으니 그곳으로 서둘러 전진하라고 재촉하기 시작했다. 미주리 맞은편에 자리 잡았던 샤론 사단을 뒤로 물리기 때문이라는 이유는 설명하지 않았다. "내 부대를 너무 얇게 신장^{伸張}하고 싶지 않습니다. 하지만 아주 중요한 일이라면 해야겠지요." 아단이 불만스러운 목소리로 답했다.

"중요합니다." 고넨이 말했다. "그리고 또 하나, 히자욘에 도달하면 소부대로 운하 반대편을 장악하세요. 저에게는 매우 중요한 일입니다. 그 다음 마츠메드에서 주 임무를 수행하시면 됩니다." 몇 분 뒤 고넨은 아단을 시켜 운하 서쪽에서 '다수의 소규모 교두보'를 확보할 계획을 세우는 중이라고 알려왔다.

이렇게 명령과 번복이 반복됨에 따라 상황은 종잡을 수 없게 되었다. 아단은 30마일(48km)을 휩쓸고 내려가 이집트군을 포위 격멸하되 운하에서 2마일(3.2km) 떨어져 있으라는 명령을 받았다가 히자욘이나 마츠메드 전초기지, 혹은 두 군데 모두에서 운하에 도달해 탈취한 교량으로 운하를 건너가라는 명령을 받았다. 운하 서쪽 12마일(19km) 위치에 병력을 배치하라는 명령은 다시 6마일(9.7km) 위치에 배치하라는 명령으로, 여단 전체를 보내라는 명령은 소부대만 보내라는 명령으로, 마츠메드 전초기지를 먼저 탈취하라는 명령은 히자욘 전초기지를 먼저 탈취하라는 명령으로 변했다. 히자욘 근처에서 운하를 건너가 교두보 1, 2개를 설치하라는 명령은 '다수의' 교두로를 확보하라는 명령으로, 그리고 거기에 더해 남쪽으로 진격해 미주리 구역에서 유력한 이집트군 기갑부대와 전투를 벌이라는 명령으로 바뀌었다. 이 모든 명령은 아단이 전장의 지배자가 되었음을 전제로 했지만, 아단은 이날 이집트군과 마주치지 못했으며 이집트군은 아단의 지구에서 아직 내륙으로 침입해 오지도 않았다. 최악은 고넨이 사실상 워게임이나 마찬가지로 여긴 이번 반격에서 상대편 선수―새로운 기백과 역량을 갖추고 풍부한 기갑과 포병 전력으로 무장했으며 갑자기 위협적 존재가 된 보병까지 보유한 이집트군―를 빠뜨린 것이다. 아단은 포병과 항공지원 없이 50퍼센트 전력의 1개 사단으로 이미 놀라운 전투력을 보여준 이집트군 완편 3개 사단의 대부분을 제압하라는 명령을 받았다. 그리고 고넨의 지시에 따르면 이집트군이 이스라엘군을 위해 부수지 않고 남겨둔 교량을 건너 운하 서안에서 기다리는 이집트군 2개 정예 기갑사단 중 최소 1개 사단과 상대해야 했다. 이 모든 일은 일몰 전까지 완수되어야 했다.

　전선까지는 헬리콥터로 얼마 안 되는 거리였지만 고넨은 전장의 현실과 일선 지휘관들의 상황 인식을 전혀 알지 못한 채 움 하시바의 지휘벙커에서 움직이지 않았다. 어느 이스라엘 분석가의 표현을 빌리자면, 고넨은 말 안장 대신 지휘벙커에 앉아 지휘했다.

　전쟁이 시작되었을 때 고넨은 큰 신뢰를 받고 있었다. 이것이 빠르게 깊어지는 의구심에도 불구하고 엘라자르나 아단 같은 경험이 풍부한 선배들이 고넨의 결정을 존중한 이유다. 남부전선의 사령관이 횡설수설하고 있었다고 인정할 마음의 준비가 된 사람은 없었다. 고넨의 명령이 허무맹랑하지는 않지만 불합리하거나 공상에 가깝다 할지라도 아단은 전선사령관이 이집트군 붕괴의 가능성과 같은 자신이 모르는 정보를 갖고 있을 것으로 추정했다. 사실 고넨은 실체가 의심스러운 '조짐' 몇 가지에 정신이 팔려 있었다. 설상가상으로 아단은 전투를 개시하면서 개인적으로 고넨을 어떻게 생각했느냐에 상관없이 명목상 상급자의 결정에 애써 이의를 제기하거나 명령 수행이 불가능하다고 말하지 않았다. 아단은 이스라엘이 지금까지 치른 모든 전쟁에 참전해 지휘관으로서 뛰어난 실력을 보였으며 전역하기까지 한 달 남은 지금에 와서 임무 수행이 불가능하다고 호소하는 사람으로 군 경력을 마치고 싶지 않았다. 아단은 낙관적인 의견 표명을 자제하고 보병이나 포병이 없음을 거듭 말함으로써 당혹감을 간접적으로 드러내는 편을 택했다. 고넨은 아단의 말에 숨은 뜻을 포착하지 못했다. 이날 아단이 저지른 가장 큰 실책 중 하나는 주어진 임무에 대해 자신이 가진 우려를 적극적으로 피력하지 않은 것이다. 묵묵히 임무를 수행하는 아단의 태도로 인해 고넨은 아단 사단이 전장을 지배한다는 환상을 계속 키워나갔고, 참모본부도 이를 공유하게 되었다. 속내를 털어놓지 않는 아단의 과묵함은 고넨의 마음속에 불타오르는 환상에 기름을 부었다.

엘라자르는 무사 펠레드의 기갑사단이 이제 막 반격을 시작한 골란 전선의 상황에 정신이 팔려 있었다. 고넨이 혼란스럽기 그지없는 결정을 내리는 동안 총참모장은 아침에 열린 각료회의에 참석해서 1시간 30분을 보냈다. 회의 중간중간 내각의 회의실로 전달된 쪽지로 계속 상황 보고를 받기는 했으나 이는 고넨의 사고 과정을 이해하기에는 부적절한 방법이었고, 엘라자르는 현장 지휘관으로서 고넨을 어떤 경우에도 믿어보기로 마음이 기운 상태였다. 어쨌든 고넨을 현직에 임명한 사람은 엘라자르 자신이었고, 총참모장은 아직도 그를 강인하고 유능한 기갑 지휘관으로 생각하고 있었다.

오전 10시가 막 지났을 무렵 벤-아리 대령은 아단에게 전화를 걸어 적이 붕괴하기 시작했다는 '약간의 징후'가 있었다고 알리고 최고속도로 마즈메드를 향한 유린공격을 완료하라고 재촉했다(벤-아리는 1925년생으로 팔마흐 타격대에 1946년에 입대했고, 아단은 1926년생이며 1943년에 팔마흐에 입대했다. 아단은 벤-아리보다 나이가 적지만 군 경력은 선배다-옮긴이). '그렇게 하지 않으면 이집트군이 빠져나갈 것 같기' 때문이었다. 30분 뒤, 벤-아리가 다시 전화를 걸었다. "미주리 지역의 적을 소탕한 다음 세 곳에서 도하하셨으면 합니다." 이 시점에서 아단은 미주리에서 멀리 있었기 때문에 처음으로 약간 주저하는 모습을 보였다. "어떤 보고를 받았는지는 모르겠으나 여기 현장의 상황은 완전히 달라요."

안이한 생각으로 고넨을 방치하다시피 한 동료 장군들의 태만은 10월 8일에야 비로소 끝나겠지만, 이날은 이스라엘군 역사상 가장 불명예스러운 날로 기록될 터였다. 그날 시나이 전선의 이스라엘군은 악몽 같은 실패의 연속으로 스스로를 패배로 몰아간 끝에 이집트군 교두보를 분쇄할 가능성을 모조리 날려버리고 말았던 것이다.

히자욘을 향한 아미르 여단의 이동은 목적이 있는 행군이라기보다는 표류에 가까웠다. 항공지원을 기다리는 동안 여단은 심한 포격을 받았고 개활지에서 고정표적이 되는 것을 피하기 위해 거의 2시간 동안 계속 움직였다. 여단의 2개 대대 중 요페 중령이 지휘하는 대대는 토요일 밤에 미프레케트 전초기지와 칸타라 마을에서 벌어진 전투에서 큰 손실을 입었다. 히자욘에서 북쪽으로 2마일 떨어진 운하 근처의 야자나무숲 주변에 배치된 이집트군 전차와 새거팀이 원거리에서 사격했다. 이날 적과의 첫 직접 접촉이었다. 사회에서 변호사로 활동하던 하임 아디니$^{Haim\ Adini}$ 중령 휘하의 다른 동원대대(제460기갑여단 제19전차대대-옮긴이)가 히자욘에 서서히 접근했다. 구원해달라는 무전병의 절절한 호소 때문에 히자욘 전초기지의 이름은 무선망을 듣던 사람들의 뇌리에 각인되어 있었다. 이집트군은 히자욘과 인접한 곳에 교량 2개를 설치했는데, 이 지역은 주요 도하지점이었다.

아미르 대령은 토요일 밤의 전투가 남긴 트라우마가 아직 가시지 않아 크게 약화된 여단의 전력으로 다시 한 번 포위망을 뚫고 운하 쪽 전초기지에 돌입해야 한다고 생각하니 마음이 편하지 않았다. 대령은 공격을 위해 아단 사단장에게 인접한 언덕 정상에 보이는 샤론 사단 소속 대대를 자신의 여단에 임시배속하는 조치를 주선해달라고 요청했다. 아단은 고넨에게 이 요청을 상신해 승인을 받았다. 그런데 아미르가 이 대대의 지휘관 아미 모라그 소령과 연락하자 소령은 상급자와 확인해보겠다고 한 다음 샤론 사단장이 거부했다고 전했다. 사단은 남쪽으로 이동하고 있었고, 샤론은 전체 전력을 유지하고 싶어 했다.

히자욘 접근로를 맴돌던 아디니의 대대에는 부여단장 쉴로 사손Shilo Sasson 중령이 동행하고 있었다. 사손은 전투를 벌여야 하는 시점에서 제자리걸음만 하는 것에 답답해하다가 동쪽으로 뛰쳐나가 교량을 점령할 기회가 왔음을 느꼈다. 사손이 나중에 한 말에 따르면, 주도권 확보는 지휘관의 의무였다. 아미르 여단장은 전장을 넓게 바라볼 수 있는 고지를 찾기 위해 자리를 비운 상태였다. 오전 11시, 여단장 부재중에 사손 중령은 대대장 요페와 아디니에게 운하를 향해 이동하라고 명령했다. 하지만 요페는 탄약이 소진되었고 연료도 거의 떨어졌다며 전차들을 이끌고 전열을 이탈해 후방으로 가버렸다.

예비역 아디니 중령에게 사손의 명령은 진격나팔이었다. 아디니 중령은 대대의 전차 21대에게 넓은 산개대형으로 전진하라고 명령했다. 2개 중대가 앞에, 1개 중대가 뒤에 배치되었다. 전차들이 점점 속력을 내자 주변에 모래먼지가 피어올랐다. 교과서에나 나올 법한 전차 돌격이었고, 얼마간은 성공할 것처럼 보였다. 아디니는 전차 돌격의 경험을 오르가슴에 비유하곤 했다. 전차 포탑에 서서 화약과 땀, 윤활유가 섞인 냄새를 맡으며 도망치는 적을 바라보는 것과 비견할 것은 아무것도 없다는 것이다. 이제 적은 도망치고 있었다. 이집트군 보병 수백 명이 운하를 향해 달음질치는 모습이 보였다.

대대의 전차들이 모래평원을 가로지르며 달려나가자 운하 건너편의 방벽과 이집트군이 점령한 이스라엘측 방벽에서 미사일과 전차포가 불을 뿜었다. 오른쪽 측면의 전차 4대가 피격되어 불타기 시작했는데도 나머지는 계속 전진했다. 겉으로 보기에는 아무것도 없던 정면의 평원에서 얕은 개인호에 숨어 있던 이집트군이 갑자기 일어나 돌진해오는 전차들을 향해 RPG를 발사했다.

바로 500야드(457m) 앞에 운하가 보였다. 손을 뻗으면 닿을 듯 가까운 거리였다. 이집트군 병사 한 명이 아디니의 전차 정면 5야드(4.6m) 앞에서 일어나 RPG를 발사해 포탑을 맞혔고 전차는 이 병사를 깔아뭉갰다. 폭발로 인해 부상당한 아디니는 대대에 후퇴 명령을 내렸다. 전장에는 기동이 불가능한 전차 7대가 남았다. 돌아온 14대 가운데 겨우 7대만이 전투가 가

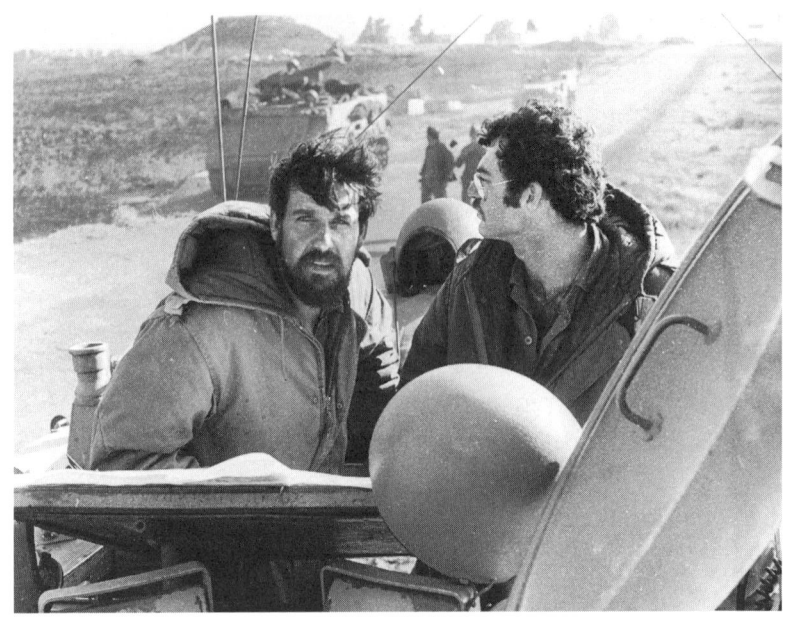

전차대대장 아미 모라그 소령(왼쪽). 〈아미 모라그 제공〉

능한 상태였다. 19명이 전사했고 부상자도 다수 발생했다.

사단장도, 여단장도 이 공격을 명령하지 않았다. 비행기 2대가 SAM과 거리를 유지하며 투하한 폭탄 2발을 제외하고는 사전 항공지원도, 예비포격도 없었다. 투하된 폭탄도 이집트군에게 눈에 띄는 피해를 주지 못했다.

무슨 일이 일어났는지를 알게 되자 망연자실한 아미르 대령은 모라그 소령에게 "구원을 요청함"이라고 다시 호소했다. 모라그의 대대는 샤론과 합류하기 위해 이미 철수하기 시작한 상황이었다. 모라그는 다시 한 번 멈춰 자신의 여단장과 접촉했다. 아미르가 교신 중에 끼어들어 "당신들이 논쟁하는 동안 내 부하들은 도살당하고 있다고!"라고 말했다. 교신을 듣던 모라그 대대의 전차장들은 아미르를 도우려고 전차의 방향을 돌리기 시작했다. 하지만 모라그는 "교전하지 말고 측면로에 있는 사단 본대와 합류하라!"는 단호한 명령을 받았다.

본대를 따라잡자 길옆에 샤론 사단장이 보였다. 모라그는 전차에서 하차해 사단장에게 아미르 여단을 포기한 일 때문에 양심의 가책을 느낀다고 말했다. 샤론은 이 일에 대해서는 자신이 전적인 책임을 지겠다고 말했다.

미틀라 고개에서 '대학살'이 있어서 사단 전체의 전력이 필요했다는 것이다. 사단 내부에서는 남쪽으로 갑자기 움직이기 시작한 사단의 행보를 설명하기 위해 이집트군이 내륙으로 대거 침입해왔다는 소문이 돌고 있었으나 그 근거는 불분명했다.

아단 장군이 자리한 언덕에서는 실패한 공격이 벌어진 장소가 보이지 않았고 장군은 무전으로 단편적인 보고만 받고 있었다. 그런데 이 보고에는 아디니 대대가 입은 손실이 제대로 반영되지 않아서 남부사령부에 대한 아단의 보고는 사령부의 안이한 생각을 바꾸지 못했다.

이 시각 샤론 사단은 계획대로 60마일(97km) 거리의 이집트 제3군 교두보 주변에 대한 우회기동을 개시했다. 오후 2시 15분, 사단의 행군대열이 30마일(48km)에 걸쳐 신장된 상황에서 벤-아리가 사단 작전장교에게 전화를 걸었다. 벤-아리는 "추후 명령이 있을 때까지 전 부대의 진격을 정지하라"고 말했다. 곧이어 샤론의 이동지휘소 옆에 움 하시바에서 온 헬리콥터가 착륙했다. 헬리콥터에서 내린 고넨의 전령은 겨우 3시간 전에 떠났던 위치로 다시 돌아가라는 명령을 전했다.

고넨은 아만으로부터 이집트군이 전 전선을 따라 전진할 예정이라는 경고를 받았다. 이와 동시에 남부사령부도 아단의 실제 상황을 처음으로 파악하기 시작했다. 사단은 이집트군 전차를 분쇄하기는커녕 꼼짝 못 하고 있던 것이다.

샤론은 치미는 화를 간신히 참고 사단에 되돌아갈 것을 명령했다. 모두 의아해했다. 고넨은 이집트의 교량을 폭격하라고 공군에 새롭게 요청했다.

농안 히자욘에서 2막이 오를 참이었다. 결과가 더 안 좋았다는 점을 빼고 2막은 1막과 기분 나쁠 정도로 똑같았다.

아단은 2개 여단만으로 히자욘 전초기지를 공격하기로 하고 니르에게 이집트군 T-62 전차에 대비해 여단의 3개 대대 중 1개 대대를 남겨놓고 칸타라에서 히자욘으로 오라고 명령했다. 그런데 니르와 아미르에게 협동공격을 위해 합세하라는 지시를 하면서도 정작 언덕에서 전장을 관찰하던 사단장은 합류하기 위해 내려오지 않았다. 공격을 앞두고 2명의 여단장이 가진 짧은 회의는 앞으로 벌어질 오해의 전주곡에 불과했다. 아디니가 공격했던 지구를 니르가 재차 공격할 예정이었는데도 분명하지 않은 이유로 아미르는 이 공격이 실패했음을 니르에게 알리지 않았다. 니르는 아미르의 여단도 함께 공격할 것으로 생각했다. 아미르는 자신의 역할이 엄호사격뿐이라고 믿었다. 아단이 여단장들과 계획을 사전조율하지 못한 후폭풍은 컸다.

아미르 여단은 처음에 보유했던 2개 대대를 잃었다. 큰 타격을 입은 아디니 대대는 재편을 위해 후방으로 갔고 요페 대대는 다른 지구로 파견되었다. 하지만 엘리아쉬브 쉼쉬Elyashiv Shimshi 중령이 지휘하는 새로운 대대(제430전차대대-옮긴이)가 도착했다. 전초기지 주변을 쌍안경을 통해 살펴본 쉼쉬는 여기에 이집트군이 전차와 보병을 대거 집중했음을 파악할 수 있었다. 이집트군은 니르 여단의 전차들이 도착하면서 일으킨 먼지구름을 보고 이스라엘군이 히자욘에 재공격을 시도할 것이라고 정확히 추론하고 이번에는 더욱 강한 전력으로 기다리고 있었다.

쉼쉬는 아미르 대령으로부터 곧 공격할 니르 여단 소속 1개 대대를 지원하기 위한 엄호사격을 준비하라는 말을 듣고 깜짝 놀랐다. '어떻게 겨우 1개 대대로 이렇게 대거 집결한 적을 공격할 수 있는가?'라고 쉼쉬는 생각했다. 게다가 포병이나 공군의 지원도 없었다. 쉼쉬는 전장에 있는 다른 부대들은 토요일부터 전투해왔기 때문에 이들이 자기가 모르는 것을 알지도 모른다고 생각하며 자신을 달랬다. 이들은 돌격하는 전차를 보기만 해도 이집트군이 무너질 것으로 배웠을지도 모르겠다. 아주 설득력 있지는 않았으나 그는 이런 생각에 매달리려 애썼다.

아사프 야구리Assaf Yaguri 대대장과 대대의 장교들은 이런 환상을 품지 않았다. 니르 여단 소속인 야구리의 대대(제113전차대대-옮긴이)는 전날 도착한 이래 사단의 선두에 서서 전투를 벌이고 있었고 전차를 보고도 이집트군이 도망가지 않는다는 것을 알았다. 지금 니르 여단장은 이들에게 포위망을 뚫고 히자욘 전초기지를 돌파하라는 임무를 부여했다. 야구리는 다른 이스라엘군 부대가 불과 몇 시간 전에 같은 임무를 수행하려다 실패했다는 사실을 몰랐다. 야구리의 대대는 후방으로 향하는 아디니 대대의 생존자들을 지나쳤다. 이들은 멈추라는 야구리의 몸짓에 응답하지 않았으나 표정을 본 야구리와 부하들은 앞으로 골치 아픈 문제가 기다리고 있을 것이라는 생각에 정신이 번쩍 들었다.

아미르 여단장과의 회의를 마치고 니르 여단장이 돌아오기를 기다리는 동안 야구리와 예하 중대장들은 6마일(9.7km) 떨어진 하브라가 능선^{Havraga} ^{Ridge} 정상에서 히자욘 지역을 쌍안경으로 살폈다. 반사광 때문에 상세한 모습을 보기는 어려웠다. "뭔가 보이는데 무엇인지 확신하지 못하겠군." 야구리가 말했다. 무전기를 통해 건너편에 있는 다른 부대와 '합류하기' 위해 1개 중대를 운하 건너로 보낼 준비를 하라고 니르 여단장이 대대에 내리는 명령이 들렸다. 니르는 고넨으로부터 이 명령을 받았다. 지금까지 대대의 선봉 역할을 언급하며 "글쎄요, 이번에는 최소한 선두에 서지는 않겠지요"라고 부대대장이 말했다. 이스라엘군이 운하를 건너갔다는 보고가 점점 여러 곳으로 퍼져나가고 있었다. 아단의 무선망에서 나온 한 대목을 오해한 텔아비브의 '구덩이'에 있던 무선감청반원이 그 출처였던 것 같다. 엘라자르는 내각 브리핑 도중 보고를 받고 이를 전했고, 참석자들은 기쁜 나머지 축배를 들까지 했다.

하지만 사실 여부가 확인되지 않은 이 보고는 야구리와 부하들의 불안을 누그러뜨리지 못했다. 운하 근처에서 일어나는 거대한 먼지구름이 보였다. 만약 이스라엘군 소부대가 이집트군을 돌파해 운하 반대편으로 건너갔다면 이집트군이 퇴로를 차단했을 것이다. 장교들이 집단으로 야구리에게 와서 자신들의 대대가 비합리적인 임무를 수행하라는 요구를 받았다고 말했다. 중대장 한 명이 말했다. "가신다면 저도 가겠지만, 이건 자살행위입니다." 야구리도 그렇게 믿었으나 반박하려 하지 않았다. 야구리는 공격을 개시하기 전에 전력을 더 강화시키고 적의 배치 상황에 대한 정보를 더 얻어야 한다고 강조했다. 하지만 남부사령부는 신속히 행동하라고 압박했다.

아미르 여단장과의 회의에서 돌아온 니르 대령은 브리핑을 위해 장교들을 소집하지 않고 탑승을 명령했다. 그는 여단 작전장교에게 "담배를 많이 가지고 승차하게"라고 말했다. 니르에게는 전차 탑승이 고역이었다. 니르는 6일 전쟁 당시 샤론 휘하에서 대대를 지휘하다가 아부 아게일라 전투에서 두 다리에 중상을 입고 국내외에서 여러 번 수술을 받았다. 오른쪽 슬개골을 잃었기 때문에 니르는 걸을 때 반원을 그리며 뻣뻣하게 다리를 움직였고 왼쪽 다리는 금속 핀으로 지탱했다. 전차 포탑에 오르려면 노력이 필요했고 도움을 구해야 할 때도 있었다. 하지만 그는 야전부대 지휘로 돌아가겠다고 고집한 끝에 승인을 받았다.

아단은 나중에도 자신은 니르에게 공격을 준비하라고만 했지 공격명령을 내리지는 않았다고 계속 주장했다. 포병이 없었으므로 아단은 비행기 2대가 먼 거리에서 폭탄을 던지는 것이 아닌 효율적 항공근접지원을 아직도 기다리고 있었다. 니르는 아단으로부터 아미르 여단과 함께 히자욘을 공격하라는 명령을 들었다고 믿었다. 다시 한 번 사단장과 현장의 여단장들 사이에 악몽에서나 일어날 법한 치명적인 의사소통의 단절이 발생했다. 또다시 2개 여단의 공격 계획은 1개 대대의 공격으로 바뀌었다. 사단장은 다시 한 번 예하 부대 중 단 1개 대대만 공격에 나섰다는 소식을 듣고 경악할 것이다. 니르는 2개 대대를 동원해 공격할 의도였지만 1개 대대는 아침에 요페가 그랬듯 야자나무숲의 이집트군과 교전하다가 전차 2대와 반궤도장갑차 1대를 잃었다. 니르는 대대장에게 뒤에 남아 이 지역에 있는 작은 언덕 뒤에서 야구리를 위해 엄호사격을 하라고 말했다.

야구리의 전차들이 능선에서 내려와 전개를 마쳤다. 3개 중대가 나란히 섰다. 부대가 속력을 높이자 기계적 문제가 생긴 전차 몇 대가 낙오했다. 야구리는 부하들에게 넓은 산개 상태를 유지하며 신속하게 기동해 적과의 거리를 줄이면서 사격을 계속하라고 명령했다. 브리크 소령의 중대는 왼쪽 측면에 있고 야구리의 전차는 브리크 중대와 중앙의 다른 중대 사이에 있었다. 뒤쪽에 있던 니르 대령은 쉼쉬의 대대가 공격에서 빠졌음을 알아차리고 아미르 대령에게 무선으로 격렬하게 항의했다.

포탄이 전차들 사이로 떨어지기 시작했고 전차들이 속력을 높이자 주변에 모래먼지가 휘몰아쳤다. 야구리는 옆 전차의 포탑에 있는 부대대장을 힐끗 쳐다보았다. 부대대장은 미소로 답했다. 무슨 걱정을 했든 공격은 이미 개시되었다. 운하에서 거의 1마일 떨어진 곳에 도달하자 이집트군 병사들이 주변의 개인호에서 일어났다. 브리크의 마음속에 일요일에 해안도로에서 받았던 기습이 스쳐 지나갔다. 귀를 먹먹하게 하는 폭음을 내며 전차포, 야포 포탄, 새거, RPG탄이 사방에서 폭발하고 자욱한 연기와 먼지구름이 몰려왔다. 지금껏 보아온 것으로 판단할 때 이스라엘군은 사단 규모 병력이 배치된 조밀한 방어선 한가운데로 뛰어들어 3면에서 사격을 받고 있었다.

남쪽에서 엄호사격을 하던 쉼쉬 대대장의 눈에 비친 전투 광경은 전차들이 넓은 전선을 가로질러 적에게 영웅적으로 돌진하며 불을 뿜고 있는 제2차 세계대전의 소련 선전영화의 한 장면 같았다. 이보다 더 적절한 비교는 크림 전쟁Crimean War(1853년에서 1856년까지 흑해 연안의 크림 반도에서 러시아와 오스만투르크, 영국, 프랑스 연합군 사이에 벌어진 전쟁-옮긴이) 당시 '오직 명령대로 행하고 죽을 뿐(영국 시인 앨프리드 테니슨Alfred Tennyson의 시 '경기병여단의 돌격The Charge of Light Brigade'에서 인용-옮긴이)'인 경기병여단이 돌진했다가 전멸한 '죽음의 계곡Valley of Death'일 것이다. 야구리의 전차, 부대대장 전차, 그리고 중대장 1명의 전차가 선두에서 돌진했다.

이날 아침에 공격을 명령한 다음 아디니 대대와 함께 '계곡'으로 전차를 달린 아미르 여단의 부여단장 쉴로 사손Shilo Sasson 중령은 야구리 대대가 자기 여단 소속이 아니었는데도 호기심 때문에 1마일(1.6km) 뒤에서 따라갔다. 전개를 무사히 마친 대대가 아디니가 아침에 택했던 경로 약간 북쪽에서 고속으로 전진하는 모습이 보였다. 이번에는 아디니가 가로질렀던 렉시콘로에서 800야드(732m) 못 미친 곳에서 이집트군이 습격했다. 그리고 아디니 대대가 받았던 것보다 더 격렬한 포화가 야구리 대대를 덮쳤다. 전차들이 차례로 적탄에 맞았다.

야구리는 이집트군의 첫 일제사격에서 살아남았다. 그러나 중대장들을 호출하자 브리크 혼자만 응답했다. 대대장의 가장 큰 우려가 현실이 되었다. 자신의 작은 부대가 포병과 공군의 지원 없이 완전히 단독으로 이집트 제2군의 주 교두보를 공격하고 있었다. "후퇴!" 야구리가 무전으로 지시했다. "계속 사격하면서 후퇴!" 연기와 소음 속에서 브리크 말고 누가 살아남아 무전을 들을 수 있었는지 알 수 없었다. 야구리 자신의 전차도 궤도에 적탄을 맞고 덜컹하며 정지했다. 야구리는 승무원들에게 탈출하라고 명령했다. 작전장교를 포함해 모두 5명이었다. 탈출한 이들은 근처에 있는 큰 포탄 구덩이로 달려갔다. 3명이 무사히 도착했다. 다른 전차에서 탈출한 승무원 1명이 합류했다. 이집트군 병력수송장갑차가 구덩이를 향해 속력을 높이며 다가와 기관총을 발사했으나 이집트군 장교 한 명이 앞으로 달려나와 멈추라는 신호를 보냈다. 야구리와 승무원들은 포로가 되어 병력수송장갑차에 실렸다.

브리크는 인생에서 가장 어려운 딜레마와 마주하고 있었다. 한편으로는 자신의 부대는 운하 건너편에서 고립된 아군 부대를 지원하러 간다고 믿었기 때문에 돌파해야 한다는 의무감을 강하게 느꼈지만 다른 한편으로는 할 수 없다는 것이 분명했다. 교두보의 참호에 들어앉은 적에게 1개 전차대대로 '전차 충격'을 가해 도망치게 할 수는 없을 터였다. 돌격한 지 얼마 안 되어 전차포가 적탄에 맞아 작전이 불가능하게 되었지만 브리크는 계속 앞으로 나아갔다. 야구리의 후퇴 명령을 듣자 브리크는 안도의 한숨을 내쉬었다. 방향을 바꾸면서 결정적 시간을 낭비하지 않기 위해 브리크는 조종수에게 후진 기어를 넣고 후진하라고 명령했다. 떠다니는 연기 사이사이로 기동이 불가능해진 전차를 포기하고 탈출하는 전차병 2명이 보였고, 브리크는 이들을 태웠다. 돌격을 시작한 전차 18대 중 고작 4대만 돌아왔다.

브리크는 더 뒤쪽으로 물러나다가 니르 여단장의 전차와 마주쳤다. 여단장은 계속 헛되이 야구리를 무전으로 호출하고 있었다. 브리크는 생존한 전차승무원들을 더 데려올 수 있는지 살펴보기 위해 전방으로 다시 가는 것을 허락해달라고 요청했다. "자살행위야." 니르가 말했다. 결국, 여단장의 동의를 받은 브리크는 전방으로 1마일(1.6km) 정도 전차를 몰고 가서 주변을 살필 수 있는, 움푹한 곳에 전차를 숨겼다. 눈앞에 펼쳐진 광경의 중심에 불타는 이스라엘군 전차들을 둘러싼 이집트군 병사 수백 명이 있었다. 뒤에는 이집트군 전차 100여 대와 병력수송장갑차들이 대오를 편성하는 모습이 보였다. 공격 준비를 하고 있음이 분명했다. 브리크는 하브라가 능선으로 서둘러 돌아가 전차 4대를 모아 이집트군을 상대하기 위해 다시 평원 가장자리로 내려왔다. 적 전차가 다가오자 브리크의 전차들은 원거리 사격을 시작했다. 다른 이스라엘군 전차 7대가 뒤쪽의 낮은 언덕에 사격 위치를 잡았다.

그동안 아단 사단장은 니르와 아미르 여단장을 소환했다. 아단은 이들을 만나려고 언덕 위의 사단 지휘소에서 내려왔다. 아단에게 이번 전투는 지금껏 싸운 네 번의 전쟁에서 자신이 겪은 최악의 위기였다. 대참사로 끝난 두 번에 걸친 히자욘 공격 외에 아리예 케렌Aryeh Keren 중령의 세 번째 여단은 남쪽으로 5마일(8km) 떨어진 하무탈Hamutal이라는 전략적으로 중요한 고원을 이집트군의 대군에 빼앗기고 반격을 개시했으나 난관에 봉착했다. 그 어느 때보다 아단의 마음속에는 장기간의 군 경력 동안 단 한 번도 내리지 않았던 후퇴 명령을 내려야 할 가능성이 더 크게 다가오기 시작했다.

니르, 아미르와 함께 아단은 몸을 굽혀 모래 위에 놓여 있는 지도를 살폈다. 이때 각 여단장 부관들이 이집트군이 공격해온다고 보고했다. "빨리 각자의 여단으로 돌아가!" 아단이 말했다.

이집트군 2개 기계화보병여단이 전진하고 있었다. 새거와 RPG로 무장한 보병들의 측면에 전차가 배치되었고 포병의 강력한 지원을 받고 있었다. 이스라엘이 지금껏 한 번도 실시할 수 없었던 제병협동작전combined arms operation(상호 협동하는 2개 이상의 전투 및 전투지원부대로 벌이는 작전-옮긴이)이었다. 하지만 전진은 느렸고 공격은 조직적이지 못했다. 이스라엘군 전차들은 보병들의 접근을 막기 위해 원거리에서 사격을 개시했다.

전투가 개시되고 아단이 예하 여단장들로부터 받기 시작한 보고는 우려스럽기 그지없었다. 아미르는 "적은 넓은 전선에서 대규모 병력으로 접근 중"이라고 말했다. 니르는 긴급히 항공지원을 요청하며 "엄청난 수의 적이 오고 있음"이라고 말했다. "엄청난 규모입니다. 저희는 충분한 전력이 없습니다." 전진하는 보병을 상대할 가장 효과적인 무기는 포병이었으나 사단에는 포병 전력이 전혀 없었다.

니르는 이집트군이 자신을 휩쓸고 지나가 몇 마일 후방에 있는 보급부대와 정비부대까지 들어가 사실상 사단을 와해시킬 것을 우려했다. 진짜 공포는 그 너머에 있었다. 지난 이틀간 전쟁이 전개된 양상을 보면 이제 국가의 생존이 걱정스러운 상황이었다.

지휘용 반궤도장갑차에서 선택 방안을 놓고 고민하는 동안 아단 사단장은 자신을 주시하는 참모진을 보았다. 결국, 해결책은 하나밖에 없어 보였다. "후퇴해야 한다." 아단은 아미르와 니르를 무전으로 호출해 명령을 내렸다. 격전 중이라 즉답은 없었다. 니르는 후퇴 명령을 반복해서 듣지 않으려고 무전기를 꺼버렸다.

브리크의 급조된 방어선은 쉼쉬의 대대와 니르 여단의 두 번째 대대, 그리고 뿔뿔이 흩어졌던 전차들이 합류하면서 두터워졌다. 서로 다른 부대에서 온 전차 50여 대가 한데 뭉쳐 다가오는 이집트군과 교전을 벌였다. 석양 때문에 조준이 어려웠다. 전투 중 쉼쉬는 도보로 자신의 전차로 다가오는 세 사람의 형상을 보았다. 이들은 소리치며 팔을 흔들고 있었다. 쉼쉬는 히브리어를 들었다고 생각해 사격 중지를 명령했다. 세 사람은 야구리 대대의 생존자였다.

10분 뒤에 니르가 무전기를 다시 켜자 아단의 목소리가 들렸다. 후퇴하지 않은 데 놀란 사단장은 니르와 아미르에게 조금 더 버틸 수 있는지를 물었다. 둘 다 그러겠다고 답하고 이집트군의 압박이 조금은 누그러진 것 같다고 말했다. 단독으로 후퇴한 몇몇 이스라엘군 전차들도 다시 일선으로 복귀하고 있었다.

해가 지평선 아래로 떨어져 포수의 눈 밖으로 사라진 순간부터 이스라엘군 전차들의 사격 속도는 더 빨라졌고 정확도는 더 높아졌다. 전선 전체에 걸쳐 불타는 이집트군 차량이 있는 곳마다 연기 기둥이 피어올랐다. 불타는 이스라엘군 전차들도 있었으나 그 수는 훨씬 적었다. 마지막 잔광 속에서 이집트군 병력수송장갑차 수십 대가 파괴된 전차들 사이로 빠져나와 이스라엘군 진영으로 접근했다. 다수가 피격되었고 불타는 차량에서 뛰어내리는 병사들이 보였다. 이스라엘군 지휘관들은 보병의 새거와 RPG 공격에 대비했다. 그러나 이집트군도 지칠 대로 지쳐 있었다. 장갑차에서 내린 보병들이 후방으로 도망치는 모습이 보였다. 검은 형상들이 어두워지는 사막 속으로 사라졌다.

엘라자르는 아침에 각료회의가 끝나자마자 북부사령부로 날아갔다. 어제 골란 전선에서 거둔 비교적 양호한 성과에도 불구하고 사령부의 분위기는 침통했다. 시리아군은 더 많은 기갑 전력을 투입할 준비를 하고 있었고 고위 간부들은 어떻게 결말이 날지 확신하지 못했다. 오후 3시 30분에 '구덩이'로 돌아온 엘라자르는 남부전선에서 무슨 일이 일어났는지를 듣고 경악했다. 앞서 엘라자르는 전선사령관이 보낸 긍정적 보고를 근거로 자신이 지시했던 계획의 변경을 재가했다. 엘라자르는 견실한 계획을 아무 까닭 없이 엉망진창으로 만든 조치를 승인한 사람이 다름 아닌 자신이었음을 깨달았다.

"아니, 아니, 나는 아단이 방벽 근처에 가기를 원치 않는다고!" 고넨으로부터 아단이 히자욘에 대한 공격을 재개할 것이라는 말을 듣자 좀처럼 화를 내지 않던 엘라자르가 전화에 대고 고함을 질렀다. 두 사람 다 방금 야구리가 개시한 공격에 대해서는 몰랐다. 아단은 방벽에서 발사하는 미사일 사거리 밖에서 내륙에 침투한 적 전차를 격파하는 일에만 전념해야 한다고 엘라자르는 말했다. "그(아단)는 어디에서라도 운하에 도달해서는 안 돼." 전화를 끊고 엘라자르는 샤론 사단이 먼 길을 돌아가느라 헛수고를 했다는 사실을 접하자 부관들에게 화를 냈다. "하루를 낭비했어." 엘라자르는 말했다. "하루를 낭비했어." 엘라자르는 아단이 남쪽으로 유린공격을 하며 이집트군 기갑 전력 상당 부분을 격파했다는 말을 듣고 위안을 받았으나 이 역시 오해였다. 엘라자르는 고넨에 대해서 이렇게 말했다. "이해 못 할 사람이야."

하무탈 전투는 히자욘 전투만큼이나 절망적이었다. 하무탈 고원은 타사에서 운하로 이어지는 중요한 도로를 끼고 있었고 건너편은 이스마일리아였다. 오후 일찍 케렌 중령은 단 사피르$^{Dan\ Sapir}$ 대대장이 지휘하는 전차 8대를 그곳으로 보냈다. 사피르는 남쪽의 미주리 방향에서 이집트군 보병 1,500명이 접근 중이라고 보고했다. 전차들이 이집트군에게 사격했으나 이집트군은 계속 다가왔고 전차까지 합세했다. 이집트군 보병들이 새거를 발사하기 시작하자 몇몇 이스라엘군 전차가 후퇴했다. 사피르는 중대장에게 자신은 후퇴를 승인하지 않았다고 말했다. 중대장은 이집트군에게 압도당하기 직전이라 전차장들이 독자적으로 판단해 후퇴하기 시작했다며 "혼자서는 여기 있지 않겠습니다"라고 말했다. 방어가 무너진 상황에서 사피르는 케렌 여단장으로부터 후퇴 허가를 받았다.

일몰 30분 전, 아단의 명령에 따라 케렌은 반격을 개시했다. 공격군은 전차 15대를 보유한 사피르의 대대와 현재 케렌 여단에 임시배속된 요페 대대의 전차 12대로 구성되었다. 공격 초반에 사피르 대대장이 전사하자 사기가 떨어진 대대는 후퇴했다. 요페의 전차들은 고원을 가로질러 질주해 이집트군 전차와 보병의 대열 한가운데를 돌파했다. 탑승한 전차가 적탄에 세 번 맞고 과열된 전차포 포신이 폭발하기까지 했지만 요페는 기관총을 들고 부하들을 계속 이끌었다. 기동 가능한 전차가 5대가 되었을 때 요페 역시 철수했다.

어둠이 내리자 아단 사단의 여단들은 차장부대(군사 현행 작전을 적의 방해 활동이나 관측으로부터 보호하기 위해 우군과 적군 사이에서 활동하는 부대-옮긴이)를 남기고 일시 후퇴했다. 고통스러운 판단 실수와 최악의 전장 관리로 얼룩진 길고도 절망적인 날이었다. 이날 놀란 것은 새롭게 발견된 이집트군의 능력이 아니라 이스라엘군 지휘부가 보인 어리둥절할 정도의 모순적인 행동이었다. 적의 배치에 대한 기본적 사실을 제공할 전장 정보가 없었기 때문에 아단이 북쪽에서 남쪽으로 펼친 유린공격은 목표를 잃었으며, 빠른 진격 속도는 엉뚱한 낙관적인 전망을 불러일으켰다. 하지만 참사의 가장 큰 원인은 고넨이 연달아 내린 괴상한 명령이었다. 고넨의 명령 때문에 아단 사단과 샤론 사단 모두 페이스를 잃어 통탄할 전술적 실수를 범하게 되었다. 실패의 총연출자는 고넨이었지만 아단도 처참할 정도의 통솔력을 보였다. 여단 수준에서도 이해하기 어려운 작전이 이어졌다. 기습공격의 충격과 예기치 못한 이집트군의 적극성으로 인해 이스라엘의 개인적·집단적 사고방식은 균형을 잃고 휘청거렸다. 아단은 곧 충격에서 회복할 것이다. 이날 이후, 사단장으로서 아단의 작전 수행은 지휘부와 동료 장군들로부터 최고라는 평가를 받았다. 하지만 오늘 배운 교훈이 먼저 체화되어야 했다.

아단 사단은 전차 약 50대를 잃었다. 더 심각한 것은 자신감의 상실이었다. 시나이 전선에서 이스라엘 국방군이 펼친 첫 번째 선제공격은 일몰 무렵에 황급히 모은 전력으로 벌인 방어전투를 제외하고는 완전한 실패로 끝났다. 전투하는 동안 아단은 이날이 끝날 때 지휘할 사단이 과연 남아 있을지 모르겠다고 생각했다. 하지만 전투가 끝나자 질서정연한 대열로 어둠을 뚫고 후방의 집결지점으로 이동하는 전차들과 전차 포탑 위로 꼿꼿이 몸을 세운 전차장들을 지켜본 아단은 큰 감명을 받았다. 사단은 큰 피해를 입었으나 무너지지 않았다.

모두가 이 고통스러운 날로부터 배워야 할 교훈이 있음은 분명했다. 전쟁의 결과는 여기에 달려 있었다.

제22장

다마스쿠스를 폭격하라

월요일 밤, 전쟁 발발 후 첫 번째 기자회견을 위해 텔아비브의 언론협회 연단을 오르던 엘라자르 총참모장은 어느 정도 사실을 왜곡하더라도 불안해하는 국민에게 안도감을 줄 방법을 찾으려고 했다. 그는 기자들에게 이스라엘 국방군은 이날 두 곳의 전선에서 반격을 개시해 성공을 거두고 있다고 했다. "만만찮은 전쟁이지만 우리가 전환점에 있다고 말할 수 있어 기쁘게 생각합니다." 전쟁이 얼마나 길어질지에 대한 질문에 대해 엘라자르는 확답을 피하면서도 다음 말을 덧붙였다. "한 가지는 예측할 수 있습니다. 우리는 계속 공격하고 반격해 적의 뼈를 부러뜨릴 것입니다."

그날의 사건에 대한 진실이 드러나자 해당 발언은 총참모장의 신뢰를 떨어뜨리는 근거 없는 허풍이라는 비판을 받았다. 그러나 시리아의 앞에 놓여 있는 참담한 운명을 묘사함으로써 요르단과 이라크의 지도자가 시리아와 운명을 같이 하려는 것을 차단하려는 것이 이날 발언의 목적이었다. "저희는 평시의 일상적인 충돌에 대해서는 진실을 이야기합니다." 엘라자르는 나중에 이렇게 말했다. "하지만 전시에 진실을 이야기하는 것은 금물입니다."

빠른 상황의 변화에 비해 전장에서 보내오는 정보가 수뇌부까지 올라오는 속도는 느렸기 때문에 엘라자르가 이날 하루종일 마음속으로 생각했던 두 곳 전선의 상황은 현실과 정반대였다. 엘라자르는 아단 사단에 일어난 일을 아직 정확히 알지 못했기 때문에 남부전선에서는 하루를 지체했을 뿐이지 대참사가 일어났다고 보지는 않았다. 총참모장의 관심은 북쪽에 집중되어 있었다. 북부사령부를 방문했을 때 호피가 보고한 상황은 절망적이었지만 사실 이스라엘군은 골란 고원에서 허약하게나마 발판을 유지하고 있었고 곳곳에서 시리아군을 밀어내기 시작하고 있었다.

시리아군 전차들이 브노트 야코브 다리 바로 위쪽에 있는 옛 시리아 국경초소인 세관건물에 거의 도달했다는 보고를 언급하며 엘라자르는 부관들에게 말했다. "거기에서부터 하이파까지는 이스라엘군 전차가 한 대도 없어. 그리고 하이파에서 텔아비브까지는 차로 얼마 안 걸려." 골란 고원 위의 2차 방어선 구축과 모든 가용 자원의 골란 고원 투입이 시급하다고 엘라자르는 말했다. 운하는 이스라엘 국경에서 멀리 떨어져 있어 전술적 후퇴를 할 공간이 충분하다고 그는 지적했다. "시나이 반도에 전차 수백 대가 있는 한 남부사령부 친구들이 어떻게든 운하로 돌아갈 것이라 믿어. 하지만 골란에는 숨 쉴 공간조차 없다고."

이날 북부전선의 이스라엘군이 실제로 큰 피해를 입은 유일한 곳은 헤르몬산이었다. 월요일 아침, 토요일에 산 정상에 있는 전초기지에서 탈출한 병사 3명이 산 아래에 도착했다. 내려오는 도중에 이들은 하루를 숨어 지냈다. 병사들은 골라니 여단장 아미르 드로리 대령에게 자신들이 탈출했을 때 동료 대부분이 아직 전초기지 안에 갇혀 있었다고 보고했다. 하지만 시간을 착각했던 것 같다. 이들은 어제가 아닌 이틀 전에 탈출했다.

전초기지에서 병사들이 아직 버티고 있을지 모른다고 믿은 이스라엘군 지휘부는 즉각 구출작전에 나서기로 결정했다. 드로리 대령은 몇 대의 전차와 장애물 제거를 위한 불도저를 동반한 반궤도장갑차에 탑승한 보병부대를 이끌고 산 정상으로 가는 외길을 올랐다. 유드케 펠레드$^{Yudke\ Peled}$ 대대장이 이끄는 별동대(골라니 여단 제51보병대대-옮긴이)는 도보로 헤르몬산을 올랐다. 3분의 1 정도 올라간 곳에서 펠레드의 부대는 바위 뒤에 몸을 숨기고 총격을 가하는 시리아군 특수부대 대대에 발목이 잡혔다. 200야드(183m) 거리에서의 소총 사격은 별 효과를 거두지 못했다. 궤적을 보니 탄환이 강한 맞바람을 맞아 휘고 있다는 것을 알 수 있었다. 펠레드는 사거리를 좁힐 수 있도록 경박격포반에 연막탄을 발사하라고 지시했다. 바위 뒤에서 다른 바위 뒤로 뛰어다니는 병사들에게 경사면을 따라 흘러가는 구름은 또 다른 엄폐 수단이 되었다. 거리가 50야드(46m)까지 좁혀들자 우지 기관단총이 위력을 발휘했다. 시리아군 대대는 마침내 펠레드의 부하들에게 자리를 내주고 후퇴했다. 이스라엘군 전사자는 2명, 부상자는 8명이었다. 그러나 차량으로 능선을 오르던 부대는 도중에 매복습격을 받아 큰 손실을 입었다. 모두 25명이 전사하고 57명이 부상당했다. 드로리는 철수 명령을 내렸다.

텔아비브의 참모본부 상황실, 참모차장 탈 장군은 운하 도하 계획을 포기하고 대신 수에즈만 건너편으로 상륙부대를 보내자고 제안했다. 이렇게 하면 운하를 따라 전개한 이집트군을 측면에서 공격할 수 있으며 만 주변에 있는 이집트의 주요 유전을 위협할 수 있을 터였다. 이 계획은 오래전 비상사태를 대비해 작성된 것이었으며, 해군은 샤름 엘-셰이크 기지에 상륙부대를 수송할 수 있는 전차상륙함LST, Landing Tank Ship(해안에 접안한 다음 선수에 장착된 문을 통해 탑재한 전차 및 각종 차량, 병력을 양륙하는 함정-옮긴이)을 여러 척 보유했다. 다얀은 이 방안을 검토해볼 의향은 있었으나 여전히 운하 북쪽 입구의 포트사이드 점령을 선호했다. 시나이에서 이집트가 거둔 성과를 상쇄하기 위해 어떻게 해서든 이집트 본토를 점령하는 것이 중요하다고 그는 말했다. 다얀은 풍자적인 유머 감각을 어느 정도 회복했다. 샤론이 운하를 건너갈 결심을 한 것 같다고 탈이 말하자, 국방장관은 이렇게 말했다. "내가 알고 있는 샤론이라면 카이로로 직행해 리쿠드당에 표를 달라고 할 거요." 얼마 전 있었던 샤론의 정계 입문을 가리킨 말이었다.

샤론은 이런 농담에 맞장구를 칠 기분이 아니었다. 그는 이집트군이 방비를 굳히기 전에 자신의 사단과 아단 사단이 이집트 제2군 교두보에 대한 공격에 실패한 탓에 이날 전세를 역전시킬 기회를 잃었다고 확신했다. 이집트 제2군의 교두보를 제거했더라면 제3군도 처치할 수 있었을 것이다. 샤론은 대담한 행동을 취해 이집트군을 무너뜨리는 것이 아직 가능하다고 믿었다. 그렇지만 그는 엘라자르 총참모장을 위시한 지휘부가 이런 시도를 할 수 있다고 더는 믿지 않았다. 샤론은 이들의 신중함이 자신감의 상실에서 비롯된 것으로 보았다. 샤론은 이집드군이 진격하는 대신 참호를 파고 지뢰를 매설하고 있음을 지적하며 한 곳만 돌파한다면 전체 방어선이 무너질 것으로 자신했다. 하지만 시간이 지날수록 이렇게 하기란 더 어려워질 것이다.

아단은 샤론의 상황 평가에 공감하지 않았다. 그는 전력이 약해지고 제대로 조직되지 않은 이스라엘군 사단들이 전면 공격에 나선다면 더 큰 참극을 겪을 것이라고 믿었다. 아단은 10월 8일 이스라엘군은 운하에서 내륙으로 2마일(3.2km) 이상 침입한 이집트군에 대해서만 공격했어야 했다고 주장했다. 그런 다음 운하까지 돌파하고 도하하기에 충분한 전력이 조직될 때까지 그 전선을 유지했었어야 했다는 것이다.

월요일 자정이 가까워질 무렵, 엘라자르는 이날 일어난 일들을 토의하고 지금 당장 어떤 전략을 구사해야 할지를 결정하기 위해 남부전선으로 날아갔다. 다얀과 더불어 제이라의 전임 아만 국장 아하론 야리브Aharon Yariv 장군(예비역)도 동행했다. 야리브는 비공식적으로 군 대변인을 맡는 데 동의했다. 국민의 사기가 어떤 상태인지 고려하면 군 대변인이라는 자리는 아주 중요한 자리가 되었다. 출발 전 참모들과 만난 자리에서 엘라자르는 고넨이 저지른 일에 대해 화를 내며 말했다. "고넨의 지나치게 낙관적인 정보에 속았어. 만약 내 계획이 그대로 시행되었더라면 지금쯤 아리크(샤론)와 같이 수에즈 시에 앉아 있을 텐데." 엘라자르는 아직도 이날 일어난 실패의 전모를 몰랐다.

움 하시바에 있는 고넨의 사령부로 사단장들이 모여들었다. 드러내지는 않았으나 참석자들은 화가 나 있었고 이로 인해 분위기는 무거웠다. 아단은 마지막으로 도착했다. 이날 실패의 책임은 아단이 져야 했고 견디기 어려운 상황에 놓였음을 느꼈다. 하지만 아단은 계획에서 크게 벗어난 고넨의 일탈과 자신의 여단들이 지켜지지 못한 약속된 항공지원을 기다리며 적의 맹포격을 견디며 몇 시간 동안 제자리걸음을 했다는 사실에 분노했다. 온종일 받은 모순되는 명령들도 불만이었다. 아단은 분노를 잠시 억누르고 전쟁이 끝날 때까지 기다렸다가 자신이 왜 이집트군이 도망치고 있다는 거짓 정보를 받았는지, 왜 운하를 건너가라는 압박을 받았는지에 대한 조사를 청구하겠다고 고넨에게 말했다. 샤론은 자신의 사단이 교두보를 돌아가느라 헛수고한 것과 타의로 적과 일전을 벌일 수 없게 되었다는 사실에 이루 말할 수 없을 정도로 격분해 있었다.

잠깐씩 쪽잠을 잔 것을 제외하고 참석자들은 3일 동안 잠을 자지 못했다. 모두 기진맥진했지만 빠른 결단을 내릴 필요가 절실하다는 점은 인정했다. 고넨은 현명하게도, 토론이 분노에 찬 책임 추궁으로 흘러가지 않도록 했다. 남부사령관은 전투 지도에는 무능했을지 몰라도 냉정함을 잃지는 않았다. 고넨은 그날의 사건들에 대한 간단한 검토와 현재 전력을 보고하는 것으로 회의를 시작했다. 전차는 모두 590대였다. 샤론은 운하를 건너가 공격하자고 강력히 주장했다. 그는 이집트군 교량의 점령이 불가능할 것이기 때문에 여기에 의존해 도하할 수 없다고 주장했다. 이스라엘 국방군은 자신이 보유한 교량을 가져야 한다. 고넨에 대한 직접적 비판은 피하면서도 샤론은 만약 2개 사단이 오늘 공격했더라면 운하 동안의 이집트군을 일소했을 것이라며 "가끔은 도박을 해야 합니다"라고 말했다.

멘들레르 장군은 샤론의 도하 제안에 찬성했다. 그러나 아단은 재차 공격을 시도하기 전에 이스라엘 국방군은 전력을 비축해야 할 것이라고 말했다. 여기에 더해 보유한 교량을 사용하는 데도 문제가 있었다. 운하에 도착하기 전에 이집트군 교두보를 돌파해 교량들을 최소 5마일(8km)을 더 견인해야 했다. 고넨은 이날의 사건 때문에 침울해 있었다. "공감하기 어려울 수도 있지만, 나는 지금 전력으로 운하를 건너가는 것에 반대합니다." 탈 장군과 마찬가지로 고넨은 수에즈만을 가로질러 이집트 본토를 공격하는 것을 제안했다.

엘라자르는 이 회의에서 아단이 남쪽으로 유린공격을 하는 동안 이집트군 전차와 거의 마주치지 못했을 뿐 아니라 오히려 큰 손실을 입고 저녁 무렵에 후퇴할 수밖에 없었다는 깃을 처음으로 알았다. 샤론 사단은 제자리를 돌며 아무 성과도 거두지 못했다. 간단히 말해 전투는 완전히 엉망진창이었다. 장군들의 발언을 듣고 나서 엘라자르는 앞으로 남부사령부는 손상된 전차들을 수리하고 전력을 증강하면서 방어에만 전념해 손실을 최소화해야 할 것이라고 말했다. 그러는 동안 이스라엘 국방군은 시리아를 전쟁에서 이탈시키는 데 주력할 것이다. 시나이에서 엘라자르는 주 후반에 포트사이드를 공격하는 것으로 공세를 재개할 여지는 남겨놓았다. 포트사이드는 운하 건너편에 있는 가장 쉬운 목표물이었다. 샤론은 운하 북쪽 측면의 습지에 고립된 포트사이드 점령은 전쟁 결과에 아무 영향도 미치지 못할 부차적인 일에 불과할 것이라며 반대했다. 승리는 전장의 중심부인 운하를 건너가야만 달성할 수 있다는 것이었다. 전후 협상에서 포트사이드를 외교적 협상 카드로 쓰고 싶어한 다얀과 달리, 샤론은 적의 급소를 치려 했다. 적 진영 한가운데로 뛰어들어 항복할 때까지 목을 조르겠다는 것이었다. 샤론은 자신의 사단이 이틀 안에 칸타라에서 도하할 테니 이를 승인해달라고 요청했다. 엘라자르는 고려해보겠다고 답했다.

텔아비브로 돌아오는 비행에서 다얀과 엘라자르는 헬리콥터 소음 탓에 대화가 어려워져 각자의 생각에 잠겨 침묵을 지켰다. 시나이에서의 통탄할 반격 실패 전모를 이제야 알게 된 데다 아침에 골라니 여단이 헤르몬산 탈환에 실패했음을 생각해보면 전략을 완전히 재고할 필요가 있음이 분명해졌다. 이스라엘군 지휘부는 심하게 흔들리고 있었고 전쟁이 장기화할 것이라는 전망에 직면해 있었다. 다얀은 배수진을 치고 싸우겠다는 마음가짐으로 돌아와 있었다. 하지만 이번에는 사기를 꺾는 파멸의 예언자가 아니라 실용적 의제를 가지고 명석하게 생각하는 전쟁지도자로서였다. 화요일 동트기 전에 '구덩이'에 도착한 다얀은 이 생각을 자세히 설명했다.

국가가 큰 위기에 봉착했으며 고통이 따르지만 여기에 적응해야 한다고 국방장관은 엘라자르의 집무실에 모인 장교들에게 말했다. 영국이나 소련 같은 대국도 전시에 비슷한 위기를 겪었다고 다얀은 언급했다. 이스라엘 국방군이 이집트군을 운하 건너편으로 몰아낼 수 없다는 사실을 알게 되면 국민은 이를 쉽게 받아들이기 어려울 것이다. "국민에게 진실을 말해야 합니다."

요르단과 이라크가 참전하기 전에 시리아를 전열에서 이탈시키기 위해서라면 극단적 조치도 정당화된다고 다얀은 말했다. 전쟁으로 인해 이스라엘 국방군의 많은 기본적 전제들이 틀렸음이 입증되었다. "우리는 전차가 이집트군의 교량 가설을 막을 것으로 생각했지만 적의 대전차미사일이 빗발칠 것이라고는 상상하지 못했습니다. 공군은 적의 지대공미사일을 제거할 계획이 있었습니다만 계획대로 되지 않았습니다. 우리는 모든 것을 새롭게 배워야 합니다. 아랍 세계 전체가 전쟁에 돌입했습니다. 이들은 많은 힘을 보유했으며, 우리는 이제 마법 같은 해결책은 없다는 것을 이해해야 합니다."

장기전의 가능성에 대처하기 위해 이스라엘 국방군은 신속하게 전력을 증강해야 한다고 다얀은 말했다. 동원 대상을 현재보다 더 고령층에 속하는 남성까지 확대해야 하며, 여기에 더해 17세 청소년, 특히 조종사 훈련 과정 합격자와 기갑부대 복무 예정자에게 고급훈련Advanced Training을 시킬 가능성도 모색해야만 할 것이다. 이렇게 한다면 18세에 징집되었을 때, 더 신속하게 실전에 나설 준비가 되어 있을 것이다. 추가적인 대규모 무기 도입이 필수적이며 미 행정부에 요청할 목록도 준비해야 한다. 이보다 더 시급히 해야 할 일은 적 전차가 이스라엘 본토에 도달할 때를 대비하여 이집트군 보병이 사용해 효과를 과시한 것과 비슷한 대전차병기를 '전국에' 보급하는 것이다. 이 놀라운 제안은 다얀이 국가가 당면한 위기가 매우 심각하다고 보았음을 암시했다.

전선에 경우, 시나이에서는 어떤 상황에서라도 방어할 수 있는 적절한 2차 방어선을 준비해야 했다. 그 위치는 지금까지 절대 방어선으로 간주했던 기디와 미틀라 고개 후방, 운하에서 이스라엘의 전쟁 전 국경까지 거리의 3분의 2에 이르는 샤름 엘-셰이크와 엘 아리쉬를 잇는 선이 될 것이다. "다도(엘라자르)보다 내가 더 비관적일지도 모르겠군요." 다얀은 2차 방어선 관련 제안을 하며 말했다. "아마 나이 차이 때문이 아닐까 싶습니다." (1915년생인 다얀은 당시 58세로 엘라자르보다 10세 연상이었다.) 골란 고원에서는 뒤로 물러날 곳이 없었다. "우리는 골란 고원에서 최후의 1인까지 싸울 것이며 1센티미터도 후퇴하지 않을 것입니다. 우리가 그곳에서 전차를 모두 잃는다고 해도 어쩔 수 없으나 시리아군 역시 괴멸될 것입니다." 다얀은 나중에 이를 되풀이해 말했다. "우리 기갑 전력 전부를 잃는다고 해도 북쪽의 전투에서 결판을 내야 합니다."

다얀은 지위 고하를 막론하고 이 임무를 수행할 수 없는 지휘관들은 모두 교체되어야 한다고 말했다. 일요일 아침에 북부사령부를 시찰하고 나서 다얀은 엘라자르에게 호피 북부사령관이 '지치고 우울한' 상태인데 그가 보병 출신이지 기갑 병과 출신이 아니라는 점이 문제의 부분적 원인이라고 지적했다. 다얀은 일전에 호피를 도와 부담을 짊어질 경험 많은 지휘관들을 북부전선으로 보내자고 제안했었다. 그러나 지금 그는 호피의 교체를 고려해보자고 엘라자르에게 제안했는데, 해임이 아니라 누군가를 옆에 배치해 사실상 지휘를 맡기자는 것이었다.

고넨은 분명 교체되어야 했다. 다얀에 따르면 남부전선의 지휘는 간단히 말해 고넨의 능력 밖의 일이었다. 불과 석 달 전 남부사령관 직을 물러난 샤론이 그 자리를 다시 맡는 것도 한 가지 방법이었지만, 다얀은 다른 후보자를 제안했다. 바르-레브였다.

국방장관은 시리아를 전열에서 이탈시키는 것이 아주 중요하다고 말했는데, 이스라엘 북부 지역에 대한 위협을 제거하고 적들 중 하나를 신속히 굴복시켜 나머지 하나에 전력을 집중하기 위해서였다. 시리아를 전쟁에서 이탈시키는 것이 더 쉬웠다. 다얀은 북쪽에서 전쟁을 끝내기 위해서라면 모든 가능성을, 심지어 "다마스쿠스 폭격을 포함해 가장 무모해 보이는 가능성까지도" 검토해야 하며, "나는 시리아가 어쩔 수 없이 전쟁을 끝낼 때까지 최대한의 노력을 기울일 것을 권고합니다. 인정사정 없는 방법을 써서라도 말입니다. 이집트 전선에서는 할 수 없겠지만 우리는 시리아 전선에서는 이렇게 할 능력이 있습니다"라고 말했다.

의사결정이 이루어지는 공론장에서 다얀은 다마스쿠스를 장사정포의 사거리 안에 두기 위해 다마스쿠스에서 15마일(24km) 떨어진 곳까지만 진격하라고 육군에 요구했지만, 엘라자르와 따로 나눈 대화에서 자신은 가능하다면 다마스쿠스에 도달하는 것도 반대하지 않겠다는 의사를 여러 번 내비쳤다. (키신저 미 국무장관도 나중에 협상 테이블에서 힘을 과시하려면 이스라엘군이 시리아 수도로 진격해야 한다고 부추겼다. "다마스쿠스 외곽에 도착하면 대중교통을 이용할 수 있죠"라고 키신저는 디니츠 주미 이스라엘 대사에게 농담 삼아 말했다.)

참모본부는 아랍이 처음 거둔 성공은 요행이며 이스라엘 국방군이 제자리를 찾으면 빠르게 제자리를 찾을 거라는 환상을 계속 가지고 있었는데, 다얀의 통렬한 논평은 여기에 찬물을 끼얹었다. 지금의 전쟁은 완전히 새로운 종류의 전쟁이며 이스라엘이 살아남으려면 무엇이 중요한지 재빨리 다시 파악해야만 할 것이다.

다얀이 자리를 떠나자 엘라자르는 시리아 내륙 지역의 공격에 대한 의제를 꺼냈다. 엘라자르는 참모진에게 공군은 시리아군 공군기지 공격을 중단하는 대신 주요 4개 도시인 다마스쿠스, 홈스Homs, 알레포Aleppo, 라타키아Latakia를 공격해야 한다고 말했다. "시리아를 격파하려면 시리아가 '게발트gevalt(이디쉬어로 제발 그만)'라고 외치고 전투를 중단하게 할 정도로 효과적이고 극적인 무엇인가가 필요합니다. 발전소를 비롯한 모든 것을 타격하는 것입니다." 무시무시하게 들리는 발언이었지만 엘라자르는 민간인 거주 지역을 공격하자고 하지는 않았다. 그리고 실제 공격받은 민간인 거주 지역은 없었다.

펠레드 공군사령관은 자신이 신랄하게 '홀로코스트 지하실'이라고 불러왔던 '구덩이'에 만연한 우울한 분위기를 경멸했었으나 남쪽에서의 반격 실패 소식을 접하고서는 본인이 충격을 받았다. 펠레드는 다얀과 면담을 마치고 창백해져 돌아왔다. 공군상황실에 있던 동료들은 방금 남부전선에서 무슨 일이 있었는지를 듣고 똑같이 충격을 받았다. 공군이 하늘에서 적을 일소하고 근접지원을 제공하는 것을 지상군이 기대했던 것처럼 공군 역시 고삐가 풀리기만 하면 전차부대가 이집트군을 일소하리라는 것을 의심해본 적이 없었다. 공군은 전통적으로 예산과 영예를 차지하는 데 있어 맞수인 기갑부대의 실패에 크게 실망했고 흔들렸다. 별안간 공군이 지상군 지원을 할 능력이 없다는 것이 밝혀지자, 기갑부대도 마찬가지로 실망했다.

화요일 오전 7시 30분 총리의 집무실에서 다얀, 엘라자르, 제이라는 메이어 총리에게 국가가 처한 군사적 상황에 대한 엄중한 진실을 보고했다. 야리브 장군과 메이어 총리의 측근이자 고문인 갈릴리 장관, 알론 장관이 배석했다. 다얀은 지금으로서는 이집트 보병이 보유한 대전차병기 때문에 도하는커녕 운하에 접근할 가능성조차 전혀 없다는 말로 보고를 시작했다. 따라서 이스라엘 국방군은 지금 시리아가 휴전을 모색할 수밖에 없도록 압박을 가하는 데 역점을 두어야 할 것이다. 이를 달성하기 위해 다얀은 다마스쿠스의 군사 표적을 폭격하자고 제안했다. 시리아군은 지난 3일간 야간에 라마트 다비드 공군기지를 목표로 프로그FROG 지대지미사일(프로그 미사일의 사거리는 약 70km이고, 탄두 중량은 약 500kg이며, 정밀유도장치가 없는 대형 로켓탄에 가까운 병기이기 때문에 정확도가 낮다-옮긴이)을 20발 정도 발사했다. 기지를 타격한 프로그 미사일에 숙소에 있던 조종사 한 명이 전사했으나, 미사일은 근처의 민간인 정착지인 키부츠 그바트Kibbutz Gvat와 미그달 하 에메크Migdal Ha Emek 마을에도 다수가 떨어져 부상자 20여 명이 발생했다. 시리아 도시 지역과 기반시설에 대한 공격을 정당화하기에 충분한 사건이었다. "우리는 시리아군 참모본부, 공군사령부와 전력시설을 타격해야 합니다"라고 다얀이 발언했다. "우리의 목표는 군사시설이지만 민간인이 다칠 가능성도 배제할 수는 없습니다."

메이어 총리는 이 생각에 마음이 불편했다. "발전소 같은, 도시 주변의 목표물을 공격하는 것으로 시작할 수 있겠습니까?" 엘라자르는 가능하다고 하면서도 공격의 목표는 "상황을 극적으로 만들고 전환점을 가져오는 것"이라고 말했다.

메이어 총리는 다마스쿠스 공격이 이스라엘이 기대하고 있는 미국의 무기 인도에 영향을 끼칠 수 있다는 우려를 표명했다. "우리가 먼저 도시를 공격하는 것인데 도시 밖에 있는 무엇인가를 공격하는 것으로 시작할 수 없을까요?" 총리가 거듭 말했다. 제이라는 다마스쿠스 밖에는 홈스 소재 시리아 최대의 발전소를 비롯한 다수의 목표물이 존재하나 그 어떤 목표를 공격한다고 해도 다마스쿠스 내부를 폭격하는 것만큼의 효과를 거두지 못할 것이라고 말했다. 그는 참전을 고려하는 요르단의 후세인 국왕이 발전소가 공습받는다고 해서 단념하지는 않을 것이라고도 했다.

다얀은 다마스쿠스의 목표물이 공격받는다면 시리아 지도자들이 충격을 받아 전쟁을 계속할 만한 가치가 있는지를 재고할 것이라고 말했다. "현재 시리아군의 상황은 좋지 않습니다." 다얀이 말했다. 지금까지 시리아군 전차가 최소 300대가 완파되었다.

다얀은 남부전선을 언급하며 일시 후퇴할 진지를 준비해야 하지만 자신은 불가피한 경우가 아니라면 후퇴를 권고하지 않는다고 말했다. 국방장관은 나중 단계에서 이집트군을 운하 건너편으로 다시 밀어내는 것이 가능할 것으로 생각하지만 그전에 우선 이스라엘 국방군을 재편해야 한다고 말했다. 다얀은 전투 경험이 있는 퇴역 장교들인 '노병들'을 현역으로 다시 불러 이스라엘 국방군의 지휘체계를 강화할 것도 제안했다. (현재 징집 연령 상한선보다) 나이가 많은 사람도 징집해야 하며 국외 거주 유대인의 모병도 고려해보아야 한다는 것이었다. 간단히 말해 승리는 목전에 있지 않았다.

이스라엘이 대비한 전쟁 지속 기간은 5일이라고 엘라자르가 말했다. "우리는 몇 달씩 전쟁을 치를 준비가 되어 있지 않습니다." 이스라엘 군수업체들은 24시간 조업하며 탄약을 생산하고 있었으나 이것만으로는 충분하지 않았다. 미국에서 오는 무기와 탄약이 승패를 결정지을 것이다. 워싱턴의 디니츠 대사가 미국 관료들을 압박하고 있었는데도 대규모 무기 공수에 관한 미국 정부의 정책은 아직 수립되지 않은 상태였다. 그동안 국적 표시를 지운 엘 알 소속 비행기 7대가 긴요한 군수물자를 계속 실어 나르고 있었다.

메이어 총리는 자신이 고위장성을 대동하고 신분을 숨긴 채 워싱턴으로 날아가 24시간 체류하며 이스라엘에 대한 무기 공급이 신속하고 완전하게 이루어지도록 닉슨 대통령에게 개인적으로 호소한다는 소위 '미친 생각'을 제안했다. 총리는 미 행정부가 이스라엘이 처한 상황을 정확하게 파악하지 못했다고 믿었다. 이스라엘 각료 전원이 이 방문에 대해 알 필요는 없었다. 다얀은 이 생각을 지지했다.(하지만 키신저 국무장관은 이러한 방문을 비밀에 부칠 수 있을지 의심했고, 디니츠 대사가 이 제안을 언급하자 "전쟁 중에 이스라엘 총리가 도움을 호소하기 위해 나라를 떠나 미국으로 오는 일은 상대방에게는 이스라엘이 엄청나게 약해졌다는 신호로 해석될 수 있습니다"라고 말하며 반대했다.) 회의가 끝나기 전, 다얀은 전쟁 발발 후 4일째인 그날 밤에 텔레비전에 출연해 대중에게 '솔직하게' 말하겠다고 제의했다.

늘 그랬듯 엘라자르 총참모장은 다얀 국방장관보다 덜 우울한 모습을 보였다. 시나이에서 후퇴할 가능성에 초점을 맞추는 대신 그는 현 전선 유지에 집중하면서도 후퇴가 불가피할 경우 기디와 미틀라 고개에 2차 방어선을 준비하는 조치를 승인했다. 방어선 구축 작업을 감독하기 위해 장성 한 명이 시나이에 파견될 예정이었다. 엘라자르는 이집트군 기갑부대가 공격을 개시할 때까지 포병로 근처에서 기다릴 생각이었다. 그는 전차전이 벌어지기만 하면 이스라엘군 기갑부대가 적의 기갑 전력을 약화시킬 것이라고 확신했다. 그리고 그때 샤론이 조르고 있던 대로 그 이전이 아닌 바로 그 시점에 이스라엘 국방군은 도하를 감행할 것이다. 바르-레브 선에서 버티고 있는 수비대의 구출 시도는 더 이상 없을 것이다. 엘라자르는 알지 못했으나 이스라엘군은 이미 21명의 수비 병력이 있는 히자욘 전초기지에 진입을 시도하다가 20대 가까운 전차와 장병 100여 명을 잃었다.

장군들의 재촉에도 불구하고 메이어 총리는 아직도 다마스쿠스 폭격에 불안을 느꼈다. 총리가 갈릴리 장관에게 묻자 장관은 "해야 합니다"라고 말했다. 메이어는 갈릴리의 판단에 따르기로 하고 키신저에게 폭격의 목적은 시리아를 전열에서 이탈시키고 요르단과 이라크의 참전을 단념시키기 위한 것임을 언명하는 메시지를 보냈다.

화요일 아침, 일찍 이집트 전선에서 폭격 임무를 마치고 돌아온 아르논 라피도트Arnon Lapidot 소령은 텔 노프Tel Nof 기지에 주둔한 팬텀 비행대의 작전실에 들러 텔레프린터Teleprinter(수신한 전기 신호를 자동으로 문자 신호로 번역하여 인쇄하는 기계-옮긴이)를 살폈다. 전투비행대 차석 지휘관으로서 공군사령부에서 받은 임무에 따라 탑승원들을 배치하는 일도 이날의 업무였기 때문이었다. 도착한 임무 목록을 살펴보던 소령의 가슴이 철렁 내려앉았다. 다마스쿠스가 목표물에 포함된 것이었다. 임무에는 전폭기 8대가 시내 중심부에 있는 시리아군 참모본부와 근처의 방공사령부를 공격하게 되어 있었다. '왜 하필 우리지?' 소령의 머릿속에 떠오른 첫 생각이었다. 지금까지 겪은 전쟁만 해도 충분히 잔혹했다. 하지만 시리아 수도 주변의 방공망은 지금까지 보았던 그 어떤 것보다 무시무시할 것이다. 재래식 대공화기만 상대해야 했던 6일 전쟁 동안에도 다마스쿠스로 가는 비행은 몹시 힘든 여정이었다.

비행대에는 이처럼 위험한 급습을 지휘한 경험이 있는 조종사가 2명뿐이었는데, 그중 한 명이 라피도트였다. 27세의 라피도트는 동료에게 이 일을 떠넘기지 않으려 했다.

임무를 수행할 조종사와 항법사를 선발하는 과정에서 라피도트는 비행술뿐 아니라 배짱을 갖춘 사람들을 뽑았다. 적기 발견을 외치고 서둘러 전투에 뛰어들었던 전쟁 첫날과는 달리, 지금은 모두가 공포를 느끼고 있었다. 공군 보유기의 8분의 1인 49대가 4일 만에 격추되었고 거의 같은 수가 심한 손상을 입었다. 하루 3, 4회 출격을 할 때마다 비행기 탑승원들의 생존 가능성은 더 줄어들었다. 하지만 일부는 다른 이들보다 낮아진 생존 확률에 더 잘 적응하며 전투를 벌이고 있었다.

라피도트가 선택한 조종사 중에 미국 태생의 요엘 아로노프Joel Aronoff가 있었다. 아로노프는 미 공군사관학교를 졸업하고 베트남 전쟁에서 팬텀기

다마스쿠스의 시리아군 사령부 폭격을 지휘한 아르논 라피도트 소령. 〈이스라엘 정부 공보처 제공〉

로 200회 이상의 전투비행을 한 조종사로서 1969년에 제대해 이스라엘로 이주했다. 이스라엘 공군은 이제 막 팬텀을 전력화하기 시작했기 때문에 관행에서 벗어난 드문 일이었음에도 불구하고 아로노프의 입대 신청을 승인했다. 소련이 만든 아랍의 방공체계와 북베트남이 배치했던 소련제 방공체계를 직접 경험을 통해 비교할 수 있는 조종사는 전 세계에서 그뿐이었다. 아로노프는 욤 키푸르 오후에 처음으로 수에즈 운하 상공으로 전투비행에 나섰다가 이집트군의 대공포화가 "베트남에서 보았던 그 어떤 것보다 훨씬 더 강력하다"고 보고했다. 이스라엘군 조종사들은 북베트남 상공에서 SAM을 회피한 아로노프의 경험담을 경청했으나 아로노프는 이스라엘 조종사들이 자신보다, 특히 공중전에서만큼은 훨씬 뛰어난 기량을 가졌음을 일찌감치 인정했다. 활달한 성격을 가진 미국 출신 아로노프는 지난 며칠간의 전투에서 침착함을 보여주었기 때문에 라피도트의 선택을 받았다.

시리아군 방공포의 배치 상황을 보여주는 최신 항공정찰사진을 검토하면서 라피도트는 연필을 깎아 그 대부분을 피할 수 있는 항로를 그렸다. 모든 것을 피하는 것은 불가능했다. 적 레이더에 노출되는 것을 피하기 위해 작전에 나선 모든 비행기는 초저고도로 목표물까지 비행할 것이다. 따라서 가장 큰 위협은 고도 4,500피트(1,372m)까지 영향을 미치는 재래식 대공화기였다. 라피도트는 다마스쿠스 북쪽의 산맥을 넘어 편대를 이끌기로 결정했는데, 이를 위해서는 먼 바다로 나간 다음 선회해 레바논 영공에 진입해야 했다.

무슨 이유로든 항로에서 벗어나 새롭게 방향을 잡아야 할 때를 대비해 라피도트는 저공에서 식별이 가능한 주요 지형지물을 선별해서 길을 잃지 않고 계속 목표물로 향할 수 있도록 했다. 그렇게 하지 않으면 위치 확인을 위해 상승해야 할 때 당연히 시리아군의 레이더에 노출될 것이다. 라피도트가 선정해 지도에 표시한 지형지물은 베카 계곡Bekaa Valley(베이루트 동쪽 약 30km, 레바논 산맥과 안티-레바논 산맥Anti-Lebanon Mountains 사이에 있는 계곡. 레바논의 주요 농업지대-옮긴이)의 야아트Ya'at에 있는 제2차 세계대전 당시 영국군이 사용한 후 폐쇄한 비행장이었다.

라피도트는 45분 만에 계획을 완성하고 탑승원들에게 브리핑했다. 다들 어두운 기색이었고, 질문은 거의 없었다. 라피도트는 비행기로 이동하기 전에 언제나 그랬듯, 탑승원들이 심사숙고할 시간을 조금 주었다. 몇몇 사람들은 급히 공격계획을 읽으며 머릿속에 집어넣어야 했고, 어떤 사람들은 전화를 걸고 싶어했으며, 다른 사람들은 마음을 다잡아야 했다. 비행기에 올라가 조종석의 각자 위치에 앉은 순간부터 지금의 임무 외에 다른 생각을 할 겨를이 없을 것이다.

편대는 바다로 나간 다음 북쪽으로 기수를 돌렸다. 레바논 해안에서 떨어진 곳에서 라피도트는 갑판 위에서 백색의 대형 컨테이너들을 실은 선박을 보았다. 전자장치를 잔뜩 실은 정보수집용 선박이 분명했다. 선박의 국적을 판명할 수는 없었지만, 라피도트는 이것이 소련 선박이고 시리아군이 이스라엘기 8대가 곧 영공을 돌파해 침입해올 것을 알고 있다는 최악의 경우를 상정해보았다. 하지만 그렇다고 해도 시리아군이 이 비행기들이 향하는 곳이 어딘지를 알 방법은 없었다.

이륙 30분 후, 라피도트는 베이루트 바로 북쪽에 있는 휴양도시로 기독교인들이 주로 거주하는 주니에흐Jounieh에서 내륙으로 방향을 틀었다. 300피트(91m) 고도에서 도시의 호텔과 카지노가 선명하게 보였다. 해안선을 가로지를 무렵, 라피도트는 미러를 통해 편대기 중 1대가 되돌아가는 것을 보았다. 편대는 무선침묵을 유지하고 있었기 때문에 라피도트는 이 비행기가 고장 난 것 같다고 짐작했다.

라피도트는 편대를 이끌고 레바논 산맥을 관통하는 넓은 와디를 따라 동쪽으로 비행했다. 숲이 우거진 산록 양편에는 빌라가 자리 잡고 있었다. 스위스 관광엽서에서나 볼 듯한 풍경이었다. 비행기들은 굉음을 내며 계곡을 따라 500노트(926km/h)로 비행하다가 산 정상을 따라 이어진 고압선 아래를 통과했다. 구름이 점점 짙어져 산 정상 위로 하늘이 거의 보이지 않았다. 비가 오기 시작하자, 시계는 더욱 불량해졌다. 동쪽을 향하던 와디는 산맥을 통과하는 도중 북쪽으로 방향을 틀었다. 라피도트는 원래 여기에서 산맥을 넘어 다마스쿠스 분지를 향해 동쪽으로 계속 비행하기로 계획했었다. 산 정상에 바짝 붙어 비행하면 시리아군 레이더에 포착되는 것을 피할 수 있었다. 그런데 지금 상황에서는 고도를 높여 구름 위로 나와야 했다. 이렇게 하면 시리아군의 레이더 스크린에 모습을 드러내게 된다.

뒤따르는 조종사들은 침묵을 지키며 구름을 통과할 때 충돌을 피할 목적으로 대형을 넓게 벌렸다. 조종사들은 이럴 때를 대비한 훈련을 자주 받았고 무전으로 명령할 필요도 없었다. 비행기들은 2대씩 짝을 지어 1마일(1.6km) 간격을 두고 분산했다. 2대 편대에서는 한 비행기가 다른 비행기 위에서 200야드(183m) 간격을 두고 비행했다.

라피도트는 본래의 항로와 일치하지 않았음에도 계속 와디를 따라 비행하기로 했다. 다른 비행기들도 충실하게 대장기를 따랐다. 와디는 베카 계곡으로 빠져나왔고, 이곳은 아직 레바논 영토였다. 비행기들은 급히 고도를 낮춰 계곡 바닥에 바짝 붙어 비행했다. 항로에서 많이 벗어난 상황이었지만, 라피도트는 시리아 농부들이 경작하는 녹색과 갈색 경지 가운데에서 거의 알아볼 수 없는 옛 야아트 비행장의 희미한 회색 활주로를 포착했다. 라피도트의 비행기는 서서히 기수를 돌려 다마스쿠스를 향해 남동쪽으로 새 방향을 잡았다.

이스라엘기들과 시리아의 수도 사이에는 안티-레바논 산맥^{Anti-Lebanon Mountains}이라고 불리는 산맥이 하나 더 있었다. 비행기들이 속력을 높이며 산맥을 향해 비행할 무렵, 완전히 산맥을 덮은 구름이 라피도트의 시야에 들어왔다. 장애물을 관통하며 이들을 안내할 와디는 없었고 구름과 산 정상 사이에는 어떻게든 비집고 들어갈 약간의 공간도 없었다.

구름 위로 비행하며 미사일 구역 안으로 들어가는 것은 자살행위나 마찬가지였다. 구름이 없는 환경에서 팬텀처럼 엔진 출력이 강하고 기동성이 좋은 기종의 항공기는 조종사가 저 아래 멀리서 다가오는 미사일을 포착하고 회피기동을 개시한다면 피할 가능성이 상당히 컸다. 하지만 잔뜩 찌푸린 날씨에서는 미사일이 조종사가 반응하기에 너무 가까운 구름 속에서 나타날 것이다.

처음으로 라피도트는 임무를 포기할까 생각했다. 하지만 갑자기 조종사 훈련 과정에서 들은 한 기상학자의 강의가 떠올랐다. 바다에서 오는 습한 공기는 산맥을 만나면 위로 밀려 구름을 형성한다. 그런데 반대쪽 사면이 사막으로 내려간다면 상대습도가 낮아져 이 사면에 있는 구름은 곧 소멸한다. 라피도트는 북부 이스라엘의 길보아산Mount Gilboa에서 비행한 경험을 통해 이것을 알고 있었다. 길보아산은 사막 가장자리에 있는데 사울 왕이 필리스틴인Philistines(기원전 12세기부터 7세기까지 남부 팔레스타인에서 거주한 고대 민족. 구약성서에서 이스라엘인과 벌인 항쟁으로 잘 알려져 있다. 현재의 팔레스타인인과 다른 민족이다-옮긴이)과 전투를 벌이다가 전사한 곳이다. 뒤를 이은 다윗 왕은 이 산에 저주를 내렸다. "길보아의 산들아, 너희 위에 이슬도 비도 내리지 마라." 다마스쿠스 바로 아래에 있는 안티-레바논 산맥의 반대쪽 사면(안티-레바논 산맥은 다마스쿠스 북동쪽에서 남서쪽으로 뻗어 있다-옮긴이)에는 시리아 사막Syrian desert이 있었다. 산맥의 저쪽 사면에 있는 구름은 이쪽 사면보다 더 옅지 않을까? 라피도트는 재빨리 계산해 만약 구름 위로 날아오른다면 시리아군 미사일 레이더에 포착되기 전에 1분간의 비행시간이 있을 것으로 예상했다. 만약 1분 안에 구름이 사라지지 않으면 귀환할 것이다. 라피도트는 돌아가는 길에 미그기 몇 대라도 마주쳐 이 임무가 완전 헛수고로 끝나지 않기를 바랐다.

라피도트는 조종간을 당겨 구름 위로 상승해 1만 2,000피트(3,658m)에 도달한 다음 수평비행으로 전환했다. 6대가 바짝 뒤를 따랐다. 고작 2,000피트(610m) 정도로 구름층은 얇았지만 강하할 틈새가 전혀 없을 정도로 짙었다. 그런데 30초 만에 구름이 점점 흩어지더니 사라졌다. 기상학 강사의 말대로였다. 비행기들은 급강하해 지상에서 1,000피트(305m) 고도까지 내려가 수평비행을 했다.

시리아군 광역 레이더는 구름 위로 올라가는 이스라엘기들을 포착했으나 미사일 레이더는 이들을 포착하지 못했다. 센서를 보니 SAM 레이더가 자신들을 찾아 헤매고 있는 것 같았지만, 비행기들은 레이더가 조준하기에 너무 낮은 고도에 있었다. 비행계획에 따르면, 경로상에 재래식 방공포대가 있었다. 항로를 유지하기를 원한다면 피할 방법이 없었다. 포대가 시야에 들어오자 조종사들은 황급히 포신을 돌려 사격하는 시리아군 포수들을 볼 수 있었으나, 포탄은 빗나갔다. 부하들은 라피도트 살짝 뒤에서 천천히 기체를 흔들며 살짝 상승해 고압선 위로 날아갔다.

바로 정면에 다마스쿠스가 있었다. 더는 무선침묵을 유지할 필요가 없었다. "상승!" 라피도트가 말했다. 편대의 주파수를 계속 모니터링하던 텔아비브의 공군본부가 수신한 첫 생존의 신호였다.

비행기의 기수가 위로 들리자 아래에 다마스쿠스가 나타났다. 고대도시의 중심지(다마스쿠스는 기원전 6,000년경부터 사람이 살기 시작한 이래 지금까지 역사가 이어지는 가장 오래된 도시 중 하나다-옮긴이)가 그렇듯 다마스쿠스는 건물로 빽빽하게 들어찬 도시였으나 대부분은 3, 4층 높이에 불과했다. 다마스쿠스는 큰 도시가 아니었으며 과수원과 야자나무로 둘러싸여 있었다. 라피도트는 풍경에 매혹되었다. 방금 내린 소나기로 깨끗하게 씻긴 아스팔트 포장도로가 반짝반짝 빛났다. 나중에 라피도트는 다마스쿠스가 '교회에 입장하는 새 신부처럼' 빛을 발했다고 회상했다.

리피도트는 방공포의 사거리를 벗어난 고도를 유지하기 위해 1만 피트(3,048m) 고도에서 공격하기로 결정했다. 고도를 높인 다음 시내 한복판에 있는 표적을 선택해 조준선을 정렬하고 폭탄을 투하하기까지 주어진 시간은 10초였다.

"1번 진입!" 라피도트가 말했다. 폭격을 시작할 때 각 비행기는 다른 비행기의 진로를 방해하지 않기 위해 자신의 순번을 알렸다. 고도를 높이며 라피도트는 재빨리 도시 경관에 나타난 지형지물을 살폈다. 지도에 동그라미를 쳤던 경기장, 시 바로 서쪽의 마제흐Mazeh 공군기지가 보였고 그물망처럼 엮인 건물들 사이로 목표인 V자 모양의 시리아군 참모본부 청사가 있었

제22장 다마스쿠스를 폭격하라 | 375

다. 7층 높이에 불과했으나 청사는 주변 건물들 위로 눈에 띄게 솟아 있었다. 급강하를 시작하자 방공포가 사격을 개시했다.

비행기가 강한 옆바람에 흔들리자 원래 의도대로 V자 건물의 최하단을 조준하기 어려워졌다. 라피도트는 투하된 폭탄이 연못에 던진 물수제비처럼 지면에서 튕겨나가지 않고 확실히 목표물을 관통하게 하기 위해 선택한 각도인 30도로 비스듬히 청사를 향해 강하하다가 1마일(1.6km) 거리에서 조종간의 투하 버튼을 눌렀다. 500파운드(227kg) 폭탄 8발이 떨어져 나가며 무게가 가벼워진 비행기가 살짝 위쪽으로 튀어 올랐다. 라피도트는 조준했던 곳을 보기 위해 날개를 내렸다. 청사 북익에서 피어오르는 연기가 보였다. 그 너머에 있는 도로에서도 연기가 솟았다. 바람으로 인해 폭탄 몇 개가 목표물에서 크게 벗어났다는 뜻이었다. 신관은 폭탄이 주요 사무실들이 모인 곳으로 추정되는 2층 높이까지 깊숙이 들어간 다음 폭발하도록 설정되었다.

"2번 진입!" 다른 비행기들도 공격을 개시했다. 한 번 폭탄을 투하하면 조종사는 다시 편대를 짤 때까지 대공포화가 만든 탄막을 요리조리 피해 다녔다.

라피도트는 다마스쿠스-베이루트 고속도로를 따라가는 길을 탈출 경로로 선택했다. 뒤통수를 맞은 것을 만회라도 하려는 듯 대공포화는 더욱 격렬해졌다. 내려다보는 곳마다 정신없이 번쩍이는 방공포의 불꽃이 보였다. 모두 자신을 향해 쏘아대고 있었다. 하늘에 어두운 색의 폭연을 점점이 남기는 제2차 세계대전 때의 대공화기와 달리, 시리아군의 방공포는 흔적을 남기지 않았으나 사격의 정확도는 훨씬 더 뛰어났다. 목숨을 걸고 싸우는 궁지에 몰린 동물처럼, 라피도트는 기체를 급강하해 4,500피트(137m)에서 저고도로 비행하며 급선회하다가 1마일(1.6km) 폭으로 진자운동을 하며 대공포화를 피했다.

다마스쿠스에 접근하며 고도를 높이기 시작한 시점부터 탈출하면서 시리아군의 대공포화를 완전히 따돌릴 때까지 고작 40초가 흘러갔다. 하지만 라피도트는 이 40초간 육체적·정신적 힘의 마지막 한 방울까지 모두 썼다. 입이 바짝 마른 라피도트는 보다 조용한 레바논 공역을 향해 비행하며 숨을 가다듬고 부하들을 기다렸다. 하지만 무전기에서 등골을 오싹하게 하는 한마디가 들렸다. "낙하산 하나." 이 말 자체는 나쁜 소식인 동시에 이보다 더 나쁜 의미를 내포하고 있었다. 낙하산은 비행기가 격추되었다는 것을 의미했다. 그리고 2명의 승무원 중 1명이 비행기와 함께 추락했다는 뜻이었다.

라피도트는 편대기들에 보고하라고 지시했다. 3번기가 실종되었다. 설상가상으로 5번기 조종사인 옴리 아페크$^{Omri\ Afek}$가 양쪽 엔진에 불이 붙었다고 보고했다. 라피도트는 아페크의 요기를 조종하던 요엘 아로노프가 아페크의 기체에 발생한 피해를 서툰 히브리어로 설명하는 것을 들을 수 있었다. "작은 불 왼쪽 엔진, 큰 불 오른쪽 엔진." 아페크는 새어 나오는 연료 때문에 폭발의 위험이 있었음에도 불구하고 2개의 엔진을 차례로 멈췄다가 하나를 재가동했다. 아페크는 라피도트와 동료들을 따라 레바논을 통과해 먼 길을 돌아가는 것보다 대공포화의 위험을 무릅쓰고 아로노프의 인도를 받으며 이스라엘로 가는 직항로를 택했다. 아페크는 손상된 비행기를 조심스럽게 조종하며 헤르몬산을 넘어 이스라엘의 최북단 공군기지인 라마트 다비드 기지를 향해 강하했다. 팬텀기의 유압장치와 조향장치는 제대로 작동하지 않았고, 착륙 시 속력을 줄일 제동용 낙하산과 지상에 설치된 제동 와이어$^{restraining\ wire}$(활주로나 항공모함의 비행갑판에 가로로 설치되어 테일후크$^{tail\ hook}$를 전개한 채 착륙하는 비행기가 붙들어 제동하게 하는 와이어-옮긴이)를 잡을 비상용 후크$^{emrgency\ hook}$(일명 테일후크. 비행기 꼬리에 장착되어 착륙 시 활주로나 항공모함의 비행갑판에 설치된 제동와이어에 걸어 비행기를 멈추는 갈고리-옮긴이)도 마찬가지였다. 불타는 아페크의 비행기는 추락하듯 활주로에 내려앉았고 고장 난 브레이크로는 약간만 속력을 늦출 수 있었다. 비행기는 활주로 끝에 세워 올린 그물망에 걸리며 간신히 멈췄다.

공격 결과를 정리한 결과, 다마스쿠스의 시리아군 참모본부 청사가 입은 손상은 그다지 심하지 않은 것으로 나타났다. 청사를 타격한 폭탄은 모두 북익에 명중했다.

방공사령부 청사를 공격한 2대 중 1대에서 문제가 발생했다. 이 비행기가 투하한 폭탄은 방공사령부에서 30피트(9m) 못 미친 곳에 떨어져 소련 문화원 건물을 파손했다. 소련인 직원 다수가 죽거나 다쳤다. 텔레비전 방송국도 우발적으로 떨어진 폭탄에 맞았다.

하지만 시리아에서 가장 강력한 방공망으로 방어되는 다마스쿠스 한복판에 있는 시리아군의 신경중추에 대한 공격은 이스라엘이 억제력이 있다는 이미지를 회복하는 데 도움이 되었다. 피해가 제한적이었고 시리아군 수뇌부가 다른 곳의 지하 상황실에 있었다는 점은 중요하지 않았다. 이스라엘로 발사되는 프로그 미사일은 더는 없을 것이다.

폭탄이 명중했을 때 시리아군 참모본부 청사 지하실에는 이틀 전 두그만 작전에서 격추된 팬텀기 조종사 아브라함 바르베르$^{Avraham\ Barber}$ 중위가 심문을 받고 있었다. 불이 모두 꺼졌고 방에 먼지가 자욱해졌다. 바르베르는 눈가리개가 씌워진 채 황급히 바깥으로 끌려 나왔다. 그는 지하실에 포로가 된 다른 조종사들이 있음을 알았고 이들 역시 밖으로 끌려 나오는 중이라고 생각했다. 건물 파편이 발밑에서 부서졌고 시리아군은 바르베르를 차 안으로 밀어넣었다.

이스라엘이 나중에 입수한 정보에 따르면, 시리아군은 이스라엘 정보당국이 지하실에 있는 조종사들의 존재를 알고 이들을 구출하기 위해 폭탄을 투하했다고 믿었다. 바르베르 역시 정보당국이 건물 안에 조종사들이 있다는 것을 틀림없이 알았으리라 생각했다. 하지만 그는 작전 입안자들이 조종사들을 살리기 위해서가 아니라 죽이려고 이번 공습을 기획했다고 믿었다. 지금껏 보아온 전쟁의 모습에 근거한 암울한 생각이었다. 먼저 아랍의 기습공격이라는 놀라운 일이 일어나 타가르 작전이 갑자기 취소되고 비행대가 황급히 북쪽으로 파견되어 제대로 준비되지 않은 두그만 작전을 수행했던 것이다. 바르베르를 처음 심문한 시리아군 정보장교는 자신이 이스라엘 라디오의 아랍어 방송을 듣고 있었는데, 이스라엘이 공격당하고 있음이 확실하다고 말했다. 시리아 장교는 "당신, 여기 있어서 다행이야"라고 동정하며 말했다.)바르베르는 눈가리개를 하고 다마스쿠스에 도착했기 때문에 어느 건물로 이감되는지 알지 못했다. 하지만 시리아 전국의 건물 중 이스라엘 공군이 폭격 목표로 선정한 건물이 하필 바르베르가 있던 참모본부 청사였다. 바르베르는 궁지에 몰린 군 지휘부가 비밀 누설을 막으려면 조종사들을 죽여야 한다는 결단을 내렸다고 나름 짐작하며 "고국의 상황이 정말 나쁜가 보다"라고 생각했다. 이런 생각은 며칠 안으로 사라질 것이다. 바르베르는 몰랐지만, 공격을 수행한 비행대는 바로 자신의 비행대였던 것이다.

기지에 돌아온 라피도트와 부하들은 몇 시간 안에 다른 임무 수행에 투입될 예정이었기 때문에 다마스쿠스 공격 결과를 돌아볼 여유가 없었다. 그는 귀환해서야 자신의 편대가 이날 다마스쿠스 공격에 나서기로 했던 3개 편대 중 하나라는 사실을 처음으로 알게 되었다. 두 번째 편대는 다른 경로를 택했는데 라피도트가 도착하기 전에 다마스쿠스에 비를 뿌린 폭풍우와 마주쳤다. 구름 사이로 틈을 찾을 수 없었던 편대장은 임무를 포기하고 귀환했다. 돌아오는 길에 이 비행대는 골란 고원으로 유도되어 시리아군 진지에 폭탄을 퍼부었다. 세 번째 편대는 이륙 전에 임무가 취소되었다.

시리아군 참모본부 공격의 공적으로 라피도트와 항법사는 이스라엘에서 두 번째로 높은 등급의 무공훈장을 받았다. 하지만 이 공격은 라피도트 소령이 전쟁에서 겪은 가장 힘든 경험이 아니었다. 가장 힘든 공격은 이틀 뒤에 다가왔는데, 다마스쿠스 지역으로 두 번째 공격에 나선 것이었다. 이번에는 시 교외에 있는 과수원 아래 숨은 시리아 공군 전시작전지휘실이 목표였다.

편대가 목표에 접근하자, 라피도트는 과수원의 바다 속에서 목표물을 식별했다. 지상에서 보이는 것은 환기구 8개가 전부로 크기는 각각 1제곱미터였다. 라피도트가 공격을 개시하려 하자, 멀리서 SAM 2발이 발사되었다. 이틀 전에 다마스쿠스 상공에서 부하를 잃은 아픔이 아직 가시지 않은 라피도트는 미사일이 편대의 후미에 있는 비행기들에 위협이 되는지 보려고 고개를 돌렸다. 다시 정면을 보았을 때 목표로 삼은 환기구가 보이지 않지, 리피도트는 막연하게 과수원 한가운데에 폭탄을 투하했다. 유일한 직격탄은 지난번 공격 시 레바논 상공에서 임무를 포기하고 돌아갔던 조종사가 기록했다.

시리아 수도를 공격한 이후에 이스라엘 공군은 130회 출격해 시리아의 항만, 정유소, 발전소, 교량, 그리고 기타 사회기반시설을 폭격했다. 이는 시리아 전선에서 이스라엘 공군이 기록한 출격 횟수 6,000회 중 극히 일부분에 지나지 않았다. 기반시설 공격은 시리아로서는 뼈아픈 일이었으나 전쟁을 중단할 정도는 아니었다. 공습으로 인해 시리아는 저장했던 연료 절반을 잃었다. 하지만 레바논과 이라크에서 트럭으로 연료가 수송되어 부족분을 보충했다. 다리와 도로도 파괴되었으나 대체 경로가 마련되었다. 다마스쿠스 근교의 발전소 두 곳이 가장 큰 폭격 피해를 입었는데, 이로 인해 전력공급량의 80퍼센트를 상실했다. 의심할 나위 없이 시리아 지도부도 심리적 타격을 입었을 것이고 국가의 전쟁 지속 능력도 감소했겠지만, 이러한 전략폭격은 시리아를 전열에서 이탈시키는 데 실패했다. 폭격은 시리아 대중에게 앞으로도 명심해야 할 교훈인 전쟁의 대가가 무엇인지를 똑똑히 보여주었으나 전장에는 별다른 영향을 주지 못했다. 비교적 짧은 기간의 전쟁에서 승패를 좌우하는 것은 제한적 전략폭격이 아니라 전선의 상황 전개일 것이기 때문이었다.

제23장

바닥을 치다

화요일은 이스라엘군 사령부의 많은 사람들에게 최악의 날이 될 것이었다. 이들이 시나이에서 반격 실패로 인해 입은 피해 규모를 알게 되고 신속한 국면 전환이 환상에 불과했음을 깨닫게 된 날이 바로 이날이었다. 탈 참모차장은 나중에 "남은 예비 전력이 없었다. 아무것도 남아 있지 않았다. 우리는 전쟁이 희망이 거의 없는 위험한 단계뿐만 아니라 물리적 생존을 위해 싸워야 하는 단계에까지 이른 것으로 여겼다"라고 술회했다.

움 하시바에서 돌아온 다얀과 엘라자르가 '구덩이'에서 연 브리핑을 들은 참석자들은 상황이 최악으로 치닫고 있다고 느꼈다. 두 사람이 떠나자 다얀의 모골이 송연해지는 발언을 들은 장교들 사이에 격론이 벌어졌다. 나중에 우익 정당의 크네세트 의원이 된 한 장성을 포함한 장교 2명이 '극단적 수단'을 선택할 필요가 있다고 발언했다. 전후 알려진 설명에 따르면, 이 두 사람은 참모본부 작전국 금고에 보관된 비상계획의 시행이 불가피해졌다고 말했다. 탈 장군을 위시한 다른 이들은 맹렬히 반대했다. 근처에 있는 탈의 집무실에 있던 참모차장 비서실장은 바짝 긴장한 채 누군가가 문을 닫는 소리가 들릴 때까지 높아지는 목소리에 귀를 기울였다. 가장 먼저 나타난 사람은 탈이었다. 탈은 집무실에서 부관에게 토론 요지를 말해주었다. 30분 뒤에 참모장교 한 명이 흥분한 채 나타나 탈에게 말했다. "무언가 하셔야 합니다. 이 사람들이 나라를 망치겠어요."

참모차장은 이 장교를 달랬다. 엘라자르 총참모장은 강경파의 의견을 따르지 않을 것이며 정부도 마찬가지일 것이다. 이때 여기 있던 장교들 가운데 이틀 전에 핵무기 시범을 고려하자는 다얀의 제안을 메이어 총리가 거부했다는 것을 아는 이는 없었다.

화요일 저녁, 이스라엘 주요 일간지 편집장들은 모세 다얀이 느끼는 침울함의 깊이가 어느 정도인지 가늠해볼 수 있게 되었다. 이날 편집장들에게 전한 이야기의 배경은 '국민에게 사실을 털어놓기로 한' 결정의 일환이었다. 다얀은 이들에게 이스라엘 국방군은 현재 골란에서 잘 싸우고 있으며 곧 그곳에서 잃어버린 영토를 되찾을 것이라고 말했다. 그러나 남부전선에서 이스라엘은 현재로서는 이집트군을 운하 건너로 쫓아낼 힘이 없으며 소련과 베트남을 포함해 전 세계 어디를 보아도 현대식 소련제 무기가 이렇게 조밀하게 배치된 곳은 없다고 다얀은 말을 이었다. 이번 전쟁은 아랍과의 전쟁이 아니라 소련제 무기체계와의 전쟁이었다. 이스라엘은 시나이 깊숙이 후퇴해야 할지도 모른다. 광범위한 함의를 가진 발언이었다. "전 세계는 우리가 이집트보다 강하지 않음을 보았습니다. 6일 전쟁 승리의 후광과 이스라엘은 아랍보다 강하며 아랍이 전쟁을 일으킨다면 패할 것이라고 알려진 정치적·군사적 이점은 이번 전쟁에서 틀렸음이 밝혀졌습니다."

참석자들은 다얀의 냉정한 평가를 듣고 말문이 막혔다. 편집자 한 명이 다얀에게 이스라엘은 어떤 아랍국가의 공격, 심지어 전 아랍국가들의 공격에도 대처할 수 있다고 모든 이스라엘인이 알던 가정이 더는 사실이 아닌지 물었다. "그 반대입니다." 자신의 발언이 가진 함의를 깨달은 다얀이 서둘러 수습에 나섰다. "우리는 모든 아랍국가와 싸울 수 있으며 그 어떤 소련제 무기에도 대적할 수 있습니다."

발언의 수습에도 불구하고 편집장들은 다얀이 이날 밤 텔레비전을 통해 대국민 연설을 할 뜻이 있음을 밝히자 경악했다. 자신들에게 했던 것보다 순화된 말로 발표하겠다고 말했으나 편집장들은 다얀이 텔레비전에 모습을 드러내는 것만으로도 이미 흔들린 국민의 사기가 땅에 떨어질 것이라고 우려했다. 메이어 총리와 가까운 편집장 한 명이 전화를 걸어 자신의 우려를 표명했다. 총리도 다얀으로부터 가공되지 않은 진실을 듣고 충격에 빠진 적이 있었기 때문에 군 대변인 야리브 장군이 대국민 연설을 맡는 편이 어떻겠느냐고 물었다. 야리브는 이날 밤 텔레비전에 출연해 이스라엘 대중이 받아들일 수 있을 정도의 진실을 전달해 많은 찬사를 받았다. 진실을 날조하지 않고 희망을 제시해 현실의 쓰라림을 상쇄하는 것이 야리브의 전달 방법이었다.

히자욘 전초기지 영내에서는 이집트군 특수부대가 월요일 오후에 전초기지의 참호에 침투했으나 벙커로 피신한 수비대가 전초기지에 대한 지원 포격을 요청한 끝에 모두 쫓겨났다. 오후 5시 15분, 전초기지의 임시지휘관이 더 버틸 수 없다고 상급부대에 알렸다.

무전병 마이몬은 내부 방송으로 벙커 안의 수비대에게 "항복한다"는 말을 전달했다. 의무벙커에 있던 군의관 오리 박사는 같이 있던 사람들에게 몸을 돌려 "아직 아냐"라고 말했다. 확성기에서 마이몬이 아랍어로 외치는 소리가 들렸다. "우리는 항복한다." 스트롤로비츠 하사의 벙커에서 그와 같이 있던 4명도 마찬가지로 밖으로 나가지 않기로 했다. 한 명은 자결을 제안했고, 다른 한 명은 밖으로 뛰쳐나가 사격하자고 했다. 하사는 밤까지 기다렸다가 이스라엘군 진영으로 귀환을 시도해보자고 했다.

어둠이 내리자 스트롤로비츠는 부하들을 이끌고 정문으로 다가갔다. 그런데 가까이 가자 이집트군 초병의 목소리가 들려 벙커로 돌아갔다. 아침에 벙커를 떠나 항복하러 나갔더니 이집트군이 총격을 가했다. 스트롤로비츠는 다시 시도했으나 이번에는 다른 이들과 같이 포로로 잡혔다. 이들은 이집트군에게 끌려 나가면서 손이 등 뒤로 묶인 채로 안마당에 누워 있는 시신 11구를 보았다. 모두 지휘벙커에 있던 사람들이었다. 오리 박사는 다른 사람들의 운명을 알지 못한 채 히자욘 전초기지 지휘관 바렐리 중위 및 병사 3명과 함께 의무벙커에 남았다.

이때쯤 다른 전초기지들도 이스라엘군이 포기하거나 이집트군이 점령했다. 비터 호수 북단에 있는 라케칸^{Lakekan} 전초기지에 있던 수비대 13명은 일요일 오후에 철수 명령을 받았다. 어두워지자 수비대에 완파된 전차승무원 7명이 합류해 유일하게 남은 반궤도장갑차를 타고 동쪽으로 향했다. 이들은 도로를 피해 모래언덕을 힘겹게 올라갔다 내려가기를 반복하다가 포병로 근처에 이르자 정지해 히브리어가 들릴 때까지 도보로 이동했다. 라케칸 수비대를 맞이한 전차병들은 이들이 이집트군 진영을 무사히 빠져나왔다는 사실을 듣고 깜짝 놀랐다.

라케칸 전초기지에서 북쪽으로 5마일(8km) 떨어진 마츠메드 전초기지에서는 월요일 오후에 이집트군 수백 명이 공격해왔다. 공격해온 이집트군은 철조망까지 도달했으나 쫓겨났다. 공격이 재개되어 수비대가 바주카포로 전차 2대를 격파하자 이집트군은 다시 물러났다. 전초기지의 지휘관 기데온 구르$^{Gideon\ Gur}$ 대위는 지원사격을 요청했으나 포탄 몇 발만이 떨어졌을 뿐이었다. 이날은 전투가 벌어진 지 3일째였고, 수비대 35명에게는 바주카 포탄 1발만 남았다. 밤이 다가오자 구르는 외곽 초소 인원을 줄여서 될 수 있는 대로 많은 부하가 얼마 동안 만이라도 잠을 자도록 했다.

화요일 아침, 진한 안개가 이 지역을 뒤덮었고 전차 소리가 다시 들렸다. 구르는 경보를 발령했고, 부하들은 각자 위치로 서둘러 뛰어갔다. 정문에서 20야드(18m)도 채 떨어지지 않은 곳에서 안개를 뚫고 이집트군 전차가 나타났다. 보병이 가까이에서 뒤따르고 있었다. 이번에는 공격을 막을 방법이 없었다. 구르는 다시 지원 포격을 요청했으나 포격은 없었다. 그는 부하들에게 벙커로 들어가라고 명령했다. 이집트군이 전초기지 영내로 쏟아져 들어와 벙커 입구로 세열수류탄$^{fragmentation\ grenade}$(폭발할 때 금속 파편을 흩뿌려 살상 범위를 확대하는 수류탄-옮긴이)과 연막탄을 던졌다. 수비대는 수류탄 몇 발을 간신히 잡아 다시 던졌으나 연막탄이 뿜는 연기에 숨이 막히기 시작했다. 오전 8시, 마츠메드 전초기지는 항복했다.

가끔 떨어지는 중박격포 포탄을 제외하고 푸르칸 전초기지는 욤 키푸르 당일 오후 이후로 전혀 공격받지 않았다. 하지만 이집트군의 전력이 계속 증강됨에 따라 수비대가 구출될 가능성은 점점 없어졌다. 바이셀 소령은 전개한 이집트군 사이에 있는 빈틈을 찾기 위해 월요일 거의 하루 내내 쌍안경으로 사막을 훑어보았다. 오후 늦은 시각, 소령은 자리를 비워도 되는 부하 전원을 소집했다. 소집은 그날의 문제를 다수결 투표로 결정하는 키부츠의 토요일 저녁 회합과 비슷했다.

"우리는 오늘 밤에 도보로 기지를 떠난다." 바이셀이 말했다. 소령은 부하들에게 이집트군 진영을 뚫고 나갈 위험을 무릅쓸 준비가 되어 있는지 물었다. 부지휘관이 이의를 제기했다. 자신은 전초기지를 포기하라는 명령 없이는 떠나지 않겠다는 것이었다. 바이셀은 본부에 철수 허가를 요청하겠지만 회답을 기다리는 동안 수비대원들이 어떻게 느끼는지 알기를 원한다고 답했다. 압도적인 대다수의 의견은 떠나자는 것이었다. 행운이 더 계속되리라고 기대할 수 없는 상황이었다.

어두워지자 바이셀은 여단본부와 접촉해 부하들을 이끌고 탈출하겠다는 의향을 밝혔다. 고위장교들도 무시하기 쉬운 주의력을 발휘해 소령은 이집트군이 교신을 감청할 것으로 예상하고 민감한 부분은 이디쉬어로 말했다. 여단본부는 망설였다. 바이셀은 본부 간부들이 이집트 제2군의 한복판을 뚫고 나오는 작전의 승인을 꺼려한다는 낌새를 알아차렸다. 그는 "결정하시지 않는다면 제가 결정하겠습니다"라고 말했다. 여단이 계속 망설이자 바이셀은 "오케이, 저희는 갑니다"라고 말했다. 교신하던 장교가 "안 됩니다. 기다리세요"라고 말했다.

전화를 바꾼 사람은 샤론 사단장이었다. 바이셀은 자신의 의도를 개략적으로 설명했다. "가능성이 별로 없을 텐데. 도우러 갈 수 없어." 샤론이 말했다.

"어쨌건 출발하겠습니다." 바이셀이 말했다.

"자네 생각에 성공할 것 같다면 그렇게 하게." 샤론이 말했다. 샤론은 바이셀에게 밤 2시 45분에 달이 지기 전에는 출발하지 말라고 조언했다. 아군 전차와의 상봉지점은 동쪽으로 6마일 떨어진 하무탈 능선 기슭으로 정해졌다.

"소심하세." 샤론이 말했다.

바이셀은 병사들을 정원에 집합시켜 계획을 간략히 설명했다. 문서는 소각하겠지만 이집트군을 깨우지 않기 위해 다른 것은 폭파하지 않을 것이다. 가는 길이 봉쇄되어 전초기지로 돌아왔을 경우 무전기와 다른 장비들이 필요할지도 몰랐다. 적의 눈에 덜 띄기 위해 철수 병력은 바이셀과 부지휘관이 각각 지휘하는 2개 집단으로 나뉘어 이동하다가 하무탈 근처의 사전 지정된 지도 좌표에서 만나기로 했다. 바이셀은 부하들에게 식사하고 수통을 채우라고 명령했다.

바이셀이 말하는 동안 정문에 있던 초병이 아군 한 명이 도착했다고 말했다. "전차 조종수라고 합니다." 마른 체구의 어려 보이는 병사가 나타났다. 병사는 자신의 전차가 낮 동안 이집트군 전차와 교전하다가 궤도가 벗겨졌고 동료 승무원 3명은 탈출하다가 이집트군의 총탄에 맞았다고 말했다. 이집트군은 자신도 죽이려 했으나 해치를 닫은 덕분에 다가올 수 없었다고 했다. 결국, 이집트군은 해치 외부에 부비트랩을 설치하고 떠났다. 이 병사는 조종수 구역 아래의 비상탈출 해치를 통해 빠져나와 어두워질 때까지 숨어 있었다. 바이셀은 출발하기 전까지 한숨 자두라고 말했다.

주변 지역에 포격을 요청한 다음 바이셀은 달이 지자마자 부하들을 이끌고 정문을 나섰다. 모두 합쳐 32명이었다. 이들은 렉시콘로를 가로질러 아무도 없는 이집트군 야영지로 우연히 들어섰다. 땅바닥에 놓인 침낭은 아직 따뜻했다. 100야드(91m)도 채 안 떨어진 곳에서 이집트군 병사들이 텐트를 치기 위해 해머로 말뚝을 박고 있었다. 바이셀과 부지휘관은 각자의 부하들을 이끌고 여기서 헤어져 서둘러 어둠 속으로 사라졌다.

새벽빛에 비친 사막이 고운 광택을 내기 시작했다. 가느다란 은색의 새거유도 와이어가 거미줄처럼 모래 여기저기에 널려 있었다. 날이 밝아올 즈음, 두 집단은 우연히 만났다. 일행이 하무탈 고원 기슭에 접근할 무렵, 위쪽에서는 치열한 전차전이 벌어지고 있었다. 전차포가 발사되는 소리가 들렸고 간혹 오르막을 오르는 전차들이 보였다. 바이셀은 정지한 다음 무전으로 도착을 보고했다.

레셰프 대령의 여단은 이미 다른 지역으로 이동했으나 대령은 샤론에게 바이셀과 부하들을 데려오게 해달라고 요청했다. 대령은 이집트군 진영 한복판을 뚫고 탈출한 바이셀의 용기에 감탄했다. 레셰프에게 탈출을 권고받은 다른 전초기지의 지휘관은 근처에 적이 없었는데도 이를 거절했다. 한 차례 전투 후 그 수비대는 포로가 되었다. 레셰프는 샤울 샬레브$^{Shaul\ Shalev}$ 대대장(제184전차대대-옮긴이)에게 푸르칸 전초기지에서 탈출한 수비대의 위치를 파악하고 이들을 데려오는 임무를 맡겼다. 샬레브 중령 본인이 전차에 탑승해 포병 관측장교를 태운 다른 전차를 대동하고 구출에 나섰다. 바이셀의 정확한 위치는 분명하지 않았고, 이 지역은 적 전차와 새거팀으로 우글거렸다. 샬레브가 푸르칸 전초기지 수비대의 흔적을 찾지 못했다고 보고하자, 레셰프는 돌아오라고 명령했다.

레셰프는 언덕 정상에서 바이셀을 호출해 녹색 신호탄을 쏘아달라고 했다. 2마일(3.2km) 떨어진 모래언덕에서 신호탄이 솟았다. 이번에는 전차에 탑승한 레셰프 여단장이 샬레브 대대장 및 포병 관측장교와 합류했다. 수색 범위를 넓히기 위해 3명은 분산해 모래언덕을 통과해 전진했다. 보병이 탑승한 반궤도장갑차 몇 대가 샬레브의 뒤를 따랐다.

레셰프가 신호탄이 발사된 지역 근처에 다가가자 200야드(183m) 앞에 있는 언덕에서 병사 30여 명이 보였다. 100야드(91m) 정도의 거리까지 다가가자 레셰프는 자신이 본 병사들이 이집트군임을 알아차렸다. 여단장은 조종수에게 돌진하라고 명령하고 적병에게 기관총을 발사했다. 기관총에 새 탄띠를 끼우는 동안 이집트군이 반격해왔다. 측면 어딘가에서 발사된 새거가 날아와 머리 위로 지나갔다. 조종수는 살아남은 이집트군을 깔아뭉갰다.

샬레브도 언덕 위에 있는 참호에 들어가 있는 이집트군과 마주치자 돌진했다. 그러는 동안, 대대 작전장교가 왼쪽을 가리켰다. 낮은 모래언덕 위로 솟은 안테나 끝이 보였다. 샬레브는 뒤따르던 아군 보병에게 이집트군의 처리를 맡기고 방향을 바꾸었다. 모래언덕 주변을 휩쓸며 돌아가자 바이셀과 부하들이 있었다. 수비대의 부상자 3명을 포탑을 통해 아래로 내려 보내고 나머지 29명은 전차에 올라타 어떻게든 손으로 잡을 곳을 찾았다. 몇 분 뒤, 레셰프는 모래밭을 가로지르며 다가오는 괴상한 형체를 보고 깜짝 놀랐다. 그는 푸르칸 전초기지 수비대를 싣고 오는 샬레브의 전차임을 알아보고 안도했다.

동반한 반궤도장갑차에 탑승한 이스라엘 보병 2명이 전사했다. 하지만 푸르칸 수비대 구출 보고가 무선망을 통해 전파되자 좋은 소식에 목말라하던 이스라엘 진영에서는 일순 만족감이 퍼졌다.

아침이 되어서야 이집트군은 푸르칸 전초기지에서 이스라엘군이 철수했음을 알아차렸다. 전선 시찰 중이던 샤즐리 장군은 전초기지로 가보자고 했다. 샤즐리는 불과 4일 전에 반대편 둑에서 푸르칸 전초기지를 관찰한 적이 있었다. 불과 몇 시간 전에 바이셀과 부하들이 빠져나간 정문으로 들어가며 샤즐리는 "신께 감사드립니다. 신은 가장 위대하시다"라고 읊조렸다.

아만의 요르단과장 주시아 케니제르 중령은 월요일 밤에 아만 차장 샬레브 장군의 집무실로 불려갔다. 샬레브는 이집트과장 요나 반드만 중령과 함께 벽에 걸린 대형 시나이 반도 지도 앞에 서 있었다. 샬레브는 케니제르의 어깨에 손을 올리며 케니제르가 반드만 대신 이집트과를 맡을 것이라고 말했다. "다도(엘라자르 총참모장)가 우리를 더는 보고 싶지 않다더군." 샬레브의 말이었다. 지금부터 총참모장은 각 담당 과장으로부터 직접 이집트와 시리아 전선에 대한 정보 브리핑을 받을 것이다. 제이라 장군은 국장직에 유임되었다.

히자욘 전초기지가 이집트군에 항복한 지 거의 하루가 지난 화요일 오후, 오리 박사는 자신의 벙커에서 조심스레 밖으로 나왔다. 살아 있는 것은 아무것도 보이지 않았다. 박사는 이스라엘 비행기를 찾아 헛되이 하늘을 살폈다. 유일하게 움직이는 것은 시나이 내륙으로 더 깊숙이 이동하는 이집트군 전차뿐이었다. 이스라엘군이 아직 버티고 있다는 증거가 될 만한 전투 소음은 멀리에서조차도 들리지 않았다. 이스라엘이라는 국가 자체가 멸망했을지도 모른다는 생각이 들었다.

어쨌든 박사는 벙커로 돌아와 가능한 한 오랫동안 항복하지 않기로 결정했다. 팔이 절단된 바렐리 중위 외에 경상자 2명이 있었다. 다른 병사 한 명이 있었으나 그는 아침이 되자 평정심을 잃어버렸다. 이 병사는 영내로 뛰어나가 우지 기관단총을 쏘아대다가 포로로 잡혔다. 그런 후에도 이집트군은 벙커로 들어오지 않았다.

밤이 되자 입구로 들어오는 희미한 별빛을 빼고 벙커 내부는 칠흑처럼 어두워졌다. 한 부상병이 자결을 제안했다. 그는 수류탄의 안전핀을 뽑더니 모두 함께 죽을 수 있도록 바렐리 중위 주변에 같이 서자고 했다. 오리는 자기가 받아온 훈련은 생명을 빼앗는 것이 아니라 구하는 것이라며 자결 제안을 단호히 거부했다. "우리는 여기에서 빠져나갈 거다"라고 오리는 말했다. 병사는 안전핀을 다시 꽂지 않았으나 수류탄을 꽉 쥔 채 침대 위에 앉았다.

지난 3일간 오리는 예루살렘 법원 판사의 아들인 바렐리 중위와 가까워졌다. 둘 다 25세였고 많은 공통점을 가지고 있었던 데다 심지어 서로 아는 지인까지 있었다. 오리가 바렐리에게 투여하던 모르핀이 바닥났다. 바렐리는 통증과 구원의 가능성이 없음에 절망하여 오리에게 자신을 죽여달라고 요청했다. 오리는 거부하며 다시 한 번 "우리는 여기에서 빠져나갈 거야"라고 말했다.

전쟁이 발발한 다음부터 거의 잠을 자지 못한 오리 박사는 저녁 7시경 바나나 모양으로 생긴 벙커 끝에 있는 침대에 털썩 쓰러졌다. 입구에서 이집트군 병사의 모습이 나타났다. 이 병사는 손전등 대용으로 종이에 불을 붙였다. 전리품을 찾는 듯 그의 시선은 바닥을 향했다. 그러다가 눈에 띈 철모를 집어 올리고 고개를 돌린 이집트군은 몇 피트 거리에서 자신을 매섭게 쏘아보는 눈과 마주쳤다. 이집트군은 외마디 소리를 지르고는 벙커에서 뛰쳐나갔다. 안전핀이 뽑힌 수류탄을 쥔 이스라엘군이 잽싸게 그 뒤를 쫓았다. 오리의 귀에 수류탄 폭발음과 총성이 연달아 들렸다. 몇 분 뒤 벙커 안으로 연막탄이 투척되고 화염방사기의 불꽃이 좁은 공간을 뚫고 들어왔다. 오리는 그만 기절해버렸다.

정신을 차려보니 여기가 지옥인가 싶었다. 열기는 견딜 수 없이 뜨거웠고 숨을 쉬기가 어려웠다. 살이 타는 냄새가 났다. 손전등으로 시계를 힐끗 보니 자정이었다. 오리는 바렐리의 시신을 지나쳐 벙커 밖으로 기어나가 밖에 있는 좁은 참호까지 갔다. 그리고 참호 벽에 등을 기대고 앉아 발목을 잡고 밤의 찬 공기를 들이마시며 밤을 지새웠다. 폐에 무엇인가 심각한 문제가 생긴 것 같았다. 아랍어가 들렸다. 머리를 들어보니 전초기지 정원에서 움직이는 병사들이 보였는데 자신을 발견하지 못한 듯했다. 잠시 후 아무 소리도 들리지 않았다.

날이 밝자 피부가 오그라든 것처럼 보였다. 탈수의 증거였다. 목이 몹시 말라 물을 찾아 일어나니 마당에 누운 지휘벙커 인원들의 시신이 보였다. 이집트군은 없었다. 지휘벙커 대부분은 중박격포에 두들겨 맞아 폭삭 주저앉았고 주방을 비롯한 단독 건물이 있던 곳은 평평하게 변해 있었다. 폐허 한가운데 물이 담긴 물통 하나가 있었다. 믿기 어려울 정도로 좋은 일이라 오히려 두려웠다. 예전에 들었던 강의에서 이집트군 강습부대가 간혹 물에 독을 타기도 한다고 경고했던 것이 생각났다. 살겠다는 의지가 갈증을 이겼다. 오리는 항복을 받아줄 이집트군을 찾으려고 등을 돌려 전초기지 입구로 걸어 나갔다.

비틀거리며 도로로 나가자 병력수송장갑차가 다가와 50야드(46m) 떨어진 곳에 멈췄다.

이집트군 1개 분대가 하차했다. 병사들은 대형을 이루고 탄입대에서 탄창을 꺼내 칼라슈니코프^{Kalashnikov} 돌격소총(소련제 AK-47, AKM 계열의 돌격소총. 칼라슈니코프는 설계자의 이름-옮긴이)에 철컥 끼웠다. 오리는 자신이 군의관이라고 소리치려 했으나 화상을 입은 기도에서는 아무 소리도 나오지 않았다. 자신이 물 밖에서 헐떡이는 물고기 같다는 생각이 머리를 스쳤다. 갑자기 지프 한 대가 질주해오더니 병사들과 오리 사이에 정지했다. 이집트군 장교 한 명이 차에서 내려 다가왔다. 다리에 더 버틸 힘이 없던 오리는 땅바닥에 주저앉았다. 장교가 수통 하나를 오리에게 던지자, 오리는 수통의 물을 다 비우고 하나 더, 그리고 또 하나 더 달라고 했다. 장교가 가까이 와 오리에게 비스킷을 권했지만, 오리는 삼킬 수 없었고 "물을 더"라고 들릴 듯 말 듯 말했다.

그동안 장갑차에서 내린 병사들이 가까이 왔다. 한 명이 오리를 걷어차자 다른 병사도 따라했다. 모두 합세해 오리를 구타하려 하자 주변에서 포탄이 폭발하기 시작했다. 모두 전초기지 안으로 달려 들어가 참호로 피신했다. 오리는 장교와 지프 운전병과 같이 있었고, 다른 병사들은 떨어져 있었다. 오리는 장교의 귀에 입을 대고 영어로 자신은 군의관이라고 간신히 속삭였다.

"저놈들은 당신을 죽이려 해." 장교가 답했다. "나까지 죽일 수 있다고." 오리가 말했다.

"하지만 당신은 장교입니다." "저놈들은 그냥 촌무지렁이야."

장교는 고개를 끄덕이더니 운전병에게 신호를 보내 오리를 일으켜 세웠고 3명은 쏟아지는 포탄을 뚫고 지프로 뛰었다. 지프가 속력을 내자, 뒷좌석에 앉은 장교는 조수석에 앉은 오리에게 눈가리개를 씌우고 팔을 등 뒤로 묶었다. 지프는 어떤 곳에 도착해 멈췄다. 소리를 들어보니 많은 병사가 있는 것 같았다. 장교는 오리를 남기고 떠났고, 오리는 포탄 구덩이로 끌려가 앉으라는 말을 들었다. 이집트군은 가끔 물을 가져다주었다. 마침내 눈가리개가 풀렸다. 주변에 수백 명의 병사가 서 있는 것 같았다. 오리의 얼굴은 까맣게 그을렸고, 군복은 그가 치료한 병사들의 피로 얼룩져 있었다.

누군가가 오리에게 이름과 계급, 그리고 군번을 물었다. 오리가 자신은 군의관이라고 말하자 병사 한 명이 호출되었다. 의무병 같았다. 이 병사는 영어를 잘했고 오리의 의학 지식을 테스트하려고 몇 가지 질문을 했다. "속쓰림에 대한 처방은?" 첫 질문이었다. 오리는 지금 말을 할 수 없으니 종이와 연필을 가져달라고 손짓했다. 종이와 연필을 받은 오리는 답을 적었고, 의무병은 만족했다.

운하와 가까운 곳이라 오리는 끌려가 배에 실려 운하를 건너 이송되었다. 반대편에 도착한 배에서 끌려 나오던 오리는 손이 묶인 채 물에 빠졌다. 누군가 물에 뛰어들어 그의 머리를 붙잡고 끌어냈다.

몇 시간이 지나 도착한 카이로의 포로병원에서 오리를 진찰한 콥트교도(주로 이집트에 거주하는 기독교 분파-옮긴이) 군의관은 오리가 기관지염을 앓고 있다고 정확히 진단했다. 포로가 된 다른 이스라엘 군의관이 오리의 병상 곁으로 소환되었다. 오리를 진찰한 이 군의관이 이집트 군의관에게 영어로 말했다. "살기 힘들 것 같습니다."

오리는 온 힘을 다해 "나는 살 겁니다"라고 쥐어 짜듯 말했다.

텔레비전 카메라맨 모하메드 고하르Mohammed Gohar는 아마도 전쟁이 시작된 이래 운하를 건너간 첫 이집트 민간인일 것이다. 고하르는 시나이의 이스라엘군 포로들이 포로수용소로 보내지기 전의 모습을 촬영하기 위해 화요일 아침에 카이로에서 급파되었다. 결과물은 요르단으로 급송되어 저녁에 텔레비전으로 방영될 예정이었다. 이스라엘에서는 이집트 텔레비전 방송을 수신할 수 없으나 수신 범위 안에 있는 암만에서 송출되는 요르단 텔레비전 방송을 보는 가구는 많았다. 포로가 된 병사들의 모습을 보면 이스라엘 국민의 사기는 크게 떨어질 것이다.

21세의 카메라맨 고하르는 칸타라에서 운하를 건너 포로들이 모인 운하 근처의 한곳으로 안내받았다. 줄지어 앉은 이스라엘군 포로들은 면도도 하지 않은 얼굴에 모든 것을 체념한 듯 공허한 눈빛을 한 채 고개를 푹 숙이고 있었다. 이집트군 병사들이 근처에 모여 이 광경을 바라보며 웅성거리고 있었다. 고하르는 호위병에게 아군 병사들을 다른 곳으로 보내라고 했다. 포로들을 찬찬히 살펴보니 부상자가 여러 명 보였다. 고하르는 이들도 카메라 촬영 거리 밖으로 옮겨달라고 말했다.

고하르는 남아 있는 포로들을 살펴보았다. 모두 16명이었다. 조명과 카메라 앵글을 계산한 다음 촬영하기 전에 고하르는 머리를 들어 포로들을 카메라 렌즈가 아닌 자신의 눈으로 다시 한 번 살폈다. 이스라엘인을 직접 본 것이 이번이 처음이라는 사실이 불현듯 떠올랐다. 그는 사진이나 텔레비전 영상을 통해서도 실제 이스라엘인을 본 적이 없었다. 이스라엘인에 대해 아는 것이라고는 카이로의 신문 만평에 나오는 기괴한 모습을 한 다얀과 골다 메이어뿐이었다. 고하르는 지극히 평범해 보이는 포로들의 외모에 놀랐다. 사실 자기와 똑같았다. 나이도 비슷했으며 대다수는 피부색도 자신과 비슷한 올리브색이었을뿐더러 자신이 그런 상황이었더라면 지을 법한 표정을 짓고 있었다. 이스라엘인에 대해 자신이 듣고 학교에서 배웠던 것으로는 눈앞의 상황을 이해할 준비가 되어 있지 않았다. 이들을 살피는 동안 고하르의 눈에 몇 명이 고개를 들어 자신을 기묘한 표정으로 쳐다보는 모습이 들어왔다. 이들은 고하르의 시선을 눈여겨보며 그가 무슨 생각을 하는지 이해하려고 했다. 그리고 자신들을 비추는 카메라를 쳐다보았다. 사진이 찍혔다는 것, 그리고 텔레비전에 방송된다는 것은 앞으로 생존할 가능성이 커진다는 뜻이었다. 고하르는 포로들의 생각을 이해했고, 눈을 마주친 포로들도 그가 무슨 생각을 하는지 이해하기 시작했다고 믿었다. 고하르는 나중에 사다트 대통령의 공식 사진사가 되었다. 그러나 이집트군이 군사적 영광의 절정에 달했을 때 수에즈 운하 강둑에서 이스라엘 포로와 잠시 접촉한 다음부터 고하르는 이스라엘과의 평화가 가능하다고 믿게 되었다.

화요일 아침, 엘라자르는 고넨에게 운하를 건너올 이집트군 기갑사단들에 대비해 부대를 방어대형으로 전개하고 전력을 보강하라고 명령했다. 원거리에서의 적 기갑차량 저격을 제외한 모든 전차전은 금지되었다. "나는 더 이상의 전력 소모를 감내할 수 없어요"라고 엘라자르가 말했다. 고넨이 확실히 이해할 수 있도록 엘라자르는 이 경고를 이날 하루에도 여러 번 거듭 말했다. "우리는 지나친 기동을 하지 않는 방어전의 원칙을 고수합니다.

이번에 전진하면서 전력을 소모할 쪽은 이집트군이에요."

고넨은 이 명령을 샤론에게 전달한 후 샤론의 예하 여단장들에게도 따로 전달했는데, 샤론이 예하 부대에 이 명령을 제대로 전달할 것으로 믿지 않아서였다. 샤론은 월요일의 졸전 이후 고넨이나 수뇌부의 판단력을 신뢰하지 않았다. "가만히 앉아서 이집트군이 교두보와 방어태세를 강화하게 내버려둘 때는 아니었다"라고 샤론은 나중에 썼다. "적의 약점을 탐색해 밀어붙여야 했다"는 것이다.

샤론은 아침나절부터 고넨을 회유해 자신의 사단이 미주리와 이집트군이 대거 집결하고 있는, 일명 중국농장Ha Havah Ha Sinit(Chinese Farm)(이집트가 1960년대에 유엔의 지원을 받아 건설한 농장. 6일 전쟁 당시 이 농장을 탈취한 이스라엘군이 농장의 일본제 장비에 적힌 일본어를 중국어로 착각해 중국농장으로 부름. 제29장 참조-옮긴이)이라는 농업개발지역을 공격하는 허가를 받아내려 하고 있었다. 고넨이 엘라자르에게 샤론의 요청을 알리자, 총참모장은 명령을 반복했다. "전차의 손실이 발생할 전투를 금함."

샤론은 이 명령을 자신의 방식으로 해석했다. '기동방어mobile defense'(방어지역의 유리한 지형에 최소한의 정예병력만을 배치하고, 주 병력을 예비대로 대기시켰다가 공격해오는 적을 불리한 지형으로 유도한 후 역습하여 격퇴하는 방어 형태-옮긴이)를 펼치는 것이었다. 샤론의 생각에 따르면, 기동방어라는 개념에서는 전진이 허용된다. 기회가 왔다. 자신의 정면에서 이집트군이 탐색 공격을 하자, 샤론은 예리한 반격으로 이를 격퇴했다. 사단의 한 전차대대는 적 전차 30대를 격파했다. 샤론은 2개 여단을 전진시켜 '전과를 확대'할 의향이라고 부하 지휘관들에게 알렸다. 샤론 사단의 무선망을 모니터링하던 고넨은 깜짝 놀랐다. 고넨은 이집트군으로부터 떨어져 있으라고 말했다. "알겠네." 샤론이 고넨을 달래며 말했다. "멀리 나가지 않겠네."

샤론은 타사와 운하 사이의 직선 도로가 내려다보이는 위치에 있는 전략적 요충지인 하무탈 고원으로 아미 모라그 소령이 지휘하는 대대를 파견했다. 전날 이곳에서 격전이 벌어졌지만, 모라그가 도착했을 때에는 일단 3마일(4.8km) 길이의 고원이 텅 비어 있는 것처럼 보였다. "하무탈은 아군 수중에 있음"이라고 소령이 보고했다. 그 직후 모라그의 전차는 새거에 피격되었다. 충격으로 인해 소령은 전차 바닥으로 굴러떨어졌다. 의식을 되찾자 그는 뺨을 때리며 자신이 죽지 않았음을 확인했다. 승무원 3명 모두 부상당했으나 계속 싸울 수 있다고 말했다.

다시 포탑으로 올라간 모라그가 본 고원은 움푹 꺼진 곳을 경계로 둘로 나뉘어 있었다. 자신이 있는 쪽은 비어 있었지만, 다른 쪽에서는 모래가 날리고 있었다. 병사들이 개인호를 파고 있다는 증거였다. 기관총이 없었기 때문에 모라그는 1개 중대가 적 보병을 제압하는 동안 다른 중대는 지원사격을 하라고 명령했다. 공격에 나선 중대는 개인호를 짓밟으며 질주했고 전차장들은 우지 기관단총을 쏘며 수류탄을 던졌다. 모라그는 전차가 지나갔음에도 무너지지 않은 개인호에서 일어나 RPG사격을 재개하는 이집트군을 보고 경악했다.

두 번째 중대가 같은 임무를 띠고 투입되었다. 하지만 이번에는 캐터필러로 개인호 안의 이집트군을 더 쉽게 깔아뭉갤 수 있도록 중대장이 개인호 가장자리로 전차를 몰았다. 그래도 살아남은 이집트군 보병은 계속 반격해왔다. 이집트군이 이곳에 가한 집중포격으로 인해 생긴 연기 때문에 전차장들은 서로를 보기도 어려울 정도였다.

이스라엘군은 이제 고원 반대편 끝에 대거 전개한 이집트군 전차와 보병을 알아볼 수 있었다. 모라그의 부하들은 재빨리 16대의 이집트군 전차를 격파했으나, 보병은 전혀 다른 문제였다. RPG탄과 새거가 사방에서 날아다니는 혼전 중에 양군 병사들은 서로 얼굴을 맞대고 싸우기도 했다. 어느 이집트군 병사가 이스라엘 전차에 올라타 해치에서 머리를 내민 탄약수를 개머리판으로 가격해 턱을 부러뜨리자, 이 탄약수는 이집트군 병사를 전차에서 떨어뜨렸다.

모라그는 다친 승무원을 사상자 후송을 맡은 전차에 옮겨 태우기 위해 전장에서 물러났다. 돌아와 보니 자리를 비운 지 5분 만에 중대장 전원이 부상당했다. 대부분의 소대장들도 마찬가지였다. 모라그는 하임 에레즈 여단장과 접촉해 후퇴 승인을 요청했다.

모라그는 중대장 한 명에게 대대를 이끌고 고원 아래로 내려가라고 명령했다. 30분간의 접전에서 이 중대장은 두 번 부상했다. 게다가 당장 폭발할 위험은 없었으나 탑승한 전차는 불타고 있었다. 모라그는 모든 전차장에게 "불타는 전차를 따르라"고 지시했다. 모라그 본인은 그동안 고원을 돌아다니며 남은 부하가 없는지 확인하다가 철수 명령을 듣지 못하고 전투를 벌이던 전차를 발견했다. 모라그는 이 전차를 이끌고 고원에서 내려왔다. 이 전투로 인해 푸르칸 전초기지 수비대는 고원 기슭에서 구조될 수 있었다.

전투를 시작한 이스라엘군 전차 24대 중 3대는 하무탈 고원에서 파괴되고, 14대는 피해를 입었으나 산등성이에서 간신히 내려올 수 있었다. 이번에 첫 대대장 보직을 맡은 27세의 모라그 소령은 땅바닥에 눕혀진 사상자들을 보고 마음이 심란해졌다. 겨우 1시간 전에 처음으로 전장에 이끌고 간 부하들의 4분의 1 이상이 사상자가 되었다. 8명이 전사했고 장교 대부분을 포함한 20명이 부상당했다. 모라그는 에레즈 대령에게 여단 최고의 군의관을 보내달라고 요청하며 "너무 잘 싸운 부하들을 죽게 내버려둘 수는 없습니다"라고 말했다. 한 군의관은 숨쉬기 힘들어하는 중대장의 목숨을 구하려 모라그가 보는 앞에서 기관지절개술을 실시했다.

"어떻게 할까요?" 모라그는 부대대장 예후다 탈$^{Yehuda\ Tal}$ 소령에게 물었다. 탈 소령은 모라그보다 나이가 많은 예비역이었다. 탈은 부상자들이 치료받는 동안 대대장은 잠시 휴식을 취하는 편이 어떻겠냐고 제안했다.

몇 분 뒤, 기력을 회복한 모라그는 부하들을 소집했다. 모두 전투에서 받은 격한 충격에서 아직 벗어나지 못한 상태였다. "우리는 하무탈에서 큰 손실을 입었다." 모라그가 훈시를 시작했다. "우리는 보병, 특히 이집트군 보병이 돌진하는 전차에 대적해 싸울 것이라고 예측하지 못했고 달아나는 대신 대전차화기로 반격할 것이라고도 예측하지 못했다. 사상자가 발생했으나 선택의 여지는 없다. 이 전투는 우리의 존재가 걸린 전투이며 우리는 적을 분쇄할 것이다."

모라그는 아직 상태가 양호한 전차가 기동이 어려운 전차를 견인할 것을 명령했다. 그러고 나서 그는 타사로 부대를 이끌고 가서 파손된 전차를 수리하고 교체가 가능한 인력 중에서 선발된 인원으로 부족한 승무원을 보충하려고 했다.

고넨은 헬리콥터로 타사로 날아가 모래언덕 사이로 지프를 달린 끝에 샤론 사단장과 사단 전위부대를 따라잡았다. 고넨은 "적과의 접촉을 중단하세요"라고 명령한 다음, 샤론이 예하 부대에 철수 명령을 내리고 전차들이 방향을 바꾸기 시작하기를 기다렸다. 그런데 고넨이 사령부로 돌아왔을 무렵, 샤론의 1개 대대가 공격을 개시해 포병로 근처의 텔레비지아^{Televisia} 중간대기구역을 탈환했다는 보고가 들어왔다.

이 공격은 샤론 사단의 레셰프 여단장이 샤론의 허가를 받아 주도했다. 기동불능 상태가 된 이스라엘군 전차의 승무원들이 이곳의 건물로 몸을 피했다. 주변의 이집트군 병사들에 발각되지 않은 상황에서 이들은 무전으로 아군과 접촉했다. 레셰프는 이날 아침 푸르칸 수비대를 구출한 샤울 샬레브 중령의 대대를 보냈다. 실종된 승무원들은 모두 구조되었으나, 전사자가 한 명 발생했다. 샬레브 중령이었다.

이날 움 하시바에 도착한 공수여단(제247공수여단. 샤론의 제143사단 소속-옮긴이)의 다니 마트$^{Dani\ Matt}$ 여단장은 개인적으로 각별한 사이도 아닌 고넨이 아버지처럼 자신을 포옹하자 깜짝 놀랐다. 벽에 걸린 지도에서 고넨은 미주리와 근처의 중국농장을 가리키며 이곳에 있는 이집트군에 대한 정보에 불확실한 점이 있다고 말했다. 고넨은 마트가 이날 밤 장교로 구성된 '암약 정찰대$^{silent\ patrol}$'를 보내 이집트군의 위치를 확실히 파악하기를 원했다. 전투보다 정찰에 중점을 둔 '암약 정찰대'라는 말을 들은 마트 대령은 제1차 세계대전에서나 나올 법한 말이 아닌가 생각했다. 고넨은 정찰대의 발견 결과를 근거로 다음날 아침에 마트 여단이 총공격할 것이라고 말했다. 공수부대를 투입한다면 고넨은 더 이상의 전차 전력 소모를 금지한 엘라자르의 명령을 따르면서도 이집트군을 계속 압박할 수 있게 될 것이다.

고넨은 샤론에게 '턱수염을 기른 친구'가 도착했다고 무전으로 알렸다. 샤론은 그가 마트를 지칭하는 것으로 이해했다. 이집트군 무선감청반을 혼란에 빠뜨리기 위해 애매하게 말하며 고넨은 자신의 요청에 따라 마트가 샤론의 담당 지구에서 수행할 작전에 대해 넌지시 알렸다. 샤론은 무전기의 스피커가 떠나가라 고함을 쳤다. "무슨 말을 하는지 알기나 하나? 여기에는 이집트군 1만 명과 최소한 전차 100대가 있네!" 고넨은 마트 여단을 보내겠다는 생각을 포기했다.

이날 이보다 앞서 새로 도착한 장교 한 명이 레셰프 여단장 앞에 나타나 보직을 요청했다. 요아브 브롬Yoav Brom 중령이었다. 유럽 여행 중이던 중령은 전쟁이 발발하자 탑승 가능한 첫 항공편으로 귀국했다. 동안인 브롬 중령은 2년 전에 다들 부러워하는 고향 셰파임 키부츠Shefayim Kibbutz의 학교 교장직을 포기하고 군대로 돌아왔다. 한때 브롬 중령을 부하로 두었던 아단 장군은 브롬을 "내가 아는 최고의 군인"이라고 불렀다. 레셰프는 샤론 사단장에게 브롬을 사단 수색대대장으로 임명할 것을 제안했다. 전임 대대장은 어제 샤론 사단이 무의미한 작전을 시작한 후 샤론의 담당 구역에 있는 중요한 산등성이를 둘러싸고 벌어진 전투에서 전사했다.(샤론은 이동을 개시하면서 부하들의 권유에 따라 사단 수색대대를 뒤에 남겨놓았다. 제21장 참조-옮긴이) 레셰프는 이 대대를 자신의 여단에 배속시켜달라는 제안도 함께 했다. 샤론은 상급자들에게는 제멋대로였으나 부하들의 말은 잘 들었기에 두 가지 제안을 모두 받아들였다.

감시병들이 라케칸 전초기지와 비터호 호안에 있는 보체르Botser 전초기지 사이의 지역이 비어 있는 것 같다고 보고했다. 레셰프는 라케칸에서 5마일(8km) 떨어진 마츠메드 전초기지 수비대의 운명을 걱정했다. 아침 이후 수비대와의 교신은 끊긴 상태였다. 이 지역을 뒤덮었던 안개 때문에 감시병들은 마츠메드 전초기지가 함락당하는 장면을 목격하지 못했다. 레셰프는 브롬에게 가능하다면 적과의 접촉을 피하며 마츠메드 전초기지의 상황을 확인하라고 지시했다. 수색대대는 황혼 무렵 이틀 전 라케칸 전초기지 수비대가 건너온 모래언덕을 가로지르며 출발했다. 깊게 파인 중국농장의 관개수로가 남쪽으로 멀리 떨어진 이곳까지 뻗어 있었기 때문에 궤도차량들은 관개수로를 피해 조심스럽게 운행해야 했다. 대대가 렉시콘로에 들어섰을 때는 날이 어두워졌다. 브롬은 라케칸 전초기지로 정찰대를 보냈다. 전차의 엔진을 껐는데도 전초기지 내부로부터 생존자의 소리가 들리지 않자, 전차들이 진입했다. 전초기지는 텅 비어 있었다. 마츠메드 전초기지도 마찬가지였다. 브롬은 1개 중대를 비터 호수 호안을 따라 남쪽으로 보내 얼마간 이 지역을 정찰하도록 하고 다른 2개 중대를 이끌고 렉시콘로를 따라 북쪽으로 갔다. 비터 호수의 북단을 통과하자 포성은 점점 더 커졌고, 브롬은 정면에서 움직이는 무엇인가를 감지했다. 브롬의 대대는 야간투시경이 달린 최신식 패튼 전차를 보급받아 운용하고 있었다. 야간투시경을 통해

800야드(732m) 전방의 렉시콘로와 티르투트로Tirtur road의 교차점에서 개인호를 파고 있는 이집트군이 보였다. 그 너머에서는 이집트군 포대가 동쪽을 향해 사격하고 있었다. 브롬은 중대장 가운데 바르-레브 장군의 조카인 라피 바르-레브Rafi Bar-Lev 대위와 부대대장을 호출했다. 어둠 때문에 서로의 윤곽조차 잘 볼 수 없는 상황에서 두 사람은 브롬의 전차 위에 올라와 섰다. 이집트군과 꽤 떨어져 있었는데도 이들은 낮은 목소리로 속삭이듯 대화했다. 브롬은 전차들을 약간 뒤로 후퇴시킨 다음 자신이 발견한 것을 레셰프에게 보고했다.

이집트 제2군은 비터 호수 북쪽에서 운하를 도하했고, 제3군은 호수 남쪽에서 운하를 건너왔다. 하지만 이집트 제2군은 부주의하게도 제3군 담당지구와 접한 남쪽 경계선을 호안 대신 이보다 더 북쪽에 있는 티르투르로까지로 했다. 티르투르로가 보다 편리한 경계선이기 때문이었다. 하지만 이로 인해 티르투르로와 비터 호수 사이의 1마일(1.6km)에 이르는 운하 지역 및 비터 호수 호안 북쪽 절반에는 방어 전력이 전혀 없게 되었다. 말하자면 이집트군은 덮은 담요를 너무 높이 올린 나머지 발목을 모기에 드러낸 것이나 마찬가지였다.

브롬이 현 위치를 보고하자, 샤론은 놀라서 펄쩍 뛰었다. 샤론은 사단 수색대대가 이집트 제2군과 제3군 사이의 '틈새'를 우연히 파고들었음을 깨달았다. 이 틈새를 통해서라면 전투를 벌이며 힘겹게 이집트군 교두보를 뚫고 갈 필요 없이 운하에 도달할 수 있을 것이다.

샤론은 곧바로 운하를 건너 이집트군 후방에 침투할 기회가 생겼다고 보았다. 전황을 완전히 뒤집을 수 있는 기동이었다. 샤론은 고넨에게 연락하라고 말했다. "슈물리크, 우리는 운하 근처에 있네. 손을 물에 담글 수 있다는 말일세. 도하 허가를 요청하네." 샤론은 나중에도 자신의 말은 그날 밤이 아닌 적절한 준비를 마친 다음 도하 하겠다는 희망의 표현에 불과했다는 견해를 고수했다. 그런데 상급자들은 샤론이 바로 이날 밤에 마츠메드 전초기지 북쪽의 중국농장에 전개한 이집트 사단을 공격한 다음 운하를 건너가겠다고 제안하고 있는 것으로 이해했다.

"샤론을 당장 거기서 끌어내!" 남부사령부에서 탈 참모차장이 전화를 걸어 샤론의 위치와 의도를 알리자 엘라자르는 고함을 질렀다. "당장 끌어내라고!" 자신이 내린 명백한 지시가 또다시 무시된다고 생각한 총참모장은 화가 나서 미칠 지경이었다. "샤론에게 운하를 건너가지 말라고 똑바로 전해! 건너면 안 돼. 안 된다고!"

고넨이 샤론에게 다시 전화해 엘라자르의 뜻을 전했는데도 샤론은 굴하지 않았다. 다리 하나쯤은 몇 시간 안에 가져올 수 있다고 샤론은 말했다.(사실 다리가 준비되기까지 일주일이 걸릴 것이다.) "나는 이미 운하에 있어. 운하를 건너가는 순간 모든 상황이 바뀔 거야. 이집트군이 틈새를 막아버리면 어쩌려고?"

고넨도 완강하게 버텼다. 샤론은 탈과 통화를 시도했지만 거절당했고 다시 남부사령부에 전화를 걸어보니 고넨은 연결이 되지 않았다. 다른 방법이 없었으므로 샤론은 아침에 브롬 대대를 철수시키라고 레셰프 여단장에게 말했다.

(10월 8일의) 반격 실패라는 대참사가 발생한 지 갓 24시간이 지나 텔아비브에 모인 주요 신문 편집자들이 다얀의 발언에 당황해하고 있을 무렵, 이스라엘군은 전황을 뒤집을 수 있는 열쇠 하나를 남부전선에서 찾아냈다. 그러나 그 열쇠를 사용할 시간은 아직 오지 않았다.

제24장

골란 전선 반격

월요일 아침, 골란 고원 중심부의 돌출부를 장악한 시리아군 사단들은 마음만 먹는다면 어디든 전력을 집중해 이스라엘군의 빈약한 방어선을 뚫을 수 있는 이상적 위치에 있었다. 하지만 시리아군은 공세의 추진력을 잃어버렸다. 이들은 몇 안 되는 이스라엘군 전차가 앞길을 막았던 토요일 밤에 요르단강까지 진출하는 데 실패했으며 아직 압도적 전력 우위를 점했던 일요일에도 이스라엘군이 황급히 구축한 방어선을 돌파하지 못했다. 이제 무사 펠레드의 사단이 전투에 참여함에 따라 전력의 격차는 더욱더 줄어들 것이었다.

조용했던 일요일 밤, 이스라엘 동원부대들은 처음으로 전열을 가다듬을 기회를 잡았다. 뚫린 구멍을 막으려는 필사적 시도로 무작위로 전투에 투입된 전차들은 원래 부대로 다시 복귀했고, 사상자는 교체되었으며, 전차들은 수리되었다.

무사 펠레드의 사단은 날이 밝기 전에 골란 고원에 오르기 시작했다. 사단은 요시 펠레드 Yossi Peled 대령(펠레드 사단장의 친척이 아님) 휘하의 1개 기갑여단(제205기갑여단-옮긴이), 수색대대 및 반궤도장갑차 탑승 보병여단(제35여단-옮긴이)을 보유했을 뿐이었다. 북부사령부가 이미 골란 고원 남부에 있던 벤-포라트 여단(제9기갑여단-옮긴이)과 하다르 여단(제4기갑여

남부 골란 고원 수복을 위한 공세를 지휘하는 모셰(별명 무사) 펠레드(콧수염을 기른 이) 사단장. 〈이스라엘 국방군 기록보관소 제공〉

단-옮긴이)을 펠레드 사단에 배속시킴에 따라 사단의 전차 전력은 2배가 되었다. 각 여단은 센추리온과 구형 셔먼 전차를 혼용했다.

일요일에 펠레드 사단이 이스라엘 중부에서 북쪽으로 이동하는 동안 요시 펠레드 대령은 전투 구역을 먼저 살펴보기 위해 지프를 몰았다. 대령은 전투에 참여하기도 전에 전쟁이 끝나버릴까 봐 걱정이었다. 하지만 키네레트 호수 동안에 있는 에인 게브 키부츠Ein Gev Kibbutz에 도착해 외곽에 설치되는 대전차포를 보자 걱정은 누그러졌다. 지프가 감라 오르막에 도착하자 급경사면 가장자리에 있던 시리아군 전차가 사격했다. 아침이 되자 펠레드 대령은 여단을 이끌고 골란 고원으로 올라갔다. 그는 엘 알El Al에서 지난 24시간 동안 이곳에서 전차를 이끌고 전투를 벌여온 벤 포라트 대령으로부터 브리핑을 받았다. 생산된 지 오래된 데다 장갑이 얇았음에도 불구하고 개량된 주포로 무장한 여단의 셔먼 전차는 상대방의 소련제 전차를 압도하고 있었다. 요시 펠레드의 여단은 벤-포라트 여단의 진영을 통과해 시리아군을 북쪽으로 몰아내기 시작했다.

텔 사키 정상에 있는 벙커에 고립된 이스라엘군은 철수하는 시리아군 전차가 내는 소음을 듣고 반격이 시작되었다고 추측했다. 정오경, 포격이 시작되자 이스라엘군은 바깥쪽 방에 피신한 시리아군 병사 2명의 목소리를 들었다. 얼마 뒤 벙커 안에서 수류탄이 폭발했다. 거의 모두가 파편을 뒤집어썼으나 누구도 소리를 내지 않았다. 시리아군은 들어오지 않기로 한 것 같았다. 1시간 뒤, 포격을 피해 바깥쪽 방에 들어온 다른 시리아군 병사 2명이 수류탄 2발을 벙커 안으로 투척했으나 이번에도 들어오지 않았.

얼마 지나지 않아 다시 발걸음 소리가 들렸다. 이번에는 누군가 히브리어로 소리쳤다. "생존자 있습니까?" 벙커 내부에서 응답하자 장교 2명이 들어왔다. 전차승무원의 눈에 이 예비역들은 아버지뻘로 보였다. 현장을 돌아보는 장교들의 눈에 맺힌 눈물이 보였다. 벙커 안에 있던 30명 중 5명을 제외하고는 전원이 생존했지만 모두 부상당했다.

116 거점의 구르 중위는 칼라슈니코프 돌격소총과 탄약을 수거하기 위해 부러진 팔을 임시로 붕대로 고정하고 부하들을 이끌고 밖으로 나왔다. 접근로 여기저기에 전차, 병력수송장갑차의 잔해와 전사자들의 유해가 널려 있었다. 이틀간 벌어진 전투의 증거였다. 골란 고원의 다른 곳에서 무슨 일이 벌어지고 있는지, 구르는 전혀 알 길이 없었다.

주변에서는 정오가 다 될 때까지 아무런 움직임이 없다가 오버올overall(아래위가 한데 붙은 작업복-옮긴이)을 입어 눈에 띄는 시리아군 전차승무원들이 걸어서 동쪽으로 달아나는 모습이 보였다. 이스라엘군이 반격을 개시했다는 첫 징후였다. 오후 늦게 지프 한 대가 거점으로 향하는 접근로에 나타났다. 수비대는 사격 준비를 했으나 누군가가 외쳤다. "아군이다." 펠레드 사단 소속 수색대원 2명이 지프에서 내리더니 구르와 부하들을 소개시키기 위해 30분 안으로 반궤도장갑차가 도착할 것이라고 말했다.

116 거점 인근의 텔 주하다르를 점령함으로써 시리아군은 전날 밤 에레즈 대대가 철수한 골란 고원에서 가장 높은 텔 파레스를 바라볼 수 있는 위치에 있게 되었다. 2개의 화산 봉우리(텔 파레스와 텔 주하다르) 사이의 움푹 파인 곳에는 새거와 RPG로 무장한 시리아군 2개 대대가 도사리고 있었다. 골란 고원에서는 주로 전차전이 벌어졌지만, 지금 시리아군은 위협을 받는 남쪽 측면을 방어하기 위해 대전차 보병을 대거 배치했다.

골란 고원의 116 거점 지휘관 요시 구르 중위(팔에 붕대를 감은 이). 반격에 나선 이스라엘군이 포위되었던 수비대를 구조한 직후의 모습이다. 부하 한 명이 의무병으로부터 치료를 받고 있다. 〈다비드 루빈게르(David Rubinger) / 예디오트(Yedioth) 소장 사진〉

무사 펠레드 장군은 전진하는 전차 바로 앞을 따라가며 이동탄막사격 rolling barrage(사격하는 모든 포의 포격이 상대적으로 같은 위치를 유지하면서 동시에 하나의 선상을 약간씩 이동하는 탄막사격-옮긴이)을 하라고 포병대에게 명령했다. 시나이 전선에서는 실시하지 않았던 효율적인 대전차 보병 대처법이었다. 포병 사격은 시나이 사막에서보다 바위투성이인 골란 고원에서 훨씬 더 큰 효과를 발휘했다. 시나이에서는 모래가 포탄의 폭발 충격을 흡수했지만, 골란에서는 포탄이 치명적인 작은 파편으로 부서졌기 때문이었다.

시리아군은 주 공세 축선을 따라 대전차포와 새거를 조밀하게 집중배치했다. 벤-포라트 여단은 가장 먼저 마주친 진지를 제압하는 데 성공했다. 1개 대대가 엄호사격을 하는 동안 다른 1개 대대가 측면에서 치고 들어가 대전차포 24문과 다수의 새거팀을 격파했다. 하지만 다른 진지에 대한 공격은 실패했다.

트럭 수송대열을 인솔해 보급품 집적소로 가던 부대대장 다비드 카스피David Caspi 소령의 반궤도장갑차 옆에 포탄이 떨어져 폭발했다. 대열에서 600야드(549m) 떨어진 곳에서 시리아군 전차 2대와 병력수송장갑차 3대가 갑자기 나타났다. 사회에서는 초등학교 교장이었던 카스피 소령은 트럭에 탄 병사들에게 하차 후 엄폐하라고 명령했다. 카스피의 장갑차와 뒤를 따르던 다른 장갑차는 이제 200야드(183m) 떨어진 시리아군을 향해 방향을 돌려 중기관총으로 사격을 개시했다. 카스피는 사수에게 전차 포탑을 겨눠 긴 점사로 사격하라고 명령했다. 즉시 효과가 나타났다. 기관총 사격은 전차에 손상을 입힐 수 없으나 캘리버50 기관총탄이 명중하며 내는 둔탁하고 무거운 소음은 닫힌 해치로 인해 시야가 제한된 전차장을 불안하게 만들었다. 전차가 정지하더니 승무원들이 뛰쳐나갔다.

남쪽에서 펠레드 사단이 전진하기 시작했지만 중부 골란에서 전투 중인 오리 오르 대령의 여단이 받고 있던 압박은 줄어들지 않았다. 동틀 무렵, 시리아군 제1기갑사단이 신디아나Sindiana 축선을 따라 나파크로 진격을 재개했다. 이날 전차 60대로 전투를 개시한 오르 여단은 치열한 접전을 벌이며 시리아군의 전진을 막았다.

인명 손실은 무자비할 정도로 계속 발생했다. 사상자를 대체해 겨우 어제 임명된 중대장 2명이 전사했다. 여단은 시리아군 포병과 카추샤Katyusha 로켓포(소련제 트럭 탑재 다연장 로켓포의 별명. 제2차 세계대전부터 사용되었다-옮긴이)로부터 심한 포격을 받았다. 카추샤 로켓포는 발사될 때 울부짖는 것 같은 독특한 소리를 내기 때문에 발사음을 식별할 수 있었다. 포격을 받는 동안 차체 양 측면으로 파편이 튕겨 나가며 날카로운 소리를 냈고, 오르의 지휘용 반궤도장갑차에 탑승한 전원은 이를 피해 몸을 숙였다. 포격이 끝나자 모두 일어났는데도 여단 통신장교는 계속 좌석에 웅크리고 있었다. "일어나도 돼." 옆에 앉아 있던 오르가 말했다. "끝났어." 이 장교가 일어나지 않자 오르는 그의 목을 만졌다. 손을 떼어보니 피가 묻어 있었다. 부상당한 통신장교는 후송되었다.

시리아군은 나파크 근처의 채석장을 중심으로 버티는 오르의 오른쪽 측면을 가장 강하게 압박했다. 이곳의 방어를 맡은 대대장은 전날 밤에 새로 임명된 사람이었는데, 자기가 적임자인지 모르겠다고 말했다. 하지만 오르는 다른 사람이 없다고 답했다. 전투 중 이 대대장은 더 버틸 수 없다고 말했다. "후퇴해야겠습니다."

"안 돼." 오르가 답했다. "시리아군은 자네가 힘들다는 것을 몰라. 그들은 곧 무너질 거야." 하지만 시리아군은 이스라엘 진영을 돌파했고, 이 대대장은 전사했다. 전선 중앙의 대대를 지휘한 다논 소령은 시리아군이 무너진 오른쪽 측면을 휩쓸고 후방으로 오자 전차들에 전방위 방어대형을 편성하라고 명령했다. 오르 여단장은 자신의 왼쪽 측면에 있던 하렐 대대장에게 남은 전차 12대를 이끌고 급히 나파크로 가라고 명령했다. 전날 전투에서 다쳤는데도 전선에 복귀한 하렐은 기지 경계선에서 시리아군을 저지했다.

증원군으로 전차 6대를 받은 오르는 반격을 개시해 신디아나에 이르렀다. 이동지휘소에서 전투를 지휘하던 에이탄 사단장은 오르에게 계속 남쪽으로 전진해 람타니아까지 가라고 명령했다. 다논의 전차는 이틀 전 하임 바라크 소령이 벌인 전투를 사실상 되풀이하다시피 하며 람타니아 능선에서 아래 후쉬니야 기지의 시리아군 전차들과 교전을 벌이다가 피탄되었다. 다논은 중상을 입은 탄약수를 들쳐 업고 6일 전쟁 후 버려진 마을을 가로질러 후퇴하다가 아군 전차에 구조되었다. 오르는 새로운 방어선을 구축하기 위해 남은 전차를 다시 신디아나로 후퇴시켰다.

시리아군 돌출부의 서쪽 가장자리에 있는 사리그 여단은 격전을 치르며 탭라인을 향해 1마일(1.6km)을 전진했다. 여단은 북쪽으로 전진하는 무사 펠레드의 사단과 남쪽을 향해 공격하는 오르 여단 사이에 들어가지 않기 위해 이곳에서 정지했다.

저녁이 되자 시리아군 점령지는 줄어들었지만 심한 손실에도 불구하고 시리아군의 사단들은 응집력을 유지했다. 분명히 양측 모두에게 다음날인 화요일은 결정적인 날이 될 터였다.

일요일, 사페드 병원에서 텔아비브에서 온 고등학교 3학년 학생 바루크

아스카로브Barukh Askarov는 목과 이마에 붕대를 감고 병상에 누워 있는 형 슈무엘을 찾았다. 슈무엘 아스카로브 소령은 111 거점에서 탑승했던 전차가 포탄에 맞아 차 밖으로 튕겨 나가는 바람에 성대를 다쳐 속삭이는 소리로만 말할 수 있었다. 옆 병상에는 화상과 그을음 때문에 얼굴과 금발머리가 온통 검게 변한 장교 한 명이 있었는데, 그는 자는 것 같았는데 계속 몸을 뒤척이며 "엉망이야. 엉망이야" 하고 중얼거리고 있었다. 아스카로브 소령은 동생에게 이 사람이 즈비카 그린골드 중위라고 말해주었다. 그린골드 중위는 아스카로브 소령과 같이 복무한 적이 있었다.

그린골드는 눈을 뜨자 병상 옆에 있는 여자친구를 보고 깜짝 놀랐다. 여자친구는 요르단 계곡에 있는 키부츠 출신이었다. 시리아군이 요르단 계곡까지 내려갔다고 확신했던 중위는 "여기까지 어떻게 올 수 있었어?"라고 물었다.

낮 동안 아스카로브 소령은 문병객들로부터 끊이지 않는 참사 소식을 들었다. 제188여단은 전멸했고, 여단장 벤-쇼함 대령과 부여단장, 작전장교가 전사했다. 아스카로브의 소속 부대인 에레즈 대대의 잔존 전력은 적진 한가운데 고립되었고 탄약이 거의 떨어진 상황이었다. 병사들은 멋대로 후퇴하기 시작했다.

아스카로브는 토요일에 후송되었을 때 2주간 입원해야 할 것이라는 말을 들었다. 월요일 아침이 밝자 아스카로브는 역시 부상한 제7여단 소속 요스 엘다르 대대장과 함께 병원에서 몰래 빠져나와 엘다르의 지프를 타고 골란 고원으로 향했다.

골란 고원 기슭에 있는 전차부대 기지에 도착하자, 아스카로브는 지프에서 내렸다. 그의 여단이 더는 제 기능을 하지 못했기 때문에 아스카로브는 새로 부대를 조직해 전투를 벌이기로 했다. 소령은 트럭 4대를 모은 다음 기지에 있던 모든 사람을 집합시켰다. 완파된 전차의 승무원들을 포함해 모두 150명이었다. 아스카로브는 자신은 다시 고원으로 올라갈 생각이며 그가 낼 수 있는 가장 큰 목소리로 그들을 데려가고 싶다고 말했다. 한 사람 한 사람이 모두 필요했고 전선까지 태워다줄 트럭도 있었다.

잠시 모두가 함께할 것처럼 보였지만 장교 한 명이 목소리를 높였다. "나는 소령인데 탈주했소. 영창에 보낼 테면 보내보시오. 하지만 그 지옥으로는 돌아가지 않을 거요." 이런 상황에서 이 소령의 말은 용단을 호소하는 아스카로브의 호소보다 이성적으로 들렸다. 결국 아스카로브는 혼자 골란 고원으로 차를 몰았다.

도착한 야르덴 기지에는 텔 파레스에서 돌아온 전차들이 있었는데 대부분 손상된 상태였다. 오데드 에레즈 중령도 있었다. 중령은 시리아군 2개 사단의 공격을 막아내는 필사적인 전투로 대대 병력의 3분의 2를 잃었고, 시리아군 진영을 통과하는 힘든 탈출로 인해 정신적으로 탈진한 상태였다. 사기도 눈에 띄게 떨어져 있었다. 전투에서 겪은 시련 때문이 아니라 엄청나게 불리한 상황에 놓여 이제는 어찌할 수 없는 지경에 이르렀다는 느낌 때문이었다.

아스카로브는 이들을 불러모아 상황이 절박하기 때문에 전차들은 내일 아침까지 전투 준비를 마쳐야 한다고 말했다. 쉰소리로 속삭이는 듯한 작은 소리임에도 아스카로브의 결의에 찬 태도는 이번에는 성공을 거두었다. 반응은 열광적이었다. 정비병들은 곧 손상된 전차로 몰려들어 일부 부속을 떼어내 다른 전차를 수리했다. 아스카로브가 죽거나 다친 전차승무원들을 대체할 지원자를 모집하자 즉각적인 반응이 돌아왔다.

그때 북부사령부에서 대령 한 명이 도착했다. 대령은 아스카로브의 모습에 충격을 받고서 당장 병원으로 돌아가라고 명령했다. "지금부터는 제가 여단 지휘를 맡습니다. 이곳에서 명령은 제가 내립니다." 소령이 답했다. 대령은 소령의 말에 수긍했다.

동트기 직전 누군가가 아스카로브의 어깨를 툭툭 쳤다. 요시 벤-하난Yossi Ben-Hanan 중령이있다. 중령은 한 달 전 결혼휴가를 받기 전까지 아스카로브의 대대장이었다. 욤 키푸르 당일 벤-하난은 네팔로 신혼여행을 갔다가 BBC 방송에서 전쟁 발발 소식을 들었다. 중령과 신부는 첫 비행기로 네팔을 떠났다. 아테네에 도착하자 벤-하난은 부모님께 전화를 걸어 군복, 권총과 쌍안경 같은 개인장구를 챙겨 로드 국제공항Lod International Airport(얼마 뒤 이스라엘 초대 수상의 이름을 따서 벤-구리온Ben-Gurion 국제공항으로 개명)에서 기다려달라고 말했다. 벤-하난은 잠시 북부사령부 본부에 들러 호피 장군으로부터 상황 설명을 들은 다음 골란 고원으로 갔다. 아스카로브는 자신이 만든 11대의 전차와 승무원으로 구성된 부대의 지휘권을 기꺼이 벤-하난에게 넘겼다. 두 사람의 옛 대대는 잿더미에서 부활하고 있었다.

다마스쿠스로를 끼고 있는 107 거점에 있던 엘리멜레크 중위는 시리아군의 포격이 재개되자 주변 지형을 살펴보고 있었다. 포격이 잦아들 기미를 보이지 않자, 20세의 중위는 벙커에 있는 부하들의 상황을 확인해야겠다고 마음먹었다. 관측초소에서 벙커 입구까지 30야드 거리의 달리기는 끔찍한 경험이었다. 지붕이 있는 벙커 입구에 도착한 엘리멜레크는 수통의 물을 비우고 담배 한 대를 피웠다. 그러고 나서야 벙커 안으로 들어가 아무 일 없다는 듯 "별일 없지?"라고 물었다. 그는 선임하사가 기강을 유지하기 위해 부대를 엄격하게 관리했다는 것을 알았다. 병사들의 3분의 1은 검열 준비—개인화기 청소, 군화 광내기, 면도—를 하고 있었다. 다른 3분의 1은 경보가 울리면 즉각 출동할 수 있도록 대기하고 있었으며, 나머지는 자고 있었다.

포격이 멈추자 엘리멜레크는 부하들을 소집해 전초기지 주변 360도 전방위 방어선에 배치했다. 시리아군 특수부대와 기갑차량 다수가 휴전선을 돌파해 어느 방향에서든 공격할 수 있는 상황이었다. 일요일 밤 시리아군 반궤도장갑차 한 대가 후방에서 쏜살같이 달려와 거점 주변을 돌아가다가 지뢰를 밟아 폭발했다. 월요일에는 시리아군 전차가 같은 길을 따라오다가 거점에서 150야드(137m) 떨어진 곳에서 지뢰를 밟았다. 폭발로 인해 전차장은 포탑에서 튕겨 나왔고, 나머지 승무원은 전사했다. 다친 전차장은 흰색 내의를 흔들며 거점으로 달려왔다. 그는 지뢰밭을 통과했으나 시리아군의 포격으로 지뢰가 폭발해버렸기 때문에 다치지 않고 거점에 도착할 수 있었다. 이 시리아군이 지뢰밭을 무사히 빠져나온 데 대한 놀라움은 그가 아랍어로 "안나 슈무엘(나는 슈무엘Shmuel입니다)"라고 소리치자 경악으로 바뀌었다. 아랍어를 할 줄 아는 사람이 아무도 없었지만, 이스라엘 병사들은 이 시리아군이 자신은 징집된 다마스쿠스 출신 유대인이라고 말한 것으로 믿었다(슈무엘은 국역 구약성서의 '사무엘'로 아랍인이 거의 쓰지 않는 유대식 이름이다-옮긴이). 그는 포로로 잡혀 후방으로 보내졌지만 수비대는 그의 정체에 대해서는 알 길이 없었다.

월요일 밤, 거점을 지키던 전차소대장 야킨 중위는 엘리멜레크 중위에게

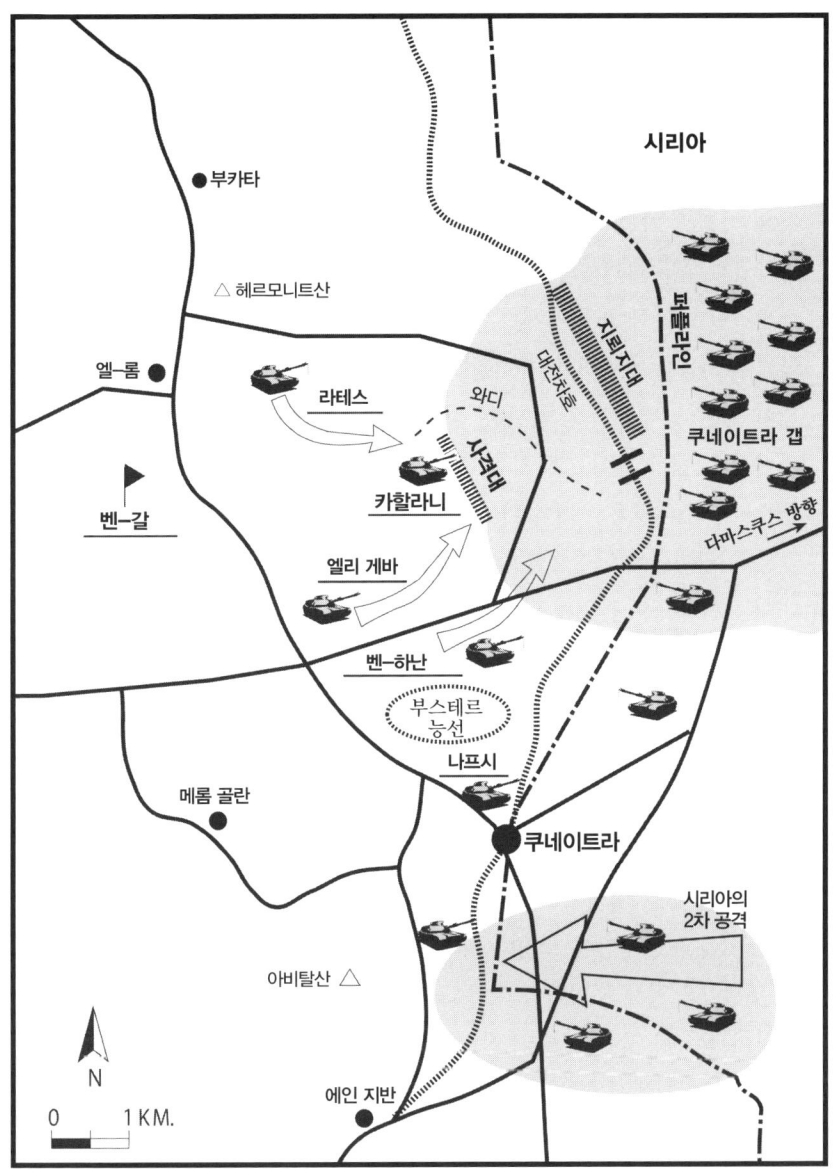

쿠네이트라 갭 전투

자신의 부대가 철수 명령을 받았다고 통보했다. 3일 동안 야킨의 소대와 그의 중대의 다른 전차들은 107 거점 접근로에서 적어도 40대의 시리아군 전차를 파괴했다. 엘리멜레크는 대대본부에 연락해 전차 지원 없이 홀로 남겨지는 것에 대해 항의했으나 최선을 다하라는 답만 들었다. 엘리멜레크가 항공지원도, 포병도 없다고 하자, 대대본부는 "전 국민이 당신 뒤에 있어"라고 단언했다. 앞으로도 자주 듣게 될 말이었다.

다음날 아침, 바주카포 사거리를 약간 벗어난, 거점에서 몇백 야드 떨어진 곳에 고장을 일으킨 시리아군 전차 한 대가 멈췄다. 전차장은 상황의 이점을 이용해 거점 내부의 사격진지를 조직적으로 포격해 외부 설치 기관총 4정을 모두 파괴했다. 전차가 떠났을 때 수비대에는 우지 기관단총과 소총 2정만 남았다. 엘리멜레크는 지뢰를 밟아 완파된 시리아군 반궤도장갑차로 부하들을 보냈다. 반궤도장갑차는 시신으로 가득 차 있었으나 무기도 많이 있었다. 부하들은 기관총, 칼라슈니코프 돌격소총과 RPG 발사기를 가져왔다. 전 국민이 그들의 뒤에 있음에도 골라니 여단 병사들은 시리아군으로부터 빼앗은 무기와 탄약으로 싸워야 했다.

제7기갑여단에게 월요일은 비교적 조용한 날이었다. 아침에 카할라니의 대대는 전방으로 진출해 근처 사방에 흩어져 있는 격파된 시리아군 전차들 사이에 승무원이 탑승한 전차가 숨어 있는지 확인하라는 명령을 받았다. 찾아보니 온전한 상태인데도 버려진 전차가 많았다.

벤-갈 여단장은 병원에서 돌아온 요스 엘다르 대대장에게 방어선 중앙에 있는 사격대의 지휘를 맡으라고 명령하면서 카할라니의 대대를 남쪽 측면으로 옮겼다. 전에 카할라니의 대대에서 복무했으나 현 전투에서 보직을 받지 못한 장교 몇몇이 자발적으로 골란 고원으로 와서 합류했다. 카할라니는 이들을 전차장이 죽거나 다친 전차에 배치했다. 월요일 어둠이 내리자 무선망을 통해 조명탄을 쏘아달라는 엘다르의 요청이 들렸다. 무엇인가 상황이 심상치 않아 보였다. 언제쯤이나 끝날까? 카할라니는 자문했다. 시리아군은 어디에서 힘을 얻고 있을까?

동트기 전, 무사 펠레드 사단장은 휘하 지휘관들에게 골란 고원으로 들어온 시리아군의 주 진격경로를 절단할 작전계획 개요를 설명했다. 사단이 북쪽으로 진격을 개시하자 멀리 먼지구름이 보였다. 전차들이 2열로 접근하는 것을 알리는 신호였다. 1열은 동쪽으로 휴전선을 가로지르고 있었고, 다른 열은 후쉬니아에서 서쪽을 향하고 있었다. 생명선이 위협받고 있음을 깨달은 시리아군이 전력을 다해 반격에 나선 것이었다. 3시간 동안 양군은 근거리에서 교전을 벌였다. 전투가 끝나자 전장에는 시리아군 전차 55대가 정지된 채 놓여 있었고, 나머지는 후퇴했다.

늦은 오전 요시 펠레드 대령은 자신의 담당 지구에 투하할 폭탄을 장착한 팬텀 전폭기 8기가 접근 중이라는 통보를 받았다. 이 편대는 다마스쿠스 폭격에 나섰다가 짙은 구름 때문에 임무를 포기하고 귀환 중이었다. 공군은 탑재한 36톤에 달하는 폭탄 전부를 원하는 곳 어디든 투하하겠다고 했다. 그러나 첫 폭탄이 자신의 여단을 향해 떨어지는 모습을 보고 대령의 만족감은 공포로 바뀌었다. 다행히 피해는 없었고, 팬텀기들은 나머지 폭탄을 휴전선을 가로지르는 시리아군 방어의 핵심인 텔 쿠드네에 투하했다.

벤-포라트 여단의 구식 셔먼 전차들은 후쉬니야를 정면에서 공격하다가 격퇴당했다. 여단은 공격 방향을 왼쪽 측면으로 돌려 어둠이 다가올 무렵 시리아군 방어선을 돌파하고 후쉬니야 기지에 도착해 장갑차량과 보급 트럭을 완파했다. 시리아군은 전열을 가다듬은 후 다시 돌아와 유린공격을 하려는 이스라엘군 전차들을 저지했다.

화요일 밤에 펠레드 사단이 상황 보고를 취합했을 무렵, 가동 전차는 고작 70대였다. 그러나 정비병들이 밤새 수리작업을 해 다음날 사단은 전차 200대로 작전을 재개할 수 있었다. 양 전선에서 정비작업은 매우 중요했다. 이스라엘 측이 전진하고 있었으므로 정비병들은 고장나거나 전투에서 손상을 입은 전차를 회수해 수리할 수 있었다. 따라서 기갑부대는 밤마다 심각한 손상을 입고 잠자리에 들지만, 수리할 수 없을 정도로 대파된 전차 몇 대 때문에 약간 몸집이 줄어든 것을 빼고는 아침에 새로운 몸으로 일어나는 것이나 마찬가지였다.

화요일 아침 골란 전선 중부 지구, 오리 오르 여단장은 시리아군의 예상 공격로가 내려다보이는 곳에 2개 대대를 배치해 나파크를 다시 공격해올 시리아군에 대비했다. 시리아군은 필사의 노력으로 지난 이틀간 여기에서 싸우던 2개 기갑여단에 더해 세 번째 기갑여단 소속 부대들을 투입했다. 이 부대에는 가교전차가 있었는데, 시리아군이 요르단강 도하를 예상했다는 증거였다.

이스라엘군은 떠오르는 아침 해에 눈이 부셨음에도 불구하고 격전 끝에 시리아군을 격퇴했다. 첫날 무작위로 편성되어 전투에 투입된 승무원들의 어색함은 3일간 혈전을 치르면서 사라졌다. 기본적인 전투기술 역시 향상되었다. 승무원의 단결력도 높아졌으며 여단 역시 마찬가지였다. 오르 여단장은 며칠 전만 해도 서로를 전혀 몰랐던 예비역들이 의욕적으로 능숙하게 전투를 잘 치른 까닭에 앞으로의 전망이 밝아졌다는 데 안도했다. 지휘관들은 여단의 많은 예쉬바 신학생 전차병들이 뛰어난 기량을 보였다고 보고했다.

일요일에 오르는 전장 한가운데에 서 있는 중위 한 명을 보았다. 완파된 전차의 유일한 생존자로 쇼크 상태에 빠진 것 같았다. 오르는 이 중위를 후방으로 보내는 대신 자신의 반궤도장갑차에 태웠다. 첫날 내내 이 중위는 주변에서 전투가 벌어지는 도중에도 구석에 앉아 입을 다물고 멍하니 허공만 바라다보고 있었다. 두 번째 날에 중위는 주변 환경에 관심을 보이기 시작하며 여단 참모진의 식사 준비를 도왔다. 세 번째 날이 되자 그는 전차의 지휘를 맡겨달라고 요청했다. 오르는 중위를 다시 전장으로 돌려보냈다.

화요일 아침 시리아군의 공격을 격퇴한 후 여단은 다시 한 번 람타니아를 향해 남쪽으로 전진했다. 다논 소령이 선두에 섰다. 바위투성이인 비탈길 때문에 진격 속도는 느렸다. 간혹 50야드(46m)라는 아주 가까운 거리에서 전투를 벌인 끝에 다논은 람타니아 마을을 점령하고 다른 대대가 합류하기까지 기다렸다가 근처에 있는 방어가 강력한 봉우리를 공격하라는 명령을 받았다. 하지만 날이 어두워지고 있었기 때문에 오르는 다논에게 기다리지 말라고 말했다. 다논의 전차들은 이미 안전한 사격 진지에 자리를 잡았고, 전차장들은 시리아군의 격렬한 새거와 전차포 사격에 모습을 드러내고 싶어하지 않았다. 하지만 다논은 앞장서 공격에 나섰고 최후의 돌격 끝에 전차들은 봉우리를 점령했다. 마지막까지 남은 시리아군은 반대편 사면을 내려가 후쉬니야로 도주했다.

북쪽에 있던 제7기갑여단은 지난 3일 동안 골란 고원 다른 곳에서 무슨 일이 벌어졌는지 모른 채 자신만의 전쟁을 치르고 있었다. 여단의 전투는 공격을 선호한 이스라엘군 교리에서 거의 무시되었던 고전적 방어전이었다. 이미 쿠네이트라 갭은 제7기갑여단이 격파한 시리아군 기갑차량으로 가득 찼고, 여단은 이 과정에서 보유한 전차의 절반을 잃었으나 결정적 순간은 이제부터였다.

시리아군 수뇌부는 마지막 노력으로 지금까지 이 지구에 동원되었던 최대 규모의 전력을 집결시켰다. 개전 이래 이곳에서 전투를 벌이던 제7사단과 제9사단 예하 부대들에 더해 다마스쿠스로 가는 길을 지키고 있어 아직 전투에 참여하지 않은 제3기갑사단 소속 1개 여단이 전방에 배치되었다. 아사드 대통령의 동생 리파트 아사드Rifat Assad가 지휘하는 대통령근위대 소속 전차 70대도 합세했다. 이제 이 지구에 있는 시리아군 전차는 160대로, 벤-갈이 보유한 전차의 4배에 달했다.

아사드 대통령은 전쟁 기간 내내 시리아군 참모본부 지하벙커에 머물며 적극적인 역할을 맡아 전투를 지도했다. 대통령은 측실의 야전침대에서 잠을 자고 아침마다 나와 장군들과 인사한 후 작전 데스크에 자리를 잡았다. 골란 고원의 시리아군이 결전 태세에 들어가자, 대통령은 무전으로 각 사단장을 직접 독려했다.

전투 4일째인 이날, 벤-갈의 부하들은 체력적으로 지치고 감정적으로 무감각해졌다. 여단 참모장교 한 명은 벤-갈이 자신에게 이야기할 때 쓰러져 잠들었다. 여기저기에서 전차들이 허가 없이 후퇴하기 시작했다. 후퇴하는 전차 2대를 본 여단장은 무전으로 전차장들에게 어디로 가느냐고 물었다. 전차장들은 연료와 탄약 보급을 받으러 간다고 답했다. 벤-갈은 전선으로 돌아가라고 명령했다. 대치하는 양군은 최종 단계에 돌입했다. 마지막 한 번의 노력, 1분의 인내심이 변화를 만들 수 있었다.

이날은 여단이 지금껏 경험하지 못한 최대 규모의 포격으로 시작되었다. 포격이 워낙 격렬해 벤-갈이 시리아군 포격의 주목표가 된 사격대 위의 전차들에게 몇백 야드 뒤로 후퇴하라고 명령했다. 지금 시리아군 포병관측반원들은 빼앗은 헤르몬산 전초기지에서 이스라엘군 진영을 똑똑히 내려다볼 수 있었다.

적 전차를 처음으로 본 사람은 107 거점에 있던 엘리멜레크 중위였다. 동쪽으로 2마일(3.2km) 떨어진 칸 아르나베Khan Arnabe의 토루 방벽에 난 돌파구를 통과한 전차들은 긴 2열 종대를 이루어 107 거점의 왼쪽 후방에 있는 쿠네이트라 갭을 향해 전진했다. 전차들은 해치를 닫은 채 전초기지에서 300야드(274m) 이내로 지나갔다. 엘리멜레크는 전초기지의 바주카포 사수에게 사격 명령을 내렸다. 이틀 전에 시리아군 전차 1대를 격파했던 이 사수는 지금 5대를 완파했다. 다른 전차들은 이스라엘군 거점을 무시하고 1마일 떨어진 헤르모니트 능선을 향해 굉음을 올리며 서쪽으로 전진했다.

벤-갈은 남쪽 측면을 지키던 대대장을 호출했다.
"카할라니, 야노쉬다."
"카할라니입니다. 안녕하십니까?" 방어선에서 카할라니가 지키던 구역은 조용했다.
"즉시 이동해 내 지역에 자리를 잡을 것. 자네 대대가 예비대야."
"이동하겠습니다."
벤-갈은 사격대에서 2마일(3.2km) 뒤에 있는 엘 롬 키부츠El-Rom Kibbutz 근처 고지에 자리를 잡았다. 바로 옆에 카할라니가 전개했다. 여단장은 카할라니 대대의 전차들이 2차 방어선을 맡는다고 말했다. 대대장은 깜짝 놀랐다. 벤-갈은 제1선이 무너질 것으로 생각한다는 말인가? 사격대가 있는 지역에 빗발치듯 쏟아지는 포탄이 보였다. 무선망에서 엘다르 대대의 전차장들은 탄약이 고갈되어간다고 보고하고 있었다. 엘다르가 맡은 구역에 손상되지 않은 전차는 10대 정도밖에 없었다.

머리 바로 위로 시리아군 헬리콥터 4대가 날아가더니 또 다른 4대가 뒤를 따랐다. 지상에서 발사한 대공포화가 1대를 격추했으나, 나머지 헬리콥터들은 나파크 근처에 착륙해 특수부대원들을 쏟아냈다. 자신이 맡은 전선이 무너지기 직전이었기 때문에 벤-갈은 전차를 보내 이들을 제압할 여력이 없었다.

시리아군 선도부대가 비어 있는 사격대에 접근하고 있었다. 사격대에서 후퇴한 전차들과의 접촉이 불가능해지자 벤-갈은 북쪽 측면을 맡은 라테스 중령에게 남쪽으로 와 빈 곳을 메우라고 지시했다.

나흘간 본인이 직접 전투를 지도했으나 장교들이 적탄에 쓰러지고 명령이 제대로 전달되지 않자 여단장의 통제력이 흔들리기 시작했다. 전차들을 뒤로 후퇴시키는 것 외에 다른 방법이 없어 보였다. 시리아군을 앞질러 2차 방어선에 도착한다 해도 적절한 방어진지가 없는 상황에서 30분 이상 버틸 수는 없을 것이라고 벤-갈은 예측했다.

벤-갈은 무너지는 전선을 일으켜 세우기 위해 마지막 필사의 시도를 하기로 결정했다.

"카할라니, 야노쉬다. 빨리 전방으로 진출. 교신 끝."

카할라니 대대장은 초조해하며 명령이 떨어지기만을 기다리고 있었다. 어제 떠났던 곳에 전선이 그대로 있을지 확신하지 못했기 때문에 그는 부하들에게 예고 없이 사격할 준비를 하라고 지시했다. 전방으로 이동을 개시하자 바로 정면에서 사격대가 눈에 들어왔다. 사격대 주변은 파괴된 이스라엘군과 시리아군 전차들의 잔해를 제외하고는 비어 있었다. 남아 있는 이스라엘군 전차들은 500야드(457m) 후방에 흩어져 있었다.

카할라니는 잠시 이들을 무시하고 경작지를 가로질러 왼쪽에 있는 와디를 향해 달렸다. 전차가 올라올 수 있는 정도의 경사인 이 배수로를 통해 일요일에 시리아군은 계곡에서 이스라엘군이 위치한 고지대로 침투했다. 카할라니는 사격대로 올라가기 전에 이 계곡이 비어 있는지를 확인하려 했다. 키부츠 농부들이 치운 15피트(4.5m) 높이의 검은 현무암 무더기가 경작지 상당 부분을 가로질러 뻗어 있었다. 카할라니의 전차는 돌무더기 모퉁이를 돌자마자 시리아군 전차 3대와 맞닥뜨렸다. 2대는 움직이지 않았고, 1대는 그 뒤에서 이동하고 있었다.

"정지!" 카할라니가 소리쳤다.

조종수가 너무 급하게 브레이크를 밟는 바람에 승무원 전원이 앞으로 쓰러졌다. 카할라니는 가장 가까운 전차로 포를 돌렸다. 거리는 고작 20야드(18m)였다. 전차장은 대략적 조준을 위해 포수로부터 사격통제권을 탈취 override(현대식 전차에서 전차장은 표적 획득을 담당하고 포수는 사격통제권을 가지나 긴급한 경우 전차장이 탈취장치 혹은 오버라이드 장치를 통해 일시적으로 사격통제권을 포수로부터 탈취한다-옮긴이)할 수 있었으나, 마지막 조정은 포수가 해야 했다.

"발사!" 카할라니가 고함쳤다.

"거리는요?" 포수 킬리온이 물었다. 거리가 너무 가까웠던 탓에 조준경을 꽉 채운 물체의 정체가 시리아군 전차임을 깨닫지 못했던 것이다.

"상관없어. 그냥 발사!"

킬리온은 포를 쏘아 적 전차에 구멍을 냈다. 카할라니는 정지한 두 번째 전차를 조준했다. "보여?" 카할라니가 물었다.

"네." 포수가 말했다.

"쏴, 빨리!"

시리아군 전차의 포탑에 구멍이 뚫렸다.

카할라니는 세 번째 전차를 찾아 나섰다. 적은 정지해서 카할라니의 전차를 향해 포를 겨누고 있었다. 검고 거대한 포신 내부가 내려다보이자 카할라니의 마음속에 'T-62구나'라는 생각이 떠올랐다. 전에 T-62를 접했던 적은 없었다. "쏴! 쏴!" 카할라니가 외쳤다.

"불발!" 킬리온이 소리쳤다.

앞서 쏜 포탄의 탄피가 포미에 끼어 있었다. 탄약수가 달려들어 포탄을 끄집어내려 했다. 카할라니는 즉사할 수도 있다는 마음의 준비를 하고 전차 안쪽으로 머리를 숙여 피격될 경우 가능하다면 몸을 빼기 위해 포탑 해치 가장자리에 양손을 얹었다. 6일 전쟁 당시 불타는 전차에서 탈출해 목숨을 건질 수 있었던 방법이었다.

폭발이 있었으나 다행히도 카할라니의 전차가 발사한 포탄의 폭발이었다. 머리를 들자 화염에 휩싸인 T-62가 보였다. 네 번째 시리아군 전차가 카할라니를 향해 달려오고 있었다. 카할라니는 포를 약간 오른쪽으로 돌렸고, 킬리온이 포를 발사했다. 시리아군 전차는 포탄에 맞고서도 성난 황소처럼 돌진해왔다. 킬리온이 미처 두 번째 포탄을 쏘기 전에 전방으로 이동한 다른 이스라엘군 전차가 최후의 일격을 가했다. 두려움의 대상이던 T-62 전차도 T-55 전차만큼 취약한 존재임이 입증되었다.

카할라니는 벤-갈에게 시리아군 전차와의 조우를 보고했다. 여단장은 카할라니에게 이동 중인 라테스 대대의 전차를 포함해 현재 있는 지구의 방어를 맡으라고 지시했다. 전차 대신 반궤도장갑차에서 전투를 지휘하던 요스 엘다르 중령은 탑승한 장갑차가 격렬한 포격에 너무나 취약했기 때문에 후방으로 물러나야 했다.

시리아군을 저지하려면 다시 사격대에 올라가는 것이 필수적이었다. 카할라니가 상황을 따져보는 동안 또 다른 시리아군 전차가 와디 밖으로 모습을 드러냈다. 카할라니가 포탑을 돌리자, 킬리온이 명중시켰다. 몇 초 뒤에 또 다른 T-62가 나타났고 킬리온은 이 전차도 저지했다. 카할라니는 와디 입구에 배치할 전차를 찾아 주변을 살폈다. 아무도 보이지 않자, 카할라니는 조종수에게 와디 전체가 내려다보이는 둔덕으로 가자고 했다. 몇 분도 지나지 않아 카할라니는 시리아군 전차 5대를 더 격파했다. 이제 와디에서 적은 사라졌지만, 카할라니는 자신의 위치에서 저 너머 계곡으로 눈을 돌렸다. 전차의 대군이 이스라엘 진영을 향하고 있었다.

사격대 뒤의 이스라엘 전차들은 주인을 잃은 양처럼 흩어져 있었고 전차장들은 다가오는 위협을 눈치채지 못했다. 살아남으려면 시리아군이 도착하기 전에 한데 뭉쳐 사격대로 올라가야 했다. 그 위에서 사격해야만 엄청난 수적 열세를 우월한 위치에서의 사격으로 상쇄할 수 있었다. 카할라니가 사격대 주변의 전차들을 호출하자 응답이 없었다. 서로 다른 부대 소속 전차들이라 다른 주파수로 통신하고 있었던 것이다. 카할라니의 요청에 따라 여단 통신장교가 각 중대의 무선망에 끼어들어 전차장들에게 카할라니의 주파수로 전환하라고 지시했다. 하지만 그러고 나서도 호출에 응답하는 전차장이 없자, 카할라니는 전차장들이 귀를 막는 편을 택했다고 이해했다. 이들은 오늘까지 쉴 새 없이 4일째 전투를 치렀다. 시리아군의 포격은 끊임없었으며, 시리아 공군도 여러 차례 이들을 공습했다. 전우 절반은 죽거나 다쳤다. 부대원들은 전투가 시작된 이래 제대로 잠을 자지 못했고, 더는 사격대 위로 올라가 비 오듯 쏟아지는 포화를 뒤집어쓸 힘이 없었다. 부대원 모두가 정신적 한계점에 도달해 있었다.

4마일(6.4km) 떨어진 곳에서 나프시 중령은 쿠네이트라 남쪽에서 휴전선을 건너려던 시리아군 전차부대와 라크 대위의 중대가 벌이는 전투를 유심히 지켜보고 있었다. 그때 벤-갈이 쿠네이트라 갭의 상황이 보이는지 물었다. 나프시가 있는 곳에서는 쿠네이트라 갭을 볼 수 없었다. 중령은 야킨의 소대를 포함해 전차 5대를 모아 헤르모니트 능선을 향해 출발했다. 무전기에서 벤-갈이 카할라니에게 이 지역의 지휘를 맡기고 버티라고 독려하는 소리가 들렸다. 나프시는 저 너머에 있는 계곡의 상황을 보기 위해 비탈길을 올랐다. 전차 6대가 일렬횡대로 사면을 오르기 시작할 무렵, 산등성이 위로 피어오르는 희미한 연기가 보였다. 나프시는 이 연기는 반대편 사면에서 올라오는 전차들이 배출하는 배연_{排煙}이라고 판단했다. 이들은 시리아군 전차일 수밖에 없던 데다가 분명 나프시의 전차보다 정상에서 더 가까운 곳에 있었다. 나프시는 멈춰 서서 상대편이 정상에 올라올 때까지 기다렸다. 뒤이어 벌어진 포격전에서 나프시의 전차들은 시리아군 전차 6대를 격파했다. 이스라엘군 전차 2대도 포탄에 맞아 전차장 2명이 전사했다. 나프시의 전차는 적탄에 맞은 세 번째 전차였지만, 중령은 무사했다. 전차를 바꿔 탄 중령은 정상으로 올라갔다. 아래 펼쳐진 계곡에 새카맣게 들어찬 시리아군 전차들이 움직이는 모습이 보였다.

카할라니의 전차에 탑승한 펠레드 중위는 전쟁이 발발했을 때부터 공포를 느꼈다. 대대 작전장교인 펠레드는 카할라니의 얼굴에서도 공포를 보았다. 모두가 공포에 사로잡혀 있었다. 하지만 지금껏 대대는 잘 정비된 경주용 자동차처럼 매끄럽게 전투를 수행하고 있었고 공포는 손님처럼 얌전하게 탑승해 있었을 뿐이었다. 이제 카할라니의 호출에 아무도 응답하지 않고 전차장들이 해치를 닫은 것으로 볼 때 아무래도 승객이 운전석으로 자리를 옮긴 것 같았다. 다른 사람들과 마찬가지로 펠레드 역시 이날을 무사히 넘기지 못하리라는 것을 감수하기로 했다. 그는 팔이나 다리 부상 정도로 전투에서 빠져나오게 되기를 간절히 희망했다.

시리아군 전차 한 대가 선사시대의 야수처럼 사격대 꼭대기로 올라와 전면 가장자리를 타고 넘으며 차체를 높이 들어 올린 후 반대편의 사격진지로 내려왔다. 킬리온이 주둥이를 이리저리 돌리며 먹잇감을 찾는 이 전차를 불덩이로 만들었다. 또 다른 시리아군 선도부대 전차가 사격대 꼭대기에 올라오자, 그 뒤에 있던 이스라엘 전차가 이를 완파했다.

라테스 중령이 대대의 남아 있는 전차 7대를 이끌고 현장에 도착하자 희망의 불꽃이 되살아났다. 대대장의 목소리는 지친 기색이 역력했다. 카할라니는 한때 라테스 밑에서 전차승무원으로 복무했기 때문에 명령이 아니라 요청을 함으로써 이제 명령을 받는 입장이 된 라테스가 느낄 불편함을 덜어주고자 했다. 폭발음이 끊임없이 들렸다. 이스라엘군과 시리아군 전차승무원들이 전장 사방에서 손상된 전차로부터 앞다투어 탈출했다. 이들은 각자의 진영으로 돌아가려 애쓰는 동안 상대와 마주치더라도 무시했다. 갑자기 라테스의 전차가 후방으로 튀어나갔다. 카할라니는 몇 분 지나서야 라테스가 직격탄에 맞아 전사했음을 알았다. 부대대장도 전사했다. 지옥 같은 날들을 보낸 전차장들은 이제 대대장을 잃자 공황상태에 빠져버렸다.

카할라니는 악몽 같은 딜레마에 빠졌다. 계곡을 통해 다가오는 위험을 볼 수 있었던 사람은 자기밖에 없었고 승무원들을 모아 사격대에 올려보낼 수 있는 사람도 자신뿐이었다. 현장에서 선임 장교가 솔선수범하는 것만이 몸이 굳어버린 19, 20세 나이의 전차장들을 움직일 수 있었다. 그러나 그는 시리아군 전차들이 언제라도 진출할 수 있는 와디를 포기할 수도, 대부분의 아군 전차와 무선교신을 할 수도 없었다. 사격대 꼭대기에 올라온 시리아군 전차 10대는 모두 격파되었지만 곧 20대 혹은 30대가 더 올라오면 그때는 도저히 막을 수가 없을 것이었다. 카할라니는 2차 방어선으로 후퇴 명령을 내릴 가능성을 따져보았으나 방어선에 도착하기도 전에 시리아군에게 당할 것 같았다.

벤-갈도 같은 생각을 하고 있었다. 여단장은 후퇴 명령을 내리기 위해 무전기의 송화기를 잡았다가 대신 에이탄 장군을 호출해 자신의 의도를 보고했다. 에이탄은 헤르몬이트 남쪽의 산등성이에서 전투를 지켜보고 있었다. 그는 산등성이 뒤에 엄폐한 소규모 이스라엘군 전차부대와 계곡을 건너와 이들에게 쇄도하는 시리아군 전차 대군을 볼 수 있었다. 시리아군 전차부대의 후위에는 병력수송장갑차와 트럭이 동쪽으로 2마일 떨어진 시리아 마을 우파나Ufana까지 길게 늘어서 있었다.

"5분만 더 버티게." 에이탄이 말했다. "증원군이 도착할 거야." 두 사람 모두 에이탄이 요구한 시간이 시계로 재는 것이 아닌 개인과 공동체가 사느냐 죽느냐의 문제가 달린 시간이라는 것을 알았다. 25년 전, 에이탄은 엘라자르, 벤-아리와 함께 싸운 예루살렘의 산 시몬 수도원 전투에서 같은 상황에 놓여 있었다. 그때 몇 분이라도 더 버틸 수 있었던 능력이 승패를 좌우했고, 에이탄은 지금 그때 일을 떠올렸다. 에이탄 사단장은 벤-갈 여단장에게 요르단 기지에서 벤-하난 중령 지휘하에 새 부대(앞서 아스카로브 소령이 임시로 편성했다가 벤-하난에게 지휘권을 넘긴 부대-옮긴이)가 편성되었다고 말했다. 벤-하난의 아버지는 체육 강사였는데 라디오로 아침체조 방송을 진행했다. 따라서 이 임시편성 부대의 암호명은 아침체조로 정해졌다. 에이탄은 벤-하난의 부대가 거의 준비가 되었다고 말했다.

카할라니는 사격대 뒤에 있는 병력의 선임장교인 에미 팔란트 대위를 호출해 신호기를 사용해 전차장들의 주의를 집중시킨 다음 이들을 이끌고 사격대로 올라가라고 말했다. 신호기를 흔들었는데도 응답이 없자 대위는 기관총을 잡고 가장 근처에 있는 전차의 측면을 쏘았다. 놀란 전차장이 나와 바깥을 바라보자, 대위는 대대장의 메시지를 전한 다음 전차장들의 주의를 끌기 위해 전차에서 전차로 뛰어다니며 포탑을 두들겼다. 자신의 전차로 돌아간 팔란트 대위는 전진했다. 아무도 따라오지 않자, 대위는 출발점으로 돌아갔다.

카할라니는 무선망에서 자신을 찾는 새로운 목소리를 들었다. "4소대 하사"라고 신분을 밝힌 라테스 대대 소속 전차장이었다. 그의 목소리는 침착했다. 카할라니는 하사에게 내 옆으로 오라고 명령했다. "4소대 하사. 내 위치에서 와디 입구를 지켜. 올라오려는 시리아군 전차는 모두 격파해."

"4소대 하사입니다. 알겠습니다. 그런데 남아 있는 탄약이 없습니다."

카할라니는 다른 선택지를 생각해보았지만 뾰족한 수가 없었다. 그는 자미르 소령이 남쪽으로 진지를 돌며 시리아군의 대규모 공격을 보고하는 것을 무선망으로 들었다. 자미르는 얼마 남아 있지 않은 타이거 중대의 전차들을 약간 남쪽의 더 좋은 위치로 옮기게 해달라고 요청했다. "안 돼." 벤-갈이 말했다. 중대가 이동하면 빈 곳이 생긴다는 것을 알기 때문이었다. "현위치 고수. 카할라니, 보고해."

"카할라니입니다. 일부 전차와 연락이 되지 않습니다. 통제가 어려운 상황이며 연락이 안 되는 전차들은 계속 후방으로 물러나고 있습니다." 전쟁이 시작된 이래 카할라니는 벤-갈에게 보고할 때 여단장에게 부담을 주지 않기 위해 우려를 나타내는 말은 피하려고 했다. 표현을 절제해 보고했으나, 사실은 이보다 절박했다. 벤-갈은 더 많은 전차를 보낼 수 있도록 노력해보겠다고 답했다.

"4소대 하사!" 카할라니가 무전기 송화기에 대고 말했다. 결단을 내린 것이다. "자네 상황을 안다. 내 자리로 와서 아무도 와디에서 올라오지 못하게 해. 알겠나?"

"4소대 하사입니다. 다시 말씀드립니다만…."

"알아." 카할라니가 말했다. "적이 자네를 잘 볼 수 있도록 높은 곳에 서 있게. 적이 자네를 본다면 들어오지 않을 거야."

카할라니는 사격대 뒤에 있는 전차들을 향해 출발하며 전차장들을 불렀다. "대대장이다. 내 목소리가 들리는 사람은 깃발을 올려라." 눈에 보이는 전차는 10대였고 대부분 깃발을 올렸다. "우리는 다시 사격대에 올라가야 한다. 그렇지 않으면…." 비행기 2대가 아래 모인 전차들을 향해 급강하하면서 폭탄을 투하하는 바람에 카할라니는 명령을 중단했다. 폭발은 강력했으나 폭탄에 맞은 전차는 없었다. 두 번째 비행기가 상승을 개시할 무렵, 카할라니는 비행기의 동체 후미에서 다윗의 별(삼각형 2개를 위아래로 겹쳐 만든 별 모양. 유대민족 및 현대 국가 이스라엘의 상징으로 쓰이며 이스라엘 공군 식별 표식으로 사용되는 경우 흰색 원 안에 파란색으로 속을 채운 형태로 그려진다-옮긴이)을 보았다.

절망감이 엄습해왔다. 오른쪽 측면의 자미르가 전차는 단 3대만 남았고 탄약은 거의 떨어졌다고 보고했다. "지원군이 오는 중이다." 벤-갈이 말했다. "15분만 버텨라."

"15분까지 버틸 수 있을지 모르겠습니다." 자미르가 말했다.

카할라니는 사격대 뒤에 있는 전차들에 도달했다. "대대장이다." 카할라니가 다시 말하기 시작했다. "반대편에 적의 대군이 있다. 전진해서 사격대로 다시 올라간다. 이동!"

카할라니의 전차가 앞쪽으로 움직이기 시작하자 몇 대가 뒤를 따랐지만 속이 터질 정도로 느리게 움직였다. 시리아군 전차 2대가 사격대 꼭대기에 올라왔다. 킬리온은 다른 전차와 함께 발포해 이 전차들을 불덩이로 만들었다. 전진하기 시작했던 센추리온 전차들이 출발했던 안전한 위치로 후퇴했다. 카할라니는 사격대를 넘어오는 시리아군 전차에 자신의 전차가 얼마나 잘 노출되는지를 직접 보고서 전차장들이 개활지 횡단을 망설였던 이유를 더 잘 이해할 수 있게 되었다.

벤-갈이 무선으로 카할라니에게 엘리 게바 대위가 지휘하는 전차 몇 대를 보내겠다고 알렸다. '아침체조' 부대도 남쪽 측면의 타이거 중대와 교대하기 위해 가는 도중이었다. 뒤로 몸을 돌린 카할라니는 멀리서 오는 게바 부대의 전차들이 일으키는 먼지구름을 볼 수 있었다. 아침에 전투가 개시된 이래 처음으로 희망의 불빛이 보이기 시작했다.

"대대장이다." 부하들을 부르며 카할라니는 직설적인 명령은 더는 효과를 발휘하지 못한다는 것을 깨달았다. "우리 바로 앞에서 진지를 오르는 적의 용기를 보아라. 우리에게 무슨 일이 일어나는지 모르겠으나 저들은 언제나 우리가 알던 아랍인일 뿐이다. 우리는 저들보다 강하다. 앞으로 나가서 나와 같이 방어선을 구축하자. 깃발을 흔들겠다. 이동!" 카할라니는 차분한 어조로 말했으나 마지막 단어에서 목소리를 높였다.

200야드(183m) 뒤에 있던 소대장 한 명은 해치를 닫고 전차 안에 앉아 완전히 겁에 질려 떨고 있었다. 나머지 승무원들도 마찬가지 상태였다. 엄청난 정신적 충격을 받았던 것이었다. 소대장은 자신은 후방으로 도망가지 않았다고 스스로에게 거듭 말했다. 그는 억지로 전진할 수도, 떨리는 몸을 멈추게 할 수도 없었다. 그는 정면에서 포탑에 10-기멜이라는 차량번호가 쓰여진 대대장의 전차를 식별할 수 있었다. 소대장은 카할라니의 무선호출을 받았지만 응답하지 않았다. 이번에 대대장이 한 말에 소대장의 마음이 흔들렸다. 우리가 겁쟁이라고? "앞으로!" 소대장이 조종수에게 말했다. 다른 전차들은 이미 전진하고 있었다.

대열을 형성한 전차들을 보자, 카할라니는 "멈추지 마!"라고 소리쳤다. "계속 전진. 계속 전진!"

시리아군 전차 1대가 사격대에 올라오자 카할라니가 포탑을 돌렸으나 옆에 있던 아군 전차가 먼저 발포했다. 대형을 본 카할라니는 용기백배했다.

"잘 움직이고 있어." 카할라니가 말했다. "멈추지 마. 사격준비!"

이제야 전차장들은 해치를 열었으나 해치 개구부 가장자리 위로 눈만 내놓은 채 몸을 낮추고 있었다. 모두 사격대 위에 올라가면 무엇이 기다리고 있을지 몰라 두려워하고 있었다. 전차들이 사격대에 오르려면 불타는 시리아군과 이스라엘군 전차의 잔해 사이를 비집고 나가야 했다. 사격이 가능한 위치까지 마지막 몇 야드를 더 가서야 전차장들은 계곡을 볼 수 있었다.

쿠네이트라 갭은 차량으로 가득했다. 대부분은 움직이지 않았다. 이전 며칠간의 전투와 오늘 전투에서 완파된 전차, 병력수송장갑차, 트럭이었다. 이 잔해를 뚫고 수많은 전차가 끈질기게 전진하고 있었다. 가장 멀리 있는 전차는 1,000야드(914m) 거리에, 가장 가까운 전차는 고작 50야드(46m)

앞에 있었다.

센추리온 전차들의 주포가 불을 뿜었다. 각 전차장은 다가오는 적을 향해 억눌렸던 분노와 공포를 쏟아냈다.

"움직이는 전차만 조준해." 카할라니가 말했다. 이미 완파된 전차에 사격을 가해 부족한 탄약을 낭비하지 않을까 하는 우려 때문이었다. 손상을 입은 전차에서 뛰어내려 후방으로 도망치는 시리아군 전차승무원들이 보였다. 엘리 게바의 센추리온 전차들도 이제 사격대에 도착해 사격에 합세했다. 처음으로 시리아군 전차들이 동요하며 더 안전한 경로를 찾는 것처럼 보였지만 계속 다가왔다. 마침내 이스라엘군 포수들이 조준할 표적이 모두 사라졌다.

시리아군의 맹포격이 사격대 위로 쏟아지자, 전차장들은 해치를 닫고 포탑으로 들어갔다. 포격이 잦아들자, 카할라니는 다시 밖으로 머리를 내밀었다. 계곡에서 움직이는 것은 격파된 전차를 핥는 불꽃뿐이었다. 카할라니가 보고하자, 벤-갈은 시리아군 전차가 얼마나 완파되었는지를 물었다. "60에서 70대 정도 격파했습니다." 카할라니가 말했다.

벤-갈 여단의 오른쪽 측면을 향한 시리아군의 공격도 절정으로 치닫고 있었다. 전쟁 첫날밤에 시리아군 제43기갑여단을 매복공격한 자미르 소령의 부대가 보유한 전차는 2대까지 줄어들었고, 소령은 다시 한 번 후퇴를 요청했다. 벤-갈은 지원군이 오는 중이니 몇 분만 더 버티라고 하며 그대로 있으라고 명령했다.

하지만 탄약이 고갈된 자미르는 더 기다릴 수 없었다. 벤-하난 중령이 이끄는 부대는 정확히 자미르가 후퇴하기 시작한 순간에 도착했다. 서로를 지나치면서 중령은 자미르 소령에게 태연히 손을 흔들며 "샬롬(안녕)" 하고 인사를 건넸다. 바로 정면의 나지막한 오르막에 올라서자 고작 50야드(46m) 떨어진 곳에서 정면으로 다가오는 시리아군 T-55 전차가 보였다.

"정지!" 중령이 외쳤다. "발포!" 벤-하난의 전쟁이 시작되었다.

아스카로브 소령은 나머지 전차들이 횡대로 전투 대형을 형성하는 동안 벤-하난 중령의 옆에 자리를 잡았다. 포탄 파편이 벤-하난의 얼굴에 상처를 입히고 안경을 깨뜨렸다. 중령은 지휘를 아스카로브 소령에게 맡기고 일시 후퇴해 의무병에게서 처치를 받았다. 아스카로브 소령은 고작 40야드

(37m) 앞에 있던 시리아군 전차 한 대를 불덩이로 만들었으나 머리에 총탄을 맞아 중상을 입었다. 아스카로브 소령은 또다시 후송되었다.

인근 능선에서 전투를 지켜보던 에이탄 사단장에게 정보장교 데니 아그몬 중령이 말했다. "시리아군 참모본부가 후퇴하기로 결정했습니다." 사단장이 의심의 눈으로 쳐다보았다. 아그몬은 무선망을 전혀 듣고 있지 않았고 눈에 보이는 근거도 없었는데 중요한 영향을 미칠 말을 하고 있었다. "저기 보십시오." 아그몬이 쌍안경으로 가리키며 말했다. 우파나 마을을 지나던 시리아군 차량 대열이 멈추더니 방향을 돌리고 있었다. 대열 최후미에 있는 차량부터 방향을 돌리고 있는 모습으로 보아 공황상태에서 벌이는 퇴각이 아닌 명령에 따른 질서정연한 철수였다. 얼마 뒤, 회색 군복을 입은 시리아군 전차승무원들이 쿠네이트라 갭에서 후방으로 도주하고 있다는 보고가 107 거점에서 들어왔다. 마침내 전장에서 살아남은 최후의 시리아군 전차들도 방향을 돌렸다.

벤-갈은 시리아군의 공격이 소강 국면으로 접어드는 것을 보기 위해 능선 정상에서 앞으로 나왔다. 계곡에는 시리아군 전차 260대와 수많은 병력수송장갑차, 트럭, 기타 차량이 널려 있었다. 자신의 여단과 제188여단 소속인 나프시 대대가 지난 4일간 시리아군의 진격을 막은 결과였다. 시리아군 전차 상당수는 온전한 상태로 버려져 있었다.

오후가 되자 벤-갈의 전차들은 한 번에 몇 대씩 뒤로 물러나 연료와 탄약을 보충했다. 카할라니는 벤-갈과 이야기하기 위해 여단 지휘소로 차를 달렸다. 그는 잠깐씩 쪽잠을 잔 것을 제외하고는 4일간 제대로 자지 못했다. 여단장은 애써 낙관적인 어조로 "우리는 시리아 본토로 반격하라는 명령을 받았다"라고 말했다. 카할라니를 수행한 대대 작전장교 펠레드 중위는 소름이 돋았다. 지난 4일간의 악몽 같은 전투에서 살아남은 부대에게 어떻게 반격하라는 명령을 내릴 수 있나? 다른 가용 부대는 없는가?

에이탄은 시리아군에게 쉴 틈을 주지 않기 위해 다음날인 수요일에 공격을 개시하기를 원했다. 하지만 벤-갈은 하루 여유를 두어 지친 부하들에게 휴식시간을 주고 사상자로 인해 발생한 엄청난 공백을 메우게 해줄 것을 요청했다. "우리에게 1단계는 끝났다." 벤-갈이 카할라니에게 말했다. "2단계가 곧 시작된다."

쿠네이트라 갭 전투가 끝난 뒤 아비그도르 카할라니 중령(오른쪽)과 요시 벤-하난 중령(왼쪽)이 함께 찍은 사진. 〈이스라엘 국방군 기록물보관소 제공〉

이날 시리아군 특수부대는 골란 고원 최북단 지역에 있는 부카타Bukata에서 이스라엘군 수색중대를 매복기습하는 데 성공했다. 이스라엘군 병력수송장갑차 5대가 RPG탄에 맞아 24명이 전사했다. 벤-갈의 머리 위로 날아간 헬기 탑승 시리아 특수부대는 이보다 운이 더 나빴다. 마침 나파크에 이스라엘 최정예 특수부대인 참모본부수색대(사예레트 마트칼Sayeret matkal이라는 히브리어 이름으로 유명하다. 제269부대-옮긴이)가 전투에서 제 역할을 할 기회를 초조하게 기다리고 있었던 것이다. 이스라엘군은 시리아군을 급습해 40명을 사살한 대가로 부대원 2명을 잃었다. 근처에 착륙한 시리아군 특수부대도 골라니 여단 병사들에게 제압되었다.

정오 무렵 벤-갈은 나프시 중령에게 107 거점이 무선호출에 응답하지 않으며 함락된 것 같다고 알렸다. 나프시는 전차 2대와 함께 쿠네이트라를 관통해 107 거점으로 향했다. 쿠네이트라에서 가장 눈에 잘 띄는 건물인 영화관 옆을 지나갈 때 나프시의 전차와 뒤따르던 전차가 RPG탄에 맞았다. 두 번째 전차의 전차장은 전사했지만 나프시는 일시적으로 청력을 잃은 것을 빼고는 이번에도 다치지 않고 탈출했다. 골라니 여단 분견대를 반궤도장갑차 2대에 태운 다음, 나프시는 마을에서 시리아군 진영과 가장 가까운 부분을 관통해 차량을 몰았다. 이 마을에 대거 침투한 시리아군이 이 방향에서 이스라엘군이 나타나리라고 예측하지 못할 것으로 믿었기 때문이었다. 골목에서 나타난 시리아군 병사들이 먼지로 뒤덮인 차량을 아군이라고 여기고 손을 흔들었다. 먼지로 뒤덮인 나프시 중령도 이들에게 손을 흔들었다. 시가지에서 빠져나온 나프시는 자신이 아는 통로인 이스라엘군 지뢰밭을 관통하는 통로를 택했다. 거점으로 가는 우회로였다. 반궤도장갑차들이 조심스레 영내로 들어서자 자기 위치에서 단잠에 빠진 아군 병사들이 보였다.

전쟁이 시작되고서 이스라엘군은 시리아군이 좀비 같은 강한 집념을 가지고 이스라엘 방어선에 몸을 던지는 것에 깊은 인상을 받았다. 하지만 수요일 아침에 이스라엘군 전자감청반은 시리아군 제1기갑사단장 테우피크 제하니$^{Tewfik\ Jehani}$ 장군이 공격의 선봉에 선 예하 부대인 제91여단을 포격하라고 하는 명령을 감청했다. 전차승무원들이 전차를 버리고 도보로 달아나는 것을 막으려는 목적으로 보였다. 결국, 취소되기는 했으나 이는 시리아군 진영에 위기가 발생했음을 알리는 징후였다.

다음날 아침, 이스라엘군 전차들은 위축되는 시리아군 돌출부를 마지막으로 밀어붙이며 휴전선 전 구간에 도달했다. 사리그 여단의 작전장교 비에르만 소령은 110 거점이 내려다보이는 능선에 오르자 거점을 포위한 시리아군 보병 수백 명이 보였다. 시리아군은 전차 포탄 몇 발에 흩어졌다. 전차들은 거점과 거점 사이의 휴전선을 건너 도망하는 시리아군 차량을 강타했다.

전차병들은 철수하는 적을 보고 환호성을 지르며 공중에 축포를 쏘았다. 110 거점으로 내려가자 4일간 포위되었던 골라니 여단 병사들이 전차에 올라 전차병들을 끌어안았다. 이제 골란 고원에서 시리아군은 사라졌다. 무사 펠레드 장군은 바르-레브 장군이 "적당한 때에" 피우라며 건네주었던 시가에 불을 붙였다.

이스라엘군이 전쟁 첫날 밤에 골란 고원에서 겪은 악몽은 나흘 뒤에 놀라운 승리로 변했다. 시리아군은 기갑 전력 대부분인 900대에 가까운 전차를 남기고 퇴각했다. 엘라자르가 시나이에서 꿈꾸었던 운하로부터 일시 퇴각해 이집트군 기갑 전력을 도살장으로 유인해 일거에 전멸시킨다는 시나리오는 의도치 않게 골란 고원에서 현실이 되었다. 사실상 전선이 붕괴된 골란 고원에서의 후퇴는 계산된 것이 아니었지만, 결과는 같았다. 즉, 후퇴로 인해 남부 골란 고원은 전차를 가두는 거대한 덫이 되었고, 무사 펠레드의 사단이 북쪽으로 진격을 개시하자 덫이 닫혔다.

휴전선으로의 복귀는 전쟁이 시작된 이래 엘라자르에게 처음으로 어느 정도 위안이 된 사건이었다. 하지만 큰 딜레마가 생겼다. 다음에는 무엇을 할 것인가? 이스라엘 국방군은 다시 휴전선을 따라 전개할 것인가, 아니면 다마스쿠스를 향해 진격할 것인가? 선택은 신속해야 했으며, 그 선택은 전쟁 전체를 통틀어 가장 중요한 것 중 하나가 될 것이었다.

수요일 오후에 '구덩이'에서 열린 회의를 시작으로 엘라자르와 장군들은 거의 9시간에 걸친 토의에 들어갔다. 총참모장은 시리아군이 심각한 손실을 입었음에도 불구하고 질서정연하게 퇴각했음을 지적했다. 시리아쪽 휴전선에 배치된 부대는 골란에서 퇴각하는 부대로 증강되었다. 제하니 장군은 휘하 병력 전체가 빠져나가기 전에 골란 고원에서 떠나기를 거부했다. 복귀를 시작했을 때에는 이스라엘군에 휴전선으로 가는 길이 가로막혔다. 이스라엘군 정보당국은 장군이 부관들과 함께 밤이 될 때까지 지하수로에 숨었다가 탈출했음을 나중에 알게 되었다.

이스라엘군은 탈진 상태였다. 장교들은 전차가 정지할 때마다 전 대대원이 잠들어버린다고 보고했다. 무전으로 명령을 내려도 병사들이 조는 바람에 응답을 못 하는 때도 있었다. 엘라자르는 병사들이 잘 수 있도록 이날 나머지 작전을 모두 중단하라고 명령했다.

총참모장은 휴전선에서 진격을 멈추는 쪽으로 마음이 기울었다. 이렇게 하면 북부전선의 3개 사단 중 200~250대의 전차를 보유한 1개 사단을 시나이로 보내 이집트군에 대한 대규모 공세에 참여시킬 여유가 생길 것이다. 이스라엘군이 동쪽으로 전진한다면 휴전선이야말로 가장 유리한 방어선이었다.

그런데 또 다른 대안인 휴전선에서 40마일(64km) 떨어진 다마스쿠스를 향한 진격을 택한다면 시리아를 전열에서 이탈시킬 가능성이 생긴다. 그러나 엘라자르는 그럴 가능성이 크다고 보지 않았다. 이라크군이 시리아를 지원할 것으로 예측되는 상황에서 이스라엘군이 휴전을 강제할 정도로 다마스쿠스에 근접할 수 있을지는 의문이었다.

몇 시간 계속된 토론 끝에 참석자들은 '구덩이'에서 다얀의 집무실로 자리를 옮겨 여러 시나리오를 계속 검토했다. 휴전선을 넘어 공격한다면 이라크와 요르단은 서둘러 시리아 구원에 나설 것인가, 아니면 참전을 자제할 것인가? 이스라엘 국방군이 다마스쿠스에 접근한다면 소련 정부는 휴전하라고 압박할 것인가, 아니면 군사적으로 개입할 것인가? 자미르 모사드 국장은 엘라자르의 집무실을 찾아가 전쟁 전에는 아랍의 전쟁 돌입을 만류했던 소련이 막상 전쟁이 벌어지자 매우 신속하게 전쟁에서 소모된 무기를 보충해주고 있음을 알렸다.

이제 이스라엘군이 휴전선까지 전진했음에도 불구하고 엘라자르의 낙관론은 후퇴하고 있었다. 전쟁 발발 이래 엘라자르의 긍정적인 어조는 참모본부와 내각의 사기를 지탱하는 버팀목이었다. 그런데 지금, 배후의 위협이 한풀 꺾이자 총참모장은 이스라엘의 현 상황에 대해 냉정한 평가를 하기 시작했다.

이스라엘은 기습을 받아 휘청거렸고 균형을 회복하는 데 어려움을 겪고 있었다. 이스라엘은 군사적으로나 심리적으로나 준비가 되지 않은 전쟁을 맞아 알지 못하는 적과 싸우고 있었다. 수만 명의 소련 군사고문단이 지난 몇 년간 아랍 군대를 조련해왔으며, 소련 정부는 이집트와 시리아에 최신식 무기를 충분히 공급했다. 이스라엘은 새거 대전차미사일이나 SAM-6 지대공미사일에 대한 대응책을 전혀 마련하지 못했다. 아랍군은 우월한 무기체계뿐 아니라 새로운 전술과 무엇보다도 새로운 정신력을 과시하고 있었고, 이스라엘군 수뇌부는 효과적인 대응책을 찾아 헤매는 중이었다.

5일간의 전투 후 엘라자르의 눈에는 남부전선, 하늘, 심지어 북부전선까지 모든 전선의 상황이 절망적으로 보였다. 시리아군을 골란 고원에서 몰아내기는 했지만, 엘라자르는 아침에 북부사령부를 방문한 자리에서 적 전력 탐색차 텔 쿠드네에서 휴전선을 건넌 기갑부대가 시리아군의 거센 저항을 받았다는 것을 알고 크게 실망했다. 엘라자르는 과연 휴전선 돌파가 가능할지 확신할 수 없었다. 정보당국은 앞으로 14시간에서 30시간 안에 대규모 이라크군 기갑부대가 시리아 전선으로 출발할 예정이라고 경고했다.

엘라자르는 시나이 전선에 대해 "우리는 매일 똑같은 일을 하고 있습니다. 이집트군을 많이 죽이면서도 영토를 조금씩 빼앗기고 있습니다"라고 말했다. 바르-레브는 이집트군 보병이 아단 사단을 '가미카제神風처럼' 공격하고 있다고 알렸다. 이집트군 보병은 기관총탄에 쓰러지면서도 새거를 발사하며 연속적으로 쇄도하고 있었다. 엘라자르는 남부전선의 군대에 박격포를 재보급하라고 참모들에게 지시했다. 전차에 대한 과도한 의존 탓에 지상군은 이 기본적인 대보병 무기를 박탈당하다시피 했다.

엘라자르는 간부들에게 이스라엘의 상황은 매일 나빠지고 있다고 말했다. 개전 초반에 입은 심한 손실 탓에 이스라엘 국방군의 선택지가 줄었다. "미국이 약속한 팬텀기 40대와 전차를 더 얻는다고 해도 전력 균형을 바꾸는 데에는 충분한 규모가 아닐 거야. 오늘 당장 운하를 건너가거나 다마스쿠스에 다가갈 수는 없지 않은가?" 며칠 안으로 육군은 시나이 반도 내륙 깊숙이 후퇴해야 할지도 모른다고 엘라자르는 말했다. "그곳에서 우리는 길고 결판이 나지 않는, 닥쳐올 파국을 미루기만 하는 방어전을 치르겠지."

공군은 곧 이스라엘 영공 방어에 충분한 수의 비행기를 획득할 것이나 지상군 지원에 나설 정도로 충분한 전력을 회복하지는 못할 것이다. 엘라자르는 지금까지 발생한 사건의 논리적 귀결로서 앞으로 지대한 영향을 끼칠 결론을 내렸다. 이스라엘은 승리할 수 없으며 다음번 전쟁을 준비하는 데 에너지를 쏟아야 한다. "우리가 휴전을 향해 가지 않는다면 제 기분은 완전히 암담해질 것입니다." 엘라자르가 다얀에게 말했다. "과장일지도 모르겠으나 지금의 생각을 솔직히 말씀드리겠습니다. 앞으로도 상황이 지금보다 더 나아지지는 않을 것입니다. 군을 재건할 수 있도록 휴전이 필요합니다." 이는 40만 명에 달하는 남자들이 무기를 들고 있는 상황에서 불가능하다고 그는 말했다. 엘라자르가 구상하는 새로운 군대는 현재 규모의 2배이며 이번 전쟁의 전략·전술적 함의를 철저히 체화한 군대가 될 것이다.

개전 초기의 동요에서 회복한 다얀이 이제 엘라자르와 역할을 바꾸어 낙관론을 피력했다. 장관은 북쪽에서는 이스라엘에 유리하게 전황이 바뀌었으며 샤론이 요청한 본격적 도하만 채택하지 않으면 남쪽에서도 마찬가지가 될 것이라고 말했다. 그렇지만 다얀은 운하 북쪽 입구 양안에 있는 쌍둥이 도시인 포트사이드와 포트푸아드에서의 제한적 도하에는 찬성했다. 공군이 이 지역의 이집트군 SAM 포대를 무력화하는 데 성공했기 때문에 지상군의 공격을 지원할 수 있을 것이다. 두 도시를 함락한다면 이스라엘은 전후 협상 과정에서 상징적 의미가 있는 협상 카드를 보유하게 될 것이다.

만약 이집트군이 SAM 우산에서 벗어나 시나이 반도 내륙으로 진격을 시도한다면 호된 대가를 치를 것이라고 다얀은 말했다. 엘라자르는 그 경우 이집트군은 SAM 우산 아래에 머무르며 소모전을 벌일 것이라고 반박했다. 이집트군의 규모가 이스라엘군의 2배이기 때문에 이스라엘로서는 최악의 선택지였다.

"미안하네만, 다도(엘라자르), 좋은 생각은 아닌 것 같네." 다얀이 말했다. "이집트군이 소모전을 시작한다면 공군을 보내 내륙 깊숙한 곳을 공격하면 되네." 이스라엘 공군은 이미 1969년부터 1970년까지의 소모전쟁에서 이집트 내륙의 경제·군사적 목표물을 공격했었는데 이 때문에 이집트가 어쩔 수 없이 휴전에 동의한 적이 있었다.

스커드 미사일은 이미 이집트에 도착해 있었으나, 소련은 운용통제권을 장악한 채 이집트군 발사 요원을 훈련시키고 있었다. 소련이 운용통제권을 넘긴다면 이집트군은 스커드 미사일로 텔아비브를 타격해 이집트 내륙 공습을 보복할 능력을 보유할 것이다. 하지만 다얀은 이런 위험을 무릅쓸 준비가 되어 있었다. 무엇보다도 이스라엘 공군이 카이로를 공격함으로써 더 큰 보복을 가할 수 있었다. 다얀은 지금이라도 이집트 경제에 영향을 끼칠 장소를 소모전 목표 목록에 넣자고 제안했다.

다얀이 방을 떠나자, 엘라자르는 다른 장군들에게로 몸을 돌렸다. "장관님과 진지하게 이야기해보고 싶었는데 그럴 수 없었습니다. 여러분과 이야기를 나누어봐야겠습니다. 나는 어떤 형태로든 영토를 잃지 않고서 우리가 이 상황에서 벗어날 수 있을지 확신이 서지 않습니다." 장군 한 명이 국방장관의 기분이 '좋아지는' 단계인 것 같다고 지적하자, 엘라자르는 이렇게 말했다. "장관은 기분이 '나빠지는' 때가 되면 한없이 나빠지다가 '좋아지는' 때에는 한없이 좋아지지."

엘라자르는 탈 장군의 발언을 듣고서 시리아 본토 공격에 대한 자신의 견해를 즉시 바꿨다. 탈은 이스라엘군이 진격하지 않고 휴전선을 따라 전개한다면, 남쪽으로 파견된 사단이 시나이까지 가는 나흘 동안 양 전선에서 진격은 전혀 없을 것이라고 지적하고 "이렇게 며칠 지나면 아랍인들은 우리가 수세로 돌아섰다고 볼 것입니다"라고 말했다.

참모차장의 의견을 들은 엘라자르는 깜짝 놀랐다. "하루만 지나면 아랍인들은 그렇지 않다는 것을 알게 될 겁니다." 엘라자르가 말했다. "우리는 내일 (시리아 전선에서) 공세를 펼칠 거요."

밤 10시 30분, 엘라자르와 장군들은 국방부와 총리관저를 나누는 작은 잔디밭을 가로질러 관저로 자리를 옮겼다. 메이어 총리와 다얀을 위시한 주요 각료들과 자문역들이 기다리고 있었다. 전쟁이 시작된 이래 처음으로 전시 내각회의가 열렸다.

"우리는 전쟁의 결정적 시점에 와 있습니다." 엘라자르가 모두발언을 했다. 총참모장은 휴전선의 고수보다는 시리아 본토에 대한 공격에 찬성한다고 말했다. 6일 전쟁 당시 북부사령관으로 골란 고원 강습(1967년 6월 5일에 시작된 6일 전쟁의 첫 4일간 시리아 전선에서는 본격적 전투가 없었다. 그러나 이집트, 요르단 전선에서 이스라엘의 승리가 확정되자 이스라엘 정부는 골란 고원을 점령해야 할 전략적 중요성을 인정하고 공격을 결정했다. 엘라자르는 당시 북부사령관으로 6월 9일과 10일 양일에 걸친 골란 고원 점령 작전을 지휘했다-옮긴이)을 지휘했을 때처럼, 시리아군이 갑자기 무너질 가능성이 있었다. 그 외에 국가 이미지를 고려해보아도 이스라엘은 진격할 필요가 있었다. "전 세계는 이스라엘 국방군이 강력하다고 믿으며 공세를 개시하기를 기다리고 있습니다. 그 누구도 (현재의) 취약성을 알지 못합니다. 이스라엘 국민도, 미국도, 아랍도 마찬가지입니다. 우리가 내일 공격하지 않으면 시리아는 무엇인가를 의심할 것입니다. 며칠 지나면 그들은 알 것입니다." 이스라엘이 약하다는 것을 감지한다면 사다트는 휴전을 받아들이지 않을 것이라고 엘라자르는 말했다. 디니츠 주미대사는 소련이 48시간 이내에 휴전하라는 압박을 가한다고 보고했다. 그 전에 적의 영토를 점령할 필요가 있었다. 오직 시리아 전선에서만 반격이 성공할 가능성이 있었다. "저는 내일 시리아 본토로의 전면 공세에 찬성합니다."

다얀은 동의했다. 핵심을 파악한 메이어 총리도 동의했다. 골란에서 시나이로 1개 사단을 보내는 데는 최소 4일이 걸린다. 만약 이 사단이 전투에 투입되기 전에 휴전이 발효된다면 이스라엘은 시나이에서는 영토를 잃고 북쪽에서는 전혀 영토를 획득하지 못한 채 완패로 전쟁이 끝날 것이다. 이는 군사적이 아니라 정치적 고려 사안이었기에 메이어 총리는 망설이지 않고 즉각 시리아 본토로 진격한다는 결단을 내렸다. 총리는 최소 전후 협상 테이블에 내놓을 협상 카드로 시리아 영토를 원했는데, 그것이 반드시 다마스쿠스일 필요는 없었다. 자정 직후, 아침에 공격을 개시한다는 결정이 내려졌다.

엘라자르는 즉시 쾌활한 모습을 되찾았다. 그는 전투 개시 전에 골란 고원에서 사단장 및 여단장 전원과의 회의 소집을 명령했다. 호피 장군과 통화하며 엘라자르는 오전 5시에 북부사령부 본부에 도착 예정이라고 알렸다. "장군은 오늘 밤 극장에 가지 않지요, 그렇지요?" 이른 시간에 도착 예정이라는 점과 호피가 징발된 극장에 상황실을 설치했다는 점을 넌지시 빗댄 말이었다. "우리는 만난 다음, 가서 여단장들과 함께 이야기하고, (북부사령부 본부로) 돌아올 거요. 이즈하크(호피), 그러고 나서 전쟁을 치릅시다."

티베리아스 근교의 포리야 병원Poriya Hospital에서 일요일에 수술을 받고 목숨을 건진 사리그 대령은 의사들이 수요일쯤이면 근처에 있는 자신의 키부츠인 바이트 하쉬타Bait Hashita를 하루 동안 방문해도 좋다고 허락할 정도로 몸이 좋아지고 있음을 느꼈다. 대령은 이스라엘의 시리아 본토 공격이 임박했음을 예상하고 병원에서 탈출해 전선으로 가는 '탈주병' 대열에 합류했다. 집에 잠시 들러 새 군복을 입은 사리그는 골란 고원으로 향했다. 왼쪽 팔에 아무 감각이 없었기 때문에 전차에 오르고 내릴 때에는 도움이 필요했다. 의사들은 목에 꿰맨 봉합이 벌어지지 않게 기침을 하지 말라고 경고했다. 요시폰산Mount Yosifon에 있는 라네르 장군의 지휘소에 도착했을 때는 날이 깜깜했다. 방금 전에 있었던 카추샤Katyusha 포격 때문에 차량이 불타고 있었다. 이 포격에서 1명이 전사했는데, 대령은 이 전사자가 자신과 같은

이스라엘군 총참모장 다비드 엘라자르 장군(가운데)이 골란 고원에 헬리콥터로 도착하고 있다. 왼쪽 사복 차림의 사람은 전임 총참모장 이츠하크 라빈이다. 〈이스라엘 국방부 기록물보관소 제공〉

키부츠 출신자라는 이야기를 들었다. 그러나 그 누구도 하다르 여단 중대장인 대령의 동생이 몇 시간 전에 전사했다는 소식을 전해주지 않았다.

엘라자르는 새벽에 헬리콥터를 타고 북부전선으로 날아왔다. 고맙게도 비행 도중 1시간 정도 잠을 청할 시간이 생겼다. 호피와 함께 공격 계획을 점검한 다음, 엘라자르는 사단장들과 여단장들을 만나기 위해 호피를 대동하고 나파크 기지로 갔다. 전쟁 발발 후 일선 지휘관들과의 첫 회의였다. 엘라자르는 면도도 못하고 피로에 찌든 지휘관들, 특히나 수척해진 벤-갈의 얼굴을 보고 깊은 감명을 받았다. 엘라자르는 회의 참석자들에게 다가올 전투는 전환점이 될 것이라고 말했다. 다마스쿠스에 도달할 수 있을지는 의심스러웠으나, 이들의 목표는 다마스쿠스를 위협할 정도로 근접하는 것이 될 것이었다.

지상군의 공격은 라풀 에이탄의 사단이 헤르몬산 기슭을 돌아 전진하는 것으로 개시될 것이다. 이 경로를 택한다면 산기슭의 경사면 때문에 왼쪽 측면을 지키기 쉬웠다. 카할라니의 대대가 공격의 선봉에 설 예정이었다. 벤-하난 중령이 이끄는 두 번째 부대는 남쪽으로 1마일(1.6km) 떨어진 경로를 따라 평행으로 이동할 것이다. 공격시간은 오전 7시로 정해졌지만, 벤-갈은 태양을 바라보며 싸우는 것을 피하기 위해 공격시간을 오전 11시로 연기해달라고 북부사령부 지휘부를 설득했다.

단 라네르의 사단은 '아메리카America'라는 암호명이 붙은 쿠네이트라와 다마스쿠스를 잇는 도로를 따라 공격할 예정이었다. 이곳은 너무나 분명한 공격로이기 때문에 시리아는 오래전부터 이곳을 국경의 어느 지역보다 철통같이 방어하고 있었다. 도로는 칸 아르나베 마을에 설치된 대규모 진지에 설치된 대포들의 사정권 안에 있었다. 이스라엘 국방군은 이곳에서 정면공격을 할 의도가 전혀 없었기 때문에 이 도로의 공격에 대비한 비상계획조차 준비해놓지 않았다. 하지만 호피는 시리아군의 사기가 한계에 도달했으며 아메리카로를 따라 공격하는 것이 효과를 거둘지도 모른다고 믿었고, 6일 전쟁에서 이스라엘군이 골란 고원에 발판을 마련하자마자 시리아군이 무너졌음을 지적했다. 그렇지만 엘라자르는 이번 전쟁에서는 시리아군의 지구력에 대해 지금으로서는 알 수 없다고 말했다. 에이탄 장군은 아메리카로를 지키는 강고한 방어를 정면에서 돌파하는 대신 라네르의 사단이 북쪽의 돌입지점을 통해 자신을 뒤따라와 칸 아르나베를 배후에서 공격하게 해달라고 강력히 진언했으나 헛수고였다.

벤-갈은 브리핑을 위해 휘하 대대장들을 소집했다. 5일 전 전쟁이 발발했을 때의 여단 전차승무원 4분의 3이 죽거나 다쳤다. 하지만 밤새 병력 보충이 이루어져 여단은 전차 100대와 승무원의 완전편제 전력을 갖추었다. 브리핑이 끝나자, 벤-갈은 카할라니를 따로 불렀다. "잘 듣게." 벤-갈은 카할라니의 어깨에 손을 얹고 말했다. "아침에 총참모장님을 뵙고 자네가 한 일을 말씀드렸네. 자네가 이걸 알았으면 했네." 벤-갈은 자신의 의도를 제대로 표현하는 게 어려운 것 같았다. "자네는 이스라엘의 영웅Hero of Israel(이스라엘 최고 무공훈장 이름) 훈장을 받을 자격이 있다고 말씀드렸어. 이것도 알았으면 싶었네." 벤-갈은 잠시 감상에서 벗어나 카할라니와 악수를 하고 어색하게 말했다. "다 잘될 거야. 또 보세."

카할라니의 작전장교 펠레드 중위는 이 광경을 바라보고 놀랐다. 대화 내용은 들을 수 없었지만 벤-갈의 몸짓과 카할라니의 어깨에 얹은 전우애로 가득한 손으로 볼 때, 여단장은 매우 감명을 받은 나머지 개인적 교류를 하고 있었다. 야노쉬 벤-갈 같은 사람에게서 보리라고는 전혀 예상할 수 없었던 광경이었다.

대대 중간대기구역으로 돌아온 카할라니는 장교 소집을 명했다. 카할라니는 자신 앞의 바닥에 앉은 장교들의 얼굴을 찬찬히 살폈다. 대부분 새로 보는 얼굴이었다. "우선 이제 막 전입해 우리 대대에 대해 잘 모르는 사람들을 위해 말한다면, 우리 대대는 제7기갑여단 소속 제77전차대대다. 여러분 앞에 서 있는 사람은 카할라니 대대장이다." 장교들의 굳은 얼굴에 살짝 미소가 번졌다. "임무를 설명하기 전에 나는 여러분이 누구인지, 여러분의 임무가 무엇인지 알고자 한다."

각 신규 전입자는 어떤 중대에 배치받았는지, 전쟁이 시작된 이래 무엇을 하고 있었는지, 원 소속 부대는 어디인지 말하라는 요청을 받았다. 많은 사람들이 예비군이었다. 카할라니는 이들에게 어디 출신인지, 사회에서 무슨 일을 하고 있었는지, 결혼은 했는지, 자녀는 몇 명인지 등의 개인적인 질문을 했다. 정규군 브리핑의 간결하고 딱딱한 톤에 익숙해진 펠레드 중위는 이런 질문들을 듣고 의아해했다. 그것이 지금 해야 하는 일과 무슨 상관이 있을까? 나중에야 중위는 카할라니가 먼 전장에서 갑자기 한데 묶인 낯설고 이질적인 사람들을 이제 곧 닥칠 위험한 상황에서 명령을 내리면 죽음도 불사할 단합된 팀으로 만들 인간 거미줄을 잣고 있었음을 이해했다.

단결력이 생긴 후에 비로소 카할라니는 작전장교에게 몸을 돌려 지도를 펴라고 했다. "우리 여단은 시리아군 방어선을 돌파하라는 명령을 받았다." 카할라니가 말했다. "우리 대대가 공격의 선봉에 선다." 카할라니는 공격로를 짚어가며 각 부대의 이동 순서를 설명했다. "모두 성공을 빈다. 그리고 사자처럼 싸워야 한다는 것이 중요하다. 20분 뒤에 출발한다. 각자 전차로!"

제25장

이라크의 개입

카할라니의 부대가 마주친 지뢰밭은 시리아 영토 안의 넓은 경작지대 너머에 있었다. 시리아군은 농부들이 밭에 접근할 수 있도록 지뢰밭에 입구 몇 개를 남겨두었다. 이스라엘군은 정보당국이 사전에 파악했던 이 통로를 따라 무사히 지뢰밭을 통과했다.

1마일(1.6km) 남쪽에 있는 벤-하난 부대의 작전구역에서는 휴전선 바로 위에 지뢰밭이 있었다. 공병대가 파괴통Bangalore Torpedo(소규모 철조망 및 지뢰지대를 돌파하기 위해 사용되는 폭약통-옮긴이)을 이용해 지뢰밭에 통로를 개척했다. 포병이 500야드(457m) 앞에서 이동탄막사격을 제공하는 동안 2개 전차부대는 평행한 경로를 따라 동쪽으로 나아갔다. 포격을 제외한 적의 저항은 전혀 없었다.

손쉬웠던 북부지역 돌파 성공으로 인해 이스라엘 국방군 내부에서는 다마스쿠스로 방면의 시리아군 방어선이 일격에 무너질 것이라는 믿음이 커졌다. 그러나 라네르 사단의 선봉에 설 장병들은 그런 자신감을 가질 수 없었다. 나흘 전에 황달로 인해 전장에서 기절했던 기오라 비에르만 소령은 전차 16대를 이끌고 도로를 따라 돌진해 평탄한 지형에 2마일(3.2km) 길이로 펼쳐진 칸 아르나베의 방어시설을 공격할 예정이었다. 하나니 타보리Hanani Tavori 중령이 지휘하는 수색대대는 전차 19대로 개활지를 가로질러 도로 왼쪽에서 칸 아르나베를 공격하기로 했다.

맡은 임무가 자살행위라고 여긴 비에르만 소령은 여단장 사리그 대령에게 자기 생각을 털어놓았다. 그러나 여단장은 사기가 떨어진 시리아군이 효과적으로 방어전을 펼칠 수 없다는 믿음에 공감하고 있었다. 전차들은 속력과 충격에 의지하며 이동 사격한다. 그러면 대부분 무사히 통과할 수 있을 것이라고 대령은 말했다.

체념한 비에르만 소령은 대열 선두 근처에 자신의 전차를 배치하고 진격 신호를 기다렸다. 장갑이 얇은 반궤도장갑차에 탑승한 사리그 여단장은 더 뒤쪽에 자리를 잡았다.

시리아군의 포격이 잠잠해지자, 공격이 개시되었다. 비에르만의 대열은 도로를 따라 출발했지만, 얼마 지나지 않아 도로는 완파된 전차들로 차단되었다. 타보리 대대 전차들이 들판을 가로질러 전진하는 곳마다 대전차지뢰 폭발음이 들렸다. 간신히 도로로 올라갈 수 있었던 몇 대를 제외하고 거의 모든 전차의 궤도가 날아갔다. 하지만 이 전차들마저 모두 새거에 피격되었고, 도로는 불타는 전차와 연기로 가득한 가마솥이 되었다. 아직 전투가 가능한 전차들은 재빠르게 도로를 따라 달려나가지 않고 파괴된 전차 뒤에 숨어 시리아군과 교전했다.

마침내 비에르만과 몇몇 전차장들은 도로에서 전차를 간신히 빼내어 시리아군 진지로 돌진했다. 비에르만의 전차는 칸 아르나베의 외곽 참호에 도달하자마자 적탄에 맞았다. 포수는 전사했고, 탄약수와 비에르만은 부상당했다. 포탑에서 빠져나오자, 전차 내부를 집어삼키기 시작한 불길이 보였다. 몇 야드 떨어진 참호에 있던 시리아군 보병은 전차 뒤로 몸을 피한 비에르만과 탄약수를 쏘려고 했다. 다른 전차들이 방어시설에 돌입해 참호 안으로 기관총을 발사했다. 뒤를 바라본 비에르만은 새로 도착한 전차부대가 도로를 따라 전진을 개시하는 모습을 보고 안도했다. 자신이 알기에 이들은 오리 오르의 여단 소속이었다. 만약 시리아군이 다시 뒷문을 걸어 잠그지 않는다면 신속한 돌파구의 확장이 필요했다. 사실 오르는 도로와 지뢰밭의 사상자들이 후송될 때까지 기다리라는 지시를 받았으나 이 광경을 본 부하들의 사기가 떨어질까 우려했다. 공격 허가가 즉시 내려졌다.

비에르만과 탄약수는 계속 전차 포탑 뒤에 숨어 시리아군 참호에서 날아

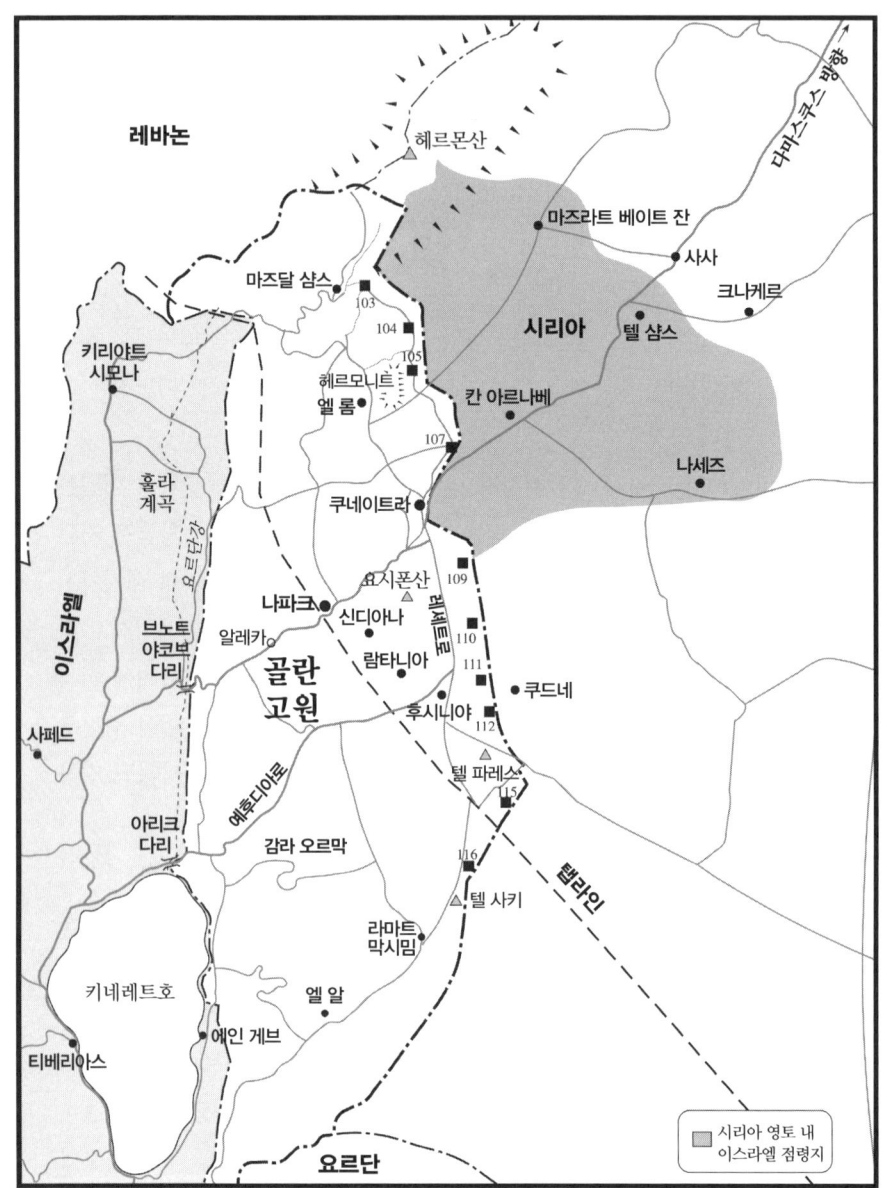

시리아 영토 내 '고립지(이스라엘 점령지)'

오는 총탄을 피했다. 소령은 조종석에 남아 있던 조종수에게 후진을 시작하라고 했다. 다친 한쪽 팔을 움직일 수 없었지만 비에르만은 다른 팔로 전차를 꼭 붙들고 조종수를 개활지로 인도했다. 0.5마일(800m) 정도 빠져나온 다음 비에르만은 조종수에게 정지하고 화재로 인해 폭발하기 전에 빠져나오라고 했다. 조종수가 빠져나오자마자 포탄이 떨어졌다. 조종수는 전사했고, 비에르만은 또다시 부상당했다. 이번에는 머리와 복부, 폐였다. 의식을 잃은 비에르만은 의무병에 의해 후송된 다음 헬리콥터 편으로 병원에 이송되었다. 사리그 여단의 3분의 2인 전차 25대가 파괴되었다. 하지만 칸 아르나베에 도착한 전차 6대는 오르 여단에게 길을 터주었다. 오르 여단 뒤에는 모르데카이 벤-포라트 대령의 여단이 따라오고 있었다. 전력이 감소한 2개 여단은 동쪽과 남쪽으로 진출했으며, 공수부대가 파견되어 칸 아르나베의 참호에 남은 시리아군을 소탕했다. 밤새 사리그 여단은 증원을 받았고, 전차들은 수리를 마쳤다. 아침이 되자 대령은 라네르 사단장에게 여단이 공격을 속행할 준비가 되었다고 보고할 수 있었다. 가장 북쪽의 축선을 따라 전진하던 카할라니의 부대는 늦은 오후 목표인 마즈라트 베트 잔 Mazraat Bet Jann 마을이 내려다보이는 언덕에 도착했다. 사상자는 없었다. 길을 따라 버려진 시리아군 전차와 파괴된 진지는 3시간에 걸친 사전 포격과 공습의 효과를 생생히 보여주었다. 3일 전에 히자욘에서 아단 장군이 헛되이 요청했던 지원이 바로 이런 것이었다.

바위투성이인 주변과 진흙 오두막만 있는 남쪽의 황폐한 마을과 대조적으로 마즈라트 베트 잔은 헤르몬산 기슭의 우거진 숲에 자리 잡은 그림 같은 마을이었다. 우거진 숲속에 적이 매복하고 있을 수 있었으므로 카할라니는 언덕 꼭대기에서 찬찬히 주변을 살폈다. 주민들은 당나귀를 타거나 걸어서 도망치고 있었다. 카할라니는 주민들이 도피할 시간을 충분히 준 다음에 언덕에서 내려가기로 마음먹었다. 그런데 카할라니가 지켜보는 동안 시리아군 전차들이 동쪽에서 마을에 진입했고, 헬리콥터 4기가 착륙해 병력을 쏟아냈다. 시리아군은 아직 싸움을 포기하지 않았다. 거의 밤이 되었기 때문에 카할라니는 벤-갈의 승인을 얻어 아침까지 기다렸다가 공격하기로 했다.

벤-하난의 부대 역시 어두워질 무렵, 목표물인 텔 샴스Tel Shams에 거의 다다랐다. 텔 샴스는 다마스쿠스-쿠네이트라로를 내려다보는 위치에 있는 전초기지화된 봉우리로, 엘라자르의 표현을 따르면 사사Sasa(다마스쿠스 남서쪽 약 40km, 칸 아르나베 북동쪽 약 19km에 있는 마을. 칸 아르나베와 다마스쿠스를 잇는 도로가 통과하는 요충지-옮긴이)로 가는 접근로의 '병목에 박힌 코르크 마개'였다. 호피의 임무는 적어도 사사까지 도달하는 것이었다. 그곳에서부터 포병은 다마스쿠스 교외를 포격할 수 있었다. 다얀은 호피에게 다마스쿠스에 포탄이 떨어져야만 소련은 시리아를 위해 유엔에서 휴전을 요청할 것이라고 말했다.

하지만 호피는 칸 아르나베 공격 명령을 내렸다가 참담한 결과를 거둔 다음이라 텔 샴스에 대한 정면공격을 명령하는 것이 불안했다. 엘라자르는 '구덩이'에서 지도를 살펴보다가 텔 샴스의 시리아군이 전차 몇 대만이라도 보유했다면 충분히 이스라엘군의 공격을 격퇴할 것이라는 우려를 표명했다. "아군은 계곡을 올라가야 하는데 무사히 지나가지는 못할 거요." 벤-갈도 불안함을 느껴 공격을 취소하는 쪽으로 마음이 기울었지만, 아침에 벤-하난이 공격을 요청하자 승인했다.

벤-하난은 금요일 동이 트자마자 전차 8대와 함께 이동을 개시했다. 텔 샴스로 가는 도로는 검은 토양의 레자＊ 평원을 통과했는데 현무암 바위 투성이라 야지 주행을 하기 어려운 곳이었다. 텔 샴스에 접근하자 새거가 전차들을 노리고 일제히 날아왔고 시리아군 비행기들이 공격 대열을 덮쳤다. 벤-하난은 탑승한 전차가 로켓탄에 맞아 귀 일부가 찢겨나가고 오른쪽 귀의 고막이 터졌음에도 불구하고 계속 지휘하며 부대를 후퇴시켰다. 그러나 텔 샴스가 보이지 않는 곳에 이르자, 중령은 도로에서 벗어나 레자 평원으로 진입해 미로와 같은 지독한 험로를 따라 이동한 끝에 오후 늦게 텔 샴스의 방어시설 후면에 도착했다. 벤-하난의 전차들은 시리아군을 기습해 전차를 포함한 다수의 시리아군 차량을 파괴했다. 텔 샴스의 반대편 사면을 오르기 시작할 무렵, 벤-하난의 전차는 새거 2발을 맞았다. 중령은 포탑 밖으로 튕겨나왔고, 승무원 2명이 전사했다. 나머지 전차들도 피격되거나 후퇴했다.

불타는 전차 옆에 누워 있던 벤-하난의 눈에 간신히 매달려 있는 그의 왼쪽 다리가 들어왔다. 중령은 조종수가 전차에서 회수한 무전기로 벤-갈 여단장과 접촉해 "요시입니다. 제 다리가 날아갔습니다. 저는 전차 옆에 누워 있습니다. 구조해주십시오"라고 말했다. 조종수는 벤-하난을 피난처가 될 만한 구덩이까지 끌고 가 군의관의 무전 지시에 따라 지혈대로 중령의 찢어진 다리를 단단히 묶었다.

여단본부는 레자 평원으로 다시 후퇴한 벤-하난 부대의 생존 전차들은 다시 언덕으로 돌아갈 것을 촉구했다. 교신을 우연히 들은 참모본부 수색대 차석 지휘관 요니 네타냐후Yoni Netanyahu(원래 이름은 요나탄 네타냐후Yonatan Netanyahu, 요니는 애칭. 전 이스라엘 총리 비냐민 네타냐후Binyamin Netanyahu의 형이다. 1976년 7월 4일, 우간다의 엔테베 공항Entebbe airport에 억류된 납치 이스라엘 여객기 인질 구출 작전을 지휘하다 전사했다-옮긴이) 소령이 개입해 자신이 나서보겠다고 제안했다. 벤-갈은 기꺼이 소령의 제안을 받아들였다. 3시간 만에 네타냐후가 이끄는 소규모 특공대가 도보로 텔 샴스에 올라가 벤-하난과 조종수를 구출했다.

엘라자르는 호피의 부대가 사사까지 남은 5마일(8km)을 진격할 수 없게 된 데 기분이 상했다. 다얀도 에이탄 장군과 라네르 장군의 지휘소를 방문한 자리에서 자신도 심기가 불편하다고 했다. 다얀은 아랍인들이 이스라엘의 도시를 항공폭격이나 포격하지 않는 이상 다마스쿠스를 점령할 의향은 없다고 말했다. 하지만 시리아가 미래에도 골란 고원의 탈취를 시도한다면 결국 이스라엘이 다마스쿠스 문 앞까지 다가가는 결과로 끝날 거라는 점을 명심시키는 것이 중요했다. 장군들은 건성으로 "해보겠습니다"라고 답했다. 1주일간 쉬지 않고 전투를 치른 끝에 각 여단의 전력은 절반 이하로 감소했고 장병들은 몹시 지쳤다. 그에 못지않게 중요한 것은, 적어도 이 전선에서는 분명 이스라엘에 대한 실존적 위협은 지나갔기 때문에 지나친 위험을 무릅쓸 필요가 줄어들었다는 것이었다.

에이탄의 사단에 배속된 이동 감청소에서 감청원 한 명이 무전기의 주파수 조절 손잡이를 돌리며 시리아군의 무선통신을 듣다가 갑자기 자세를 고쳐 바로 앉았다. 누군가가 이라크 억양의 아랍어로 송신하고 있었다. 감청대 지휘관 데이비드 하르만David Harman 대위가 "확신하는가?"라고 물었다.

"어느 마을 출신인지도 말씀드릴 수 있습니다." 감청원이 답했다. 이 감청원은 이라크에서 태어난 유대인이었다.

하르만이 사단본부에 올린 보고에 대한 반응은 회의적이었다. 이스라엘은 이라크가 시리아에 지원군을 보낼 계획이라는 것을 알았으나 이라크군이 이렇게 빨리 도착할 것으로는 예상하지 못했다. 엘라자르는 집무실에서 펠레드 공군사령관, 제이라 아만 국장과 함께 이라크군을 도중에 차단하는 문제에 대해 토의했다. 제이라는 출발지에 따라 다르겠지만 이라크군 전차가 전선에 도달하기까지 14~30시간이 걸릴 것이라고 말했다. 이라크군 수송대가 언제 도착할지가 확실하지 않은 데다가 공군은 당시 긴급한 임무를 수행하고 있었기 때문에, 펠레드는 헬리콥터를 이용해 특수부대를 이라크에서 오는 사막길 어딘가에 매복시키는 것이 더 바람직하다고 제안했다. 엘라자르는 이 제안을 받아들였다.

이라크는 이집트나 시리아로부터 개전을 사전에 통보받지 못했다. 그러나 전쟁이 발발하자, 바그다드는 불편한 양국관계에도 불구하고 시리아 정부에 파병 준비가 되어 있음을 즉각 알렸다. 이라크는 동시에 이라크군이 시리아를 지원하기 위해 이동할 수 있도록 이란으로부터 불안정한 양국 국경을 조용히 유지하겠다는 동의를 얻어냈다. 이라크 중앙정부와 북쪽의 쿠르드족 사이에서도 비슷한 협약이 체결되었다. 이스라엘 요원들은 정확히 이러한 목적, 즉 이스라엘과 아랍이 전쟁을 벌이면 이라크군의 발을 묶어 놓기 위해 지난 수년간 쿠르드족 게릴라들을 훈련해왔다. 하지만 쿠르드족 지도자들은 이 결정적 순간에 이스라엘의 편에서 군사적 모험을 하지 않기로 결정했다. 이라크는 전쟁 발발 다음날 1개 사단을 다마스쿠스로 보내는 것을 시작으로 1개 기갑사단을 추가로 파견할 예정이었다. 화요일에 아만은 이라크군 선도여단이 600마일(966km)의 여정 끝에 이날 밤 다마스쿠스에 도착할 것이라고 보고했으나 이 여단의 경로를 추적 중 행방을 놓쳐 버렸다. 10월 11일 이라크군 제3기갑사단의 선도부대가 다마스쿠스 외곽에 도착했을 때는 이미 날이 어두워진 상태였다. 민방위대 소속으로 무장을 갖춘 민간인 몇 명을 제외하고 거리는 텅 비어 있었다. 이 중 한 명이 대열 맨 앞 전 차의 포탑에 있던 전차장에게 "이라크인이요?" 하고 물었다.

"그렇습니다" 전차장이 답했다.

"신의 이름으로, 우리의 명예를 구해주시오." 민간인이 말했다.

이라크군 전차병들은 지쳐 있었지만, 시리아군 지휘부는 붕괴의 위험이 있는 시리아군 방어선으로 멈추지 말고 갈 것을 촉구했다.

엘라자르는 호피에게 텔 샴스 같은 거점에 대해 전차를 동원한 주간 공격을 피하고 대신 야간에 보병으로 공격하라고 충고했다. 지금껏 호피는 보병의 운용을 삼가했는데, 이는 적절한 대전차 화기의 보급이 부족했기 때문이었다. 하지만 국적 표시를 지운 엘 알 비행기들이 미국에서 보급품을 싣고 도착하기 시작했고 이 가운데에는 상당량의 LAW^{Light Anti-Tank Weapon}(경량 대전차 병기) 미사일(제식명 M72, 미국제 휴대용 무유도 대전차 로켓 발사기-옮긴이)이 있었다. LAW 미사일의 사거리는 RPG의 절반에 불과했지만, 바주카포보다는 성능이 우수했다. 그리고 충분한 수량이 보급되었다. 이스라엘 보병은 처음으로 효과적인 대전차 화기를 다량 보유하게 되었다.

오르 여단은 전쟁 발발 후 귀국한 예비군들로 편성된 대대로 보강되었다. 오르 여단장은 이 부대에 선봉을 맡기면서 대대장에게 외관상 적이 없는 것 같은 풍경에 속지 말라고 경고했다. "천천히 이동해." 오르가 말했다. "이번 전쟁은 6일 전쟁이 아니야." 1시간 뒤에 이 대대는 매복공격을 받아 심한 타격을 입었다. 오르는 경험 많은 대대를 투입해 시리아군을 격퇴했다.

삶과 죽음을 가르는 결정을 끊임없이 내려야 하는 전장에서 감정을 개입시키지 않겠다는 원칙을 가졌던 벤-갈은 사단 인사장교가 카할라니의 동생과 처남이 모두 이집트 전선에서 전사했다는 소식을 전하자 순간 움찔했다. 카할라니 없이 전투를 할 수 없다고 마음먹은 벤-갈은 24시간 뒤에야 이 소식을 알렸다. 카할라니는 상을 치르기 위해 집으로 갔다.

사리그 여단의 전차장들은 칸 아르나베 전투에서 입은 트라우마에서 아직 벗어나지 못했다. 다음날 아침의 전투에서 사격 위치로 이동하라는 명령이 떨어지자, 징교가 전치장을 맡은 전차만 응답했다. 대대가 전진을 재개하자, 사리그는 모범을 보이기 위해 취약한 병력수송장갑차를 타고 선두에 나섰다. 부하들은 안정을 되찾았고, 진격은 점점 순조로워졌다. 적과 거의 마주치지 않고 바위투성이의 길을 이동하며 사리그는 전쟁 발발 이래 처음으로 6일 전쟁의 돌파 단계 같다고 느꼈다. 이런 느낌은 처음이었다. 벤-포라트 여단이 사리그 여단과 나란히 기동하고 있었다. 이들 여단의 공동 목표는 다마스쿠스 지역으로 진입하기 전 마지막 요새화된 진지 크나케르^{Knaker}였다. 크나케르에서는 북쪽 사사로 가거나 15마일(24km) 떨어진 동쪽의 다마스쿠스로 진격할 수 있었다.

자신의 사단이 담당한 전투 지구 한가운데 있는 텔 샤아르Tel Sha'ar 정상에 서서 진격 상황을 감독하던 라네르 장군은 북동쪽으로 움직이는 2개 여단이 일으키는 먼지구름을 똑똑히 알아볼 수 있었다. 크나케르에서는 오르 여단이 합류할 예정이었는데, 오르 여단은 지금 후방의 나세즈Nasej 마을에서 급유 중이었다. 골란 고원에 남아 있던 요시 펠레드 대령의 여단은 라네르 사단과 합류하여 다마스쿠스로 가는 관문을 열어젖히기 위해 휴전선을 지나고 있었다.

라네르 장군은 시선을 천천히 남동쪽으로 돌리다가 그 방향에서도 먼지구름이 일어나는 모습을 보고 깜짝 놀랐다. 상당한 규모의 전차부대가 사단의 노출된 측면을 향해 빠르게 다가오고 있었다. 정보당국은 시리아군이 이 방향에서 공격을 가할 수 있는 부대를 보유했다는 정보를 주지 않았다. 라네르는 처음에 남부 골란의 휴전선을 방어하던 무사 펠레드의 사단이 넓게 우회해 자신과 합류하는 것이 아닌가 생각했다. 하지만 북부사령부에 확인해보니 펠레드 사단은 이동하지 않았다.

라네르가 진격을 즉각 멈추고 남쪽으로 돌아오라는 명령을 내렸을 때 사리그 여단과 벤-포라트 여단은 크나케르에서 고작 3마일(4.8km) 떨어진 곳에 있었다. 사단장은 이유를 설명하지 않았다. 여단장 2명은 모두 적이 무너지고 있는 마당에 진격을 멈추라는 것에 항의했지만, 라네르는 "내 말을 제대로 듣고 있지 않았군"이라고 반박했다. "진격을 중단하고 모든 전차와 함께 돌아와."

오르 대령도 급유를 중단하고 자신의 방향을 향해 오는 적을 맞을 준비를 하라는 명령을 받았다. 오르는 전차들을 나세즈 교차로 주변에 배치했다. 선두 전차가 사격 위치를 잡자마자 승무원들이 남동쪽에서 2열로 접근하는 전차와 병력수송장갑차를 보았다. 낯선 도색이었지만 T-55 전차였기에 적이 틀림없었다. 마치 전차장들이 자기들이 어디에 있는지 확신하지 못하기라도 하는 듯, 전차들은 머뭇거리며 움직이고 있었다. 이들은 400야드(366m) 거리에서 오르의 전차들이 쏘는 일제사격에 꼼짝없이 당했다. 선두에 선 전차들이 불타올랐고, 나머지는 퇴각했다. 이라크군이 전장에 도착했다.

어두워지자 라네르는 이라크군이 정신을 차리기 전인 아침에 그들을 타격할 계획을 수립했다. 장군이 텔 샤아르 정상에서 참모진과 회의하고 있을 무렵, 관측초소에서 온 장교가 멀리서 자신들이 있는 방향으로 움직이는 먼지구름이 보인다고 보고했다. 이 장교는 이라크군이 공격을 재개한 것 같다고 조심스레 말했다. 라네르는 회의적이었다. 전쟁 첫날 밤 이래 시리아군이 본격적으로 야간전투를 시작하지 않았으며 전장에 도착한 지 몇 시간 안 되는 이라크군 역시 그럴 것 같지 않았다. 특히 이날 오르에게서 한 대 얻어맞아 코피를 흘린 것을 생각해보면 더 그랬다. 라네르는 이 장교에게 다시 한 번 살펴보라고 했다. 장교는 10분 뒤에 돌아와 똑같은 말을 했다. 이번에 라네르는 부사단장 모셰 바르-코크바Moshe Bar-Kochba 대령에게 살펴보라고 했다.

달빛이 밝아서 저 멀리 떨어진 곳까지 보였다. 바르-코크바는 쌍안경을 통해 7열에서 8열로 나란히 다가오는 먼지구름을 알아볼 수 있었다. 종심이 깊은 대규모 전차 대열이 넓게 산개해 움직이고 있다는 증거였다. 거리는 4~5마일(6.4~8km) 정도였다. 먼지구름은 텔 샤아르를 향해 똑바로 다가오는 것으로 보였다. 바르-코크바의 보고를 받자, 라네르는 즉각 적의 공격에 대비하라는 명령을 내렸다.

벤-포라트와 요시 펠레드의 여단은 텔 샤아르에서 서쪽을 향해 전개했다. 오르와 사리그의 여단은 동쪽으로 몇 마일 떨어진 곳에 자리를 잡았다. 라네르 사단의 예하 여단들은 이라크군을 향해 남쪽으로 입을 벌린 상자 대형을 형성했다. 만약 이라크군이 중앙으로 움직인다면 양 날개가 중앙으로 모여들 것이며, 양 날개 중 하나가 공격을 받는다면 다른 쪽 날개가 측면이나 후위에서 공격힐 깃이다.

밤 9시, 감시병들이 먼지구름이 사라졌다고 보고했다. 이라크군은 잠을 자기 위해 정지한 것 같았다. 이스라엘군 전차들은 계속 위치를 지켰고 전차승무원들은 순번을 정해 잠을 청했다. 새벽 3시 30분 셔먼 전차대대의 전차승무원들이 남쪽에서 접근하는 전차의 엔진 소리를 들었다. 대대장 벤지온 파단Benzion Padan 중령은 조명탄을 요청했다. 조명탄의 불빛 아래 소련제 전차의 낮은 실루엣이 보였다. 파단의 전차들이 발포하자, 이라크군도 반격했다. 이스라엘군은 이라크군의 포탄이 가까운 곳 어디에도 명중하고 있다는 징후를 감지할 수 없었다.

"어이, 저놈들 풋내기인 것 같아." 무선망에서 장교 한 명이 말했다. "하늘에다 쏘고 있다고." 파단 중령은 부하들에게 사격 중지를 명령했다. 이라크군이 용기를 내어 진격을 재개하게 하려는 의도에서였다. 이라크군이 진격하자, 셔먼 전차들은 선두에 선 전차 6대를 격파했다. 대형의 나머지 전차는 정지했다.

새벽이 밝자 이라크군의 동쪽 측면에는 오르 여단이, 정면에는 센추리온 전차대대로 보강된 셔먼 전차들이 있었다. 1시간 반 동안 계속된 전투에서 이라크군 전차 25대가 추가로 파괴되었다. 그동안 사리그 여단은 넓게 우회해 적 후방을 유린공격하며 전차 20대를 더 완파했다. 이스라엘군 부대들은 단 1대의 전차도 잃지 않았다.

이라크군에 입힌 큰 손실에도 불구하고 이들의 신속한 전장 도착은 전략적 상황을 근본적으로 바꿨다. 이스라엘군은 새로이 획득한 추진력으로 다마스쿠스를 향해 진격을 속행하지 못하고 남쪽 측면에서 다가오는 위협에 대응해야 했다. 에이탄 장군은 이라크군의 전투력은 시리아군보다 훨씬 못하다는 결론을 내렸으나 숫자는 무시할 수 없었다. 신속하게 전장에 도착했다는 그 자체가 인상적인 성취였다.

앞으로 이라크 파견군은 전차가 500대, 병력수송장갑차가 700대, 특수부대원을 포함한 병력이 3만 명에 달할 것이다. 이것만으로도 북부전선에 투입된 이스라엘군 전체 전력과 맞먹었다. 심한 타격을 입은 시리아군과 달리 이라크군은 혈기왕성했으며 전투에 참여하겠다는 열기가 뜨거웠다. 이스라엘군과 전투를 벌이면 열기는 곧 식겠지만 대거 진출한 이라크군의 존재는 이스라엘군을 묶어놓을 것이다.

바르-코크바 부사단장이 달빛 아래로 접근하는 이라크군 전차부대를 지켜보던 무렵, 샤울 모파즈 Shaul Mofaz 소령은 헬리콥터를 타고 다마스쿠스에서 북동쪽으로 100마일(161km) 떨어진 지점을 비행하며 아래를 내려다보고 있었다. 모파즈 소령은 이라크 국경으로 이어지는 도로의 다리에 매복했다가 이라크 증원군을 습격하는 임무를 부여받은 공수부대원 25명으로 구성된 팀의 지휘관이었다. 헬리콥터 조종사 유발 에프라트 Yuval Efrat 중령은 외딴 도로 근처에 공수부대원들을 내려주고 이스라엘로 돌아가 철수 신호를 기다렸다. 공수부대원들은 도보로 매복 장소까지 가서 전개를 마쳤으나 차량 대열이 아닌 1, 2대의 군용트럭이 가끔 나타났을 뿐이었다. 이스라엘 군은 이들을 내버려두었다. 새벽이 다가오자 공수부대원들은 다리를 폭파하는 것으로 임무를 일단락 짓기로 하고 준비를 시작했다. 이때 T-55를 실은 전차수송차 1대가 어둠을 뚫고 느릿느릿 나타났다. 전차수송차가 다리에 들어서자 설치된 폭발물이 폭발했고 다리가 무너지며 전차는 아래에 있는 와디로 추락했다. 공수부대원들은 LAW 미사일을 지급받았으나 사용법을 교육받을 시간이 없었다. 사전에 매뉴얼을 읽었던 몇몇 병사들이 뒤집힌 전차에 LAW 미사일을 2발 맞히는 데 성공했다. 그런데 놀랍게도 명중한 미사일은 폭발하는 대신 흰 물질로 전차를 뒤덮었다. 부대원들은 나중에야 속을 석고로 채운 훈련탄을 쏘았다는 사실을 알게 되었다. 에프라트 중령은 동트기 전에 모파즈 부대를 다시 싣고 이스라엘로 돌아왔다.

바그다드로 가는 도로에 착륙한 다음날 밤, 모파즈는 시리아군 후방에 다시 투입되었다. 이번의 임무는 다마스쿠스와 북부 도시 홈스를 잇는 도로에 있는 교량을 폭파하는 것이었다. 교량이 통과하는 도로는 더 북쪽에 있는 알레포 공항에 착륙한 소련 수송기에 실린 SAM 지대공미사일을 전투구역으로 수송하는 데 사용되고 있었다. 이번에는 공수부대원 40명이 모파즈와 함께했다. 에프라트는 이번에도 헬리콥터 조종을 맡았다.

항법장비 오류로 인해 에프라트는 사전에 지정된 착륙지점에서 몇 마일 떨어진 곳에 공수부대원들을 상륙시켰다. 나중에야 이 실수를 깨달은 모파즈는 방향을 다시 잡아 부하들을 이끌고 교량 방향으로 와디 바닥을 따라 걸었다. 전조등을 켜지 않고 와디 위에 있는 도로를 운행하던 트럭 한 대가 멈춰 섰다. 시리아군은 분명 헬리콥터의 착륙을 포착해 모파즈를 뒤쫓고 있었다. 시리아군 병사 30명이 트럭에서 하차해 200야드(183m) 거리에서 사격했다. 공수부대원들도 LAW 미사일을 발사하며 반격했다. 이번에는 실탄이었다. 미사일은 시리아군 한가운데에서 폭발했고, 시리아군은 숨을 곳을 찾아 흩어졌다. 모파즈는 부하들을 이끌고 언덕 위로 올라 구조 요청을 할 준비를 했다. 하지만 높은 곳에서 보니 달빛에 비친 다리가 보였다. 그다지 멀지 않은 거리였다. 장교들과 상의한 끝에 모파즈는 임무를 완수하기로 했다.

이동을 시작한 공수부대원들이 언덕 아래를 보니 차량과 병사들이 도로를 가득 메우고 있었다. 머리 위를 선회하던 시리아군 비행기가 조명탄을 투하했고, 오렌지색 불빛이 사그라질 때까지 공수부대원들은 그 자리에서 꼼짝하지 않고 있었다. 이제 시리아군 500여 명이 탐조등과 수색견의 도움을 받아 이 지역을 수색하고 있었다. 모파즈는 다리에도 시리아군이 넘쳐날 것이 틀림없다고 예측하고 부하들을 이끌고 더 높은 곳으로 올라가 구조 요청을 했다.

구조 요청을 받았을 때 에프라트는 기지로 반 이상 돌아와 있었다. 지금 기수를 돌려 모파즈와 부하들을 구출하고 이스라엘로 돌아오기에는 연료가 부족했다. 중령은 북부 이스라엘의 라마트 다비드 공군기지로 비행을 계속해 부조종사, 항공기관사와 함께 연료를 채우고 대기 중인 헬리콥터로 옮겨탔다. 1주일 내내 계속된 작전에 지친 에프라트 중령은 헬리콥터가 이륙하자마자 깜빡 졸았다. 중령은 놀라 깨어나 헬멧을 벗고 머리 위로 수통에 든 물을 부었다. 찬물이 옷을 적시고 등을 따라 흘러내렸다.

홈스로에 있는 시리아군은 잠입한 이스라엘군이 덫에 걸렸음을 확신했지만 정확한 위치를 몰랐기 때문에 신중하게 움직였다. 어느 순간 모파즈가 있는 방향으로 시리아군 몇 명이 올라오기 시작했다. 모파즈는 명령 없이 누구도 사격해서는 안 된다고 말했다. 아직 시리아군은 모파즈의 위치를 몰랐다.

구조 요청을 한 지 2시간이 지났고 새벽이 오기 전에 구조될 가능성은 빠르게 줄어들고 있었다. 모파즈는 부대를 분산해 다음날 밤에 구조 시도가 이루어질 때까지 숨어 있을까 생각했다. 성공할 가능성이 없는 극단적인 계획이었다. 그때 무전기에서 목소리가 들렸다. 에프라트였다. "15분 안에 도착."

밝은 달빛 때문에 에프라트는 아래 지형을 잘 볼 수 있었다. 보는 사람을 우울하게 만들 정도로 생기 없는 회색빛 허허벌판이었다. 초목이 우거진 이스라엘과도, 금빛 광채가 나는 시나이 사막과도 달랐다. 모파즈가 전자신호 비콘beacon(지상에서 전파를 발신해 항공기에 위치 정보를 보내는 항법 보조장비-옮긴이)을 작동시키자 조종석의 계기 하나가 반짝거리기 시작했다. 둘 사이의 거리는 몇 마일에 불과했지만 비콘으로는 대략적인 방향만 파악할 수 있었다. 더 가까이 다가가면서 에프라트는 모파즈에게 불빛을 비춰보라고 말했으나, 모파즈는 그럴 수 없다고 답했다. 시리아군은 겨우 800야드

(732m) 떨어진 곳에 있었다. 갑자기 모파즈가 소리쳤다. "시리아군이 그쪽으로 사격!" 에프라트는 아무것도 보지 못했으나 총알이 헬리콥터의 동체 외피를 때리며 쿵 하고 내는 소리를 들었고 화약 냄새를 맡았다.

아래로는 홈스로가 보였고, 그 뒤편으로는 낮은 언덕들이 줄지어 있었다. 모파즈는 언덕 어딘가에 있을 것이다. 에프라트는 다른 쪽에서 언덕에 접근하기 위해 기체를 크게 선회시켰다. 헬리콥터는 속력을 낮추고 바퀴를 내린 다음 시리아군의 사격 위치로 보아 모파즈가 있을 것으로 추정되는 언덕 뒤편으로 다가갔다.

"잠깐만 불빛을 비춰봐!" 에프라트가 말했다.

모파즈는 불빛이 옆으로 새어나가지 않게 덮개를 씌운 전등으로 한 줄기 좁은 빛을 반짝 비쳤다. 에프라트는 오른쪽 1마일(1.6km) 떨어진 곳에서 하늘로 솟은 불빛을 보고 "보여"라고 말했다. 에프라트는 불빛이 보였던 지점으로 시선을 고정하고 부조종사에게 계기를 보며 변하는 고도와 속력을 소리 내어 알리라고 지시했다. 언덕에 도착하자 100피트(30m) 아래에서 달빛에 비친 공수부대원들이 보였다. 에프라트는 착륙장소에 장애물이 있는지 확인해볼 겨를도 없이 곧바로 헬리콥터를 착륙시켰다.

"들어오는 대로 탑승 인원수 확인!" 에프라트가 항공 기관사에게 말했다. 부대원들은 신속하게 헬리콥터에 탑승했고 장교들이 마지막으로 탔다.

"40명입니다" 항공기관사가 말했다.

"문 닫아!" 에프라트가 말했다. "이륙!"

헬리콥터가 고도를 높이는 동안 장교 한 명이 외마디 비명을 질렀다. 바닥을 뚫고 들어온 총탄에 등에 맞은 것이었다. 옆 창문으로 밑을 내려다보던 공수부대원 한 명은 방금 떠난 언덕 정상에서 시리아군이 퍼부은 박격포탄이 폭발하며 피어나는 포연을 보았다.

1시간 30분 뒤에 자신의 기지에 비상착륙한 다음 에프라트와 모파즈가 헬리콥터 주변을 돌며 살펴보니 회전날개와 외피에 수많은 탄흔이 있었다. 모파즈는 나중에 이스라엘군 총참모장, 국방장관(비냐민 네타냐후, 에후드 바라크, 아리엘 샤론 내각에서 총참모장 역임, 재임 기간 1998~2002년. 아리엘 샤론 내각에서 국방장관 역임, 재임 기간 2002~2006년-옮긴이)이 되었고, 에프라트는 엘-알 조종사가 된다.

골란 고원에서 사격하는 이스라엘군 장사정포. 〈이스라엘 국방군 기록물보관소 제공〉

같은 날인 10월 13일 토요일 밤에 엘라자르 총참모장의 지시에 따라 공수부대가 도보로 텔 샴스를 등반한 후 공격을 감행해 5시간의 전투 끝에 점령하는 데 성공했다. 피해는 고작 부상자 4명이었다. 다음날 전차들이 봉우리를 지나 사사로부터 반쯤 떨어진 위치에 도달했으나 시리아군이 황급히 구축한 대전차 방어선에 저지당했다. 이라크군의 도착으로 한숨 돌린 시리아군이 심한 타격을 입은 자국군을 재정비하고 있었다.

장사정포대대장 알도 조하르Aldo Zohar 중령은 텔 샴스 돌파를 기다리지 말고 이날 밤 다마스쿠스 교외에 있는 마제흐 공항Mazeh Airport을 포격하라는 명령을 받았다. 전쟁이 시작된 이래 조하르의 175mm 자주포는 시리아군 진영 깊숙한 곳의 목표물을 타격하고 있었다. 하지만 혼란스러운 전투의 와중에 중령의 대대도 전선에서 고작 1마일(1.6km) 떨어진 곳까지 진출해 조준문open sight(화기에 설치된 가늠자와 가늠쇠만으로 약식 조준하는 장비. 가늠자 위가 뚫려 있어 오픈 사이트open sight라 한다-옮긴이)으로 조준해 사격하면서 지상군을 직접 지원하기까지 했다. 지도를 살펴본 조하르는 최전선에서조차 마제흐 공항을 타격하기에는 멀다고 보았다. 사사로 가는 길이 봉쇄된 이상 시리아와 이스라엘 사이에 있는 사람이 살지 않는 바위투성이 레자 평원을 통과해야만 공항을 사정권 안에 둘 수 있는 장소에 도달할 수 있었다. 항공정찰사진을 검토해보니 돌아올 길을 표시해두기만 한다면 궤도차량이 화산 평원 깊은 곳까지 들어갈 수 있을 것 같았다. 벤-하난도 전날 비슷한 길을 따라 전차를 이끌고 레자 평원을 잠깐 통과해 전투를 벌인 적이 있었다.

식민 본국의 영향이 강했던 이탈리아 식민지 리비아에서 태어나 알도라는 이름을 갖게 된 조하르 중령은 어둠이 내린 후 자주포 2문을 이끌고 전방으로 이동을 개시했다. 골라니 여단 소속 1개 분대가 도보로 레자 평원으로 들어가는 길을 안내하며 작은 형광 말뚝으로 경로를 표시하는 한편, 다른 방향에서 레자 평원으로 침투해왔을지도 모르는 시리아군 특수부대에 대비했다. 5마일(8km)을 나아가 사전에 지정된 사격 위치에 도착하자, 조하르는 시리아군 특수부대의 공격을 받거나 대포병사격을 받을 경우 빨리 빠져나가기 위해 엔진을 계속 켜놓으라고 지시했다. 정보당국이 헤르몬산에서 잡힌 이스라엘군 포로들이 공항에 있는 포로수용소에 수용되었다는 첩보를 입수하자, 처음에는 공항을 포격한다면 이들의 생명이 위태로워질 수 있다는 우려가 제기되었다. 하지만 포로수용소는 활주로에서 2마일(3.2km) 떨어져 있음이 밝혀졌다.

자주포들이 포탄 23발을 발사한 후 조하르는 철수 명령을 받았다. 다음날 촬영된 항공정찰사진을 통해 활주로와 터미널 건물에 포탄이 명중한 흔적을 볼 수 있었다. 그러나 물질적인 손해보다 훨씬 더 중요한 것은 다마스쿠스의 서쪽 교외에서 울려 퍼진 포탄의 폭발음이었다. 조하르의 자주포 2문은 다얀이 내보이기를 열망했던 전략적 카드를 제공했다.

다음날 밤, 조하르는 레자 평원으로 돌아가 다마스쿠스 시내에 있는 목표를 타격하라는 명령을 받았다. 이번에는 요니 네타냐후 소령이 이끄는 수색대가 안내했다. 군과 정부 건물 5채가 목표로 지정되었으나, 조하르는 자신의 판단에 따라 다마스쿠스의 유대인 구역과 가깝다는 이유로 그중 1채를 제외했다. 다마스쿠스에는 아직도 유대인 수천 명이 거주하고 있었다. 자주포들이 사격 위치에 도달하자마자 포격 취소 명령이 내려졌다. 이스라엘 도시에 대한 미사일 보복 공격을 우려했는지, 소련의 경고 때문이었는지, 이스라엘 정치 지도부가 포격을 배제한 것이었다.

모스크바가 워싱턴에 이스라엘군이 다마스쿠스에 접근하는 것에 대한 불편한 심기를 드러냈으며 공수사단들에게 투입 가능성에 대비하라는 명령을 내렸다는 보도가 있었다. 다얀은 소련의 위협을 가볍게 여기지 않았고 "조심해야 합니다. 곰을 숲 밖으로 나오게 해서는 안 됩니다"라고 말했다. 다얀은 1956년 시나이 작전이 끝나고 소련 총리 니콜라이 불가닌Nikolai Bulganin이 이집트 영토를 포기하지 않으면 이스라엘의 존재가 위험할 수도 있다고 한 암묵적인 위협을 잊지 않았다. 다얀은 이렇게 말한 적도 있었다. "붉은 오케스트라The Red Orchestra(제2차 세계대전 동안 독일에서 활동한 소련 간첩 조직-옮긴이)가 이 지역을 방문하지나 않을지 불안하군요."

이스라엘이 시리아 본토의 점령지를 부르는 이름인 '고립지muvlah(enclave)'의 입지는 앞으로 개선될 여지가 있었으며 머지않아 이스라엘군은 대규모 전력을 동원해 헤르몬산 탈환을 시도할 예정이었다. 하지만 지금은 더 이상의 전력 소모를 피해야 하며 다마스쿠스 점령이라는 꿈은 한쪽으로 밀어놓아야 했다. 전쟁 일주일째인 지금은 이집트 전선에 전력을 집중해야 할 때였다. 상황을 돌려놓을 전략적인 우위는 바로 그곳에서 이스라엘의 가장 강력한 적인 이집트를 상대로 가져와야 하기 때문이었다.

제26장

초강대국들

중동의 전장에서 멀리 떨어진 두 초강대국의 천장 높은 집무실에서도 전쟁 못지않게 운명적인 팽팽한 대치가 벌어지고 있었다.

전쟁이 발발하자 워싱턴과 모스크바의 의사결정권자들은 거의 같은 태도를 보였다. 양측 모두 이스라엘이 신속하게 아랍군을 격퇴할 것으로 확신했다. 미국 정부 관계자들은 은근히 이 가능성을 즐겼고, 전쟁을 피하라는 권고를 무시한 사다트와 아사드에게 불쾌해하던 소련 정부의 관료들도 마찬가지였다. 그렇게 많은 노력을 들여 달성된 데탕트détente가 다루기 힘든 피후견국들에 의해 훼손되어서는 안 된다는 것이 워싱턴과 모스크바의 공통적인 계산이었다. 하지만 현실정치와 전황의 변화로 인해 두 초강대국은 협력적 관계에서 맞대응 관계로 점점 태도를 바꾸게 된다.

피후견국의 성공이나 실패는 초강대국으로서의 위상에 직결되기 때문에 미국도, 소련도 무관심하게 상황을 바라만 볼 수는 없었다. 이미 욤 키푸르 당일에 키신저는 소련이 아랍을 위해 위세를 과시할 필요가 있다고 느낄 경우에 대비해 지중해에 있는 미 제6함대를 전쟁구역 가까이 보내자고 제안했다. 그러나 전쟁이 터졌을 때부터 키신저는 분명히 이 전쟁이 평화협상으로 가는 길을 열어줄 것이라고 보았다. 전쟁 발발 이틀째 되는 날에 사다트의 안보고문 하페즈 이스마일Hafez Ismail이 정보 채널을 통해 보내온 메시지도 이 견해를 지지했다. 겉으로 보면 카이로에서 온 서한에는 전혀 새로운 내용이 없었다. 이스마일은 중간 단계의 합의를 배격한 채 1967년에 점령한 영토에서 이스라엘이 전면 철군해야 한다는 사다트의 요구를 반복했다. 하지만 키신저는 이것이 표면상의 입장에 불과하다는 것을 인식했다. 더 중요한 것은 이 서한에 담긴 함의였다. 사다트는 비밀리에 키신저와 교섭하고 있었는데, 이것이 알려지면 분개한 소련이 무기 공급과 정치적 지원을 중단할 위험이 있었다. 또한 시리아도 전쟁에서 발을 빼고 이집트를 홀로 전장에 남겨둘 수도 있었다.

메시지의 한 문장은 특별한 여운을 남겼다. "우리는 현재의 교전을 심화시키거나 분쟁 범위를 넓힐 의도가 없음." 키신저가 보기에 사다트는 시나이 반도 내륙 깊숙이 공세를 펼치거나 미국을 구두로 공격함으로써 '분쟁 범위를 넓힐' 뜻이 없었다. 키신저는 지구 반대편에서라도 미묘한 외교적 움직임의 냄새를 맡을 수 있는 능력이 있었기 때문에 무엇인가 중대한 일이 진행 중임을 감지했다. 사다트는 나세르처럼 모든 불행의 원인을 미국에 돌리지 않음으로써 전후 워싱턴이 자신을 이스라엘의 보호자로만 여기지 않고 중재자 역할을 할 가능성을 열어두었다. 키신저는 사다트가 소련고문단을 극적으로 추방한 것이 전쟁 발발과 전쟁 후 미국의 개입을 위한 길을 터주려는 조치였음을 이제 처음으로 이해했다. 메시지에는 이집트의 대담한 행동 뒤에 있는 감동적이기까지 한 심리적 동인을 드러내는 듯한 구절도 있었다. "(우리는) 두려워하거나 무력하지 않음을 보여주기를 (원함)."

키신저는 나중에 기록했다. "나는 이 메시지가 전달되기 전까지는 사다트를 진지하게 받아들이지 않았다. 전쟁이 발발한 순간부터 한 번도 문제의 핵심을 시야에서 놓치지 않은 (그의) 능력을 보고 나서야 나는 지금 우리가 일류 정치가를 상대하고 있음을 확신하게 되었다." 키신저는 사다트가 전쟁을 일으킨 목적은 이스라엘에 충격을 가해 더 융통성 있는 자세를 취하게 만듦과 동시에 이집트의 자존감을 회복시켜 보다 유연한 입장에서 협상하려는 것임을 이해하게 되었다. 키신저는 또한 "우리가 가진 합리성의 정의로는 자존감을 회복하기 위해 이길 수 없는 전쟁을 일으킬 수 있다는 점을 심각하게 받아들이기 어려웠다"라고 적었다.

소련 지도부는 이집트 지도자에 대해 키신저만큼 깊이 공감하지 않았다. 모스크바는 지금껏 전력을 다해 사다트가 전쟁을 일으키는 것을 단념시키려 했다. 전쟁 발발 3시간 후에 크렘린에서 열린 회의에서 브레즈네프 서기장은 아랍이 신속하게 패배할 것으로 예측하며 아랍인들은 모스크바의 충고를 따르지 않은 것을 후회할 것이라고 말했다. 그렇지만 소련 지도자는 '우리 아랍 우방들'을 지원하는 것 외에는 선택의 여지가 없다고 보았다.

그로미코 외무장관은 시리아의 아사드 대통령이 보낸 10월 4일자 요청을 의제로 제기했다. 아사드는 이스라엘 예비군이 반격하기 전에 아랍이 획득한 영토를 지키기 위해 개전 48시간 후에 소련이 유엔 안전보장이사회에서 휴전을 모색해달라고 했다. 현 상황에서 이는 합리적 출구 전략으로 보였기에 카이로 주재 소련대사 비노그라도프는 여기에 대한 사다트의 동의를 받으라는 지시를 받았다. 하지만 이집트 지도자는 이 아이디어에 맹렬하게 반대했다. 모스크바는 전쟁의 흐름이 바뀐다면 사다트도 태도를 바꿀 것이라 기대했다. 하지만 놀랍게도 전쟁의 흐름은 바뀌지 않았다. 최소 시나이 반도에서는 그랬다.

시리아 전선에서는 문제가 달랐다. 10월 7일 일요일 밤, 아사드는 무히트디노프^{Mukhitdinov} 소련대사를 초치招致해 이스라엘이 반격을 앞두고 있는 현 상황이 아주 심각하다는 것을 알렸다. 초조해 보이는 아사드는 소련이 즉각 휴전을 위해 움직여달라고 요청했다. 다음날 비노그라도프 대사가 아사드의 새로운 요청을 들고 사다트를 방문하자, 사다트는 코웃음 쳤다. 아사드가 전쟁을 끝내기 원한다면 그건 그의 일이라고 말했다. 이집트는 계속 전쟁을 수행할 생각이었다. 비노그라도프가 이집트의 목표가 무엇이냐고 묻자, 사다트는 전략적 목표는 이스라엘을 지치게 만드는 것이며, 영토적 목표는 기디와 미틀라 고개이고, 정치적 목표는 중동지역의 분쟁을 평화롭게 끝내는 것이라고 답했다. 사다트는 또한 시리아와 이집트 전선의 군사적 상황은 절대적으로 아랍 측에 유리하며 소련이 유엔에서 휴전을 의제로 내지 않기를 바란다고 말했다. 모스크바는 사다트가 어쩌다가 이길 수 없는 전쟁을 일으킨 데 대해 지금쯤 머리를 쥐어뜯고 있을 것으로 예상했다. 크렘린의 지도자들은 사다트의 '고집스러움'에 대해 불쾌감을 표시했으며, 브레즈네프는 "그의 입장은 터무니없다"고 말했다.

사실 소련은 아사드의 요청을 왜곡해서 사다트에게 전했다. 시리아의 지도자는 이스라엘이 1967년의 국경으로 철수하는 조치와 결부해 휴전을 제안했으나, 소련은 이 제안이 유엔에 제출되면 논의조차 시작해볼 수 없음을 알았기에 사다트에게 이를 알리지 않았다. 보좌관 한 명이 그로미코에게 빠진 부분이 있음을 언급하자, 장관은 "문제를 더 복잡하게 만들지 말게"라고 답했다. 사다트는 단지 휴전만 하는 것에는 전혀 관심이 없었다. 다음날 비노그라도프가 다시 설득을 시도하자, 이집트의 지도자는 이라크군의 전선 도착과 더불어 시리아의 상황은 곧 해결될 것이고 이집트는 곧 시나이 반도 내륙으로 진격을 개시할 것이라고 말했다.

두 초강대국 수도에서 전황을 지켜보던 군사전문가들은 아랍의 성공에 깜짝 놀랐다. 소련군 총참모장 빅토르 쿨리코프Victor Kulikov 원수는 소련 고문관들의 직접 간여 없이 이집트군이 수에즈 운하를 도하할 능력을 보유했다고 믿지 않았다. 고문단 추방에 아직도 화가 나 있던 쿨리코프 원수는 얼마 지나지 않아 이집트군이 큰 실패를 맛보리라는 기대에 들뜬 마음을 숨기지 않았으나, 전쟁이 발발하고 3일 후 정치국에 제출한 분석에서 아랍이 성공했음을 인정했다. 쿨리코프는 이스라엘이 기습공격을 당했고 예상만큼 강력하게 저항하지 않았다고 말하며 소련의 무기체계, 특히 SAM과 대전차화기가 아랍군의 성공에서 핵심적 역할을 했음을 자랑스럽게 지적했다. 하지만 제2차 세계대전에 참전한 전차부대 베테랑인 쿨리코프는 RPG와 새거의 성공이 전차의 종말을 의미하지는 않으며 보병과 비행기의 지원을 받으면 전차는 계속 전장을 지배할 것이라고 말했다. 이때 이스라엘군 장성들이 썼을 법한 격려의 말이었다.

쿨리코프는 아랍군은 명확한 군사교리가 없으며 이스라엘군 후방에 공수부대를 투입해 전쟁 초반에 전차 공격으로 거둔 전과를 확대하는 데 실패했다는 불만을 표시했다. 아랍 공군은 제공권 획득에 실패했으며 시리아와 이집트는 개전 시의 일제공격 이후에는 전략적으로 협조하지 못했다. 쿨리코프는 시리아군은 설명할 수 없는 이유로 개전 초기의 공격을 중간에 멈췄다고 말했다. 왜 소련 고문관들이 시리아군의 전투 능력을 높이지 못했느냐는 질문을 받자, 쿨리코프는 "시리아인들은 우리 말을 듣지 않고 자신들만의 군사전략이라도 가진 양 행동합니다"라고 답했다. 이집트군이 내륙으로 진출하지 않고 시나이 반도쪽 운하에 자리 잡은 것은 치명적 실책이었다. 총참모장은 지금까지 아랍군의 무기, 탄약, 인명손실이 엄청나다는 카이로와 다마스쿠스 주재 국방무관의 보고를 인용했다. 이스라엘의 손실에 대한 정보는 없었다.

워싱턴도 아랍의 성공에 혼란스러워했다. 10월 6일 토요일, 중동의 상황 전개를 토의하기 위해 처음으로 최고 정책결정권자들이 모인 회의에서 참석자 대부분은 이스라엘이 전쟁을 일으켰을 것으로 짐작했다. 아랍군이 전쟁 초기에 성공을 거두었음을 확인하고 나서도 펜타곤의 전문가들은 예비군이 배치되면 72시간 안에 이스라엘군이 주도권을 탈환할 것으로 예측했다. 하지만 시간이 지나면서 키신저는 사다트가 휴전 요청을 거부하는 것에 대해 점점 더 당혹스러워했다. 국무장관은 이집트의 공격에는 정치적 목적이 있다고 평가하면서 사다트가 이스라엘과의 전쟁을 오래 끌 수 없음을 이해하고 휴전으로 자신의 이익을 신속히 챙기기를 원할 것이라 믿었다. 하지만 이런 일은 아직 일어나지 않았다.

10월 8일 월요일 저녁, 디니츠 주미 이스라엘대사는 키신저에게 이스라엘 정부가 본 낙관적인 전황 평가를 전달했다. 여기에는 엘라자르 총참모장이 이날 밤늦게 남부사령부를 방문해 알게 될 시나이 전선의 반격 실패가 빠져 있었다. 따라서 화요일 새벽 1시 45분(텔아비브 시각 10월 9일 화요일 아침 7시 45분-옮긴이)에 디니츠 대사의 전화를 받고 잠을 깼을 때 키신저는 전혀 준비가 안 된 상황이었다. 키신저는 불과 몇 시간 전에 대사로부터 낙관적인 전황 평가를 들은 데다 이스라엘이 지금까지 요청한 무기 지원은 대부분 순조롭게 진행되고 있었기 때문에 대사가 왜 이렇게 다급한지 이해할 수 없었다. 키신저는 아침에 다시 이야기해보자고 말했다. 1시간 뒤에 전화가 다시 울렸다. 또 디니츠였다. 요청은 전과 거의 같았다. "(이스라엘) 내각이 나를 아무 때고 깨울 수 있음을 보이려고 전화하지 않았다면, 무엇인가가 단단히 잘못되었음이 틀림없다"라고 키신저는 썼다.

키신저와 통화하라고 디니츠에게 지시한 사람은 골다 메이어 총리였다. 디니츠 대사가 반대하자, 총리는 "지금이 몇 시가 됐던 상관 없어요"라고 말했다. "키신저에게 지금 전화하세요. 내일이면 너무 늦을지도 몰라요." 화요일 아침에 다얀과 엘라자르로부터 시나이 전선의 반격 실패를 보고받고서 총리는 공황상태에까지 이르지는 않았을지 모르나 몹시 불안해졌고 이 불안감은 이 요구에 반영되었다. 아침 8시 20분, 키신저와 보좌진은 백악관의 맵룸Map Room에서 밤새 있었던 일에 대해 사과하는 디니츠 대사와 만났다. 주미 이스라엘 국방무관 모르데카이 구르Mordechai Gur(1930~1995년, 6일 전쟁에서 공수부대를 지휘해 예루살렘의 성전산을 탈취했다. 이후 북부사령관을 거쳐 주미 대사관 국방무관으로 근무했고 1974년에 엘라자르의 뒤를 이어 총참모장이 된다-옮긴이) 장군이 대사와 동행했다. 미국 참석자들은 구르 장군이 전쟁 첫 4일간 이스라엘이 입은 손실의 규모를 설명하자 놀라 할 말을 잃었다. 이스라엘군은 비행기 49대, 전차 500대를 잃었다. 공군 전력의 8분의 1이었고 기갑 전력의 4분의 1이었다. 키신저는 경악해서 어떻게 이런 일이 일어날 수 있는지 물었다. 디니츠는 자신도 알지 못한다고 말했다. "뭔가 분명히 잘못되었습니다."

키신저는 이제야 사다트의 콧대가 높았던 이유를 이해할 수 있었다. 이집트군이 놀랄 정도로 전쟁을 잘 치르고 있었던 것이다. 키신저는 보좌진에게 구르 장군이 요청한 정보를 제공하라고 지시하고 디니츠 대사에게 무기 선적량을 늘릴 방안을 찾아보겠다고 했다. 엘-알이 운용 가능한 비행기 7대로는 이스라엘의 보급품 수요를 맞추기 어려웠기 때문에 키신저는 선적량을 늘릴 다른 방법을 동료들과 상의해보겠다고 말했다.

키신저는 행정부 최고위 관계자들과 만났다. 이들은 이스라엘이 상황이 다급하다는 보고에 회의적이었다. 일부는 이스라엘이 전세를 역전하기 직전에 더 많은 무기를 얻어내려는 시도로 보았다. CIA 윌리엄 콜비William Colby 국장은 이스라엘이 최소 2주일 더 전쟁을 치를 탄약을 보유했다고 말했다. (이스라엘군 병참장교들을 당황하게 만든 탄약 부족 사태는 관리 부실이 가장 큰 원인으로 밝혀졌다. 병참사령부는 중앙의 병참기지에서 각 전선으로 공급된 탄약의 행방을 추적하지 못했다. 실제 부족했던 탄약은 장사정포 포탄뿐이었다.) 제임스 슐레진저James Schlesinger 국방장관은 이스라엘을 시급히 지원해야 한다는데 적극적이지 않은 태도를 보이며 전쟁 전 국경선 안에서 이스라엘의 생존을 보장하는 것과 정복한 아랍 영토의 유지를 돕는 조치를 확실히 구분해야 한다고 발언했다. 다른 참석자들도 이 견해에 동의했다. 키신저는 이러한 계산은 지금 상황에서는 적절하지 않다고 말했다. 이집트와 시리아군이 사용하는 소련제 무기체계가 미국제 무기체계를 이긴다면 이는 지정학적 대참사가 될 것이라 말했다. 키신저는 이스라엘이 다시 일어서기 위해서는 미국의 지원이 필수적이라고 믿었다. 워싱턴이 무기 보충을 확약한다면 이스라엘은 지금 가지고 있는 무기를 더 자유로이 사용할 수 있을 것이다.

그런 다음 키신저는 닉슨 대통령을 만나 상황을 논의했다. 워터게이트 스캔들Watergate scandal은 정점에 달했으며 별건의 스캔들(탈세와 뇌물수수 혐의를 받고 있었다-옮긴이)에 연루된 스피로 애그뉴Spiro Agnew 부통령의 사임이 다음날 발표될 예정이었다. 그런데도 닉슨 대통령은 처량하게 된 자신의 상황보다 외교 문제를 다룰 기회가 왔음을 반기며 예의 집중력과 결단력을 보여주었다. 대통령은 이스라엘의 무기 공급 요청에 신속하고 전면적으로 응하기로 하고 키신저 장관에게 이스라엘은 전장에서 입은 손실을 확실히 보충받을 수 있을 것이라고 말했다. 이스라엘의 지원 요청 목록에 있는 무기는 미군도 도입한 지 얼마 되지 않아 외국에 공급하기를 꺼렸던 레이저유도폭탄laser-guided bomb(별도의 레이저 조사기illuminator로 목표물에 레이저 광선을 비추고, 목표에 반사된 레이저 반사파를 폭탄에 내장된 수신기가 포착해 활강을 조정해 목표로 유도되는 폭탄. 미국이 베트남전 기간 중 개발-옮긴이)을 제외하고는 모두 공급될 것이다. 가장 중요한 전차와 비행기의 손실분은 모두 보충될 것이다. "이스라엘이 지게 놔두어서는 안 됩니다"라고 닉슨은 말했다. 키신저는 회고록에서 스캔들 문제로 괴로움을 겪던 닉슨 대통령이 '최악의 상황을 목도했기에 더는 두려워할 것이 없었던지 여유를 가지고 상황에 대처했다고 술회했다.

아랍세계에서 미국의 맹방인 사우디아라비아 같은 국가들을 불필요하게 자극하지 않기 위해 미 행정부는 이스라엘에 보급품을 수송하기 위해 미군 수송기 대신 민간 전세기 회사를 주선해 엘-알의 수송력을 보충하는 방안을 모색했다. 하지만 민간 회사들은 전쟁구역을 비행하거나 아랍의 보이콧을 감수하기를 꺼려했다. 소득 없는 협상을 벌이며 3일이 지나갔다. 마침내 10월 13일 토요일, 닉슨은 미군 수송기로 직접 이스라엘에 지원물자를 수송하라는 명령을 내려 고르디아스의 매듭(지금의 터키에 있던 프리기아의Phrygia의 왕 미다스Midas가 부왕 고르디아스Gordias가 탔던 수레를 봉헌하면서 묶은 복잡한 매듭. 이 매듭을 푸는 자는 아시아의 지배자가 된다는 신탁神託이 있었다. 이 이야기를 들은 알렉산더 대왕이 매듭을 칼로 내리쳐 잘랐다고 전해진다. '고르디아스의 매듭을 자르다'는 서구에서 단안을 내려 복잡한 상황을 타개함을 뜻한다-옮긴이)을 잘랐다. 다음날 시작된 공수작전은 어려움에 처한 동맹국을 지원하는 것 외에도 미국 자신에게도 이익이 되는 것으로 곧 워싱턴에서 인식하게 될 터였다. 소련은 10월 10일에 이미 아랍 피후견국들을 위한 공수작전을 개시했다. 미국은 소련과의 보급 경쟁에서 질 수 없었다. 특히 얼마 전 베트남에서 실패를 겪었기 때문에 더 그랬다. 키신저는 이전의 조심스러운 접근을 포기하고 소련의 공수작전에 대한 '시위적 대항demonstrative counter'으로써 공수작전을 눈에 잘 띄는 방식으로 실시하기를 원했다.

아랍세계에서 들려오기 시작한 석유 금수 조치 위협에 놀란 유럽 국가들은 이스라엘로 가는 비행기들이 자신들의 영토에서 연료를 주입하는 것을 거부했다. 키신저의 말에 의하면, 포르투갈은 자신이 닉슨의 이름으로 보낸 "적대적 세계에 포르투갈을 홀로 남겨놓겠다고 위협하는" 신랄한 서한을 수상이 받은 후에 마음을 돌려 아조레스Azores 제도(리스본에서 동쪽으로 1,400km가량 떨어진 대서양 한가운데에 있는 포르투갈령 화산섬-옮긴이)에 착륙 허가를 확대했다. 유럽 국가들이 이스라엘로 향하는 항공기들의 자국 영공 통과를 거부했기 때문에 심지어 독일의 미 공군기지에서 발진한 미군기들조차 아조레스 제도로 우회해야 했다. 미군기들은 크레타섬 근처의 공역에서부터 이스라엘로 가는 여정의 마지막 구간에서는 이스라엘 전투기의 호위를 받았다.

소련의 정치적 분위기의 변화는 워싱턴의 변화와 거의 일치했다. 이집트와 시리아의 무기 지원 요청에 대해 그로미코 외무장관과 다른 고위 관계자들은 아랍은 이미 충분히 많은 양의 무기를 가지고 있기 때문에 추가 공급은 전쟁을 장기화할 뿐이라고 말하며 처음에는 회의적인 반응을 보였다. 최신 무기가 이스라엘의 손에 넘어갈 것을 두려워한 군부도 모호한 태도를 보였다. 하지만 2~3일 안에 크렘린은 자신의 위상과 이익이 소련제 무기를 사용하는 국가들과 불가분의 관계에 있음을 알게 되었다. 여기에 더해 전쟁에서 보인 놀라운 투지로 인해 아랍군을 인정하게 되었다. 소련은 이스라엘군 미사일고속정이 시리아 항구를 공격하다가 우발적으로 소련 상선을 격침한 사건과 다마스쿠스의 소련문화원이 폭격을 받은 데 격분했다.

소련 측 주장에 따르면, 이 폭격으로 소련 시민 30명이 사망했다. 일부 고위 관계자는 보복을 지지했으나 브레즈네프 서기장은 직접 개입을 배제했다. 하지만 위협은 별개의 문제였다. 크렘린은 "이스라엘이 범죄행위를 계속한다면 종국에는 이스라엘에 파멸적 결과를 초래할 것이다"라고 경고했다.

소련 기술진은 전차와 전장에서 파손된 장비를 수리하고 배편으로 도착한 전투기들을 재조립하며 항구에서 전차를 몰고 다마스쿠스로 가는 등의 방법으로 시리아군의 전쟁 수행을 직접 지원했다. 양국에 파견된 소련군 군사 요원들은 골란과 시나이 전선에서 이스라엘군이 전장에 남겨놓은 미국제 장비들을 회수해 소련으로 보냈다.

전쟁이 계속되면서 두 초강대국은 점차 공격적 후견국이 되어갔다. 키신저가 상실한 영토를 수복하라고 이스라엘에 강력히 권고하는 동안 소련군 총참모장 쿨리코프 원수는 기디와 미틀라 고개로 진격하라고 사다트를 압박하고 있었다. 다마스쿠스 폭격 후 소련이 이스라엘의 인구밀집지역도 무사하지 못할 것이라고 경고하자, 키신저는 도브리닌 주미 소련대사에게 "소련이 개입하면 미국도 힘으로 맞설 것"임을 알렸다. 양측은 자국의 지중해 배치 함대 전력을 증강했다. 소련은 미국 정보기관이 탐지할 것을 알고 7개 공수사단에 경계령을 내렸다. 도브리닌 대사는 키신저 장관과의 오찬 중 경계령 발동은 다마스쿠스에 근접한 이스라엘군과 연관이 있다고 넌지시 말했다.

키신저는 중동에서 미국의 위치를 유지하기 위해서는 데탕트의 붕괴도 불사할 각오였다. "강대국이 한번 결정하면 반드시 이겨야 한다"고 기술했다. 그는 만약 소련의 대리인들이 전쟁에서 이긴다면 중동지역의 전후 외교는 소련이 좌지우지하게 될 것이라고 주장했다. 키신저는 양측이 받아들일 수 있는 중재자로 전후 미국의 역할을 내다보고 있었다. 하페즈 이스마일에게 보낸 메시지에서 키신저는 "미국은 중동에 공정하고 항구적인 평화를 가져오기 위해 모든 노력을 기울일 것입니다"라고 말했다.

두 초강대국은 피후견국에 서둘러 무기를 공급해 전쟁의 불꽃에 부채질하면서도 불길이 사그라지지 않으면 언젠가 자신들이 여기에 휘말리리라는 것을 깨달았다. 이 점을 먼저 인정한 쪽은 소련이었다. 전쟁 5일째인 수요일 아침, 소련 정부는 장황한 외교적 수사를 동원해가며 유엔에서 '휴전

결의 채택을 봉쇄하지 않을 준비가 되어 있음'을 미국 정부에 알렸다. 소련은 키신저보다 데탕트 붕괴를 무릅쓸 준비가 덜 되어 있었다. 키신저는 지금 휴전할 경우 이스라엘이 분명 패자가 될 것이기 때문에 휴전이 시기적으로 적절하지 않다고 생각했다. 키신저는 도브리닌 대사에게 소련의 제안은 '건설적'이라고 말하면서도 미 행정부는 이 제안을 검토해볼 시간이 필요하다고 답했다.

키신저는 디니츠 대사와 상의하며 자신이 휴전 결의 통과를 최대한 지연시킬 동안 이스라엘은 전쟁 전의 국경선이나 그 너머까지 빨리 진격해야 한다고 강력히 권고했다. 최소한 한 곳의 전선에서는 반드시 그래야 했다. 디니츠는 이스라엘이 골란 고원을 수복한 다음 본국 정부가 휴전선을 돌파할 것인지 아직 결정하지 못했다고 키신저에게 답했다. "못할 이유가 있습니까?"라는 키신저의 반응은 텔아비브로 보고되었다.

키신저는 "우리의 목적은 훼방꾼으로 보이지 않으면서 외교를 지연시키는 것과 개입하지 않는 것으로 비치면서도 군사작전의 속도를 높이고 성급함이나 예기치 못한 사태 전환이 잘 짜인 구조를 산산조각내기 전에 휴전을 강제하는 것이었다"라고 회고록에 적었다.

모스크바도 이런 가능성을 심각하게 받아들이고 있었다. 미국과의 전쟁에 휘말리는 것도, 아랍 피후견국들이 갑자기 붕괴하는 것도 두려워하던 소련 정부는 무기 공급을 늘리면서도 개전 초기부터 사다트에게 휴전을 받아들이라고 권하고 있었다. 하지만 이집트의 지도자는 전쟁을 멈출 생각이 없었다. 이집트군은 시나이 반도에 교두보를 단단히 구축했으며 이스라엘군은 이집트군을 쫓아낼 수 없었다. 이스라엘의 자랑이던 공군은 SAM 앞에 무력했으며, 이집트군의 대전차화기는 이스라엘 기갑부대를 꼼짝 못 하게 하고 있었다. 전쟁은 이제 물량이 중요한 소모전의 양상을 띠기 시작했다. 그리고 물량을 보유한 쪽은 사다트였다.

제27장

사령관 교체

83시간 전 욤 키푸르 아침에 걸려온 전화에 잠이 깬 이후 엘라자르 총참모장은 10월 9일 화요일 오후가 되어서야 처음으로 집무실 야전침대에 누워 잠시 잠을 청했다. 총참모장은 지금껏 아드레날린과 전선을 오가는 헬리콥터 안에서 잔 쪽잠으로 버티고 있었다. 3시간 뒤에 일어나자 불쾌한 과제가 해결을 기다리고 있었다. 고넨 남부사령관의 교체였다. 엘라자르는 주변 사람들에게 자리를 비켜달라고 한 다음 다얀과 이 문제를 상의했다. 그는 고넨이 유능한 야전지휘관이기는 해도 현재 진행 중인 전투 이상을 보지 못하며 내일의 전투에 대비할 능력이 없는 데다가 샤론을 전혀 통제하지 못하고 있다고 말했다. 이날, 샤론은 운하를 건너가기 적절한 곳에 자리 잡을 목적으로 사단을 전방으로 보내 연이어 전투를 벌였다. 명백한 명령 위반이었다. 전차 50대가 피격되었고, 이 중 18대는 정비반의 손이 닿을 수 없는 적지에 남겨졌다. 엘라자르는 사실 샤론 사단이 운하에 도달했었다고 말했다. 암논 레셰프 대령이 보낸 수색대가 이집트군 진영 사이를 비집고 들어간 사건을 가리키는 말이었다.

이 대화를 녹음한 테이프를 들어보면 다얀은 이렇게 물었다. "아리크가 거기서 뭘 원하던가?"

"뭘 원하냐고요? 도하를 원합니다."

"도하를? 어떻게 할 건데?" 이스라엘군의 도하장비는 먼 후방에 있었다.

샤론은 이날 밤 이집트군 1개 보병사단이 장악한 중국농장을 공격하고 새벽이 오기 전에 도하를 원했다고 엘라자르가 말했다. "미친 짓이나 다름없습니다. 감당할 수 없는 무모한 모험이나 도박에 휘말리는 것 같습니다." 다얀은 샤론의 대담함에 껄껄 웃으면서도 이러한 명령 불복종을 간과할 수 없다고 말했다. 전날 밤 두 사람이 남부사령부를 방문하는 동안 다얀은 샤론을 보고 그의 머릿속에서는 무슨 생각이 오가는지 궁금했다고 말했다. "자신에게 묻겠지, '어떻게 해야 여기에서 벗어날 수 있을까? 여기에 남아 수비만 하고 있어야 하나? 칼만(마겐 장군), 알베르트(멘들레르 장군), 고로디쉬(고넨 장군)와 함께? 나 아리크가 운하로 가서 상황을 바로잡는 것은 어떨까? 그렇게 하자. 성공한다면 아주 좋은 일이고 실패한다면 유대민족은 전차 200대를 잃겠지. 하지만 나 아리크는 롬멜식의 돌파를 해내는 거야.' 진짜 그게 방법이라고 생각할 거야. 그 친구는 성격에 문제가 있고 그 문제의 이름은 아리엘 샤론이야. 다른 지휘관들처럼 벙커에 앉아 있는 것은 그 사람한테 안 맞을 거네."

이 신랄한 통찰은 샤론의 가장 큰 지지자이며 아마 군 고위층에서 유일한 지지자였을 다얀으로부터 나온 것이었다. "내 말은 샤론이 전쟁에 기여한 바가 전혀 없다는 뜻이 아닐세." 다얀이 머뭇거리며 부언했다.

30년 뒤에 이스라엘 총리가 된 샤론은 사단 전우회 모임에서 당시 받았던 명령에 대한 자신의 태도를 설명했다. 샤론에 따르면, 야전지휘관은 사령부에 있는 상관들보다 상황을 더 잘 파악하는 경우가 많았다. "나는 현장에 자신보다 계급이 높은 장교가 없다면, 그리고 나중에 기꺼이 책임을 질 의향이 있다면 상황에 따라 명령을 무시하거나 바꿀 수 있다고 믿습니다." 전쟁이 진행됨에 따라 이러한 태도로 인해 샤론이 해임될 가능성은 더 커지고 있었다.

다얀은 바르-레브 장군이 남부사령부 지휘권을 인수하는 동시에 고넨을 해임시키지 않고 수평이동시키자는 엘라자르의 제안을 전적으로 지지했다. 고넨의 해임은 지휘부의 실책을 인정하는 모양이 될뿐더러 사기에도 큰 타격을 줄 것이기 때문에 바르-레브는 고넨을 대체하는 것이 아니고 '고넨과 함께' 배치될 것이다. 하지만 남부사령부에는 바르-레브가 명령을 내린다는 점을 분명히 해둘 것이다.

　엘라자르가 전화를 걸어 고넨의 위상 변화를 알리자, 고넨은 불쾌감을 숨기려 하지 않았다. "제가 형편없이 지휘했습니까?" 고넨이 하소연하듯 물었다. "아니야." 고넨이 느낄 아픔을 최소화하려고 애쓰며 엘라자르가 말했다. "하지만 상황을 더욱 호전시키기 위해 인재를 총동원해야 하는 상황이네." 엘라자르는 바르-레브가 총참모장을 지냈을 뿐 아니라 고넨보다 상급자(현역으로 복귀한 바르-레브의 계급은 중장에 해당하는 '라브-알루프'이며 고넨의 계급은 소장에 해당하는 '알루프'였다—옮긴이)임을 지적하며 바르-레브의 밑에서 일하는 것은 불명예스러운 일이 아니라고 말했다. 고넨은 남부사령부 사령관이라는 직함을 유지할 것이다. 공식적으로는 바르-레브가 총참모장의 대리인으로 특별한 임무를 맡아 남부사령부에 부임할 예정이라고만 발표될 것이다. "하지만 이제 바르-레브 장군이 사령관이야"라고 엘라자르는 고넨에게 이 점을 분명히 주지시켰다.

　일요일 바르-레브의 북부사령부 시찰은 비공식적인 것이었다. 당시 바르-레브는 예전의 군복을 입고 있었지만 민간인 신분이었고, 그럼에도 불구하고 무사 펠레드의 사단이 남쪽에서 공격을 개시해야 한다고 하는 결정적 권고를 했다. 이제 바르-레브는 지휘권을 행사하기 위해 공식적으로 현역에 복귀했다. 이는 장관직을 사임해야 함을 뜻했다. 법률에 따르면 현역 군인이 각료가 될 수 없기 때문이었다. 수요일 아침, 바르-레브는 군복을 입고 남쪽으로 출발하기 전에 '구덩이'에 들렀다. 엘라자르는 우선 현 상황을 평가하고 방침을 건의하는 것이 첫 번째 임무라고 말했다. 어린 시절의 벗에게 가장 골치 아픈 전선의 지휘를 맡기게 된 엘라자르는 어깨가 한결 가벼워짐을 느꼈다. 바르-레브는 샤론이 계속 명령에 불복종한다면 해임하고 고넨을 사단장으로 임명하라는 지시도 함께 받았다.

　움 하시바에 도착하자, 바르-레브는 고넨과 함께 방으로 들어가 문을 닫고 애매한 직함에도 불구하고 자신이 최고사령관임을 고넨이 이해했는지 확인했다. 바르-레브가 천천히 말했다. "주변을 둘러보아도, 여기서 총참모장을 지냈던 사람은 나밖에 없는 것 같아. 모두를 위해 편하게 가세. 내가 사령관이라는 데 동의하게." 고넨이 받은 충격을 완화하고자 바르-레브는 한때 부하였던 엘라자르가 지금은 자신의 상관임을 언급했다.(바르-레브의

남부전선의 지휘를 맡은 전임 총참모장 바르-레브 장군(왼쪽). 오른쪽은 전임 중부사령관 레하밤 제에비 장군(욤 키푸르 전쟁 중에는 총참모장 특별보좌역-옮긴이)이다. 〈이스라엘 국방군 기록물보관소 제공〉

총참모장 재임 기간 1968~1972년 동안 엘라자르는 북부사령관, 참모본부 작전국장을 지냈다-옮긴이) 또한 모티 호드 전임 공군사령관이 부사령관이던 베니 펠레드 밑에서 복무 중이며 고넨의 상관이던 샤론도 지금은 고넨의 지휘를 받고 있었다.

이러한 말도 고넨을 달래기에는 충분하지 않았다. 고넨은 "남부사령부만 특별히 총참모장님을 모시게 되었습니다"라고 냉소적으로 말하며 전쟁이 끝나는 대로 군을 떠나겠다고 했다. 이날 늦게 엘라자르와 통화하면서 바르-레브는 고넨이 '투덜거리기는 했지만' 새롭게 바뀐 지휘체계를 받아들였다고 말했다.

이날의 대부분을 사령부 조직을 재편하는 데 보낸 다음 바르-레브는 잠자리에 들겠다고 말했다. "피곤한 장수는 멍청한 장수야"라고 바르-레브는 참모진에게 말했다. "아리크(샤론)가 문제를 일으킬 때만 날 깨워."

3시간 뒤에 일어나자 샤론이 기다리고 있었다. 고넨이 바르-레브로 교체된 것은 샤론에게 반가운 상황 변화가 아니었다. 바르-레브가 총참모장이던 시절 두 사람은 사이가 좋지 않았고 지금 같은 상황에서 서로 예의를 지키려는 노력이 필요했다. 이집트군의 이스마일 국방장관과 샤즐리 참모총장의 관계가 이와 매우 비슷했다. 전날의 운하 도하 요청이 거부되자 샤론은 이집트 제3군 교두보에 대한 공격을 요청하기 위해서 왔다. 샤론은 2명의 여단장과 함께 사령부로 날아와 고넨을 설득하려고 했다. 고넨이 이 문제는 바르-레브가 결정할 사안이라고 하자, 샤론은 바르-레브가 일어날 때까지 기다렸다. 바르-레브는 샤론의 설명을 차분히 듣고 샤론의 여단장들에게 어떻게 생각하는지를 물었다. 2명의 여단장 모두 동의하지 않았다. 샤론은 사전에 이들의 의견을 구하지 않았다. 레셰프 여단장은 더 이상의 정면공격은 피해야 하며 운하를 건너는 것과 같이 이집트군이 균형을 잃게 할 더 나은 방법을 찾아야 한다고 말했다. 바르-레브도 여기에 찬성했다. 전쟁이 시작된 이래 샤론과 고넨의 관계는 긴장을 넘어서 파탄 직전에 이르렀다. 바르-레브와의 관계도 순탄치는 않을 것이다.

바르-레브의 부임은 벤-아리 대령에게는 은총이나 마찬가지였다. 이제 사령부의 토의는 더욱 차분하게 이루어질 것이며 결정은 신중한 계산을 거쳐 내려질 것이다. 가장 중요한 것은 사령부가 지휘체계의 난맥에서 벗어나 야전부대를 보다 효율적으로 통제할 수 있게 되었다는 점이었다. 각 사단은 상황실에서 지도, 전투일지, 후속 조치와 지휘를 담당하는 참모진을 갖춘 별도 구역을 배정받았다. 고넨 자신도 새 역할에 적응해 바르-레브의 참모장 역할을 맡아 유능하게 임무를 수행했다. 바르-레브가 없을 때 남부 사령부 본부를 찾은 방문객은 고넨이 아직도 사령관이라 생각했을 수도 있었으나 명령은 바르-레브가 정한 체계 안에서 내려지고 있었다. 개인적 차원에서 고넨은 여전히 격앙된 태도를 보였지만 물건을 던지거나 기분에 따라 부하 장교들을 함부로 자리에서 쫓아내지는 않았다.

밤 8시, 사단장들과 고위 장교들이 남부사령부 본부에 모여 바르-레브와 함께 선택 가능한 방안들을 검토했다. 이들 대부분은 전쟁이 시작된 이래 최소한 한 번은 최상의 방안에 대한 생각을 바꿨다. 전장의 상황이 변화하고 이스라엘군과 이집트군의 전력에 관한 자신들의 인식이 바뀜에 따라 생각은 앞으로도 또 바뀔 것이다. 샤론은 자신의 사단이 이집트 제3군의 교두보를 공격해야 한다는 요청을 반복했다. 아단은 이러한 작전에는 1개 여단만 배정하자고 제안했다. 멘들레르는 비터 호 남쪽에서 운하를 건너가자고 건의했다. 다른 참석자들은 운하의 지중해 쪽 입구에 있는 포트사이드 점령을 선호했다.

시나이 반도 내륙으로 후퇴해 이집트군을 SAM 우산 밖으로 유인하자는 의견이나 수에즈 만을 건너 상륙작전을 하자는 제안도 있었다. 탈 장군은 이집트군 지휘부를 혼란에 빠뜨리고 예상치 못한 방향에서 카이로를 위협하기 위해 나일 계곡에 대한 장거리 급습의 가능성을 제기했다. 고넨은 더는 이집트군을 무시하지 않았고 대규모 공격을 위해서는 전차 1,000대가 필요하나 현재 남부사령부에서 보유한 전차는 고작 600대에 불과하다고 말했다. 고넨과 벤-아리는 남부사령부가 충분한 전력을 강화하기 전에는 어떠한 공세적 행동도 취해서는 안 된다고 제안했다. 바르-레브는 이 신중론을 택했다. 이집트군은 계속 공격할 것이며 이 과정에서 전력을 소모하리라는 것이 그의 믿음이었다. 그동안 남부사령부는 전차를 수리하고 정보를 수집하며 공격 계획을 수립할 것이다.

월요일에 있었던 이스라엘군의 반격 실패 후 시나이에서의 지상전은 격렬한 소규모 접전으로 변했다. 이집트군은 매일 동쪽으로 진격해 점진적으로 영토를 잠식하며 몇몇 지점에서는 포병로까지 도달했다. 하지만 기디와 미틀라 고개 방면으로의 진격 시도는 없었다. 이집트군은 소련식 교리에 따라 교두보의 방비를 강화하는 데 노력을 기울였다. 이스라엘군 진영에서는 전쟁 초기의 격전에서 손상된 수많은 전차가 수리되었고 전차용 기관총 같은 장비의 부족분도 모두 보충되었다.

엘라자르는 전쟁 이틀째 되던 날에 시나이 반도 대부분을 차지하는 남부 시나이의 방어 책임을 줄여서 운하 방면에만 전력을 집중하도록 했다. 6일전쟁 당시 남부사령부를 지휘해 승리를 거둔 예사야후 가비쉬 장군(예비역)이 현역으로 재소집되어 이 지역의 지휘권을 인수했다. 가비쉬는 전쟁 첫날에 고넨에게 복무를 제안했다가 거절당했으나 이제 독자적으로 반도 남단의 샤름 엘-셰이크에 이르는 200마일(322km)로 신장된 지역의 지휘를 맡게 되었다. 구전에 의하면 이 지역에는 모세가 10계명을 받은 시나이산Mount Sinai이 포함되어 있다. 전쟁 기간 동안 십계명 중 "살인하지 말라"는 계명은 잠시 효력이 중단되었으나 이 산은 관측초소로 사용하기에도 전장에서 너무 멀리 떨어져 있었다.

자신이 거주하던 텔아비브 교외에 퇴역 장교가 많이 살았기 때문에 가비쉬 장군은 몇몇 이웃을 모아 참모진을 구성한 다음 샤름 엘-셰이크로 날아가 보유 전력을 파악했다. 방대한 담당구역 방어를 위해 가비쉬가 가진 전력은 2선급 부대 2개 대대, 구식 전차 20여 대와 중박격포 1개 포대, 그리고 감편 2개 공수대대뿐이었다.

전쟁 첫날, 이집트군 특수부대원 수백 명이 헬리콥터로 시나이 반도에 상륙한 후 해안에서 약간 내륙에 있는 산악지대로 흩어졌다. 도중에 많은 헬리콥터가 이스라엘 공군에 격추되어 작전계획에 차질이 생겼다. 가비쉬는 헬리콥터 2대를 공수부대에 배정했고, 공수부대는 베두인 추적병들의 도움을 받아 살아남은 이집트군 특수부대원들을 사냥했다. 3일 안에 이집트군 특수부대원 대부분은 전사(196명)하거나 포로(310명)로 잡혔다. 이스라엘군은 2명이 전사했다.

가비쉬 장군과 참모진은 나이 많은 예비군 병사들과 생산된 지 오래된 전차들을 조직해 에일라트로 가는 해로를 통제하는 샤름 엘-셰이크의 해군·공군기지 방어에 나섰다.

가장 큰 걱정거리는 이집트군이 해안을 따라 수에즈 운하에서 샤름 엘-셰이크로 기갑부대를 보낼 가능성이었다. 이집트군을 막을 최적의 장소로 예상되는 곳은 운하에서 남쪽으로 50마일(80km) 떨어진 아부 로데이스Abu Rodeis였다. 그곳에서는 산과 바다 사이의 좁은 통로가 천연의 관문을 이루었다. 대전차화기를 갖춘 공수부대가 이곳에 전개했다. 가비쉬는 운하와 아부 로데이스 중간에 있는 아부 즈네이마Abu Zneima에 있는 호크 대공미사일 포대와 소규모 해군기지에 철수 명령을 내렸다.

펠레드 공군사령관은 공군 소속인 호크 미사일 포대의 철수에 항의했다. 곧 다얀이 전화를 걸어와 화난 목소리로 가비쉬에게 물었다. "장군이 아부 즈네이마 기지 철수를 명령했소?" 가비쉬는 그렇다고 답했다. 다얀은 샤름

엘-셰이크로 날아가 직접 이야기하겠다고 했다. 3시간 뒤 샤름 엘-셰이크 비행장에 경비행기가 착륙했다. 조종사는 지하상황실에서 잠시 시간을 낸 펠레드 공군사령관 본인이었다. 유일한 탑승객은 다얀이었다. 다얀은 가비쉬에게 "도대체 무슨 권한으로 철수 명령을 내렸는지"에 대한 답변을 요구했다. 가비쉬는 벽에 걸린 지도를 짚어가며 자신의 전략을 설명했다. 후퇴가 아니었다. 그의 의도는 아군이 유리한 조건에서 싸우기 위해 일시적으로 퇴각한다는 말이었다. 다얀은 남아 있는 한 눈으로 지도를 찬찬히 살핀 다음 더는 묻지 않고 비행기로 발걸음을 돌렸다.

가비쉬의 전략은 현실에 부합할 뿐 아니라 이스라엘군이 운하에서 철수해 이집트군이 전진하기를 기다린다면 수에즈의 전장에서 벌어질 수 있었던 일의 축소판이기도 했다. 이는 사실 가비쉬가 4년 전에 엘라자르를 제치고 총참모장이 되었더라면 시행했을 일이기도 했다.

펠레드는 이집트군이 운하 지역의 SAM 우산을 넘어 수에즈만 연안을 따라 남하하는 모험을 감행할 때를 대비해 프랑스제 쉬페르 미스테르^{Super} ^{Mystère}(프랑스 다소^{Dassault} 사에서 제작한 단발 단좌 제트공격기, 1954년에 초도비행-옮긴이) 공격기 1개 비행대를 가비쉬의 작전구역에 배정했다. 다얀이 가비쉬를 방문하고 몇 시간 뒤, 전차의 지원을 받는 이집트군 1개 보병여단이 해안도로를 따라 진격하기 시작했다. 가비쉬가 우려하고 공군이 기대했던 바였다. 이 여단은 야간에만 이동하라는 명령을 받았으나, 여단장은 일몰 몇 시간 전에 한 발 앞서 출발하기로 했다. 여단의 이동이 포착되자 이스라엘 공군은 처음으로 SAM을 걱정하지 않고 적 지상군을 공격할 기회를 잡았다. 공격기들은 이집트군을 급습해 전차를 포함한 차량 수십 대를 격파했다. 살아남은 이집트군은 허둥지둥 북쪽으로 달아났다. 샤즐리에게 미사일 우산을 벗어나는 것의 위험성을 뼈아프게 일깨워준 교훈이었다.

이집트군은 전쟁 첫날인 토요일 밤부터 완강한 이집트군 특수부대가 부다페스트 전초기지로 가는 길을 막고 있던 전선의 반대편에서 더 나은 성공을 거두고 있었다. 수요일, 전차부대 지휘관 아미르 요페 중령의 사촌인 요시 요페$^{Yossi\ Yoffe}$ 중령이 지휘하는 공수대대는 포위망을 뚫고 적에게 포위된 전초기지에 도달하라는 명령을 받았다. 요페 대대의 예비군들은 6년 전

예루살렘 점령의 주역이었다. 이스라엘군은 지원 포격을 요청한 다음 전진했다. 전초기지에 도착해 보니 이집트군은 이미 석호를 가로질러 후퇴하고 없었다. 욤 키푸르 오후에 부다페스트를 공격한 이집트군을 격퇴한 전차부대 지휘관 샤울 모세스 중위는 0.5마일(800m) 떨어진 곳에서 소총을 머리 위로 든 채 가슴까지 올라오는 물을 가르며 움직이는 이집트군을 볼 수 있었다. 이들이 전초기지를 공격하지 않았으므로 중위는 얼마 남아 있지 않은 탄약을 사용하지 않았다.

부다페스트로 가는 길이 열리자, 현역 보병부대가 도착해 모티 아쉬케나지 대위가 지휘하는 예루살렘 여단의 예비군과 교대했다. 대위가 동원훈련에 데려왔던 4개월 된 셰퍼드 펭은 살아남았을 뿐 아니라 전초기지의 방어에 공을 세웠다. 개가 병사들보다 먼저 이집트군 포병과 박격포가 사격하는 소리를 들을 수 있었기 때문에 개가 짖는 소리에 병사들은 적시에 피신할 수 있었다.

날이 어두워진 다음 새로 도착한 부대의 초병들이 외곽 펜스 밖에서 소음을 들었다고 보고했다. 조명탄이 발사되자 감시병들이 움직이는 사람의 형체를 볼 수 있었다고 말했다. 전초기지 지휘관은 지원 포격을 요청했다. 모세스 중위는 젊은 현역병들의 신경이 날카로워졌거나 전투를 갈망하는 것으로 생각했다. 그런데 다른 전차의 전차장도 정문 밖에서 무엇인가를 본 것 같다고 말했다. "좋아." 모세스가 말했다. "발포!" 포성이 울리자 몇 분간 침묵이 이어지더니 어둠을 뚫고 RPG 탄이 날아왔다. 포격은 전초기지 주변에 집중되었다. 날이 밝자, 모세스는 전초기지 밖에서 2인 1조로 된 이집트군 16명의 시신을 보았다. 포격으로 사망한 이집트군 RPG팀이었다. 가장 가까이 있던 이집트군은 정문에서 고작 20야드(18m) 떨어져 있었다.

전초기지 서쪽 측면에 배치된 초병이 포트푸아드 방향에서 이집트군 전차들이 접근한다고 보고했다. 명백하게 의도된 특수부대와의 합동 공격이었다. 철갑탄armor-piercing shell이 거의 소진되었기 때문에 모세스는 전차승무원 2명을 전초기지 안의 탄약벙커로 보냈다. 혼자 전차에 남게 된 모세스의 눈에 정문 밖에 있는 이집트군 병력수송용 수륙양용장갑차가 보였다. 그 뒤로 3대가 더 해안에서 다가오고 있었다. 장갑차에서 하차한 병사들이 포병 사격으로 철조망이 날아간 곳을 통과했다. 모세스는 수비대 지휘관을 무전

시나이 전선의 부다페스트 전초기지로 이어진 사취에서 이집트군 특수부대의 매복공격을 뚫고 진격하는 이스라엘군 공수부대 병사들. 〈이스라엘 국방군 기록물보관소 제공〉

으로 호출했다. "이집트군이 전초기지 안으로 들어왔습니다. 병사들을 내보내요!" 벙커 밖으로 뛰쳐나온 이스라엘군이 이집트군과 전투를 벌였다. 그동안 모세스의 전차승무원들도 포탄을 가지고 서둘러 돌아왔다. 전차들은 이집트군 장갑차 4대를 격파하고 수비대에 합세해 침입자들에게 포를 발사했다. 전투가 끝나고 시신이 널려 있는 주변을 찬찬히 살피고서 모세스는 석호를 건너온 이집트군 RPG팀의 임무는 보병이 도착하기 전 동이 트

자마자 자신의 전차 2대를 제거하는 것이었다고 추론했다. 잘 짜여진 공격 계획이었으나 수비대의 기민함과 정확한 포병 사격이 이집트군의 기도를 좌절시켰다.

그 뒤에도 150명으로 구성된 이집트군 특수부대가 석호를 건너 다시 침투해 와 부다페스트와 후방을 잇는 도로에 매복했다가 반궤도장갑차에 탑승한 이스라엘군 보병부대를 대전차화기로 공격했다. 장갑차 몇 대가 불타올랐다. 이스라엘군은 18명이 전사하고 60명이 다쳤다. 요페의 공수부대가 다시 호출되었다. 짧은 시간의 전투 끝에 이집트군은 시신 45구를 남기고 철수했다. 잔존 병력은 석호까지 뒤쫓아온 이스라엘군의 포병 사격에 궤멸되었다.

두그만 작전의 실패 후 이스라엘 공군을 덮친 자신감 상실이라는 위기에 직면해 각 비행대는 사령부의 지시에 의존하기보다는 점점 자신만의 고유한 전술을 채택하기 시작했다. 한 팬텀비행대 대장은 불확실한 상황에서 각 편대장은 감각을 최대한 잘 사용해 어떻게 임무를 수행할지 결정하라고 말했다. 일부 비행대는 저공비행 공격법을 채택했고, 다른 비행대는 저고도에서 재래식 대공화기로부터 난타당하는 것보다 SAM의 위협을 무릅쓰고서라도 눈으로 보고 회피기동을 시도해볼 수 있는 고공에서 공격하는 편을 선호했다. 엔진 추력이 강한 팬텀은 애프터버너 가동 시 미사일을 따돌릴 가능성이 스카이호크보다 더 컸다. 하지만 회피기동을 한번 할 때마다 속력이 느려졌기 때문에 첫 몇 발을 회피한다고 해도 나중에 발사된 미사일에 맞는 경우가 있었다.

어떤 스카이호크비행대 대장은 전쟁 초기에 운하 지역에서 동틀 무렵에 SAM의 유효사거리보다 낮은 저고도로 접근하다가 잠시 상승해 급강하 공격을 하려고 했다. 하지만 재래식 대공화기의 사격이 어찌나 치열했던지 공격을 두 번이나 중도에 포기해야 했다. 세 번째 시도에서 그는 대공화기 유효사거리의 2배인 9,000피트(2,743m) 고도에서 진입하기로 마음을 먹었는데, 이 고도는 SAM의 유효사거리 범위 내에 있었다. 이 방법이 훨씬 안전함이 입증되었다. 이집트군 SAM 운용요원들은 스카이호크가 SAM의 유효사거리 안에 있는 짧은 순간에 재빠르게 반응할 수 없었다. 이렇게 조종사들은 매일 목숨을 걸고 미사일 지대에 들어가 전투를 벌였고 일부는 돌아오지 못했는데도 지상군은 이러한 단시간 공격의 효과를 거의 느끼지 못했다.

비행대 차원에서 SAM의 위협에 대응해 임기응변을 선보이게 된 과정은 전차대대들이 새거에 대응해 자신만의 방법을 고안하게 된 과정과 몹시 유사했다.

시나이와 시리아 전선에서 치열한 전투가 벌어지는 동안 이스라엘군 지휘부는 또 다른 곳에서 전선이 열릴 가능성에 신경을 곤두세우고 있었다. 10월 9일 화요일에는 팔레스타인 게릴라가 레바논 영토에서 카추샤 로켓포탄 40발을 이스라엘 북부 국경에 있는 몇몇 마을에 발사해 다수의 부상자가 발생했다. 엘라자르는 레바논 파병을 허락해달라고 요청했지만, 다얀은 시리아 전선에서 다른 곳으로 전력을 돌리기를 거부했다. 며칠 안에 팔레스타인의 위협은 국경에서의 소규모 전투로 줄어들었다. 이 전투에서 팔레스타인 전사 23명이 사망했다.

더 심각한 걱정거리는 요르단강 서안과 가자 지구 거주 팔레스타인인의 봉기 가능성이었다. 준군사조직인 국경경찰border police(이스라엘 경찰의 일부로 이스라엘 국방군과 협력해 국경 경계 및 소요 지역의 치안 유지를 담당-옮긴이)이 만약의 사태에 대처할 임무를 맡았으나, 분쟁은 발생하지 않았다. 아랍계 이스라엘인은 아랍 측에 대한 자연스런 동정심에도 불구하고 놀랄 정도의 자제력을 보였다. 아랍인 도시인 나사렛을 지나가던 기자는 도시의 아랍 여성들이 마치 유대인 마을 교외에서 유대인 여성들이 하듯, 간선 교차로에서 골란 고원으로 향하는 이스라엘 병사들에게 음료와 케이크를 나눠주는 광경을 목격했다. 갈릴리 지역에서는 상당수의 아랍인 남성들이 유대인 성인 남성 대부분이 전선으로 떠난 키부츠에서 자발작으로 농사를 지었다. 이스라엘군 부상병들을 위해 아랍인이 헌혈하는 예도 있었다. 아랍인 도시인 나사렛 시장과 이웃의 유대인 도시 나사렛 일리트Nazareth ilit(위쪽 나사렛이라는 뜻. 2019년에 노프 하 갈릴Nof Ha Galil로 개명-옮긴이) 시장은 매일 전화 통화를 하며 현 상황에서 발생하는 긴급사태 해결에 협조했다.

지상과 공중에서 끝없이 벌어지는 전투와 더불어 바다에서도 전쟁이 일어나고 있었다. 10여 년 동안 집중적인 개발 끝에 미사일고속정 전단은 10월 1일에 처음으로 전단 규모의 기동연습에 나섰다. 전단은 욤 키푸르가 시작되기 하루 전에 하이파로 귀환했다. 완성까지 13년이 걸린 고속정전단은 이제 전쟁을 치를 준비를 마쳤다. 전쟁 첫날 밤에 미카엘 바르카이Michael Barkai 전대장은 미사일고속정 5척을 이끌고 시리아 해안을 향해 북쪽으로 항해했다. 바르카이는 각 정장에게 시리아 해군 미사일고속정을 모항인 라타키아에서 유인하는 것이 목표라고 말했다. "만약 시리아군이 나오지 않으면, 나는 항구로 들어가 적을 격멸할 생각이다." 전대장이 말했다.

이스라엘군 함정들은 항구 근처에서 초계 중이던 시리아군 어뢰정과 소해정 각 1척씩을 격침시켰다. 시리아군 함정들은 격침당하기 전에 간신히 이스라엘군의 접근을 보고했고 미사일고속정 3척이 항구에서 나왔다. 소련제 스틱스 미사일의 사거리는 30마일(48km, 해리nautical mile일 경우 56km)로, 이스라엘 미사일고속정이 장비한 가브리엘 미사일Gabriel Missile의 2배에 달했다. 바르카이의 미사일고속정은 접근하는 미사일을 기만하도록 설계된 전자전장비를 가동한 다음 시리아군 미사일고속정과의 거리를 좁히기 위해 전속력으로 시리아군 미사일고속정을 향해 질주했다. 해전사상 최초로 미사일고속정 사이에 벌어진 전투였다. 텔아비브의 해군본부에서 텔렘 제독은 적 함정이 미사일을 발사했다는 바르카이의 보고를 들었다. 2분 뒤, 스틱스 미사일들이 최대사거리에 도달하자, 바르카이의 목소리가 들렸다. "미사일 수면 낙하." 전자전대응장비가 제 기능을 발휘한 것이었다. 시리아군이 함수를 돌려 항구로 달아나기 시작하자, 이제 이스라엘군이 반격할 차례가 왔다. 시리아군 함정에는 전자전장비가 탑재되지 않았다. 시리아군이 정면으로 돌격하는 바람에 이스라엘군과의 거리는 줄어든 상태였고, 이스라엘군 함정은 더 빠르게 항해해 거리를 더욱 좁혔다. 이스라엘군은 가브리엘 미사일의 일제사격으로 시리아군 미사일고속정 2척을 격침시켰다. 같은 운명을 피하려고 세 번째 시리아군 미사일고속정의 정장은 해안으로 배를 몰아 좌초시켰으나 이 배는 이스라엘군의 포격으로 파괴되었다.

이틀 밤 뒤 이집트 근해에서도 이스라엘 해군은 성공을 거두었다. 이스라엘군 미사일고속정 6척과 이집트군 미사일고속정 4척이 서로를 향해 돌진했다. 양군은 상대방을 레이더 화면으로만 볼 수 있었다. 이집트군은 최대사거리에서 미사일을 발사한 다음 계속 접근하며 가브리엘 미사일의 사거리 밖에서 세 번에 걸쳐 일제사격을 했다(당시 이집트 해군이 장비한 소련제 오사Osa급 미사일고속정은 스틱스 미사일 4발을 탑재했고, 이스라엘 해군의 사아르급 미사일고속정은 가브리엘 미사일 6발을 탑재했다-옮긴이). 이스라엘 함정의 갑판에 있는 수병들은 자신들의 방향으로 고도를 낮추며 다가오는 붉은색 불덩이를 볼 수 있었다. 이스라엘 측 전자전장비가 기만 영상을 송출하자 0.5톤에 달하는 탄두를 가진 미사일들이 수면에서 폭발하며 물기둥이 높이 솟구쳤다. 이집트군은 마지막으로 일제사격을 한 다음 함수를 돌려 알렉산드리아 방향으로 도주했다. 이스라엘군 미사일고속정은 거리를 좁혀 이집트군 미사일고속정 3척을 격침시켰다.

이 시점부터 이집트와 시리아 함대는 이스라엘 함대보다 규모가 훨씬 컸음에도 불구하고 항만 입구를 벗어나 출격하려 하지 않았기 때문에 이스라엘의 해안선은 위협받지 않았고 하이파로 가는 주요 해상교통로는 계속 열려 있을 수 있었다. 전쟁 중 200여 척의 선박이 이스라엘에 도착했으며, 이 가운데 상당수에는 긴요한 보급품이 실려 있었다.

그동안 멀리 남쪽의 수에즈만과 홍해에서는 다른 종류의 전투가 벌어지고 있었다. 해군 특수부대와 초계정이 동원되어 벌어진 구시대의 백병전이었다. 개전 일주일 만에 이스라엘군 정보당국은 이집트군이 남부 시나이에 특수부대를 상륙시키기 위해 또다시 어선 선단을 구성하고 있다고 보고했다. 이번에는 수에즈만 서안 중간 지점에 있는 라스 아리브$^{Ras\ Arib}$였다. 아미 아얄론$^{Ami\ Ayalon}$ 소령이 지휘하는 이스라엘군 초계정 5척이 어두워진 다음 정박지에 잠입했다. 이스라엘군 함선이 철수했을 때 그들의 뒤에는 보급품과 탄약을 적재한 이집트 어선 19척이 가라앉았거나 가라앉는 중이었다.

이스라엘군 지휘부는 전쟁이 시작된 이래 샤름 엘-셰이크에 정박한 LST를 이용해 1개 기갑여단을 수에즈만을 건너 서쪽으로 보내는 방안을 고려하고 있었다. 하지만 홍해 연안의 아르다카^{Ardaka}에 이집트군 미사일고속정 2척이 정박하면서 그 선택은 위기에 빠졌다.

아르다카에 있는 SAM 포대가 이 미사일고속정들을 이스라엘 비행기로부터 보호했지만, 남부 시나이 반도의 해군 지휘관 알모그^{Almog} 대령은 해군 특수부대가 정박지에서 이들을 잡을 수 있다고 믿었다. 이렇게 하려면 한밤중에 고무보트에 의지해 60마일(97km, 해리일 경우 111km)에 달하는 거친 바다를 가로질러 어두운 이집트 해안에 있는 정박지를 찾아야만 했다. 아르다카에 도착한다고 해도 특수부대원들은 이집트군 미사일고속정이 있는 정박지까지 2마일(3.2km, 해리일 경우 3.7km) 길이의 좁은 수로를 침투해야 했다.

건장한 체구의 특수부대 베테랑 가디 콜$^{Gadi\ Kol}$ 소령이 자원해 임무 지휘를 맡았다. 소령은 잠수요원 2명과 예비요원 2명이 탑승한 보트 2척으로 오후 늦게 출발했다. 6시간에 걸친 힘든 항해 끝에 보트는 수에즈만을 가로질러 아르다카에 도착했으나 초계정 1척이 수로에서 앞길을 막았다. 콜은 기지로 돌아갔으나 이틀 뒤에 다시 침투를 시도했다. 이번에는 수로를 방어하는 함정이 없었다. 콜과 동료는 잠영으로 정박지에 침투해 미사일고속정 1척을 발견하고 이 배에 시한장치가 장착된 림페트 기뢰limpet mine(선체에 자석으로 붙이는 기뢰-옮긴이)를 부착했다. 이스라엘군은 보트로 돌아갔다. 미사일고속정이 폭발했을 때 보트는 이미 외해에 있었다.

 최소한 해전에서는 이스라엘군이 예전의 원숙한 군사적 기량을 과시하고 있었다.

제28장

도하 결단

10월 11일 목요일 자정 가까운 시각, 내각에 대한 브리핑을 마치고 헬리콥터 편으로 전선 시찰에 나서기 전에 6일 동안 쉴 새 없이 두 곳의 전쟁을 동시에 지도하며 받은 스트레스가 엘라자르 총참모장을 덮쳤다. 엘라자르는 장성 2명과 다음날의 전투 계획을 논의하면서 이제 막 도착해 책상 위에 놓인 보고서를 뒤적거리다가 안색이 창백해지더니 기절할 것처럼 보였다. 놀란 부관들이 마실 것을 가져왔다. "약은 필요 없어." 엘라자르가 말했다. 얼마 뒤 내려야 할 중대 결단을 위해 맑은 정신을 유지할 필요가 있었기 때문이었다.

북부사령부가 시리아군을 휴전선 밖으로 밀어내는 동안 남부사령부는 화요일 이후 제자리걸음을 하고 있었다. 이제 전쟁의 승패를 좌우할 핵심적인 결정인 시나이 전선에서의 다음 행보를 어떻게 취할지 고민할 시간이 왔다. 이렇게 복잡한 문제를 앞에 두고 직관은 별다른 힘을 발휘하지 못했고, 교과서적 해결책도 없었다. 하지만 엘라자르는 문제를 하나씩 차근차근 분석하고 논리적으로 도달한 결론에 따를 준비를 하며 해결책을 모색할 것이다. 수요일에 북부전선의 교전 중단 결정을 내렸을 때처럼 의사결정은 온종일 각자의 생각을 말하고 토론하는 과정을 거쳐 이루어질 것이었다. 몇 번인가 극적인 상황 변화를 겪고 모사드로부터 새로운 정보를 받은 후에야 앞으로 나아가야 할 길이 보일 것이다.

토론은 10월 12일 금요일 이른 아침, 엘라자르와 고위 간부들간에 '구덩이'에서 열린 회의로 시작되었다. 바르-레브가 몇 시간 내로 시나이에서 도착해 남부사령부의 건의사항을 발표할 예정이었다. 엘라자르는 그 전에 비공식적으로 다른 방안들을 점검하기를 원했다. 북부사령부가 골란 고원에서 시리아군을 밀어내는 데 성공했기 때문에 분위기는 상당히 밝아졌다.

아만 국장 제이라 장군이 유엔 안전보장이사회가 48시간 안으로 휴전결의안을 통과시킬 것 같다고 언급하며 모두발언을 했다. 제이라 아만 국장과 펠레드 공군사령관은 그 전에 이스라엘 국방군이 운하를 건너가야 한다고 강하게 주장했다. 공군은 이미 60대 이상의 비행기를 잃었으나 토요일 밤까지 공세를 개시한다면 한 차례 더 대규모 공격을 지원할 능력이 있다고 펠레드가 밝혔다. 그 후에 공군은 영공수호에 전념해야 할 것이다.

"내일 밤 당장 공격해야 한다고 나를 설득할 필요는 없습니다." 엘라자르가 말했다. "문제는 그 다음에 무슨 일이 일어날 것인가입니다."

이틀 전에 나누었던 다얀과의 대화 주제를 확대하며 엘라자르는 자신이 염두에 둔 목표는 승리가 아니라 군 재건을 가능하게 할 안정적인 휴전을 달성하는 것이라고 말했다.

엘라자르는 가까운 시일 내에 이집트군을 이기는 것은 불가능하다고 말했다. 며칠 전만 해도 어떤 중동국가의 연합군에게도 지지 않는다고 모두가 여겼던 군대의 지휘관에게 이것은 고통스러운 인정이었다. 이렇게 경악스럽기까지 한 상황 전환에도 엘라자르가 현실 부정으로 도피하거나 판단력이 마비되지 않았다는 점은 칭찬할 만하다.

엘라자르는 이스라엘군의 도하 같은 극적인 군사적 행보에 마음이 흔들리지 않는 한 사다트가 휴전을 받아들이지 않을 것으로 확신했다. 하지만 도하를 한다 해도 사다트의 태도가 바뀔지 자신할 수 없었다. 사실 다얀은 이스라엘이 운하 서안에 발판을 구축해 카이로가 더 이상 운하의 보호를 받지 못한다 해도 이집트는 절대 휴전에 동의하지 않을 것이라고 주장했다. 이스라엘 국방군이 운하를 건너가 휴전을 달성한다 하더라도 상황은 금세 악화되어 소모전으로 이어질 수 있다고 다얀은 말했다. 이런 경우, 이스라엘군은 운하 양편에 걸친 빈약한 방어선을 유지하며 훨씬 더 많은 적군을 상대해야 할 것이다. 사실 이것이 엘라자르가 우려한 최악의 상황이었다. 그렇지만 아무리 가능성이 희박하더라도 사다트에게 충격을 주어 휴전에 동의하게 하려면 다른 방법을 생각할 수 없었기 때문에 엘라자르는 도하 쪽으로 마음이 기울고 있었다. "여러분이 이보다 더 좋은 아이디어를 가지고 있다면 정말 좋겠습니다. 그렇다면 얼마나 좋을까요." 엘라자르가 회의에 참석한 장교들에게 말했다.

더 나은 의견을 제시한 사람은 없었다. 펠레드는 운하를 건너가기만 하면 이집트군은 곧바로 무너질 것이라는 자신감을 피력했다. 엘라자르는 펠레드의 낙관적인 전망에 동의하지 않았다. 북부사령부는 시리아군을 향해 모든 것을 쏟아부어 훌륭한 성과를 만들어냈으나 이라크군의 개입과 동시에 공세는 추진력을 잃었다. 시리아가 휴전을 요청하도록 만들 희망은 거의 없었다. 엘라자르는 이집트 전선에서도 상황이 크게 다를 것이라 믿을 이유는 없다고 보았다. 그렇지만 더 나은 대안이 보이지 않았다.

그래서 도하한다면 어디에서 할 것인가? 운하 건너편에는 이집트군의 강력한 2개 기갑사단과 더불어 1개 기계화보병사단과 또 다른 전력이 있었다. 이곳의 이집트군은 이스라엘군이 운하 건너로 보낼 수 있는 것보다 2배 더 많은 전차를 배치했다. 지금까지 시나이에서 맞선 이집트군 전차는 보병이 휘두르는 새거에 비해 덜 걱정스러웠다. 기갑사단 간의 대결은 제2차 세계대전 식의 대규모 전차전을 뜻했다. 이것이야말로 이스라엘 국방군이 원했던 것이지만 중요한 수로 장애물을 건너가는 동안 이런 전투가 일어나서는 안 되었다.

마르완이 넘겨준 이집트군 작전계획에 엘라자르의 딜레마에 대한 해법이 있을지도 몰랐다. 이 계획은 이스라엘군이 기습공격을 막는 데 도움이 되지 못했으며 전쟁이 자체적인 동력으로 전개되면서 무용지물이 되었다. 그런데 지금은 도움이 될 수도 있었다. 계획의 '2단계 작전'에 따르면 시나이 반도의 교두보가 확보된 다음 이집트군 2개 기갑사단이 운하를 건너 즉시 기디와 미틀라 고개를 향해 진격하게 되어 있었다. 엘라자르는 알지 못했으나, 이 계획은 샤즐리의 보다 제한적인 바드르 작전계획에 의해 무용지물이 되었다. 하지만 사태의 진전이 이 계획을 되살렸다.

만약 운하 서안의 이집트군 기갑사단들이 금요일인 오늘이나 토요일에 운하를 건너온다면 이를 격파하고 예상된 휴전 발효 전에 서쪽으로 운하를 건너갈 시간이 생길지도 몰랐다.

하지만 과연 이 기갑사단들이 운하를 건너올까? 이스라엘 국방군이 파악한 이집트군 작전계획에 따르면 이 사단들은 이미 도하를 마쳤어야 했으나 정보당국은 이 사단들이 이동하고 있다는 증거를 포착하지 못했다. 엘라자르는 이집트군이 기갑사단의 도하를 포기하지 않도록 폭격을 중단해달라고 공군에 요청했다. 만약 이들이 시나이 반도로 건너오지 않는다면 이스라엘 국방군은 토요일 밤에 "최대한의 전력을 동원해 위험한 공세를 취하면서 이집트 방향으로 운하를 건널 것"이라고 엘라자르는 말했다. 계획 입안자들은 운하를 건너간 이스라엘군이 도달할 땅에 고셴Goshen이라는 이름을 붙였는데, 고셴은 이스라엘 백성이 탈출하기 전까지 살았다고 하는 고대 이집트의 지명이다.

이스라엘군은 전쟁 전에 수립된 세 가지 도하 계획안―포트사이드 점령을 목표로 한 제한적 도하, 중부 지구의 마츠메드 요새에서 2개 사단의 도하, 그리고 마츠메드 북쪽의 칸타라와 마츠메드에서 각각 1개 사단, 총 2개 사단이 도하하는 방안―을 검토했다.

전쟁 전의 정보 평가에서보다 전쟁 중 실제 작전에서 훨씬 더 훌륭한 통찰력을 보인 제이라 아만 국장은 마츠메드에서 2개 사단으로 도하하는 방안을 지지했다. 제이라는 이렇게 하면 아마도 이스라엘군은 운하 건너편에 있는 이집트군의 급소를 공격할 수 있을 것이라고 말했다. 이 지역은 데버수와르Deversoir라고 불리는 지역으로 이집트군의 보급품 집적소, 야포 포대, SAM 미사일 기지가 있었다.

공군이 SAM 포대를 무력화시킨 덕분에 지상군 지원이 가능해진 포트사이드 공격을 선호하는 이들도 있었다. 엘라자르 본인은 마츠메드에서 도하하는 방안으로 생각이 기울었지만, 바르-레브의 이야기를 들어볼 때까지 판단을 미루기로 했다.

신임 남부사령관 바르-레브 장군은 오전 9시 30분에 도착했다. '구덩이'는 지금 내려야 할 결단의 운명적 성격을 반영하듯 팽팽한 긴장감으로 가득했다. 바르-레브도 엘라자르와 같은 결론을 내렸다. 운하를 도하하는 것만이 이 전쟁에서 무엇인가를 건질 수 있다는 것이었다. 바르-레브는 시나이 반도의 이집트군 교두보를 파괴할 수는 있을 것이나 이집트군이 대량으로 보유한 대전차화기를 고려하면 이 과정에서 이스라엘 국방군의 전력도 소진될 것이라고 말했다. 현 상황을 유지하면서 공격하지 않는 것은 부질없는 선택이었다. 이집트군을 당황하게 만들고 전차의 기동력을 활용할 수 있는, 유일한 실행 가능한 선택은 운하 도하뿐이었다. 바르-레브는 아단 사단과 샤론 사단이 비터 호수에 의해 그들의 좌익이 보호받을 수 있는 마츠메드에서 도하하는 방안을 선호했다. "유감이지만, 다른 해법이 없습니다." 바르-레브가 말했다.

  탈은 바르-레브의 제안을 위험한 임시방편이라고 했다. 우선 이집트군 진영을 돌파해 도하장비를 무사히 가져올 수 있을 것인지가 불확실하다고 탈은 말했다. 도하에 성공한다고 해도 이스라엘 전차들은 데버수와르에서 급소를 치는 대신 기갑부대의 공격을 받을 가능성이 컸다. 도하가 뚜렷한 성과를 내지 못하면 군은 상시 총동원체제를 유지한 채 끝없는 소모전을 벌여야 할 것이다. 바르-레브는 탈의 평가 분석에 대부분 동의한다면서도 "하지만 다른 대안이 보이지 않아요"라고 말했다.

  엘라자르는 도하가 휴전을 가져다줄 것인지 아닌지는 정치적 평가의 영역이라고 말하고 정치지도자들이 결단에 관여해주기를 원했다. 이때 북부사령부를 시찰하던 다얀은 엘라자르에게 만약 자신이 시찰에서 돌아오지 않으면 직접 이 문제를 최고각료회의에 제기하라고 말했다. 하지만 국방장관이 의사결정에 참여해야 한다는 총참모장의 고집 때문에 다얀은 회의 참석을 위해 늦은 아침에 북부사령부에서 돌아왔다. 엘라자르는 앞서 여러 시간 동안 벌인 토론의 내용을 다얀에게 보고했다. 도하의 목적은 '앞으로 100년을 유지할' 군대를 재건하기 위해 장기간의 휴전을 달성하는 것이었다. 다얀은 도하가 휴전을 가능케 할 것이라고 믿었을까? 그렇지 않았을까?

  총참모장의 공식 결론을 듣고 다얀은 고개를 치켜들었다. 도하가 바람직한 군사적 행보인지를 판단하는 것은 총참모장이 결정할 문제라고 다얀은 말했다. 정치적 고려는 정치지도자들에 맡겨야 한다. 다얀은 휴전 달성을 기대할 수 있는 공세를 취할 최적의 장소는 시리아 전선이라고 믿고 있지만 엘라자르가 군사적 이익의 관점에서 도하를 권유한다면 자신은 내각에서 엘라자르를 지지할 것이라고 말했다.

"다마스쿠스를 포병 사거리 안에 둘 수 있도록 부대를 3~5마일 전진시키세요. 우리 포탄이 다마스쿠스 시내에 떨어져야만 휴전이 이루어질 것입니다." 베니 펠레드는 공군이 다마스쿠스를 손쉽게 폭격할 수 있으며 이미 그렇게 했다고 말했다. "차이가 있지." 다얀이 말했다. "비행기로는 영토를 점령하지 못한다는 것은 적들도 알고 있네." 반면, 포격은 이스라엘 지상군이 문 앞에 있다는 뜻이었다.

다얀이 이렇게 선언하자, 엘라자르는 "기정사실로 받아들이셔도 됩니다. 오늘 밤 우리의 175mm 포가 다마스쿠스를 타격할 수 있을 것입니다"라고 답했다.

20분 뒤, 국방장관은 일어나 메이어 총리에게 보고하러 가겠다고 말했다. 장관 부관 예호슈아 라비브Yehoshua Raviv 장군이 회의장에 남았다. 다얀이 중요한 문제에 관한 결정을 회피하고 갑자기 자리를 떴다는 생각에 화가 난 엘라자르는 라비브에게 이 문제가 오늘 해결되었으면 한다고 장관에게 전하라고 말했다. "이것은 아주 중요한 정치·군사적 결정이오." 엘라자르가 말했다. "그리고 총참모장은 국방장관이 결정하는 대로 행동할 것입니다."

엘라자르는 라비브를 통해 이 문제를 최고각료회의에 부의하자고 제안했다. "도하하고 나서 바로 휴전할 가능성이 있다면 저는 도하할 준비가 되었습니다. 그렇지 않으면 소모전이 계속될 것이며 우리 군을 재건할 기회는 없을 것입니다." 단독으로 결정하기에는 이 결정이 너무 중요하다는 점을 분명히 밝히며 엘라자르는 이렇게 말했다. "오늘 정치지도자들의 허락을 받고 싶습니다."

정치지도자들은 총참모장의 단도직입적인 메시지에 빠른 반응을 보였다. 총리 집무실에서 열릴 회의에 군 지휘부가 참석해달라는 전갈이 왔다. 총리와 다얀을 포함한 민간인 보좌관들이 회의에 참석할 예정이었다.

이날, 샤즐리 이집트군 참모총장도 어려운 결정을 내려야 했다. 전선을 시찰하고 돌아왔을 때만 해도 모든 것이 매우 만족스러웠다. 군의 방어는 굳건하며 사기는 높았다. 장병들은 이스라엘군이 어떻게 공격해오든 상대할 수 있다는 자신감에 차 있었다. 군은 사다트의 요구대로 정치적 수단을 통해 시나이 반도에서 이스라엘의 축출을 개시할 지렛대의 발판을 구축했다.

'센터 텐'으로 돌아온 샤즐리는 잠시 들러달라는 국방장관의 메시지를 작전실에서 발견했다.

이스마일이 제기한 질문은 샤즐리가 지금까지 두려워하던 것이었다. 군은 동쪽의 기디와 미틀라 고개로 전진할 수 있는가?

바드르 작전이 눈부신 성공을 거둘 수 있었던 주된 요인은 이 작전에서 육군이 SAM 밖으로의 진출이 금지되었기 때문이었다. SAM의 사거리를 벗어나 수에즈만 연안을 따라 남쪽으로 진출을 감행한 기갑여단의 파멸은 신중함을 포기할 경우 무슨 일이 일어날지를 생생히 보여준 사건이었다. 샤즐리는 이스마일의 제안에 맹렬하게 반대했고, 장관은 더는 압박하지 않았다. 그러나 금요일 오전에 제안은 명령이 되었다. "정치적 결정이오. 내일 아침에는 공세를 개시해야 하오." 국방장관이 말했다.

아사드는 사다트에게 특사를 보내 이스라엘군이 다마스쿠스에 가하는 압력을 줄이기 위해 시나이 전선에서 동쪽으로 공격해달라고 요청했고, 사다트는 이 요청에 응답하고 있었다. 사다트는 아사드를 더는 무시할 수 없었다. 시리아가 전쟁에서 이탈하면 이스라엘은 전력을 다해 이집트를 상대할 것이기 때문이었다.

시리아 전선에서의 이스라엘 국방군 반격은 시리아를 전쟁에서 이탈하게 만드는 데는 실패했지만, 뜻하지 않게 아사드가 이집트에 도움을 요청하게 만드는 전략적 성공을 거두었다. 아사드의 요청에 대한 응답으로 사다트는 이스라엘군이 기다려왔던 것—이집트군 기갑사단과의 정면대결—을 선택할 것이다.

이집트군은 지금까지 소련군의 교리를 자신들의 필요에 맞게 다듬어 성공적으로 운용해왔다. 소련 고문관들은 운하를 도하해 기디와 미틀라 고개로 진격하는 계획을 수립하는 데 관여했었다. 이 계획을 바드르 작전으로 축소했다는 것은 이집트군이 이스라엘군의 능력을 정확히 평가하고 자신의 한계를 인식했음을 보여주는 것이었다. 소련군의 교리에 따르면 수로 장애물 도하에 성공하면 기갑사단들이 신속히 후속 공격을 펼쳐야 하는데, 이집트군 지휘부는 SAM 우산 너머로의 공세를 자제하고 있었다. 그런데 사다트는 지금 이 기본 원칙을 포기하고 있었고 샤즐리는 이에 경악했다.

샤즐리가 각 야전군에 공격 명령을 전달하자 제2군 사령관 사드 마문 장군과 제3군 사령관 압델 무네임 와셀 장군 모두가 항의했다. 마문은 사직원을 제출했지만 반려되었다. 금요일 저녁 6시, 샤즐리는 두 사람을 불러 이스마일 국방장관과 회의를 열었다. 국방장관은 사다트의 명령을 취소할 입장이 아니었다. 자신이 할 수 있는 최선은 마문의 요청을 받아들여 공격을 일요일 아침까지 하루 연기하는 것이 고작이었다.

이집트군 참모본부 모두가 동쪽을 향한 진격에 반대하는 것은 아니었다. 작전국장 가마시 장군은 균형을 잃었을 때 이스라엘군을 기디와 미틀라 고개까지 밀어내야 한다고 믿었다. SAM의 사거리 밖으로 진격할 경우 뒤따를 위험에 대해 가마시는 근접전이 벌어진다면 이스라엘 조종사들이 양군 전차를 식별하는 데 어려움을 겪을 것이라고 역설했다. 가마시는 호스니 무바라크Hosni Mubarak 장군(1928~2020년, 공군사령관, 부통령을 거쳐 사다트가 암살된 뒤 이집트 제4대 대통령 역임. 재임 기간 1981~2011년-옮긴이)이 지휘하는 이집트 공군이 이스라엘 공군에 대항해 잘 싸울 수 있을 것이라는 믿음도 내비쳤다. 더욱이 SAM 포대들이 미사일 우산을 동쪽으로 확장시키기 위해 야간에 시나이 반도로 이동 배치되는 중이었다. 가마시의 주장에 국방장관은 아직도 1967년의 트라우마에 사로잡혀 있는 듯한 반응을 보였다. 그는 이집트 지상군이 이스라엘 공군력에 노출되는 것에 대한 우려를 제기하며 "우리는 군을 온전히 유지해야 하네"라고 말했다. 이집트군 방어선이 일부라도 붕괴된다면 궤주(싸움에 져서 달아남-옮긴이)가 촉발될 위험이 있었다. 하지만 사다트 대통령이 동쪽으로 진격하기로 결정한 이상 이스마일은 명령에 따르고 기도하는 것 외에는 할 수 있는 일이 없었다.

금요일 오후, 총리 집무실에서 열린 전쟁의 향배를 결정할 최고각료회의에 참석하기 위해 엘라자르는 바르-레브와 참모진을 소집했다. 총리의 초대를 받은 즈비 자미르 모사드 국장도 참석했다. 최고각료회의 구성원은 메이어 총리, 다얀 국방장관, 갈릴리 장관과 알론 장관이었다.

"전쟁의 다음 단계를 간략하게 설명하고자 합니다." 엘라자르가 발표하기 시작했다. 하지만 총참모장은 작전 권고를 하기 전에 정부는 도하가 휴전으로 이어질 것이라고 믿는지 알고 싶다고 말했다. "제가 권고해야 할 책임을 회피하는 것은 아닙니다. 하지만 이 중요한 단계에서는 신중한 협의가 필요합니다." 휴전을 달성하는 데에는 자신이 미처 생각하지 못한 방법, 정치적 대안이나 '협박'이 있을 수 있다고 그는 말했다. 엘라자르는 이 협박이 무엇인지는 구체적으로 밝히지 않았다. 이전의 토의에서 엘라자르는 '전쟁을 극적으로 보이게 만들기 위해' 다마스쿠스의 민간 목표물을 타격하고 카이로를 공중폭격함으로써 이집트와 시리아 정부에 한 단계 높은 압박을 가할 가능성을 제기했다. 메이어 총리가 민간 목표물의 타격을 꺼려했기 때문에 지금 엘라자르는 이 방책을 강력히 지지하지는 않았지만, "나중 단계에서 해볼 수는 있을 것입니다"라고 말하며 검토 대상으로는 남겨두었다. 펠레드는 '사다트가 대통령궁에서 살해당하지 않으려면 휴전에 동의하도록' 카이로 상공에서 음속폭음sonic boom(비행기가 음속을 돌파할 때 내는 폭음. 저공으로 비행하면서 음속폭음을 낸다면 건물 유리창이 깨지는 등의 피해를 줄 수 있다-옮긴이)을 일으키는 것을 승인해달라고 요청했다. 승인은 거부되었다.

바르-레브는 이집트 제3군 교두보의 보급선 단절과 SAM 포대 파괴를 포함해 도하가 달성할 수 있는 것들에 관해 낙관론적인 입장에서 발언했다. 이스라엘군의 교량이 파괴되어 운하를 건너간 병력이 고립될 가능성을 포함해 도하에는 심각한 위험이 따른다고 인정하면서도 장군은 내각의 동료들에게 일선 병사들의 높은 사기와 간부들의 훌륭한 자질에 관해 이야기했다. "우리 병사들은 침착하게, 유머를 잊지 않고, 공황상태에 빠지지 않고 싸우고 있습니다. 축복해주십시오. 병사들은 싸우고 있습니다." 하지만 현재의 상황이 계속된다면 장병들의 사기가 떨어질 것이라고 바르-레브는 말했다. 바르-레브 자신도 전선에 있었을 때는 기분이 고양되었으나 텔아비브에 돌아온 다음부터 사방에서 피어 오르는 우울함에 빠지는 것을 느꼈다.

참석자들, 특히 엘라자르는 베니 펠레드 사령관의 공군력이 거의 '한계점'에 도달했다는 경고에 주목했다. 이 한계점을 넘으면 공군은 지상군을 지원할 여력이 없어진다. "우리의 상황은 매일 나빠지고 있습니다. 예비전력이 없어서입니다." 총참모장이 발언했다. "미국이 약속한 팬텀기 40대를 획득한다고 해도, 전차를 가져온다고 해도 전력 균형에는 큰 변화가 없을 것입니다. 오늘 다마스쿠스 더 가까이까지 진격하거나 우리와 대치 중인 이집트군을 격파하고 휴전을 받아들이도록 강요할 수 없습니다. 공군의 지상군 지원이 중단될 것으로 예상되는 14일 이후 하루가 지닐 때마다 상황은 더 나빠질 것입니다."

펠레드는 전쟁이 끝나고 몇십 년 뒤에 군·정치지도자들에게 즉각 도하를 촉구하기 위해 한계점에 대해 거짓말을 했다고 밝혔다. 발표에서 인용한 공군 전력은 지상군 지원이 가능한 비행기에만 해당되었는데, 이는 실제 작전 가능한 비행기의 80퍼센트 정도였다.

탈 참모차장은 이에 대해서도 반대 발언을 했다. 엘라자르는 오랜 동료이기도 탈의 비관적인 태도에 점점 짜증이 나려 했다. 탈은 총참모장이 제안한 도하에는 막대한 위험이 따른다고 말했다. 만약 도하가 실패한다면 이집트군이 텔아비브로 오는 길이 활짝 열릴 것이다. 기갑부대는 교량 가설 훈련을 충분히 받지 못했으며 교량의 수량도 충분치 못했다. 이스라엘 국방군은 도하장비를 가지고 5마일(8km) 깊이의 적 교두보를 돌파하거나 우회해 운하에 도달해야 할 상황을 상상조차 하지 못했다. 일주일 가까운 기간 동안 전쟁을 치른 이스라엘군이 운하 건너편에서 기다리는 활기 넘치는 이집트군 기갑사단을 상대하기는 지극히 어려울 것이다. 굳이 도하작전을 해야 한다면 포트사이드나 수에즈만같이 상대적으로 방어가 약한 측면에서 하자는 것이 탈의 지론이었다. 탈이 발언하는 도중 메이어 총리의 비서 루 케다르 여사가 본인도 알지 못하는 새, 전쟁의 전환점을 알리는 전령 역할을 하기 위해 방으로 들어왔다. 회의를 방해해 미안하다고 한 다음 케다르는 자미르 모사드 국장에게 말했다. "즈비카, 급히 보고할 게 있다는 직원의 전화가 왔어요."

자미르는 복도 안쪽의 케다르의 사무실로 갔다. 전화는 아직 연결된 상태였다. 전화를 건 사람은 프레디 에이니 비서실장이었다. 에이니는 방금 모사드의 안테나가 자미르가 참석 중인 회의 의제와 연관된 무선 메시지를 수신했는데 전체를 청취하지는 못했다고 말했다. 모사드 본부는 총리관저에서 도보로 10분 거리에 있었다. 자미르는 서둘러 오라고 했다. 에이니는 다른 요원 한 사람과 함께 수신 메시지에서 해독된 부분의 기록을 가지고 왔다. 메시지를 보낸 사람은 마르완이 아닌 다른 이집트 정보원이었다. 자미르 국장은 메시지를 읽어보고 적혀 있지 않은 누락된 부분을 합쳐 종합적으로 설명할 방안을 생각하면서 손에 종이를 쥔 채 서둘러 복도를 거슬러 총리 집무실로 돌아갔다. 자미르가 들어서자 모든 시선이 그에게로 쏠렸다.

자미르는 이집트에 있는 신뢰할 만한 정보원으로부터 보고를 받았다고 말했다. 이집트군 3개 공수여단이 토요일이나 일요일 밤에 이스라엘군 후방 지역인 레피딤 공군기지 및 기디와 미틀라 고개 근처에 강하할 예정이라는 것이었다. 공수부대의 내륙 습격 그 자체로는 군사적 이치에 맞지 않았다. 메시지는 잡음과 섞여 수신되었기 때문에 전체를 이해하기가 어려웠고 이해 가능한 부분에서는 이집트군 기갑사단에 대한 언급은 없었다. 그런데 올 연초에 마르완으로부터 모사드가 입수한 전쟁계획에 따르면, 기갑사단의 공격에 앞서 특수부대의 이스라엘군 후방 투입이 예정되어 있었다.

회의실의 분위기가 일순 활기를 띠었다. 엘라자르에게 이보다 더 반가운 소식은 없었다. 엘라자르는 메이어 총리에게 "이스라엘군의 도하를 미루고 방어전을 준비하겠습니다"라고 말했다. 이집트군 2개 기갑사단이 이스라엘군의 도하를 기다린다고 하더라도 다음날 밤에 운하 건너편으로 병력을 보낼 마음의 준비가 되어 있었다. 자미르의 보고는 이제 이스라엘 국방군이 시나이 반도에서 이집트군 기갑 전력의 상당 부분을 감소시킬 기회를 잡을 것이라는 뜻이었다. 새거와 RPG로부터 받은 트라우마에 상관없이 아직도 이스라엘 국방군은 전차전에서 적을 압도할 수 있다고 믿고 있었다. 엘라자르와 참모진은 전차전이 벌어진다는 부푼 희망을 안고 서둘러 '구덩이'로 향했다.

장성들이 총리 집무실을 떠난 다음 다얀은 각료들의 관심을 정치적 차원으로 유도했다. 키신저는 디니츠 대사에게 유엔의 휴전결의안 통과를 오래 늦출 수 없다고 말했다. 소련이 압박하고 있었다. 다얀은 이스라엘이 절대 휴전을 먼저 요청해서는 안 된다고 말하면서도 이전의 휴전 반대를 철회한다는 뜻을 미국 정부에 알리자고 제안했다. 메이어 총리도 여기에 동의하고 즉시 이러한 취지의 메시지를 키신저에게 보냈다.

회의가 끝난 후 다얀은 총리 집무실로 돌아와 메이어 총리와 이야기를 나눴다. 정부에 대한 대중의 비난이 점점 거세지고 있으며 그 대부분은 다얀에게 집중되었다. 다얀은 메이어 총리에게 전쟁을 예측하지 못하고 아랍을 과소평가한 실책을 저질렀다고 시인했다. 다얀은 이 어려운 상황에서 자신은 아직 전쟁을 지도할 능력이 있다고 생각하나 총리가 실패의 책임을 지고 사퇴를 원한다면 자신은 그럴 준비가 되었다고 말했다. 메이어 총리는 사임 의사를 반려했다. 사실 개전 초 며칠간 심각하게 흔들린 다얀의 모습을 보고 신뢰를 잃었던 적도 있었으나 예의 자신감을 회복한 그의 모습을 본 다음부터 총리는 다시금 다얀의 넓은 정치·군사적 식견과 현실적 조언에 의지하고 있었다.

이날 늦게 헬리콥터를 타고 남부사령부로 가는 길에 다얀은 엘라자르가 줄 수 없었던 것을 우리 벤-아리로부터 받고 기뻐했다. 운하의 도하는 휴전과 같은 정치적 측면과 관계없이 군사적 현실에 의해 정당화될 수 있다는 확약이었다.

이스라엘 국방군은 창건되었을 때 현 상황에서처럼 기동이 제약된 전장에서의 전투를 염두에 두지 않았다고 존경받는 장군이자 남부사령부 부사령관인 벤-아리가 말했다. 이스라엘 국방군은 인력도, 전차도, 대전차화기도 충분히 보유하지 못했다. 이스라엘 국방군의 전투력은 주로 공중우세 air superiority(적의 방해 없이 자유롭게 작전을 수행할 수 있도록 전장의 상공을 통제하는 상황-옮긴이)에 의지했다. 그런데 이번 전쟁에서는 SAM에 막혀 전장 상공에서의 공군력이 대부분 무력화되었다. 이 제약에서 벗어나 SAM 포대를 파괴하고 기갑부대가 기동성을 발휘하도록 운하를 건너는 것이 중요해졌다.

시나이 반도 내륙에서 곧 벌어질 이집트군 기갑사단과의 전투에 대해 벤-아리는 레피딤이나 움 하시바 같은 주요 기지를 포기하더라도 이스라엘 국방군이 자유로이 기동할 수 있는 사막 깊숙이 철수해야 할 가능성을 배제하지 않았다. 그러나 결국 이집트군이 패배할 것이라고 그는 말했다. 다얀은 몹시 기뻐했다. "정부에게 사막은 자네 것이라 말하고 자네 판단대로 자유로이 행동할 수 있는 권한을 주도록 건의하겠네."

즈비 자미르 모사드 국장의 경고는 작전에 큰 영향을 끼친 모사드의 두 번째 정보였다. 첫 번째는 그 무엇보다 중요했던, 욤 키푸르 전날에 전쟁이 다음날 일어난다는 경보였다. 이제 이스라엘 국방군은 전투 준비를 하고 정부는 휴전을 위한 정치적 환경을 조성할 것이다. 지난 8일간 이집트군이 쥐고 있던 시나이 전선의 주도권을 마침내 이스라엘군이 되찾을 시간이 왔다

제29장

용감한 사나이들

10월 13일 토요일의 시나이 전선은 정확히 일주일 전에 이집트군이 도하한 후의 다른 날들에 비하면 조용했다. 하지만 이날 카이로와 텔아비브의 양국 지도자들은 전쟁의 향배를 결정할 결단을 내리고 있었다.

사다트는 동트기 직전에 일어나 영국대사가 긴급메시지를 가지고 도착했다는 소식을 들었다. 도브리닌 주미 소련대사로부터 사다트가 휴전을 환영할 것이라는 확약을 받은 키신저는 이날 안전보장이사회에 휴전결의안을 제출해달라고 영국 정부에 요청했다. 하지만 영국 정부는 반신반의하며 주이집트대사 필립스 애덤스 경Sir Phillips Adams에게 이집트 정부의 입장을 확인하라고 지시했다. 대사는 사다트에게 이스라엘이 휴전에 동의했으며 초강대국들도 이를 지지한다고 알렸다. 사다트는 휴전 제안을 그 자리에서 거부했다. 이스라엘이 시나이 반도에서 완전히 철군하기 전에 절대 휴전은 없다는 것이었다.

이때 휴전을 받아들였다면 사다트는 전쟁 전에 수립한 목표인 시나이 반도에 군건한 발판을 마련하는 것과 국제사회의 개입을 통한 외교적 해법의 모색을 달성했을 것이다. 하지만 이제 사다트는 그 이상을 원했다.

이집트군은 전장을 지배하고 있었다. 화요일에 샤론이 공격한 이후 이스라엘군은 확전을 피하며 진격을 시도하지 않고 있던 데 반해, 이집트군은 매일 동쪽으로 조금씩 계속 진격하며 어느 정도 성과를 거두고 있었다. 야간에는 SAM 포대가 교량을 건너 동쪽 기디와 미틀라 고개 방향으로 미사일 우산을 확장하고 있었다. 소련이 수송기로 보급하는 무기의 양이 크게 늘고 아랍 세계가 시리아와 이집트로 증원군을 보냄에 따라 아랍군의 전력은 나날이 증가하고 있었다. 모로코, 알제리, 리비아, 사우디아라비아, 쿠웨이트, 팔레스타인 해방기구, 요르단, 이라크가 파병했는데 그중 일부는 상당한 규모였다. 심지어 파키스탄까지 조종사들을 보냈고, 북한 조종사들은 이집트 내륙 상공에서 초계비행을 담당했다. 반면 이스라엘군은 소수의 엘-알 수송기들이 수송할 수 있는 것을 제외하고는 해외에서 보급품을 받고 있지 못했으며(미국은 다음날에야 직접 무기 공수 작전에 나설 예정이었다.) 증원군은 유학이나 여행 중에 귀국한 예비군들이 고작이었다.(전투부대에 복무할 이들에게 귀국 항공료는 무료였다.) 사다트는 이스라엘이 휴전에 동의했다는 것은 이스라엘이 약해졌다는 분명한 신호라고 생각했다.

이스라엘의 상황 평가는 사다트와 큰 차이가 없었다. 그 전날 아침, 모사드 워싱턴지국장 에프라임 할레비Ephraim Halevy는 불안해 보이는 키신저와 만났다. 이스라엘 시간으로 금요일 오후에 발신된 휴전을 받아들일 준비가 되었다는 메이어 총리의 메시지를 방금 받아보았던 것이다. 키신저는 이스라엘이 곧 반격을 개시해 전세를 뒤집을 것으로 예측하고 신속한 휴전을 통해 아랍이 얻은 과실을 공고화하려는 소련의 노력을 막고 있었다. 그런데 지금 이스라엘은 이집트가 운하 건너편으로 철수해야 한다는 조건을 붙일 시도조차 하지 않고 휴전을 받아들일 의향이 있음을 표명하고 있었다.

"키신저는 머리를 쥐어뜯다시피 했습니다." 나중에 모사드 국장이 된 할레비(제9대 국장. 재임 기간 1998~2002년)는 이렇게 회상했다. "그 말은 패전 선언입니다. 그걸 이해하지 못한다는 말입니까?" 키신저는 이스라엘이 패배했다는 느낌을 주게 되면 아랍에 대한 억제력은 지금 당장뿐 아니라 앞으로도 약해질 것이라고 경고했다. 휴전을 요구하는 것과 수동적으로 반대하지 않는다는 것에는 미묘한 차이가 있으나, 둘 다 현재 상황이 심각하다는 인식을 반영한 것이라는 점은 마찬가지였다. 하지만 다얀은 이집트군 기갑사단이 운하를 건너오기만 하면 심한 타격을 입을 것이고, 그렇게 되면 이스라엘은 휴전을 기꺼이 받아들여야 한다는 부담에서 벗어날 수 있다고 믿었다.

엘라자르도 처음부터 다시 생각했다. 전쟁이 시작된 이래 처음으로 전차전이 벌어질 가능성이 커짐에 따라 전쟁의 향배가 아마도 큰 규모로 바뀔 가능성이 구체적으로 엿보이기 시작했다. 이집트군은 전차전에서 상당한 전력을 소모할 것이다. 그런 일이 일어난다면 이스라엘군의 도하는 결과적으로 사다트의 의지를 꺾어 전쟁을 중단하도록 한다는 최후의 수단 이상의 것이 될 수도 있었다. 이제 도하는 전쟁에서 이길 열쇠가 될 수도 있었다. 이 가능성은 아직 명확하게 정리되지 않은 상태였지만 결론을 바꿔놓을 요인으로 어느 사이엔가 거침없이 엘라자르의 생각을 파고들기 시작했다.

10월 13일 토요일은 나데 병장의 24번째 생일이었다. 병장은 1주일간의 전쟁에서 살아남았다. 생일을 축하하기에 충분한 이유였다. 그의 부대는 비터 호수의 시나이 반도 쪽 호안 중간에 있는 보체르 전초기지에 주둔했다. 이스라엘군 수비대는 얼마 전 이곳에서 간신히 탈출했다. 나데와 동료들에게 전초기지는 놀라운 오아시스였다. 마치 지하도시 같은 전초기지에는 풍부한 양의 통조림, 식수, 화장실, 핀 업 사진과 담배가 있었다. "유대인의 담배는 아주 품질이 좋다"고 병장은 일기에 썼다. 전쟁과 마찬가지로 생일은 자신을 돌아볼 기회였다. 전장에 나간 젊은이들에게는 흔한 일이었다. "나는 전에 불가능하다고 생각했던 많은 일을 성취했다. 나는 이제 인문학부 3학년이 되었다. 운명은 나를 상상할 수 없는 상황으로 데려왔다. 나는 이전에는 두려워했고 한심했다. 지금 나는 힘을 가진 그 누군가가 되었다. 나는 사랑을 하려고 노력했고 육체적 즐거움부터 진정한 사랑까지 사랑의 모든 단계를 경험해보았지만 실패했다. 지금 나는 전쟁을 치르고 있다. 나는 나를 제대로 평가해줄 누군가가 필요하다고 느낀다."

바르-레브 선의 북단에 있는 부다페스트 전초기지를 제외하고 전투 3일 뒤에도 계속 버티던 전초기지는 남단의 메자크^{Mezakh} 전초기지였다. 전초기지 수비대에 완파된 전차승무원들이 합세했다. 이집트군 특수부대와 전차부대가 거듭 돌파를 시도했다. 육로가 차단되자, 남부사령부는 해로로 수비대를 구출할 것을 제안했다. 전초기지는 수에즈만으로 뻗은 사취에 있었다.

금요일에 해군 장교들이 멘들레르 장군의 사령부에 파견되어 해로 철수 가능성을 검토했으나 어떤 시도를 한다 해도 실패가 확실하다는 결론을 내렸다. 보트를 물에 띄울 수 있는 가장 가까운 곳은 6마일(9.7km) 떨어져 있었다. 이날 밤은 달이 밝았고 이 지역 전체는 레이더 사격통제를 받는 이집트군 포병대의 사거리 안에 있었다. 전초기지로 가는 길에 보트가 포착되지 않는다 해도 분명 시끄러운 총격전이 벌어질 것이기 때문에 돌아오는 길에 포착될 것이다.

"강요할 수는 없네만, 자네들이 마지막 희망이네." 멘들레르 장군이 말했다.

해군 장교들은 장군의 말에 따랐다. 이들이 작성한 계획에 따르면 어둠이 내린 직후에 고무보트 6척이 출발한다. 보트가 전초기지에서 800야드(732m) 떨어진 곳에 멈추면 잠수 요원들이 내려 수영으로 해안에 도달한다. 해변에 도착하면 이들은 무선침묵을 깨고 수비대에 구출작전이 개시되었음을 알린다. 고무보트가 해변에 다가오는 동안 특수부대는 상륙지점과 전초기지 사이에 있는 이집트군을 처치하는 한편, 수비대는 부상자를 데리고 신속히 보트에 탑승한다. 포병이 지원포격을 할 것이다. 이날 밤에 보트가 출발했으나 전초기지에 도달하기 전에 이집트군에 포착되어 심한 포격을 받은 끝에 철수해야 했다.

메자크 전초기지의 병사 42명 중 지금까지 5명이 전사하고 16명이 부상당했다. 이제 남부사령부는 항복 이외에는 다른 방법이 없다는 결론을 내렸다. 다얀은 수비대에게 항복 명령을 내리는 것에 반대하고 지휘관 슐로모 아르디네스트Shlomo Ardinest 중위가 항복을 선택하면 그렇게 하도록 허가해야 한다고 고집했다. 멘들레르는 이 결정에 격분했다. 만약 군 수뇌부가 수비대 구조가 불가능하다는 결론에 도달했다면 항복 명령을 내려야지 스스로 결정하도록 내버려둬서는 안 된다고 장군은 참모진에게 말했다. 하지만 아르디네스트는 이제 선택의 여지가 없다는 결론을 내렸다. 이집트군이 마음먹고 다시 공격한다면 저항할 탄약도 없었다.

토요일 아침에 무전으로 보낸 마지막 보고에서 중위는 부하들의 이름과 건강상태를 전달했다. 앞으로 건강이 나빠진 사람이 있다면 그들을 포로로 잡은 이집트군이 책임을 져야 할 것이다.

"자네들은 우리 상황을 알고 있는가?" 사단본부의 한 간부가 중위에게 물었다.

"모릅니다."

"우리 상황은 양호하네. 우리가 전초기지에 도달할 때쯤이면 너무 늦을 것 같아 이런 일(항복)을 시키는 거야.(반격이 계획 중임을 알리는 암시였다.)"

"저희는 기꺼이 받아들였습니다. 집에 안부를 전해주십시오."

"상부가 이(항복)를 승인했어."

"그러시지 않았더라면, 마사다가 재현되었을 겁니다(수비대 전멸을 뜻했다)." 아르디네스트가 말했다.

"(텔레비전) 화면에서 자네들을 다시 보겠군." 사단본부의 이 간부가 말했다. "용기를 잃지 말게. 국제적십자사 대표들이 있을 거야."

"부상자와 전사자 시신을 인계하겠습니다."

"부하들에게 상황을 알려. 용기를 잃지 말고 웃으라고 말하게. 더 할 말 있는가?"

"전우들에게 저희 부모님을 찾아 위로해달라고 전해주십시오. 느낌은 좋습니다. 다시 뵙겠습니다. 저희는 부상자 때문에 이렇게(항복) 합니다."

운하 강둑 양편에서 이집트군 병사 수천 명이 지켜보는 가운데 수비대가 전초기지에서 나왔다. 한 명은 토라(구약성서의 히브리어명. 유대교 의식에서는 흔히 대형 두루마리 형태로 된 것을 사용한다-옮긴이) 두루마리를 품에 안고 있었다.

메자크 전초기지의 항복은 사실상 바르-레브 선을 둘러싼 영웅적 전투의 종말을 알리는 사건이었다. 16개 전초기지에 주둔한 장병 441명 중 126명이 전사하고 161명이 포로가 되었다. 부다페스트 전초기지의 60명을 포함한 나머지 154명은 전쟁 기간 내내 버틴 끝에 포로로 잡히지 않고 귀환할 수 있었다.

메자크 전초기지의 항복에 스트레스를 받은 멘들레르 장군은 사단본부를 떠나 야전 부대 시찰에 나섰다. 가는 도중 고넨 장군과 무선으로 대화하고 있을 때 장군의 반궤도장갑차에 이집트군 포탄이 명중해 멘들레르 장군, 부관, 이스라엘 라디오 방송국 기자가 사망했다.

이스라엘군 진영 상공을 비행하는 헬리콥터 안에서 엘라자르 총참모장은 서부 시나이 사막의 모래언덕 위로 갑자기 피어난 식물처럼 기운차게 움직이는 군대를 바라보았다. 차량 수천 대와 끝없이 펼쳐진 숙영지, 부지런히 움직이는 병사들이 보였다. 이집트군은 이스라엘 국방군을 휘청거리게 만들었지만, 기습의 효과는 거기까지였다. 이스라엘군은 전투력을 가다듬고 정신적 균형을 되찾아 이집트군과 대치하고 있었다. 상공에서 느꼈던 에너지와 자신감은 헬리콥터가 착륙하자 손에 잡힐 듯 더 가까이 다가왔다. 정비병들이 파손된 전차에 달라붙어 부지런히 수리 작업을 벌이고 있었다. 교량이 가설되기만 하면 운하를 건너갈 준비를 마친 아단 사단은 이미 샤론 사단의 배후에 있는 진지로 이동을 개시할 것이다.

샤론은 이집트군 기갑사단의 도하를 기다리지 말자고 제안했다. 휴전이 언제라도 선포될 수 있기 때문에 즉각 이집트군 진영을 파고드는 것이 최상의 방책이라는 것이 그의 주장이었다. 엘라자르는 샤론의 주장을 기각했다. 총참모장은 샤론에게 이집트군이 동쪽으로 건너오지 않는다 해도 이스라엘 국방군은 위험에도 불구하고 내일 밤에 서쪽으로 운하를 건너갈 것임을 확약했다.

금요일 밤이 되자 마침내 이집트군 기갑사단들이 이동을 개시했다는 확정적인 보고가 들어왔다. 이집트군 제4기갑사단 예하 부대들이 제3군 담당지구에서, 제21기갑사단이 제2군 담당지구에서 도하하고 있었다. "때가 되었어." 엘라자르가 말했다. "우리는 이집트군이 다수의 전차를 동원해 멋진 대규모 공세를 펼치기를 원해. 우리는 운하 동안에서 이들을 일소하고 운하를 건너가는 가는 거야. 이게 계획이야." 이집트군이 공격 태세를 갖추는 데는 하루가 더 필요할 것이다.

정보당국은 전방 공군기지로 이동하는 이집트군 공수부대를 포착했다. 이들은 아마도 이스라엘군 후방에 강하하기로 예정된 부대일 것이다. 엘라자르는 기지에 대한 공습을 고려했으나, 제이라는 반대 주장을 펼쳤다. 만약 공수부대 투입에 차질이 생긴다면 이집트군 지휘부가 기갑부대 공격을 연기할 수도 있다는 것이었다. 엘라자르는 동의했다. 생포한 이집트군 헬리콥터 조종사가 있다면 그들에게 강하 가능성이 큰 장소를 물어보기로 했다. 또 이스라엘군 헬리콥터 조종사들의 의견도 들었다.

바르-레브는 이스라엘의 제한적 도하장비는 '웃음거리'에 불과하며 이런 장비로 도하를 한다는 것 자체가 말도 안 되는 일이라고 말했다. 다리에 포탄 몇 발만 명중하면 군은 운하 서안에서 돌아올 길도 없이 꼼짝 못 하고 고립될 것이다. 최소한 전차는 돌아오지 못할 것이다. 하지만 바르-레브는 이러한 위험을 무릅쓸 준비가 되어 있다고 거듭 강조했다. 이집트군은 운하 전체에 걸쳐 최소 10여 개의 교량을 가설했다. 이스라엘군은 운이 좋으면 이 중 2개의 교량을 점거할 수 있을 것이다.

음침하고 갑갑한 텔아비브의 '구덩이'로 돌아온 엘라자르는 참모진과 희망을 공유했다. "어두운 복도에 있으면서 기분이 우울해졌다면 전장으로 가서 장병들을 봐. 기분이 훨씬 좋아져서 돌아오게 될 거야. 전쟁이 시작된 지 8일째지만 전차병들을 만나니 제2차 세계대전의 세 번째 해라도 되는 것처럼 말하더군. 장병들은 이집트군의 속셈을 알고 있고 모든 상황에 대해 답을 알고 있네. 정비부대도 제대로 돌아가고 있고 전차들의 상태도 훌륭해. 탄약도 있어. 최고의 인재들이 거기에 있어."

이날 밤, 샤론은 다얀과 접촉해 즉각 공격하자는 자신의 의견이 옳다는 것을 주장하려 했다. 다얀을 찾을 수 없자 샤론은 다얀의 딸 야엘 다얀Yael Dayan에게 전화를 걸었다. 야엘은 6일 전쟁 당시 샤론의 사단본부에서 병사로 근무했던 적이 있었다. 야엘은 아버지가 아침 전에 귀가할 것 같지 않다고 말했다. 샤론은 "뭐라고? 오늘도 집에서 안 주무시나 봐?"라고 농담으로 말했다. 한때 평판이 자자했던 다얀의 하룻밤 정사를 가리킨 말이었다. 야엘이 불쾌해하자, 샤론은 "자자, 야엘, 자네의 유머감각에 무슨 일이라도 생긴 거야?"라고 태연하게 말했다. 샤론은 오늘 밤에 아버지와 이야기할 기회가 있으면 전해달라며 메시지를 남겼다. "내 사단 전체가 여기에서 발을 동동 구르고 있다고 전해줘. 군마는 전장으로 뛰쳐나갈 준비가 되었어. 기억나겠지? 6일 전쟁 전야의 광경처럼 말이야. 이것을 설명해드려. 이집트군을 격파할 만한 정신력이 이곳 전선에 있다는 것을 이해하셔야 해. 안 그러면 지금처럼 비참한 상황에서 휴전해야 한다고." 전날 에제르 바이즈만Ezer Weizman(1924~2005년. 공군사령관, 6일 전쟁 당시 참모차장. 제7대 이스라엘 대통령. 재임 기간 1993~2000년-옮긴이)과 나눈 전화 통화에서 샤론은 후방의 분위기에 대해 불평했다. "마치 바르샤바 게토(나치 독일이 점령한 폴란드의 수도 바르샤바에 설치한 유대인 수용구역. 이 구역에 거주하던 유대인은 1943년

1월에 대규모 봉기를 일으키며 나치에 저항했다-옮긴이)의 마지막 전투 같습니다." 샤론은 자신의 오른쪽에는 아단이 있고, 왼쪽에는 멘들레르(이날 늦게 전사한다)가 있다고 말했다. 일선 장병들은 준비가 되었다. "믿어주십시오. 저희는 모든 것을 신속히 끝낼 수 있습니다."

카이로에서 샤즐리 장군은 장래를 걱정하며 다가오는 전투에 대해 고심하고 있었다. 10월 8일 이스라엘군의 반격 실패 이래 양측은 적이 먼저 대규모 공세를 취하기를 바라고 있었다. 이집트는 이스라엘군 기갑부대가 이집트군의 방어선에 먼저 공격해오기를 바랐고, 이스라엘은 야지에서 전차전을 벌이기를 원했다. 이제 시리아의 압박 덕분에 바라던 것을 얻게 된 쪽은 이스라엘이었다. 보유 2개 기갑여단 중 이미 시나이 반도로 1개 여단을 보낸 이집트군 제21기갑사단은 나머지 1개 여단도 보냈다. 사단장 이브라힘 알-아라비Ibrahim al-Arabi 장군은 도하가 이례적으로 쉬웠다고 회상했다. "이스라엘 공군이 우리를 공격하지 않았다는데 놀랐습니다." 장군은 나중에 이렇게 말했다. "우리가 들어오도록 내버려두었겠지요." 제4기갑사단은 전차 100대를 운하 서안에 남기고 나머지 전차 전부를 가지고 운하를 건너왔다. 운하 서안에는 카이로의 대통령근위대 소속 전차 120대를 포함해 전차 250대가 전략예비Strategic Reserve(전략적 임무를 수행하기 위해 즉각 운용할 수 있도록 보유하고 있는 군사 부대-옮긴이)로 남았다. 이집트군 수뇌부는 이것으로 이스라엘의 도하 위협에 대한 방어가 충분할 것이라고 믿었다. 전쟁 초 며칠간 입은 손실과 시리아 전선에서 벌어진 격전 때문에 이스라엘군이 대규모로 운하를 도하하기에 충분한 전력을 보유했을 것 같지는 않았다.

10월 14일 일요일로 예정된 공격 계획은 이스마일 국방장관이 직접 작성했다. 계획에 따르면 2개 기갑여단이 교두보에서 공격을 개시해 중부의 타사를 향해 진격할 예정이었다. 전선 북부에서는 1개 기갑여단이 발루자를, 다른 1개 기갑여단이 발루자와 타사 사이를 공격할 것이다. 남부에서는 1개 기갑여단이 미틀라 고개를, 1개 기계화보병여단이 기디 고개를 향해 진격할 계획이었다. 모두 합쳐 전차 약 500대가 100마일(161km) 길이의 전선에서 6개 방향으로 공격할 것이다.

일요일 새벽 3시 직후, 아마지아(파치) 헨 중령은 샤론 사단 주둔지 주변에 설치된 감시초소로부터 이집트군 헬리콥터 4대가 방금 머리 위로 날아갔다는 보고를 받았다. 중령은 근처에 있던 부하 몇 명을 모아 상황을 파악하기 위해 초소로 차를 달렸다. 감시병들은 북서쪽의 유콘Yukon 중간대기구역 방향을 가리켰다. 헨은 이 순간 이스라엘이 가진 중요한 전략 자산인 운하를 가로질러 놓일 교량이 그곳에 있으며 운하로 가는 견인 작업이 곧 개시될 예정임을 알았다. 유콘 방향으로 출발했을 때는 날이 밝아오고 있었다. 자기 휘하에는 지프 2대와 반궤도장갑차 1대에 분승한 12명의 병사뿐이었으나 이집트군 헬리콥터 4대는 130명을 실어 나를 수 있었으므로 헨은 증원군이 도착할 때까지 이집트군을 미행하기로 했다. 이스라엘군은 넓은 대형으로 모래언덕에서 모래언덕으로 전진하다가 500m 거리에서 황급히 숨을 곳을 찾는 이집트군 병사와 마주쳤다. 헨은 정지하고 샤론 사단장에게 위치를 알렸다. "1개 전차소대가 가는 중이야." 샤론이 말했다.

반궤도장갑차 차장이 헨에게 3명의 흔적을 찾았다고 알렸다. 아마도 포병관측반인 듯했다. 이스라엘군은 전차를 기다리지 않고 조심스럽게 전진을 개시했다. 관목이 무성한 언덕 꼭대기에 오르자, 관목이 갈라지며 헬리콥터에서 내린 이집트군 특수부대가 발포했다. 헨은 탑재된 기관총으로 전방을 향해 계속 사격할 수 있도록 유턴하지 말고 후진하라고 조종수에게 명령했다. 헨의 차량 3대는 간신히 빠져나와 곧 도착한 전차와 합류했다. 짧은 협의 후 연합부대는 측면에서 이집트군을 공격했다. 전차들과 헨의 차량들은 적의 대응사격이 멈추기까지 이집트군 진영을 이리저리 누비며 사격했다. 이집트군 30여 명이 서쪽으로 도망치는 모습이 목격되었으나 언덕 위의 인원은 몰살당했다. 반궤도장갑차에 탑승한 이스라엘군 2명이 전사하고 다른 4명이 부상당했다.

전투는 아직 끝나지 않았다. 헨 중령은 20마일(32km) 떨어진 타사 기지로 돌아오자마자 지프에 탑승한 1개 수색중대를 차출해 이들을 이끌고 방금 전투를 벌였던 곳으로 돌아왔다. 부대는 여기서부터 헬리콥터로 이곳에 왔다가 달아난 이집트군뿐 아니라 포병관측반원 3명의 흔적을 찾아 최후의 1명까지 모두 추적해 잡았다. 세어보니 첫 충돌이 벌어진 장소에서부터 추격 경로를 따라 흩어진 이집트군의 시신은 모두 129구에 달했다.

개전 당일에 큰 타격을 입어 의기소침했던 이집트군 특수부대는 이날 밤 계획된 특수작전의 수행이 불가능해졌으며 수행 의지도 꺾였다.(실전에 투입된 이집트군 특수부대원 1,700명 중 대부분 격추된 헬리콥터에 탑승했던 740명이 전사했고 330명이 포로로 잡혔다. 발루자 지역에서 거둔 성과를 제외하고 이집트군 특수부대가 전황에 끼친 영향은 미미했다.)

아침 6시, 이집트군 비행기들이 운하를 가로질러 쏜살같이 날아가 폭격을 개시했다. 일선의 이스라엘군은 전차 350대를 배치한 채 이집트군을 기다리고 있었고 비슷한 수를 예비전력으로 보유하고 있었다. 전쟁 초기에 운하를 따라 벌어진 전투에서 이집트군 대전차화기반이 이스라엘군 전차의 접근 예상 경로에 매복했던 것과 반대로 지금 기다리는 쪽은 이스라엘군이었다. 전장을 선택한 쪽은 이스라엘군이었으며, 오늘 살육이 벌어질 땅을 건너야 하는 쪽은 이집트군이었다. 이스라엘군 전차 대부분은 고지 위에 전개하고 있었다. 일선에 있던 아단 사단과 교대한 부대는 고넨 장군의 동생인 요엘 고넨Yoel Gonen 대령의 동원기갑여단(제274기갑여단-옮긴이)이었다. 6일 전쟁에서 노획되어 장비가 개량된 T-55 전차로 구성된 이 여단은 아직 실전을 치르지 않았다. 남부사령부는 아단 사단 소속 1개 여단을 고넨 여단의 배후에 지원군으로 배치했다.

전선 중앙에 전개한 여단의 레셰프 대령은 하마디야Hamadiya와 키슈프Kishuf 능선의 뒤쪽 경사면에 전차를 배치했다. 날이 밝자마자 여단장과 예하 대대장들은 관측 위치로 이동했다. 전차들은 포탑에서 몸을 내민 지휘관과 작전장교의 머리가 능선 위로 올라오는 위치까지만 전진했다. 이집트군이 가한 예비포격의 기세가 어찌나 셌던지 레셰프 대령은 개전 이래 처음으로 전차 해치를 닫아야 했다.

아침 6시 30분, 이집트군 제21기갑사단의 전차들이 시야에 들어왔다. 레셰프 대령은 어마어마한 기세로 빠르게 다가오는 이집트 전차부대를 보며 네게브 사막에 비가 내린 후 모든 것을 휩쓸고 지나가는 급류 같다고 생각했다. 대령은 잠시 자신도 이 급류에 휩쓸리지 않을까 생각했다. 양군 전차 사이의 거리가 3,000야드(2,743m)가 되자, 레셰프는 "사격 위치로!"라고 명령했다. 중대장 전차가 먼저, 그 다음에 소대장 전차, 그리고 나머지 전차들이 차례로 각자 맡은 구역으로 이동하면서 비어 있던 능선 곳곳에 전차의 검은 형태가 모습을 드러내기 시작했다. 마침내 레셰프의 지구에 있는 능선은 전차 100대로 빼곡하게 들어찼다. 이들의 일제사격에 이집트군 전차들이 불타오르기 시작했다. 이집트군 일부는 능선 위쪽의 이스라엘군 전차로부터 몸을 숨길 수 있는 하마디야 능선 기슭에 이르렀다. 살아남은 이집트군 전차들은 능선을 올라가 이스라엘군에게 돌진했고 몇십 야드까지 근접해 교전했다. 레셰프는 자신의 왼쪽에 있는 키슈프 능선의 전차들에게 능선에서 내려와 공격하는 이집트군의 측면을 치라고 명령하고 이집트군 후방에 대한 지원 포격을 요청해 후퇴를 지연시키려 했다. 레셰프가 맡은 지구의 전투는 30분 만에 끝났다. 이집트군 전차 수십 대가 불타고 있었고, 이스라엘군 전차 5대가 적탄에 맞았다. 여단에는 6명의 전사자와 다수의 부상자가 발생했다. 아침 7시, 레셰프는 부사단장에게 무전으로 보고했다. "적 공격 격퇴. 서쪽으로 위치를 개선 중." 하지만 별 뜻 없어 보이는 이 메시지는 서쪽으로 진격하겠다는 제안이었고, 샤론 사단의 무선망을 모니터링하던 남부사령부는 이를 막았다.

레셰프의 옆 지구를 맡았던 여단장 하임 에레즈 대령은 이집트군의 포격이 끝나고 포탑 해치를 열었다가 겨우 20야드(18m) 정면에서 포연을 뚫고 다가오는 전차 한 대를 발견했다. 에레즈의 포수가 이 전차를 저지했다. 이스라엘군 전차장이 새거팀을 발견하고 '여행가방을 든 관광객들'이 사막에 전개한다고 보고했다. 에레즈는 1개 대대로 이들을 우회해 포위하려고 했으나 적은 곧 후퇴했다.

전선 북단의 발루자 근처, 이스라엘군 소부대가 칸타라 방향에서 전진하는 T-62 전차여단을 주시하고 있었다. 이스라엘군 진영에서 2마일(3.2km) 떨어진 곳에서 밤새 사막에 숨어 있던 이집트군 보병이 공격에 합세했다. 이집트군 T-62는 전차 사이로 걸어가는 보병에 맞춰 속도를 늦췄다. 이스라엘군은 1,200야드(1,097m) 거리에서 사격을 개시했다. 이집트군 전차 9대가 피격되고 나머지는 전열을 재정비하기 위해 후퇴했다. 이집트군이 다시 오자, 이스라엘군은 전차 21대를 명중시켰고 이집트군 지휘관은 전투를 포기했다. 이스라엘군은 새거에 전차 1대만을 잃었다.

지금껏 별다른 피해가 없었던 고넨 여단은 운이 나빴다. 고넨 여단은 이집트군 새거팀의 공격으로 전차 10여 대를 잃었다. 다른 이스라엘군 부대 전체의 손실보다 더 많은 수량이었다.

이집트군이 기디와 미틀라 고개에 도달하고자 노력을 기울이던 전선 남단에서는 1개 기갑여단이 무방비 상태의 넓은 와디를 따라 전진했다. 여단 선도부대가 이스라엘군 감시병에 의해 포착되자, 급조된 소규모 전차부대와 지프에 탑재된 무반동총을 장비한 공수부대가 이를 저지했다. 이 공세로 인해 SAM 우산 밖으로 나오게 된 이집트군 전차는 얼마 지나지 않아 이스라엘 전투기들에게 호된 대가를 치렀다.

늦은 오후 시간, 이집트군 전차들이 전 전선에서 퇴각했다. 이집트군이 이날 잃은 전차는 150대에서 250대 사이로 추정되었다. 이스라엘군 전차 상당수도 피격되었지만 대부분 곧 수리되었다. 남부전선에서 전쟁이 시작된 이래 처음으로 새거의 방해를 받지 않고 이스라엘 기갑부대 고유의 강점이 발휘되었다. 엘라자르는 이집트군 전차를 더 많이 격파하기를 바랐으나, 이집트군은 공세를 중단했다. "우리가 너무 일찍 적을 차단했군." 엘라자르가 한탄했다. 하지만 이날 전투에서 이집트군은 처음으로 큰 패배를 겪었고, 그 다음부터 양측의 심리적 방정식은 변했다.

지금까지 이집트군 야전지휘관들—그리고 심지어 이집트 언론들까지도—은 이스라엘이 이전 전쟁에서 비웃었던 '동양적 상상력'과는 전혀 다른 모습을 보이며 전투 결과를 꽤 충실하게 보고하고 있었다. 이렇게 현실을 제대로 다룰 능력이 있다면 이집트는 더 강력한 적이 될 것이다. 그런데 이날이 끝날 무렵, 이집트군 무선망에서는 미틀라 고개 탈취를 비롯한 상상에서만 존재하는 전과 보고 등 아무 근거 없는 희망적인 관측이 다시 들리기 시작했다. 바르-레브는 골다 메이어 총리와의 전화 통화에서 이 변화를 간결하게 요약했다. "우리는 본래의 우리로, 이집트인은 본래의 이집트인으로 돌아갔습니다."

샤론은 후퇴하는 적을 추격하게 해달라고 바르-레브를 조르며 이 상황을 더 날카롭게 꼬집었다. "오늘 이집트군 제21기갑사단을 보았습니다." 샤론이 말했다. "장관님(얼마 전까지 바르-레브가 맡았던 상무장관직을 가벼운 마음으로 언급)과 대화하는 데 거친 표현을 쓰는 것 같습니다만, 이놈들은 예전의 똥덩어리입니다. 와서 한 대 맞으니 도망치더군요." 샤론은 곧 이집트군을 그렇게 가볍게 여겨서는 안 된다는 것을 깨닫겠지만, 역사상 가장 어려운 한 주를 보내고 난 이스라엘은 시나이 반도의 전장에서 거둔 첫 쾌승을 축하할 이유가 충분했다.

'센터 텐'에 있던 샤즐리 참모총장은 오전 늦게 제2군 사령관 마문 장군과 통화하려고 했으나 장군이 쉬고 있다는 말만 들었다. 중요한 전투가 벌어지고 있는 마당에 지휘관이 오전 11시까지 쉬고 있다거나 참모총장이 전화를 걸었는데도 부관이 전화를 바꿔주지 않다니, 의아스러웠다. 하지만 샤즐리는 더 캐묻지 않았다. 2시간 뒤 사다트 대통령이 전선을 시찰하라고 명령했다. 샤즐리는 오후 늦게 이스마일리아에 있는 제2군 사령부를 찾았다. 이번에 마문 장군을 만나자고 하자, 주변 사람들이 사실을 말해주었다. 장군이 신경쇠약에 걸렸다는 것이었다. 마문은 야전침대에 누워 있었다. 군의관은 장군이 입원해야 한다고 말했지만, 샤즐리는 마문의 요청에 따라 후송을 하루 연기했다. 그 다음 샤즐리는 시나이 반도로 건너갈 의향으로 운하로 갔다. 그런데 막상 도착해보니 제2군 담당지구의 다리 2개 가운데 하나는 이스라엘군의 포격에 파괴되었고, 다른 하나는 같은 운명을 피하고자 일시적으로 철거된 상태였다.

자정 무렵에 카이로로 돌아온 샤즐리는 이스마일과 사다트에게 '아군 최악의 날'에 대해 보고했다. 샤즐리의 생각에 이 공세는 군사적 대참사였을 뿐 아니라 어떤 목적도 달성하지 못했다. 이집트군은 시리아군처럼 이스라엘 심장부에 위협이 되지 않았기 때문에 이 공격은 아사드의 희망대로 이스라엘군을 골란 고원에서 시나이 반도로 끌어내지 못했다. 어찌됐든 이집트군이 SAM의 사거리를 벗어나기만 하면 이스라엘의 공군력만으로 이집트군의 시나이 반도 횡단을 막기에는 충분했다. 더욱이 이라크군이 이미 전투에 참전해 북부전선의 상황은 안정되었다. 샤즐리의 분석에는 통찰력이 있었으나 사다트가 추구했던 것은 이스라엘군을 시리아 전선에서 끌어내는 것이 아니었다. 그의 목표는 지원하는 모습을 보여줌으로써 아사드를 전쟁에 붙들어두는 것이었다. 토요일에 영국대사와 가진 면담에서 사다트가 휴전 제안을 거부했다는 사실을 알았더라면 샤즐리는 더 화가 났을 것이다. 이때 휴전했더라면 이집트는 점령한 시나이 반도의 운하 하안을 확보했을 것이기 때문이었다.

다얀은 이 공격이 이집트군 전쟁계획의 제2단계인 기디와 미틀라 고개를 향한 진격인지 의심스럽다는 생각을 피력했다. 엘라자르는 계획보다 제한적이기는 했지만 그렇다고 믿었다. 이집트군이 전력을 더 투입하도록 부추길 목적으로 엘라자르는 이집트군 감청반이 엿듣도록 무전을 통해 심각한 목소리로 오늘 전투에서 패했다는 이야기를 바르-레브와 나누었다. 바르-레브의 부하 장교는 나중에 장군의 연기력이 출중했다고 칭찬하면서 그가 군인을 직업으로 택한 탓에 이스라엘 연극계는 재능 있는 배우를 잃었다고 말했다.

샤론도 비슷한 술책을 썼다. 그는 레셰프에게 전차를 보호하기 위한 것처럼 연막을 피우고, 심한 압박을 받아 후퇴할 수밖에 없다는 식으로 보고하라고 말했다. 대대장들도 절박한 지원 요청을 하며 샤론의 놀이에 가담했다. 이스라엘군은 열심히 미끼를 흔들어댔으나 이집트군은 이런 아마추어 연극에 장단을 맞출 기분이 아니었다.

이날의 전투로 인해 다얀은 운하 도하를 적극적으로 옹호하게 되었다. 일요일 저녁에 다얀이 '구덩이'로 돌아오자, 엘라자르는 조종사들이 휴식을 취하도록 공군에게 작전을 하루 중단할 것을 명령했다고 말했다. "저는 가장 중요한 일에 집중하고 있습니다." 엘라자르가 말했다. "내일은 돌파, 모레는 전투가 있을 것입니다. 운하 반대편에 발판을 마련할 때까지 온 힘을 다해 이집트군을 공격하겠습니다." 다얀은 다시 한 번 북부사령부가 충분한 적극성을 보이지 않는다고 비판했다. 엘라자르는 상대적으로 며칠간 소강상태였고 일선 부대들이 다른 부대와 순환 배치될 여유가 있었던 남부전선과 달리 북부전선의 병력은 8일간 거의 쉬지 않고 전투를 벌였음을 지적했다. "북부전선의 장병은 8일간 싸워 녹초가 되었습니다."

이스라엘 국방군은 가능한 거의 모든 실수를 저질렀다. 그 근본적 원인은 전략적 사고를 기괴할 정도로 왜곡시킨, 적에 대한 과소평가였다. 유연방어flexible defense 대신 운하 제방에서 이집트군을 막겠다는 결정 뒤에는 자만심이 자리했다. 자만심 때문에 군은 100마일(161km) 길이의 전선에서 운하를 전면 도하하는 이집트군 5개 사단을 1개 여단으로 막겠다는 최악의 시나리오가 현실이 되어도 이에 능히 대처할 수 있다고 믿게 되었다. 운하를 따라 대량으로 배치된 SAM에 취약하다는 점이 알려졌음에도 불구하고 공군은 방어전에서 핵심 역할을 맡게 되었다. 공군이 무력화된다면 지상군이 어떻게 대처할 것인가는 미완의 과제로 남겨졌다. 전차가 적을 몰아낼 것이라고 확신한 이스라엘군 입안자들은 현대적 무기로 무장한 아랍의 보병이 전차의 돌격을 그 자리에서 저지할 수 있다는 것을 상상하지 못했다. 이스라엘은 이전에 아랍군이 이례적으로 많은 수량의 RPG와 새거를 획득했다는 것을 알았으나 그 전술적 함의를 깊이 생각하지 않았다. 대피가 가능했을 때 바르-레브 선의 전초기지 수비대 철수를 거부했기 때문에 전초기지는 수비대에게뿐 아니라 구출에 나선 병력에게까지 죽음의 덫이 되었다. 운하 하안을 둘러싸고 벌어진 의미 없는 전투에서 이스라엘군 병사 수백 명이 희생되었다. 개전 1주일 뒤에도 이스라엘 국방군이 강력한 전투력을 유지했다는 사실은 수뇌부의 혜안이 아닌 일선 병사들과 지휘관들의 용기와 기량에 힘입은 바 크다. 이스라엘 국방군은 실패에 대해 뼈아픈 대가를 치렀다. 하지만 상황은 결국 안정되었다. 이제 이스라엘군이 적을 놀라게 할 차례가 되었다.

일요일 밤 11시, 남부사령부의 고위 장교들은 도하작전에 관한 브리핑을 듣기 위해 움 하시바에 모였다. 사람들로 꽉 들어찬 회의실은 기대로 활기에 넘쳤다. 모든 시선이 벽을 가득 메운 대형 지도와 옆에 붙은 작전의 암호명인 '용감한 사나이들Abirei Halev(Stouthearted Men)'을 향했다.

이 작전의 개요는 고넨이 이미 전쟁 전에 작성해두었다. 바르-레브는 이 계획을 현 상황에 맞게 수정했고 참모진이 이를 치밀하게 구체화하는 중이었다. 고넨의 설명으로 2시간에 걸친 발표가 시작되었다.

고넨은 긴 지시봉을 이리저리 움직이며 이집트 제2군과 제3군 사이의 틈새에 있는 마츠메드 전초기지에서 도하가 개시될 예정이라고 말했다. 이는 5마일(8km) 종심의 이집트 제2군 교두보를 뚫고 들어갈 필요 없이 운하에 도달할 수 있다는 뜻이었다. 그런데 마츠메드는 중국농장에 있는 이집트 제2군의 외곽선에서 남쪽으로 불과 800야드(732m) 떨어져 있었다. 따라서 이스라엘군 진영에서 도하지점까지의 회랑지대를 확보하기 위해 이곳의 이집트군을 북쪽으로 최소 2마일(3.2km)을 밀어내는 대규모 공세가 예정되었다. 도하지점에서 이집트 제3군 교두보까지의 남쪽 틈새의 너비는 15마일(24km)로 이집트 제3군이 있는 방향에서 즉각적인 위협을 배제해도 좋을 정도였다.

실제 도하는 이미 이 지역에 전개를 마친 샤론 사단이 수행할 예정이었다. 샤론은 남부사령관 재임 시절에 마츠메드 전초기지 전면을 따라 중간 대기구역을 마련해놓았다. '운동장Hatzer(yard)'이라고 알려진 이 구역은 도하를 기다리는 병력을 보호하기 위한 토루로 둘러싸여 있었다.

샤론 사단은 시나이 반도 하안의 출발지점과 운하 반대편의 도착지점을 점령할 것이다. 이 목적을 위해 마트 대령의 공수여단이 이미 샤론 사단에 배속되었다. 내일 10월 15일 월요일, 어둠이 내린 다음 공수부대가 고무보트를 타고 운하를 건너 전에 영국 공군기지가 있던 데버수와르라는 이름으로 알려진 마츠메드 건너편 지역에 발판을 마련할 것이다. 운하 반대편 하안이 확보되면 샤론 사단이 후방에서 가져온 교량을 공병대가 운하에 가설할 것이다. 공격군은 이집트군 중앙의 구멍을 통해 뛰쳐나가기 때문에 운하 양안에 있는 적 포병의 유효사거리 내에 있게 될 것이다. 이스라엘군이 바랄 수 있는 최상의 결과는 확보한 도하지점과 회랑지역을 적 전차의 직사 사격과 새거로부터 보호하는 것이었다.

교량이 가설되면 아단 사단이 교량을 건너 운하 남단의 수에즈 시를 향해 진격해 이집트 제3군의 보급선을 차단할 것이다. 샤론 사단은 회랑지대의 안전을 확보하는 대로 아단의 뒤를 따를 것이다. 2개 사단은 이스마일리아 교외로부터 수에즈 시 남쪽의 아타카 산Mount Ataka에 이르는 50마일(80km) 길이의 지역을 점령할 것이다. 이들은 진격하면서 SAM 포대를 일소해 공군에게 하늘을 열어줄 것이고, 공군은 개전 이래 처음으로 적절한 지상군 지원을 개시할 수 있을 것이다. 지상군은 카이로로 진격할 준비를 한다. 각 부대에는 이집트 수도의 지도가 배포될 것이다. 바르-레브는 발표 순서가 되자, 자신이 공격의 선봉에 서야 한다는 샤론의 집착을 약화시키려고 특히 노력했다. 샤론 사단은 도하작전 수행 부대지만 사단의 마트 여단이 운하 건너편에 발판을 마련한 다음, 나머지 병력은 회랑지대를 확대하기 위해 시나이 반도에 남을 것이다. "시나이 반도의 아군 교두보는 북쪽으로 최소 4킬로미터 확대되어야 합니다. 그리고 이 임무는 아리크, 자네가 끝까지 남아서 해야 하네."

"남아서 무엇을 하라는 말씀입니까?" 샤론이 볼멘소리로 물었다.

"자네 임무 말이야. 교두보에 대한 안전 확보가 자네 임무야. 교두보에서 맡은 일이 끝나야 카이로 힐튼 호텔로 갈 수 있을 거야."

바르-레브는 곧 수행할 작전이 매우 복잡하겠지만 문제가 발생하는 대로 임기응변을 발휘해 해결하라고 말했다. "우리는 할 수 있으며 제대로 할 수 있음을 보여줄 것입니다. 다만 여기에서 합의된 모든 계획이 정확하게 수행되어야 한다는 전제하에 말입니다. 만약 서로를 밀치기 시작한다면 작전은 엉망진창이 될 것입니다." 누구에게 하는 말인지는 명확했다. 시나이반도에는 소규모 전차부대가 남아 이집트군 교두보를 견제할 것이라고 바르-레브는 말했다.

이집트군은 소련의 대규모 조력 하에 집중적인 도하훈련을 실시해왔었고 실전에서 치밀하게 이를 수행했다. 이스라엘군은 포화 속에서 임기응변을 발휘해 도하해야 할 것이다. (바르-레브는 훗날 이 전쟁에서 사전 계획에 따라 이루어진 행보는 없었다고 술회했다.).

불과 3일 전만 해도 엘라자르와 바르-레브는 도하를 휴전을 얻어내기 위한 최후의 시도로 보았다. 도하를 승리의 열쇠로 여긴 군 수뇌부 인사는 아무도 없었다. 패전이라는 참사를 회피하는 것이 주요 목표였다. 그런데 지금은 전세 역전이 목적이다. 이날 전투에서 이집트군 기갑 전력이 소모되었기 때문에 전력 격차는 줄어들었으나 이스라엘군의 얼굴에 화색이 돌아오게 만든 것은 자신들의 전투 능력이었다. 바르-레브는 "우리는 우리 자신으로 돌아왔다"고 말했다.

브리핑을 하던 장교가 도하의 목적이 이집트군의 항복이라고 말하자, 바르-레브는 "우리 목표는 이집트군의 격멸이야!"라고 외쳤다.

이 브리핑에 엘라자르는 없었다. 총참모장은 전원 각료회의에서 도하 승인을 받아내기 위해 텔아비브에 있었다. 엘라자르는 일부 각료가 도하를 아주 위험한 도박으로 여긴다는 것을 알았기 때문에 계획은 타당한 군사적 원리에 근거하여 수립되었음을 강조했다. "도하가 참사로 끝날 위험이 있다고 생각했더라면 저는 제안하지도 않았을 것입니다. 교량 하나가 폭탄에 맞아 모든 것이 끝난다면 이런 수고를 하지 않을 것입니다." 하지만 엘라자르는 위험을 부인하지 않았다. "전투의 결과는 추정될 수 있을 뿐입니다." 작전은 단계적으로 수행될 것이며 언제든 취소될 수 있었다. 소규모 병력이 건너간 상태에서 다리가 모두 파괴되는 최악의 상황이 벌어진다면 전차를 남겨두더라도 장병들은 고무보트로 구조될 것이다. "저는 실패할 가능성은 상당히 낮으며 성공의 가능성이 크다고 믿습니다. 얼마나 큰 성공을 거둘지 말씀드릴 수 없으나 매우 큰 성공일 것입니다."

내각으로서는 쉽게 결정할 수 있는 문제가 아니었다. 엘라자르가 묘사한 최악의 상황은 상상할 수 있는 최악의 경우가 아니었다. 소부대가 고립되는 것이 아니라 군의 상당 부분이 고립될 수 있었다. 하지만 메이어 총리는 엘라자르의 판단을 신뢰했다. 결국, 내각도 총리의 판단을 믿었다. 욤 키푸르 이후 하루 흡연량이 2갑에서 3갑으로 늘기는 했어도 총리는 평정을 되찾았으며 각료들에게 힘의 원천이 되었다.

엘라자르는 각료들의 머리를 어지럽히지 않으려고 도하한 후에 소모전의 수렁에 빠지는 최대의 걱정에 대해 말하지 않았다. 엘라자르는 이미 이럴 때를 대비해 징집연령 상한선을 올리고 부상자를 원대복귀시키며 손상된 전차를 수리하고 새 전차를 획득할 계획을 준비하라고 이날 아침에 참모진에 명령해두었다. 해외 거주 유대인 자원입대자를 모집하는 방안도 고려되었다. 자정 30분 뒤, 내각은 도하작전을 승인했다. 남부사령부의 브리핑은 이보다 30분 뒤에 끝났다. 전투는 16시간 안에 개시될 것이다.

6일 전쟁 당시 수에즈 운하에서의 갑작스러운 진격 중단 이래 이스라엘 국방군은 운하 도하를 계속 염두에 두어왔다. 서방국가들은 도하 시도를 막기 위해 이스라엘에 대한 군용 도하장비 판매를 거부해왔다. 이스라엘이 입수할 수 있었던 최상의 장비는 물에 뜨는 철제 큐브로 만들어진 영국제 시스템으로 이 큐브를 연결하면 부교가 되었다. 유니플로트^{Unifloat}라는 이름으로 알려진 이 시스템은 원래는 항구에서 사용할 목적으로 제작된 민수용 장비였다. 이스라엘 공병대 관계자들은 큐브 9개를 연결하면 전차 1대를 운반할 수 있는 문교^{門橋}를 만들 수 있다고 계산했다. 문교 12개를 앞뒤로 연결하면 160야드(146m) 너비의 수에즈 운하를 가로지르는 데 충분한 길이가 되었다. 이 큐브는 전시에 투입될 수 있도록 내부가 폴리우레탄으로 채워져 포탄에 맞아도 가라앉지 않았다.

이외에 이스라엘은 고안자인 프랑스군 장성의 이름을 따 길로와^{Gillois}라고 불린 자주도하차량[프랑스어명 Engin de Franchissement de l'Avant(전방도하장비), 혹은 Le Bac Amphibie ou Gillois(길로와 수륙양용 페리), 이스라엘군은 '팀사하(악어)'로 부름-옮긴이]을 유럽에서 폐품으로 사들였다. 길로와의 가장 큰 장점은 견인해야 하는 부교와 달리 자력으로 물가까지 이동할 수 있는 수륙양용 차량이라는 것이었다. 나토군을 포함해 이것을 시험해본 모든 군대가 도입을 포기했던 이유는 취약성 때문이었다. 길로와는 공기를 주입하는 고무 플로트에 의해 떠 있는데 파편에 쉽게 구멍이 날 가능성이 컸다. 이스라엘 국방군 내부에서는 과연 길로와에 예산을 투입해야 하는지를 두고 논쟁이 벌어졌다. 결국, 고철로 수입된 자주도하차량의 절반만 도하작전에 보조적으로 사용될 수 있도록 개조되었다.

이 두 가지 선택지에 만족하지 않은 이스라엘 국방군은 신망 있는 다비드 라스코브$^{David\ Lascov}$ 대령이 고안한 200야드(183m) 길이의 '돌격교$^{assault\ bridge}$'를 자체 개발했다. 부교처럼 수면에서 조립할 필요가 없는 이 다리는 사전에 조립한 다음 운하에 밀어넣으면 반대편에 닿을 수 있었다. 기술혁신의 선구자이기도 한 탈 참모차장도 이 아이디어를 적극적으로 지지했다. 두 사람은 물에 뜨는 철제 롤러 바퀴로 운하까지 견인할 수 있는 450톤 크기의 구조물을 개발했다.

전쟁 발발 직전에 완성되어 '롤러교$^{Gesher\ Glilim(roller\ bridge)}$'라고 불리게 된 이 교량의 각 경간은 운하에서 15마일(24km) 떨어진, 유콘^{Yukon}이라는 암호명이 붙은 시나이 반도의 치장물자 보관지역으로 운반되었다. 전쟁이 일어나면 교량 경간들은 운하에서 5마일(8km) 떨어진 지점으로 운반되어 조립될 예정이었다. 조립 장소는 이집트군은 볼 수 없을 정도로 수로에서 충분히 떨어져 있으면서도, 하룻밤 사이에 평탄한 지형을 가로질러 손쉽게 운하로 견인할 수 있는 곳이었다. 그런데 개전 초기에 예정된 조립 장소가 이집트군의 수중에 떨어지는 바람에 교량은 유콘에서 조립되어야 했다. 운하에 도달하려면 계획보다 3배의 거리를 더 견인해야 했고 게다가 모래언덕을 건너야 했다. 더 큰 문제는 견인 작업이 전장 가장자리를 따라 이루어질 것이라는 점이었는데, 이런 목표물을 이집트군이 놓칠 리가 만무했다.

10월 13일 토요일, 다리 조립이 끝났다. 복잡한 견인 임무 수행에 대비해 훈련을 받았던 엘리 게바 대위의 중대는 골란 고원에서 전투 중이었다. 이 임무는 샤론 사단의 시몬 벤-쇼샨$^{Shimon\ Ben\-Shoshan}$ 중령의 대대(제257전차대대-옮긴이)에게 맡겨졌다. 대대는 일요일 낮에 이집트군 기갑부대와 전투를 치른 다음, 밤에 교량 조립 지역에 도착했다고 보고했다. 부대원들은 모래언덕 사이로 나타난 200야드(183m) 길이의 금속제 교량을 보고 놀랐다. 브리핑을 한 공병대 장교들은 전차병들에게 적절하게 제동하지 않으면 모래언덕을 내려갈 때 다리 구조물이 이탈할 위험이 있다고 경고했다. 손발이 잘 맞아야 한다는 점이 필수적이었다. 대대장이 카운트다운을 마치면 전차들은 함께 다리를 견인할 것이다. "준비, 준비, 기어 넣어, 이동!"

양 측면에서 견인하는 전차 10대와 전면에서 견인하는 전차 1대에 더해 전차 1대가 후면에 배치되어 브레이크 역할을 맡았다. 동트기 전에 일어나 위치로 이동해 전차전을 벌인 전차승무원들은 준비가 완료되기를 기다리는 동안 졸음을 쫓아내려고 애썼다. 벤-쇼샨 중령은 각 전차장에게 차례로 준비 상황을 보고하라고 명령했다. 마지막 전차장이 응답할 때쯤 앞서 응답한 전차승무원들은 잠들어버렸다. 마침내 견인 작업이 개시되었다. 롤러교는 몇 시간 동안 간신히 가다 서다를 반복하면서 겨우 2마일(3.2km)도 못 갔다. 수송 대열은 동이 트자 이동을 중단했고, 교량은 위장망으로 덮였다. 이동식 대공포가 옆에 자리를 잡았고 월요일 아침부터는 공군이 계속 상공에 머물렀다.

2개의 다리로 구성될 부교는 월요일 동틀 무렵 도하 지역에서 북쪽으로 60마일(97km) 떨어진 북부 시나이 반도 해안의 발루자에서 한 개가, 다른 한 개는 그 절반 거리에 있는 레피딤에서 각각 2개의 수송대에 실려 출발했다. 각각 전차 한 대가 견인하던 부교는 결국 교통체증에 갇히고 말았다. 견인 전차를 지휘하던 장교가 앞을 막은 빈 버스의 운전병에게 옆의 사막으로 차를 빼 부교가 지나가게 해달라고 하면서 "통과한 다음 꺼내주겠네"라고 말했다.

버스 운전병은 "사막으로 들어가면 아무도 저를 꺼내주지 않을 겁니다"라며 주저했다.

소득 없는 대화 끝에 장교는 밀고 지나가겠다고 말했다. "부탁 하나만 하지. 버스에서 내리게."

운전병이 버스에서 뛰어내리는 것을 보고 전차장은 버스를 도로에서 밀어냈다. 얼마 후 교통체증은 다시 극심해졌다. 벤-아리가 경비행기를 타고 도로 상공을 비행하며 부교에 길을 터달라고 휴대용 확성기로 운전병들에게 소리치기까지 했으나 소용이 없었다.

길로와 차량은 전쟁이 벌어졌을 때 이스라엘 영토 안에서는 수에즈 운하에서 가장 먼 곳에 있었다. 키네레트 호수에서 훈련 중이었던 승무원들은 이틀간 시리아군 포탄이 간헐적으로 호수에 떨어져 폭발하는 모습을 보다가 도착한 수송차량으로 레피딤 기지로 수송되었다. 이들은 레피딤에서부터 길로와 차량을 직접 운전해 이동했다.

부교와 길로와는 샤론 사단의 나머지 병력들과 마찬가지로 좁은 도로를 통과해 도하지점에 도달해야 했다. 아카비쉬Akavish(거미)라는 암호명이 붙은 이 5m 폭의 아스팔트 단선 도로는 타사에서 남서쪽으로 20마일(32km)을 뻗어 비터 호수 북단까지 이어진다. 아카비쉬로는 이스라엘군 진영에서 도하 지역에 접근할 수 있는 유일한 도로였다. 그 중간에서는 티르투르로Tirtur road라는 비포장도로가 갈라져 아카비쉬로의 나머지 구간과 평행으로 달리며 서쪽으로 6마일(9.7km) 떨어진 운하에 다다른다. 티르투르로는 계획된 조립 장소에서 조립된 롤러교를 운하까지 견인하기 위해 건설된 도로였다. 하지만 이 도로는 현재 이집트 제2군의 남쪽 경계에 해당했다. 이집트군의 방어선과 이스라엘군이 도하할 경우 동맥이 되어 줄 티르루트로의 두 가지 역할은 이 보잘것없는 사막 도로를 중요한 전략적 중심축으로 탈바꿈시켰다.

아직 월요일의 동이 트지 않았음에도 공수부대 지휘관 마트 대령은 샤론 사단장이 여단장들을 대상으로 하는 브리핑에 참석하기 위해 주둔지 미틀라 고개를 떠나 사단본부가 있는 타사로 출발했다. 마트는 지금까지 이스라엘이 치른 모든 전쟁과 그사이에 벌어진 수많은 소규모 전투에서 싸워왔으나 지금처럼 무거운 책임감을 느낀 적은 없었다. 마트의 여단은 운하를 건너감으로써 문자 그대로 전쟁의 향배를 바꿀 예정이었다.

전장은 잠들지 못하고 가끔 뒤척였다. 간혹 뾰족한 톱니 모양의 섬광이 빛을 뿜으며 어둠을 갈랐고, 천천히 낙하하는 조명탄은 밤하늘을 풍등처럼 장식했다. 멀리서 가끔 포성이 들렸다. 반궤도장갑차의 지휘관 좌석에 앉은 수염이 덥수룩한 마트는 정면의 독도대reading surface를 비추는 작은 불빛에 의지해 연구하던 지도를 옆으로 치우고 군복의 가슴 주머니에서 최고 종군 랍비가 준 구약성서 시편이 담긴 소책자를 꺼냈다. 종교인은 아니었으나 마트는 종교적 가정에서 성장했기 때문에 아직도 구약성서의 구절에서 마음의 위안을 얻고 있었다. 첫 페이지를 열자 "복 있는 사람은 악인들의 꾀를 따르지 아니하며 죄인들의 길에 서지 아니하며… 그는 시냇가에 심은 나무가 철따라 열매를 맺으며 그 잎사귀가 마르지 아니함과 같으니 그가 하는 모든 일이 다 형통하리로다"라는 구절이 나왔다. 늘 그랬듯 이 구절을 읽은 마트의 마음은 편안해졌다.

타사에 모인 다른 지휘관들도 전환점이 눈앞에 다가왔다는 데 공감했다. 적어도 현대적 전쟁에서 큰 파격을 입은 국가가 빠르게 회복하여 주도권을 되찾으려 한 경우는 드물었다. 진주만 기습 이후의 미국과 바르바로사 작전 이후 소련은 후퇴할 영토적 종심과 자원을 동원할 시간이 있었고 이를 통해 반격을 준비할 수 있었다. 이스라엘은 동원할 자원도, 시간도 없었기 때문에 전쟁을 신속히, 결정적으로 마무리 지으려 하고 있었다. 대규모 전쟁에서 참전국들이 자원과 의지를 끌어모으는 데 대개 수개월 혹은 수년이 걸리는 국면 전환이 수에즈 운하에서는 며칠 안으로 일어날 것이다.

이번 작전의 범위는 남부사령부가 정했으나 관련 전술의 수립은 샤론의 몫이었다. 이른 아침의 브리핑에서 샤론은 야음을 틈타 중국농장에 주둔한 이집트군 제16보병사단(사단장 압드 라브 엘-나비 하페즈 Abd Rab el-Nabi Hafez 준장-옮긴이)을 상대로 야간전투를 개시할 것이라고 예하 지휘관들에게 말했다. 인근에 있는 이집트군 제21기갑사단도 전투에 참여할 것으로 예측되었다. 전투는 해질 무렵에 투비아 라비브 Tuvia Raviv의 여단(제600기갑여단-옮긴이)이 이집트군 교두보의 전방 경계선에 견제공격 Diversionary Atack (적을 한곳에 묶어두기 위해 실시하는 공격으로, 주공의 위치를 기만하고, 주공 정면에 예비대의 증원 방지와 투입 장소를 그릇되게 하기 위해 조공이 실시하는 공격-옮긴이)을 하는 것으로 시작할 것이다. 라비브가 이집트군 제16보병사단의 정문을 걷어차는 동안 암논 레셰프의 여단은 조용히 틈새를 통해 이집트군 진영을 5마일(8km) 비집고 들어가 뒷문을 통해 중국농장으로 잠입할 것이다. 이스라엘군은 이집트군이 라비브와 레셰프의 공격에 정신이 팔린 나머지 한밤중에 도하군이 통과할 틈새 자체에는 주의를 기울이지 않기를 바랐다. 그동안 에레즈 여단의 전차들이 부교와 롤러교를 운하로 견인해올 것이다.

이집트군이 무슨 일이 일어나는지 깨닫기 전에 이 모든 것을 달성하려면 속도가 생명이었다.

전 사단 병력이 동시에 여러 방향에서 야간에 이집트군을 습격하기로 예정된 엄청난 작전이었다. 샤론은 "지휘관들의 얼굴을 보고 지금껏 일어난 모든 일에도 불구하고 이들이 과연 오늘 밤에 우리가 성공을 거둘 수 있으리라고 믿을지 궁금했다"고 나중에 자서전에서 밝혔다. "그들은 성공할 것이라고 믿었다."

정오에 샤론은 엘라자르 총참모장과 다른 사단장들 및 남부사령부 참모진에게 작전계획을 다시 한 번 브리핑했다. 공수부대는 이날 밤 8시에 고무보트로 도하를 개시할 것이다. 모든 일이 계획대로 잘 된다면 동틀 무렵에 아단 사단이 도하할 수 있도록 교량 2개가 준비되어 있을 것이다. 엘라자르는 작전시간표가 지나치게 낙관적인 것 같다고 하면서도 계획을 승인했다. 총참모장은 아침까지 교량 하나만 가설된다고 해도 만족하겠다고 했다. 부실한 도로망으로 과연 작전을 적절히 수행할 수 있을지에 대한 걱정이 모두의 마음을 짓눌렀다. 샤론의 계획이 가진 대담성에 놀라워했던 한 공병장교는 몇 년 뒤에 이렇게 말했다. "컴퓨터에 작전의 세부사항을 모두 입력하고 작전의 성공 여부를 물었다면 회로가 타버렸을 겁니다."

지휘 차량을 타고 타사에서 전장으로 이동하던 샤론은 탄약상자로 만들어지고 야자잎 지붕을 얹은 오두막들로 꾸며진 숙영지를 지나쳤다. 초막절(이집트를 탈출한 이스라엘 사람들이 40년 동안 광야에서 장막생활을 한 것을 기념하기 위한 유대인의 절기-옮긴이)이 되자 병사들은 짬을 내어 3,000년 전 광야를 헤매던 조상에 대한 기억을 되살려 전통적인 기념 초막을 만든 것이었다.

그동안 움 하시바에서는 오후에 진급식이 열렸다. 벤-아리 대령이 준장으로 진급했다. 예비역이던 벤-아리 대령은 특히 전쟁 초기의 정신없는 시기에 남부사령부의 안정된 정신적 지주로서 수행해온 핵심적 역할을 인정받아 장성으로 진급했다.

행사 참석차 움 하시바에 온 엘라자르는 25년 전의 산 시몬 전투에서 문자 그대로 등을 맞대고 함께 싸웠던 전우였던 벤-아리의 군복 어깨에 장성

계급장을 직접 달아주는 감동적 순간을 경험했다. 이때 사령부에 전화를 걸었던 샤론은 진급식이 열리는 중이라는 말을 듣고 이렇게 말했다. "때가 되었지."

아카비쉬로 가는 길에는 오후 일찍부터 전차, 구급차, 탄약수송트럭, 연료트럭, 급수트럭, 병력수송차 등 각종 차량이 몰려드는 바람에 교통체증이 시작되었다. 군이 결전장으로 이동하면서 고조된 분위기는 피부로 느낄 수 있을 정도였다. '카이로 특급' 같은 새로운 구호를 칠한 차량도 있었다. 도로변에 선 종군 랍비가 시편 책자를 나눠주었고 불가지론자(초경험적인 것의 존재나 본질은 인식이 불가능하다는 철학적 입장을 지지하는 사람들-옮긴이)임을 자처하는 사람들도 책자를 받아들었다.

교량이 과연 무사히 도착할지 점점 더 걱정된 바르-레브는 오후 일찍 샤론에게 전화를 걸었다. "어떻게 하기를 원하나? 오늘 밤 작전을 결행할 텐가, 아니면 내일로 연기하겠는가?" 몇 년이 지난 다음에도 샤론은 아직 그때의 놀라움이 가시지 않는다는 듯, "바르-레브는 결정을 내게 맡겼다"라고 술회했다. 샤론은 원래 계획대로 작전을 수행하는 것을 선호했다. 샤론 역시 다리가 과연 도착할 수 있을지 의심했으나 공격을 연기한다면 이집트군이 무슨 일이 벌어지는지 간파하거나 지휘부가 다른 생각을 할지 모른다고 우려했다. 오후 3시, 샤론은 바르-레브에게 부교가 교통체증 때문에 타사에도 도착하지 못했다고 알렸다. 타사에서부터는 도로 양편이 모래언덕으로 막혀 있어 길폭은 더욱 좁아졌다. 아직 남부사령부 본부에 있던 엘라자르 총참모장은 2시간 안에 부교가 통과하지 못하면 도하를 하루 연기하겠다고 말했다. 바르-레브는 반대했다. 이집트군이 이 지역에서의 활동을 포착하고 도하지점 건너편의 방비를 강화할지도 모른다는 것이었다. 엘라자르는 바르-레브의 의견에 동의했다.

길로와 차량들은 레피딤 기지에서 출발해 자력으로 전선으로 향했다. 길가의 병사들은 장비를 접은 상태로 이동하는 자주도하차량을 호기심에 찬 눈으로 지켜보다가 차량의 목적을 알아보고 손가락을 들어 V자를 그리며 환호성을 질러 승무원들을 격려했다. 차량들은 아카비쉬로 위쪽에 있는 대기지역으로 가라는 명령을 받았다.

그러나 작전에 참여한 다른 모든 부대는 여전히 수렁에 빠져 있었다. 한

시나이에서 견인 중인 부교. 〈이스라엘 정부 공보처 제공〉

번도 견인 임무를 수행해본 적이 없는 전차승무원들이 견인하는 롤러교는 부상자처럼 사막 바닥을 가로질러 천천히 기어오고 있었는데 얼마 지나지 않아 진짜로 부상자가 될 판이었다.

아단 사단은 아카비쉬로를 우회하고 있었으나 부교도 마찬가지로 지선도로를 이용해 운반되고 있었다. 한번은 사단의 고위 장교가 사단의 보급 차량을 통과시키기 위해 거추장스러운 부교를 도로 밖으로 치우라고 명령했다. 푹푹 빠지는 모래에서 부교를 다시 끌어내 다시 조직하는 데 몇 시간이 더 걸렸고, 이로 인해 부교는 늦은 밤까지 아카비쉬로가 시작되는 타사 교차로에 도착하지 못했다. 첫 번째 수송대는 12개의 부교 경간 중 3개만 가지고 도착했다. 나머지 경간은 수송 도중 떨어져나갔다. 두 번째 수송대는 더 늦게 도착했으나 부교 경간은 모두 온전했다.

공수부대도 어려움을 겪고 있었다. 마트의 공수여단은 전투지역에 진입하기에는 너무나 취약한 민간 버스를 타고 시나이에 도착했다. 배정을 약속받았던 반궤도장갑차는 막상 현장에 도착해보니 그림자도 보이지 않았다. 중대장 하난 에레즈$^{Hanan\ Erez}$ 대위는 조종수들을 가득 태운 버스를 타고 가서 반궤도장갑차를 급히 수배해 '수단과 방법을 가리지 말고' 가져오라

시나이 사막을 가로질러 수에즈 운하를 향해 전진하는 이스라엘군. 〈이스라엘 국방군 기록물보관소 제공〉

는 명령을 받았다. 에레즈는 오후 2시까지 돌아오라는 지시를 받았다. 앞으로 4시간이 남았다. 이들을 운하로 실어나를 반궤도장갑차 없이는 도하도 없을 것이다. "장갑차를 구하지 못하면 돌아오지 말도록!" 상관이 말했다.

에레즈는 이틀 전 레피딤 기지에 줄지어 서 있는 신형 반궤도장갑차들을 본 적이 있었다. 레피딤에는 장갑차들이 아직 그대로 있었다. 조종수들이 장갑차에 탑승하려 하자 백발이 성성한 중령 한 명이 에레즈를 불러 세워 무슨 일이냐고 물었다. 대위는 마트 대령의 공수여단이 장갑차를 급히 필요로 한다고 설명했다.

"문제 없네. 명령서만 보여주게." 병참 장교가 말했다.

"저희가 도하부대입니다." 에레즈가 말했다. "명령서는 없습니다."

"명령서 없이는 차량을 가져갈 수 없어." 중령이 말했다. 에레즈는 설득하려 했으나 중령은 완강했다. 설득이 안 되자 에레즈는 우지 기관단총의 장전 손잡이를 당기고 "헛소리 그만하시죠"라고 말했다. "막으면 쏠 겁니다."

상황을 이해한 중령이 옆으로 물러섰다. "승차하고 나를 따라와!" 에레즈가 조종수들에게 소리쳤다.

기지의 연료보급소에는 차량 대열이 길게 줄지어 서서 자기 차례를 기다리고 있었다. 에레즈는 담당 장교를 옆으로 불러 반궤도장갑차들의 임무에 대해 얘기했다. 장교는 에레즈의 장갑차들을 즉시 줄 앞에 세웠다. 이제 운하로 가는 길의 모든 교차로에 헌병이 배치되어 우선순위에 따라 차량을 통과시키고 있었다. 교차로에서 멈출 때마다 에레즈는 하차해 자신의 임무를 설명하고 최우선으로 통과 허가를 받았다. 오후 1시 45분, 에레즈는 반궤도장갑차들을 이끌고 여단 집합 지역에 도착해 장갑차들을 인계했다. 예정시간보다 15분 빨랐다.

에레즈가 가져온 반궤도장갑차는 여단 전체 병력을 수송하기에는 충분하지 않았다. 여단의 2개 대대 중 1개 대대는 이집트군 포병의 사거리에 못 미치는 아카비쉬로 위쪽까지 버스로 이동하기로 결정되었다. 버스에서 하차한 병사들은 다른 대대를 태운 반궤도장갑차가 운하에서 돌아와 자신들을 태우고 갈 때까지 기다릴 것이다.

오후 3시, 교량 견인 작전 지휘관 하임 에레즈 대령은 샤론에게 부교와 롤러교 모두 제시간 안에 운하에 도착할 수 없다고 말했다. 대령은 작전을 하루 연기하는 것이 어떻겠냐고 건의했다. 샤론은 거듭 "이집트인은 부대배치를 바꾸고 유대인들은 마음을 바꿀까 봐" 걱정된다고 말했다.

오후 3시 45분, 처음으로 한 줄기 광명과도 같은 소식이 샤론에게 전해졌다. 길로와 차량들이 교통체증이 가장 심한 지역을 통과했다고 부사단장 예후다 에벤Yehuda Even 대령이 보고한 것이다. 이제 전차를 운하 건너편으로 보낼 수 있게 되었다. 샤론은 아무리 수가 적더라도 전차를 도하시키는 것이 작전 성공에 필수적이라고 믿었다. 샤론은 바르-레브와 접촉해 길로와 소식을 알리고 "오늘 밤에 공격하겠습니다"라고 말했다. 교량이 아닌 얼마 되지 않는 길로와로 도하작전을 개시한다는 생각은 고려조차 한 적이 없었다. 지난 일주일간 계속 승인받지 못했던 어떤 제안보다 훨씬 대담한 샤론의 결정에 대해 바르-레브는 "동의하네"라고 말했다.

레세프 대령은 참모진과 함께 지도와 항공정찰사진을 검토하고 다가올 전투의 복잡한 기획안을 작성하며 하루를 보냈다. 주목표인 중국농장은 이집트가 유엔의 협조를 받아 농업개발기지로 건설해 1960년대에 운영을 시작했다. 6일 전쟁 당시 이 농장에 도착한 이스라엘군 병사들이 관개용 장비에 적힌 일본어를 중국어로 착각하여 중국농장이라는 이름으로 불리게 되었다. 농장 지역을 가로지르는 깊은 관개수로는 지금은 물이 없는 상태였지만 참호나 전차를 잡는 덫으로 쓰일 수도 있었다. 레셰프 여단은 전쟁 발발 24시간 만에 전차 대부분을 잃었다. 그러나 여단은 그 후 재편되었고 현재는 완전편제 시 전력인 거의 100대에 달하는 전차와 3개 공수부대 및 1개 반궤도장갑차 탑승 보병분견대를 예하에 두었다.

월요일 오후 늦은 시간, 레셰프 여단은 포병로에서 떨어진 지점 근처에 대대별로 집합해 있었다. 여단은 어두워진 다음 이곳에서 출발해 모래언덕을 건너기 시작할 것이다. 암람 미츠나Amram Mitzna 대대장(제79전차대대-옮긴이)은 장교들에게 부대 임무의 개요를 사실 그대로 설명하려고 노력했다. 하지만 열흘 가까이 전투를 치른 장교들은 전 여단이 이집트군의 심장부로 뛰어드는 이런 모험에서는 적진에서 무사히 빠져나오기 어려우리라는 것을 이해했다. 무선전화기가 개통되었고 미츠나는 부하 전원에게 가족과 통화하라고 했다. 그런 다음 부대원들은 전차에 앉아 어두워지기를 기다렸다. 미츠나는 아내에게 쓴 작별편지를 운전병에게 맡기고 자신이 돌아오지 않으면 발송하라고 했다. 편지에서 미츠나는 집에서 키우던 개를 처분해도 좋다고 불쑥 말했다. 아내가 오랫동안 바라던 일이었다.

레셰프 대령은 자신의 부대를 순시하면서 브롬의 수색대대를 처음 방문했다. 브롬 대대는 대열 선두에 서서 모래언덕을 건널 것이다. 대대가 레셰프의 지휘를 받게 된 지 거의 1주일이 되었으나 여단장은 부하들을 만날 기회가 없었다. 여단장은 훈시하며 앞으로의 전투에서 브롬 대대가 핵심 역할을 할 것이라고 말했다. 떠나면서 여단장은 전직 교장 선생님인 브롬에게 "중요한 것은 강인함이야. 강인함. 내 말 이해했지?"라고 말했다. 브롬은 이해했다고 답했다.

아단 장군은 날이 어두워지자 한숨 돌리며 자신의 사단 소속 3개 여단을 순시했다. 각 숙영지마다 2,000여 명의 병사가 '차렷' 구령에 따라 일제히 기립했다가 사단장이 전차 위로 올라오면 땅바닥에 앉았다. 지프의 헤드라이트 조명을 받으며 아단은 빠른 승리만 알던 젊은 세대가 25년 전의 독립전쟁에서 자신 세대가 알았던 것과 유사한 종류의 좌절을 겪어도 꿋꿋이 버틸지 종종 궁금했다고 말했다. 하지만 지난 9일간 사단 장병들은 1948년에 자신이 치른 그 어떤 전투보다 격렬한 전투를 치르며 기개를 보여주었다. 다가올 전투에서 수적 열세를 극복하려면 용감할 뿐 아니라 영리하게 싸울 필요가 있다. 사단은 샤론이 운하 양편에 교두보를 세울 때까지 기다렸다가 운하를 건너 적의 배후를 뚫고 나갈 것이다.

오후 5시, 이집트군 진영에 대한 전면 포격을 시작으로 공격이 개시되었다. 라비브 여단은 어두워지기 직전에 견제공격을 개시해 이집트군 방어선을 돌파하는 데 성공했다. 여단은 전차 4대를 지뢰밭에 남기고 후퇴했지만 당황한 이집트군은 몇 시간 동안 사격을 계속했다.

저녁 6시 05분, 레셰프는 브롬에게 이동 개시를 명령했다. 브롬의 수색대대 뒤로 전방지휘소 역할을 할 반궤도장갑차 2대를 대동한 레셰프가 탑승한 전차가 일정 간격을 유지하며 뒤를 따랐다. 모두 3개 전차대대였고 반궤도장갑차에 탑승한 보병과 공수부대가 그 뒤를 따랐다. 환하게 비치는 달빛 아래 장갑차량들은 차량이 지나간 흔적이 없는 모래언덕을 넘어 운하를 향해 대열을 지어 전진했다. 멀리서 보면 굽이치는 흰 모래 위에 놓인 검은 목걸이 같았다. 샤론은 이 아름다운 광경에 마음이 사로잡혔다. 방향을 잡기 위해 레셰프는 서쪽으로 6마일(9.7km) 떨어진 라케칸 전초기지 방향으로 백린탄phosphorous shell(불이 쉽게 붙고 끄기가 어려운 백린의 성질을 이용해 조명, 연막 목적으로 사용하는 포탄-옮긴이)을 쏘아달라고 요청했다. 여단은 라케칸에서 렉시콘로 쪽으로 나올 예정이었다.

남부사령부 본부 상황실에서 한때 예쉬바 학생이었던 고넨 장군은 주변 사람들에게 향기를 풍기는 향료장사와 악취를 풍기는 가죽장사의 세상을 비교한 탈무드의 한 구절을 인용해 이야기했다. "세상은 향료 가게가 없으면, 무두질 공장이 없으면 제대로 돌아갈 수 없나니." 고넨은 읊조렸다. "향료장사로 일하는 이는 행복할 것이며 무두질 공장에서 일하는 이는 비통할지어다." 이제 시작된 과업의 중대한 성격에 대한 느낌과 그 일에 참여한다는 감사함을 반영해 고넨은 "나는 향료장사가 된 것 같군요"라고 덧붙였.

아만 국장으로 6일 전쟁에서 핵심적 역할을 했던 야리브 장군은 이 순간의 중요성을 곰곰이 생각하며 "우리나라의 모든 전쟁에서 오늘 밤만큼 운

남부사령부 본부에서 브리핑을 받는 엘라자르 장군(가운데, 양손을 깍지 끼고 앉은 이). 뒤에 손에 담배를 든 이는 전임 총참모장 이츠하크 라빈이다. 〈이스라엘 정부 공보처 제공〉

명적인 밤이 있었는지 기억나지 않습니다"라고 말했다.

벽에 걸린 지도를 살피던 엘라자르 총참모장도 감격해 자신의 소회를 밝혔다. "우리가 이 상황을 어떻게 타개했는지에 대해 훗날 역사를 쓴다면 후츠파chutzpa(히브리어로 대담함, 당돌함, 뻔뻔함을 의미-옮긴이)의 극치라고 하겠지" 총참모장이 말했다.

제30장

중국농장

레셰프 여단이 1마일(1.6km) 떨어진 운하와 평행으로 뻗은 랙시콘로에 들어섰을 무렵, 라케칸 전초기지 주변에서 흰 빛을 뿜으며 폭발하는 백린탄을 제외하면 주변은 조용했다. 5마일(8km) 북쪽에는 티르투르로가 있었다. 바로 그 너머에는 이집트군 제16보병사단이 단단히 진을 치고 들어앉은 중국농장이 있었다. 레셰프의 임무는 동트기 전에 중국농장에 있는 이집트군을 제압하는 것이었다.

 수적으로 열세였으므로 레셰프는 기습해야 했다. 제16보병사단 바로 뒤에 자리 잡은 이집트군 제21기갑사단이 전투에 참여할 수도 있었다. 2개 사단은 레셰프보다 1.5배 많은 전차를 보유했다. 새거와 RPG를 운용하는 이집트군 보병의 대군은 더 큰 걱정거리였다. 군사교리에 의하면, 공격군이 확고한 방어를 펼치는 상대를 제압할 기회를 갖기 위해서는 적어도 3 대 1의 수적 우위가 필요하다. 레셰프는 중국농장에서는 대전차화기를 포함해 방어군이 최소 5 대 1 비율로 우세하다고 추산했다.

 레셰프는 가능한 한 깊숙이 침투해 공격을 시작할 생각이었다. 그는 수류탄처럼 이집트군 진영 한가운데에서 폭발하며 각 부대가 사방으로 타격을 가하기를 원했다. 어둠 속에서 이스라엘군 기갑부대가 갑자기 튀어나온다면 이집트군은 궤멸될 것이다.

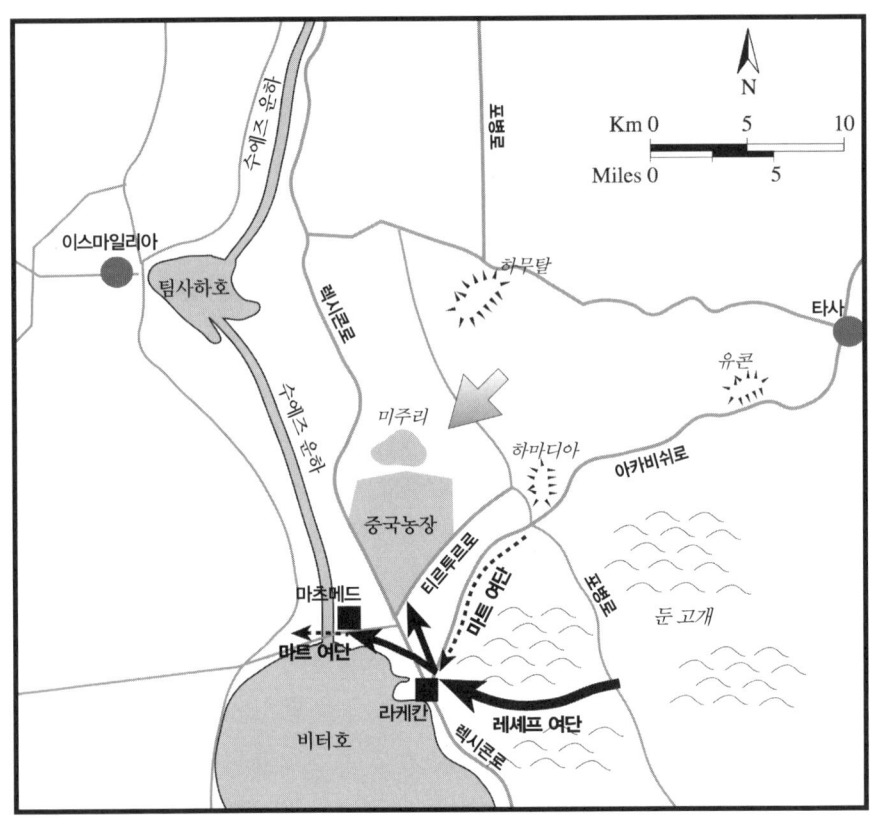

이스라엘군의 수에즈 운하 도하

대열이 티르투르로에서 2마일(3.2km) 못 미친 곳에 있는 렉시콘로와 아카비쉬로의 교차점에 이르자, 레세프는 부교를 견인하는 데 이용될 아카비쉬로의 적을 소탕하기 위해 1개 전차중대를 동쪽으로 보냈다. 아카비쉬로에는 적이 없었지만 티르투르로에서 발사된 새거에 전차 2대가 길 위에서 피격되었다. 아카비쉬로 일부 구간은 티르투르로에서 1마일(1.6km)도 떨어져 있지 않아 새거의 사거리 내에 있었다. 본대 대열이 티르투르 교차점에 도착하자 선두에 있던 브롬의 수색대대가 떨어져나가 운하를 향했다. 수색대대는 산발적인 저항을 물리치고 마츠메드 전초기지와 인근의 '운동장'을 포함해 운하 연변을 따라 난 2마일(3.2km) 길이의 좁은 공간을 확보했다.

브롬이 떠나자 미츠나의 대대가 본대 대열의 선두에 서서 교차로를 건넜다. 레셰프의 전차와 반궤도장갑차 2대가 바짝 뒤를 따랐다. 반궤도장갑차에 탑승한 장교 한 명이 도로 근처에 있던 이집트군 병사 몇 명을 보았다. 이들은 손을 흔드는 듯 보였다. 이스라엘군 전차들을 아군 증원군으로 여긴 것이 틀림없었다. 미츠나의 임무는 교차로에서 북쪽으로 5마일(8km) 떨어진 우샤로$^{Usha\ road}$에 도착하는 것이었다. 정보당국은 우샤로가 운하와 닿는 곳에 이집트군이 가설한 교량이 있는 것으로 파악했다. 샤론은 이스라엘군 교량이 교통체증을 뚫고 나오지 못한다면 이집트군 다리를 이용하겠다고 생각했다.

아브라함 알모그$^{Abraham\ Alomg}$ 중령의 대대(제184전차대대-옮긴이)가 미츠나 대대의 뒤를 따랐다. 알모그는 며칠 전 푸르칸 전초기지 수비대를 구출한 후 전사한 샤울 샬레브 중령 대신 지휘를 맡았다. 전차 대열의 후위는 샤야 베이텔$^{Shaya\ Beitel}$ 소령의 대대(제407전차대대-옮긴이)가 맡았다. 소령은 형제가 전사하고 처남이 실종되어 특별 위로휴가를 받아 떠난 원래의 대대장(오베드 마오즈$^{Oved\ Maoz}$ 중령-옮긴이)을 대신해 이날 아침 일찍 지휘를 맡았다. 대열의 최후미에는 공수부대와 보병을 태운 반궤도장갑차가 따랐다.

교차로에 다가간 알모그는 오른쪽 정면에 있는 토루 위로 솟은 전차의 낮은 실루엣을 본 것 같다는 생각이 들었다. 대대의 절반이 통과했을 무렵, 교차로 사방에서 이집트군의 전차포와 RPG가 불을 뿜었다. 전차 10대가 피격되거나 완파된 아군 전차를 피해 우회하다가 도로변에 매설된 지뢰를 밟았다. 뒤이어 티르투르로에 도착할 베이텔 대대의 전차들은 불타오르는 전차에 앞이 막혀 분기점을 볼 수 없었다. 베이텔의 전차들은 교차로 주변을 빙빙 돌다가 상당수가 피격되었고 베이텔 본인도 부상을 입었다.

이스라엘군은 이 지짐에서 직의 저항이 있을 것으로 예측하지 못했다. 레셰프는 자신의 회고록에서 군 정보당국이 티르투르로에 적이 있다는 정보를 알려주지 않았다고 말했다. 1주일 전의 야간 탐색 공격에서 브롬 대대장이 교차로 근처에서 참호를 파는 이집트군을 목격하기는 했으나 정보당국은 적과 마주칠 지점은 이곳에서 북쪽으로 고작 2마일 떨어진, 렉시콘로와 교차해 중국농장 한가운데로 통하는 쉬크로$^{Shick\ road}$ 주변이라고 알려주었다. 쉬크로는 이스라엘군이 계획한 교두보 회랑지대의 북쪽 경계로 지정된 선과 대략 일치했다.

선두의 미츠나 대대는 북쪽으로 이동하면서 이집트군 전차와 교전하면서 큰 혼란을 일으켰다. 이스라엘군은 우연히 탄약집적소, 지프, 전차, 트럭, 병력수송 장갑차, 유조 트럭, 야포 포대, SAM으로 들어찬 이집트군 사단 병참 거점 한가운데로 들어왔다. 전차들은 사방으로 포탄을 쏘아댔다. 포탄에 맞은 SAM이 발사되어 제멋대로 선회했고 탄약집적소가 굉음과 함께 폭발했으며 각종 차량이 불길에 휩싸였다. 화염이 내는 적황색 빛과 폭발이 만든 불꽃 속에 이집트군 병사들이 달아나는 모습이 보였다. 어떤 병사들은 사막의 차가운 밤공기 때문에 담요를 걸치고 개인호에서 나왔다. 이스라엘군 전차장들은 포탑에서 수류탄을 던지는 한편, 근접 목표물을 향해서 우지 기관단총을 쏘았다.

기습을 받아 당황했던 이집트군 전차부대와 보병이 정신을 차리고 침입자에 저항하기 시작했다. 불빛에 비친 경우를 제외하고 어둠 속에서 피아구분을 하기 어려웠다. 이스라엘군 전차중대장 라미 마탄은 50야드(46m) 거리에 있던 이집트군 전차를 격파한 다음 멈춰서 다른 먹잇감을 찾고 있었다. 어깨에 소총을 느슨하게 걸친 병사가 마탄의 전차로 올라오더니 "담배 있습니까?"라고 아랍어로 물었다. 마탄은 안전핀을 뽑은 수류탄을 던졌다. 이스라엘군 의무병도 눈에 보이는 전차에 올라가 전차장에게 부상병을 실을 수 있는지 묻는 비슷한 실수를 저질렀다. 이집트군 전차장이 권총을 쏘았으나 이 의무병은 다치지 않고 간신히 뛰어내렸다.

양군 전차들은 몇십 야드, 혹은 이보다 더 가까운 거리까지 접근해야 비로소 서로의 정체를 알아볼 수 있었고 그제야 교전이 벌어졌다. 어둠 속에서 대대 본대와 떨어지게 될 것을 두려워하던 이스라엘군 전차장 한 명은 다른 전차 2대 사이로 이동하고서 한숨 놓았다. 바로 그 순간, 양쪽에 있던 전차들이 화염에 휩싸였다.

미즈나가 이집트군 제16보병사단의 숙영지를 지나쳐 우샤로에 접근함에 따라 저항은 점점 약해졌으나 공격을 개시했던 전차 21대 중 10대만이 남았다. 그가 이집트군 교량의 상태를 점검하기도 전에 정보당국이 30여 대의 전차를 보유한 이집트군 1개 전차대대가 북쪽의 이집트군 제21기갑사단 숙영지 방향에서 접근한다고 알려왔다. 곧이어 벌어진 어둠 속의 난전에서 양군 모두 큰 대가를 치렀다. 미즈나는 레셰프 여단장에게 중대장 3명

중 2명이 전사했으며 적으로부터 심한 압박을 받고 있다고 보고하면서 후퇴 허가를 요청했다. 레셰프는 티르투르 교차로로 돌아가는 길의 중간쯤에 있는 쉬크로에 있는 자신과 합류하라고 말했다. 미츠나가 남쪽으로 향하자 정면에 이집트군 전차 3대가 나타났다. 미츠나는 그중 1대를 불덩이로 만들었지만 두 번째 목표물을 향해 포를 돌리자마자 적탄에 맞았다. 승무원 2명이 전사하고 미츠나는 포탑에서 튕겨나갔다. 무릎이 박살 났으나 그는 몸을 일으켜 다른 전차로 옮겨탔다. 지휘권은 부대대장에게 이양되었다.

한편 알모그 대대장은 티르투르 교차로를 지난 다음 일어난 폭발로 인해 의식을 잃었었다. 의식이 돌아왔을 때 자신이 탑승한 전차는 홀로 있었다. 뒤따르던 전차가 수백 야드 후방에 서게 되면서 도로변 지뢰로 인해 우회기동이 불가능해진 뒤쪽의 전차들을 막고 있었다. 무선으로 전차승무원들을 호출할 수 없게 되자, 대대 작전장교 제에브 리흐트만$^{Zeev\ Lichtmann}$ 중위가 대대장 전차에서 하차해 왔던 길을 거슬러 렉시콘로 쪽으로 달려갔다. 가는 길에 중위는 자신처럼 어둠 속에서 뛰어다니는 이집트군 병사 수십 명을 지나쳤다. 완파된 전차에 올라타자 박살이 난 포탑 외부 탑재 기관총이 보였다. 안쪽에는 치명상을 입은 중대장 한 명이 누워 있었다. 다른 승무원들은 충격을 심하게 받았지만 다치지는 않았다. 리흐트만은 승무원 한 명에게 전차의 지휘를 맡기고 조종수에게 전진하라고 명령했다.

뒤따르던 전차 4대가 합류하자 알모그는 쉬크로에서 동쪽으로 방향을 돌려 중국농장 한가운데를 향해 전진하며 이집트군 참호에 기관총탄 세례를 퍼부었다. 전차들은 탄약집적소에 화재를 일으키고 레이더기지를 거대한 횃불로 바꿔놓았다. RPG를 들고 접근하던 보병들은 전차의 공격에 쓰러졌다. 1시간이 지나자 다른 전차 6대가 합류했다. 알모그는 이들 중 일부를 북쪽 정면에, 나머지는 동쪽 정면에 배치했다.

이스라엘군 전차장 한 명의 눈에 옆으로 다가와 서는 전차가 언뜻 보였다. 다시 보니 T-55였다. T-55의 전차장은 이집트군 부대에 합류했다고 믿었는지 화염에 휩싸인 차량의 불빛에 비친 이스라엘군 전차를 찾으려고 주변을 살피고 있었다. 이스라엘군 전차장은 새 이웃에게 포신을 돌리고 포수에게 사격하라고 명령했다. "불발!" 포수가 소리쳤다.

처음으로 이집트군 전차장은 건너편을 흘깃 보았다. 이스라엘군 패튼 전차의 포신 안쪽이 보였다. 실수를 깨달은 전차장은 자신의 전차포를 돌리기 시작했다. 이때 T-55의 반대편에 있던 다른 이스라엘군 전차가 상황을 파악하고 뒤로 충분히 물러선 다음 이집트군 전차에 포탄을 명중시켰다.

레셰프 여단장은 렉시콘로를 사이에 두고 알모그 대대의 건너편에 정지했다. 여단은 몇 마일 길이에 걸쳐 소부대 단위로 흩어져 싸우고 있었으며 각 부대는 사상자의 규모가 심각하다고 보고하고 있었다. 이집트군은 도망치지 않고 격렬하게 저항하며 증원을 요청하고 있었다. 레셰프는 어둠과 불빛 사이로 뛰어다니는 다수의 이집트군 병사를 목격했다. 전차 바깥쪽을 두들기는 총탄소리는 마치 자동차 앞 유리에 떨어지는 우박 소리 같았다. 레셰프는 반궤도장갑차에 탑승한 보병에게 하차해 혼란스러운 야간전투가 벌어지고 있는 전장, 특히 티르투르 교차로 주변의 부상자들을 구출하라고 명령했다. 교차로에는 완파된 전차들이 사방에 널려 있었는데, 병사들은 전차에 올라 생존자를 확인하고 무전기와 지도를 회수했다.

한 이스라엘군 전차부대 장교는 격파된 자기 부대 전차 2대를 발견하고 생존자 수색을 위해 포수를 보냈다. 부상자와 전사자 시신이 전장 곳곳에 흩어져 있었고 상당수는 개인호에 누워 있었다. 이집트군은 수직으로 개인호를 파지 않고 얕은 무덤처럼 수평으로 팠다. 어떤 개인호에는 이집트군과 이스라엘군이 같이 있었는데 생사를 파악하기가 어려웠다. 명령을 받은 포수 베르티 오하욘$^{Bertie\ Ochayon}$은 개인호에서 개인호로 이동하며 낮은 목소리로 "유대인입니까?"라고 물었다. 누운 채 몸 일부를 밖으로 드러낸 사람의 형체가 보이는 개인호에 도착할 때까지 대답하는 사람은 없었다. 오른쪽 팔이 보였다. 중상을 입었음을 알아볼 수 있었다. "유대인입니까?" 오하욘이 물었다.

"네, 유대인이오." 대답이 돌아왔다. "유대인으로 살기란 어려워요."—이디쉬어로 "이즈 슈베르 추 제인 아 이드$^{Iz\ shver\ tsu\ zein\ a\ yid}$."— "유대인으로 살기란 어렵다"라는 말은 유대인들의 농담에서 흔히 등장하는 구절이다. 이런 상황에서 농담을 한 사람은 이츠하크 라빈의 조카 이프타 야코브$^{Yiftach\ Yaacov}$ 중위였다. 오하욘의 전차는 야코브 중위를 야전구호소로 후송했다. 다른 곳에 있던 이스라엘군 의무병은 다리에 열상을 입은 사람을 보자마자 반사적으로 붕대를 감아주었다. 부상자가 권총집으로 손을 가져가자 의무병은 다시 쳐다보았다. 이집트군이었다. 의무병은 이집트군이 권총을 쏘기 전에 재빨리 달아났다. 이집트군 1개 분대가 참호에 누워 죽은 척하고 있던 이스라엘군 부상병에게 다가왔다. 이집트군은 자신들의 공간을 마련하려고 그를 방수포에 돌돌 말아 옆으로 치웠다. 이 병사는 밤에 몰래 기어서 빠져나올 수 있었다.

부상당한 미츠나 대대장을 실은 전차가 레셰프에게 오자, 여단장은 미츠나의 전차를 자기 전차 옆에 배치했다. 전차 2대와 반궤도장갑차 2대의 보호하에 야전구호소가 설치되었다. 레셰프는 브롬을 호출해 1개 중대를 파견해 미츠나의 잔존 병력을 증원하라고 명령했다. 중대장은 라피 바르-레브 대위였다. 중대가 도착한 지 몇 분 안 되어 하임 바르-레브 장군의 조카는 적 전차의 포격으로 인해 전사했다.

레셰프가 무전으로 이야기하는 동안 여단 정보장교가 감청반에서 받은 긴급정보를 전했다. 감청반원은 "아군은 지금 이집트군 여단본부에 사격 중. 방금 발사한 포탄이 이집트군 여단본부에 명중"이라고 말했다.

레셰프는 알모그의 전차들을 살펴보았다. 전차들은 동쪽을 향해 기관총을 쏘고 있었다. 대대장이 호출되었다. "자네였군." 평상시에는 차분하게 말하던 레셰프가 목소리를 높였다. "자네의 부대가 적 사령부에 사격하고 있었군. 계속 공격해. 전차포를 쏘고 지원 포격을 요청해."

무전으로 부대를 지휘하는 동안에도 이집트군 보병이 주기적으로 어둠을 뚫고 나타나 달려들어 레셰프는 살아남기 위해 직접 전투를 벌여야 했다. 레셰프는 쉴 새 없이 기관총을 쏘아대다가 손잡이에 손을 베고 장전 과정에서도 손을 다쳤다. 여단은 말벌집을 들쑤셔놓은 형국이었고 방향을 잃기는 했지만 분노한 말벌 떼가 떼지어 공격해왔다. 화염이 주변을 참혹한 모습으로 바꿨다. 이집트군 차량과 보병이 사방으로 움직이고 있었다. 일부는 도망치는 중이었고, 일부는 공격하고 있었다. 이집트군 전차 5대가 레셰프로부터 50야드(46m) 떨어진 어둠 속에서 나타났다. 레셰프는 포수에게 속사 준비를 하라고 한 다음 4대를 명중시켰다. 무전으로 샤론을 호출한 레셰프는 "40, 여기는 4입니다"라고 말했다. 40과 4는 각자의 호출 부호였다. "방금 적 전차 4대를 격파했습니다." 무전을 통한 적 전차 격파 보고는 이례적이었지만, 레셰프는 그의 말을 듣고 있는 부하들이 여단장도 같이 싸우고 있다는 사실을 알기를 원했다. 무전기에서 들리는 여단장의 목소리는 형체를 알아볼 수 없게 된 세상에서 장병들을 안심시키는 중요한 역할을 했다. 레셰프가 샤론에게 미츠나 대대장이 부상당했다고 보고하자, 샤론은 알모그의 전차들이 계속 사격하던 레셰프의 상대인 이집트군 제14기갑여단 여단장에게는 '그런 걱정'이 없다고 말했다. 방금 여단장이 전사했다는 정보 보고가 들어온 것이었다.

전투는 이스라엘군 지휘부의 예측보다 어렵게 전개되고 있었다. 하지만 중압감을 느끼면서도 레셰프와 샤론은 상황에 어울리지 않는 차분한 어조로 교신하고 있었다. 샤론은 레셰프에게 모든 것이 티르투르로 개방에 달렸다는 점을 상기시킬 때조차 목소리를 높이지 않았다. 티르투르로 개방까지는 앞으로 여러 시간이 더 걸릴 것 같았다.

"우리는 엄청난 압박을 받았다." 레셰프는 회고록에 이렇게 썼다. "나 자신이 처한 위험, 생사가 달린 전투, 끔찍하게 많은 사상자, 불타는 전차들과 폭발, 사방에서 일어나는 불길, 우리가 성공하지 못하면 도하도 없을 것이라는 공포, 이 모든 것은 강인한 사람조차 무너뜨릴 수 있었다. 이런 상황에서 나는 아리크(샤론)가 목소리를 높이지 않고 '요청이 있네', '그렇게 하게', '고맙네' 등의 어투로 예의를 지키며 나와 교신한 것에 대해 감사한다. 주변 모두가 서로를 죽이는 끔찍한 상황이었지만 우리는 서로를 존중하는 인간으로 남았다."

레셰프는 전쟁이 개시된 이래 처음으로 공포에서 벗어났다고 느꼈다. 죽음을 부정하지 않고 그 불가피함을 받아들였기 때문에 얻은 해방감이었다. 중국농장에서 살아남을 가능성은 아주 희박했기 때문에 레셰프는 운명에 몸을 맡기고 두려움 없이 싸웠다.

그렇다고 해서 정중함까지 포기한다는 뜻은 아니었다. 한번은 지원대대장이 무선망에서 거친 말을 쓰자, 레셰프는 "여기서 그렇게 말하지 말게"라고 말했다. "한 번만 더 그렇게 하면 해임하겠네."

레셰프와 부하들을 지탱해준 힘은 자신들이 전쟁의 향배를 바꾸고 있다는 것, 즉 자신들이 중국농장에서 악전고투를 벌이며 수확을 하는 동안 뒤의 틈새에서 교두보가 만들어지고 있다는 믿음이었다. 그러나 아직 교두보는 존재하지 않았고, 시간이 지남에 따라 확보 가능성도 줄어들고 있었다.

사실 이때 이스라엘군 지휘부는 작전 취소를 고려하고 있었다.

일몰 무렵 용감한 사나이들 작전이 시작되었을 때 남부사령부에 퍼졌던 낙관론은 시간이 지나 밤이 깊어짐에 따라 점차 사라졌다. 다얀이 가장 먼저 도하를 포기해야 할지도 모른다는 우려를 표명했다. 엘라자르는 시간이 더 필요하다고 말하면서도 작전 취소 가능성에 대비해 마음의 준비를 했다. 밤 8시가 되었다. 이 시각에 마트 대령의 공수부대원들은 고무보트를 물에 띄워야 했으나, 부대는 아직도 운하에서 15마일(24km) 떨어진 곳에서 교통체증에 갇혀 꼼짝 못 하고 있었고 아직 보트는 없었다. 반궤도장갑차 60대에 버스, 지프가 더해진 마트 여단의 차량 대열이 마지막 2마일을 주파하는 데는 3시간이 걸렸다. 부교들은 흩어진 채 더 뒤에 처져 빠져나올 길이 없는 교통체증에 갇혀 있었다. 부교수송대가 타사 교차로에서 모래에 빠지지 않고 급커브를 돌아 아카비쉬로로 진입을 시도하는 것은 악몽에서나 나올 법한 힘든 작업이었다. 견인하는 전차들은 어둠 속에서 부교를 떼었다가 결합하는 시지푸스Sisyphus(고대 그리스 신화에 나오는 코린토스의 왕. 사악하다는 이유로 신들로부터 무거운 바위를 끊임없이 언덕 위로 밀어 올리는 벌을 받음. 서구에서 '시지푸스의 노고'는 무익하고 힘든 일을 반복할 경우 쓰는 표현-옮긴이)의 노고를 끝없이 반복했다. 롤러교는 전차승무원들이 사투를 벌이며 모래언덕을 넘어 견인하는 중이었다. 티르투르로는 아직 이집트군 수중에 있었고, 다리를 운하로 보낼 길은 봉쇄된 상황이었다.

엘라자르는 공수부대가 운하에 도착했다고 가정하고 과연 이들의 도하를 허가해야 할지를 많이 걱정하기 시작했다. 만약 도하를 취소해야 한다면 이스라엘 국방군은 시나이 반도의 운하 연변에 획득한 발판을 확대할 것이다. 이 상태로 휴전이 선언된다면 이스라엘은 최소한 운하 연변의 일부 지역이나마 탈환하는 모양새가 될 것이었다.

하지만 바르-레브는 실패할 가능성을 받아들이지 않았다. 만약 샤론 사단이 티르투르로를 개방하고 도하장비를 전진시키는 데 어려움을 겪는다면 아단 사단을 보내 지원할 수 있다. 도로를 둘러싼 싸움에 아단을 투입하면 운하를 건너가기도 전에 전력이 약해질 것이다. 하지만 이렇게라도 하지 않으면 도하는 불가능할 것이다. 아단은 라비브 대령이 하기로 했던 공격 임무를 자신이 하겠다고 제안했었다. 이렇게 했더라면 원래 샤론 사단의 일부인 라비브 여단이 중국농장의 전투를 지원할 수 있었을 것이다. 다른 고위 장교들도 같은 생각을 했으나, 샤론은 다른 사단과 도하작전을 분담하는 것을 원하지 않았다.

수뇌부가 무선망으로부터 전황의 추이를 청취하기 위해 기다리는 동안 아단 사단의 운용에 대한 바르-레브의 제안은 잠시 보류되었다. 정보당국으로부터 한 가지 좋은 소식이 전해졌다. 이집트군은 레셰프의 공격을 서쪽을 향한 도하의 전주곡이 아니라, 북쪽으로 진격해 이집트군 제16보병사단의 측면을 포위하려는 시도로 보고 있었다. 북동쪽 미주리에서 라비브 여단의 견제공격으로 인해 이집트군은 이러한 심증을 더욱 굳혔다. 멘들레르 사단(멘들레르 전사 후 칼만 마겐 장군이 지휘하고 있었다-옮긴이)은 비터 호수 남동쪽에서 뭔가 특별한 행동을 한다고 암시하는 메시지를 빈번히 발신하고 있어서 이집트군 정보당국은 여기에도 주의를 분산하고 있었다. 그리고 이 두 지점 사이의 블랙홀—틈새—에 유의한 사람은 아무도 없었다.

고넨은 예정보다 늦었다고 마트를 계속 재촉했으나 여단은 아직 보트조차 확보하지 못했다. 보트를 보유한 공병대와 아카비쉬로에서 만나기로 했지만 사전에 만나기로 예정된 지점 한 곳을 이미 지나쳤다. 마트는 운하를 건너갈 때 발신할 '아카풀코Acapulco'라는 암호를 부여받았으나, 현 상황에서는 멀리 떨어진 멕시코의 휴양지만큼이나 도하를 개시할 가능성은 멀어 보였다.

밤 9시경, 여단은 마침내 교통체증에서 간신히 빠져나와 길가에서 36척의 보트를 가지고 기다리던 공병대와 만났다. 고무보트에 공기를 주입해 반궤도장갑차에 싣는 데 1시간 30분이 더 걸렸다. 정원이 12명인 반궤도장갑차에는 22명이 넘는 병사들이 타고 있었다. 이제 여기에 2명이 더 추가로 탑승했다. 보트를 몰고 운하를 건너갈 전투공병대 병사들이었다.

공수대대는 전차중대의 호위를 받으며 다시 전진했다. 장갑차에 탑승한 공병대 병사들은 공수부대원들에게 구명조끼를 나눠주고 보트를 물가까지 나르는 방법과 승선 및 하선 방법을 설명했다. 전투구역에 접근함에 따라 교통체증도 사라졌다. 이들이 티르투르로가 보이는 구간에 도착하자, 새거 몇 발이 머리 위로 날아가더니 반궤도장갑차 위에 실은 고무보트 몇 척에 명중했다. 하지만 심각한 손상은 없었다. 아카비쉬로는 아직 안전하지 못했고 날이 밝으면 더 위험해질 것이었다. 차량 대열이 티르투르 교차로에 접근하자, 탑승한 공수부대원들은 교차로를 둘러싸고 벌어진 처절한 전투의 흔적을 보았다. 차체가 찢겨나간 이스라엘군 반궤도장갑차 안쪽에서 똑바로 앉은 자세로 죽은 이스라엘군 시신 12구가 불타고 있었다.

마트 여단의 패스파인더pathfinder(공수작전 등 공중과 지상부대의 협업이 필요한 작전에서 지원을 위해 가장 먼저 현장에 파견되는 부대-옮긴이)팀이 하차해 뒤따르는 반궤도장갑차들이 길을 잘 볼 수 있도록 작은 신호용 램프로 길을 표시했다. 마트는 배정받은 포대에 운하 반대편을 포격해 방어를 약화시키라고 명령했다. 호위를 맡았던 전차중대의 중대장은 티르투르 교차로에 전개하라는 지시를 받았다. 티르투르 교차로의 적이 소탕되었다고 짐작한 마트는 "북쪽 공간을 확보하고 동쪽을 감시해!"라고 중대장에게 말했다.

마즈메드 전초기지에 있는 중간대기지인 운동장에 도착하자 선도중대 병사들이 차량에서 뛰어내려 어두운 구석을 향해 짧은 점사로 우지 기관단총을 발사했다. 이집트군의 응사는 없었다. 빈 반궤도장갑차들은 아카비쉬로 위쪽에 있는 버스에서 기다리는 두 번째 대대를 태우기 위해 왔던 길을 되돌아가기 시작했다. 렉시콘로에 도착한 조종수들은 북쪽으로 몇백 야드 떨어진 티르투르 교차로에서, 불과 몇 분 전에 자기들을 호위해준 전차 몇 대가 불타고 있는 모습을 보았다. 불빛을 배경으로 교차로에서 움직이는 이집트군 전차들이 보였다.

마즈메드의 도하지점에서 공병대는 폭발물을 이용해 운하 물가의 철조망을 제거했다. 병사들은 선외船外 모터(작은 보트 꼬리 부분에 다는 모터-옮긴이)가 장착된 고무보트 6척을 모래강둑 위로 힘겹게 끌어올린 후 물가로 내려보냈다. 이들이 출발해 운하를 건너가는 동안 반대편 강둑에 적병의 기척은 없었다. 처음으로 운하 건너편 강둑에 오른 사람은 엘리 코헨Eli Cohen 중대장이었다. 내륙으로 몇 걸음 들어간 곳에는 5피트 높이의 콘크리트 벽이 있었고, 그 위에는 윤형 철조망concertina(대전차 장애물을 보강하는 데 주로 사용하는 원형 철조망-옮긴이)이 있었다. 코헨 중위는 시한장치를 단 TNT 자루를 벽 위로 던져올리고 보트에 뛰어올랐다. 보트는 폭발 직전에 운하로 빠져나왔다.

동원 공수여단을 지휘해 운하 서안에 교두보를 구축한 다니 마트 대령. 〈이스라엘 정부 공보처 제공〉

코헨은 철조망에 난 구멍을 통해 올라가 지형을 살폈다. 왼쪽으로는 철조망에 둘러싸인 지뢰밭이 있는 듯했다. 정면에는 비포장도로가 있었다. 이집트군은 보이지 않았다. 병사 한 명이 상륙지점을 표시하기 위해 운하 강둑에 녹색등이 달린 말뚝을 박았다. 북쪽으로 100야드(91m) 떨어진 곳에 도달한 분대는 적색 신호등을 설치했다. 운하 한가운데에 있는 보트에서 작전의 전개 상황을 점검하던 중대장이 시나이 반도 쪽 운하 강둑에 있던 마트 대령에게 상륙지점을 확보했다는 무전을 보냈다.

마트는 무전기 송화기에 대고 "아카풀코!"라고 말했다. 새벽 1시 35분이었다. 한 단어로 된 이 메시지는 수신자 샤론이 탑승한 지휘용 반궤도장갑차에서뿐 아니라 샤론 사단의 무선망을 모니터링하며 몇 시간 동안 이 한 마디를 기다리던 움 하시바의 남부사령부 본부와 텔아비브의 '구덩이'에서도 들렸다.

1대대 병사 750명은 신속하게 도하했다. 병사들은 적색과 청색 신호등이 설치된 시나이 반도의 '해변'에서 보트에 탑승해 운하 건너편에 똑같은 색의 신호등이 설치된 상륙지점에 상륙했다. 상륙을 마친 공수부대 병사들은 내륙으로 재빨리 이동해 남북으로 3마일(4.8km), 동서로 1마일(1.6km) 길이의 방어선을 구축했다.

샤론은 마트의 부대가 아직은 적의 저항을 받지 않았다고 남부사령부에 보고하고 "다른 곳 상황은 어떻습니까?"라고 물었다.

방금 엄청난 도박을 시작했다는 느낌에 감개무량해진 다얀이 송화기를 잡았다. "아리크, 거기보다 더 중요한 곳은 없다네." 다얀이 말했다.

티르투르로는 목구멍에 걸린 가시처럼 계속 이스라엘군을 괴롭혔다. 롤러교로 향하는 도로의 접근이 차단되었을 뿐 아니라 도로 위에 있는 새거 팀이 부교수송대가 이용할 아카비쉬로를 차단할 수 있었기 때문이었다. 대전차화기로 중무장한 이집트군 보병이 티르투르로 근처에 참호를 깊이 판 다음 전개를 마쳤으나 포격으로는 이들에 별다른 피해를 줄 수 없었다.

봉쇄된 티르투르로는 엘라자르를 비롯한 모든 지휘관들의 마음을 짓눌렀지만 레셰프보다 이를 절실하게 느낀 사람은 없었다. 레셰프는 거듭해 교차로와 티르투르로를 개방하라는 명령을 예하부대에 내렸지만 모든 시도는 실패했다. 사실 정보당국은 이 지역에 잠재적 위협이 있을 수 있다고 사전에 경고하지 않았다. 따라서 레셰프는 자신과 선도대대들이 통과한 다음에야 이집트군이 허겁지겁 전차와 보병을 모아 저항할 것으로 추측했다. 하지만 지금껏 저항이 분쇄되지 않은 이유를 이해할 수 없었다.

무슨 수를 써서라도 티르투르로를 개방하겠다고 결심한 레셰프는 브롬의 수색대에게 남은 2개 중대로 공격을 개시하라고 명령했다. 브롬은 조심스럽게 접근해 대치 중인 적의 정체를 파악하라는 명령을 받았다. 교차로에 접근하자 이집트군이 맹렬히 사격해왔다. 브롬의 전차는 이집트군 전차 2대를 명중시켰으나 교차로에서 30미터 떨어진 곳에서 RPG탄에 맞았다. 이집트군 제2군과 제3군 사이의 틈새를 발견한 수색대대장 브롬 중령은 전사했고, 공격은 좌절되었다.

레셰프는 나탄 슈나리Natan Shunari 소령이 지휘하는 동원 공수부대(제582 기계화공수대-옮긴이)를 전방으로 불러들였다. 이 부대는 이스라엘 국방군 전 부대를 통틀어서도 독특한 '노병old boys' 부대로 한때 정예 공수수색대대에서 복무했던 장병들로 구성되었다. 부대원 거의 절반이 30대였다. 부대원 중에는 레셰프에게조차 그 이름만으로 전설인 인물도 있었고 현재 군 고위층과 함께 전쟁을 치러 서로 잘 아는 사이인 인물들도 꽤 있었다. 이 부대는 욤 키푸르 당일에 골란 고원 기슭에 도착했다. 슈나리 소령은 고원에 있는 라풀 에이탄 사단장에게 전화를 걸어 "전투에 참가하게 해주십시오!"라고 요청했다.

"군화가 무슨 색인가?" 에이탄이 물었다. "붉은색입니다." 슈나리가 대답했다. 공수부대 군화의 색이었다(사실은 적갈색이다-옮긴이).

"검은색이 필요한데." 에이탄이 말했다. 전차승무원이 필요하다는 뜻이었다.

슈나리는 에이탄을 설득해 부대를 이끌고 골란 고원으로 올라가는 데 성공했지만, 며칠 뒤 군은 슈나리의 부대를 시나이 전선으로 보냈다. 남부사령부에 이집트군 특수부대의 작전에 대한 대응으로 수요가 생겼기 때문이었다. 슈나리는 오랜 지인인 샤론에게 임무를 달라고 전화를 걸었다. 샤론은 즉시 슈나리 부대를 자신의 사단에 배속시켰고 용감한 사나이들 작전이 개시될 때 부대는 레셰프의 지휘를 받게 되었다. 전쟁에서 아무 역할도 하지 못하고 후방에 남을까 봐 걱정하던 슈나리와 부하들은 몇 시간도 지나지 않아 시나이 반도에서 가장 위험한 장소로 투입되었다.

레셰프는 슈나리 부대에 티르투르로를 개방하라는 임무를 부여하고 기데온 길라디^{Gideon Giladi} 대위의 전차들을 슈나리의 지휘하에 배속했다. 길라디 대위는 베이텔 소령이 지휘를 맡았던 대대의 잔존 전력을 인수해 지휘하고 있었다. 길라디는 몇 시간째 티르투르 교차로를 두고 이집트군과 난전을 벌이고 있었는데, 오늘 아침에 모래언덕을 건너다가 배수로에서 탑승했던 전차를 잃었고 바꿔 탄 전차도 피탄되었다. 대위는 전투의 격렬함을 온몸으로 느끼며 전차를 계속 앞뒤로 움직여 고정표적이 되는 것을 피했다. 방금 도착한 중대장 한 명이 브리핑하기 위해 전차에 올라탔다. 대위는 초조해하는 것 같았다. "말할 시간이 없어." 대위가 말했다. "도로를 개방해야 해." 대위는 중대장이 뛰어내리기도 전에 전차를 몰고 앞으로 나아갔다.

이보다 앞서 길라디는 교차로에 흩어져 있는 장갑차의 잔해 너머로 티르투르로 열린 돌파구를 포착했지만, 충분한 전력이 증원될 때까지 진입하지 말라는 명령을 받았다. 이제 그에게 슈나리의 공수부대원 70명을 태운 반궤도장갑차 6대의 선두에 서서 티르투르로를 돌파하라는 명령이 떨어졌다.

길라디는 공수부대에서 복무하다가 6일 전쟁 당시 전차장이던 형이 전사하자 기갑부대로 병과를 바꿔 형의 부대에서 복무하고 있었다. 티르투르 교차로에 도달하자 그에게 남은 전차는 단 2대뿐이었다. 자신과 부대대장의 전차였다. 2명은 연기를 내뿜는 차량 잔해 사이로 전차를 몰아 티르투르로에 들어섰다. 이집트군의 공격은 없었다. 전투가 시작된 이래 티르투르로 돌파는 이번이 처음이었다. "교차로 개방." 대위가 몇백 야드 뒤에서 따르던 슈나리 소령에게 보고했다. 경험 많은 공수부대원들은 탄 고무, 코르다이트^{cordite}(군용 무연화약의 일종-옮긴이) 화약과 연기가 내는 전장의 냄새를 맡을 수 있었다. 익숙한 냄새였지만 아주 심하지는 않았다. 전차승무원 한 명이 어둠을 뚫고 달려왔다. 그을음으로 얼굴이 검게 변한 이 병사는 흐느끼며 승무원 전원이 전사했다고 말했다. 어린 전차승무원은 반궤도장갑차에 탄 공수부대원들에게 돌아가라고 애원했지만 헛수고였다.

길라디는 무전으로 상당한 규모의 적 보병과 마주쳤지만 잘 싸우고 있다고 보고했다. 그 뒤 침묵이 흘렀다. 부대대장이 후퇴한다고 무전으로 알려왔으나 그마저 교신이 끊어졌다. 전진하던 슈나리의 시야에 불타는 길라디의 전차와 완파된 다른 전차가 들어왔다. 전사한 승무원들의 시신이 땅바닥에 흩어져 있었다. 슈나리는 자신이 목격한 장면을 레셰프에게 보고했다. 레셰프는 반궤도장갑차마저 피격될까 우려한 나머지 하차해 도보로 전진하라고 말했다.

하지만 슈나리는 부하들이 소화기小火器 사격으로부터 방어가 가능한 반궤도장갑차에 남는 편을 택했다. 몇 분 안에 새거와 RPG탄이 주변에서 폭발하기 시작했다. 슈나리는 뒤따르던 장갑차 한 대와 함께 간신히 빠져나왔지만, 뒤에 있던 장갑차들은 모두 피격되었다. 슈나리는 레셰프를 호출해 지원 포격을 요청했다. "제 부대가 도살당하고 있습니다!" 슈나리가 소리쳤다. 여단장은 지원할 포병이 없다고 말했다. "여기도 마찬가지요."

슈나리는 부하들에게 차량을 포기하고 남쪽 아카비쉬로를 향해 도보로 후퇴하라고 명령했다. 이때 가장 후미에 있던 차량에는 생존자가 없었다. 일부 탑승자는 이집트군 진지로 돌격하려고 했지만 몇 걸음 전진하지도 못하고 쓰러졌다. 다른 병사들은 후퇴를 시작했으나 이집트군이 추격했다. 동틀 무렵, 군의관을 포함한 부대원 일부는 부상자를 나르며 사막을 가로질리 아카비쉬로 방향으로 가나 뒤에서 이집트군 전차의 궤도 소리를 들었다. 숨을 곳은 없었다. 그런데 부대원들이 싸우다 죽겠다는 각오를 다지는 동안 그림자가 퍼지듯 갑자기 안개가 사막을 뒤덮었다. 전차는 몇십 야드 떨어진 곳을 지나쳤다. 보이지는 않았지만 엔진 소리가 점점 커지더니 거리가 멀어지면서 작아졌다.

근처에 있던 다른 부대원 4명은 박격포탄이 날아오는 소리를 듣고 몸을 숨겼다. 폭발로 인해 3명이 전사했다. 41세로 부대 최고령자인 네 번째 병사가 몸을 돌리자 자신을 향해 일렬횡대로 다가오는 병사들이 보였다. 이 병사는 소지했던 대전차미사일을 대열 한가운데로 발사하고 탈출하는 데 성공했다. 슈나리의 부하 70명 중 슈나리의 동생을 포함해 24명이 전사하고 16명이 다쳤다.

자정 무렵, 티르투르로가 곧 개방될 것이라고 기대한 벤-쇼샨 대대의 전차들이 다시 롤러교의 이동을 준비했다. "준비!" 벤-쇼샨 대대장이 말했다. "준비, 기어 넣어, 이동!" 거대한 구조물이 엄청나게 큰 애벌레처럼 꿈틀거리며 모래언덕을 넘어가기 시작했다. 처음 내리막길에서 다리가 미끄러지며 전차 2대가 깔렸다. 심각한 파손은 없었으나 전차를 빼내는 데 1시간이 걸렸다. 동트기 전에 운하에 도착할 것이라는 희망은 차츰 희미해졌다. 모래언덕의 경사가 점점 더 급해지자 더 많은 전차가 견인에 동원되었다. 대열은 자주 멈췄고 명령하는 벤-쇼샨 대대장의 목소리는 더욱 거칠어졌다. 멀리서 이스라엘군의 대포소리가 들렸다. 가장 가파른 언덕을 오르기 시작했을 때는 새벽 5시였다. 이제 전차 16대가 다리를 견인하고 있었고 2대는 뒤에서 브레이크 역할을 했다.

갑자기 전차장 한 명이 소리쳤다. "정지!"

엔진 소음이 줄어들자 전차장이 말했다. "끊어졌습니다."

"견인줄 바꿔." 벤-쇼샨이 말했다.

"견인줄이 아니라 다리입니다."

공병대가 달려와 교량이 견인과 제동 과정에서 생기는 중압을 이기지 못하고 끊어진 것을 확인했다. 수리하는 데 24시간이 걸린다는 말을 듣자 샤론은 벤-쇼샨에게 롤러교를 두고 운하로 이동하라고 명령했다. 다리가 수리되면 다른 부대가 견인 임무를 맡을 것이다.

샤론은 수색대 장교 한 명을 보내 다리의 상태를 보고하라고 지시했다. 처음 고안되었을 때 이 교량은 고안자의 이름을 따서 '라스코브교^{Gesher} $^{Laskov(Laskov Bridge)}$'라고 불리었다. 탈 장군의 지원과 독려로 완성되자 교량의 이름은 '탈교$^{Gesher Tal(Tal Bridge)}$'로 바뀌었다. 돌아온 수색대 장교는 "다시 라스코브교로 부르셔야겠습니다"라고 말했다. 더는 고위 장성의 이름이 이 교량과 연관되지 않는 게 좋겠다는 뜻이었다.

동이 트기까지 1시간 남짓 남은 상황에서 샤론은 어떤 선택을 해야 할지 심각한 고민에 빠졌다. 무선망은 조용해졌다. 보고할 것이 없었다. 마치 전군이 잠시 잠들기라도 한 것 같았다. 롤러교는 끊어졌고 부교는 흩어진 채 어딘가의 교통체증에 갇혀 있었다. 무선망의 침묵은 절망적 분위기를 알리고 있었다. 시계 말고는 모든 것이 멈췄다. 모두 기진맥진했다. 추진력은 사라져버렸다. 샤론은 부사단장 에벤 대령과 접촉했다.

"우리가 지금 가지고 있는 게 뭐지?"라고 샤론이 물었다.

"길로와입니다."

"어디 있나?"

"제가 가지고 있습니다."

"나한테 가져와. 승무원들도 같이."

샤론이 말했다. 고물상에서 건져온 이 고철이 샤론의 마지막 희망이었다. 길로와는 부교보다 부피가 작으며 견인이 필요 없다는 장점 외에 처음부터 운하와 가까운 곳에서 출발했기 때문에 먼저 도착할 가능성이 더 높았다. 에벤 대령의 인솔하에 길로와가 서쪽으로 이동을 개시하자, 에레즈 여단 소속 기오라 레브$^{Giora\ Lev}$ 소령이 지휘하는 전차대대(제264전차대대-옮긴이)가 호위를 맡았다. 대열이 보호지역에 도착하자, 샤론 사단장과 이동지휘소를 구성하는 병력수송장갑차 5대가 합류했다. 아카비쉬로의 티르투르로 인접 구간에 들어선 대열은 소화기 사격을 받았으나 미사일 사격은 없었다. 샤론은 레브에게 응사하지 말고 계속 전진하라고 말했다. 샤론의 말에 따르면 레브의 임무는 "단 한 대의 전차"로라도 운하를 건너가는 것이었다.

전진하는 대열 앞에 어둠을 뚫고 불도저 한 대가 나타나더니 레브의 전차를 멈추게 했다. "타사까지 어떻게 갑니까?" 조종수가 물었다. 레브는 이렇게 멀리 떨어진 전장까지 불도저가 어떻게 올 수 있었는지 의아해했지만 필요할지도 모르겠다는 생각이 들었다. "따라와!" 레브가 말했다. 타사와 반대방향으로 간다는 사실을 모른 채 조종수는 순순히 불도저를 돌렸다.

대열은 동트기 직전에 '운동장'에 도착했다. 샤론은 남부사령관을 맡았을 때 마즈메드를 도하거점으로 마련하면서 운하 정면의 운동장 외벽 부분을 얇게 만들어 쉽게 돌파할 수 있도록 하고 붉은 벽돌로 위치를 표시해두었다.

길로와 15대가 운동장에 나란히 섰다. 명령이 떨어지자 조종수들은 엔진에서 나오는 공기로 길로와의 고무 플로트에 바람을 넣었다. 10분이 걸

리는 작업이었다. 전차병들은 침묵 속에서 어리벙벙한 표정으로 이 놀라운 광경을 지켜보았다. 아카비쉬로에 있다가 중국농장에서 들리는 짧고 날카로운 전차포 소리에 간담이 서늘해졌던 샤론의 정보장교는 아침에 1마일(1.6km) 떨어진 운하 강둑에서 새소리가 들리자 당황했다.

'운동장'. 이스라엘군은 여기에서 공격을 개시해 수에즈 운하를 도하했다. 앞에 보이는 불도저가 첫 번째 교량이 가설될 곳에 있는 사격대에 돌파구를 내는 데 일조했다. 〈이스라엘 국방군 기록물보관소 제공〉

아침 6시 30분, 길로와들이 물에 내려졌다. 운하에서 공병대가 이들을 연결해 각각 전차 1대를 수송할 수 있는 문교 5개를 만들었다. 샤론은 토벽 속의 틈을 통해 멀리 반대편에 자라난 야자나무와 무성한 초목을 볼 수 있었다. 마치 사막의 신기루 같은 풍경이었다. 그 뒤로도 몇 년 동안 샤론은

제30장 중국농장 | 539

이 순간을 떠올리곤 했다. 이때 지휘용 병력수송장갑차에 탑승했던 하사 한 명은 샤론이 지휘관석에 앉더니 견장대 밑에 구겨넣었던 붉은 공수부대 베레모(이스라엘군의 베레모는 병과·병종에 따라 색상이 다르다. 예를 들어 공수부대는 붉은색, 기갑부대는 검은색, 공군은 청회색이다-옮긴이)를 꺼내 꼼꼼하게 펴는 모습을 바라보았다. 샤론은 손으로 머리를 빗어 넘긴 다음 무선전화로 아내 릴리에게 전화했다. "릴리, 운하에 왔어. 우리가 가장 먼저야." 샤론은 흥분한 채 말했다. 샤론은 하사에게 이동지휘소 차량 탑승원 모두가 깨끗이 면도했는지 확인하라고 말했다. 수에즈 운하 도하는 조금이라도 몸단장을 할 만한 가치가 있는 행사였다.

아직 교량은 가설되지 않았으나 이제 전차를 운하 건너편으로 보낼 수단이 있었다. 재활용 고철에 불과했던 길로와가 하마터면 침몰할 뻔했던 이스라엘군의 가장 중요한 전략적 행보를 문자 그대로 물 위에 띄워놓고 있었다.

밤새 어둠 속에서 일어난 일을 보여주고 싶지 않다는 듯, 중국농장은 안개에 싸여 있었다. 그 사이로 여명이 비치기 시작했다. 10시간 동안 인정사정없이 난타전을 벌이던 양군은 조용히 휴식을 취하며 다시 무기를 들 준비를 하고 있었다. '우리'와 '적'을 가를 전선도 없이 좌충우돌하며 전투를 벌인 꿈같은 밤이 지나갔다. 죽음은 너무나 친숙해진 나머지 아무에게나 불쑥 찾아왔다. 공허한 시선들이 렉시콘로를 따라 황급히 달려오는 이집트군 전차 한 대를 향했다. 이 전차가 50야드(46m) 못 미친 곳까지 다가와서야 누군가가 정신을 차리고 포탄을 명중시켰다.

공기는 코르다이트 화약 냄새와 매운 연기로 진동했다. 주황색 불꽃이 안개 속에서 불쑥 솟았다가 가라앉으며 주변이 온통 불타고 있음을 알렸다. 이가 부딪칠 정도로 추운 아침 한기가 아니었더라면 안개가 금방 걷혀 지옥의 한 장면을 내보였을 것이다. 마침내 안개가 사라지고 지옥이 모습을 드러냈다. 사막 위에 완파된 차량 수백 대가 널려 있었다. 이 중 다수가 아직 타고 있었다. 박살이 난 지프와 트럭들이 쭉정이처럼 사방에 흩어져 있었다. 하지만 지난밤의 격렬한 전투를 가장 잘 보여준 것은 거대한 전차의 잔해였다. 일부는 포탑이 날아갔고, 일부는 전차포를 땅바닥에 묻은 채 장난감처럼 뒤집혀 있었다. 불탄 이스라엘 전차와 이집트 전차가 나란히 서 있었다. 사막 곳곳에 시신들이 즐비했다. 처참하게 파괴된 차량과 수로 안에는 더 많은 시신이 있었다. 1개 사단이 질서정연하게 숙영했다는 흔적은 어디에도 없었다. 전장에서 양군이 어떤 방향으로 서로와 대치했는지 알 수 있는 자취도 없었다. 전투는 혼란스러운 패싸움이었고 기진맥진한 몇몇 생존자들만 간신히 버티고 있었다.

전장은 광기가 지배하고 있었다. 새벽녘의 정적 속에서 이스라엘군의 유발 네리아$^{Yuval Neria}$ 중위처럼 이를 절실하게 깨달은 사람은 없었을 것이다. 21세의 네리아 중위는 10일 전인 욤 키푸르 오후부터 계속 전투를 벌이고 있었다. 운하 북단에서 전투를 벌인 원 소속 대대는 욤 키푸르 당일에 전멸 당했고, 중위는 다른 대대에 배속되어 히자욘 전초기지를 둘러싸고 10월 8일에 벌어진 절망적인 전투 중 하나에 참가했다. 다음날, 또 그 다음날 중위는 떠돌이 전사처럼 전장을 옮겨 다녔다. 탑승한 전차가 세 번이나 적탄에 맞았기 때문에 중위는 부사관이 전차장이었던 전차의 지휘권을 넘겨받았다. 장교의 특권이었다. 하무탈 전투에서 자신의 전차가 피탄되자, 중위는 다른 사람의 차량을 얻어 타고 타사로 갔다. 제14여단 본부 밖에서 임무를 기다리던 전차 3대를 발견한 중위는 승무원들에게 자신이 새 지휘관이라 말하고 이들을 이끌고 전선으로 향하다가 미즈나 대대와 만났다. 만나본 적 없는 사이였지만, 미즈나는 네리아에게 전차 3대를 더 배정하고 중대장에 임명했다.

네리아 중위의 전차는 전투 초기에 티르투르 교차로에 접근하다가 지뢰를 밟았다. 중위는 부상당한 승무원의 후송을 감독하고 이집트군 진영을 가로질러 미즈나 대대를 찾아 나섰다. 눈에 잘 띄는 우지 기관단총의 모습을 드리내지 않으려고 총을 몸에 꼭 붙인 채 네리아는 어둠을 틈타 개인호에 앉아 잡담하거나 식사를 하는 이집트군 병사들로부터 몇십 야드 떨어진 곳을 지나쳤다. 이들은 몇백 야드 떨어진 곳에서 전투가 한창이라는 사실을 까맣게 모르는 듯했다. 이집트군이 중위를 보았다면 전령 임무를 수행 중이거나 용변을 보러 가는 아군으로 생각했을 것이다. 잠시 후 바로 앞에 일렬로 서서 북쪽으로 사격하는 전차들이 보였다. 가까이 다가간 중위는 이들이 이스라엘군 패튼 전차임을 알아볼 수 있었다. 포탄을 피해 간신히 전차 한 대의 차체 후방에 올라가 보니 이 전차들은 알모그 대대 소속이었다. 전차장이 환영하는 눈치가 아니었기 때문에 네리아는 다른 전차에 올라탔다. 이 전차장은 기꺼이 포수 자리를 내주었다. 다음 몇 시간 동안 중위는 국지적으로 반격하는 이집트군에게 정신없이 포를 쏘았다. 거리가 너무 가까운 나머지 전차는 가끔 불타는 차량에서 멀리 떨어져야 했다. 열기 때문이었다. 동이 트자 네리아는 자신이 아직도 살아 있다는데 놀랐다. 하지만 주변의 세상은 종말을 맞은 듯했다. 주변에는 불타버린 금속, 포탄 자국이 난 사막, 인내심의 한계에 도달해 무감각해진 사람들밖에 없었다.

레셰프 여단장은 새벽이 왔음에도 불구하고 안도감을 느끼지 못했다. 티르투르로는 아직 봉쇄된 상태였고, 아카비쉬로는 이용하기에 너무 위험했다. 이집트군은 중국농장에서 끈질기게 버티고 있었다. 레셰프는 보유했던 전차 97대 중 56대를 잃었다. 이날 밤 중국농장 전투에서 여단은 128명을 잃었고, 전차승무원과 공수부대원이 추가로 62명이 부상당했으나 이집트군의 방어에는 눈에 띄는 큰 피해를 주지 못했다. 객관적인 기준에서 봤을 때, 공격은 대담하기는 했지만 성공을 거두지 못한 실패작이었다. 그러나 레셰프는 공격을 중단할 생각이 없었다. 전날 브롬 대대장에게 말했듯 전투는 더 끈질긴 쪽의 승리로 끝날 것이다. 자신이 고통스럽다면 이집트군도 마찬가지일 터였다.

새벽 5시 50분, 레셰프는 샤론에게 상황을 보고하며 부하들이 지쳤지만 티르투르 교차로를 향해 공격을 재개할 생각이라고 말했다. 정보당국이 이집트군이 이 지역을 조직적으로 방어한다는 징후를 알리지 않은 상황에서 레셰프는 임시로 모인 전차와 보병이 방어를 맡았다고 추측했다. 하지만 모든 것을 쏟아부어 공격했는데도 적은 아직도 저항하고 있었다. 앞서 브롬의 공격이 눈에 띄는 결과를 거두지 못하고 실패하자, 레셰프는 티르투르 교차로에 지원 포격을 해달라고 요청했었다.

레셰프는 사단의 다른 2개 여단인 에레즈 여단과 라비브 여단의 예하 부대들을 임시로 자신의 지휘하에 편입시켜달라고 요청했다. 이들이 위치한 티르투르로 동쪽 끝에서 도로 개방을 시도하기 위해서였다.

동이 트면 미츠나와 알모그 대대는 탁 트인 평원에서 적의 공격에 노출될 것이기 때문에 레셰프는 이들에게 사주四周방어 진형으로 전개할 수 있는 운하 근처의 높은 모래언덕까지 일시 퇴각하라고 명령했다. 전날 밤 공격을 개시했을 때 여단의 전력 절반보다 조금 더 많은 전차 43대를 보유했던 2개 대대에는 지금 10대만 남아 있었다. 레셰프의 전차는 일정 거리 뒤에서 따라오는 알모그와 함께 안개를 뚫고 렉시콘로를 따라 내려오기 시작했는데, 반대방향에서 고속으로 이동하던 이집트군 전차와 하마터면 정면충돌할 뻔했다. 반응하기도 전에 이집트군 전차는 방향을 틀어 레셰프를 지나쳐 안개 속으로 사라져갔다. 레셰프는 알모그에게 경고했다. "정면으로 T-55가 가고 있음." 안개를 뚫고 정면에서 갑자기 나타난 전차를 보고서야 알모그는 이 메시지의 뜻을 겨우 알아차렸다. 전차의 해치는 모두 닫혔고 위에는 기관단총을 든 특수부대원 2명이 앉아 있었다. 알모그는 기관총을 움켜잡았지만 작전장교 리흐트만 중위가 탄약수 해치 위로 머리를 내밀고 있던 탓에 사격선LOF, Line of Fire이 가로막혔다. 이집트군 전차는 재빨리 도로에서 벗어나 알모그의 왼쪽 옆을 스쳐 지나갔다. 알모그는 포탑 안으로 머리를 집어넣기 전에 장전 손잡이를 당기고 총을 들어올리는 특수부대원들을 잠깐 보았다. 안쪽으로 몸을 피했던 리흐트만이 우지 기관단총을 들고 다시 나타나 이집트군을 향해 난사했다. 알모그가 포탑 밖으로 머리를 내밀자마자 전차에서 떨어지는 특수부대원들이 보였다. T-55가 안개 속으로 사라지자, 알모그는 포탑을 돌려 T-55가 달아난 방향으로 포탄 1발을 쏘았다. 포탑을 정위치로 선회시킬 때 새거를 탑재한 이집트군 지프가 안개를 뚫고 쏜살같이 나타나 알모그의 전차 후미와 거의 충돌할 뻔했다. "후진!" 알모그는 조종수에게 소리쳤다. 전차는 후진해서 지프를 깔아뭉갰다.

그동안 브롬의 수색대대 소속 가브리엘 바르디Gabriel Vardi 소령이 지휘하는 중대가 교차로 공격에 나섰다. 날이 밝고 나서 감행한 첫 번째 공격이었다. 바르디는 독자적 판단으로 전차 3대와 함께 브롬 대대장이 전사한 교차로에 접근했고, 4대는 뒤에서 지원사격을 했다. 관개수로에 몸을 숨긴 보병과 북동쪽으로 500야드(457m) 떨어진 곳에 있는 토루에 배치된 전차를 비롯해 밤에는 볼 수 없었던 이집트군의 배치 상황이 처음으로 보였다. 바르디의 전차들은 완파된 이스라엘군 전차 뒤에 숨어 적 전차들과 결투를 벌인 끝에 피해 없이 8대를 명중시켰다. 폭이 넓은 관개수로에서 새거를 실은 차량이 나타났으나, 바르디가 탑승한 전차가 차량에 포탄을 명중시켰다. 불타는 차량에서 병사 한 명이 뛰쳐나왔다가 멈추고 잠시 머뭇거리더니 돌아가 부상자를 부축해 나왔다. 바르디는 포를 돌려 이 이집트군 병사 2명을 겨눴다. 하지만 역시 망설이다가 결국 포를 다른 쪽으로 돌렸다. 중대는 북쪽으로 1마일(1.6km) 더 나아가 마침내 눈에 들어온 이집트군 진지에 포탄을 퍼부었다. 탄약이 소진되자, 중대는 철수했다.

그동안 레셰프는 수색대대의 잔존 전력을 수습해 직접 선두에 서서 교차로를 공격하다가 철수하는 바르디의 중대를 지나쳤다. 이번에는 밤새 반복된 공격에 맞섰던 방어측이 백기를 올렸다. 아마 속옷으로 만든 백기였을 것이다.

아침 햇살 속에서 티르투르 교차로의 이집트군이 완강한 방어전을 펼칠 수 있었던 수수께끼의 답이 드러났다. 교차로로 접근하는 이스라엘군을 감시할 수 있는 위치에 다수의 T-62 전차가 참호 속에서 포탑만 내민 채 사격하고 있었기 때문에 발견하기도, 명중시키기도 어려웠던 것이었다. 새거를 탑재한 지프들도 마찬가지였다. 좋은 위치에 설치된 다수의 기관총좌와 RPG를 휴대한 보병의 개인호 수십 개, 깊게 파인 참호도 있었다. 그리고 진지 전체는 지뢰밭의 보호를 받았다. 레셰프 여단은 무작위로 끌어모은 전차와 보병이 아닌 강력한 방어선의 남쪽 가장자리를 공격하고 있었다.

이렇게 티르투르-렉시콘 교차로의 전투는 끝이 났다. 하지만 티르투르로 나머지 구간을 둘러싼 전투와 중국농장의 전투는 아직도 끝나지 않았다.

제31장

교량

 월요일 밤부터 아미 모라그 중령의 대대는 이집트군 특수부대의 공격으로부터 롤러교를 지키고 있었다. 전차병들은 교량의 느린 이동 속도에 발맞춰 움직이느라 신경이 곤두섰지만, 화요일 아침이 되자 모라그는 지루한 기간이 끝났다는 통보를 받았다. 레셰프의 요청에 따라 대대가 동쪽 끝에서 중국농장을 공격할 2개 부대 중 하나가 된 것이었다. 모라그의 임무는 렉시콘로와의 교차점까지 티르투르로를 따라 전진하면서 고립된 채 곳곳에서 저항하는 이집트군을 소탕하는 것이었다. 모라그는 밤새 티르투르 교차로를 둘러싸고 치열한 전투가 벌어졌다는 사실을 몰랐다. 레셰프의 말에서 모라그가 이해한 것은 흩어져 돌아다니는 적 대전차 보병부대와 도중에 우연히 마주칠 수 있다는 것 정도였다. 관개수로에 숨어 있을 것으로 추정되는 슈나리 부대의 생존자 구출 역시 모라그의 임무였다.
 모라그가 2개 전차중대의 선두에 서서 티르투르로에 접근할 무렵, 안개 때문에 가시거리는 몇 야드에 불과했다. 모라그는 예후다 탈 부대대장에게 3중대와 함께 후방의 고지에 남아 지원사격을 하라고 말했다. 모라그가 전진하자, 안개 속에서 두 사람이 걸어 나왔다. 슈나리 소령과 부하 장교였다. 두 사람은 모라그에게 전우들이 있을 것으로 추정되는 장소를 말해주었다. 대화 도중 안개가 극장의 장막처럼 걷히기 시작했다. 눈앞에 중국농장이라

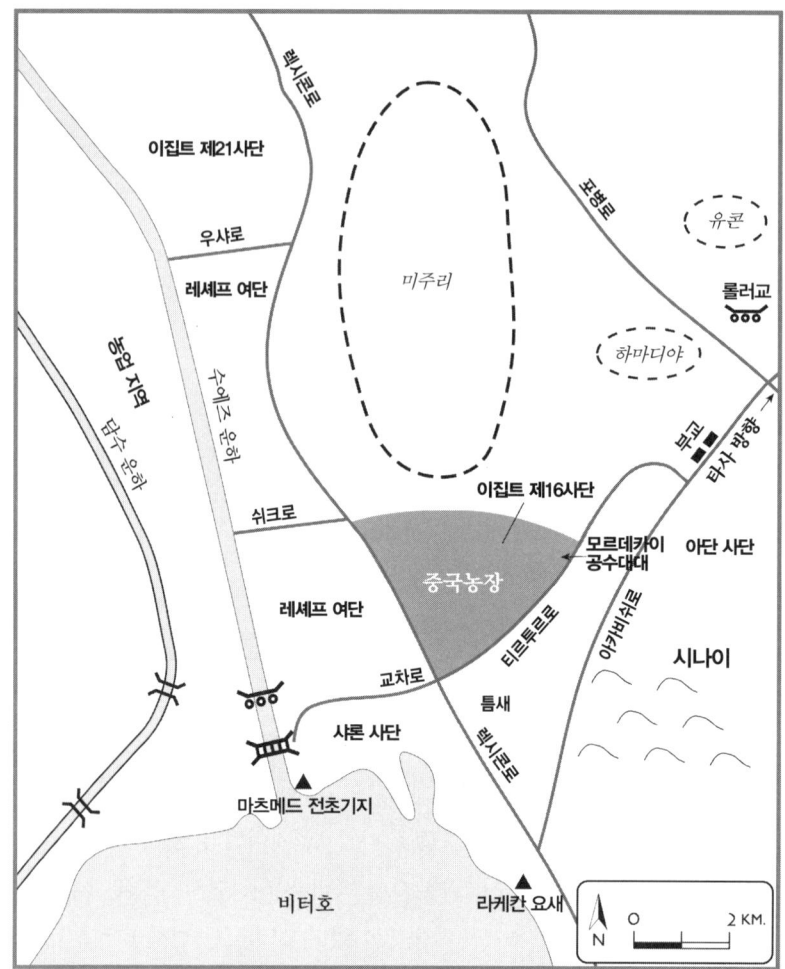

중국농장 전투

는 광활한 무대가 모습을 드러냈다. 농장 곳곳으로 뻗은 관개수로도 보였다. 북서쪽으로 2마일 떨어진 곳에는 펌프 장비가 있는 2개의 거대한 건물이 있었다. 이 지역에서 가장 잘 보이는 건물이었다. 회색빛 지형을 배경으로 갑자기 붉은 공 같은 물체가 떠오르더니 이스라엘군 방향으로 다가오기 시작했다. "미사일이다!" 모라그가 소리쳤다.

모라그는 시나이 반도에서 여러 해 복무해 이 지역을 잘 알고 있었기 때문에 전차들을 근처의 얕게 파인 채석장으로 피신시켰다. 마지막 전차가 채석장으로 들어오자 머리 위로 새거가 느리게 비행하며 지나갔다. 그런데 놀랍게도 미사일은 계속 머리 위로 날아오더니 마치 채석장의 이스라엘군을 찾으려는 듯 하강해왔다. 모라그는 새거 사수들이 안테나를 향해 미사일을 발사해 보이지 않는 전차를 향해 조이스틱으로 미사일을 채석장 안쪽으로 유도하려 하고 있다는 것을 깨달았다. 안테나를 아래로 내리라고 명령하자, 사격도 멈췄다.

모라그는 부하들을 이끌고 다시 도로에 진입해 전진하기 시작했으나 빗발치듯 쏟아지는 미사일에 당황해 서둘러 물러섰다. 레셰프가 임시배속을 요청한 2개 대대 중 나머지 하나인 라비브 여단의 1개 대대가 지원사격을 위해 북쪽으로 1마일 이동했다. 모라그는 아군의 오인사격을 우려해 뒤에 있는 다른 전차장에게 지원대 전차 중 가장 가까이 있는 전차를 잘 지켜보라고 명령했다. 또다시 모라그의 전차가 도로에 들어서자 뒤에 있던 전차장이 말했다. "포탑이 선회합니다." 모라그는 조종수에게 후진을 명령했다. 후진하자마자 방금 있었던 곳에 포탄이 떨어져 폭발했다. 모라그는 레셰프에게 라비브 여단 소속 대대의 철수를 요청하며 "골칫거리는 이집트군만으로 충분합니다"라고 말했다.

왼쪽에 롤러교의 호송 임무에서 벗어난 벤-쇼샨의 대대가 아카비쉬로를 따라 운하로 내려가고 있는 것이 보였다. 대대는 매트의 공수여단 병력의 절반을 태운 반궤도장갑차들을 호위하고 있었다. 모라그는 벤-쇼샨에게 티르투르로에서 날아오는 새거를 조심하라고 경고했다. "감사. 미사일이 보임"이라는 답이 돌아왔다. 1분 뒤 벤-쇼샨의 대대장 전차에 미사일이 명중해 대대장이 부상당했다. 전차들은 계속 전진했지만 취약한 반궤도장갑차들은 후방으로 돌아가라는 명령을 받았다.

모라그는 다시 한 번 전진을 시도했으나 미사일이 날아오는 빈도는 줄어들지 않았다. 모라그는 레셰프 여단장을 호출해 티르투르로 돌파 강행은 자살행위라고 말했다. "저희가 상대하는 것은 대전차 보병만이 아닙니다. 야전군 전체가 이곳에 포진한 것 같습니다." 모라그가 말했다. 도하 여부가 티르투르로 개방에 달려 있었기 때문에 레셰프 여단장은 한 발도 물러서지 않았다. 여단장은 모라그가 진격하지 않으면 명령 불복종으로 군사재판에 회부될 것이라고 경고하면서도 이번에 진격할 때는 지원포격을 약속했다.

레셰프의 명령을 들은 부대대장 탈 소령은 새거 운반 상자를 들고 티르투르로를 따라 설치된 진지에 자리 잡는 다수의 이집트군 보병을 볼 수 있었다. 탈은 모라그에게 티르투르로를 따라 내려가는 것은 미친 짓이니 명령을 거부하라고 말했다. 하지만 모라그는 이제 죽을 각오로 임무를 수행해야 한다는 것을 이해했다. 명령은 수행하되 대대 전력은 최대한 보존할 것이다. 탈이 이끄는 부대는 현 위치에 남으라는 명령을 받았다. 모라그가 지휘할 전차 8대 중 부사관이 지휘하는 전차 3대는 상대적으로 안전한 채석장 가장자리에서 지원사격을 한다. 장교가 지휘를 맡은 나머지 5대는 티르투르로를 따라 대대장과 함께 진격한다. 모라그는 장교들에게 고속으로 이동하면서 모든 화기를 사용하고 '무슨 대가를 치르고서라도' 계속 전진하라고 말했다.

맡은 임무의 중요성도, 밤새 티르투르로에서 벌어진 격전도 몰랐던 모라그의 부하 장교들은 레셰프 여단장이 모라그의 대대가 원래 예하 부대가 아니라는 이유 하나만으로 실패가 확실한 임무를 부여했다고 믿었다. 모라그 대대는 하무탈 전투 이후 수많은 전투를 벌였으나 아직 하무탈에서 받은 불벼락의 충격에서 벗어나지 못했다. 전날 밤 마트의 공수부대를 운하까지 엄호하기 위해 파견된 중대가 티르투르 교차로에서 전차 7대 중 4대를 잃은 일도 대대로서는 큰 타격이었다. 전사자 중에는 하무탈 전투에서 대대의 중대장 전원이 부상당하자 중대의 지휘권을 넘겨받은 소대장도 포함되어 있었다.

모라그가 이끄는 전차들이 개활지에 나서자마자 전차 한 대가 미사일에 맞았지만 비틀거리며 안전한 채석장으로 간신히 돌아갔다. 나머지 전차는 믿기 힘들 정도로 쏟아지는 미사일을 뚫고 계속 전진했다. 대대는 하무탈과 그 이후 벌어진 전투에서 새거와 접한 적이 있었으나 이 정도는 아니었다. 어느 장교의 눈에는 어마어마하게 큰 기관총이 총탄 대신 미사일을 뿌리고 있는 것처럼 보였다. 중국농장 한가운데서 다수의 새거가 폭죽처럼 하늘로 솟구치기 시작했다.

선두에 선 모라그 대대장의 눈에 길을 가로지르는 관개수로가 검게 보일 정도로 들어찬 이집트군 보병이 들어왔다. 전차장들은 포탑에서 몸을 드러낸 상태였으나 수로의 이집트군 보병은 굉음을 내며 돌진하는 전차들을 보고 너무나 놀란 나머지 똑바로 총을 쏠 수 없었다. 전차포가 수로에 불을 뿜었고, 전차장들은 이집트군을 훑듯 기관총을 쏘아댔다. 탄약수들은 최대한 빨리 포탄을 장전하며 증기기관차 화부처럼 움직였으며 포탑 위에 있는 전차장에게 기관총탄 탄통을 전달할 때만 잠시 멈췄다. 탄약수 해치로 탄피를 배출할 시간이 없어 전차 내부에 뜨거운 탄피가 쌓이기 시작했다.

조종수들은 미사일의 조준을 방해하기 위해 속력을 내며 좁은 도로를 따라 달렸다. 바로 옆에 떨어진 새거의 유도 와이어가 안테나에 감겼다. 살아남을 것이라는 희망을 이미 포기한 모라그는 적 보병들을 타격하기 위해 이동 중인 전차 대열을 향해 지원포격을 해달라고 요청했다. 2마일도 가기 전에 모라그의 포수는 30발을 발사했다. 모라그 자신은 수류탄을 던지고 기관총을 발사하며 탄띠 3개를 소진하자 결국 우지 기관단총으로 사격했다. "쏠 때마다 명중했습니다. 사방에 적 보병이 있었습니다"라고 모라그는 나중에 보고했다.

전차 한 대가 새거에 맞아 정지했다. 탈 소령은 레셰프 여단장의 처남인 전차장이 부상당한 승무원을 업고 연기를 내뿜는 전차에서 빠져나오는 모습을 우연히 볼 수 있었다. 승무원 2명이 그 뒤를 따랐다. 공수부대원을 실은 병력수송장갑차 한 대가 아카비쉬로에서 달려왔다. 이 장갑차도 적탄에 맞아 차장이 중상을 입었으나 전차병들이 있는 곳에 가까스로 도착해 이들을 무사히 구출해 귀환했다.

모라그가 티르투르-렉시콘 교차로 근처까지 오자 이곳에서 완파된 길라디 소령 및 부대대장의 전차와 슈나리의 불탄 반궤도장갑차들의 잔해가 길을 막았다. 깊이 파인 참호 때문에 앞으로 나가는 길이 차단되었다.

티르투르로와 아카비쉬로 사이 어딘가에서 발사된 미사일이 계속 날아들었다. "좌회전!" 모라그가 조종수에게 소리쳤다. 전차들은 티르투르로에서 갑자기 방향을 틀어 이집트군으로 들어찬 참호를 따라 나란히 달렸다. 몇 피트 앞에서 겁에 질린 얼굴들이 보였다. RPG도 보였다. 모라그의 전차는 참호에 근접사격을 퍼부었고, 기관총은 쉴 새 없이 사격을 계속했다. 참호에 있던 이집트군 중에는 전차포에 닿을 정도로 가까이 있어 발사 화염에 불타버린 사람도 있었다. 모라그는 포수로부터 조준 기능을 가져오는 탈취 레버override lever를 계속 사용하며 바로 앞의 참호에 있는 RPG 사수에게 포를 쏘았다. 불안함을 느낀 포수는 탈취 레버를 해제시켜달라고 계속 요청했다.

바로 정면에 진로를 가로지르는 참호가 갑자기 보였다. 모라그는 "정지!"라고 소리쳤다.

하지만 낮은 곳에 있던 조종수는 지나치는 이집트 보병들의 얼굴이 바로 정면에서 보였기 때문에 "멈추지 않겠습니다!"라고 소리쳤다. 전차는 전속력으로 참호 가장자리를 들이받고 참호 끝에 걸쳐 있었다. 참호 다른 쪽에서 궤도가 지면으로 올라서기 위해 헛돌아가는 소리가 들리더니 마침내 땅에 닿았다. 다른 전차들도 어떻게든 참호를 직접 건너거나 우회했다.

출발한 이래 처음으로 적병도, 새거도 시야에 들어오지 않았다. 정면에 나지막한 모래언덕이 있었다. 모라그는 언덕 옆에 정지하자, 다른 전차들이 모래먼지를 날리며 그 옆에 나란히 정차했다. 정적이 흘렀다. 포탑 위로 몸을 내민 전차장들은 놀라 어리둥절하며 서로를 바라보았다. 말이 안 되는 소리였지만, 모두 살아남았다. 다들 땀에 흠뻑 젖어 있었다. 누군가가 함성을 지르자, 전 부대원이 환호하기 시작했다. 승무원들은 전차에서 나와 소변을 보며 날카로워진 신경을 가라앉혔다. 부하들이 느긋하게 소변을 보는 호사를 누리는 동안 언덕 반대편에서 아랍어로 말하는 소리가 들렸지만, 모라그는 별로 신경 쓰지 않았다. 나중에 모라그는 이때 받았던 느낌을 회상하며 자신은 그때 "현실을 초월한 다른 어딘가에 있었다"고 말했다.

전차에 다시 오르자, 고지에 남았던 탈 소령이 접촉해와 "대대장님 전차들이 보입니다"라고 말했다. "하차하지 마십시오. 아랍인들이 근처에 있습니다." 탈은 티르투르로와 아카비쉬로 사이에 흩어진 이집트군 부대를 피해가며 모라그를 다시 아카비쉬로 방향으로 인도했다. 탈이 인도한 경로를 따라가니 전차가 지나갈 정도로 폭이 넓은 관개수로가 나타났고, 이들은 수로 안으로 전차를 몰았다. 얼마 가지 못해 대열은 아군 병사 20명과 마주쳤다. 모라그는 이 병사들이 슈나리 부대의 잔존 병력이라는 것을 알게 되었다. 공수부대원들은 탈진한 상태였고, 식수도 없었다. 전차에 올라온 병사들은 몇 분 만에 포탑 밖에 매달린 식수통을 깨끗이 비웠다.

아카비쉬로 위쪽 안전한 장소에 도착한 모라그는 원 소속 부대 지휘관 하임 에레즈 여단장에게 위치를 보고했다. 모라그는 에레즈에게 더는 레셰프로부터 명령을 받고 싶지 않다고 말했다. 말도 하고 싶지 않았고 꼴도 보기 싫었다. 만약 본다면 총으로 쏘겠다고 말할 정도였다. (나중에 레세프는 기갑부대 총사령관으로, 모라그는 부사령관으로 함께 사이좋게 일했다.)

모라그의 전차들은 사격장의 오리들(사격장에서 사수 앞으로 일렬로 지나가는 오리 모양의 표적지-옮긴이)처럼 한 줄로 달리며 대전차화기로 무장한 이집트군 보병여단을 지나쳐 티르투르로 거의 전 구간을 돌파했다. 이들은 슈나리 부대의 잔존 병력을 구출하고 이집트군에게 심각한 피해를 안겼다. 그리고 무사히 살아남았다. 하지만 결론은 변하지 않았다. 티르투르로는 아직 봉쇄된 상태였고, 아카비쉬로는 이용하기에 아직 너무 위험했다.

마트의 공수부대원들이 운하를 건너 도달한 곳은 이 세상이 아닌 것 같았다. 푸르고 고요했다. 운하 서안은 야자나무와 진흙 오두막으로 된 마을들이 군데군데 있는 울창한 농업지대였다. 황폐한 시나이 반도의 사막과 대조적이었다. 4마일 너비의 농업지대 한가운데로 난 좁은 담수 운하로 들어온 나일강물이 농업용수를 공급했다. 병사들은 공식 지명인 '고셴Goshen'을 대신해 운하 서쪽 지역을 '아프리카Africa'라고 부르기 시작했다. 지중해 한쪽 끝에서 아시아와 유럽을 나누는 보스포러스Bosphorus 해협(터키의 서부, 마르마라해와 흑해를 연결하는 해협-옮긴이)처럼 운하는 사실상 아시아와 아프리카의 경계였다.

공수부대는 필요하다면 독자적으로 기갑부대에 맞설 준비가 되어 있었다. 새로 도착한 LAW 대전차미사일 300발과 바주카포 40문 및 여러 정의 무반동총으로 무장한 공수부대원들은 지난 10일간 이집트군 보병이 이스라엘군 전차에 가했던 것처럼 이집트 전차들에게 보복할 준비를 했다. 이스라엘군은 개전 이래 처음으로 효과적인 대전차화기를 다량 보유하고 있었다. 공수부대가 홀로 있던 시간은 길지 않았다. 기오라 레브 소령이 운하까지 운송했던 길로와를 타고 새벽녘에 소령의 전차 14대와 병력수송장갑차에 탄 보병 1개 중대가 운하를 건너왔다.

이집트군은 이스라엘군의 의도를 전혀 몰랐다. 운하 서안에서든 동안에서든 이집트군은 포탄을 한 발도 발사하지 않았다. 이스라엘군 병사들은 전쟁은 운하 건너편에 남겨두고 오기라도 한 것처럼 전원적인 분위기에서 막간의 휴식을 취했다. 운하를 건너가는 문교에 있던 전차장 요시 레게브

Yossi Regev 대위는 뒤따르던 다른 전차장에게 전차 안테나가 낚싯대라도 되는 것처럼 장난삼아 수면 위로 구부려 보였다.

레브 소령은 공수부대 장교 한 명씩을 포탑 안에 태운 전차 2대를 이끌고 폐쇄된 공군기지로 향했다. 지도상 상륙지점에서 1마일(1.6km) 떨어진 이 기지에는 현재 이집트군 병참부대가 주둔하고 있었다. 기지 정문의 초병은 이스라엘군 전차들을 이집트군으로 착각하고 들어오는 전차들을 향해 경례했다. 전차들은 활주로를 따라 내려가며 차량 수십 대와 대공포 수

담수 운하 하안에 있는 이스라엘 병사들. 〈이스라엘 정부 공보처 제공〉

십 문을 격파했다. 상륙지점으로 돌아온 레브 소령은 자신이 모르는 호출부호로 신분을 밝힌 누군가의 전화를 받았다.

"누구십니까?" 레브가 물었다.

"내 목소리 알아듣겠나?" 전화를 건 사람이 물었다. 레브는 느릿한 목소리의 주인공이 하임 바르-레브 장군임을 금방 알 수 있었다.

"네." 소령이 답했다.

"자네를 공군사령관의 지휘하에 두겠네." 바르-레브가 말했다.

새로운 목소리가 들렸다. 베니 펠레드 공군사령관 같았다.

"지도에서 꽃이 보이나?"

자신의 전차대대가 공군 소속이 된 것도 이상한데 이 질문은 더 이상했다.

"무슨 꽃 말씀이십니까?" 레브가 물었다.

"빨간색으로 된 숫자는 보이지?"

지도를 보니 운하 서안의 많은 곳에 네 자리 숫자들이 모여 있었다. 자세히 살펴보니 각 숫자 옆에는 데이지 꽃이 그려져 있었다.

"네, 보입니다."

"자네 구역에 있는 전부를 격파할 것! 교신 끝."

레브는 벤-쇼샨 대대와 동행해 서안으로 오는 에레즈 여단장을 기다리기로 했다. 이들은 길로와를 타고 오전 10시에 건너왔다. 여단장은 레브 대대장만큼이나 꽃이 무엇을 가리키는지 몰라 당혹스러워했지만 찾아보기로 했다.

에레즈는 교두보를 지키기 위해 전차 7대를 남겨두고 전차 21대와 보병 1개 중대를 이끌고 서쪽으로 향했다. 담수 운하에 있는 교량에 도착한 부대는 이집트군 전차들과 마주쳤다. 길 양쪽의 습지 때문에 이스라엘군 전차들은 일렬종대를 유지한 채 싸울 수밖에 없었다. 남미의 임지에서 얼마 전 귀임한 외교관 요시 레게브 대위가 탑승한 선도 전차만이 적과 교전할 수 있었다. 관목 숲에서 1시간 동안 매복한 적과 공방전을 거듭한 끝에 레게브는 전차 4대를 격파했다. 레브 대대장이 계속 전진하라고 독려하자, 레게브 대위는 어딘가에 다섯 번째 전차가 매복한 것 같다고 말했다. 마침내 오두막의 창문 너머로 다섯 번째 전차가 포착되었다. 이 전차는 뒷벽을 부수고 오두막 안에 들어가 있었다. 레게브가 쏜 포탄은 전면 벽을 뚫고 들어가 전차에 명중해 화재를 일으켰다.

이스라엘군 강습부대는 거친 바위투성이 평원을 가로질러 달렸다. 시나이에서 익숙하게 보아온 모래언덕이 있었지만 풍경은 그곳과는 사뭇 달랐다. 수시로 노상에 나타난 이집트군 트럭들은 모두 격파되었다. 일부 트럭에는 프로그 지대지미사일이 실려 있었다. 부대는 사막 한가운데의 숙영지에서 이집트군 전차 6대와 대전차 무반동총을 장착한 병력수송장갑차 수십 대와 마주쳤는데, 이는 한 번도 보지 못한 조합이었다. 에레즈의 전차들은 1마일(1.6km) 거리에서 이들을 모두 격파했다.

30분 뒤, 부대는 '꽃'으로 표시된 첫 좌표에 접근했다. 멀리 둔덕이 보였다. 다가가자 흙으로 쌓은 경사방벽, 안테나, 밴 트럭과 하늘을 향해 뻗은 늘씬한 SAM의 윤곽이 보였다. 테크니온Technion(우리나라의 KAIST와 비슷한 성격의 공학 계열 중심 대학. 하이파 소재-옮긴이)에서 공학을 공부하는 예비군 장교가 레브에게 밴 트럭이 SAM 시스템을 통제하는 신경중추라고 말했다. 전차들이 사격을 개시하자, 미사일들이 점화되어 주황색 연기를 뿜으며 폭발했다. 다른 두 곳의 SAM 기지도 타격을 입었고, 전차병들은 공격할 때마다 화려한 불꽃놀이를 기대했다. 이스라엘군 전차들은 미사일 기지 한 곳으로 들어가 디젤유 드럼통에서 연료를 채우기도 했다.

에레즈가 이끄는 부대는 운하 서안에서 20마일(32km) 지점까지 들어가 이집트군을 습격했다. 샤론이 상황을 묻자, 에레즈는 "카이로까지 갈 수 있을 것 같습니다"라고 말했다. 부대가 있는 곳에서 카이로까지는 50마일(80km) 정도 거리였다. 서쪽에서 이집트군 차량 대열이 포착되자, 에레즈는 보병 중대를 보내 상대하게 했다. 병력수송장갑차는 카이로 방향으로 10마일(16km) 더 이동해 이집트군을 따라잡아 격멸했다.

오후가 저물어가자, 에레즈는 교두보로 향할지 모르는 적을 차단하기 위해 현 위치에 남을지의 여부를 물었다. 사단본부는 귀환하라고 명령했다. 에레즈의 부대는 그 같은 임무를 수행하기에는 충분한 규모가 아니었다. 전차들은 다수의 불탄 이집트군 차량 잔해와 SAM으로부터 자유로운 작은 공역을 뒤로한 채 60마일(97km)을 일주한 끝에 해지기 전에 돌아왔다. 공군은 이 공역을 중심으로 SAM으로부터 자유로운 공역을 확장해나가기 시작할 것이다.

마트의 공수부대는 낮 동안 방어선 북단에서 이집트군 병력수송 트럭 7대를 격파했다. 하지만 전반적으로 볼 때 교두보는 남부전선에서 가장 조용한 곳이었다. 마트는 앞으로 있을 일에 대비해 개인호를 파고 부하들에게 명령했다. 그사이 적의 공격이 전혀 없자, 공수부대원들과 전차병들은 커피를 끓이려고 작은 불을 지폈다. 다들 오아시스에서 보내는 휴가 같은 이 시간이 오래가지 않으리라는 것쯤은 알고 있었다. 이 여유로운 분위기 속에서 나중에 페타크 티크바Petakh Tikva(텔아비브 근교의 산업도시-옮긴이) 시장이 될 활발한 성품의 레브 소령은 에레즈 대령과 마트 대령 앞에서 화가 치민 사다트가 이스라엘군의 도하를 몰랐다며 사과하는 샤즐리를 닦아세우는 장면을 묘사한 원맨쇼를 하기도 했다. 병사들은 한데 모여 운하가 흘러드는 비터 호수를 바라보았다. 한 병사가 어떤 학자들은 3,000년 전에 이집트에서 도망쳐 나오는 이스라엘인을 위해 이곳에서 물이 갈라졌다고 믿는다고 말하자, "빨리 교량을 가져오지 않으면, 또 물을 갈라야 할 거야. 이번에는 다른 방향으로." 다른 병사가 말했다.

전쟁이 시작된 이래 기뻐할 일이 별로 없었던 엘라자르는 이집트군이 도하에 전혀 반응하지 않았다는 데 뛸 듯이 기뻐했다. 오전 10시, 엘라자르는 참모진에게 "이렇게 일이 잘 풀리리라고는 상상조차 못 했네"라고 말했다. "이집트군은 무슨 일이 벌어지는지 파악하지 못했어. 우리가 운하에 도달했다는 것을 이해 못 하고 우리 공격을 (일회성) 강습으로 생각하나 봐. 운하 건너편으로 1개 공수대대와 전차들을 보냈는데도 말이야."

제이라가 말했다. "지금 벌어지는 일은 이집트군이 몇 년간 연습해온 계획에는 없는 것입니다. 이집트군은 아군의 행보를 이해하지 못하고 무엇을 해야 하는지도 모릅니다."

오전 10시 20분, 무선감청반원들이 운하 서안에서 이스라엘군 전차 5대를 포착했다는 이집트군의 보고를 감청했다. 이집트군은 이들이 개전 초기에 자기들이 그랬던 것처럼 비터 호수를 역방향으로 건너온 수륙양용전차 같다고 보고했다.

길로와는 훌륭하게 작동되고 있었으나, 지휘부는 얼마 되지 않는 문교에 의지해 2개 사단을 수에즈 운하 건너편으로 보내 공격할 생각이 없었다. 길로와는 수송 능력이 제한적이라는 단점 외에도 포격이 개시되면 쉽게 격침될 수 있었다. 최소 1개 다리의 건설이 필수적이었다. 화요일 오전 늦게 문제의 범위가 명백해지면서 남부사령부는 샤론을 압박하기 시작했다. 사령부에서는 샤론이 운하를 건너고자 하는 열망이 강해서 도로 개방과 교량을 가져오는 데 전력을 다하지 않았다는 공감대가 점점 확산되고 있었다. 이로 인해 수면 아래 잠들었던 샤론과 다른 장성들, 특히 바르-레브와의 적대감이 다시 수면 위로 떠오르게 되었다.

바르-레브가 무전으로 샤론에게 말했다. "우리에게 필요한 것은 교량과

도로인데 유감스럽게도 둘 다 없어. 자네 사단이 할 수 있겠나? 아니면 누군가(아단 사단을 가리킨 말이다)를 보내줘야 하나?" 샤론은 도움은 필요 없다고 답했다. "아, 그래." 회의감을 숨기지 않으며 바르-레브가 말했다. "그럼 아무도 필요 없다는 말이군. 아리크, 진짜 교량이 없으면 우리는 건너갈 수 없어."

고넨도 샤론에게 교량이 없다면 작전을 취소할 수밖에 없다고 말하며 바르-레브가 했던 경고를 되풀이했다. 고넨은 '구덩이'에 전화를 걸어 "그곳의 분위기가 너무 낙관적으로 흐를까 봐 전화 드립니다. 샤론은 운하로 돌진하기만 했지 도로를 개방하지 않았습니다." 바르-레브는 추가로 전차를 운하 건너편으로 보내는 것을 금지했다.

샤론은 이 명령에 말문이 막혔다. 미친 짓이다. 지금이야말로 이집트군이 무슨 일이 벌어지고 있는지 깨닫지 못하는 동안 될 수 있는 대로 많은 전차를 도하시켜 SAM 포대와 보급로를 공격해야 할 때라고 샤론은 강력히 주장했다. 내륙 돌파가 지연된다면 이집트군이 이스라엘군의 교두보를 봉쇄할 시간 여유를 가지게 될 것이다. 에르빈 롬멜Erwin Rommel의 참모장은 조지 패튼George Patton을 가리켜 제2차 세계대전의 연합군 지휘관 중 안전한계선을 넘어서라도 기회를 잡겠다는 결단을 내릴 유일한 사람이라고 평가했는데, 이 평가는 샤론에게도 꼭 들어맞았다. 샤론은 운하를 건너간 전력이 고립될 위험에 처했다는 남부사령부 지휘부의 주장에 동의하지 않았다. 포위된 쪽은 아군이 아니라 이집트군이라고 샤론은 말했다. 그는 전략적 승리는 이스라엘의 수중에 있다고 생각했다.

남부사령부는 샤론에게 설득당하지 않았다. 고넨은 이른 시일 안에 교량을 가설하지 않으면 운하 서안의 병력을 철수시켜야 할지도 모른다고 다시 한 번 경고했다. 바르-레브는 이날 늦게 다얀을 만난 자리에서 만약 도로가 개방되지 않으면 병력수송장갑차는 철수하겠지만 이미 건너간 전차 28대와 공수부대는 운하 서안에 남을 것이라고 다소 말을 바꿔 설명했다. 최악의 경우 병력은 고무보트로 철수할 것이며 그때까지 길로와가 남아 있다면 전차도 철수할 수 있을 것이다. 하지만 지금으로서는 교두보를 계속 유지할 계획이었다.

샤론은 됭케르크Dunkirk(프랑스 북부의 항구도시. 제2차 세계대전 당시 이곳에서 독일군에 포위된 연합군 약 33만 명이 해로로 철수했다-옮긴이)가 아닌 전격전의 관점에서 다음 작전을 생각하고 있었다. 그는 길로와로 전차 100~200대 정도를 도하시켜 이집트군이 상황을 파악하기 전에 급습하기를 원했다. 엘라자르는 운하 건너편으로 전차를 약간 더 보내기로 했으나 교량 없이 그렇게 대규모 부대를 보내는 모험을 할 수 없다는 바르-레브의 의견에 동의했다. 이 논쟁은 전쟁 내내 샤론과 상급자들 사이의 관계에서 도드라지게 보이는 근본적 기질 차이—바르-레브의 묘사에 따르면 계산된 위험과 무모한 도박의 차이—에서 비롯되었다. 샤론의 생각에는 욤 키푸르 이래 모색해온 이집트군을 무너뜨릴 기회가 찾아왔는데도 소심한 상관들이 이를 날려버리고 있었다.

용감한 사나이들 작전은 보수적인 작전이 아니었다. 이스라엘 국방군은 아직 가설되지 않은 부교 1개와 단지 몇 개의 문교로 수로 장애물을 건너 전력의 상당한 부분을 적진 한가운데로 침투시키는 모험을 감수하고 있었다. 게다가 교두보와 후방은 아직 안전이 확보되지 않은 좁은 회랑으로만 연결되어 있었다.

메이어 총리가 저지른 중대한 보안상의 실수 때문에 상황은 더 복잡해졌다. 암울한 11일을 버텨낸 총리는 (좋은 소식을 듣고) 기쁨을 주체할 수 없었던 나머지 국민과 이 소식을 공유하기로 했다. 화요일 오후에 총리는 크네세트 생방송으로 연설했다. "지금 이 순간, 우리가 크네세트에서 회의하는 동안 특별한 임무를 맡은 이스라엘 국방군 부대가 수에즈 운하 서안에서 작전 중입니다." 통상적으로 연설 전 초고를 제출받아 검열하던 군 검열관이 이 부분을 삭제했지만, 메이어 총리는 해당 내용을 읽어버렸던 것이다. 국민의 사기 진작이 필요한 시점이었고 총리는 자신이 설마 이집트가 모르는 내용을 말하고 있지는 않을 것으로 짐작했다. 그러나 그것은 큰 실수였다. 다얀은 화가 치밀었지만 아무 말도 하지 않았다. 엘라자르도 화가 났다. 금명간 아카비쉬로와 티르투르로가 개방되지 않으면 운하를 건너간 병력을 불러들일 계획이 수립되고 있었다. 이 사건이 없었더라면 운하를 건너간 병력을 금방 철수시킨다 해도 이는 성공적인 습격이었다고 둘러댈 수 있었을 것이다. 하지만 총리가 낙관적인 연설을 한 다음이라면 국민의 사기는 큰 타격을 입을 것이다.

이스라엘로서는 다행스럽게도 이집트는 메이어 총리의 발언을 믿지 않았다. 사다트 대통령은 '심리전'에 불과하다며 연설 내용을 즉각 일축했다. 운하 서안에서 벌어진 전투가 이집트군 지휘부에 보고되었으나, 지휘부는 대규모 도하가 아니라는 결론을 내렸다. 보고가 사실이라면, 그것은 어떻게든 간신히 운하를 건너간 소규모 이스라엘군 전차, 아마도 수륙양용 전차들이 과시용 강습을 한 것에 불과할 것이라고 생각했던 것이다.

중국농장 전투에서 제890공수대대를 이끈 이츠하크 모르데카이 중령. 〈이스라엘 정부 공보처 제공〉

메이어 총리가 연설하기 얼마 전에 이스라엘군이 전혀 방해받지 않고 '아프리카'에 교두보를 구축하고 있을 무렵, 사다트 대통령은 이스마일 국방장관과 함께 차량에 탑승해 환호하는 군중 사이를 뚫고 의회로 가고 있었다. 분위기는 전승 퍼레이드 같았다. 의회 연단에서 사다트는 시나이 반도에서의 이스라엘군 완전 철군이라는 자신의 휴전 조건을 제시했다.

제890공수대대는 이스라엘 국방군 중에서 가장 빛나는 역사를 가진 부대 가운데 하나였으나 이번 전쟁에서는 지금껏 별다른 역할을 하지 못했다. 제890공수대대는 이스라엘의 첫 공수부대로, 1950년대에는 초대 대대장 아리엘 샤론의 지휘를 받으며 이스라엘 국방군의 전투 기준을 세웠다. 전쟁이 개시되자, 대대 병력 대부분은 수에즈만 지역으로 공수되어 이집트군 특수부대를 추격했다. 하지만 제890공수대대는 이보다 더 중요한 임무 수행을 고대하고 있었다.

전쟁이 11일째로 접어든 화요일 아침, 대대장 이츠하크 모르데카이[Yitzhak Mordecai] 중령은 상륙전을 준비하라는 명령을 받았다. 부대는 상륙정을 타고 수에즈만을 건너 반궤도장갑차와 전차로 강습 작전을 벌일 예정이었다. 제890대대가 속한 여단(제35공수여단—옮긴이)의 여단장 우지 야아리[Uzi Ya'ari]

대령이 도착해 임무 변경을 알렸을 때, 대대는 이미 승선 지점에 도착해 있었다. 대대는 즉시 비행기에 탑승해 수에즈 운하 전선의 후방기지인 레피딤으로 향했다.

중국농장의 전투 과정에서 샤론 사단이 지나치게 넓게 분산되고 전력 손실이 심각해지자, 바르-레브는 도로 개방과 교량 수송 임무를 아단 사단에 이양했다. 아단은 이 임무를 도브 타마리Dov Tamari 부사단장에게 일임했다. 전쟁 이틀째 되는 날, 수 시간 동안 꽉 막힌 교통체증을 뚫고 해안도로를 따라 사단을 전선으로 인솔해온 인물이 타마리 장군이었다. 이틀 전, 사단이 샤론 사단 배후의 진지로 이동하게 되자, 타마리는 경로를 미리 정찰했는데 이때 아카비쉬로에서 점점 심각해지는 교통체증을 목격했다. 타마리는 며칠 전 자신이 직접 정찰한 모래언덕을 통과하는 경로를 따라가자고 아단에게 무전으로 건의했다. 사막을 통과할 수 없는 보급품을 실은 트럭은 궤도차량에 의해 견인되었다.

이제 아카비쉬로의 교통체증에 갇힌 부교를 가져오라는 임무를 부여받은 타마리는 불도저와 반궤도장갑차 탑승 수색대원들을 모아 길을 따라 내려갔다. 부교는 어제부터 12마일(19km)에 걸친 차량 정체로 꼼짝 못 하고 있었다. 교통체증은 병참에 심각한 장애였다. 타마리는 부교 앞을 막는 차량을 모두 사막으로 밀어내라고 명령했다. 흩어진 부교의 마지막 부분이 통과하자 차량은 도로로 다시 견인되었다. 몹시 힘든 작업이었지만 밤이 되자 하나의 부교를 가설하기에 충분한 수량인 10여 개의 부교 경간이 아카비쉬로 위쪽 구간에 도착했다.

그러나 부교는 아카비쉬로의 나머지 구간이 안전해질 때까지 운하로 견인될 수 없었다. 티르투르로가 개방될 때까지는 롤러교도 마찬가지였다. 둘 다 개방되지 않는다면 도하를 지탱할 보급로는 없을 것이었다. 그러나 하루 동안의 격전을 치르고 나서도 도로가 개방될 가능성은 거의 없어 보였다. 하지만 이제 부교는 티르투르로의 봉쇄가 풀린다면 운하까지 운반할 수 있는 위치에 있었다.

아단은 아카비쉬로에서 티르투르로를 향해 전차를 배치했다. 그러나 몇 번의 시험공격 결과 관개수로의 이집트군을 몰아낼 유일한 수단은 보병이라는 것이 명백해졌다. 남부사령부도 같은 결론에 도달했다. 공수여단장 야아리 대령은 예하 1개 대대를 아단의 지휘에 편입시키라는 명령을 받았다. 제890공수대대는 이날 밤에 전투에 나설 것이다.

어둠이 내리자 운하 건너편의 이스라엘군에게 공급할 탄약과 연료를 실은 궤도차량 대열이 모래언덕을 넘어 길을 나섰다. 대열에는 오늘 아침에 아카비쉬로에서 발걸음을 돌린 마트 여단의 두 번째 대대를 실은 반궤도장갑차들이 있었다. 보급대 지휘관들은 이번에는 백린탄이 아니라 비터 호수에 정박한 선박들의 불빛을 따라 방향을 잡았다. 이 선박들은 6일 전쟁 당시 운하가 폐쇄되자 발이 묶였다. 그 뒤로 6년 동안 외국 선주들은 소유권 보호에 필요한 최소한의 승무원만 순환배치했다.

아단은 사단 선임 병기참모chief ordnance officer 하임 라존Haim Razon 중령에게 롤러교의 상태를 점검하라고 명령했다. 공병대는 수리가 끝날 때까지 최소 하루가 걸릴 것으로 추산했었다. 라존은 3시간 안으로 수리할 수 있다고 말했다. 부러진 경간을 고치는 대신 그는 부러진 부분을 절단하고 나머지 경간을 다시 용접했다. 이 때문에 교량은 몇 미터 짧아졌으나 운하를 가로지르는 데는 충분했다. 업무를 수행하던 도중에 라존은 전차부대 장교인 아들이 중상을 입었다는 소식을 들었다. 라존은 서둘러 아들에게 가기를 원했지만, 현장에서 아들을 돌보던 군의관이 무전으로 중령의 아들은 생명에 지장이 없으며 후송 중에 있다고 전했다.

상당수의 고위 장교가 전투를 수행하면서 전장에 있는 아들의 소식에 한쪽 귀를 기울이고 있었다. 남부사령부 본부의 우리 벤-아리 장군은 최전선의 전차부대에서 장교로 복무하는 2명의 아들과 정기적으로 연락을 주고받았다. 탈 장군은 전쟁 초기에 '구덩이'에서 잠시 휴가를 내 전차승무원으로 근무하다가 중상을 입고 입원한 아들을 문병했다. 탈의 아들은 탑승했던 전차의 유일한 생존자였다. 펠레드 공군사령관은 다얀과 더불어 기자회견을 하는 동안 조종사로 근무하던 아들이 수에즈 운하 상공에서 격추되었다는 소식이 적힌 쪽지를 받았다. 펠레드는 말없이 쪽지를 훑어보고 차분한 목소리로 계속 기자들의 질문에 답했다. 몇 분 뒤에 아들이 헬리콥터로 구조되었다고 알리는 쪽지가 전해졌다.

다니 마트 대령의 아들은 아미르 요페 중령의 대대에서 전차장으로 복무하고 있었다. 남부사령부 본부에 도착한 대령은 미프레케트와 밀라노 전초기지 전투에서 요페 대대의 전차 중 일부만 돌아왔다는 소식을 듣고 가슴이 철렁했다. 대령은 움 하시바의 선임 군의관에게 전사자 명단을 달라고 요청했다. 재빨리 명단을 훑어보니 아들의 이름은 보이지 않았다. 대령은 부상자 명단을 달라고 하지 않고 전쟁 기간 내내 아들의 소식을 묻지 않았다. 나쁜 소식을 들으면 자신의 임무 수행에 지장을 받지나 않을까 하는 우려 때문이었다.(마트의 아들은 전쟁이 끝날 무렵 부상당했으나 회복했다.) 샤론이 전방지휘소를 설치한 '운동장'에서는 전차승무원 한 명이 하차해 샤론의 병력수송장갑차로 달려가 사단 선임 통신장교인 아버지를 껴안았다. 1시간 뒤, 아들의 전차가 피격되어 아들이 두 다리가 마비되는 중상을 입었다는 소식이 들어왔다. 샤론은 잠시 휴가를 내 아들을 문병하고 아내를 위로하라고 권유했으나, 통신장교는 전선에서 떠나기를 거부했다.

벤-쇼샨 대대가 운하를 건넜기 때문에 수리된 롤러교를 견인하는 임무는 예후다 겔레르Yehuda Geller 중령의 전차대대(제143사단 제600기갑여단 제410전차대대-옮긴이)에 맡겨졌다. 겔레르는 전선에서 빠져나왔으나 견인에 대해 분명한 지침을 내리는 상급자가 없었다. 현장의 공병대는 한 번 실패하고 나서 자신감을 잃은 것 같았다. 교량에 대한 교육용 영화를 본 적이 있는 겔레르는 영화에서 사용된 견인 방법을 기억해내려 애썼다. 교량은 이미 평지에 도착했다. 겔레르는 롤러교가 모래언덕을 넘으며 여기까지 왔다는 말을 듣고 놀랐다. 겔레르와 부대대장은 견인할 때 쓸 구령을 만들었다. "이동 준비, 하나, 둘, 셋, 이동." 어둠이 찾아오자 견인 작업이 재개되었다. 1마일도 가지 못해 겔레르가 정지 명령을 내렸다. 전차들은 롤러교에 묶인 채 정지했고, 승무원들은 앉은 자리에서 꾸벅꾸벅 졸았다. 새벽 3시, 깨어 있는 병사들은 정면에서 격렬한 사격음을 들을 수 있었다. 전차포가 아닌 보병화기였다. 티르투르로 근처에서 격전이 벌어지고 있었던 것이다.

야아리 대령은 밤 10시에 아카비쉬로 상층부 구간 근처에서 헬기로 착륙해 아단의 지휘소로 갔다. 사단장이 임무를 간략하게 설명했다. 새벽이 오기 전에 티르투르로의 이집트군 대전차 보병을 소탕해야 했다. 그렇지 않으면 교량이 통과할 수 없었다. 공수부대의 임무가 대단히 중요했다.

모르데카이 대대장과 제890공수대대는 이른 아침부터 계속 이동하고 있었다. 레피딤 공군기지에 도착한 제890공수대대는 활주로 옆에서 3시간을 기다리다가 이집트군의 공습을 피해 몸을 숨겨야 했다. 마침내 버스가 도착해 제890공수대대를 타사로 수송했다. 모르데카이는 교통정체를 뚫고 나가기 위해 자주 버스에서 내려야 했다. 제890공수대대는 타사에서 수배된 수송 헬리콥터를 타고 자정 가까운 시간에 아카비쉬로 위쪽 구간에 내렸다.

모르데카이는 브리핑을 위해 아단의 텐트로 안내되었다. 대령은 이집트군이 깊게 판 참호를 통해 이동하고 있기 때문에 구체적인 표적을 특정할 수 없다는 말을 들었다. 항공정찰사진도 없었고 포병 연락장교를 불러올 시간도 없었다. 공수부대는 적과 접촉할 때까지 넓게 산개해 전진할 것이다. 아단은 새벽까지 임무를 완수하려면 겨우 5시간 남았다면서 즉시 이동을 개시하라고 말했다. 보병이 대낮에 개활지를 도보로 가로지른다면 살아남을 확률은 전혀 없을 것이다.

공수부대원들은 이런 방법으로 전투를 벌이는 데 익숙하지 않았다. 확실한 정보도, 항공정찰사진도, 구체적인 계획도, 포병 지원도 없었다. 모라그가 아단 사단 소속이 아닌 샤론 사단 소속이었던 탓에 아단의 사령부에서 아침에 있었던 모라그 대대의 돌진에 대해 아는 사람은 아무도 없었으며, 모라그가 참호에서 본 보병의 대군에 대해서도 알려진 바가 전혀 없었다.

대대는 자정이 지나 이동을 개시했다. 젊은 부사관 한 명은 달빛을 받으며 첫 실전에 나서는 데 한껏 기대에 부풀어 있었다. 80명에서 90명으로 구성된 3개 중대가 나란히 횡대로 움직였고 4중대가 예비대로 그 뒤를 따랐다. 전에 이 대대에서 복무했던 장교 50명이 모르데카이 대대장의 참전 허가를 받아 이 중대에 배속되었다.

오전 2시 45분, 야아키 레비Yaaki Levy 중위가 지휘하는 우측면의 중대가 적과 처음으로 접촉했다. 모르데카이가 적의 규모를 묻자, 레비는 예의 자신에 찬 목소리로 적은 충분히 상대할 수 있는 규모라고 답했다. 레비는 1개 소대에게 우측의 적을 우회해 배후로 가라고 명령했다. 소대장은 얼마 가지 않아 정면에 있는 이집트군의 규모를 얼핏 보고서 땅바닥에 엎드렸다. "대전차화기팀이 아닙니다." 소대장이 보고했다. "이 지역은 이집트군으로 가득 차 있습니다." 모르데카이가 자세히 설명하라고 했으나 응답이 없었다. 레비 중대장은 이집트군 진영으로 돌격하다가 전사했다. 부중대장 역시 적탄에 맞았다. 중대는 이집트군 바로 정면에 있는 평탄한 지형에서 적의 기습을 받았다. 이집트군은 전차와 포병의 지원을 받았으며 야간투시경도 가지고 있어서 이스라엘군의 움직임을 속속들이 볼 수 있었다.

모르데카이는 전선 중앙에 있는 중대에게 왼쪽의 적 진지를 우회하라고 명령했으나 이 중대마저 개활지에서 이집트군의 사격을 받아 중대장이 전사했다. 선도 중대의 공수부대원들은 이집트군 방어선에서 200야드(183m) 거리, 일부는 50야드(46m)까지 접근했다. 장교 대부분이 총에 맞았다. 모르데카이는 자원분견대의 장교들로 부상자를 대체했다.

자원자 중 한 명인 예후다 두브데바니Yehuda Duvdevani 소령은 중앙에 있는 중대의 지휘를 맡으라는 명령을 받았다. 전방으로 달려나가는 동안 포탄이 사방에서 폭발했다. 소령은 포탄의 폭발 충격으로 내동댕이쳐졌으나 모래가 파편을 흡수해 다치지 않았다. 전선에 도착하자 무인지대(아군과 적군 사이의, 어느 측에도 속하지 않은 지대-옮긴이)에 남은 부상병들의 비명이 들렸다. 소령은 부상자들을 데려오라고 명령했으나 누구도 움직이지 않았다. 어린 징집병들은 두브데바니 소령을 몰랐기 때문에 소음 사이로 들리는 거친 고함에 반응을 보이지 않았다.

소령은 들것을 붙잡고 소리쳤다. "엄호해!" 병사들은 이 명령에 반응해 때로는 포복으로, 때로는 구보로 전진하는 두브데바니를 엄호했다. 전방의 이집트군 참호에서 50야드 떨어진 곳에 부상자 3명이 누워 있었다. 두브데바니는 가장 상태가 심각한 부상병을 들것에 싣고 포복으로 물러나면서 들것을 끌었다. 소령은 중간중간 이 부상자를 놔두고 다른 2명의 부상자에게 가서 팔을 잡고 끌어왔다. "도와줘!" 소령이 부상자들에게 말했다. 총탄이 주변의 모래에 쏟아지자, 부상자들도 간신히 몸을 움직였으나 이스라엘군 진영까지의 거리 대부분을 두브데바니가 끌고 와야 했다. 탄입대에 있던 연막수류탄이 총탄에 맞아 연기를 내뿜었고 다른 총탄이 벨트에 자국을 냈다. 기총사격으로 튀어오른 모래알이 들것을 때리기도 했다. 두브데바니는 부상자들을 끌고 야전구호소 역할을 하는 관개수로까지 100야드를 갔다. 의무병들이 들것에 실린 부상자는 사망했다고 말했다. 다른 2명은 신속히 후송되었다. 두브데바니는 무전으로 모르데카이 대대장에게 보고했다. "부상자 구조 완료. 지휘를 맡겠음."

그제서야 중대원들이 명령에 반응했다. 이집트군 진영 배후에서 전차 소리가 들리자, 두브데바니 소령은 LAW 대전차미사일로 무장한 부하들을 2개 팀으로 나눴다. 이집트군 전차가 전진하기 시작하자 한 팀이 일어나 선도 전차를 불덩이로 만들었다. 나머지 전차들은 뒤로 물러섰다.

그동안 예비중대가 전진해 사상자들을 후송했다. 머지않아 동이 틀 것이기 때문에 신임 중대장은 포복하느라 시간을 낭비하지 말라고 했다. 지금 중요한 것은 속도다. 중대장이 부상자를 데리고 돌아올 때마다 후송지점으로 가는 길에 보이는 쓰러진 부상자와 전사자 시신은 점점 늘었다.

모르데카이 대대장은 구호대원들을 엄호하기 위해 기관총 여러 정으로 화력기반base of fire(기동 중인 아군을 엄호사격하는 지원대-옮긴이)을 설치했다. 옆에 있던 병사가 전사하고 자신도 다른 곳에 맞고 튄 총탄에 가슴을 다쳤으나 대대장은 상처에 모래를 발라 부하들의 눈에 띄지 않게 했다.

동이 트자 장차 이스라엘 총리가 될(제14대 총참모장, 재임 기간 1991~1995년, 제10대 이스라엘 총리, 재임 기간 1999~2001년-옮긴이) 에후드 바라크Ehud Barak 중령이 이끄는 전차대대가 투입되었다. 대대는 해외에 있다가 전쟁 발발과 동시에 서둘러 귀국한 장병들로 구성되었다(바라크 대대장은 스탠퍼드 대학 유학 중이었다). 전차 7대가 전진했다. 공수부대를 구원하기 위해서가 아니라 앞장서서 이집트군 진지를 공격하기 위해서였다. 두브데바니는 부하들에게 돌격 준비를 명령했다. 전차들은 공수부대와 나란히 섰으나 이집트군 진영에서 일제히 날아온 새거에 맞아 5대가 격파되었다. 공격은 불가능해졌다.

여명이 비출 때 시몬 말리아크Simon Maliach 중위는 쓰러진 사상자들과 함께 땅에 엎드려 있었다. 숨을 곳은 없었다. 중위와 병사들은 뒤에 숨기 위해 전사자 시신으로 벽을 쌓아올리기 시작했다. 근처에 누워 있던 여단 작전장교가 별명으로 말리아크를 부르며 말했다. "어이 검둥이, 상황이 엉망이야." 그는 마지막 말을 채 끝내지 못했다. 말리아크가 가까이 기어가자 이마에 박힌 총알이 보였다. 그들은 얕은 개인호를 파기 위해 모래를 긁었다.

"검둥이, 잘 지내나?" 누군가가 가볍게 말을 걸었다. 다른 부대에서 파견된 붉은 머리의 장교였는데, 말리아크는 라비노비츠^{Rabinowitz}라는 성만 알고 있었다. 라비노비츠는 말리아크가 등에 진 무전기를 보고서 시체 너머로 팔을 뻗어 모르데카이 대대장과 통화하려 하던 도중에 등에 총탄을 맞았다. 말리아크는 상처에 손가락 2개를 넣어 지혈했다. 라비노비츠의 안색이 창백해졌다. 그는 말리아크의 셔츠를 붙들고 "검둥이, 아내가 출산 예정이야. 나를 죽게 내버려두지 마"라고 말했다. 말리아크는 "같이 있겠습니다. 아무 일도 없을 겁니다"라고 말했다.

이들의 뒤에서 나타난 병력수송장갑차에서 군의관이 뛰어나왔다. 포화에도 아랑곳하지 않고 군의관은 라비노비츠 곁에 옆으로 누워 상처에 붕대를 감았다. 근처에 있던 바라크 대대의 전차 한 대가 피탄되어 승무원들이 옷에 불이 붙은 채 전차에서 뛰쳐나왔다. 말리아크와 다른 병사들이 달려가 전차병들을 모래에 구르게 해 불을 끈 다음, 시신을 쌓아 만든 벽 뒤로 끌고 왔다. 이집트군은 이들을 발견하고 박격포로 사격해 군의관을 포함한 여러 명을 사살했다. 군의관이 투여한 모르핀 약 기운 때문에 정신이 몽롱해진 라비노비츠를 제외한 생존자는 모두가 기어서 후퇴했다. 말리아크는 라비노비츠와 남았다. 박격포 사격이 멈추고 이집트군 병사들이 참호에서 나와 전진하는 모습이 보였다. 남아 있으면 죽는다. 혼미한 라비노비츠를 깨우기 위해 그의 뺨을 때려 깨운 다음 말리아크는 상황을 설명하고 돌아가 지원을 요청하겠다고 말했다. 이집트군은 계속 다가왔다. 만약 지원군이 오기 전에 이집트군이 먼저 온다면 죽은 척할 수밖에 없었다.

말리아크는 고작 100야드(91m)를 더 가서 박격포탄 파편에 부상당했다. 그는 야전구호소에 도착한 다음 후송되었으나 죄책감 때문에 생긴 심한 정신적 스트레스 때문에 상처가 아문 뒤에도 병원에 남아 정신과 진료를 받아야 했다.

모르데카이의 공수부대가 적과 접촉하기 전, 아단 사단장은 병력수송장갑차에 탑승한 수색중대를 아카비쉬로를 따라 내려보내 이집트군의 반응을 시험해보려고 했다. 차량이 사격받지 않고 렉시콘로까지 갔다가 돌아오자, 아단은 아카비쉬로를 통해 부교를 보낼 가능성에 대해 따져보았다. 느리게 움직이는 육중한 목표인 부교는 새거의 손쉬운 표적이었다. 부교가 파괴된다면 지금 롤러교가 겪는 어려움을 생각해볼 때 도하 가능성은 사실상 사라진다. 하지만 티르투르로를 둘러싼 전투는 점점 더 격해졌고, 이집트군의 관심은 온통 티르투르로에 고정된 듯했다.

아단은 위험을 무릅쓰기로 했다. 교통체증을 뚫고 부교를 수송해온 도브 타마리 부사단장은 아카비쉬로를 따라 내려가 운하까지 가라는 명령을 받았다. 부교를 견인하는 전차들이 시간 간격을 두고 차례로 출발했다. 이들을 공격하는 이집트군은 없었다. 수요일 아침 6시 30분에 첫 부교가 마츠메드에 도착했다. 길로와가 도착한 지 꼬박 하루 뒤였다. 몇 시간만 지나면 나머지도 같은 길을 따라 도착할 것이다. 수송대원들은 티르투르로를 지나며 격렬한 사격음을 들었다.

모르데카이의 대대 일부는 전투가 개시된 지 17시간이 지난 오후 늦게까지 고립되어 있었다. 병력수송장갑차가 전차와 포병의 지원을 받으며 돌진해와 생존한 것으로 알려진 마지막 병사들을 간신히 구출했다. 하지만 전사자 시신 대부분은 전장에 남겨둘 수밖에 없었다.

대대 병력의 3분의 1이 사상자였다. 41명이 전사하고 100명 이상이 부상당했다. 공수부대 병사들은 전우들의 희생에 슬퍼하며 이런 상황에서 전투를 벌여야 했다는 것에 분개했다. 이들에게 전투는 완전한 대참사였다. 그러나 모르데카이의 대대가 벌인 혈투로 인해 부교 통과가 가능해졌고, 아카비쉬로에 대한 이집트의 통제가 느슨해졌다. 이들은 자신들도 모르는 새 아프리카로 가는 길을 활짝 열었다.

제32장

아프리카로 건너가다

카이로에서는 이스라엘군이 침입했다는 첫 보도에도 별다른 경보가 울리지 않았다. 신문편집인 헤이칼이 운하 서안의 이스라엘군 전차를 언급한 메이어 총리의 크네세트 연설 내용을 통신사에서 받아 사다트 대통령에게 전달했다. 대통령은 이스마일 국방장관에게 전화를 걸었으나, 장관은 '이스라엘군 전차 3대가 침투'했을 뿐이라고 말했다. 시간이 지나자 수륙양용전차 몇 대에 대한 보고가 있었다. 이보다 더 나중의 보고에서도 침입한 이스라엘군은 전차 7~10대로 구성된 강습부대로 알려졌다. 샤즐리 참모총장은 제2군 사령관 권한대행 타이시르 알–아카드$^{Taysir\ al\text{-}Aqqad}$ 준장과 접촉했다. 이스라엘군의 침입은 미미한 규모이며 즉시 처리될 것이라는 답변이 돌아왔다. 그렇지만 샤즐리는 카이로 인근에 주둔한 전략예비군 소속 1개 기갑여단에게 운하로 이동을 개시하라는 명령을 내렸다.

 샤즐리는 이스마일 장관에게 침입해온 이스라엘군을 상대하기 위해 시나이 반도의 제3군 교두보에 있는 제25기갑여단을 운하 서안으로 철수시킬 것을 제안함과 동시에 제2군 교두보에 있는 제21기갑사단의 1개 여단을 운하 동안을 따라 남쪽으로 보내 이집트군 진영 사이의 틈새를 봉쇄하자고 건의했다. 이스라엘군은 분명히 그곳을 통해 도하했을 것이다. 그러나 이집트군은 이스라엘군이 대규모 도하를 감행할 정도의 전력을 보유했다고 아직 믿지 않았다.

이스마일 장관은 시나이 반도에서 제25기갑여단은 물론 그 어떤 부대의 철수도 거부했다. 철수로 인한 전선 붕괴의 촉발 우려 때문이었다. 공황사태를 피하기 위해 이집트군 지휘부는 이스라엘군의 침입에 대한 경계령 발동을 자제했다. 따라서 에레즈의 전차들은 이스라엘의 침투를 알지 못하는 이집트군 차량 대열과 기지를 지금까지 마음껏 두들겨댈 수 있었다. 운하를 건너온 에레즈의 전차와 마트의 공수부대가 서안에서 이집트군과 몇 번에 걸쳐 충돌했음에도 불구하고 카이로 혹은 제2군 사령부에 있는 그 누구도 퍼즐 조각을 제대로 짜 맞추지 못했다. 제2군과 제3군의 수색대는 전부 시나이 반도에 배치되었기 때문에 운하 서안에는 침입한 이스라엘군을 추적할 임무를 수행할 부대가 전혀 없었다.

이스마일은 제25기갑여단이 운하 서안으로 물러나는 대신 운하 동안의 제방을 따라 북쪽으로 공격하고 남쪽 방향으로 압박을 가하는 제21기갑사단의 전차들과 합류해 이스라엘군의 도하지점을 차단하기를 원했다. 샤즐리는 격렬하게 반대했다. 이런 기동은 죽음의 덫으로 스스로 들어가는 것이나 마찬가지라고 샤즐리는 주장했다. 왼쪽 측면이 비터 호수에 가로막히고 오른쪽 측면은 이스라엘군의 공격에 노출된 채 북쪽으로 15마일(24km)을 진격해야 하기 때문이었다. 이스마일은 물러서지 않았다. 샤즐리가 '센터 텐'을 방문한 사다트에게 자신의 입장을 제기하자, 사다트는 불쾌해했다. "왜 장군은 언제나 운하 동안에서의 병력 철수를 제안하시오?" 사다트가 물었다. "당신은 군사재판에 회부되어야 마땅해. 계속 그런 제안을 고집하면 군사재판에 회부할 거요." 사나트의 말에 망연자실한 샤즐리는 더는 이 문제로 논쟁을 벌이지 않았지만 몇몇 대전차보병 부대를 새거와 함께 운하 서안의 원 소속 부대로 조용히 돌려보내는 조치를 취했다. '센터 텐'의 동향을 파악한 아만은 밤 8시에 사다트가 육군사령부에서 직접 지휘권을 행사하기로 했다고 보고했다.

이집트 제3군 사령관 와셀 장군은 제25기갑여단의 진격 명령에 깊이 상심했다. 장군은 새벽 3시에 샤즐리 참모총장에게 전화를 걸어 기술적인 어려움 때문에 아침 일찍 공격하기가 어려울 것이라고 말했다. 샤즐리는 와셀의 우려에 공감하면서도 계획대로 작전을 수행해야 한다고 말했다. 와셀은 그렇다면 여단은 파멸할 것이라고 말하며 운명에 순종하라는 내용의 무슬림 기도문을 외웠다. "신의 권능 없이 인간은 아무것도 할 힘이 없나니." T-62 전차로 구성된 제25기갑여단은 아침 7시 직후에 북쪽으로 이동을 개시할 것이다.

아단은 회랑지대를 티르투르로 너머로 확장하기 위해 4개 전차대대를 동원해 아카비쉬로에서 북쪽으로 조심스럽게 압박을 가하기 시작했다. 이집트군 전차들이 교전할 듯이 다가왔으나 이스라엘군 전차들을 새거로 무장한 보병의 사거리 안으로 유인하기 위해 방향을 바꾸었다. 진격은 느렸고 적 전차와의 교전은 주로 장거리에서 벌어졌다.

모르데카이가 지휘한 공수부대의 공격은 부교가 통과할 길을 개방시킨 것 외에도 티르투르로를 끈질기게 지키던 이집트군의 마지막 의지를 꺾었다. 이집트군은 세 방향에서 24시간 이상 공격받고도 잘 버텼으나 고통이 누적되고 있었으며, 아단은 이들이 무너지기 직전임을 눈치챘다. 아카비쉬로에서 적 포화가 사라지자, 아단은 오전 7시 30분부터 장갑차량이 도로를 따라 운하 쪽으로 자유롭게 통행하는 것을 허락했다. 오전 11시가 되자 도로는 비장갑차량에게도 개방되었다. 아카비쉬로에서 하루 넘게 대기하던 보급품과 연료를 실은 트럭들이 마침내 마즈메드의 도하지점으로 쇄도하기 시작했다. 도하지점에서는 이미 부교 가설 작업이 진행 중이었다. 교통 체증이 마침내 풀렸다.

아단은 고넨에게 모르데카이 대대의 생존자를 후방으로 돌려보낼 생각을 하고 있음을 알렸으나, 고넨은 거절했다. 티르투르로 주변의 관개수로에 이집트군이 다시 침투하는 것을 막으려면 공수부대가 필요하다는 것이었다. 아단은 대대의 손실이 너무나 커서 일선에서 후퇴해 전열을 재정비할 필요가 있으며 이제 4개 전차대대가 공격에 참여한 이상 공수부대에게 더 이상의 고통을 주는 것은 무의미하다고 답했다. 하지만 고넨은 이들이 남아야 한다고 고집했다.

오후에 모르데카이의 부하 장교 한 명이 땅바닥에 앉아 전투식량을 먹는 대대장을 찾았다. "자네를 주려고 아껴두었지." 모르데카이가 옥수수 통조림을 내밀며 말했다.

장교가 물었다. "이제 어떻게 되는 겁니까?"

"이제 어떻게 되냐고? 우리는 오늘 밤에 다시 전투에 투입된다. 뻔한 일 아닌가?"

모르데카이는 의구심이 들었으나 내색하지 않고 이번에는 반드시 포병과 전차 지원을 받아내야겠다고 결심했다. 그리고 이제 이집트군의 배치 상황을 알기 때문에 측면에서 공격하기로 했다.

대대장은 부하들에게 집합 명령을 내렸다. 앞에 앉은 어린 현역병들의 얼굴에서는 전날 밤에 겪은 악전고투의 흔적이 역력했다. "어젯밤 우리는 큰 대가를 치렀다." 모르데카이가 말했다. "하지만 전쟁은 아직 끝나지 않았다. 군인 대 군인으로서 말하는데, 더는 버틸 정신력이 없는 사람은 빠져도 좋다. 책망하지 않겠다. 어젯밤 싸웠던 사람은 모두 이번 전쟁에서 자기 몫을 했다. 하지만 나는 전쟁이 끝날 때까지 싸울 생각이다. 싸우기를 원하는 사람은 나와 함께 싸운다. 어제 싸웠던 곳에서 또 싸워야 할지도 모른다. 자, 탄약을 점검하고 뭐 좀 먹고 마셔라. 2시간 안으로 이동할 준비를 마치도록."

중국농장으로 다시 간다는 것은 생각만 해도 몸서리쳐지는 일이었지만 물러서겠다고 한 병사는 없었다. 얼마 뒤 아단의 지휘소에 도착한 바르-레브 장군은 고넨의 명령을 취소하고 공수부대의 철수에 동의했다.

길로와는 차량과 보급품을 서안으로 나르고 사상자를 실어 오며 운하 양안을 연결하고 있었다. 수요일 아침 날이 밝아오자, 도하 24시간 이상 지난 뒤에 이집트군이 포격을 개시해 길로와를 이어 만든 문교 1개가 포탄에 맞았다. 화물적재용 램프가 서안 강둑에 걸쳐 있던 덕분에 즉시 가라앉지는 않았으나 이 문교는 더는 사용할 수 없었다. 피탄 시 사상자를 줄이기 위해 길로와 승무원을 12명에서 5명으로 줄였다. 나머지 승무원들은 자기 차례가 와서 호출될 때까지 개인호에서 기다리라는 명령을 받았다.

아침나절에 미그기 편대가 샤론이 지휘소를 설치한 '운동장'을 공격했다. 샤론은 병력수송장갑차에 탑재된 기관총 3정 중 1정을 잡고 대공사격에 합세했다. 이집트군 포병의 일제사격에 '운동장'은 불바다로 변했다. 장갑차량 내부나 개인호에 있지 않았던 장병들은 모두 다쳤다. 샤론의 군화를 빌려 신고 자원해 베르셰바에서 따라온 샤론의 가장 친한 친구 제에브 아미트는 샤론의 장갑차에서 뛰어내려 자신의 장갑차로 가다가 치명상을 입었다.

포탄이 사방에서 폭발하자, 샤론은 지휘차량들에게 전초기지 영내에서 벗어나라고 명령했다. 이동하던 중 샤론의 장갑차가 포탄 구덩이에 빠지는 바람에 탑승한 모두가 넘어졌다. 해치 밖으로 머리를 내밀고 있던 샤론은 이마에 부상을 입었다. 승무원 한 명이 피를 심하게 흘리는 사단장의 머리에 붕대를 감았다. '운동장'에서 빠져나온 장갑차들은 불타는 부교 경간을 견인하는 전차 한 대와 마주쳤다. 0.5마일(800m) 떨어진 곳에 다수의 이집트군 전차들이 있었다. 반대방향을 바라보고 있기는 했으나 샤론은 이 전차들이 방향을 돌려 '운동장'에 들어올까 봐 걱정스러웠다. 그렇게 된다면 이들은 몇 분 만에 길로와, 부교, 고무보트를 파괴해 도하작전에 종지부를 찍을 것이다. 근처에 이스라엘군 전차가 없었기 때문에 샤론은 레셰프를 호출해 즉각 지원 전력을 보내라고 지시하고 이집트군을 기관총으로 사격하라고 자신의 장갑차에 명령했다. 샤론이 탑승한 지휘장갑차의 중기관총 사수를 맡은 하사가 망설이며 "하지만 저것은 전차입니다"라고 말했다.

"사격해!" 샤론이 버럭 소리를 질렀다. 기총사격으로 전차를 격파하지는 못하겠지만 전차장의 주의를 딴 곳으로 돌릴 수는 있을 것이다.

장갑차들은 빠르게 움직이며 기총사격을 퍼붓고 이집트군 전차들이 자신들을 향해 포를 돌리기 전에 간신히 근처 모래언덕 뒤로 피하는 데 성공했다. 몇 분 뒤 레셰프의 전차들이 도착해 이집트군 전차들을 격파했다. 적탄에 맞은 부교 경간이 하나 더 있었으나 나머지는 무사히 '운동장'에 도착했다.

전차 15대를 보유한 아미르 요페 중령의 대대는 렉시콘로 서쪽의 높은 모래언덕 위에서 북쪽으로부터 교두보를 보호했다. 샤론은 아단과 접촉해 중국농장에 있는 레셰프의 지친 부대원들을 지원하기 위해 그의 1개 대대를 빌릴 수 있는지 물었다. 샤론은 10월 8일에 아단으로부터 두 차례 비슷한 요청을 받았지만 거부했던 적이 있었다. 그러나 아단은 샤론의 요청을 흔쾌히 받아들여 요페의 부대를 보냈다. 밤 동안 요페는 공수부대의 티르투르로 공격 여파로 이집트군 보병이 중국농장에서 철수한다고 보고했다.

요페는 철수를 방해하지 말라는 명령을 받았다.

　대대는 새거를 발사하는 이집트군 보병의 공격을 상대하며 이날 하루를 시작했다. 커다란 모래언덕 정상 뒤편에 좋은 사격 위치를 잡은 요페의 전차들이 일제사격하자, 공격해오던 적군은 흩어졌다. 얼마 뒤 정보당국으로부터 이집트군 제21기갑사단 전차 60대의 공격이 임박했다는 경고가 들어왔다. 그러나 1시간이 지나도 이집트군이 나타나지 않자 긴장감은 누그러졌다. 아침이 지나자 더 많은 이집트군 보병이 북쪽으로 퇴각하는 모습이 관측되었다. 이 중 다수는 새거 상자를 운반하고 있었다.

　길을 잃었음이 분명한 이집트군 유조차가 모습을 보인 유일한 차량이었다. 몇몇 전차가 사격했지만 모두 빗나갔다. 이집트군 운전병은 달아나려 하지 않고 사격에 당황한 듯 차를 멈췄다. 도로에서 가장 가까운 곳에 있던 전차의 포수 엘리에제르 바르네아Eliezer Barnea 하사는 사격 명령을 받았다. 조준경을 통해 보니 차량에서 5명이 내렸다. 병사들은 사진이라도 찍으려는 듯 바르네아의 전차를 마주 보며 차량 옆에 나란히 섰다. 이스라엘군 전차를 이집트군 전차로 잘못 보았음이 틀림없었다. 바르네아는 이건 처형이나 다름없다고 속으로 말했다. 하사는 조준을 마치고 사격 전에 잠시 멈췄다. 도망쳐서 살아날 기회를 주기 위해서였다. 방아쇠를 당기자 가운데 있는 사람이 산산이 조각나더니 모두가 피어오르는 불덩이 속으로 사라지는 모습이 보였다.

　바르네아는 전장의 사신은 사람을 베어가는 변덕쟁이 추수꾼이며 자기 자신도 사신의 도구이자 먹잇감임을 잘 알았다. 이틀 전 밤에 전장을 가로질러 이동하고 있을 때 하사와 다른 승무원들은 조종수에게 만약 적탄에 맞으면 잠망경으로 동쪽 하늘에 새로 떠오른 달을 찾아 방향을 잡으라고 했다. 피탄되어도 조종수는 살아남을 확률이 제일 높았기 때문에 나머지 승무원들은 전차가 자기들을 싣고 반대편이 아닌 이스라엘군 진영으로 반드시 돌아간다는 확신이 필요했다. 하사와 동료들은 이날 아침에 이집트군 미그기가 이집트의 전차 대열을 오인 공격하는 모습을 보고 껄껄 웃었다. 얼마 뒤 이스라엘군 미라주 전투기들이 요페 대대를 공격해 전차장 한 명이 부상당했다. 바르네아 본인도 저공으로 비행하는 미라주 전투기를 누군가가 리비아군 전투기라고 하는 바람에 기관총을 발사했지만 사실 이 전투기는 아군기였다. 이보다 하루 전, 바르네아가 속한 요페 대대가 알모그 대대와 교대하기 위해 진지에 접근하다가 이 대대의 전차로부터 사격을 받아 전차장 한 명이 전사한 일도 있었다. 나중에 알고 보니 발포한 사람과 전사한 사람 모두 같은 전차교육반을 수료한 친구 사이였다.

유조차를 격파하고서 바르네아는 포탑 위로 올라가 담배에 불을 붙이며 마음을 가라앉혔다. 그러고 있을 때 능선 위로 전에 없었던 검은 물체들이 보였다. 이 물체들은 전차 포탑 형상으로 변하더니 금방 수가 불어났다. 바르네아는 손에 든 성냥갑을 떨어뜨렸다. 능선 위로 화염이 번쩍거리며 이스라엘군 전차 주변에 연기와 모래 기둥이 솟구치기 시작했다. 이집트군 제21기갑사단의 전차들이 도착했던 것이다.

이집트군 전차들은 능선을 내려와 거리를 좁혀왔다. 요페는 1,500야드(1,372m) 거리에서 사격을 개시하라고 명령했다. 바르네아는 가장 가까운 적 전차에 발포했다. 전차 장갑에 일어나는 섬광을 본 하사가 소리쳤다. "명중!" 동료들은 환호성을 질렀다. 그러나 이집트군 전차는 계속 다가왔다. 다시 한 번 명중시켰는데도 전차는 멈추지 않았다. 바르네아는 정신이 아득해지며 이집트군 전차가 신형 장갑을 사용하는 게 아닌가 궁금해졌다. 세 번째로 발사한 포탄이 명중했다. 적 전차는 20야드(18m)를 더 와서 멈춰섰다. 전차에서 나온 사람은 없었다.

바르네아는 또 다른 전차를 조준하고 방아쇠를 당겼지만 아무 일도 일어나지 않았다. "불발!" 바르네아가 소리쳤다. 조준경을 들여다보니 자신의 전차를 겨눈 이집트군 전차가 있었다. 발치에 있는 우지 기관단총으로 손이 갔다. 만약 불타는 전차에 갇힌다면 자결할 결심이었다. 이집트군 전차포의 발사 섬광이 보이자, 바르네아는 눈을 질끈 감았다. 포탄이 명중하기까지 단 2초 걸릴 터였다. "하나, 둘" 하고 숫자를 세자, 근처에서 폭발이 일어났다. 전차장은 "후진!"이라고 소리쳤고, 전차는 모래언덕 반대편 사면의 안전한 지역에 도착했다. 이곳에서 탄약수는 불발탄을 제거하고 새 포탄을 장전했다. 원래 있던 곳으로 돌아오자, 전차장은 더 나은 사격 위치를 잡기 위해 대대 경계선 맨 앞으로 나가라고 명령했다. 요페 중령이 이 전차를 다시 경계선 안으로 불러들였다. 전차장은 전쟁이 시작되었을 때는 탄약수였던 부사관이었는데, 훈장을 받으려고 무리한 행동을 한다며 바르네아와 다른 승무원들로부터 원성을 샀다.

이집트군은 전장에 완파된 전차 수십 대를 남기고 후퇴했다. 피탄된 이스라엘군 전차는 없었다. 대대 무선망에서 요페 대대장이 각 전차장에게 격파한 적 전차의 수를 보고하라고 지시했다. 이러한 계산은 대개 부정확했고 간혹 실제와 아주 큰 차이를 보이기도 했다. 과장하는 경향이 있는 인간 본성 외에도 전차 2대, 혹은 3대가 동시에 한 목표를 타격하고 자신의 전과로 계산하는 경우도 흔했다. 하지만 이러한 추산으로 최소한 적의 대략적인 손실 규모를 짐작할 수 있었다. 아비^{Avi}라는 부사관이 지휘하는 전차는 12대 격파라는 놀랄 만한 전과를 올렸다고 했다. 대대의 총합계는 48대에 달했다. 모두가 껄껄 웃자, 요페는 아비가 자신의 계산에 2대만 더했더라면 대대의 전과는 50대를 채웠을 것이라고 심드렁하게 말했다.

그동안 아단 사단의 예하 여단들은 남쪽에서 오는 이집트군 제25기갑여단을 맞을 준비를 하고 있었다. 장군이 된 우리 벤-아리가 전날 밤 이집트군이 제25기갑여단을 북쪽으로 보낼 계획이라는 정보 보고를 아단에게 전했다. 이집트군의 진격 경로가 확실해지자, 아단은 고전적인 매복공격을 실시하기로 했다. 특히 사막이라는 환경에서 전차를 숨기기가 어려웠기 때문에 매복공격은 드물었고 실행할 경우 소부대로 이루어졌다. 하지만 아단은 사단 병력 거의 전부를 동원해 매복공격을 할 계획을 세웠다.

이날 아프리카 쪽 하안에서 2대대의 도착으로 전력이 강화된 마트 공수여단은 교두보를 확장했다. 단 지브$^{Dan\ Ziv}$ 대대장(제565공수대대-옮긴이)은 반궤도장갑차에 탑승한 1개 중대와 함께 주요 병참 센터가 있는 세라페움^{Serafeum} 마을에 접근하다가 마을과 주변의 숲에서 심한 공격을 받았다. 부하 장교들이 전력 격차가 너무 크다며 불안감을 표현했으나 대대장은 밀어붙였다. 동행하던 전차장이 보기에 공수부대는 전차병들이 이미 배운 사실을 아직 배우지 못한 것 같았다. 이번 전쟁의 이집트군은 결코 만만하게 볼 상대가 아니었다.

지브 대대장과 아사 카드모니$^{Asa\ Kadmoni}$ 중대장을 포함해 14명이 탑승한 선도 반궤도장갑차가 이집트군의 반격을 받아 마을 한가운데에 고립되었다. 카드모니 중대장은 여러 방향에서 오는 접근로를 봉쇄할 수 있는 곳에 사격 위치를 잡고 공격을 지휘했다. 다른 병사가 전달한 수류탄과 탄약을 이용해 중대장은 20야드(18m)까지 다가온 적군을 3시간 동안이나 막아냈고 LAW 대전차미사일로 이집트군 진지를 여러 번 강타했다. 카드모니는 이날 이집트군을 막아낸 공으로 이스라엘의 최고 무공훈장을 받게 되겠지만, 전차가 다가오는 소리가 들리기 시작할 무렵에는 탄약이 떨어진 상황이었다. 공수부대 전투팀이 연막수류탄을 이용해 접근로를 엄호하며 고립된 병사들을 구출하기 위해 돌진했다. 이 작전에서 12명이 전사했다.

소규모 전투가 연이어 벌어지는 중에 이스라엘에서 '장군들의 전쟁'이라고 부르게 되는 다른 전선이 열리고 있었다. 샤론이 시나이 반도에 도착하면서부터 전선이 만들어지기 시작했다. 병사들 사이에서 샤론보다 더 강력한 카리스마가 있는 지휘관은 없었다. 병사들은 시간 여유가 있을 때 '아리크, 이스라엘의 왕'('다비드, 이스라엘의 왕'이라는 유대 노래 제목에서 따옴-옮긴이)이라는 구호를 차량에 썼다. 움 하시바의 남부사령부 본부에 있던 정보부대 부사관은 샤론이 상황실에 들어오면 다른 장군들조차 거동이 어떻게 바뀌었는지에 주목했다. 큰 체구의 샤론이 위풍당당하게 걸으며 짓는 미소에는 자신감과 힘이 넘쳐났다. 그 누구도 샤론을 무시하지 않았다.

샤론은 고넨에게 진절머리가 났으며 엘라자르와 바르-레브가 대담함이 필요한 상황에서 소심하게 굴고 있다고 생각했다. 샤론은 이 세 사람이 전선을 방문해본 적이 없기 때문에 현장 상황을 전혀 모른다고 굳게 믿었다. 샤론의 사고방식을 결정한 경험은 1948년의 독립전쟁에서 예루살렘으로 가는 길에 있는 라트룬Latrun에서 벌어진 전투였다. 당시 샤론은 20세의 중위였다. 이 전투에서 샤론의 소대원 35명 중 15명이 전사하고 11명이 부상당했으며 5명이 포로로 잡혔다. 샤론 본인도 중상을 입었다. 나중에 샤론은 고위 지휘관이 현장에 있으면서 시의적절한 결단을 내리지 않았기 때문에 전투에서 졌다고 말했다.

샤론은 언제나 상급자들을 신랄하게 노골적으로 비판했다. 그리고 그는 동료 장성들에게도 늘 관대하지는 않았다. 엘라자르를 특히 화나게 한 것은 더 이상 전차의 손실을 무릅쓰지 말라는 명령에도 불구하고 10월 9일에 샤론이 감행한 공격이었다. 샤론의 상급자들이 명령 불이행을 의심하고 전장에 있는 샤론과 접촉하려고 할 때 '통신장애' 때문에 교신이 되지 않는 경우가 잦았다. 직속 상관인 고넨이 무선으로 접촉하려고 할 때 이동지휘소 책임자에게 응답하지 말라고 지시한 경우도 여러 번 있었다. 엘라자르는 운하 도하일 밤에 "내가 겪은 모든 전쟁을 통틀어 도하지점에서 들어온 것(샤론의 보고)만큼 허술한 보고서를 본 적이 없다"라고 분통을 터뜨렸다. 티르투르 교차로 전투에 관해 보고할 때 샤론은 이 전투가 전체 작전을 위험에 빠뜨릴 수도 있는 큰 문제임을 분명히 밝히지 않고 '장애물' 혹은 '매복' 아니면 '항복하지 않는 진지'로 두루뭉술하게 말했다. 샤론은 사령부가 공격을 계속하지 못하게 방해할 수 있는 용어의 사용을 피했다. 중국농장 전투가 벌어지고 4시간이 지나자 샤론은 아카비쉬로와 티르투르로의 적은 거의 소탕되었고 저항은 '완전히 붕괴'되었다고 보고했다. 사실 이집트군의 저항은 전혀 약해지지 않았고 도로를 둘러싼 전투는 다음날 더 격렬해질 것이었다.

엘라자르는 다얀에게 샤론이 계속해서 무대의 중심을 차지하려 한다고 불평했다. 그가 원래의 계획을 무시하고 시나이 반도의 교두보 회랑지대를 아직 완전히 확보하지 못했다는 사실에도 아랑곳하지 않고 앞장서서 운하를 건너 아프리카 쪽 하안에서 벌어질 전투의 선봉에 서기를 원한다는 것이었다. 다얀은 샤론의 행동이 유감스럽다는 데 동의하면서도 샤론의 에너지와 무슨 일이든 할 수 있다는 태도는 찬탄하지 않을 수 없다고 인정했다.

샤론과 다른 장성들 간의 전쟁에 대한 견해 차이를 키우고 성격 충돌을 더 악화시킨 것은 기괴한—거의 코미디에 가까운— 정당 정치의 개입이었다. 샤론은 군문에서 떠나 있던 3개월 동안 리쿠드당의 선거운동 관리를 맡아 본격적으로 정치 경력을 쌓고 있었다. 전장에서도 샤론은 서슴지 않고 리쿠드당 지도자 메나헴 베긴에게 전화를 걸어 전쟁 수행 방법에 대한 좌절감을 표명하고 개입을 요청했을 뿐 아니라 지휘체계를 태연히 무시하고 종종 국방장관 다얀에게 직접 전화를 걸었다.

동료 장군들은 샤론이 개인적 영예, 특히 수에즈 운하 도하 공격을 지휘한 장군이 됨으로써 따라올 영예를 추구한다고 믿었다. 정치적으로 이는 총선 승리의 보증수표였다. 장성들은 군 대변인의 승인 없이 인터뷰하지 말라는 상시 명령이 내려져 있었음에도 불구하고 샤론은 사단본부를 방문한 기자들을 따뜻하게 맞았다. 샤론의 지지자들은 기자들을 먼저 부른 적

전투가 끝난 뒤 부하들과 함께 웃고 있는 샤론 장군(가운데). 〈이스라엘 정부 공보처 제공〉

이 없으나 그가 낙관적이고 친절하며 재미있는 사람이어서 기자들이 먼저 그를 찾아간 것이라고 말했다. 반대자들은 샤론이 이마에 커다랗게 감은 붕대조차 이미지를 좋게 만들기 위해 꾸며낸 꼼수로 보았다. 초창기의 특수부대에서 샤론과 복무했던 한 장교는 샤론이 지휘용 병력수송장갑차에서 도하를 기다리던 병사들에게 오렌지를 던져준다는 보도를 접하고 정치 신인이 보인 대중영합적 태도에 미소를 지으며 이렇게 말했다. "그 사람답지 않은 행동이군. 소령일 때도 장군처럼 행동하던 사람이 말이야."

바르-레브가 남부사령부를 맡자, 정치적 요소가 또 다른 반향을 일으키게 되었다. 바르-레브 역시 이념적으로 반대 진영의 정치인이었으며 군복을 입기 위해 노동당 정부의 상무장관직을 잠시 사임한 상황이었다. 전쟁이 끝나면 바르-레브와 샤론은 크네세트의 의석을 놓고 서로 경쟁할 것이다. 군대에 있을 때부터 이 2명의 '정치 장군'은 서로 개인적 반감을 가졌으나 처음에는 그런 상황에 대해 농담을 주고받았다. 샤론 사단을 '리쿠드당 사단'으로 아단 사단을 '노동당 사단'으로 부르자는 우스갯소리가 있었다. 아단은 비록 정치인은 아니었지만, 바르-레브나 엘라자르처럼 키부츠 운동과 노동당과 동일시되는 건국 이전에 활동한 팔마흐 타격대의 베테랑이었다. 샤론과 바르-레브 사이에 전쟁 수행 방법에 대한 의견 차이가 벌어짐에 따라 우스갯소리는 자취를 감췄다. "정치인이 사단장을 맡았군." 10월 14일의 전차전이 끝나고 샤론이 다음날 밤에 개시될 예정인 도하작전을 기다리는 대신 방비가 잘 갖춰진 방어선으로 퇴각하는 이집트군 전차들의 추격 허가를 받으려고 하자 바르-레브가 한 말이었다.

"정말 놀라운 것은 명령 불복종이 아닙니다." 엘라자르는 샤론이 10월 9일에 명령을 무시하고 운하를 도하할 채비를 갖추자 다얀에게 불평했다. "계획의 논리가 놀랍습니다." 다얀도 바르-레브로부터 샤론이 명령을 듣지 않는다는 말을 들었다. "샤론은 제가 무슨 명령을 내리든 수행하지 않습니다. 도대체 무엇을 하는지 모르겠습니다."

엘라자르는 명령 불복종으로 샤론을 해임하는 조치를 심각하게 고려했고 대체자로 물망에 오른 사람 중에는 벤-아리가 있었다. 그러나 다얀이 이에 반대할 것임을 알았다. 다얀도 샤론의 명령 불복종에 언짢아했으나 전장에서 발휘되는 샤론의 기량에 찬탄할 수밖에 없었다. 샤론의 비판자들조차 샤론의 해임이 국민과 군대의 사기 모두에 미칠 역효과를 두려워했다. 샤론은 병사들의 찬양과 장교들의 존경을 한 몸에 받았다. 샤론 사단의 고위간부 상당수는 키부츠 출신으로 사단장과 정치적 견해를 완전히 달리하는 좌파 성향의 사람들이었다. 하지만 나중에 이러한 정치적 견해 차이의 골이 깊어질 때도 이들은 샤론이 사단의 지휘를 맡게 된 것을 축복으로 여겼다. 레셰프 대령은 전쟁 전에는 샤론을 잘 몰랐으나 전쟁에서 직접 접해본 그는 탁월한 야전지휘관이었다. 샤론은 전황을 읽는 능력과 결단력이 있었으며 포화 속에서도 침착했고 부하들에게 권한을 위임할 줄 알았다.

샤론을 둘러싼 긴장감은 10월 17일 수요일 정오에 아단 사단의 전방 지휘소에서 열린 즉석 회의에서 정점에 달했다. 다얀은 다가오는 이집트군 제25기갑여단과의 전투와 계류 중인 도하에 대해 아단으로부터 브리핑을 받기 위해 헬리콥터 편으로 왔다. 장관은 '운동장'에 있던 샤론도 초대했다. 바르-레브가 왔고 엘라자르도 곧 도착할 예정이었다. 샤론은 몇 시간 전에 도하지점에 이집트군이 가한 포격에서 가장 친한 친구를 잃고 간신히 빠져나왔다. 이틀 전 교두보를 둘러싼 사투가 시작된 이래 다른 장군들을 보지 못한 샤론은 이 자리에서 도하를 완수한 것에 대한 축하와 앞으로 있을 일에 대한 행운을 비는 말을 기대했다. 하지만 병력수송장갑차에서 하차한

모래언덕에서 열린 긴장감이 넘쳐 흐르는 회의 모습. 샤론(머리에 흰 붕대를 감은 이)이 지도 위로 몸을 구부리고 있다. 샤론의 어깨너머로 지켜보는 이는 국방장관 다얀(안대를 한 이)이며, 샤론의 맞은편에 있는 이는 바르-레브이고, 왼쪽 앞에 선글라스를 낀 이는 아단이다. 이 회의에서 샤론은 바르-레브를 주먹으로 한 대 칠까 생각했다. 〈이스라엘 정부 공보처 제공〉

그에게 악수를 청한 사람은 없었고 인사를 건넨 사람은 다얀뿐이었다. 바르-레브의 첫 마디는 다음과 같았다. "자네 약속이 실행한 것과 비슷하다면 그건 순전히 우연의 결과야." 도로 개방과 회랑지대의 안전 확보 실패에 대한 언급이었다. 샤론은 자서전에서 "이때 나는 죽을 만큼 피곤했다. 끔찍한 전투 끝에 많은 부하가 전사하거나 다쳤는데… 깨끗한 옷을 입고 잘 씻고 깔끔하게 면도까지 한 사람들에게서 이런 말을 듣자 나는 할 일이 하나밖에 없음을 알았다. 바르-레브의 얼굴에 주먹을 한 대 날렸어야 했다. 어떻게 참았는지 모르겠다"라고 썼다.

아단은 10월 8일에 샤론이 지원을 거부했던 일로 감정의 앙금이 남아 있었으나 모래 위로 지도를 펼쳐 보였다. 모두가 지도 옆에 모여 앉았다. 샤론이 데려온 기자 한 사람이 가까이 다가오려 하자, 아단이 손짓으로 제지했다. 다들 목소리를 높이지 않으려 애쓰고 있었으나 긴장감은 팽팽했다. 샤론은 오후 늦게 부교가 완성될 예정이라고 하며 이날 밤 안으로 각 사단에서 2개 여단씩 총 4개 여단이 도하해야 한다고 강력히 주장했다. 이집트군이 벌써 교두보 서쪽에 상당 규모의 전력을 증강하고 있기 때문에 이를 신속히 분쇄할 필요가 있다고 샤론은 말했다. 자신의 사단이 아프리카 침투를 실행할 부대로 지정되어 있었기 때문에 아단은 이 건의에 기분이 언짢아졌다. 아단은 시나이 반도 교두보 북쪽의 회랑지대를 확장하기 위해서는 상당한 전력이 필요하기 때문에 샤론의 주장대로 4개 여단을 도하시키는 것은 실수라고 말했다. 샤론은 운하 서안에서 강한 압박을 가한다면 동안의 이집트군도 무너질 것이라는 주장으로 맞섰다.

"자네는 지난주 내내 이집트군이 붕괴할 것이라고 했었네." 바르-레브가 말했다. 하지만 샤론의 예측대로 넓은 회랑지대의 확보든 적의 붕괴든 실제 이루어진 일은 없었다고 남부사령관은 말했다.

"얼마 있으면 아예 제가 전쟁에 없었다고 말씀하시겠군요." 샤론이 대꾸했다.

바르-레브는 이날 밤에 각 사단에서 1개 여단씩 2개 여단이 도하한다고 말했다. 사단장은 각자의 여단과 함께 도하할 것이며 시나이 반도 동안의 적 교두보는 부사단장이 상대할 것이다. 원래 계획에 따르면 샤론의 임무는 도하의 참가가 아닌 교두보의 확보였기 때문에 이는 샤론에게는 관대한 제스처처럼 보였다. 하지만 바르-레브는 나중에 다얀에게 자신은 아단의 유능한 부사단장 도브 타마리 장군이 회랑지대 확보 임무를 샤론보다 더 잘 수행할 것으로 믿었기 때문에 샤론을 도하하게 하는 편을 선호했다고 말했다.

하지만 조용히 토의를 듣고 있던 엘라자르가 바르-레브의 조치를 기각했다. 용감한 사나이들 작전은 계획대로 수행될 것이며 사단을 나누는 일은 없다고 엘라자르는 말했다. 즉, 샤론은 운하 동안에 남아 회랑지역을 확장하고 아단은 운하 서안으로 건너갈 것이라는 뜻이었다. 엘라자르는 샤론에게 몸을 돌려 말했다. "장군이 담당한 임무를 마치면 도하할 수 있소." 동시에 이집트 제25기갑여단에 대한 매복공격은 아단이 남아 지휘하기로 했다. 장군들의 전쟁을 잠시 접어두고 아랍인들과의 전쟁으로 돌아갈 때였다.

이단이 이집트군 제25기갑여단을 공격하기 위해 택한 장소는 비터 호수 북안에 접한 모래평원이었다. 사막에는 뒤에 숨을 나무가 없었지만 모래언덕이 있었다. 아단 사단의 2개 여단은 렉시콘로 동쪽의 모래언덕들 사이에 숨을 계획이었다. 이집트군 제25기갑여단은 이 길을 따라 전진해올 것이다. 이집트군이 덫을 건드릴 때 1개 여단은 이집트군 대열의 선두와 평행하게 기동하며 다른 1개 여단은 후미에서 퇴로를 차단할 것이다. 마츠메드에서 남쪽으로 몇 마일 떨어진 렉시콘로에 이미 배치된 레셰프의 전차 4대가 이집트군 선도 전차를 가로막으면 아단의 여단들이 측면에서 이집트군을 칠 계획이었다. 전차 수량에서 이스라엘군은 이집트군을 2 대 1 비율로 압도했다.

푹푹 빠지는 모래 탓에 전차의 기동이 느려진 데다 이동 거리가 있었기 때문에 아단의 부대들이 제 위치를 잡는 데는 시간이 걸렸다. 하지만 임무 수행에 불안감을 느꼈던 이집트군 제25기갑여단장 아흐메드 바다위 하산 Ahmed Badawi Hassan 대령은 자주 진격을 멈췄다. 나데 병장이 배치된 호숫가 중간의 보체르 전초기지에 도착한 여단은 여기에서 3시간 동안 머물렀다. 이스라엘군은 하산 대령이 귀환을 고려 중인지, 아니면 공중지원을 기다리는 중인지 확신하지 못했다.

나트케 니르 대령의 여단은 이집트군 대열의 앞쪽 절반을 공격할 예정이었다. 니르 여단은 실패로 끝난 10월 8일의 전투에 참여했던 부대로, 예하에 재편된 아사프 야구리 중령의 대대가 있었다. 야구리의 돌격에서 살아남았던 중대장 이츠하크 브리크 소령은 매복 장소에 접근하는 동안, 두려움에 몸을 떨며 황량한 주변 지역을 살폈다. 야구리 대대장 및 다른 장교들과 더불어 언덕 정상에 서서 멀리 보이는 연무 속에 무엇이 기다리고 있을지 불안해하던 끔찍한 날의 기억이 떠올랐다. 멀리서 먼지구름이 보였다. 기갑차량들이 이동하고 있다는 확실한 증거였다. 히자욘 전투에서처럼 이집트군을 사거리 안에 두기 위해서 이스라엘군 전차들은 평원으로 내려와야 했다. 브리크는 이번에는 새거나 RPG가 없기를 빌었다. 모래언덕을 넘을 때 이스라엘군 전차들은 멀리서 접근하는 이집트군이 볼 수 있는 먼지를 일으키지 않았다. 전차들은 렉시콘로 동쪽 2마일(3.2km) 지점에 정지했다. 미리 주변 지역을 정찰한 여단 수색대의 지프들이 모래언덕에 가려 도로에서 보이지 않는 움푹 들어간 곳으로 전차들을 인도했다.

오후 1시 30분, 이집트군 제25기갑여단의 선봉이 레셰프의 전차들과 렉시콘로에서 마주쳤다. 레셰프 자신도 소규모 차단 부대에 합류한 상태였다. 여단장의 전차가 장거리에서 사격을 개시해 명중시켰다. 아단의 전차들에게 덫을 닫으라는 신호였다. 브리크는 중대를 이끌고 개활지로 나아갔다. 측면에 엄호부대를 두지 않았던 이집트군 대열은 동쪽에서 다가오는 이스라엘군을 보지 못한 채 북쪽으로 몇 분 정도 진격을 계속했다. 이스라엘군과 1마일 떨어진 곳까지 다가와서야 이집트군은 정지하고 방향을 돌렸다. 이스라엘군 전차들도 멈췄다. 이집트군 전차는 T-62였지만 보병의 모습이 보이지 않자 브리크는 안도했다. 먼지투성이인 거리 양편에 선 서부영화의 총잡이들처럼 양군은 길게 2열로 서서 마주 보다가 사격을 개시했다. 적이 갑자기 측면에 나타난 데 마음이 흔들린 이집트군은 제대로 조준하지 않고 사격했다. 브리크는 자신의 전차들이 발사하는 포탄마다 이집트군 전차에 명중하는 모습을 볼 수 있었다. 이집트군 전차승무원들은 불타는 전차를 버리기 시작했고 어떤 경우는 전차가 멀쩡한데도 도망쳤다. 브리크가 맡은 구역의 전투는 이스라엘군의 손실 없이 단시간에 끝났다. 이웃 대대에 돌격을 시도한 이집트군 전차들은 800야드(732m)까지 접근했다가 저지되었다.

남쪽으로 몇 마일 떨어진 곳에서 엘리야쉬브 쉼쉬 중령의 대대는 케렌 여단과 함께 30마일(48km)을 돌진한 끝에 높은 모래언덕 정상에서 정지했다. 2마일 앞에서 이집트군 여단의 후위 부대가 북쪽으로 전진하는 모습이 보였다. 이들은 이상하게도 지금 벌어지는 전투에 아랑곳하지 않는 듯했다. "전방에 적 전차, 거리 3,000미터에서 6,000미터." 쉼쉬가 나지막하게 말했다. "거리를 좁힌 후 격파한다." 이집트군 전차 대부분은 렉시콘로와 비터 호수 사이에 흩어져 있었다. 쉼쉬가 있는 도로의 이 지점에서 2마일(3.2km) 너머였다. 쉼쉬의 전차 일부가 렉시콘로에 있는 차량을 처치하는 동안 대대장은 적이 정신을 차리기 전에 주력부대를 공격하기 위해 나머지 부대를 이끌고 도로를 가로질러 돌진했다. 얼마시 지나지 않아 평원은 불타는 이집트군 전차와 병력수송장갑차로 가득 찼다.

쉼쉬는 호숫가 근처에서 부대를 멈춰 세웠다. 일몰이 멀지 않았고 햇빛을 산란시키는 먼지와 불타는 차량에서 나오는 연기 때문에 시계는 불량했다. 이집트군은 정신을 차리고 지원 포격을 요청했고 미그기도 공격에 합세했다. 가장 남쪽에 있던 중대의 중대장이 대열 후미의 이집트군 트럭과 보병

수에즈 운하 서안에 있는 모셰 다얀 국방장관(안대를 착용한 이)과 아리엘 샤론 장군(머리에 붕대를 감은 이). 다얀은 전쟁 동안 양 전선을 정기적으로 시찰했다. 왼쪽에 병력수송장갑차가 보인다. 〈이스라엘 국방군 기록물보관소 제공〉

탑승 병력수송장갑차 다수를 격파했다고 보고했다. 쉼쉬는 이 방향에서 수십 개의 불꽃을 볼 수 있었다. 불타는 사막 너머로 해가 지자 대대장은 부대를 뒤로 후퇴시켰다. 여단장 전차를 포함한 이집트군 전차 20대와 병력 200명이 보체르 전초기지로 피신했다. 전투가 끝나기까지 고작 45분이 걸렸다.

이 전투에서 이집트군은 전차 50대에서 60대에 더해 야포, 수많은 병력수송장갑차와 보급차량을 잃었다. 이스라엘군은 전차 4대를 잃었는데 2대는 지뢰로 인한 손실이었다. 승무원 2명이 전사했다. 티르투르로 북쪽에서 제21기갑사단이 요페의 대대와 벌인 전투와 이번 전투의 손실이 합쳐져 이날 시나이의 이집트군 기갑 전력은 상당한 규모로 약화되었다. 어둠워지자, 아단은 휘하 지휘관들에게 도하지점으로 향하기 전에 연료와 탄약을 보급하라고 명령했다.

다얀은 모래언덕 사이에 있는 아단의 지휘소에서 열린 회의를 마치고 돌아가는 샤론과 함께 운하로 갔다. 공병대가 부교를 조립하고 있었고 불도저가 교두보 양편의 땅을 고르게 다지고 있었다. 두 사람은 문교를 타고 운하를 건너갔다. 샤론은 장갑차에 탑승해 전선을 시찰하는 것이 어떻겠냐고 제안했지만, 다얀은 직접 발로 아프리카의 땅을 느끼는 편을 선호했다. 오후 4시에 운하로 돌아온 다얀은 막 완성된 부교를 건너 돌아갈 수 있었다. 교량 가설에는 훈련보다 4배 긴 8시간이 걸렸다. 조류와 수송 중 부교에 발생한 파손, 그리고 가끔 떨어지는 포탄 때문에 예정된 시간보다 많이 지체되었다. 하지만 아단 사단이 이집트군 제25기갑여단과 전투를 벌이느라 자정까지는 도하 준비를 마치지 못할 것이기 때문에 교량 가설이 지연되었다고 해서 결과가 크게 달라지지는 않았을 것이다.

이날 저녁 텔아비브에서 다얀은 메이어 총리에게 전황을 보고하는 자리에서 운하를 건너 전선을 시찰했다고 말했다. 총리는 깜짝 놀랐다. "거기 있었다고요?" "네." 다얀이 말했다. "운하 건너편에는 병사 수천 명이 있습니다. 내일 아침에는 이스라엘 국가 전체가 그곳에 있게 될 겁니다."

전날, 워싱턴과 모스크바의 결정권자들의 책상에는 정찰위성사진이 놓여 있었다. 사진에는 개미 같은 점 수십 개가 보였다. 하임 에레즈의 전차들이 데버수와르의 농업지대를 넘어가 벌인 공격이 포착된 것이다. 양국 수도의 분석관들은 이것을 일시적 강습으로 보았다. 이스라엘도 그런 취지로 미국에 설명했다. 키신저는 이것이 강습보다 더한 것이기를 희망했다. 카이로 주재 영국대사가 전달한 휴전 제안을 사다트가 거부한 이래 휴전을 향한 움직임은 일시 정지상태였다. 하지만 그동안에도 놀라운 외교적 진전이 있었다. 키신저는 이스라엘로의 무기 공수가 개시되었음에도 자신이 가치있게 여기게 된 사다트와의 비밀 채널이 계속 열려 있기를 바라며 카이로에 있는 사다트의 안보보좌관 하페즈 이스마일에게 메시지를 보냈다. 그 내용은 다음과 같았다. "미합중국은 최근 적대관계의 발발 전에 존재했던 조건들을 이집트 측이 수용하기 불가능했음을 인식하고 있음. 미합중국은 중동지역에 징의롭고 항구적인 평화를 가져오는 것을 돕기 위해 적대관계가 종식되는 즉시 노력을 아끼지 않을 것임."

이스마일은 이집트의 입장에 대한 미국의 신중한 공감 표명에 키신저를 이집트로 초청함으로써 화답했다. 미국이 이집트의 적에게 무기를 공급하고 정치적 지원을 하는 전쟁이 한창인 상황이었다. 사다트는 군사적 행보만큼이나 대담한 정치적 행보를 하고 있었다. 무기 공급자로 그가 의존해왔던 소련의 품에서 벗어나 이스라엘에게 가장 효과적으로 압박을 가할 수 있는 존재인 미국과 우호관계를 맺는 쪽으로 방향을 선회한 것이었다. 사다트가 희망했던 대로 전쟁은 그에게 전에는 피라미드처럼 꼼짝하지 않을 것 같았던 정치적 현실을 바꾸기 시작하는 데 필요한 쐐기를 마련해주었다.

초청을 받은 키신저는 최종 단계가 머지않았음을 알고 있었다. 하지만 그는 경기에 끼어들기 전에 사다트의 입장이 조금 더 약해지기를 원했다. 위성사진에 찍힌 점들은 그 어떤 민첩한 외교적 움직임보다 개전 초기의 승리에 도취한 사다트의 정신을 번쩍 들게 할 것이 분명했다.

소련도 뒤처지지 않기 위해 필사적으로 노력하고 있었으나, 사다트가 새로운 선수를 불러와 자신들을 교체하려 한다는 것을 몰랐다. 미국 정보당국은 이날 10월 16일에 귀빈이 탑승한 소련 여객기 한 대가 카이로로 가는 길임을 포착했다. 알렉세이 코시긴$^{Alexei Kosygin}$ 소련 총리가 소련을 방문 중인 덴마크 총리와 이날 오전에 갖기로 예정된 회담을 갑자기 취소했기 때문에 승객은 코시긴으로 추정되었다. 모사드 정보원은 미국 측에 이 승객이 그가 맞다고 확인해 줄 수 있었다. 소련공산당 정치국은 같은 날 새벽 4시, 7시간에 걸친 회의를 마치고 코시긴에게 즉시 카이로로 가서 휴전을 받아들이라고 사다트를 설득할 임무를 맡겼다.

이번 중동전쟁으로 인해 미국과 직접적으로 충돌하지 않는 것이 모스크바의 최대 관심사였고 이러한 이유로 전쟁을 반드시 신속히 끝내야 했다. 브레즈네프 서기장은 정치국 회의에서 이스라엘군의 반격이 임박했다는 군부의 경고를 강조하며 코시긴에게 "사다트에게 운하에서 카이로가 멀지 않다는 점을 다시 일러두세요"라고 말했다. 총리는 소련군이 직접 이 전쟁에 개입하지 않는다는 점을 분명히 하려는 것이었다. 그로미코 외무장관은 즉각 휴전하지 않는다면 사태의 전망은 암담하다고 말했다. "아랍은 패배할 것이며 사다트 자신도 권좌에서 쫓겨날 것이고 미국 및 아랍국들과 소련 사이의 관계도 악화될 것입니다." 니콜라이 포드고르니$^{Nikolai Podgorny}$ 소련공산당 최고 간부회의 의장은 미국이 이스라엘이 지게 내버려두지 않을 것이라는 코시긴의 주장을 반박했다. 소련이 이 점을 분명히 깨닫게 하는 것이 이스라엘에 대한 미국의 무기 공수에 실린 특별한 의도였다. 포드고르니는 이를 인정한다면 "우리가 약자임을 시인하는 꼴이 될 것"이라고 말했다. 무시하기에는 너무 설득력 있는 주장이었다.

다음날로 예정된 사다트와의 회담 전, 코시긴은 방금 전선에서 돌아온 카이로 주재 소련 군사고문단장으로부터 이스라엘군의 침입에 대한 브리핑을 받았다. 사다트는 정중히 손님을 맞은 자리에서 코시긴이 읽어 내려가는 군사적 성공에 대한 소련 지도부의 축하 인사를 참을성 있게 들었다. 코시긴이 휴전 의제를 들고 나오자 사다트는 6일 전쟁 당시 이집트 영토뿐만이 아니라 이스라엘이 탈취한 모든 영토를 돌려준다는 국제사회의 보장 없는 휴전은 절대 불가하다고 말했다. 코시긴은 이스라엘의 운하 도하 작전을 언급하고 전쟁이 계속된다면 이집트의 군사적 상황이 나빠질 수도 있다고 경고했다. 사다트는 이스라엘군의 침입은 '정치적 움직임'이지 군사적 위협이 아니라며 무시했다.

회담은 진척 없이 3일간 계속되었다. 코시긴은 이집트와 시리아의 전차 손실량이 일주일에 1,000대가 되었기 때문에 소련은 무기 공급을 계속할 수 없다고 말했다. "우리의 자원은 무한대가 아닙니다." 코시긴은 소련 국방무관으로부터 이집트군 최정예 부대가 시나이에 있으며 카이로에는 방어진지가 전혀 없어 이스라엘군의 공격을 막을 수 없는 상황이라는 말을 들었다. 10월 18일 목요일에 열린 마지막 회담에서 코시긴은 정찰위성이 아닌 미그-25 정찰기에서 촬영한 전장 사진을 내밀었다. 사진을 본 사다트는 처음으로 이스라엘군 침입의 심각성을 깨달았으나 계속 관심 없다고 주장했다. 사다트는 비터 호수 주변의 '전술적' 상황은 전쟁에 전혀 영향을 주지 못할 것이라고 말했다.

그러나 동전은 이미 던져졌다. 코시긴이 모스크바로 떠나자마자 사다트는 '센터 텐'으로 달려가 이스라엘군의 침입에 대처하기 위해 몇몇 기갑부대를 운하 동안에서 서안으로 철수하는 조치를 승인했다. 엘라자르는 군 대변인에게 운하 서안에서 벌어지는 일에 대해 말할 때 '교두보'나 '공세' 같은 용어를 쓰지 말도록 지시했다. 메이어 총리의 실수로 비밀이 누설되었으나 총리의 발언을 논박할 수는 없었기 때문에 대변인은 이스라엘군이 운하 서안에서 전투를 벌이고 있다고 총리가 이미 말했던 내용만 확인했다. 그렇지만 이제 사다트는 이스라엘군의 공격이 단지 일시적 강습일 뿐이라고 자신을 더는 속일 수 없었다.

사다트는 소련과 미국 사이를 왔다 갔다 하면서 동맹국 시리아도 다독여야 했다. 10월 16일, 메이어 총리의 크네세트 연설 몇 시간 전에 사다트가 이집트 국회에서 행한 연설을 접한 아사드 대통령은 매우 불쾌해했다. 연설에서 사다트는 이스라엘이 6일 전쟁 전의 국경으로 철군하는 데 동의한다면 휴전을 받아들일 준비가 되어 있다고 말했다. 이스라엘이 철군을 완료하면 이집트는 유엔이 소집한 평화회담에 참석할 준비를 하고 다른 아랍 국가들과 팔레스타인 대표들도 참석하도록 설득하는 데 최선을 다할 것이다. 아사드는 이스라엘과 평화로운 관계를 맺을 생각이 전혀 없었기 때문에 연설의 성격에 대해 사전 통지를 받지 못한 데 유감을 표명하는 메시지를 보냈다. 사다트는 '형제 하페즈'에게 연설에는 사전 상의가 필요할 정도로 새로운 내용은 없다고 답했다. 부드러운 표현을 사용해 말했지만, 그의 답변은 이집트와 시리아의 동맹이 조건이 바뀌면 지속하기 어려운 정략결혼임을 상기시켰다.

사다트의 국회 연설 내용 중에는 이스라엘이 이집트의 도시를 공격한다면 이집트도 알 카히르^{Al Kahir} 미사일로 이스라엘 도시에 보복공격을 가하겠다는 경고도 있었다. 알 카히르 미사일은 나세르가 1960년대 초에 독일 과학자들의 도움을 받아 개발하려고 했던 미사일의 후신으로 정확도가 상당히 떨어졌다. 하지만 이집트에는 텔아비브에 실제로 도달 가능한 훨씬 효율적인 미사일들—포트사이드 지역에 있는 스커드 미사일 2개 여단—이 있었다. 이 미사일들은 아직 이집트 운용 요원들을 훈련 중인 소련 운용 요원들이 통제하고 있었음에도 사다트는 이를 염두에 두고 발언했다.

사다트가 연설한 다음날, 미국의 정찰위성이 미사일 사진을 촬영했다. 미사일을 위장하려는 시도는 없었고 스커드 미사일에는 탄두가 장착되어 있었다. 일부러 눈에 띄게 할 의도임이 분명했다. 보고를 받은 엘라자르는 예리코^{Jerico} 지대지미사일 1개 포대를 보호 셸터에서 끄집어내어 공개하라고 명령했다. 이스라엘의 전략미사일 기지를 감시하던 소련 정찰위성은 이러한 이스라엘의 경고 신호를 별 문제 없이 포착했을 것이다. 아브너 코헨 교수는 예리코 미사일에 탑재 예정인 핵탄두는 아직 실전 투입 단계가 아니었다고 썼다. 하지만 미사일 노출은 경고 신호로 충분했다. 이스라엘은 핵무기 운반이 가능한 비행기도 보유하고 있었다.

이 상호억제는 효과를 발휘했다. 사다트는 이스라엘이 이집트의 도시와 경제적 기반시설을 공격한다면 스커드 미사일을 발사하겠다고 공개적으로 위협했다. 이스라엘도 지대지미사일을 발사하거나 화학무기를 사용하지 말라고 미국을 통해 이집트에 경고하는 것으로 맞받아쳤다. 이집트는 몇 년 전 예멘에 파병했을 때 화학무기를 사용한 전력이 있었다. 개전 초기에 레이더를 목표로 발사했으나 명중에 실패한 켈트 공대지미사일 2발을 제외하고 이집트가 이스라엘 본토에 발사한 미사일은 없었다. 이집트로 양도된 리비아 공군 소속 미라주 전투기 3대가 중부 이스라엘로 접근 중에 지중해 상공에서 격추되었는데, 이들의 임무는 확인되지 않았다. 사다트는 이스라엘 공군의 다마스쿠스 폭격에 대한 보복으로 이스라엘 도시를 공습해 달라는 아사드의 요청을 무시했다.

결국 이스라엘은 이집트 기반시설에 대한 공격을 자제했다. 유일한 예외는 제이라의 제안으로 행해진 나일강 삼각주 반하^{Banha}라는 곳에 있는 지하통신 케이블에 대한 공습이었다. 이 케이블이 파괴된 탓에 이집트군은 민감한 메시지를 무선으로 보낼 수밖에 없었고 이스라엘군은 이를 도청할 수 있었다. 공습 뒤 아만은 엘라자르에게 정보자료가 홍수처럼 밀려드는 바람에 이를 소화하기 어려워졌다고 보고했다.

이집트군의 나데 병장은 보체르 전초기지 근처에서 아군 제25기갑여단이 받은 매복공격을 목격한 다음부터는 일기를 전투 장면 묘사로 채웠다. "우리는 기습당해 큰 피해를 입은 아군 여단 잔존 부대를 적이 뒤쫓아 공격하는 모습을 보았다. 하지만 신의 도움으로 우리는 간신히 적을 침묵시키고 기습당한 전차들에게 문을 열어주었다." 다음날, 나데는 지뢰밭에 통로를 개척하라는 명령을 받았다. 쉽쉬의 전차 2대가 여기에서 지뢰를 밟아 궤도가 날아갔다. 버려진 이스라엘군 전차로 올라가보니 작은 엘 알 항공사 가방 몇 개와 통조림이 있었다. 병장은 이스라엘군 재킷을 찾아 입고 돌아왔다. 보초가 수하하자, 나데는 장난삼아 독일어로 답했다. 보초가 과잉반응을 하기 전에 나데는 껄껄 웃으며 재킷을 획 벗어 던졌다.

나데 병장은 사다트의 의회 연설을 청취했다. 대통령의 목소리는 자신감에 차 있었다. "우리가 승리를 거두었지만 전쟁은 계속될 것이라는 것을 알았다"라고 나데 병장은 일기에 썼다. 나데는 운하 바로 근처의 개인호에 있는 알렉산드리아 출신 친구 아델 할라드Adel Halad를 찾아가 사다트의 연설을 놓고 토론했다. 아델은 자신의 부대가 운하를 건너간 첫 부대였기 때문에 보너스를 받을 것으로 생각한다고 말했다. "그 돈으로 무엇을 할지 모르겠다. 아델이 내게 말했다. '나데, 너는 위대한 사람이 될 거고 원하는 바를 모두 이룰 거야.' 여자친구에게 반지를 사줄까 생각했지만 제대하고 취업해 받을 월급에서 사기로 했다. 군대에서 받은 보너스로는 어머니께 반지를 사드릴 것이다."

한 친구가 전쟁이 곧 끝나고 모두 알렉산드리아로 돌아갈 것이라고 예측하자, 나데는 집으로 돌아가는 것을 상상했다. "몇 년간 다리 때문에 고생하셨는데도 아버지가 내게 달려오신다. 울음이 터졌다. 그리고 이런 생각을 하지 말아야 한다는 것을 깨달았다."

나데는 "낮에는 종일 자더니 밤에는 모골이 송연해지는 임무를 준다"고 소대장에 대해 썼다. 나데는 어둠 속에서 지뢰를 매설하라는 명령을 받았다.

감정 기복은 심해졌다. "나는 위대한 날을 맞이하고 있다고 느낀다. 우리는 전쟁에 익숙해졌고 아무것도 두렵지 않다."

다음날 나데는 이렇게 썼다. "1시간이라도 병사들이 논쟁을 벌이지 않는 때가 없다. 전쟁이 우리를 불안하게 만든다."

나데는 운하에 수류탄을 던져 저녁 식사에 쓸 물고기를 잡아오라는 대대장의 명령을 받았다. "베토벤이 용기에 대해 작곡한 교향곡 제3번 에로이카Eroica를 듣는 느낌이다. 오늘은 무흐산Muhsan의 생일을 축하했다. 그는 27세다. 우리는 마흐무드 레제크Mahmoud Rezek와 계속 같이 싸웠다."

"포탄이 터질 때마다 나도 같이 폭발했으면 한다. 신이여, 우리를 지켜주소서. 전쟁은 내가 아는 가장 더러운 단어다."

제33장

돌파

 자정 무렵, 사단의 선두에 서서 수에즈 운하에 접근한 아단 장군의 눈앞에 운하의 반짝이는 수면 위를 가로지른 어두운 형상이 펼쳐졌다. "다리를 보니 장관이야." 사단장은 각 여단장에게 무전으로 말했다. "자네들을 기다리고 있다네."

 아프리카로 가는 길이 열린 지 7시간이 지났으나 이집트군 제25기갑여단과의 전투 때문에 도하는 지체되었다. 운전병은 아단이 이 순간을 위해 아껴둔 위스키병을 건넸다. 장군은 참모진에게 건배를 제의했다. "여러분, 여기까지 먼 길을 왔다. 적을 격파하는 데는 오래 걸리지 않을 것이다. 레하임L'haim!(히브리어 건배 구호, '인생을 위하여'라는 뜻-옮긴이)"

 아단의 전차들이 부교를 건너가기 시작하자, 이집트군 포병이 맹렬한 사격을 가해오면서 부자연스러운 소강상태는 끝났다. 포탄이 운하 양쪽 둑과 다리를 가로지르며 폭발했다. 운하를 건너가려고 서두르던 전차 조종수가 앞에 가던 전차에 너무 가까이 다가가는 바람에 전차 2대의 무게를 견디지 못한 부교 경간이 주저앉았다. 임시방편으로 가교전차를 호출해 부서진 경간 위로 가교를 올렸다.

 이 사고로 인해 부교를 이용한 이동은 잠시 지연되었으나, 길로와는 계속해 전차들을 실어 나르며 역할을 수행했다. 남은 길로와 4대가 2대씩 연결되어 한 번에 전차 2대를 실어 날랐다. 파편에 맞아 차체 곳곳에 구멍이 났음에도 불구하고 승무원들은 어떻게 해서든 구멍을 틀어막고 계속 펌프를 돌려 부력을 유지했다. 여러 겹으로 된 고무 플로트는 아직껏 바람이 빠지지 않고 파편 충격을 흡수하고 있었다. 길로와를 타고 운하를 건너가는 전차승무원들은 전차 해치를 모두 열고 문교가 피탄되면 즉시 탈출할 준비를 하라는 명령을 받았다. 하지만 한 문교에 탑재된 전차 2대의 승무원들은 심한 포격 때문에 해치를 닫았는데 운하 한가운데에서 포탄에 맞은 문교가

부교로 수에즈 운하를 건너가는 이스라엘군. 〈이스라엘 정부 공보처 제공〉

그만 그 자리에서 뒤집히고 말았다. 전차와 승무원은 40피트(12m) 아래 운하 바닥으로 가라앉았다. 길로와 승무원은 고무보트로 구조되었으나 전차 승무원들은 실종되었다. 남은 문교는 부교의 파손된 부분이 교체될 때까지 계속 사용되었다. 거의 이틀간 차량이 서안의 교두보로 건너가는 데 이용할 수 있었던 유일한 수단인 '고철' 길로와는 전차 120대 및 병력수송장갑차와 보급차량 다수를 운하 건너편으로 실어 날랐다.

이집트 측 문서에 따르면, 운하 양안에서 각종 화포 170문이 교두보를

겨냥해 6일간 수천 발의 포탄을 퍼부었다. 박격포와 카추샤 로켓포도 여기에 가세했다. 이 포격으로 이스라엘군 100여 명이 전사하고 수백 명이 다쳤다. 전사자 중에는 길로와가 통과할 수 있게 '운동장'의 보호벽에 돌파구를 연 불도저 조종수도 있었다. 공병대는 다리를 유지하고 교통 소통을 원활하게 하기 위해 위험을 무릅쓰고 야지에 남았다. 다리가 포탄에 맞으면 이들은 서둘러 모래로 구멍을 메우고 나무판자로 덮었다.

공수부대도 교량 가장자리를 따라 배치되어 정기적으로 운하에 수류탄을 던지며 이집트군 잠수요원으로부터 교량을 지켰다. 교두보에서의 모든 임무는 2인 1조가 교대로 수행해 1명이 적탄에 맞더라도 대체인원이 즉시 임무를 수행할 수 있도록 했다. 이집트군의 첫 일제사격을 받고 무너진 개인호에 공수부대원 몇 명이 생매장되었다가 구출된 사건이 발생하자 마트 대령은 부하들에게 호를 얕게 파라고 명령했다. 병사들은 근처에 전차가 있는 경우 그 밑에 숨는 편을 선호했다.

엘라자르와 바르-레브는 아단의 사단이 교두보 안쪽에서 야영하면서 아침에 실시 예정인 작전에 투입되기 전에 잠을 잘 수 있도록 몇 시간 수면 시간을 주기로 결정했다. 그동안 샤론 사단의 대부분은 시나이 반도 쪽 하안에 남아 회랑지대를 확장할 것이다. 샤론은 지금의 회랑으로도 충분하다고 항의하면서 시나이에 남은 2개 여단이 운하를 건너가 서안의 에레즈 여단과 합류하게 해달라고 요청했다. 샤론의 끊임없는 이의 제기에 더는 참을 수 없게 된 바르-레브는 엘라자르에게 샤론을 교체해줄 것을 강력히 요청했다. "아리크의 문제를 해결하지 않고 총참모장이 북쪽으로 돌아가면 나도 따라갈 거요." 바르-레브는 뼈있는 농담을 던졌다. 그러나 엘라자르는 샤론을 그 자리에 남겨두기로 했다.

이미 아프리카에서 하루를 보낸 에레즈 여단의 장교들은 아단 사단의 여단장들에게 유의해야 할 사항에 관해 브리핑했다. 시나이에서와는 달리 이곳에서는 여명과 동시에 안개가 끼지 않고 1시간 늦게 발생해 오전 9시까지 계속될 수 있다. 따라서 아침에 이동하기 전에 안개가 모습을 가려줄 때까지 기다리는 것이 좋을 것이다.

화요일의 습격에서 돌아온 에레즈의 소부대는 녹지 가운데에 있는 천연방어선인 22야드(20m) 너비의 담수 운하 뒤로 물러났다. 수요일 새벽 무

운하 서안의 이스라엘군 공수부대원들. 〈이스라엘 정부 공보처 제공〉

렵, 녹지 외곽에 침투한 이집트군 전차와 보병이 이스라엘군과 소규모 전투를 벌였다. 이집트군 포병관측반원 일부는 나무 꼭대기로 올라가 이스라엘군 교두보로 떨어지는 포탄의 탄착점을 관측했다. 에레즈처럼 저항받지 않은 공격은 더 이상 불가능했다. 아단이 현재의 교두보에서 벗어나기 위해서는 전투를 벌이면서 길을 개척해야 했다.

아단은 적의 전력 증강 규모를 몰랐으나 목요일 아침에 2개 축선을 따라 교두보를 벗어나는 계획을 세웠다. 가비 아미르 대령의 여단은 교두보 남단으로 진출해 다수의 SAM 포대가 있는 것으로 파악된 게네이파 능선을 향하기로 했다. 나트케 니르 대령의 여단은 서쪽으로 전진해 담수 운하를 건너간 다음 남쪽으로 선회해 탁 트인 사막으로 진출할 것이다. 사단의 목표는 이집트 제3군으로 가는 주요 보급로들이 모여 있는 남쪽으로 35마일(56km) 떨어진 수에즈시 지역이었다. 아단의 세 번째 여단인 아리예 케렌 대령의 여단은 남부사령부가 별도 예비전력으로 시나이 반도에 남겨두었다.

니르와 아미르는 안개를 기다리지 않고 아침 6시에 이동을 시작했고, 이내 이집트군의 저항에 직면했다. 이집트군 전차뿐 아니라 새거, RPG팀이 숲에 은신해 있다가 녹지에서 나오는 좁은 출구를 차단했다. 자력으로는

제33장 돌파 | 595

전투에서 이길 수 없다고 생각한 이스라엘 기갑부대는 보병의 지원을 요청했다. 공수부대 1개 중대가 이집트군의 강화된 방어진지에 가로막힌 아미르 여단을 돕기 위해 나섰다. 공수부대는 신속히 참호를 소탕해 이집트군 특수부대원 45명을 사살했다. 이스라엘군은 3명을 잃었다. 골란 고원의 텔 샴스 전투처럼 기갑부대가 적의 저항에 가로막히면 보병이 신속하게 이를 극복할 수 있음을 입증한 사례였다. 공수부대원들은 이곳의 이집트군이 RPG 발사기 13개를 보유했음을 발견했다. 병사 3명당 1개씩 가졌는데, 이것이 이집트군 보병의 대전차 저지력이 강했던 이유였다. 비슷한 규모의 이스라엘군 소대는 바주카포 1문만 지급받았다. 이미 다수의 이스라엘군 부대는 병사들이 구식 벨기에제 FN 소총보다 선호하고 있는 노획한 칼라슈니코프와 RPG로 무장했다.

아미르 대령의 전차 대열은 몇 마일 진격하고 난 다음, 차흐^{Tsach}라는 암호명이 붙은 교차로에서 참호 안에 있는 전차로 강력하게 방어된 이집트군 진지와 맞닥뜨렸다. 여기만 지나면 탁 트인 사막이었으나 아단은 니르 여단이 합세하기를 기다려 협동 공격을 하기로 했다. 사단장은 10월 8일의 반격 실패 원인인 전력 분산을 피할 생각이었다.

니르 여단의 전차들이 버려진 것처럼 보이는 아부 술탄$^{Abu\ Sultan}$ 기지를 통과할 무렵, 야구리 대대의 돌격에서 살아남은 브리크 소령의 전차는 대열 선두에서 네 번째 위치에 있었다. 아무런 경고 없이 앞에 가던 전차 3대가 적탄에 맞아 폭발하며 화염에 휩싸였다. 브리크의 전차도 얻어맞았으나 기동은 가능했다. 600야드(549m) 떨어진 진흙 오두막의 창 밖으로 돌출된 전차포 여러 문이 브리크의 눈에 띄었다. 오두막의 뒷벽을 무너뜨리고 들어온 전차들이었다. 이들은 신속히 격파되었다.

전차 대열은 기지 너머의 교차로에서 대전차화기로 무장하고 끈질기게 저항하는 이집트군 특수전 대대와 마주쳤다. 여단에 배속된 공수부대 1개 중대가 전방으로 호출되었다. RPG탄이 공수부대 지휘관 베니 카르멜$^{Benny\ Carmel}$ 대위가 탑승한 병력수송장갑차의 옆면을 뚫고 들어와 폭발했다. 옆에 앉은 중대 선임하사가 "끝났습니다"라고 말하더니 쓰러져 전사했다. 다른 장교 한 명도 장갑차의 열린 뒷문 밖으로 쓰러져 사망했다. 부상당하기는 했지만 카르멜이 유일한 생존자였다. 대위는 열린 해치를 통해 근처의 적 진지에 수류탄을 던졌다. 또 다른 RPG탄이 명중했고 장갑차는 불길에 휩싸였다. 대위는 뛰쳐나가 수풀이 있는 작은 둔덕으로 달려갔다. 근처에서 몸을 숨길 유일한 곳이었다. 반대방향에서 온 이집트군 병사가 동시에 둔덕에 도착했다. 카르멜은 먼저 총을 쏘았고 쓰러진 이집트군의 시신 뒤에 숨었다.

60야드(55m) 떨어진 곳에서 꼼짝하지 못하고 있는 중대원들이 보였다. 이들과 카르멜 대위 사이에서 영국 태생의 막스 겔레르$^{\text{Max Geller}}$ 병장이 경기관총으로 사격하고 있었다. 때때로 이집트군 병사들이 대위 쪽으로 오려 했지만 겔레르 병장의 사격이 이를 막았다. 다른 병사들은 겔레르에게 탄약을 계속 던져주었다. 마침내 병력수송장갑차 한 대가 달려와 카르멜 옆에 정지했다. 뒷문이 열리고 누군가가 카르멜을 안으로 끌어당겼다. 장갑차가 움직이기 시작하자 열린 해치로 몸을 내밀고 사격하던 기관총 사수가 머리에 총탄을 맞고 카르멜 위로 쓰러졌으며 RPG탄이 명중해 화재가 일어났다. 출혈과 탈수에도 불구하고 카르멜은 다시 한 번 간신히 빠져나왔다. 피신한 중대원들이 보였던 건물이 근처에 있었다. 손상된 병력수송장갑차가 입구를 막고 있었기 때문에 카르멜은 창문으로 몸을 날려 안으로 들어갔다. 건물 안에는 10일 전 발루자에서 이집트군 특수부대와 벌인 전투에서 부상당한 중위가 있었다. 이 중위는 완치되지 않았지만 일선으로 돌아왔다가 총상을 입었다. 밖에서 전차승무원 한 명이 건물을 향해 달려오는 이집트군 특수부대원 3명을 보았다. 이 승무원은 이들을 사살하고 쓰러져 의식을 잃었다. 카르멜과 다른 병사들은 이날 늦게 구출되었으나 의식을 잃고 죽은 이집트군 사이에 누운 전차병은 발견되지 못했다. 그는 밤늦게 깨어나 자신이 어디에 있는지도 모르고 무작정 걷다가 아군 부대를 발견했다.

아미르 여단과 니르 여단은 정오에 차흐 교차로 공격을 개시했으나 적의 포화에 호된 대가를 치렀다. 아단은 공격을 중단하고 항공지원을 요청했다. 이 지역의 SAM 때문에 항공기의 비행이 불가능하다는 통보를 받자, 아단은 2개 대대를 투입해 적 후방 12마일(19km) 지점에 있는 세 곳의 미사일 기지를 습격했다. SAM 기지들은 새로운 방어전략을 채택했다. 이스라엘군 전차들이 접근하자, 이집트군은 대공미사일을 낮춰 평사탄도$^{\text{flat trajectory}}$로

이스라엘군이 탈취한 이집트군 기지의 SAM. 〈이스라엘 정부 공보처 제공〉

전차를 사격했다. 첫 대결에서 이집트군 미사일들은 이스라엘군의 머리 위로 날아가 수마일 떨어진 곳에서 폭발했다. 다른 기지에서는 미사일 한 발이 지휘용 병력수송장갑차로부터 10야드(9m)도 안 되는 곳에 떨어졌으나 아무런 손상을 입히지 못했다. 성공적으로 임무를 완수한 이스라엘군 강습부대는 연료가 떨어진 전차를 견인하며 지는 해를 뒤로하고 철수했다. 운하 서안의 전투 첫날이 끝날 무렵, 아단 사단은 녹지를 벗어났지만 적의 끈질긴 저항에 부딪혀 적 후방으로 치고 나가지 못했다.

아이러니하게도 SAM 포대를 파괴함으로써 공군을 밀착 지원한 것은 지상군이었다. 하지만 공군도 자구책에 나섰다. 타가르 작전 같은 SAM 체계에 대한 일괄 공격 대신 공군은 SAM 포대를 하나씩 공격하기 시작했다. 대가를 치르면서도 공군은 며칠에 걸쳐 포트사이드에서 남쪽으로 계속 공격해 미사일이 없는 공역을 순차적으로 열어나갔다. 이집트 공군은 출격횟수를 3배로 늘려 빠르게 줄어드는 SAM 우산을 보충하려고 했다. 이스라엘 공군은 이집트 조종사들과 겨룰 기회가 온 것을 반겼다.

아비후 빈-눈 대령은 팬텀기의 조종석으로 돌아가기 위해 텔아비브의 지하 공군사령부에서 3일에 한 번씩 나왔다. 대령은 공격 계획의 최선임 기안자로서 아침 일찍 사령부에서 명령을 발령하고 공군기지로 차를 몰아 자신이 임무를 맡긴 조종사들과 함께 임무 브리핑을 받은 다음 공격에 참여하고 기지로 돌아와 결과를 보고하고 나서 사령부로 돌아와 저녁에 보고서를 받았다.

사령부의 참모장교 중에는 최고의 조종사 다수가 있었고, 이들은 하늘로 돌아갈 기회라면 무조건 환영했다. 가드 엘다르$^{Gad\ Eldar}$ 대령도 텔아비브의 지하에 있는 사무실에서 일하다가 전에 근무했던 미라주 전투비행대에서 상근할 기회를 잡았다. 대령은 2주 만에 12대를 격추시켰는데, 이 중 4대는 한 번 출격에서 달성한 기록이었다.

기자 한 명이 이집트 전선에서 급유하기 위해 잠시 뒤로 후퇴한 전차중대를 취재했다. 병사들의 사기는 높았다. 중대장은 며칠 전에 후방으로 순환배치될 예정이었으나 병사들이 거부했다고 말했다. "원한다면 계속 있게 할 생각입니다." 이 부대는 욤 키푸르 당일부터 매일 전투를 벌인 까닭에 새거에 대처하는 방법을 익혔다. "저희는 전투를 벌이며 대응체계를 개발했습니다." 대위가 말했다. "미사일의 명중률은 처음에 비하면 정말 낮아졌습니다." 중대장은 "남자답게 싸웠습니다"라고 말하며 이집트군 보병을 칭찬했다. 이집트군 포병의 기량도 6일 전쟁 이후 향상되었으나, 전차부대는 특별히 나아진 점이 없다고 말했다.

전차들이 급유받는 동안, 수염이 덥수룩한 젊은 소대장들이 패튼 전차의 그림자가 만든 그늘에 모여 무릎을 꿇은 채 지도를 놓고 골란 전선의 상황을 설명하기 위해 방문한 정보장교의 말을 경청하고 있었다. 그들 중에는 오른쪽 팔의 손목부터 팔꿈치까지 붕대를 감은 중위가 있었다. 포병관측장교로 전차부대에 배속된 이 중위는 베벌리 힐스$^{Beverly\ Hills}$(미국 로스엔젤레스와 연접한 도시로 부유층 거주지로 유명-옮긴이)에 사는 의사의 아들로 4년 전 18세였을 때 혼자 이스라엘로 왔다. 그는 몇 달 안에 제대하면 이스라엘에 온 후 처음으로 미국에 사는 가족을 방문할 계획이라고 말하며 "성취감을 느낍니다"라고 말했다. 이 중위는 그날 오후에 운하를 건너가다가 포탄에 맞아 전사했다.

이스라엘군 지휘부는 종반전을 생각하기 시작했다. 전쟁 13일째인 목요일 아침에 '구덩이'에서 열린 회의에서 탈 장군은 "생존을 위해 싸워야 할 단계는 끝났다"고 말했다. 이스라엘 국방군은 이제 총성이 멎었을 때 어디에 있기를 원하는지 결정해야 했다. 기본적인 고려사항은 이집트가 전쟁을 도발한 데 대한 대가를 치러야 한다는 것이었다. 시리아군이 전쟁 전 국경선 6마일(9.7km) 너머로 밀려났기 때문에 시리아 전선에서 이 고려사항은 달성되었다. 전투부대에 이미 카이로 지도가 배포되었지만, 엘라자르는 카이로 진격을 기각했다. 모스크바에서 키신저에게 보낸 경고 때문에 이스라엘에서는 이집트 수도에 너무 가까이 다가가면 소련이 개입할지도 모른다는 우려가 커지고 있었다. 엘라자르는 전선이 지나치게 신장된 상태로 휴전이 발효되는 것 역시 원치 않았다.

전임 아만 국장 야리브 장군은 도하하기 전에 없었던 선택지가 이제 생겼다고 말했다. 이집트군의 배후를 무너뜨리는 것이었다. 전장의 주변부에서 특수작전을 수행하자는 제안이 여러 건 제기되었다. 이 중에는 수에즈만 도하, 수에즈만에 있는 이집트 유전 점령, 운하 북쪽 입구 양안의 포트사이드와 포트푸아드 점령이 포함되어 있었다. 탈은 전차부대를 보내 나일 계곡을 강습하자는 가장 대담한 작전을 제안했다. 1개 여단을 수에즈만을 가로질러 수송할 수 있는 LST는 샤름 엘 셰이크에 배치되었고, 작전은 48시간 안에 개시될 수 있었다. "지난 4년간 저는 꿈을 키워왔습니다." 탈이 다얀에게 말했다. "그것은 바로 전차 100대로 후방에서 카이로를 점령하는 것입니다."

이러한 특수작전은 시나이 반도에 교두보를 확보했다는 이집트의 성취감을 정치적·심리적으로 상쇄할 의도에서 제안되었다. 하지만 데버수와르에서 이스라엘군이 도하를 개시하자, 엘라자르는 모든 노력을 주전장에 집중하기로 했다. 이스라엘군 수뇌부는 이집트 3군을 포위하는 것이 전쟁의 진정한 마무리가 될 것이라는 결론을 내렸다. 이를 달성하기 위해서는 모든 가용 전력을 동원해 아프리카 내륙에 진출한 이스라엘군의 존재를 강화할 필요가 있었다.

멘들레르 장군이 맡았던 시나이 사단을 지휘하는 마겐 장군은 사단 전력의 절반인 전차 약 80대를 이끌고 운하를 건너 아프리카로 진입하라는 명령을 받았다. 아단의 세 번째 여단인 아리예 케렌 대령의 여단도 시나이 반도의 별도 예비전력 임무에서 벗어나 다리를 건너 사단 본대와 합류했다. 란 사리그 대령의 감편 여단이 골란 고원에서 남부 전선으로 가라는 명령을 받았고, 요람 야이르 소령의 공수대대도 시나이로 보내졌다. 샤론은 레셰프 여단을 중국농장에서 운하 서안으로 보내라는 지시를 받았지만, 라비브 여단은 남아서 시나이 반도의 회랑지대를 확장하게 될 것이다.

이스라엘군은 요르단의 아카바^{Aqaba} 항에 인접한 휴양지 에일라트를 목표로 한 요르단군의 행동을 막기 위해 전쟁 발발 직후 소규모 전차부대를 배치했다. 사우디아라비아군 소속 경전차 30대가 아카바를 향해 북쪽으로 다가온다는 보고가 들어왔다. 제이라 아만 국장은 이들이 아직 에일라트로부터 100마일(160km) 이상 떨어진 곳에 있다고 보고했다. 엘라자르는 배치된 전차부대를 증강하는 대신 사우디아라비아 정부에 에일라트가 공격받는다면 이스라엘은 사우디아라비아 수도 리야드^{Riyadh}를 폭격하겠다는 메시지를 전달해야 한다고 말했다. 사우디아라비아군은 더 접근하지 않았고, 에일라트에 배치된 이스라엘군 전차 대부분은 수에즈 전선으로 파견되었다. (이스라엘 국경에서 거리를 유지하던 사우디아라비아군은 요르단 사막 남쪽을 통과하다가 길을 잃었다. 요르단군 낙타부대가 이들을 구조했다. 이 부대로 추정되는 사우디아라비아군 전차부대가 결국 시리아 전선으로 갔으나 전투를 벌인 기록은 없다.)

용감한 사나이들 작전에 따르면, 원래 샤론 사단은 아프리카에 진입한 다음 아단 사단과 나란히 남쪽을 향해 진격할 예정이었다. 그런데 샤론은 지금 남쪽 대신 북쪽의 이스마일리아 방향으로 공격하게 해달라고 요청했다. 진격과 동시에 라비브 여단과 함께 운하 동안의 이집트군을 북쪽으로 압박해 교두보의 회랑지대를 확장한다는 조건으로 요청은 승인되었다. 샤론은 운하 서안의 보급로가 단절되면 이집트군은 붕괴될 것이라고 다시금 강변했다. 엘라자르는 샤론의 주장을 받아들이지 않았다. 그는 롤러교가 통과할 수 있도록 티르투르로의 안전을 확보할 필요가 있다고 재차 말했다. 여기에 더해 포병 전력을 포함한 미주리의 이집트군은 아직 회랑지대에 대한 위협으로 남아 있었다.

샤론은 나중에 회고록에서 엘라자르와 비르 레브가 돌파의 영예를 자기와 나누지 않으려는 의도로 시나이 반도의 회랑지대를 확장하라는 명령을 내렸다고 맹비난했다. "두 사람이 시나이에서 이집트군 제16보병사단과 제21기갑사단을 공격하라고 압박한 이유 중 하나는 그들이 회랑지대가 너무 좁다고 여겨서가 아니라 나의 사단을 운하 동안에 계속 주둔시키고 싶어했기 때문이라는 느낌을 지울 수 없었다. 나는 정치적 고려로 인해 증폭된 나와 지휘관들 간의 오랜 적대적 감정이 그 당시에 이루어진 군사적 결정에 상당한 영향을 미쳤다는 인상을 강하게 받았다." 바르-레브와 엘라자르는 결국 샤론이 정치적 동기를 가지고 개인적 영예를 추구한다고 믿었다.

엘라자르는 남부사령부의 고위 지휘관인 바르-레브, 고넨, 벤-아리의 불만을 통해 샤론에 대한 반감을 확인할 수 있었다. 세 사람 모두 샤론이 명령을 수행하지 않았으며 그의 보고는 신뢰할 수 없다고 주장했다. 샤론은 자신의 사단이 첫 번째로 운하를 건너는 것이 최우선 관심사였기 때문에 다리를 정해진 시간 내에 수송하지도, 회랑지대를 확장하지도 못했다는 것이 그들의 논점이었다. 그중 한 사람은 샤론은 전날 밤에 '굴복'했다가도 아침이 되면 원래대로 돌아간다고 말했다. "그 사람이 제대로 마무리 짓고 정리한 것은 아무것도 없습니다."

엘라자르가 바르-레브에게 말했다. "아리크 본인은 아프리카에 있기를 원하고, 그래서 시나이에 있는 교두보의 안전 확보는 뒷전이라는 말씀이시군요. 제가 그 사람에게 교두보 확장 임무를 주는 이유가 그겁니다."

이와 대조적으로 장군들은 아단이 이집트군 제25기갑여단을 격파한 데는 칭찬을 아끼지 않았다. "브렌은 금처럼 귀중한 사람입니다." 엘라자르가 말했다.

"그 사람은 평계를 대지 않아요." 바르-레브가 첨언했다. "문제를 일으키지도 않고 조용히 모든 임무를 해내지요." 그러고 나서 그는 이 말만큼은 덧붙이지 않을 수 없었다. "교두보가 유지된다면 아리크 때문은 아닐 겁니다."

야망을 꺾으려는 노력에도 불구하고 샤론은 결국 원했던 바를 이룰 것이다. 사단이 배치된 위치가 전선 중부 지구였기 때문에 전술 계획을 포함한 도하작전은 자연스럽게 샤론에게 맡겨졌다. 운하 서안에 처음으로 발판을 마련한 공수여단은 샤론 사단 소속이었으므로, 샤론과 그의 정치적 지지자들은 처음으로 운하를 도하한 부대는 샤론 사단이라고 떳떳이 주장할 수 있었다. 하지만 우연한 상황 전개로 인해 샤론은 이보다 더 큰 역할을 맡게 된다. 용감한 사나이들 작전에 따르면, 모든 교량이 화요일 새벽녘까지 설치된 후에 아단 사단이 운하를 건너 결전을 개시할 예정이었다. 그런데 교량의 도착이 지연되자, 샤론은 기회를 놓치지 않고 즉시 길로와를 전방으로 가지고 왔다. 길로와로 만든 문교에 전차를 실어 운하를 건너게 한 후 공수부대를 지원하도록 한 샤론의 결정에 바르-레브는 이의를 제기하지 않았다. 교두보 너머에 있는 SAM 기지를 공격해달라는 베니 펠레드의 요청은 샤론 사단 전차의 추가 도하를 정당화하는 사유가 되었다. 샤론은 무대의 중심인 도하지점에서 대담함과 전술적 감각을 발휘함으로써 전쟁의 전환점에서 중심 역할을 맡게 되었다.

사다트 대통령은 목요일에 '센터 텐'에서 이스마일 국방장관과 상의한 끝에 운하 동안의 제3군 교두보에서 1개 기갑여단을 운하 서안으로 옮기는 데 동의했다. 샤즐리 장군이 보기에 이 조치는 이스라엘군의 위협에 대처하기에는 절망적일 정도로 부적절했다. 사다트는 샤즐리의 의견을 구하지도 않았다. 그 대신 사다트는 샤즐리에게 제2군으로 가서 상황을 파악하고 최대한 전선 방비를 강화하라는 지시를 내렸다. 참모총장은 오후 2시 45분에 카이로에서 출발해 오후 5시 30분 제2군 사령부에 도착했다. 이미 교두보에서 벗어나 남쪽으로 진출한 아단 사단 외에 샤론 사단도 북쪽으로 전진을 개시한 상황이었다. 이스마일리아로 진격하는 이스라엘군을 막을 수 있는 곳에 배치된 유일한 전력은 2개 특수전대와 1개 공수여단뿐이었다. 이스라엘군 침입의 심각성을 깨닫지 못한 아카드 장군으로부터 압드 알-무님 칼릴Abd al-Munim Khalil 소장이 제2군의 지휘권을 인수했다. 칼릴이 샤즐리에게 제출한 계획에 따르면, 이스마일리아 남쪽에서 자연적 방벽을 이루는 담수 운하를 가로지르는 모든 다리를 파괴해야 했다. 농업지대 안쪽에서는 특수부대와 공수부대가 샤론 사단의 전진을 막을 것이다. T-62 전차로 무장한 1개 기갑여단이 시나이에서 철수해 이스마일리아로 이동하며 이집트군이 방비를 갖추는 동안 특수부대와 포병이 데버수와르의 이스라엘군 도하지점을 괴롭힐 것이다. 샤즐리는 칼릴의 계획을 승인하고 24시간 동안 제2군 사령부에 머물렀다.

다얀은 목요일 아침에 운하 서안의 농업지대에 있는 아단의 전방지휘소를 시찰했다. 다른 농촌 출신 병사들처럼 다얀도 오래된 우물, 원시적 오리장, 대추야자 나무, 시트러스^{citrus}(감귤류 과일–옮긴이) 과수원, 땅콩밭에 호기심을 보였다. 다얀이 식물에 관심을 보이며 지휘소에서 멀리 떨어진 곳까지 산책하러 나가자, 아단은 장관 부관에게 "장관님에게서 눈을 떼지 말도록! 주변에 이집트군이 있을지도 모른다"라고 말했다. 이집트군 헬리콥터 2대가 갑자기 나무 꼭대기 높이에서 나타나 문을 열고 네이팜^{Napalm}(나프텐 산$^{Naphthenic\ acid}$과 팔미트산$^{Palmitic\ acid}$의 혼합물. 여기에 휘발유 같은 가연성 물질을 추가해 소이탄을 만든다. 불붙은 가연성 물질이 단시간에 휘산^{揮散}하지 않고 오래 불타도록 하는 성질을 가졌다–옮긴이)을 채운 드럼통을 밀어서 투하했다. 드럼통은 다얀이 있는 곳으로부터 50야드(46m) 떨어진 곳에서 진한 검은색 연기구름을 내며 폭발했다. 헬리콥터는 기총사격으로 모두 격추되었다. 이들은 교량을 파괴하라는 실현 불가능한 임무를 띠고 출격했었다. 교량 가까이까지 갔던 다른 헬리콥터들도 지상 사격으로 격추되었다. 다얀은 헬리콥터 조종사뿐 아니라 전차를 막아서다가 RPG 주변 지역에 흩어져 누운 시신이 된 이집트군 보병의 용기에 감명을 받았다.

국방장관은 다음으로 샤론 사단을 시찰했다. 샤론은 다얀에게 '특별한 뭔가'를 보여주기를 원한다고 말했다. 다얀과 샤론은 운하를 건너와 시나이 반도 쪽 하안에 도착한 다음 중국농장 근처로 가기 위해 왼쪽으로 돌았다. 다얀은 눈길 닿는 모든 곳을 뒤덮은 수백 대의 차량 잔해를 보고 놀라 할 말을 잃었다. 다얀은 지금까지 이스라엘이 치른 모든 전쟁에 참전했었고 미군 측 참관인으로 베트남 전쟁을 지켜본 적이 있었지만 이렇게 치열한 전투의 흔적을 보기는 처음이었다. 사진에서도, 영화에서도 보지 못한 장면이었다. 격파된 이스라엘군 전차 56대에 더해 이집트군 전차 118대가 파괴되었으며 15대는 온전한 상태로 버려져 있었다. 수백 대의 병력수송장갑차, 트럭과 기타 차량의 잔해도 있었다.

운하를 건너갈 때 합류한 레셰프 대령은 마치 처음 보기라도 하는 것처럼 눈앞의 광경을 살폈다. 대령이 말했다. "이제야 여기에서 무슨 일이 벌어졌는지 이해할 것 같습니다." 전투 첫날, 대령의 제14기갑여단에서 120명이 전사하고 62명이 부상당했다. 이는 단시간에 발생한 사상자로는 이스라엘 국방군 사상 최고 기록이었다. 다음날 밤에 티르투르로를 둘러싸고 벌어진 전투에서 제890공수대대에서는 40명이 전사하고 100명이 부상당했다.

다얀과 샤론을 태운 병력수송장갑차가 교량으로 돌아갈 무렵, 미그기 한 대가 상공에 나타나 폭탄을 투하했다. 폭탄은 장갑차를 들어올렸다가 내려놓을 정도로 가까운 곳에서 폭발했다. 다얀은 이때 해치 밖으로 머리를 내밀고 앉아 있었는데, 부사관 한 명이 다리를 잡아 안쪽으로 끌어내렸다. 다얀은 "장관 한번 해보려고 내 뒤로 얼마나 많은 사람이 줄을 서 있는지 알아?"라고 말하며 걱정하지 말라고 했다.

10월 18일, 엘라자르는 펠레드 공군사령관과 선임 참모 2명을 집무실로 불러 질책했다. 엘라자르는 공군은 지상군이 수행하고 있는 전쟁과는 거의 관련이 없는 독자적인 전쟁을 하고 있는 것 같다고 말했다. 지금 당장 필요한 것은 이집트군의 새로운 방어선 형성을 저지할 근접항공지원이었다. 지상군 지휘관들은 이날 공군이 지상군을 지원하는 대신 전장의 주변부에서 자기들만의 임무를 수행하느라 바쁘다고 불평했다.

전쟁이 발발한 지 13일이 지났다. 공군은 이미 비행기 약 80대를 잃었다. 미국이 그들을 대체할 팬텀과 스카이호크를 보내기 시작했지만, 승무원까지 대체해줄 수는 없었다. 펠레드는 팬텀기 승무원은 팬텀기 보유 대수보다 10여 명 적은 72명만이 남았음을 강조했다. 엘라자르가 해당 지역의 SAM 포대가 일소되지 않았음에도 다음날 아침에 이집트군 집결지로 비행기를 보낼 수 있는지를 묻자, 펠레드는 그렇게 하겠다고 했다. "하지만 3일이나 4일 연속으로 하지 않았으면 합니다."

펠레드는 공군의 목표는 이집트군이 배치한 SAM 포대를 차근차근 분쇄해나가는 것이라고 말했다. 주변부터 안쪽으로 파고든다는 뜻이었다. 그는 조종사들에게 큰 희생이 뒤따를 것이 분명한 미사일 밀집 지역으로의 출격을 매일 요구할 수 없다고 말했다. 이와 달리 상대적으로 쉬운 목표물을 정기적으로 공격하는 것은 이들의 사기를 유지하는 일종의 '직업적 치료법'으로 볼 수 있었다. 엘라자르에게는 생소한 배려였지만 그는 이것을 무시하지는 않았다. 그렇지만 지금부터 공군은 지상군 지휘관들과 더 긴밀히 협조해 일일 목표물 목록을 만들어야 한다고 총참모장은 말했다.

모르데카이 중령의 공수대대는 정신적으로나 육체적으로 탈진한 상태로 타사로 돌아왔다. 중국농장에서 가장 큰 격전을 치른 2개 중대의 사상자 비율은 50퍼센트가 넘었다. 얼굴이 그을음으로 덮인 병사들은 충격에서 벗어나지 못한 채 멍하니 허공만 바라보고 있었다. 부대대장이 된 두브데바니 소령은 대대를 소집해 1시간 안에 검열하겠다고 말했다. 면도한 얼굴과 광을 낸 군화, 청소된 소총을 보고 싶다는 것이었다. 병사들은 이해가 안 간다는 표정으로 소령을 쳐다보았다. 병사 한 명이 항의하자, 소령은 이 병사의 뺨을 때렸다. 말을 꺼낸 다른 병사도 따귀를 맞았다. 병사들은 검열을 준비하기 위해 흩어졌다. 두브데바니의 귀에 불평 소리가 들렸다. "미쳤어." "무슨 생각으로 저러는 거야?"

소령은 야영지 사이를 계속 돌아다니며 남은 시간을 알렸다. "40분." "20분." 병사들은 얼굴에서 먼지와 피를 닦아내고 솔로 개인화기에서 모래를 털어낸 다음 군화에 광을 냈다. 정확히 1시간 뒤에 병사들이 도열을 마치자, 두브데바니는 대열 사이를 걸어 내려갔다. 군화에서 광이 나는지, 면도는 깨끗이 했는지 자세히 살피지 않았으나 소령은 병사 대부분의 눈에서 자신이 원했던 것을 보았다. 눈에 어느 정도 초점이 돌아온 것이었다. 병사들이 생기를 되찾고 있었다.

목요일, 모르데카이의 대대는 부교 근처에서 하차해 떨어지는 포탄을 무릅쓰고 도보로 운하를 건너갔다. 다리 건너편에서 이들을 맞은 마트 공수여단의 예비군 고참병들은 어린 현역병들의 얼굴을 보고 가슴이 뭉클해졌다. 전투에서 받은 충격과 많은 전우를 잃은 아픔 외에 제890공수대대의 장병들은 자신들이 목표 달성에 실패했다고 믿었다. 이들은 방금 건넌 다리가 자신들이 벌인 사투 덕분에 가설될 수 있었다는 사실을 깨닫지 못했다.

라비브 여단장은 목요일 아침에 아카비쉬로에서 중국농장을 향해 북쪽으로 진격을 개시해 총 1발 쏘지 않고 티르투르로에 도착했다. 이곳에서 전날 전투에서 이집트군의 포화로 인해 전사한 모르데카이의 공수부대원 시신 30구가 발견되었는데, 아직 생존한 부상자도 1명 있었다. 전차병들은 이집트군이 구축한 방어시설의 규모에 놀라워했다.

마침내 티르투르로에서 이집트군이 일소되자, 공수부대가 전투를 벌이는 동안 롤러교 수송 임무에서 제외되었던 겔레르 중령의 전차대대는 롤러교를 다시 운반하라는 명령을 받았다. 견인 작업이 재개되었다. 이번에는 주간 작업이었다. 불도저들이 대열 선두에서 움직이며 파괴된 전차들을 치운 다음 경사로를 평평하게 깎고 배수로를 메우며 통로를 개척했다. 사막을 가로지르며 장중하게 움직이는 대열의 폭은 100야드(91m)에 달했다. 전차 16대로 견인되는 롤러교는 기복 있는 지형을 롤러로 오르내리며 대열 한 가운데에서 우아하게 움직였다. 양쪽 옆으로는 불도저와 트랙터들이 있었다. 병력수송장갑차와 견인 임무를 수행하지 않는 전차들이 엄호를 맡아 이집트군 특수부대의 공격으로부터 측면을 지켰다. 보호망은 초계기들이 완성했다. 초계기들은 사막을 가로질러 천천히 움직이는 탐나는 목표물을 공격하려는 이집트기들을 요격했다. 이날 낮에만 수송대열 주변에서 미그기 7대가 격추되었다. 이집트군 포병도 롤러교 수송대열을 잡으려고 혈안이 되어 있었지만, 정확하게 포를 유도할 포병관측반이 근처에 없었다. 수송대열은 날이 어두워지기 직전에 부교에서 북쪽으로 1마일(1.6km) 떨어진 하안에 도착했다. 금요일 아침 6시경, 롤러교는 운하 양안에 고정되었다. 3일 전에 이스라엘군이 고무보트와 고철 문교로 건너가 세운 교두보는 이제 안정적인 다리 2개를 갖는 호사를 누리게 되었다.

운하 서안으로 건너가 샤론과 합류하기 전에 레셰프는 중국농장에 대한 최종 공격의 승인을 요청했다. 이집트군은 3일간 이스라엘군으로부터 끊임없는 공격을 받은 끝에 휘청거리고 있었다. 무선감청에 의하면 이집트군 입장에서는 너무나 절망적인 상황이어서 제16보병사단장 아베드 라브 알-나비Abed Rabb al-Nabi 장군이 직접 1개 중대를 이끌고 티르투르로를 향한 반격을 지휘할 정도였다. 하지만 티르투르로에서 북쪽으로의 이동을 시도하고 있는 라비브 여단의 전차들은 새거에 의해 저지당하고 있었다.

레셰프의 전차들은 서쪽으로 공격을 시작해 중국농장 한가운데에 포화를 퍼부었다. 보병이 조심스럽게 이 지역에 진입했을 때 이집트의 방어군은 거의 소멸된 상황이었다. 1개 수색중대가 2명을 잃으며 펌프장을 급습해 장악했다. 다른 부대는 어둠이 내리기 전에 인명피해 없이 농장 중심부로 이동해 전차와 더불어 방어선을 구축했다. 이날 밤 내내 이들은 주변에

수에즈 운하에 가설된 이스라엘군의 '롤러교'. 〈이스라엘 국방군 기록물보관소 제공〉

서 퇴각하는 이집트군을 포격해달라고 요청했다.

레셰프는 금요일 아침에 라비브 여단에게 새로 점령한 진지를 인계한 다음, 여단을 이끌고 롤러교를 건넜다. 레셰프 여단은 롤러교를 건넌 첫 부대였다. 3일 반 동안의 전투 끝에 중국농장은 몇 군데에 고립되어 저항하는 이집트군을 제외하고 거의 함락되었다. 하지만 북쪽 약간 높은 지대에 위치한 미주리의 이집트군은 온전히 남아 있었다. 사실 이곳의 이집트군은 중국농장에서 철수한 전력으로 상당히 강화된 상태였다.

금요일 아침 아프리카, 아단 사단은 이집트군 후방으로 뛰쳐나갈 준비를 하고 있었다. SAM 기지가 목요일에 이스라엘군 전차들에게 습격당한 후 이집트군은 근처의 다른 SAM 기지들 역시 후퇴시켜야 한다는 것을 깨달았다. 이제 인접한 공역은 이스라엘 공군에게 활짝 열렸다. 엘라자르의 요구대로 공군은 금요일 아침에 차흐 교차로를 공습해 아단의 전차들에게 앞길을 열어주었다. 이 전쟁에서 공군이 근접항공지원으로 지상군의 통로를 개척해준 경우는 이번이 처음이었다.

사막 너머로 돌파한 사단은 2개의 축선을 따라 남쪽으로 이동했다. 전차대대들이 도중에 있는 미사일 포대와 군 기지를 공격하기 위해 본대에서 분리되었다가 이집트군 전차부대와 전투를 벌일 때 합류했다. 전차들이 관목지대를 가로질러 질주하기 시작하자, 장병들의 사기도 함께 치솟았다. 니르 여단의 대대장은 지도에서 대대의 현재 위치인 아이다 평원^{Aida plateau}을 가리키며 1871년에 카이로에서 초연된 베르디 오페라 아이다^{Aida}(이탈리아의 작곡가 베르디가 수에즈 운하 개통을 기념하여 1871년에 작곡한 가극. 에티오피아 왕녀 아이다와 이집트 장군 라다메스의 비극적 사랑을 주제로 한 오페라-옮긴이)의 개선행진곡을 부하들 앞에서 흥얼대기도 했다.

아단은 끝없이 뻗어나간 평원을 가로질러 질주하는 사단의 모습에 흥분을 감추지 못했다. 이번 전쟁에서 처음으로 이스라엘 기갑부대는 행동의 자유를 얻었다. 탁 트인 평원, 고속으로 기동하는 전차들이 일으키는 짙은 먼지구름, SAM 기지와 위장용 가짜 미사일 기지에서 치솟는 연기는 지난 수년간 이스라엘군 기갑장교들이 꿈에서 그렸던 장면이었다. 전차부대는 위치를 확인하고 아군을 오인사격하지 않았는지 확인하기 위해 정기적으로 정지해 무선으로 수하했다.

개선행진곡을 부르는 것은 시기상조였다. 노래를 불렀던 장교는 30분 뒤에 SAM 기지에서 발사된 새거에 부상당했다. 전날 한쪽 눈을 잃었던 다른 대대상은 병력수송장갑차 안의 들것에 누워 부대대장에게 지침을 내리며 부대에 남겠다고 고집을 부렸다. 니르 여단의 전차들은 교두보에 포격을 퍼붓던 이집트군 포병여단과 비터 호수 서쪽 10마일(16km) 지점에서 마주쳤다. 전차들이 접근하자, 이집트군 야포들은 포신을 내려 평사탄도사격을 개시했다. 니르 여단장은 다리를 움직이기 어려웠기 때문에 피격되면 빨리 탈출해야 한다는 생각을 하지 않으려고 노력했다. 결국 여단장의 전차는 포탄에 맞았다. 하지만 폭발 때문에 딜레마를 피하게 되었다. 포탑에서 튕겨나가 다치지 않고 땅바닥으로 떨어진 것이었다. 의식을 회복하자 여단장은 돌격 명령을 내렸다. 이집트군은 이스라엘군 전차가 200야드(183m) 떨어진 곳에 왔을 때까지 사격하다가 도망했다. 전차들이 포진지를 휩쓸었다. 포반원 수십 명이 전사하고 더 많은 수가 포로로 잡혔다. 이스라엘군 전사자는 2명이었는데, 한 명은 장군의 아들이자 밀라노 전초기지 탈출자 중 하나인 일란 기드론 소위였다. 빌린 기도용 숄을 치켜들어 아군 전차병들에게 자신들의 정체를 밝힌 사람이 바로 기드론 소위와 다른 한 명의 병사였다.

이날 아단 사단은 23마일(37km)을 주파해 게네이파 능선에 도착했다. 뒤따르던 마겐의 감편 사단은 아단이 지나친 후 고립되어 저항하는 이집트군 소부대를 소탕했다.

샤론 사단은 농업지대 안에서 북쪽으로 진격했기 때문에 속도가 느렸다. 보병수색대로 보강된 레셰프 여단은 이집트군 1개 특수전대대가 방어하는 방대한 보급거점을 공격했다. 이번에 여단은 조직적으로 움직였기 때문에 중국농장 전투와 같은 피아 구분이 없는 난전을 피할 수 있었다. 전쟁이 시작된 이래 적에 대해 수적 우위를 점하게 된 것은 이번이 처음이었다. 레셰프 여단장은 주간에 적진을 살핀 다음 계획을 세웠다. 이번에는 보병이 주역을 담당하게 될 것이다. 보병이 참호의 적을 소탕하는 동안 전차가 나란히 기동하며 전면의 참호에 사격을 퍼부었다. 보병 지휘관 한 명은 이집트군이 참호에 어찌나 많이 들어찼던지 수류탄을 던져넣을 때마다 사상자가 발생했다고 보고했다. 이스라엘군은 밤이 되기 전에 보병 18명의 목숨을 희생하고 이집트군 진지를 장악했다. 전사자 중 17명은 병력수송장갑차가 새거에 맞았을 때 사망했다. 다음날 아침에 참호와 벙커를 수색하자 300구 이상의 이집트군 시신이 발견되었다. 벙커에 숨어 있던 이집트군 50명은 포로로 잡혔다.

샤론의 진격에 참여한 모르데카이의 공수대대는 이날 처음으로 이집트군 포병관측반원이 야자나무 꼭대기에 올라가도 교량을 볼 수 없을 정도로 멀리 이집트군을 밀어냈다. 하지만 이집트군은 그 뒤로도 도하지점을 계속 맹포격했다. 샤론의 부하들은 운하를 따라 북쪽으로 이동하면서 방벽에 이스라엘 국기를 연달아 꽂았다. 운하 건너편의 시나이 반도에서 자신들이 점점 고립되는 모습을 보는 이집트군은 사기가 크게 떨어질 것이다.

엘라자르는 금요일에 아부 술탄 기지 근처에 있던 샤론을 방문했다. 전장의 한복판에 있던 샤론은 활짝 웃고 있었다. "상상해보십시오. 사단을 지휘하고 있는데 갑자기 바로 사단장 본인이 직접 기관총을 들고 이집트군 전차를 상대하는 모습을 말입니다. 25년 동안 전쟁을 치렀지만 이번 전쟁이야말로 처음 겪는 진짜 전쟁입니다." 샤론이 말했다. 부하 한 명이 칼라슈니코프 소총을 샤론에게 건네주었는데, 소문에 의하면 샤론이 이 소총으로 나무 꼭대기에 있는 이집트군 포병관측반원을 쏘았다고 한다.

하지만 엘라자르의 메시지를 들은 후 샤론의 미소는 사라졌다. 총참모장은 미주리를 원했다. 그의 신경은 온통 그곳에 쏠려 있었다. 미주리에서 공격해온 이집트군이 회랑지대를 봉쇄하면 운하 서안의 이스라엘군은 탄약도, 연료도 없이 고립되고 도하작전 전반이 참사로 돌변할 수 있다는 것을 그는 두려워했다. 시나이의 이집트군은 최소한의 억제 전력만 남은 이스라엘군을 수적으로 크게 압도했다. 엘라자르는 "아시아(시나이 반도 하안)가 걱정되지 아프리카는 걱정되지 않아"라고 참모진에게 말했다. 샤론은 이집트 제2군을 고립시키면 미주리 지역의 이집트군도 붕괴할 것이라고 다시 주장했지만, 엘라자르는 샤론이 제2군을 고립시키기에 충분한 전력을 보유했다고 믿지 않았다. 엘라자르는 일선 병사들의 얼굴을 살폈다. 병사들은 거의 2주일 동안 쉴 새 없이 전투를 치르고 있었다. 얼굴에는 피로한 기색이 역력했지만 사기는 높았다.

돌아오는 길에 조종사가 항법 실수를 저지르는 바람에 엘라자르가 탑승한 헬리콥터는 시나이의 이집트군 진지 위를 지나쳐 비행했다. 이집트군이 발포해 헬리콥터의 유압 시스템이 총탄에 맞았지만, 조종사는 간신히 움 하시바에 무사히 착륙했다. 움 하시바에서 엘라자르는 바르-레브와 고넨에게 군의 최우선 목표는 운하 양안의 교두보를 북쪽으로 확장하는 것이라고 말했다. 특히 미주리 방향으로의 확장이 중요했다. 교두보에 가해질 잠재적 위협에 대한 우려가 너무나 컸던 나머지, 엘라자르는 이집트 제3군 포위는 우선순위에서 뒤로 밀렸다. 금요일 저녁이 되자 전투가 소강상태로 접어든 지역에서 병사들은 한데 모여 포도주잔을 놓고 읊조리는 키두쉬 kiddush(안식일이나 기타 유대교 축일에 하는 축도祝禱-옮긴이)로 시작하는 안식일 기도를 들었다. 기도를 듣는 이들은 두고 온 집과 평화로웠던 나날을 떠올리며 가슴 아파했다.

기오라 레브 중령의 대대는 샤론 사단의 북쪽 측면에 배치되었다. 낮 동안 대대는 힐튼 호텔과 무명용사 묘를 포함해 이스마일리아가 북동쪽에서 똑똑히 보이는 지점에 도착했다. 날이 어두워지자 대대는 포를 바깥쪽으로 돌린 전차들이 방진方陣을 형성하고 그 안쪽에 보병이 탑승한 병력수송장갑차를 두는 야간숙영지를 준비했다. 자정 무렵, 포탑 안에 있던 레브 중령을 한 보병장교가 조용히 불렀다. 경비대 지휘관인 그는 노획한 미광증폭식 SLS 야간관측장비(밤의 별빛을 증폭해 야간에 시야 확보를 가능하게 해주는 장치-옮긴이)를 갖추고 있었다. 이집트군 특수부대가 정면에서 접근하고 있다고 이 장교가 말했다. 레브도 자신의 SLS 야시경으로 200야드(183m) 거리에서 접근 중인 이집트군 병사들을 보았다. 레브는 이 장교에게 부하들을 시켜 나머지 대대 병력에게 경보를 발령하라고 말했다. 하지만 접근하는 적이 들을 수 있기 때문에 무전기의 사용은 금지했다.

전차부대는 야간숙영지에 대한 보병의 공격을 격퇴하는 훈련이 되어 있었다. 훈련에 따르면 공격당하는 경우 대대적으로 반격해 적병에 충격을 주는 것이 요구된다. 레브는 이런 공격을 경험한 적이 없었고, 공격당할 것으로 예측해본 적도 없었다. 하지만 현실은 현실이었다. 이집트군은 50야드(46m) 떨어진 곳에서 멈추고 전개를 개시했다. RPG와 기관총을 식별할 수 있는 거리였다. 레브가 외쳤다. "공격!" 투광기가 번쩍 켜지고 사이렌이 울리더니 전차와 병력수송장갑차가 앞으로 뛰쳐나가 사격을 개시했다. 다행히도 어둠이 뒤이어 벌어진 참극의 현장을 가려주었다. 하지만 아침이 되자 전차병들은 자신들이 이집트군에게 안긴 결과를 목격할 수 있었다. 이스라엘군 장교 한 명이 분명히 이 부대의 지휘관이었을 이집트군 소령에게 다가갔다. 손에 지도와 권총을 꼭 쥐고 있던 소령은 양다리가 절단되었으나 아직 목숨을 부지하고 있었다. 이스라엘군은 마지막 자비를 베풀어 그를 사살했다.

엘라자르가 샤론을 방문하는 동안 맞수 샤즐리도 겨우 몇 마일 떨어진 이스마일리아의 제2군 사령부에 있었다. 양군 수장들은 금요일 늦은 오후, 거의 같은 시간에 텔아비브와 카이로에 있는 각자의 참모본부로 복귀하기 시작했다. 엘라자르는 의기양양했고, 샤즐리는 불길한 국면 전환에 깊은 충격을 받았다. 샤즐리는 곤경에서 벗어날 유일한 길은 시나이 반도의 기갑 전력을 운하 서안으로 불러들이는 것밖에 없다고 확신했다. 샤즐리는 '센터 텐'에서 이스마일 국방장관에게 제2군이 처한 절박한 상황을 보고하고 나서야 제3군의 상황이 이보다 더 나쁘다는 사실을 알게 되었다. 이스라엘군은 제3군을 고립시키기 위해 앞을 다투며 질주하고 있었다. 샤즐리는 제2군과 제3군이 모두 포위되는 사태를 막으려면 지금 시나이 반도에서 할 일 없이 앉아 있던 4개 기갑여단을 운하 서안으로 철수시켜야 한다고 강력히 주장했다. 이스마일은 그 어떤 부대의 추가 철수도 거부했다. 샤즐리는 사다트 대통령을 '센터 텐'으로 초청해 이 문제를 토의하자고 이스마일을 압박했다. 시간은 밤 10시였고 이스마일은 늦은 시간에 대통령에게 전화하기를 망설였지만 결국 샤즐리의 주장에 따랐다.

사다트의 친구이자 자문역인 신문편집인 헤이칼은 알-타히라Al-Tahira 대통령궁의 관저에 있는 대통령을 방문했다. 내부로 안내되어 들어갔더니, 대통령이 어두운 발코니에 혼자 앉아 있었다. 둘이 대화하는 동안 전화벨이 울렸다. 보좌관이 이스마일 국방장관이라고 말했다. 헤이칼은 "10번(센터 텐)으로 왔으면 한다고?"라는 사다트의 말을 들었다. "좋아, 지금 가지." 헤이칼이 무슨 일이냐고 묻자, 사다트는 샤즐리 장군이 전선을 방문해 전체적 상황을 파악하고 돌아왔다고 말했다.

사다트는 '센터 텐'에 도착해 이스마일의 집무실에서 함께 30분간 머물렀다. 국방장관은 4개 기갑여단을 운하 서안으로 데려오자는 샤즐리의 요청을 전달했다. 헤이칼에 따르면, 시나이에서 더 많은 병력을 철수시킨다면 군의 사기가 저하될 것이며 최악의 경우 1967년과 같은 전면 붕괴가 촉발될 것이라고 이스마일은 믿고 있었다. 사다트도 같은 생각이었다. 한 걸음 더 나아가 사다트는 시나이 주둔 이집트군의 전력이 약화된다면 향후의 정치적 협상에서 이집트의 위치가 약해질 것이라고 믿었다.

샤즐리는 고위장성 5명을 회의에 불렀다. 이 중에는 공군사령관이자 장차 이집트 대통령이 될 호스니 무바라크 장군이 포함되어 있었다. 이스마일과 사다트가 회의장으로 들어왔다. 대통령은 각 참석자에게 차례로 의견을 구했다. 작전국장 가마시 장군은 군에 심리적 악영향을 줄 뿐 아니라 작전상으로도 불필요하다는 이유로 시나이 반도에서의 그 어떤 병력 철수에도 반대했다. 샤즐리를 제외한 모두가 발언을 끝내자, 사다트는 "우리는 단 한 명의 병사라도 운하 동쪽에서 서쪽으로 후퇴시키지 않을 것이오"라고 말했다. 샤즐리 옆에 앉은 장성 한 명이 속삭였다. "뭐라고 말씀 좀 해보십시오." 하지만 샤즐리는 대통령이 단호한 뜻을 표명한 이상 자신의 주장을 내세워 봐야 소용이 없다는 것을 알았다.

회의가 끝나자, 이스마일은 사다트에게 다른 방에서 잠시 이야기를 하고 싶다고 했다. 장관은 지금 역사를 위해, 그리고 애국자로서 간청한다고 말했다. 만약 대통령이 받아들일 수 있는 조건으로 휴전할 수 있는 길이 열렸다고 한다면 자신은 대통령의 결단을 지지할 것이다. "저는 비관적이지 않습니다." 이스마일이 말했다. "우리 군은 아직 건재합니다. 하지만 우리가 군을 파멸적 위험에 직면하게 할 군사적 사태 변화에 휘말려서는 절대 안 됩니다." 일주일 전에 휴전 가능성을 적극적으로 모색하던 쪽은 엘라자르였다. 이제 이집트군 수뇌부가 휴전을 모색할 차례였다.

사다트는 자서전에서 샤즐리가 전선 시찰을 마치고 '불안장애에 걸려' 돌아왔다고 묘사했다. 그는 '센터 텐'의 회의에 참석한 장군 모두는 "걱정할 것은 아무것도 없다는 나의 견해에 공감했다"라고 기술했다. 회의가 끝나고 사다트는 이스마일에게 샤즐리를 해임하고 가마시 작전국장을 참모총장에 임명하라고 지시했지만 사기에 나쁜 영향을 주지 않기 위해 공표하지는 말라고 했다. 하지만 가마시는 자신의 전후 회고에서 이날 밤 샤즐리의 모습에 대한 사다트의 묘사를 반박하며 군인으로서 샤즐리에 대한 존경심을 보였다. "샤즐리 참모총장은 사다트 대통령의 묘사대로 의기소침해 있지 않았다."

사다트는 겉으로는 침착한 태도를 보였지만 지금껏 공들여 쌓아올린 시나리오가 눈앞에서 붕괴하는 사태를 막으려면 휴전을 더 이상 미뤄서는 안 된다는 것을 이제야 이해했다. 겨우 24시간 전에 있었던 코시긴 소련 총리와의 회동에서 사다트는 5일 전에 영국대사로부터 제안을 받았을 때와 마찬가지로 소련의 휴전 권유를 거절했다. 그러나 지금은 가식적으로 행동할 여유가 없었다. 사다트는 자정 무렵에 알-타히라 대통령궁으로 돌아가 비노그라도프 소련대사를 초치했다. 사다트가 군 최고 지휘관들과 상의한 후 소련에게 안전보장이사회에서의 즉각적 휴전 모색을 요청하기로 했다고 말하자 비노그라도프는 깜짝 놀랐다. "어떤 조건으로입니까?" 대사가 물었다. 사다트는 현 전선에서의 휴전을 받아들이겠다고 말했다. 1967년의 국경으로 이스라엘이 철군해야 휴전을 받아들이겠다는 이전의 고집에서 180도 일변한 태도였다. 이 자리에 배석했던 사다트의 안보보좌관 하페즈 이스마일은 카이로가 이스라엘군의 침입으로 심각한 위협을 받고 있다고 말했다.

비노그라도프는 면담 결과를 보고하기 위해 모스크바 시각으로 새벽 4시에 브레즈네프를 깨웠다. 브레즈네프는 비노그라도프에게 사다트와 다시 만나 기타 아랍 지도자들, 특히 아사드의 휴전에 대한 태도를 포함한 몇 가지 논점을 분명하게 하라고 말했다. 브레즈네프는 크렘린의 동료들에게 사다트의 요청을 '필사적 호소'라고 묘사했다. 전쟁 초기 크렘린의 태도로 다시 돌아간 브레즈네프는 "그(사다트)가 자초한 일입니다"라고 말했다.

새벽 5시, 방금 소련의 지도자를 깨운 비노그라도프가 사다트를 깨우기 위해 대통령궁에 나타났다. 잠깐의 잠으로 기운을 차린 이집트 지도자는 파자마 차림으로 대사를 맞았다. 사다트는 방금 아사드에게 자신의 결정을 알리는 메시지를 보냈다는 것을 대사에게 알리고 어찌 되었든 아사드는 자신과 협의 없이 전쟁 초기에 휴전을 모색하지 않았느냐고 방어적으로 말했다. 다른 아랍 국가들에 관해서라면 그들의 입장은 무시해도 좋다고 사다트는 말했다.

사다트는 아사드에게 보낸 메시지에서 양해를 구하면서도 단호한 태도를 보였다. "우리는 이스라엘과 15일간 싸워왔습니다." 그는 이렇게 썼다. "첫 4일간 이스라엘은 혼자였고 우리는 두 곳의 전선에서 이스라엘의 약점을 노출시킬 수 있었습니다. … 하지만 최근 10일간 나는 이스라엘에게 무기를 제공하는 미국과도 싸우고 있었습니다. 간단히 말하면 나는 미국과 싸우거나 역사 앞에서 우리 군을 두 번째로 파멸로 몰아넣는 책임을 받아들일 수 없습니다." 따라서 사다트는 소련과 미국의 보장을 조건으로 휴전을 수용할 준비가 되어 있으며 전면적 합의를 달성하기 위해 평화회담 소집을 강력히 요청할 것이라고 말했다. "이런 말을 해 가슴이 찢어질 듯 아프지만, 내 직책상 이런 결정을 내릴 수밖에 없음을 통감합니다. 나는 적절한 시기에 국민에게 이를 알리고 경위를 소상히 설명할 준비가 되어 있습니다."

아사드는 실망을 감추지 못했다. 만약 이집트가 전쟁에서 발을 뺀다면 이스라엘은 시리아 전선에 전력을 집중할 것이다. 이미 다마스쿠스 교외에서는 이스라엘군 대포의 포성이 들리고 있었다. 아사드는 사다트에게 이렇게 답했다. "깊은 마음이 담긴 대통령의 메시지를 받았습니다. 나는 대통령께서 북부전선 및 운하 양안의 군사적 상황을 다시 한 번 살펴보기를 간청합니다. 비관적일 이유는 없습니다. … 나의 형제 사다트 대통령, 전투를 벌이는 병사들의 사기를 고려하여 적이 우연의 결과로 우리 전선을 돌파할 수 있었으나 이것이 적이 승리를 달성할 수 있다는 뜻이 아님을 강조할 필요가 있습니다. … 친애하는 형제 사다트 대통령, 우리가 역사상 가장 어려운 시기에 직면해 있음을 제가 온전히 깨닫고 최대한 주의를 기울여 신중히 말씀드린다는 사실을 알아주시리라 확신합니다. 신께서 대통령과 함께하시기를 바랍니다." 사다트는 답을 하지 않았다.

모든 아랍 지도자 중 후세인 요르단 국왕에게 가장 미묘한 역할이 맡겨졌다. 후세인은 전쟁에 끼어들지 않기를 간절히 희망했으며, 처음에 이집트와 시리아는 후세인의 희망을 충족시켰다. 양국은 요르단강을 따라 배치된 요르단군의 존재만으로도 이스라엘군 전력의 상당 부분을 요르단강 서안 지구의 방어거점에 묶어놓기에 충분하다고 믿었다. 하지만 이스라엘은 후세인 왕이 위험을 무릅쓰기를 주저한다는 것을 알았기 때문에 요르단에 대해서는 최소한의 억제 전력만 남겼다. 최악의 상황에 대비해 공병대는 증원군이 도착할 때까지 침공군의 진격을 늦추기 위해 요르단강과 차로 30분 거리인 예루살렘을 잇는 도로에 폭발물을 설치했다.

사실 다얀은 요르단과 요르단강 서안 지구를 잇는 다리들을 개방하여 팔레스타인인들이 가능한 한 정상적으로 생활할 수 있게 하라고 명령했다. 전쟁 4일째 되는 날에 예리코 근처의 알렌비 다리$^{Allenby\ bridge}$(요르단강을 따라 놓인 다리 중 하나. 알렌비 다리는 이스라엘에서 부르는 이름이며 요르단에서는 후세인 왕 다리라고 부른다-옮긴이)를 취재한 한 기자는 다리의 이스라엘 진영을 지휘하는 대위가 다리를 건너 반대편의 요르단군 장교를 찾아가 스스럼없이 이름을 부르며 다음 버스가 언제 오는지를 묻는 장면을 목격했다.

시리아군의 골란 고원 진격이 저지되었음이 분명해지고 이스라엘이 반격을 개시하자, 사다트와 아사드는 요르단군이 전투에서 적극적 역할을 맡도록 후세인을 독촉했다. 사다트는 전화를 걸어 '아랍 세계의 운명'이 후세인의 참전에 달렸다고 말했다.

이스라엘은 후세인이 요르단강 서안 지구를 공격한다면 가차 없는 공습으로 보복하겠다고 경고했다. 이집트와 시리아와 달리, 요르단은 지대공미사일의 보호를 받지 못했다. 사다트는 최소한 팔레스타인해방군^{PLO}의 요르단 귀환을 허용해 PLO 전사들이 요르단강 서안 지구로 건너갈 수 있도록 해야 한다고 촉구했다. 후세인은 1970년 9월에 왕권에 도전해 유혈사태를 일으킨 PLO를 요르단에서 추방한 적이 있었다. 이른바 검은 9월 사건이다. 이들을 다시 불러들인다는 생각은 도저히 받아들일 수 없었다. 암만주재 소련 대리대사도 "모든 아랍 국가가 참전해야 한다"고 제안하며 압박을 가했다.

국왕은 이라크의 요청을 받아들여 전차수송차를 파견해 이라크군 전차들을 시리아 전선으로 실어 나르기로 했다. 요르단군의 정예 타격부대인 제40기갑여단도 경계태세에 돌입하라는 명령을 받았다.

심한 압박을 받은 시리아가 기갑사단을 파병해달라고 간청하자, 후세인은 기회가 왔음을 간파했다. 왕은 교전 중인 시리아로 전차를 보내는 것이 요르단 영토에서 새 전선을 여는 것보다 이스라엘로서는 덜 부담스러울 것이라고 믿었다. 후세인은 암만 주재 영국대사에게 이스라엘이 이러한 조치를 개전 사유로 간주할 것인지의 여부를 물었다. 이스라엘은 요르단이 참전한다면 '분쇄'하겠다는 단호한 답변을 보냈다. 딘 브라운$^{Dean\ Brown}$ 미국대사는 텔아비브발 정보에 따르면 "이스라엘군 장성들이 화가 단단히 나서 시비를 걸고 싶은 기분인 것 같다"고 후세인에게 말했다. 엘라자르는 요르단에 대한 경고의 의미로 암만 상공으로의 정찰비행을 승인했다.

국왕의 고문과 가족 대부분은 참전하지 말자고 간청했다. 후세인의 아우 하산^{Hassan} 왕세제^{王世弟}는 요르단은 "서안 지구에서의 군사행동은 감히 고려조차 해볼 수 없었습니다"라고 말했다. 하지만 이 시련의 시기에 왕이 전쟁을 두려워하거나 아랍의 대의에 무관심한 것으로 비친다면 아랍 세계에서 따돌림을 받고 자신의 백성들로부터 배척당할 위험이 있었다. 후세인은 시간을 벌기 위해 다마스쿠스에 연락장교를 파견했다.

전쟁 5일째 되는 날, 후세인은 더 기다릴 수 없다고 결심했다. "시리아에서 전쟁이 끝나기 전에 요르단은 참전해야 합니다." 왕이 미국대사에게 말했다. 6일 전쟁에서 전멸하다시피 했으나 그 뒤에 재건된 제40기갑여단이 적당한 속도로 시리아로 가라는 명령을 받았다. 후세인은 그동안 시리아와 협상을 벌여 전투에 투입될 시리아군을 대체해 요르단군이 전장 주변부에 배치되어 방어 역할을 맡기를 희망했다.

하산 왕세제는 이스라엘에게 왕의 결정을 알리고 요르단군이 시리아 국경을 향해 이동하는 동안 공격받지 않도록 좌표까지 제공하자고 왕에게 제안했다. 암만 주재 미국과 영국대사가 중개 역할을 하는 데 흔쾌히 동의했다. 이들은 이스라엘에 "해당 요르단군 부대는 이스라엘군과 접촉할 의도가 전혀 없음"이라고 확약했다. 영국대사는 후세인의 동의를 얻어 여단의 이동 경로를 이스라엘에 보냈다.

이제 파병을 결정한 왕은 미국대사관을 통해 불과 2주일 전에 텔아비브에서 만난 메이어 총리에게 상세한 내용을 적은 서한을 보냈다. 편지에서 왕은 시리아로 1개 여단을 파병할 수밖에 없었던 사유를 설명했다. 왕은 이스라엘군이 '가능한 한 이 부대에 대한 공격을 자제해 줄 것'을 요청했다. 이 부대는 규모도 작을뿐더러 요르단 국경과 인접한 지역에만 있을 것이라고 왕은 설명했다. "파병은 전쟁 결과에 영향을 주지 않을 것이며 요르단이 현재의 분쟁에서 국외자로 남는 데 필요한 정치적 외피를 제공할 것입니다."

이스라엘은 이 부대를 요르단강을 건너 서안 지구로 파견하지 않고 시리아로 보내는 것이 후세인이 명목상 참전국으로 할 수 있는 최소한의 조치임을 이해했다. 그렇지만 요르단군 여단은 잠재적 위협이었다. "이 요르단군 여단은 시리아군 2, 3개 여단의 가치가 있다"고 이스라엘군 최고 기갑부대 전문가 탈 장군은 말했다. 이스라엘군이 휴전선을 건너 동쪽으로 이동한 상황에서 이 요르단군 전차들은 슬그머니 남쪽 측면을 우회해 이스라엘 본토와 골란 고원을 잇는 브노트 야코브 다리에 '곧바로' 도달할 수 있다고 탈은 말했다.

키신저는 이스라엘에게 요르단군 여단을 공격하지 말아달라고 요청했다. 그의 말에 따르면 이 여단은 싸우지 않고 '그곳에 가만히 있을' 것이기 때문이었다. 키신저는 회고록에서 "교전국이 전쟁행위를 하는 것에 대해 상대국의 승인을 요청하는 일은 중동에서만 가능한 일"이라고 썼다.

이스라엘 정부는 어조를 바꾸어 외교 경로를 통해 후세인에게 "귀국 군대가 발포하지 않을 것이라는 가능한 최상의 보증"을 해달라고 요청했다. 며칠 전에 했던 가차 없는 타격을 가하겠다는 경고에서 많이 후퇴한 모습이었다.

전쟁이 일어난 지 일주일 뒤인 토요일, 국왕은 키신저와 메이어 총리에게 제40기갑여단이 시리아 국경에 도착했으며 여단은 지금부터 '신중하고 느리게' 이동할 것이라고 통보했다. 후세인 본인도 여단에 합류하고자 북쪽으로 이동했다. 여단은 시리아 국경을 넘고서 대부분 움직이지 않았다. 자미르 모사드 국장의 제안에 따라 후세인은 워싱턴을 통해 요르단군 부대가 이스라엘이 지정한 국경 근처의 지역에 머무를 경우, 공격받지 않을 것이라는 통보를 받았다.

한 이스라엘군 포병 병사는 전선을 취재하러 온 기자에게 자신의 포대는 시리아 국경 바로 안쪽의 한 언덕 정상에서 주변 지형을 살피는 일군의 사람들에게 주의를 기울이고 있다고 말했다. "후세인 왕이 저기 있으니 사격하지 말라는 말을 들었습니다." 북부사령관 호피 장군은 왼쪽 측면에 잠재적 위협이 존재한다는 데 불안해했다. 장군은 요르단군 전차들을 공습하자고 제안하며 "손님 대접은 그만해야 합니다"라고 말했다.

이틀이 지나자 후세인의 시간 끌기에 신물이 난 아사드는 전투에 참여하든지, 아니면 전차들을 철수시키라고 말했다. 후세인에게는 선택의 여지가 없었다. 하산 왕세제는 아직도 사상자 발생을 피하고 싶었다. 하지만 제이드 리피이 수상은 브라운 영국대사에게 "지금 필요한 것은 요르단인 순교자입니다"라고 시인했다.

요르단군 제40기갑여단은 시리아군 사단에 배속되었다. 명령권은 요르단군 지휘관이 아닌 시리아군 지휘관에게 있었다. 샌드허스트^{Sandhurst}의 영국 육군사관학교 졸업생인 후세인은 끝까지 신사로서의 예의를 지켜 메이어 총리에게 전화로 자신의 전차들이 교전 상태에 들어갈 수밖에 없게 되었음을 알리며 "이스라엘군은 어제 아침 이후로 요르단군 제40기갑여단을 적군으로 간주해야 합니다"라고 말했다. 디니츠 주미 이스라엘대사는 '여단이 심한 교전에 휘말리지 않도록' 권고하라고 제안하는 이스라엘 정부의 메시지를 요르단에 전달했다.

메이어 총리는 다얀 및 군 수뇌부와 집무실에서 회의를 열고 요르단군 전차가 공격할 경우 다른 적과 마찬가지로 공격하겠지만 요르단 본토를 공격하지는 않기로 했다. 마찬가지로 요르단 공군기가 시리아 영공에서 전투에 참여한다 해도 요르단 공군기지는 공격받지 않을 것이다. 이스라엘은 후세인이 요르단강 서안 지구를 공격하지 않음으로써 적대적 의사가 없다는 제스처를 취했음을 이해하고 여기에 화답했다.

전장의 다른 아랍군과 달리 요르단군은 이스라엘군이 사용하는 것과 똑같은 서방제 전차 센추리온과 패튼으로 무장했다. 이스라엘군 장교들은 쌍안경을 통해 안테나에서 휘날리는 작은 녹색 페넌트pennant(식별 표시 등의 목적으로 쓰이는 좁고 긴 삼각형 깃발-옮긴이)를 보고서야 2열로 접근하는 센추리온 전차들이 적군임을 알아차렸다. 란 사리그 대령의 여단이 사격을 가해 1개 대열을 저지했다. 다른 대열은 오리 오르 대령의 여단이 공격했다.

시리아군과 이라크군도 요르단군 센추리온을 이스라엘군으로 오인하고 사격했다. 요르단군 제40기갑여단은 전차와 병력수송장갑차 20대를 전장에 남긴 채 후퇴했다.

시리아군 최고사령부는 이라크군, 요르단군과 함께 10월 19일에 대규모 반격을 계획했다. 그러나 그 전날, 이스라엘군 전차들이 쿠네이트라 동쪽의 움 부트나Um Butna 마을을 점령했다. 마을을 점령했기 때문에 아랍군이 계획한 반격에 예기치 못한 차질이 생겼다. 아침이 되자 마을을 두고 시리아군 제9사단과 이스라엘군의 야코브 하다르 대령의 여단이 치열한 전투를 벌인 끝에 양측 모두 큰 손실을 입었다. 예측하지 못한 상황 전개에 당황한 시리아군은 제9사단을 후퇴시키고 이라크 사단과 요르단 여단에게 계획보다 일찍 합동 공격을 해달라고 요청했다.

사전 조율이 이루어지지 않았기 때문에 이라크군이 먼저 공격했다. 이라크군은 넓은 전선에서 여러 축선으로 공격해왔다. 결정적 순간에 요시 펠레드 대령은 예비전력인 전차 3대에게 평지로 기동해 이라크군의 측면을 공격하라고 명령했다. 5분 만에 이 부대는 손실 없이 이라크군 전차 9대를 격파했고, 이에 놀란 이라크군은 후퇴했다. 목격자 한 명은 이 우회 부대의 지휘관은 베르셰바에서 온 고즐란^{Gozlan}이라는 예비군 장교였는데 '춤이라도 추듯 전차를 배치했다'고 전했다. 능숙함에 대한 비유였을 것이다.

요르단군은 1시간도 더 지나 공격을 개시했다. 이번에도 센추리온 전차의 피아식별이 어려웠던 탓에 요르단군은 공격받지 않은 채 이스라엘군 센추리온 2개 전차중대 사이를 빠져나갔다. 결국, 이들의 정체가 밝혀지자 근거리에서 난타전이 벌어져 요르단군은 격퇴되었다. 요르단군 제40기갑여단은 시리아에서 총 27명이 전사하고 50명이 부상당했다.

그동안, 소련은 시간을 낭비하지 않고 사다트의 휴전 호소에 대한 후속 조치에 착수했다. 금요일 아침, 워싱턴의 도브리닌 대사는 헨리 키신저 국무장관에게 전화를 걸어 브레즈네프 서기장이 닉슨 대통령에게 보낸 긴급 메시지를 읽어 내려갔다. 메시지에서 브레즈네프는 긴급히 키신저를 모스크바에 파견해달라고 제안하면서 시시각각 변하는 상황을 고려할 때 일분일초가 중요하다고 강조했다. 메시지에서 그는 "내일, 즉 10월 20일에 키신저가 올 수 있다면 좋겠다"고 밝혔다.

초청을 제안한 사람은 도브리닌 대사였다. 브레즈네프는 흔쾌히 이 아이디어를 받아들였다. 그로미코 외무장관은 사실 이 아이디어를 도브리닌 대사에게 제안한 사람이 키신저가 아닌가 의심했다. 그로미코 장관은 키신저와 사이가 좋았던 도브리닌 대사가 미국이 초청을 받아들일 것이라고 확신하지 않았더라면 브레즈네프 서기장의 제안이 거부당하는 굴욕의 가능성을 감수하고 이런 건의를 할 수 없었을 것이라고 믿었다. 키신저는 회고록에서 이러한 밀약이 있었다는 암시를 전혀 내비치지는 않았지만 초청을 반기는 마음을 피력했다. "이 초청으로 우리의 문제 대부분이 해결된 것 같았다."

아랍 세계와의 관계를 악화시키거나 소련과의 데탕트를 위기에 빠뜨리지 않으면서 자신의 피후견국 이스라엘을 약화시키지 않고 분쟁을 끝내는 것이 미국의 이익에 부합했다. 휴전은 분명 이스라엘에 이익이 되는 일이었으나, 워싱턴으로서는 이스라엘이 이 전쟁에서 승자로 보이면서 전쟁을 끝내야 한다는 것이 중요했다. 소련은 지금까지 합리적이었지만 피후견국들 사이의 다툼을 멈추지 않으면 초강대국 사이의 직접 대결로 이어질 수 있음은 자명했다.

아랍 국가들은 원유 감산과 가격 인상을 발표해 석유 무기화의 칼을 뽑아 들었다. 사우디아라비아는 닉슨 대통령이 이스라엘로 보내는 군사지원을 충당하기 위한 2억 2,000만 달러 규모의 추가 세출 예산안을 발표한 다음날에 미국에 대한 석유금수조치를 선언했다. 유럽은 공황에 빠져 미국의 정책과 거리를 두고 즉각적 휴전을 요구했다.

키신저 장관은 이렇게 험준한 정치적 지형을 인디언 정찰병Indian scout(험한 환경을 헤치고 목표를 쫓는 데 능숙한 사람을 비유적으로 부르는 말-옮긴이)처럼 능수능란하게 헤쳐나갔다. 키신저는 전쟁의 중단이 중요하지만 이스라엘이 전략적으로 아랍 국가들과 최소 무승부를 이룰 때까지는 계속 진격해야 한다고 보았다. 반면 아랍 국가들이 굴욕감을 느끼도록 이스라엘을 놔두어서도 안 될 것이다. 소련이라는 곰이 앙심을 품지 않도록 모스크바와도 건설적 협력 관계를 유지해야 할 것이다. 하지만 이번 중동전쟁은 이스라엘이 운용하는 미국제 무기의 우월함을 과시하고 워싱턴만이 이스라엘을 순종시킬 능력이 있음을 보여줌으로써 모스크바의 아랍 피후견국들을 유인할 수 있는 획기적인 기회를 미국에 제공했다.

닉슨 대통령 및 기타 고위자문들과 상담한 뒤 키신저는 도브리닌 대사에게 전화를 걸어 초청을 수락한다고 말했다. 키신저는 다음날 아침에 출발해 모스크바 시각으로 저녁에 도착하기로 했다. 이스라엘군의 반격이 이집트군의 붕괴를 초래할 정도로 위협적인 상황이 되자, 지지부진했던 외교교섭에 갑자기 날개가 달렸다. 키신저는 디니츠 주미 이스라엘 대사에게 소련 방문 계획을 알리고 모스크바에 체류하는 동안 하루에 세 번씩 군사상황에 대해 상세하게 보고할 것을 요청했다. 키신저는 휴전 발효까지 앞으로 4일이 걸릴 거라고 예상했다. 이날 밤, 다얀 국방장관, 메이어 총리, 디니츠 대사는 회의를 열어 월요일 저녁까지 모든 군사작전을 종료하는 것이 더 현실적이라는 결론을 내렸다. 앞으로 3일이 남아 있는 상황이었다.

엘라자르는 이집트군의 끈질긴 저항을 고려해볼 때 3일이라는 시간 동안 전선에서 무엇을 달성할 수 있을 것인지 확신하지 못했다. 엘라자르는 '구덩이'에서 전임 총참모장이자 저명한 고고학자인 이갈 야딘Yigal Yadin(야딘은 1949년에 군문을 떠나 쿰란Qumran, 마사다Masada 등 이스라엘의 주요 유적지 발굴을 지휘했다-옮긴이)에게 말했다. "이 전쟁에서 가장 우려스러운 것은 우리는 그 어디에서도 적이 완전히 무너질 정도로 밀어붙이지 못하고 있다는 점입니다."

"충분한 전력이 없어서겠지." 야딘이 말했다. 야딘은 비공식적으로 엘라자르의 고문으로 활동하던 전임 군 고위간부 중 하나였다.

전투에 투입할 예비전차는 없었다. 이스라엘 국방군은 제한된 전력을 신속히, 집중적으로 운용해 지금의 결과를 달성했다. 교두보 확보는 이집트군 진영 가운데의 좁은 하나의 지점에 2개 사단을 배치해 얻은 결과였다. 시나이의 이집트군 두 곳의 교두보에 대항해 최소한의 억제전력만 배치함으로써 이스라엘군 기갑 전력의 대부분은 아프리카로 건너갈 수 있었고 그곳에서 벌어질 중대한 전투에서 이스라엘군은 대략 1 대 1의 비율을 달성할 수 있었다. 금요일 밤 9시 15분, 엘라자르는 총리 집무실에서 주요 각료들과 만났다. 주요 화제는 키신저의 모스크바 방문과 이스라엘에 남겨진 선택지였다. 엘라자르는 소련이 운하 서안 어디까지 이스라엘군이 진출했는지를 파악하지 못했기 때문에 즉각 휴전하라고 압박하지 않기를 희망했다. 하지만 소련 군부는 군사위성을 통해 전황을 명확히 파악했으며 지금 추세대로 이스라엘이 계속 진격한다면 이집트는 군사적·정치적으로 붕괴할 수 있다고 자국 정부에 경고하고 있었다.

엘라자르는 이스라엘 국방군이 보유한 탄약이 거의 소진됐다는 그릇된 판단 때문에 군이 얼마나 더 진격을 계속할 수 있을지 확신할 수 없었다. 사상자도 또 다른 제약 요소였다. 시나이의 이집트군 교두보를 분쇄하는 데 전력을 집중하자는 제안에 대해 엘라자르는 참호 안에 있는 보병을 공격하는 것을 의미했기 때문에 그 제안에 반대했다. 정면대결은 오직 전차전으로 한정될 것이다. (바르-레브는 최근 새거 집중지역을 우회 공격하는 전술을 채택한 덕분에 위협이 크게 줄었다고 엘라자르에게 말했다.)

엘라자르와 다얀은 적 후방에서 실시하는 특수작전에도 제동을 걸었다. 사상자를 줄이기 위해서였다. 모파즈 소령의 부대가 다마스쿠스-홈스 고속도로에 착륙했던 날 밤, 수에즈 운하 서안의 이집트군 지휘통제 네트워크를 타격하기 위해 정예 참모본부 수색대 소속 1개 팀이 헬리콥터 4기에 분승해 이륙했다. 헬리콥터에서 내려 지프 8대에 탑승한 수색대원들이 목표물에 접근할 무렵 다얀은 모파즈의 부대가 덫에 걸렸다는 소식을 들었다. 하룻밤 새 특수부대 2개 팀을 잃는 것을 두려워한 다얀은 공수부대 총사령관인 에마누엘 샤케드Emanuel Shaked 장군에게 이집트 전선의 작전을 중지하라고 요청했다. 샤케드는 총참모장의 명령이 필요하다며 망설였다. 다얀은 이 문제를 엘라자르에게 제기했고, 엘라자르는 특수부대원들이 목표물을 타격하기 10분 전에 철수 명령을 내렸다.

자정 무렵, 다얀은 바르-레브에게 전화를 걸어 키신저의 소련 방문과 휴전이 초읽기에 들어갔음을 알렸다. "이틀 안으로 이집트 제3군으로 가는 주요 보급로가 통과하는 수에즈 시에 도달할 가능성은 얼마나 되는가?" 다얀이 물었다. 50대 50이라고 바르-레브가 말했다. 엘라자르는 주어진 시간 안에 이스라엘 국방군이 이집트 제3군의 포위를 완료할 수 있을지 확신하지 못했다.

이날 밤에 이집트군 특수부대가 수에즈 운하의 교량 접근로를 경계하던 마트 공수여단 예하의 1개 중대를 공격했다. 이스라엘군은 효율적인 포병 지원을 받으며 전투를 벌인 끝에 이집트군을 물리쳤다. 공수부대원 3명이 이 전투에서 전사했다. 아침이 되자 이스라엘군 진지 정면에서 이집트군 시신 30구가 발견되었다. 마트 여단장은 얼마 후 도착했다. 체격이 제각각인 자신의 부하들과는 달리, 이집트군은 신체 조건이 특수부대원 선발 기준이라도 되는 것처럼 모두 체구가 건장했다. 쓰러진 이집트군을 내려다보니 한 명이 움직였다. 아들 생각이 난 여단장은 부상병을 야전구호소로 후송하라고 명령했다.

다음날인 토요일, 아단 사단은 거세지는 저항을 뚫고 남쪽으로 13마일(21km)을 전진했다. 사단은 수에즈-카이로 철로를 차단하고 같은 구간의 고속도로 2개 중 하나를 포격할 수 있는 거리에 도달했으며 다수의 미사일 기지를 추가로 파괴했다. 대부분의 이집트군 병참제대는 카이로로 퇴각하기 시작했으나 전투부대는 그대로 남아 있었다.

아단의 전차들은 게네이파 능선의 가장 높은 지점에 있는 미사일 기지를 점령했다. 이곳은 광범위한 시계를 제공했다. 이집트군은 제3군 사령관 와셀 장군의 독려를 받으며 여러 차례에 걸쳐 반격했다.

다얀은 전황을 파악하고자 매일 두 곳의 전선을 시찰하기로 했다. 전선을 찾은 자리에서 국방장관은 지휘관에게 질문하고 권고를 내렸다. 전쟁 초기에 다얀이 낙담에 빠졌던 모습을 목격했던 고위 장교는 그가 심한 포격을 받는 교두보를 자주 돌아다니는 것은 죽기를 원하는 심경의 반영이라고 확신했다. 하지만 다얀은 대중에게는 쾌활한 분위기를 내비쳤고 예전의 자신감을 되찾은 듯했다. 토요일에 다얀은 가까스로 운하 서쪽에 있는 3개 사단 본부 모두를 시찰했다. 샤론은 늘 그랬듯 낙관적이며 공세에 마음이 쏠려 있었고 담수 운하를 가로지르는 다리들을 장악해 이스마일리아와 이집트 제2군을 카이로부터 차단할 생각이라고 말했다. 다얀은 샤론이 이를 수행하기에 충분한 전력을 보유했다고 믿지 않았으나 사단 전체에 각인된 것처럼 보이는 사단장의 낙관적인 마음가짐에 기분이 좋아졌다. 아프리카로의 돌파전에 투입하지 않고 아껴두었던 마겐 사단은 원기 왕성했고 전투에 참여하기를 간절히 원하고 있었다. 멘들레르 장군이 전사할 때까지 지휘했던 이 사단은 욤 키푸르 당일에 이집트군의 도하를 저지하려다가 전차 전력의 3분의 2를 잃었으나 그 뒤로 재건되었다.

아단 역시 낙관적이었으며 다얀에게 키신저의 모스크바 방문에 대해 듣고 싶어했다. 이스라엘군 고위 지휘관들은 그 어느 때보다 정치적 차원의 지침에 따라 군사적 조치들을 취했다. 다얀은 전투가 중단될 때 이스라엘 국방군이 운하 서안의 이스마일리아로부터 수에즈 시를 잇는 전선을 단단히 유지하기를 원했다. 이렇게 하면 시나이 반도에서 이집트군에게 잃은 지역을 상쇄하게 될 것이다.

다얀은 아단에게 동쪽으로 선회해 게네이파 능선과 수에즈 운하 사이의 좁은 평야 지대를 점령하라고 강력히 촉구했다. 이집트 제3군의 바로 뒤에 있는 이곳에는 아직 전투를 하지 않은 이집트군 병력 상당수가 배치되어 단단한 방어진지를 구축하고 있었다. 팔레스타인 여단과 쿠웨이트 대대를 비롯한 아랍 파견군도 이곳에 있었다. 이 지역은 초목이 무성하고 습지가 많으며, 군 기지와 마을이 면적 대부분을 차지해 방어에 이상적인 곳이었다. 지금까지 아단은 정확히 이런 이유로 이 지역 점령을 피했다. 그는 다얀에게 자신은 사막을 종단하며 남쪽으로 진격을 계속해 마지막으로 남은 이집트 제3군의 탈출 경로를 봉쇄하고 난 다음에 운하로 돌아오고 싶다고 말

시나이 반도에서 아브라함 아단 사단장으로부터 브리핑을 받는 다얀(안대를 한 이). 〈이스라엘 정부 공보처 제공〉

했다. 다얀은 두 가지를 동시에 할 시간이 있을지 확신하지 못했다.

"이집트군 제거는 미츠바mitzvah(히브리어로 좋은 행위)]입니다." 아단이 말했다.

"필요한 일을 한 다음에 좋은 일을 하도록." 다얀은 이렇게 답하면서도 자신의 의사를 관철하려 하지 않았다.

그동안 라비브 여단은 중국농장의 마지막 이집트군의 거점을 일소하고 미주리로 전진하고 있었다. 이 지역은 화염과 연기, 불탄 차량으로 뒤덮였고 죽음의 냄새가 사방에 퍼져 있었다. 전차 포수 아비 바이스Avi Weiss의 생각에는 삼지창을 들고 활보하는 악마만 없을 뿐이었다. 바이스 병장의 전차에 동승한 정력적인 중대장 멘디 페이부시Mendi Feibush 대위가 이집트군 시체로 가득 찬 트럭 옆에 전차를 세우더니 칼라슈니코프 소총 3정을 가져왔다. 칼라슈니코프는 전차병들이 가진 우지 기관단총보다 사거리가 길었다. 페이부시와 바이스는 하이파에 있는 테크니온의 학생회 임원이었다. 전쟁이 발발했을 때 페이부시는 아내와 함께 미국 방문 중이었다. 전차병들은 위험한 임무에 자원해서 나선 대위의 적극성에 이맛살을 찌푸리기도 했으나 그 정신을 높이 살 수밖에 없었다.

여단이 조직적으로 북쪽으로 전진하는 동안 페이부시는 2시간 만에 자신이 가진 탄약을 모두 소진하고 다른 전차에서 탄약을 얻어야 했다. 대위는 바이스 병장에게 명중된 목표물 목록을 계속 적으라고 지시했다. 이날이 끝날 무렵 목록에는 전차 9대, 트럭 15대(그중 몇 대에는 병사들이 가득 타고 있었다), 병력수송장갑차 6대와 수많은 보병 진지가 적혀 있었다. 이집트군 수백 명이 이스라엘이 운하 연변에 쌓았던 방벽 뒷면에 의지해 전차로부터 몸을 숨겼다. 그러나 이들은 운하 서안에 있는 샤론 사단의 포화로부터는 피할 곳이 없었다. 샤론의 선임 정보장교인 예호슈아 사구이Yehoshua Sagui 대령에 따르면, 샤론은 전투라기보다 학살이라는 이유로 사격을 중단했다고 한다. 그리고 운하 동안에 있는 부대에 이 이집트군을 포로로 잡으라고 명령했다고 한다.

미주리에 있던 이집트군은 대거 항복하고 있었다. 이스라엘 비행기들은 폭탄을 투하하면서 포로들에게 좋은 대우를 약속하는 전단도 같이 뿌렸다. 오후가 되자 전단을 손에 쥔 채 팔을 높이 든 이집트군 병사들이 라비브 여단으로 다가오기 시작했다. 이스라엘군은 항복한 이집트군 장교 한 명을 노획한 트럭에 태워 진지로 돌려보내 무기를 내려놓기를 원하는 사람들을 다시 데려오도록 했다. 이 장교는 30명을 데리고 돌아왔다.

교량 남쪽의 시나이 반도 하안에서 잘못된 방향으로 선회했다가 이집트 제3군의 외곽 초소에서 포로가 된 이스라엘군 포병장교 3명이 보체르 전초기지로 끌려와 심문을 받았다. 한 정보장교가 자신을 술레이만Suleiman 소령이라고 밝혔다. 소령은 히브리어를 어느 정도 했고 소련 군사학교에서 유학해 러시아어도 할 줄 안다고 했다. 다른 장교는 완벽한 히브리어를 구사했다. 포로로 잡힌 장교 중 한 명인 알론 카플란Allon Kaplan 중위는 '이집트군 장교의 자질이 이렇게 우수하다면 이스라엘에는 큰 문제'라고 속으로 생각했다.

분위기가 느슨해지자, 카플란은 자신을 포로로 잡은 사람들에게 인생은 가끔 이상한 방향으로 흘러가기도 한다는 말도 할 수 있었다. "아시겠지만 술레이만 소령님, 지금은 우리가 소령님 수중에 있으나 내일은 우리 병사들이 소령님을 잡을지도 모릅니다." 소령은 껄껄 웃더니 "단언할 수야 없지만 그런 일은 일어나지 않아. 당신들 군대는 큰 타격을 입었어." 소령은 이스라엘군의 도하를 모르는 듯했다.

어두워지자 이스라엘군 포로들은 술레이만 소령과 보초의 감시하에 고무보트를 타고 운하를 건너 대기 중인 차량으로 이송되었다. "여권도 없이 자네들을 아프리카로 데려가는 거야." 이스라엘에서 운하 서안을 아프리카라고 부른다는 것을 아는 소령이 농담을 건넸다. 출발한 지 얼마 안 되어 차량이 사격을 받아 모두 뛰어내렸다. 이집트군은 운하를 향해 뛰어갔고 이스라엘군은 "우리는 이스라엘인이다"라고 소리치며 전방으로 뛰어갔다. 카플란과 동료들은 무사히 이스라엘군 순찰대와 만났다. 포로 생활은 6시간 만에 끝났다.

토요일 밤에 열린 각료회의에서 다얀 국방장관은 2주간 치른 전쟁의 끝이 다가오고 있다고 발언하고 짧은 축하의 말을 했다. "전쟁이 시작될 때 수에즈 운하 동안에서 밀려났다가 서안에 앉아 있는 상황에서 종전한다니, 굉장한 승리입니다." 엘라자르는 운하 서안 이스라엘군 돌출부의 크기는 남북으로 35마일(56km), 서쪽으로 20마일(32km)에 달한다고 말했다. 이집트군의 저항은 아직 거셌고 제3군의 포위를 완성할 시간이 있을지는 불명확했다. 이제 전쟁의 결과는 이스라엘 국방군보다 헨리 키신저에게 더 의존하게 되었다.

제34장

키신저, 전면으로

키신저 국무장관은 모스크바에 도착하기 전부터 밤에 잠을 푹 자지 않고서는 협상에 임하지 않을 생각임을 분명히 밝혔다. 15시간이나 비행했기 때문에 휴식을 취할 필요가 생긴 것 외에도 회담을 지연시키면 이스라엘의 작전시간표에 한나절을 더 추가할 수 있다는 계산에서였다. 그러나 모스크바에 도착한 직후 키신저와 수행원들은 크렘린에서 열린 만찬에 초청받았다. 이날 저녁의 대화는 본 협상에 조금 못 미치는 외교적 전초전이었다. 브레즈네프는 이스라엘의 6일 전쟁 전 국경으로의 복귀를 조건으로 하는 포괄적 평화협정에 대한 키신저의 동의를 얻으려 했다. 키신저는 자신은 평화협정이 아닌 휴전을 논의하려 모스크바에 왔음을 지적했다. 브레즈네프는 늘 그렇듯 재미있는 일화를 인용해가며 분위기를 띄웠고 만찬은 자정 무렵에 끝났다.

키신저는 잠자리에 들기 전에 알렉산더 헤이그Alexander Haig 백악관 비서실장과 대화를 나누고 나서 주말에는 대체로 조용했던 워싱턴이 중동과는 관계없는 일로 벌집을 쑤신 듯 소란해졌다는 사실을 알게 되었다. 닉슨 대통령이 특별검사 아치볼드 콕스Archibald Cox를 파면하자, 엘리엇 리처드슨Elliot Richardson 법무장관과 차관이 사임했던 것이다. 이것은 이른바 토요일 밤의 대학살Saturday Night Massacre이라고 불린 사건으로, 이로 인해 워터게이트 스캔들은 빠르게 절정으로 치닫고 있었다. 키신저는 브레즈네프가 이 뉴스를 미국이 약해졌다는 신호로 해석하고 자신의 입장을 강화할 기회로 삼지 않기를 바랐다.

그러나 브레즈네프는 다른 것을 염두에 두고 있었다. 다음날 아침 일찍 브레즈네프는 고문들을 소집해 키신저와의 회담 전에 소련의 입장을 어떻게 정할 것인지를 토의했다. 그레츠코 국방장관과 쿨리코프 총참모장은 이스라엘이 공세를 지속한다면 이집트군은 완전히 포위될 것이며 전쟁은 아랍의 패배로 끝날 것이라고 경고했다. 이들은 시리아군이 북부전선에서 이라크군 및 요르단군과 더불어 대규모 반격을 계획 중이나 성공하지 못할 것이라고 말했다. 군 관계자들의 분석에 브레즈네프는 신속히 휴전해야 한다는 결심을 더욱 굳히고 6일 전쟁 이전의 국경으로의 복귀와 휴전을 연계하겠다는 입장을 포기할 태세를 갖췄다. 사다트는 이미 이러한 입장을 포기했다.

소련은 카이로와 다마스쿠스에 고문단이 주재하고 있었기 때문에 아랍 군대의 어려움을 미국보다 더 명확하게 볼 수 있었다. 키신저가 모스크바로 가는 비행기 안에 있는 동안 디니츠 주미 이스라엘 대사가 보내온 보고에는 이스라엘 국방군의 진격 상황에 관한 내용은 거의 없었고 전략적 목표나 시간표에 대한 힌트도 없었다. 대사가 보낸 두 번째 보고는 이스라엘군이 수에즈-카이로 도로를 차단했으나 이집트군의 반격이 예상된다는 내용이었다. 키신저에게 시간을 끌어달라는 요청은 없었다. 디니츠는 그 뒤로 보고를 하지 않았는데 키신저는 이를 전투가 빠르게 진행되는 바람에 이스라엘 자신조차 어떻게 상황이 전개될 것인지를 확신하지 못한다는 뜻으로 받아들였다.

일요일 정오에 협상이 개시되자, 키신저는 기꺼이 협상할 준비가 되어 있다는 브레즈네프의 뜻을 듣고서 깜짝 놀랐다. 합의에 도달하기까지는 고작 4시간이 걸렸으며, 키신저의 요구사항은 모두 충족되었다. 휴전으로 가는 길이 열릴 것이다. 양국이 '관련 당사자 간', 즉 이스라엘과 아랍 국가들의 협상을 요구하는 데 합의했다는 것도 주요 성과였다. 1948년의 이스라엘 건국 이래 아랍 국가들은 이스라엘과의 직접 협상을 거부해왔다.

키신저는 소련이 휴전 협상에 보이는 열의에는 아랍 측의 상황에 대한 절망이 반영되었다고 이해했다. 하지만 실랑이가 없었다는 것은 휴전을 향한 시계가 예상보다 더 빨리 작동해 이스라엘 국방군이 목표를 달성하기 전에 멈출 수도 있다는 것을 의미했다. 키신저는 브레즈네프에게 유엔에서 토론하기 전에 각자의 정부가 피후견국 및 동맹국과 상의할 수 있도록 9시간을 허용하자고 제안해 시간을 조금 늦출 수 있었다. 휴전은 안전보장이사회가 결의안을 채택한 다음 12시간 뒤 발효될 것이다. 브레즈네프는 이 시간표를 받아들였다.

키신저는 닉슨 대통령의 이름으로 메이어 총리에게 편지를 발송해 합의 결과를 알리고 잠시 잠을 청했다. 그런데 일어나 보니 모스크바에서 발송되는 전송 채널에 혼선이 일어나 해당 메시지가 발송되지 않았다. 키신저는 소련이 전자장비로 통신을 방해하는 장난을 치는 것 같다고 의심했다. 그 결과 미국은 이스라엘에 휴전이 카운트다운에 들어갔다는 소식을 전송하는 데 4시간을 허비했다.

전장에서 양군은 다가오는 휴전이 발효되기 전, 유리한 위치를 점유하려고 시도했다. 샤론은 이집트 제2군을 차단하기 위해 농업지대에서 벗어나 탁 트인 사막을 관통해 북쪽으로 진격을 개시해도 좋다는 허가를 받으려고 했다. 공격은 원래 전날 밤에 시작할 계획이었지만, 샤론이 무엇을 하는지 추적하기 위해 대대 단위까지 무선망을 감시하던 남부사령부가 샤론을 막았다.

샤론은 이집트 제2군 대신 미주리를 공격하라는 명령을 받고서 실망했다. 항의가 받아들여지지 않자, 샤론은 라비브 여단장을 불러 어떤 대가를 치르고서라도 미주리를 관통해 회랑지대를 북쪽으로 넓히라고 지시했다. 라비브는 자신의 여단은 원래 전력의 절반인 전차 46대만을 보유하고 있다고 말했다. 미주리는 전쟁 초기부터 이스라엘군의 공격을 견뎌낸 가공할 만한 거점이었고 이제 이 지역은 중국농장에서 철수한 상당 규모의 전력이 가세하여 더욱 방비가 강화되었다. 그래도 명령은 명령이었다. 샤론은 자신이 이 공격에 맹렬히 반대했다고 언급하지 않았지만, 라비브는 사단장에게서 늘 보였던 열의가 없다는 것을 알아차렸다. 여단으로 돌아온 라비브는 남은 2명의 대대장을 호출했다. 샤론과의 회의를 돌아보며 여단장은 강한 의구심을 표출하지 않은 채 대대장들에게 공격 명령을 전달했다. 대대장들은 항의했다. 그러나 항의한 사람의 하나였던 예후다 겔레르 중령은 나중에 "충분히 강력하게 항의하지 않았다"라고 말했다.

대대를 이끌고 운하까지 롤러교를 견인한 겔레르 대대장은 부하들이 이 명령을 자살이나 마찬가지라 여길 것임을 알았고 자신도 그렇게 생각했다. 다른 한편으로 그는 부하들이 임무를 완수하리라는 것도 알았다. 이런저런 방법으로 전투를 피할 수도 있었으나 아직 전선에 있는 병사들은 결과에 상관없이 싸울 준비가 되어 있었다. 키부츠 출신인 겔레르 대대장은 이날 밤 전차에서 전차로 옮겨 다니며 부하들과 이야기했다. 대대장은 이제 이스라엘이 보유한 모든 전차와 전차승무원이 전투에 투입된 상황이라고 말했다. 대대는 끊임없이 전투를 벌이고 있었지만 다른 부대들도 마찬가지고 이 임무를 수행할 다른 부대는 없었다. 더 빠르게, 영리하게, 그리고 더욱 적극적으로 전투를 벌이는 자만이 살아남을 것이다. 두려움 때문에 손에서 나는 식은땀을 닦으려 자기 위치에 늘 수건을 두었던 전차 포수 아비 바이스는 대대장의 말에 감명받았다. 무전기에서 들어왔던 허풍보다는 불편한 진실이 더 낫다는 느낌이었다.

여단은 전투를 치른지 2주일이 지난 이 날 밤에야 마침내 전차에 탑재하는 기관총을 지급 받았고 승무원들은 잠에서 깨어나 기관총을 장착했다. 바이스의 전차에서 승무원들은 너무나 긴장한 나머지 다시 잠을 청할 수 없었다. 여명까지는 2시간이 남았고 이들은 줄담배를 피우고 초콜릿과 안식일을 위해 받은 전투식량을 먹으며 시간을 보냈다. 부대 재담꾼인 옆 전차의 승무원 한 명이 끼어들어 우스갯소리를 하기 시작했다. 일부 병사들은 자신들이 너무 크게 웃는구나 싶을 정도로 박장대소했다. 동이 트자 병사들은 전차포 내부를 청소하고 기름칠을 했다. 어떤 전차승무원은 어제 파괴된 전차를 지나가면서 화재에도 멀쩡하게 남은 반합을 발견했다. 그러자 떨어져 있는 가족에게 보내는 작별편지를 써서 반합 안에 넣는 승무원까지 생겼다.

아침 안개가 흩어지자 전차들은 적진 맞은편에 있는 진지로 이동을 개시했다. 바이스는 어제 이집트군이 대거 항복함으로써 쉽게 얻을 수 있을 듯 보였던 승리는 환상에 불과했음을 금세 알아차렸다. 이집트군이 미주리를 새카맣게 메우고 다수의 장갑차량이 전개하고 있는 모습이 보였다. 스카이호크 공격기들이 연이어 날아와 미주리를 폭격했고 이집트군 수백 명이 도보와 트럭으로 이 지역에서 도망쳤다. 하지만 나머지 수천 명은 참호를 파고 전투 준비를 하고 있었다.

운하 건너편에서는 일요일 아침에 아단 사단을 방문한 바르-레브가 전날 다얀이 그랬듯이 휴전 발효 전에 수에즈 운하에 도달하기 위해 동쪽으로 선회하라고 아단을 설득하려고 했다. 하지만 아단은 남쪽으로 진격해 수에즈-카이로 도로를 차단하겠다는 자신의 생각을 거듭 피력했다. 바르-레브는 더 이상 아단을 압박하지 않았다. 제안이 자주 거부되는 경우가 많았던 샤론과는 달리, 남부사령부와 엘라자르는 아단의 의견이 자신들과 다를 때에도 수용하는 경향이 있었다. 바르-레브가 아단과 나눈 대화에 대해 다얀에게 보고하자, 다얀은 사단장에 대해 "현장에서 결정하게 놔둬도 좋을 거요. 아단은 철두철미하고 견실한 사람이니까"라고 말했다.

이제는 아단의 전쟁이었다. 샤론은 운하 도하를 이끈 사람이라는 명예를 차지했으나 막상 운하를 건너가자 아단이 이번 전쟁의 전략적 막바지에서 넓은 평원을 가로지르는 대규모 기갑부대의 기동작전을 능수능란하게 지휘하고 있는 동안 샤론은 느리게 움직이는 2차 공세를 이끌다가 이스마일리아로 가는 길에서 발이 묶이게 되었다.

아단의 2개 여단은 게네이파 능선과 그 서쪽에 있는 사막을 관통해 전투를 벌이며 기세 좋게 남쪽으로 진격했으며, 1개 여단은 능선과 수에즈 운하 사이에 있는 방비가 엄중한 지구를 속도를 늦추며 통과하고 있었다. 오후에 요람 야이르 소령의 공수대대가 여단에 합류했는데, 이 공수대대에는 전쟁 3일째 되는 날에 골란 고원의 남쪽 거점들에서 철수한 병사들이 있었다. 근접전에 필요한 정예 보병을 갈망하던 기갑부대 지휘관들에게는 반가운 증원군이었다. '전차만능론'은 시나이의 사막에 묻힌 지 오래였다.

투비아 라비브 대령의 여단은 오후 3시 15분에 미주리 공격을 개시했다. 1개 대대가 남쪽에서 공격해 전차 20대를 격파하고 보병 진지를 압도했으나 지뢰밭과 새거에 발이 묶였다. 예후다 겔레르 중령의 대대는 미주리 남서쪽인 렉시콘로에서 공격했다. 중령은 이집트군 진지 반대편 멀리 있는 포병로까지 도달하라는 명령을 받았다. 전차승무원들에게 명령이 전달되자 포수 바이스의 손바닥에 또다시 땀이 나기 시작했다. 전차로 대전차화기와 대규모 보병 전력이 밀집한 3마일(4.8km) 너비의 요새화된 진지를 횡단해야 했던 것이다. 할 수 있는 것은 죽음을 받아들이는 것뿐이었다. 바이스는 군복 주머니에 여자친구에게서 받은 편지를 접어넣고 우지 기관단총을 점검했다.

겔레르 대대장이 "이동! 이동! 모든 화기로 사격! 교신 끝"이라는 명령을 내리자, 대대는 진격을 개시했다.

전차들은 넓게 산개한 다음, 고속으로 기동하며 사격했다. 바이스의 전차에는 페이부시 대위가 포탑 밖으로 몸을 내민 채 서서 한 손으로는 새로 장착한 기관총을, 다른 한 손으로는 칼라슈니코프 소총을 발사하고 있었다. "나란히! 사격! 왼쪽에 목표! 격파해! 계속 움직여!"라고 큰 소리로 내리는 명령에 무전기가 쉴 새 없이 울렸다. 바이스는 탄약수가 포탄을 장전하는 대로 집단으로 모인 보병을 겨눠 빠르게 사격했다. "파리같이 떨어집니다." 바이스가 소리쳤다. 온 천지가 날아다니는 신체 부위로 가득한 것 같았다. 이 아수라장의 한복판에서 놀란 가젤 영양 한 마리가 바이스의 조준경에 비쳤다. 영양 뒤에서 병사 2명이 여행가방(새거 운반 가방) 옆에 무릎을 꿇고 있었다. 바이스는 발포했으나 포연이 채 가시기도 전에 자신의 전차가 피격되었다.

6대의 전차가 거의 동시에 적탄에 맞았다. 뒤따르던 부대대장 마츠푼 Matspun 소령이 바이스와 페이부시를 포함한 생존자 10여 명을 구조했다. 하지만 대부분 부상병인 구조된 병사들이 돌아가자고 목소리를 높였음에도 불구하고 이 전차는 돌아서는 대신 전진하며 사격했다. 결국, 방향을 돌린 전차에 미사일이 비스듬히 명중하면서 부대대장이 다쳤다. 동승한 중대장 한 명이 대신 지휘를 맡았으나 전차는 다시 적탄에 맞아 불길에 휩싸였다. 병사 대부분은 비어 있는 이집트군 사격진지로 몸을 피했다. 적 보병이 다가왔지만 우지 기관단총을 가진 이스라엘군 병사 2명이 총탄을 아끼기 위해 단발사격을 하면서 이집트군을 막았다. 페이부시 대위는 이 전투에서 전사했다.

이집트군은 손을 머리 위로 올리라고 소리쳤다. 전차승무원 한 명이 동료들의 만류를 무시하고 마츠푼의 전차로 뛰어가 포탑에 달린 기관총을 가져오려고 했으나 전차에 미처 도착하기 전에 전사했다. 바이스를 비롯한 다른 병사들은 항복했다. 바이스의 탄약수는 중대장과 함께 버려진 개인호에 숨어 있었다. 두 사람은 몸에 모래를 덮어 위장했다. 이들은 자정이 지난 다음 빠져나와 적병들의 대화가 일부 들릴 정도로 가까운 곳을 기어가 이스라엘군 진영으로 향했다. 이들은 지뢰밭을 통과한 후, 새벽녘에 이스라엘군이 장악한 중국농장에 무사히 도착했다.

수십여 대의 전차로 요새화된 보병진지를 정면공격하는 것은 지난 2주일간의 전투에서 배운 모든 것을 부인하는 것이었다. 전차승무원들이 처음부터 인식했듯이 공격은 실패로 끝날 것이 뻔했다. 전선에서 멀리 떨어진 곳에 있던 지휘관들만이 지도상으로만 얼핏 합당해 보일 뿐 현장에서는 그렇지 않은, 이런 공격을 명령할 수 있었다.

전력이 크게 약화된 라비브 여단 전차의 절반인 22대가 이 전투에서 파괴되었다. 샤론은 운하 건너편에서 전차들이 하나씩 화염에 휩싸이는 장면을 지켜보다가 이성을 잃을 정도로 펄펄 뛰었다. 나중에 샤론은 "필요한 임무였다면 최악의 사상자라도 받아들여야 한다. 하지만 이번 임무는 아무 의미 없는 자살 임무였다"라고 회고록에서 이 전투에 관해 썼다. 하지만 그날 밤에 이집트군은 거의 1마일(1.6km)을 후퇴했다. 나중에 샤즐리는 운하의 아프리카 쪽 하안에서 북쪽으로 진격하는 샤론 사단과 운하 서안의 이집트군 방벽에서 시나이로 사격하는 레셰프 여단의 전차들 때문에 철수할 수밖에 없었다고 시인했다. 3일간의 처절한 전투 끝에 도하지점으로 가는 회랑지대의 폭은 2.5마일(4km)에서 원래 목표인 5마일(8km)로 확장되었다.

하지만 수뇌부는 만족하지 않았다. 고넨은 샤론에게 레셰프 여단을 다시 시나이 반도로 돌려보내 라비브 여단의 잔존 전력과 더불어 다음날 아침에 미주리를 공격하라고 지시했다. 샤론은 직설적으로 거부했다.

"이렇게 하시면 지시 불이행이 될 수도 있습니다." 고넨이 경고했다.

"이제 진짜로 이런 일 때문에 나를 귀찮게 하지 말아줘." 샤론이 말했다. 하지만 바르-레브가 송화기를 잡고 명령을 반복했다. 샤론은 바르-레브의 권위에는 감히 도전할 엄두를 내지 못했다.

오후 10시 15분, 엘라자르 장군은 헬리콥터를 타고 북부사령부로 가는 도중 텔아비브로 즉시 귀환하라는 요청을 받았다. 휴전이 임박했음을 알리는 키신저의 통보가 방금 수신되었다. 다얀과 만난 자리에서 엘라자르는 남은 시간 동안 아단은 이집트 제3군의 포위를 계속 시도하고 샤론은 미주리의 이집트군을 한 번 더 밀어붙인다는 데 동의했다. 하지만 다얀은 이날 밤에 헤르몬산의 재탈환을 완수하는 것이야말로 가장 중요한 일이라고 말했다.

전쟁 3일째 되는 날에 골라니 여단이 헤르몬산의 돌출부를 재탈환하려다 포기한 이후 북부사령부는 탈환 작전을 잠시 보류하고 산 아래 골란 고원의 전투에 초점을 맞췄다. 하지만 전쟁이 끝나기 전에 무슨 대가를 치르고서라도 다시 한 번 탈환을 시도해야 한다는 것은 모두에게 분명했다. 전략적으로 이 산은 다마스쿠스에 이르는 시리아군의 전개 상황과 통신을 추적 관찰할 수 있는 중요한 거점이었다. 헤르몬산을 점령한 시리아군이 골란 고원과 북부 이스라엘을 감시하지 못하도록 하는 것 역시 중요했다. 정치적으로 이스라엘은 이번 전쟁에서 시리아의 영토 획득을 막기로 결정했다. 그리고 심리적으로 이스라엘 국방군은 헤르몬산의 함락으로 인한 불명예를 만회할 필요가 있었다.

지난 2주일 동안 골라니 여단 병사들은 시리아 영토 안쪽의 고립지에서 적 후방을 습격하고 매복공격을 했을 뿐 아니라 시리아군 특수부대의 야간공격으로부터 전차 숙영지를 지키는 격전을 벌이고 있었다. 이들은 전투를 벌이는 내내 어깨너머로 이스라엘령 헤르몬산을 계속 지켜보고 있었다. 10월 8일에 부하들을 이끌고 산의 서쪽 측면을 올랐던 대대장 유드케 펠레드 중령의 머릿속에 다음에는 시리아 내부의 고립지에서 출발해 산 동쪽에서 공격하는 편이 나을 것이라는 생각이 갑자기 떠올랐다. 이 방향에서 4,000피트(1,219m)에 달하는 산 정상까지는 매우 가파른 산길이 이어졌으나 서쪽에서 접근할 때처럼 전투를 벌이며 능선을 오를 필요 없이 경사면 가장자리에 자리 잡은 이스라엘군 전초기지까지 바로 갈 수 있었다. 드로리 여단장도 이 점에 동의했다.

펠레드의 대대는 일선에서 물러나 헤르몬산의 동쪽 사면 기슭에 있는 버려진 시리아 마을에 배치되었다. 대대장은 3일 밤 연속으로 완전군장을 한 부하들을 이끌고 가파른 돌출부를 올라가 얼마나 버틸 수 있는지를 가늠했다. 임무 수행이 가능하다는 결론이 내려졌다. 토요일 밤, 드로리는 훈령을 받기 위해 헬리콥터로 북부사령부에 갔다. 북부사령부는 시리아령 헤르몬산을 포함한 산마루 전체를 점령하기로 했다. 골라니 여단이 이스라엘령 돌출부의 재점령을 시도하는 동안 하임 나델$^{Haim\ Nadel}$ 중령이 이끄는 공수여단(제317동원공수여단-옮긴이)은 시리아령 산마루를 공격할 것이다.

공수부대 장교들은 나델의 부대가 고도가 더 높은 시리아령 산마루를 점령하고 나서 내려와 이스라엘령 헤르몬산을 점령하는 것이 어떻겠냐고 제안했다. 골라니 여단장을 역임한 북부사령부 부사령관 예쿠티엘 아담 장군은 헤르몬산을 상실한 부대인 골라니 여단이 헤르몬산을 수복해야 한다고 고집하며 이를 거부했다. 그러자 공수부대 장교들은 10월 8일 전투의 반복을 피하고자 골라니 여단이 동쪽에서 공격할 것을 제안했다. 이는 펠레드와 드로리의 견해와 같았다. 하지만 동쪽 산등성이가 시리아군의 포격에 지나치게 취약한 데다 부상자들을 안전하게 후송하기에는 너무 가파르다는 이유로 이 제안은 받아들여지지 않았다. 북부사령부의 공수부대 장교 한 명이 드로리에게 명령에 이의를 제기하라고 강권했다. 드로리의 핼쑥한 얼굴에서는 2주간의 전투로 인한 피로가 역력했다. "시리아군이 여단을 몰살시킬 겁니다." 이 장교가 말했다. 드로리는 명령을 받은 이상 그대로 수행하겠다고 말했다.

일요일 늦은 시간, 골라니 여단 병사 400여 명이 최종 브리핑을 받기 위해 헤르몬산 서쪽 사면이 시작되는 곳에 있는 과수원에 모였다. 드로리는 아직도 지위지지 않는 시리아군의 유일한 성과인 능선의 수복이 매우 중요하다고 강조했다. 여단장의 말에 따르면 헤르몬산은 국가의 '눈과 귀'였다. 지난 2주일 동안 포병과 공군이 엄청난 양의 폭탄을 능선에 퍼부었으나 그 효과는 알 수 없었다. 아침에 요니 네타냐후 소령이 이끄는 수색팀이 인근 돌출부에 올라 이스라엘령 헤르몬산을 관측했다. 수색팀은 온종일 시리아군 병사 2명만 목격했다고 보고했다. 마찬가지로 항공사진에도 시리아군이 존재한다는 징후는 보이지 않았다. 시리아군 공수부대가 능선을 떠났든지, 아니면 낮 동안 바위투성이 능선에서 들키지 않고 숨어 있을 정도로 군기를 엄격하게 유지했든지 했을 것이다. 시리아군이 싸우지도 않고 후퇴했다고는 상상하기는 어려웠지만 그렇다고 시리아군이 존재한다는 증거도 사실상 없었다. "전투는 아주 쉽게 끝나거나, 아니면 아주 어려울 겁니다." 펠레드 대대장이 드로리 여단장에게 말했다.

장교 한 명은 부하들에게 이번 공격은 지금까지의 그 어떤 것보다 더 위험할 것이라고 말했다. 뒤에 남기를 원하는 병사는 그렇게 하라고 말했다. 지휘관 텐트에 쪽지 하나만 남기는 것으로 충분했다. "설사 내려오지 못한다 하더라도 우리는 올라간다." 다른 장교가 말했다. 얼마 전 골라니 여단에서 제대했다가 전쟁이 개시되자 펠레드 대대에 다시 합류한 메이르 엘바즈Meir Elbaz 병장은 공포를 느끼지 않았다. 병장은 얼마 전 플라톤의 책을 읽었다. 죽음은 무엇인가? 플라톤은 이 책에서 물었다. 죽음은 우리 모두가 바라는 꿈도 꾸지 않는 깊은 잠이거나 아킬레우스Achilles(바다의 여신 테티스와 프티아의 왕 펠레우스의 아들로, 트로이 전쟁에서 가장 위대한 그리스 영웅-옮긴이)를 만날 수 있는 사후 세계, 둘 중 하나일 것이다.

펠레드 대대는 어둠을 틈타 마즈달 샴스Majdal Shams라는 드루즈인Druze(시리아에 살면서 이슬람교와 관계 깊은 특수교인 드루즈교를 신봉하는 사람들-옮긴이) 마을로 이동해 등반을 시작했다. 여단 수색중대는 왼쪽 멀리 있는 비탈을 따라 올라갔다. 이들 부대 사이에는 전차와 불도저를 앞장세운 부대가 양 측면의 보병들이 어느 정도 전진하기를 기다리며 도로를 올라갈 준비를 했다. 이동탄막사격이 전진하는 보병과 보조를 맞춰 200야드(183m) 앞에 실시되다가 포탄이 너무 가까운 곳에 떨어지기 시작하자 취소되었다.

펠레드 대대장은 대열의 선두에 서서 이동하면서 부하들이 지치지 않게 느린 속도를 유지했다. 75파운(34kg) 무게의 군장을 메고 4,000피트(1,219m)를 등반해야 헤르몬산의 전초기지에 도착할 수 있었고 도중에 언제라도 전투에 돌입할 준비를 해야 했기 때문이다. 9시간에 걸친 등반 끝에 정상으로 가는 길의 3분의 2 되는 곳에 도달하자, 시리아군의 맹렬한 사격이 펠레드의 대열을 파고들었다. 차량 대열도 마찬가지로 매복공격을 받아 선도 전차와 반궤도장갑차들이 파괴되어 길이 막혔다. 왼쪽 측면의 수색중대 역시 전투에 휘말려 중대장이 전사했다.

시리아군은 지난 2주일 동안 이스라엘군이 돌아오기를 기다리며 낮 동안은 몸을 숨기고 있었다. 이 기간에 이스라엘군이 가한 포격과 폭격에 고작 2명만 다쳤다. 사방에 밀집해 있는 바위가 완벽한 보호 수단이 되었다.

양측은 근거리에서 서로에게 사격했다. 전투가 끝난 다음 골라니 여단 병사 10여 명의 시신이 발견되었는데 모두 총탄이 철모를 뚫고 지나갔다. 근거리에서 발사된 총탄의 빠른 속도 때문에 이런 관통이 가능했던 것이다.

시리아군은 이스라엘군 전초기지에서 가져온 기관총도 사용하고 있었다. 골라니 여단 병사들은 녹색을 띤 소련제 예광탄과는 확실히 구분되는 친숙한 불그스름한 예광탄이 보이고 기관총이 사격하는 박자를 인식한 후 앞서간 아군 부대의 오인사격이라고 믿고 "사격 중지!"라고 외쳤다. 일어선 병사들은 모두 총탄에 맞았다.

적군과의 접촉점에 다가가면서 엘바즈 병장은 앞쪽에 있는 지휘관들이 부하들에게 돌격하라고 명령하는 소리를 들을 수 있었다. 병사들이 앞으로 뛰쳐나가고 얼마 지나지 않아 저격총의 발사음이 들리고 누군가 쓰러지는 모습이 보였다. 병장은 전사한 시리아군 병사가 가졌던 칼라슈니코프 소총을 주웠다. 소총에는 총검이 붙어 있었는데 떼어내려 해도 떨어지지 않았다. 병장은 다른 병사 2명과 함께 어둠 속에 무릎을 꿇은 누군가의 옆으로 갔다. 대대장 펠레드 중령이었다. "계속 전진해!" 대대장이 말했다. 3명은 일어나 산비탈을 올라 돌격했다. 엘바즈 병장의 옆에 있던 병사가 쓰러져 전사했다. 얼마 뒤 다른 병사도 총탄에 맞았다. 엘바즈는 계속 달렸다. 예광탄만을 소지했기 때문에 사격할 때마다 불안해질 정도로 자신의 위치가 잘 드러났다. 엘바즈 병장은 정면에서 움직이는 사람 그림자 몇 개를 보고 그 방향으로 사격했다. 고함이 들렸다. 총탄에 맞은 사람이 낸 소리임이 분명했다. 바위 뒤로 돌아간 엘바즈 병장은 착검한 소총을 쥔 시리아군 병사와 마주쳤다. 두 사람은 총검으로 서로를 찔렀다. 그런 다음 엘바즈 병장은 소총을 발사해 적병을 그 자리에서 죽였다.

엘바즈 병장은 몸을 움직이지 못할 정도로 심하게 다치지는 않아 계속 전진할 수 있었으나 주변에서 사격이 심해지면서 엎드렸다. 무엇인가가 머리 위에서 폭발하더니 등을 파고드는 파편이 느껴졌다. 이제 모든 것, 전쟁과 삶 자체가 끝났다는 생각이 들었다. 산 정상의 10월 한기가 그의 몸을 에워쌌다. 체온을 유지하기 위해 엘바즈 병장은 후방을 향해 기어가기 시작해 아직 무릎을 꿇은 채 있던 펠레드 중령의 곁으로 다시 돌아왔다. 대대장은 무전기로 무엇인가를 차분히 이야기하고 있었다. 이 차분함을 엘바즈는 이해하기 어려웠다. 대대장은 작은 불빛에 의지해 무릎에 놓인 지도를 살피고 있었다. 엘바즈는 야전구호소에 도착해 산 아래로 후송되었다. 플라톤은 그의 선택지에 부상당할 가능성을 포함시키지 않았다.

 펠레드는 예하 3개 중대를 무전으로 지휘하며 간신히 지나갈 수 있는 가파른 지형을 통과해 전면에 있는 시리아군을 우회해 포위하려고 했다. 움직임은 고통스러울 정도로 느렸다. 펠레드로부터 북동쪽으로 이동하라는 명령을 받은 중대장은 북동쪽 대신 북서쪽으로 이동했다. 엉뚱한 능선으로 올라간 중대장은 정해진 위치에 도달했으나 적이 보이지 않는다고 보고했다. 펠레드는 상황을 더욱 잘 파악하기 위해 교전이 벌어지고 있는 접촉선line of contact(대치·교전 중인 양군의 위치를 개략적으로 그린 선-옮긴이) 방향으로 자리를 옮겼다. 회의하기 위해 돌아오라는 여단장의 긴급요청을 무전병이 전달했다. 후퇴하는 것으로 비치기를 원치 않았던 펠레드는 이 메시지를 무시했다. 알리지 않았으나 사실 가슴에 총상을 입은 드로리 여단장이 지휘권을 펠레드에게 인계하려 했다. 드로리는 들것에 실려 내려가기 전에 곁에 있던 간부들에게 말했다. "임무를 완수해야 해. 산을 되찾지 않고서는 감히 내려갈 생각은 하지 마." 잠시 후에는 펠레드 본인이 옆구리에 관통상을 입어 후송되어야 했다.

 여명이 산비탈을 비추기 시작했다. 살아남은 골라니 여단의 전사들은 처음으로 희미하게나마 적의 정체를 볼 수 있었다. 지휘관 한 명은 즉시 바위 뒤로 숨으라고 명령한 다음 '아군 부대 머리 위로' 지원 포격을 요청했다. 포탄은 전선 양편에 떨어졌다. 골라니 여단 병사 몇 명이 다쳤으나 시리아군의 저항은 눈에 띄게 약해졌다. 이스라엘군 병사가 바위 위로 철모를 들어올렸으나 시리아군은 사격하지 않았다. 골라니 여단 병사들이 전진하면서 고립된 채 마지막으로 저항하는 시리아군을 소탕하기 시작하자, 여기저기에서 시리아군 저격수들이 바위 뒤에서 일어나 손을 높이 들었다. 오전 11시, 장교 한 명이 헤르몬산 탈환을 발표하는 무전을 송출했다. "모든 무선국에 알린다. 전 세계 무선국에 알린다. 헤르몬산은 다시 아군 수중에 들어왔다."

탈환한 헤르몬산 정상에 선 골라니 여단 병사들. 〈이스라엘 정부 공보처 제공〉

대가는 컸다. 55명이 전사하고 79명이 부상당했다. 2주 전 실패한 공격에서 발생한 사상자를 합치면 골라니여단은 헤르몬산을 탈환하는데 전사자 80명과 부상자 136명이라는 희생을 치렀다.

공수부대의 시리아령 헤르몬산 공격도 끝났다. 이 전투는 골라니 여단의 전투와는 아주 달랐다. 도보로 산에 올라가는 대신 나델의 공수부대는 헬리콥터로 산마루에 내렸다. 각각 병력 300명을 보유한 2개 대대가 27회에 걸쳐 수송되었다. 헬리콥터들은 신중하게 계획된 항로를 따라 비행하며 와디를 관통해 시리아군의 대공방어를 우회했다. 포병대는 헬리콥터의 바로 앞으로 이동탄막사격을 가하며 소화기나 견착식 대공미사일로 헬리콥터를 격추하려는 시도를 제압했다.

산마루의 시리아군은 헬리콥터들이 산과 하늘이 맞닿는 선을 뚫고 불쑥 후방에서 나타난 뒤에야 이들의 존재를 알아차렸다. 상공을 초계하던 이스라엘기는 요격에 나선 시리아군 미그기 7대를 격추했다. 증원군을 실은 시리아군 헬리콥터 2대도 격추되었다. 공수작전은 오후 5시경 완료되었기 때문에 부대는 밤새 작전을 진행할 수 있었다. 전진해야 할 거리는 멀지 않았으나 병사들은 희박한 공기 때문에 천천히 걸어야 했다. 헬리콥터 1대가 포

헤르몬산 탈환 후의 이스라엘 정보수집 전초기지. 〈이스라엘 국방군 기록물보관소 제공〉

병관측반을 포함한 7명을 헤르몬산 정상에 내려놓았다. 이곳에서 그들은 밤에 다마스쿠스의 불빛을 볼 수 있었다.

오전 3시경, 연이은 소규모 접전 끝에 공수부대는 마침내 시리아군의 감시초소가 내려다보이는 곳까지 진출했다. 착륙한 장소에서 4마일(6.4km) 떨어진 곳이었다. 욤 키푸르 당일, 시리아군 공수부대는 아래에 있는 이스라엘군 전초기지를 점령하기 위해 해발 7,800피트(2,377m) 고도에 있는 이 초소에서 출발했었다. 나델은 포격을 요청했다. 부하들이 공격했으나 시리아군은 이미 도주하고 없었다. 공수여단 전체 작전의 사상자는 전사자 1명과 부상자 4명이었다.

동이 트자 공수부대원들은 비탈 아래에서 골라니 여단이 일으키는 연기를 볼 수 있었다. 오전 10시, 나델 여단 소속 1개 대대가 지원차 이스라엘령 헤르몬산으로 가는 길을 따라 이동하기 시작했다. 도중에 대대는 골라니 여단과의 전투에서 도망쳐온 시리아군과 마주쳤다. 일부는 사살되고 나머지는 포로로 잡혔다. 절반쯤 내려왔을 때 공수부대는 북부사령부로부터 돌아서서 왔던 길을 다시 올라가라는 명령을 받았다. 헤르몬산 탈환은 골라니 여단이 해결해야 할 숙제였기 때문이었다.

일요일 한밤중, 텔아비브에서는 종반전 전략을 논의하기 위한 각료회의가 한창이었다. 메이어 총리는 각료들에게 키신저 국무장관이 모스크바에서 돌아가는 길에 텔아비브에 잠시 들르도록 요청하겠다고 말했다. 엘라자르는 내각에 보고를 마친 뒤 밤 2시 15분에 '구덩이'로 돌아가기 위해 자리를 비우겠다고 양해를 구했다. 그런데 멀리 가지 않아 입 밖으로 내지 않았던 생각이 떠올라 그는 회의장으로 속히 돌아와 발언권을 요청했다.

엘라자르는 휴전이 심각한 걱정거리라고 말했다. 이스라엘 국방군은 성큼성큼 앞으로 나아가다가 휴전에 발목이 잡힐 것이다. 아랍 국가들이 다음번 전쟁을 위해 전력을 증강할 것이라는 점은 더욱 우려스러웠다. 전쟁은 며칠, 혹은 몇 주 후 재개될 수도 있었고 그럴 가능성이 크다고 엘라자르는 말했다. 이집트군은 새로운 SAM 포대를 배치해 공군이 힘들게 열어놓은 공역을 다시 닫아 걸 것이다. 시리아군은 이미 받은 신형 소련제 전차 수백 대에 태울 승무원을 훈련할 것이고 이라크군은 또 다른 사단을 파병할 것이다. 며칠 또는 몇 주만 지속될 휴전은 이스라엘로서는 최악의 선택이었다. 따라서 엘라자르는 정부가 이런 일이 일어나지 않을 것이라는 보장을 모색해야 한다고 말했다. 엘라자르 본인은 3일이나 4일 정도 시간을 더 확보해 이집트 제3군을 일소하고 미주리를 확보하며 유지 가능한 새 전선을 따라 병력을 배치하기를 희망했다.

회의가 끝나자, 다얀은 샤론으로부터 미주리 공격 명령을 철회해달라고 호소하는 전화를 받았다. 다얀은 지금까지는 샤론과 상급자들 간의 분쟁에 개입하는 것을 자제해왔다. 하지만 이번에 그는 탈 장군을 불렀다. 다얀은 일선 사단장이 작전 수행이 불가하다고 믿고 호소한다면 무시할 수 없는 문제라고 말했다. 탈은 이 문제를 살펴보겠다고 답했다. 탈은 전화를 걸어 한참 잠을 자던 엘라자르를 깨웠다. 총참모장은 더는 이 문제를 두고 다투지 않기로 했다. 엘라자르의 동의를 얻은 탈은 고넨에게 전화를 걸어 샤론에게 미주리 공격 여부의 선택권을 주라고 말했다. 샤론이 어떤 선택을 할지는 두 사람 모두 추호도 의심하지 않았다.

해군사령관 텔렘 제독은 샤름 엘-셰이크의 알모그 대령에게 일요일 밤에 아르다카를 공격하라는 명령을 내렸다. 아르다카 항에 남아 있는 이집트군 미사일고속정은 선택사항으로 남아 있는 수에즈만 횡단 상륙작전에 위협적인 존재였다. 텔렘은 이번 공격군은 지난번 공격 이후 근접 보호를 받고 있을 것이 확실한 목표물에서 거리를 두고 LAW 미사일을 사용해 공격할 것을 제안했다. 해군 특수부대의 지휘를 맡은 적이 있던 알모그 대령은 본인이 직접 작전을 수행하기로 했다.

동트기 1시간 전에 아르다카 수로에 보트 2척이 도착했다. 수로를 방어하는 이집트군은 없었다. 목표물에서 150야드(137m) 떨어진 곳에서 포문이 열렸다. "사거리까지 접근!" 알모그가 소리쳤다. 보트 2척에 탑승한 지정 사수는 80야드(73m) 거리에서 일어나 어깨에 발사관을 얹었다. 사수들은 좌우로 흔들리는 배에서 균형을 맞추며 적의 포화에 신경 쓰지 않으려고 했다. 각각의 보트에는 미사일 5발이 실려 있었다. 첫 4발은 모두 빗나갔다. 알모그는 40야드(47m) 가까이까지 배를 대라고 명령했다. 마지막 2발이 명중해 이집트군 미사일고속정은 화염에 휩싸였다. 알모그의 보트가 선수를 돌리자 보트는 산호초에 좌초해 프로펠러에 손상을 입었다. 다른 보트가 알모그의 보트를 견인했다. 이들이 수에즈만의 개방 수역으로 나왔을 무렵에는 월요일 아침의 동이 트고 있었다. 이스라엘-아랍 전장의 다른 쪽 끝에 있는 헤르몬산에서는 골라니 여단 전사들이 마지막 목표에 접근하고 있었다.

1시간 뒤 뉴욕에서는 안전보장이사회가 휴전결의안을 채택했다. 휴전은 12시간 안에, 즉 이스라엘 시각으로 저녁 6시 52분에 발효될 예정이었다.

이제 이스라엘군이 이집트군에 결정적 타격을 입히려면 남은 시간은 일몰까지였다.

제35장

휴전

아단 장군은 지난 2주 동안 매일 그랬던 것처럼 날짜를 알리고 시편 한 구절을 읽으면서 시작하는 이스라엘 라디오의 아침 첫 방송을 패러디해 각 여단장을 호출하며 하루를 시작했다.

"오늘은 10월 22일 월요일, 전쟁의 18번째 날입니다. 이날 레위^{Levites} 사람들(구약성서에 나오는 야곱의 셋째아들인 레위의 직계 자손들로, 이스라엘 12지파 중 레위 지파의 남자 자손. 성전에서 예배, 찬양, 성전 관리 등의 임무를 수행했다-옮긴이)은 성전에서 '너희들은 이집트인을 쳐부수고 끝까지 쫓을지니'라고 찬송할 것입니다. 서둘러야겠다는 생각이 떠오르지 않는다면 임무를 완수하지 못한 것입니다. 명령을 수행할 준비를 하세요. 이상." 뒤이어 각 여단장이 준비태세를 보고하면, 아단은 현실적인 군사용어로 임무를 부여했다.

이날의 방점은 서두르라는데 찍혔으나, 경주는 지연될 수밖에 없었다. 이집트군은 거의 모든 구역에서 동이 트기 전부터 반격해 주도권을 잡았다. 설상가상으로 아단은 아침 8시 30분까지 포병이나 공군의 지원을 전혀 받을 수 없었다. 둘 다 수에즈 시 지역의 마지막 SAM 기지 제압에 노력을 기울이고 있었기 때문이었다. 아단의 계획은 전방의 적 전력을 패퇴시키고 수에즈-카이로 주도로를 차단한 다음 휴전이 발효되기 전에 평지를 가로질러 동쪽으로 15마일 떨어진 운하를 향해 전력질주하는 것이었다.

이집트군 제4기갑사단은 이스라엘군의 침입에 대항하는 데 주도적 역할을 해왔다. 하지만 사단장 무스타파 카빌$^{Mustafa\ Kabil}$ 준장은 서쪽에서 돌파를 강행해 보급차량 대열의 통행이 가능하도록 수에즈-카이로 도로를 개방하라는 제3군 사령관 와셀 장군의 명령을 거부했다. 이스라엘군 감청반이 입수한 메시지에서 와셀 장군은 "카빌 장군, 수에즈 도로가 차단됐어"라고 말했다. "도로를 개방하게. 당신은 내 휘하에 있는데 왜 거부하지? 나는 분명히 명령을 내리고 있어." 와셀은 이스마일 국방장관에게 불평하면서 카빌이 아직도 카이로 방향으로 전개된 SAM 우산을 벗어난다면 이스라엘군 비행기가 달려들 것이라는 핑계를 대고 있다고 말했다.

아단은 전장이 훤히 내려다보이는 게네이파 능선의 정상에 자리를 잡았다. 북쪽으로 가비 아미르의 여단이 전투를 벌이며 운하와 능선 사이의 좁은 평원을 따라 내려오고 있었다. 남쪽으로는 다른 2개 여단이 이집트 제3군의 남은 보급로를 향해 접근하고 있었다. 이스라엘 공군은 운하 지역의 마지막 SAM 기지를 공격함과 동시에 집중적으로 지상군 지원에 나섰다.

다얀은 아침에 헬리콥터로 도착했다. 그는 다시 한 번 아단에게 휴전 발효 이전에 운하에 도달하는 것이 중요하다고 강조했다. 아단은 오후 2시경 마지못해 남쪽으로의 진격을 취소하고 전 부대에 일몰 30분 후로 예정된 휴전 발효 전에 운하에 도착하라고 명령했다.

모스크바에서 출발한 키신저는 이른 오후 텔아비브의 로드 국제공항에 도착해 2주 전 후세인 왕이 메이어 총리에게 전쟁 발발에 대해 경고했던 모사드의 안가로 이동했다. 50분간에 걸친 밀담을 시작하면서 메이어 총리는 직설적으로 핵심 의제를 꺼냈다. 미국은 이스라엘을 1967년 이전의 국경선으로 되돌리기로 소련과 합의했는가? 키신저는 그러한 합의는 없었다고 말하며 메이어 총리를 안심시켰다. 지난 며칠간 겪은 군사적 좌절에서 사다트가 과연 살아남을 것으로 생각하는지에 대한 질문에 총리는 그럴 것이라고 답했다. "영웅이니까요. 용기 있는 사람입니다."

오찬 중에 키신저는 보좌관들로부터 사다트가 휴전을 받아들였다는 소식을 듣고 이스라엘 측 관계자들에게 이스라엘군이 오늘 밤새 군사작전을 벌인다고 해도 문제 삼지 않겠다고 말했다. 이렇게 해서 이스라엘은 모스크바에서 보낸 휴전 합의 메시지 전달 과정에서 잃어버렸던 4시간을 보상받았다. 그는 다얀에게 욤 키푸르 당일에 선제공격하지 않은 것은 현명한 처사였다고 말했다. 만약 이스라엘이 먼저 공격했더라면 미국으로부터 어떤 지원도 받기 어려웠을 것이다.

출발하기 전, 키신저는 잠시 엘라자르, 베니 펠레드와 제이라와 만나 전장 상황도를 살펴보았다. 전장 상황도에는 이집트 제3군이 제벨 아티카^{Jebel} $_{Attika}$라는 이름의 산 근처에서 남쪽으로 난 보조 도로를 제외하고 카이로부터 단절된 것으로 표시되어 있었다. 그러나 아단이 운하로 돌아가기 위해 수에즈-카이로 주도로 바로 앞에서 진격을 멈췄기 때문에 실상은 이와 달랐다. 이스라엘군 장성들은 키신저에게 이집트와 시리아군이 잘 싸웠다고 말했다. 제이라는 이집트군 제16보병사단과 제21기갑사단이 격멸되었으며 제4기갑사단과 제6기계화보병사단은 큰 타격을 입었다고 말했다. 제이라의 말에 따르면 이 손실로 인해 이집트군은 공격력을 상실했다. 시리아군은 보유했던 전차 1,600대 중 1,000대를 잃었으나 소련의 재보급으로 그 수량은 다시 1,400대까지 늘어났다. 키신저가 이스라엘 국방군의 성공 요인에 관해 묻자, 엘라자르는 이스라엘군과 아랍군 사이에는 지도력과 전투 병력의 자질 면에서 아직 격차가 크다고 말했다. 키신저는 엘라자르에게서 깊은 인상을 받았다. "나는 그가 보기 드문 자질을 가진 인물이며 고상한 태도를 지녔고 운명 앞에 겸손하게 처신한다는 인상을 받았다. 그는 우리에게 무덤덤하면서도 전쟁의 광란을 이미 역사의 일부로 받아들인 것 같은 태도로 브리핑했다."

키신저는 이 짧은 이스라엘 방문을 공직에서 겪은 일 가운데 가장 감동적인 일화 중 하나로 묘사했다. 그는 이스라엘이 탈진했으며 천하무적이라는 자신감 상실로 인해 트라우마가 생겼음을 눈치챘다. 이제 외교로 사태를 해결할 길이 열렸으나 전쟁과 죽음은 아직 끝나지 않았다.

이스라엘군 기갑차량들이 수에즈 운하 서쪽에서 낙하산으로 탈출한 이집트군 조종사를 생포하려고 질주하고 있다. 〈이스라엘 정부 공보처 제공〉

이스마일리아 남쪽, 샤론의 구역에서 수에즈 운하를 따라 북쪽을 바라보던 이스라엘군 전차 장교는 아프리카 쪽 강둑의 이집트군 병사들이 시나이 반도 쪽 강둑에서 헤엄쳐 운하를 건너가려는 탈주병들에게 총을 쏘는 모습을 목격했다. 그러는 동안, 농업지대를 통과해 이스마일리아로 진격을 개시한 이스라엘군 공수부대는 거센 저항에 부딪혔다. 먼지가 자욱한 마을에 진입한 기갑차량과 마주친 닭들이 사방으로 흩어졌다. 병사들은 농부 한 사람에게 다가갔다. 도망가지 않은 얼마 안 되는 주민 중 하나였다. 자신이 농부이기도 한 샤론은 가던 길을 잠시 멈추고 농부와 잡담을 나눴다. "0.25에이커[중동에서 사용하는 두남 **Dunam**이라는 면적 단위가 0.25에이커(1,011m^2)에 해당한다-옮긴이]당 땅콩 수확량은 얼마나 됩니까?"

"150킬로그램입니다." 농부가 답했다.

샤론은 놀란 기색이었다. 그리고 "그보다 더 많이 수확해야 할 텐데요. 이

스라엘에서는 최소 600킬로그램을 수확합니다"라고 말했다.

어느 날 무장을 장착한 이집트군 소형 훈련기가 나무 위로 나타나 길 위에 모인 샤론의 지휘 차량과 다른 차량 위를 지나쳐 날아갔다. 공격하지 않았던 이 비행기는 오히려 이스라엘군 병력수송장갑차의 기관총 사격에 격추되었다. 조종사는 간신히 낙하산으로 탈출해 포로가 되었다. 한 이스라엘군 병사는 손톱에 매니큐어를 칠한 이 조종사를 '멋쟁이'라고 불렀다. 샤론은 끌려온 조종사에게 이스라엘군 차량에 조준하고도 왜 사격하지 않았느냐고 물었다. 조종사는 이들이 이집트군인지 이스라엘군인지 확신하지 못했다고 답했다. "그러고도 당신이 조종사야?"라고 샤론이 무시하는 태도로 물었다. 이집트군 조종사는 기분이 몹시 상한 듯 울상을 지었다.

예하 여단들이 운하 강둑을 향한 경주의 출발점으로 이동하는 동안 아단은 남부사령부에서 받은 메시지를 각 여단장에게 전달했다. 라디오 카이로에서는 이집트가 휴전을 받아들였다고 보도했다. "서둘러야 해." 아단이 말했다. 하지만 이집트군의 국지적 저항을 먼저 제압해야 했기 때문에 사단은 즉시 이동할 수 없었다. 니르와 케렌 여단은 휴전 발효 3시간 전인 오후 4시가 되어서야 마침내 진격할 수 있었다.

아단은 보기에 매우 즐거운 광경이었다고 기록했다. "사단은 정면이 넓고 종심이 깊은 진형으로 평원을 가로질러 질주하고 있었다. 태양을 등졌음에도 돌진하는 전차가 일으키는 먼지구름 때문에 시계는 제약을 받았다. 수없이 많은 암호명의 보고가 정신없이 쇄도해 따라잡기 어려울 정도였다. 이집트군 수천 명이 사방으로 달아난다는 말도 들려왔다." 이스라엘군의 끝없는 공격을 받은 이집트군이 마침내 붕괴하고 있다는 첫 신호였.

이집트군 병사들은 항복하려고 팔을 높이 들면서도 손에는 아직 무기를 쥐고 있었다. 아단의 부하 장교들은 어떻게 대응해야 할지를 물었다. 이집트군에게 항복 방법을 알려줄 시간도, 포로로 잡을 시간도 없었다. 아단은 사격하지 말고 계속 전진하되 이집트군이 생각을 바꾸어 공격할 때를 대비해 경계심을 풀지 말라고 말했다. 북쪽에 있던 아미르 대령의 여단은 주요 기지인 게네이파 기지를 점령했으나 항복을 원하는 기지의 이집트군 수천 명을 시간이 부족해서 그냥 지나쳤다.

공군은 더 이상 근접지원을 해줄 수 없었다. 이집트 공군 사령관 무바라크 장군이 이스라엘군의 마지막 돌진을 막을 최후의 시도로 대거 투입한 전투기들과 싸우고 있었기 때문이었다. 전차승무원들은 하늘에서 쫓고 쫓기며 전투를 벌이는 비행기들 사이로 천천히 내려오는 낙하산들을 지켜보았다. 대부분은 이집트군 조종사들의 낙하산이었다.

선도 전차들이 농업지대에 접근할 무렵에는 땅거미가 지고 있었다. 아단은 이스라엘군의 현재 위치에 영역 표시를 하기 위해 각 여단에 1개 대대를 운하로 보내라고 명령했다. 다른 대대들은 농업지대 밖의 사막에 남았다. 저녁 6시 50분에 바르-레브가 상황 보고를 지시했다. 아단은 1개 부대가 운하에 도착했고 추가로 2개 부대가 다른 지점에서 운하에 도달할 것이라고 보고했다.

"좋소." 바르-레브가 말했다. "앞으로 2분 안에 휴전이 발효될 예정이오."

"다시 한 번 말씀해주십시오." 잘 들리지 않는 척하며 아단이 말했다. "안 들립니다." 마겐 장군도 벤-아리가 전한 메시지에 같은 취지로 답하고 있었다. "오늘이라고 확신하십니까?"

같은 날 오후, 마지막 일격의 일환으로 샤론은 이스마일리아로 진격해도 좋다는 허가를 받았다. 샤론은 레셰프에게 앞으로 남은 몇 시간 안으로 공수부대와 함께 이스마일리아에 돌입하라는 명령을 내렸다. 레셰프는 준비 명령을 내렸지만 임박한 휴전, 병력 부족 및 예상되는 사상자를 생각해보면 과연 이 공격이 현명한 처사인지 의심스럽다고 샤론에게 말했다. 샤론의 고위급 참모 한 명이 레셰프에게 귓속말로 명령을 수행하지 말라고 강력히 권했다.

오후 늦게 기데온 샤미르^{Gideon Shamir} 대위가 지휘하는 동원 공수부대 1개 중대가 이스마일리아에서 남쪽으로 1마일(1.6km) 떨어진 운하를 가로지르는 아직 파괴되지 않은 다리를 건넜다. 매복한 이집트군 특수부대가 이스라엘군 공수부대를 급습했다. 이집트군 포병도 여기에 합세했다. 몇 분 안에 중대에서 사상자 17명이 발생했다. 대위가 시선을 뒤로 돌리자 합류 준비를 하던 레셰프 여단 소속 전차 4대가 거의 동시에 피탄되는 것이 보였다. 샤미르가 후퇴 명령을 받았을 때는 이미 어둠이 깔린 다음이었다.

샤론은 수행 기자단과 가진 회견에서 이렇게 말했다. "이스마일리아 점령을 목표로 한 전투는 지난밤에 개시될 수도 있었습니다. 지금 이 작전을 수행한 부대는 지난 48시간 동안 준비태세를 갖추고 대기하고 있었습니다. 그때 작전을 시작했더라면 상황은 극적으로 변화했을 것입니다." 이 분석의 어디까지가 좌절한 군인에게서 나온 것이고 어디까지가 야심만만한 정치인에게서 나온 것인지의 결정은 기자들의 몫으로 남겨졌다.

사다트 대통령은 이번 전쟁의 마지막 수를 준비해두었다. 스커드 지대지 미사일 발사가 바로 그것이었다. 전쟁 초기에 켈트 공대지미사일을 발사했을 때처럼 이스라엘이 이집트의 도시나 경제기반시설에 대한 공격을 고려할 경우 자신도 전략적 선택지를 가지고 있음을 증명하는 것이 사다트의 의도였다. 그는 이스라엘 본토가 아닌 전투지역으로 미사일을 발사하려고 했다. 그리고 이스라엘이 반격하기에는 너무 늦은 시간인 휴전 발효 몇 분 전에 발사하기를 원했다. 사실 이스라엘 공군은 잠재적 공격대상으로 빌진

소를 비롯한 다수의 경제적 타격을 줄 수 있는 목표물 목록을 작성해두었다. 하지만 군 수뇌부는 이집트가 먼저 이스라엘에 스커드 미사일을 발사했을 때만 계획을 수행하기로 했다.

스커드 미사일은 이집트군 미사일 운용 요원을 훈련 중인 소련군 부대의 수중에 있었고 모스크바의 허가 없이는 발사할 수 없었다. 카이로의 소련 군사고문단은 사다트의 요청을 받아들이는 쪽으로 마음이 기울었으나 정치국은 미사일이 소련군의 통제하에 있는 한 지금껏 사용을 거부해왔다. 유일하게 공개된 크렘린의 전시 내부 기록에 따르면, 카이로의 비노그라도프 대사가 어떻게 할지를 묻기 위해 그로미코 외무장관에게 전화를 걸었으나 장관은 전화를 받지 않았다. 그러자 대사는 국방장관 그레츠코 원수와 통화를 요청했다. "그냥 쏴버려요." 원수가 말했다. 그레츠코는 이스라엘의 다마스쿠스 공습에서 발생한 소련의 인명 손실과 양국 미사일고속정 교전 중 라타키아 항에서 발생한 소련 화물선 격침 사건에 화가 나 있었다.

사다트의 회고록에 의하면, 스커드는 2발이 발사되었다. 샤즐리에 따르면, 데버수와르 지역으로 3발이 발사되었다. 이스라엘 측 자료에 의하면, 그중 1발만 명중했다고 한다. 미사일은 격전을 치른 후 미주리 근처에 있던 예후다 겔레르의 대대 보급차량들 한가운데에서 폭발했다. 탄약수송차 1대에서 폭발이 일어나 7명이 전사했다. 나중에 비노그라도프 대사가 그레츠코 국방장관에게서 발사 승낙을 받았다는 사실을 알게 된 그로미코는 격분해 이 명령을 철회시키고자 했다. 하지만 너무 늦었다. 휴전 발효 몇 분 전, 이집트군은 야포와 박격포, 그리고 카추샤 로켓포로 이스라엘군 도하지점 양안에 대규모 포격을 가해 이스라엘군 60명을 살상했다.

전장에 내려앉은 침묵은 오래가지 못할 것이다.

휴전은 일몰 후 발효되었기 때문에 위성사진으로조차 양군의 정확한 현 위치를 파악할 수 없었다. 특히 이스라엘군이 맹진격 중이던 상황이었기 때문에 더 그랬다. 아단은 최후의 일격을 가할 찰나에 저지당했다는 데 좌절했다. "어떻게 되든지 간에, 나는 휴전이 준수될 것이라고 믿지 않았다." 아단은 나중에 기록했다. 전쟁 초에 충격과 굴욕을 겪은 이스라엘군 수뇌부의 기류는 전쟁을 계속하자는 쪽이었다. 샤론은 베긴에게 전화를 걸어 휴전을 지연시키도록 정부를 압박해달라고 요청했다. 샤론의 말에 따르면, 휴전은 단지 이집트군을 멸망에서 구원할 의도에서 비롯된 것이었다. 엘라자르는 전투부대에게 발표한 휴전 성명에서 다음의 말을 덧붙였다. "대비태세의 관점에서 장병 여러분은 아직 전쟁이 계속되고 있는 것처럼 행동해야 합니다."

하지만 아단 사단의 부사단장인 도브 타마리 장군은 병사들로서는 이만하면 충분하다고 생각했다. 승무원들과 이야기를 나누기 위해 전차 위로 올라갔던 아단의 부관은 그들이 탈진상태라는 것을 알았다. 이들은 거의 3주 동안 거의 내내 전투를 벌이고 있었으며 지금은 단지 깨어 있는 것조차 힘겨워하고 있었다. "승무원들의 눈은 '이렇게 멀리 왔는데도 아직 살아 있네요. 이제 그만합시다'라고 말하고 있었다"라고 장군은 나중에 말했다. "일부는 눈빛이 아닌 실제 말로 표현했다." 전쟁 첫날부터 격전을 치러온 중대장 라미 마탄의 생각에 가장 견디기 힘들었던 측면은 신체적 탈진이나 계속 줄어드는 생존 확률이 아니라 전우들이 전사하고 다친 데서 오는 누적된 상실감이었다. 마탄은 휴전으로 안도했지만 명령이 주어졌다면 즉각 카이로로 진격할 준비를 마쳤을 것이다.

아단이 휴전 발효 이전에 운하에 도달했다고 언급한 부대는 엘리아쉬브 쉼쉬 중령의 센추리온 전차대대였다. 이 대대는 이집트군 제25기갑여단을 괴멸시키는 데 참여했고, 이날 아침에 손실 없이 적 전차 20대 이상을 파괴하며 이집트군의 매복공격을 물리쳤다. 이 전투는 사격과 기동의 측면에서 전술적 모범 사례로, 2주일간 전쟁을 치르며 흠잡을 데 없는 완벽한 전투기계로 변한 대대에 어울리는 마지막 전투였다. 오후 4시, 쉼쉬 대대장은 아리예 케렌 여단장으로부터 임무가 하나 더 남았다는 통보를 받았다. 대대는 휴전 발효까지 남은 3시간 안에 동쪽으로 10마일(16km)을 더 진출해 비터 호수의 남단과 수에즈 운하가 만나는 곳까지 도달해야 했다. 진격로의 마지막 구간은 농업지대를 다시 통과했다. 여기에는 곳곳에 이집트군이 매복해 있을 가능성이 있었으므로 쉼쉬는 일몰 전 저녁 6시 30분에 통과하기를 원했다. 하지만 도중에 있는 이집트군 진지를 뚫고 나가며 진격해야 했기 때문에 대대는 6시 45분이 되어서야 농업지대에 진입할 수 있었다.

적절한 야영지를 찾기란 어려웠다. 휴전에 대해 어떤 태도를 보일지가 불확실한 적군은 말할 것도 없고 사방이 늪지와 지뢰밭이었다. 전차들이 운하 연변의 도로를 따라 북쪽으로 가는 동안 왼쪽에서 축구장 크기의 개활지가 쉼쉬 대대장의 눈에 띄었다. 전차들은 이곳으로 진입해 포를 밖으로 돌린 채 방진을 짰다. 쉼쉬는 비어 있는 중앙 공간에 자리를 잡았다. 보병중대를 실은 병력수송장갑차들이 대대장 전차 뒤로 줄지어 섰다. 엔진이 꺼지자 완전한 침묵이 야영지 위로 내려앉았다. 20~40야드(18~37m) 떨어진 곳에서 시작되는 관목숲과 나무가 밤의 어두움보다 더 짙은 그림자를 드리웠다. 동쪽으로는 비터 호수의 수면이 반짝거렸다. 쉼쉬는 농업지대 밖에서 밤을 보내기를 원했으나 여단장 케렌 대령이 이를 거부했다. 아침에 국제 감시요원이 도착한다면 이스라엘군 부대가 운하에 있는 것이 중요했기 때문이었다.

쉼쉬는 중대장들을 소집했다. 모두 온종일 힘든 전투를 벌였지만 오늘 밤에는 잠을 잘 수 없다고 그는 말했다. 관목 숲에 적이 있는지, 있다면 그들의 의도가 무엇인지 알 수 없기 때문이라고 했다. 쉼쉬는 보병 중대장에게 병력수송장갑차 2대를 이끌고 긴급히 철수해야 할 경우를 대비해 탈출로를 찾아보라고 명령했다. 출발 몇 분 뒤, 이집트군이 있을 것으로 추정되는 방향에서 총성이 들리고 나무 사이로 번쩍거리는 불빛이 보였다. 중대장은 기습을 받아 장갑차 한 대가 화염에 휩싸였다고 보고했다. 쉼쉬는 중대장에게 불타는 차량의 탑승원을 구조한 다음 돌아오라고 명령했다. 피격당하지 않은 장갑차가 전사자 한 명의 시신을 싣고 막 돌아왔을 무렵, 관목숲에서 RPG, 소화기, 박격포 등 각종 화기가 야영지를 향해 불을 뿜었다. 전차들이 격렬히 반격하자, 주변은 다시 고요해졌다. 쉼쉬는 케렌과 접촉해 철수 허가를 요청했다. 여단장은 사단본부의 의향을 확인한 다음 이번에도 쉼쉬의 요청을 거부했다. 이집트군이 재차 포문을 열었고 이번에도 전차들이 반격해 이집트군을 침묵시켰다.

앞으로도 이 악순환은 주기적으로 반복될 것이었다. 쉼쉬는 탄약이 떨어질 것을 우려하여 다시 한 번 철수 허가를 요청했으나 거절당했다. 많은 전차가 피격되었다고 보고했으나 모두 기능에는 이상이 없었다. 밤 11시경, 전차 한 대가 RPG탄에 관통되어 2명이 부상했다고 보고했다. 당하고 있었지만 아무것도 할 수 없었다. 악몽 같은 상황이었다. 꼼짝 못 하고 주저앉은 채 보이지 않는 적에게 포위당했다. 쉼쉬는 지금의 상황이 지난 2주일 동안 자주 극복해왔던 또 다른 전술적 어려움이라도 되는 것처럼 자신감 넘치는 목소리로 지휘했다. 새벽 1시 30분, 쉼쉬는 다시 케렌에게 철수 허가를 요청했다. 현 위치에 남아 있는 것은 무의미했다. 분명 이집트군은 휴전협정을 위배하고 있었고 계속 머무른다면 결과는 참극으로 끝날 것이었다. 마침내 새벽 2시에 철수 명령이 떨어졌다.

"시동 걸어!" 쉼쉬가 말했다. "이동 준비!" 병사들이 간절히 기다려온 명령이었다. "도로를 타고 북쪽으로 이동한다." 쉼쉬가 말했다. "첫 교차로에서 좌회전한다." 지도에는 담수 운하를 가로질러 농업지대에서 빠져나가는 샛길이 표시되어 있었다. 몇몇 승무원이 RPG탄의 피해 때문에 전차를 움직일 수 없다고 보고하자, 쉼쉬는 전차를 포기하고 다른 전차에 타라고 명령했다. 시동을 걸자 이집트군 보병의 사격이 심해졌다. 전차들은 떠나며 적에게 일제사격을 가한 다음 차례로 도로로 나가기 시작했다. 얼마 가지 못해 쉼쉬의 대대장 전차가 RPG탄에 맞았다. 조종수가 방향을 틀자 전차는 수렁에 빠졌다. 쉼쉬와 승무원들은 탈출해 다른 전차에 탑승했다. 이집트군 병사들은 도로 옆의 참호에서 사격하고 있었다. 이집트군은 전차포를 내려 공격하기에 너무 가까운 거리에 있었다. 쉼쉬 옆에서 포탑 밖으로 상체를 내밀고 서 있던 장교 한 명이 수류탄을 던지다가 부상당했다. 쉼쉬는 우지 기관단총을 쏘았다.

앞서 가던 병력수송장갑차가 불길에 휩싸이자, 탑승원들은 재빨리 다른 장갑차에 올라탔다. 차량 대열이 불타는 장갑차를 비켜 가면서 전차 2대와 병력수송장갑차 1대가 도로 가장자리에 매설된 지뢰를 밟았다. 또 다른 전차는 수렁에 빠져 탈출이 불가했다. 쉼쉬는 기동이 불가능한 차량은 견인을 시도하기보다는 모두 포기하라고 말했다.

선도 전차들을 지휘하던 중대장 짐란 코렌^{Zimran Koren} 소령이 갈림길에 도달했으나 샛길이 흙으로 쌓아올린 방벽에 막혔다고 보고했다. 지도를 보니 북쪽으로 몇백 야드 떨어진 곳에 다른 갈림길이 있었다. 이 길도 담수 운하를 가로질러 사막으로 이어졌다. 쉼쉬는 코렌에게 그곳으로 가라고 말했다. 중대장이 곧 다시 알려왔다. "첫 전차가 운하에 도착했습니다만 다리가 없습니다."

쉼쉬는 부대원들의 긴장감을 느낄 수 있었다. 고작 몇 분 전에 출발했는데도 전차와 병력수송장갑차의 절반이 사라졌으며 어둠 속에서 쏟아지는 포화는 점점 더 격렬해지고 있었다. 대대장은 다시 한 번 지도를 들여다보았다. 코렌은 분명 '도하지점'이라고 표시된 곳에 있었다. 코렌에게 그 자리에 있으라고 한 다음 쉼쉬는 여단본부에 대대가 처한 곤경에 대해 보고했다. 여단 정보장교는 잠시 통화를 멈추고 지도를 살핀 뒤 수면 바로 아래에 분명 통행 가능한 아일랜드식 다리Irish bridge(수면과 가깝게 만들어 수위가 높아지면 물에 잠겨 차량 통행이 불가능해지는 다리-옮긴이)가 있을 것이라고 답했다. 쉼쉬는 코렌에게 전차를 이끌고 입수하라고 명령했다. 승무원들은 해치를 열고 전차가 가라앉으면 뛰어내릴 준비를 했다. 몇 분 뒤 환호성이 들렸다. "건넜습니다!" 나머지 차량도 달리면서 비포장도로 양편으로 사격하며 서둘러 다리를 건너 농업지대에서 빠져나갔다.

쉼쉬는 사막으로 2마일 더 나아가고 나서 정지 명령을 내렸다. 밀실공포증에 걸릴 것 같았던 악몽 같은 밤이 끝났다. 주변은 끝이 보이지 않는 평원이었다. 쉼쉬는 부하들에게 대대장 전차 주변으로 모이라고 했다. 대대는 전차 9대와 여러 대의 병력수송장갑차를 잃었으며 기동이 가능한 모든 전차도 적 대전차화기에 최소 5발을 맞았다. 하지만 전사자는 고작 2명에 불과했고 7명이 다쳤다. 쉼쉬는 승무원들의 프로 정신을 칭찬했다. 승무원들은 잠시 프로 정신을 내려놓고 대대장을 포옹하며 안도감을 표출했다.

이날 밤에는 다른 이스라엘군 부대들도 바빴다. 바르-레브 장군은 각 사단장에게 이스마일리아 남쪽 접근로와 수에즈 시 사이에서 점령한 이집트 영토의 연속성을 달성하기 위한 소탕작전 개시를 명령했다. 바르-레브가 말했다. "이집트군이 쏘지 않으면, 우리도 쏘지 않는다. 이집트군이 발포하면 우리도 대응한다."

브리크 소령은 남은 전차 5대를 이끌고 '영토를 훔치라'라는 명령을 받았다. 대대장의 말에 따르면 휴전 발효 후 사격은 금지되나 부대 이동에 관해서는 아무런 언급이 없었다. (사실 휴전 시 당사국들에게는 "현재 점유하고 있는 위치"에서 모든 군사행동을 멈출 것이 요구되었다.) 브리크는 유엔 감시요원들이 아침에 도착하기 전에 가능한 한 사격하지 말고 갈 수 있는 한 멀리까지 가라는 명령을 받았다.

브리크 중대는 지난 5일간 새벽부터 일몰까지 싸워왔다. 밤에는 다음날의 전투를 준비해야 했으며 전차들은 동트기 오래전에 이동을 개시했다. 전차 안에서 잠을 잘 시간은 1시간~1시간 30분 정도에 불과했다. 밤새 전진하는 동안 수면 부족이 결국 병사들의 발목을 잡았다. 새벽 2시경, 브리크는 더는 졸음과 싸울 수 없어 정지 명령을 내린 후 "15분간 휴식!"이라고 말했다. 이집트 영토 깊숙이 들어왔지만 경계병을 배치할 수 없을 정도로 중대원들은 지쳐 있었다. 1분도 되지 않아 모두 앉은 자리에서 깊은 잠에 빠졌다.

브리크가 눈을 뜨자 해치 사이로 엷은 푸른색 하늘이 보였다. 시계는 새벽 5시 30분을 가리켰다. 일어나 포탑에 올라서 보니 그들은 이집트군의 거대한 보급품 집적소 한가운데에 있었다. 이집트군 야영지의 불빛이 없었기 때문에 이스라엘군은 이것을 알아차리지 못한 채 그 한가운데로 들어왔던 것이다. 이집트군 보초들은 도착하는 전차들을 아군으로 생각했다. 지금 브리크의 주변에는 연료트럭을 비롯해 최소 100대의 차량이 있었으나 전차는 없었다. 근처에 있던 이집트군 병사들은 이스라엘군 전차에 특별한 관심을 보이지 않았다. 브리크는 승무원들을 깨운 다음 근처에 있는 이집트군 대위를 손짓으로 불렀다. 이집트군 대위는 가까이 다가왔다가 브리크가 아랍어를 할 줄 아는 승무원을 통해 자신들이 이스라엘군임을 밝히자 깜짝 놀라 뒤로 물러섰다. 브리크는 이곳의 모든 장비를 가지고 카이로로 떠날 것을 상급자들에게 전하라고 이집트군 대위에게 말했다. "미안한데, 우리가 당신들보다 먼저 와 있었어." 이집트군 대위가 말했다. 브리크는 지휘관을 만나게 해달라고 말했다. 이집트군 대위는 대령 한 명과 함께 돌아왔다. 브리크는 자신의 요구를 반복해 말했다. 이집트군 대령은 브리크가 자신에게 명령을 내릴 수 없다고 말했다. "휴전 중이지 않소." 이집트군 대령이 말했다.

"화나게 하지 말아요." 브리크가 말했다. "나는 전차가 있고 쏠 수도 있습니다. 이런 차량으로 당신들은 쏠 수 없겠죠. 철수하지 않으면 그렇게 할 겁니다."

이집트군 대령은 부하 장교들을 소집했고 1시간 안에 이집트군 차량들은 떠나기 시작했다. 브리크의 전차에 길이 막힌 이집트군 트럭 운전병이 경적을 울리자 전차는 얌전히 옆으로 비켜주었다. 이집트가 휴전에 대한 이스라엘의 해석에 대해 이의를 제기하자, 이와 같은 비교적 신사적인 접촉은 얼마 지나지 않아 이례적인 것이 되었다.

쉽쉬의 대대가 전멸될 뻔했다는 소식이 지휘계통을 통해 상부로 전달되자, 휴전을 못마땅한 눈으로 보던 거의 모든 수뇌부의 심기는 더욱 불편해졌다. 이를 가장 예민하게 느낀 사람은 가장 치열한 전투가 벌어지던 전선의 지휘관인 아단 장군이었다. 명령은 명령이었지만, 이집트 제3군의 격멸은 역사에 남을 만한 기회였다. 아단은 6일 전쟁에서 다얀이 이스라엘 국방군에게 수에즈 운하에서 6마일(9.7km) 못 미친 곳에서 진격을 멈추라고 명령했음에도 불구하고 야전지휘관들이 운하의 물가까지 군대를 이끌고 간 사건을 알고 있었다(아단은 6일 전쟁 당시 아브라함 요페Abraham Yoffe 장군의 제31기갑사단 부사단장으로 시나이 전선에서 종군했다-옮긴이). 당시 북부사령관이던 엘라자르도 휴전 발효의 시간 제한을 이스라엘에게 유리하게 늘려 골란 고원 점령을 완수한 바 있었다. 아단은 기회가 주어진다면 자신도 '임무를 완수'할 것이라는 결론을 내렸다. 자정 무렵에 아단은 고넨에게 쉽쉬의 대대가 겪은 고난에 대해 알리고 이집트군이 발포한 경우가 또 있다고 강조하며 이런 상황에서라면 다음날까지 전투를 계속할 의향이라고 말했다. 고넨은 적이 휴전을 위배하지 않는 한 아단도 휴전을 준수해야 한다고 답했다. 아단은 고넨도 자신만큼이나 싸움을 계속하기를 원했으나 형식상 원칙적 답변을 한 것이라 여기고 예하 여단에 전투 준비를 시키며 남은 밤을 지새웠다. 다음날 수뇌부가 결국 전면적 진격을 승인할 것이라는 가정에서였다. 동이 트고 얼마 지나지 않아 니르 대령이 자신의 담당구역에서 이집트군 전차가 발포했다고 보고했다. 니르가 대응하기 전에 이것이 국지적 사건인지, 아니면 무엇인가 더 큰 일인지를 살펴보겠다고 하자 사단장은 이렇게 답했다. "휴전 이야기는 꺼내지 마. 적이 사격했으면 사격 위치를 잡고 반격해."

아침 8시, 엘라자르는 다얀에게 쉽쉬 대대 건 및 여타 발포 사건에 대해 보고했다. "지난밤에 이집트군이 우리 전차 9대를 파괴하고 여러 곳에서 공격하고 있으며 우리로부터 점령지 탈환을 시도하고 있습니다. 저는 남부사령부에게 이집트 제3군 구역에서 자유롭게 행동하라고 말하고 싶습니다."

시나이 전선의 란 사리그 대령. 사리그 대령의 여단은 전쟁 전체를 통틀어 시리아 전선에서 이집트 전선으로 이동한 유일한 기갑여단이었다. 〈이스라엘 국방군 기록물보관소 제공〉

다얀은 이를 승인하며 군 대변인이 발표할 때 이스라엘군이 이집트군의 휴전 위반에 대해 대응하고 있다는 점을 확실히 지적하도록 하라고 말했다. 휴전이 일시적 소강상태에 불과할 것이라 믿은 엘라자르와 달리, 다얀은 소련이 관심을 가졌기 때문에 휴전은 발효만 되면 오래갈 것이라고 확신했다. 하지만 이스라엘이 계속 자기 뜻대로 행동한다면 휴전은 발효조차 되지 않을 것이다.

다얀의 승인으로 전선 남부 지구에서 전면 공격이 재개되었다. 마겐 장군은 카이로와 수에즈를 잇는 남은 도로를 차단하라는 명령을 받았다. 하지만 카이로에서 포위된 제3군 방향으로 돌파를 시도한 이집트군과의 교전 탓에 명령 수행은 지연되었다. 정보당국은 공격하는 이집트군의 후방에는 단 2개 기갑여단—리비아군 기갑여단과 알제리군 기갑여단—이 남아 카이로로 가는 길을 방어하고 있다고 보고했다. 마겐의 사단에는 단 숌론 대령의 여단뿐 아니라 골란 고원에서 전차수송차에 실려 33시간의 여정 끝에 도착한 란 사리그 대령의 여단이 있었다. 여단은 원래 전력의 3분의 1 이하인 전차 30대를 보유하고 있었다.

마겐 사단과 수에즈 운하 사이에 있던 아단 사단은 정오 직후 남쪽으로 진격을 개시했다. 진격로 여기저기에 있던 이집트군은 뿔뿔이 도주했다. 일몰 1시간 뒤, 사단 선도부대는 운하 남단의 수에즈 시 외곽에 도달했다.

이 시간 마겐 사단도 이동하고 있었다. 어둠 속에서 마겐사단이 아단 사단 구역에 접근하자, 아단은 좀 더 빠르게 기동하기 위해 전조등을 켜는 것이 어떻겠냐고 제안했다. 수백 개의 전조등 불빛이 갑자기 사막을 환히 밝했다. 마겐 사단은 의장대처럼 길을 따라 줄지어 선 아단의 전차들 사이를 지나쳐 어둠 속을 계속 달렸다. 자정에 마겐 사단은 수에즈만을 담당한 이집트 해군 사령부가 있는 만 북단의 아다비야Adabiya 항에 도달했다. 시나이의 이집트 제3군 병력 3만 명과 이집트 본토를 잇는 마지막 연결고리가 끊어졌다. 이렇게 하여 이집트 전선에 광범위한 영향을 미칠 중대한 전략적 현실이 새롭게 생겨났다.

한편, 시리아군 수뇌부는 북부전선에서 10월 23일 화요일에 개전 첫날의 골란 고원 침공 이래 최대 규모의 공격을 준비하고 있었다. 이라크 파견군은 이제 2개 사단에 달했다. 이라크군은 요르단 및 소련에서 도착한 전차 수백 대로 증강된 시리아군 5개 사단과 더불어 전투에 투입될 예정이었다. 평시에는 쿠르디스탄Kurdistan 지역(터키 남동부, 시리아 북동부, 이라크 북동부, 이란 북서부에 걸친 산악지역. 넓이 약 19만 1,600km^2-옮긴이)에 주둔했던 이라크군 산악여단뿐 아니라 이보다 작은 규모의 사우디아라비아와 쿠웨이트의 파병부대도 전선에 도착했다. 팔레스타인 게릴라부대 역시 전선에 도달했다. 개전 이래 시리아군과 함께 싸워왔던 모로코군 여단도 아직 전선에 있었다.

시리아군의 계획에 따르면, 공격은 팔레스타인 특공대를 포함한 특수전 부대가 이스라엘군 후방에 헬리콥터 편으로 상륙하는 것으로 시작될 예정이었다. 전차부대는 두 방향에서 이스라엘군이 점령한 고립지를 공격할 것이다. 아랍 측의 추산에 따르면, 아랍군은 이스라엘군에 대해 전차와 포병 전력에서 5 대 1, 보병 전력에서 4 대 1로 우세했다. 아사드는 이 반격으로 이스라엘군을 이틀 안에 고립지에서 몰아낼 수 있다고 믿었다. 그 다음에는 골란 고원 재수복을 목표로 하는 2단계 계획이 있었다. 이스라엘군은 아랍이 곧 공격할 것임을 인지하고 대응책을 준비했다. 일선 부대는 충분히 휴식을 취하고 재편되었으며 공수작전으로 새로이 도착한 TOW 대전차미사일Tube launched-Optically tracked-Wire/Wireless guided missile(광학 추적식 유·무선 유도 발사관 발사 미사일. 개전 초기에 이스라엘군이 대응하는 데 고전한 소련제 새거 미사일과 비슷한 미제 보병 운용 대전차 무기체계-옮긴이)로 무장하고 전선의 감제고지 대부분에 전개를 마쳤다.

전날 이집트가 휴전을 수용했기 때문에 아사드는 큰 딜레마에 빠졌다. 아사드는 휴전을 준수할 의무가 없었으나 그 영향을 무시할 수는 없었다. 참모본부의 일부 인사들은 시리아가 공격한다면 이집트 역시 전쟁 속행의 의무를 느낄 것이라고 주장하며 계획대로 공격하는 편을 선호했다. 이집트가 교전을 중단한다고 해도 이스라엘군 부대가 시나이에서 북쪽으로 재배치되기까지는 며칠이 걸릴 것이다. 하지만 다른 사람들은 북부전선에서 전쟁을 계속하면 이스라엘에 이집트 제3군의 격멸을 정당화하는 구실을 줄 것이라고 주장했다. 이런 경우, 이스라엘이 북부전선에 전력을 기울여 시리아의 사회기반시설을 파괴하고 다마스쿠스를 공격한다고 해도 이집트는 시리아를 돕지 않을 것이다.

결국, 아사드와 조언자들은 기회보다 위험이 훨씬 크다는 결론을 내렸다. 아랍 연합군의 공격 개시를 알리는 대규모 포격으로 하루가 시작되는 대신 시리아 정부의 휴전 수용 성명으로 조용히 지나갔다. 휴전에 반대하던 이라크 정부는 시리아가 휴전을 수용하자 파견군에게 즉시 귀환 명령을 내렸다.

헨리 키신저는 중동전쟁을 수습하는 데 결정적 역할을 했다는 것에 만족하며 모스크바와 텔아비브 방문에서 돌아온 10월 23일 이른 시간에 숙소에 들러 4시간 정도 잤다. 휴식 후 오전 늦게 집무실에 도착했을 때 휴전은 이미 삐걱대기 시작했다. 카이로에서 하페즈 이스마일이 메시지를 보내와 이스라엘이 휴전을 무시하고 새로운 지역을 점령하고 있다고 알렸다. 텔아비브에서는 케네스 키팅 주이스라엘 미국대사가 또 다른 메시지를 통해 문제가 많았던 메이어 총리와의 면담 결과를 보고했다. 면담에서 총리는 이집트 제3군을 끝장내기 위해 이틀이나 사흘 정도 시간을 더 달라는 군 지휘관들의 요청을 일단 거절했다고 말하면서도 이집트군이 지난밤에 여러 곳에서 휴전을 위반했기 때문에 이집트군이 사격을 중단할 때까지 전투 재개를 명령했다고 덧붙였다.

뒤이어 브레즈네프로부터 경고성 메시지가 도착했다. 소련 정찰기가 운하를 따라 남쪽 수에즈 시 방향으로 이동하는 이스라엘군 부대의 움직임을 확인했다. 소련 지도자는 이를 '명백한 속임수'라고 불렀다. 브레즈네프는 양측 군대의 휴전선 철수 요청을 위한 신속한 안전보장이사회의 소집을 원했다. 몇 분 뒤 메이어 총리와 전화가 연결되자, 키신저는 이스라엘 국방군이 몇백 야드 뒤로 군대를 물리고 휴전선으로의 복귀를 발표하자고 했다. "사막 한가운데에서 어디 휴전선이 있었는지, 혹은 있는지 누가 알겠습니까?" 키신저가 물었다.

"다들 곧바로 알 겁니다." 메이어 총리가 답했다.

키신저는 메이어 총리의 말뜻을 곧 알아차렸다. 수에즈 시와 카이로를 잇는 마지막 도로가 차단되고 이집트 제3군이 덫에 걸린 것이었다. 브레즈네프는 또 다른 메시지를 보내 상황의 위급함을 강조했다. 이번 메시지의 수신인은 닉슨 대통령이었다. 브레즈네프는 이스라엘의 '배신'을 비난하고 미국과 소련이 힘을 합쳐 전투를 멈추게 하자고 요청했다. 키신저는 이집트가 겪는 어려움이 CIA나 이스라엘이 알린 것보다 더 심각하다는 것을 그제서야 깨달았다. 키신저는 미국 정부는 휴전을 재확인하는 안전보장이사회의 결의를 지지할 것이라고 소련 정부에 알렸다. "우리는 사다트의 파멸을 보는 것에 관심이 없었다. 하물며 소련과 공동 후원한 휴전 때문에 파멸한다면 더더욱 그랬다"라고 키신저는 나중에 기술했다. 그리고 키신저는 아랍 세계에서 소련을 밀쳐낼 하늘이 주신 기회를 잃고 싶지도 않았다.

오후 중반에 사다트 본인이 보낸 메시지가 닉슨 대통령에게 도착했다. 6일 전쟁 이후 이집트의 지도자가 미 행정부에 직접 보낸 첫 메시지였다. 사다트는 휴전 이행을 위한 미국의 개입을 요청했다. 필요한 경우 무력 사용도 요청했다. 디니츠 주미 이스라엘대사로부터 이집트가 새 휴전선을 준수한다면 이스라엘도 그러겠다는 약속을 받아내자, 키신저는 브레즈네프와 사다트에게 닉슨 대통령의 이름으로 이를 알렸다. 닉슨 대통령이 워터게이트 사건의 덫에 걸린 상황에서 키신저는 외교 서한에 자신의 이름만큼 자주 대통령의 이름으로 서명하고 있었다.

화요일 오후 4시 뉴욕, 휴전 결의를 재확인하고 유엔 감시요원의 전선 파견을 지시하기 위해 안전보장이사회가 소집되었다. 2시간 뒤, 다얀은 카이로에 있는 유엔 긴급파견군$^{UN\ Emergency\ Force}$ 대장 엔시오 실라스부오$^{Ensio\ Siilasvuo}$ 장군으로부터 전화를 받았다. 핀란드군 출신인 장군은 다얀에게 뉴욕의 유엔본부로부터 전선에 감시요원을 보내 휴전선을 획정하라는 지시를 받았다고 말했다. 실라스부오는 새 휴전 발효 시각을 현지 시각 오전 7

시로 하자는 다얀의 제안을 수용했다. 첫 번째 휴전이 발효된 지 36시간 뒤였다. 하지만 휴전에 대한 이스라엘의 해석은 다른 모든 나라들보다 더 유연할 것이다.

이날 저녁 '구덩이'에서 엘라자르는 휴전이 가져온 딜레마에 대해 큰 소리로 말했다. 군사적으로 이스라엘은 이집트 제3군의 항복을 받아내고 제2군을 차단해 이집트군의 완전한 붕괴를 이끌어내기까지 단 며칠이 필요했다. 그러나 정치적으로 볼 때 미국의 요청을 무시하기에는 진 빚이 너무 컸다. 이스라엘은 이미 지난 며칠간 팬텀 전폭기 40대와 스카이호크 공격기 32대를 인도받았는데 전쟁이 시작된 이래 상실한 비행기의 3분의 2에 해당했다. "이것이 우리가 미국이 결정한 휴전을 받아들인 이유요"라고 엘라자르는 말했다.

자정 1시간 뒤, 아단은 남부사령부의 우리 벤-아리로부터 다음날인 10월 24일의 작전명령을 받았다. 명령에 따르면, 아단 사단은 농업지대의 소탕작전을 끝내고 운하를 가로질러 이집트 제3군과 연결된 급수관을 절단하며, 벤-아리의 말에 따르면, "스탈린그라드 전투 같은 격렬한 시가전에 휘말리지 않는다는 조건"으로 수에즈 시를 점령해야 했다. 이스라엘은 아침 7시 이전에 공격을 개시한다면 그 이후까지 전투가 계속된다고 해도 새 휴전에 위배되지 않는다는 견해를 가지고 있었다. 아랍인들이 개전 시점과 휴전 요청 시점을 결정했기 때문에 이스라엘도 자국에 유리한 쪽으로 규정을 해석하는 데 거리낌이 없었다. 이스라엘은 또한 '소탕작전'은 전선을 변경하는 것이 아니며 후방에서만 벌어지므로 휴전 적용 대상이 아니라고 주장했다.

아단은 수에즈 시의 이집트군에 대한 정보를 요청했다. 정보당국은 1개 특수전 여대와 2개 보병대대, 그리고 1개 대전차미사일중대가 시내에 있는 것으로 파악했다. 강력한 저항을 펼치기에 충분한 전력이었고 특히 건물이 빼곡히 들어찬 지역에서는 더 그랬다. 하지만 아단은 그런 일이 벌어지지 않을 것이라고 생각했다. "우리는 너무 지쳐서 명료하게 생각할 수 없었습니다." 아단의 부사단장 타마리 장군은 나중에 이렇게 말했다. 지난 이틀간 이집트군은 다수의 장교를 포함해 무더기로 항복하고 있었다. 아단은 이집트군은 전의戰意를 완전히 상실했으며, 초반에 강력한 일격을 가하면 수에즈 시는 함락될 것이라고 믿었다. 깊은 후회를 초래할 예단이었다.

제36장

수에즈 시

아리에 케렌 대령은 말채찍을 들고 발을 구르는 기병 장교처럼 공수부대 지휘관 요시 요페 중령에게 '기갑부대의 속력으로' 이동하라고 재촉했다.

두 사람은 케렌이 지휘소를 설치한 수에즈 시 서쪽 외곽에서 작전을 논의하고 있었다. 기갑여단장인 케렌 대령이 공격 총지휘관이었다. 케렌은 요페에게 동원 공수부대를 이끌고 선봉에 서라고 통보했다. 새 휴전 시한인 오전 7시가 이미 지났기 때문에 요페는 즉시 출발해야 했다.

요페는 항의했다. 그는 세세한 부분이 거의 표시되지 않은 작은 지도 한 장만을 갖고 있었으며 항공정찰사진도 본 적이 없었다. 케렌은 적의 저항은 전혀 없을 거라는 투로 요페에게 노획한 소련제 병력수송장갑차 9대로 수에즈 시 중심가를 따라 직진하라고 요구하고 있었다. 도대체 이런 자신감의 근거가 무엇인지 분명치 않았다. 티르투르로에서 모르데카이 대대가 그랬던 것처럼 요페 대대도 아무런 정보 없이 투입되고 있었다.

4년 전의 소모전쟁 동안 26만 명에 달했던 수에즈 시의 주민은 거의 완전히 소개되었다. 하지만 상당수 주민이 남아 민병대를 조직해 정규군을 도우며 도시를 지켰다.

국제 감시요원들이 도착하기 전에 작전을 끝내라는 아단의 압박을 받던 케렌은 상황을 검토하고 계획을 수립하게 해달라는 요페의 요청을 수용하기에는 마음이 너무 급했다. "기갑부대에서는 이동하는 동안 명령을 받는다." 케렌 여단장이 말했다. 그럼에도 불구하고 케렌은 요페에게 부대를 정비하기 위한 30분의 시간을 주었다. 그리고 별도의 보병 분견대를 거느린 나훔 자켄Nahum Zaken 중령의 전차대대(제433전차대대-옮긴이)가 요페 대신 공격의 선봉에 서기로 했다. 요페는 그 뒤를 따르며 소대를 하차시켜 주요 교차로들을 확보할 예정이었다.

6일 전쟁의 예루살렘 전투에서 요페 대대는 야간전투 끝에 총탄의 언덕Givat Ha Tachmoshet(Ammunition Hill)(예루살렘 전투의 최고 격전지. 현재 예루살렘 히브리대학교 인문사회대학 캠퍼스 근처-옮긴이)을 장악했는데, 이 전투는 예루살렘 전투의 전환점이 되었다. 이번 전쟁에서 대대는 부다페스트 전초기지로 향하는 도로에서 매복습격을 감행한 이집트군 특수부대를 격파했다. 며칠 전에 헬리콥터로 운하 서안에 공수된 부대는 그 뒤로 이집트군의 저항이 약했던 농업지대에서 싸우고 있었다. 아침에 임무를 알게 된 부대원들은 바로 시장실로 가서 항복을 받아내면 시간을 절약할 것이라고 농담을 했다.

수에즈 시는 이틀 전 수복한 헤르몬산처럼 반드시 탈환해야 할 전략적·심리적 중요성이 전혀 없었다. 카이로와 이어진 모든 연결로는 이미 끊겼다. 수에즈 시에는 운하를 건너 이집트 제3군으로 공급되는 보급품이 집적된 것으로 추정되었으나, 시 자체의 점령은 이미 완전히 포위된 제3군의 운명에 별다른 영향을 주지 못할 것이다. 긍정적인 측면에서 보면, 수에즈 시는 운하 연변의 주요 도시였으므로 이스라엘이 장악할 경우 전후 협상에서 유리할 수 있었다. 따라서 수에즈 시 점령에 노력을 기울일 가치는 있었다. 다만 벤-아리가 분명히 말했듯이 '스탈린그라드 전투처럼 격렬한 시가전에 휘말리지 않는' 경우에만 그랬다. 문제는 저항 여부를 알기도 전에 아단 사단이 전투에 돌입할 예정이었다는 점이었다.

자켄 대대는 1마일(1.6km) 이상의 대열을 이루어 카이로-수에즈 고속도로의 연장인 수에즈 시 중심가를 향해 움직이기 시작했다. 2차선으로 된 고속도로 가운데를 철로가 지나갔다. 수에즈 시의 입구에는 거리를 따라 3, 4층의 아파트 건물들이 늘어서 있었는데 시 중앙부로 가까워질수록 5, 6층 건물에 자리를 내주었다. 자켄은 수에즈만과 접하는 큰 광장에 도착할 때

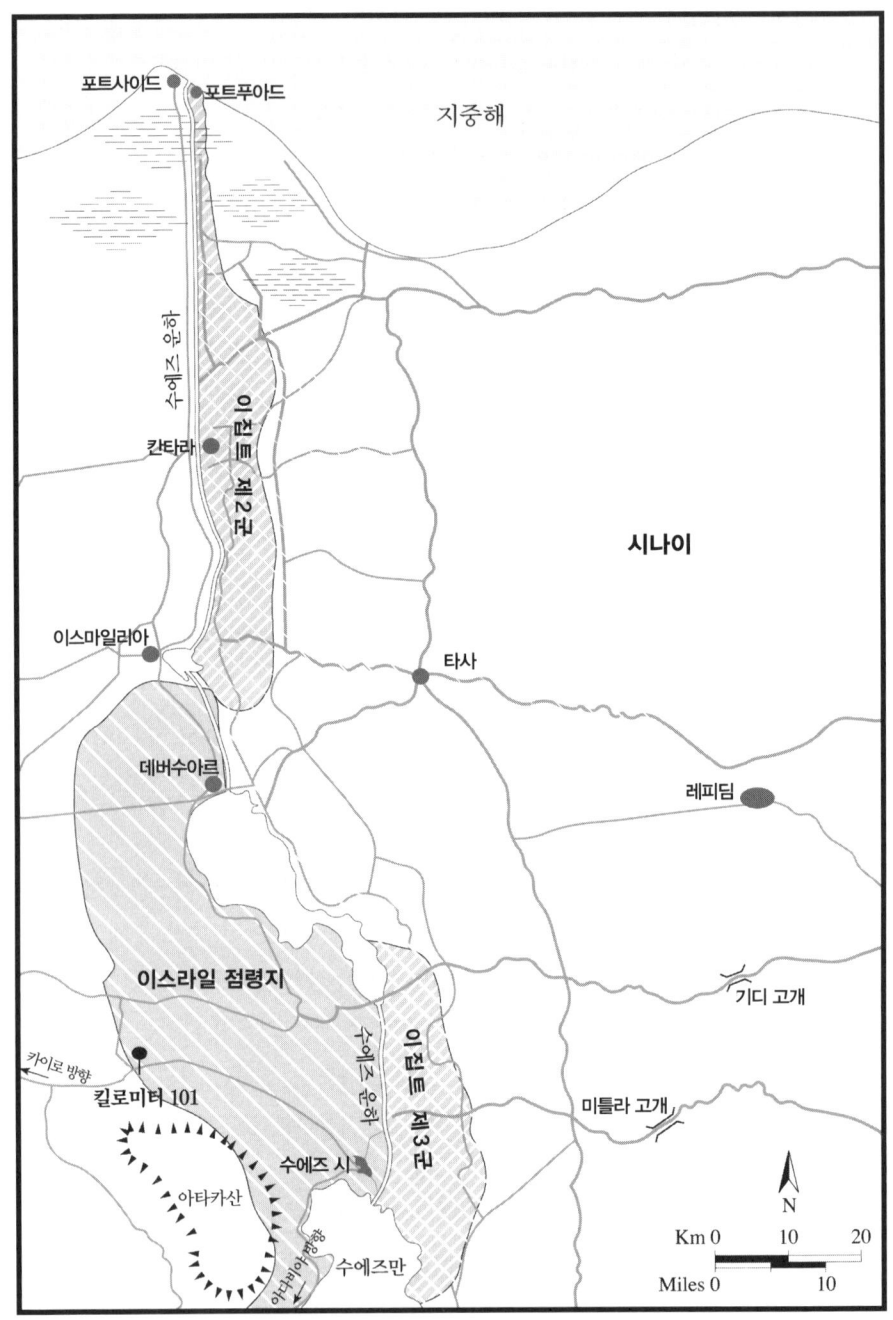

이집트 전선의 휴전선

까지 가도를 따라 3마일(4.8km) 정도 전진할 예정이었다. 쌍안경에 이집트 군 병사들이 보였다. 대부분은 비무장상태로 시 외곽에서 어슬렁거리고 있었다. 일부는 다가오는 전차를 보고 항복하겠다는 신호로 팔을 번쩍 들기까지 했다.

대대가 가도를 따라 내려가자 전차장 21명 전원은 모두 포탑 밖으로 몸을 세웠다. 보병 분견대를 실은 병력수송장갑차 및 반궤도장갑차 15대의 차장들도 마찬가지로 행사와 같은 마지막 전투를 목격하겠다는 듯, 상체를 차체 밖으로 내민 채 똑바로 서 있었다. 발포하지 않고 가도를 따라 내려오는 기갑차량들은 공격이라기보다 퍼레이드를 하는 것 같았다. 골목에서 나온 일부 이집트군 병사들이 흔드는 백기를 제외하고는 인파와 깃발만 없었다.

전승 행진은 대열 선두에 있던 자켄의 대대장 전차가 두 번째 교차로에 이르렀을 무렵 갑자기 끝났다. 길옆의 아파트 건물에서 수류탄이 비 오듯 쏟아졌고 총탄이 전차 포탑을 드르륵 긁으며 때렸다. 골목에서는 RPG탄이 날아왔다. 몇 분 만에 전차장과 보병 지휘관 대부분이 적탄에 맞았다. 자켄은 부상당하지 않았다. 하지만 몸을 돌려 뒤를 보니 대대 전체가 단 한 번의 공격으로 전멸당한 것 같았다. 포탑에서 머리를 내민 사람은 전혀 없었고 무전으로 중대장들과 접촉하려 했으나 응답이 없었다. 자켄은 승무원들을 호출하기 시작했다. "생존자가 있으면 차장석으로 와서 응답하라." 포수와 탄약수들의 목소리가 들리기 시작했다. 이들은 전사하거나 다친 전차장들의 이름을 댔다. 목소리를 들어보니 공황상태에 빠진 것 같았다. "계속 움직여!" 소음을 뚫고 자켄이 고함을 질렀다. "모든 화기를 발사해! 매복에서 빠져나와. 계속 전진해!"

내내의 나머지 전차들은 불타는 2대의 전차 옆을 돌아 가도 끝의 광장에 도착했다. 전차들은 수에즈만을 등지고 광장 주변의 건물과 골목을 향해 전차포를 겨눈 채 전개를 마쳤다. 선임중대장 메나셰 골드블라트$^{\text{Menashe Goldblatt}}$ 대위는 어깨에 적 탄환을 맞고 의식을 잃었다. 의식을 회복하고서 대위는 자켄 대대장의 요청에 따라 전차에서 전차로 옮겨다니며 승무원들과 이야기를 나누었다. 전차장을 포함한 많은 병사들이 충격을 받은 상태였고 사망하거나 부상당한 승무원들이 전차 안에서 발견되었다. 골드블라트는 포수나 탄약수를 전차장으로 임명하고 사격 구역을 할당한 다음 무전기의 주파수를 중대 주파수에서 대대 주파수로 변경해 자켄 대대장과 직접 통화가 가능할 수 있도록 했다. 적의 포화가 광장을 휩쓸고 있어 감히 한 발짝이라도 나서는 사람이 없었기 때문에 골드블라트는 적의 포화를 피하기 위해 전차 뒤로 신중하게 움직였다.

부상을 당하지는 않았지만 포탑 밖으로 머리를 들어올리는 것을 두려워하는 전차장이 보였다. 설득에 실패하자 골드블라트는 맡은 임무를 수행하지 않으면 자신이 포탄을 발사할 것이라고 경고했다. 골드블라트가 움직여 몸을 돌리자 경고를 받은 전차장의 머리가 살짝 포탑 위로 올라오는 모습이 보였다. 이날 온종일 대위는 광장에 있는 부하들을 도보로 여러 번 순시하면서 이들의 공포를 잘 이해하게 되었다. 전쟁이 끝나고 몇 달 동안 대위는 공격받을 것이 두려워 전차 밖에서는 잠을 잘 수 없었다.

자켄은 부하들을 조직해 부상자들을 병력수송장갑차에 옮겨 실었다. 병력수송장갑차는 중심가를 통과해 반대방향으로 달렸다. 놀란 이집트군을 뒤로하고 병력수송장갑차는 무사히 수에즈 시를 빠져나왔다. 야전구호소에 부상자들을 내려놓은 병력수송장갑차 승무원들은 이집트군의 포화를 뚫고 다시 대대에 합류하기로 했다. 절반쯤 왔을 때 병력수송장갑차가 RPG탄에 맞았다. 한 명이 전사하고 거의 모두가 다쳤으나 조종수는 간신히 장갑차를 돌려 시 외곽으로 돌아오는 데 성공했다. 전사자 시신과 부상자들을 실은 두 번째 병력수송장갑차가 광장을 떠나려고 했으나 적의 맹렬한 포화에 가로막혀 돌아왔다. 하지만 대대원들은 전차장이 무선망에서 접한 보고를 듣고 얼마간 사기가 올라갔다. "붉은 군화 현장 진입 중." 공수부대가 움직이고 있었던 것이다.

거리를 따라 내려오기 시작한 공수부대의 차량 대열을 향해 이집트군의 사격이 불을 뿜었다. 요페는 자신의 병력수송장갑차를 불타는 전차 2대 옆에 세우라고 명령했으나 전차승무원들은 이미 탈출하고 없었다. 이집트군 포화가 너무나 맹렬해 병력수송장갑차들은 전진할 수 없었다. RPG탄 1발이 요페의 병력수송장갑차에 명중해 4명이 전사하고 대대장을 포함한 나머지 탑승자들은 부상당했다. 차량은 도로 가장자리로 비켜섰고 공수부대원들은 근처 건물로 몸을 피했다. 병력 대부분은 2층 건물에 모였는데 알고 보니 그 건물은 경찰서였다. 이스라엘군 공수부대원들이 건물 안으로 진입하면서 벌어진 교전에서 이집트 경찰관 2명이 사망했으나 나머지 경찰관은 건물을 떠나도 좋다는 허락을 받았다.

공수부대원 50명이 경찰서에 모였다. 다수가 부상당했다. 부상하지 않은 장교 중 가장 계급이 높은 다비드 아미트$^{David\ Amit}$ 중위가 방어군을 조직했다. 병사들은 창가와 건물 앞의 낮은 돌담 뒤에 자리를 잡고 건물을 습격하려는 시도를 막았다. 이집트군이 옆문으로 침투해 야전구호소로 쓰이던 방까지 도달했다. 부상자를 돌보던 대대 군의관 가비 카나안$^{Gabi\ Canaan}$ 소령이 일어나 가지고 있던 우지 기관단총으로 사격을 퍼부었다. 의무병들도 합세했다.

요페 대대장은 다리에 심한 열상을 입었는데도 맑은 정신을 유지하기 위해 모르핀 투약을 거부했다. 한순간 적의 포화가 갑자기 멈췄다. 대대장은 고요해진 주변 상황에 잠시 주의를 기울이다가 말했다. "적군이 공격할 준비를 하고 있어." RPG탄과 수류탄이 우박처럼 건물을 때리며 2층 마루에 화재를 일으켰다. 요페는 군의관 카나안 박사에게 "문서를 불태울 시간이오"라고 말했다. 이집트군 정보당국에 유용할 지도와 서류를 가리킨 말이었다. 하지만 부하들은 공격을 물리치고 불을 껐다. 요페는 피를 많이 흘린 탓에 간혹 의식을 잃었다. 잠시 정신이 돌아올 때면 아미트 중위가 그와 상의했다.

공수부대원들은 얼마 지나지 않아 기갑부대가 적의 포위망을 뚫고 구조해줄 것이라고 믿었다. 사실 기갑부대가 몇 번 돌파를 시도하기는 했다. 전차와 병력수송장갑차로 구성된 부대가 접근하자 건물에 갇힌 공수부대원들은 가구를 창밖으로 던져 위치를 알렸다. 하지만 차량들이 해치를 닫은 채 주행하는 바람에 그만 이들을 지나쳐버렸다. 하지만 이 구조부대는 요페 대대의 뒤를 따라 수에즈 시로 들어온 야코브 히스다이$^{Ya'acov\ Hisdai}$ 중령이 이끄는 두 번째 공수부대를 발견했다. 히스다이의 부대원은 80명이었는데, 이미 대부분이 부상당한 상태였다. 구조부대원들은 6명을 제외한 부상자 전원을 차량에 태우는 데 성공했다. 추가 구조 시도는 적의 사격에 가로막혔다.

밤이 다가오자 아단은 기갑부대에게 시가지에서 빠져나오라고 명령했다.

기갑차량들은 어둠 속에서는 RPG팀에 너무나 취약했다. 탈출 경로는 적 병력이 일소된 수에즈만 해변을 따라 난 뒷길이었다. 자켄 대대는 18명이 전사하고 35명이 부상당한 채 완파된 전차 3대를 적지에 남겨놓고 떠났다.

이제 시내에 남은 이스라엘군 부대는 요페와 히스다이의 공수부대뿐이었다. 아단은 구출작전을 시도하기 위해 기갑부대가 위험을 감수하기보다는 고립된 부대가 도보로 탈출하기를 원했다. 히스다이 중령은 이집트군 감청부대를 속이기 위해 케렌 여단장과 피그 라틴어pig Latin(어두의 자음을 뒤로 돌리고 ei를 붙이는 일종의 음어-옮긴이)식의 히브리어로 대화하며 전차 투광기 불빛을 하늘로 비춰 방향을 표시해달라고 요청했다. 중령은 직접 경로를 정찰하고 돌아와 부대원을 이끌고 출발했다. 남은 부상자 6명도 함께했다. 이스라엘군 진영에 가까이 다가가자 히스다이는 피아식별을 위해 '헤비누 샬롬 알레이헴Hevainu Shalom Aleichem(우리는 그대들에게 평화를 가져왔다)'라는 히브리어 노래를 목청껏 선창했다.

요페의 부대는 히스다이 부대의 2배인 2마일(3.2km) 이상 시내 깊숙이 들어왔기 때문에 철수하기가 더 복잡했다. 어두워지자 근처에 있는 다른 건물에 피신했던 병사들이 경찰서에 있는 집단에 합류했다. 이제 모두 90명이었고 이 중 23명이 부상자였다. 야음을 틈타 병사들은 여러 번 뛰어나가 발이 묶인 차량에서 탄약, 의약품과 식수 1통을 가져왔다.

사격은 멎었으나 병사들은 안전한 건물을 떠나는 것을 꺼려했다. 케렌 대령은 아미트 중위에게 병사들을 데리고 나오라고 설득했으나, 중위는 적병으로 가득 들어차 있는 건물들을 지나쳐 도보로 나오는 것보다는 아침에 도착할 기갑부대를 기다리겠다고 말했다. 케렌이 점점 더 강하게 요구하자, 중위는 결국 굴복해 부대원들을 소집단으로 나누어 보내겠다고 답했다. 케렌은 이를 금지시켰다. 부대는 반드시 단일 집단으로 출발해야 했다. 그래야 공격을 받아도 부상자를 지원하고 자신을 지킬 수 있기 때문이었다. 케렌은 이미 탈출한 히스다이 중령에게 송화기를 건넸고 중령은 아미트에게 여단장 말대로 하라고 권했다.

이때 무선망을 엿들으며 복잡하기 그지없는 상황을 유심히 지켜보던 고넨 장군이 아미트 중위에게 직접 말했다. 중위가 도보로 나가기가 망설여진다고 설명하자, 고넨은 케렌 여단장에게 아침에 기갑부대로 구출을 시도하라고 지시했다. 케렌은 격분한 나머지 아단에게 전화해 아미트가 설득당해 막 떠나려는 순간에 고넨이 일을 망쳤다고 불평했다. 사단장은 고넨에게 전화를 걸어 구조 시도에 큰 대가가 따를 것이라고 설명했다. 결국, 고넨은 아미트를 다시 호출해 도보로 탈출하는 것이 가장 좋겠다고 말했다.

"종이와 연필 가지고 있나?" 장군이 물었다. 확대된 수에즈 시 항공사진을 들여다보며 고넨은 계속해서 아미트에게 시내에서 빠져나올 경로를 지시했다. "모퉁이에서 세 번째 블록 방향, 남쪽으로 200미터, 그 다음에 골목을 따라 서쪽으로 200미터 더 가면 거리가 끝나기 전에 골목이 있어. 거기에서 북쪽으로 200미터를 간 다음 오두막이 많은 동네를 통과해. 서쪽으로 250미터 더 가서 철로를 향해 북쪽으로 선회해서 북서쪽으로 700미터 가면 (담수) 운하의 다리에 도착할 거야. 그 다음 묘지를 지나서 1,400미터 북서쪽으로 가면 아군이 장악한 교차로에 도달할 거네. 포병지원이 필요할지는 자네가 결정하게."

아미트는 어두컴컴해진 경찰서 건물 바닥에 앉은 채 한 손에 손전등을 들고 고넨의 말을 받아 적다가 중간에서 그만뒀다. 고넨의 제안은 대낮에 좋은 지도를 보며 따라하기에도 너무 어려웠다. 하지만 지도는 없었고 깜깜한 밤이었다. 더욱이 제시된 경로를 따르자면 현 위치 기준 남쪽 지역을 통과해야 하는데 아미트가 알기로는 그곳에 이집트군이 대거 포진해 있었다. 아미트는 이따금 "네, 알겠습니다"라고 낮은 목소리로 답하며 고넨의 말을 듣는 척했지만 충고를 받아들일 생각은 전혀 없었다. 나중에 이때 움 하시바에서 고넨과 있었던 부사관 한 명은 고넨이 이것으로라도 전쟁 초기의 형편없는 작전 지도를 면피하려고 구조작전에 직접 개입하려 한 것 같았다고 말했다. 아미트는 출발할 수 있도록 경찰서 주변을 포격해 인접 지역의 적을 소탕해달라고 요청했지만, 고넨은 조용히 빠져나오는 편이 낫겠다고 말했다. 부하들은 분대 단위로 조직되어 각자 부상자 3명씩을 맡았다. 각 분대는 이집트군의 의심을 살 정도로 큰 집단으로 무리 지어 다니지 않으면서도 시야에서 서로를 놓치지 않도록 일정 거리를 유지해야 했다. 병사들은 건물 밖에 모여 출발 신호를 기다렸다. 그런데 초병이 주변 건물에 있는 움직임을 보고하고 이집트군이 거리를 따라 진지를 구축했다고 말했다. 아미트는 모두 다시 안으로 들어오라고 명령했다.

상황은 절망적으로 보였다. 날이 밝아도 구조 시도는 없을 것이 분명했다. 적에게 큰 규모의 인명피해를 입힌 이상 살아남을 가능성이 없다고 그들은 생각했다. 일부 부대원은 이집트군이 건물 안에 돌입하면 마지막 순간에 수류탄이나 총탄으로 자결할 결심을 했다. 카나안 박사가 병사 한 명의 질문에 대해 "내일 답하겠다"고 하자, 병사는 "내일은 없을 겁니다"라고 말했다. 카나안 박사는 억지로 웃음을 지으며 말했다. "자네는 지금껏 잘 싸웠고 앞으로 있을 많은 전쟁에서도 싸울 자격이 있어. 이야기는 아직 끝나지 않았어."

새벽 2시, 케렌 여단장이 끼어들었다. 여단장은 아미트 중위를 호출해 "이동! 10분 안에 명령 이행 보고할 것! 교신 끝"이라고 말했다. 중위에게 필요한 말이었다. 제안이 아닌 명백한 명령이었다. 아미트는 때마침 정신을 차린 요페 대대장과 상의했다. 대대장은 구조가 의심스러운 상황에서 도보로 떠나는 편이 최상의 선택이라는 데 동의했다. 부하들이 지켜보는 가운데 중령은 아침에 건물 안으로 후송된 이후 처음으로 일어서서 몇 걸음을 간신히 걸었다. "나 걸을 수 있어"라고 대대장이 말했다. 집단 부활을 연상시키는 장면이 펼쳐졌다. 다른 부상자들, 심지어 요페보다 더 심하게 다친 사람들까지 일어나 다리를 움직일 수 있나 보기 위해 절뚝거리며 걷기 시작했다.

아미트는 다시 한 번 병사들에게 건물 밖으로 나가라고 명령했다. 부상자 중 2명만 들것으로 실어날라야 했다. 나머지는 걸었고, 일부는 동료의 부축을 받았다. 포격으로 근처의 이집트군이 고개를 들지 못하는 틈을 타서 대열은 부상자가 없는 선도 분대를 따라 길을 나섰다. 고넨의 제안대로 남쪽으로 가는 대신 부대는 넓은 가도를 가로질러 북쪽으로 이동하다가 좌회전해 중심가와 평행으로 난 옆길을 따라갔다. 깨진 유리와 파편 때문에 조용하게 걷기가 불가능했다. 어둠 속에서 반짝이는 담뱃불이 보였다. 주변 건물에 적병이 있다는 뜻이었다. 몇 번인가 이집트군 병사가 근처를 지나갔고 가끔은 옆길에서 나타나 대열 사이의 빈틈을 가로질러 가기도 했다. 이집트군은 이스라엘군 병사들을 검문하지 않았다. 아군이라고 믿었거나 일부러 정체를 알아내려고 하지 않는 편을 택했을 것이다.

거의 2시간에 걸친 고통스러운 행군 끝에 병사들은 담수 운하에 도달했다. 병사들은 싸울 준비를 하며 지도에 표시된 차량 전용 교량을 향해 운하 안쪽 면을 따라 걸었다. 다리에서 몇십 야드 못 미친 곳에서 병사들은 지도에 표시되지 않은 철교와 마주쳤다. 그 너머의 차량 전용 교량에서는 이집트군 경비병의 목소리가 들렸으나 철교에는 경비병이 없었다. 공수부대원들은 무사히 다리를 건넜다. 차량 전용 교량의 이집트군은 발을 끌며 걷던 부상자를 포함한 이스라엘군 대열을 보았을 것이다. 하지만 그랬다 해도 그들은 전쟁이 끝난 것이나 마찬가지인 상황에서 교전에 휘말리지 않는 편을 택했다. 공수부대원들은 동트기 직전에 시 외곽에서 이들을 기다리던 케렌의 전차부대에 도착했다.

수에즈 시 점령이라는 실패로 돌아간 모험에서 이스라엘 국방군이 치른 대가는 컸다. 80명이 전사하고 120명이 부상당했다. 이렇게 욤 키푸르 전쟁의 마지막 주요 전투가 끝났다. 하지만 마지막 총성은 아직 울리지 않았다.

수에즈 시로 가는 모든 도로가 끊겼으나, 시 북쪽의 운하를 따라 난 6마일(9.7km) 길이의 지역에는 아직 이스라엘군이 진출하지 않았다. 이 빈틈을 막고자 파견된 브리크 소령과 남은 전차 5대는 10월 25일 날이 밝자마자 농업지대를 통과해 남쪽으로 전진했다. 요페의 부하들이 무사귀환한 직후였다. 브리크 중대장은 공격받지 않는 한 화기를 사용하지 말라는 명령을 받았다. 두 번째 휴전이 공식적으로 발효되었음에도 이스라엘군 지휘부는 휴전이 이동 중지를 뜻한다고 해석하지 않았다. 브리크의 전차들 뒤에는 공수부대 1개 분대를 태운 반궤도장갑차가 따랐다. 절반쯤 왔을 때 선도 전차가 전면의 나무들 사이에 이집트군 전차들이 있다고 보고했다. 얼마 뒤 대열의 두 번째 위치에 있던 브리크의 전차가 포탄에 맞았다. 머리 바로 옆에 있는 기관총과 안테나가 부서졌지만 브리크는 얼굴에 자상만 입었다. "좌회전!" 브리크가 조종수에게 소리쳤으나 반응이 없었다. "죽었습니다." 탄약수가 답했다.(욤 키푸르 전쟁의 마지막 이스라엘군 전사자인 이 조종수는 장차 대법관이 될 사람의 아들이었다.) 브리크와 남은 2명의 승무원은 또다시 포탄에 얻어맞기 전에 전차에서 뛰어내렸다. 그동안 공수부대원들이 하차해 관목 숲을 가로질러 이집트군 전차들을 향해 돌격했다. 전차의 해치가 열려 있는 것을 발견한 이스라엘군은 그 안쪽으로 수류탄을 던져넣었다. 하

지만 승무원들은 이미 도망치고 없었다. 브리크는 다른 전차로 옮겨 탔다. 전쟁이 시작된 이래 일곱 번째 전차였다. 그리고 대열을 이끌고 수에즈 시 외곽으로 향했다.

 나중에 장성으로 진급한 브리크는 예비군이 동원된 시나이 전선 최초의 전투인 발루자 전투에서 매복한 이집트군 특수부대의 습격을 받았을 때

전투가 소강상태로 접어든 틈을 타 잠시 휴식을 취하는 지친 이스라엘군 포병들. 〈이스라엘 국방군 기록물보관소 제공〉

RPG탄이 스치고 지나가면서 셔츠에 불이 붙자 간신히 탑승한 전차에서 탈출했었다. 그는 10월 8일, 아사프 야구리의 돌격에서 살아남아 즉석에서 방어선을 구축해 이집트군의 반격을 저지했고 이집트군 제25기갑여단 매복 습격 및 기타 다수의 전투에 참여했다. 방금 브리크는 전쟁의 마지막 전투에서 간신히 몸을 피했다. 욤 키푸르 당일, 전쟁이 시작될 때의 대대 병력

제36장 수에즈 시 | 675

120명 중에서 브리크와 포수를 비롯한 7명만이 아직 일선에 남았다. 대대의 원래 인원과 대체 인원을 통틀어 80명이 전사하고 거의 100명이 부상당했다. 사상자율이 150퍼센트에 달했다.

이집트 제3군 구역에서 전투가 재개되었기 때문에 제2군 구역에도 전투가 확산될 가능성이 커졌다. 모르데카이의 대대를 포함한 공수부대는 담수 운하를 가로지르는 교량들을 점령해 이스마일리아로의 진격을 재개할 준비를 했다. 거센 저항이 예상되었다. 공격 명령은 각 부대가 출발점으로 이동하고 있을 때 취소되었다.

모르데카이는 우발적 충돌을 막기 위해 부하들에게 즉시 유턴하라고 명령했다. 방향을 돌리자 젊은 공수부대원들의 얼굴에서 긴장이 녹아내리고 웃음꽃이 피어났다. 병사들은 서로의 어깨를 두드렸다. 어떤 병사들은 눈에 눈물이 가득했다. "우리가 해냈다." 누군가가 말했다. 전쟁이 끝난 것이다.

전쟁이 시작되었을 때 겪은 대참사에도 불구하고 이스라엘은 전쟁이 시작되었을 때보다 끝났을 때 더 많은 영토를 점유했다. 사실 이스라엘 사상 최대의 면적이었다. 이집트는 시나이 반도에서 1,200km²의 땅을 점령했으나, 이스라엘은 1,600km²에 달하는 운하 서쪽의 이집트 영토를 점유했다. 이제 이스라엘 국방군은 카이로에서 전쟁 전보다 12마일(19km) 더 가까워진 50마일(80km) 떨어진 곳에 있었다. 북쪽에서 이스라엘군은 전쟁 전에 골란 고원에 그어진 휴전선 너머 500km² 면적의 시리아 영토를 탈취했고 마찬가지로 전쟁 전보다 다마스쿠스에서 12마일(19km) 더 가까워졌다.

하지만 아랍과 이스라엘이 누가 전쟁에서 이겼는지, 누가 대가를 치러야 하는지를 놓고 논쟁을 벌이기도 전에 초강대국들이 군대를 모아 서로를 위협하며 대치하기 시작했다.

제37장

핵전쟁 경보

10월 24일 오후, 전쟁이 이미 끝났다고 믿었던 브레즈네프 서기장은 크렘린에서 다음날 있을 '1973년 세계평화세력대회World Congress of Peace Forces 1973'(소련이 후원하고 유엔 평화국과 국제기구인 평화평의회가 주최한 반전·군축 평화운동행사-옮긴이)의 성대한 개막을 고대하고 있었다. 저명인사와 단체들이 모일 이 행사에서 브레즈네프는 본인이 좋아하는 주역을 맡을 예정이었다. 연설문 작성팀은 기조연설의 초안을 제출했으며 브레즈네프는 동료들과 어떤 결의문을 채택할지를 논의하고 있었다. 그런데 짜증스럽게도 이날 늦게 카이로의 비노그라도프 대사가 보낸 메시지가 브레즈네프의 기분을 망쳤다. 비노그라도프는 이스라엘이 휴전을 무시하고 있으며 이집트 제3군이 외부와 차단당했다고 보고했다. 이집트는 이스라엘군이 카이로로 쇄도할까 봐 두려워하고 있었다. 시민들은 어떤 침략에라도 대항하라는 독려를 받았다.

브레즈네프는 키신저가 텔아비브에 잠시 들러 이스라엘 정부와 모종의 거래를 하지 않았나 크게 의심했다. 키신저가 이스라엘을 제물로 삼아 소련과 거래했을지 모른다는 메이어 총리의 두려움과 판박이였다. 사다트가 소련 감시요원이나 병력을 이날 밤에 파견해달라며 보낸 긴급 메시지는 비노그라도프의 보고를 뒷받침하고 있었다. 사다트는 미국에도 같은 요청을 했다고 말했다.

정치국은 감시요원 50명을 보내는 데 동의했으나 파병 요청에는 시큰둥한 반응을 보였다. 모스크바는 미국이 상대 진영과 한 패인 지역에서 군사적 모험에 휘말리는 것에 관심이 없었다. 쿨리코프 총참모장은 소련군이 편성을 마치고 이집트로 공수될 때쯤 카이로는 이미 함락되었을 것이라고 말했다. 그럼에도 불구하고 정치국에서는 사다트를 돕기 위해 무엇인가 의미 있는 일을 신속하게 해야 한다는 공감대가 형성되어 있었다. 당시 크렘린의 내부 사정에 관한 책을 쓴 빅토르 이스라엘란Victor Israelyan에 따르면, 정치국은 소련이 일방적으로 개입할 수 있다는 점을 미국에 암시하기로 결정했는데 미국이 이를 알아차린다면 이스라엘을 압박할 것이라는 희망에서였다. 다른 말해 허세를 부리자는 것이었다.

자정 넘은 시각, 브레즈네프는 서재에서 닉슨에게 보낼 메시지를 작성했다. 여기에서 브레즈네프는 확실한 휴전 이행을 위한 미소 공동대표단의 중동 파견을 요청했다. 그 다음, 과장된 협박의 말이 이어졌다. "이 문제에 관해 귀국이 우리와의 공동 행동이 불가능하다고 여긴다면, 우리는 적절한 조치를 단독으로 검토하는 것이 시급하다고 직설적으로 말씀드리겠습니다. 우리는 이스라엘의 자의적 행동을 허용할 수 없습니다." 브레즈네프가 키신저의 주의를 끌 의도였다면 성공을 거둔 셈이었다.

키신저는 이스라엘을 최대한 압박하고 있다고 말하며 온종일 사다트와 소련을 달랬다. 사실 키신저는 디니츠 대사와 계속 접촉하고 있었다. 이스라엘 정부는 대사를 통해 공격하고 있는 쪽은 이집트라는 납득하기 어려운 메시지를 전했다. 키신저는 이스라엘의 휴전 위반에 분노를 표명했다.

텔아비브에서는 엘라자르 총참모장이 메이어 총리의 집무실로 긴급히 호출되었다. 집무실의 총리와 고위 자문역들은 흥분해 있었다. 총참모장은 백악관이 '5분에 한 번씩' 디니츠 대사에게 전화를 걸어 이스라엘의 행위에 대해 불평하고 있다는 말을 들었다. 헤이그 비서실장은 닉슨의 이름으로 대사에게 즉시 전투를 멈추지 않으면 대통령은 이스라엘과 "더 이상의 관계를 유지하지 않을지도 모른다"는 경고를 보냈다. 게다가 사다트가 초강대국들의 개입을 요청했고 소련이 사다트의 요청에 응할 것이라는 징후가 있었다. 아직 수에즈 시에서 벌어진 대혼란의 규모를 인지하지 못했던 총참모장은 고넨을 호출해 명령을 전달하며 말했다. "워싱턴(미 행정부)에서는 고함을 지르고 있고 뉴욕(유엔)에서는 울부짖고 있어." 하지만 고넨이 이집트군 전차부대가 카이로-수에즈 도로 근처의 2개 지점에서 제3군 방향으로 돌파를 시도한다며 이곳에 대한 공중지원을 요청하자, 엘라자르는 공습을 승인했다.

워싱턴에서 키신저는 전투지역에 소련군과 더불어 미군을 파견해달라는 카이로의 요청을 거부했다. "지난 수년간 이집트 주둔 소련군을 감소시키기 위해 애써왔건만, 지금에 와서 다시 불러오는 데 협조하라니…. 우리는 필요하면 소련군의 중동 진출을 무력으로라도 막을 결심이었다"라고 키신저는 나중에 기록했다. 밤 9시 35분, 키신저는 도브리닌 소련대사가 걸어온 전화를 받았다. 대사는 브레즈네프가 닉슨에게 보내온 친서를 받았으며 시간이 촉박하기 때문에 전달하기 전에 전화를 통해 친서를 읽겠다고 말했다. 소련 정부가 "일방적으로 적절한 절차를 밟는 것을" 검토하고 있다는 구절을 듣자 키신저는 중대 위기가 눈앞에 닥쳤음을 깨달았다.

초강대국 사이의 대치는 대통령이 다뤄야 할 문제이지 아무리 재능이 뛰어나더라도 각료들이 처리할 문제는 아니었다. 그리고 닉슨은 국제 위기를 다루는 데 탁월한 능력을 가졌다. 하지만 워터게이트 스캔들의 마지막 굴욕이 코앞에 닥친 이상 대통령이 할 수 있는 것은 몸이나 추스르고 잠자코 있는 것뿐이었다. 이날 이른 저녁에 닉슨과 나눈 대화에서 키신저가 본 대통령은 정적들이 자신을 백악관에서 쫓아내는 것에 더해 육체적 죽음까지 원한다고 말할 정도로 심리적으로 불안한 상태였다. 브레즈네프의 친서가 도착했을 무렵, 대통령은 이미 잠자리에 들었다. 키신저가 헤이그 비서실장에게 대통령을 깨울 수 없겠느냐고 묻자, 헤이그는 단호히 대답했다. "안 됩니다." 헤이그도 키신저와 마찬가지로 닉슨이 중대 결단을 내릴 상태가 아니라고 느끼고 있었다.

하지만 누군가 결단을 내려야 했다. 키신저는 전쟁 발발 이래 중동의 위기 상황을 모니터링해온 고위 관계자들을 소집해 즉시 회의를 열자고 했다. 제임스 슐레진저 국방장관, 윌리엄 콜비 CIA국장, 합참의장 토머스 무어러Thomas Moorer 제독, 대통령 안보 보좌관 브렌트 스코크로프트Brent Scowcroft 장군과 헤이그 비서실장이 참석했다. 헤이그의 제안에 따라 회의는 키신저의 주재로 백악관에서 열렸다. 밤 10시 40분, 백악관 웨스트윙 지하의 상황실에서 회의가 시작되었다. 키신저의 기술에 따르면, 그것은 "나의 공직 재임 동안 가장 신중한 토론 중 하나"였다.

참석자들은 소련의 위협을 심각하게 받아들였다. CIA는 소련이 이날 아침에 갑자기 무기 공수를 중단했다고 보고했다. 병력 수송을 위해 수송기 내부의 배치를 바꾸고 있다는 뜻일 수도 있었다. 공수사단들도 높은 단계의 경계 태세에 들어가 있다고 알려졌으며 소련 지중해 함대도 전례 없는 규모로 증강되었다.

회의에서 소련을 대화로 끌어들이기 위해 타협적 어조로 답장을 작성해 보내기로 결정했다. 동시에 미국이 굴복하지 않겠다는 결의의 신호로 전군에 내려진 데프콘DefCon, Defense condition 4 경계상태가 데프콘 3로 상향되었다. 평시에 내릴 수 있는 가장 높은 등급의 전쟁 준비 상태였다. 밤 11시 41분, 합참의장 무어러 제독이 이 취지의 명령을 내렸다. 키신저는 웨스트윙의 텅 빈 로비에 있던 디니츠 대사와 상의하기 위해 회의 중 여러 번 자리를 비웠다. 대사는 현재의 상황 전개를 본국 정부에 실시간으로 보고하고 반응을 알려달라는 요청을 받았다. 데프콘 등급 상향을 알리며 키신저는 미국의 발표 전에 소련 정보당국이 이를 포착한다면 더 큰 효과가 있을 것이라고 말했다.

밤 11시 55분, 소련의 개입 요청을 철회하도록 이집트를 설득함으로써 소련의 위협을 무력화하기 위한, 사다트에게 보내는 닉슨 명의의 서한이 승인되었다. 이 메시지에서 미국은 중동지역에 소련군이 출현하는 사태를 좌시하지 않을 것이라고 경고했다. "저는 양대 핵 강국이 귀국의 국토에서 대치하게 되는 사태가 가져올 결과에 대해 고려해볼 것을 요청합니다."

회의 도중 몇 시간 안에 소련군 초대형 수송기 8대가 부다페스트에서 카이로로 비행해 전쟁 전에 소개되지 않은 소련인 가족을 소개할 예정이라는 것이 알려졌다. 여기에 더해 동독군 부대들도 경계태세에 들어갔다. 밤 12시 20분, 제82공수사단에 출동 준비령을 내리기로 결정되었다. 5분 뒤, 대서양의 항공모함 기동부대에 이미 지중해에 있는 두 기동부대와 합류하라는 명령이 내려졌다. 새벽 1시 45분, 유럽 주둔 미군 총사령관은 나토군 훈련 참가 병력의 미국 귀국을 연기하라는 지시를 받았다. 새벽 3시 30분, 합동참모본부는 전략공군사령부에 핵무기 운반이 가능한 괌^{Guam} 주둔 B-52 폭격기를 미국에 재배치하라는 명령을 내렸다. 브레즈네프에게는 새벽 5시 30분이 지난 시각에 답신을 전달하기로 결정되었다. 소련 정보 당국에게 미국의 대응 조치 정도를 파악할 시간을 주고, 각 미군 부대에게는 지시 이행을 개시할 시간적 여유를 주기 위해서였다.

키신저는 휴회 시간에 디니츠와 상의하면서 마지막 결전이 벌어진다면 이집트 제3군을 분쇄하는 데 시간이 얼마나 걸릴지를 물었다. 디니츠의 보고를 받으려고 모였던 메이어 총리와 각료들은 이스라엘의 이런 행동을 용인하거나 심지어 독려할 수도 있다는 미국의 암시에 깜짝 놀랐다. 디니츠에 의하면, 미국은 소련이 개입할 경우 하루에 소련군 4,500명을 카이로로 공수할 수 있을 것으로 추산했다. 충분한 전력이 집결된 4일, 5일 후 부대는 전선으로 이동하기 시작할 것으로 예측되었다. 키신저는 그 전에 이스라엘군이 이집트 제3군을 격멸할 수 있는지 알기를 원했다. 이스라엘은 포위당한 이집트 제3군이 대공방어를 할 수 없기 때문에 그렇게 할 수 있다고 확신했다. 키신저는 소련군이 카이로에 도착한 날이 아닌, 그 다음날 공격을 개시해 누가 먼저 적대행동을 했는지 전 세계에 똑똑히 보여주자고 제안했다.

키신저는 이틀 안에 소련군이 카이로에 공수될 것으로 예상한다고 말했다. 디니츠 대사는 제2차 세계대전 이래 소련군이 자국과 국경이 접하지 않은 나라에서 싸운 적이 없음을 지적하며 소련이 과연 개입할 것인지에 대해 의구심을 표명했다. 키신저는 언제나 첫 번째 사례는 있는 법이라고 답하면서 소련의 개입 가능성에 대한 이스라엘 정보당국의 평가를 요청했다. 이 대화에 참여했던 스코크로프트 장군이 이스라엘은 제3군을 포위함으로써 이집트를 어찌할 수 없는 처지로 몰아넣었다고 말하자, 디니츠 대사는 어느 한쪽은 종국에 이런 입장이 될 수밖에 없다고 답했다. 이제 궁지에 빠진 쪽은 이집트였고, 협상 카드는 이스라엘이 쥐고 있었다. 키신저는 고개를 끄덕였다. 텔아비브에서 자미르 모사드 국장은 소련이 중동에 파병할 의향이 있다는 징후는 보이지 않는다고 메이어 총리에게 보고했다.

10월 24일 자정 무렵, 다얀은 남부사령부의 바르-레브에게 전화를 걸었고, 바르-레브로부터 수에즈 시의 한 귀퉁이만 빼고 전 전선이 조용하다는 보고를 받았다. 시내에 갇힌 요시 요페의 대대를 가리킨 말이었다. 이집트군은 카이로-수에즈 도로에 가하던 압박을 멈췄고, 이 시점에서는 그 어디에서도 총성이 들리지 않았다.

19일 전, 성가대원들이 욤 키푸르 전날에 콜 니드레를 부른 이래 처음으로 조용한 밤이 찾아왔다. 바르-레브는 다얀에게 다음날 아침에 남부전선으로 와서 사단장들과 함께 휴전의 정치적 함의에 대해 논의할 수 있는지 물었다. 다얀은 동의했으나 좀 늦을지도 모른다고 말했다. "나는 총리가 잠자리에 들기 전에는 텔아비브를 떠날 수 없는데 총리는 키신저가 자기 전에는 자지 않을 거요."

워싱턴 시각으로 새벽 5시 40분, 외교신서사外交信書使가 소련대사관에 도착해 브레즈네프의 서한에 대한 답신을 전달했을 때 키신저는 이미 잠자리에 든 상태였다. 닉슨의 이름으로 작성된 이 서한에는 미국은 소련의 단독행동을 용인하지 않을 것이라는 내용이 담겨 있었다. 그래도 미국은 협력을 희망한다는 의사를 표명하고 유엔 휴전 감독 부대U.N. truce supervisory force를 파견하자는 소련의 아이디어를 받아들였다. 어조는 부드러웠으나 미국은 소련이 잘 볼 수 있도록 커다란 몽둥이를 등 뒤에서 흔들고 있었다.

아침 6시 직전 미 해군 제6함대 기함인 리틀 록USS Little Rock에서 전령이 사령관실 문을 노크하며 샤워 중인 함대사령관 대니얼 머피Daniel Murphy 제독에게 데프콘 3의 발령을 알렸다. 메세지에는 데프콘 외에도 항공모함 존 F. 케네디John F. Kennedy 함이 지브롤터 해협을 통과해 지중해에서 이미 머피의 지휘하에 있는 2척의 항공모함에 합류하라는 명령을 받았다는 내용이 포함되어 있었다. 서부 지중해에서 호위함들과 더불어 조심스럽게 거리를 유지하고 있던 항공모함 프랭클린 D. 루즈벨트Franklin D. Roosevelt 함은 이제 크레타섬 남쪽 해상에 있는 항공모함 인디펜던스Independence 함을 주축으로 하는 기동부대와 합류할 것이다. 해병대원 2,000명을 태우고 크레타섬 북안의 수다만Suda Bay에 정박 중이었던 수송선들은 전쟁구역과 더 가까운 섬의 남쪽으로 이동해 항공모함 함대와 합류할 예정이었다.

제6함대는 소련의 지중해 함대Mediterranean squadron와 2주 이상 숨바꼭질을 벌이고 있었다. 양국 함대는 모두 이스라엘-아랍 분쟁에 언제라도 개입할 태세를 갖추고 서로를 감시하고 있었다. 머피의 함대는 50척에서 60척으로 불어났다. 다르다넬스Dardanelles 해협(터키 서부, 마르마라해와 지중해를 연결하는 해협-옮긴이)을 통과하는 선박의 움직임을 감시하던 감시원들이 수상함과 잠수함들이 남쪽으로 이동 중이라고 보고했다. 욤 키푸르 이후 소련 함대의 보유 함선 수는 57척에서 90척으로 늘었다. 함대에는 잠수함 16척 및 해군 보병대원(소련은 해병대를 해군보병대로 불렀다-옮긴이) 수천 명을 태운 상륙정도 있었다. 소련 잠수함은 대서양에서 지중해로 진입한 항공모함 존 F. 케네디 함을 포착해 미행을 개시했다.

양 초강대국 해군 사이에서 벌어진 최대 규모의 해상 대치 상황에서 미 해군의 교전수칙에 따르면 소련의 공격이 임박했음이 확정적이고 워싱턴과 협의할 시간이 없는 경우 머피 제독의 재량으로 선제타격할 수 있었다. 머피는 소련이 먼저 공격한다면 함대함미사일 40발과 어뢰 250발을 발사할 수 있다고 계산했다. 만약 그럴 상황이 오면 머피는 선제타격을 할 수 있도록 미 해군 정보부가 사전에 정보를 제공할 것이라고 확신했다. 머피는 소련이 공격할 가능성을 40퍼센트로 추산했다. 몇 년 뒤의 인터뷰에서 그는 적대행동이 개시된다면 수면 위든 아래든 모든 소련군 함선을 추적해서 섬멸할 생각이었다고 말했다.

전자감시원들은 소련 미사일 시스템이 계속 미 항공모함을 추적하고 있음을 탐지했다. 머피는 프랭클린 D. 루즈벨트 함과 인디펜던스 함 사이의 거리를 75해리(139km)에서 100해리(185km) 사이로 유지했다. 함재기들이 상호 지원할 수 있을 정도로 가까우면서도 어느 쪽이 소련군 레이더의 조사照射를 받는지 알 정도로 충분히 떨어진 거리였다. 미군기들은 소련 함선 상공에서 초계비행을 계속했다. 해군 항공대가 없던 소련 함대는 잠수함과 '고자질쟁이tattletales'라는 별명으로 불린 구축함으로 미 함대를 미행했다. 이런 근접 대치에서 모습을 보인 적이 없던 소련 해군 제독들이 '고자질쟁이'의 함교에서 목격되었다. 소련이 이 게임을 심각하게 받아들인다는 것을 보여주는 증거였다. 소련 제독들은 계급장을 숨기려는 시도를 전혀 하지 않았다. 머피와 휘하 지휘관들은 비상시 중동지역 거주 미국 시민 소개에 관한 상시 명령을 검토했다. 교전국 거주 미국인은 6만 명으로 추산되었으며, 이 중 4만 5,000명이 이스라엘에 있었다. 어디에서 철수작전이 벌어지든 해병대가 중요한 역할을 할 것이다.

전쟁구역에 가장 가까이 접근한 제6함대 함선은 키프로스 근해에 배치된 구축함이었다. 이 구축함은 이스라엘행 공수작전에 참여하는 비행기의 항법 지원을 위해 지중해를 가로질러 일렬로 배치된 초계함정 중 마지막 함선이었다.

데프콘 3이 발령된 지 몇 시간 만에 머피 제독은 소련 함대의 전개 상황이 바뀌었다는 통지를 받았다. '고자질쟁이' 구축함들에 제1선급 미사일 탑재 함선이 합류했다. 소련 정부가 워싱턴의 경고를 포착한 것이었다.

미국이 발령한 경보는 이날 아침의 정례 정치국 회의에서 모든 의제를 뒤로 제치고 최우선 안건에 올랐다. 브레즈네프는 미국의 행보에 대해 경악을 표명하고 이것이 그가 닉슨에게 보낸 메시지와 연관이 있을지도 모른다는 가능성을 부인하며 "내가 닉슨에게 보낸 서한과 지금 상황이 무슨 상관이 있다는 말입니까?"라고 물었다. 포드고르니는 관련이 있다고 믿으며 "미국인들이 이렇게 쉽게 놀랄 것이라고 누가 상상이나 했겠습니까?"라고 말했다. 그레츠코 원수는 1972년의 핵전쟁 방지조약Treaty for Prevention of Nuclear War 하에서 미국은 핵무기를 보유한 부대에 경계령을 내릴 수 없다고 말했다. 그렇지만 소련 지도자 누구도 미국의 행동을 전쟁 개시 사유로 보지 않았다. "이집트와 시리아 때문에 미국과 전쟁에 휘말리는 것은 합리적이지 않습니다." 코시긴이 말했다. 유리 안드로포프Yuri Andropov KGB 총수도 여기에 동의했다. "우리가 제3차 세계대전을 일으켜서는 안 됩니다."

크렘린은 군사대비태세를 강화하기로 했지만 그레츠코 원수를 제외하고 중동 파병을 지지하는 사람은 아무도 없었다. 대신 소련 지도자들은 아랍의 패배를 받아들이기로 했다. 브레즈네프는 이스마일리아가 곧 함락될 것으로 예측했다. "이집트가 전쟁을 일으키는 것이 바람직하지 않다고 했던 우리의 주장이 옳았으며 이집트에 동정을 느끼기는 하지만 우리는 군사작전의 결과를 바꿀 수 없다고 사다트에게 말해야 합니다." 안드로포프도 공감하며 말했다. "우리는 아랍국들의 군사행동 개시를 제지하려고 했으나 그들은 우리 충고를 듣지 않았습니다. 사다트가 우리 군사고문단을 추방했음에도 불구하고 아랍국들이 전쟁을 개시하자 우리는 이들을 지원했습니다." 브레즈네프는 카이로에서 반소련 시위가 일어날 가능성에 대해 우려를 표명했다.

정치국 회의가 열리고 있을 때 닉슨의 이름으로 작성된 답신이 도착했다. 소련 지도자들은 메시지의 타협적 어조에 즉각적인 반응을 보였다. 브레즈네프는 두 초강대국이 같이 행동해 중동에 평화를 가져오자는 메시지의 요청에 특별히 주목하고 "이것이 바로 우리가 하려는 것입니다"라고 큰 소리로 말했다. 소련 지도부는 이스라엘이 유엔 결의를 완전히 준수하도록 압박하고 있다는 미국의 입장 표명에 자신감을 얻었고, 브레즈네프는 이로써 목적은 달성되었다고 말했다.

그런데 다음에 핵심 단락이 있었다. "우리 정부는 단독으로 행동하겠다는 귀국의 제안을 계산 불가능한 결과를 가져올 중대 관심 사안으로 볼 수밖에 없습니다. 양측에 휴전 조건을 부과하는 데는 방대한 물리력이 소요될 것이고 유혈사태를 피하려면 가장 긴밀한 협조가 필요할 것이 분명합니다. 이는 분명 실행 불가능할 뿐 아니라 현 상황에 부적절합니다."

그레츠코 국방장관이 첫 반응을 보였다. "왜 실행이 불가능하지요? 미국과 공동으로 행동하겠다는 제스처를 취하기만 해도 즉각적인 교전 중단으로 이어질 텐데요. 충분히 분명하지 않은가요? 미국이 자신들의 시나리오를 강요하고 싶은 것이겠지요."

브레즈네프 역시 분한 마음을 드러냈다. "미국이 우리와 같이 행동하지 않는다면 단독으로 절차를 밟는 것을 고려할 수밖에 없을 것이라고 말했을 뿐인데 지금 보세요. 일방적으로 핵전쟁 경보를 선포하고 나서 감히 우리를 비난하다니요. 미국인들의 논리는 뭔가 잘못되었어요." 핵전쟁 경보의 설명 부재에 대한 당혹감도 있었다. 미국의 메시지에는 관련 언급이 없었다.

미국의 행보에 대한 가장 건설적인 반응을 제시한 사람은 브레즈네프였다. 아예 반응하지 말자는 것이었다. "닉슨이 너무 신경질적이군요." 브레즈네프가 말했다. "진정시킵시다." 소련 정부의 목적은 미·소 공동 행동을 통해 전쟁을 끝내는 것임을 재확인하고 감시 요원 파견에 닉슨이 동의했기 때문에 소련의 단독 행동은 필요 없게 되었음을 강조하는 유화적 메시지의 초안이 잡혔다.

워싱턴의 소란은 브레즈네프의 새 메시지를 받기도 전에 진정 국면으로 들어갔다. 키신저가 아침 8시에 집무실로 돌아오자 미국의 반대를 고려해 소련군 파병 요청을 철회하며 대신 유엔에 다국적군 파병을 요청하겠다는 내용의 하페즈 이스마일이 보낸 메시지가 도착해 있었다.

아침에 일어난 닉슨 대통령은 자신이 잠들어 있는 동안 전 세계에 자신의 이름으로 경보가 발령되었음을 알게 되었다. 키신저와 헤이그가 보고한 자리에서 닉슨 대통령은 사건이 어떻게 전개되었는지를 듣고 득의양양했다. 위기는 끝난 것 같았다. 워싱턴과 모스크바에서 안도감이 퍼져가는 와중에 시나이 사막 한가운데에서 3만 명으로 구성된 1개 야전군이 포위되어 있으며 이스라엘이 물 공급을 끊었다는 사실은 잊혀졌다.

시나이 사막 한가운데 판 개인호에 들어가 있는 이스라엘군 병사들. 〈이스라엘 국방군 기록물보관소 제공〉

이스라엘에게 이집트 제3군 포위는 욤 키푸르 이래 필사적으로 추구하던 일종의 심리적 자양분이자 역사상 가장 가혹한 시련을 겪고서도 힘을 잃지 않았음을 재확인하는 행위였다. 수요일 밤, 이스라엘 내각은 이집트 제3군의 병사들이 비무장으로 이스라엘 진영을 통과하는 것을 허용하기로 결의했다. 그러나 이집트 제3군 장교들은 이스라엘에 있는 이집트군 포로 8,300명과 바르-레브 선의 전초기지들이 함락되면서 대부분 포로가 된 230명의 이스라엘 포로들이 교환될 때까지 전쟁포로로 억류하기로 했다.

키신저에게 제시된 또 다른 대안은 양군이 운하 건너 전쟁 전의 대치선으로 철수하는 것이었다. 키신저는 사다트가 이집트 제3군의 시나이 철수를 받아들이지 못할 것이라고 말하고 대신 이스라엘이 포위를 유지하되 식량, 식수, 의약품 반입만 허가하자고 제안했다. 이렇게 하면 이집트 제3군은 앞으로의 협상에서 이스라엘의 인질로 남으면서도 굴욕적 항복을 강요당할 필요가 없을 것이다.

이스라엘은 이 제안에 별다른 공감을 표하지 않았다. 이집트군은 금요일에 포위망을 돌파해 수에즈 시 쪽으로 교량 가설을 시도했으며, 이스라엘은 이를 기회로 포병과 공군을 동원해 지휘소와 식수저장소 같은 우선순위 목표물을 타격했다. 미 정부 관계자들은 격앙된 반응을 보였다. "귀국이 초강대국 간의 대치 상황을 틈타 장난을 치고 있다는 점을 분명히 알기 바랍니다"라고 국방부 관계자가 주미 이스라엘 국방무관인 구르 장군에게 말했다. 키신저는 디니츠 대사에게 "친구로서 말하는데" 이스라엘이 위험한 게임을 벌이고 있다고 말했다.

키신저는 이집트 제3군을 분쇄하지 말라고 이스라엘을 압박했지만, 사실 이집트 제3군 포위는 미국 외교에 있어 선물이었다. 제3군의 파멸을 원치 않았던 사다트는 이 사태 진전으로 인해 미국에 완전히 의존하게 되었다. 키신저는 디니츠에게 워싱턴은 이집트 제3군 섬멸을 지지하지 않을 것이라고 말했다. 닉슨은 이집트 제3군의 생존을 미국의 의무인 동시에 소련의 품에서 이집트를 유인해올 열쇠로 보았다.

이를 넘어서 키신저는 이집트 제3군을 자신이 성사시키고자 하는 종전의 지렛목으로 보았다. 그는 이집트에게는 명예를, 이스라엘에게는 억제력을 회복시켜주는 방식으로 전쟁을 끝내려고 애쓰고 있었다. 전쟁 중에 키신저는 군사적 우월성을 보여주기 위해 원래 이스라엘이 할 수 있었던 것보다 더 강력한 반격을 하도록 이스라엘을 부추겼으나 막상 이스라엘군이 이집트군을 쳐부수기 시작하자 신속히 휴전에 힘을 쏟아 이집트의 자존감을 다치지 않게 하려 했다. 간단히 말해 이스라엘은 승리에 비견되는 성과를 거두어야 했지 완승해서는 안 되었다.

미 국방부는 미군기들이 포위된 이집트 제3군에 낙하산으로 보급품을 투하하는 것을 제안했다. 키신저는 이스라엘의 묵인 아래 자국의 전선을

이스라엘군이 장악한 수에즈 운하 서안에서 이집트군 병사들이 시나이 반도에서 포위된 이집트 제3군에게 보낼 식수통을 배에 옮겨싣고 있다. 반대편에 이집트군이 개전 당일에 이스라엘군의 모래방벽에 뚫은 돌파구가 보인다. 〈이스라엘 정부 공보처 제공〉

통과하여 보급품을 공급함으로써 이집트와 이스라엘 사이의 대화의 문을 여는 것을 선호했다. 하지만 이스라엘은 이집트에 대한 승리에만 집착했다. 선견지명이 있는 다얀 같은 사람조차 제3군의 운명과 평화 가능성 사이의 연결고리를 보지 못했다.

메이어 총리는 즉시 포위를 풀라는 키신저의 긴급요청에 대한 답신을 보내기까지 반나절 동안 뜸을 들였다. 보급품 통과를 용인하는 대신 총리는 양국의 대표가 직접 만나 이집트 제3군과 포로의 운명을 논의할 것을 제안하며 장소, 시간, 대표의 계급은 이집트 측이 정할 수 있다고 말했다. 키신저는 이것이 이스라엘의 또 다른 지연책이라고 생각했다. 초기 단계에 이집트가 이스라엘과의 직접 대화에 동의할 것이라고는 아무도 예상하지 못했으나 그는 하페즈 이스마일에게 이스라엘의 제안을 전달했다.

그런데 그러는 동안에 일어난 두 가지 새로운 사건이 키신저가 짜고 있던 섬세한 거미줄을 망칠 뻔했다. 닉슨은 이미지를 개선할 마지막 시도로 기자회견을 열어 자신이 미국의 경보 발령 원인이 된 위기를 어떻게 능수능란하게 해결했는지 말하려 했다. 사실 닉슨은 위기가 벌어지는 내내 자고 있었다. 브레즈네프의 일방적인 개입 위협을 거론하며 닉슨은 "그가 내게 보낸 서한이 거칠고 위협적이라고 말하는 대신 나는 그 내용이 매우 단호해서 그쪽의 의도에 대해 우리가 상상할 여지를 거의 남기지 않았다고 말했습니다. 나 역시 매우 단호한 답신을 보내서 브레즈네프는 우리가 어떻게 행동할지에 대해 상상할 여지가 거의 없었을 것입니다." 닉슨의 말에 따르면, 브레즈네프는 미국의 힘과 닉슨을 이해했다. 닉슨은 말을 이었다. 어쨌거나 자신은 현직 대통령이며 모두의 예상과 반대로 북베트남을 폭격한 적이 있었다. 키신저는 닉슨의 말을 듣다가 움찔했다. 브레즈네프가 겁쟁이가 아님을 증명하려고 닉슨의 발언에 똑같은 반응을 할 필요를 느끼지 않을까 우려했던 것이다. 헤이그는 "대통령은 지금 한계점에 왔어요"라고 말하며 대통령에 대한 의구심을 드러내지 말라고 키신저에게 경고했다.

두 번째 사건은 브레즈네프가 보낸 두 번째 메시지였다. 여기에는 닉슨의 발언에 나타난 거만스러운 어조에 대한 언급은 없었고 이틀 전에 보낸 '일방적인 행동'을 거론한 서한보다는 훨씬 부드러웠다. 하지만 브레즈네프는 이집트 제3군의 운명에 대해 깊은 우려를 표명하며 몇 시간 안으로 미국의 대응을 요청했다. 브레즈네프는 이전 사건에서 교훈을 얻었는지 후폭풍에 대해 경고하지는 않았다. 무기력해서가 아니라 자제해서 그랬던 것이다.

키신저는 이스라엘을 혼내줄 때가 되었다고 생각했다. 밤 11시, 키신저는 디니츠 대사에게 전화를 걸어 대통령의 메시지를 전달한다고 말했다. 먼저 이집트 제3군의 분쇄는 '존재하지 않는 선택지'이며, 둘째로 대통령은 다음날 아침 8시까지 비군사적 보급품이 포위된 이집트군에게 전달되는 것을 이스라엘이 허용할 것인지 답을 주길 바란다는 것이었다. 만약 이스라엘이 부정적인 답변을 보내온다면, 미국은 유감스럽지만 이스라엘이 10월 22일의 전선으로 후퇴해야 한다는 유엔의 요구를 지지할 생각이었다. 이렇게 된다면 이집트 제3군으로 가는 보급로가 열릴 것이며 이스라엘군의 전술적 배치는 상당히 악화될 것이다.

텔아비브에서 다얀은 엘라자르와 메이어 총리에게 이집트 제3군으로 가는 보급품 통과를 허용한다면 제3군이 살아남아 전투력을 유지할 수 있기 때문에 최악의 선택이 될 것이라고 거듭 말하고 있었다. 이렇게 된다면 아단 사단과 마겐 사단은 동쪽에서 운하를 건너 이집트로 돌아올 수 있는 교량을 아직도 보유하고 있는 시나이의 이집트 제3군과 서쪽 측면의 카이로 방면에서 새로 편성 중인 야전군 사이에서 곤경에 처하게 될 것이다. 다얀이 가장 선호한 방책은 공격을 계속해 제3군을 항복시키는 것이었고, 차선책은 무기를 남긴 채로 운하 건너편으로의 후퇴를 허용하는 것이었다. 그러나 다얀은 이집트가 후자에 동의해서 시나이를 포기한다면 무기 소지까지 허용해줄 준비가 되어 있었다. 하지만 디니츠가 닉슨의 이름으로 전달된 키신저의 최후통첩을 받아들이기로 했음을 알리자, 이 모든 생각은 부질없게 되었다.

지금까지의 전쟁 과정을 회상하며 다얀은 각료들에게 자신은 아랍인들의 꿋꿋함에 놀랐다고 말했다. "아랍인들은 심지어 전투에서 패했을 때조차 도망치지 않았습니다." 국방장관은 이스라엘 병사들이 뛰어났다고 말했다. 그들은 현명하고 단호하게 싸웠으나 너무 대담했다. "훌륭한 일인 동시에 끔찍한 일이기도 합니다. 우리는 숨을 돌리고 싸우는 이유에 대해 생각해보아야 합니다. 저는 운하 건너편에 있었을 때도 계속 생각하고 있었습니다. '우리가 여기서 도대체 무엇을 하고 있지? 이곳은 통곡의 벽도 아닌데'." 제1차 세계대전 당시 가자 전투$^{\text{Battle of Gaza}}$(1917년 3월부터 11월까지 3차에 걸쳐 오스만투르크령 팔레스타인 가자 시를 둘러싸고 연합군과 오스만투르크군이 벌인 전투-옮긴이)에서 목숨을 잃은 오스트레일리아군 기병대원을 언급하며 다얀은 "이런 일은 대개 한 세대가 지나야 이해할 수 있습니다. 불필요하게 피를 흘려서는 안 됩니다"라고 말했다.

키신저의 최후통첩이 만료되기 4시간 전, 이집트는 이스라엘의 직접 대화 제안을 수용한다는 하페즈 이스마일의 메시지가 워싱턴에 도착했다. 키신저는 어리둥절해하면서 디니츠 대사에게 "대사님은 기적의 땅에서 오셨지요?"라고 말했다. 카이로가 지정한 회담 장소는 카이로와 수에즈를 잇는 사막 도로에 있는 킬로미터 101$^{\text{Kilometer 101}}$이라는 지점이었다. 이집트 정부는 가마시 장군을 대표로 임명하고 완전한 휴전과 제3군으로 가는 비군사적 보급품을 실은 보급차량 대열의 통과를 허용하라는 두 가지 선제조건을 내걸었다.

메이어 총리는 조건을 모두 수락하고 야리브 장군을 이스라엘 대표로 임명했다. 회담 일자는 토요일 오후 3시로 정해졌다. 그러나 이 회담 소식을

휴전 기간에 메이어 총리와 다얀 국방장관이 병사들과 만나고 있다. 〈이스라엘 정부 공보처 제공〉

전달받지 못한 이스라엘군이 회담 장소에서 서쪽으로 10마일(16km) 떨어진 카이로-수에즈 도로상에서 가마시 소장과 이집트 대표단을 억류하는 사건이 벌어졌다. 일요일인 10월 28일 오전 1시 30분이 되어서야 이스라엘과 이집트군 대표는 사전에 설치된 대형 텐트 안에서 마침내 악수를 나누었다. 두 나라 대표단이 직접 협상을 위해 만난 경우는 이번이 처음이었다.

더 실질적 대화는 앞으로 워싱턴에서 진행될 예정이었다. 10월 29일, 이집트 외무장관 대행 이스마일 파흐미Ismail Fahmy가 초청장 없이 키신저의 집무실에 불쑥 나타났고 이틀 뒤에는 메이어 총리가 찾아왔다.

워싱턴으로 출발하기 전날, 총리는 다얀, 엘라자르와 함께 헬리콥터에 탑승해 남쪽으로 향했다. 첫 전선 시찰이었다. 남부사령부 본부 및 각 사단본부를 방문한 자리에서 총리는 지휘관들을 만나 전장이 잘 내려다보이는 곳에서 전황 설명을 들었다. 방문한 각 사단에서는 병사와의 만남과 질의응답 시간도 가졌다. 샤론 사단을 방문한 총리가 다얀, 엘라자르, 샤론과 나란히 들어가자, 병사들은 '아리크, 이스라엘의 왕'이라는 노래를 부르기 시작했다. 성공적으로 끝난 전쟁에서 병사들이 지휘관에 대해 느낀 애정의 자발적 표현이었으나 메이어와 다얀은 이 장면이 가진 정치적 함의를 놓치지 않았다.

병사 한 명이 왜 이스라엘군 포로가 석방되기도 전에 이집트 제3군에 가는 보급품 통과를 허락했는지를 묻자, 총리는 미국의 압박 때문에 선택의 여지가 없었다고 설명했다. "적과 싸우는 것이 친구와 싸우는 것보다 쉽습니다." 이따금씩 대답하기 난감한 질문이 손자들을 찾아나선 할머니 같은 총리의 전선 시찰 분위기를 바꾸기도 했다. 병사 한 명이 "어떻게 우리가 이렇게 준비되어 있지 않을 수 있었습니까?"라고 묻자, 메이어 총리는 여기에 대해 확실한 답을 할 수 없으며 자신은 군사 문제 전문가가 아니어서 이 분야에 대해서는 옆에 앉은 두 사람, 총참모장과 국방장관에 의지한다고 말했다. 총리의 답변을 들은 욤 토브 타미르 중령은 격분했다. 전쟁 첫날, 자신의 전차대대가 운하 북부전선에서 전멸당했을 때 입은 마음의 상처를 그대로 안고 있던 것이었다. "총리님이 이런 문제를 이해하지 못해서 제가 부하 48명을 잃었다는 말씀입니까?" 중령이 고함을 질렀다. 옆에 서 있던 고넨 장군이 그를 말렸다. 전투 때문에 지난 몇 주간 억제된 분노가 표출되기 시작했다.

후방에서도 이 병사처럼 국가의 준비 부족에 의문을 던지는 이들이 생겨났고 그런 이들의 목소리는 점점 더 커졌다. 총리가 답변자로 지목한 엘라자르와 다얀은 다음날 서로 모순되는 답변을 내놓았다. 크네세트의 외교국방위원회에 출석한 엘라자르는 제시간에 동원을 마치지 못해서 전쟁 초기에 차질이 발생했다고 답했다. "전쟁 전에 동원을 마쳤더라면 전쟁은 3, 4일, 혹은 6일 안으로 끝났을 것입니다. 개전 시 상황은 끔찍했으나 이스라엘 국방군은 승리를 거뒀고 시간만 충분히 있었더라면 세계를 놀라게 할 방법으로 전과를 확대했을 것입니다." 엘라자르가 말했다. 엘라자르는 실수가 있었음을 시인하면서도 이스라엘 국방군의 지휘체계와 준비태세는 건재했음이 입증되었다고 말했다. 엘라자르에 따르면 이스라엘 국방군이 사전에 인지하지 못한 요소가 전쟁 결과에 영향을 끼친 경우는 없었다. 이집트군이 운용한 눈부시게 놀라운 대전차 전술이나 예측에서 빗나간 보병의 끈질김, 이스라엘 국방군의 제병 통합작전 무시, 그리고 엄청난 자원이 투자된 공군이 SAM에 무력화되었다는 사실을 모두 도외시한 발언이었다.

다얀은 모든 점에서 엘라자르와 의견이 달랐다. 다얀의 냉철한 분석에 의하면, 문제의 근원은 기습 요소와 동원 실패보다 더 깊은 곳에 있었다. "우리 군의 작전 개념이 틀렸다는 것이 증명되었습니다." 다얀은 텔아비브에서 열린 신문편집인들과의 모임에서 이렇게 말했다. "동원이 제시간에 완료되었다 해도 전차는 적에게 타격을 받지 않고는 적진에 접근할 수 없었을 것이며 비행기도 접근할 수 없었을 것입니다. 우리는 시나이 반도에 전차 300대, 골란 고원에 전차 180대만 배치하면 충분할 것이라고 추산했지만 실제로는 충분치 않았습니다."

전쟁 초기의 문제를 극복하자 이스라엘 국방군은 가공할 전투기계가 되었다고 다얀은 말했다. "우리는 남부전선에서 3개 사단을 보유했는데 이스라엘 국민이 한 번도 보지 못한 규모입니다. 원했다면 우리는 카이로에 도달할 수 있었습니다. 문제는 이것이 바람직했느냐는 것입니다. 전쟁 재개를 우려하느냐는 질문을 받자, 다얀은 "그 반대입니다. 나는 이집트와의 전투 재개를 간절히 원합니다"라고 답했다. 운하 서안의 이스라엘군은 이집트의 2개 야전군 사이에 끼어 있는 데다 보급선은 지나치게 신장되어 있었는데, 이러한 배치를 유지하는 것은 지극히 곤란했다. 다얀은 이집트가 다시는 전쟁을 일으키지 않을 것이라는 보증으로 운하를 재개방하고 버려진 운하 주변 도시들로 주민들을 재이주시키는 경우에 한해 운하를 건너 철군할 생각을 갖고 있었다.

만약 이집트가 거부하면 이스라엘군은 이집트 제3군을 격멸하고 제2군에 대한 격멸도 시도할 것이라고 말했다.

워싱턴으로 떠나는 메이어 총리를 환송한 다음, 다얀은 남부사령부 수뇌부와 상의하기 위해 남부전선으로 날아갔다. 다얀은 장성들에게 몇 주일 지나면 전쟁이 재개될 것으로 예측되며 그렇게 된다면 "선제공격을 해야 한다"고 말했다. 군은 강력했다. 파손된 전차들의 수리를 마쳤고 '병사들은 휴식을 취했다'. 다얀은 소련의 개입을 불러올 수 있는 카이로 진격을 선호하지 않는 대신 제3군을 끝장내고 제2군을 처리하기를 원했다. 현 상황의 유지가 불가능하기 때문에 대미 관계 위기라는 대가를 치르고서라도 제3군을 공격하자는 것이 다얀의 제안이었다.

아단은 하룻밤 안에 이집트 제3군을 제압할 수 있을 것으로 믿는다고 말했다. 샤론은 이집트와의 회담을 막다른 길로 몰아간 다음 공격하는 방안을 옹호했다. 다시 전투가 재개되면 그는 제3군 대신 제2군을 공격하는 편을 선호했는데, 제2군이야말로 이스라엘군 교두보에 더 심각한 위협이었기 때문이었다. 샤론 역시 카이로 진격은 현명한 처사가 아니라는 데 동의했다. 이스라엘군의 교리는 의지를 관철하기 위해 아랍의 수도를 점령하는 것을 절대 옹호하지 않았다. 레셰프 대령은 카이로 공세를 취하는 척하면서 제2군을 타격하는 방안을 선호했다. 대령은 몇몇 부하들은 전쟁을 계속해야 할 동기를 잃었으며 어떤 부하는 이미 다섯 번이나 부상당했다고 말했다. 그렇지만 장병 대부분은 전쟁을 확실히 끝내기를 원했고, 며칠간 휴식을 취해 재충전했기 때문에 계속 전투를 벌일 준비가 되어 있었다. 타마리 장군은 이스라엘군이 이집트 제2군을 굴복시키기에는 전력이 충분하지 않다고 믿었다.

참모본부 회의에서 발언자 대부분은 전투 재개를 선호했다. 반대자가 2명 있었다. 탈 참모차장은 추가 인명피해를 무릅쓸 이유가 없다고 보았다. 제이라 아만 국장은 제3군이 격멸된다고 해서 사다트가 순순히 합의하지는 않을 것으로 생각한다고 말했다.

11월 2일 자정 무렵, 엘라자르는 아단에게 사단을 이끌고 시나이 반도로 돌아와 이집트 제3군에 대한 공격 준비를 명령했다. 새벽녘, 사단은 운하 서안의 교전을 중단하고 교량을 건너 동쪽으로 돌아오고 있었다. 하지만 명령의 결정은 워싱턴에서 내려졌다. 키신저는 디니츠 대사에게 "이집트 제3군을 포로로 잡는 것은 허용하지 않겠습니다"라고 말했다. 미국이 상황을 지휘하는 한 결정적 승리란 없었다. 사실 미국이 달성하려고 마음먹은 목표는 결정적 무승부였다.

미국의 물자 공수는 군사적인 것 못지않게 상징적으로도 이스라엘에 중요한 의미가 있었다. 소련이 시리아와 이집트에 1만 5,000톤의 물자를 공수한 데 비해, 미국은 2만 2,000톤을 이스라엘로 보냈다. 이스라엘은 이 중 일부만 실전에서 사용했다. 하지만 미국이 무기를 보내온다는 것을 알았기 때문에 이스라엘은 비축량을 더 자유로이 사용할 수 있었을 뿐 아니라 심리적으로도 상당히 충격을 덜 수 있었다. 유럽(사실 전 세계)이 아랍의 석유 금수조치에 겁을 먹고 몸을 움츠리고 있을 때, 이스라엘 국민은 미군 수송기들이 하루에 40회까지 로드 국제공항(나중에 벤구리온 국제공항으로 이름이 바뀜-옮긴이)에 착륙하는 장면을 보고 이스라엘이 혼자가 아님을 깨달았다. 이스라엘 공군은 전쟁 기간 동안 1만 1,000회 출격했는데, 그동안 미국에서 새로 도착한 비행기로 출격한 횟수는 300여 회에 불과했다. 이 기간 수송기에 실려 이스라엘에 도착한 전차는 10여 대에 불과했다. 하지만 장사정 포탄과 보병용 대전차미사일은 꼭 필요한 때에 공수되었다.

처음에 미국은 아랍인들을 불쾌하게 하지 않기 위해 물자 공수를 신중하게 수행하려고 했었다. 비행기는 야간에 착륙하고 동트기 전에 이륙할 예정이었다. 그러나 소련이 아랍에 물자 공수를 하는 상황에서 워싱턴은 점점 이 공수작전을 미국이 세력 투사를 할 능력이 있음을 다시 한 번 보여줄 기회로 보게 되었다. 베트남전이 실패로 끝난 마당에 부끄러워할 일이 아니었다. 거대한 갤럭시 수송기에 실린 전차 4대의 인도는 이스라엘군에게는 상징적 추가 전력에 불과했지만 외국 미디어를 통해 힘을 과시함으로써 미국은 '할 수 있다'는 이미지를 보여주는 데 성공했다.

공수작전이 거둔 간접효과는 사다트가 이스라엘이 아니라 미국과 싸우고 있다고 말함으로써—사다트는 자신에게 유리하게 미국의 공수작전이 시작되기도 전에 소련의 공수작전이 개시되었다는 것을 모르는 체했다—휴전을 요청하는 것이 더 쉬워졌다는 것이었다. 사실 미국 비행기들은 10월 14일 늦은 시간부터 이스라엘 비행장에 착륙하기 시작했다. 이때는 남부전선에서 전환점이 된 이집트군 기갑사단들과의 전투가 벌어진 뒤고 이스라엘군이 다마스쿠스 외곽에 포격을 개시한 다음이었다.

키신저는 워싱턴에 도착한 메이어 총리를 맞았다. 총리의 얼굴에는 지난 3주 동안 받은 중압감이 역력했다. "전쟁은 메이어 총리에게 엄청난 충격을 주었다"라고 키신저는 자서전에서 밝혔다. 공식 방문의 의제는 포로 교환, 휴전선 확정 및 이집트 제3군의 운명이었다. 하지만 총리의 진짜 방문 목적은 이집트를 자신의 세력권으로 끌어오려는 워싱턴의 노력이 미국-이스라엘 관계에 위협으로 작용할지를 파악하는 것이었다. 키신저가 이스라엘과 협의 없이 모스크바에서 휴전 결의를 도출한 것은 이스라엘로서는 우려스러운 상황 전개였다. 불길한 징조일까? 지금 이스라엘의 상황에서 친구이자 시혜자로부터 버림받을 가능성은 생각하기조차 쉽지 않았다.

키신저는 아랍 국가가 평화협상을 할 용의가 있다는 신호를 보내기만 하면 미국은 중재 역할로 옮겨갈 것이며 이는 이스라엘의 입장과 반드시 합치하지만은 않는다고 설명했다. 이집트 제3군으로 가는 보급품의 통과 허용 같은 이스라엘의 양보가 없으면 이집트가 전향적 태도를 보일 동기는 없을 터였다. "지금까지 아랍이 부려온 고집과 소련이 행사해온 압력 때문에 이스라엘에서는 외교정책이 아닌 국방정책만 수행할 필요가 있다는 환상이 생겨났다"라고 키신저는 썼다. "이집트가 온건한 입장으로 방향을 선회한 것이 지금까지의 단순한 상황에 종지부를 찍었다. 메이어 총리는 미국의 전략이 아닌 새로 등장한 복잡한 현실에 대해 불평하고 있었다."

앞으로의 상황 전개는 이집트 정부와 이제 막 지역 정세를 한바탕 뒤집어놓았던 카이로의 한 인물에게 달려 있었다. 정전 2주 뒤, 키신저는 사다트와의 첫 회담을 위해 길을 나섰다. 두 사람은 금세 친해졌다. 둘 다 상대방의 영민함과 선견지명을 높이 샀고 서로를 믿을 만한 사람이라고 여겼다. "나는 사다트야말로 이스라엘 건국 이래 중동을 감싸고 있는 얼음장 같은 분위기를 박차고 뛰어오를 최상의 기회를 한 몸에 구현한 사람이라고 느꼈다"라고 키신저는 나중에 기록했다. 키신저는 이스라엘군이 10월 22일의 전선으로 후퇴해야 한다고 고집을 부린다면 토론은 한없이 늘어질 수밖에 없다고 사다트를 이해시키기 위해 노력하며 그보다는 양군의 분리에 초점을 맞춰 이스라엘이 운하 서안에서 일괄 철군하게 만들어야 한다고 말했다. 그동안 이집트 제3군은 포위된 상태로 남겠지만 이스라엘을 설득해 보급대를 들여보낼 수 있을 것이었다.

"나는 사다트에게 평화의 열쇠는 방금 만난 미국인의 판단을 믿고 이집트 제3군이 포위된 채 몇 주일간 사막에 남겨지는 것을 묵인하는 것이라고 말했다. 그러자 사다트는 나를 놀라게 했다. 실랑이도, 논쟁도 없었다. 사다트는 양보로 상대방에게서 무엇을 취할 수 있는지 알아보는 일반적인 외교 교섭 방식을 배제하고 나의 분석과 내가 제안한 절차에 동의한다고 짤막하게 말했다." 키신저는 파흐미, 메이어와 먼저 대화했던 덕분에 양측이 수용 가능한 제안을 할 수 있었다. 그 요점은 다음과 같았다:

- 공식 휴전협정을 맺는다.

- 이집트 제3군으로 가는 보급품은 카이로-수에즈 고속도로상의 이스라엘군 검문소를 대체해 설치될 유엔 검문소를 거친다. 보급품의 성격이 비군사적임을 확인하기 위해 이스라엘군 장교가 유엔 관리들과 함께 보급품을 조사할 수 있다.
- 전쟁포로를 교환한다.

이스라엘에게 휴전협정은 이집트 제3군을 풀어주지 않고서도 이스라엘군 포로들을 돌아오게 할 수 있다는 것을 의미했다. 이집트의 입장에서 휴전협정은 제3군이 무사히 살아남을 것이며 이스라엘군이 곧 운하를 건너 철군한다는 것을 보장해주었다. 미국의 입장에서 휴전협정은 이집트에서 지배적인 영향력을 행사하던 소련을 밀어낸다는 뜻이었다. 11월 11일에 킬로미터 101에서 이집트의 가마시 장군과 이스라엘의 야리브 장군이 휴전협정에 서명했고 이행 방법의 도출도 이들에게 맡겨졌다.

사막 한가운데서 두 장군이 시작한 대화는 한 달 뒤에 제네바에서 열린 공식 국제회의로 이어졌다. 회의에는 키신저를 비롯해 이스라엘·이집트·요르단·소련 외무장관이 참석했다. 처음으로 아랍 국가의 외무장관들이 이스라엘 장관과 같은 테이블 앞에 앉았다. 시리아는 참석을 거부했으나 테이블에 빈 좌석을 남겨두어 미래에는 참석할 가능성을 시사했다. 12월 21일에 열린 회의 결과 앞으로 몇 달에 걸쳐 벌어질 평화협상 과정의 공식적 틀이 도출되었다. 협상은 제네바에 있는 유엔 건물의 장중한 홀이 아니라 나중에 셔틀 외교Shuttle Diplomacy로 알려진 키신저의 절묘한 중재를 통해 이루어졌다.

키신저는 중동 국가들의 수도를 왕복하며 중재 외교에 나섰다. 가끔은 하루에 여러 수도를 방문하기도 했다. 1974년 1월 18일, 이집트와 이스라엘이 양군 군대 분리 협약disengagement agreement에 서명하는 첫 번째 주요 돌파구가 마련되었다. 협약에 따르면, 이스라엘군은 운하를 건너 기디와 미틀라 고개를 지키는 선까지 철군해야 했다. 시나이 반도 서안의 이집트군은 이스라엘의 처음 요구대로 철군할 필요는 없었으나 양군은 두 진영 사이에 생긴 유엔 완충지대에 의해 분리되었다.

10주 동안 불안한 상태에 있던 휴전 상태는 분리협약 합의로 갑자기 종

이집트군 참모본부 작전국장 압델 가니 엘 가마시 장군(콧수염을 기른 이)과 이스라엘군 총참모장 다비드 엘라자르 장군이 군대 분리 협상을 벌이던 킬로미터 101에 설치된 텐트에서 나오면서 유엔군 경비병의 경례를 받고 있다. 〈이스라엘 정부 공보처 제공〉

식되었다. 전후 기간 중 이스라엘군 사상자는 전사자 14명, 부상자 65명이었다. 이집트군의 인명피해는 샤론이 지휘한 구역에서 특히 더 컸다. 샤론은 이집트군이 휴전을 위반한다고 판단되면 대대적 포격으로 대응할 것을 명령했다. (이스라엘군 예비역 소령이 포로수용소에서 이집트군 포로를 구타하는 장면을 보고 보인 그의 반응은 샤론의 또 다른 면을 보여준다. 샤론의 선임 정보장교 예호슈아 사구이 대령에 따르면, 샤론은 이 소령을 포로들의 시야에서 벗어난 텐트로 불러 뺨을 때렸다고 한다.)

이스라엘의 부분 철군과 사다트의 수에즈 운하 재개방과 운하 언변 도시에 대한 주민 재정착 동의는 1970년에 다얀이 시나이 상황에 대한 가장 안정적인 해결책으로 제시한 것이었다. 그때 메이어 총리는 다얀의 제안을 거부했다. 전쟁이 끝나고 한 달 뒤, 노동당 중앙위원회에서 메이어는 당시 결정을 후회하는 어조의 발언을 했다. 총리는 "고백하건대, 저는 다얀이 무슨 말을 하는지 이해하지 못했습니다. 그때 저는 '우리가 그냥 운하에서 철군하겠다고 제안하는 것인가요?'라고 물었습니다"라고 말했다. 더 상세한 설명은 없었으나 발언이 가진 함의는 어마어마했다. 만약 총리가 다얀의 제안이 가진 함의를 파악했더라면 전쟁이 발발했다 해도 아주 다른 방향으로 진행되었을 것이다.

분리협약이 맺어진 지 한 달 뒤, 마지막 이스라엘군이 다리를 건너 철수했다. 텐트 말뚝을 뽑던 예비군들은 이곳을 그리워할 것 같은 느낌이 들었다. 마트 대령의 여단 소속 공수부대 부사관은 이스마일리아 근처의 전초기지에서 철수하면서 기자에게 "같이 있었던 시간이 그리울 겁니다"라고 말했다. "우리 중 일부는 앞으로 작은 키부츠처럼 함께 살아도 좋겠다는 생각이 듭니다." 철거 전에 롤러교 옆에서 열린 행사에서 4개월 전 운하 서안에 첫발을 내디딘 엘리 코헨 중위(나중에 이스라엘의 대사급 외교관이 된다)가 깃대에서 이스라엘 국기를 내리자 동료들이 착색연막탄을 터뜨리고 풍선을 날렸다.

이스라엘은 언제라도 발생할 수 있는 다음번 대결을 위해 군을 재건하는 길고도 힘든 과제에 착수했다. 하지만 사다트는 여전히 한 발 앞서 있었다. 키신저를 통해 개인적 서한을 보내 메이어 총리를 깜짝 놀라게 만드는 제스처를 취한 것이다. "총리께서는 내 말을 진지하게 받아들이셔야 합니다. 내가 과거에 전쟁을 한다고 위협했을 때 그 말은 진심이었습니다. 평화를 이야기하는 지금, 나는 진정 평화를 이룰 각오입니다. 우리는 전에 접촉이 없었으나 지금은 키신저 박사라는 중개인이 있습니다. 그 사람을 이용해봅시다. 그 사람을 통해 대화해봅시다." 사다트는 시나이 반도의 나머지 지역의 회복이 전쟁의 위협보다는 평화의 유혹을 통해 가능하다는 것을 인식하고 있었다.

메이어 총리의 첫 반응은 의심이었다. "이 사람이 왜 이런 행동을 하지요?"라고 총리는 키신저에게 물었다. 그러나 곧바로 사다트의 메시지가 가진 함의를 알아차렸다. 키신저가 카이로로 들고 간 답장에 메이어 총리는 이렇게 썼다. "나는 이집트의 대통령께서 이스라엘의 총리에게 보낸 메시지의 중요성을 깊이 인식하고 있습니다. 나는 이러한 접촉이 … 계속되어 우리 양국 관계에 있어 중요한 전환점이 되기를 희망합니다."

시리아의 아사드 대통령은 사다트와 같은 정중함을 보이지 않았다. 그는 이스라엘의 존재 자체가 정당성이 없다고 굳게 믿었기 때문에 이스라엘과의 협상, 심지어 간접 협상조차 성사되기 어려웠다. 하지만 영토 수복을 원한다면 다른 선택은 없었다. 미국으로 돌아가기 전, 키신저는 다마스쿠스에 들러 아사드의 의향을 떠보았다. 아사드는 이스라엘이 이번 전쟁에서 점령한 시리아 영토 내의 고립지에서뿐 아니라 1967년 전쟁에서 탈취한 골란 고원 지역의 절반을 반환한다는 조건으로 휴전협정을 맺을 용의가 있다고 말했다. 이스라엘은 1967년에 빼앗은 이집트령 시나이 반도의 일부를 얼마 전 이집트에 돌려주었고 아사드도 비슷한 양보를 요구했다. 아사드는 이번 전쟁에서 수천 명의 병사가 결코 헛되이 죽지 않았음을 국민에게 보여주어야 한다고 말했다. 키신저는 발언을 최대한 유리하게 해석해 이스라엘에 아사드가 최소한 협상을 벌일 의향을 보였다고 전했다.

1개월 뒤, 아사드가 휴전 조건에 대한 이스라엘의 수정 제안을 받는 대가로 키신저를 통해 이스라엘군 전쟁포로 명단을 전달하는 데 동의하자 키신저는 잠시 중동으로 돌아갔다. 지금껏 시리아는 이름을 밝히기는커녕 억류한 전쟁포로의 숫자조차 공개하기를 거부했다. 키신저는 다음날 예루살렘에서 메이어 총리에게 전쟁포로 명단을 전달했다. 총리는 흐느껴 울었고 키신저는 그녀의 어깨를 팔로 감싸며 총리를 위로했다. 이스라엘은 시리아 전선에서 실종된 140명 중 생존자가 얼마나 되는지 알지 못했다. 전쟁포로 명단에는 65명의 이름이 있었는데, 대부분 전쟁 첫날 헤르몬산에서 포로가 된 기지 인원과 격추된 비행사들이었다. 이스라엘은 시리아군 전쟁포로 380명을 잡았다. 수정 제안에서 이스라엘은 새로 점령한 시리아령 고립지역에서 조금만 후퇴하고 골란 고원에서는 전혀 후퇴하지 않겠다는 뜻을 밝혔다. 키신저는 이 제안을 그대로 전달해 협상을 깨느니 아사드에게 이스라엘 측이 생각할 시간이 필요한 것 같다고 말하고 미국으로 돌아갔다. 그동안 시리아군과 이스라엘군 사이에 군대 분리 전의 이집트 전선에서처럼 소모전이 벌어졌다.

5월 초에 다마스쿠스로 돌아온 키신저는 외교술의 새로운 기준을 수립할 교섭에 전력을 다했다. 34일에 걸쳐 키신저는 다마스쿠스와 예루살렘을 왕복하며 중간중간 다른 아랍 국가 수도를 방문했다. 키신저는 국경선에 대한 양국의 견해차를 쿠네이트라 주변에 있는 너비 1마일(1.6km)의 좁고 긴 땅까지 좁힐 수 있었다. 그러나 결국 양측 모두 여기에서 더 양보하는 것을 거부했다. 키신저는 패배를 인정하고 아사드에게 작별인사를 하기 위해 다마스쿠스에 들렀다. 인사를 마치고 문으로 발을 돌리자 아사드가 마지막 양보를 할 준비가 되었다고 알렸다. 중동지방의 바자르^{Bazzar}(시장)에서 물건을 사본 사람에게는 익숙한 협상 기법이었다. 이제 키신저는 예루살렘으로 날아가 마지막 양보를 끌어내야 했다.

도출된 합의에 따르면, 이스라엘은 욤 키푸르 이후 점령한 시리아 내부의 영토에서 모두 철수하며 이스라엘 측 휴전선 안에 있던 버려진 마을인 쿠네이트라에서도 철수하기로 했다. 또한 이스라엘은 시리아 측 휴전선 안에 있는 116 거점 및 전쟁 전에는 점유하지 않았던 시리아령 헤르몬산 산마루 일부를 비롯한 휴전선 남부 일부 소규모 접경지역도 포기했다. 시리아는 그 대가로 전쟁포로 교환과 양측이 전방에 유지할 수 있는 전력의 제한 및 양 진영 사이의 유엔 감시군 배치에 동의했다.

시리아군은 더 이상 휴전선과 인접한 지역에 경고 없이 기습이 가능한 대규모 병력을 배치할 수 없었다. 아사드는 게릴라 침투를 차단하겠다고 약속했다. 문서로 남기지 않았으나 시리아는 이 합의를 그 뒤로 수십 년간 준수했고, 골란 고원은 가장 조용한 이스라엘의 국경이 되었다. 1974년 6월 5일, 제네바에서 양측 군사대표가 군대 분리 합의에 서명했다. 이렇게 욤 키푸르 전쟁(아랍에서는 10월 전쟁$^{Harb\ Uktobar(October\ War)}$이나 라마단 전쟁$^{Harb\ Ramadan(Ramadan\ War)}$으로 부른다–옮긴이)이 양 전선에서 공식적으로 끝났다.

남쪽에서 이집트군과 이스라엘군이 분리되고 이스라엘군이 운하에서 20마일(32km) 내륙으로 철수했음에도 불구하고 시나이 반도의 대부분은 이스라엘의 수중에 있었다. 이스라엘은 전쟁이 일어나면 이를 완충지대로 사용하거나 평화를 맺는 대가로 사용할 심산이었다.

이제 전쟁에서 배운 전훈을 생각할 시간이 왔다. 기갑부대 장성 모세 바르-코크바 장군은 이스라엘 군사잡지에 기고한 기사에서 이스라엘 국방군 수뇌부는 이스라엘 역사상 가장 큰 전투부대를 지휘했지만 복잡한 전쟁술을 수행하기에는 훈련이 불충분했다는 결론을 내렸다. 매우 냉철한 분석이었다. 장군은 이것이야말로 유연한 기동방어 대신 최소한의 병력으로 고정된 방어선을 지키기로 한 이유라고 말하고 "미래 전쟁에는 군사 교육상 대학 수준의 지식이 필요한데도 우리 군의 주요 간부들은 아직 초등학생 수

준에 머물러 있다"라고 썼다. 전쟁 당시 장군은 라네르 사단 부사단장으로 시리아 전선에서 복무했다. 당시 이스라엘 국방군에는 중대장 과정 이상의 정식 군사교육 과정을 수료하지 않은 장성들이 있었다.

전쟁 발발 48시간 만에 아만의 신뢰성, 공군의 전장 상공 지배, 아랍 군대의 형편없는 전투력과 같은 이스라엘 국방군의 주요 가정이 무너졌다고 장군은 썼다. 국방예산의 절반이 공군에 투입되었다는 것은 기갑부대가 아랍군의 증강 속도를 따라갈 수 없었다는 것을 의미했다. 만약 공군이 비행기 20대만 덜 획득했더라면 2개 기갑사단을 창설할 예산이 생겼을 것이며, 그랬더라면 양 전선의 전황은 크게 달라졌을 것이다.

아랍의 기습공격이 전략적·전술적·심리적 차원에서 이스라엘에 엄청난 타격을 가했음을 고려하면 파멸을 목전에 두었던 이스라엘의 기사회생은 한 편의 영웅적 서사시 같았다. 이스라엘 국방군은 적 전차 2,250대를 격파하거나 노획했다. 노획한 수백 대의 전차는 대부분 시리아 전선에서 승무원들이 그냥 버리고 간 탓에 상태가 온전했다. 이스라엘 국방군은 노획한 전차 400대를 자국군에 편입시켰는데, 1개 기갑사단 이상을 장비할 수 있는 수량이었다. 이스라엘군 전차는 400대가 완파되었고 600대는 기동이 불가능했으나 수리를 마치고 전열에 복귀했다. 전차 대부분이 1회 이상 적탄에 맞았고, 다수는 여러 번 피탄되었다. 당시 참모본부에서 근무한 헤르즐 사피르Herzl Sapir 장군(병무 담당)은 지금까지의 모든 전쟁에서 싸운 경험 많은 장군들이 지휘한 이스라엘군은 탁월한 전투부대였다고 말했다. "이스리엘 국방군 역사상 최고의 군대였으며 앞으로도 이런 군대는 다시는 없을 것입니다." 모르데카이 가지트 장군은 이 전쟁은 경이적인 승리로 끝났다고 말했다. "우리는 2년이 아닌 2주 만에 진주만에서 회복했습니다."

전장에서는 대개 SAM에 눌려 무력화되었으나 이스라엘 공군은 공중전에서만큼은 빼어난 기량을 보였다. 이스라엘 공군은 공중전에서 아랍 공군기 277대를 격추하고 6대를 잃었다. 격추교환비는 46 대 1로, 6일 전쟁의 9 대 1과 비교된다. 개전 당시 충격적인 패배로부터 기사회생한 것은 이스라엘 사회가 가진 활력의 증거였다. 아비그도르 카할라니 중령은 시리아군의 맹공격을 막아낸 이들은 엘리트 부대원들이 아니라 사회 곳곳에서 온 평범한 전차승무원들이었다고 지적했다. 지도부의 심각한 실책을 극복한 것은 바로 이들의 강인함이었다.

휴전 당시 이스라엘군은 이집트 제3군 포위 격멸할 준비를 하고 있었고 제2군 역시 격멸하려 했기 때문에 초강대국들이 휴전을 강제하지 않았더라면 이스라엘은 분명히 훨씬 더 눈부신 성공을 거두었을 것이다. 하지만 대가는 컸다. 이스라엘군의 전사자는 2,656명, 부상자는 7,250명에 달했다. (하임 에레즈 대령이 2,500명에서 3,000명의 전사자를 내고 전쟁이 끝날 것이라고 한 욤 키푸르 당일의 예언은 적중했다.) 아랍 측이 자체적으로 계산한 사상자 수치는 전사자 8,528명, 부상자 19,540명이었다. 이스라엘은 아랍 측 사상자 규모가 이보다 2배 더 클 것이라고 추산했다. 전사자는 약 1만 5,000명(이 중 1만 1,000명이 이집트군)이었고, 부상자는 3만 5,000명(이 중 2만 5,000명이 이집트군)이었다.

누가 이 전쟁에서 이겼을까?

이집트도 이기고 이스라엘도 이겼다.

보석을 절단하는 세공사처럼 사다트는 자신이 가진 군사력이라는 나무망치로 정확한 곳을 타격해 정치적 협상 과정을 이끌어냄으로써 시나이 반도 전역 수복이라는 결실을 거두었다. 영토 수복보다 더 중요했던 것은 아랍이 1967년에 겪은 굴욕을 깨끗이 씻어낸 이집트군의 활약이었다.

정치적으로 볼 때 이집트의 승리는 놀라운 사건이었다. 하지만 이집트의 승리는 이보다 더 놀라운 이스라엘의 정치적 승리, 즉 이집트와의 평화와 비록 미약할지라도 나머지 아랍세계에 대한 오랜 기다림의 돌파구를 이스라엘에 가져다주었다.

사기 면에서는 이집트가 분명 승자였다. 또다시 패배한다면 그 충격은 상상조차 할 수 없었겠지만, 이집트는 먼저 공격해 주도권을 장악하고 명예를 회복했다. 이스라엘의 입장에서 교만까지는 아니지만 자만하다가 갑자기 나락으로 굴러떨어진 사태는 국민 전체의 마음을 뿌리째 흔들었다. 불시기습으로 충격을 받은 이스라엘 국민은 단지 패전이 아닌 생사의 갈림길에 처할 수도 있음을 느꼈다. 나중에 거둔 군사적 성공으로도 이 심리적 충격을 치유하기에 충분치 않았다. 전쟁이 끝날 무렵, 이스라엘군은 이집트 제3군을 포위하고 카이로로 가는 길에 집결하고 있었으나 총성이 멈추자 승리감을 느낀 쪽은 이집트지 이스라엘이 아니었다(이집트는 전쟁이 발발한 10월 6일을 '국군의 날'로 정하고 지금도 기념한다-옮긴이).

시간이 흐름에 따라 이것을 다른 관점에서 바라볼 수도 있을 것이다. 군사적 관점에서 보면 이스라엘은 자신들이 이번 전쟁에서 역사상 유례 없는 반전을 이루었음을 인정할 것이다. 두 곳의 전선에서 자국군의 2배 규모인 적의 기습공격을 받아 비틀거리는 데다 아무런 대비책 없이 전장의 진실과 맞닥뜨렸다면 강대국도 쉽게 굴복할 수 있는 상황이었다. 하지만 며칠 안에 이스라엘은 다시 일어났고 2주도 채 안 되어 두 적국의 수도를 위협했다. 이스라엘은 이집트군과 시리아군뿐 아니라 아랍 세계 대부분의 군대와 상대했으며 가장 크게 의지했던 공군의 손이 뒤로 묶인 채 싸웠다. 군사적 위업에 대해 말하자면, 욤 키푸르 전쟁에서 이스라엘 국방군이 거둔 성과는 6일 전쟁의 성과를 훨씬 뛰어넘었다. 민족의 존망이 달렸다는 마음속 가장 깊은 곳에서 우러나온 동기부여가 이번 전쟁의 승리를 일궈낸 원동력이었다.

돌이켜 생각해보면 아랍군의 성과는 처음에 이스라엘이 인식했던 것보다 덜 인상적이었다. 아직도 6일 전쟁의 눈으로 아랍을 보던 1973년의 이스라엘은 아랍 병사들이 보인 대담함과 공격받아도 제자리를 지키는 모습에 경악했다. 하지만 시간이 지나자 한 기갑부대 대령의 말대로 이스라엘은 아랍군이 "용감했지만 잘 싸우지는 못했다"고 평가하게 되었다. 아랍 전사에 대한 멸시는 존중으로 바뀌었으나 힘의 균형이 아랍 쪽으로 움직였다고 느낄 정도는 아니었다.

시리아는 이라크의 개입 덕분에 참패를 모면할 수 있었다. 주요 기반시설이 폭격으로 파괴되었으며 전쟁이 끝난 다음에도 몇 달간 정전에 시달렸지만, 시리아는 전장에서 얻을 수 없었던 것을 회담장에서 얻어냈다. 쿠네이트라 마을이 바로 그것이다. 그리고 이스라엘을 국가로 승인하는 형태의 정치적 대가를 치르지도 않았다. 전쟁이 끝나자 시리아는 또다시 불만에 찬 고립 속으로 침잠할 것이었다. 이집트가 크게 파괴된 운하 연변 도시들을 재건했던 반면, 시리아는 쿠네이트라를 폐허로 남겼다. 적개심이 살아 있음을 알리는 기념비였다. 그렇지만 국경을 조용하게 유지하겠다는 약속은 준수했다.

　전장에서의 놀라운 기사회생에도 불구하고 종전 시 이스라엘의 분위기는 비통함 그 자체였다. 인구 대비 사상자 비율을 보면 이스라엘은 19일간의 전쟁에서 미국이 10년 가까이 벌인 베트남전에서 잃은 것보다 거의 3배 더 많은 사상자를 냈다. 그리고 이스라엘의 전쟁에서 처음으로 부상자 상당수(연구에 따라 다르지만 10~23퍼센트)가 전투 트라우마를 겪었다. 상당 부분 전쟁 초기의 기습 공격이 그 원인이었다.

　예비군들이 귀가하자, 광장은 인파로 북적이기 시작했다. 이스라엘의 군사적 성취를 축하하기 위해서가 아니라 이스라엘 역사상 가장 깊은 상처를 남긴 트라우마에서 비롯된 분노를 표출하기 위해서였다.

제38장

전쟁이 끝나고

비 내리는 아침이었다. 모티 아쉬케나지는 예루살렘의 총리관저 건너편에 자리를 잡았다. 정부청사 구역(서예루살렘에 있으며 키르얏 하 멤샬라라고 불린다. 총리관저, 크네세트, 외교부, 내무부, 재무부 등 주요 관공서 청사가 모여 있다-옮긴이)을 통과하는 운전자들은 점퍼 차림에 안경을 쓴 1인 시위자가 치켜든 플래카드를 읽기 위해 운전하던 차의 속도를 늦췄다.

플래카드에는 "할머니, 국방장관의 실패로 손자 3,000명이 목숨을 잃었습니다"라고 써 있었다.

이집트군이 아쉬케나지가 지휘하던 바르-레브 선에 있는 부다페스트 전초기지를 공격한 지 4개월이 지났다. 이집트군의 포격을 피해 사막의 모래 위로 몸을 날렸을 때부터 아쉬케나지는 정부에 항의해야겠다고 생각해왔다. 전쟁을 예측하지 못한 것도 분통이 터지는데 정부가 전쟁에 대처할 준비가 되어 있지 않았다는 것을 알게 되자 그의 분노는 더욱 커졌다. 동원소집에서 해제된 지 겨우 이틀 만에 아쉬케나지는 자신만의 전쟁에 돌입했다.

1인 시위를 벌인지 이틀째 되는 날, 한 신문기자가 우연히 아쉬케나지의 사진을 찍었다. 사진이 신문에 실린 다음날, 또 다른 소집해제된 예비군이 아쉬케나지와 얼마간 떨어진 곳에 자리를 잡고 말없이 플래카드를 들었다. 날이 갈수록 더 많은 사람이 시위에 참여했다.

각료회의 시작 전, 장관 2명이 점점 불어나는 플래카드의 숲을 창가에서 유심히 지켜보았다. 그중 한 명이 말했다. "다얀의 목을 원하는군요."

다른 장관이 말했다. "아니, 우리 모두의 목일 겁니다."

귀환한 병사들은 돌아오지 못한 전우들에 대한 기억을 품고 있었다. 몇 달 전에 아쉬케나지와 예루살렘의 카페에서 전쟁의 불가피성에 관해 토론을 벌이던 친구 기데온 길라디Gideon Giladi는 중국농장 전투의 첫 번째 밤에 전차 2대를 이끌고 티르투르로를 개방하기 위해 전투를 벌이다가 탑승한 전차가 피격되어 전사했다. 욤 키푸르 당일 오후에 이츠하크 브리크와 함께 전장으로 간 키부츠 동료 메이르 하츠포니Meir Hatzfoni는 10월 8일 야구리 대대의 히자욘 돌격에서 전사했는데, 그때 브리크가 바로 옆에 있었다. 샤론의 지휘용 병력수송장갑차 차장인 이스라엘 이트킨Yisrael Itkin 하사는 미주리에 대한 마지막 공격을 이끈 예후다 겔레르와 전차장 이스라엘 다간Yisrael Dagan과 함께 욤 키푸르 오후에 기바트 하임 키부츠Kibbutz Givat Haim에서 동원 버스를 탔다. 이트킨과 겔레르는 다간 없이 키부츠에 돌아왔다. 다간은 휴전 발효 1시간 전, 이스라엘군의 마지막 전투인 이스마일리아를 점령하기 위한 전투에서 전사했다.

키부츠 구성원들은 전체 인구에서 차지하는 비율에 걸맞지 않은 높은 사상자율을 기록했다. 제즈르엘Jezreel 계곡에 있는 바이트 하쉬타Bait Hashita 키부츠에서는 120명이 전장으로 떠났으나 11명이 돌아오지 못했다. 한 공동체로서는 가장 높은 인구 대비 전사자 비율이었다.

아쉬케나지가 총리 관저 맞은편에서 1인 시위를 시작한 지 한 달이 지나자 2만 명 이상의 인파가 운집해 내각 총사퇴를 요구했다. 국가의 트라우마를 헤쳐나가는 고통스러운 과정이 진행 중이었다.

암논 레셰프 대령에게 이 과정은 총성이 멎자마자 시작되었다. 대령의 여단은 교체 병력을 포함하여 300명 이상이 전사해 이스라엘군 여단 가운데 가장 많은 사상자가 발생했다. 여단은 욤 키푸르 당일에 도하하는 이집트군의 맹렬한 공격을 받았고 9일 뒤에는 중국농장 전투에 참여했다. 휴전이 발효되자, 여단은 운하 서안에 있는 점령된 이집트 공군기지에 2개월 동안 머물렀다. 금요일 밤마다 여단의 안식일 만찬이 끝나면 레셰프는 부하 장교 2명을 선택해 벙커로 데리고 들어가 위스키 한 병을 나눠 마셨다. 여단장은 부하들이 취해서 춤을 추거나 웃거나 울 때까지 계속 마시라고 강권하곤 했다. 이 가운데 일부는 여단장이 자신의 친구를 죽게 했다고 고함을 질렀다. 모든 부대에서 간부와 사병들은 끝없이 토론을 벌이며 감정을 발산하고 있었다. 어떻게 이런 기습을 당할 수 있었는가? 왜 이렇게 준비되지 않았는가?

이러한 질문에 대한 답을 얻고자 정부가 임명한 조사위원회야말로 국민 전체에게는 가장 유효한 치유책이 될 것이었다. 전쟁이 끝나기도 전에 다얀과 메이어 총리는 누군가의 목(아마 자기들의 목)이 달아날 것이며 가장 명망 높은 인사들로 구성된 위원회가 조사해야만 정부와 군에 대한 국민의 신뢰 회복을 기대할 수 있으리라는 것을 분명히 알고 있었다. 휴전 3주일 뒤, 이스라엘 대법원장인 미국 태생의 시몬 아그라나트$^{Shimon\ Agranat}$ 대법관이 5인 위원회의 위원장을 맡아 전쟁 발발로 이어진 사건들과 전쟁 초기에 발생한 차질을 조사해달라는 요청을 받았다.

존경받는 인물로 구성된 위원회의 발족으로 나라 전체가 한숨 돌리고 기운을 차릴 여유를 가졌다. 전쟁 때문에 2개월 연기되었던 총선이 12월 31일에 치러졌다. 오랜 기간 유지되어온 투표 패턴이 의미 있게 변하기에는 너무 짧은 시간이었다. 총 120석인 크네세트에서 골다 메이어를 대표로 한 노동당은 5석을 잃었지만 51석을 차지해 선거에서 이겼다. 메이어는 다얀에게 새 정부에서 국방장관직을 계속 맡아달라고 요청했다. 다얀은 아그라나트 위원회가 어떤 방법으로든 자신이 전쟁의 실패에 책임져야 한다고 평결한다면 사임하겠다고 말했다. 국민들은 위원회의 보고를 기다리지 않고 안도감을 안겨주었던 늠름한 모습의 국방장관에게 분노를 쏟아냈다. 다얀은 전몰자 장례식에서 슬픔에 빠진 유족들이 자신에게 "살인자야!"라고 외치는 소리를 듣고 국민의 분노가 얼마나 강한지를 뼈저리게 느꼈다.

국민의 감정을 이해하려는 시도로 다얀은 히브리대학교 철학과 교수의 초청을 받아들여 지도 학생 중 한 명인 모티 아쉬케나지를 만났다. 모티 아쉬케나지는 항의운동의 상징이 된 인물이었다. 예루살렘에 있는 교수 자택으로 가며 다얀은 모사드와 이스라엘의 국내 방첩기관인 신베트$^{Shin\ Bet}$(히브리어로 '일반 보안 기관'이라는 뜻의 셰루트 하 비타혼 하 클랄리의 약어, 샤바크라는 이름으로도 알려져 있다-옮긴이) 수장을 대동했다. 이스라엘 국가안보의 최고책임자 세 사람과 철학도의 만남은 1시간 이상 이어졌지만, 아쉬케나지와 다얀만이 대화에 참여했다. 두 사람 모두 서로에게서 좋은 인상을 받지 못했다.

미국이 지원한 대부분의 무기는 이제 선편으로 도착하기 시작했고, 이스라엘 국방군은 전쟁 재개에 대비해 이 막대한 양의 지원 무기를 전력화했다. 인원이 부족하게 된 기갑부대의 빈자리를 메울 승무원 속성 훈련 과정이 전선 바로 뒤에서 진행되었다. 이스라엘군 전사자의 절반이 전차승무원이었다. 몇 달 안에 이스라엘군은 전쟁 전의 전력을 회복했다.

휴전 2주일 뒤, 하임 바르-레브는 군복을 벗고 내각으로 복귀했지만 고넨은 다시 남부사령부를 맡지 못했다. 다얀의 고집으로 고넨은 가비쉬 장군이 민간으로 돌아가면서 남긴 보직인 벽지의 남부 시나이 전구사령관으로 전보되어 아그라나트 위원회의 보고서 완성을 기다렸다. 탈 참모차장이 임시로 남부사령관을 맡았다.

샤론은 리쿠드당 후보로 크네세트 의원에 당선되었지만 다얀이 자신을 총참모장으로 임명해준다면 군대로 다시 돌아가겠다고 말했다. 엘라자르의 반대에도 불구하고 다얀은 사단장으로서의 예비역 보임을 유지하고 싶다는 샤론의 제의를 지지했으나 그 가능성은 일축했다. 샤론은 고별연설에서 "실책과 실수에도 불구하고, 지휘와 권위의 상실에도 불구하고" 승리를 거두었다고 말했다. 분명 수뇌부에 대한 비난이었다. 다얀은 이 연설을 전해 듣고 샤론의 예비역 보임을 취소했다.

1974년 2월, 아그라나트 위원회는 모두가 고대했던 예비 조사판정 결과를 발표했다. 위원회는 엘라자르를 비롯한 6인의 사임을 요구했다. "본 위원회는 총참모장 다비드 엘라자르 장군이 상황 평가와 이스라엘 국방군의 전쟁 준비 측면 모두에서 전쟁 전야에 일어난 일의 직접적 책임을 져야 한다는 결론에 도달했다." 위원회는 '심각한 실책'을 이유로 제이라 장군을 아만 국장에서 파면할 것과 차장 샬레브 장군의 보직 해임을 권고하고, 아만의 이집트과장 반드만 중령과 남부사령부 수석 정보장교 게달리아 중령은 정보 업무에서 다른 업무로의 보직 이동을 권고했다. 위원회는 또한 조사가 완전히 끝날 때까지 고넨 장군은 직무 정지에 처해야 한다고 했다. 이스라엘 국방군 전체는 6일 전쟁 이후 군사교리를 발전시키지 않고 '답보상태로 방치한' 책임이 있다는 질책을 받았다.

위원회는 메이어 총리와 다얀에 대해서는 책임이 없다고 보았다. 위원회는 다얀 국방장관이 전쟁 가능성을 평가할 독립적 수단이 없었음을 강조했다. 위원회는 "국방장관은 총참모장이 운용을 책임진 직무 분야에서 총참모장을 지도하는 '슈퍼 총참모장'이 될 의향이 전혀 없었다"고 밝혔다. 메이어 총리는 "중대한 정치적 결과가 따를 수 있었는데도 불구하고 욤 키푸르 당일 오전에 예비군 동원을 명령함으로써 총리의 권한을 적절하고 현명하게 사용했다"라는 평가를 받았다. 위원회는 안보 분야에서 각 장관이 저지른 실책에 대한 책임을 판단할 뿐, 이들의 의회에 대한 책임을 묻는 것은 위원회의 권한 밖의 일임을 강조했다.

다얀과 메이어의 면죄부 획득은 광범위한 분노를 불러일으켰고, 이들의 사임, 특히 다얀의 사임을 요구하는 목소리는 더욱 커졌다. 메이어 총리는 전쟁 기간 동안 두 번이나 그의 사임 요청을 거절했고 사임을 요구하는 다른 각료들로부터 다얀을 보호했다. 위원회 보고서가 공표된 다음, 다얀은 또다시 총리에게 자신의 사임을 원하는지 물었다. 이번에 총리는 노동당 지도부가 결정해야 할 문제라고 답했다. 메이어 총리는 회고록에서 위원회가 엘라자르와 제이라에 대해 내린 가혹한 평결 때문이라도 다얀은 전우들과 '운명을 같이해' 사임할 수밖에 없었을 것이라는 의견을 밝혔다. "하지만 다얀은 자신의 논리를 따랐고 나는 이렇게 엄중한 문제에 대해 조언할 만한 처지가 아니라고 느꼈다."

메이어 총리도 자신의 논리에 따랐다. 보고서가 발표되고 1주일 뒤, 총리는 더는 국민감정을 무시할 수 없게 되었다며 사임을 발표했다. 총리의 사임으로 인해 내각 총사퇴가 불가피해졌고 6월에 시리아 전선에서 군대가 철수하자 각료 전원이 사임했다. 이츠하크 라빈이 새 정부의 수반이 되었고 시몬 페레스Shimon Peres(1923~2016년. 이스라엘의 정치인으로 1977년, 1984~1986년, 1995~1996년에 총리 3회 역임. 제9대 대통령, 재임 기간 2007~2014년. 욤 키푸르 전쟁 당시 교통부장관-옮긴이)가 국방장관이 되었다.

총성이 멈추고 오랜 시간이 흘렀는데도 욤 키푸르 전쟁은 계속 희생자를 요구했다. 엘라자르 총참모장은 아그라나트 위원회가 다얀에게는 면죄부를 주고 자신에게는 실패의 책임을 물은 데 깊은 상처를 입고 군대를 떠났다. 엘라자르는 전쟁 중 사기를 고양하고 상황을 안정시킨 자신의 중요한 역할을 위원회가 제대로 평가하지 않았다고 느꼈다. 다수가 그에게 공감했다. 함께 일했던 장성 한 명은 엘라자르의 활약을 아래 지형이 아무리 고르지 않아도 지상 위에서 상대적으로 고도를 일정하게 유지하는 순항미사일에 비유했다. 폭풍처럼 몰아치는 우울한 분위기, 특히 전쟁 초기에 기댈 곳이 필요했던 전선사령관들과 정치지도자들을 진정시키려고 기울인 노력을 생각해보면 그가 했던 역할은 결코 쉬운 것이 아니었다. 개전 초기에 대재난과도 같았던 전장의 상황을 수습한 것은 차치하고서라도 말이다. 엘라자르가 대죄를 범한 시점은 전쟁 중이 아닌 전쟁 전이었다. 총참모장으로서 엘라자르는 이스라엘의 군사적 대비태세가 왜곡되었음을 인식하지 못했다. 운하에서 이집트군을 저지하겠다는 전략은 무참한 실패로 끝났다. 고넨의 남부사령관 임명도 마찬가지였다. 그는 무엇인가가 잘못되었다는 충분한 증거에도 불구하고 정보당국 수뇌들의 분석에 이의를 제기하지 않았으며, 이집트군이 새거를 대량으로 획득한 것의 중요성을 파악하지도 못했다. 엘라자르는 모두가 엄청난 중압감을 받던 때, 최고의 지휘권을 가진 핵심 인물이었지만 위계질서의 정점에 있는 사람으로서 욤 키푸르에 일어난 일의 대가를 치러야 했다.

엘라자르는 동료들과 메이어 총리의 존경 어린 눈길을 뒤로하고 군문을 떠나 이스라엘의 국영선사인 짐ZIM의 사장이 되었다. 아바 에반Abba Eban 외무장관은 자신이 내각에서 물러나기 전에 엘라자르에게 워싱턴 주재 대사직을 제안할 계획이었던 것으로 알려졌다. 하지만 전쟁과 면직은 엘라자르에게 큰 심적 타격을 안겼다. 엘라자르의 전기를 쓴 하노흐 바르토브Hanoch Bartov에 따르면, 휴전 얼마 뒤 엘라자르가 문서 한 통을 찾으러 육군본부의 비서들이 일하는 방에 들어갔다고 한다. 전국을 휩쓸던 가슴 아픈 노래가 라디오에서 흘러나오고 있었다. 전쟁이 준 고통을 잘 포착한 '그랬더라면 얼마나 좋으리'라는 노래였다. 처음 듣는 노래였다. 엘라자르는 얼어붙은 듯 서 있다가 노래가 끝나자마자 문서를 찾지도 않고 성큼성큼 걸어서 자기 방으로 얼른 돌아갔다. 비서실장이 서둘러 뒤따라갔다. 문을 연 비서실장의 눈앞에서 메이어 총리와 다른 사람들이 '바위'라고 부르던 인물이 책상에 앉아 머리를 감싸쥐고 흐느껴 울고 있었다. 그는 엘라자르의 눈에 띄지 않게 문을 닫았다. 전쟁이 끝나고 2년 뒤, 엘라자르는 수영 중 심장마비로 세상을 떠났다. 향년 51세였다.

시위자들에게는 나라를 참극 직전까지 몰고 간 오만함의 상징이었지만 다얀은 이스라엘 지도자 중 가장 멀리 내다본 사람이었다. 창의적 사고력에서 다얀과 비견할 만한 사람은 사다트 정도일 것이다. 메이어 총리가 거부하기는 했지만 1970년에 운하에서 철군해 양군 사이에 완충지대를 만들자고 한 그의 제안이 실행되었더라면, 욤 키푸르에 이집트군의 공격을 피할 수 있었을 것이며, 아마 전쟁 자체가 일어나지 않았을지도 모른다. 다얀이 욤 키푸르 며칠 전에 전차부대를 추가로 보내 골란 고원의 방비를 강화해야 한다고 강력히 주장하지 않았더라면 고원은 함락되었을 것이며 이스라엘의 군사적 상황은 진정 파국을 맞았을 것이다. 다얀은 대담하면서도 그것을 보완하는 신중함도 갖추고 있었지만, 결과적으로 보면 군에게 전쟁에 대한 기본 가정들을 재고하라고 하지 않았던 것은 그의 신중함이 충분하지 않았다는 방증일 것이다.

6일 전쟁이 다얀에게 이스라엘은 강력하며 아랍은 약하다는 의식을 불어넣었다면, 욤 키푸르 전쟁은 그가 평화로 가는 길을 모색하는 계기가 되었다. 당적을 바꿔 1977년에 집권한 우파 메나헴 베긴 정부의 외무장관이 된 다얀은 이집트와의 평화협상에서 돌파구를 뚫는 데 주역을 맡았다.

아랍의 의도를 총체적으로 잘못 파악한 것이 전쟁에서 가장 눈에 띄는 개인적 실패였던 제이라 장군은 강제 예편 후 외국 정부들의 정보 컨설턴트로 일하며 성공적인 경력을 쌓았다. 욤 키푸르 1주일 전, 수많은 경고에도 불구하고 반대로 전쟁이 임박했음을 완강하게 무시했던 제이라 탓에 이스라엘은 대참사를 겪을 뻔했다. 전쟁 후 20년이 지나 쓴 책에서 제이라는 아슈라프 마르완이 이중간첩이었다고 주장했다. 아랍의 기습공격을 막지 못한 책임을 사실상 경쟁기관인 모사드에 떠넘기는 진술이었다. 이스라엘의 정보분석가 거의 모두가 제이라의 주장을 일축했다. 만약 마르완이 이중간첩이었다면 왜 욤 키푸르 전날 자미르 모사드 국장에게 아랍이 곧 공격한다고 경고했을까? 정확히 말하자면 마르완은 개전 38시간 전에 전화로 전쟁 발발을 가리키는 음어를 말했다.

대중 앞에 나타나는 일이 드물었던 제이라는 전쟁 40주년 기념 패널에서 모습을 드러냈다. 이 자리에는 숙적 즈비 자미르 전 모사드 국장도 참석했다. 제이라는 전쟁 위협을 과소평가했음을 시인하면서도 욤 키푸르 당시에 발생했던 잘못된 점들에 대해 다른 이들을 비난했다. 제이라는 참모진 가운데 적의 마음을 이해할 줄 아는 능력이 있는 시인이 있었더라면 좀 더 통찰력 있는 분석을 내놓을 수 있었을 것이라고 말했다. 막상 전쟁이 벌어지자 제이라는 깊은 통찰력을 보여주면서 전쟁 내내 군 정보당국 수장으로서 좋은 활약을 했다.

자미르 모사드 국장은 전쟁 전과 전쟁 중의 활약으로 모든 이의 칭찬을 받았다. 제이라는 그가 마르완에게서 입수한 이집트의 의도와 관련된 정보의 상당 부분을 무위로 돌렸다. 그러나 수뇌부는 결정적 차이를 만들기에 충분한 정보를 전달받을 수 있었다. 자미르의 통찰력과 균형감각은 메이어 총리에게 중요한 도움이 되었다(즈비 자미르와 엘리 제이라는 2022년 1월 현재까지 생존해 있다-옮긴이).

아슈라프 마르완은 런던에 기반을 둔 백만장자 사업가가 되었다. 2002년, 마르완의 정체를 밝힌 책이 영국에서 출간되었다. 이 책에서는 마르완이 이중간첩이었다는 제이라의 주장과 일치하는 부분이 있었고 마르완은 이집트에서 이스라엘을 속인 영웅으로 추앙받았다. 자미르 전 모사드 국장은 마르완의 정체를 기자들에게 밝히면서 정보 세계의 기본 행동 수칙을 위반했다며 제이라를 고발하겠다고 위협했다. 중재를 맡은 퇴임 대법관은 자미르가 옳다는 평결을 내림으로써 마르완이 이중간첩이 아니라 이스라엘 간첩임을 간접적으로 확인해주었다. 얼마 뒤, 마르완은 런던의 호사스러운 아파트의 발코니에서 추락해 사망했다. 한 목격자에 따르면, '외모가 지중해인인 것 같은' 두 사람이 발코니 밑으로 추락한 시신을 내려다보고 있었다고 한다.

마르완에 대한 책을 쓴 이스라엘 역사가 우리 바르-요세프$^{\text{Uri Bar-Joseph}}$는 명성 있는 이스라엘 판사의 평결로 인해 이집트 당국은 마르완이 이스라엘 간첩이었다는 결론을 내릴 수밖에 없었을 것이라고 했다. 영국 경찰은 마르완이 살해되었는지, 자살했는지 밝히지 못했다.

욤 키푸르 전날 런던에서 마르완이 전쟁이 임박했다고 경고했기 때문에 이스라엘이 전쟁 발발 몇 시간 전에 동원령을 발동해 골란 고원을 지킬 수 있었던 것은 거의 확실하다. 그 덕분에 오리 오르의 동원여단은 충분한 시간적 여유를 가지고 고원에 도착해 나파크 근처에서 시리아군을 차단할 수 있었다.

 호피 장군의 임무 수행에 대한 군 지휘부의 비판에도 불구하고 당시 북부사령부 참모장교들은 장군이 극단적으로 어려운 상황에서 침착하고 유능하게 임무를 수행했다는 의견을 바꾸지 않았다. 나중에 호피는 모사드 국장으로 임명되어 역할을 성공적으로 수행했다(제5대 국장 역임, 재임 기간 1974~1982년. 그의 재임 중 모사드는 엔테베 공항 인질 구출 작전, 뮌헨 올림픽 테러의 복수 작전, 이라크 원자로 폭격 작전에 관여했다-옮긴이).

 전쟁 내내 엘라자르와 의견을 달리했던 탈 참모차장은 잠시 남부사령부의 지휘를 맡았다. 엘라자르는 오랜 친구이기도 한 탈을 다시 참모차장으로 받아들이기를 거부했다. 그 대신 탈은 혁신적인 메르카바^{Merkava} 전차 개발에 전념했다(아그라나트 위원회는 엘라자르의 후임 총참모장으로 탈 장군을 추천했으나 탈의 임명은 다얀의 반대로 무산되었다. 주미 국방무관인 모르데카이 구르 장군이 후임 총참모장이 되었고, 탈은 1974년에 전역했다. 탈의 전차 개발 투신은 그 뒤의 일이다. 메르카바 전차는 1978년부터 도입이 개시되어 1982년의 레바논 전쟁에서 첫 실전을 치렀으며 여러 번의 개량을 거쳐 2022년 현재까지 이스라엘 국방군의 주력 전차로 활약하고 있다-옮긴이).

 아리엘 샤론은 이 전쟁에서 자신이 추구하던 영광을 획득했다. 전쟁 첫날부터 도하를 강력히 주장하기는 했으나 도하작전을 개시한 사람은 샤론이 아니었다. 결단을 내린 사람은 엘라자르와 바르-레브이며 도하 시점도 이들이 결정했다. 샤론은 상관들에게는 골칫거리였으나 부하들에게 자극제가 되는 탁월한 지휘관이었다. 그는 존재감만으로도 사기를 올릴 수 있는 사람이었다.

 절망한 순간도 있었지만, 샤론은 아랍의 기습공격에 망연자실하지 않은 얼마 안 되는 고위장교였다. 전쟁 이튿날 밤, 지휘용 병력수송장갑차 승무원은 샤론과 여단장들이 밖에서 이야기하는 것을 들었다. 이스라엘 국방군이 자신이 판 거대한 함정에 빠졌음이 명백해졌을 때였다. "샤론 장군은 매우 낙담했었습니다"라고 남부사령관 시절부터 몇 년간 샤론을 수행했던 이

부사관은 회상했다. "장군은 참사가 발생할 위험이 있다고 말했습니다. 물론 결국에는 우리가 이길 것이라고 했지만 그 말은 매우 듣기 어려웠습니다." 하지만 다른 고위장교들과 달리 샤론은 얼어붙지 않았다. 전선에 도착한 지 몇 시간도 안 되어 샤론은 운하를 건너갈 것을 강력히 건의했고 적극적으로 행동하자고 상급자들을 계속 압박했다. 클라우제비츠^{Clausewitz}(칼 폰 클라우제비츠$^{Carl\ von\ Clausewitz}$, 1780~1830년. 나폴레옹 전쟁 당시의 프로이센 군인, 군사사상가. 전쟁과 전략의 원칙을 다룬 『전쟁론$^{vom\ Kriege}$』의 저자로 유명하다-옮긴이)는 샤론 같은 사람을 염두에 두고 다음 구절을 썼을 것이다. "때가 아니어도 대담한 행동을 하는 자가 자주 나타나는 군대는 행복하다. … 이것이 무모함, 맹목적인 대담함일지라도 경멸의 대상이 되어서는 안 된다."

아프리카로 건너간 다음부터는 아단 장군의 전쟁이었다. 전쟁의 전략적 종반전에서 아단은 대규모 기갑부대를 능수능란하게 지휘해 광대한 평원을 가로질러 기동했던 반면, 샤론은 부차적 공세를 지휘하며 느리게 진격하다가 이스마일리아로 가는 길에서 발이 묶였다. 그리고 공세를 밀어붙여 첫 휴전을 사문화시킨 다음 이집트 제3군의 포위를 완성—전쟁의 결과를 근본적으로 바꿔놓은 군사작전—한 사람도 아단이었다. 그 결과 이스라엘은 협상 테이블에서 이집트 영토뿐만 아니라 이집트 제3군의 운명을 협상카드로 제시할 수 있었다.

고넨 장군의 경우 전쟁이 한창일 때 당한 남부사령관직에서 교체당한 불명예는 아그라나트 보고서 발표 이후 강제 예편이라는 더 심각한 결과로 이어졌다. 고넨은 다얀이 이 불명예의 원인이라고 믿었고 집무실로 걸어 들어가 다얀을 쏴버릴까 생각했다고 기자들에게 말했다.

고넨은 다얀에게 총을 쏘는 대신 그 뒤로 중앙아프리카공화국의 정글에서 다이아몬드를 찾는 데 13년을 보냈다. 고넨에 따르면 부자가 되어 이스라엘 최고의 변호사를 고용해 명예를 회복하겠다는 의도에서였다. 그는 다이아몬드 탐사에서 한두 번 큰 성공을 거두었다가 실패했다고 전해지나 집착을 버리라는 가족과 친구들의 호소를 거부했다. 9년 뒤, 한 기자가 정글에 있는 고넨을 방문했다. 기자가 만난 고넨은 어느 정도 부드러워졌으며 자신의 처지를 자각했고 냉소적 유머감각을 유지했으며 여전히 대화하면서 간간이 적절한 탈무드 구절을 인용했다. 한때 거칠었던 군인은 텔아비브의 카페에서 불만을 달래는 것보다는 습한 정글의 험악한 환경을 헤치고 살아가는 데서 만족감을 느끼는 듯했다. 1991년, 고넨은 정기 유럽 출장 중 심장마비로 타계했다. 유족이 돌려받은 얼마 안 되는 유품에는 아마도 정글 유배 생활 동안 머릿속으로 다시 전쟁을 치르면서 노려보았을 시나이 반도의 지도들과 카발라(유대 신비주의의 한 분파-옮긴이) 책 한 권이 있었다. 전 예쉬바 신학생이었던 그는 지도가 말해줄 수 있는 것을 넘어 자신을 휩쓸어버린 재난에 대한 설명을 카발라에서 찾았을지도 모른다.

이집트와 시리아 측에서도 고위장성들의 머리가 화환으로 장식되지는 않았다. 아주 훌륭하게 이집트군의 전쟁 준비를 지휘던 샤즐리 장군은 고개로 진격하라는 명령에 반대하고 이스라엘군의 서안 침입에 대응하고자 시나이에서 부대를 뒤로 후퇴시키자는 요구를 했다는 이유로 돌이킬 수 없을 정도로 사다트의 분노를 샀다. 전쟁이 끝나고 샤즐리는 사다트 대통령이 자신을 강제 예편시키기로 결정했다는 것을 알게 되었다. 전쟁영웅을 해임했다는 대중의 따가운 눈총을 피하기 위해 사다트는 샤즐리를 영국 대사로, 나중에는 포르투갈 대사로 임명했다. 1978년에 이스라엘과 맺은 캠프 데이비드 협정Camp David accords(1978년 9월 17일, 미국 카터 대통령의 중재로 캠프 데이비드의 미국 대통령 별장에서 체결된 이스라엘과 이집트의 평화협정-옮긴이)을 공개적으로 비판한 뒤 샤즐리는 강제로 망명길에 올라 알제리에서 망명 생활 14년 대부분을 보냈다. 그동안 샤즐리는 자신의 전쟁회고록을 집필했는데 회고록에서 군 기밀을 누설했다는 죄목으로 궐석재판에서 3년 금고형을 선고받았다. 1992년에 귀국한 샤즐리는 선고된 형기의 절반을 복역하고 출소한 후 2011년에 타계했다. 제2군 사령관 와셀 장군과 제3군 사령관 칼릴 장군은 전쟁이 끝나고 군을 떠난 뒤 주지사직에 임명되었다.

시리아 전선에서 이스라엘군의 돌파를 막다가 무너진 드루즈인 보병여단장은 전쟁이 끝나기도 전에 처형되었다. 벤-갈 여단의 방어선을 돌파하는 데 실패한 시리아군 제7사단의 오마르 아바쉬 사단장은 전투 중 전사했거나 심장마비로 사망했다고 전해진다.

욤 키푸르 전쟁의 가장 큰 승자는 전쟁을 시작한 이집트 사다트 대통령이다. 메이어 총리의 말대로 사다트는 대담한 사람이었다. 사다트는 모든 위험을 무릅쓰고 용감하게 군사행동을 감행해 이집트의 명예를 회복하고

사다트의 예루살렘 방문 중 사다트와 메이어 전임 이스라엘 총리가 농담을 나누며 웃고 있다. 오른쪽에 있는 이는 시몬 페레스다. 〈이스라엘 정부 공보처 제공〉

이를 대범한 외교적 협상 수단으로 활용해 마침내 잃어버린 땅을 수복했다. 전쟁 4년 후인 1977년 11월 사다트는 이집트 국회에서 연설했다. "나는 지구 끝까지라도 갈 준비가 되어 있습니다. 그리고 이스라엘은 내가 여러분에게 하는 말을 듣고 놀랄 것입니다. 나는 그들의 나라로 갈 준비가 되어 있습니다. 나는 그들의 크네세트로 갈 준비가 되어 있습니다. 그곳에서 나는 그들과 논쟁을 벌일 준비가 되어 있습니다." 수에즈 운하 도하는 듣는 이들의 숨을 멎게 만드는 일대 사건이었다. 며칠 뒤, 사다트는 이스라엘의 메나헴 베긴 총리의 초청을 받았다. 사다트의 이스라엘 도착은 현대 중동사에서 가장 극적인 순간 중 하나다. 공항의 영접선에서 당시 농업장관이던 샤론을 소개받자, 이집트 지도자는 미소를 지으며 "수에즈 운하 서안으로 또 건너오려고 한다면 체포할 거요"라고 말했다. 크네세트 연단에 선 사다트는 "앞으로 전쟁은 없습니다"라고 선언했다.

방문 몇 달 전만 해도 사다트는 비교전非交戰 협약의 형태로 이스라엘과 평화를 이룰 것이라고 보았다. 사다트의 말에 따르면 관계 정상화와 외교 관계 수립은 얼마 전까지 있었던 유혈사태를 생각해볼 때 후대의 과업으로 남겨질 것이었다. 하지만 결국 사다트는 끝까지 외교적 방법으로 이스라엘과 함께 심리적 돌파구를 모색하기로 했다. 사다트는 크네세트에서 한 발언에서 자신에게는 팔레스타인 문제를 포함해 포괄적 협약을 맺어야 할 책무가 있다는 종전의 발언을 되풀이했지만, 결국 이스라엘과 단독 평화협약을 맺으며 이 협약이 더 광범위한 평화협상의 실마리가 되기를 바란다는 희망을 피력했다. 예루살렘 방문 4년 뒤, 사다트는 전쟁기념일 군사 퍼레이드에서 이슬람 근본주의자들의 총격을 받아 사망했다.

욤 키푸르 전쟁의 또 다른 주요 승자는 전장에서 6,000마일(9,656km) 떨어진 곳에 있던 사람이었다. 헨리 키신저는 놀라운 정치력을 발휘해 적어도 그들 스스로 승리의 끔찍한 대가를 인정하면서도 양측이 승자임을 주장할 수 있는 시나리오를 연출했다. 이 과정에서 키신저는 솜씨 좋게 소련을 제치고 아랍세계의 지도국을 미국의 편으로 만들었다.

욤 키푸르 전쟁은 전 세계의 군대에 큰 영향을 주었다. 새거와 RPG가 전쟁 초기에 거둔 성공은 전차의 시대가 종언을 고했다는 생각을 널리 불러일으켰으나 더 면밀한 연구 결과 이 생각은 뒤집어졌다. 더 나은 장갑과 대전차미사일 방어책을 갖추고 다른 전술에 따라 운용한다면 전차는 앞으로도 전장에서 중요한 역할을 할 것이다.

전쟁 직후, 미군 기갑부대 고위장성 두 사람이 이스라엘에 도착해 전장을 답사하고 이스라엘 측 동료들과 회의했다. 미국은 10여 년 동안 물질적·정신적으로 베트남전의 늪에 빠져 있었다. 소련군은 그동안 군사교리와 무기 체계를 발달시킨 데 반해, 미군은 한 단계 올라설 기회를 놓쳐버렸다. 1973년 초에 베트남전이 끝나자, 미군은 중동전쟁으로부터 미래전 양상에 대한 교훈을 배우고자 했다.

미군 장성들이 보기에도 욤 키푸르 전쟁의 전차전은 유례가 없을 정도로 격렬했다. 시나이 반도와 골란 고원에서 벌어진 전차전에는 소련의 쿠르스크 전투battle of Kursk(1943년 7~8월, 남러시아에 있는 쿠르스크 일대의 돌출부를 둘러싸고 독일군과 소련군이 벌인 대규모 전차전-옮긴이)와 서방 연합군의 노르망디 돌파Normandy breakout(1944년 7~8월, 미군을 주축으로 하는 노르망디 상륙 연합군의 독일군 방어선 돌파전-옮긴이)를 제외하고는 제2차 세계대전의 그 어떤 전차전보다 더 많은 전차가 투입되었다. 전투의 격렬함은 전차의 수가 아닌 무기의 위력, 늘어난 사거리, 향상된 정확성에서 비롯되었다. 몇 시간 만에 1개 전차대대 전체가 소멸하는 일도 일어났다. 장군들이 배운 교훈은 약 20년 후 제1차 걸프 전쟁까지 미군 기갑부대의 모습을 다시 가다듬는 데 중요한 역할을 하게 된다.

장군들은 보고서에서 미래의 전장은 지금껏 알려진 것보다 더 많은 수의 전차와 대전차화기로 들어찰 것이라고 경고했다. 전쟁 첫 주에 아랍과 이스라엘이 잃은 전차 수의 총합은 미국이 유럽에 보유하고 있는 전차보다 많았다는 점이 강조되었다. 파견 장성 중 한 명인 돈 스태리Donn Starry 소장은 이렇게 썼다. "현대 무기의 수량과 위력 때문에 직사거리에서 벌어지는 전투는 격렬해질 것이다. 비교적 단시간 내에 엄청난 양의 장비가 손실될 것으로 예측된다."

제2차 세계대전의 전차들이 평균 750야드(686m) 거리에서 전투를 벌였던 반면, 욤 키푸르 전쟁에서 이스라엘군 전차들은 2,000야드(1,829m), 심지어 3,000야드(2,743m) 거리에서 적과 교전했다. 즉, 전장의 범위가 넓어졌다는 뜻이다.

전투에서 인적 요소의 중요성을 강조한 스태리 장군의 결론은 이스라엘군의 성과로부터 큰 영향을 받았다. "현대전에서 결과는 수량 외의 다른 요소들에 의해 결정된다"고 장군은 썼다. "병사의 용기, 지휘관의 자질, 잘 훈련받은 부대의 탁월한 전투력이 아직도 전투에서 승리를 거두게 하는 요소임은 엄연한 사실이다."

그런데 이스라엘이 전쟁에서 얻은 가장 큰 교훈 중 하나는 수량의 중요성이었다. 쿠네이트라 갭에서 시리아군의 압도적인 수적 우세를 극복한 벤-갈 여단장과 수에즈 운하 서안 전투를 지휘한 아단 장군은 이 점을 지적한 이스라엘의 고위 지휘관이었다. 아단은 "양이 곧 질이다"라고 말했다.

6일 전쟁에서 이스라엘 공군은 현대 군사사상 가장 극적인 승리를 거두었지만, 놀랍게도 욤 키푸르 전쟁에서는 전쟁의 결과에 결정적인 영향력을 행사하지 못했다. 이스라엘 공군은 아랍 공군을 공중전에서 압도했고 시리아의 전략 목표물을 타격했으며 이집트군이 미사일 우산에서 벗어나 전진하는 것을 막고 적 공군으로부터 이스라엘의 영공을 수호했다. 그러나 정작 전쟁의 향배를 바꾸고 아랍이 어쩔 수 없이 휴전을 모색하게 만든 것은 개전 초기에 난타당한 기갑부대였다.

전후 몇 년 동안 이스라엘 공군은 소련제 SAM 체계에 대한 해답을 내놓는 데 전력을 기울였다. 1978년경, 공군은 새로운 무기체계 및 전자전장비를 이용하는 대對 SAM 계획을 창안했다. 무기와 장비 일부는 외국에서 도입되었고 일부는 국산이었다. 타가르 작전의 의도처럼 미사일 시스템을 완전히 제압하는 대신 이스라엘 공군은 시스템 기만을 시도했다. 이 새로운 전술은 1982년 6월에 레바논 전쟁이 일어나자 레바논의 베카 계곡에서 실전에 적용되었다. 이곳에는 시리아군이 욤 키푸르 전쟁 당시 골란 고원 맞은편에서보다 더 가공할 미사일 시스템을 전개한 상황이었다.

SAM-6 위치 파악 실패가 두그만-5 작전의 실패로 이어졌던 1973년과는 달리, 이제 이스라엘 공군은 시리아군 미사일 포대의 위치를 언제나 추적할 수 있었다. 아울러 욤 키푸르 전쟁 당시에는 없었던 스탠드오프 병기Stand-off weapons, 즉 적 미사일의 사거리 밖에서 발사되어 표적으로 유도될 수 있는, 카메라가 달린 스마트 폭탄을 보유했다는 점이 더욱 중요했다.

이스라엘 공군은 무인기를 먼저 보내 SAM-6 미사일 포대 19개와 포대를 방어하는 레이더 조준 대공포의 사진을 찍어 전송하는 것으로 전투를 개시했다. 그런 다음 비행기와 무인기가 정교한 시나리오에 따라 기만용 전자신호를 보내면 시리아군은 표적이 되는 것을 피하려고 일부러 작동을 멈췄던 SAM 레이더를 가동했다. 레이더가 작동하면 발사 전파의 특성이 기록되어 공대지·지대지미사일로 전송되고 이 특성을 수신한 미사일은 레이더가 작동을 멈추기 전에 목표로 유도되었다.

레이더가 장님이 되자 이스라엘군 전투기들이 벌떼처럼 계곡을 뒤덮으며 날아가 포대 19개 중 15개를 완전히 격파했고 3개에 큰 손해를 입혔다. 시리아기가 출격해 이스라엘기와 전투를 벌이려 했으나 전투가 벌어지는 동안 관측기surveillance plane(전장 상공에서 전장을 내려다보며 통제 및 지원 임무를 수행하는 항공기-옮긴이)에 탑승한 항공통제관air controller(작전지역 내의 작전기를 무선 및 기타 데이터 수단으로 통제하는 인원-옮긴이)들이 대기하던 전투비행대를 유도해 시리아기 수십 대를 격추했다. 이 단계에서 격추된 이스라엘기는 단 한 대도 없었다. 공군사령관 다비드 이브리 장군은 공격기들을 불러들임으로써 이날 작전을 완벽히 마무리했다. 공중전은 다음날에도 벌어졌고 이틀간 격추당한 시리아기는 총 82대에 달했다. 이스라엘군은 스카이호크 1기와 헬리콥터 2대를 통상적인 대공포화에 잃었다.

베카 계곡의 SAM에 대한 이스라엘 공군의 대응은 미국 군사분석가 앤서니 코데스먼Anthony Cordesman이 "유례를 찾을 수 없을 만큼 효율적"이었다고 할 만큼 기술과 전술의 절묘한 조합을 보여주었다. 이스라엘 공군은 욤 키푸르 전쟁에서의 좌절을 딛고 9년 뒤에 놀라운 기량을 과시하며 10여 년 전 이집트와 시리아가 SAM을 도입하면서 잃은 기술적·심리적 우위를 되찾았다.

몇 년 뒤, 바르샤바 조약군의 고위 지휘관들은 이스라엘 공군의 성공이 기이한 정치적 부수 효과를 가져왔다고 이스라엘 측 관계자들에게 말했다. 베카 계곡에 배치된 시리아군 미사일이 격파되고 하루 뒤에 소련은 방공군 부사령관을 파견해 이스라엘이 어떻게 이런 일을 해냈는지 조사했다. 이 사건은 서구의 공습에 대한 방패로 SAM 지대공미사일에 의존왔던 소련 지도부에 큰 충격을 안겨주었다. 바르샤바 조약군 참모차장은 이브리 장군에게 베카 계곡 충돌로 드러난 SAM 체계의 취약성이 소련 지도부의 사고방식을 바꾸어 글라스노스트와 서구에 대한 개방으로 마음이 기울게 한 요소의 하나였다고 말했다.

양측 병사들에게 전투가 남긴 정신적 상처가 치유되는 데는 오랜 시간이 걸릴 것이다. 치유가 된다면 다행이었다. 중국농장 전투에서 모르데카이의 공수부대 일원으로 싸웠던 시몬 말리아크 중위는 몇 달간 라비노비츠 중위에 대한 기억과 구조하겠다는 약속을 지키지 못한 것에 대해 괴로워했다. 하지만 사실 라비노비츠는 살아남았다. 전투 스트레스를 받은 말리아크가 진료를 받던 병원의 의사 한 명이 베르셰바의 병원에 입원해 있던 라비노비츠를 찾아내 목소리를 녹음한 테이프를 가져다주었다. 라비노비츠는 말리아크 덕분에 몽롱한 상태에서 깨어난 다음 후방으로 간신히 기어갈 수 있었다고 말했다.

2년 뒤, 골란 고원을 방문했다가 돌아오는 길에 말리아크는 하이파에 있는 한 식당에 들렀다. 식당의 실내 뒤쪽 끝에 앉은 엄마와 아이가 눈에 들어왔다. 이들이 앉은 식탁 반대편에는 붉은 머리의 남자가 문을 등지고 앉아 있었다. 아이는 두 살 정도 되어 보였다. 붉은 머리의 중위가 아내가 출산 예정이라고 했던 말이 떠올랐다. 얼굴이 보이지 않았지만 말리아크는 남자에게 달려가 "라비노비츠!"라고 소리쳤다. 라비노비츠였다. 두 사람은 서로 끌어안고 엉엉 울다가 각자의 이야기를 하고 또 울었다.

전쟁이 끝나고 말리아크는 욤 키푸르에 기도하는 것을 그만두었다. 그리고 욤 키푸르가 오면 어떨 때는 빈 아파트에서, 어떨 때는 가족을 떠나 유대 사막Judean Desert(예루살렘 동쪽 사해에 걸친 지역에 있는 사막-옮긴이)에서 홀로 지내며 왜 이런 일이 일어나게 했는지를 신에게 따져 물었다.

이집트군의 나데 병장은 신에 절망하지는 않았으나 삶에 절망하게 되었다. 휴전이 발효되었는데도 이집트 제3군의 병사들은 몇 달간 사막에서 포위된 채 제한된 급식만으로 버텼다. 보체르 전초기지에 주둔한 나데 병장의 중대는 제3군 본대에서 고립되어 있었으며 보급품을 받을 수 있을지는 불확실했다. "우리는 고립되었고 신과 유엔에 전적으로 의존하고 있다"라고 나데는 일기에 썼다. 같은 날 일기에서 나데는 좋아하는 음악, 연극, 영화, 책의 목록을 적으며 현실에서 도피했다. 대부분이 서구 작품이었다. '차이코프스키 1812년 서곡, 나폴레옹 전쟁'이 음악 목록의 첫머리에 있었다. 연극 목록에는 로버트 볼트Robert Bolt의 '사계의 사나이A Man for All Seasons'가 제일 앞에 있었고, '코란과 그 현대적 해석'은 책 목록의 세 번째 자리를 차지했는데 유일한 아랍어 작품이었다.

11월 27일, 휴전 발효 1개월 뒤 나데 병장은 아파서 작업을 거부했다는 이유로 지휘관이 자신을 구타하고 이병으로 강등시켰다고 일기에 적었다. 10일 뒤, 나데와 전우 6명은 부대에서 탈영해 밤에 운하를 건너갔다. 이들은 이스라엘군 진영을 통과해 후방으로 빠져나가려 하다가 이스라엘군 순찰대와 마주쳐 전원 전사했다. 나데 병장의 시신에서 발견된 일기는 정보장교에게 넘겨졌다. 6년 뒤, 이스라엘 기자 2명이 군으로부터 이 일기를 입수해 알렉산드리아의 빈민가로 가서 그곳에 사는 나데의 부모에게 전달했다. 부모는 일기 발췌본의 출판을 허락했다. 일기에는 나데 병장이 영어로 쓴 유언이 있었다. "그 순간이 오면 나를 기억해주십시오." 나데 병장은 말했다. "나는 조국을 위해 싸웠습니다. 수백만 동포가 평화를 꿈꾸고 있습니다. 알지 못하는 것이 아름다울 수도 있으나 지금 현재가 더 아름답습니다."

욤 키푸르 전쟁은 이스라엘-아랍 대치에 있어 주요 전환점이 되었다. 끔찍한 전쟁이었으나 결말은 완벽했다. 욤 키푸르 전쟁은 이집트의 자존심과 이스라엘의 균형감각을 회복시킴으로써 캠프 데이비드 평화협정으로 이어지는 길을 열었다. 15년 뒤, 이스라엘은 요르단과 평화협약을 맺었다. 그 후로 최소한 아랍의 엘리트층 사이에서 이스라엘의 악마화가 어느 정도 현실정치에 자리를 내줌에 따라 유대인 국가는 모로코에서 걸프 국가들에 이르는 다른 아랍국가들과도 신중하게 경제적·정치적 관계를 맺게 된다.

중동에서 전쟁이 다시 일어날 가능성은 상존한다. 특히 해결되지 않은 팔레스타인 문제가 감정에 불을 지른다면 더더욱 그렇다. 하지만 욤 키푸르 전쟁을 보면 초기에 겪은 참패에도 불구하고 이스라엘의 억제력은 전쟁으로 인해 약해지기는커녕 오히려 강해졌다. 두 곳의 전선에서 전략적·전술적으로 완벽한 기습을 달성하고 초강대국의 지도를 받으며 수년간 연습한 계획에 따라 전투를 벌이는 등 1973년 10월의 이집트와 시리아보다 더 유리한 환경에서 전쟁을 개시한 경우를 상상하기는 어렵다. 하지만 3주도 지나지 않아 전쟁이 끝났을 때 이스라엘군은 양국의 수도를 위협하고 있었다. 앞으로 이스라엘이 이렇게 완벽한 기습을 허용할 가능성은 아주 적을 것이다.

총성이 완전히 멎기도 전에 반대편 개인호에서 싸우는 상대가 인간임을 인정하는 모습이 이집트 전선의 전투원들 사이에서 조금씩 보이기 시작했다. 아미르 요페의 전차대대에 배속된 보병부대는 수에즈 시 외곽에 배치되어 유엔 파견부대가 도착해 양군 사이를 떼어놓기까지 휴전 발효에 아랑곳하지 않은 채 이집트군과 교전하고 있었다. 푸른 헬멧을 쓴 평화유지군이 전개를 마치자, 양군 병사들은 사격 진지 위로 머리를 쳐들고 전선 너머에서 방금까지 총을 쏘아대던 상대방을 쳐다보기 시작했다. 이집트군이 먼저 반응을 보였다. 이집트군 병사 수십 명이 무기를 내려놓고 유엔군 진영을 가로질러 한 이스라엘군 중대에 도착했다.

중대장은 요페 대대장에게 자신이 있는 곳이 이집트군으로 넘쳐난다고 무전으로 보고했다. "잡아들여." 대대장이 말했다, 항복하러 왔다고 여긴 것이다.

"항복하려는 게 아닙니다." 중대장이 말했다. "악수를 청합니다." 몇몇 이집트군 병사들은 이스라엘군 병사들에게 키스하기까지 했다. 뒤에서 이집트군 장교들의 고함이 들리자, 병사들은 자기 진영으로 돌아갔다.

며칠 뒤 군 위문공연단이 요페의 대대에서 공연했다. 공연단이 부른 노래 중에는 6일 전쟁 때부터 불린 노래가 있었다. 군화까지 사막의 모래에 버리고 갔다며 도망친 이집트군을 조롱하는 내용이었다. 공연이 끝나자 병사들은 공연단원들에게 가서 앞으로 이 노래를 레퍼토리에서 빼는 것이 어떻겠냐고 제안했다. 3주 동안 힘든 전투를 치르고 나니 이런 식으로 단순하게 적을 깔보는 행동이 비위에 거슬리게 된 것이다.

가장 놀라운 양군의 친목 도모는 전선의 한쪽 끝에 있는 이스마일리아 근처에서 벌어졌다. 첫 휴전 발효 다음날 아침, 자신의 공수중대를 담수 운하 돌출부를 따라 전개하던 이스라엘군 기데온 샤미르 대위의 눈에 100야드(91m) 떨어진 과수원에서 숙영하던 이집트군 특수부대가 들어왔다. 어젯밤에 충돌한 이집트군 일부임이 분명했다. 이미 전선 다른 곳에서도 휴전이 위배되고 있는 상황이었지만 베이산 계곡$^{Beisan\ valley}$에 있는 종교적 키부츠 출신인 대위는 자신이 맡은 구역에서 더는 살육이 없기를 바랐다.

부하들에게 엄호하라고 한 다음 대위는 아랍어를 할 줄 아는 병사를 데리고 과수원으로 이어지는 빈 관개수로를 따라 내려갔다. 샤미르는 다가가면서 "휴전, 평화"라고 소리쳤다. 두 사람은 필요하다면 관개수로에 숨을 태세를 취했으나, 이집트군은 가까이 오라는 신호를 보냈다. 이집트군은 중대장을 불렀다. 중대장은 자신을 알리^{Ali} 소령이라고 소개했다. 샤미르는 불필요한 사상자를 더 이상 원하지 않는다고 영어로 말했다. 전쟁은 끝났으며 양측 누구든 지금 상처를 입는다면 어리석은 일이 될 것이었다. 알리 소령도 동의했다. 알리 소령은 사다트 대통령이 단지 휴전이 아니라 이스라엘과 평화를 원한다고 믿는다고 말해 샤미르 대위를 놀라게 했다.

그 후 며칠 동안 양측 병사들은 두 진영 사이에 있는 공터로 조심스럽게 나와 우의를 다졌다. 인접한 구역에서 총격전이 발생하면 병사들은 서둘러 자기 진영으로 돌아갔다. 처음에 야간 총격전이 발생하자, 이집트군 병사들은 샤미르의 진지에 발포했으나 낮에는 발포하지 않았다. 이스라엘군 공수부대원들은 사격을 자제했고 며칠 밤이 지나자 반대편의 이집트군 병사들도 사격을 멈췄다. 얼마지 지나지 않아 이집트군 특수부대원들과 이스라엘군 공수부대원들은 매일 만나 커피를 끓이고 백개먼^{backgammon}(두 사람이 하는 주사위 놀이, 중동에서는 셰쉬-베쉬shesh-besh라고 부름-옮긴이)을 했다. 축구 경기도 했다. 병사들은 통성명하고 아내와 여자친구의 사진을 보여주는 사이가 되었다. 간혹 쿰지츠kumsitz(이디쉬어로 함께하는 식사-옮긴이)도 있었다. 이집트군 병사들이 양을 잡으면 이스라엘군 병사들은 집에서 보낸 음식물 소포를 풀었다.

이 국지 휴전에 대한 소식은 빠르게 퍼졌고 비슷한 합의가 다른 구역에서도 맺어졌다. 샤론 장군까지도 무슨 일이 벌어지는지 보러 직접 찾아왔다. 하루는 알리가 샤미르에게 상급자들로부터 샤미르를 데리고 카이로를 방문해도 좋다는 허가를 받았다고 말했다. 하지만 이스라엘군 정보장교들은 이집트 정보당국이 샤미르로부터 정보를 캐내려 할 것을 우려해 방문을 불허했다.

하루는 알리와의 토론에서 샤미르가 이집트가 이스라엘을 절대 인정하지 않을 것이라는 신문 사설에 대해 어떻게 생각하는지 물었다. 사설 내용은 이스라엘 라디오로 보도되었다.

"프로파간다에요. 알리가 답했다. "우리는 평화를 원하고 평화를 향해 나아가고 있다는 것이 진실입니다."

"왜 사다트는 그렇게 이야기하지 않습니까?" 샤미르가 물었다.

"사다트는 그렇게 드러내놓고 이야기할 수 없어요. 새로운 지도자인 데다가 일부 식자층의 지지를 받기는 해도 아직도 나세르라는 인물에게 홀려있는 일반 대중의 지지를 얻어내야 한다는 문제가 있지요."

알리는 일 년 전에 다른 장교들과 함께 사다트 대통령과 가진 회의에 참석한 적이 있었다고 했다. 그는 그때 대위였고 참석한 장교 중 가장 계급이 낮았다. "사다트는 우리는 이집트의 내부 개발 문제에 신경을 쏟아야 하며 이스라엘이 시나이 반도에서 철수하겠다는 진지한 의도를 보이기만 하면 대화를 시작하겠다고 말했어요." 알리는 모든 일에는 단계가 있는 법이라고 말했다. "먼저 전쟁을 멈춰야지요. 1년이나 2년 지나면 우리는 텔아비브로 여행을 가고 당신들은 카이로로 올 수 있을 겁니다." 이집트군 병사들이 이스라엘군 병사들에게 말한 바에 따르면, 알리의 삼촌은 이집트군 고위 장성이었다. 샤즐리 참모총장이라는 말도 있었다.

철군 협약 서명 다음날, 알리는 대대장과 병과가 분명치 않은 대령 한 사람과 함께 나타났다. 이들은 철군 협약에 대한 샤미르 대위의 생각을 듣고자 했다. 분명 이스라엘이 철군 선언을 얼마나 진지하게 여기는지를 일선의 장교로부터 파악하기 위해서였을 것이다. 손님들은 이스라엘이 진심으로 철군할 의향이라는 샤미르의 답을 듣고 만족한 눈치였다. 떠나기 전, 이집트군 장교들은 두 나라의 관계가 앞으로 샤미르와 알리가 데리고 있는 부하들의 관계를 닮았으면 한다고 말했다.

이집트군 특수부대와 이스라엘군 공수부대는 양군의 선봉에 선 정예부대였다. 전투의지가 충만한 전사인 이들이 선택의 자유가 생기자마자 두말없이 무기를 내려놓고 전장에서 함께 식사했다는 사실은 전쟁이 가져온 중요한 변화에 대해 말해준다.

1967년의 전쟁 이후 이집트는 새롭게 시작한 전쟁으로만 명예를 회복할 수 있다고 여겼던 반면, 이스라엘은 승리를 확신한 나머지 전쟁 재개를 심각하게 우려하지 않았다. 1973년에 양측은 명예를 보존하고 다시는 전쟁을 경험하지 않기를 염원하며 대결을 끝냈다.

욤 키푸르 전쟁은 놀라운 기습으로 시작되었으나 역설의 달인인 역사는 이보다 더 놀라운 결말을 안겼다. 전쟁은 포격으로 밭에 고랑을 파고 연약하기는 하지만 평화의 씨앗을 뿌렸다. 고향 미트 아불-쿰에 있는 나무 아래서 꿈을 꾸던 사다트조차 자신이 예루살렘을 방문한다는 상상을 초월하는 사건이 일어날 것이라고는 생각조차 못 했을 것이다.

이집트에게 이 전쟁은 사다트가 머리를 숙이는 처지가 아닌 대등한 입장에서 예루살렘을 방문하게 만든 엄청난 성취였다. 이스라엘에게 이 전쟁은 국가의 존재를 뒤흔드는 지진과도 같은 재앙이었으나, 결국 6일 전쟁이 가셔온 희열보다 건전한 영향을 남겼다. 이스리엘이 입은 트라우마는 억눌러야 할 악몽이 아니라 얕은 생각과 오만이 어떤 결과를 불러오는지 일깨워주는 대상으로서 두고두고 곱씹어봐야 할 국가적 기억이다. 전장에서 이스라엘군이 기사회생해 전투력을 회복했다는 것은 그들의 생존 의지와 혼란의 와중에도 난국을 타개하려는 임기응변 능력이 얼마나 대단했는지를 보여준다. 상처는 남겠지만, 이스라엘은 가장 암울한 시간에 젊은이들이 무너지는 보루를 어떻게 받치고 버텼는지를 계속 기억할 것이다.

주(註)

제1장 모래위의 발자국
- 모티 아쉬케나지, 메이르 바이셀 및 익명의 모사드 관계자와의 인터뷰.
- 아랍의 내재적 취약성에 대한 다얀의 언급 — 1973년 8월 이스라엘 지휘참모대학에서 한 연설.

제2장 농부 옷을 입은 남자
- 다얀이 한 제안을 사다트가 변용했다는 언급 — 워싱턴에서 열린 욤키푸르 전쟁 심포지엄에서 사다트의 대변인 아슈라프 고르발(Ashraf Gorbal) 발언, 리처드 B. 파커(Richard B. Parker)의 『The October War: A Retrospective(10월 전쟁: 회고)』에 수록.
- "조, 꽃을 들고 나를 설득하려 하는군요." — 파커의 책에 수록된 시스코의 언급.
- 이번 장을 포함한 다른 장에서도 헨리 키신저와의 관련 내용을 제외한 크렘린 내부 토론에 대한 모든 정보는 빅토르 이스라엘랸의 귀중한 노작인 『Inside the Kremlin During the Yom Kippur War(욤 키푸르 전쟁 기간 중 크렘린 내부)』에서 인용.
- 이스마일의 키신저와의 면담 보고 — 가마시 장군의 회고록 『The October War(10월 전쟁)』.
- 비노그라도프와 사다트의 면담 — 안와르 사다트의 회고록 『In Search for Identity(정체성을 찾아서)』.
- 제한 사다트와의 인터뷰 — 《예디오트 아하로노트(Yedioth Achronot)》(이스라엘 일간지), 1987년 11월 6일자.

제3장 비둘기장
- 이 책 전반에 실린 엘라자르 총참모장의 발언은 주로 바르토브(Bartov)의 『Dado(다도)』, 시몬 골란(Shimon Golan)의 『Milkhama B'Yom Hakipurim: Kablat Hachlatot HaEliyon Pikud(Decision Making of Israeli High Command in Yom Kippur War)(속죄일에 일어난 전쟁: 욤

키푸르 전쟁에서 최고사령부의 의사결정)』과 아그라나트 보고서에서 인용.
- 쇼바크 요님 작전계획 — 제에브 에이탄(Ze'ev Eitan) 박사가 《마아르호트(Ma'archot)》(이스라엘 군사잡지) 제276호에 기고한 "Shovakh Yonim(쇼바크 요님)" 기사가 주요 출처.
- 오르 야크루트 시설 — 샤울 샤이(Shaul Shai) 대령 기고문, 《마아르호트》 제372호.
- 제이라 아만 국장의 자신감에 불안감을 느낀 장교 — 라마트 에팔 심포지엄(Ramat Efal symposium)에서 한 다니 마트(Danny Matt)의 발언.
- 이 책 전반에 실린 아슈라프 마르완에 대한 정보는 바르-요세프(Bar-Joseph)의 『The Watchman Fell Asleep(잠들어버린 파수꾼)』, 『Hamalach(The Angel: 천사)』 및 전 모사드 국장 즈비 자미르의 회고록 『B'ainaim Ptukhot(Eyes Wide Open: 눈을 뜬 채로)』와 자미르가 지은이와 한 인터뷰가 주요 출처.
- 다얀의 마르완에 대한 언급 — 라미 탈(Rami Tal)과의 인터뷰, 《마아리브(Ma'ariv)》(이스라엘 일간지). 1997년 4월 27일자.

제4장 바드르

- 이집트군의 전쟁 준비에 관한 서술은 주로 샤즐리의 회고록 『The Crossing of the Canal(수에즈 운하의 도하)』 및 가마시, 사다트의 회고록에 주로 기반을 두었음.
- 이집트군의 물대포 사용을 이스라엘군이 사전에 인지했는지에 대하여 — 로날드 알로니(Ronald Aloni) 기고문, 《마아르호트》 제361호.
- 정보가 의사결정권자들에게 전달되지 않음 — 《이스라엘 하욤(Israel HaYom)》(이스라엘 일간지) 2015년 3월 10일자.
- 메이어 총리의 관저에서 열린 회의 — 자미르.

제5장 착각

- 이스라엘 공군에 대한 배경 서술 — 베니 펠레드, 아비후 빈-눈, 에이탄 벤-엘리야후(Eitan Ben-Eliyahu), 다비드 이브리, 모티 호드와의 인터뷰 및 에후드 요나이(Ehud Yonay)의 『No Margin For Errors(실수를 저지를 여지란 없다)』에서.
- 이스라엘 공군이 미사일 포대 1개당 비행기 1대를 잃을 것이라는 전쟁 전의 예측 — 베니 펠레드와의 인터뷰.
- 아랍군의 능력에 대한 바르-레브의 언급 — 커미트 구이(Kermit Guy)의 『Bar-Lev(바르-레브)』.
- '전차만능론' — 이마누엘 발드(Immanuel Wald)의 『The Curse of the Broken Vessels(깨진 그릇의 저주)』, 에드워드 루트워크(Edward Luttwak)와 대니얼 호로위츠(Daniel Horowitz)의 『The Isreal Army(이스라엘 육군)』, 비냐민 아미드로르(Binyamin Amidror)가 1974~1975년에 《하올람 하제(Ha'olam Hazeh)》(이스라엘 잡지)에 실은 연재기사. 에프라임 카르쉬(Efraim Karsh) 편집, 『Between War and Peace(전쟁과 평화 사이)』에 실린 시몬 나베(Shimon Naveh)의 "The Cult of Offensive Preemption and the Future Challenges for Israeli Operational Thought(공세적 선제공격이라는 신앙과 이스라엘군 작전 사상의 미래 과제)".
- 이스라엘군의 포술 실력에 대한 미군 장군의 언급 — 돈 스태리 장군과의 인터뷰.

- 기갑부대에 이미 새거 미사일 대응책이 마련되어 있었다는 언급 — 아단 장군과의 인터뷰.
- 대전차화기 요구를 기각하는 탈 장군 — 에마누엘 샤케드 장군과의 인터뷰.
- 이스라엘 해군에 대한 자료 — 지은이의 『The Boats of Cherbourg(셰르부르의 보트)』.

제6장 폭풍전야

- 브레즈네프-닉슨 정상회담 — 키신저의 『Years of Upheaval(격변의 시절)』.
- 미 국무부 관계자가 전쟁 가능성을 50 대 50으로 보다 — 파커의 책.
- 4월 18일에 메이어 총리 사저에서 열린 회의 — 바르-요세프(Bar-Josep) 및 바르토브(Bar-tov)의 책.
- (진행 중인 토의를 내각 전원에게 알리지 않았다고 통탄한) 공수부대 장성 — 다니 마트(Danny Matt) 장군(당시 대령)과의 인터뷰.
- 고로디쉬(고넨)의 시찰에 대한 일화 — 단 메리도르(Dan Meridor)와의 인터뷰.
- 고넨에 대한 아단의 언급 - 아단과의 인터뷰.
- 다가올 전쟁에 대한 이집트의 비밀 엄수 — 요하이 샤케드(Yohai Shaked) 대령(예비역)의 기고문,《마아르호트》제373호.

제7장 국왕의 방문

- 메이어 총리와 후세인 왕의 비밀회담 — 루 케다르(Lou Kedar), 주시아 케니제르(Zussia Keniezer), 모르데카이 가지트(Mordecai Gazit)와의 인터뷰.
- 앞으로 10년 안으로 전쟁이 없을 것이라는 제이라의 예측 — 슈무엘 아스카로프(Shmuel Askarov)와의 인터뷰.

제8장 칼집에서 칼을 뽑다

- 이스라엘군과 아랍군의 전력 수치 — 카르타(Carta)의 역사 지도.
- 9월에 이스라엘 정보당국이 받은 경고 11개 — 바르-요세프 기고문,《마아르호트》제316호.
- 탈 장군의 경고 — 바르-요세프 기고문,《하아레츠(Ha'aretz)》(이스라엘 일간지) 2002년 12월 18일자..
- 아만 자료 — 요엘 벤-포라트(Yoel Ben-Porat)의 『Locked On(잠금)』, 바르-요세프(Bar-Joseph)의 책 및 아비 야아리(Avi Ya'ari)와 주시아 케니제르(Zussia Keniezer)와의 인터뷰.
- 진주만 기습 — 로베르트 월스테터(Robert Wohlstetter)의 《Foreign Affairs》 1965년 7월호 기고문, 아그라나트 보고서에서 재인용.
- "특별 수단" — 우리 바르-요세프(Uri Bar-Joseph)의 "The Special Means of Collection: The Missing Link in the Surprise of the Yom Kippur War(특별 수집 수단: 욤 키푸르 전쟁의 기습에서 빠진 연결고리)",《Middle Eastern Journal》 2013년 가을호, 및 나아마 란스키(Naama

Lanski), "The Ears of the Country Weren't Listening(국가의 귀는 듣지 않았다)",《이스라엘 하욤》 2013년 9월 13일자.
- 샤바타이 브릴에 대하여 — 야이르 셸레그(Yair Sheleg) 기고문,《콜 하이르(Kol Hair)》(이스라엘 잡지) 1993년 9월 24일자.
- 나데 병장 일기 —《예디오트 아하로노트(Yedioth Achronot)》1975년 9월 14일자에 공개된 히브리어 발췌 번역본.

제9장 카운트다운

- 메이어 총리와의 회의에서 샬레브 장군 — 아그라나트 보고서.
- 시리아군 제47기갑여단 — 라마트 에팔 심포지엄에서 아모스 길보아(Amos Gilboa)가 한 발언.
- 시만-토브 대위의 보고 — 아그라나트 보고서.
- 미국 정찰위성과 CIA — 브루스 리들(Bruce Reidel)과의 인터뷰.
- 사다트-비노그라도프 면담 — 이스라엘리얀(Israelyan)의 책.
- 무선 감청원들이 시리아에서 소련인 가족의 소개 정보를 감청하다 — 아미트 고렌(Amit Goren) 감독 다큐멘터리 영화〈Lo Tishkot Haaretz(이 땅은 조용하지 않을 것이다)〉.
- 제이라가 모호함을 피함 — 아그라나트 보고서.
- 다얀의 집무실에서 메이어 총리가 가진 회의 — 아그라나트 보고서.
- 제이라의 인지 종결 욕구 — 우리 바르-요세프의 책과 아리에 W. 크루글란스키(Arie W. Kruglanski), "Intelligence Failure and the Need for Cognitive Closure: On the Psychology of the Yom Kippur Surprise(정보 실패와 인지 종결 욕구: 욤 키푸르 기습의 심리)",《Political Psychology(정치심리학)》, Vol.24, No.1, 2003년 3월.
- 금요일 아침의 정보회보 — 바르-요세프의 책.
- 하비디 장군 — 오데드 그라노트(Oded Granot)가 한 인터뷰,《마아리브 소프샤부아(Ma'ariv Sofshavua)》(이스라엘 잡지), 1993년 10월호.
- 엘라자르가 경고를 받았더라면 동원령을 발동했을 것이라는 언급 — 바르토브의 책.
- 가마시 장군이 이스라엘군의 공격을 두려워했다는 언급 — 슈무엘 세게브(Shmuel Segev)가 가마시와 한 인터뷰,《마아리브(Ma'ariv)》1985년 9월 24일자.
- 시리아와 이집트의 소련인 가족 소개에 관한 이라크 대사의 보고 방수 — 아모스 길보아(Amos Gilboa)의 『Yediat Hazahav(Golden Information: 황금같은 정보)』, 2015년 7월 메이르 아미트 첩보 및 테러정보센터(The Meir Amit Intelligence and Terrorism Information Center) 발표.
- 10월 1~6일이 '가장 평범한 한 주'였다는 엘라자르의 언급 — 아그라나트 보고서.
- 콜 니드레이를 놓친 즈비 자미르 — 지은이와 자미르가 나눈 대화.
- 자미르와 마르완의 회동 — 자미르의 회고록 『Eyes Wide Open』.

제10장 욤 키푸르 아침

- 엘라자르와 베니 펠레드의 통화 내용 — 펠레드와의 인터뷰.
- 엘라자르의 "행사 때나 다름없는" 표정 — 바르토브의 책.
- 엘라자르의 창녀촌 농담 — 슐로모 가지트(Shlomo Gazit)와의 인터뷰.
- 다얀의 선제공격 거부 — 시몬 골란(Shimon Golan) 중령(예비역) 기고문, 《마아르호트》 제393호.
- 메이어 총리와 리오르 장군 — 에이탄 하베르(Eitan Haber)의 『War Will Break Out Today(오늘 전쟁이 벌어질 것이다)』.
- 제이라가 아만 주요 간부들과 가진 회의 — 케니제르와의 인터뷰.
- 각의 — 빅토르 솀토브(Victor Shem)와의 인터뷰.

제11장 이집트군의 도하

- 이집트군의 도하에 관한 서술 — 샤즐리와 가마시의 회고록.
- 전초기지에 대한 서술 — 아쉬케나지, 샤울 모세스, 야코브 트로스틀러, 아비 야페, 메이르 웨이셀, 샬롬 할라, 아리에 세게브와 메나헴 리터반드와의 인터뷰.

제12장 전차의 굴욕

- 이 장 대부분은 암논 레셰프의 여단이 작성한 여단 전투일지 및 단 숌론 대령의 여단의 여단 역사에 근거했다. 아비에제르 골란(Aviezer Golan)이 전쟁 기간 동안의 멘들레르 장군에 관해 쓴 『Albert(알베르트)』와 아미르 요페 대대의 대대 역사도 참고했다.
- 《Yom Kippur War Studies(욤 키푸르 전쟁 연구)》에서 아미람 에조브(Amiram Ezov)의 기고문.
- 이집트군의 대전차 방어 — 샤즐리의 회고록.
- 오데드 마롬의 이야기 — 라마트 에팔 심포지엄에서 마롬 본인이 한 발언.
- 항공정찰사진을 며칠 뒤에도 공군이 보지 못한 사건 — 펠레드와의 인터뷰.
- 이스라엘군의 화력 부족 — 이스라엘 탈의 『National Security(국가안보)』.

제13장 동원령

- 예샤야후 가비쉬, 우리 벤-아리, 이츠하크 브리크, 가비 아미르, 모티 호드, 욤-토브 타미르, 라미 마탄과의 인터뷰.
- 아리엘 샤론의 『Warrior(전사)』, 카르타의 『Historical Atlas: Golan(역사 지도: 골란 고원)』 아단의 책 및 기타 부대 역사.
- 계획 시간의 절반 만에 전선에 도착한 일부 동원부대 — 로널드 알로니 중령(예비역) 기고문, 《마아르호트》 제361호.
- 고넨에게서 눈을 떼지 않는 벤-아리 — 벤-아리와의 인터뷰.

- 아부 아게일라 전투의 평가 — 비냐민 아미드로르(Binyamin Amidror) 기고문, 《하올람 하제(Ha'olam Hazeh)》(이스라엘 잡지), 1975년.
- 다가오는 해에는 전쟁이 벌어지지 않는다는 다얀의 말 — 샤론 기고문, 《예디오트 아하로노트》, 1993년 9월 24일자.
- 전사자가 2,500~3,000명에 달할 것이라고 한 에레즈 중령의 예측 — 하임 에레즈와 아미 모라그와의 인터뷰.
- 발루자 근처에서 분쇄된 이집트군의 매복공격 — 메나헴 라하트(Menahem Rahat)의 기고문, 《마아리브 소프샤부아》(마아리브지 주말 특별판), 1980년 10월.
- 샤론과 바이셀과의 대화 — 아비 야페의 테이프 녹취.
- 전초기지 수비대와 대화에서 감동한 샤론 — 샤론의 지휘용 병력수송장갑차에서 복무한 이스라엘 이트킨(Yisrael Itkin)과의 인터뷰.

제14장 시리아군의 돌파

- 라풀 에이탄, 아비그도르 카할라니, 아비그도르 벤-갈, 야이르 나프시, 우리 심호니, 모티 호드, 데니 아그몬, 하임 바라크, 슈무엘 아스카로프, 오데드 베크만, 츠비 라크, 다비드 에일란드, 슈무엘 야킨, 아브라함 엘리멜레크, 요시 구르, 니르 아티르, 요람 크리비네, 아미르 드로리, 유드케 펠레드, 요람 야이르, 모셰 주리히, 하난 슈바르츠, 츠비카 그린골드와의 인터뷰. 아그라나트 보고서와 카할라니의 『Oz 77(77대대)』 및 츠비 대령(예비역, 성은 표기하지 않음) 기고문 "The Syrian Attack on the Golan Heights(골란 고원에서 시리아군의 공격)", 《마아르호트》 제314호 참조.
- 이스라엘군이 개전 1주일 전 시리아군의 최신 계획 입수 — 바르-요세프의 『The Watchman Fell Asleep(감시원이 잠들어버리다)』.
- 시리아군 작전계획의 개요 — 2001년 10월, 라마트 에팔 심포지엄에서 전 아만 시리아과장 아모스 길보아 준장(예비역)이 한 발언.
- 벤-쇼함이 예하부대에 전쟁 경고를 하지 않음 — 아그라나트 보고서, 나프시와의 인터뷰.
- 시리아군에게 너무 많은 정보를 넘긴 이스라엘군 정보장교 — 2016년 이스라엘 텔레비전 채널 2(아루츠 슈타임) 방송 인터뷰.
- 에레즈 대대장이 바라크 대대가 후방에 있음을 알지 못함 — 아그라나트 보고서.
- 일-조주 중위의 심문 기록 — 알렉스 피쉬만(Alex Fishman) 기고문, 《예디오트 아하로노트》, 1999년 9월 19일자.
- 예하대대를 남부 지구로 파견하기를 꺼려한 벤-갈 여단장 — 《시리온(Shirion)》(군사잡지명)에 실린 벤-갈과의 인터뷰.

제15장 동트기 전이 가장 어둡다

- 엉망인 일선 보고 — 라마트 에팔 심포지엄에서 시몬 골란이 한 발언.
- "나는 무신론자요." — 사바토(Sabbato)의 『Adjustment of Sights(조준선 정렬)』.
- 요체르가 골란 고원으로 올라가며 겪은 일 — 요체르와의 인터뷰.

- 라네르 장군의 "골란 고원 남부의 싸움은 끝났습니다. 우리는 졌어요." 발언 — 바르토브의 책.
- 손을 떠는 다얀 — 아미트 고렌(Amit Goren) 감독 다큐멘터리 영화 〈Lo Tishkot Haaretz〉.
- 타가르 작전 — 요나이 및 빈-눈, 지오라 푸르만, 다비드 이브리, 베니 펠레드, 아모스 아미르, 에이탄 벤-엘리야후(Eitan Ben-Eliyahu), 기오라 롬(Giora Rom)과의 인터뷰.

제16장 남부 골란 고원 상실
- 야이르, 크리비네, 카할라니, 벤-갈, 길 펠레드(Gil Peled), 드로리와의 인터뷰, 카할라니의 『Oz 77』.
- 칼리쉬 중위의 경험담 — 2001년 5월 20일 이스라엘 텔레비전 채널 2와의 인터뷰.
- 벤-쇼함의 "우리는 임무를 다했다." 발언 — 아그라나트 보고서.

제17장 콩나무
- 사리그, 비에르만, 아그몬, 야이르, 벤-포라트, 오르, 그린골드, 엘리멜레크, 야킨, 베니 마카엘손, 드로리와의 인터뷰.

제18장 나파크 전투
- 그린골드, 요체르, 바라크, 오르, 하임 다논, 론 고트프리트, 아그몬, 하난 안데르손, 주리흐와의 인터뷰. 오르 여단의 여단역사 및 촬영 필름 참조.
- 아그라나트 보고서.
- 주리흐 — 주리흐를 포함한 벤-쇼함의 참모 일부는 토요일 밤에 즈비카 그린골드가 탭라인을 따라 진격하는 시리아군을 차단함으로써 나파크를 구했다고 주장한다. 하지만 시리아군이 그린골드와의 조우 때문에 진격을 중단했는지는 확실치 않다.
- 《Yom Kippur War Studies》 수록 예후다 바그만(Yehuda Wagman)의 기고문 다수.

제19장 고립되다
- 무사 펠레드, 아브라함 로템, 베크만, 구르, 야이르, 아티르, 오르, 모티 카츠(Motti Katz)와의 인터뷰.
- 문서 사료들 — 사바토의 책 및 각 부대 역사.
- 호피의 교체 필요성에 대한 다얀의 언급 — 아리에 브라운(Arie Braun)의 『Moshe Dayan and the Yom Kippur War(모셰 다얀과 욤 키푸르 전쟁)』.
- 흐느껴 우는 다얀 — 무사 펠레드와의 인터뷰 녹취록, 기갑부대 도서관, 라트룬(Latrun).
- 북부사령부에 도착해 무전기를 끄라고 명령한 바르-레브 — 구이(Guy)의 『Bar-Lev(바르-레브)』.

- 텔 파레스의 벙커 — 니르 아티르와의 인터뷰, 우리 밀스테인(Uri Millstein)의 『The Collapse and Its Lessons(붕괴와 교훈)』.

제20장 키를 잡은 손

- "포병로나 측면로가 방어선이 되게 하시오." — 브라운의 책.
- 메이어 총리와 루 케다르와의 대화 — 케다르 여사와의 인터뷰.
- 골란 고원의 시리아군에 대해 묘사하는 팬텀기 조종사 — 시마 카드몬(Sima Kadmon) 기고문, 《마아리브》 1993년 9월 24일자. 몇 년 뒤에 카드몬 여사는 이 조종사를 다시 만났다. 조종사는 자신이 한 말을 기억하지 못했으나 사과했다.
- '예기불안의 긍정적 과정'의 부재 - 르우벤 갈(Reuven Gal) 박사, 『The Yom Kippur War: Lessons from Psychologist's Perspective(욤키푸르 전쟁: 심리학자의 관점에서 배운 교훈)』.
- 산시몬 전투 — 바르토브의 책.
- "서로 얼굴을 잘 봐두어라." — 라비트 나오르(Ravit Naor) 기고문, 《마아리브》 1998년 9월. 이 말을 한 론 훌다이(Ron Huldai) 소령은 나중인 1998년에 텔아비브 시장으로 선출되었다.
- 엘라자르와 고넨의 통화 — 아그라나트 보고서.
- 다얀과 핵무기 문제 — 아브너 코헨(Avner Cohen) 기고문 "When Israel Stepped Back from the Brink(이스라엘이 핵무기 사용 직전에서 한발 물러났을 때)", 《뉴욕타임스(New York Times)》 2013년 10월 3일자. 아미르 오렌(Amir Oren) 기고문 "Dayan Suggested Israel Prepare Nukes(다얀이 이스라엘은 핵무기 사용을 준비해야 한다고 제안하다)", 《하아레츠(Ha'aretz)》 2013년 10월 3일자. 로넨 베르그만(Ronen Bergman) 기고문(히브리어), 《예디오트 아하로노트》 2013년 10월 4일자.
- 수상 집무실에서 메이어 수상과 다얀 및 다른 장관들이 한 회의의 묘사 — 아브너 코헨 컬렉션, 우드로우 윌슨 센터(Avner Cohen Collection, Woodrow Wilson Center).
- 샤론과 고넨의 통화 — 샤론의 『Warrior(전사)』.
- 오르칼 전초기지에서 일어난 일 — 아리예 세게브(Arye Segev)의 『Unfulfilled Mission(나는 임무를 완수하지 못했다)』, 세게브, 리터반드와의 인터뷰.
- 이스라엘 국방군에서의 견실한 참모업무 부재 — 비냐민 아미드로르(Binyamin Amidror)의 기고문, 《하올람 하제(Ha'olam Hazeh)》.

제21장 반격 실패

- 아단, 니르, 가비 아미르, 이츠하크 브리크, 욤 토브 타미르, 하임 아디니와의 인터뷰.
- 아그라나트 보고서와 마찬가지로 아단도 자신의 책에서 고뇌에 찬 이날을 상세히 기술했다. 다른 관련 간행물로는 제에브(Ze'ev) 대령(전체 이름을 표시하지 않음)의 기고문 "October 8(10월 8일)", 《마르호트》 제268호, 바르토브(Bartov)·엘리아쉬브 쉼쉬(Elyashiv Shimshi)의 『Storm in October(10월의 폭풍)』, 밀스테인(Millstein)의 책, 각 부대 역사, 아사프 야구리(Assaf Yaguri) 기고문, 《예디오트 아하로노트》 1978년 10월 10일자 등이 있다.

- 이집트군 포병관측반을 제거한 이스라엘군 특수부대 장교들 — 아마지아 코헨 중령과의 인터뷰.
- 엘라자르, "마음만 먹으면 무제한으로 진격할 수 있지." 발언 — 아그라나트 보고서.
- 고넨과 아단의 무선교신 — 아그라나트 보고서.
- 안장에서 지휘하지 않는 고넨 — 비냐민 아미드로르(Binyamin Amidror)의 책.
- 전차 돌격을 오르가즘에 비유한 아디니의 말은 밀스테인의 책에서 인용.

제22장 다마스쿠스를 폭격하라

- "전시에 진실을 이야기하는 것은 금물입니다." — 시몬 골란의 책, p.555.
- "거기서부터 하이파까지는 전차가 전혀 없어." — 바르토브의 책.
- 헤르몬산 공격 — 드로리와 유드케 펠레드와의 인터뷰.
- 샤론이 카이로에서 득표운동을 할 것이라는 다얀의 언급 — 브라운의 책.
- 움 하시바에서 열린 회의 — 바르토브, 아단.
- 시리아를 전열에서 이탈시키려면 "인정사정없는 방법을 쓸" 필요가 있다는 다얀의 언급 — 브라운의 책.
- 다마스쿠스 입성에 대한 다얀의 언급 — 이갈 사르나(Yigal Sarna)와 다얀의 부관 아리에 브라운과 한 인터뷰,《예디오트 아하로노트》, 1991년 9월 17일자.
- 키신저가 디니츠에게 한 농담 — 이갈 사르나(Yigal Sarna) 기고문,《예디오트 아하로노트》, 1996년 욤키푸르 특별판.

기갑부대의 형편없는 전과에 분개한 공군 내부 분위기 — 다비드 이브리(David Ivri)와의 인터뷰.

- 다마스쿠스 폭격 — 라피도트(Lapidot)와의 인터뷰.
- 요엘 아로노프에 대한 묘사 — 아리에 오설리반(Arieh O'Sullivan)과의 인터뷰,《예루살렘 포스트(Jerusalem Post)》(이스라엘 영자지), 2000년 2월 4일자.
- 시리아군 참모본부 지하실에 대한 묘사 — 바르베르(Barber)와의 인터뷰.

제23장 바다을 치다

- 전쟁이 물리적 생존을 위해 싸워야 할 정도까지 이르렀다는 탈 장군의 발언 — 바르토브의 책.
- 이스라엘이 보유한 핵무기 — 세이무어 M.헤르쉬(Seymour M. Hersh)의 『The Samson Option(삼손 안)』.
- 핵무기 사용 문제에 대해 '구덩이'에서 벌어진 토론 — 아미트 고렌 감독 다큐멘터리 영화 〈Lo Tishkot Haaretz〉.
- 히자욘 전초기지 — 오르(Ohr), 스트롤로비츠(Strolovitz)와의 인터뷰. 나중에 오르는 텔아비브대학 의과대학 재활의학과 교수가 되었다. 오르는 생사가 걸렸던 이 경험담을 텔아비브 교외의 고급주택지인 사비온(Savion)에 있는 자택의 수영장가에 앉아 이야기했다.
- 이집트 카메라맨의 이야기 — 카이로에서 고하르와의 인터뷰.

- '암약 정찰대' — 마트와의 인터뷰.
- 브롬 대대의 수색 — 브롬 대대의 부대대장 즈비 아비단(Zvi Avidan)과의 인터뷰.

제24장 골란 전선 반격

- 카할라니, 길 펠레드, 벤-갈, 라크, 나프시, 사리그와의 인터뷰.
- 텔 사키 봉의 지휘벙커에 들어가는 예비역들 — 이 이야기는 당시 벙커에 있었던 모티 아브람(Motti Aviram)이 이스라엘 라디오에서 구술했다. 20년이 지나 고고학자가 된 아브람은 갈릴리 지역의 요드파트(Yodfat)에서 유대 역사가이자 장군인 요세푸스(Josephus)가 1,900년 전에 예루살렘이 함락된 다음 로마군을 피해 다른 이들과 숨었던 동굴유지를 발굴했다. 요세푸스는 자신이 텔 사키에서 전우들과 겪었던 것과 아주 유사한 경험을 했을 것이다.
- 카할라니의 『Oz 77』, 기타 부대 역사.
- 사단장들을 독려하는 아사드 대통령 — 당시 시리아군 참모본부에 이집트군 연락장교로 있었던 모하메드 바시우니(Mohammed Bassiouni)와의 인터뷰.
- 아스카로프의 부상 — 이마에 맞은 총탄은 머리를 관통해 후두부로 나왔다. 상처를 살펴본 의사 3명이 가망 없다고 말했으나 네 번째로 진찰한 의사는 수술을 하기로 결심했다. 아스카로프는 부상에서 회복했다. 신체 일부가 마비되고 말하는 데 지장이 있기는 했지만, 아스카로프는 도움을 받지 않고 걷고 운전할 수 있었다.
- 제하니 장군에 대한 언급 — 라마트 에팔 심포지엄에서 한 아모스 길라드(Amos Gilad)의 발언.

제25장 이라크의 개입

- 비에르만은 그 뒤로 두 달 동안 혼수상태에 빠져 있었으며 14차례에 걸쳐 수술을 받은 끝에 결국 회복했다. 나중에 비에르만은 이스라엘 문화재청의 간부가 되었는데 그때 청장이 전 골라니 여단장 아미르 드로리였다.
- 벤-하난의 텔 샴스 공격 요청을 받아들인 벤-갈 여단장 — 헤르초그(Herzog)의 책.
- 벤-하난은 나중에 기갑부대 총사령관을 역임했다. 네타냐후는 1976년의 엔테베 인질 구출 작전에서 전사했다.
- 모파즈의 시리아 후방공격 — 모셰 존데르(Moshe Zonder) 기고문, 《마아리브 소프사부아》, 1992년 10월.

제26장 초강대국들

- 이 장의 내용은 주로 키신저와 이스라엘랸의 책에 의존했다.

제27장 사령관 교체

- 베니 펠레드, 가비쉬, 모세스와의 인터뷰.
- 숌론 골란 중령(예비역) 기고문 "Positions of the Chief of Staff and the Political Level on a Canal Crossing and Cease-Fire(운하 도하와 휴전에 대한 총참모장과 정치권의 입장)", 《마이르호트》 제327호.
- 다얀의 샤론에 대한 언급 "어떻게 해야 여기에서 벗어날 수 있을까?" — 《예디오트 아하로노트》, 2003년 8월.
- 고넨에 대한 벤-아리의 태도 — 에조브(Ezov)의 책 p.79.
- SAM 지대공미사일 방어망에서 벗어나 이동을 개시한 이집트군 여단 — 샤즐리의 회고록.
- 전시의 아랍계 이스라엘인 — 전쟁 당시 지은이의 《예루살렘 포스트》 기고 기사.
- 해전 기술은 지은이의 『The Boats of Cherbourg』에 의존했다.

제28장 도하 결단

- 숌론 골란 중령 기고문 "Positions of the Chief of Staff and the Political Level on a Canal Crossing and Cease-Fire(운하 도하와 휴전에 대한 총참모장과 정치권의 입장)", 《마이르호트》 제327호.
- 바르토브, 브라운, 다얀의 책 『Milestones(이정표)』.
- 라마트 에팔 심포지엄에서 나눈 즈비 자미르와의 대화.
- 사드가 이집트 스파이로부터 기갑부대 공격이 임박했음을 알리는 보고를 받다 — 아미트 고렌 감독 다큐멘터리 영화 〈Lo Tishkot Haaretz〉.
- 당시 이스라엘군 수뇌부 내부 토론, 그리고 수뇌부가 북부사령관, 남부사령관과 한 토론은 시몬 골란이 정리한 1,300페이지 분량의 전시 이스라엘군 참모본부에 관한 책인 『Milkhama B'Yom Hakipurim: Kablat Hachlatot HaEliyon Pikud(Decision Making of the Israeli High-Command in the Yom Kippur War)』에 상세히 기술되어 있다.

제29장 용감한 사나이들

- "키신저는 머리를 쥐어뜯다시피 했습니다." — 아미트 고렌 감독 다큐멘터리 영화 〈Lo Tishkot Haaretz〉.
- 멘들레르와 해군 — 골란의 『Albert』.
- 나데 일기의 발췌본은 《예디오트 아하로노트》 1979년 9월 30일자에 공개.
- 다리에 대한 자료는 아비 조하르(Avi Zohar), 이샤이 도탄(Yishai Dotan), 아미캄 도론(Amikam Doron), 메나셰 구르(Menashe Gur), 야코브 에벤(Ya'acov Even)과의 인터뷰가 출처. 아단, 탈의 책에서도 참고.
- 샤론이 야엘 다얀, 에제르 바이즈만과 한 대화 — 우리 단(Uri Dan)의 『The Bridgehead(교두보)』.
- "The Crossing(도하)", 아리엘 샤론 장군 기고문, 《시리온(Shirion)》, 1998년 10월.

- 이집트군 특수부대와의 전투 — 아마지아 헨(Amazia Chen) 중령과의 인터뷰.
- 10월 14일의 공격에서 이집트군이 잃은 전차 수량 추산 — 이상하게도 샤즐리와 가마시는 더 많은 수량의 전차를 잃었다고 한 반면, 이스라엘은 이보다 더 낮은 수량으로 추정한다.
- 기운을 차린 메이어 총리 — 빅토르 솀토브(Victor Shemtov)와의 인터뷰.
- 이집트의 전쟁계획 수립과 도하작전에 대한 소련의 관여 - 소련 잡지 《노보예 브레먀(Novoye Vremy)》 기사,《바마하네(Bamahane)》(이스라엘 군사잡지) 1989년 5월 3일자에서 재인용.
- "이들은 (성공할 것이라) 믿었다." — 샤론 기고문,《예디오트 아하로노트》전쟁 21주년 기념판.
- "컴퓨터라면 회로가 타버렸을 것" — 에조브의 책.
- 도하 당일 밤 움 하시바의 광경 — 아하론 프리엘(Aharon Priel) 기고문,《마아리브》1985년 9월 9일자.
- 중령을 쏘겠다고 위협한 하난 에레즈 — 에레즈와의 인터뷰.
- 부하들에게 브리핑하는 미츠나 — 야엘 게비르츠(Yael Gevirtz) 기고문,《예디오트 아하로노트》1995년 6월 17일자.

제30장 중국농장

- 이 장 내용의 대부분은 레셰프 여단이 작성한 전투일지, 유발 네리아의 『Aish(사격)』, 레셰프, 마탄, 도론, 마트, 엘리 코헨, 나탄 슈나리, 에벤, 기오라 레브, 이트킨, 네리아와의 인터뷰에 의지했다. 네리아는 전쟁 중 세운 공적으로 이스라엘 최고 무공훈장을 받았고 나중에 심리학자가 되었으며 이스라엘 평화운동의 유력 지도자이기도 하다.
- 라빈의 조카 이야기 - 레셰프의 『Lo Nechdal(우리는 멈추지 않는다)』. 오하욘(Ochayon)은 나중에 이스라엘 경찰의 고위간부가 되었다.
- 다니 마트에 관한 심하 아하로니(Simha Aharoni) 기고문,《예디오트 아하로노트》, 1985년 10월 6일자.
- 베레모를 고쳐 쓰는 샤론 — 이트킨(Itkin).

제31장 교량

- 교량 — 에벤, 아비, 도탄, 도론, 구르와의 인터뷰.
- 모라그의 적진 돌파 — 모라그, 예후다 탈, 암논 아미캄(Amnon Amikam) 중대장과의 인터뷰. 공수부대 - 마트, 이츠하크 모르데카이, 예후다 두브데바니와의 인터뷰.
- "빨리 다리를 가져오지 않으면" — 『October Days(10월의 나날들)』, 모르데카이 나오르(Mordecai Naor), 제브 아네르(Ze'ev Aner) 편저.
- 샤론 사단 — 에레즈, 레셰프, 레브, 겔레르와의 인터뷰.
- 크네세트에서 메이어 총리의 정보 누설 건에 격분한 다얀 — 브라운의 책.
- 공수부대 — 마트, 이츠하크 모르데카이, 예후다 두브데바니와의 인터뷰.
- 라존 중령과 다친 아들 — 샤울 나가르(Shaul Nagar) 대령 기고문,《시리온》2000년 9월.

- 아단 사단 — 아단, 타마리, 니르, 아미르와의 인터뷰.
- 에이탄 하베르(Eitan Haber) 기고문, 《예디오트 아하로노트》 1985년 10월.
- 시몬 마누엘리(Shimon Manueli), "Night of the Break— into the Chinese Farm(중국농장으로의 야간 침투 작전)", 1977년 이스라엘 국방군 출간.

제32장 아프리카로 건너가다

- "이스라엘군 전차 3량이 침투" — 모하메드 헤이칼(Mohammed Heikal)의 『The Road to Ramadan(라마단으로 가는 길)』.
- 이스라엘이 사다트가 직접 전군을 지휘하기로 했음을 알게 되다 — 브라운의 책.
- 도하점에서의 샤론 — 예호슈아 사구이, 레셰프와의 인터뷰.
- 바르네아 병장의 이야기 — 바르네아 본인 기고문, 《마아르호트》 제361호.
- 다얀과 엘라자르의 샤론에 대한 논의 — 에조브의 책.
- 바르-레브를 때리고 싶었던 샤론 — 샤론의 『Warrior』.
- 이츠하크 브리크의 경험담 — 브리크 본인과의 인터뷰. 1990년대에 이스라엘 국방군의 장성이 된 브리크는 러시아를 방문했다가 이스라엘군의 이집트군 제25기갑여단 매복기습이 교과과정 일부가 되었음을 알게 되었다.
- 화학무기를 사용하지 말라는 경고 — 브라운의 책.
- 반하 공격 — 베니 펠레드와의 인터뷰.

제33장 돌파

- 아단, 카르타의 역사지도, 샤론, 헤이칼, 가마시, 사다트의 책.
- 인터뷰 — 브리크, 빈-눈, 예후다 겔레르, 아단, 니르, 레셰프, 레브.
- 길로와 차량 — 길로와 부대 차석지휘관 아미캄 도론과의 인터뷰.
- SAM 지대공미사일이 없는 공역으로 비행하는 미라주 전투기들 — 아미르 요페 대대의 대대역사.
- 다얀의 병력수송장갑차 근처에 폭탄이 폭발한 사건, 샤론이 칼라슈니코프 자동소총으로 사격한 사건 — 이트킨과의 인터뷰.
- 시나이에 소수의 필수 전력만 남긴 이스라엘군 — 오페르(Ofer)와 코베르(Kober)의 『Aichut v'Kamut(질과 양)』에서 아단.
- 술레이만 소령 — 이갈 레브(Yigal Lev) 기고문, 《마아리브》 1981년 10월 10일.

제34장 키신저, 전면으로.

- 샤론 사단 예하부대를 감시하던 남부사령부 — 브라운의 책.

- 아비 바이스(Avi Weiss)의 『Prisoner of Egypt(이집트에서의 포로 생활)』은 미주리 전투에서 이스라엘 전차승무원이 겪은 일을 생생하게 전해준다.
- 이스라엘령 헤르몬산에 대한 마지막 공격 — 유드케 펠레드, 드로리와의 인터뷰.
- 드로리와 공수부대 장교와의 대화 — 우리 밀스테인(Uri Millstein) 기고문, 《하다쇼트(Ha-dashot)》(이스라엘 일간지) 1985년 9월 24일자.
- 엘바즈의 경험담 — 이스라엘 라디오, 본인 인터뷰.
- 시리아령 헤르몬산에 대한 공수부대의 공격 — 하임 나델 여단장과의 인터뷰.
- 아르다카 항에 대한 해군 특수부대 공격 — 알모그, 가디 콜과의 인터뷰.

제35장 휴전

- 카빌 장군에 대해 불만을 표시하는 와셀 장군 — 요드(Yod) 소령, 요드(Yod) 대령(전체 이름을 표시하지 않음.) 기고문 "Aircraft in Ground Support(지상전에서의 항공기)", 《마아르호트》 제266호.
- 선제공격했더라면 이스라엘은 못 하나도 지원받지 못했을 것 — 브라운의 책.
- 탈영병에게 총을 쏘는 이집트군 — 마탄, 예호슈아 사구이 대령과의 인터뷰.
- 샤론과 이집트군 조종사 — 이스라엘 이트킨과의 인터뷰.
- 승무원들의 눈은 "여기까지 왔는데"라고 말했다 — 도브 타마리와의 인터뷰.
- 카이로로 진격 준비를 한 이스라엘군 — 라미 마탄과의 인터뷰.
- 쉼쉬 대대 — 『Storm in October』.
- 북부전선에서 아랍군과 이스라엘군의 전력 격차 — 이라크군 전시일지.

제36장 수에즈 시

- 아비에제르 골란(Aviezer Golan) 기고문, 《예디오트 아하로노트》 1975년 9월 14일자.
- 아단의 책, 각 부대 역사.
- 다비드 아미트(David Amit), 아미람 고넨(Amiram Gonen), 브리크, 모르데카이와의 인터뷰.

제37장 핵전쟁 경보

- 지은이의 『The Boats of Cherbourg』에서 머피 제독과의 인터뷰.
- "아랍인들은 도망치지 않았다"는 다얀의 발언 — 브라운의 책.
- 메이어 총리에게 소리친 욤-토브 타미르 — 욤-토브 타미르와의 인터뷰.
- 소령의 뺨을 때린 샤론 — 사구이와의 인터뷰.
- 1970년에 시나이에서 철군하지 않은 것을 후회하는 메이어 총리 — 다얀의 회고록.
- "키신저는 메이어 총리의 어깨를 팔로 감싸며 위로했다." — 키신저 회고록 및 메이어 총리의

비서실장을 지낸 엘리 미즈라히(Eli Mizrahi)와의 인터뷰, 1991년 9월 9일.
- 이스라엘 국방군이 노획한 시리아군 전차 400량을 자국군에 편입하다 — 로날드 알로니 기고문, 《마아르호트》 제361호.
- 전쟁에서 이스라엘군 전차 400량이 격파되고 600량은 손상을 입었으나 수리되다 — 탈의 책.
- "이스라엘 국방군 역사상 최고의 군대" — 헤르즐 사피르 장군과의 인터뷰.
- 아랍의 사상자 수 — 트레버 뒤퓌(Trevor Dupuy) 대령 『Elusive Victory(요원한 승리)』.
- 전투 트라우마를 받은 이스라엘군 병사들 — 『The Yom Kippur War: Lessons from Psychologist's Perspective』.

제38장 전쟁이 끝나고

- 아슈라프 마르완 — 이 에피소드의 주요 자료는 우리 바르-요세프의 책이다. 즈비 자미르 전 모사드 국장도 지은이와 한 인터뷰에서 마르완 사건을 상세히 해명했고 텔아비브에서 한 전쟁 40주년 기념 강의에서 이를 언급했다.
- 아프리카에 있는 고넨을 취재한 기자 — 아담 바루흐(Adam Baruch) 기고문, 《마아리브》.
- 전쟁 30주년을 맞아 이스라엘 신문 《예디오트 아하로노트》가 카이로에 거주하는 샤즐리 장군과 전화로 한 인터뷰에서 장군은 이스라엘인을 만나는 것은 거부하겠지만 이스라엘에서의 상황 전개는 유심히 지켜본다고 말했다.
- 1982년 이스라엘 공군의 베카 계곡 공습 — 요나이(Yonay), 아모스 아미르(Amos Amir)의 『Flames in the Sky(창공의 불꽃)』, 전 공군사령관 다비드 이브리와의 인터뷰.
- 시몬 말리아크의 에피소드 — 아비하이 베케르(Avihai Becker)의 기고문, 《마아리브》 1993년 9월 24일자.
- 수에즈 시 외곽에서 벌어진 이집트군과 이스라엘군의 교류 — 아미르 요페 대대 역사.
- 이스마일리아 근교에서 벌어진 이집트군 특수부대와 이스라엘군 공수부대의 교류 — 기데온 샤미르(Gideon Shamir)와의 인터뷰, 이스라엘 텔레비전 채널 1 방송 모티 키르셴바움(Motti Kirschenbaum) 감독 다큐멘터리.

참고 자료

2,000페이지에 달하는 아그라나트 보고서는 욤 키푸르 전쟁에 관한 모든 연구의 기본이 되는 자료다. 하노크 바르토브가 쓴 엘라자르에 대한 책도 마찬가지다. 바르토브는 엘라자르 총참모장이 남긴 방대한 기록에 대한 접근을 허락받고 집필할 수 있었다.

전쟁 발발 40년 뒤인 2013년, 이스라엘 국방군 역사가 시몬 골란이 『Milkhama B' Yom Hakipurim: Kablat Hachlatot HaEliyon Pikud(속죄일에 일어난 전쟁: 욤키푸르 전쟁에서 최고사령부의 의사결정)』라는 제목의 아주 귀중한 저서를 출간했다. 히브리어로 된 이 책의 분량은 1,300페이지에 달하는데, 지은이는 당시 회의록과 녹취록을 바탕으로 이스라엘군 수뇌부가 내린 결정을 일자별로 정리했다. 이 책에는 당시의 대화 내용이 거의 그대로 옮겨졌기 때문에 당시 분위기의 변화가 생생히 느껴진다.

모셰 다얀의 자서전에는 각의와 참모본부 회의록이 사건의 흐름에 맞게 발췌 수록되었으며 부관 아리에 브라운이 쓴 책에도 각종 회의에 대한 기록이 있다.

전쟁 전 이스라엘군 정보당국이 범한 엄청난 실수는 우리 바르-요세프 교수가 자신의 뛰어난 저서 두 권에서 상세히 설명했는데, 교수 본인이 전직 정보분석관이기도 하다. 당시 모사드 국장 즈비 자미르는 히브리어로 쓴 『B'ainaim Ptukhot(눈을 뜬 채로)』라는 자서전에서 이집트 간첩로부터 입수해 전쟁의 향배를 바꾼 극적인 정보와 군 정보국 수장과의 다툼에 관한 이야기를 궁극적 내부자의 관점에서 서술했다.

이집트 전선에서 벌어진 전투의 상황은 아브라함 아단 장군과 아리엘 샤론 장군이 쓴 회고록에 잘 나타나 있다.

종전 이후 매우 유용한 증언과 분석이 이스라엘 유수의 군사잡지인 《마아르호트》를 비롯한 여러 히브리어 잡지들을 통해 발표되었다. 각 부대의 역사는 각 전투를 재구성하는 데 있어 필수불가결했다. 일선의 전차부대 부사관부터 조종사에 이르는 다양한 전투원들의 회고와 전장에서 발견된 이집트군 마흐무드 나데 병장의 일기는 때에 따라서는 가슴 아프기까지 한 개인적 차원의 경험담을 들려준다.

이스라엘 군사역사협회 주관으로 1999년에서 2001년까지 8회에 걸쳐 종일 열린 심포지엄에서는 여러 통찰력 있는 분석이 발표되었다.

아랍의 관점에서 이 전쟁을 정리한 기록은 이스라엘 측과 비교해 빈약하다. 영어로 된 전시 이집트군의 전쟁 수행에 대한 최고의 자료는 전시 이집트군 참모총장 사드 엘 샤즐리 장군의 책이다. 자국이 전쟁에서 한 역할에 대해 시리아에서 출간된 쓸 만한 문헌은 전혀 없으나 히브리어로 번역된 시리아 파병 이라크군의 기록과 전 이스라엘군 정보요원들의 저술을 통해 당시 시리아군의 전쟁 수행을 어느 정도 살펴볼 수 있다. 이스라엘 측 참전자 대다수는 전장에서 아랍 군대가 보인 모습이 이전보다 상당히 향상되었음에 주목한다. 이에 반해 영어로 번역된 아랍 측 문헌 중 이스라엘군이 최초의 타격에서 회복한 특기할 만한 사건에 대해 한 마디라도 좋은 말을 하는 문헌은 없다시피 하다. 다만 이 가운데 이라크군의 기록은 직설적이며 전문적이다.

빅토르 이스라엘럊이 내부에서 크렘린을 들여다본 기록은 전쟁에 관한 키신저의 이야기와 훌륭하게 균형을 맞춘다.

여러 부로 구성된 다큐멘터리 두 편―아미트 고렌 감독 이스라엘 다큐멘터리 영화 〈Lo Tishkot Haaretz(이 땅은 조용하지 않을 것이다)〉[영어 제목 〈The Avoidable War(피할 수 있었던 전쟁)〉]와 알 자제라(Al Jazeera) 방송국이 영어로 제작한 〈The October War(10월 전쟁)〉―은 볼 가치가 있으며 전쟁에 대해 많은 것을 알려준다.

이 책 내용의 상당 부분은 지은이가 130명 이상의 당시 관계자들과 한 인터뷰에 근거한다. 고위 관계자들과의 인터뷰는 어떤 경우 여러 번 하기도 했다.

〈단행본〉

Adan, Avraham. *On the Banks of the Suez*. San Francisco: Presidio Press, 1980.

Amir, Amos. *Aish ba'shamayaim*. Tel Aviv: Defense Ministry, 2000.

el Badri, Hassan, Taha el Magdoub and Mohammed Dia el din Zohdy. *The Ramadan War*. Dunn Loring, Va.: T.N.Dupuy Associates, 1979.

Bar-Joesph, Uri. *The Angel: The Egyptian Spy Who Saved Israel*. New York: Harper Collins, 2016.

_____. *The Watchman Fell Asleep*. Albany: SUNY, 2005.

Bartov, Channoch. *Dado*. Tel Aviv: Ma'ariv Book Guild, 1978.

Ben-Porat, Yoel. *Neila(Locked On)*. Tel Aviv: Edanim, 1991.

Benziman, Uzi. *Sharon: An Israeli Caesar*. Tel Aviv: Adama, 1985.

Bergman, Ronen and Gil Meltzer. *Zman Emet(Real Time)*. Tel Aviv: Yedioth Achoronot and Chemed, 2003.

Braun, Arie. *Israel's Worst Kept Secret*. Tel Aviv: Edanim, 1992.

Carta, *Atlas l'Toldot Medinat Yisrael(Atlas of the History of the State of Israel, 1971-1981)*. Jerusalem: Carta, 1983.

Cohen, Avner. *Israel's Worst Kept Secret*. New York: Columbia University Press, 2010.

Cohen, Eliot and John Gooch. *Military Misfortunes*. New York: Vintage Books, 1991.

Cordesman, Anthony H., and Abraham R. Wagner. *The Lessons of Modern War Vol.I: The Israeli-Arab Conflicts, 1973-1989*. Boulder, Co.: Westview Press, 1990.

Dan, Uri. *Rosh Gesher(The Bridgehead)*. Tel Aviv: A.L. Special Edition, 1975.

Davis Institute for International Relations. *Milkhemet Yom Hakipurim(The Yom Kippur War, a New View)*. Symposium on the war's twenty-fifth anniversary. Jerusalem: Hebrew University, 1998.

Dayan, Moshe. *Avnei Derekh(Milestones)*. Jerusalem: Edanim, 1982.

Dupuy, Trevor. *Elusive Victory*. New York: Harper Collins, 1978.

Ezov, Amiram. *Tslicha: Shishim Sha'ot(Crossing: 60 Hours)*. Tel Aviv: Dvir, 2011.

Gal, Dr. Reuven. *The Yom Kippur War: Lessons from the Psychologist's Perspective*. Zikhron Ya'acov: Israeli Institute for Military Studies, 1987.

el-Gamasy, Mohammed Abdel Ghani. *The October War*. Cairo: The American University in Cairo Press, 1993.

Gelber, Yoav and Hani Ziv. *Bnai Keshet(Sons of the Bow)*. Tel Aviv: Defense Ministry, 1998.

Golan, Aviezer. *Albert*. Tel Aviv: Yediot, 1977.

Golan, Haggai, and Shaul Shai. *Milkhama Hayom(Yom Kippur War Studies)*. Tel Aviv: Defense Ministry, 2003.

Golan, Shimon. *Milkhama B' Yom Hakipurim: Kablat Hachlatot HaEliyon Pikud(Decision Making of the Israeli High Command in the Yom Kippur War)*. Tel Aviv: Modan Publishing, 2013.

Gordon, Shmuel. *Shloshim Sha'ot B'October(30 Hours in October)*. Tel Aviv:Ma'ariv Book Guild, 2008.

Guy, Kermit. *Bar-Lev*(Hebrew biography of Haim Bar-Lev). Tel Aviv: Am Oved, 1998.

Haber, Eitan. *Hayom Tifrots Milkhama(War Will Break Out Today)*. Tel Aviv: Edanim, 1987.

Haber, Eitan, and Zeev Schiff. *Lexicon Milkhemet Yom Kippur(Yom Kippur War Lexicon)*. Or Yehuda: Zmora-Bitan-Dvir, 2003.

Heikal, Mohammed Hassenein. *The Road to Ramadan*. New York: Ballentine, 1975.

Hersh, Seymour. *The Samson Option*. New York: Random House, 2003.

Herzog, Chaim. *The War of Atonement*. Tel Aviv: Steimatzky, 1975.

Hirst, David and Irene Beeson. *Sadat*. London: Faber & Faber, 1981.

Insight Team of The Sunday Times. *Insight on the Middle East*. London: André Deutsch, 1974.

Iraqi Defense Ministry. *Zva Iraq b' Milkhemet Yom Kippur(The Iraqi Army in the Yom Kippur War)*, translation from Arabic to Hebrew. Tel Aviv: Ma'archot, 1986.

Israelyan, Victor. *Inside the Kremlin During the Yom Kippur War*. University Park: Pennsylvania State University Press, 1995.

Kahalani, Avigdor. *Oz 77(77th Battalion)*. Tel Aviv: Shocken, 1975.

Karsh, Efraim, ed. *Between War and Peace: Dilemmas of Israeli Security*. London: Frank Cass, 1996.

Kedar, B. Z. *Sipuro Shel Gdud Makhatz(Story of a Strike Battalion)*. Tel Aviv: Tamuz Press, 1975.

Kissinger, Henry. *Years of Upheaval*. Boston: Little, Brown, 1982.

Kober, Avi. *Hakhara Tsvait(Military Decision in the Arab-Israeli Wars)*. Tel Aviv: Ma'archot, 1996.

Kumaraswamy, P. R., ed. *Revisiting the Yom Kippur War*. London: Frank Cass, 2000.

Lanir, Zvi. *Hahafta'a Habasist(The Basic Surprise)*. Tel Aviv: Kav Adom, 1983.

Luttwak, Edward, and Dan Horowitz. *The Israeli Army*. New York: Harper & Row, 1975.

Meir, Golda. *My Life*. Tel Aviv: Ma'ariv, 1977.

Meital, Yoram. *Egypt's Struggle for Peace*. Gainsville: University of Florida Press, 1997.

Michaelson, Benny and Effi Melzter. *Milkhemet Yom Kippur(The Yom Kippur War)*. Israeli Military History Association, a compilation of articles presented at an eighteen-day seminar, Tel Aviv, 1998.

Milstein, Uri. *Krisa V'lekacha(The Collapse and Its Lessons)*. Kiron: Sridot, 1993.

Morris, Benny. *Righteous Victims*. New York: Vintage Books, 1999.

Naor, Mordechai, and Ze'ev Aner, eds. *Aichut v'Kamut(Quality and Quantity)*. Tel Aviv: Defense Ministry, 1974.

Neria, Yuval. *Aish(Fire)*. Tel Aviv: Zmora Bitan, 1989.

Ofer, Zvi and Avi Kober, eds. *Aichut v'Kamut(Quality and Quantity)*. Tel Aviv: Ma'archot, 1985.

Oren, Elhannan. *Toldot Milkhemet Yom Hakipurim(The History of the Yom Kippur War)*. Tel Aviv: Israel Defense Forces History Department, 2004.

Orr, Ori. *Elah Ha'achim Sheli([These Are My Brothers)*. Tel Aviv: Yedioth Achronot and Chemed, 2003.

Parker, Richard B.,ed. *The October War: A Retrospective*. Gainsville: University of Florida Press, 2001.

Peled, Yossi. *Ish Tsava(Soldier)*. Tel Aviv: Ma'ariv, 1993.

Pretty, R. T. *Weapon Systems*. London: Jane's, 1979.

Ravinovich, Abraham. *The Boats of Cherbourg*. Annapolis, Md.: Naval Institute Press, 1988.

Rafael, Gideon. *Destination Peace*. Jerusalem: Edanim, 1981.

Reshef, Amnon. *Lo Nechdal(We Will Not Cease: The 14th Brigade in the Yom Kippur War)*. Tel Aviv: Dvir, 2013.

Sabbato, Chaim. *Tium Kavanot(Adjustment of Sights)*. Tel Aviv: Yedioth Achronot, 1999.

Sadat, Anwar. *In Search of Identity*. New York: Harper & Row, 1978.

Safran, Nadav. *Israel, the embattled Ally*. Cambridge, Mass.: Belknap Press of Harvard University Press, 1978.

Seale, Patrick. *Assad: The Struggle for the Middle East*. Berkley: University of California Press, 1988.

Segev, Arye. *Lo Bitsati et Hamesima(Unfulfilled Mission)*. Tel Aviv: Seder Tselem, 2001.

Sharon, Ariel, with David Chanoff. *Warrior: The Autobiography of Ariel Sharon*. London: MacDonald, 1989.

Shashar, Michael. *Sikhot Im Rehavam Ze'evi(Talks with Rechavam Ze'evi)*. Tel Aviv: Yedioth Achronot, 1982.

Shay, Shaul, ed. *The Iraqi-Israeli Conflict, 1948-2000*. Tel Aviv: Defense Ministry, 2002.

el Shazly, Saad. *The Crossing of the Suez*. San Francisco: American Mideast Research, 1980.

Shimshi, Eliashiv. *Aifo Ani Nimtsa(Where I Stand)*. Tel Aviv: Defense Ministry, 2002.

_____. *B'Koach Hatachbula(By Virtue of Stratagem)*. Tel Aviv: Defense Ministry, 1999.

_____. *Seara b'October(Storm in October)*. Tel Aviv: Defense Ministry, 2002.

Shirion magazine, a compilation of articles published by the magazine of the Armor Corps on the fortieth anniversary of the war in 2013.

Siniver, Asaf, ed. *The October 1973 War: Politics, Diplomacy, Legacy*. London: Hurst & Co., 2012.

Spector, Yiftakh. *Khalom B'tchelet-Shakhor(A Dream in Blue and Black)*. Jerusalem: Keter, 1991.

Tal, Yisrael. *Bitachon Leumi(National Security)*. Tel Aviv: Dvir, 1996.

Wald, Emanuel. *Klalat Hakailim Hashverum(The Curse of the Broken Vessels)*. Tel Aviv: Shocken, 1987.

Weiss, Avi. *B'Shevi Hamitsri(Prisoner of Egypt)*. Tel Aviv: Defense Ministry, 1998.

Wohlstatter, Robertta. *Pearl Harbor: Warning and Decision*. Stanford: Stanford University Press, 1962.

Yonay, Ehud. *No Margin For Errors: The Story of the Israeli Air Force*. New York: Pantheon, 1983.

Zaloga, Steven J. *Armor of the Middle East War*. London: Osprey Publishing, 1981.

Zamir, Zvi. *B'ainaim Ptukhot(Eyes Wide Open)*. Or Yehuda: Kinneret, Zmora Bitan, Dvir, 2013.

Zeira, Eli. *Milkhemet Yom Kippur: Mytos Mul Metsiut(The Yom Kippur War: Myth vs. Reality)*. Tel Aviv: Yedioth Achronot, 1993.

〈기타 사료〉

아미트 고렌 감독 이스라엘 텔레비전 방영 4부작 다큐멘터리 *Lo Tishkot Haaretz*[이 땅은 조용하지 않을 것이다. 영어 제목: The Avoidable War(피할 수 있었던 전쟁)].

알-자제라(Al Jazeera) 영어 방송 제작 3부작 다큐멘터리 *The War In October*.

암논 레셰프 대령의 여단 전투일지.

푸르칸 전초기지의 무선통신 녹취록, 아리엘 샤론 장군과의 대화 포함, 통신병 아비 야페 녹취.

요시 아부디(Yossi Aboudi) 중령 작성 전시 이스라엘 공군의 역할 요약본, 베니 펠레드 장군 제공.

이츠하크 모르데카이 중령, 오리 오르 중령의 대대 및 공병대가 촬영한 기록 필름.

이스라엘 라디오 방송.

이스라엘 텔레비전 방송.

〈각 부대 역사〉

사단 역사: 라풀 에이탄(제36사단), 단 라네르(제210사단).

여단 역사: 오리 오르(제679기갑여단), 요시 펠레드(제205기갑여단), 하임 에레즈(제421기갑여단), 투비아 라비브(제600기갑여단), 단 숌론(제401기갑여단), 다니 마트(제247공수여단), 나트케 니르(제217기갑여단), 모르데카이 벤-포라트(제9기갑여단).

대대 역사: 아미르 요페(제198전차대대), 에마누엘 사켈(제52전차대대), 이츠하크 모르데카이(제890공수대대), 시몬 벤-쇼샨(제257전차대대), 아미 모라그(제599전차대대).

〈이스라엘 군사잡지〉

Ma'archot

Shirion

Bamahane

〈이스라엘 신문, 잡지〉

Yedioth Achronot

Ma'ariv

Ha'aretz

The Jerusalem Post

Hadashot

Ha'olam Hazeh[군사분석가 비냐민 아미드로르(Binyamin Amidror)가 1974년부터 1975년까지 연재한 예리한 분석기사].

〈인터뷰에 응해주신 분들(계급은 전쟁 당시 계급)〉

| 북부사령부 |

라파엘(라풀) 에이탄[Rafael(Raful) Eitan] 소장 — 사단장
모셰(무사) 펠레드(Moussa Peled) 소장 — 사단장
아비그도르 벤-갈(Avigdor Ben-Gal) 대령 — 기갑여단장
모르데카이 벤-포라트(Mordecai Ben-Porat) 대령 — 기갑여단장
오리 오르(Ori Orr) 대령 — 기갑여단장
란 사리그(Ran Sarig) 대령 — 기갑여단장
하임 나델(Haim Nadel) 대령 — 공수여단장
아미르 드로리(Amir Drori) 대령 — 골라니 여단장
아브라함 로템(Avraham Rotem) 대령 — 부사단장
우리 심호니(Uri Simhoni) 중령 – 북부사령부 작전장교
아비그도르 카할라니(Avigdor Kahalani) 중령 — 전차대대장
유드케 펠레드(Yudke Peled) 중령 — 골라니 여단 대대장
야이르 나프시(Yair Nafshi) 중령 — 전차대대장
론 고트프리드(Ron Gottfried) 중령 — 전차대대장
모티 카츠(Motti Katz) 중령 — 펠레드 사단 정보장교
하가이 만(Chagai Mann) 중령 — 북부사령부 정보장교
핀하스 쿠페르만(Pinhas Kuperman) 중령 — 골란 지구 여단 부여단장
알도 조하르(Aldo Zohar) 중령 — 포대 지휘관
슈무엘 아스카로브(Shmuel Askarov) 소령 — 전차대대 부대대장
기오라 비에르만(Giora Berman) 소령 — 전차대대장/여단 작전장교
하임 바라크(Haim Barak) 소령 — 전차대대장
하임 다논(Haim Danon) 소령 — 전차대대장
하난 슈바르츠(Hanan Schwartz) 소령 — 제188기갑여단 통신장교
다비드 카스피(David Caspi) 소령 — 전차대대 부대대장
즈비 라그(Zvi Rak) 소령 — 전차중대장
요람 야이르(Yoram Yair) 소령 — 북부전선 최전방 배치 공수부대 지휘관
다비드 하르만(David Harman) 대위 — 정보장교
아브라함 엘리멜레크(Avraham Elimelekh) 중위 — 107 거점 지휘관
다비드 에일란드(David Eiland) 중위 — 전차소대장
니찬 요체르(Nitzan Yotser) 중위 — 전차소대장
즈비카 그린골드(Zvika Greengold)중위 — 전차장교
기디 펠레드(Gidi Peled) 중위 — 전차대대 작전장교
오데드 베크만(Oded Beckman) 중위 — 전차소대장
하난 안데르손(Hanan Anderson) 중위 — 전차소대장
예후다 바그만(Yehuda Wagman) 중위 — 전차소대 부소대장

요시 구르(Yossi Gur) 중위 — 116 거점 지휘관
슈무엘 야킨(Shmuel Yakhin) 중위 — 전차소대장
니르 아티르(Shmuel Yakhin) 하사 — 전차장
요람 크리비네(Yoram Krivine) 하사 — 공수부대원

| 남부사령부 |

아브라함 아단(Avraham Adan) 소장 — 사단장
예샤야후 가비쉬(Yeshayahu Gavish) 소장 — 남부 시나이 전구 사령관
바루흐 하렐(Barukh Harel) 준장 — 시나이 사단 부사단장
도브 타마리(Dov Tamari) 준장 — 아단 사단 부사단장
아브라함 타미르(Avraham Tamir) 준장 — 샤론 장군 보좌
우리 벤-아리(Uri Ben-Ari) 준장 — 남부사령부 부사령관
아셰르 레비(Ahser Levy) 대령 — 남부사령부 참모
야코브 에벤(Ya'acov Even) 준장 — 샤론 사단 부사단장
하임 에레즈(Haim Erez) 대령 — 기갑여단장
암논 레셰프(Amnon Reshef) 대령 — 기갑여단장
나트케 니르(Natke Nir) 대령 — 기갑여단장
가비 아미르(Gabi Amir) 대령 — 기갑여단장
다니 마트(Danny Matt) 대령 — 공수여단장
아마지아 헨(Amazia Chen) 중령 — 특수부대 장교
예후다 젤레르(Yehuda Geller) 중령 — 전차대대장
이츠하크 모르데카이(Yitzhak Mordecai) 중령 — 공수대대장
아미 모라그(Ami Morag) 중령 — 전차대대장
기오라 레브(Giora Lev) 중령 — 전차대대장
욤 토브 타미르(Yom Tov Tamir) 중령 — 전차대대장
하임 아디니(Haim Adini) 중령 — 전차대대장
메이르 바이셀(Meir Weisel) 소령 — 푸르칸 전초기지 지휘관
예후다 탈(Yehuda Tal) 소령 — 전차대대 부대대장
예후다 두브데바니(Yehuda Duvdevani) 소령 — 공수대대 부대대장
나탄 슈나리(Natan Shunari) 소령 — 공수대대장
일란 오코(Ilan Oko) 소령 — 에벤 장군 대리
이츠하크 브리크(Yitzhak Brik) 소령 — 전차중대장
즈비 아비단(Zvi Avidan) 소령 — 기갑수색대대 부대대장
가비 코미사르(Gabi Komissar) 소령 — 아단 사단 통신장교
기데온 샤미르(Gideon Shamir) 대위 — 공수중대장
하난 에레즈(Hanan Erez) 대위 — 공수부대 장교
암논 아미캄(Amnon Amikam) 대위 — 전차중대장
야코브 트로스틀레르(Yaacov Trostler) 대위 — 밀라노 전초기지 지휘관

모티 아쉬케나지(Motti Ashkenazi) 대위 — 부다페스트 전초기지 지휘관
라미 마탄(Rami Matan) 대위 — 전차중대장
메나셰 골드블라트(Menashe Goldblatt) 대위 — 전차중대장
유발 네리아(Yuval Neria) 중위 — 전차중대장
아비 오리(Avi Ohri) 박사 — 히자욘 전초기지 군의관
샤울 모세스(Shaul Moses) 중위 — 전차소대장
다비드 아미트(David Amit) 중위 — 공수부대 소대장
엘리 코헨(Eli Cohen) 중위 — 공수부대 소대장
아비 야페(Avi Yaffe) 병장 — 푸르칸 전초기지 통신병
핀카스 스트롤로비츠(Pinhas Strolovitz) 병장 — 히자욘 전초기지
샬롬 할라(Shalom Ha) 병장 — 밀라노 전초기지
이스라엘 이트킨(Yisrael Itkin) 하사 — 샤론의 지휘용 병력수송장갑차 차장
에얄 요페(Eyal Yoffe) 하사 — 전차장
아리예 세게브(Arye Segev) 병장 — 오르칼 전초기지
메나헴 리터반드(Menahem Ritterband) 일병 — 오르칼 전초기지

| 공군 |

베니 펠레드(Benny Peled) 소장 — 공군사령관
모티 호드(Motti Hod) 소장 — 각 전선 사령관 및 공군 연락장교
다비드 이브리(David Ivri) 대령 — 공군 부사령관
기오라 푸르만(Giora Furman) 대령 — 최선임 작전장교
아비후 빈-눈(Avihu Bin-Nun) 대령 — 공습계획 입안자
에이탄 벤-엘리야후(Eitan Ben-Eliyahu) 대령 — 작전참모
아모스 아미르(Amos Amir) 대령 — 작전참모
기오라 롬(Giora Rom) 중령 — 스카이호크 비행대장
유발 에프라트(Yuval Efrat) 중령 — 헬리콥터 비행대장
요시 아보우디(Yossi Aboudi) 소령 — 정보장교
아르논 라피도트(Arnon Lapidot) 소령 — 팬텀 비행대 부장
아브라함 바르베르(Avraham Barber) 대위 — 팬텀 조종사

| 해군 |

비냐민 텔렘(Binyamin Telem) 제독 — 해군 사령관
제에브 알모그(Ze'ev Almog) 대령 — 수에즈만 전역 사령관
가디 콜(Gadi Kol) 소령 — 해군 특수부대 지휘관

| 공병대 |

알도 조하르(Aldo Zohar) 중령 — 장사정포대대 대대장
이샤이 도탄(Yishai Dotan) 소령 — 부교대대 부대대장

아미캄 도론(Amikam Doron) 대위 ― 길로와 운용 중대 부중대장
메나셰 구르(Menashe Gur) 중령 ― 롤러교 담당 부대 지휘관
에일론 나베(Eilon Naveh) 중위 ― 고무단정부대 부장

| 군 정보 관계자 |

주시아 케니제르(Zussia Keniezer) 중령 ― 아만 요르단과장
아비 야아리(Avi Ya'ari) 중령 ― 아만 시리아과장
데니 아그몬(Dennie Agmon) 중령 ― 에이탄 사단 최선임 정보장교
예호슈아 사구이(Yehoshua Sagui) 중령 ― 샤론사단 최선임 정보장교
하가이 만(Chagai Mann) 중령 ― 북부사령부 최선임 정보장교
아모스 길보아(Amos Gilboa) 소령 ― 아만 시리아과장
모셰 주리히(Moshe Zurich) 소령 ― 제188기갑여단 정보장교
일란 샤하르(Ilan Shahar) 소령 ― 제7기갑여단 정보장교
다비드 하르만(David Harman) 대위 ― 정보장교
아미람 고넨(Amiram Gonen) 하사 ― 남부사령부 본부 근무

| 기타 |

즈비 자미르(Zvi Zamir) ― 모사드 국장
에마누엘 샤케드(Emanuel Shaked) 준장 ― 보병·공수부대 사령관
루 케다르(Lou Kedar) ― 메이어 총리 비서
모르데카이 가지트(Mordecai Gazit) ― 총리실 실장
유발 네에만(Yuval Nee'man) 교수 ― 물리학자, 국방 관계 기관 소속
모하메드 바시오우니(Mohammed Bassiouni) ― 시리아군 참모본부 파견 이집트군 장교
슐로모 가지트(Shlomo Gazit) 소장(예비역) ― 이스라엘군 정보국
빅토르 셈토브(Victor Shemtov) ― 보건장관
돈 스태리(Donn Starry) 장군 ― 미 육군
브루스 레이들(Bruce Reidel) ― CIA
모하메드 고하르(Mohammed Gohar) ― 이집트 사진가
르우벤 메르하브(Reuven Merhav) ― 이스라엘 정보기관 관계자
단 메리도르(Dan Meridor) 병장 ― 1967년에 고넨 수하에서 복무
베니 미카엘손(Benny Michaelson) ― 이스라엘 국방군 최선임 역사편찬자
우리 바르-요세프(Uri Bar-Joseph) 교수, 하이파대학(Haifa University)
에드워드 루트워크(Edward Luttwak) 교수
마틴 반 크레벨드(Martin Van Creveld) 교수, 히브리대학(Hebrew University)
시몬 샤미르(Shimon Shamir) 교수, 텔아비브대학(Tel Aviv University)

옮긴이 후기

우선 지면을 빌려 이 책이 나오기까지 힘이 되어준 가족과 친구, 그리고 이 책을 출간해주신 도서출판 플래닛미디어 관계자분들께 깊은 감사를 드립니다.

원서를 읽으며 우리말로 옮기는 동안 이스라엘에 있었을 때 갔던 골란 고원 답사 여행이 자주 생각났습니다. 골란 고원은 열사熱沙의 중동이라는 선입관을 깨는 눈 덮인 산과 푸르른 초목이 있는 아름다운 곳이었습니다. 그리고 고원 여기저기에는 버려진 전차들이 말없이 녹슬어가고 있었습니다. 바로 1973년 10월에 벌어진 치열한 전투가 남긴 흔적이었습니다. 막연히 알던 욤 키푸르 전쟁의 실체를 접하게 된 것은 그때가 처음이었습니다.

내년(2023년)은 욤 키푸르 전쟁 발발 50주년입니다. 그동안 우리나라에서도 욤 키푸르 전쟁에 관해 다양한 책이 출간되었으나 일반인이 다가가기 어려운 전문적 군사 사서軍事 史書이거나 전쟁의 일면만 볼 수 있는 개인의 회고록이 대부분이었습니다. 따라서 전쟁 50주년을 앞두고 다각도에서 종합적으로, 그리고 이해하기 쉽게 욤 키푸르 전쟁을 설명한 이 책의 번역 출간은 큰 의미가 있다고 생각합니다. 아무쪼록 독자 여러분이 중동의 현재 정치적 지형을 만들어낸 이 전쟁을 이해하는 데 이 책이 도움이 되었기를 희망합니다.

양측 참전사 두 분의 회고로 옮긴이 후기를 마무리할까 합니다.

"전쟁에는 승자가 없습니다. 누군가는 조금 더 잃고 누군가는 조금 덜 잃겠지만 승자는 없습니다. 1973년 이래 나는 이렇게 생각해왔습니다."

— 요람 도리Yoram Dori, 당시 이스라엘군 제600기갑여단 복무 —

"전사한 전우의 가족을 보고 나는 타고 있던 기차의 좌석 밑에 숨었습니다. … 무슨 말을 할 수 있겠습니까. 전사자의 아이들에게, 그리고 아버지를 기다리는 두 아이를 데리고 온 부인에게."

— 모아타즈 엘-샤르카위Moataz el-Sharqawi, 당시 이집트군 제43특수전대대 복무 —

2022년 1월,
옮긴이 이승훈

한국국방안보포럼(KODEF)은 21세기 국방정론을 발전시키고 국가안보에 대한 미래 전략적 대안을 제시하기 위해 뜻있는 군·정치·언론·법조·경제·문화 마니아 집단이 만든 사단법인입니다. 온·오프라인을 통해 국방정책을 논의하고, 국방정책에 관한 조사·연구·자문·지원 활동을 하고 있으며, 국방 관련 단체 및 기관과 공조하여 국방 교육 자료를 개발하고 안보의식을 고양하는 사업을 하고 있습니다. http://www.kodef.net

KODEF 안보총서 112

욤 키푸르 전쟁
THE YOM KIPPUR WAR
중동의 판도를 바꾼 제4차 중동전쟁

초판 1쇄 인쇄 | 2022년 2월 4일
초판 1쇄 발행 | 2022년 2월 11일

지은이 | 아브라함 라비노비치
옮긴이 | 이승훈
펴낸이 | 김세영

펴낸곳 | 도서출판 플래닛미디어
주소 | 04029 서울시 마포구 잔다리로 71 아내뜨빌딩 502호
전화 | 02-3143-3366
팩스 | 02-3143-3360
블로그 | http://blog.naver.com/planetmedia7
이메일 | webmaster@planetmedia.co.kr
출판등록 | 2005년 9월 12일 제313-2005-000197호

ISBN | 979-11-87822-65-3 03900